NARUTO

MASSIV VOL.24

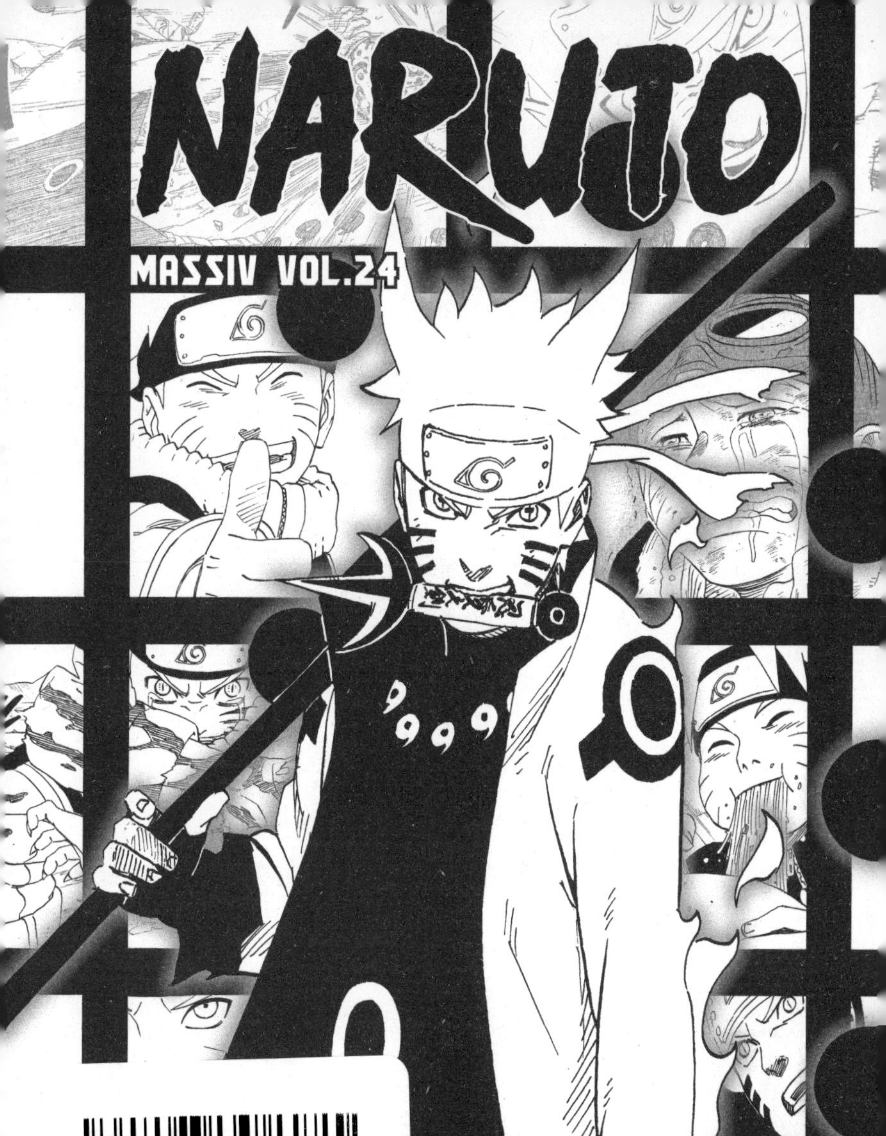

NARUTO UZUMAKI

MASASHI KISHIMOTO

CARLSEN MANGA!

NARUTO CHARACTERS

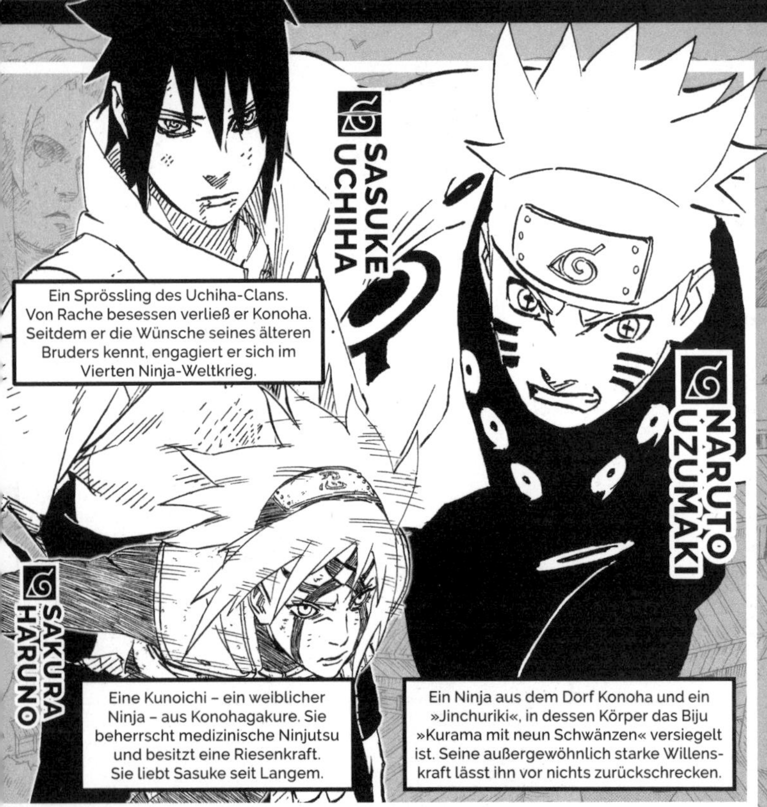

SASUKE UCHIHA

Ein Sprössling des Uchiha-Clans. Von Rache besessen verließ er Konoha. Seitdem er die Wünsche seines älteren Bruders kennt, engagiert er sich im Vierten Ninja-Weltkrieg.

NARUTO UZUMAKI

Ein Ninja aus dem Dorf Konoha und ein »Jinchuriki«, in dessen Körper das Biju »Kurama mit neun Schwänzen« versiegelt ist. Seine außergewöhnlich starke Willenskraft lässt ihn vor nichts zurückschrecken.

SAKURA HARUNO

Eine Kunoichi – ein weiblicher Ninja – aus Konohagakure. Sie beherrscht medizinische Ninjutsu und besitzt eine Riesenkraft. Sie liebt Sasuke seit Langem.

STORY

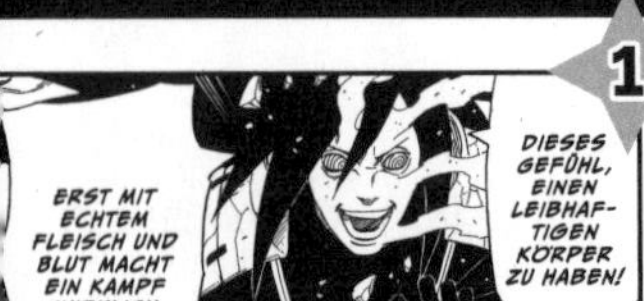

1

Der vollständig wiederbelebte Madara Uchiha…!!

»Ein Hokage zu werden, der alle früheren Hokages übertrifft« – für diesen Traum gibt Naruto alles. Zusammen mit Sasuke und Sakura und weiteren Kameraden trainiert und kämpft er und so wird aus dem ehemaligen Tunichtgut ein richtiger Ninja. Dann geht Sasuke, besessen von der Rache an seinem großen Bruder, zu Orochimaru, um stark zu werden. Zweieinhalb Jahre später – Naruto nimmt als durchtrainierter Ninja volle Fahrt auf! Seine Kameraden im Dorf zählen immer mehr auf ihn. Da erscheint die Verbrecherorganisation Akatsuki und erschüttert die Ninja-Welt. Schließlich bricht der Vierte Ninja-Weltkrieg aus…! Der Endkampf um die Zukunft der Ninja-Welt wird extrem heftig!!

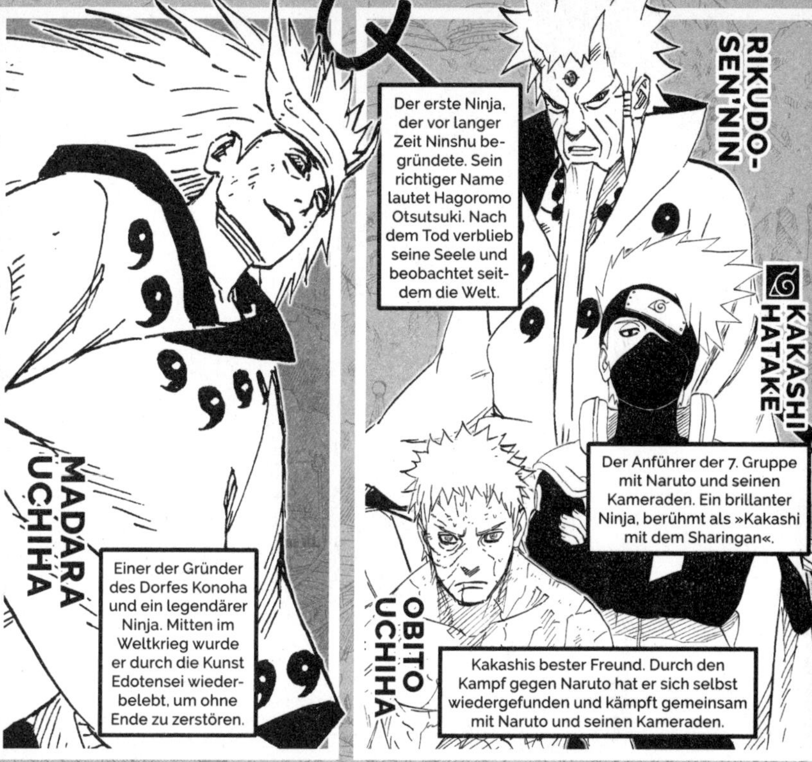

Madara wird zu einem übermenschlichen Wesen. Naruto und Sasuke bekommen die Kraft von Rikudo-Sen'nin. »Wir schlagen Madara!« – die Zeit der Entscheidung ist gekommen…!!

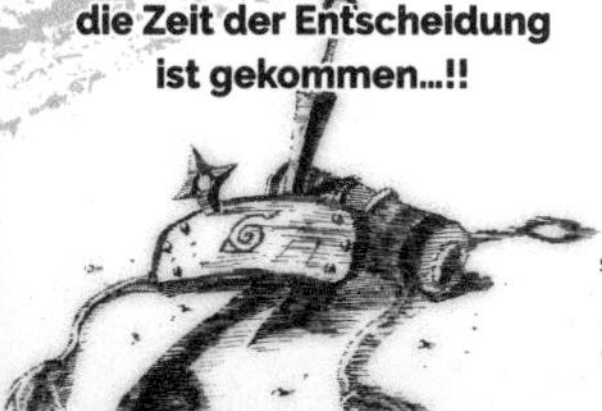

Naruto verliert sein Biju und schwebt in Todesgefahr. In der geistigen Welt begegnet er Rikudo-Sen'nin, der Naruto und Sasuke erzählt, dass sie Wiedergeburten seiner Söhne sind. Um den über die Zeiten fortgesetzten Streit zu stoppen und für den Frieden der Welt verteilt Rikudo-Sen'nin seine Kraft an die beiden, so dass sie Madara überwältigen können.

2

Der Urvater der Ninja, Rikudo-Sen'nin, taucht auf! Die schicksalhafte Bindung zwischen Naruto und Sasuke wird klar!

Obito will seine Schuld sühnen. Er versucht, alle Ninja, die er getötet hat, mit Rin'ne-Tensei-no-Jutsu wiederzubeleben – aber Kuro-Zetsu ergreift die Kontrolle über ihn und lässt ihn Madara im Edotensei-Körper als lebendigen Menschen aus Fleisch und Blut wiederbeleben. Madara gewinnt die gleiche Kraft wie vor seinem Tod wieder, wird zu Jubis Jinchuriki und zu einem übermenschlichen Wesen.

NARUTO

528 SEITEN MASSIV 100% NARUTO

INHALT

674. Kapitel: Sasukes Rin'negan

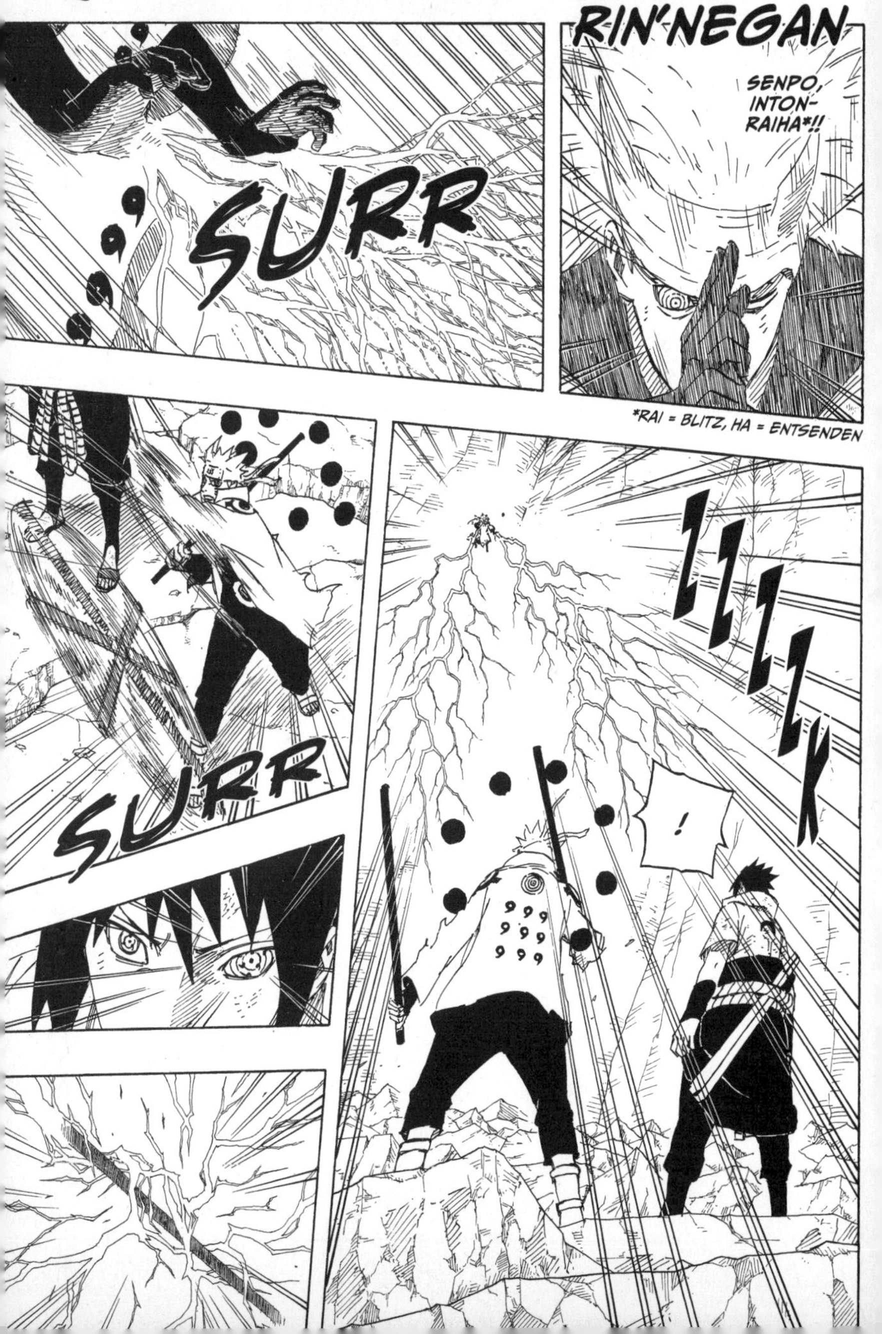

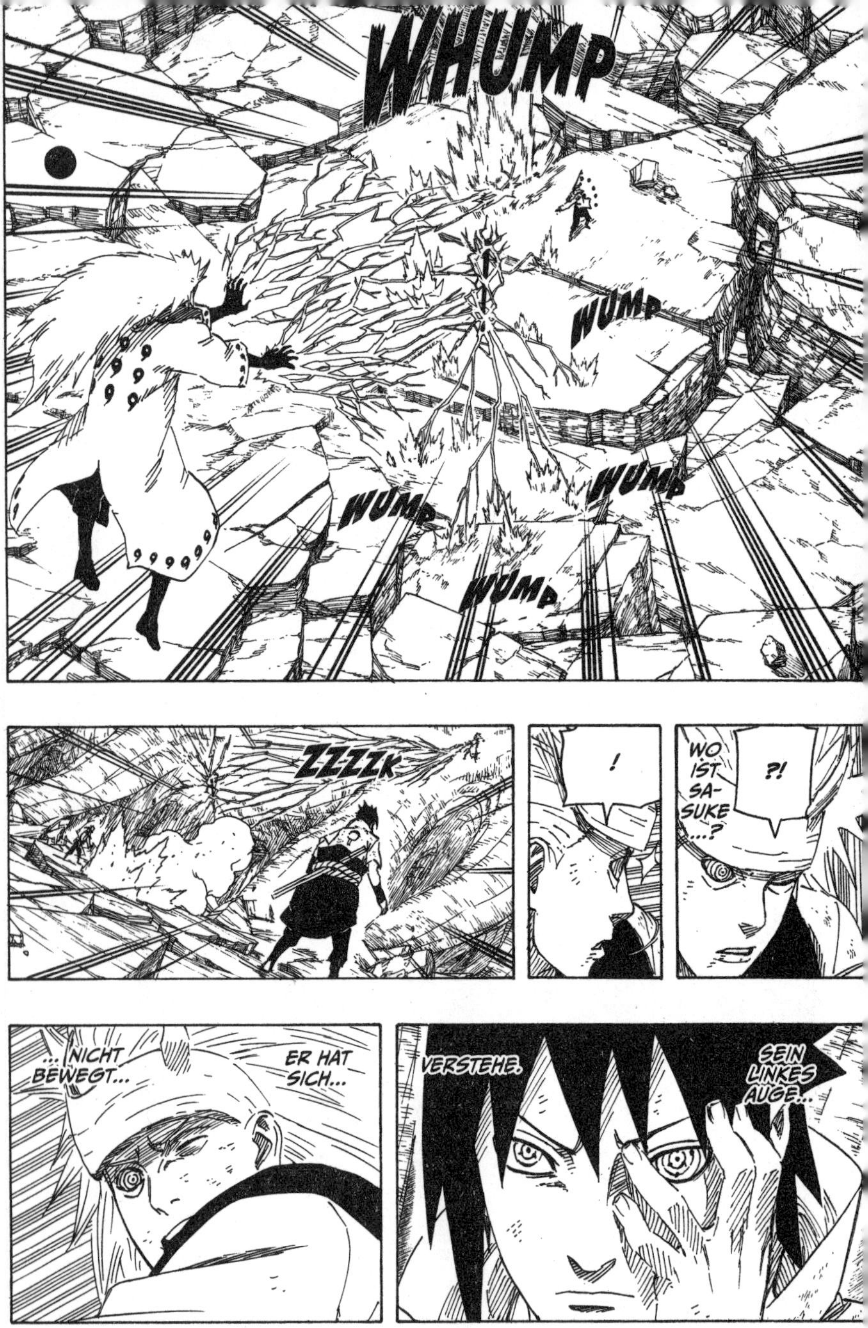
WHUMP
WUMP
WUMP
WUMP
WUMP
?!
WO IST SA-SUKE ...?
!
ZZZZK
SEIN LINKES AUGE...
VERSTEHE.
ER HAT SICH...
... NICHT BEWEGT...

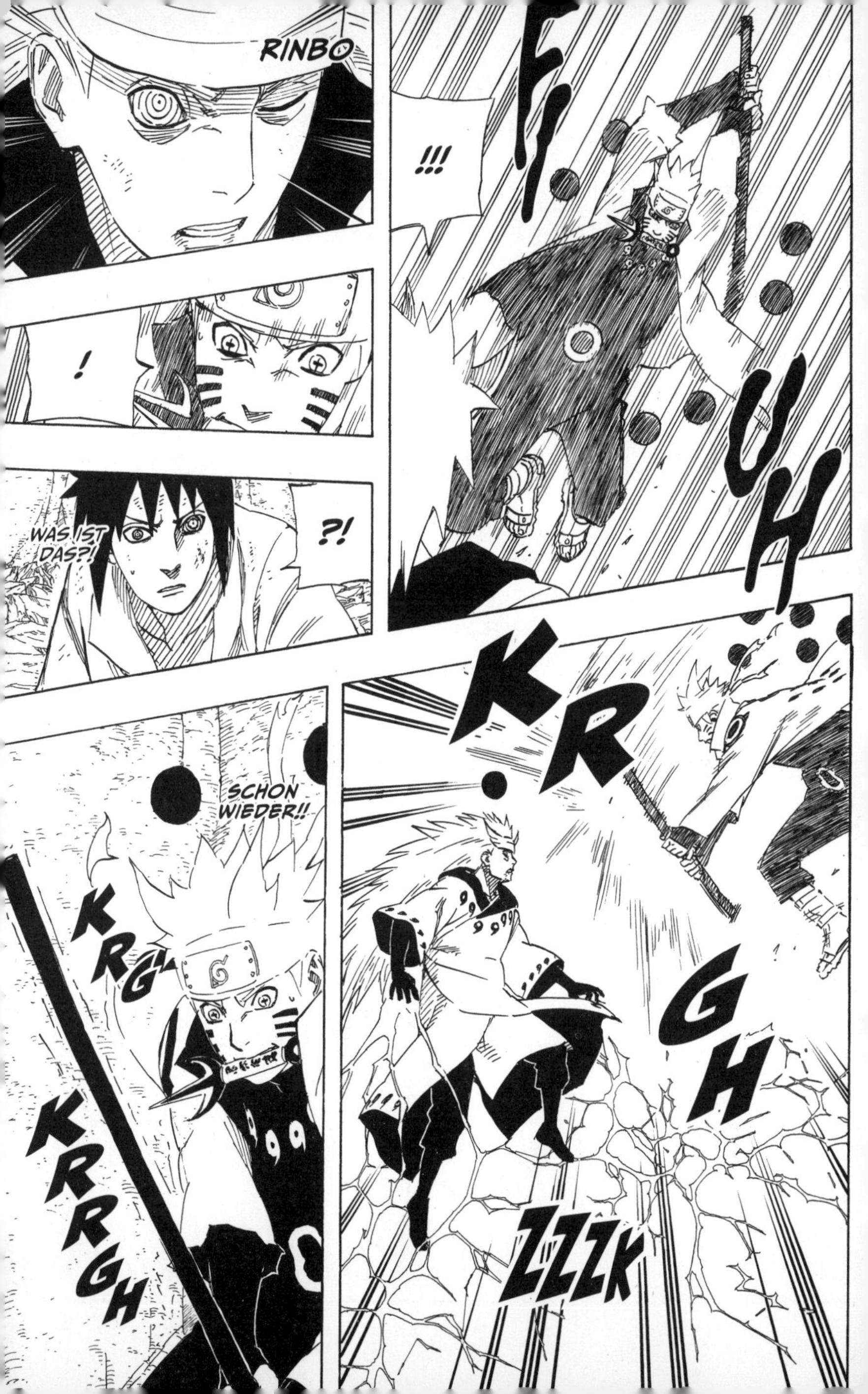
FIUH
!!!
RINBO
!
?!
WAS IST DAS?!
KRGH
ZZZK
SCHON WIEDER!!
KRG
KRRGH

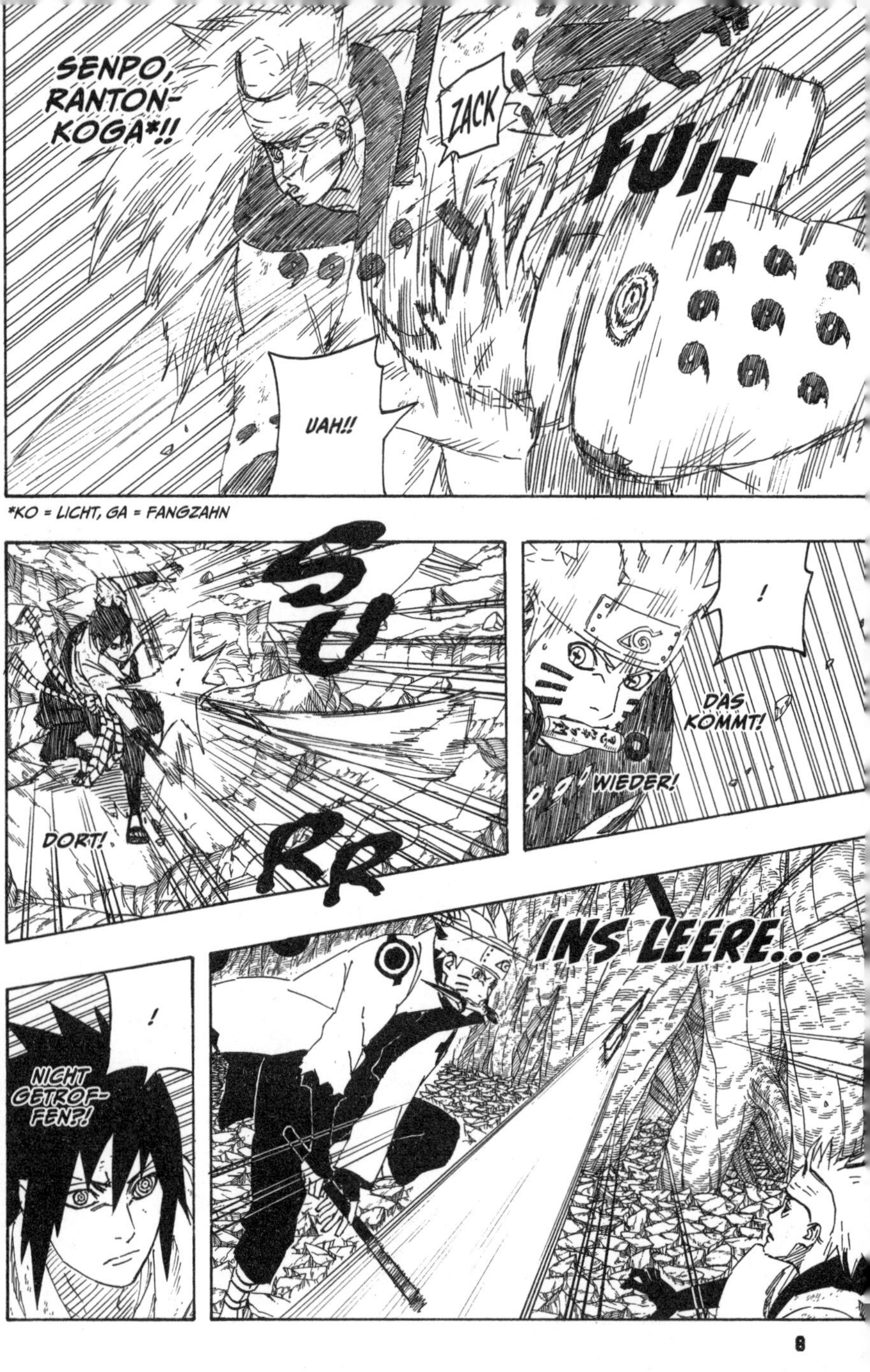
FUIT
ZACK
SENPO, RANTON-KOGA*!!
UAH!!
*KO = LICHT, GA = FANGZAHN
!
DAS KOMMT!
WIEDER!
SURR
DORT!
INS LEERE...
!
NICHT GETROF-FEN?!

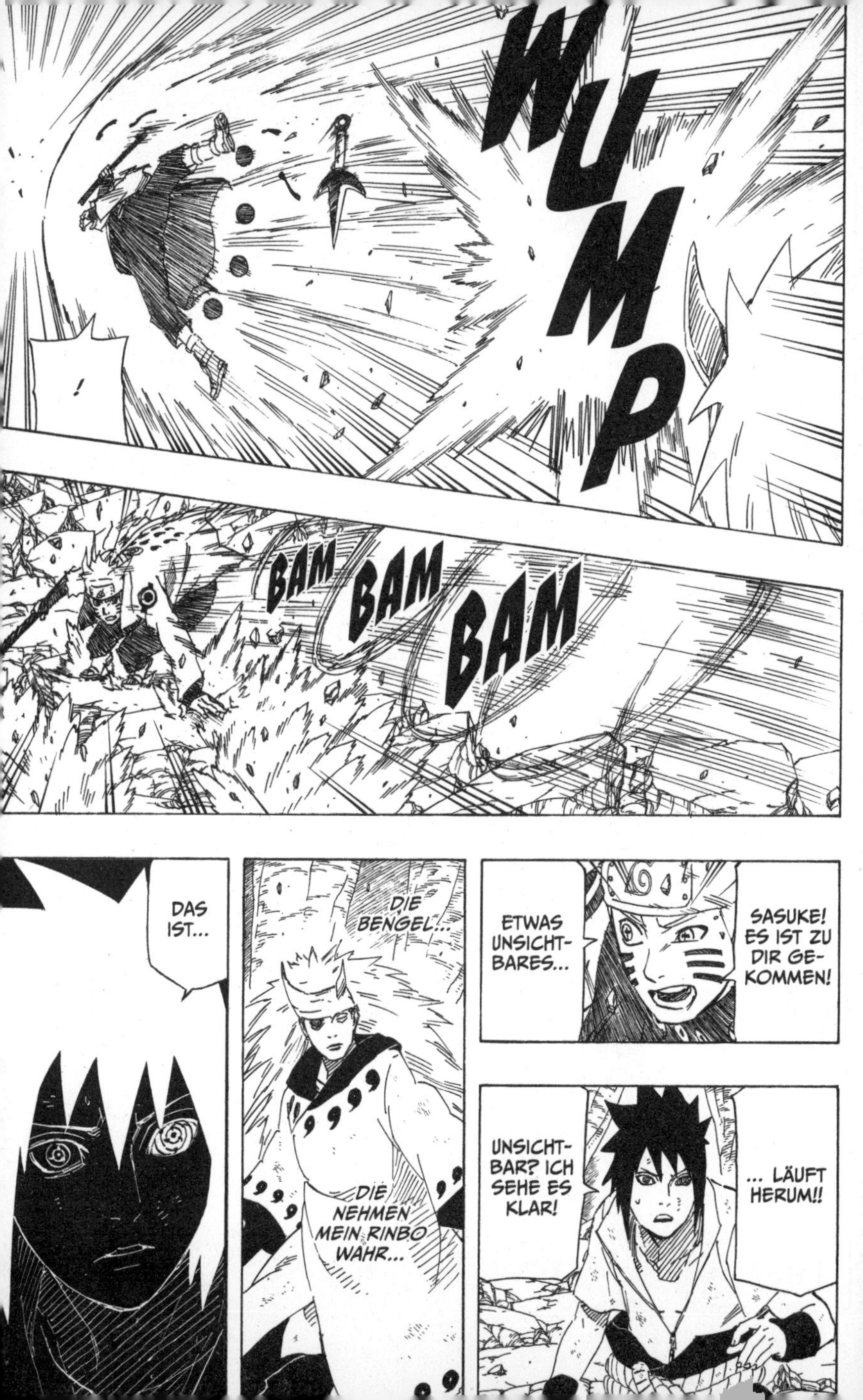
WUMP
BAM
BAM
BAM
SASUKE! ES IST ZU DIR GEKOMMEN!
ETWAS UNSICHTBARES…
DIE BENGEL…
DIE NEHMEN MEIN RINBO WAHR…
DAS IST…
… LÄUFT HERUM!!
UNSICHTBAR? ICH SEHE ES KLAR!

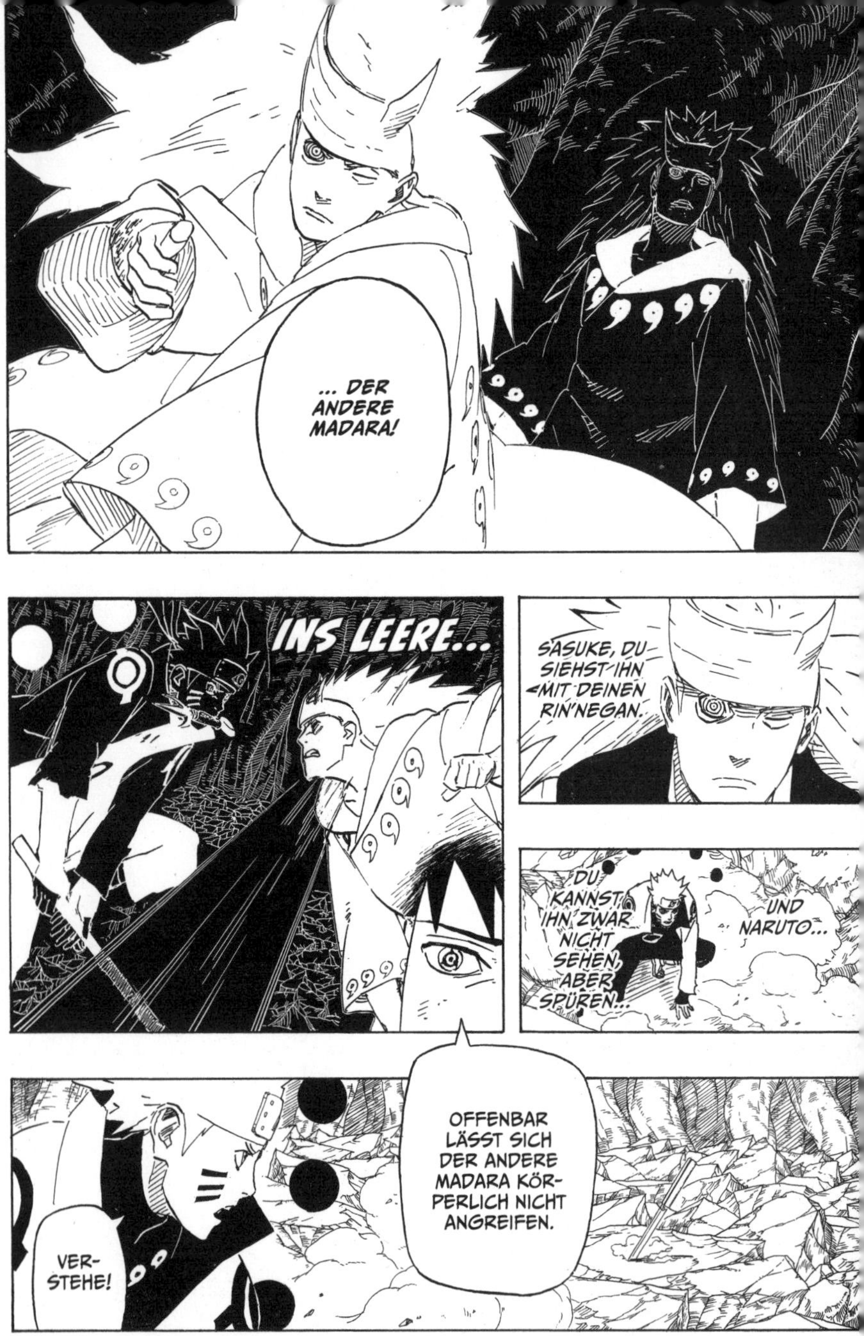
... DER ANDERE MADARA!
SASUKE, DU SIEHST IHN MIT DEINEN RIN'NEGAN.
INS LEERE...
UND NARUTO...
DU KANNST IHN ZWAR NICHT SEHEN, ABER SPÜREN...
OFFENBAR LÄSST SICH DER ANDERE MADARA KÖRPERLICH NICHT ANGREIFEN.
VER-STEHE!

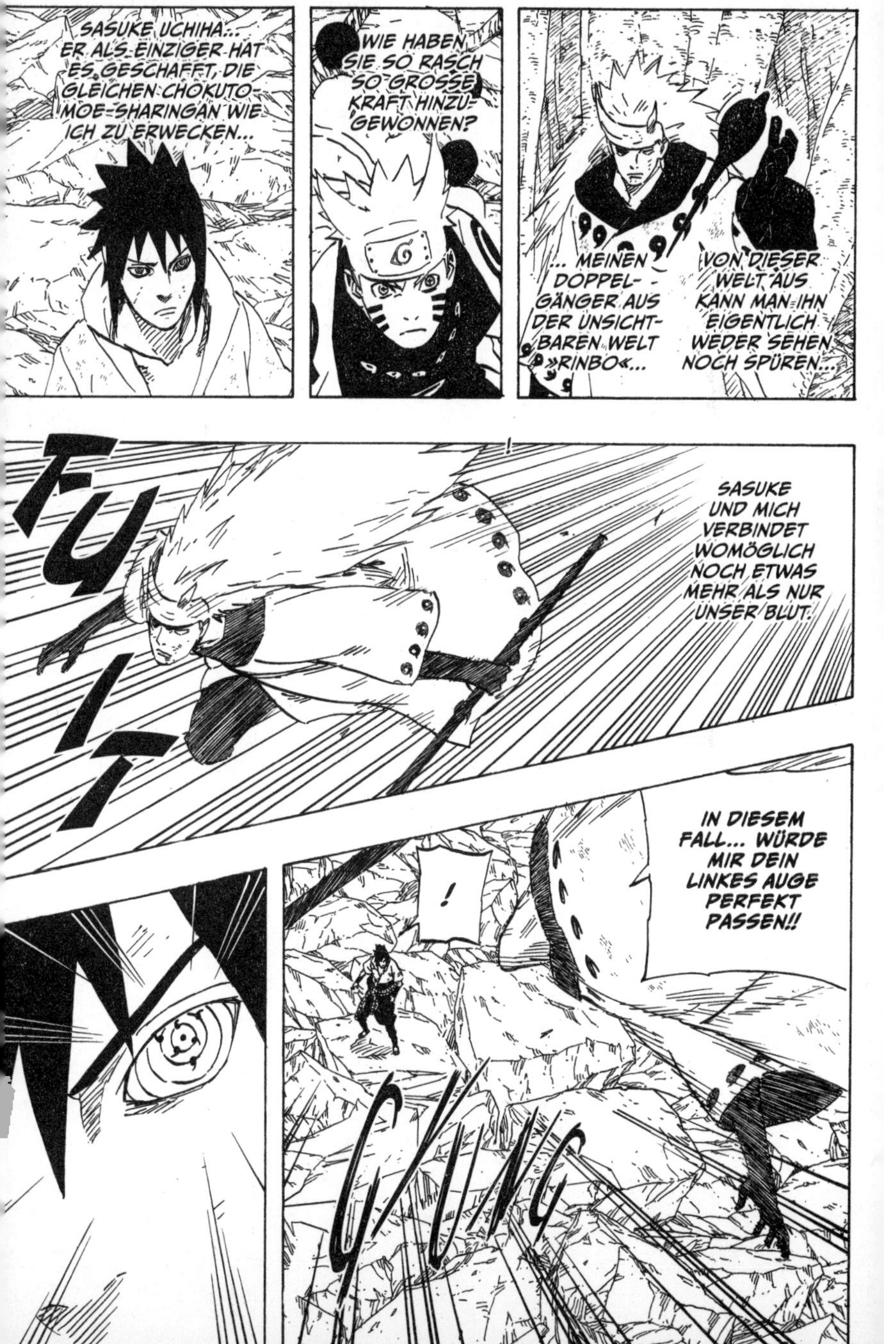

VON DIESER WELT AUS KANN MAN IHN EIGENTLICH WEDER SEHEN NOCH SPÜREN...
... MEINEN DOPPEL-GÄNGER AUS DER UNSICHT-BAREN WELT »RINBO«...
WIE HABEN SIE SO RASCH SO GROSSE KRAFT HINZU-GEWONNEN?
SASUKE UCHIHA... ER ALS EINZIGER HAT ES GESCHAFFT, DIE GLEICHEN CHOKUTO-MOE-SHARINGAN WIE ICH ZU ERWECKEN...
!
SASUKE UND MICH VERBINDET WOMÖGLICH NOCH ETWAS MEHR ALS NUR UNSER BLUT.
FUIT
IN DIESEM FALL... WÜRDE MIR DEIN LINKES AUGE PERFEKT PASSEN!!
!
GYUNG

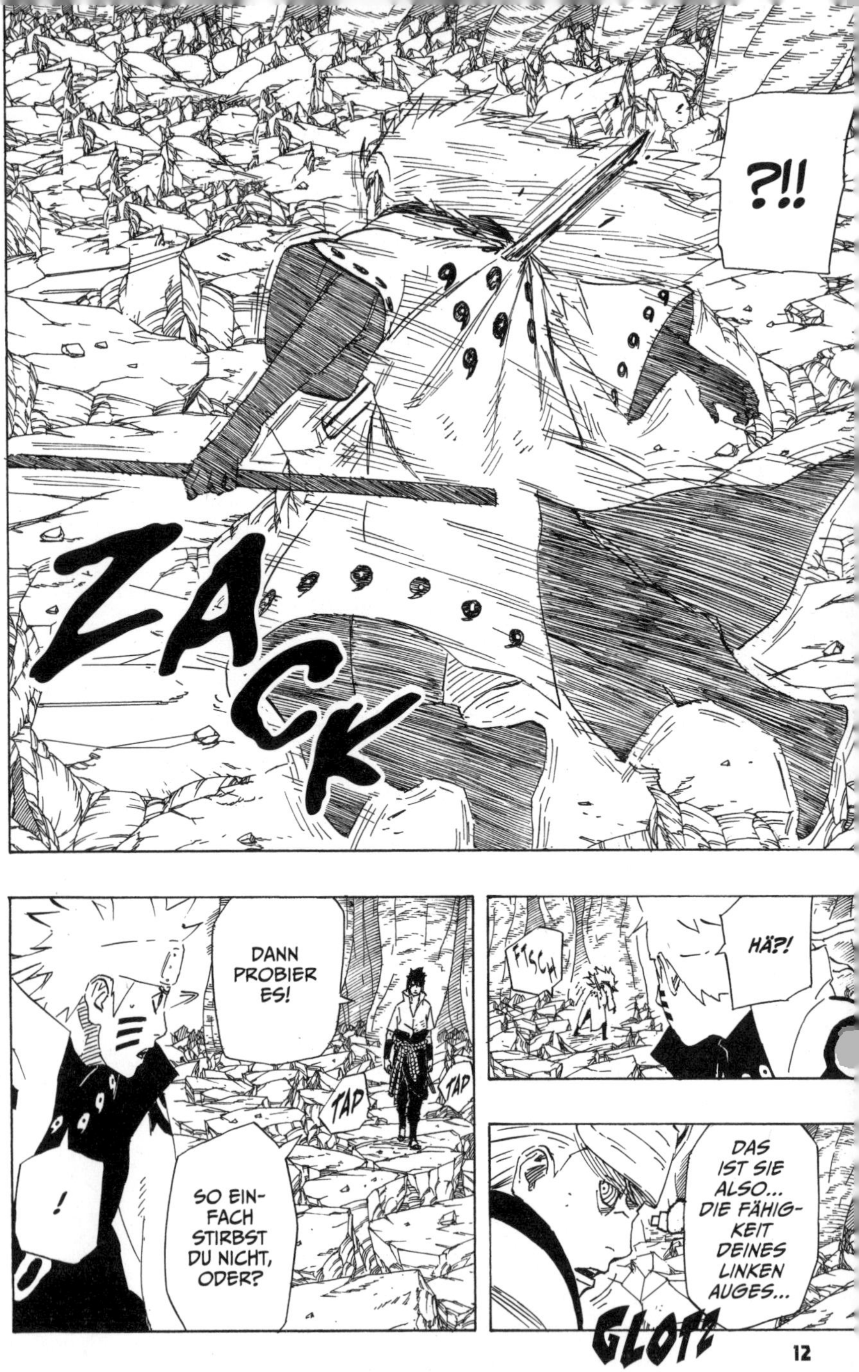
?!!
ZACK
FTSCH
HÄ?!
DAS IST SIE ALSO... DIE FÄHIGKEIT DEINES LINKEN AUGES...
GLOTZ
DANN PROBIER ES!
TAP
TAP
SO EINFACH STIRBST DU NICHT, ODER?
!

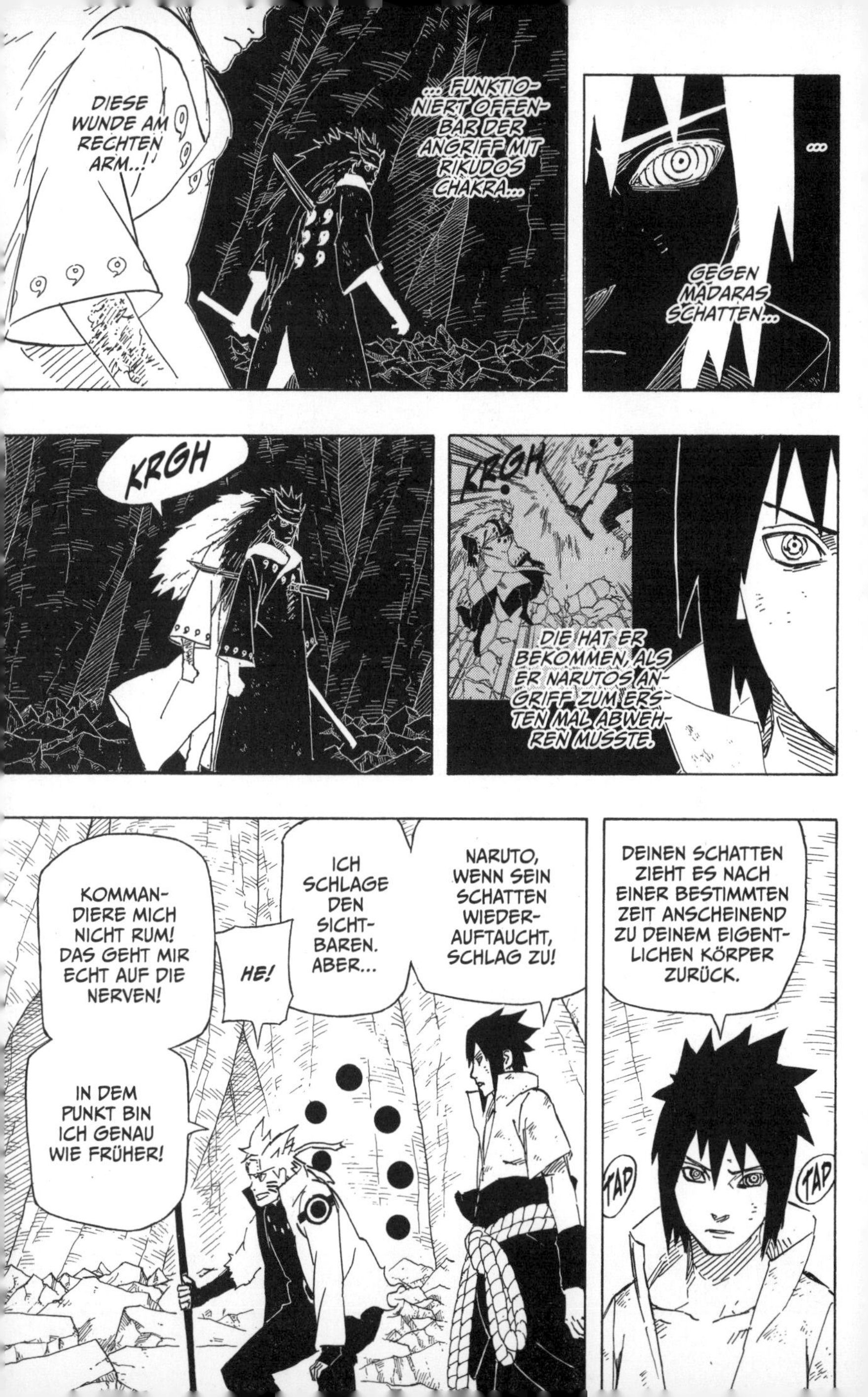
...
GEGEN MADARAS SCHATTEN...
... FUNKTIO-NIERT OFFEN-BAR DER ANGRIFF MIT RIKUDOS CHAKRA...
DIESE WUNDE AM RECHTEN ARM..!
KRGH
DIE HAT ER BEKOMMEN, ALS ER NARUTOS AN-GRIFF ZUM ERS-TEN MAL ABWEH-REN MUSSTE.
KRGH
DEINEN SCHATTEN ZIEHT ES NACH EINER BESTIMMTEN ZEIT ANSCHEINEND ZU DEINEM EIGENT-LICHEN KÖRPER ZURÜCK.
TAP
TAP
NARUTO, WENN SEIN SCHATTEN WIEDER-AUFTAUCHT, SCHLAG ZU!
ICH SCHLAGE DEN SICHT-BAREN. ABER...
HE!
KOMMAN-DIERE MICH NICHT RUM! DAS GEHT MIR ECHT AUF DIE NERVEN!
IN DEM PUNKT BIN ICH GENAU WIE FRÜHER!

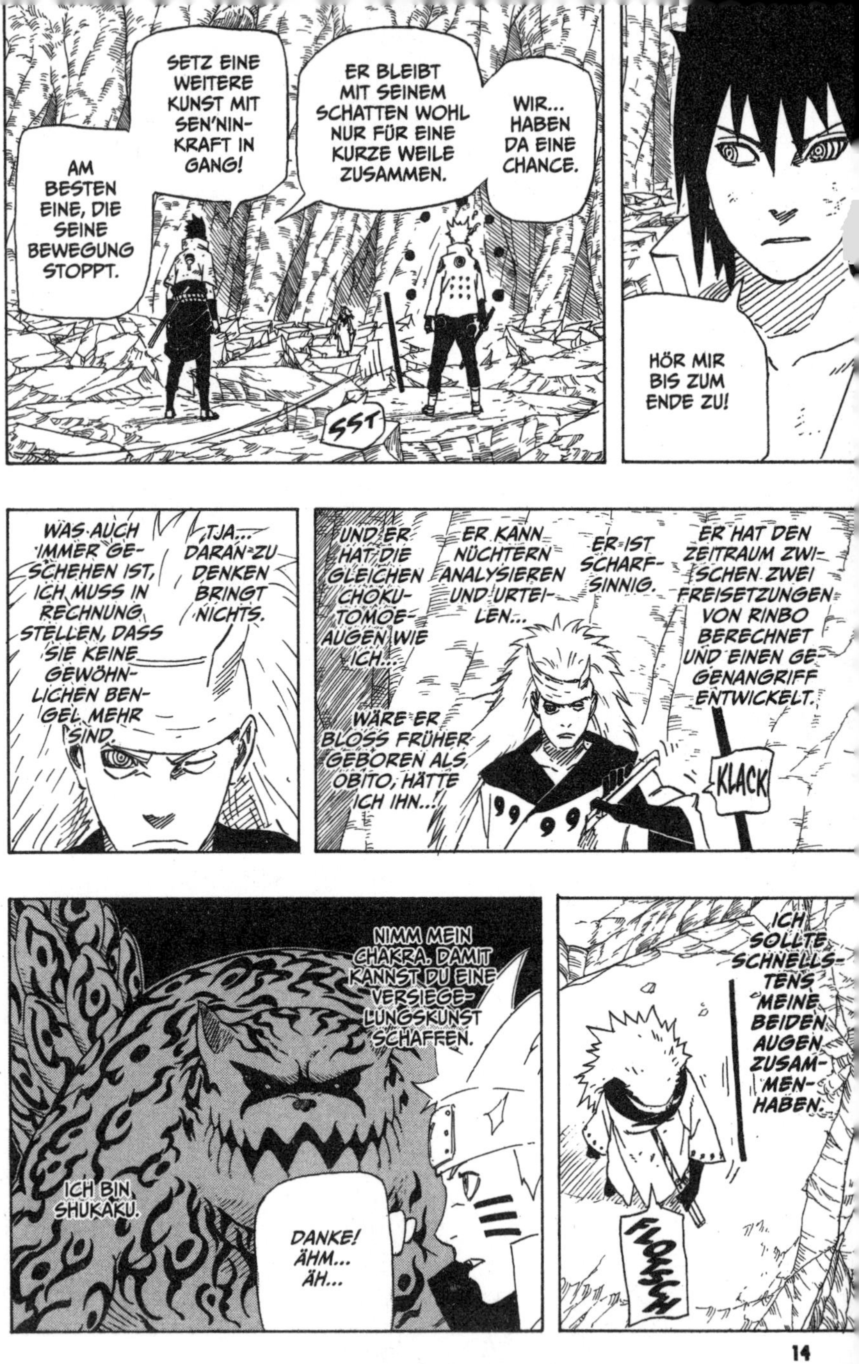
HÖR MIR BIS ZUM ENDE ZU!
WIR... HABEN DA EINE CHANCE.
ER BLEIBT MIT SEINEM SCHATTEN WOHL NUR FÜR EINE KURZE WEILE ZUSAMMEN.
SETZ EINE WEITERE KUNST MIT SEN'NIN-KRAFT IN GANG!
AM BESTEN EINE, DIE SEINE BEWEGUNG STOPPT.
SST
ER HAT DEN ZEITRAUM ZWISCHEN ZWEI FREISETZUNGEN VON RINBO BERECHNET UND EINEN GEGENANGRIFF ENTWICKELT.
KLACK
ER IST SCHARFSINNIG.
ER KANN NÜCHTERN ANALYSIEREN UND URTEILEN...
UND ER HAT DIE GLEICHEN CHOKUTOMOE-AUGEN WIE ICH...
WÄRE ER BLOSS FRÜHER GEBOREN ALS OBITO, HÄTTE ICH IHN...
TJA... DARAN ZU DENKEN BRINGT NICHTS.
WAS AUCH IMMER GESCHEHEN IST, ICH MUSS IN RECHNUNG STELLEN, DASS SIE KEINE GEWÖHNLICHEN BENGEL MEHR SIND.
ICH SOLLTE SCHNELLSTENS MEINE BEIDEN AUGEN ZUSAMMENHABEN.
FLOSCH
NIMM MEIN CHAKRA. DAMIT KANNST DU EINE VERSIEGELUNGSKUNST SCHAFFEN.
ICH BIN SHUKAKU.
DANKE! ÄHM... ÄH...

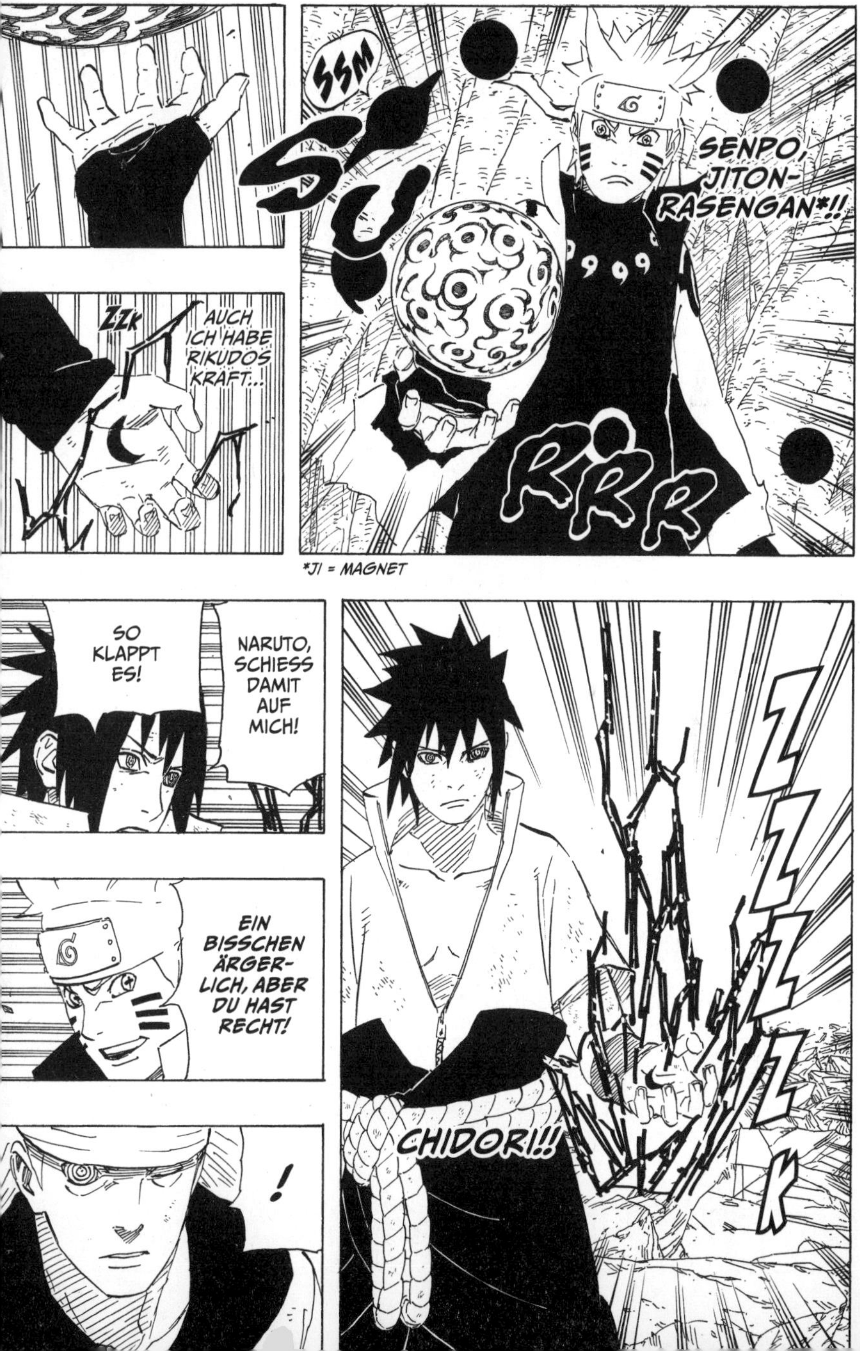

SSM
SU
SENPO, JITON-RASENGAN*!!
RRR
ZZK
AUCH ICH HABE RIKUDOS KRAFT...
ZZZZK
CHIDORI!!
NARUTO, SCHIESS DAMIT AUF MICH!
SO KLAPPT ES!
EIN BISSCHEN ÄRGERLICH, ABER DU HAST RECHT!
!

*JI = MAGNET

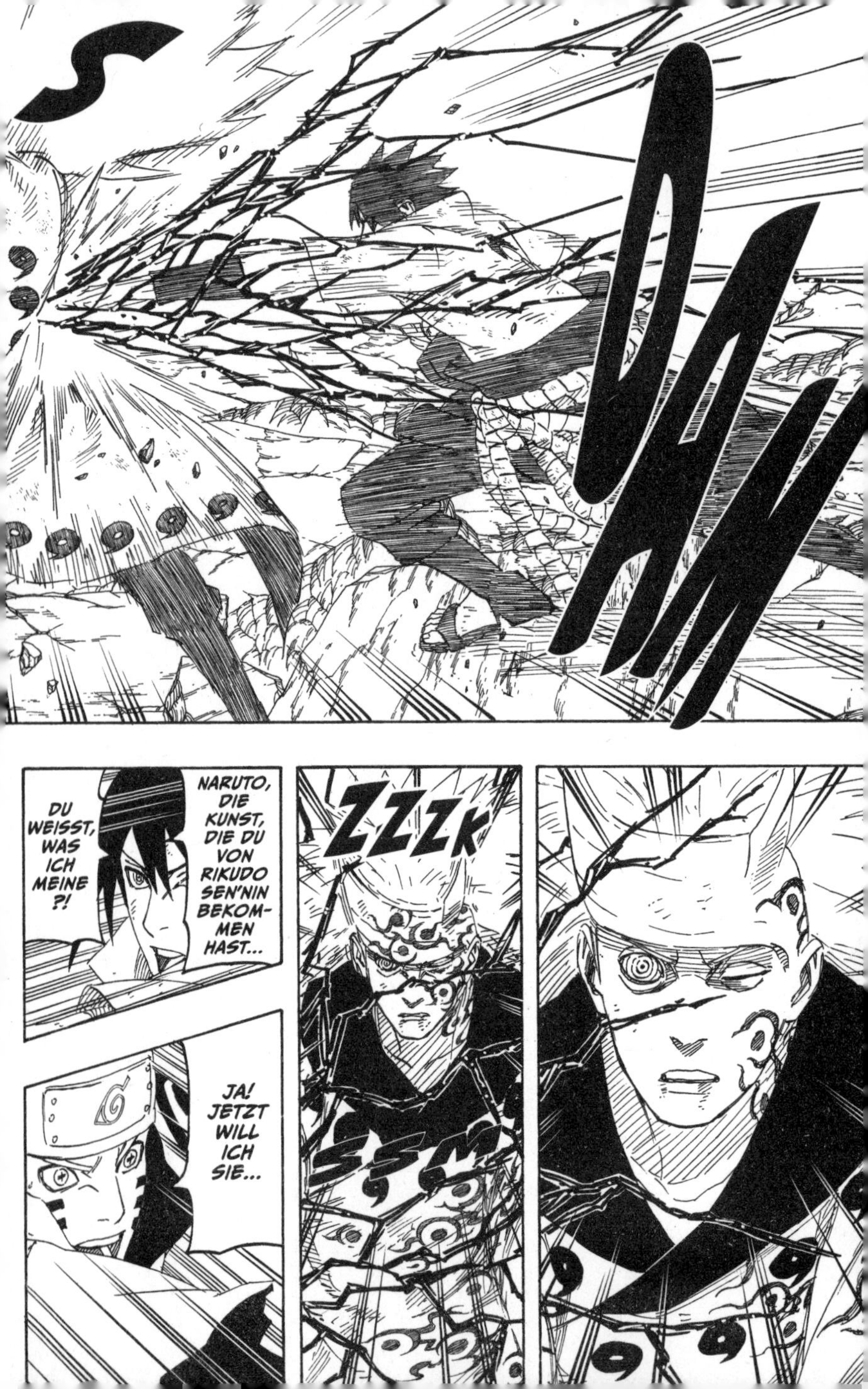
SSSHH
NARUTO, DIE KUNST, DIE DU VON RIKUDO SEN'NIN BEKOMMEN HAST...
DU WEISST, WAS ICH MEINE ?!
JA! JETZT WILL ICH SIE...
ZZZK
SSSM

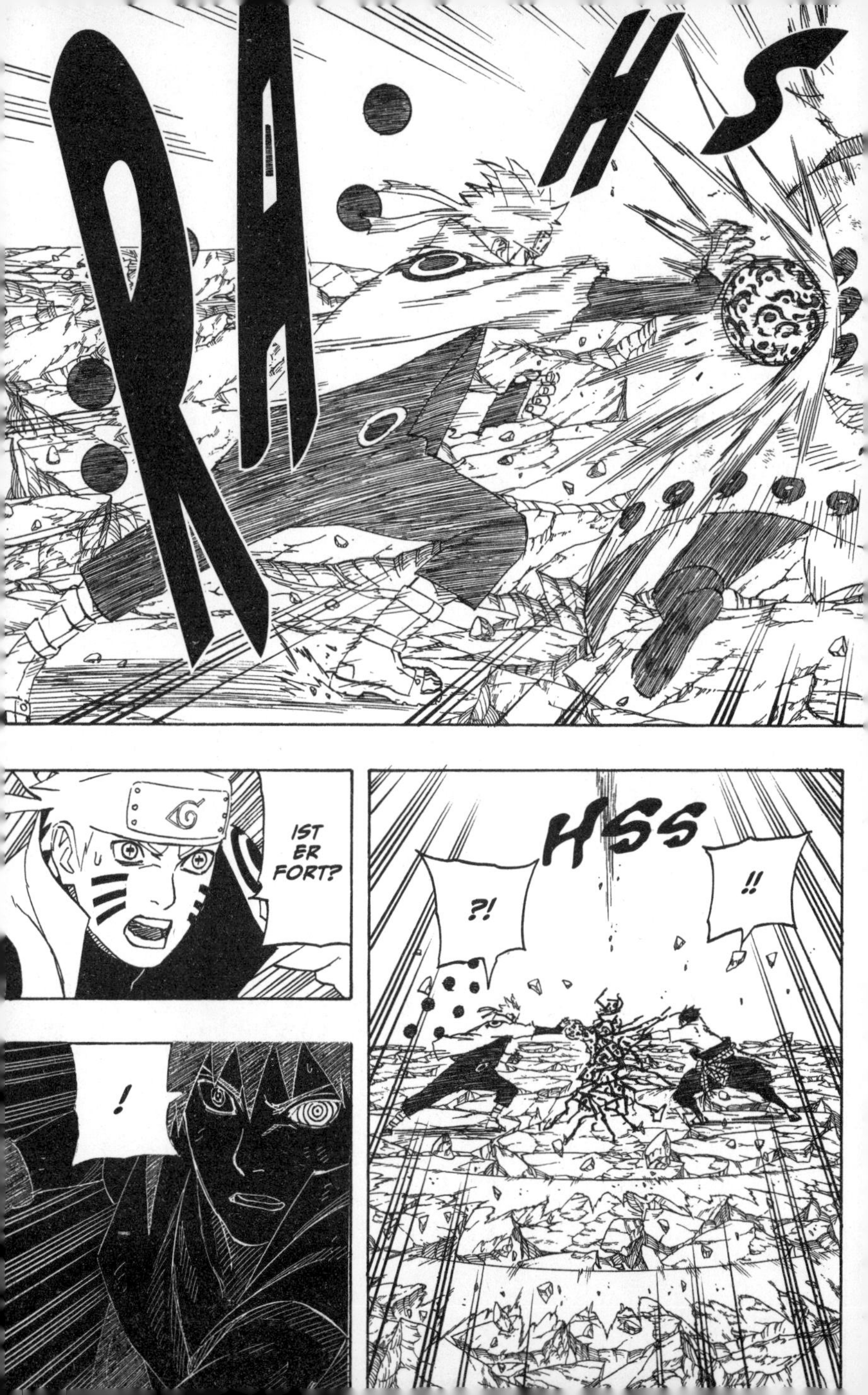
HSS
?!
!!
IST ER FORT?
!

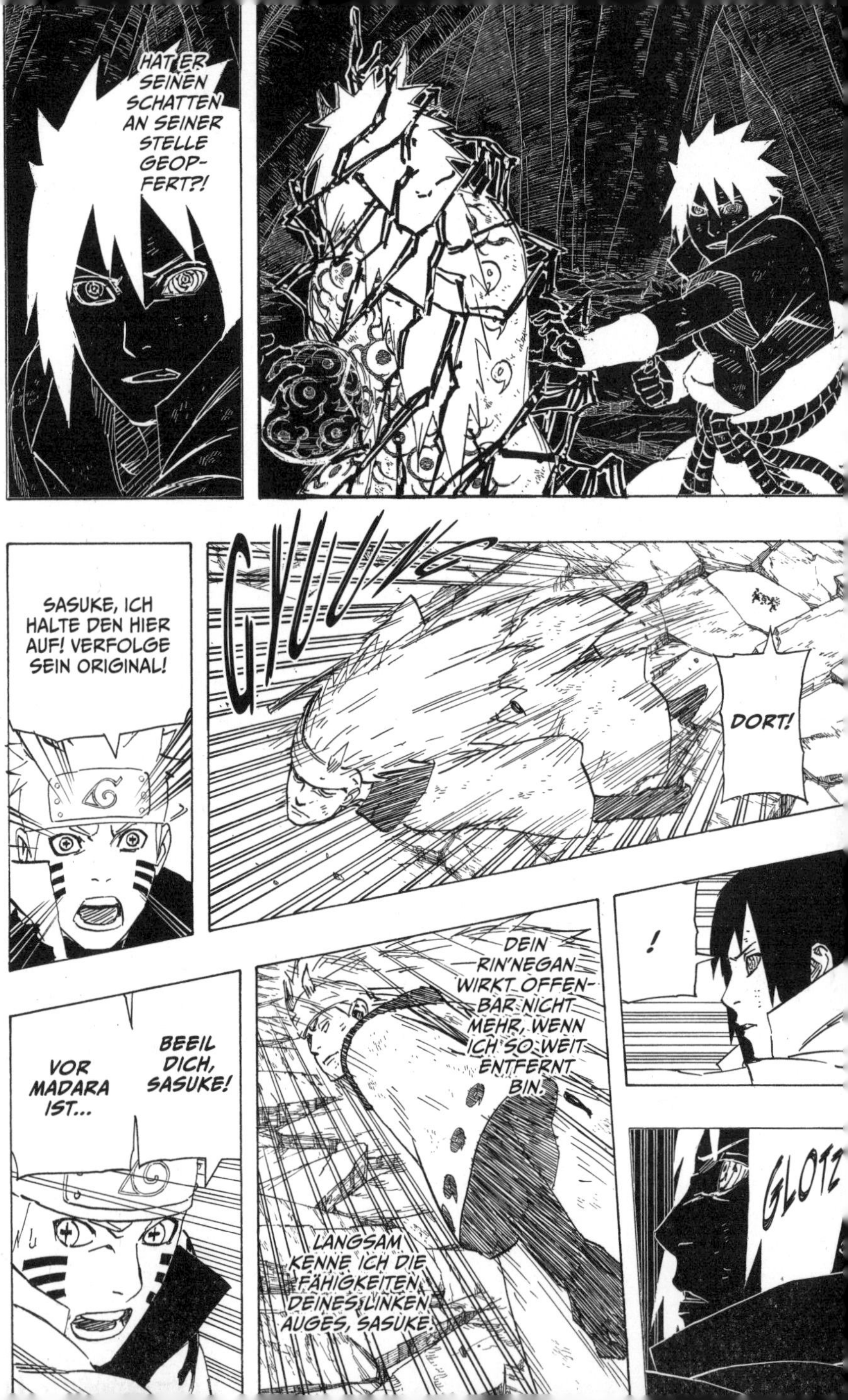

HAT ER SEINEN SCHATTEN AN SEINER STELLE GEOPFERT?!
GYUUNG
DORT!
SASUKE, ICH HALTE DEN HIER AUF! VERFOLGE SEIN ORIGINAL!
!
DEIN RIN'NEGAN WIRKT OFFENBAR NICHT MEHR, WENN ICH SO WEIT ENTFERNT BIN.
LANGSAM KENNE ICH DIE FÄHIGKEITEN DEINES LINKEN AUGES, SASUKE.
BEEIL DICH, SASUKE!
VOR MADARA IST...
GLOTZ

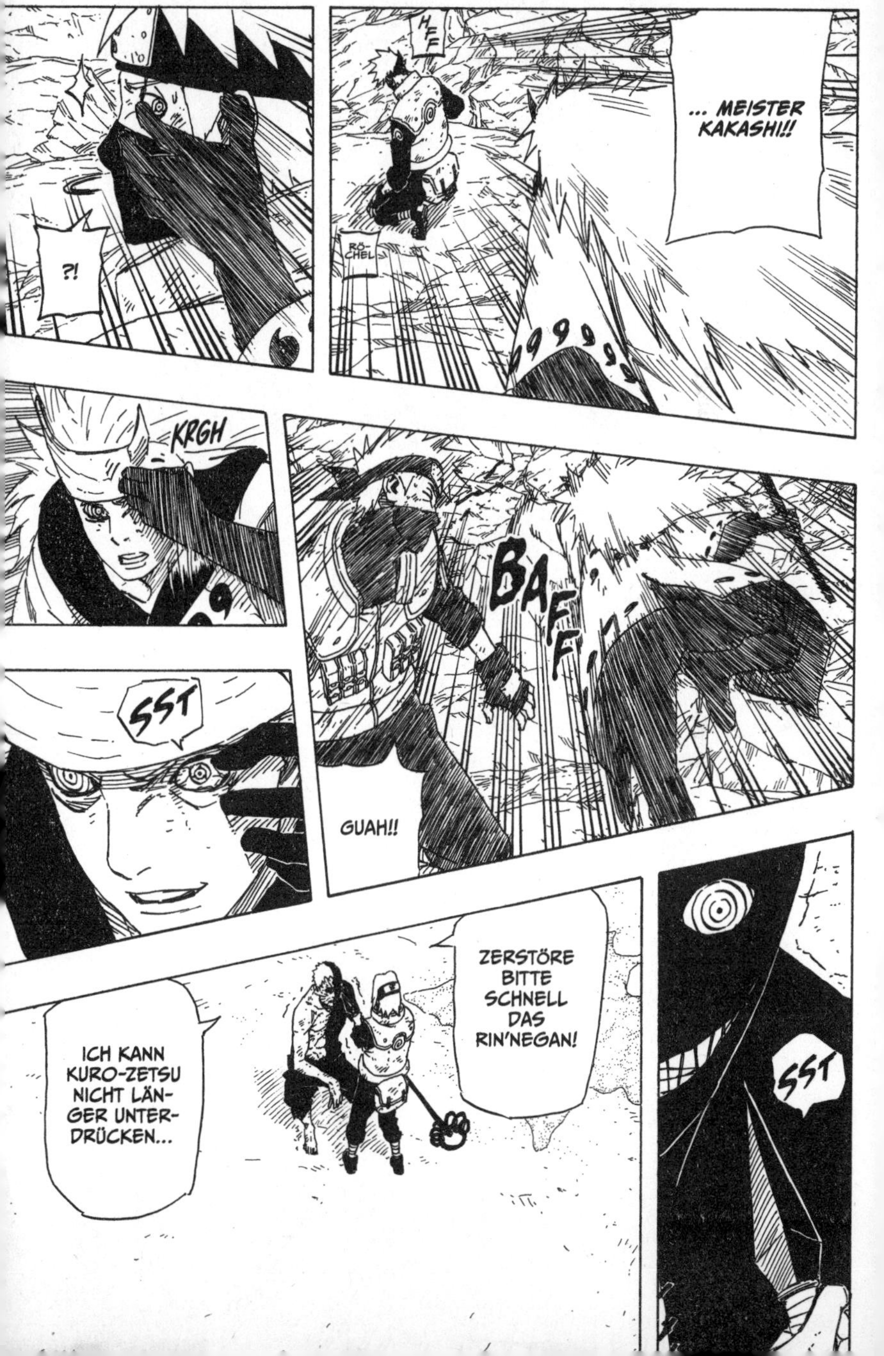
... MEISTER KAKASHI!!
HFF
RÖCHEL
?!
BAFF
KRGH
GUAH!!
SST
SST
ZERSTÖRE BITTE SCHNELL DAS RIN'NEGAN!
ICH KANN KURO-ZETSU NICHT LÄNGER UNTERDRÜCKEN...

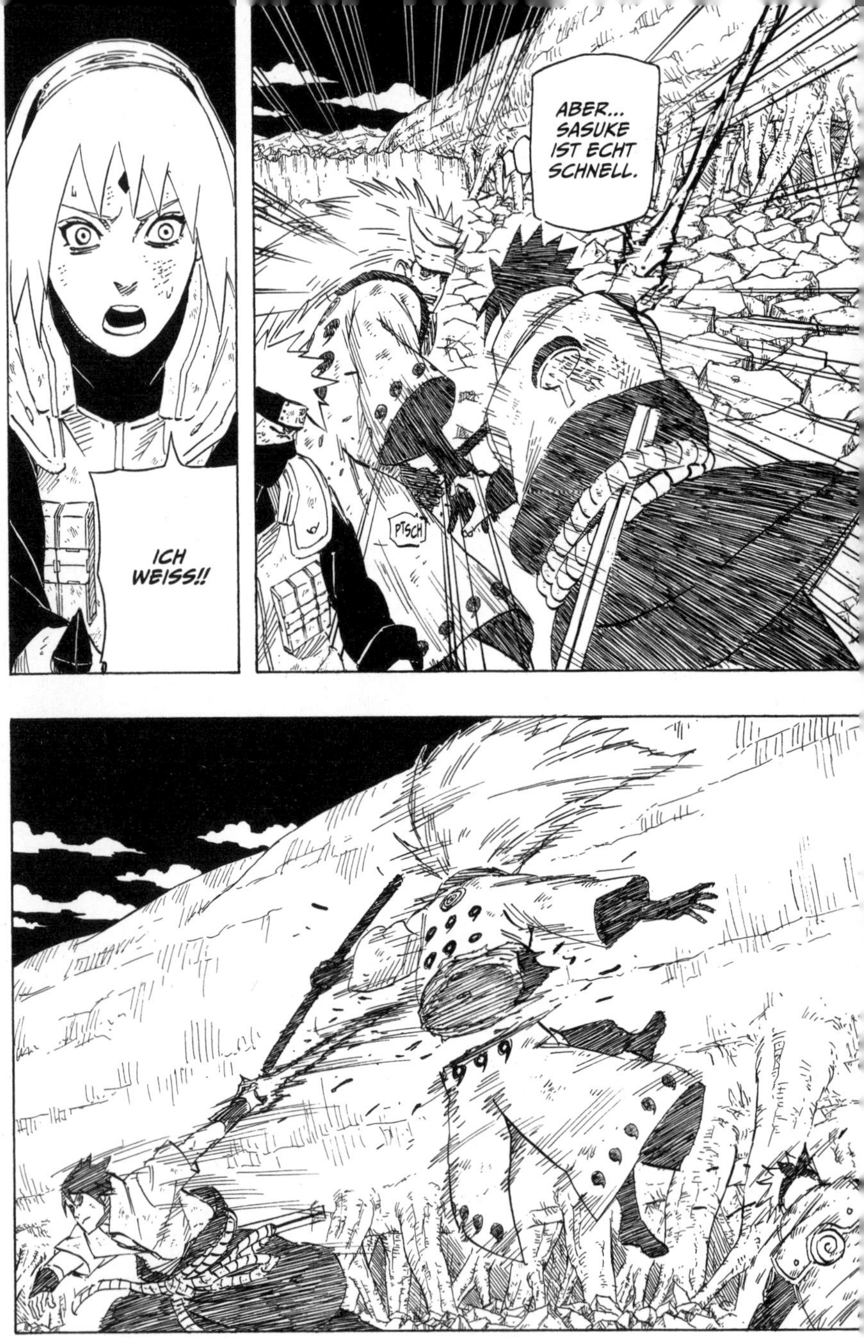
ABER... SASUKE IST ECHT SCHNELL.
PTSCH
ICH WEISS!!

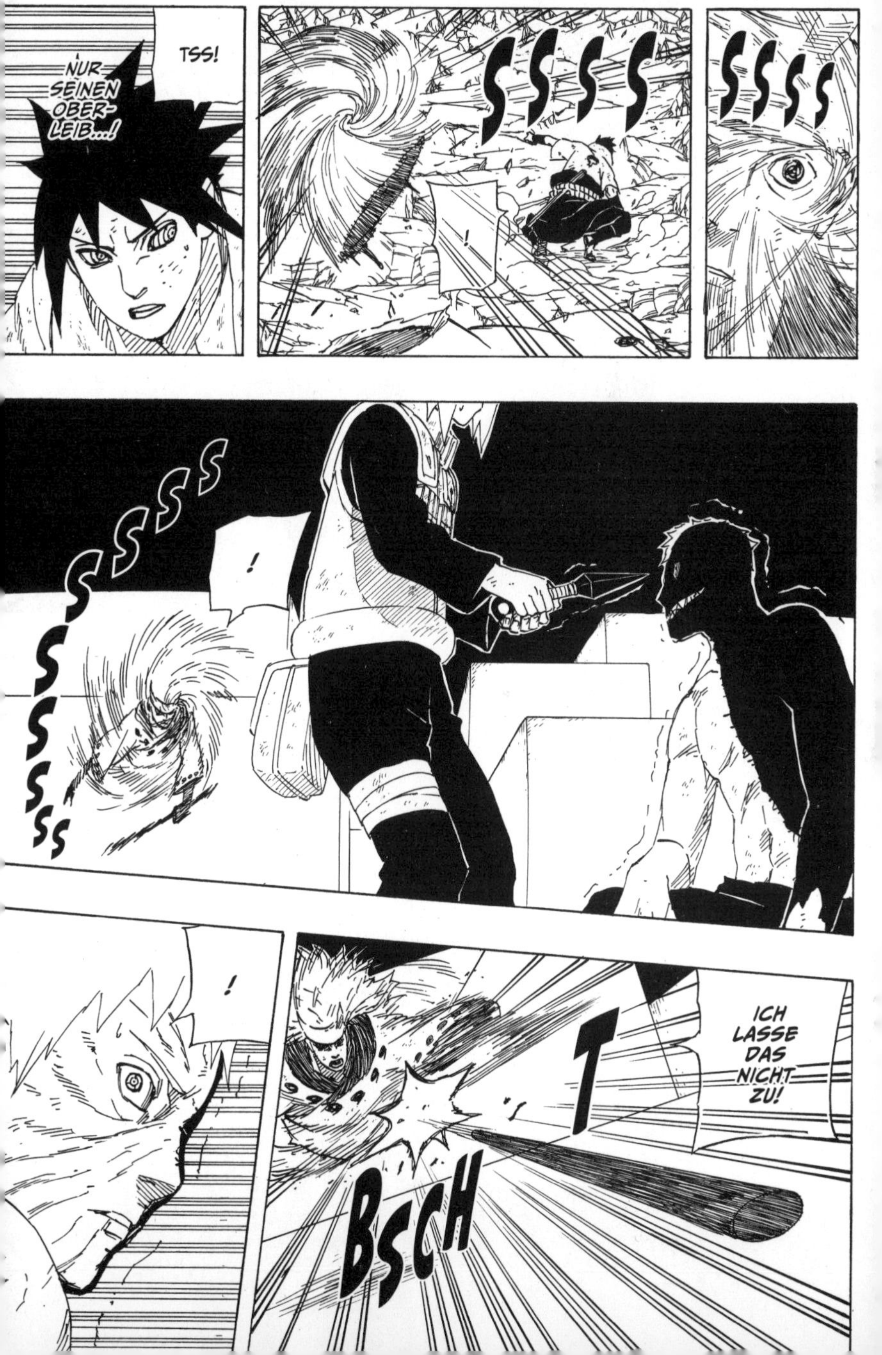
SSSS
SSSS
!
TSS!
NUR SEINEN OBERLEIB...!
SSSSSSSSSS
!
ICH LASSE DAS NICHT ZU!
T
BSCH
!

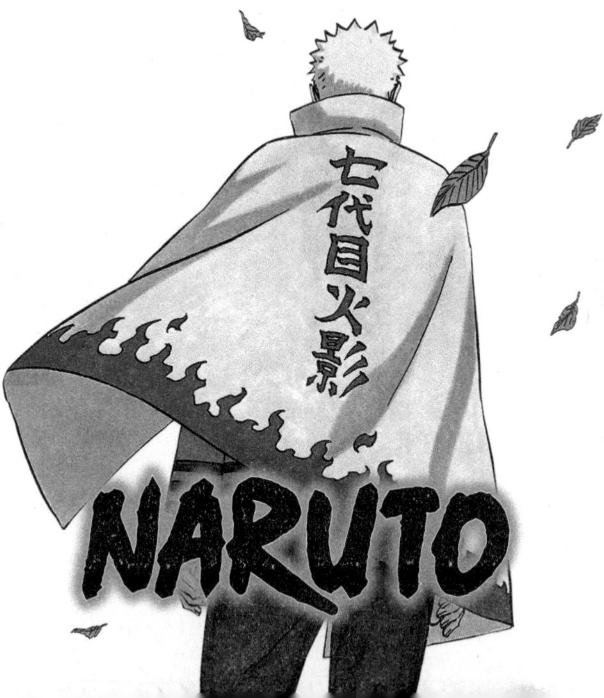
七代目火影
NARUTO

675. Kapitel: Der jetzige Traum

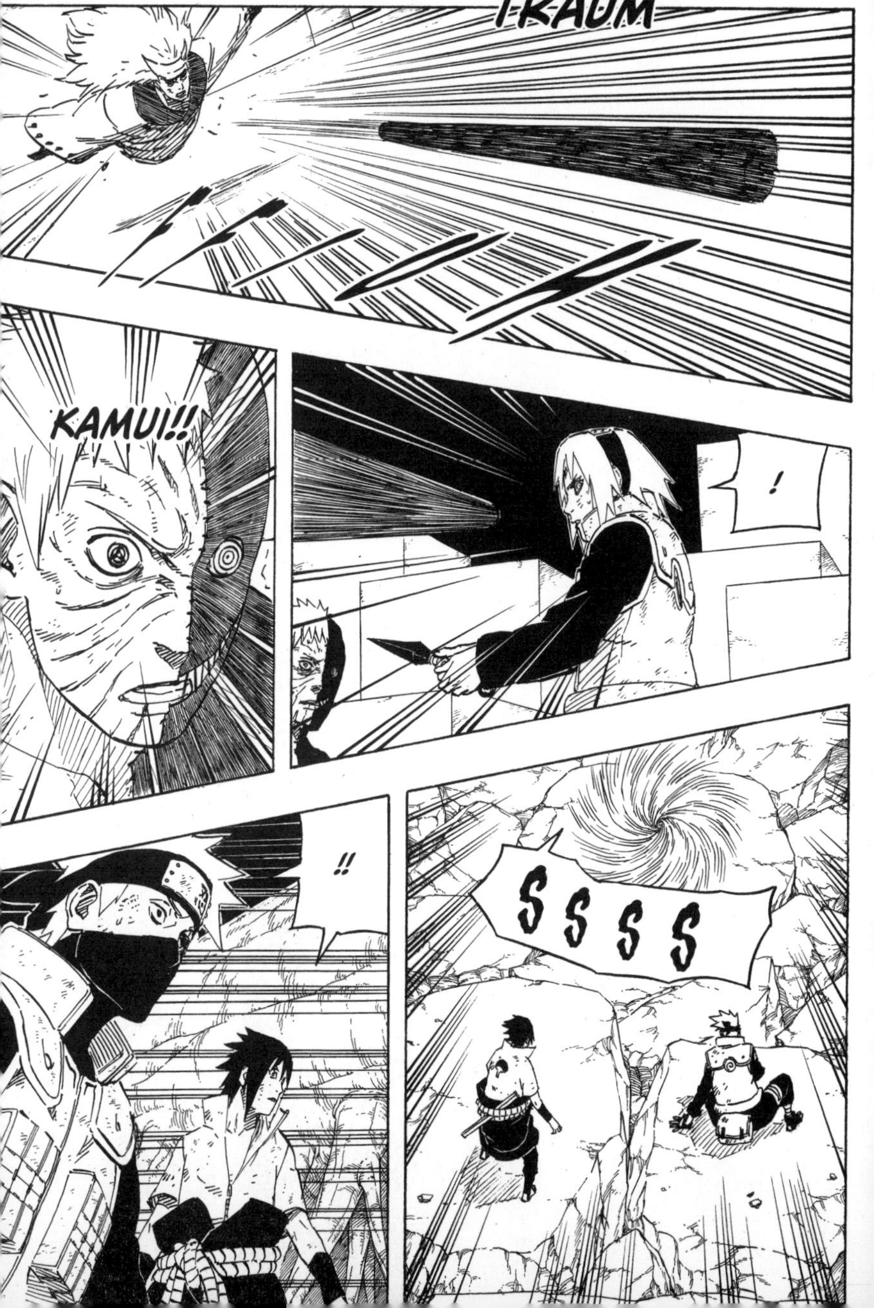

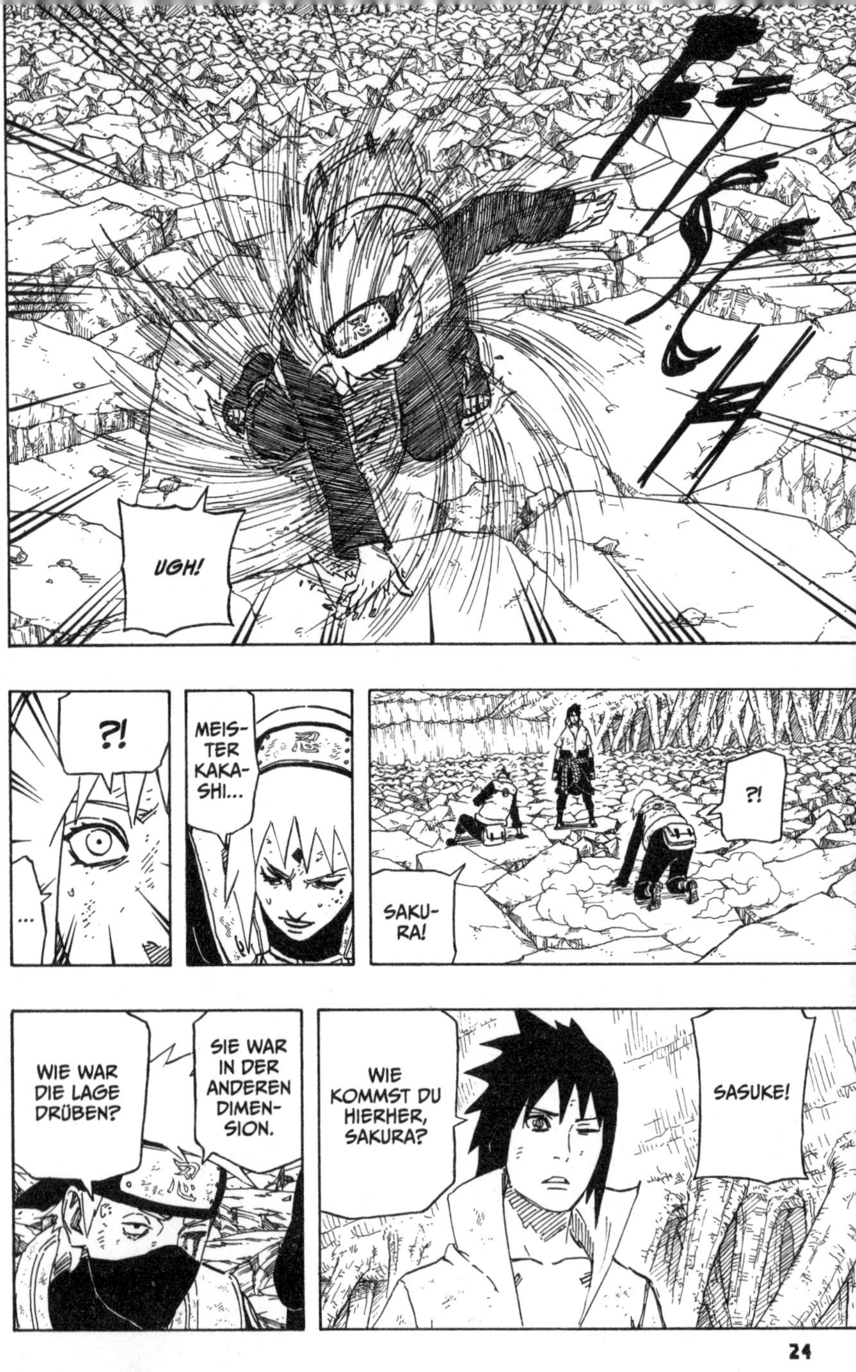
UGH!
?!
SAKURA!
MEISTER KAKASHI...
?!
...
SASUKE!
WIE KOMMST DU HIERHER, SAKURA?
SIE WAR IN DER ANDEREN DIMENSION.
WIE WAR DIE LAGE DRÜBEN?

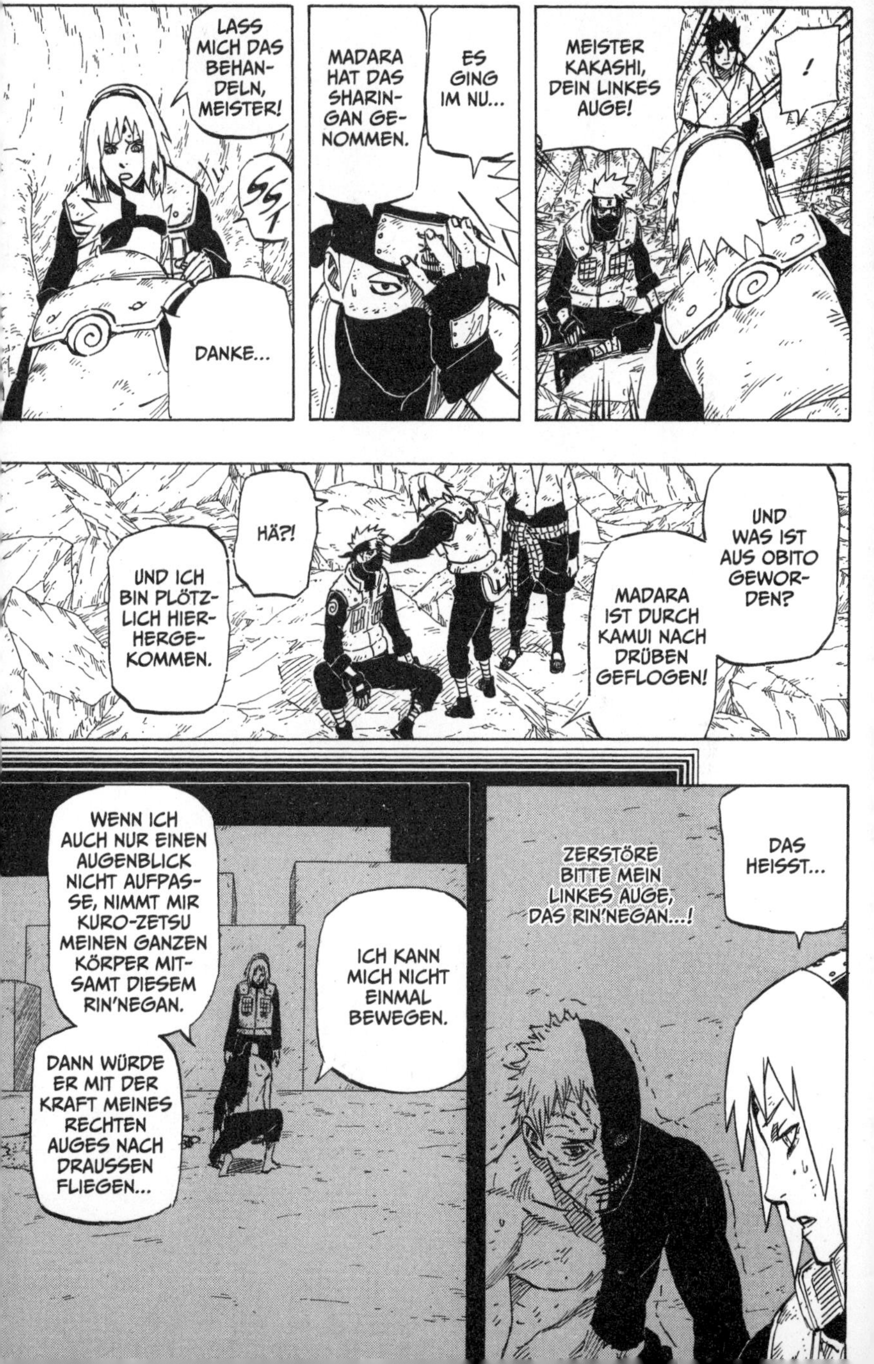
!
MEISTER KAKASHI, DEIN LINKES AUGE!
ES GING IM NU...
MADARA HAT DAS SHARINGAN GENOMMEN.
LASS MICH DAS BEHANDELN, MEISTER!
DANKE...
UND WAS IST AUS OBITO GEWORDEN?
MADARA IST DURCH KAMUI NACH DRÜBEN GEFLOGEN!
HÄ?!
UND ICH BIN PLÖTZLICH HIERHERGEKOMMEN.
DAS HEISST...
ZERSTÖRE BITTE MEIN LINKES AUGE, DAS RIN'NEGAN...!
ICH KANN MICH NICHT EINMAL BEWEGEN.
WENN ICH AUCH NUR EINEN AUGENBLICK NICHT AUFPASSE, NIMMT MIR KURO-ZETSU MEINEN GANZEN KÖRPER MITSAMT DIESEM RIN'NEGAN.
DANN WÜRDE ER MIT DER KRAFT MEINES RECHTEN AUGES NACH DRAUSSEN FLIEGEN...

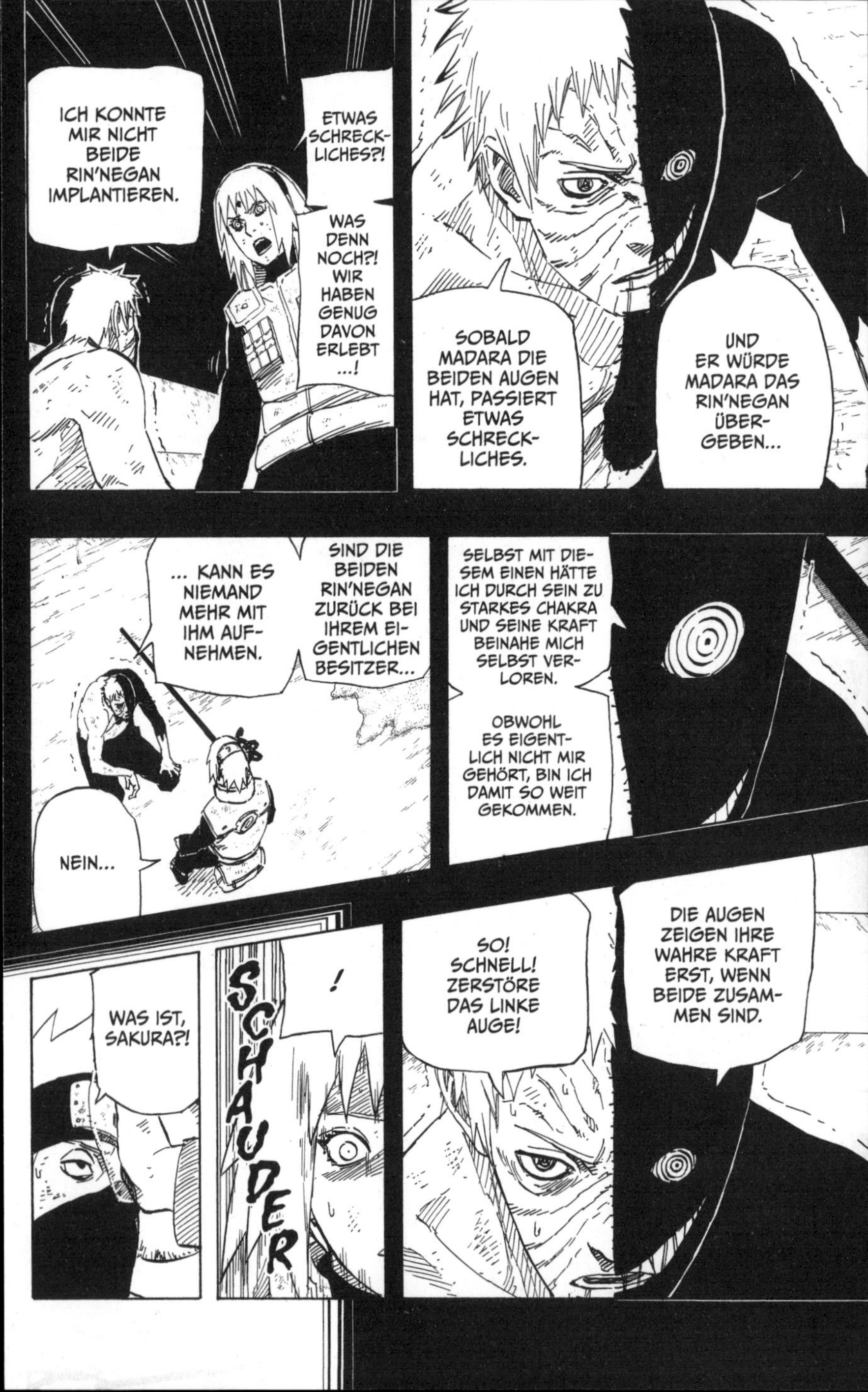
UND ER WÜRDE MADARA DAS RIN'NEGAN ÜBERGEBEN...
SOBALD MADARA DIE BEIDEN AUGEN HAT, PASSIERT ETWAS SCHRECKLICHES.
ETWAS SCHRECKLICHES?!
WAS DENN NOCH?! WIR HABEN GENUG DAVON ERLEBT ...!
ICH KONNTE MIR NICHT BEIDE RIN'NEGAN IMPLANTIEREN.
SELBST MIT DIESEM EINEN HÄTTE ICH DURCH SEIN ZU STARKES CHAKRA UND SEINE KRAFT BEINAHE MICH SELBST VERLOREN.
OBWOHL ES EIGENTLICH NICHT MIR GEHÖRT, BIN ICH DAMIT SO WEIT GEKOMMEN.
SIND DIE BEIDEN RIN'NEGAN ZURÜCK BEI IHREM EIGENTLICHEN BESITZER...
... KANN ES NIEMAND MEHR MIT IHM AUFNEHMEN.
NEIN...
DIE AUGEN ZEIGEN IHRE WAHRE KRAFT ERST, WENN BEIDE ZUSAMMEN SIND.
SO! SCHNELL! ZERSTÖRE DAS LINKE AUGE!
!
SCHAUDER
WAS IST, SAKURA?!

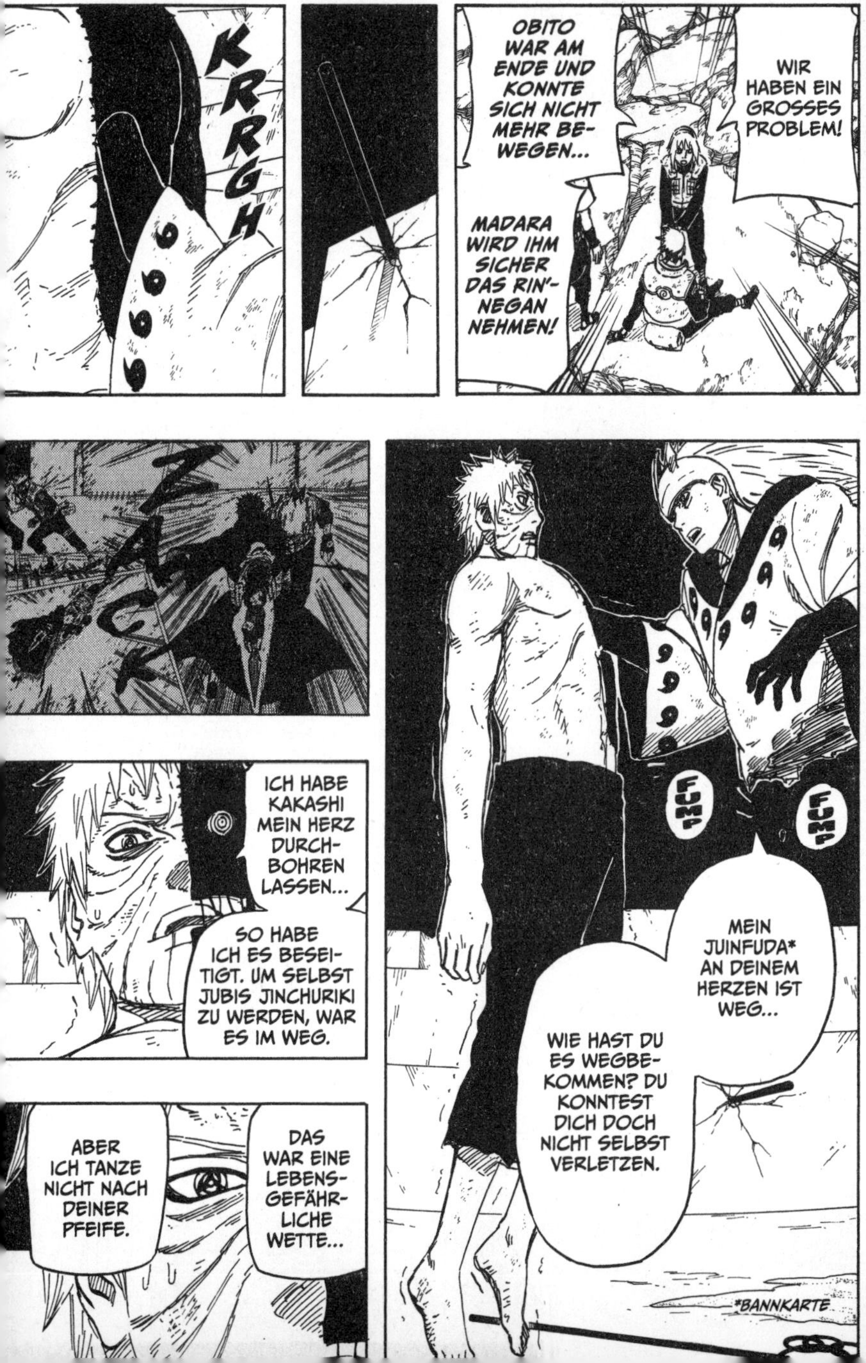
WIR HABEN EIN GROSSES PROBLEM!
OBITO WAR AM ENDE UND KONNTE SICH NICHT MEHR BE-WEGEN...
MADARA WIRD IHM SICHER DAS RIN'-NEGAN NEHMEN!
KRRGH
FUMP
FUMP
MEIN JUINFUDA* AN DEINEM HERZEN IST WEG...
WIE HAST DU ES WEGBE-KOMMEN? DU KONNTEST DICH DOCH NICHT SELBST VERLETZEN.
ZZACK
ICH HABE KAKASHI MEIN HERZ DURCH-BOHREN LASSEN...
SO HABE ICH ES BESEI-TIGT. UM SELBST JUBIS JINCHURIKI ZU WERDEN, WAR ES IM WEG.
DAS WAR EINE LEBENS-GEFÄHR-LICHE WETTE...
ABER ICH TANZE NICHT NACH DEINER PFEIFE.
*BANNKARTE

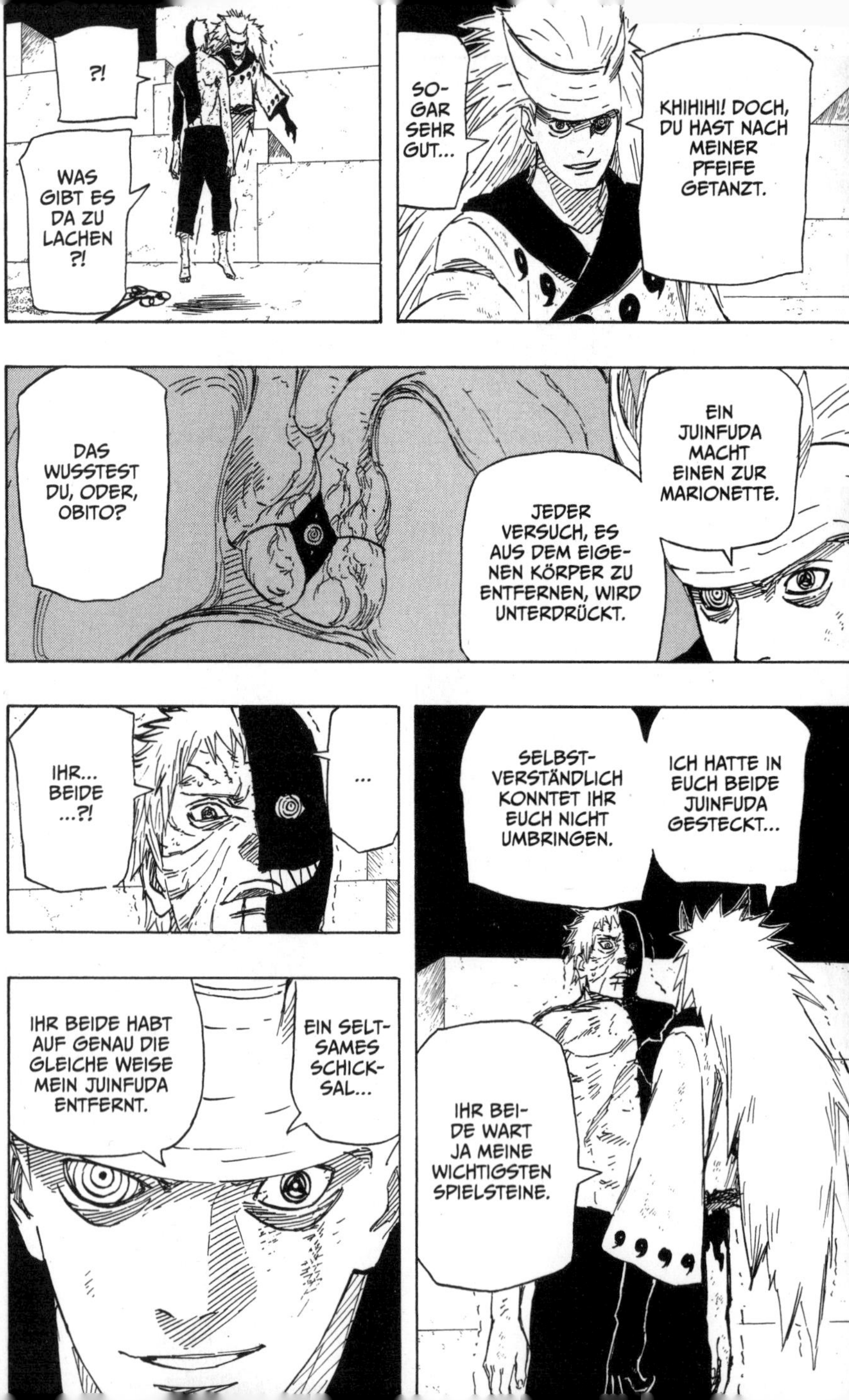
KHIHIHI! DOCH, DU HAST NACH MEINER PFEIFE GETANZT.
SO-GAR SEHR GUT...
?!
WAS GIBT ES DA ZU LACHEN ?!
EIN JUINFUDA MACHT EINEN ZUR MARIONETTE.
JEDER VERSUCH, ES AUS DEM EIGE-NEN KÖRPER ZU ENTFERNEN, WIRD UNTERDRÜCKT.
DAS WUSSTEST DU, ODER, OBITO?
ICH HATTE IN EUCH BEIDE JUINFUDA GESTECKT...
SELBST-VERSTÄNDLICH KONNTET IHR EUCH NICHT UMBRINGEN.
...
IHR... BEIDE ...?!
IHR BEI-DE WART JA MEINE WICHTIGSTEN SPIELSTEINE.
EIN SELT-SAMES SCHICK-SAL...
IHR BEIDE HABT AUF GENAU DIE GLEICHE WEISE MEIN JUINFUDA ENTFERNT.

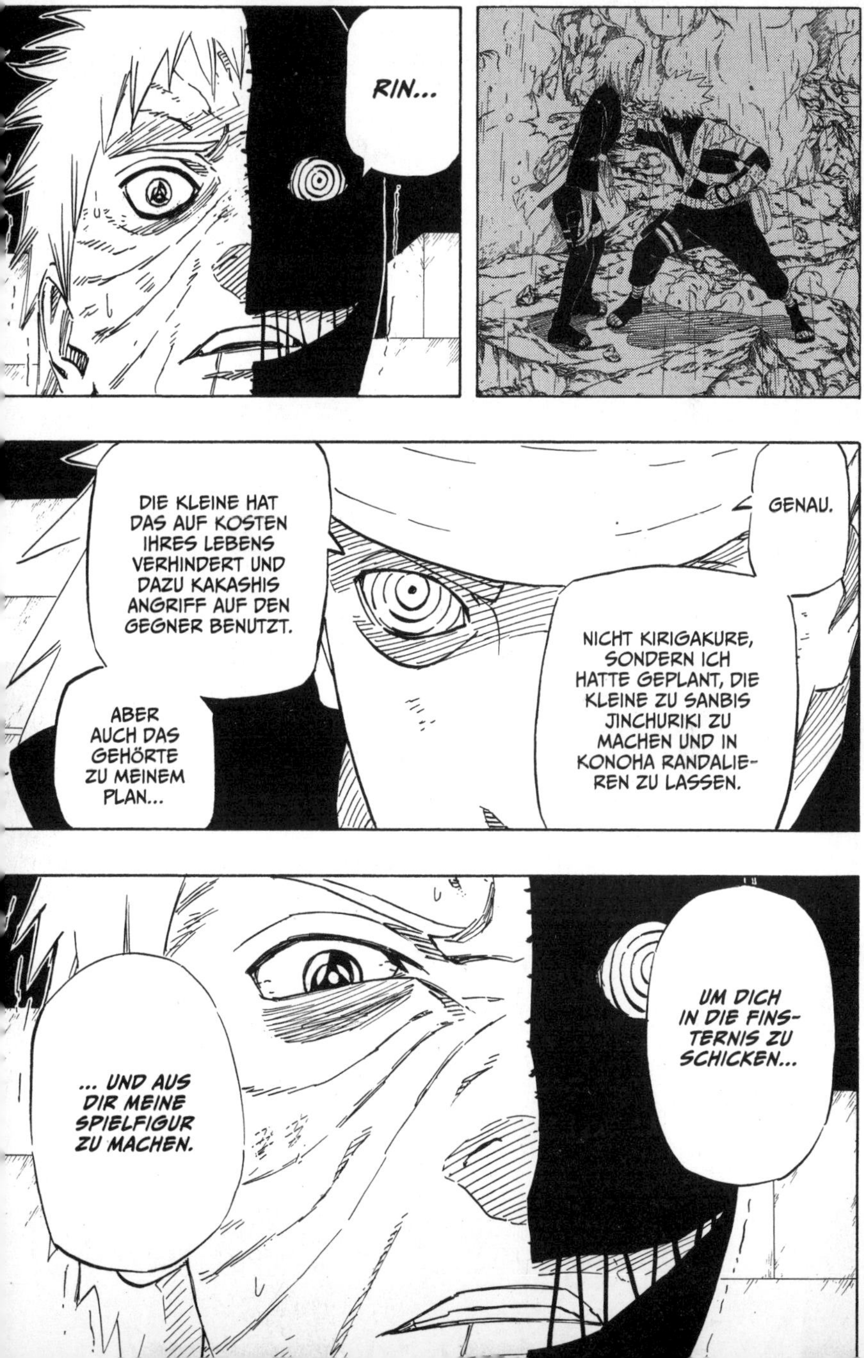
RIN...
GENAU.
NICHT KIRIGAKURE, SONDERN ICH HATTE GEPLANT, DIE KLEINE ZU SANBIS JINCHURIKI ZU MACHEN UND IN KONOHA RANDALIE-REN ZU LASSEN.
DIE KLEINE HAT DAS AUF KOSTEN IHRES LEBENS VERHINDERT UND DAZU KAKASHIS ANGRIFF AUF DEN GEGNER BENUTZT.
ABER AUCH DAS GEHÖRTE ZU MEINEM PLAN...
UM DICH IN DIE FINS-TERNIS ZU SCHICKEN...
... UND AUS DIR MEINE SPIELFIGUR ZU MACHEN.

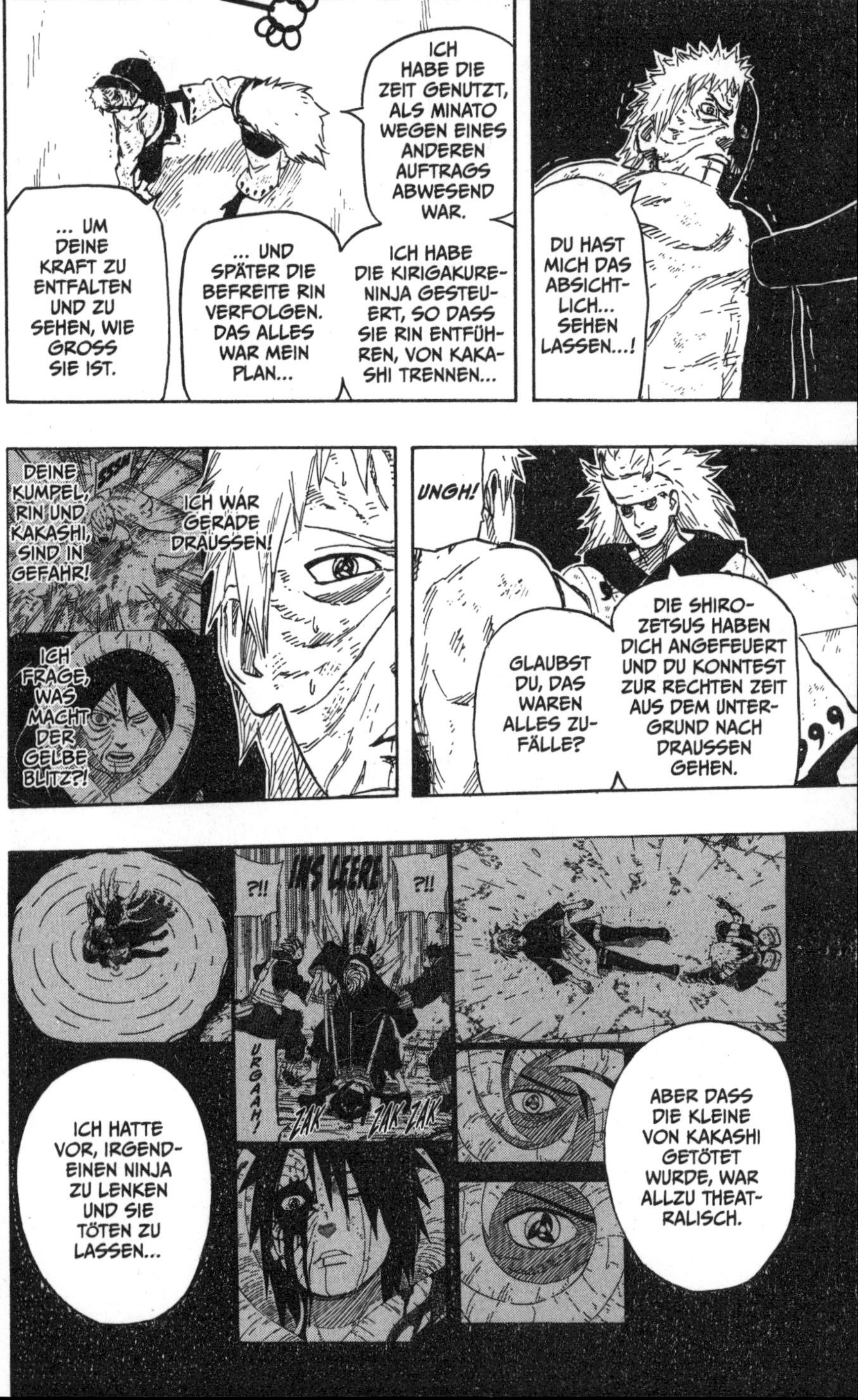
DU HAST MICH DAS ABSICHTLICH... SEHEN LASSEN...!
ICH HABE DIE ZEIT GENUTZT, ALS MINATO WEGEN EINES ANDEREN AUFTRAGS ABWESEND WAR.
ICH HABE DIE KIRIGAKURE-NINJA GESTEUERT, SO DASS SIE RIN ENTFÜHREN, VON KAKASHI TRENNEN...
... UND SPÄTER DIE BEFREITE RIN VERFOLGEN. DAS ALLES WAR MEIN PLAN...
... UM DEINE KRAFT ZU ENTFALTEN UND ZU SEHEN, WIE GROSS SIE IST.
UNGH!
DIE SHIRO-ZETSUS HABEN DICH ANGEFEUERT UND DU KONNTEST ZUR RECHTEN ZEIT AUS DEM UNTERGRUND NACH DRAUSSEN GEHEN.
GLAUBST DU, DAS WAREN ALLES ZUFÄLLE?
ICH WAR GERADE DRAUSSEN!
DEINE KUMPEL, RIN UND KAKASHI, SIND IN GEFAHR!
ICH FRAGE, WAS MACHT DER GELBE BLITZ?!
ABER DASS DIE KLEINE VON KAKASHI GETÖTET WURDE, WAR ALLZU THEATRALISCH.
?!!
INS LEERE
?!!
URGAAH!
ZAK
ZAK ZAK
ICH HATTE VOR, IRGENDEINEN NINJA ZU LENKEN UND SIE TÖTEN ZU LASSEN...

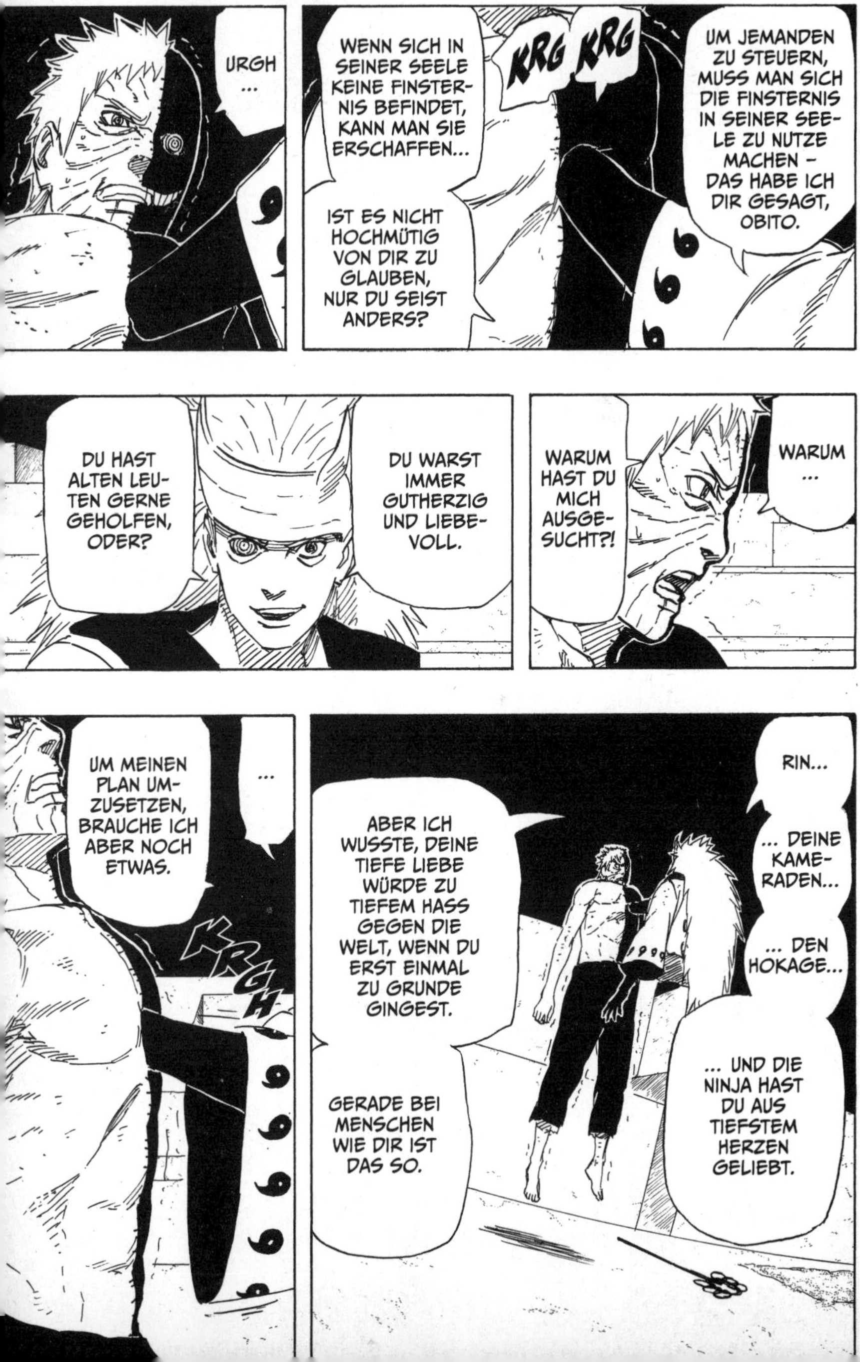
UM JEMANDEN ZU STEUERN, MUSS MAN SICH DIE FINSTERNIS IN SEINER SEE-LE ZU NUTZE MACHEN – DAS HABE ICH DIR GESAGT, OBITO.
KRG KRG
WENN SICH IN SEINER SEELE KEINE FINSTER-NIS BEFINDET, KANN MAN SIE ERSCHAFFEN...
IST ES NICHT HOCHMÜTIG VON DIR ZU GLAUBEN, NUR DU SEIST ANDERS?
URGH ...
WARUM ...
WARUM HAST DU MICH AUSGE-SUCHT?!
DU WARST IMMER GUTHERZIG UND LIEBE-VOLL.
DU HAST ALTEN LEU-TEN GERNE GEHOLFEN, ODER?
RIN...
... DEINE KAME-RADEN...
... DEN HOKAGE...
... UND DIE NINJA HAST DU AUS TIEFSTEM HERZEN GELIEBT.
ABER ICH WUSSTE, DEINE TIEFE LIEBE WÜRDE ZU TIEFEM HASS GEGEN DIE WELT, WENN DU ERST EINMAL ZU GRUNDE GINGEST.
GERADE BEI MENSCHEN WIE DIR IST DAS SO.
...
UM MEINEN PLAN UM-ZUSETZEN, BRAUCHE ICH ABER NOCH ETWAS.
KRGH

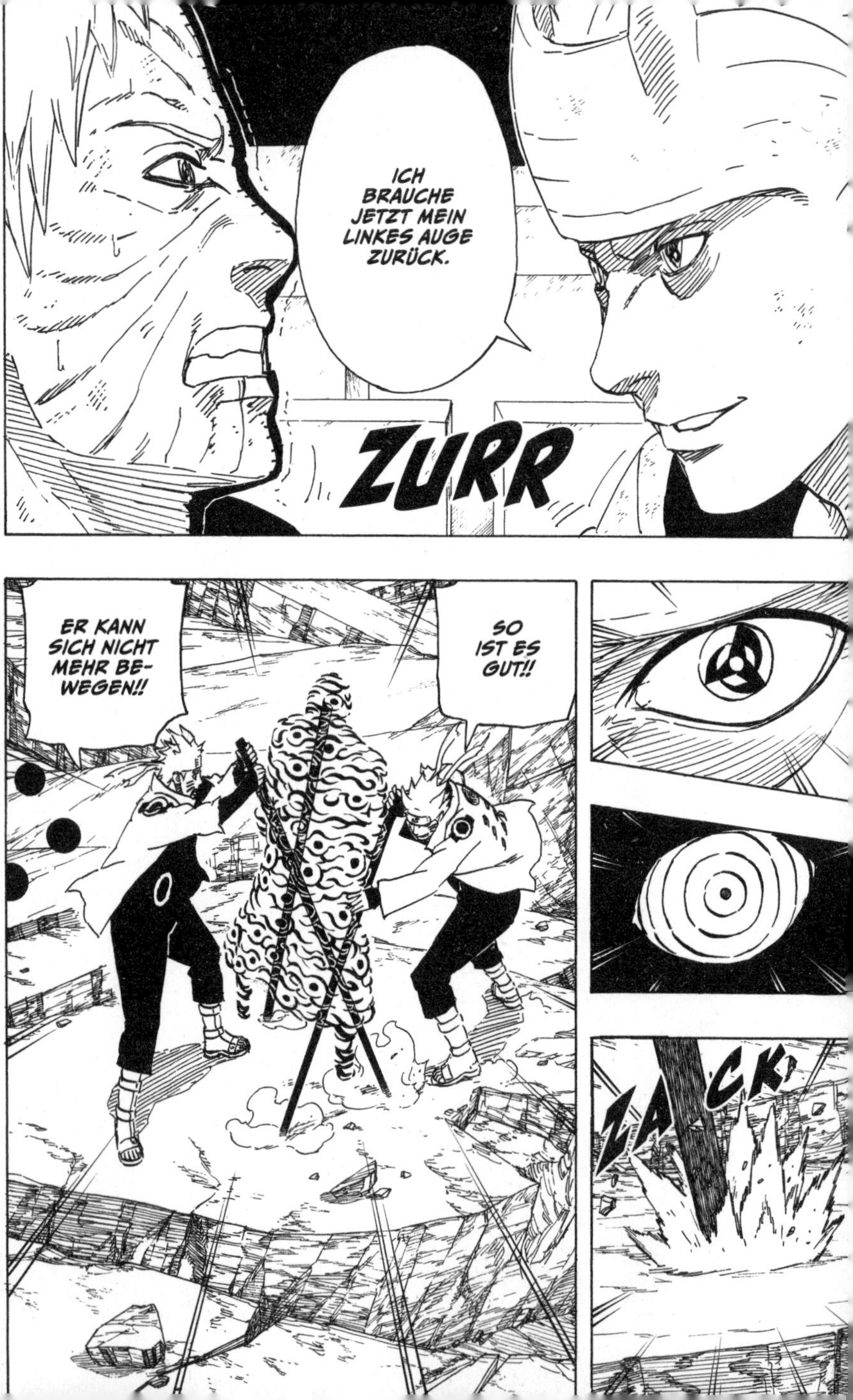
ICH BRAUCHE JETZT MEIN LINKES AUGE ZURÜCK.
ZURR
SO IST ES GUT!!
ER KANN SICH NICHT MEHR BE-WEGEN!!
ZACK!

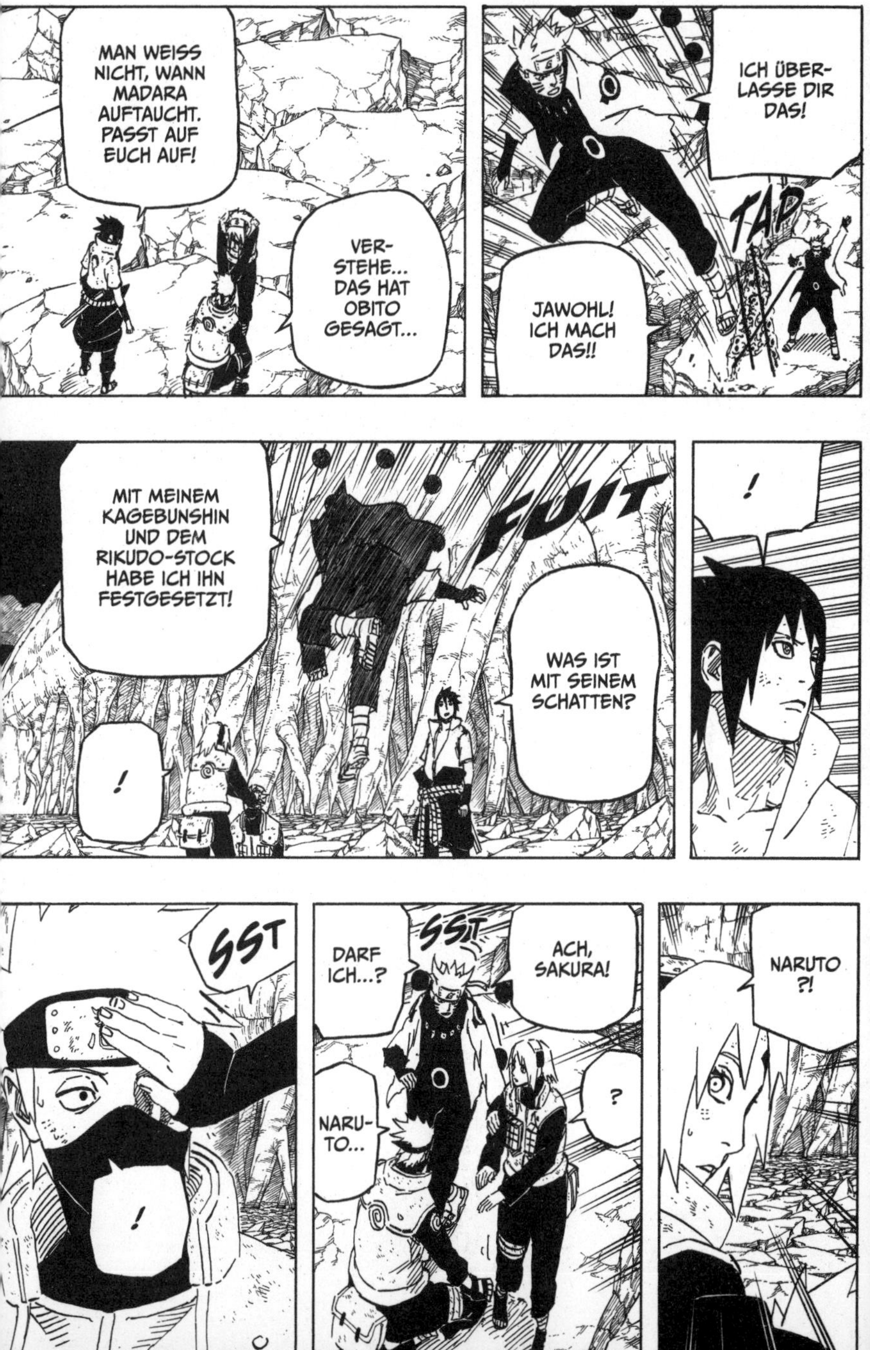

ICH ÜBERLASSE DIR DAS!
TAP
JAWOHL! ICH MACH DAS!!
MAN WEISS NICHT, WANN MADARA AUFTAUCHT. PASST AUF EUCH AUF!
VERSTEHE... DAS HAT OBITO GESAGT...
!
FUIT
MIT MEINEM KAGEBUNSHIN UND DEM RIKUDO-STOCK HABE ICH IHN FESTGESETZT!
WAS IST MIT SEINEM SCHATTEN?
!
NARUTO ?!
ACH, SAKURA!
SST
DARF ICH...?
?
NARUTO...
SST
!

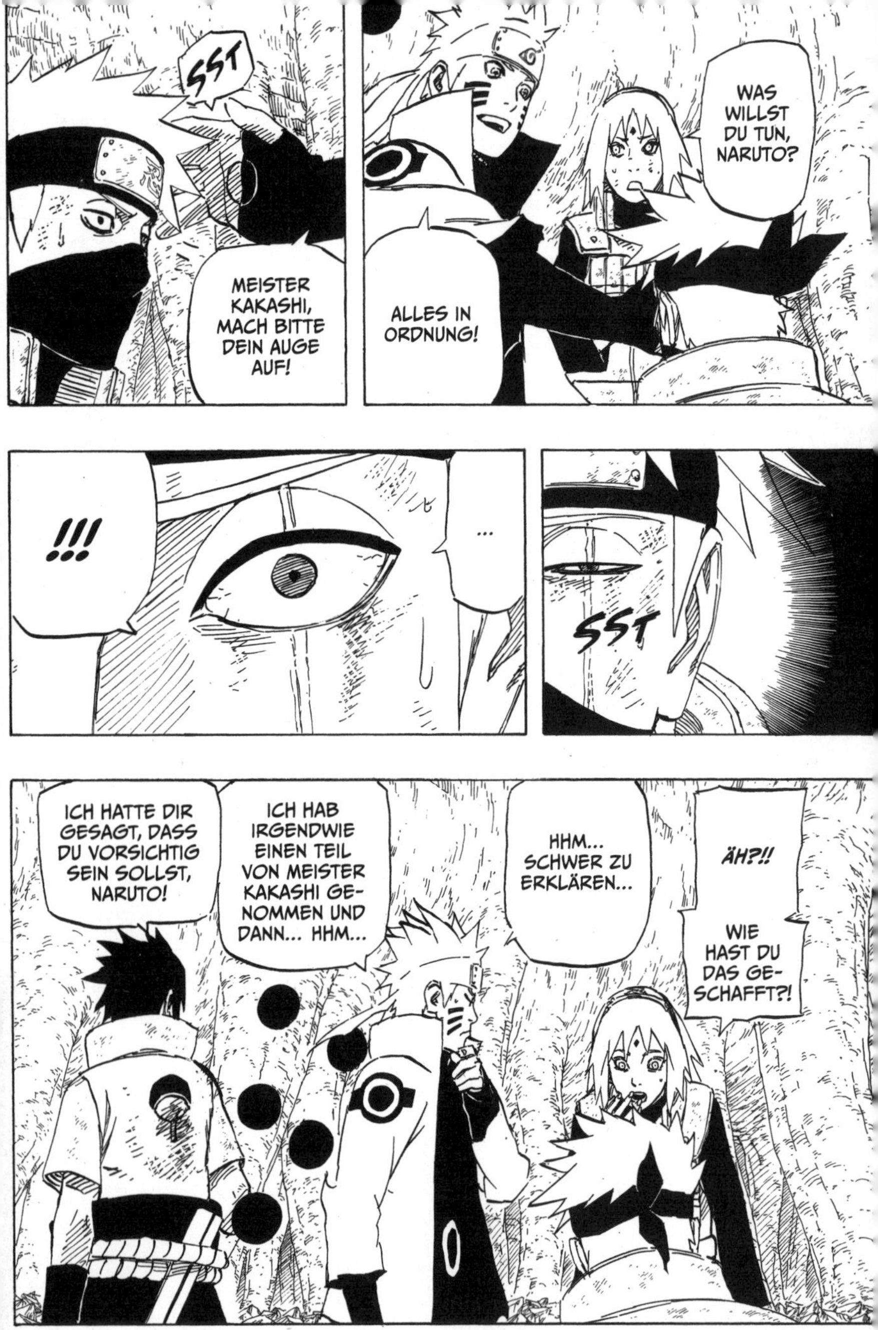
WAS WILLST DU TUN, NARUTO?
ALLES IN ORDNUNG!
SST
MEISTER KAKASHI, MACH BITTE DEIN AUGE AUF!
SST
...
!!!
ÄH?!!
WIE HAST DU DAS GESCHAFFT?!
HHM... SCHWER ZU ERKLÄREN...
ICH HAB IRGENDWIE EINEN TEIL VON MEISTER KAKASHI GENOMMEN UND DANN... HHM...
ICH HATTE DIR GESAGT, DASS DU VORSICHTIG SEIN SOLLST, NARUTO!

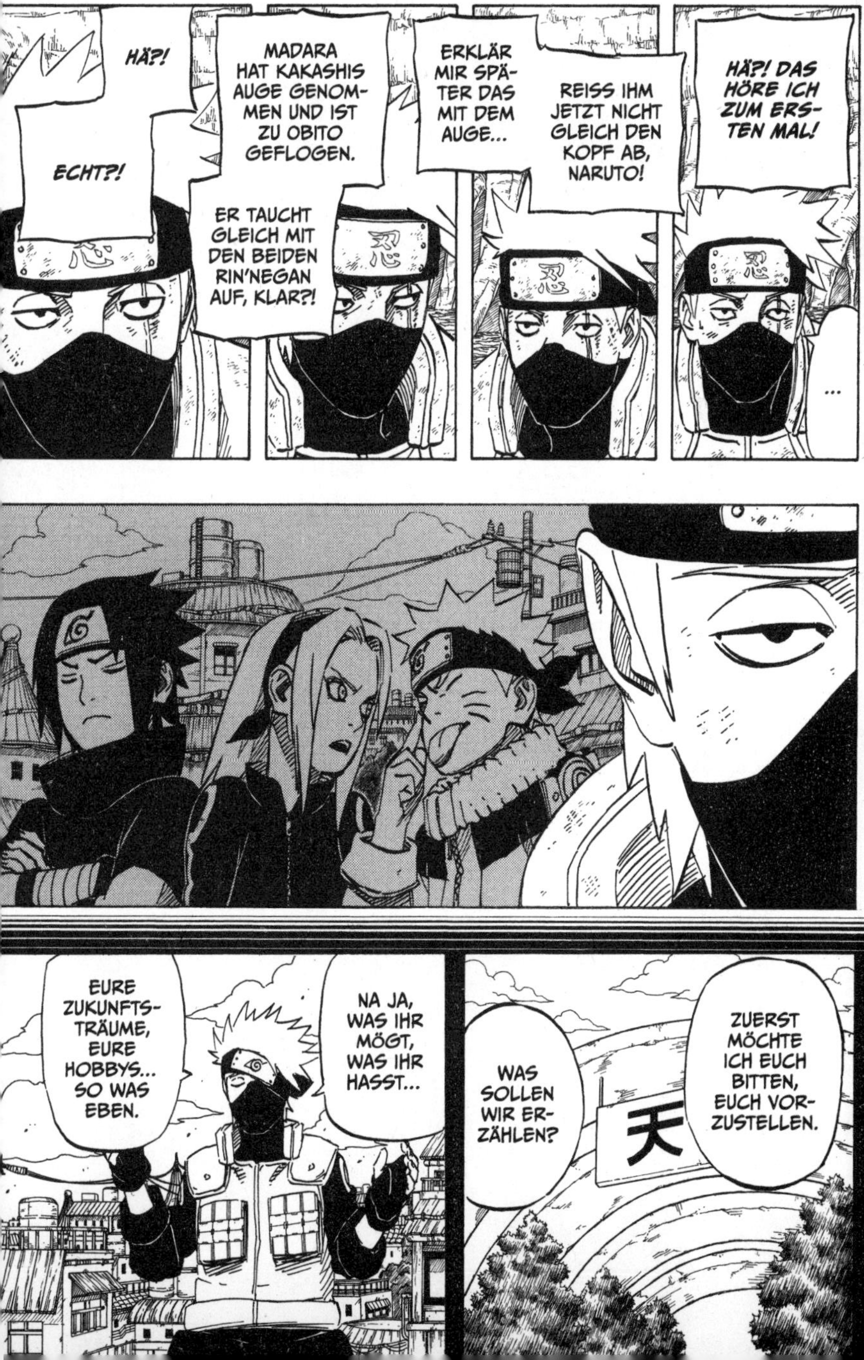

HÄ?! DAS HÖRE ICH ZUM ERS-TEN MAL!
...
REISS IHM JETZT NICHT GLEICH DEN KOPF AB, NARUTO!
ERKLÄR MIR SPÄ-TER DAS MIT DEM AUGE...
MADARA HAT KAKASHIS AUGE GENOM-MEN UND IST ZU OBITO GEFLOGEN.
ER TAUCHT GLEICH MIT DEN BEIDEN RIN'NEGAN AUF, KLAR?!
HÄ?!
ECHT?!
ZUERST MÖCHTE ICH EUCH BITTEN, EUCH VOR-ZUSTELLEN.
天
WAS SOLLEN WIR ER-ZÄHLEN?
NA JA, WAS IHR MÖGT, WAS IHR HASST...
EURE ZUKUNFTS-TRÄUME, EURE HOBBYS... SO WAS EBEN.

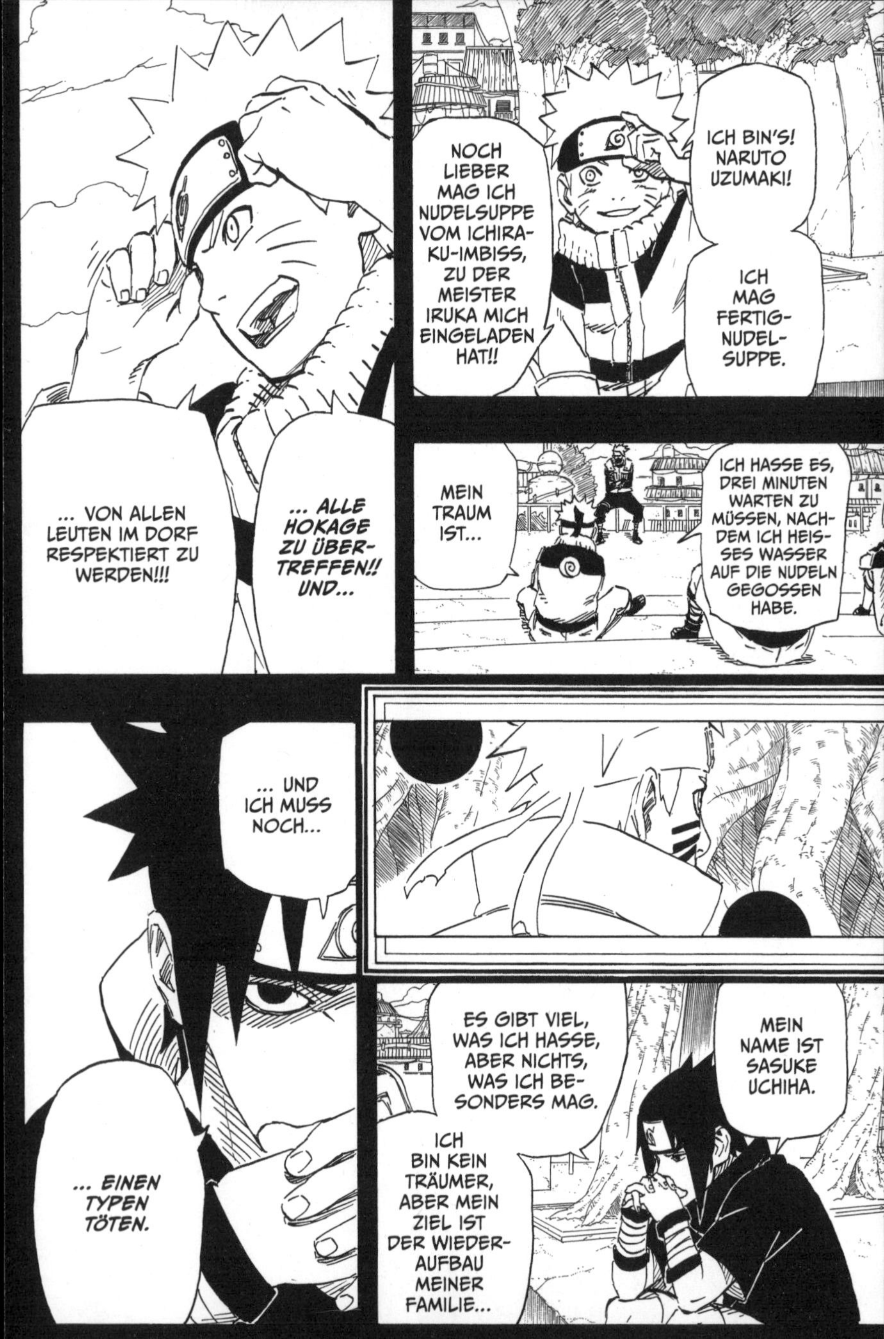

ICH BIN'S! NARUTO UZUMAKI!
ICH MAG FERTIG-NUDEL-SUPPE.
NOCH LIEBER MAG ICH NUDELSUPPE VOM ICHIRA-KU-IMBISS, ZU DER MEISTER IRUKA MICH EINGELADEN HAT!!
ICH HASSE ES, DREI MINUTEN WARTEN ZU MÜSSEN, NACH-DEM ICH HEIS-SES WASSER AUF DIE NUDELN GEGOSSEN HABE.
MEIN TRAUM IST...
... ALLE HOKAGE ZU ÜBER-TREFFEN!! UND...
... VON ALLEN LEUTEN IM DORF RESPEKTIERT ZU WERDEN!!!
MEIN NAME IST SASUKE UCHIHA.
ES GIBT VIEL, WAS ICH HASSE, ABER NICHTS, WAS ICH BE-SONDERS MAG.
ICH BIN KEIN TRÄUMER, ABER MEIN ZIEL IST DER WIEDER-AUFBAU MEINER FAMILIE...
... UND ICH MUSS NOCH...
... EINEN TYPEN TÖTEN.

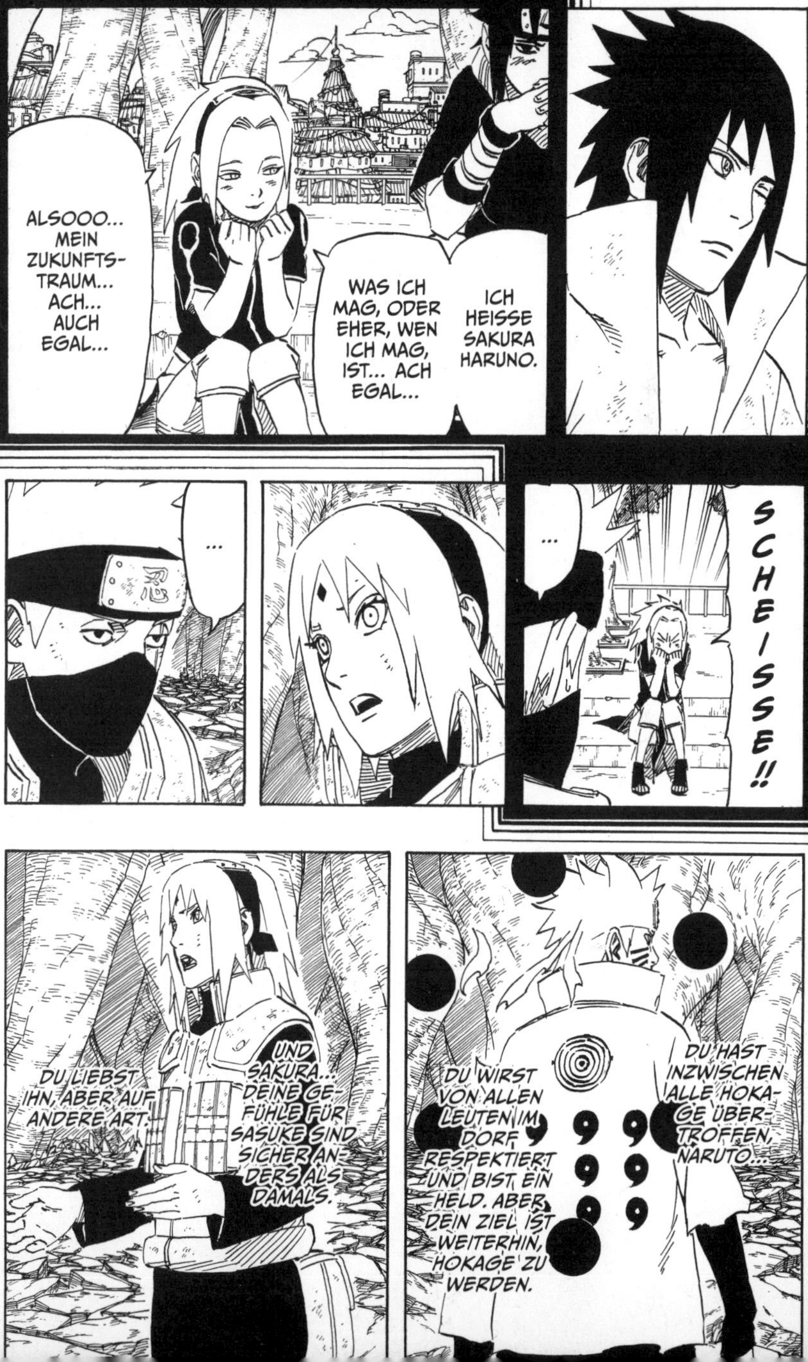

ICH HEISSE SAKURA HARUNO.
WAS ICH MAG, ODER EHER, WEN ICH MAG, IST... ACH EGAL...
ALSOOO... MEIN ZUKUNFTS-TRAUM... ACH... AUCH EGAL...
SCHEISSE!!
...
...
DU HAST INZWISCHEN ALLE HOKA-GE ÜBER-TROFFEN, NARUTO...
DU WIRST VON ALLEN LEUTEN IM DORF RESPEKTIERT UND BIST EIN HELD. ABER DEIN ZIEL IST WEITERHIN, HOKAGE ZU WERDEN.
UND SAKURA... DEINE GE-FÜHLE FÜR SASUKE SIND SICHER AN-DERS ALS DAMALS.
DU LIEBST IHN, ABER AUF ANDERE ART.

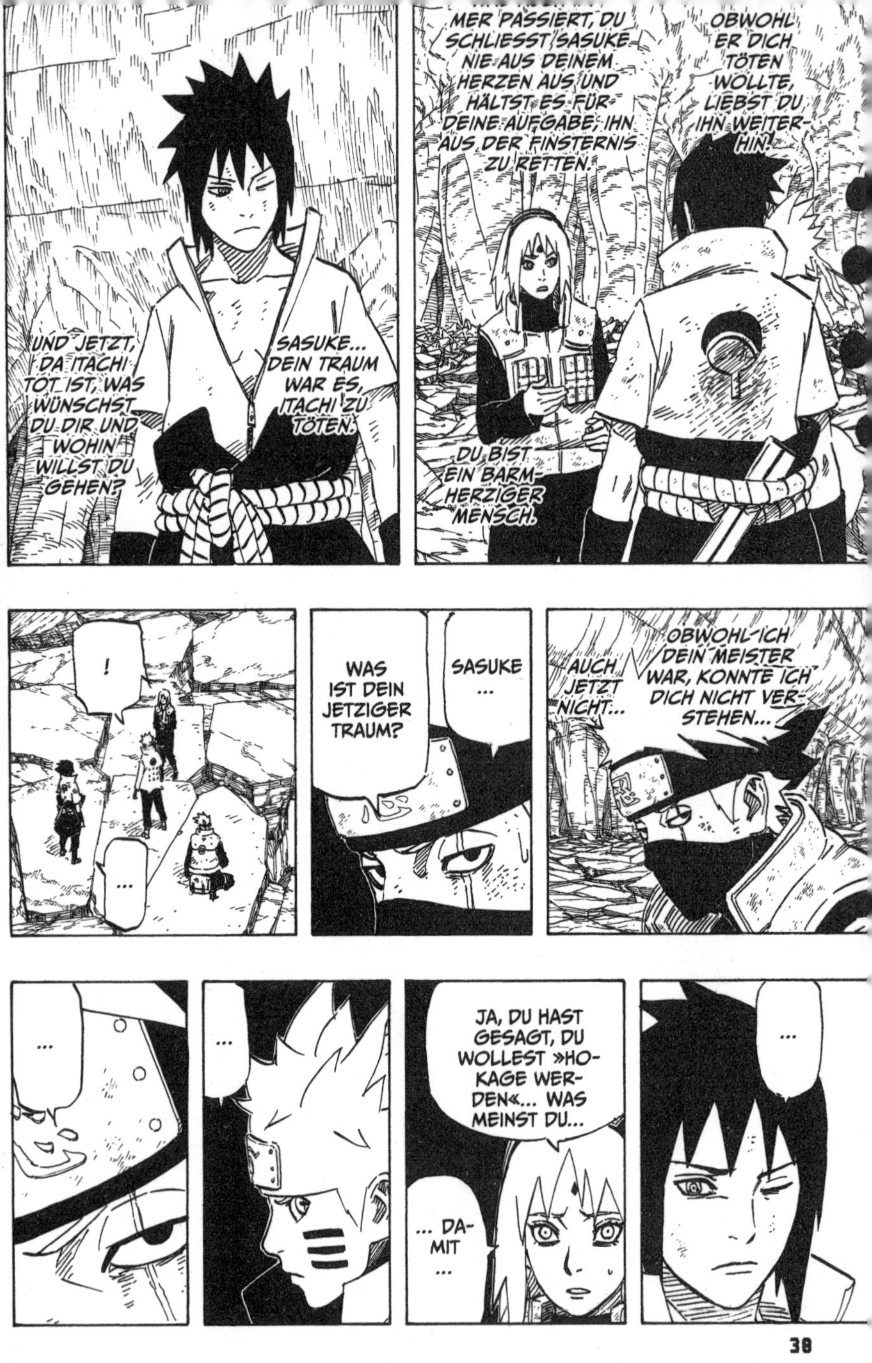
OBWOHL ER DICH TÖTEN WOLLTE, LIEBST DU IHN WEITERHIN.
MER PASSIERT, DU SCHLIESST SASUKE NIE AUS DEINEM HERZEN AUS UND HÄLTST ES FÜR DEINE AUFGABE, IHN AUS DER FINSTERNIS ZU RETTEN.
DU BIST EIN BARMHERZIGER MENSCH.
SASUKE... DEIN TRAUM WAR ES, ITACHI ZU TÖTEN.
UND JETZT, DA ITACHI TOT IST, WAS WÜNSCHST DU DIR UND WOHIN WILLST DU GEHEN?
OBWOHL ICH DEIN MEISTER WAR, KONNTE ICH DICH NICHT VERSTEHEN...
AUCH JETZT NICHT...
SASUKE ...
WAS IST DEIN JETZIGER TRAUM?
!
...
...
JA, DU HAST GESAGT, DU WOLLEST »HOKAGE WERDEN«... WAS MEINST DU...
... DAMIT ...
...
...

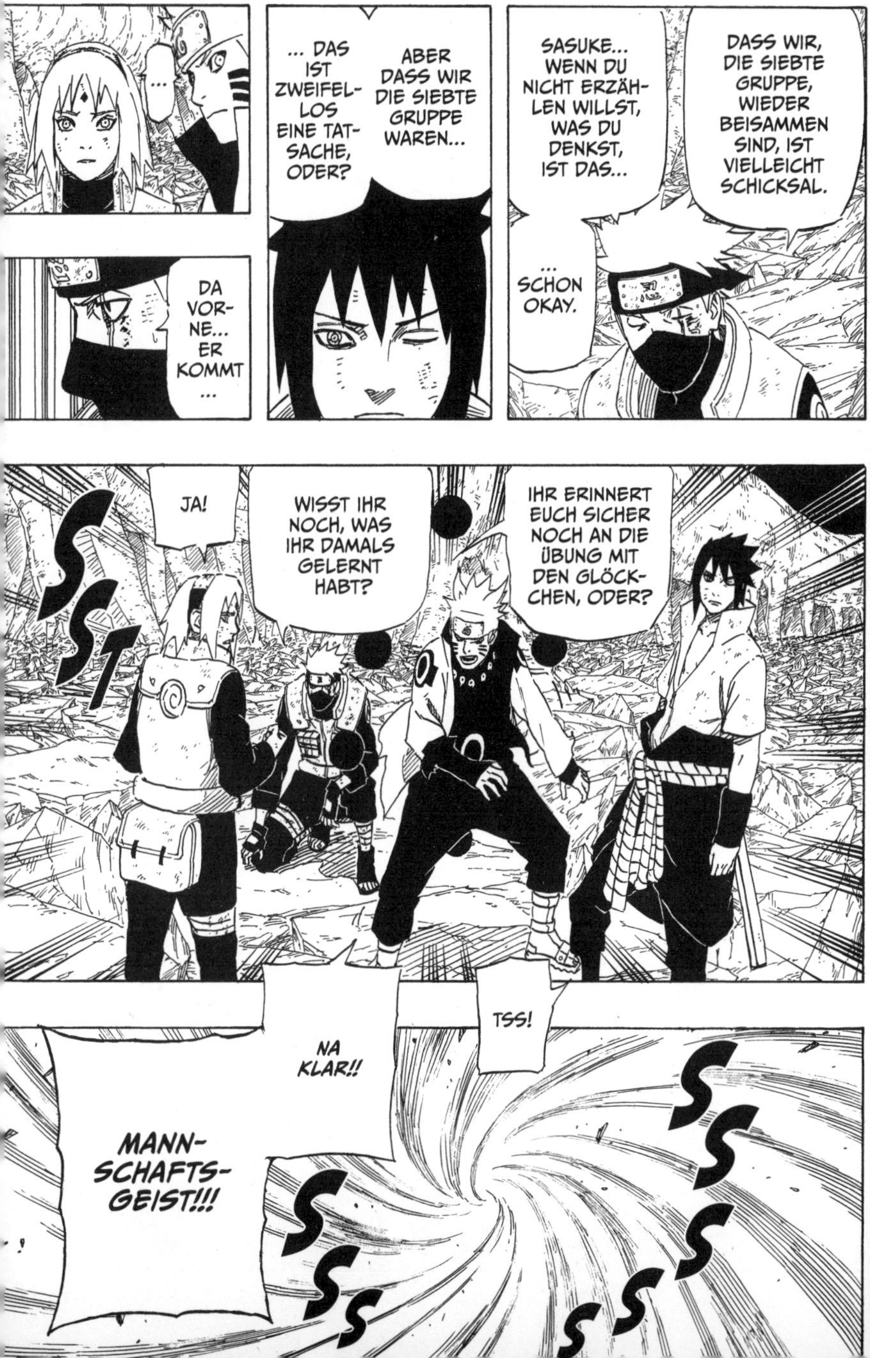
DASS WIR, DIE SIEBTE GRUPPE, WIEDER BEISAMMEN SIND, IST VIELLEICHT SCHICKSAL.
SASUKE... WENN DU NICHT ERZÄHLEN WILLST, WAS DU DENKST, IST DAS...
... SCHON OKAY.
ABER DASS WIR DIE SIEBTE GRUPPE WAREN...
... DAS IST ZWEIFELLOS EINE TATSACHE, ODER?
...
DA VORNE... ER KOMMT...
IHR ERINNERT EUCH SICHER NOCH AN DIE ÜBUNG MIT DEN GLÖCKCHEN, ODER?
WISST IHR NOCH, WAS IHR DAMALS GELERNT HABT?
JA!
SST
TSS!
NA KLAR!!
MANNSCHAFTSGEIST!!!
SSSS
SSSS

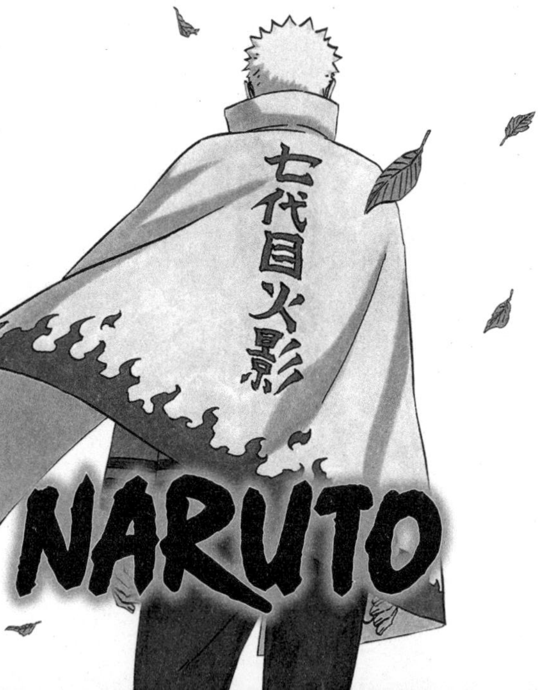
七代目火影
NARUTO

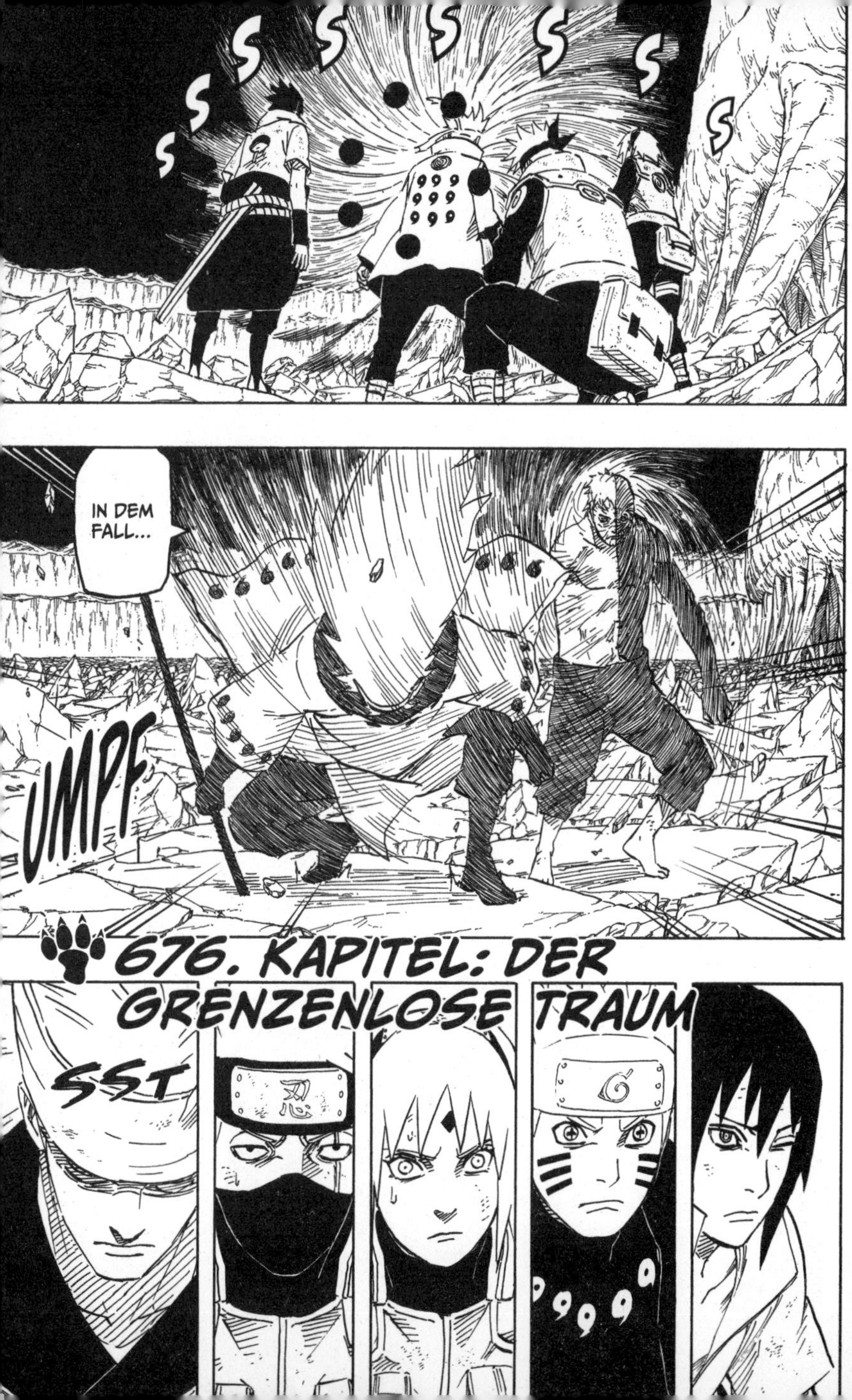
S S S S S S S S S
IN DEM FALL...
UMPF
676. KAPITEL: DER GRENZENLOSE TRAUM
SST

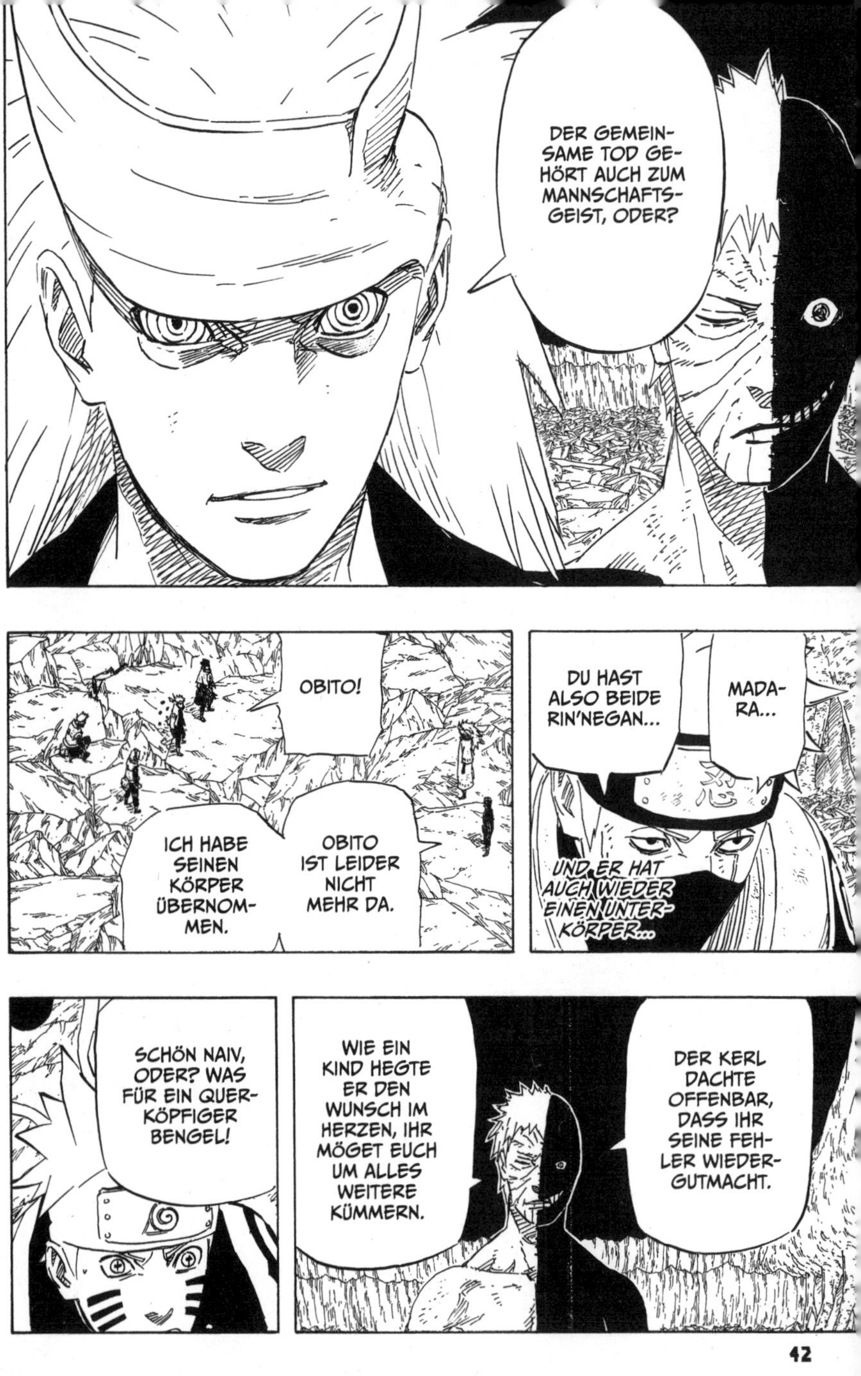
DER GEMEIN-
SAME TOD GE-
HÖRT AUCH ZUM
MANNSCHAFTS-
GEIST, ODER?
MADA-
RA...
DU HAST
ALSO BEIDE
RIN'NEGAN...
UND ER HAT
AUCH WIEDER
EINEN UNTER-
KÖRPER...
OBITO!
OBITO
IST LEIDER
NICHT
MEHR DA.
ICH HABE
SEINEN
KÖRPER
ÜBERNOM-
MEN.
DER KERL
DACHTE
OFFENBAR,
DASS IHR
SEINE FEH-
LER WIEDER-
GUTMACHT.
WIE EIN
KIND HEGTE
ER DEN
WUNSCH IM
HERZEN, IHR
MÖGET EUCH
UM ALLES
WEITERE
KÜMMERN.
SCHÖN NAIV,
ODER? WAS
FÜR EIN QUER-
KÖPFIGER
BENGEL!

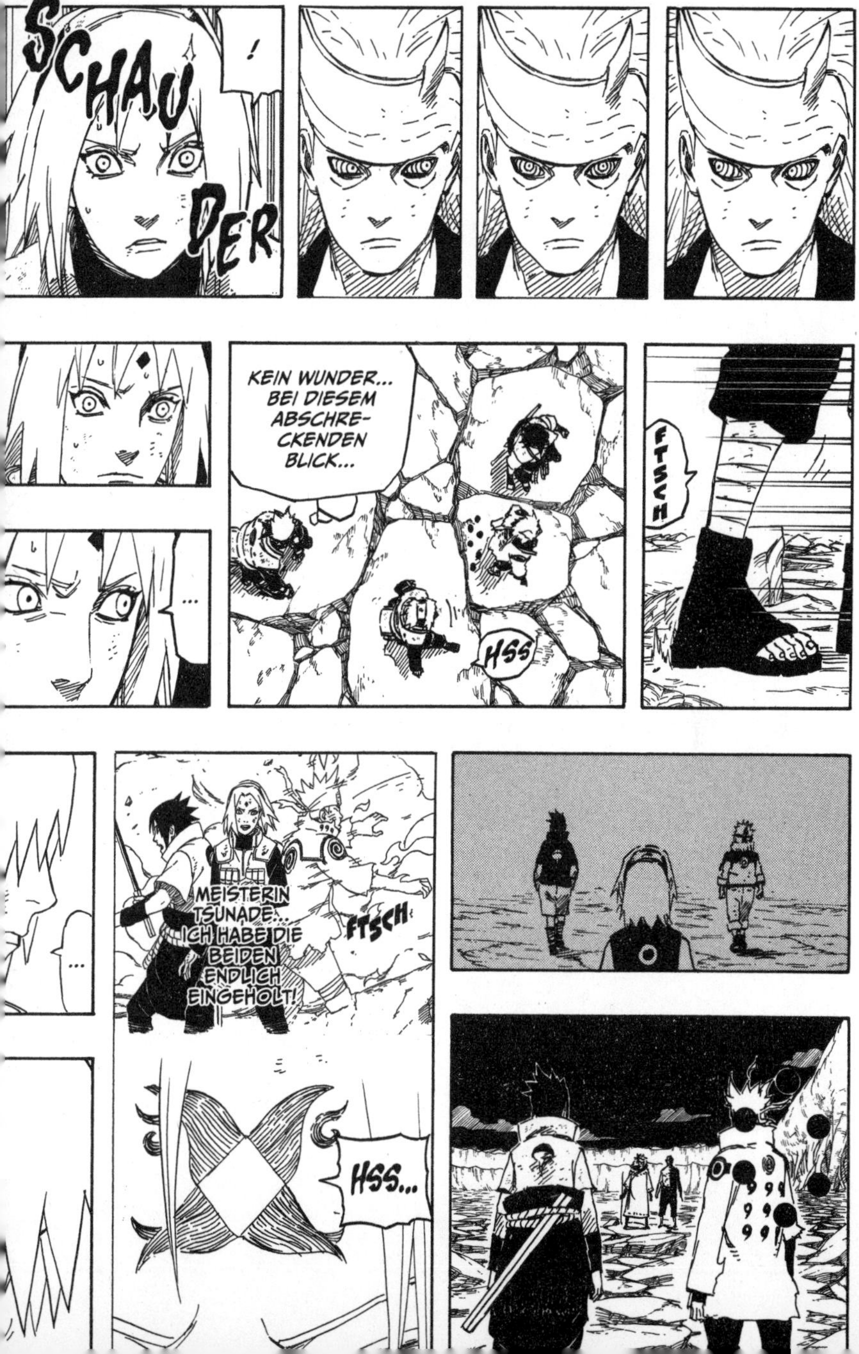

SCHAUDER
!
FTSCH
KEIN WUNDER... BEI DIESEM ABSCHRE-CKENDEN BLICK...
HSS
...
...
MEISTERIN TSUNADE... ICH HABE DIE BEIDEN ENDLICH EINGEHOLT!
FTSCH
HSS...

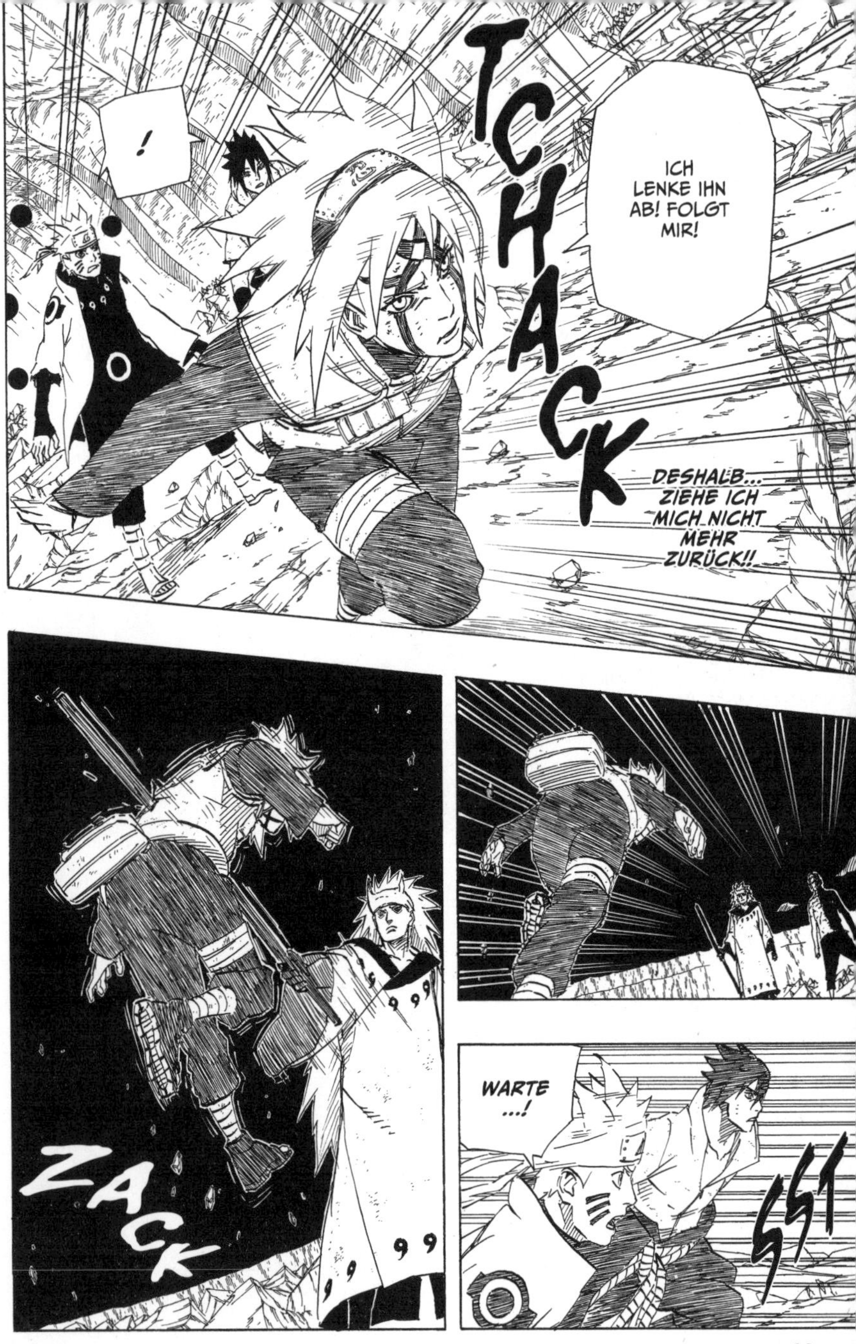

ICH LENKE IHN AB! FOLGT MIR!
TCHACK
!
DESHALB... ZIEHE ICH MICH NICHT MEHR ZURÜCK!!
ZACK
SST
WARTE ...!

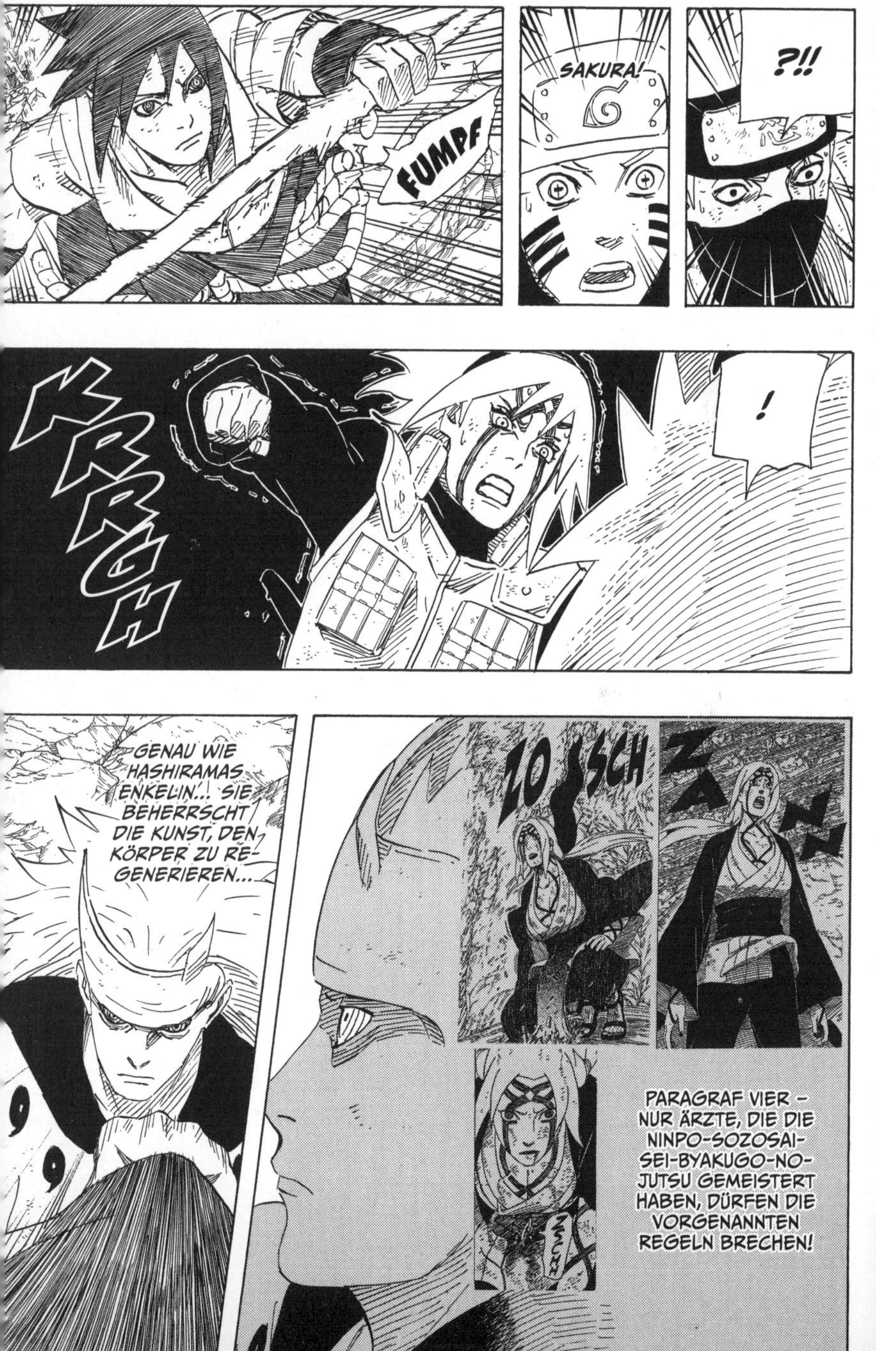
?!!
SAKURA!
FUMPF
!
KRRCH
ZAHN
ZOSSCH
GENAU WIE HASHIRAMAS ENKELIN... SIE BEHERRSCHT DIE KUNST, DEN KÖRPER ZU REGENERIEREN...
PARAGRAF VIER – NUR ÄRZTE, DIE DIE NINPO-SOZOSAI-SEI-BYAKUGO-NO-JUTSU GEMEISTERT HABEN, DÜRFEN DIE VORGENANNTEN REGELN BRECHEN!

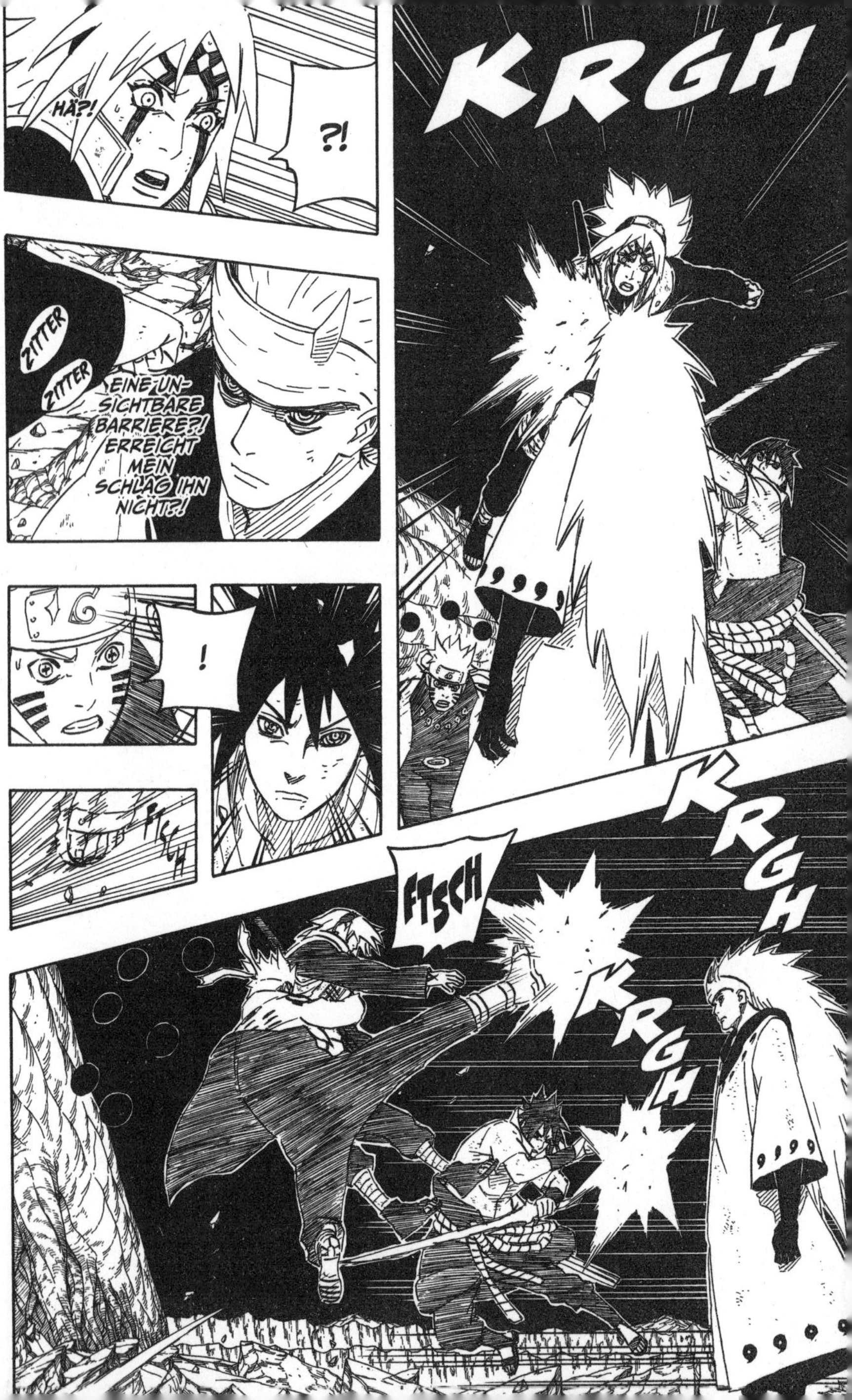
KRGH
?!
HÄ?!
ZITTER
ZITTER
EINE UN-SICHTBARE BARRIERE?! ERREICHT MEIN SCHLAG IHN NICHT?!
!
FTSCH
KRGH
FTSCH
KRGH

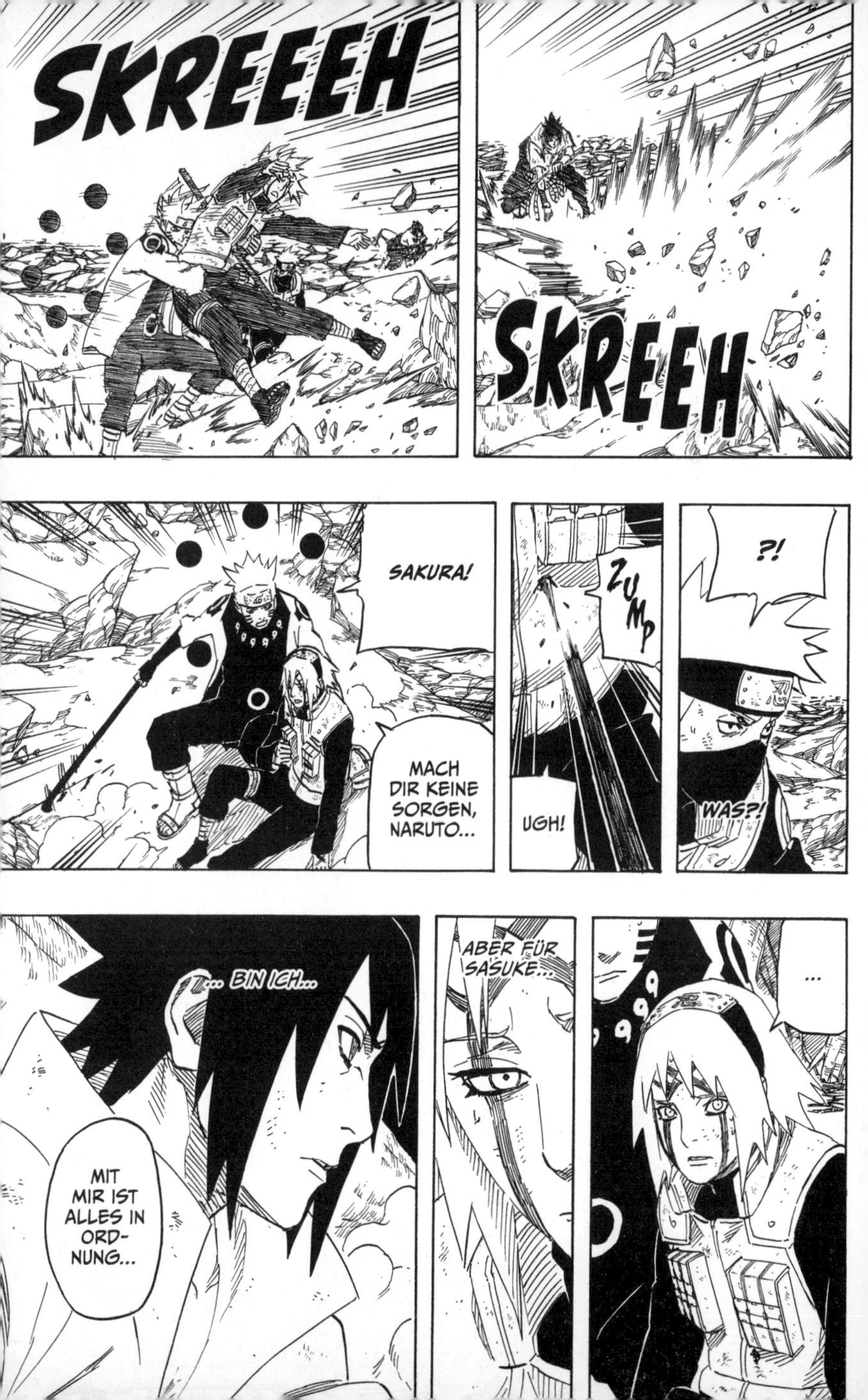

SKREEEH
SKREEH
SAKURA!
MACH DIR KEINE SORGEN, NARUTO...
?!
ZUMP
WAS?!
UGH!
...
ABER FÜR SASUKE...
... BIN ICH...
MIT MIR IST ALLES IN ORD-NUNG...

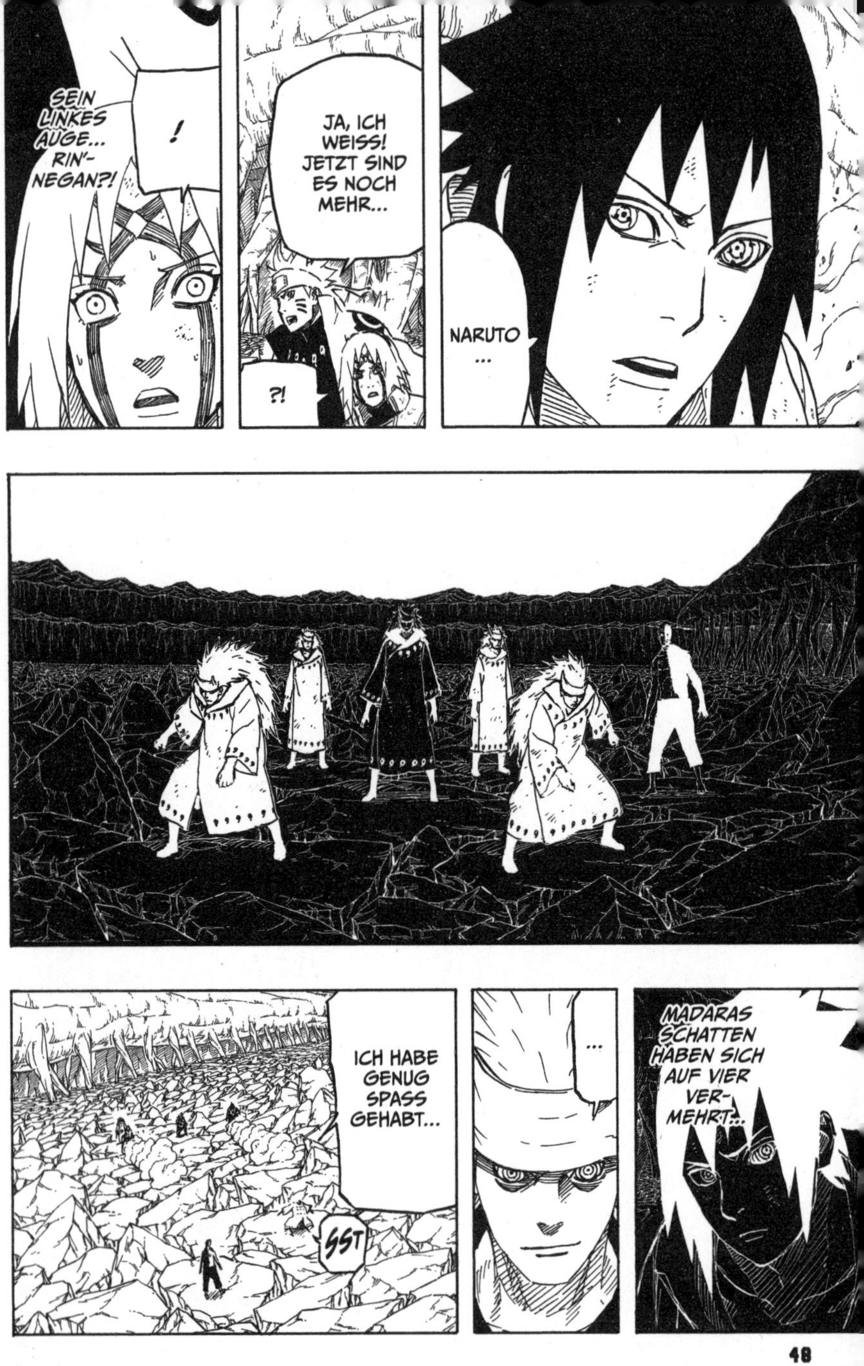
NARUTO
...
JA, ICH WEISS! JETZT SIND ES NOCH MEHR...
?!
SEIN LINKES AUGE... RIN'-NEGAN?!
!
MADARAS SCHATTEN HABEN SICH AUF VIER VER-MEHRT...
...
ICH HABE GENUG SPASS GEHABT...
SST

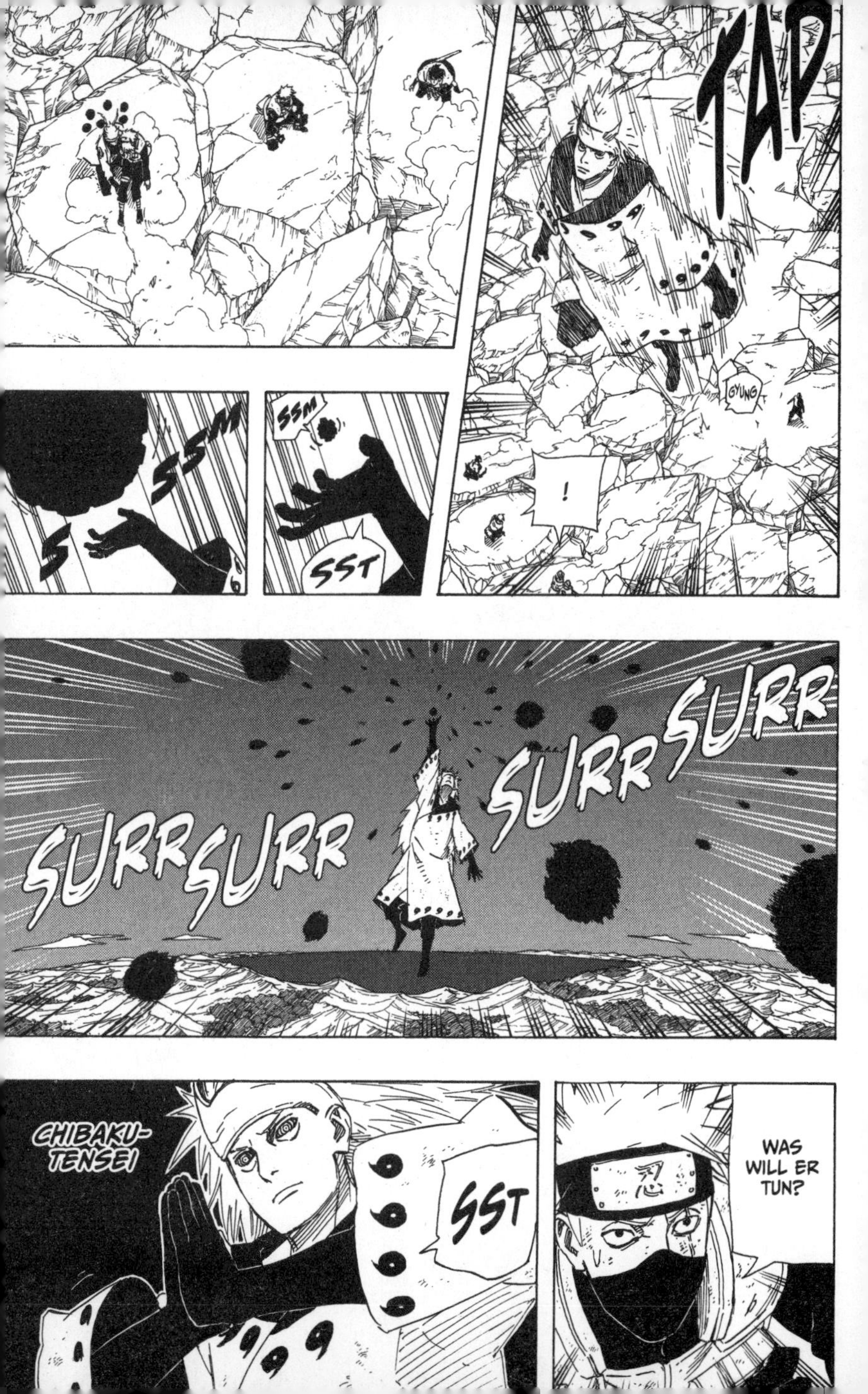
TAP
GYUNG
!
SSM
SST
SSSM
SURRSURR
SURRSURR
WAS WILL ER TUN?
CHIBAKU-TENSEI
SST

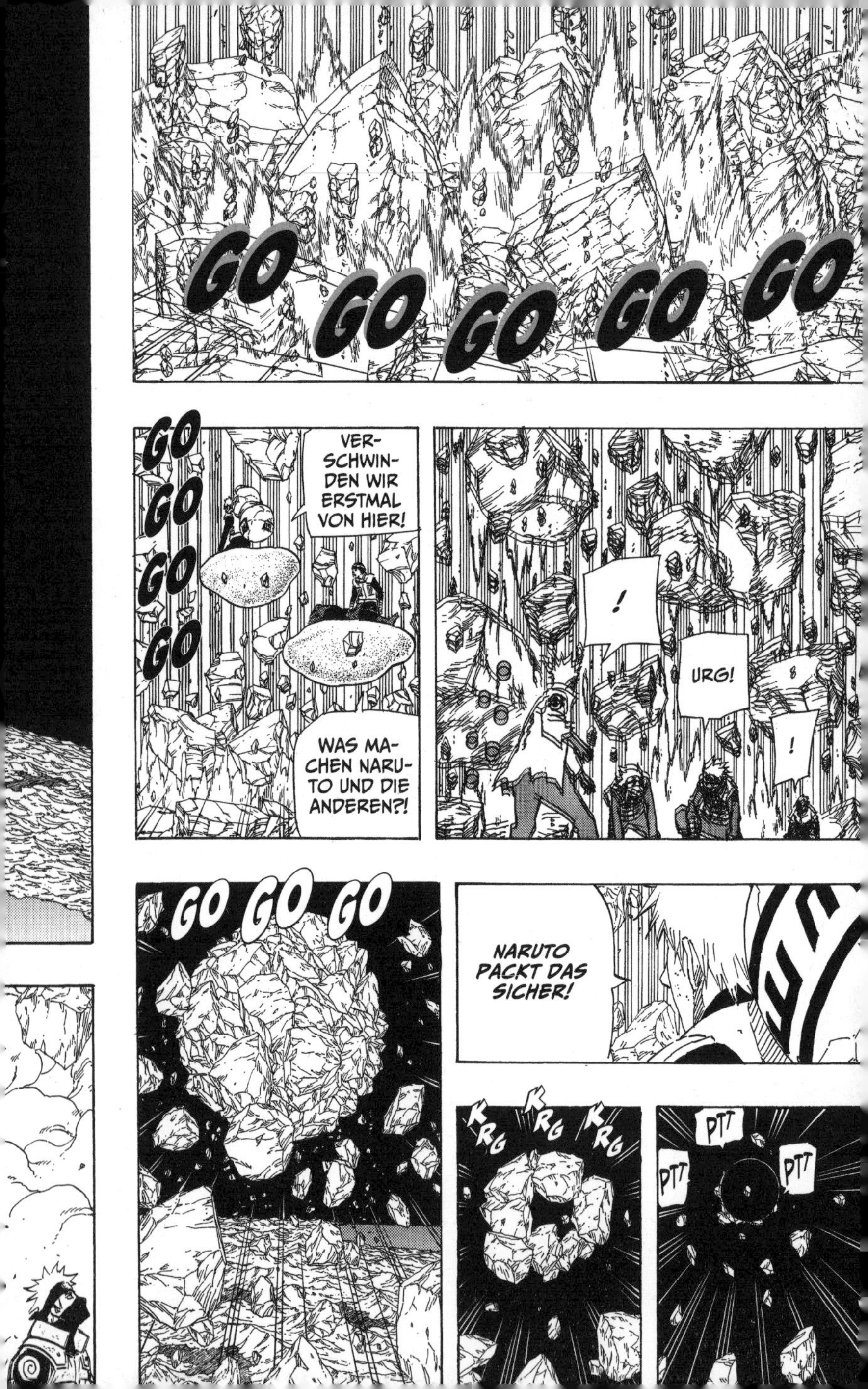
GO GO GO GO GO
GO GO GO GO
VERSCHWINDEN WIR ERSTMAL VON HIER!
WAS MACHEN NARUTO UND DIE ANDEREN?!
!
URG!
!
NARUTO PACKT DAS SICHER!
GO GO GO
PTT PTT PTT
KRG KRG KRG

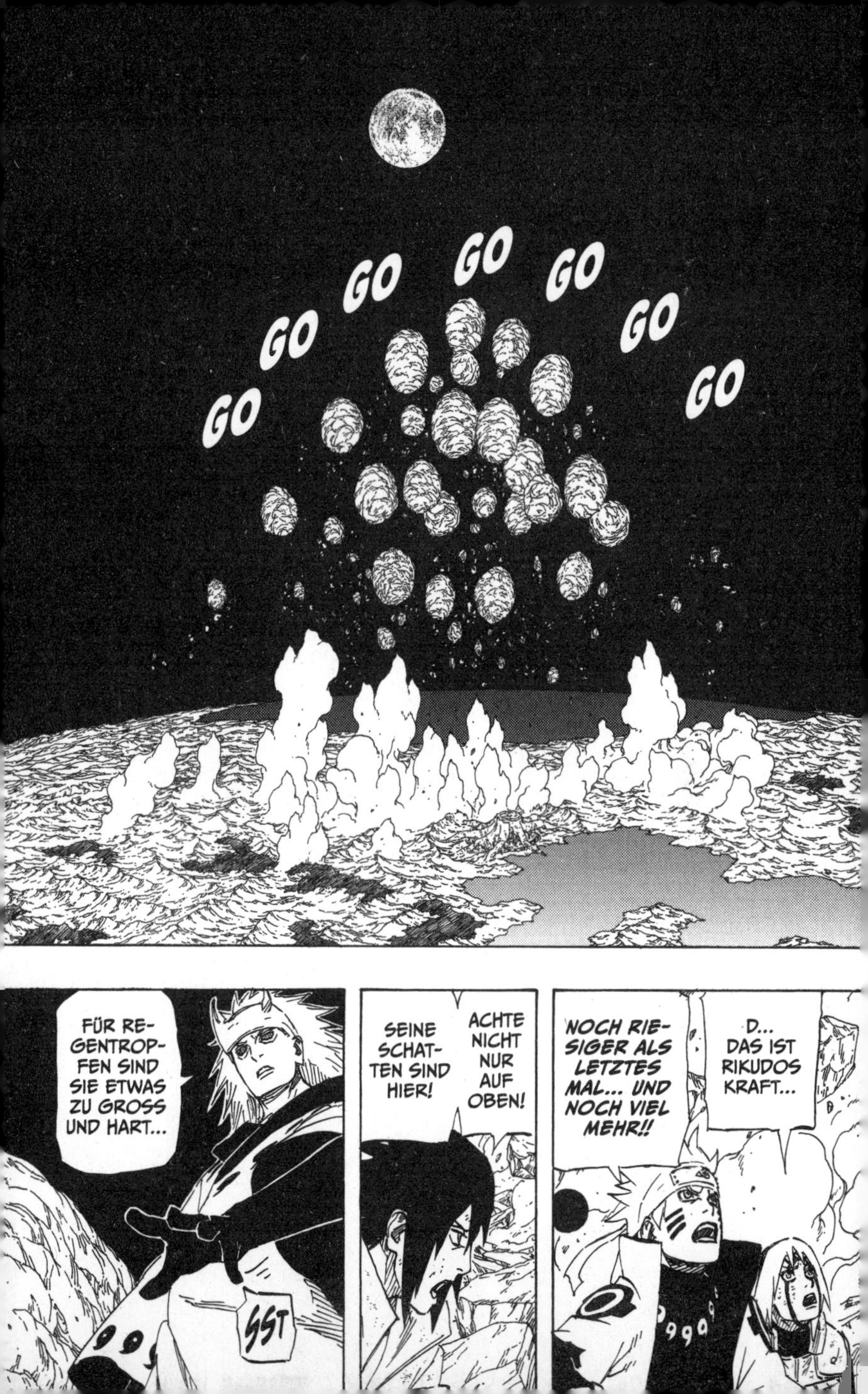
GO GO GO GO GO GO GO
D... DAS IST RIKUDOS KRAFT...
NOCH RIESIGER ALS LETZTES MAL... UND NOCH VIEL MEHR!!
ACHTE NICHT NUR AUF OBEN!
SEINE SCHATTEN SIND HIER!
FÜR REGENTROPFEN SIND SIE ETWAS ZU GROSS UND HART...
SST

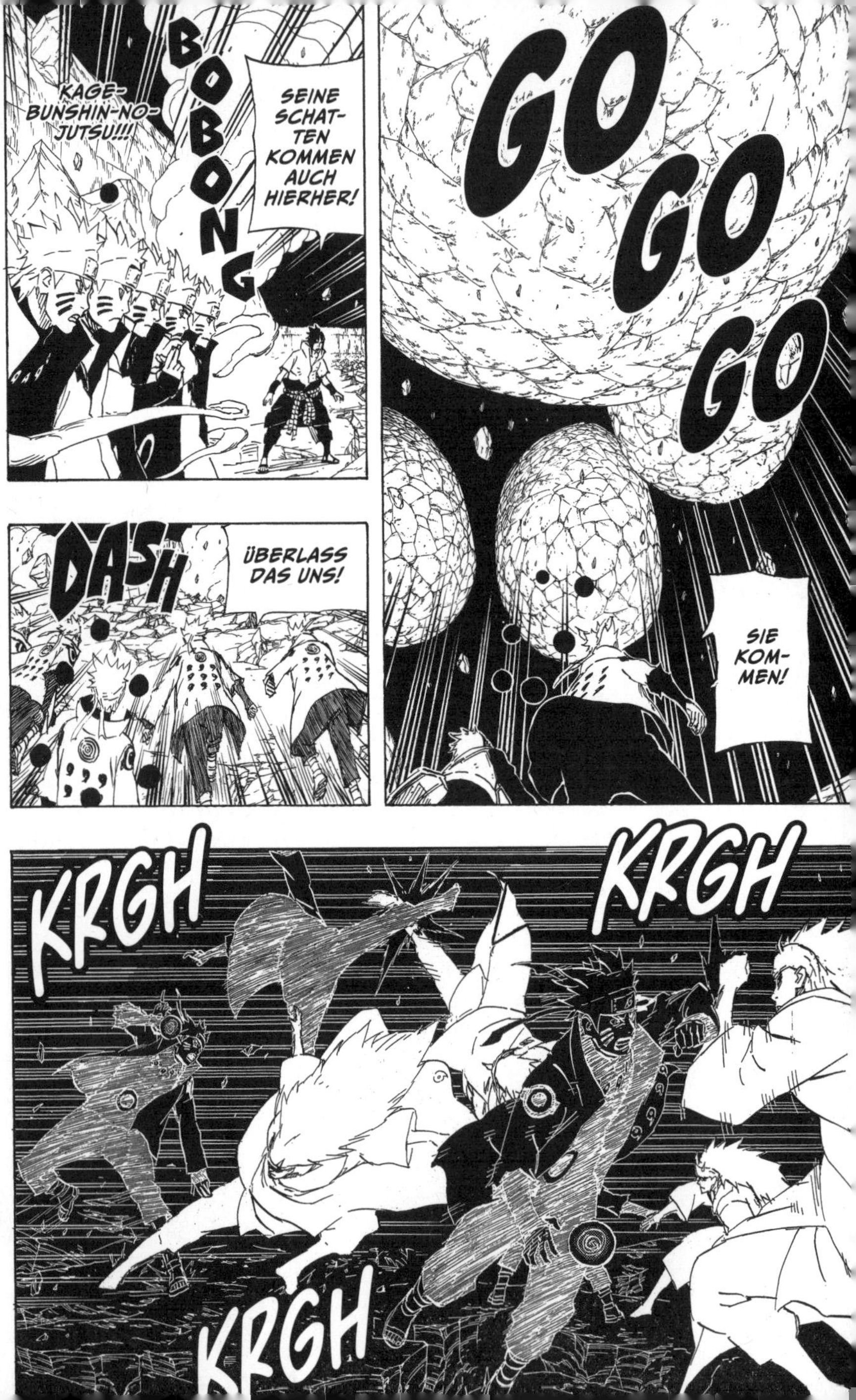
GO
GO
GO
SEINE SCHATTEN KOMMEN AUCH HIERHER!
BOBONG
KAGE-BUNSHIN-NO-JUTSU!!!
SIE KOMMEN!
ÜBERLASS DAS UNS!
DASH
KRGH
KRGH
KRGH

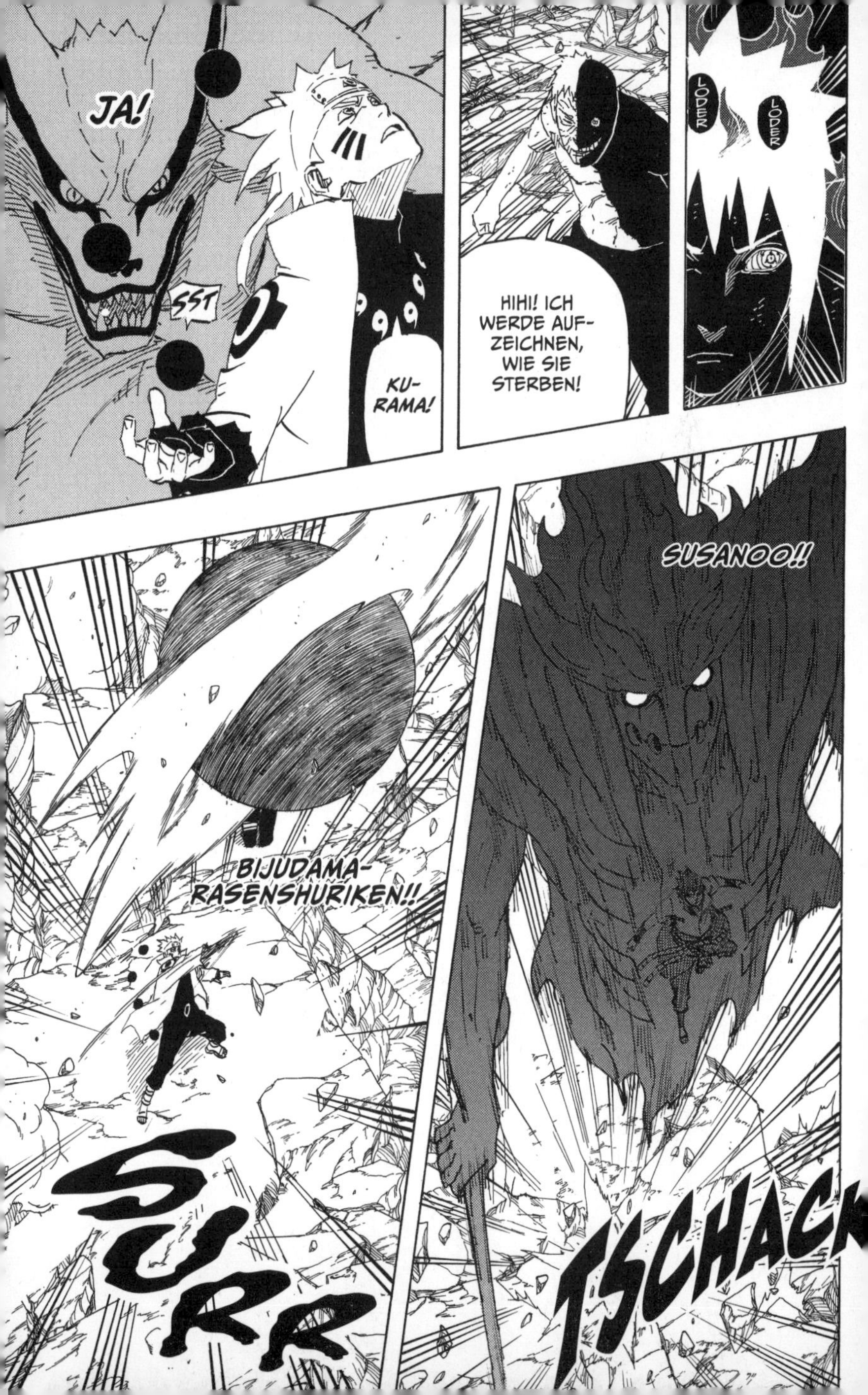
LODER
LODER
HIHI! ICH WERDE AUFZEICHNEN, WIE SIE STERBEN!
JA!
SST
KU-RAMA!
SUSANOO!!
BIJUDAMA-RASENSHURIKEN!!
TSCHACK
SURR

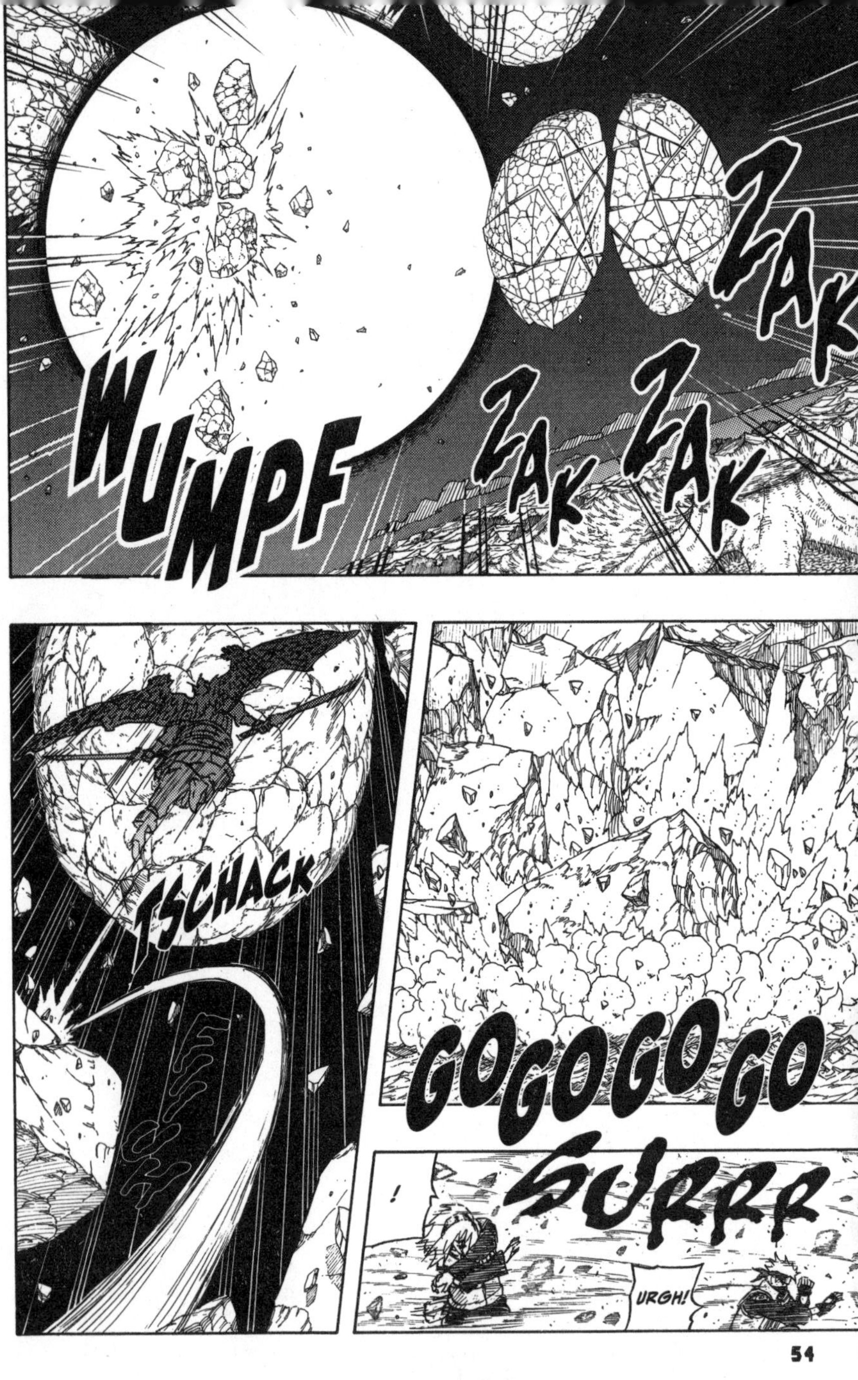
ZAK
ZAK
ZAK
WUMPF
GOGOGOGOGO
SURRR
!
URGH!
TSCHACK

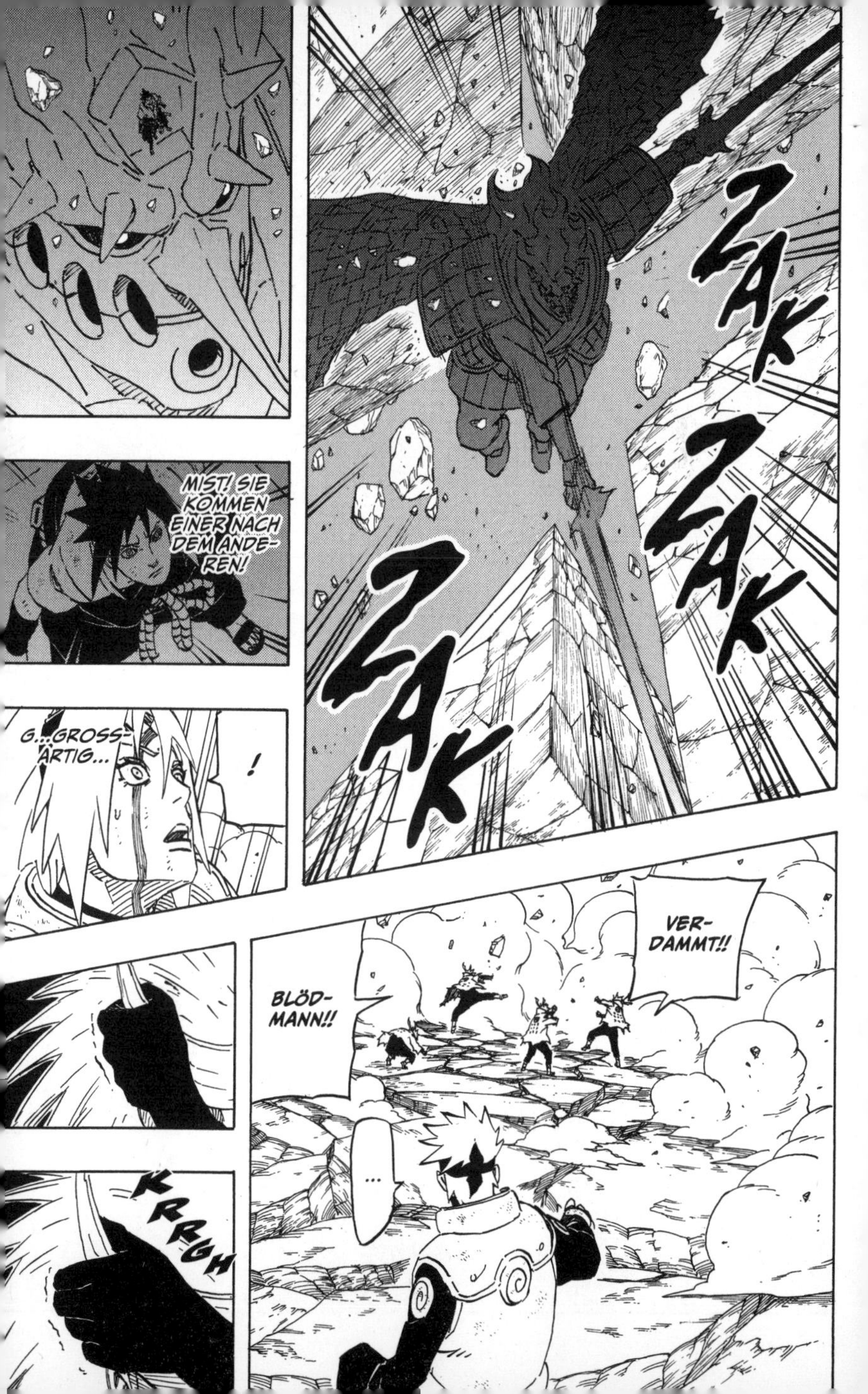
ZAK
ZAK
ZAK
MIST! SIE KOMMEN EINER NACH DEM ANDE-REN!
G...GROSS-ARTIG...
!
VER-DAMMT!!
BLÖD-MANN!!
...
KRRRGH

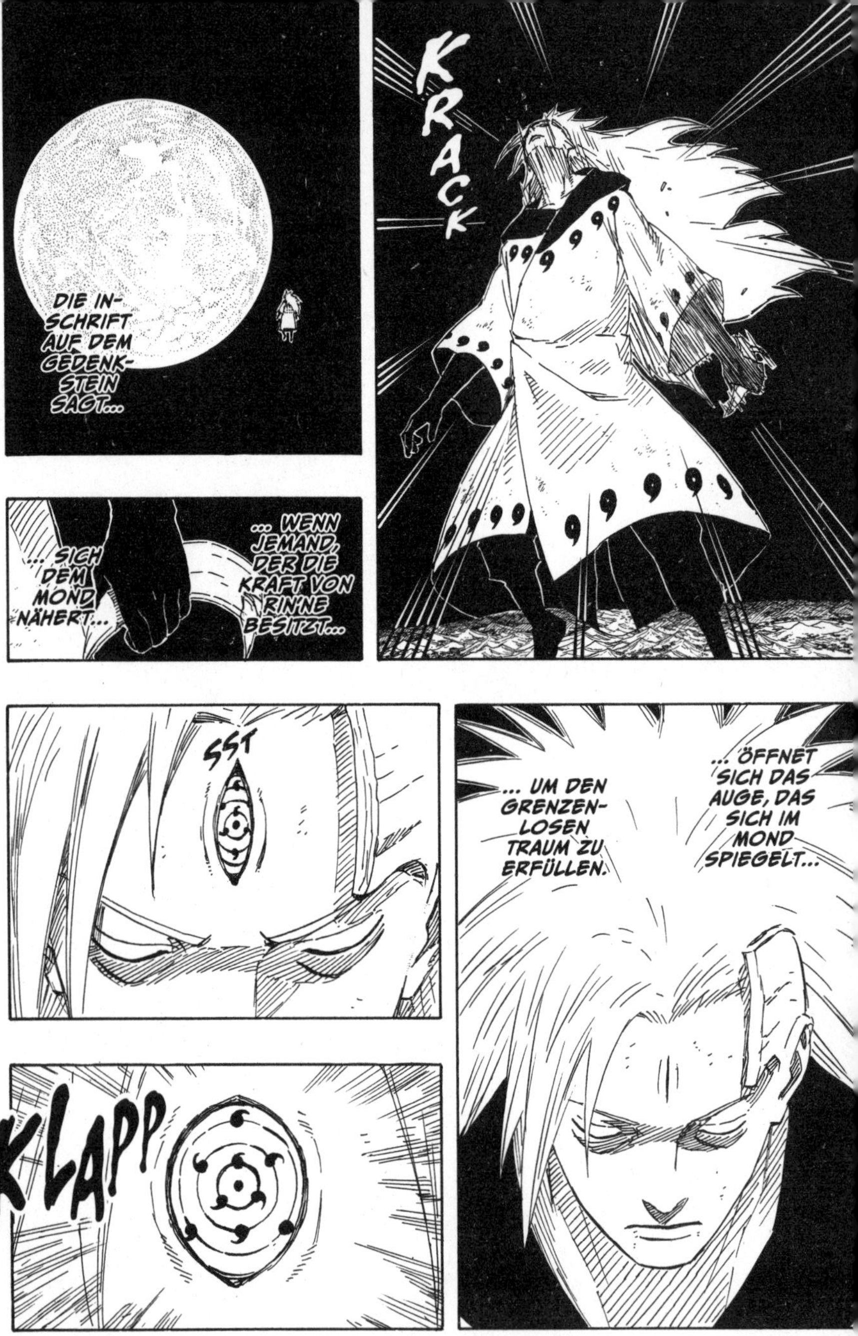
KRACK
DIE IN-SCHRIFT AUF DEM GEDENK-STEIN SAGT...
... WENN JEMAND, DER DIE KRAFT VON RIN'NE BESITZT...
... SICH DEM MOND NÄHERT...
... ÖFFNET SICH DAS AUGE, DAS SICH IM MOND SPIEGELT...
... UM DEN GRENZEN-LOSEN TRAUM ZU ERFÜLLEN.
SST
KLAPP

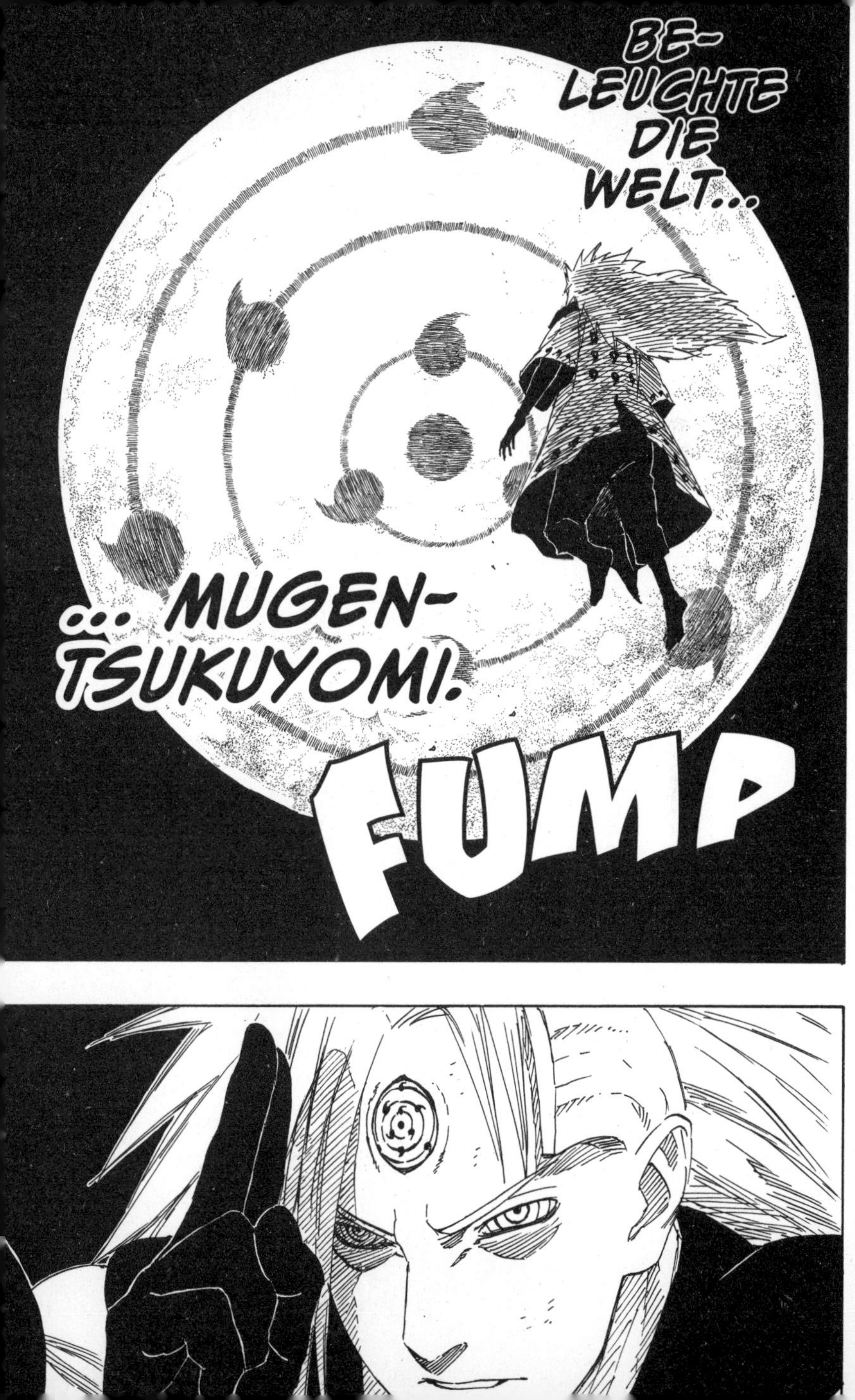

BE-
LEUCHTE
DIE
WELT...
... MUGEN-
TSUKUYOMI.
FUMP

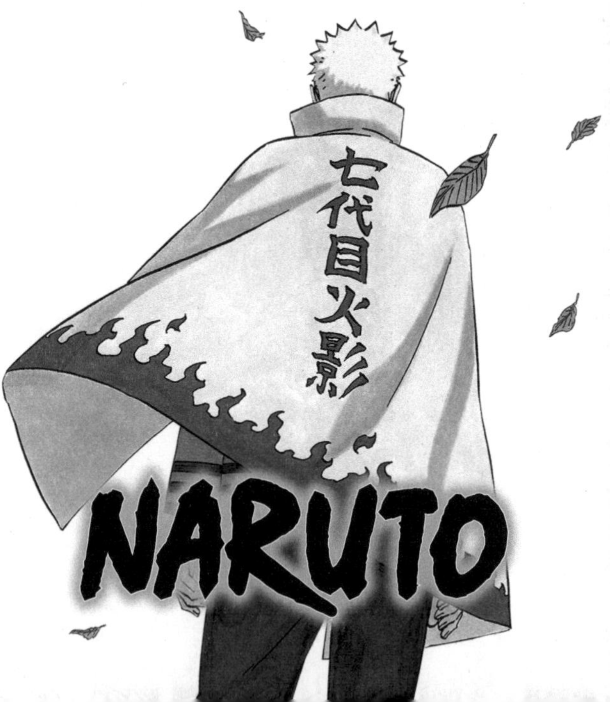
七代目火影
NARUTO

677. Kapitel: Mugen-Tsukuyomi

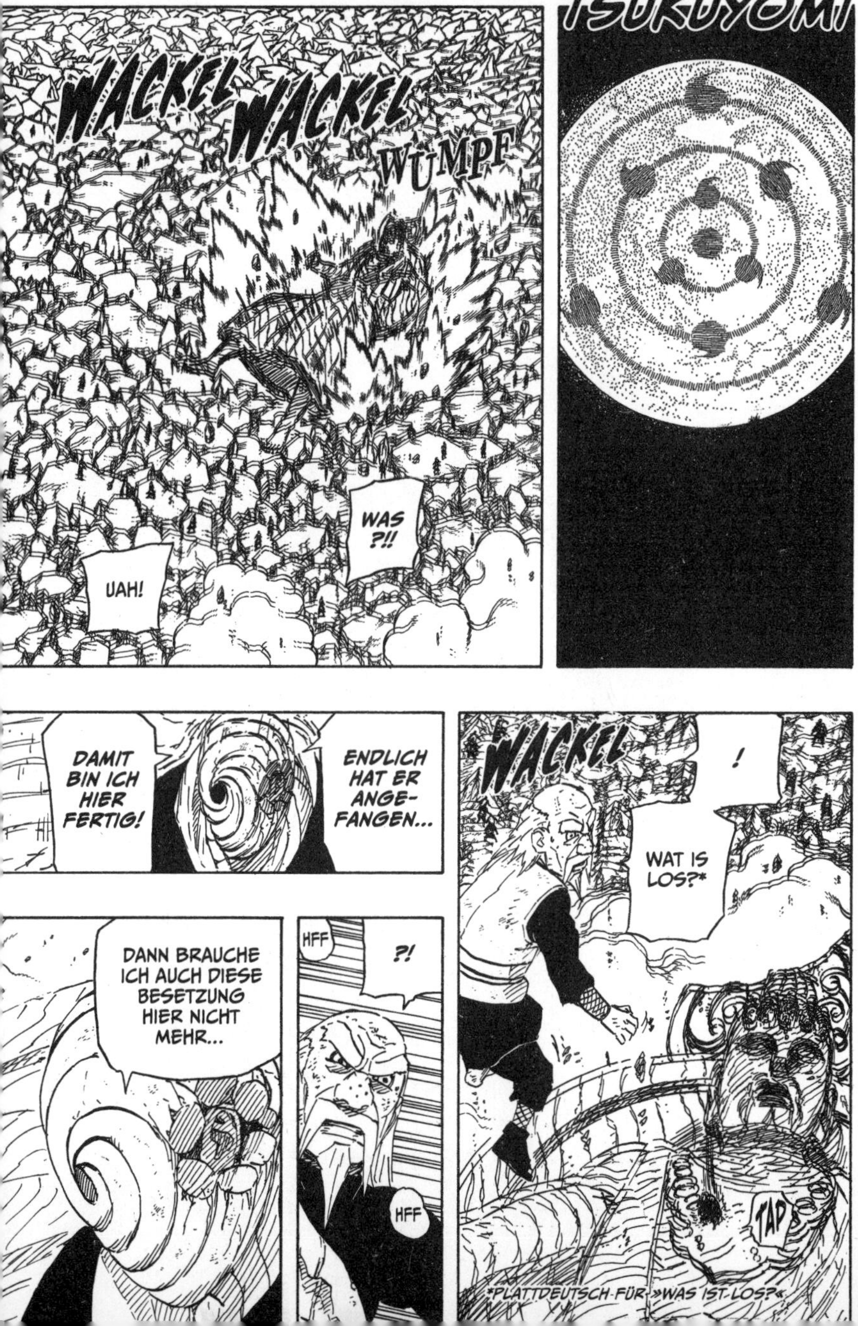

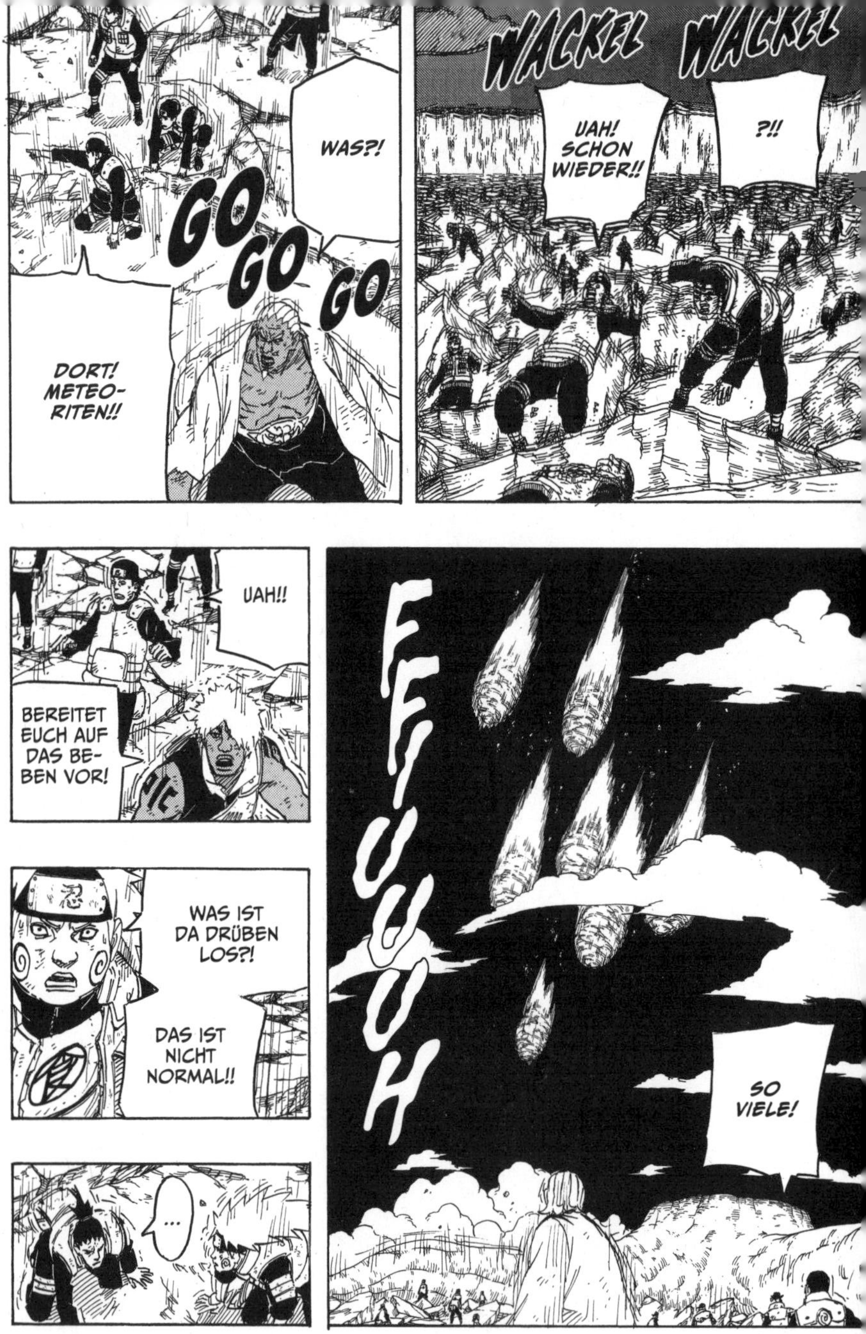
WACKEL WACKEL
?!!
UAH! SCHON WIEDER!!
WAS?!
GO GO GO
DORT! METEO-RITEN!!
FFIUUUUH
SO VIELE!
UAH!!
BEREITET EUCH AUF DAS BE-BEN VOR!
WAS IST DA DRÜBEN LOS?!
DAS IST NICHT NORMAL!!
...

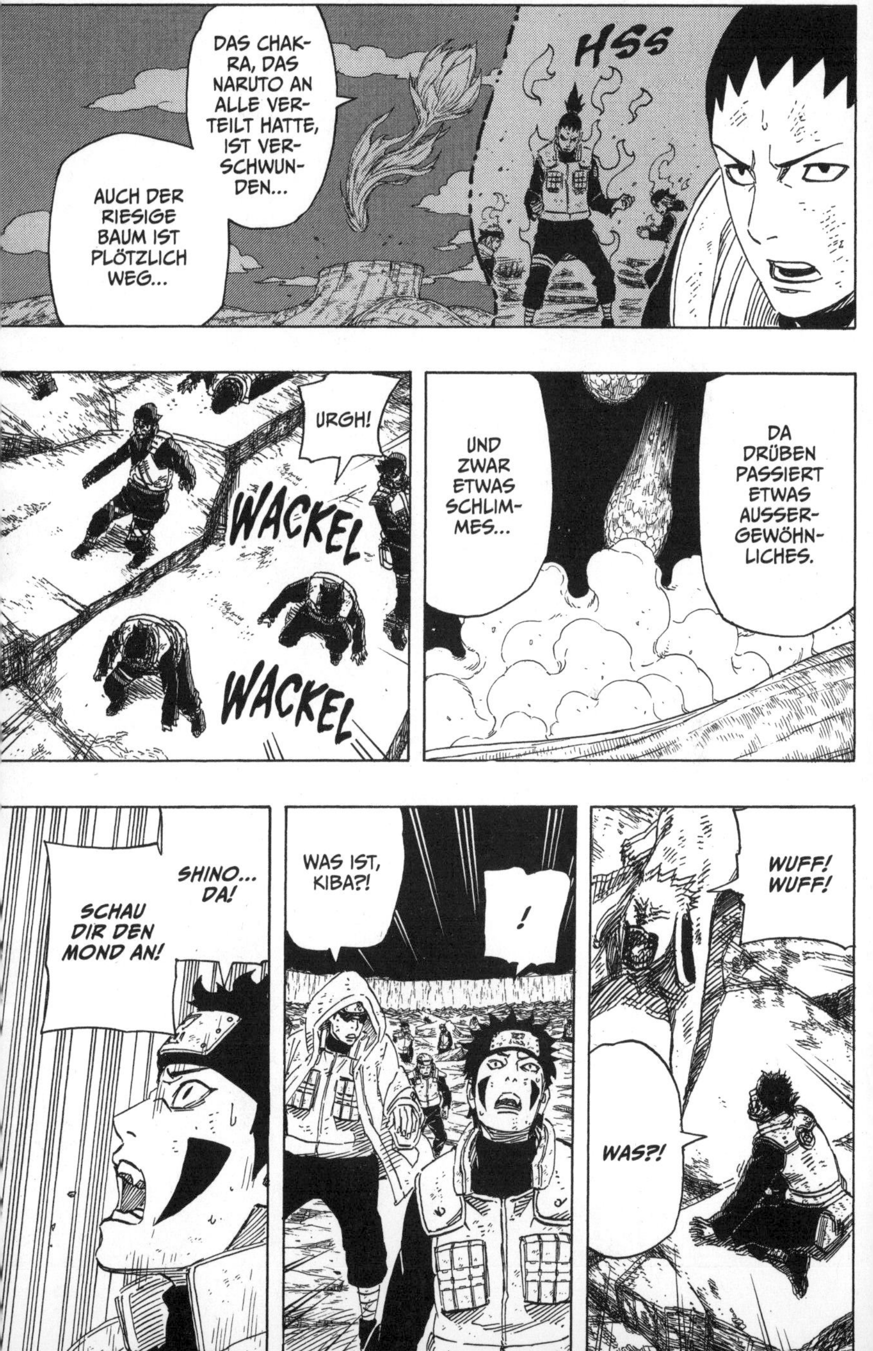
HSS
DAS CHAKRA, DAS NARUTO AN ALLE VERTEILT HATTE, IST VERSCHWUNDEN...
AUCH DER RIESIGE BAUM IST PLÖTZLICH WEG...
DA DRÜBEN PASSIERT ETWAS AUSSERGEWÖHNLICHES.
UND ZWAR ETWAS SCHLIMMES...
URGH!
WACKEL
WACKEL
WUFF! WUFF!
WAS?!
!
WAS IST, KIBA?!
SHINO... DA!
SCHAU DIR DEN MOND AN!

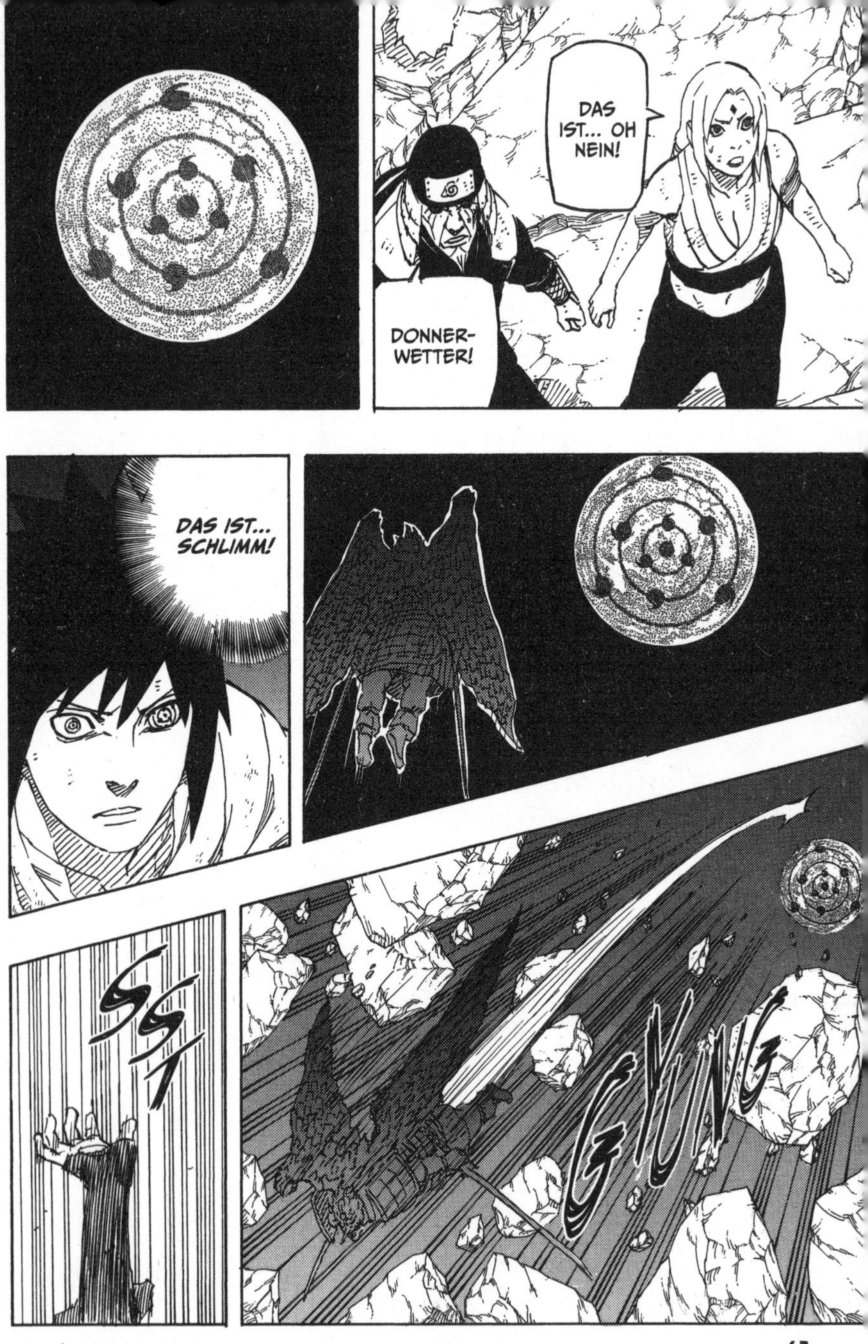
DAS IST... OH NEIN!
DONNER-WETTER!
DAS IST... SCHLIMM!
SST
GYUNG

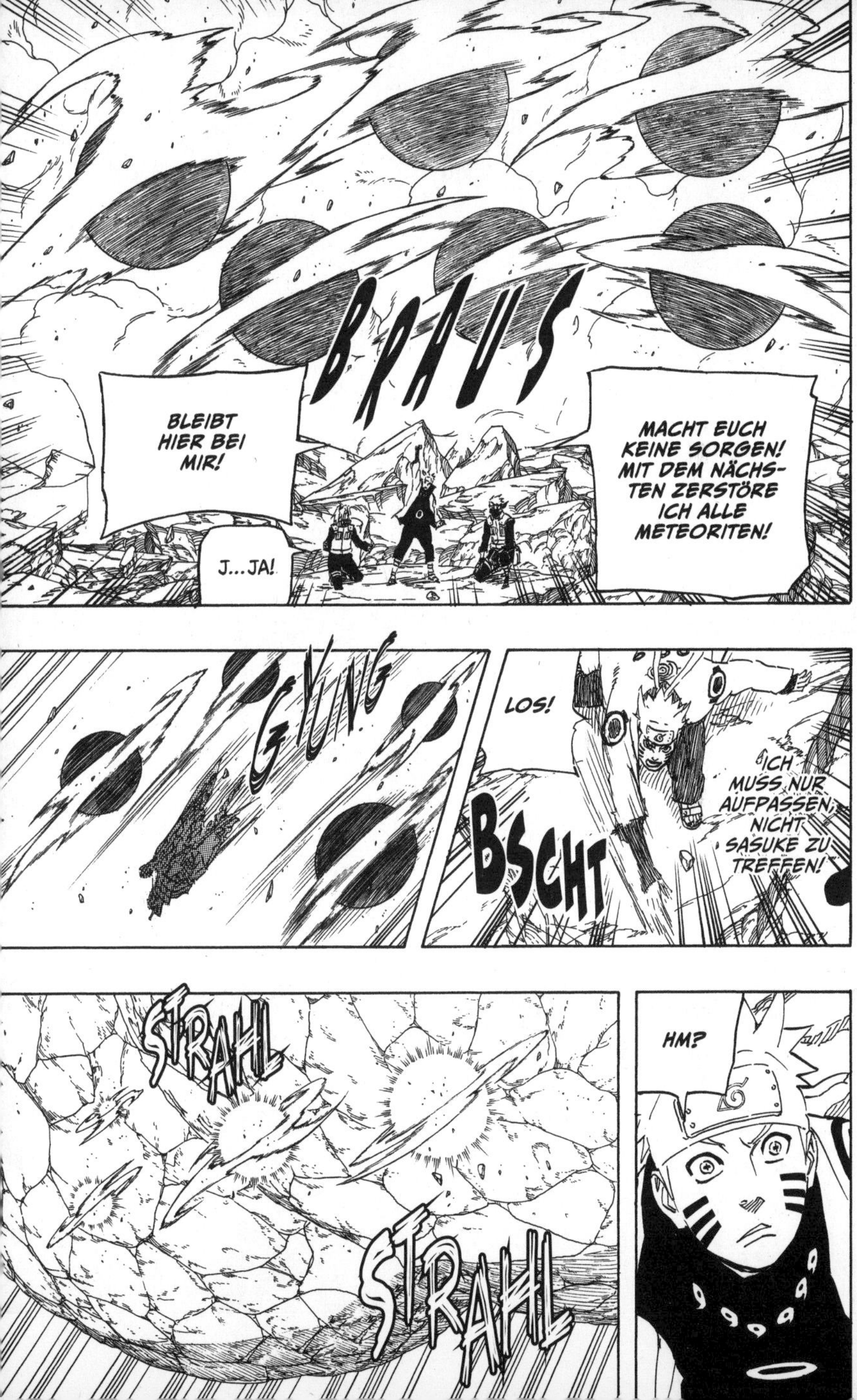
BRAUS
MACHT EUCH KEINE SORGEN! MIT DEM NÄCHSTEN ZERSTÖRE ICH ALLE METEORITEN!
BLEIBT HIER BEI MIR!
J...JA!
LOS!
ICH MUSS NUR AUFPASSEN, NICHT SASUKE ZU TREFFEN!
BSCHT
GYUNG
HM?
STRAHL
STRAHL

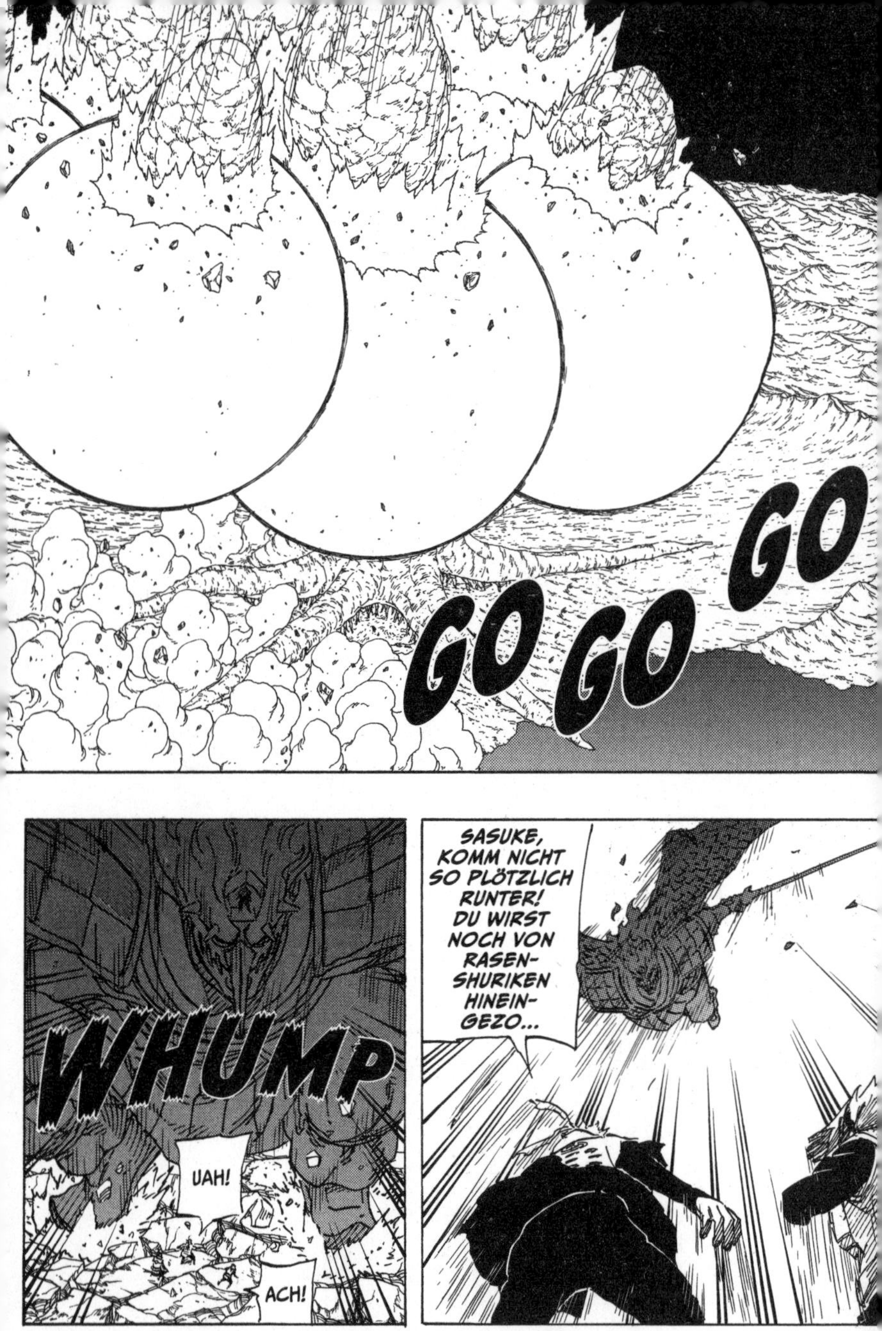
GO GO GO
SASUKE, KOMM NICHT SO PLÖTZLICH RUNTER! DU WIRST NOCH VON RASEN-SHURIKEN HINEIN-GEZO...
WHUMP
UAH!
ACH!

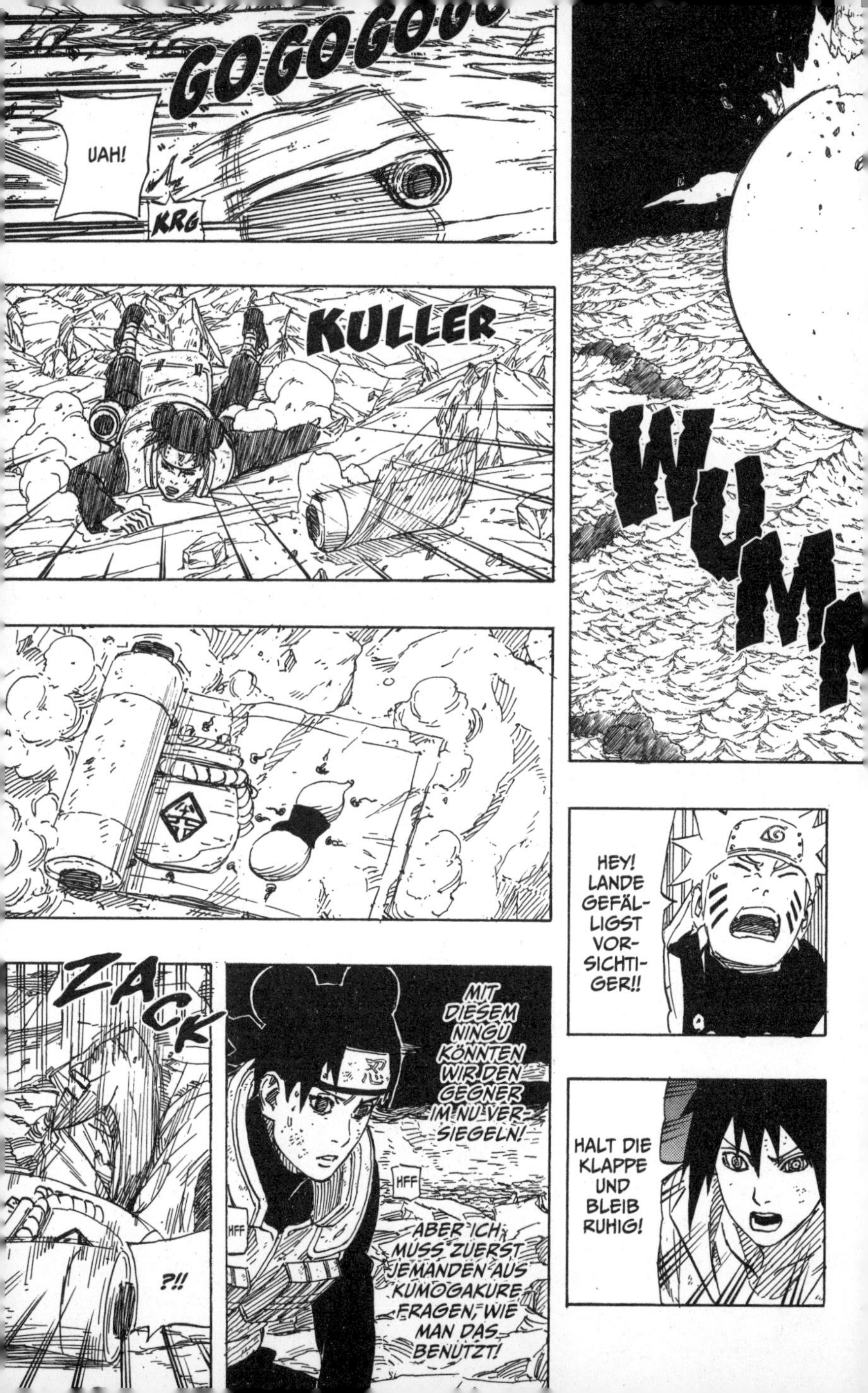
GOGOGOGO
UAH!
KRG
WUMM
KULLER
HEY! LANDE GEFÄLLIGST VORSICHTIGER!!
HALT DIE KLAPPE UND BLEIB RUHIG!
MIT DIESEM NINGU KÖNNTEN WIR DEN GEGNER IM NU VERSIEGELN!
HFF
HFF
ABER ICH MUSS ZUERST JEMANDEN AUS KUMOGAKURE FRAGEN, WIE MAN DAS BENÜTZT!
ZACK
?!!

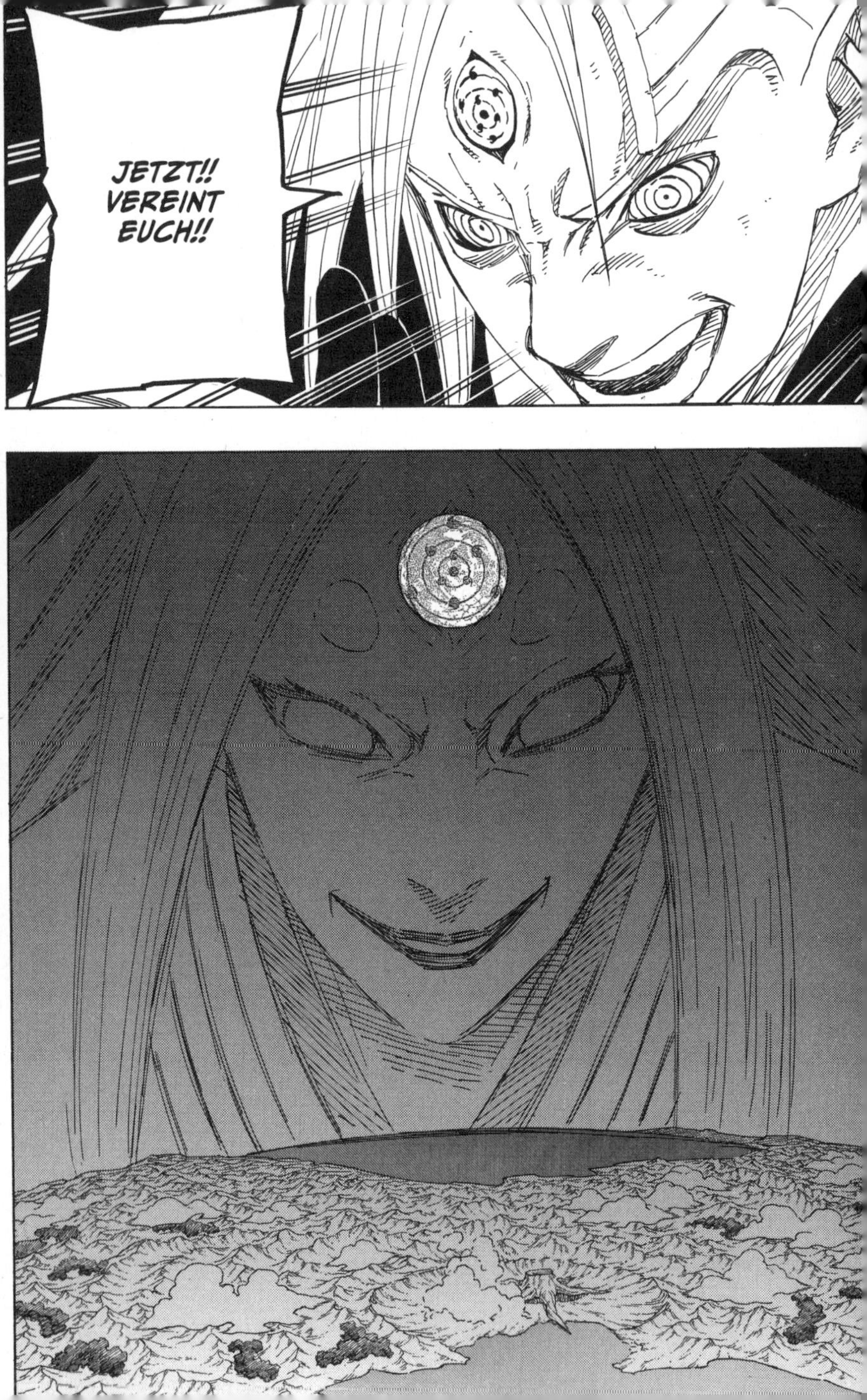
JETZT!! VEREINT EUCH!!

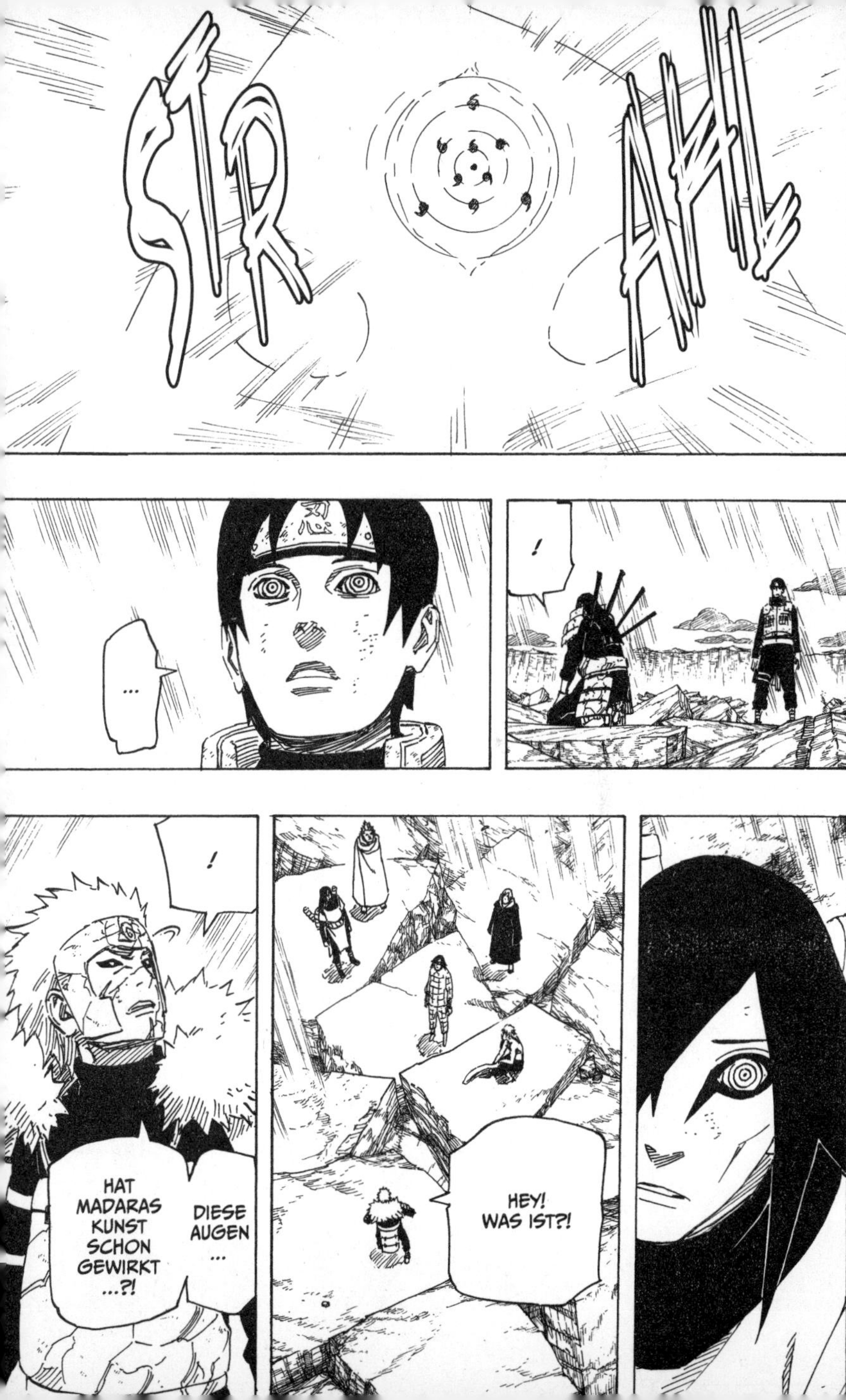

STRAHL
!
...
!
HAT MADARAS KUNST SCHON GEWIRKT ...?!
DIESE AUGEN ...
HEY! WAS IST?!

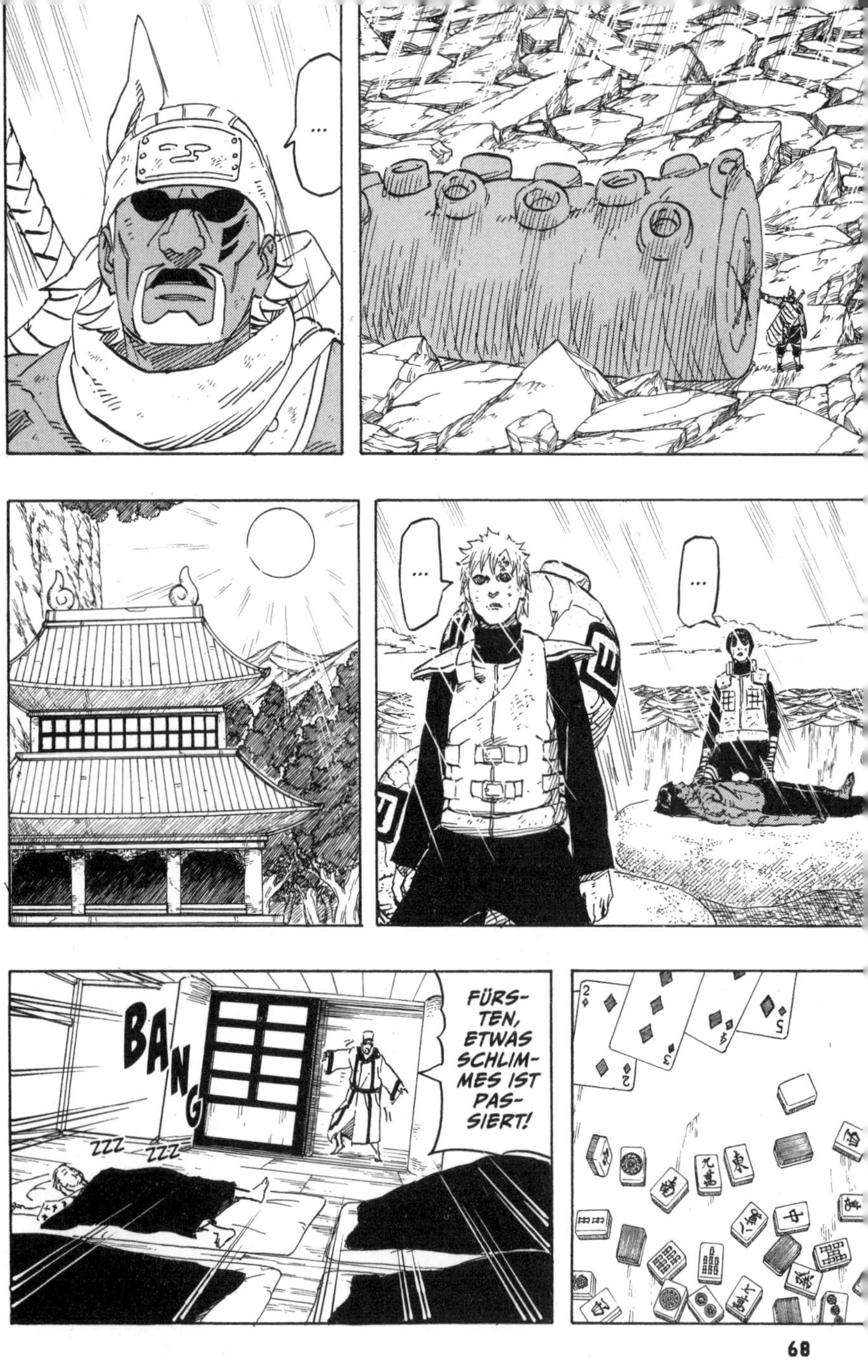
...
...
...
BANG
ZZZ ZZZ
FÜRSTEN, ETWAS SCHLIMMES IST PASSIERT!

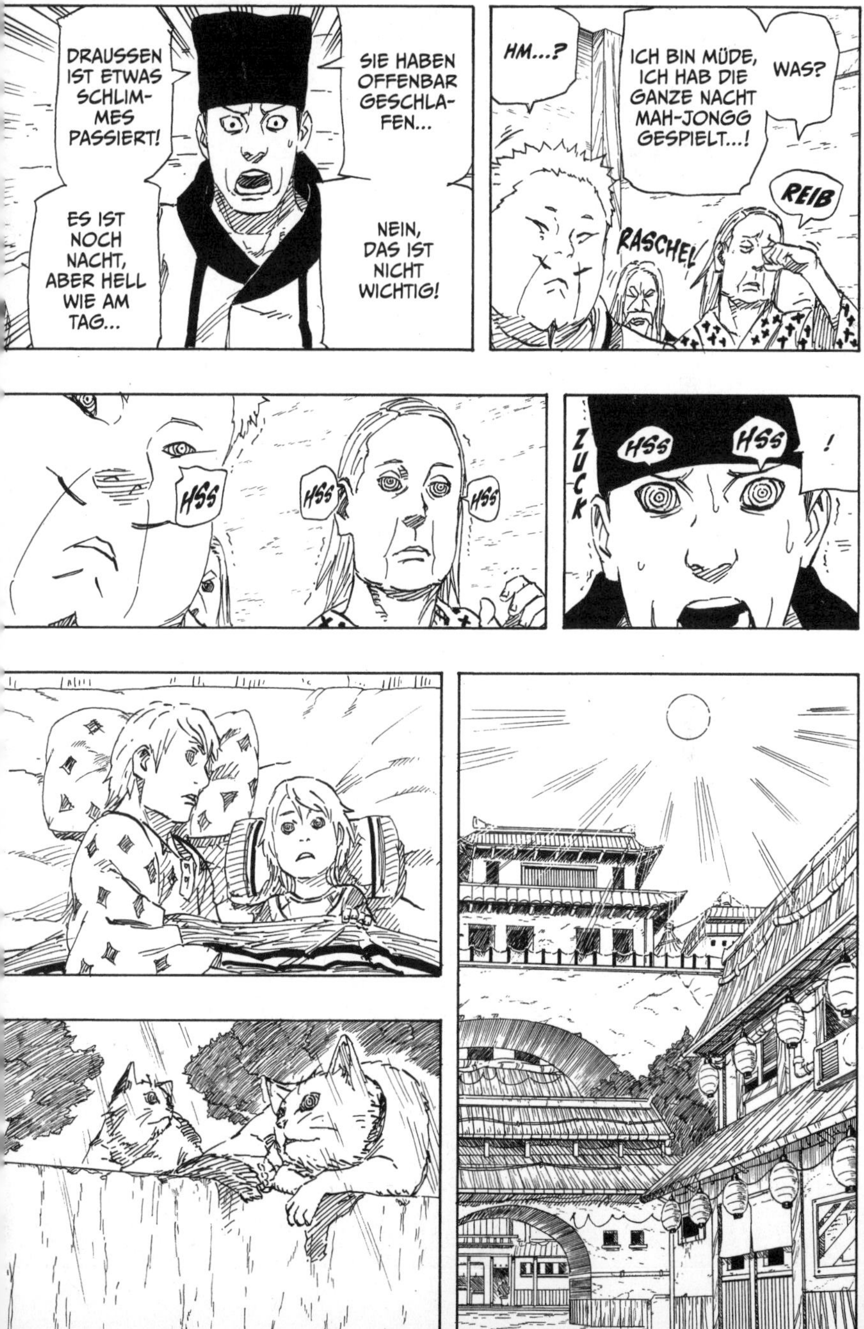

WAS?
REIB
ICH BIN MÜDE, ICH HAB DIE GANZE NACHT MAH-JONGG GESPIELT...!
RASCHEL
HM...?
SIE HABEN OFFENBAR GESCHLAFEN...
DRAUSSEN IST ETWAS SCHLIM-MES PASSIERT!
NEIN, DAS IST NICHT WICHTIG!
ES IST NOCH NACHT, ABER HELL WIE AM TAG...
!
HSS
HSS
ZUCK
HSS
HSS
HSS

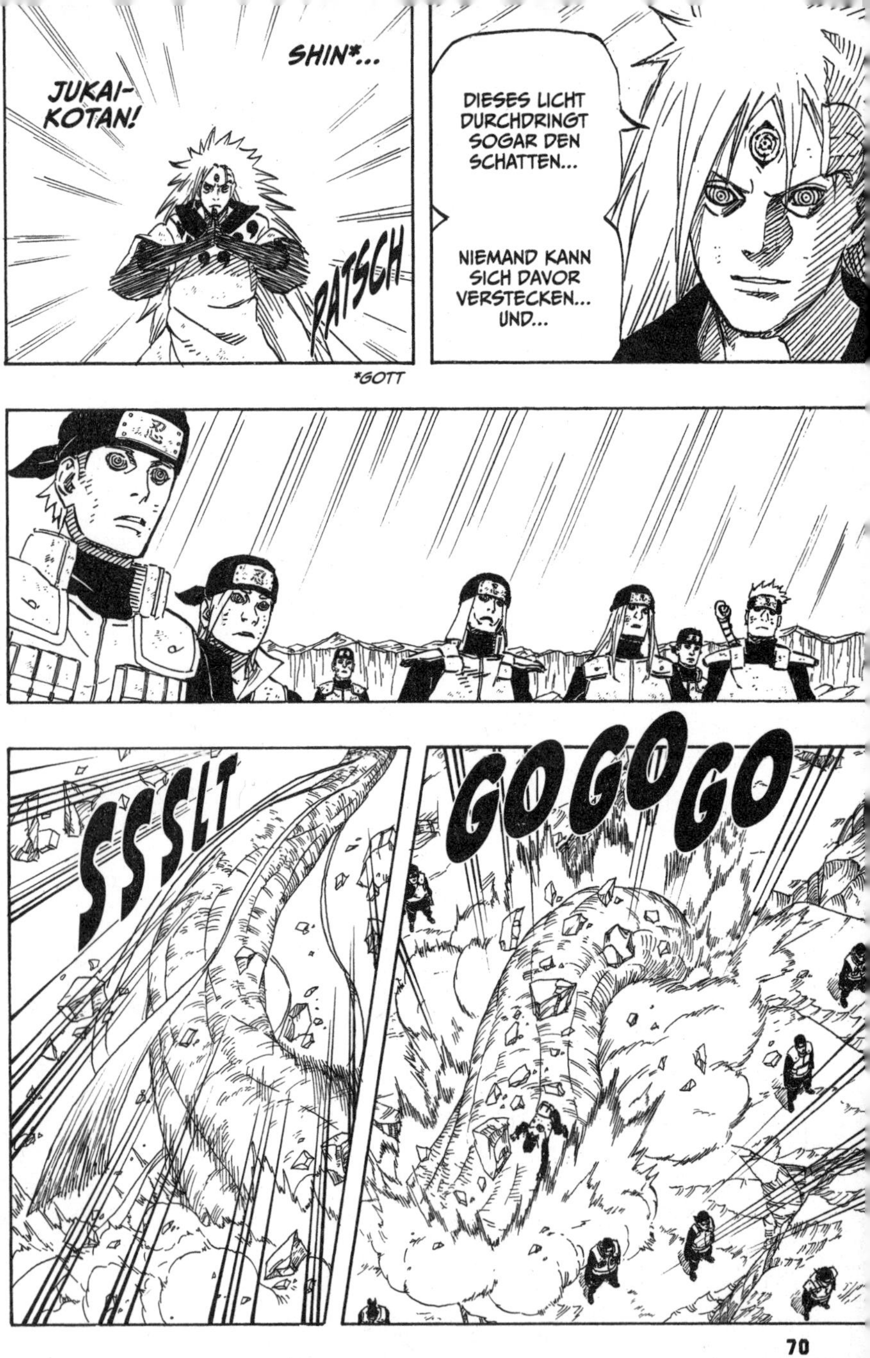
DIESES LICHT DURCHDRINGT SOGAR DEN SCHATTEN...
NIEMAND KANN SICH DAVOR VERSTECKEN... UND...
SHIN*...
JUKAI-KOTAN!
PATSCH
*GOTT
GOGOGO
SSSLT

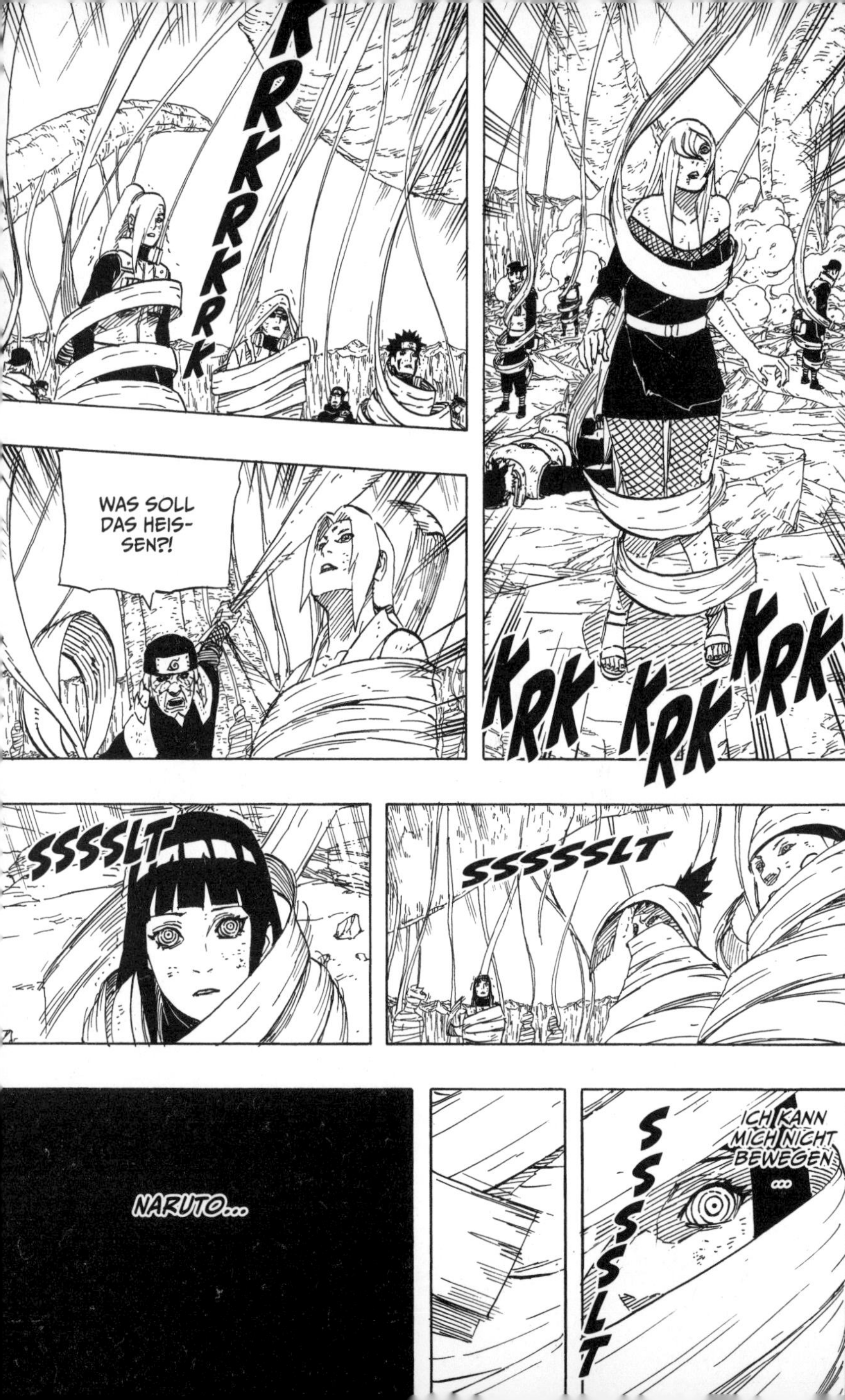

KRK KRK KRK
KRKRKRKRK
WAS SOLL DAS HEIS-SEN?!
SSSSSSLT
SSSSSLT
ICH KANN MICH NICHT BEWEGEN ...
SSSSLT
NARUTO...

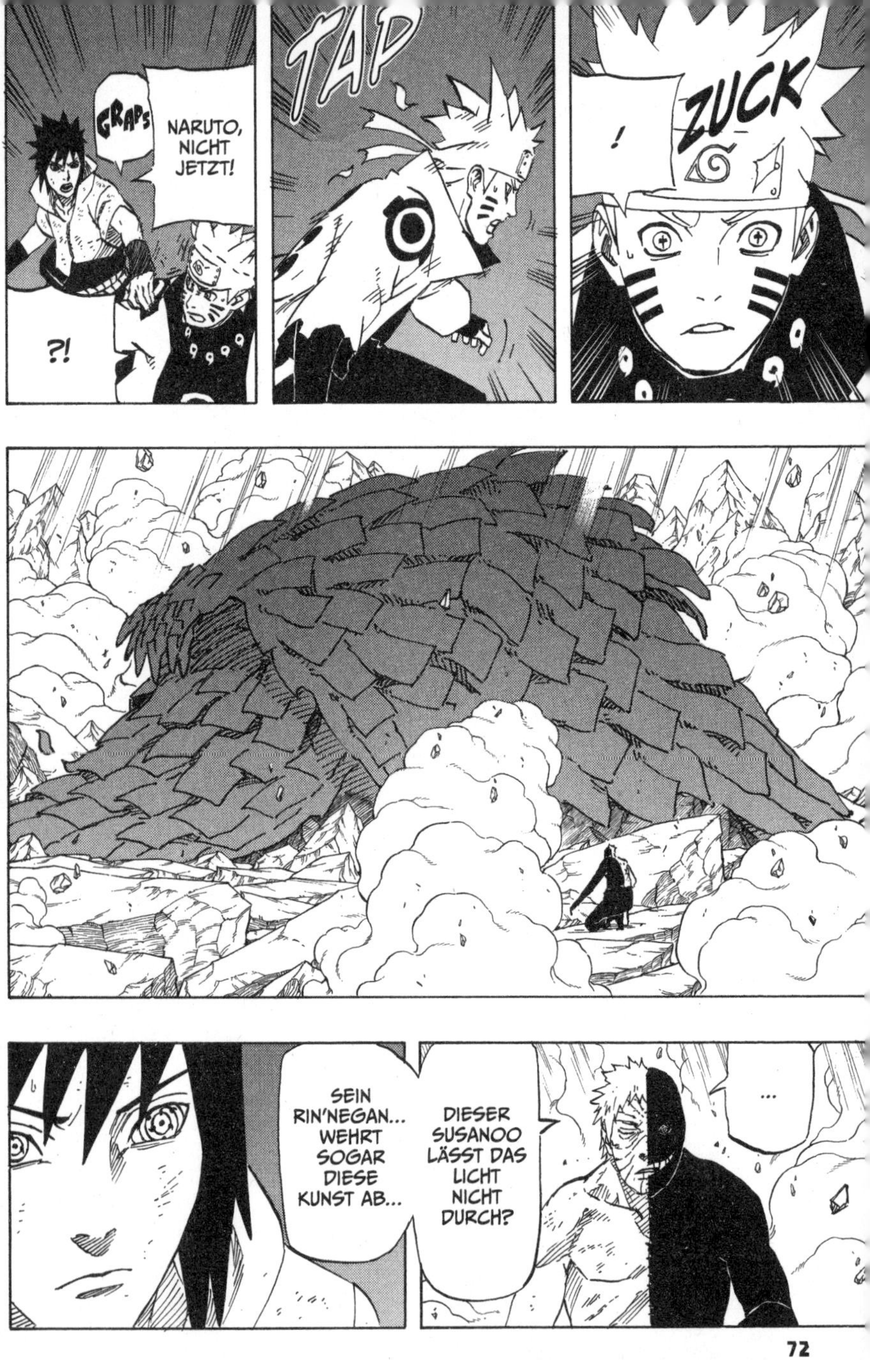
ZUCK
!
TAP
NARUTO, NICHT JETZT!
GRAPS
?!
DIESER SUSANOO LÄSST DAS LICHT NICHT DURCH?
...
SEIN RIN'NEGAN... WEHRT SOGAR DIESE KUNST AB...

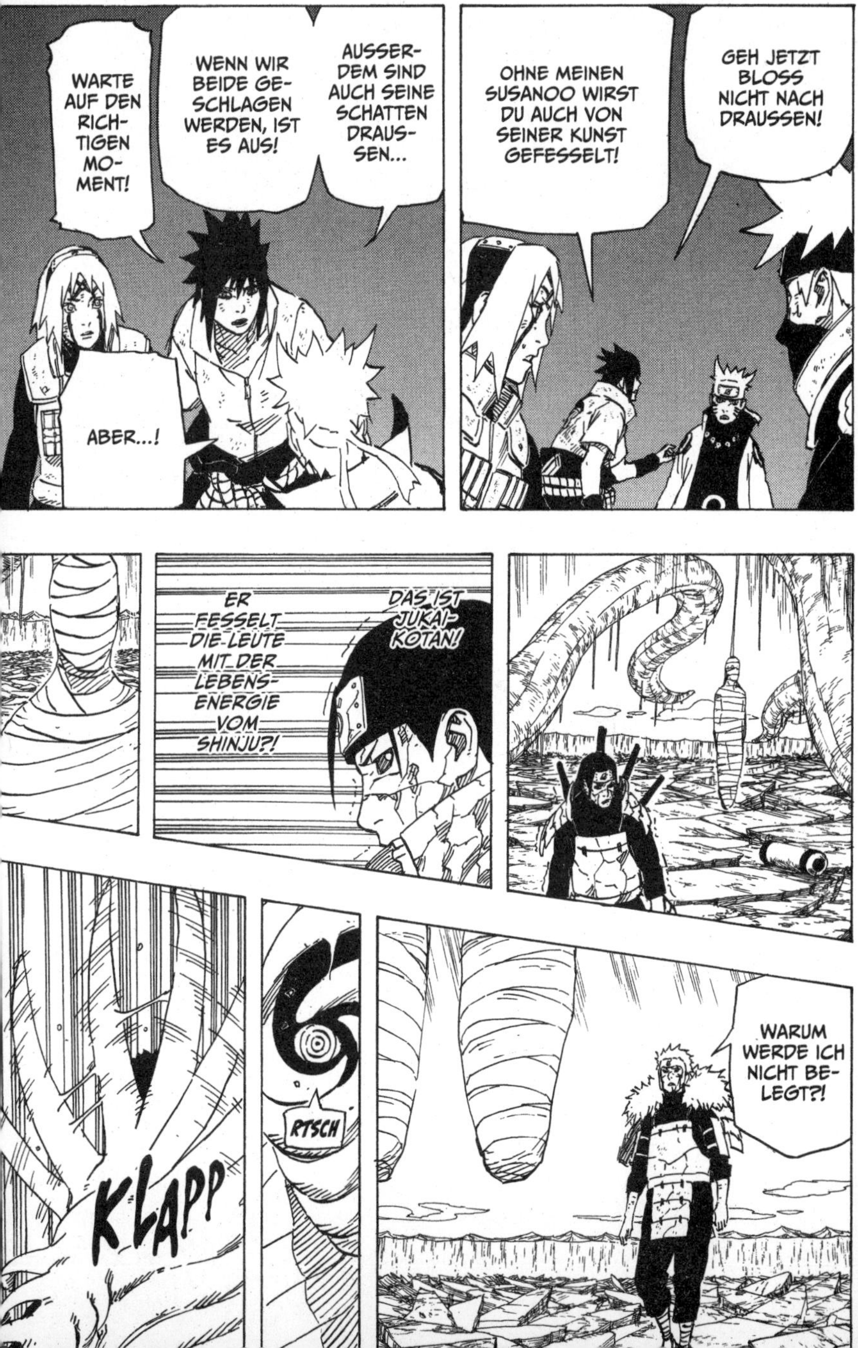
GEH JETZT BLOSS NICHT NACH DRAUSSEN!
OHNE MEINEN SUSANOO WIRST DU AUCH VON SEINER KUNST GEFESSELT!
AUSSERDEM SIND AUCH SEINE SCHATTEN DRAUSSEN...
WENN WIR BEIDE GESCHLAGEN WERDEN, IST ES AUS!
WARTE AUF DEN RICHTIGEN MOMENT!
ABER...!
DAS IST JUKAI-KOTAN!
ER FESSELT DIE LEUTE MIT DER LEBENSENERGIE VOM SHINJU?!
WARUM WERDE ICH NICHT BELEGT?!
RTSCH
KLAPP

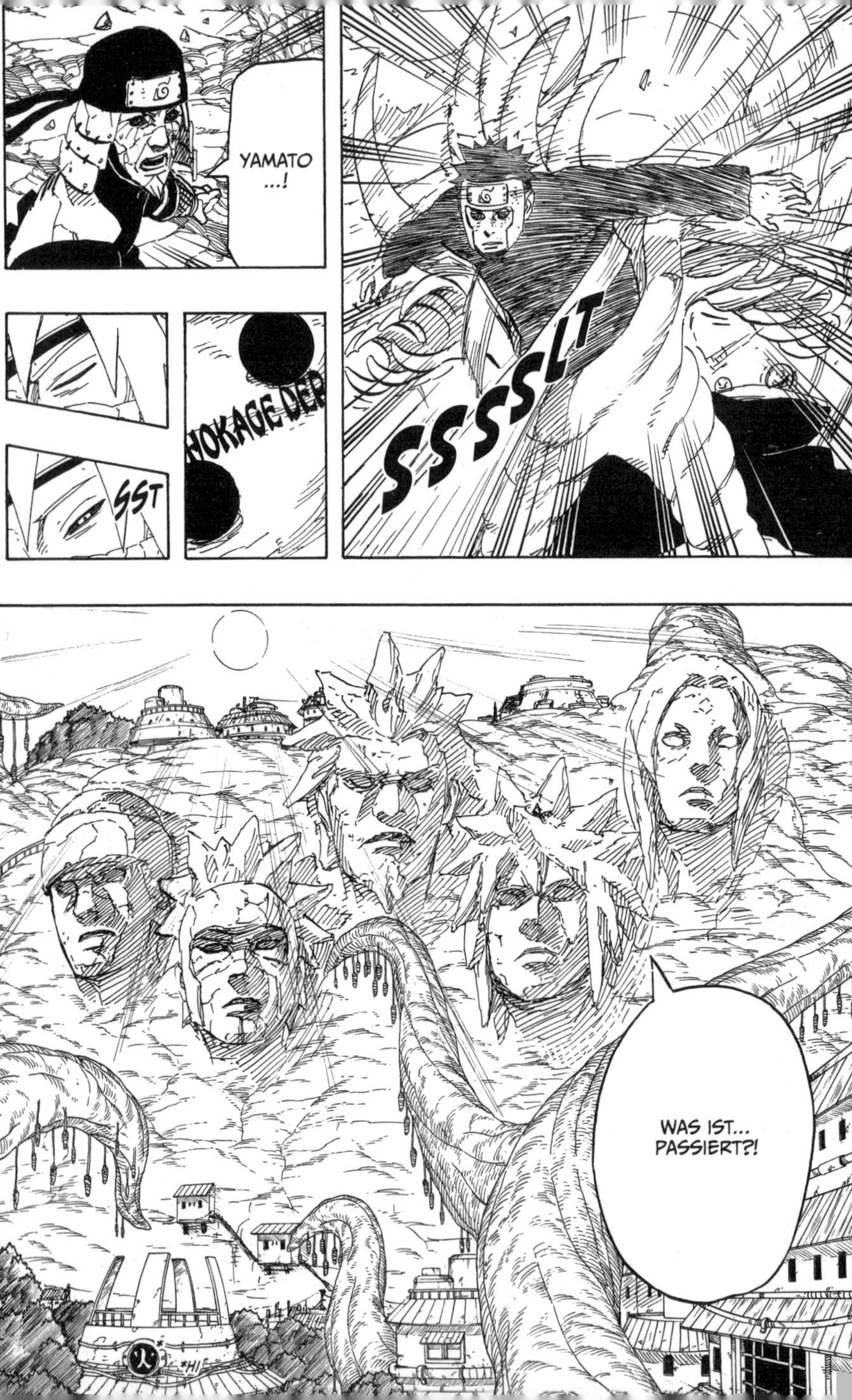

SSSSLIT
YAMATO ...!
HOKAGE DER
SST
WAS IST... PASSIERT?!
*HI

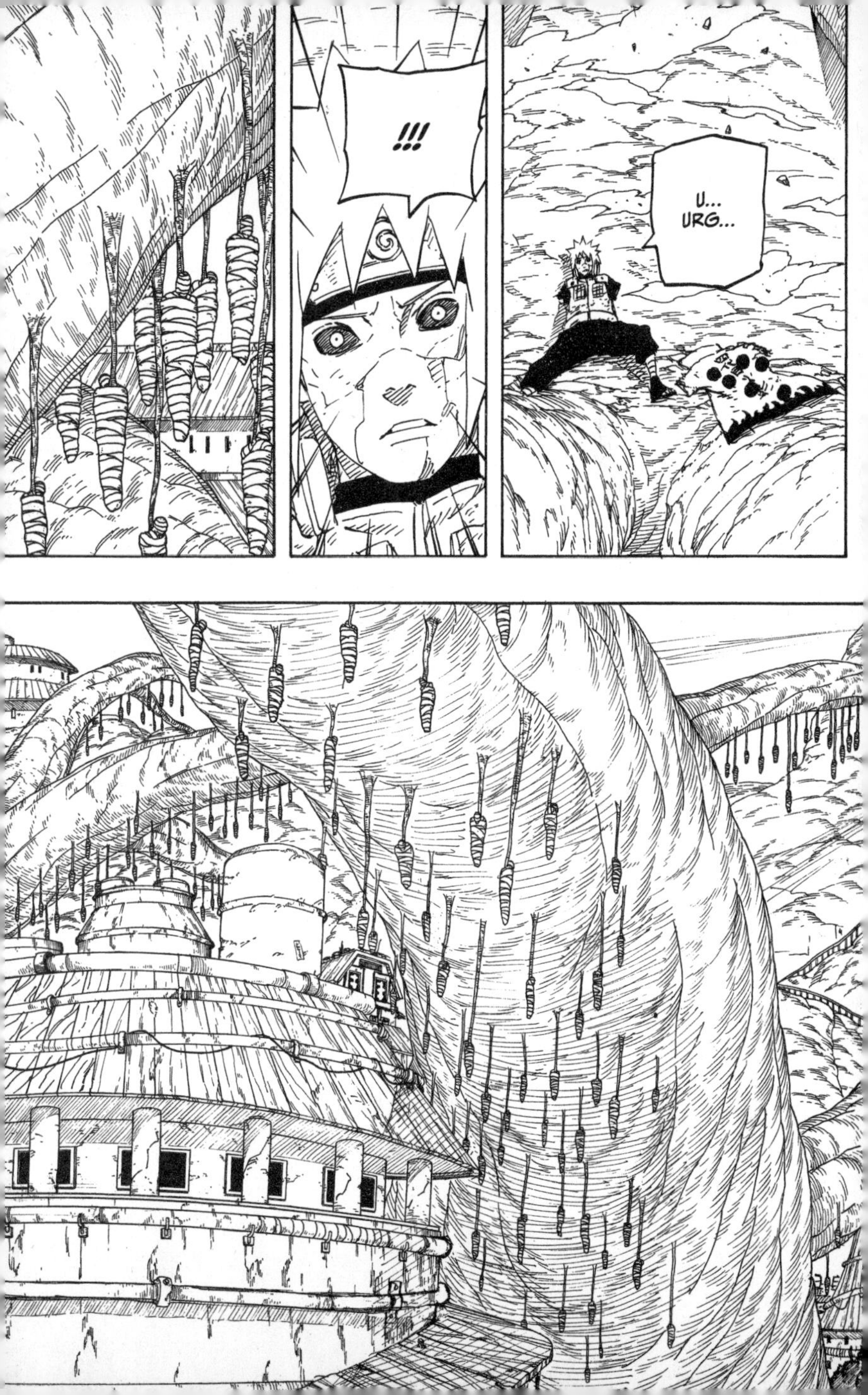
!!!
U... URG...

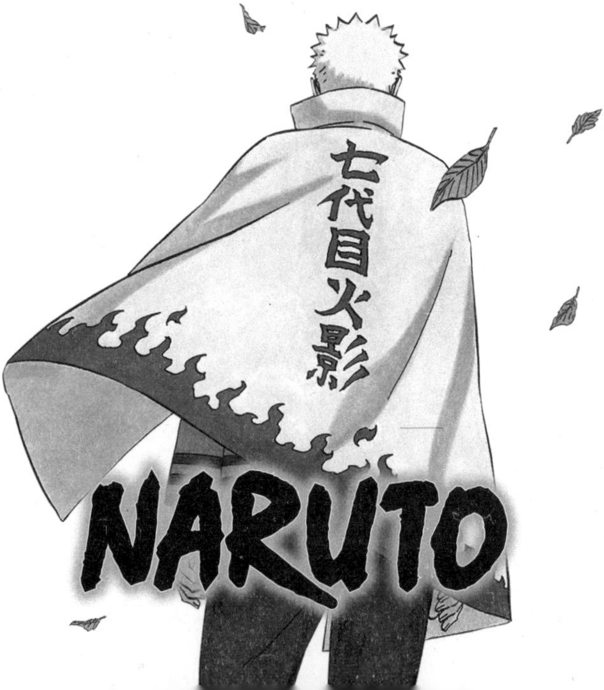
七代目火影
NARUTO

678. Kapitel: Mein Wille gehört …

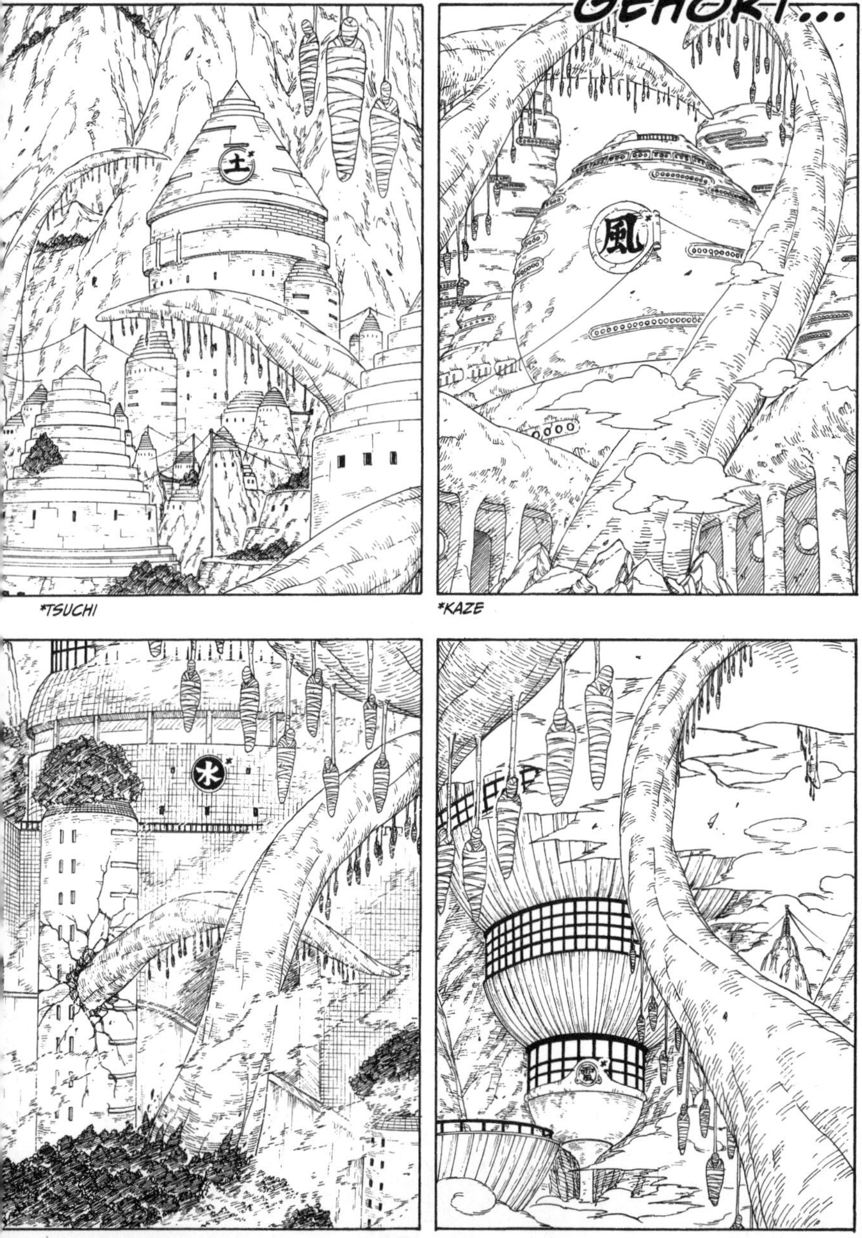

*TSUCHI *KAZE

*MIZU *RAI

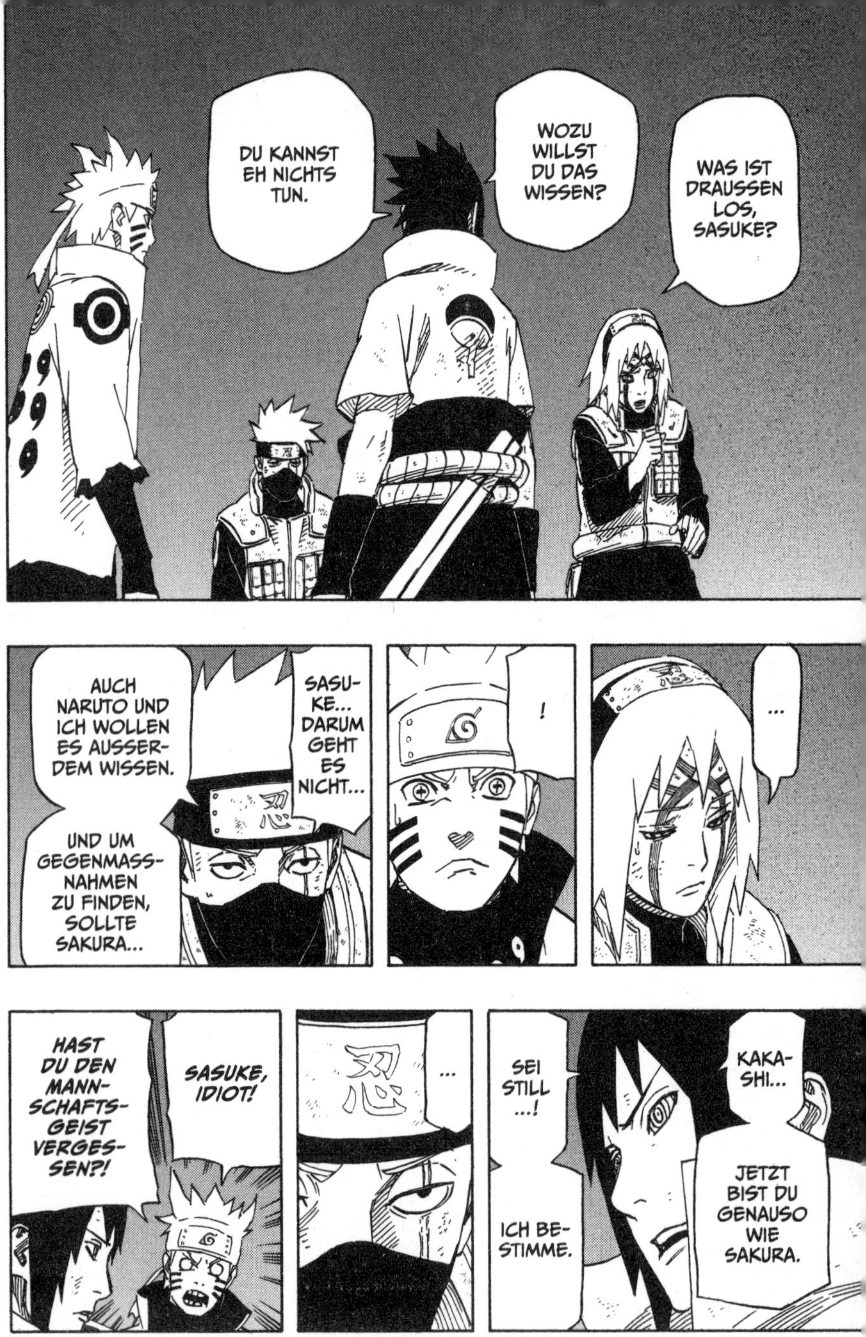
WAS IST DRAUSSEN LOS, SASUKE?
WOZU WILLST DU DAS WISSEN?
DU KANNST EH NICHTS TUN.
...
!
SASUKE... DARUM GEHT ES NICHT...
AUCH NARUTO UND ICH WOLLEN ES AUSSERDEM WISSEN.
UND UM GEGENMASSNAHMEN ZU FINDEN, SOLLTE SAKURA...
KAKASHI...
JETZT BIST DU GENAUSO WIE SAKURA.
SEI STILL ...!
ICH BESTIMME.
...
SASUKE, IDIOT!
HAST DU DEN MANNSCHAFTSGEIST VERGESSEN?!

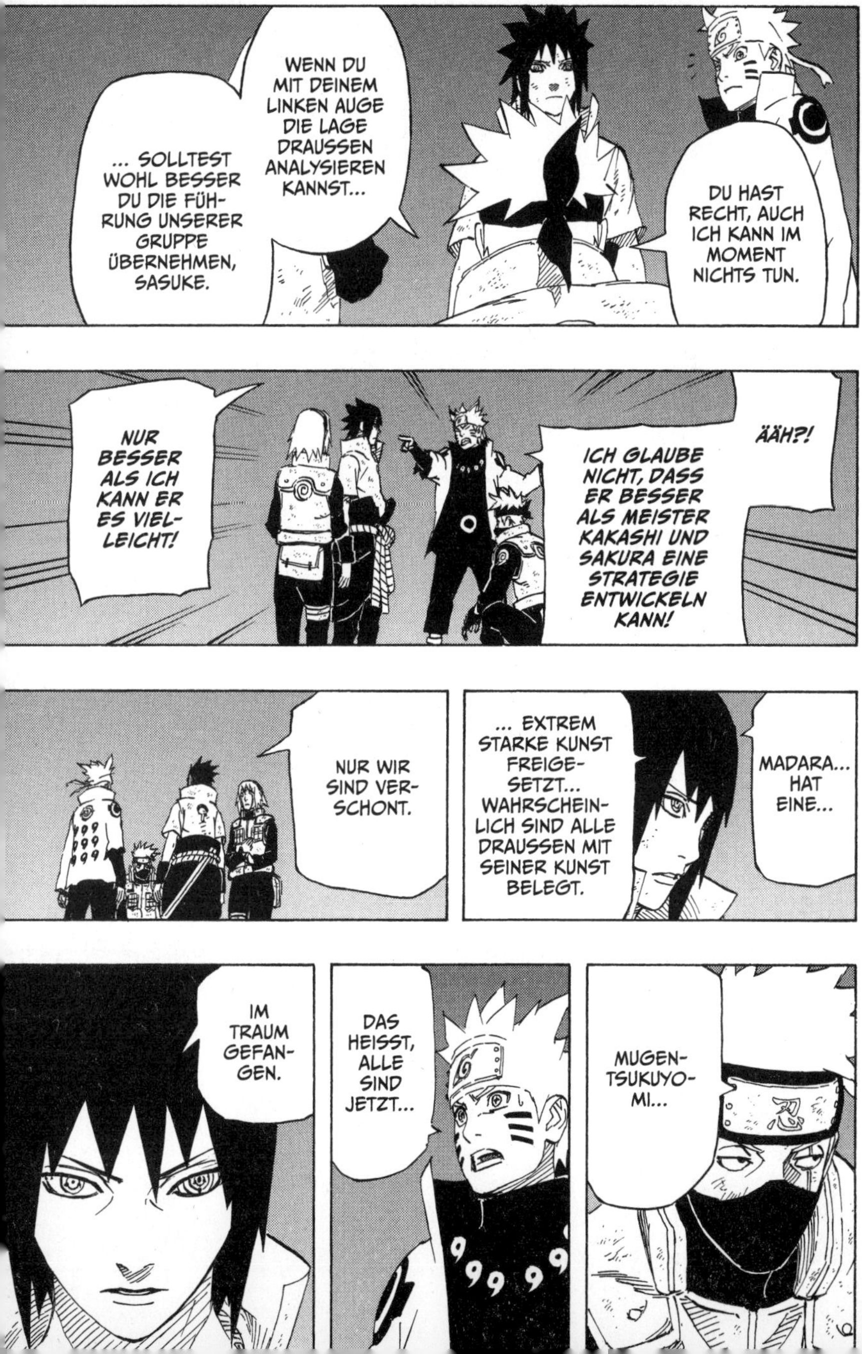
DU HAST RECHT, AUCH ICH KANN IM MOMENT NICHTS TUN.
WENN DU MIT DEINEM LINKEN AUGE DIE LAGE DRAUSSEN ANALYSIEREN KANNST...
... SOLLTEST WOHL BESSER DU DIE FÜHRUNG UNSERER GRUPPE ÜBERNEHMEN, SASUKE.
ÄÄH?!
ICH GLAUBE NICHT, DASS ER BESSER ALS MEISTER KAKASHI UND SAKURA EINE STRATEGIE ENTWICKELN KANN!
NUR BESSER ALS ICH KANN ER ES VIELLEICHT!
MADARA... HAT EINE...
... EXTREM STARKE KUNST FREIGESETZT... WAHRSCHEINLICH SIND ALLE DRAUSSEN MIT SEINER KUNST BELEGT.
NUR WIR SIND VERSCHONT.
MUGEN-TSUKUYOMI...
DAS HEISST, ALLE SIND JETZT...
IM TRAUM GEFANGEN.

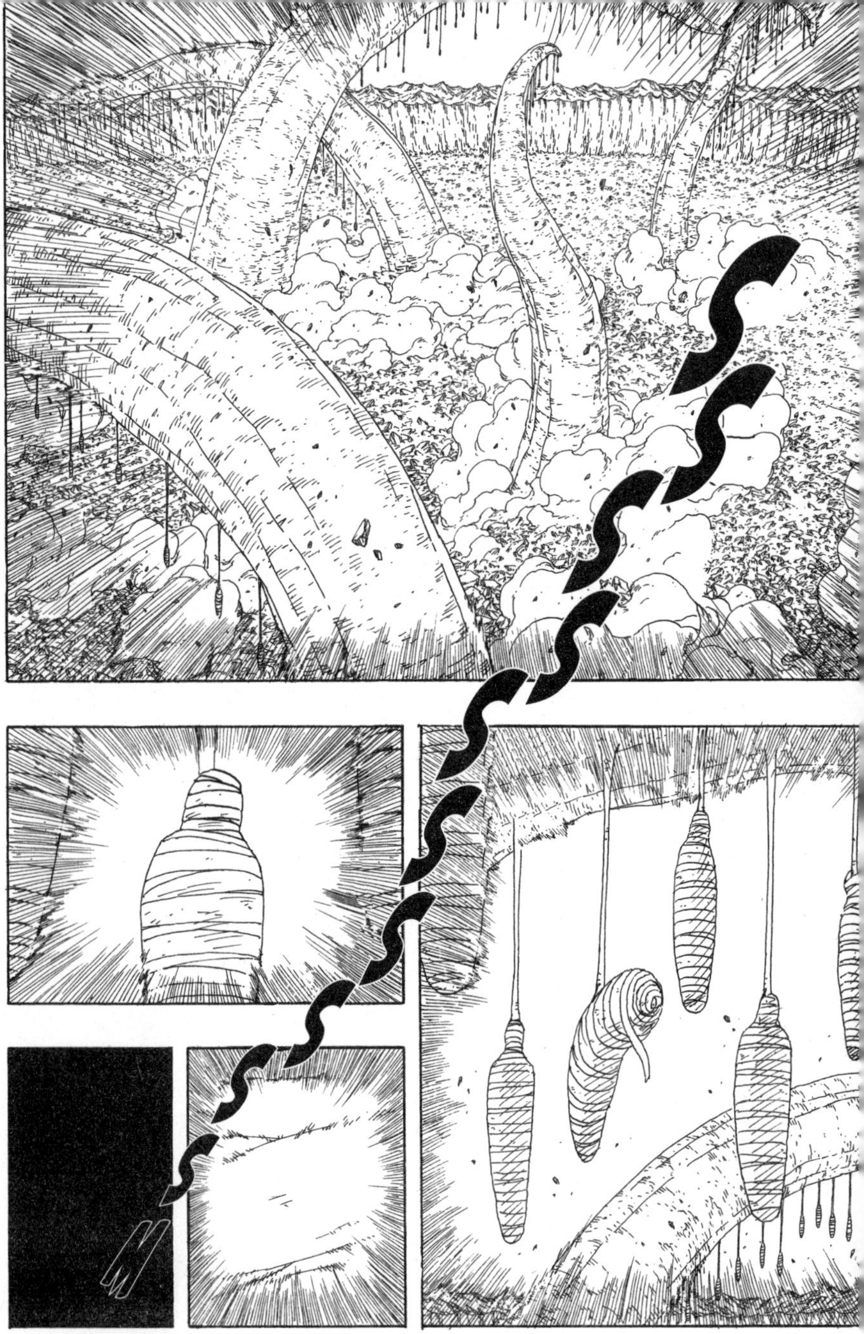

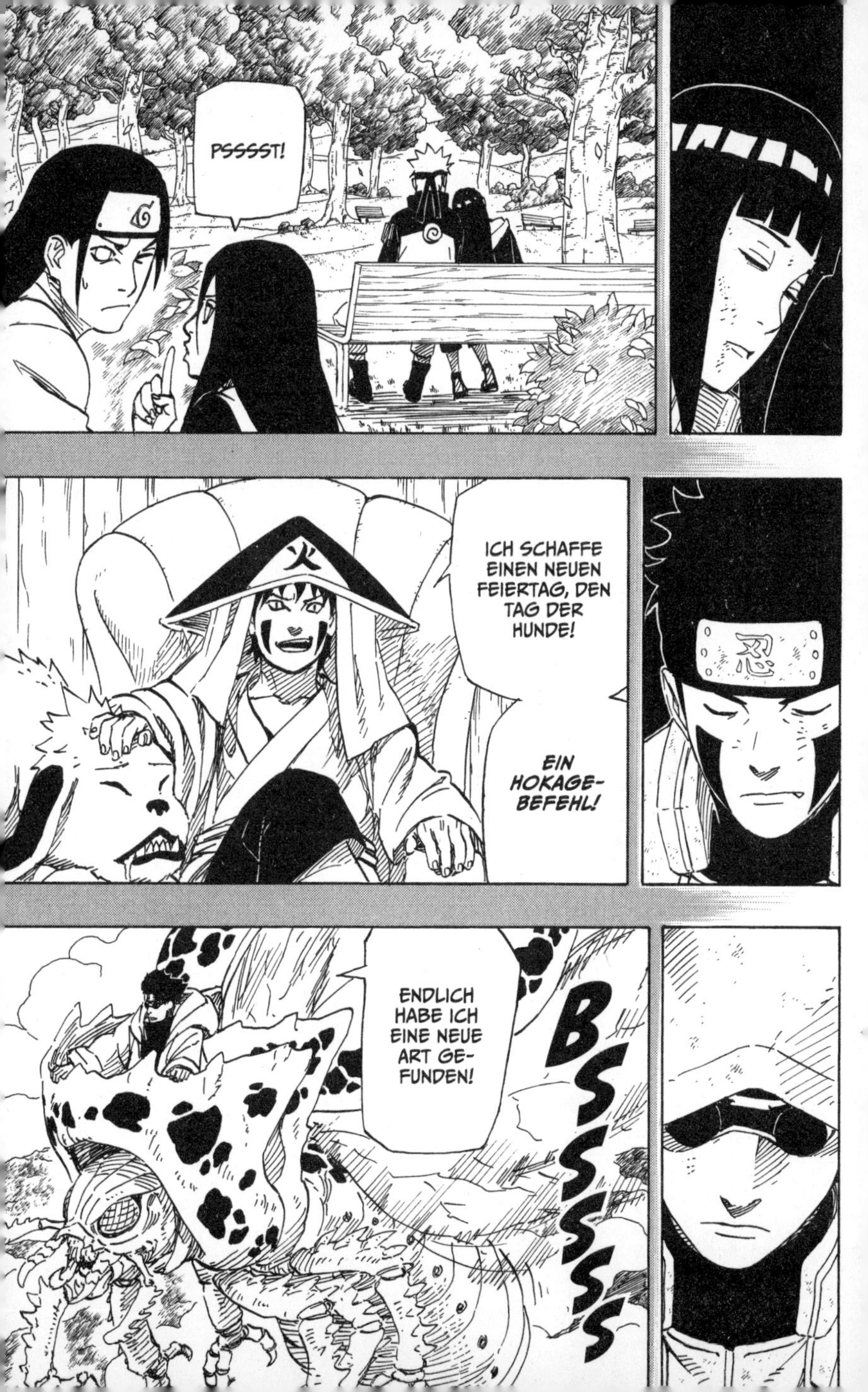
PSSSST!
ICH SCHAFFE EINEN NEUEN FEIERTAG, DEN TAG DER HUNDE!
EIN HOKAGE-BEFEHL!
ENDLICH HABE ICH EINE NEUE ART GE-FUNDEN!
BSSSSSS

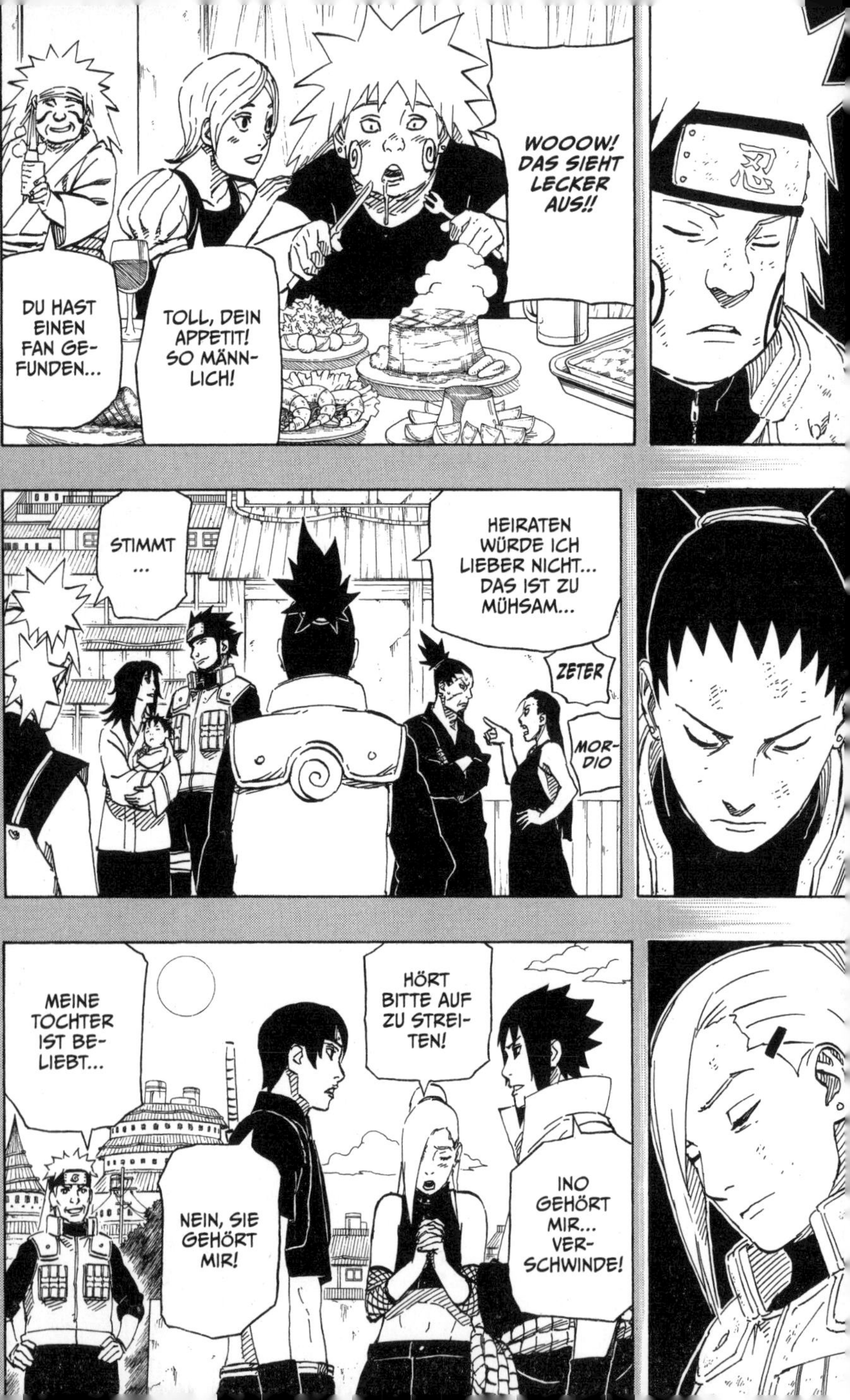
WOOOW! DAS SIEHT LECKER AUS!!
TOLL, DEIN APPETIT! SO MÄNNLICH!
DU HAST EINEN FAN GEFUNDEN...
HEIRATEN WÜRDE ICH LIEBER NICHT... DAS IST ZU MÜHSAM...
ZETER
MORDIO
STIMMT ...
INO GEHÖRT MIR... VERSCHWINDE!
HÖRT BITTE AUF ZU STREITEN!
NEIN, SIE GEHÖRT MIR!
MEINE TOCHTER IST BELIEBT...

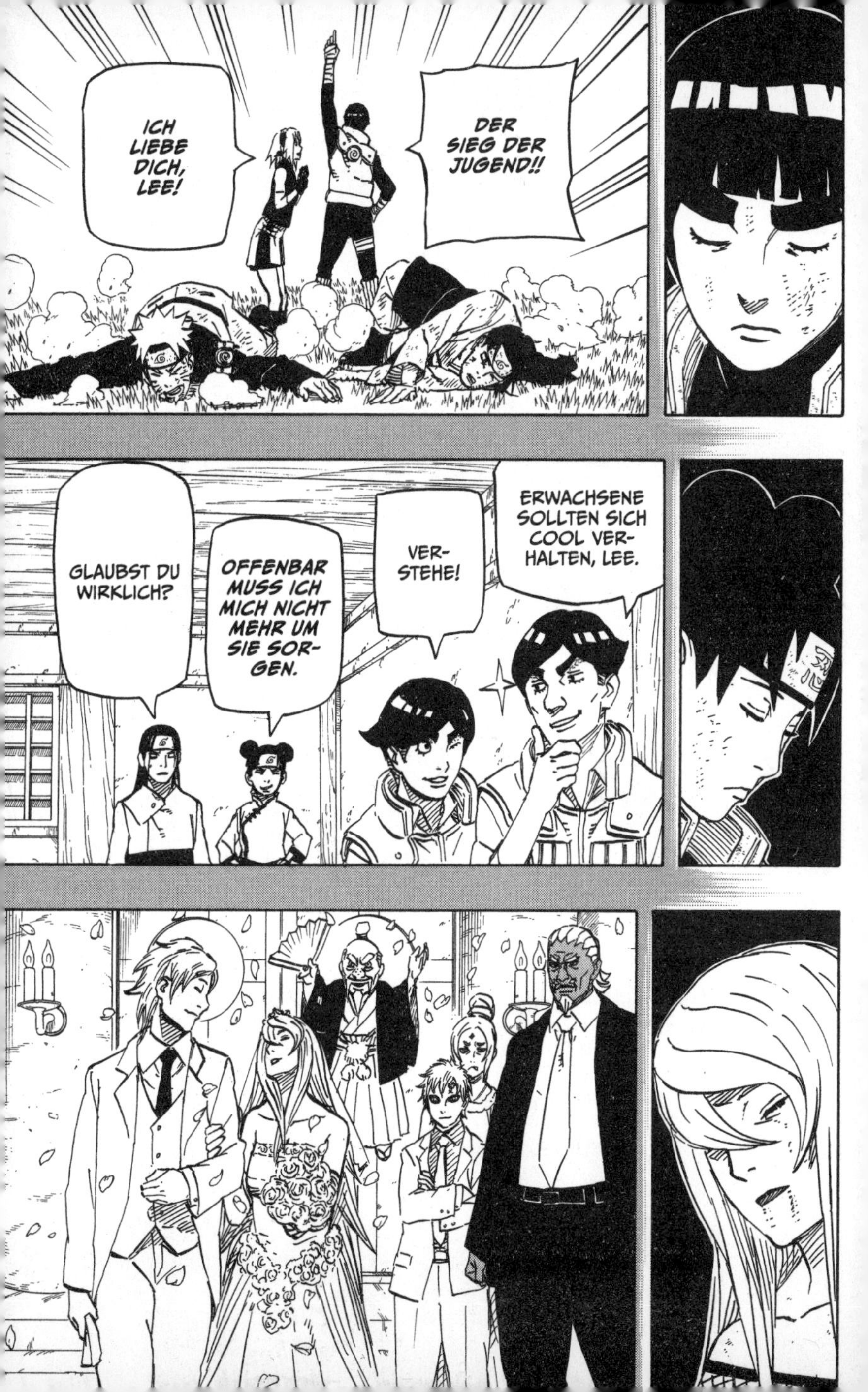
DER SIEG DER JUGEND!!
ICH LIEBE DICH, LEE!
ERWACHSENE SOLLTEN SICH COOL VERHALTEN, LEE.
VERSTEHE!
OFFENBAR MUSS ICH MICH NICHT MEHR UM SIE SORGEN.
GLAUBST DU WIRKLICH?

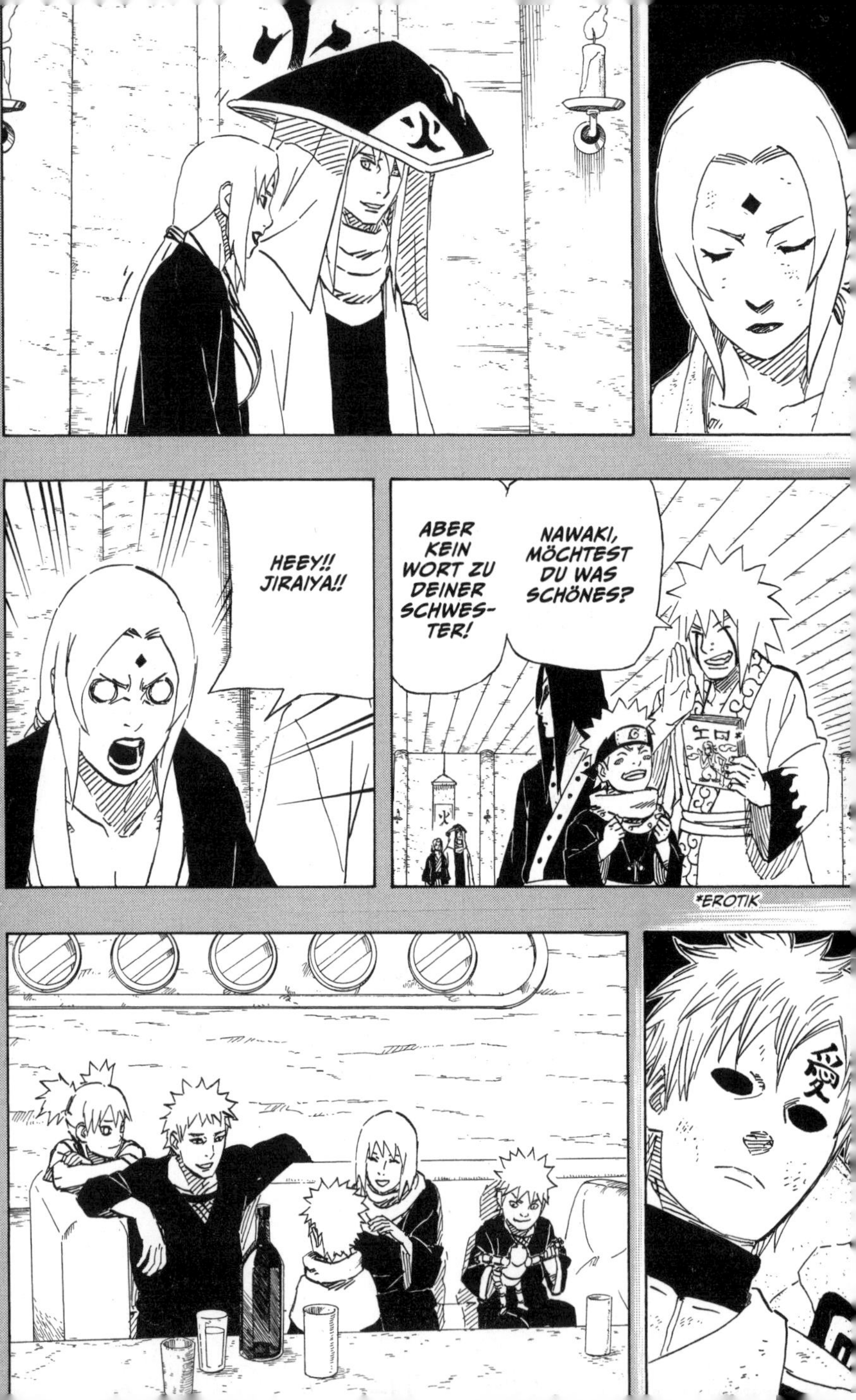
NAWAKI, MÖCHTEST DU WAS SCHÖNES?
ABER KEIN WORT ZU DEINER SCHWESTER!
HEEY!! JIRAIYA!!
*EROTIK

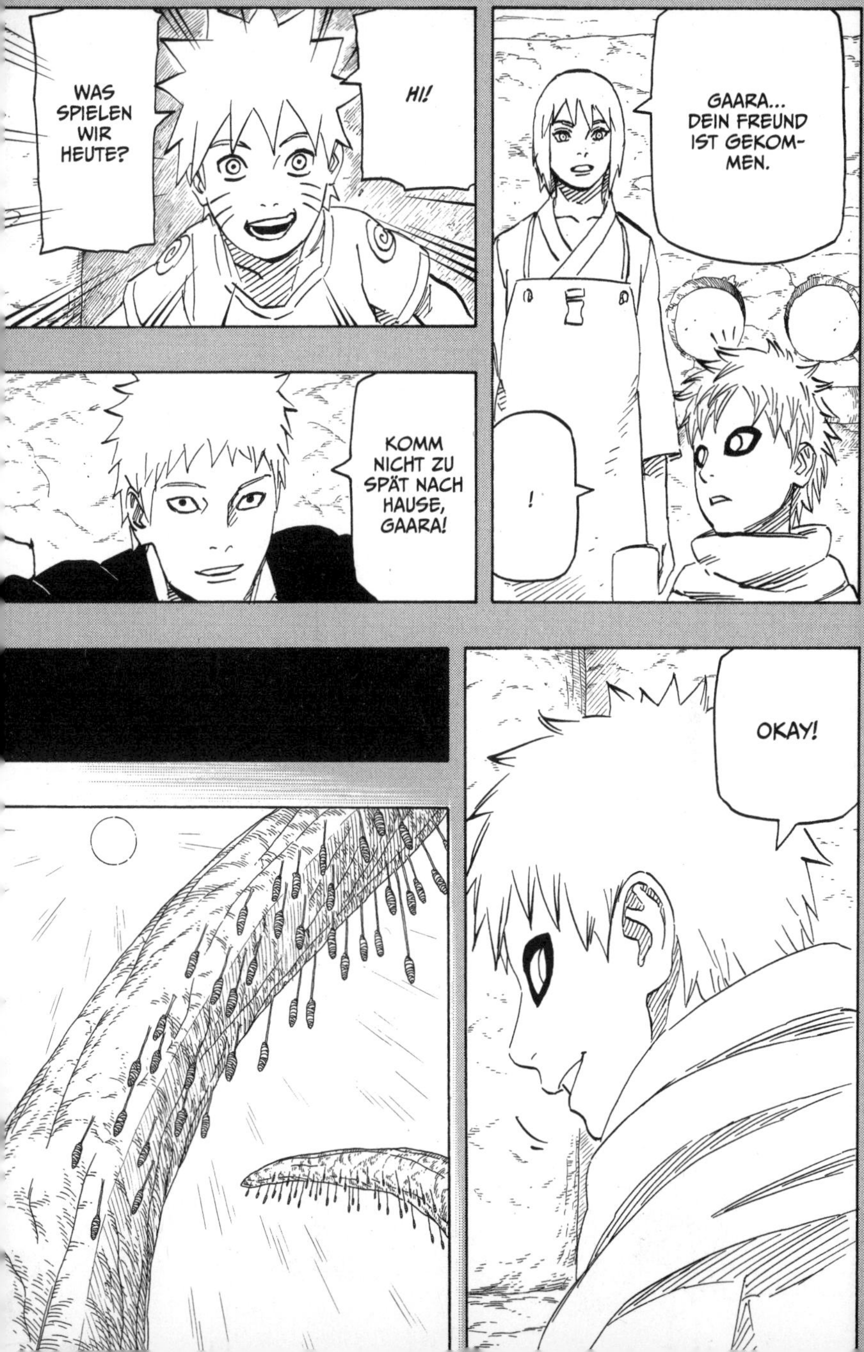
GAARA... DEIN FREUND IST GEKOMMEN.
!
HI!
WAS SPIELEN WIR HEUTE?
KOMM NICHT ZU SPÄT NACH HAUSE, GAARA!
OKAY!

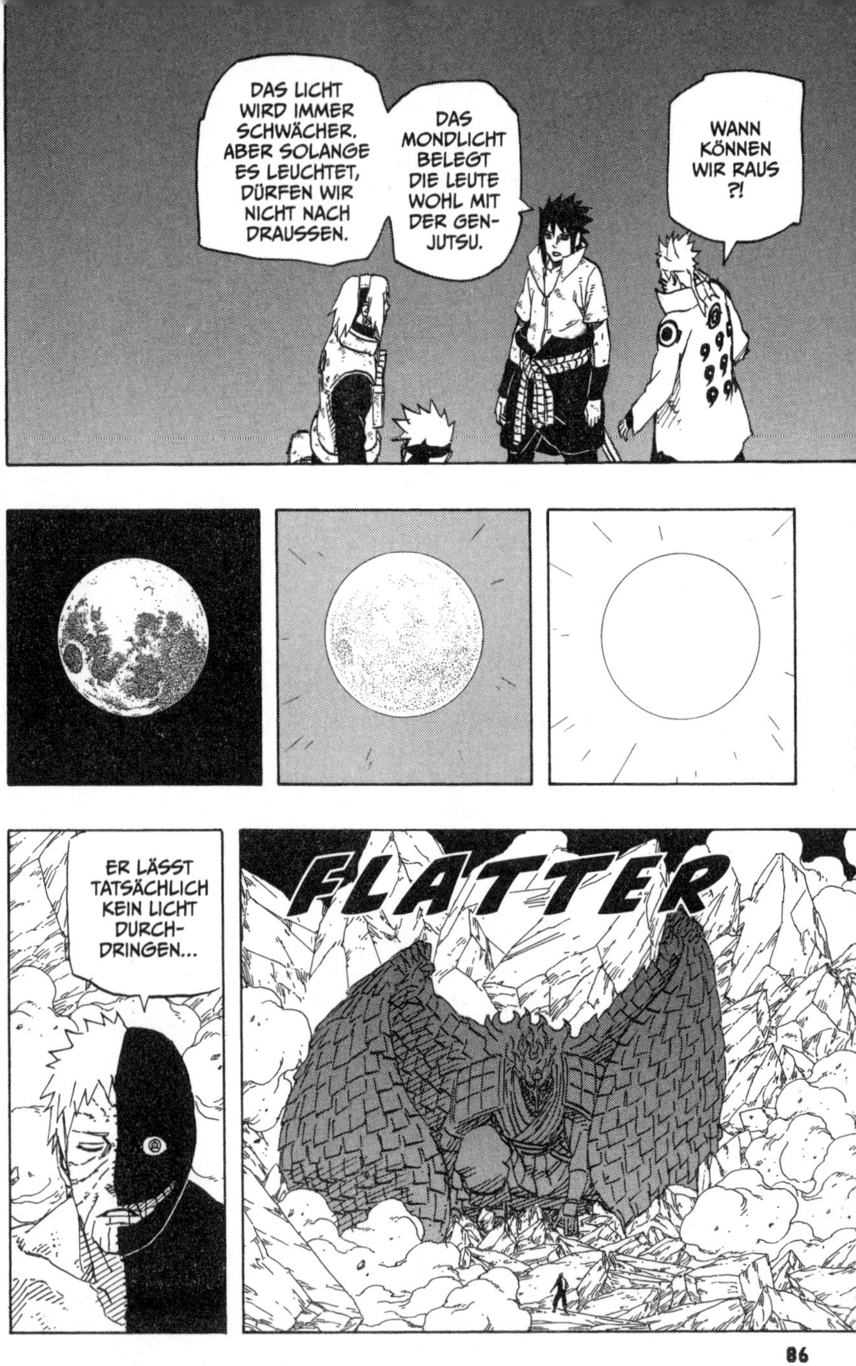
DAS LICHT WIRD IMMER SCHWÄCHER. ABER SOLANGE ES LEUCHTET, DÜRFEN WIR NICHT NACH DRAUSSEN.
DAS MONDLICHT BELEGT DIE LEUTE WOHL MIT DER GEN-JUTSU.
WANN KÖNNEN WIR RAUS ?!
ER LÄSST TATSÄCHLICH KEIN LICHT DURCH-DRINGEN...
FLATTER

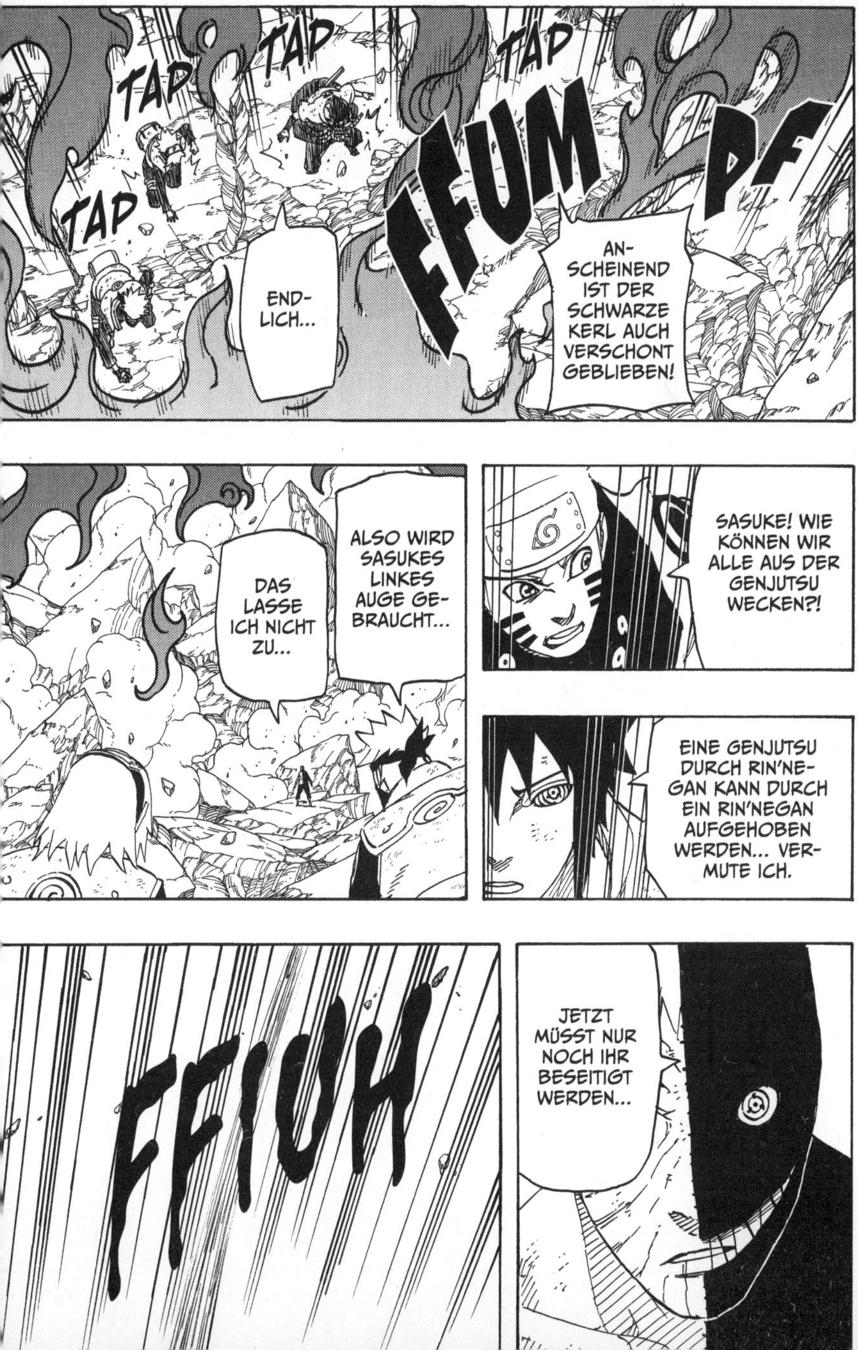
TAP
TAP
TAP
TAP
FFUMPF
AN-SCHEINEND IST DER SCHWARZE KERL AUCH VERSCHONT GEBLIEBEN!
END-LICH...
SASUKE! WIE KÖNNEN WIR ALLE AUS DER GENJUTSU WECKEN?!
EINE GENJUTSU DURCH RIN'NE-GAN KANN DURCH EIN RIN'NEGAN AUFGEHOBEN WERDEN... VER-MUTE ICH.
ALSO WIRD SASUKES LINKES AUGE GE-BRAUCHT...
DAS LASSE ICH NICHT ZU...
JETZT MÜSST NUR NOCH IHR BESEITIGT WERDEN...
FFIOH

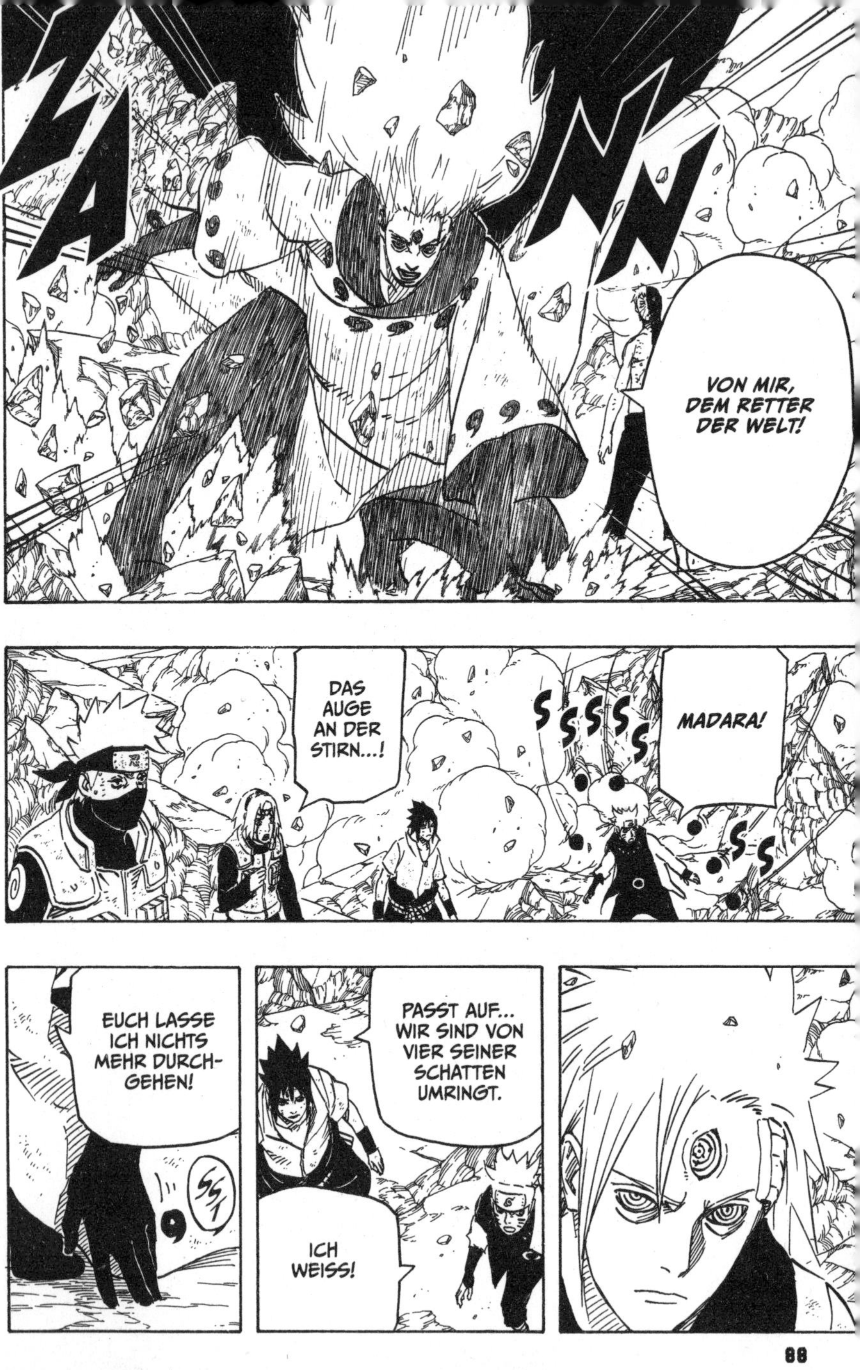
VON MIR, DEM RETTER DER WELT!
MADARA!
DAS AUGE AN DER STIRN…!
PASST AUF… WIR SIND VON VIER SEINER SCHATTEN UMRINGT.
ICH WEISS!
EUCH LASSE ICH NICHTS MEHR DURCH-GEHEN!

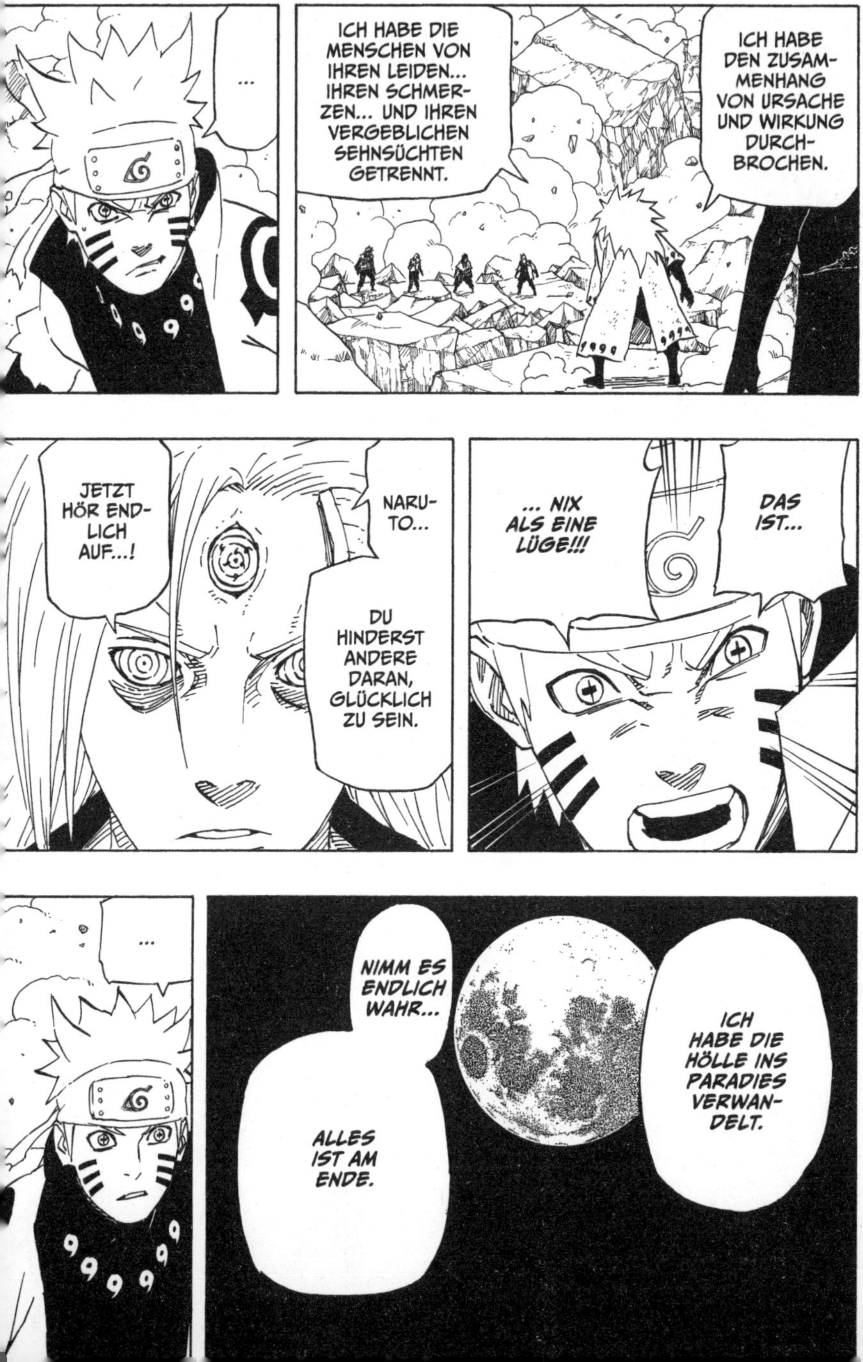

ICH HABE DEN ZUSAMMENHANG VON URSACHE UND WIRKUNG DURCHBROCHEN.
ICH HABE DIE MENSCHEN VON IHREN LEIDEN... IHREN SCHMERZEN... UND IHREN VERGEBLICHEN SEHNSÜCHTEN GETRENNT.
...
DAS IST...
... NIX ALS EINE LÜGE!!!
NARUTO...
DU HINDERST ANDERE DARAN, GLÜCKLICH ZU SEIN.
JETZT HÖR ENDLICH AUF...!
ICH HABE DIE HÖLLE INS PARADIES VERWANDELT.
NIMM ES ENDLICH WAHR...
ALLES IST AM ENDE.
...

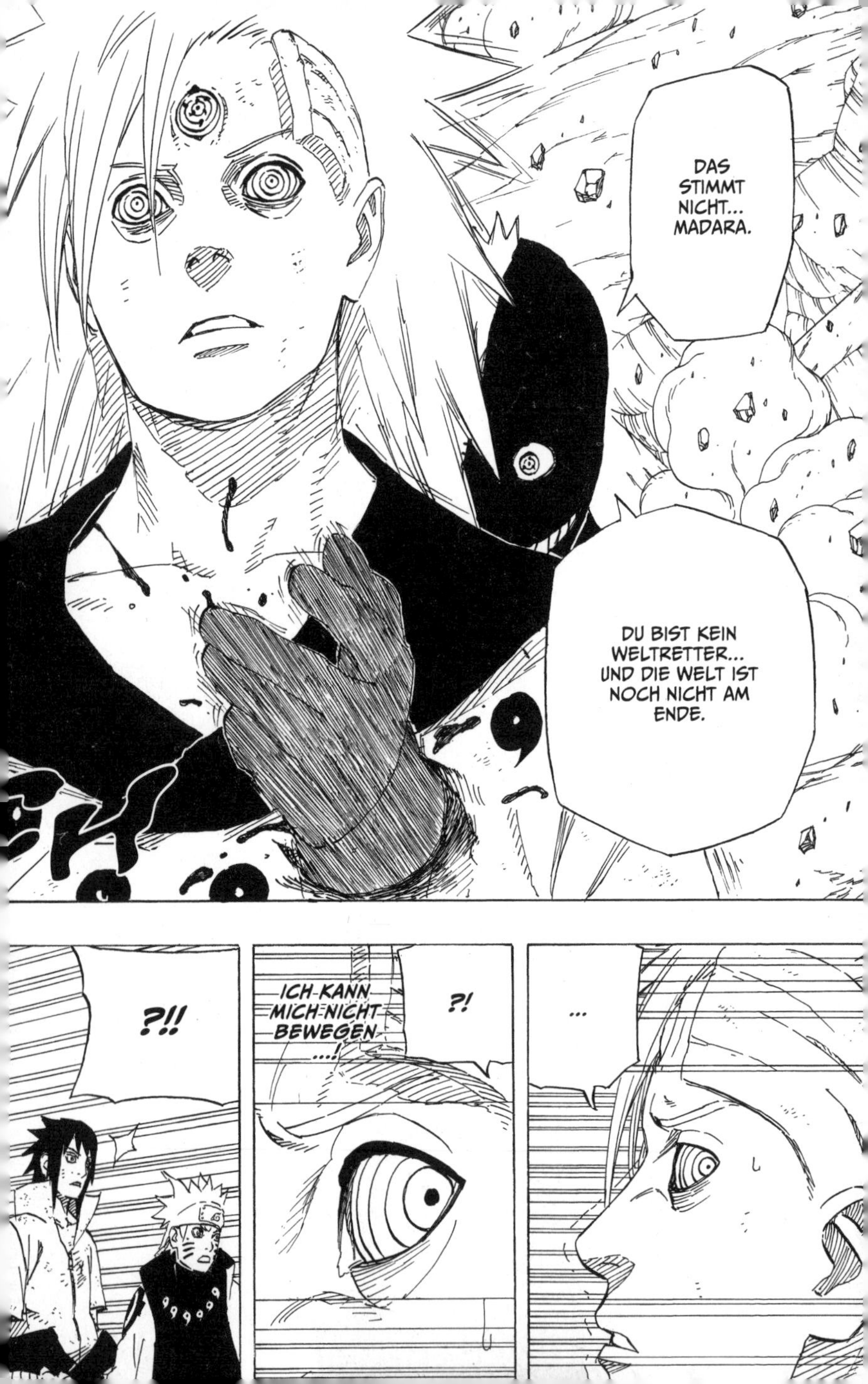
DAS STIMMT NICHT... MADARA.
DU BIST KEIN WELTRETTER... UND DIE WELT IST NOCH NICHT AM ENDE.
...
?!
ICH KANN MICH NICHT BEWEGEN...!
?!!

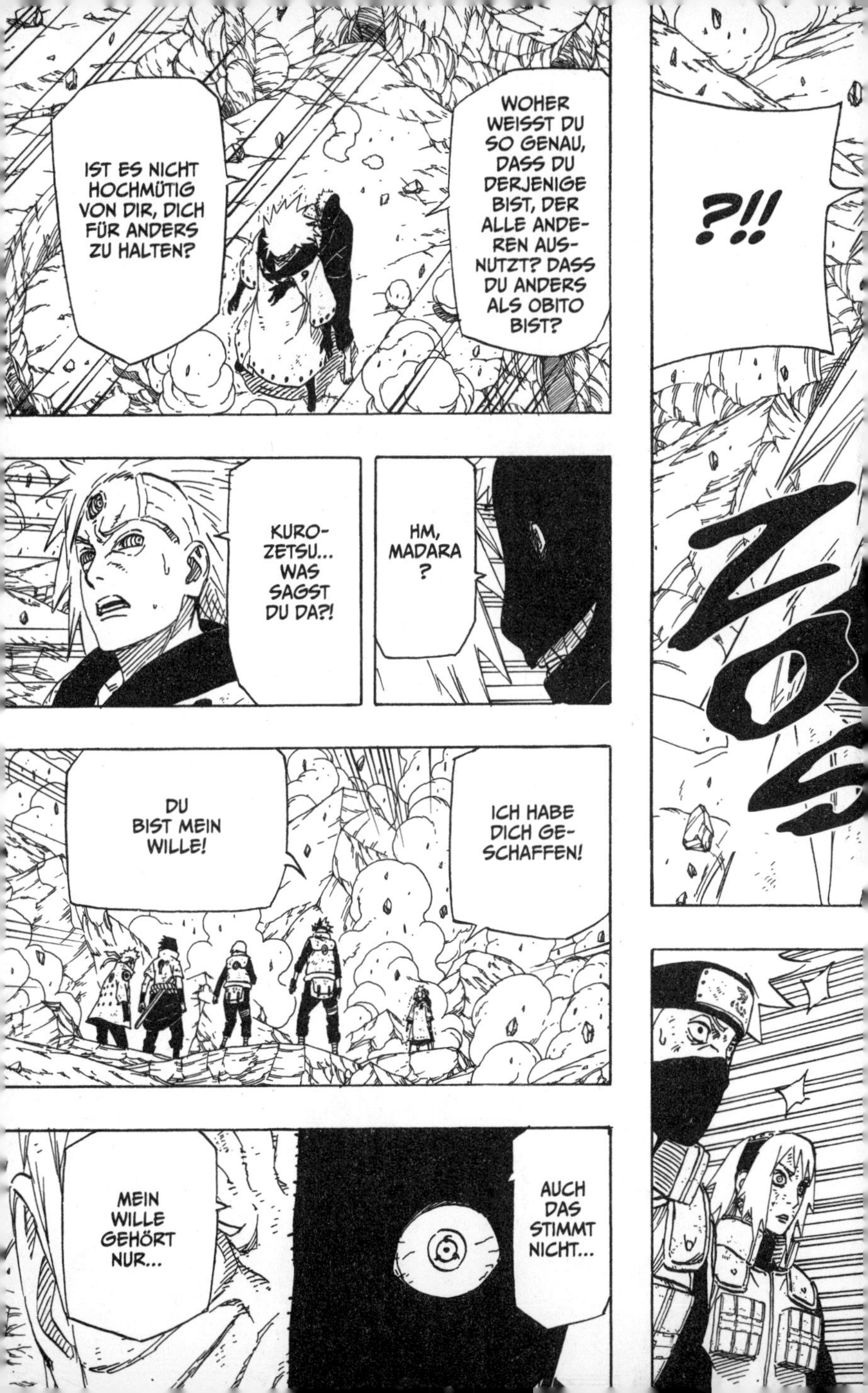

WOHER WEISST DU SO GENAU, DASS DU DERJENIGE BIST, DER ALLE ANDEREN AUSNUTZT? DASS DU ANDERS ALS OBITO BIST?
IST ES NICHT HOCHMÜTIG VON DIR, DICH FÜR ANDERS ZU HALTEN?
HM, MADARA?
KURO-ZETSU... WAS SAGST DU DA?!
ICH HABE DICH GE-SCHAFFEN!
DU BIST MEIN WILLE!
AUCH DAS STIMMT NICHT...
MEIN WILLE GEHÖRT NUR...
?!!
ZOOS

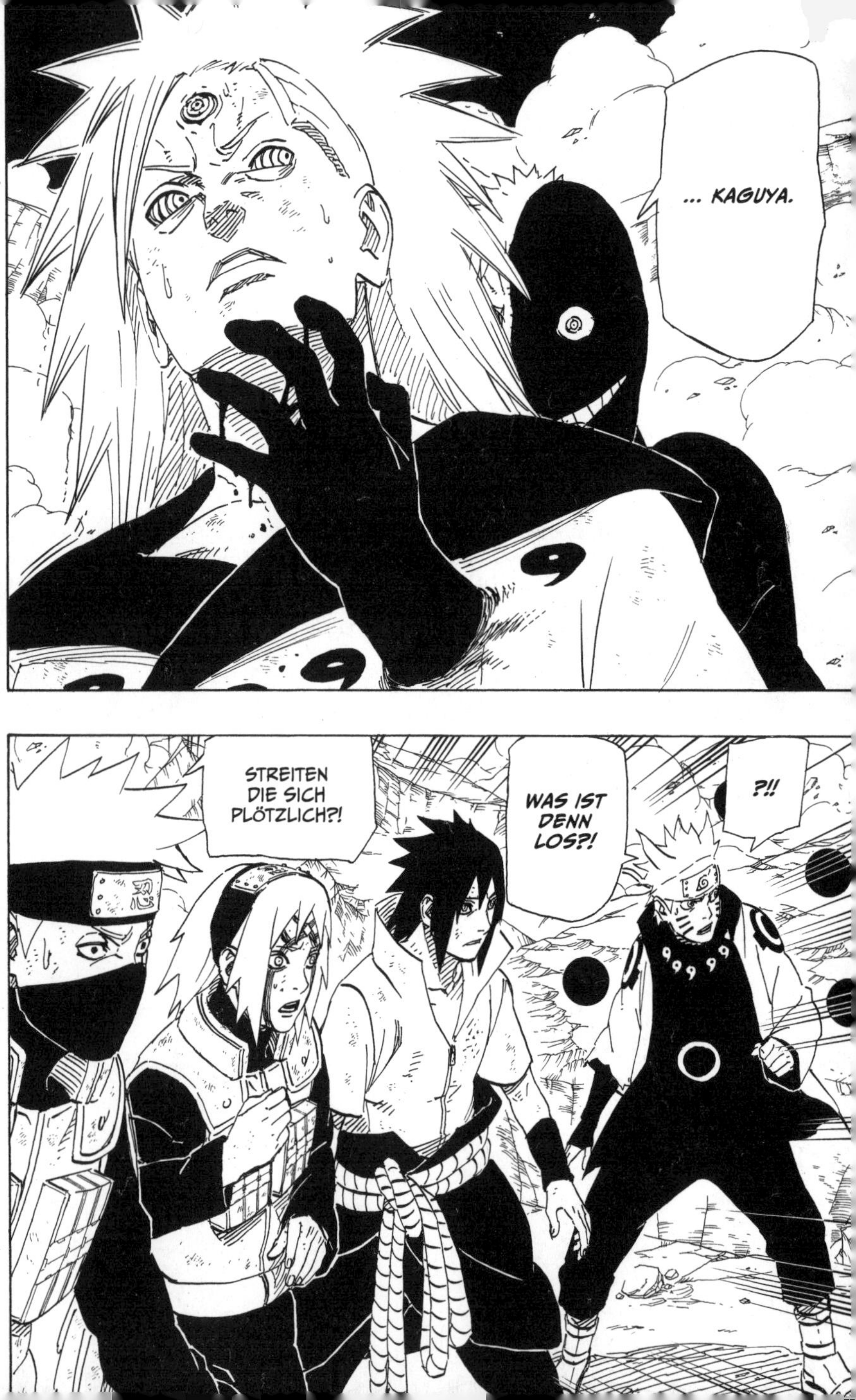
... KAGUYA.
?!!
WAS IST DENN LOS?!
STREITEN DIE SICH PLÖTZLICH?!

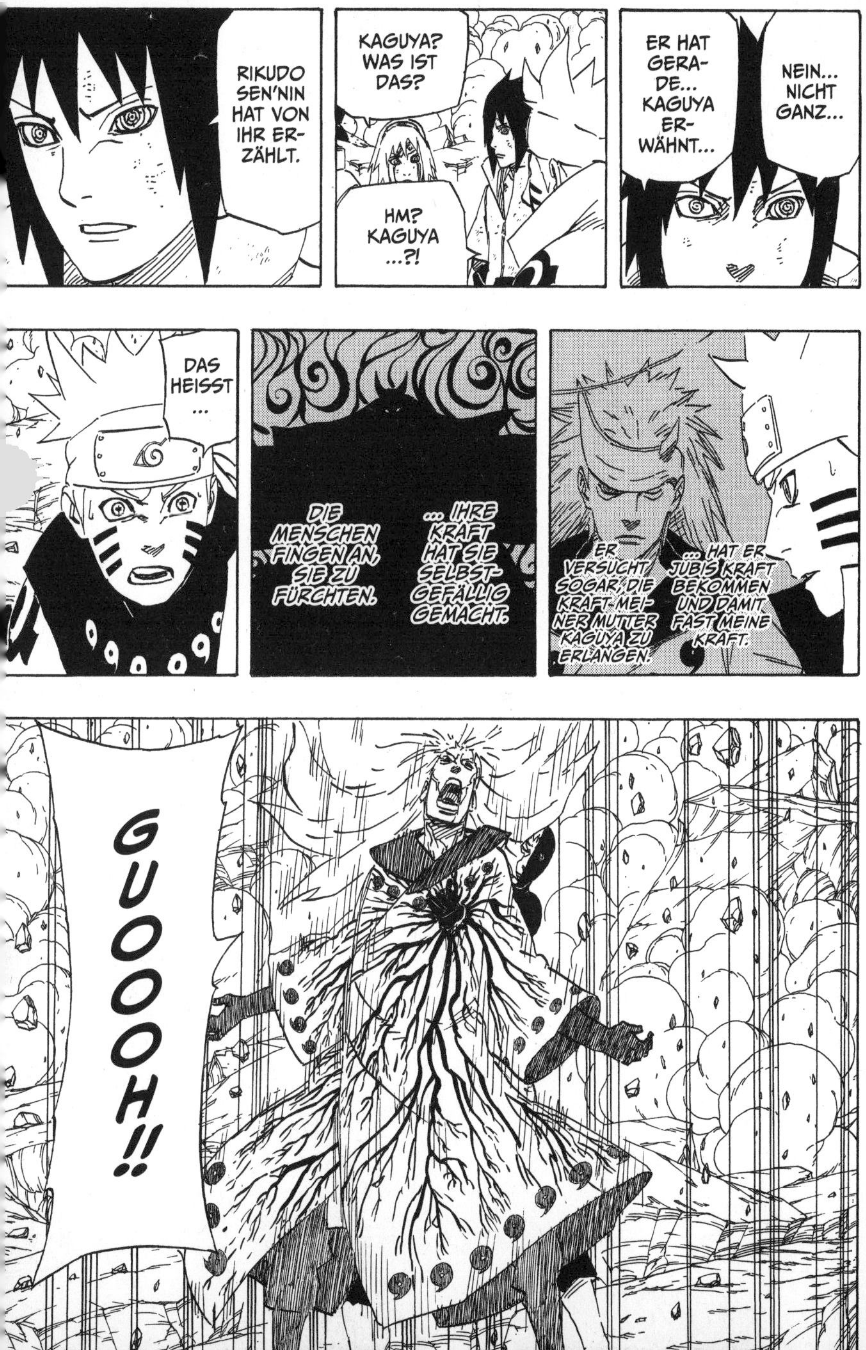

NEIN... NICHT GANZ...
ER HAT GERA-DE... KAGUYA ER-WÄHNT...
HM? KAGUYA ...?!
KAGUYA? WAS IST DAS?
RIKUDO SEN'NIN HAT VON IHR ER-ZÄHLT.
... HAT ER JUBIS KRAFT BEKOMMEN UND DAMIT FAST MEINE KRAFT.
ER VERSUCHT SOGAR, DIE KRAFT MEI-NER MUTTER KAGUYA ZU ERLANGEN.
... IHRE KRAFT HAT SIE SELBST-GEFÄLLIG GEMACHT.
DIE MENSCHEN FINGEN AN, SIE ZU FÜRCHTEN.
DAS HEISST ...
GUOOOOH!!

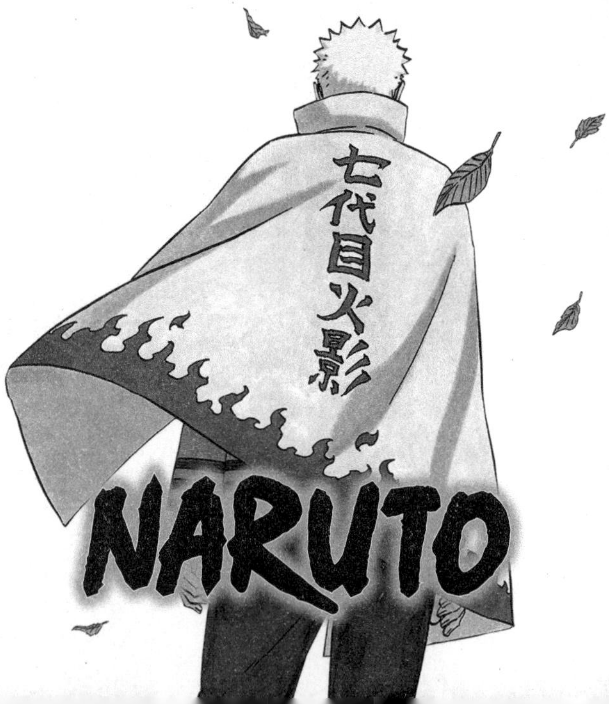
七代目火影
NARUTO

679. KAPITEL: WAS AM ANFANG WAR

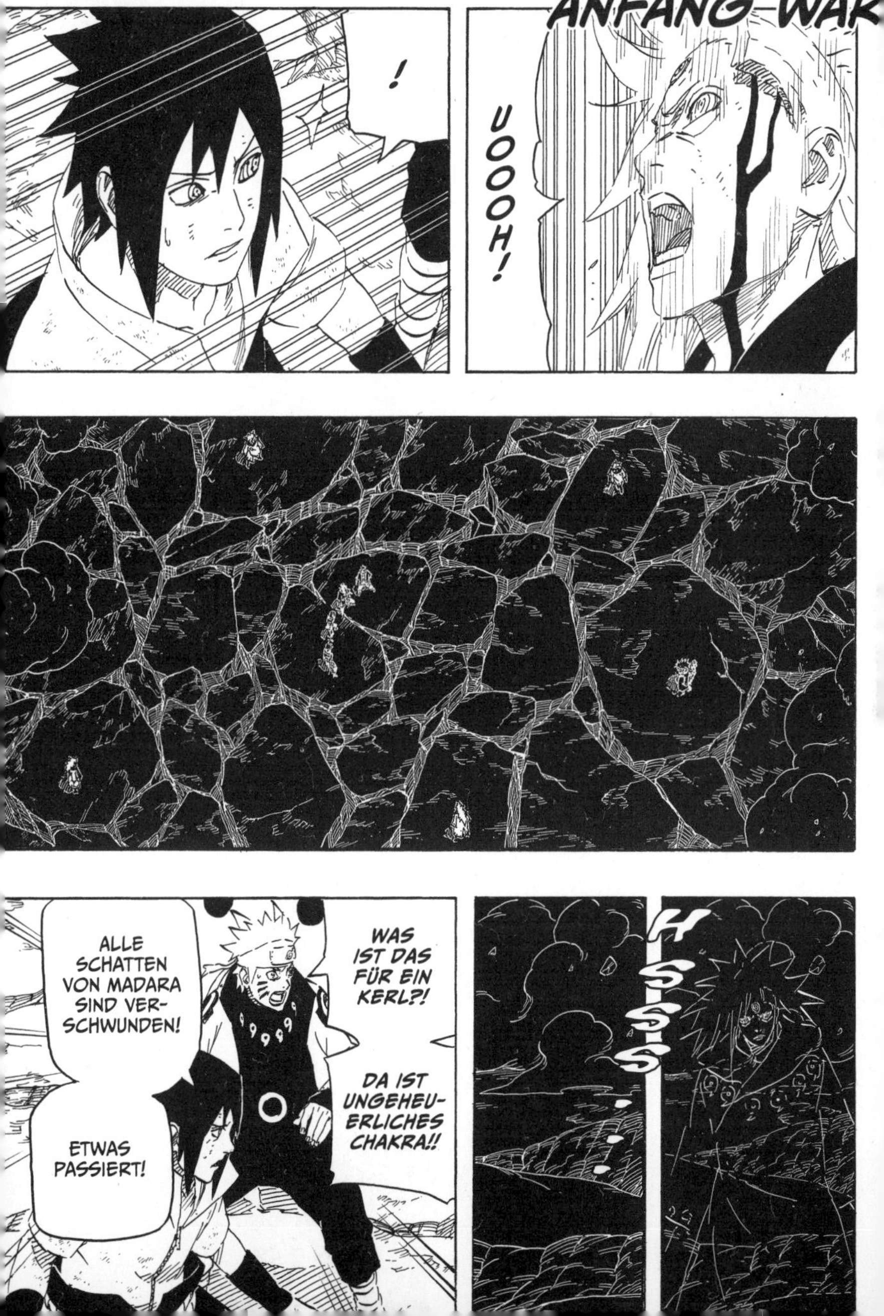

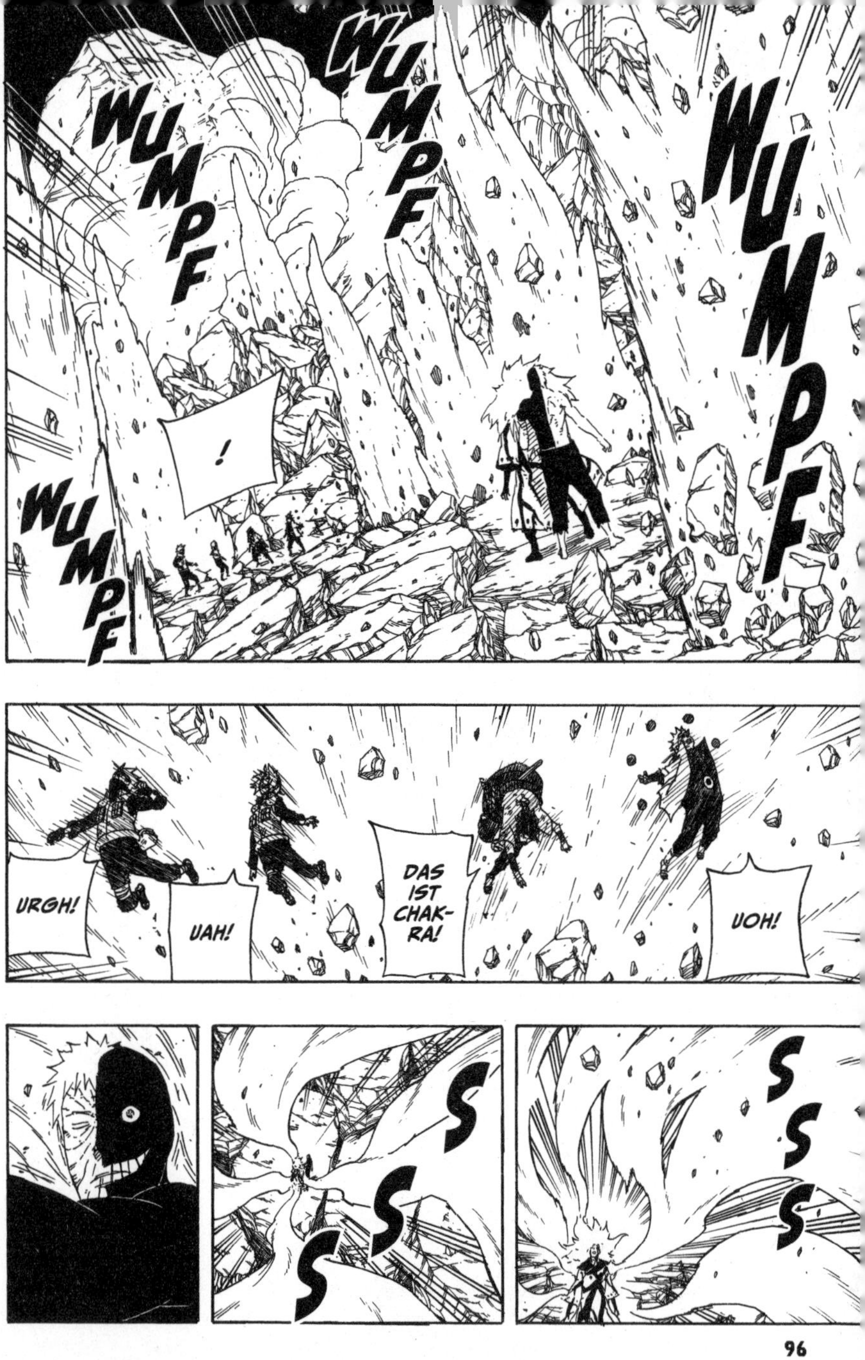
WUMPF
WUMPF
WUMPF
WUMPF
!
UOH!
DAS IST CHAKRA!
UAH!
URGH!
SSS
SSS

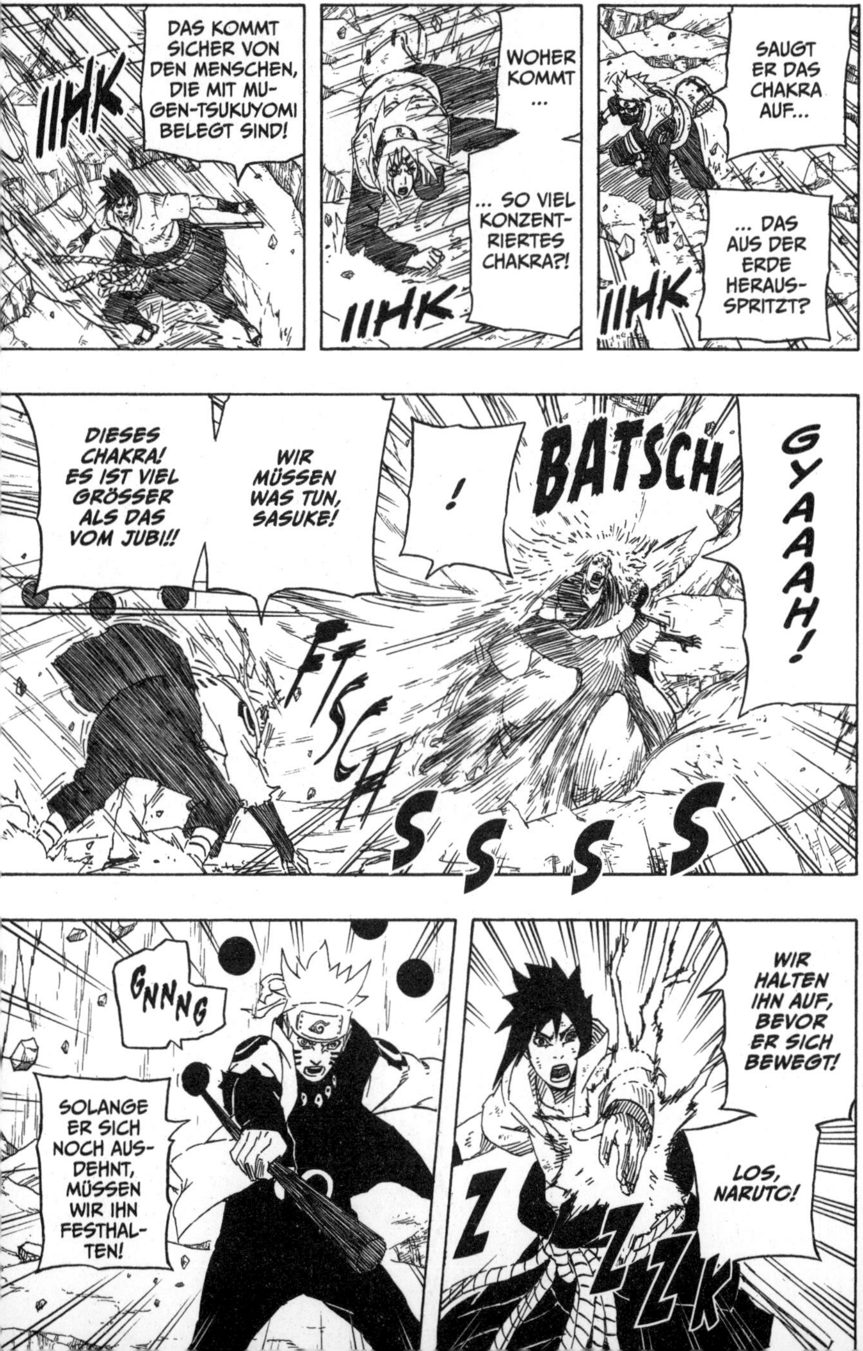
SAUGT ER DAS CHAKRA AUF...
... DAS AUS DER ERDE HERAUSSPRITZT?
IIHK
WOHER KOMMT ...
... SO VIEL KONZENTRIERTES CHAKRA?!
IIHK
DAS KOMMT SICHER VON DEN MENSCHEN, DIE MIT MUGEN-TSUKUYOMI BELEGT SIND!
IIHK
GYAAAAH!
BATSCH
!
SSSS
WIR MÜSSEN WAS TUN, SASUKE!
DIESES CHAKRA! ES IST VIEL GRÖSSER ALS DAS VOM JUBI!!
FTSCH
WIR HALTEN IHN AUF, BEVOR ER SICH BEWEGT!
LOS, NARUTO!
ZZZK
GNNNG
SOLANGE ER SICH NOCH AUSDEHNT, MÜSSEN WIR IHN FESTHALTEN!

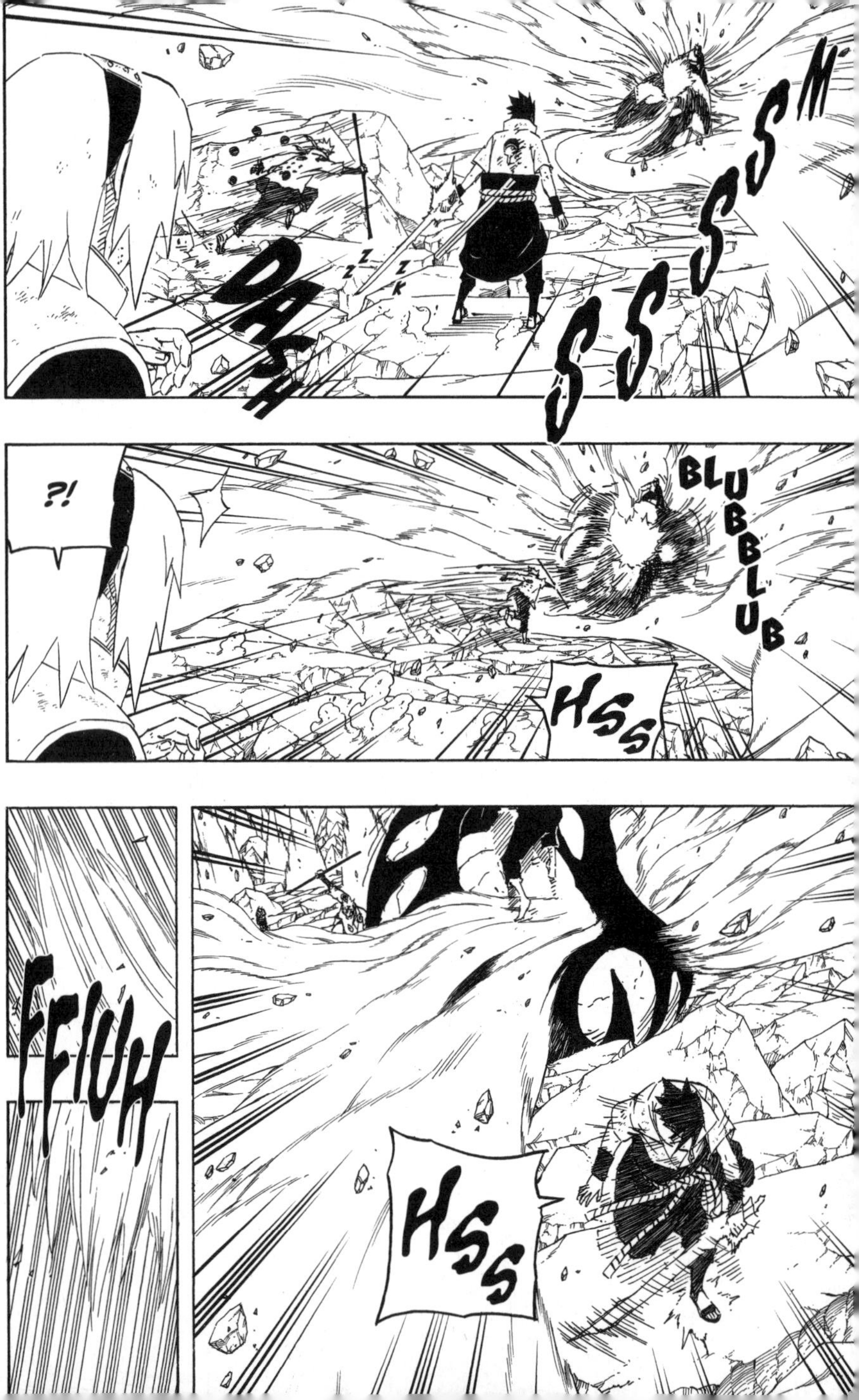
SSSSSM
DASH
ZZK
?!
BLUBBLUB
HSS
FFIUH
HSS

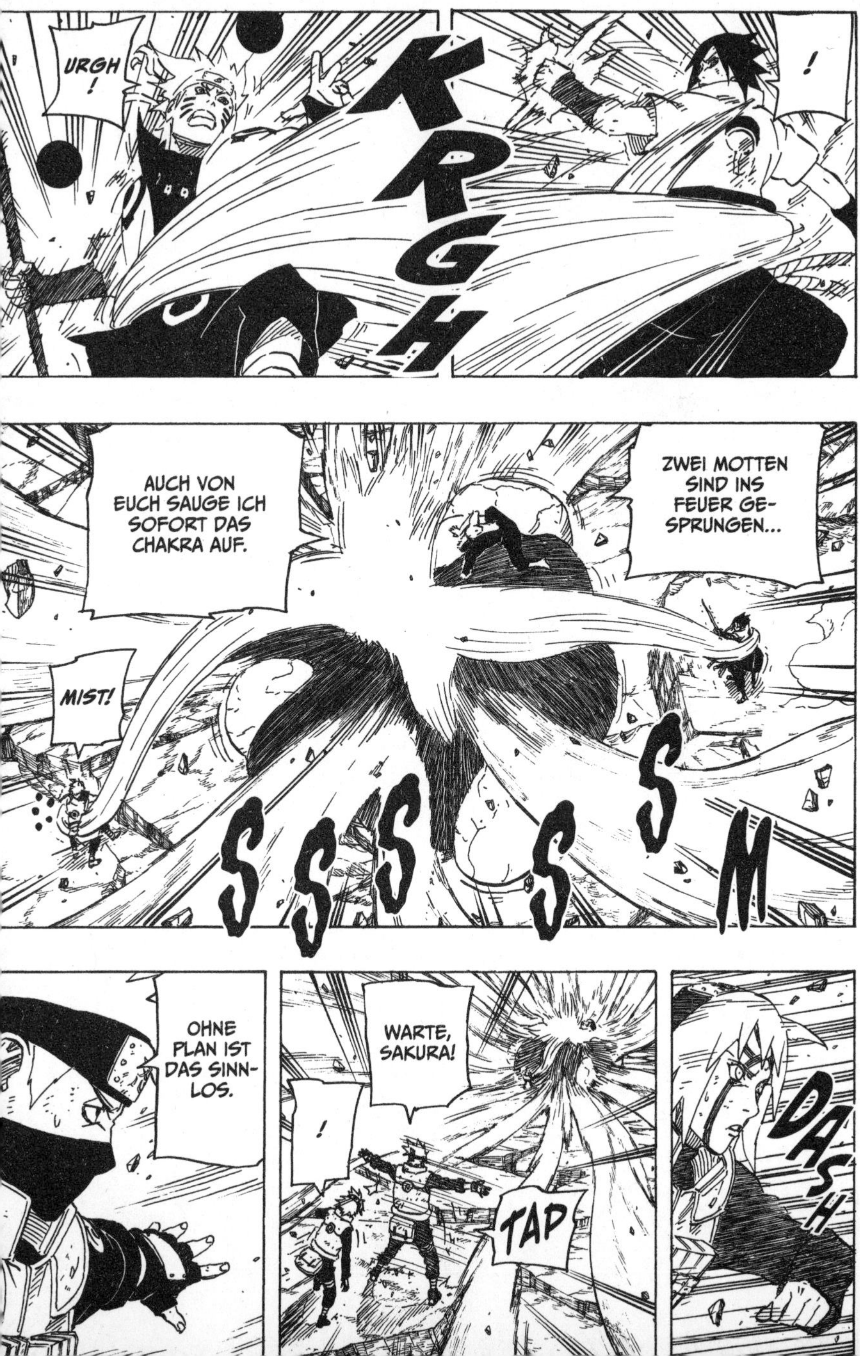
!
KRGH
URGH!
ZWEI MOTTEN SIND INS FEUER GE-SPRUNGEN...
AUCH VON EUCH SAUGE ICH SOFORT DAS CHAKRA AUF.
MIST!
SSSSSM
DASH
WARTE, SAKURA!
!
TAP
OHNE PLAN IST DAS SINN-LOS.

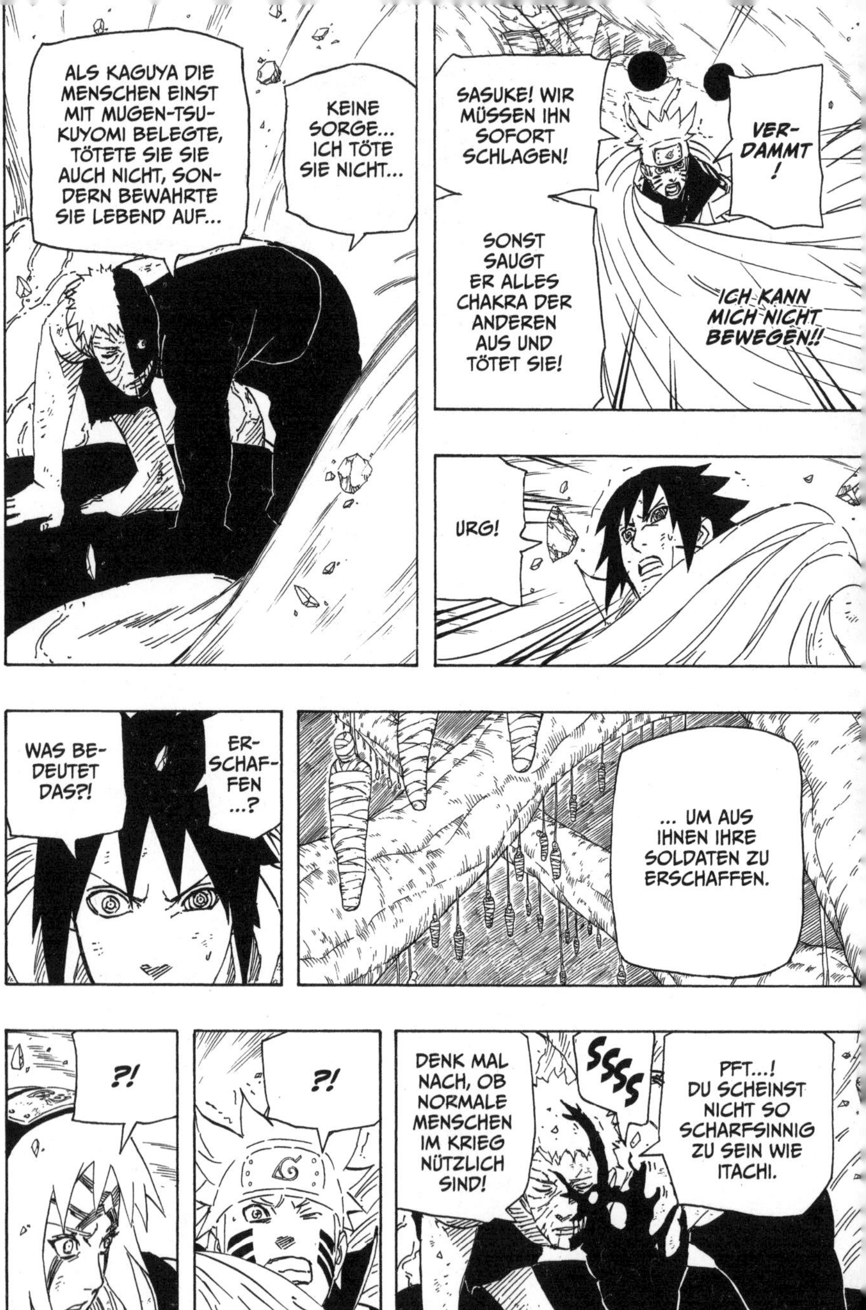
VER-DAMMT!
SASUKE! WIR MÜSSEN IHN SOFORT SCHLAGEN!
SONST SAUGT ER ALLES CHAKRA DER ANDEREN AUS UND TÖTET SIE!
ICH KANN MICH NICHT BEWEGEN!!
URG!
KEINE SORGE... ICH TÖTE SIE NICHT...
ALS KAGUYA DIE MENSCHEN EINST MIT MUGEN-TSU-KUYOMI BELEGTE, TÖTETE SIE SIE AUCH NICHT, SON-DERN BEWAHRTE SIE LEBEND AUF...
... UM AUS IHNEN IHRE SOLDATEN ZU ERSCHAFFEN.
ER-SCHAF-FEN ...?
WAS BE-DEUTET DAS?!
PFT...! DU SCHEINST NICHT SO SCHARFSINNIG ZU SEIN WIE ITACHI.
SSSS
DENK MAL NACH, OB NORMALE MENSCHEN IM KRIEG NÜTZLICH SIND!
?!
?!

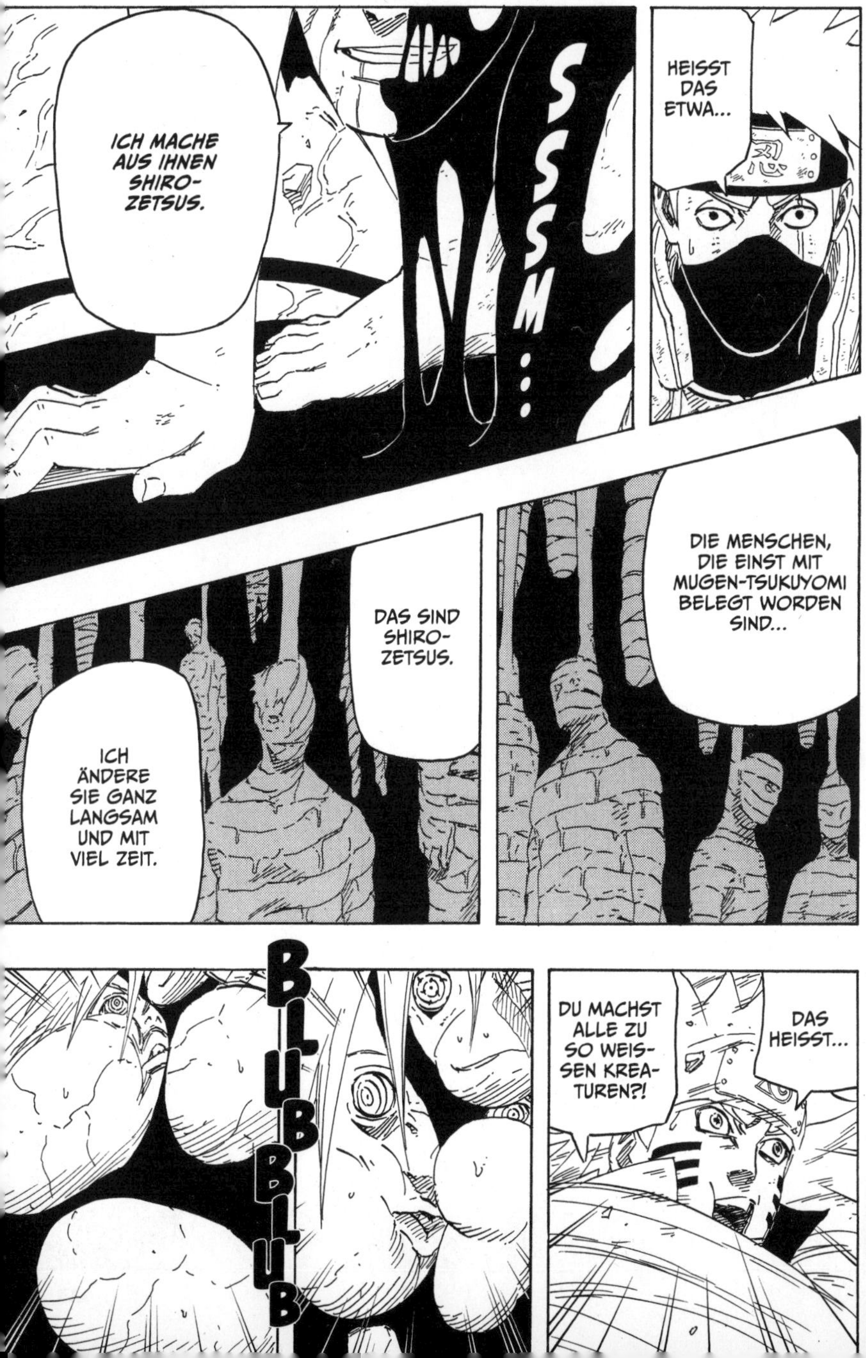
HEISST DAS ETWA...
SSSM...
ICH MACHE AUS IHNEN SHIRO-ZETSUS.
DIE MENSCHEN, DIE EINST MIT MUGEN-TSUKUYOMI BELEGT WORDEN SIND...
DAS SIND SHIRO-ZETSUS.
ICH ÄNDERE SIE GANZ LANGSAM UND MIT VIEL ZEIT.
DAS HEISST...
DU MACHST ALLE ZU SO WEIS-SEN KREA-TUREN?!
BLUBBLUB

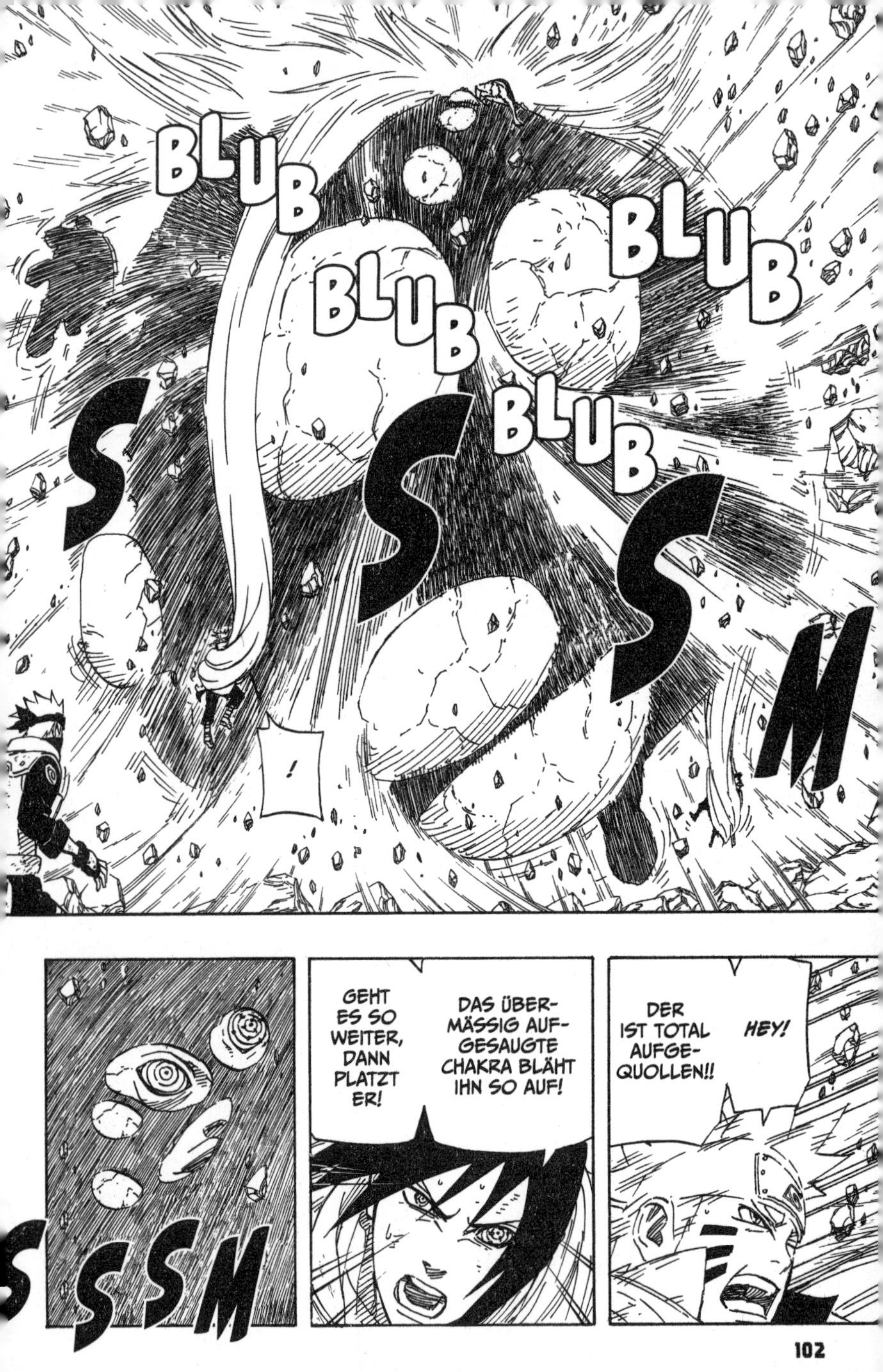
BLUB
BLUB
BLUB
BLUB
SSSM
!
SSSM
DAS ÜBERMÄSSIG AUFGESAUGTE CHAKRA BLÄHT IHN SO AUF!
GEHT ES SO WEITER, DANN PLATZT ER!
HEY!
DER IST TOTAL AUFGEQUOLLEN!!

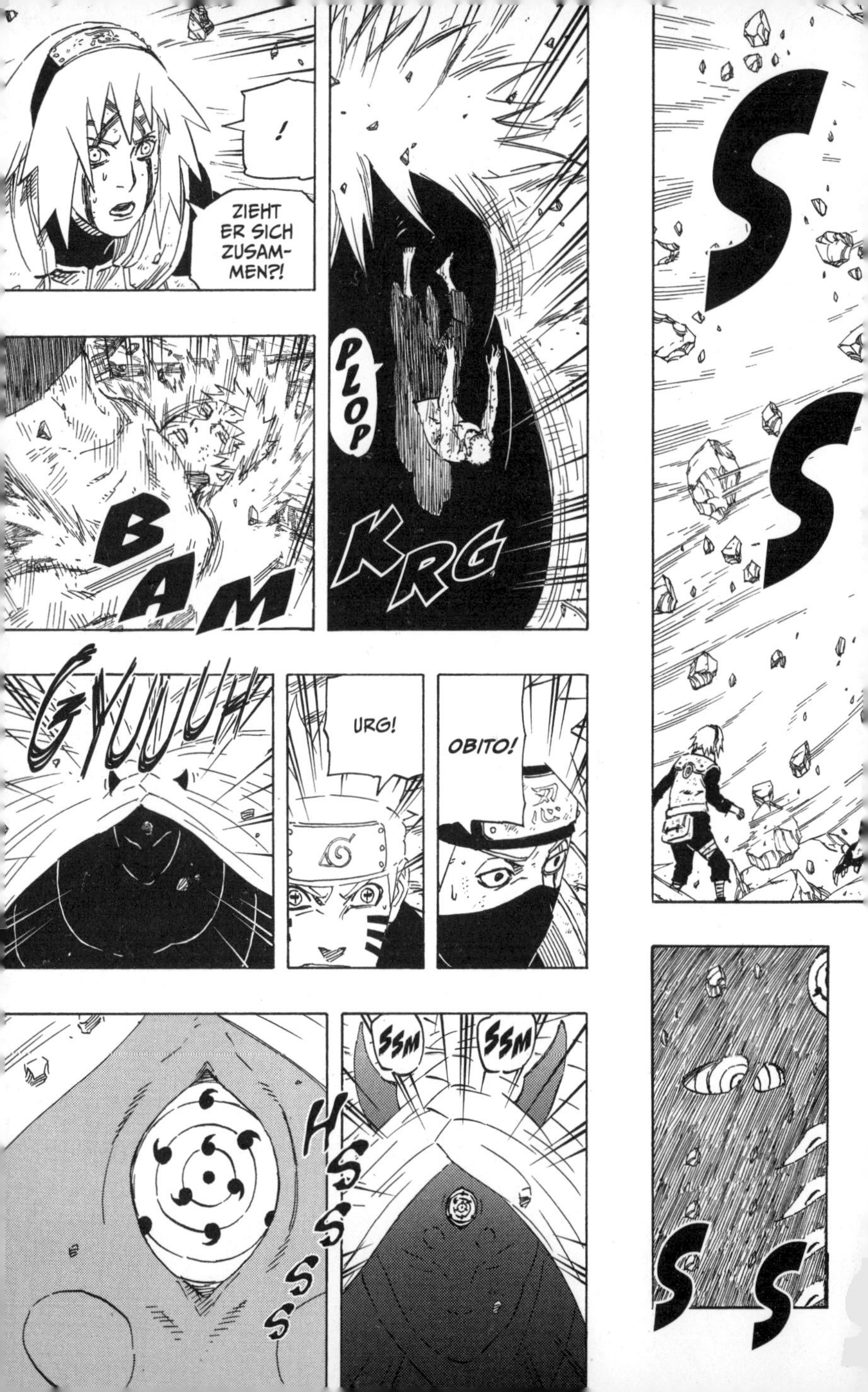

S
S
!
ZIEHT ER SICH ZUSAM-MEN?!
PLOP
KRG
BAM
OBITO!
URG!
GYUUUH
S
S
SSM
SSM
HSSSSSS

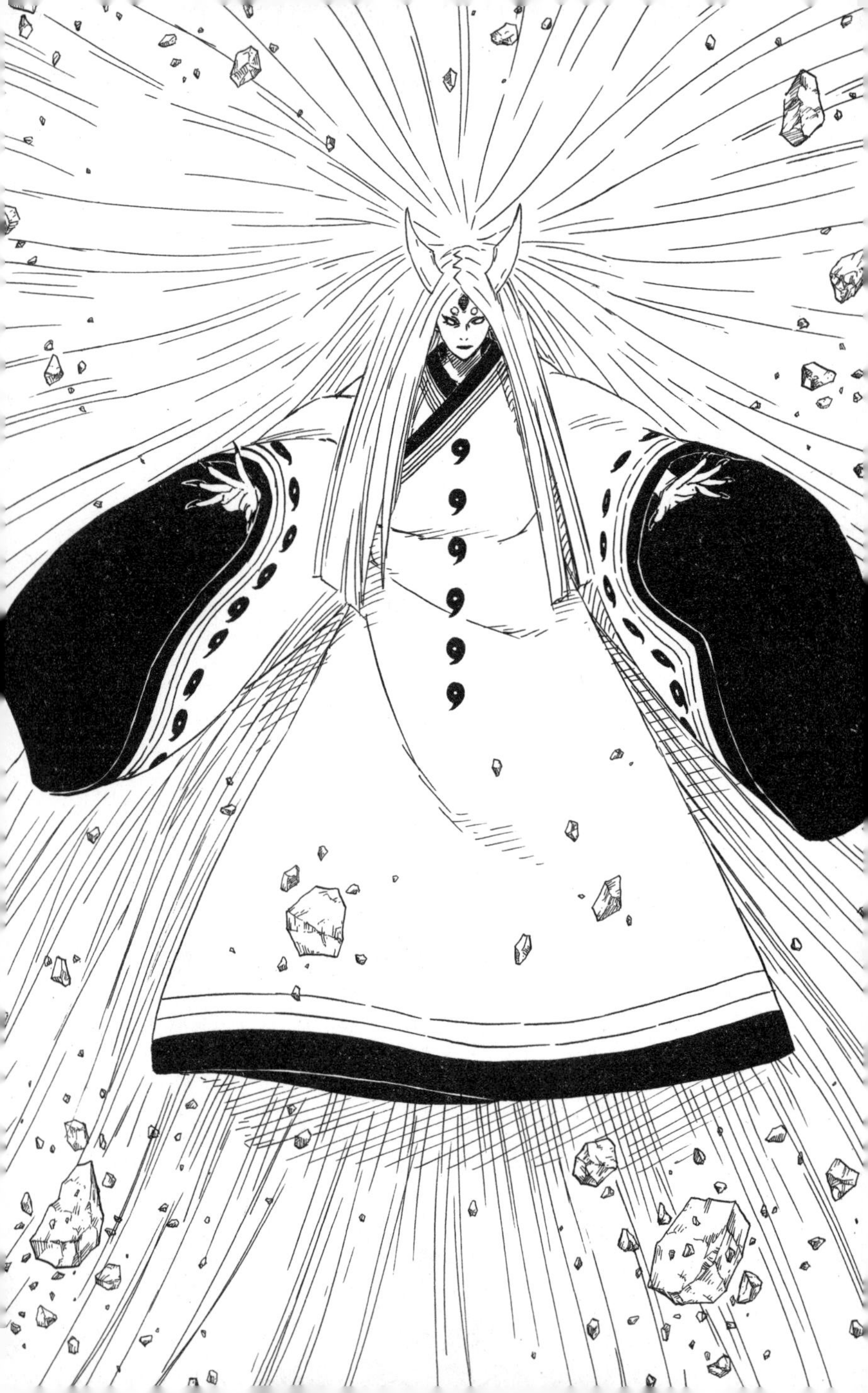

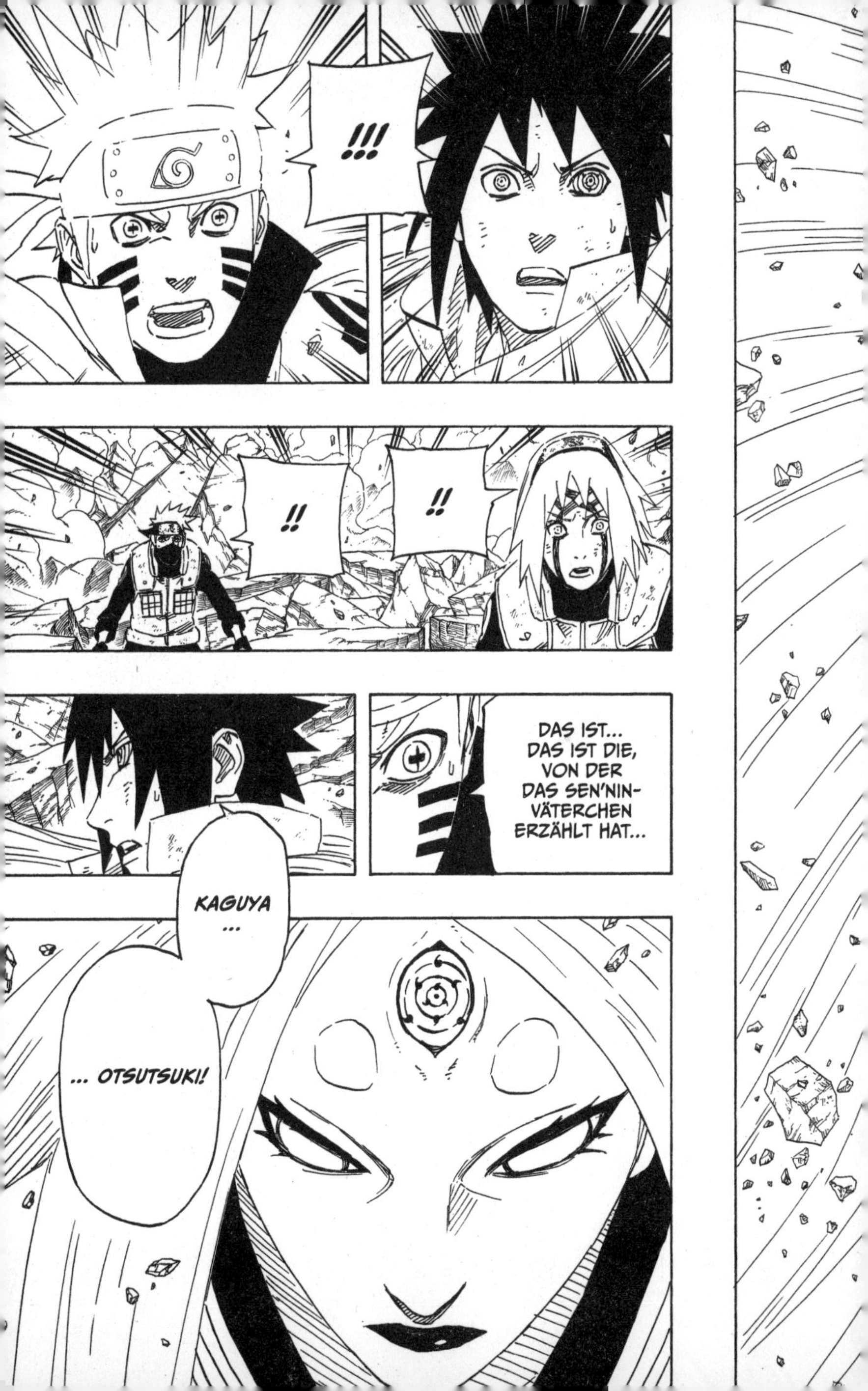
!!!
!!
!!
DAS IST... DAS IST DIE, VON DER DAS SEN'NIN-VÄTERCHEN ERZÄHLT HAT...
KAGUYA ...
... OTSUTSUKI!

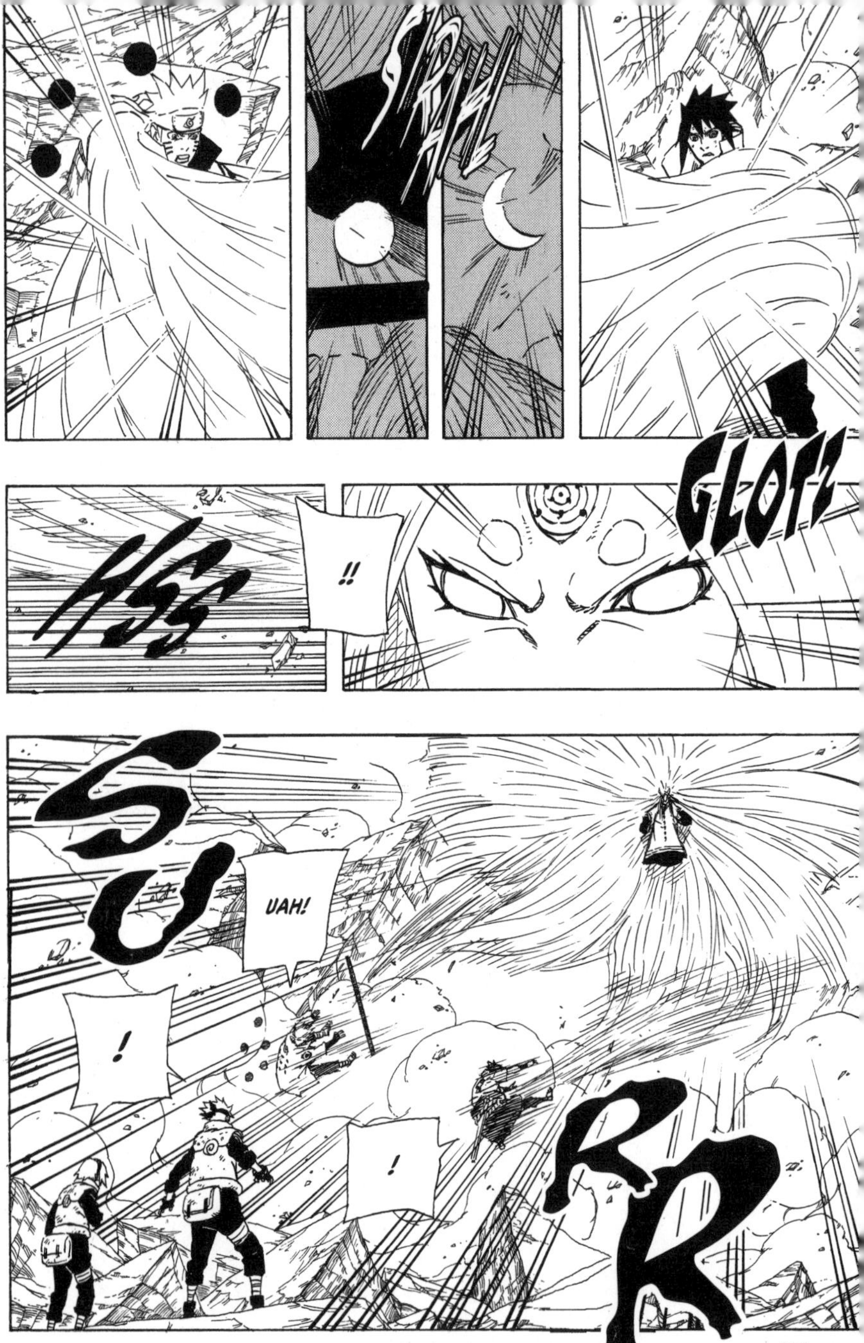
GLOTZ
HSS
!!
SU
UAH!
!
!
RR

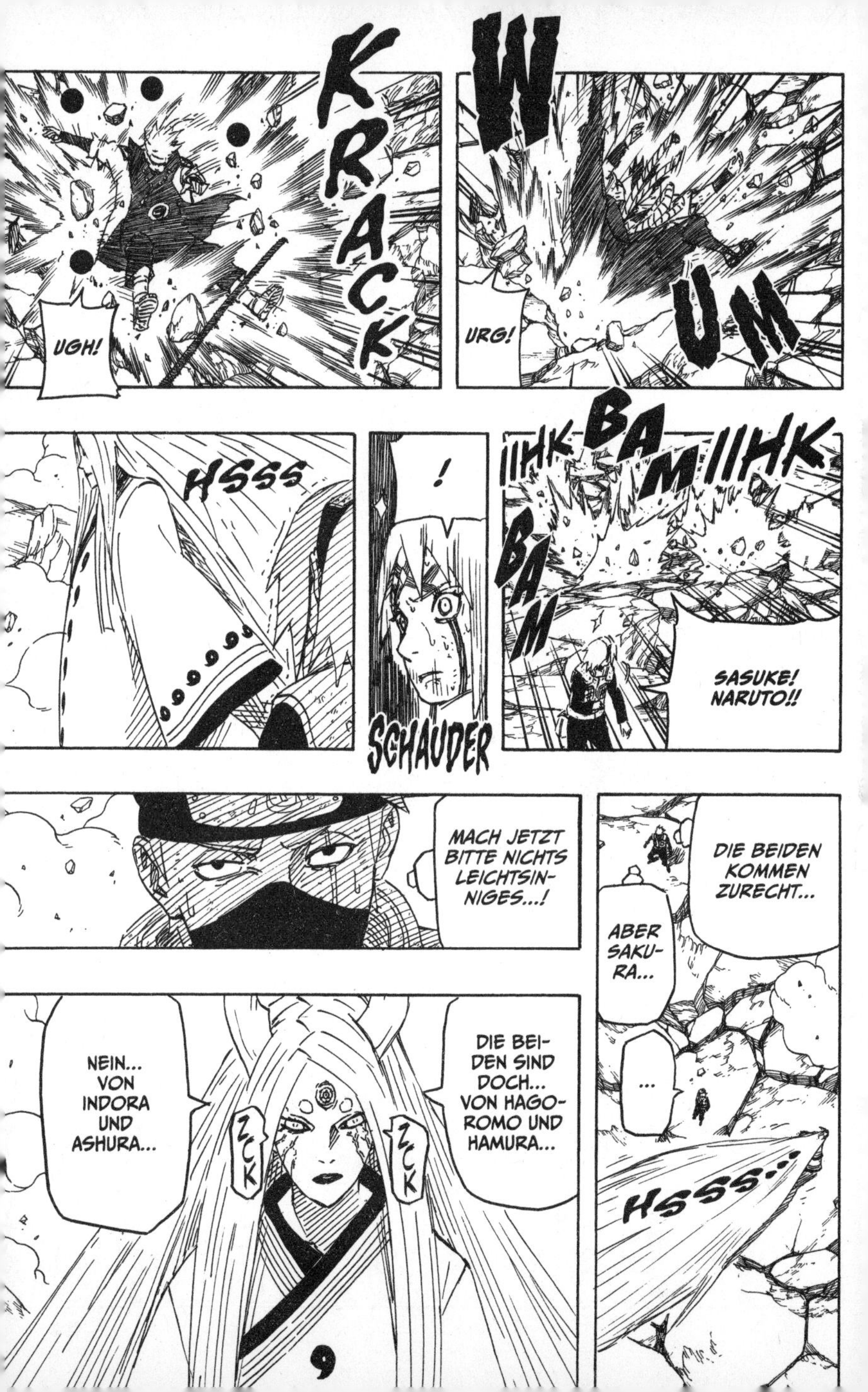
WUMM
URG!
KRACK
UGH!
IIHK
BAM
IIHK
BAM
SASUKE! NARUTO!!
!
SCHAUDER
HSSS
DIE BEIDEN KOMMEN ZURECHT...
ABER SAKURA...
...
HSSS...
MACH JETZT BITTE NICHTS LEICHTSINNIGES...!
DIE BEIDEN SIND DOCH... VON HAGOROMO UND HAMURA...
ZCK
ZCK
NEIN... VON INDORA UND ASHURA...

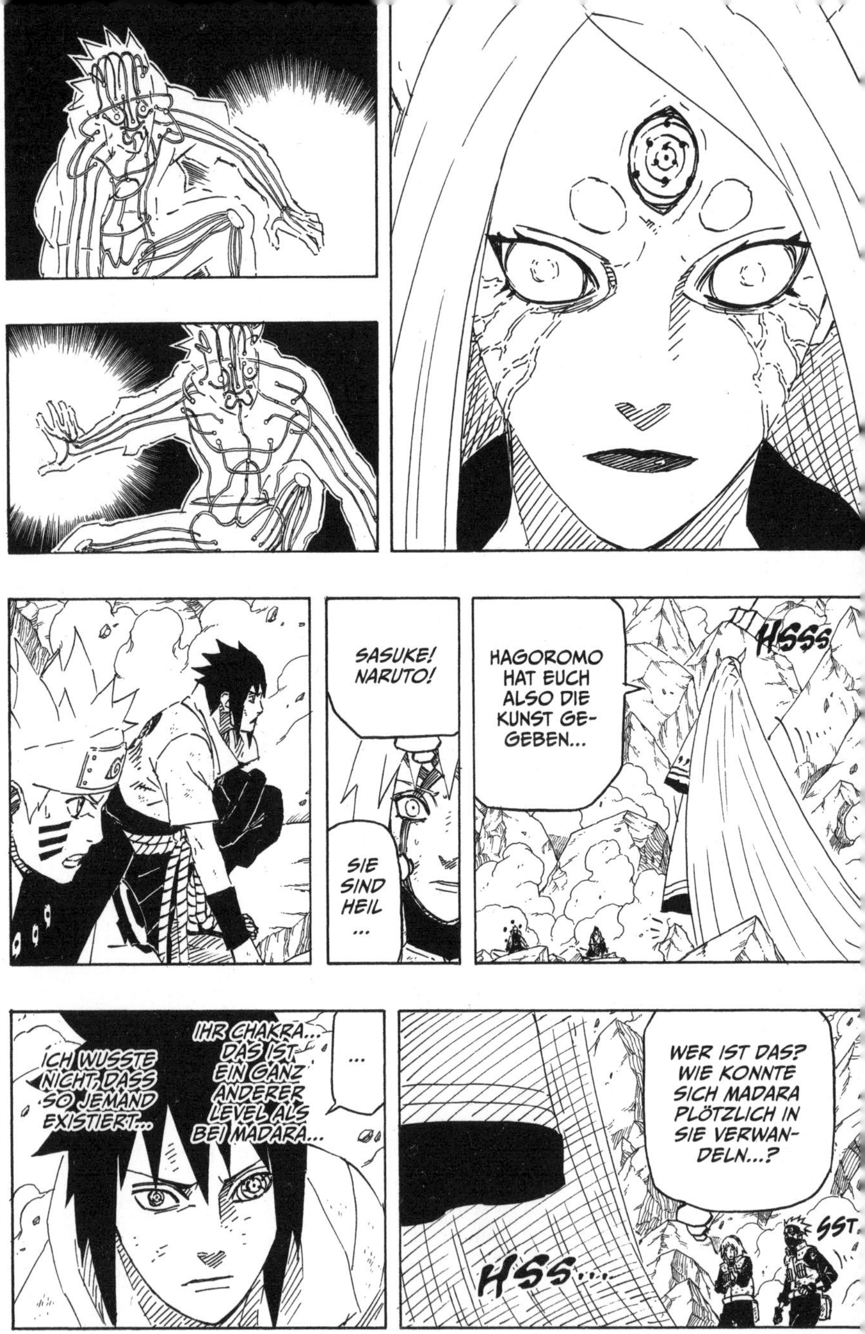
HSSS
HAGOROMO HAT EUCH ALSO DIE KUNST GEGEBEN...
SASUKE! NARUTO!
SIE SIND HEIL ...
WER IST DAS? WIE KONNTE SICH MADARA PLÖTZLICH IN SIE VERWANDELN...?
SST.
HSS...
...
IHR CHAKRA... DAS IST EIN GANZ ANDERER LEVEL ALS BEI MADARA...
ICH WUSSTE NICHT, DASS SO JEMAND EXISTIERT...

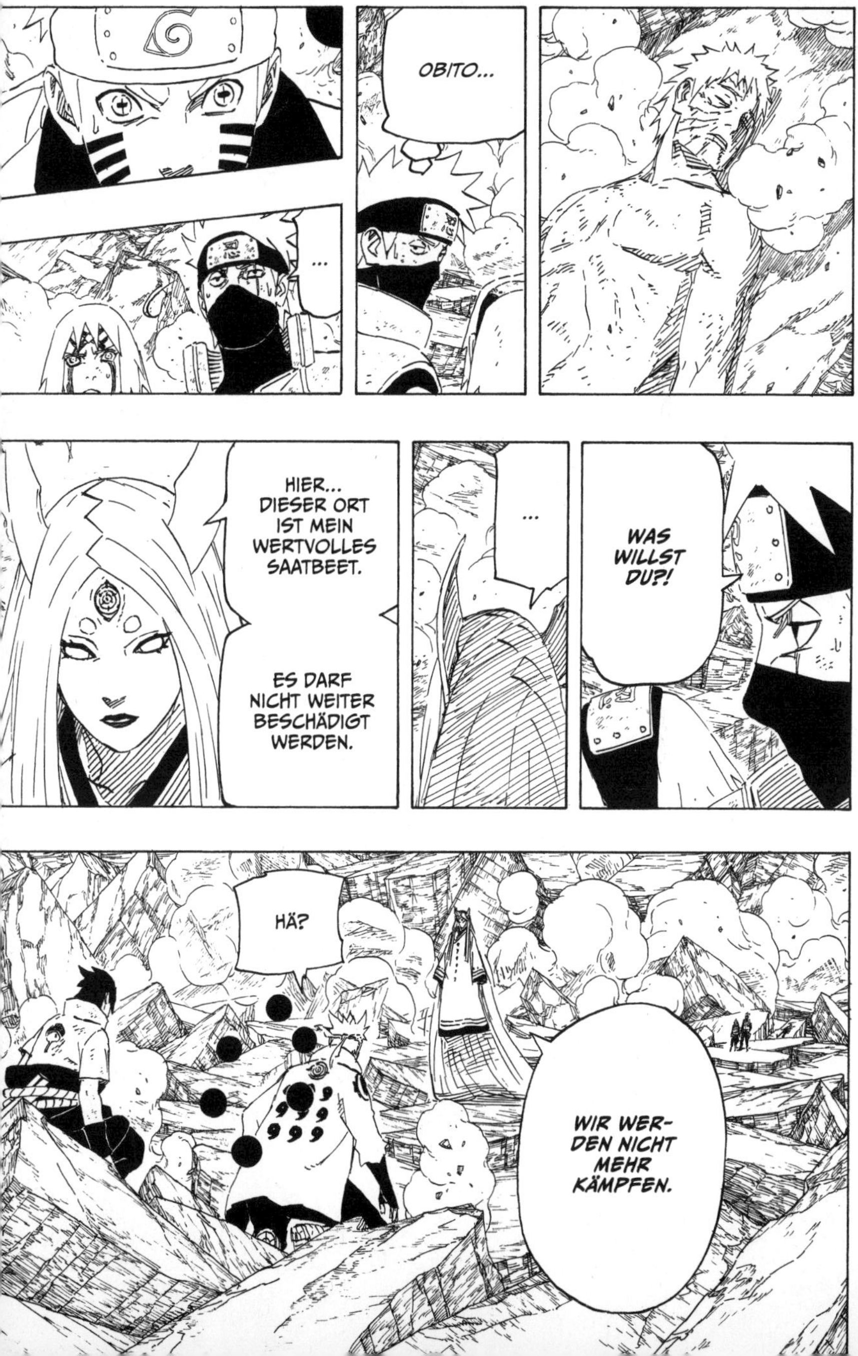
OBITO...
...
WAS WILLST DU?!
...
HIER... DIESER ORT IST MEIN WERTVOLLES SAATBEET.
ES DARF NICHT WEITER BESCHÄDIGT WERDEN.
WIR WERDEN NICHT MEHR KÄMPFEN.
HÄ?

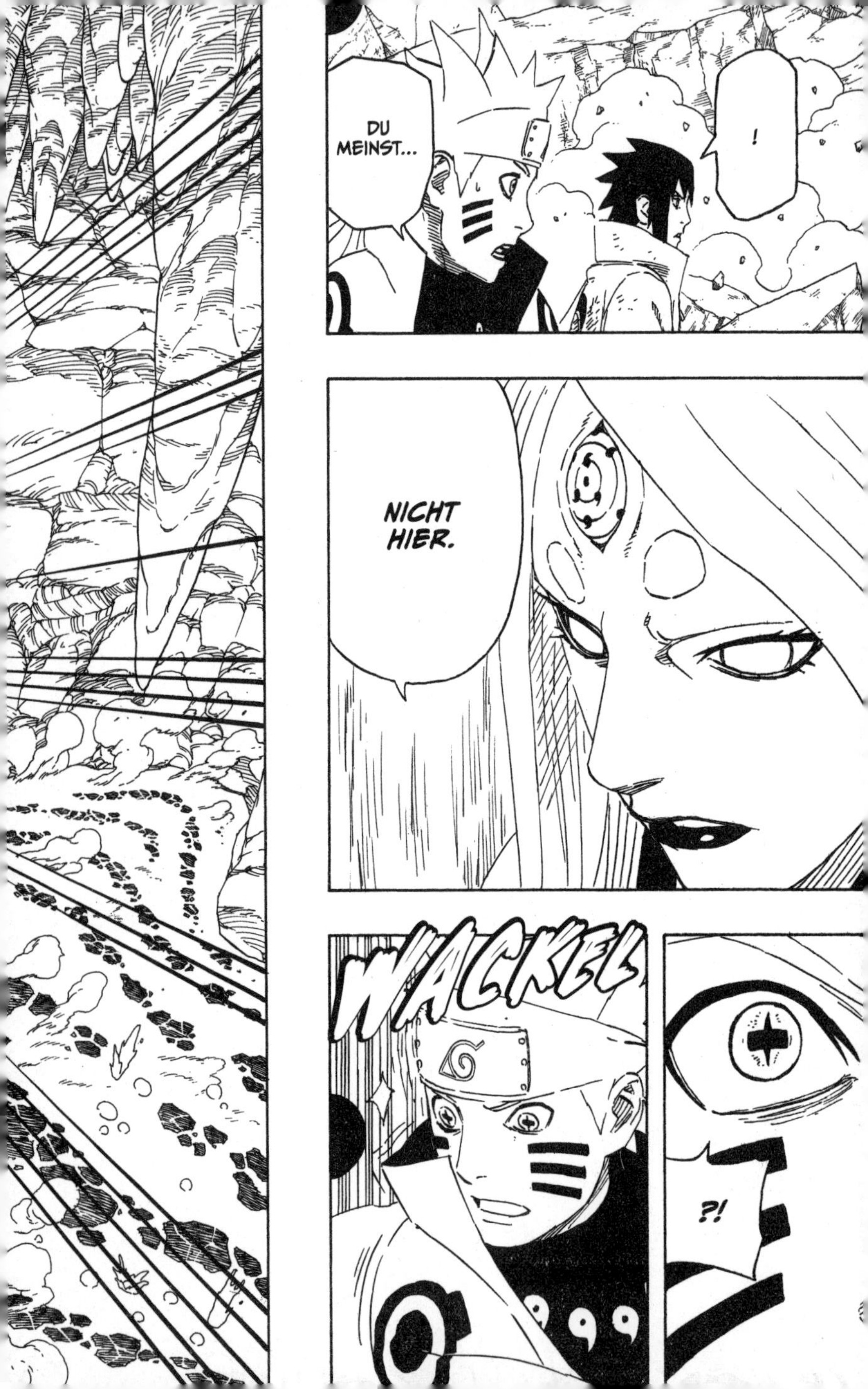
!
DU MEINST...
NICHT HIER.
?!
WACKEL

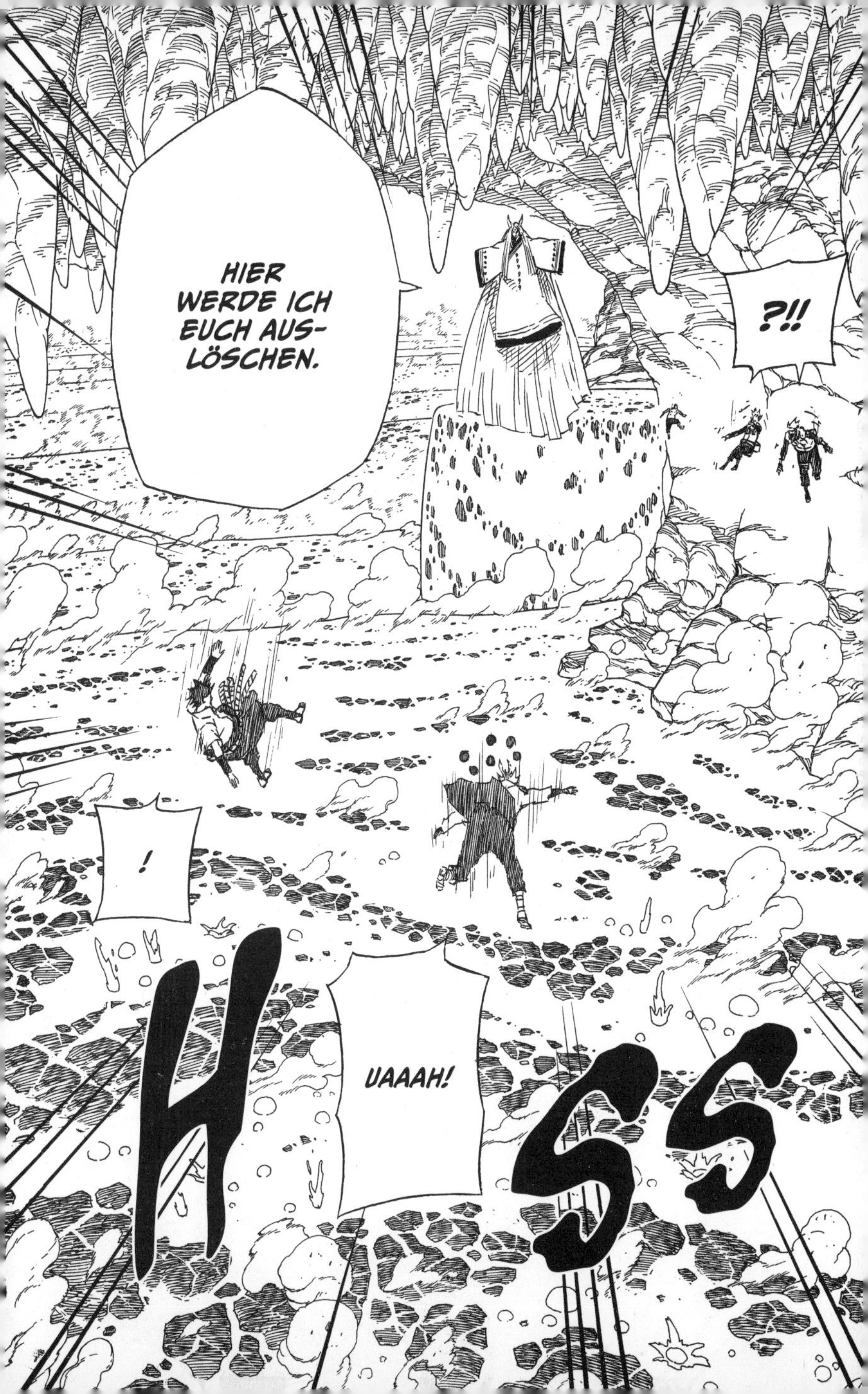
?!!
HIER WERDE ICH EUCH AUS-LÖSCHEN.
!
UAAAH!
H
SS

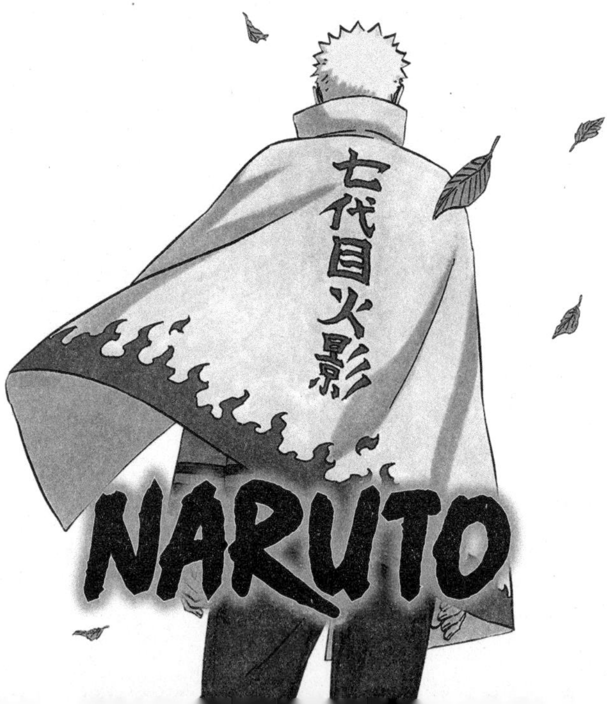
七代目火影
NARUTO

680. Kapitel: Noch einmal

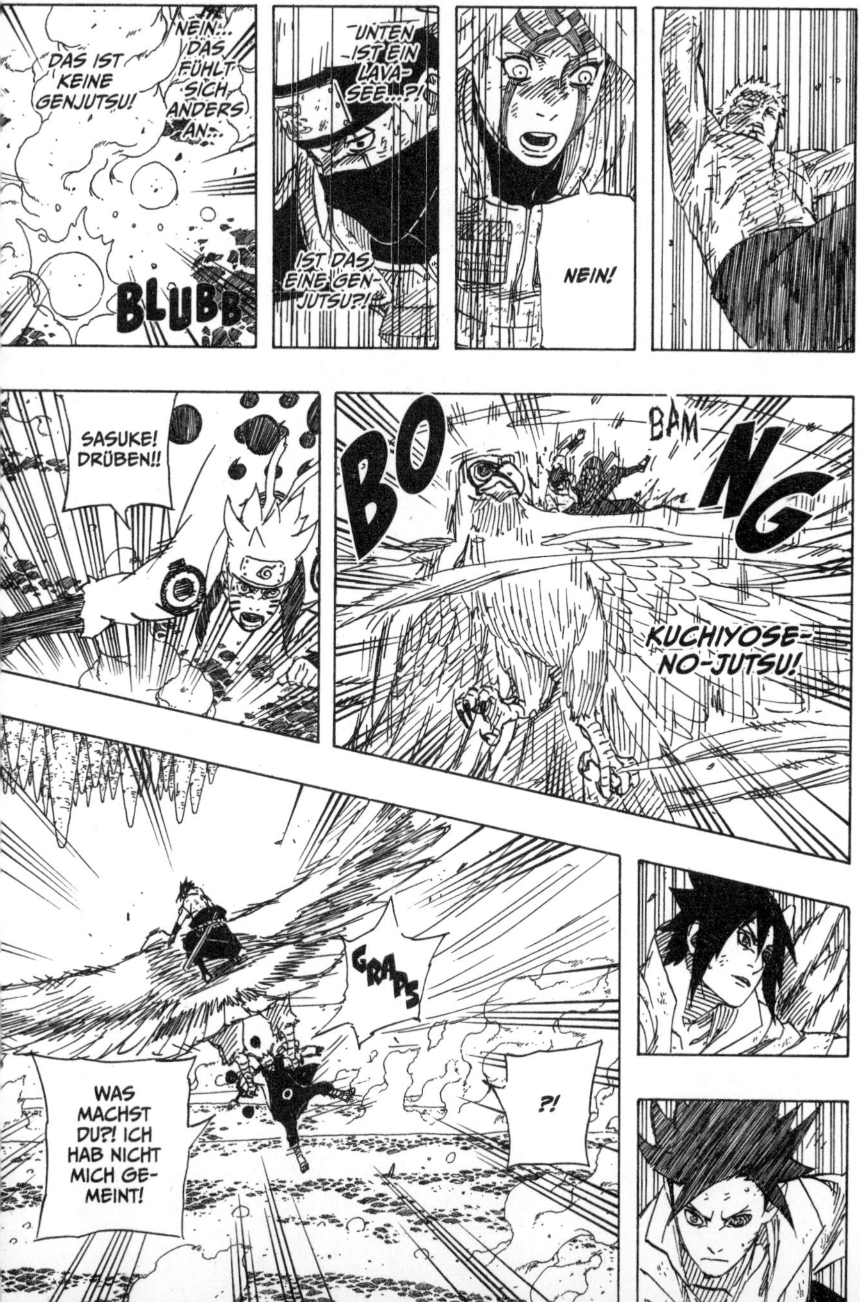

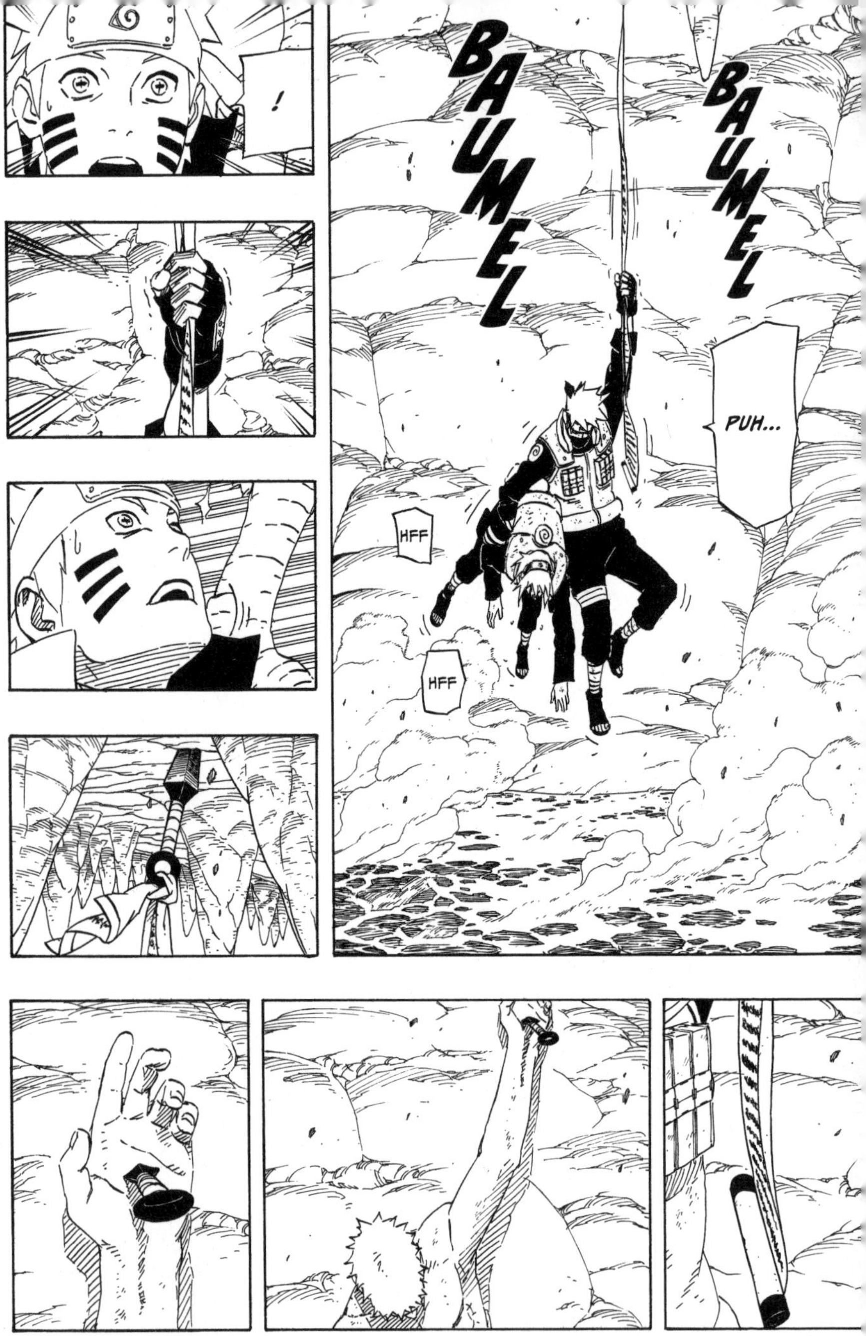
BAUMEL
BAUMEL
PUH...
HFF
HFF
!

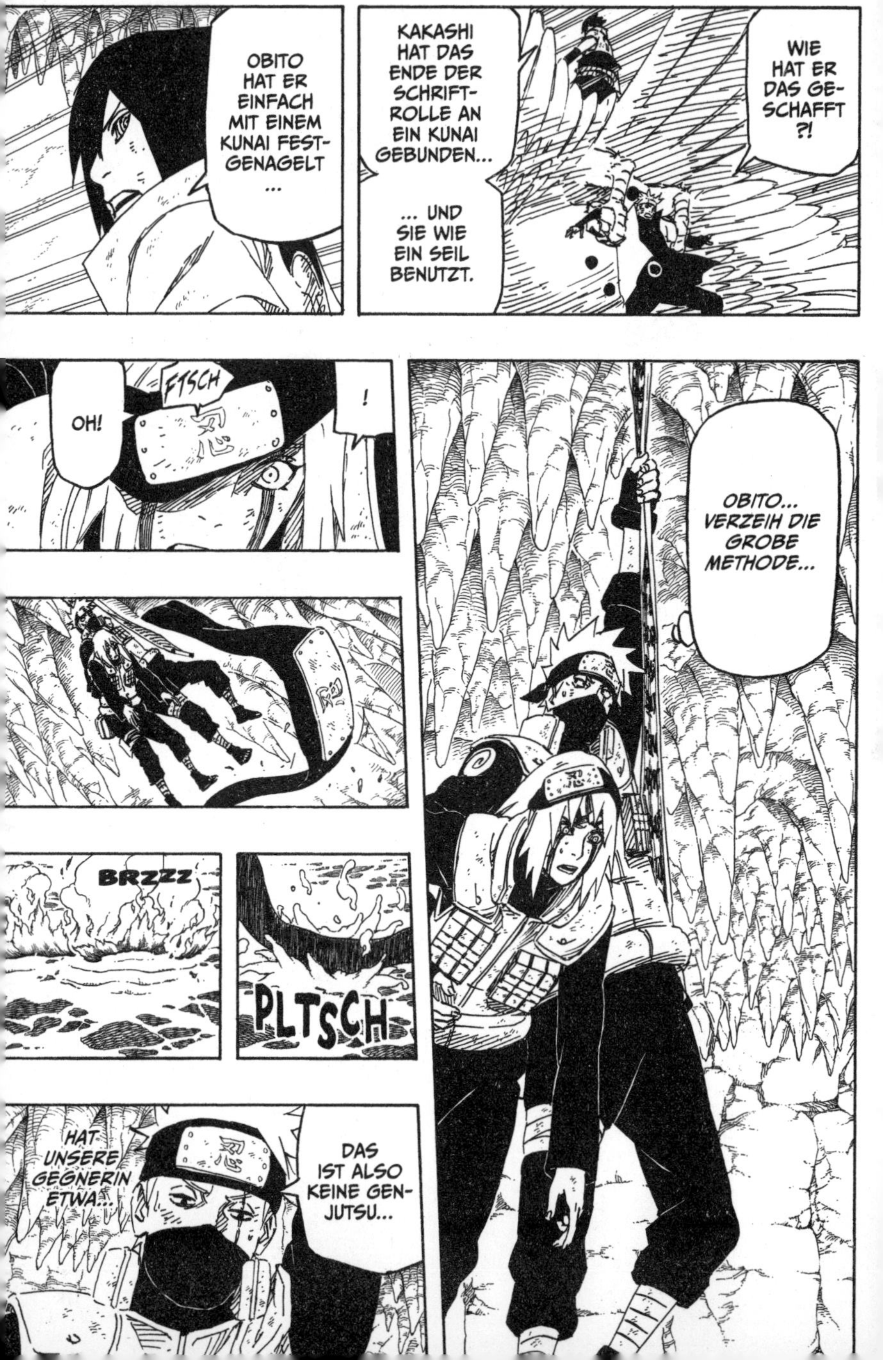
WIE HAT ER DAS GESCHAFFT ?!
KAKASHI HAT DAS ENDE DER SCHRIFTROLLE AN EIN KUNAI GEBUNDEN...
... UND SIE WIE EIN SEIL BENUTZT.
OBITO HAT ER EINFACH MIT EINEM KUNAI FESTGENAGELT ...
!
FTSCH
OH!
OBITO... VERZEIH DIE GROBE METHODE...
PLTSCH
BRZZZ
DAS IST ALSO KEINE GENJUTSU...
HAT UNSERE GEGNERIN ETWA...

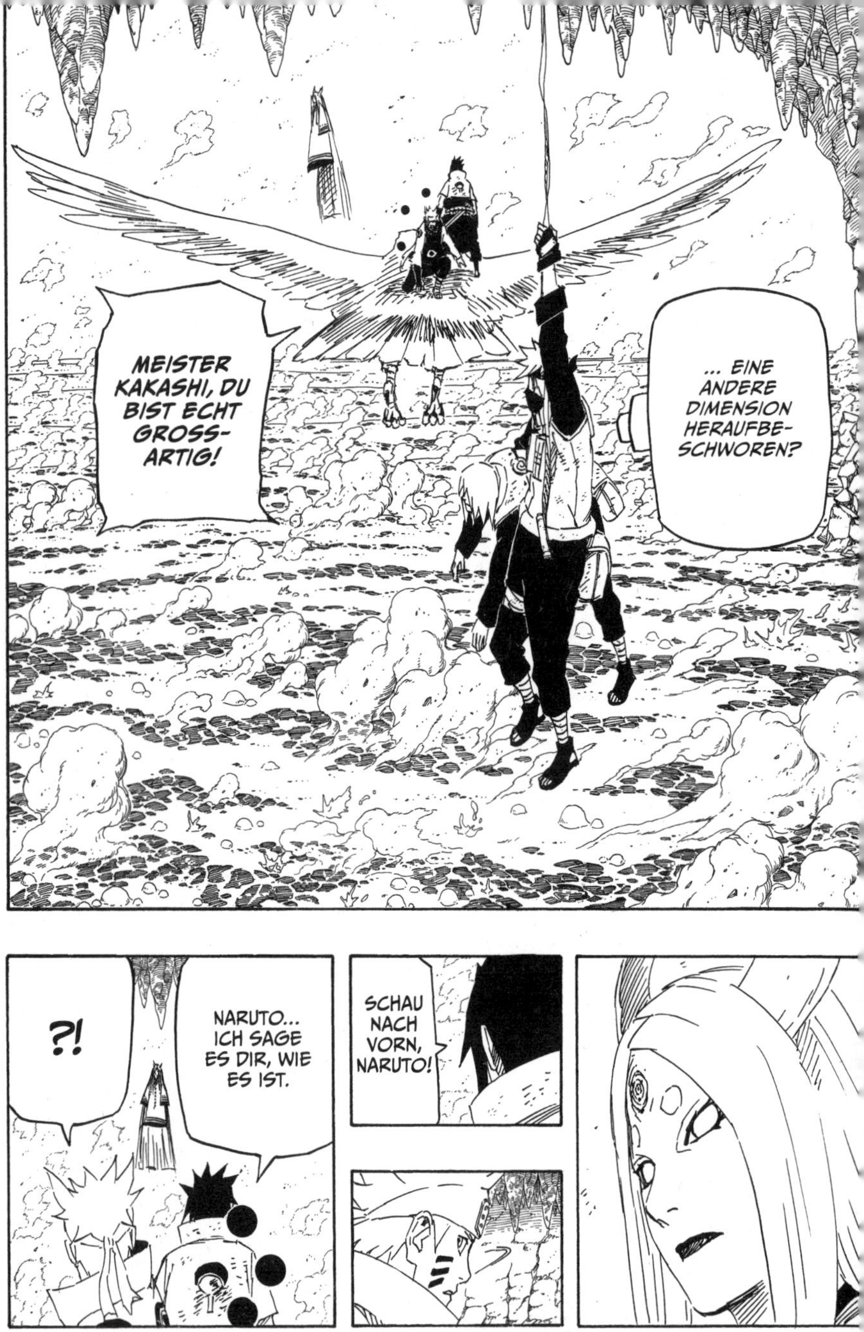
... EINE ANDERE DIMENSION HERAUFBESCHWOREN?
MEISTER KAKASHI, DU BIST ECHT GROSSARTIG!
SCHAU NACH VORN, NARUTO!
NARUTO... ICH SAGE ES DIR, WIE ES IST.
?!

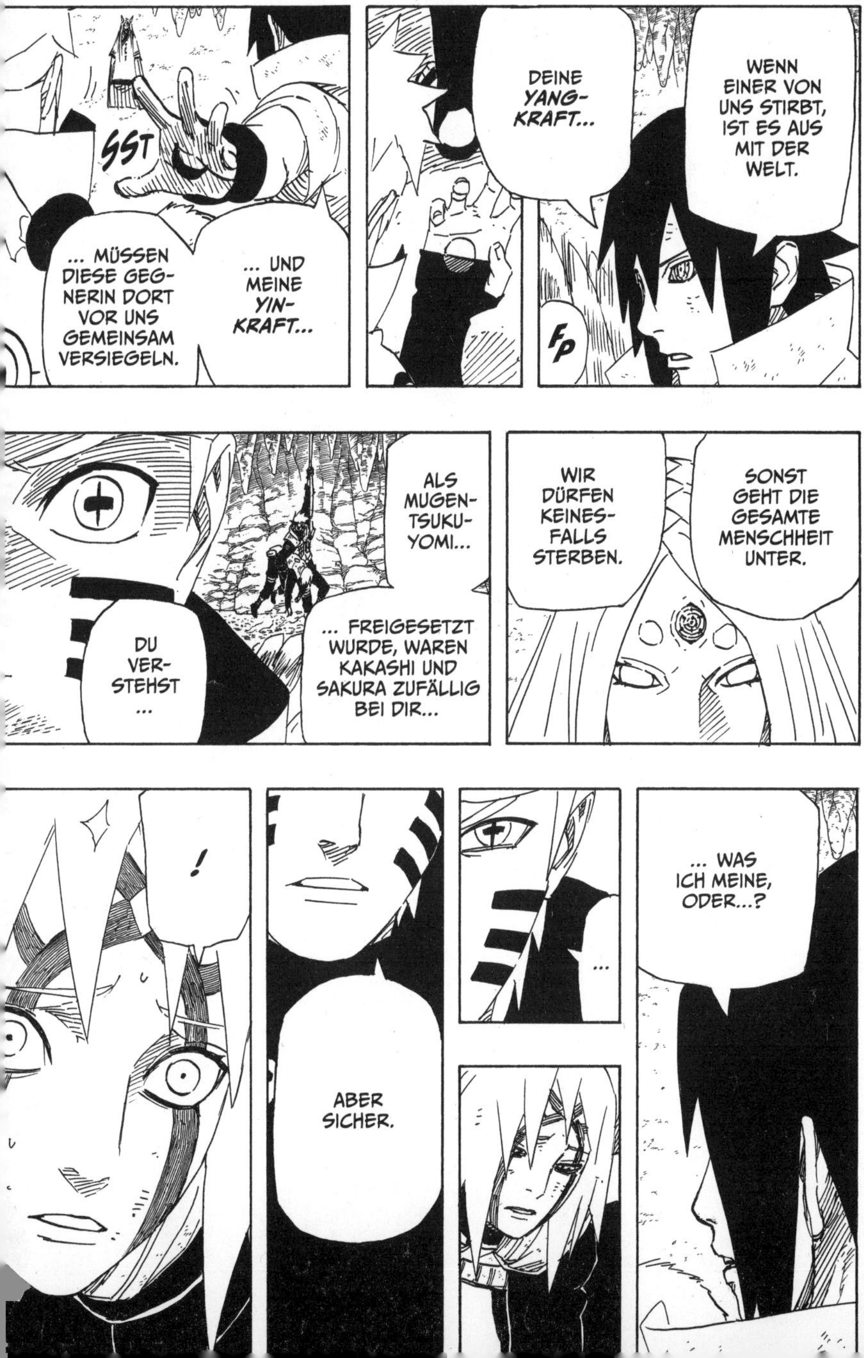

WENN EINER VON UNS STIRBT, IST ES AUS MIT DER WELT.
FP
DEINE YANG-KRAFT...
... UND MEINE YIN-KRAFT...
... MÜSSEN DIESE GEGNERIN DORT VOR UNS GEMEINSAM VERSIEGELN.
SST
WIR DÜRFEN KEINES-FALLS STERBEN.
SONST GEHT DIE GESAMTE MENSCHHEIT UNTER.
ALS MUGEN-TSUKU-YOMI...
... FREIGESETZT WURDE, WAREN KAKASHI UND SAKURA ZUFÄLLIG BEI DIR...
DU VER-STEHST ...
... WAS ICH MEINE, ODER...?
...
ABER SICHER.
!

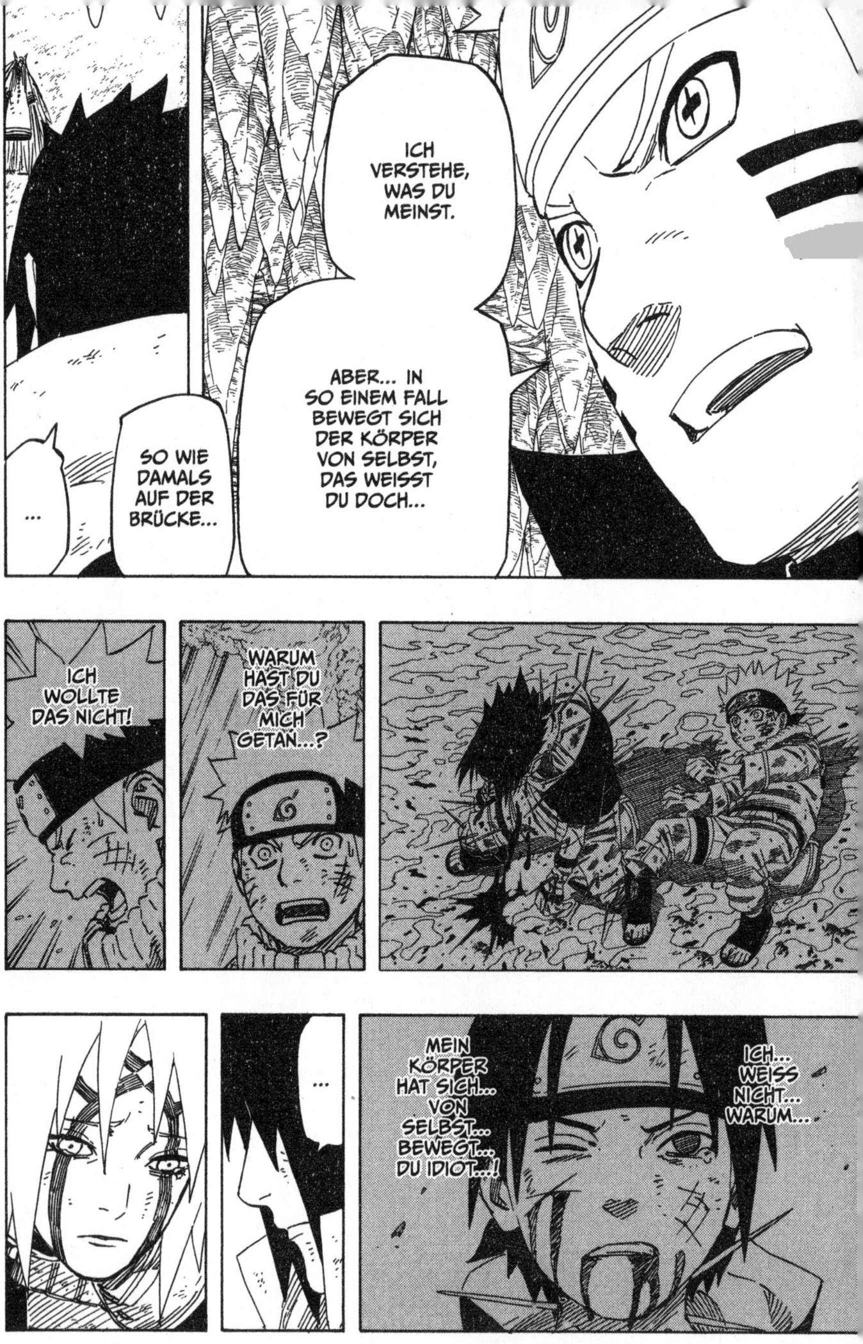
ICH VERSTEHE, WAS DU MEINST.
ABER... IN SO EINEM FALL BEWEGT SICH DER KÖRPER VON SELBST, DAS WEISST DU DOCH...
SO WIE DAMALS AUF DER BRÜCKE...
...
WARUM HAST DU DAS FÜR MICH GETAN...?
ICH WOLLTE DAS NICHT!
ICH... WEISS NICHT... WARUM...
MEIN KÖRPER HAT SICH... VON SELBST... BEWEGT... DU IDIOT...!
...

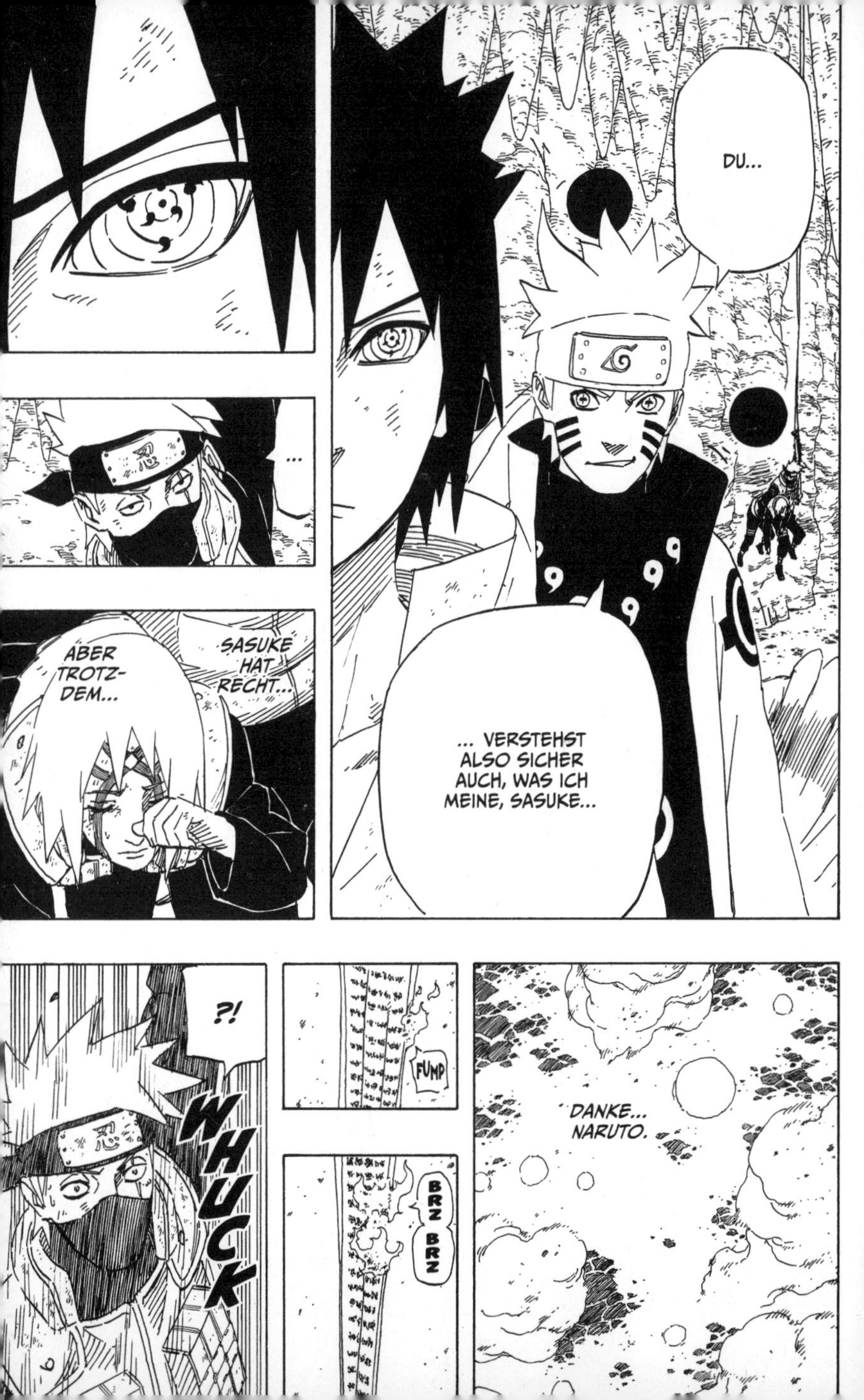
DU...
... VERSTEHST ALSO SICHER AUCH, WAS ICH MEINE, SASUKE...
...
SASUKE HAT RECHT...
ABER TROTZ-DEM...
DANKE... NARUTO.
FUMP
BRZ BRZ
?!
WHUCK

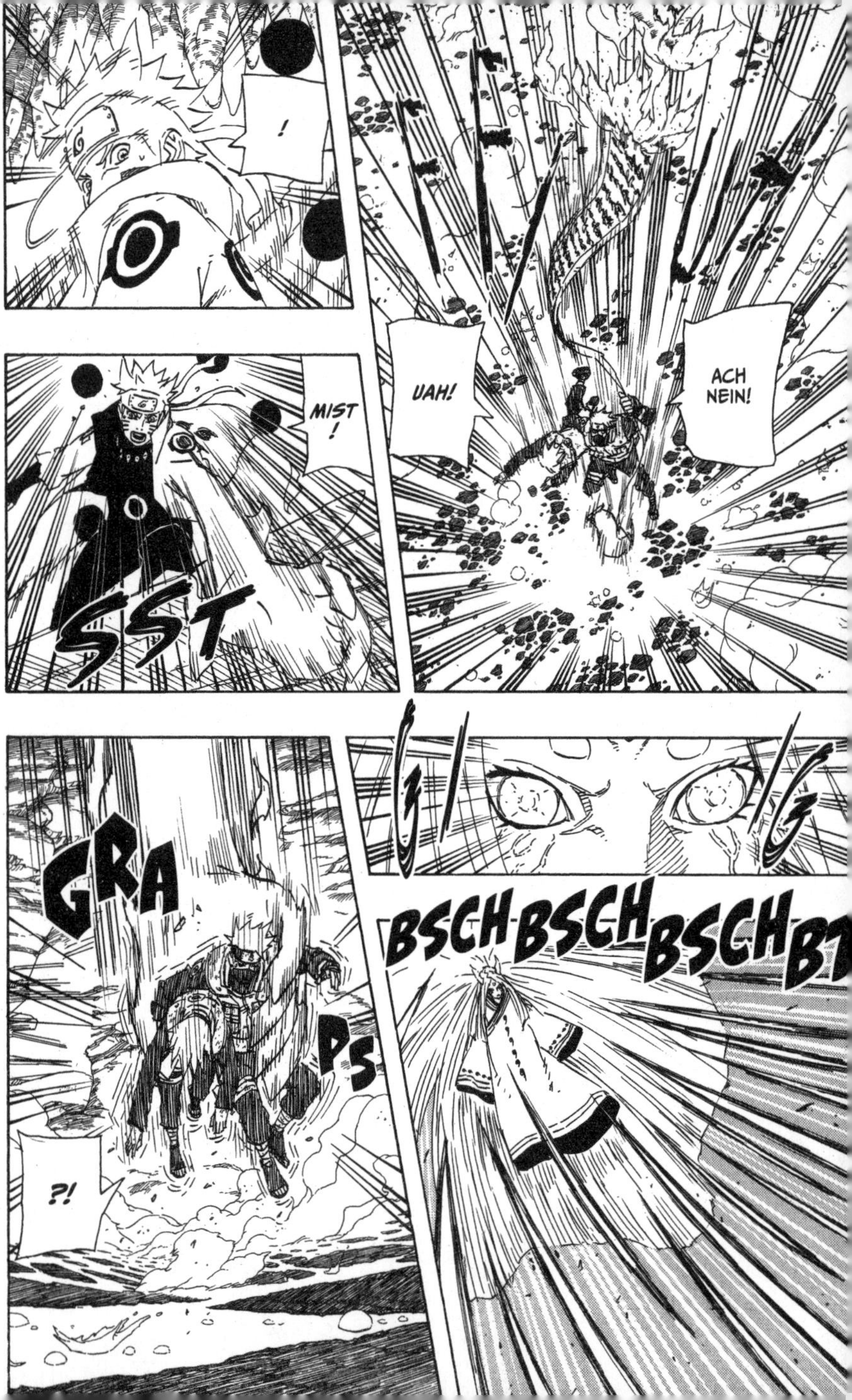
ACH NEIN!
UAH!
!
MIST !
SST
BSCH-BSCH-BSCH
GRA
PS
?!

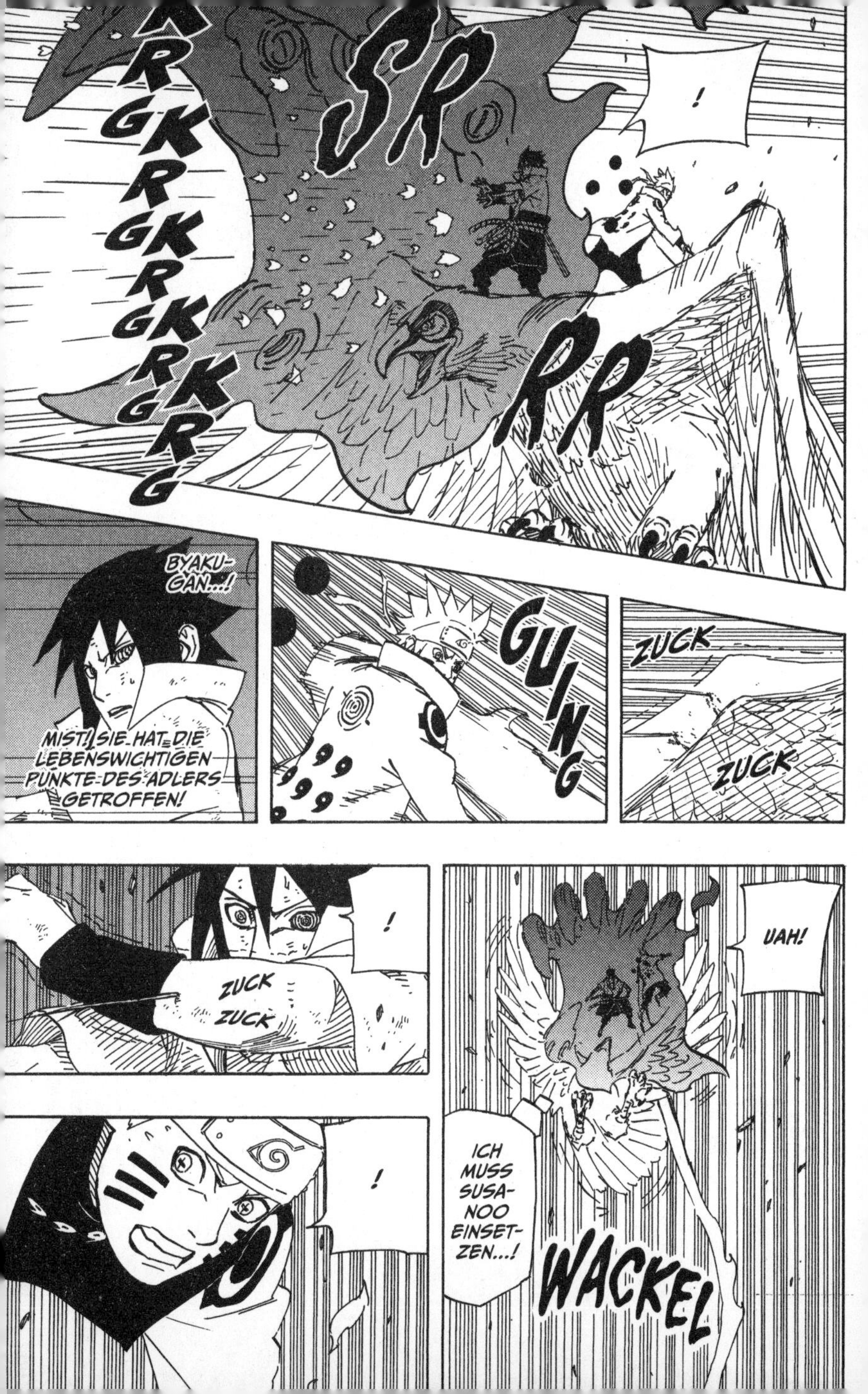
!
SR
RR
ZUCK
ZUCK
GUING
BYAKU-GAN...!
MIST! SIE HAT DIE LEBENSWICHTIGEN PUNKTE DES ADLERS GETROFFEN!
UAH!
ICH MUSS SUSA-NOO EINSET-ZEN...!
WACKEL
!
ZUCK
ZUCK
!

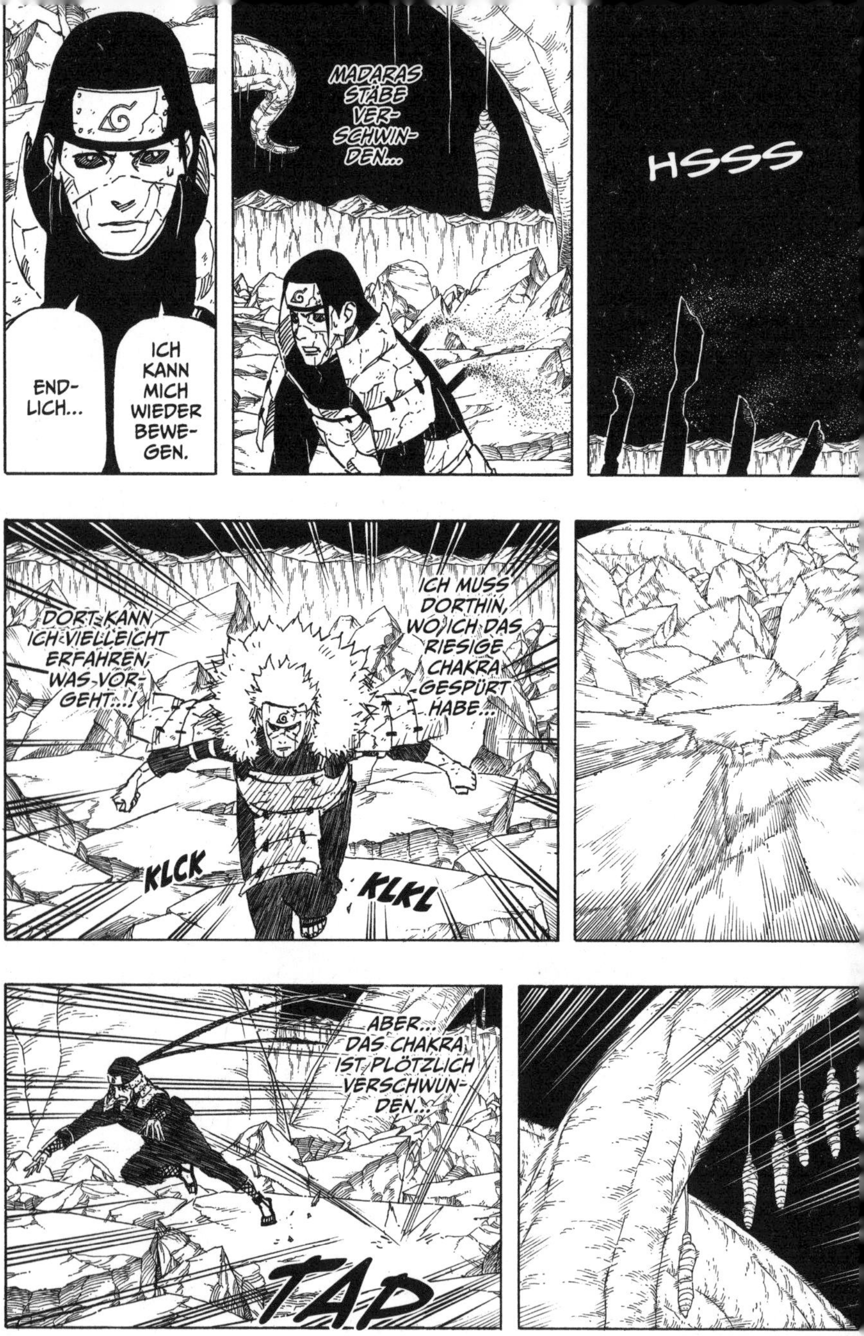
HSSS
MADARAS STÄBE VER-SCHWIN-DEN...
ICH KANN MICH WIEDER BEWE-GEN.
END-LICH...
ICH MUSS DORTHIN, WO ICH DAS RIESIGE CHAKRA GESPÜRT HABE...
DORT KANN ICH VIELLEICHT ERFAHREN, WAS VOR-GEHT...!
KLKL
KLCK
ABER... DAS CHAKRA IST PLÖTZLICH VERSCHWUN-DEN...
TAP

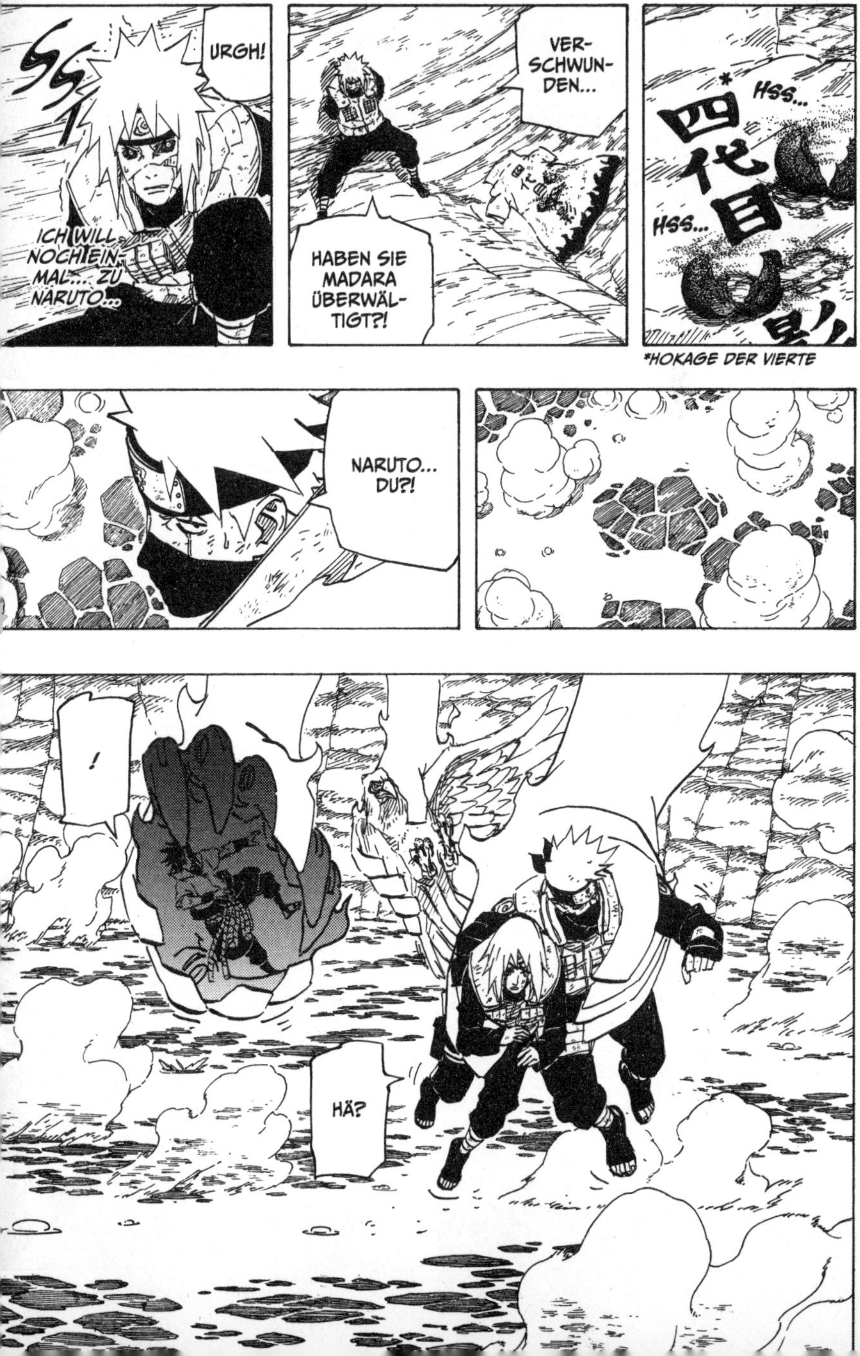

*HOKAGE DER VIERTE

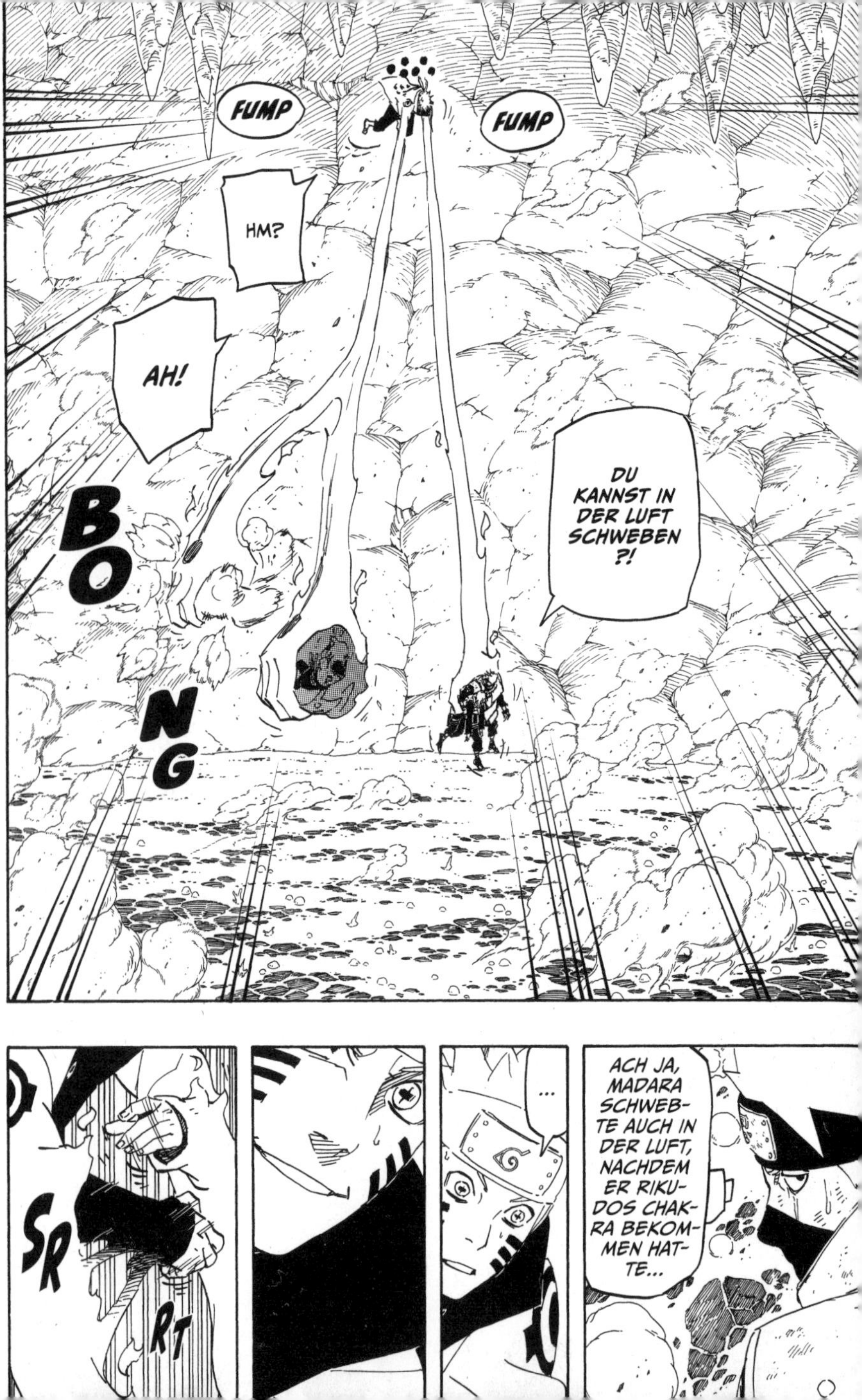
FUMP
FUMP
HM?
AH!
DU KANNST IN DER LUFT SCHWEBEN ?!
BOONG
ACH JA, MADARA SCHWEBTE AUCH IN DER LUFT, NACHDEM ER RIKUDOS CHAKRA BEKOMMEN HATTE...
...
SRRT

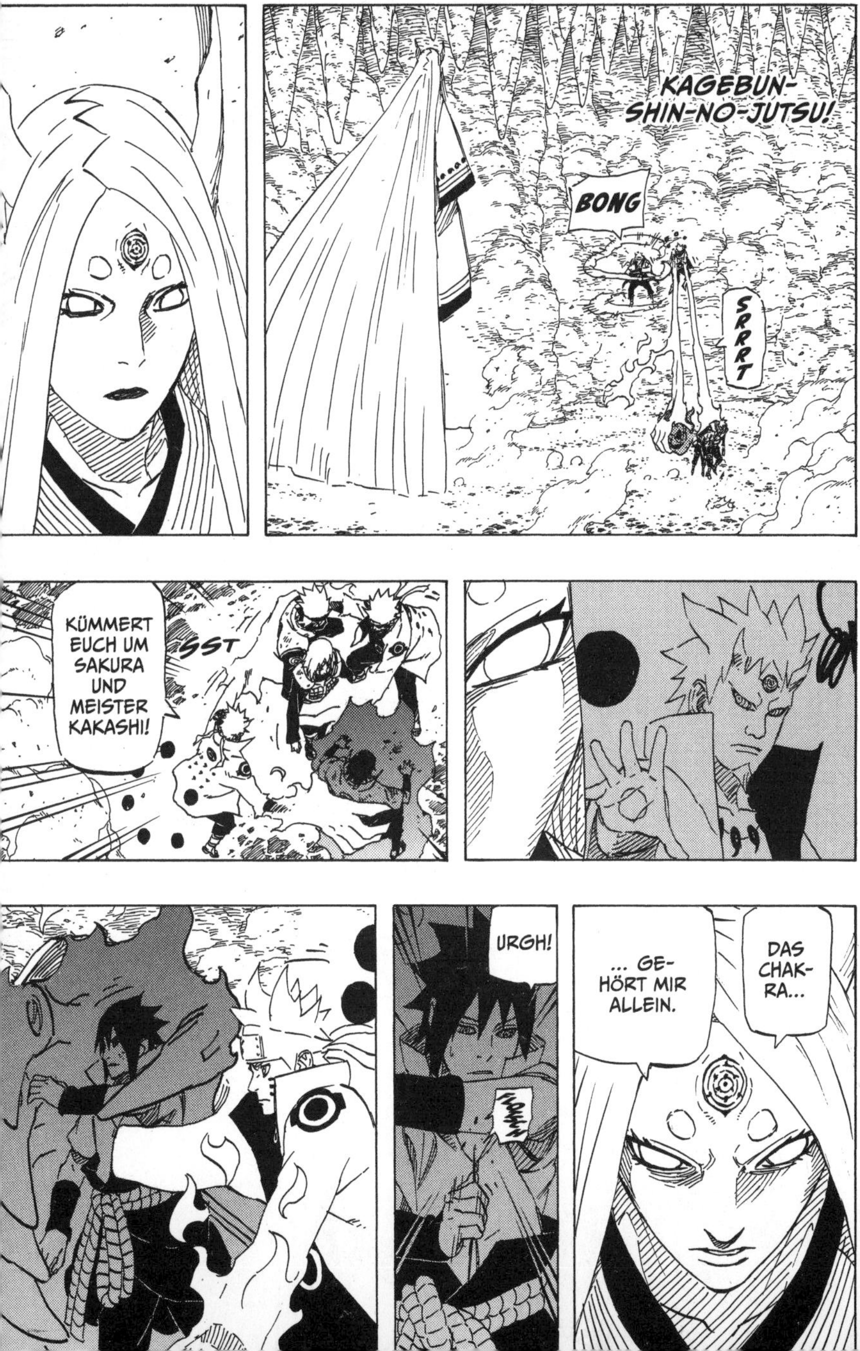
KAGEBUN-SHIN-NO-JUTSU!
BONG
SRRRT
SST
KÜMMERT EUCH UM SAKURA UND MEISTER KAKASHI!
DAS CHAK-RA...
... GE-HÖRT MIR ALLEIN.
URGH!

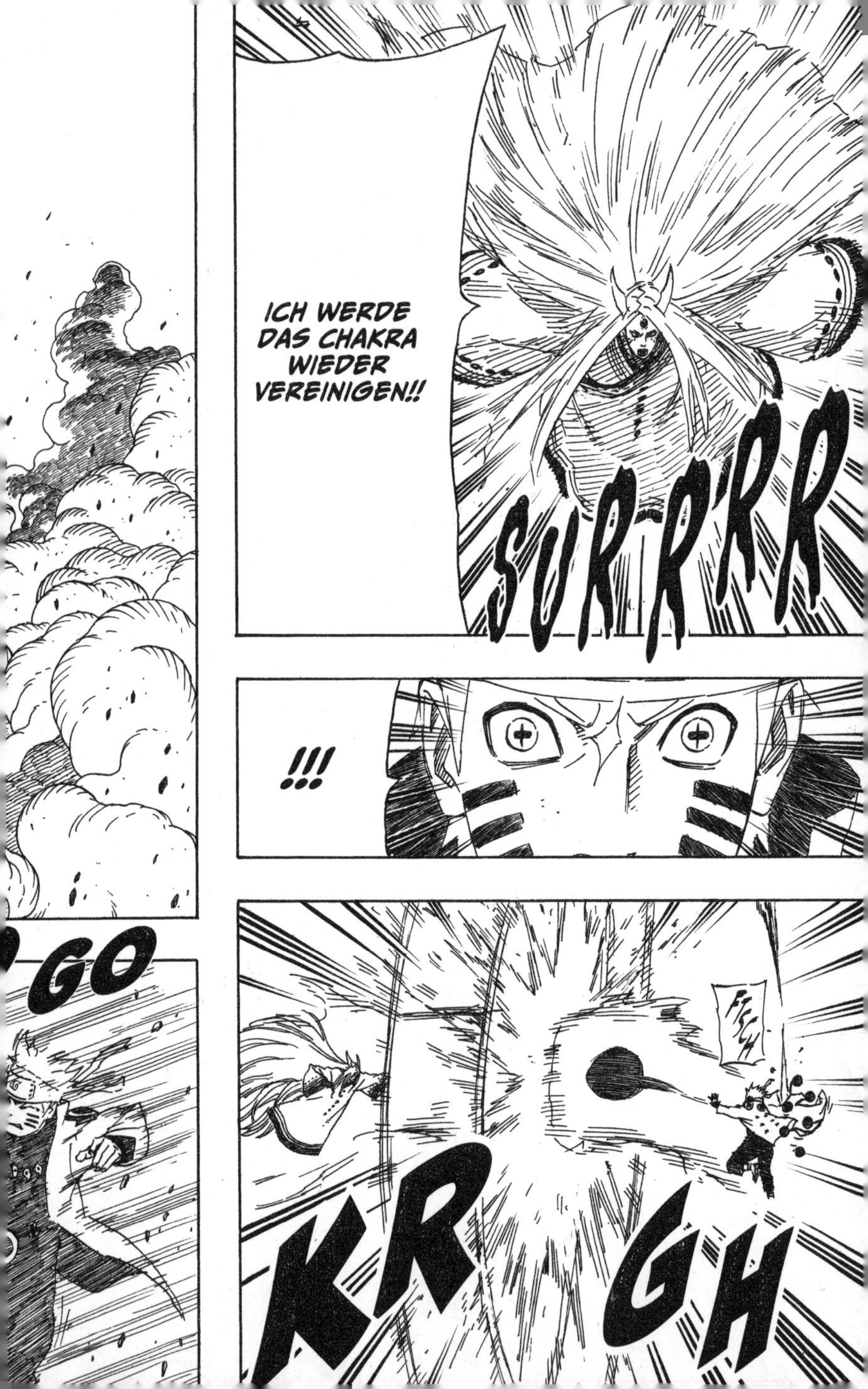
ICH WERDE DAS CHAKRA WIEDER VEREINIGEN!!
SURRRR
!!!
FTSCH
KR
GH
GO

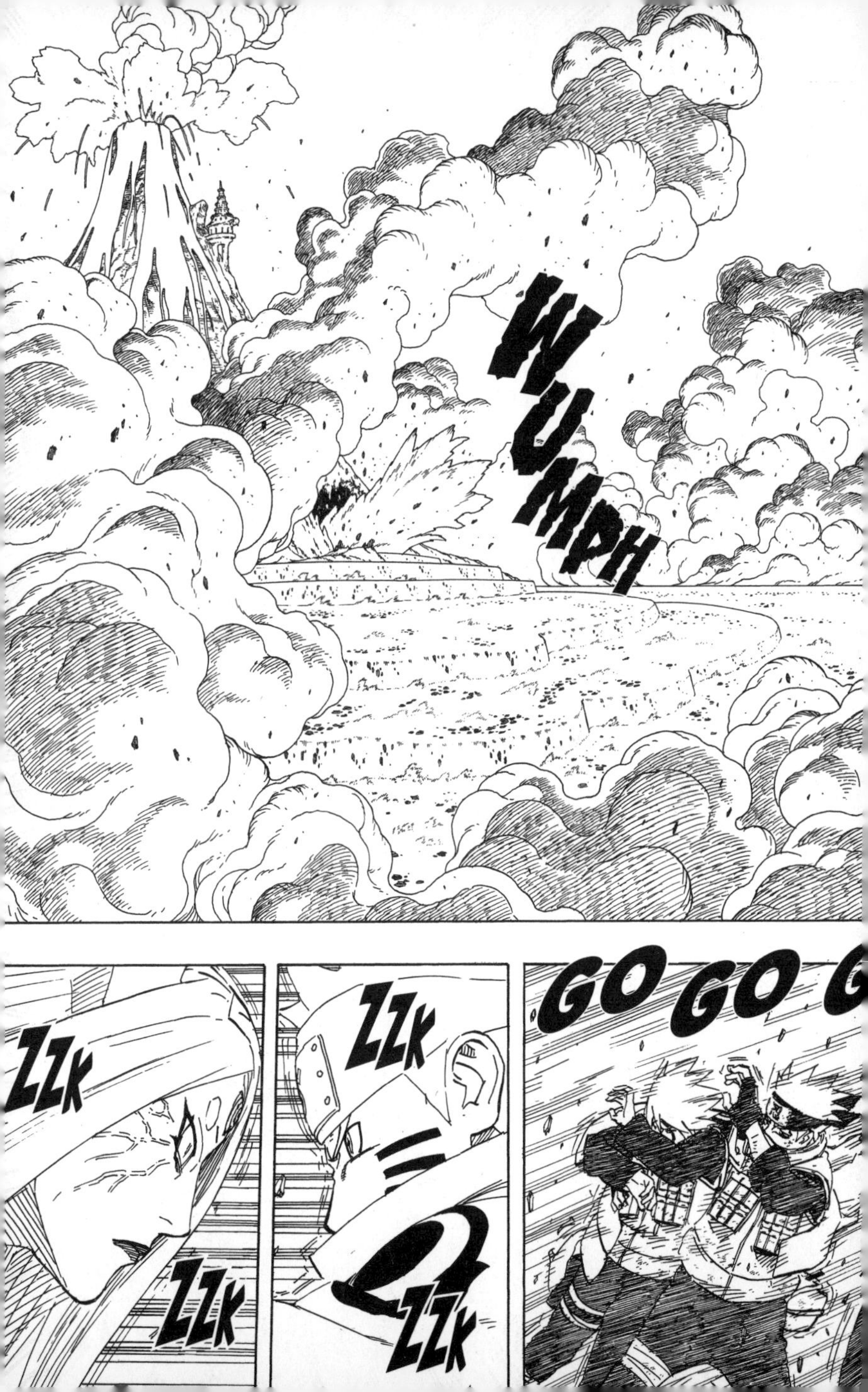

WUMPH
GO GO G
ZZK
ZZK
ZZK
ZZK

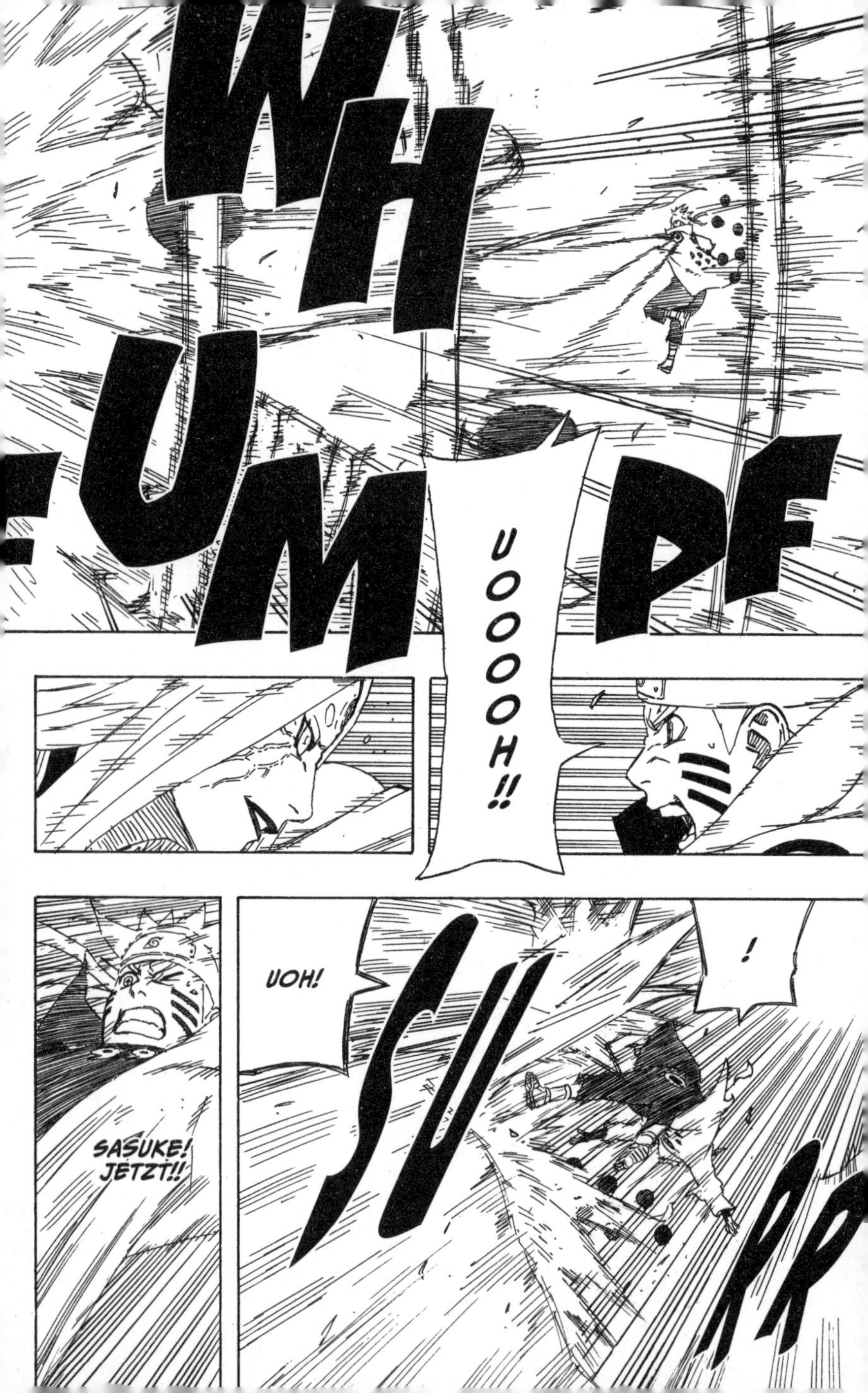
WHUMPF
UOOOOOH!!
!
UOH!
SURR
SASUKE! JETZT!!

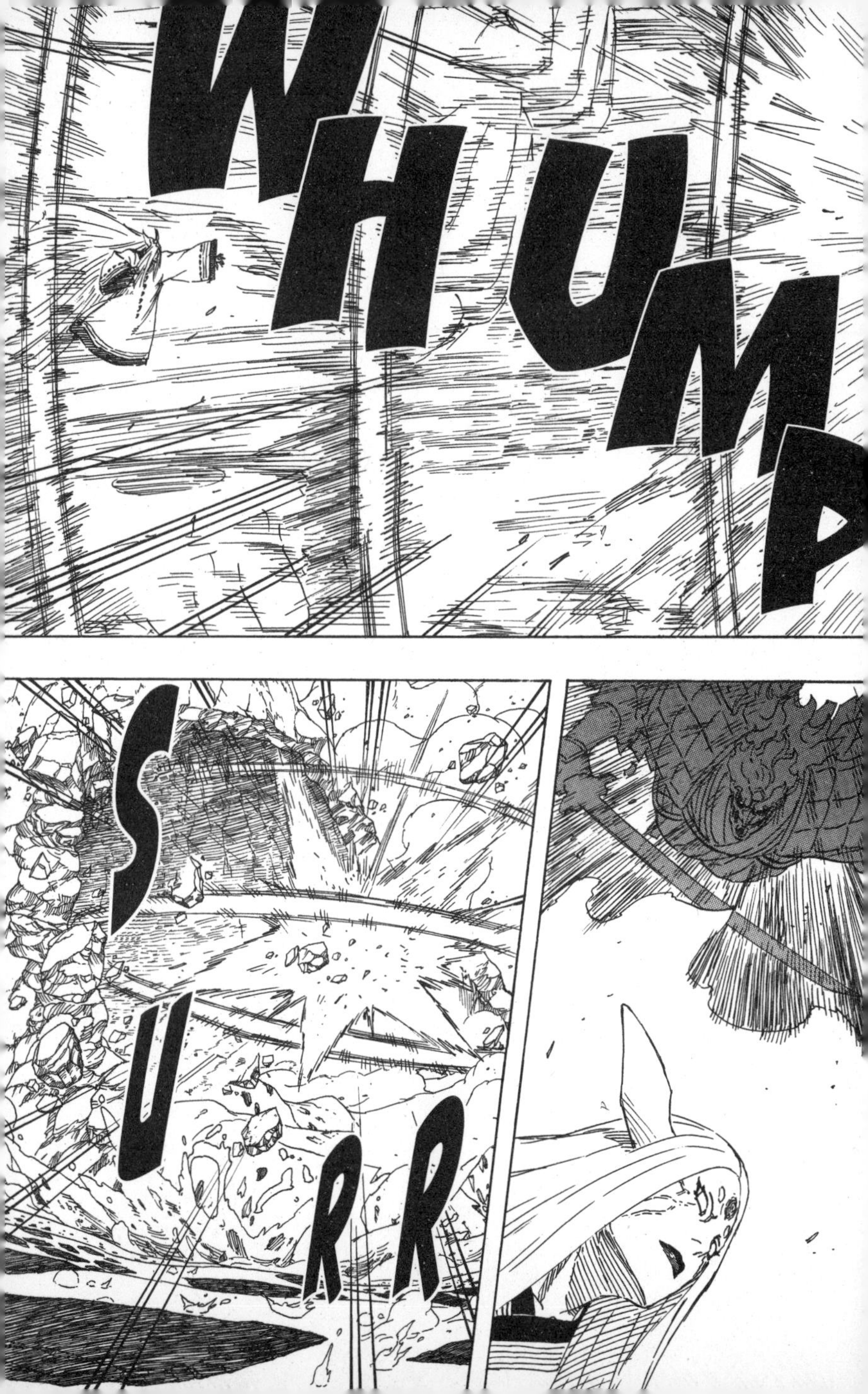
WHUMP
SURR

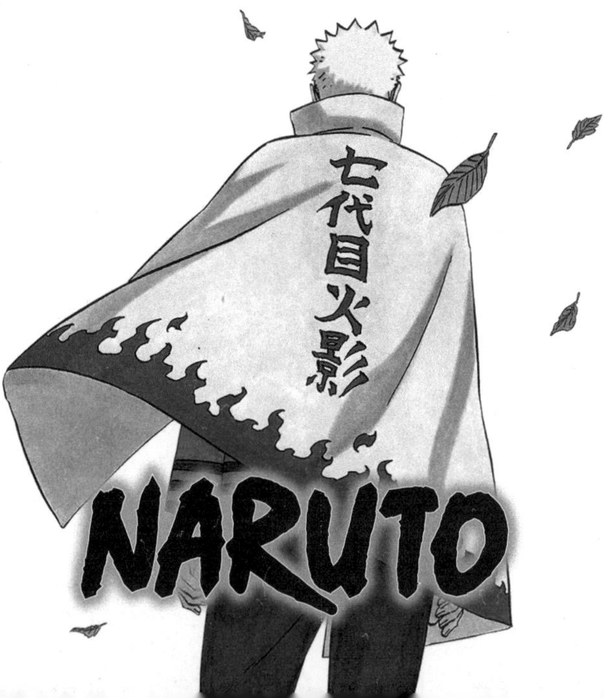
七代目火影
NARUTO

681. Kapitel: Kaguyas Tränen

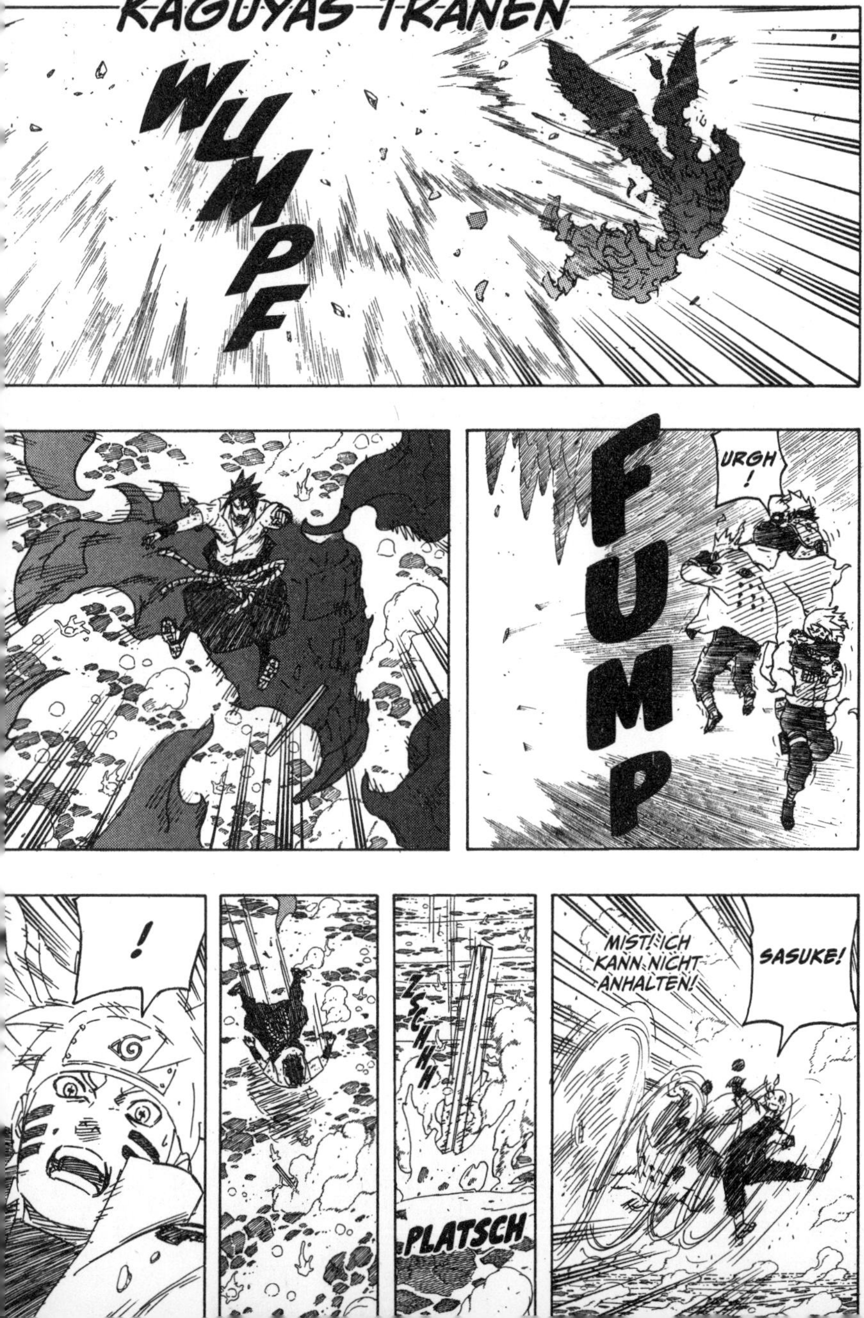

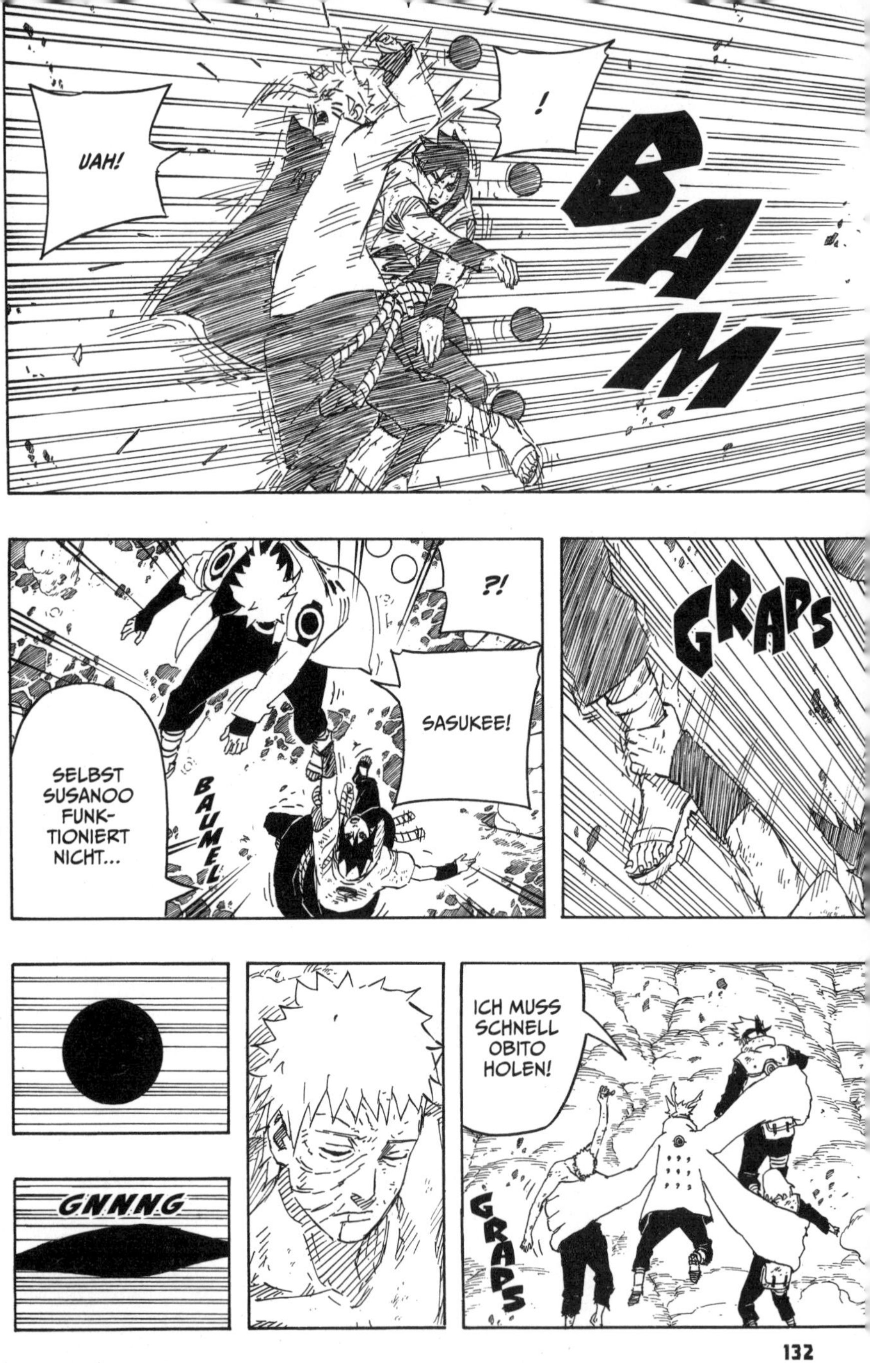
!
UAH!
BAM
?!
SASUKEE!
SELBST SUSANOO FUNK-TIONIERT NICHT...
BAUMEL
GRAPS
GNNNG
ICH MUSS SCHNELL OBITO HOLEN!
GRAPS

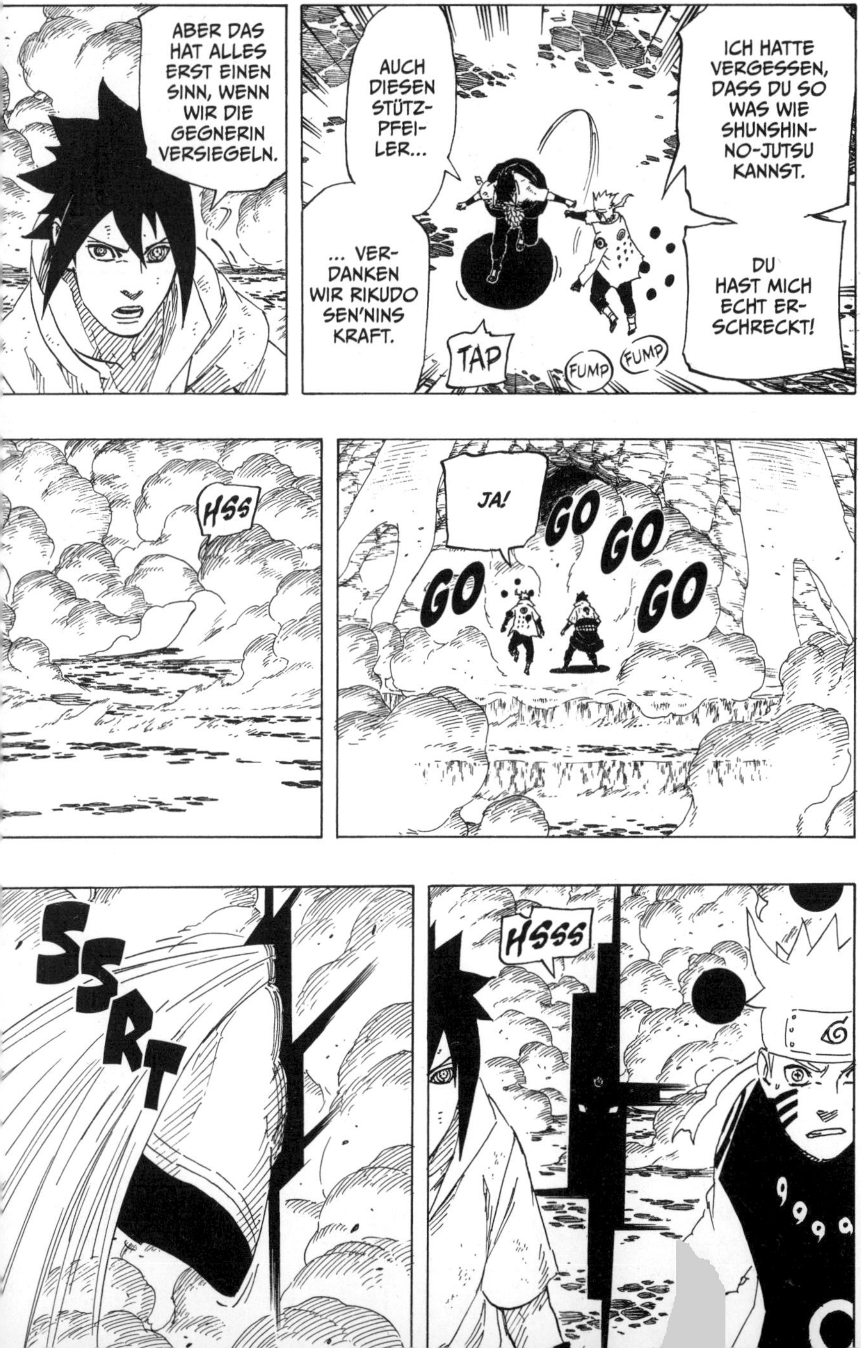
ICH HATTE VERGESSEN, DASS DU SO WAS WIE SHUNSHIN-NO-JUTSU KANNST.
DU HAST MICH ECHT ER-SCHRECKT!
AUCH DIESEN STÜTZ-PFEI-LER...
... VER-DANKEN WIR RIKUDO SEN'NINS KRAFT.
TAP
FUMP
FUMP
ABER DAS HAT ALLES ERST EINEN SINN, WENN WIR DIE GEGNERIN VERSIEGELN.
JA!
GO
GO
GO
GO
HSS
HSSS
SSRT

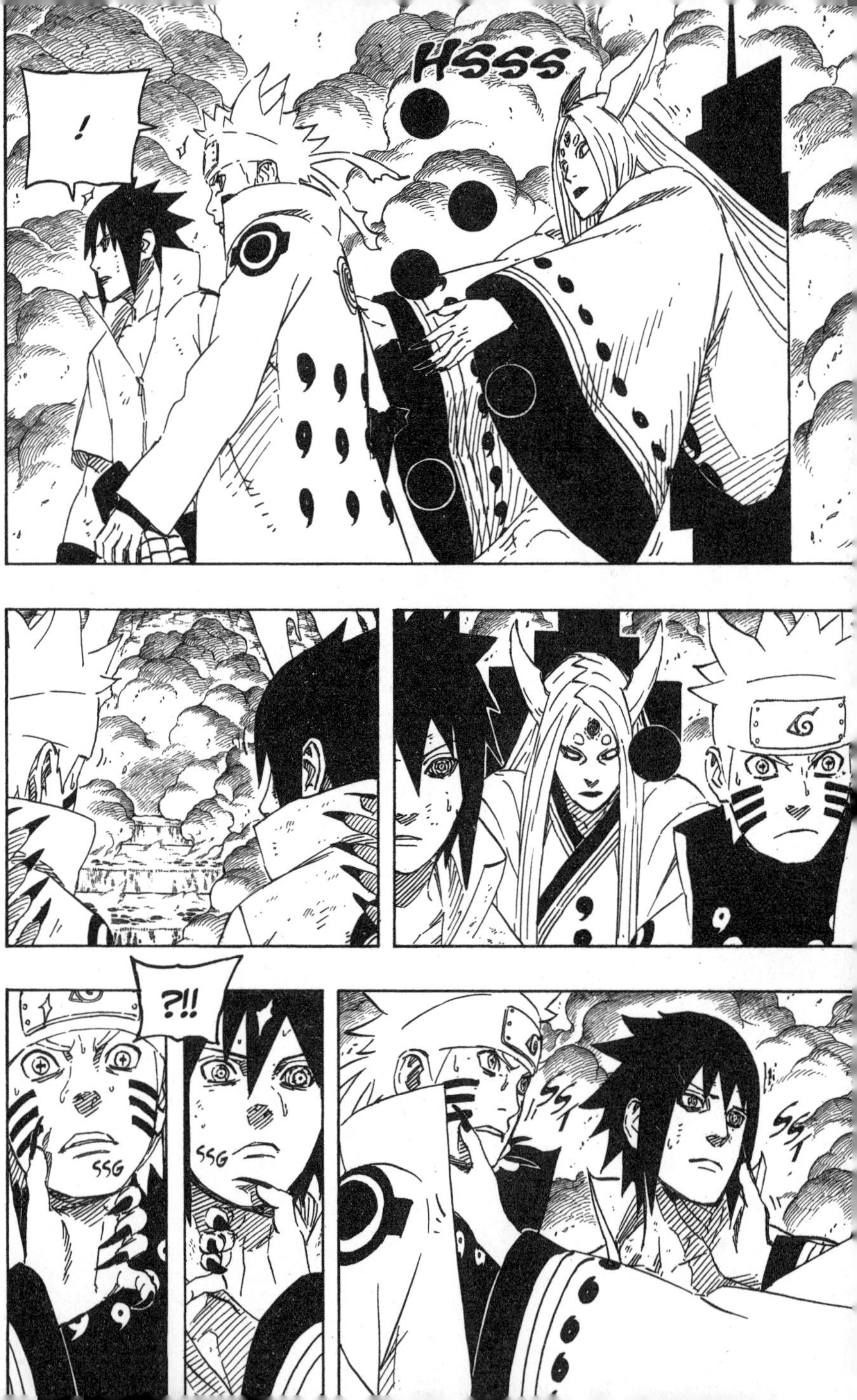
HSSS
!
SS
SS
?!!
SSG
SSG

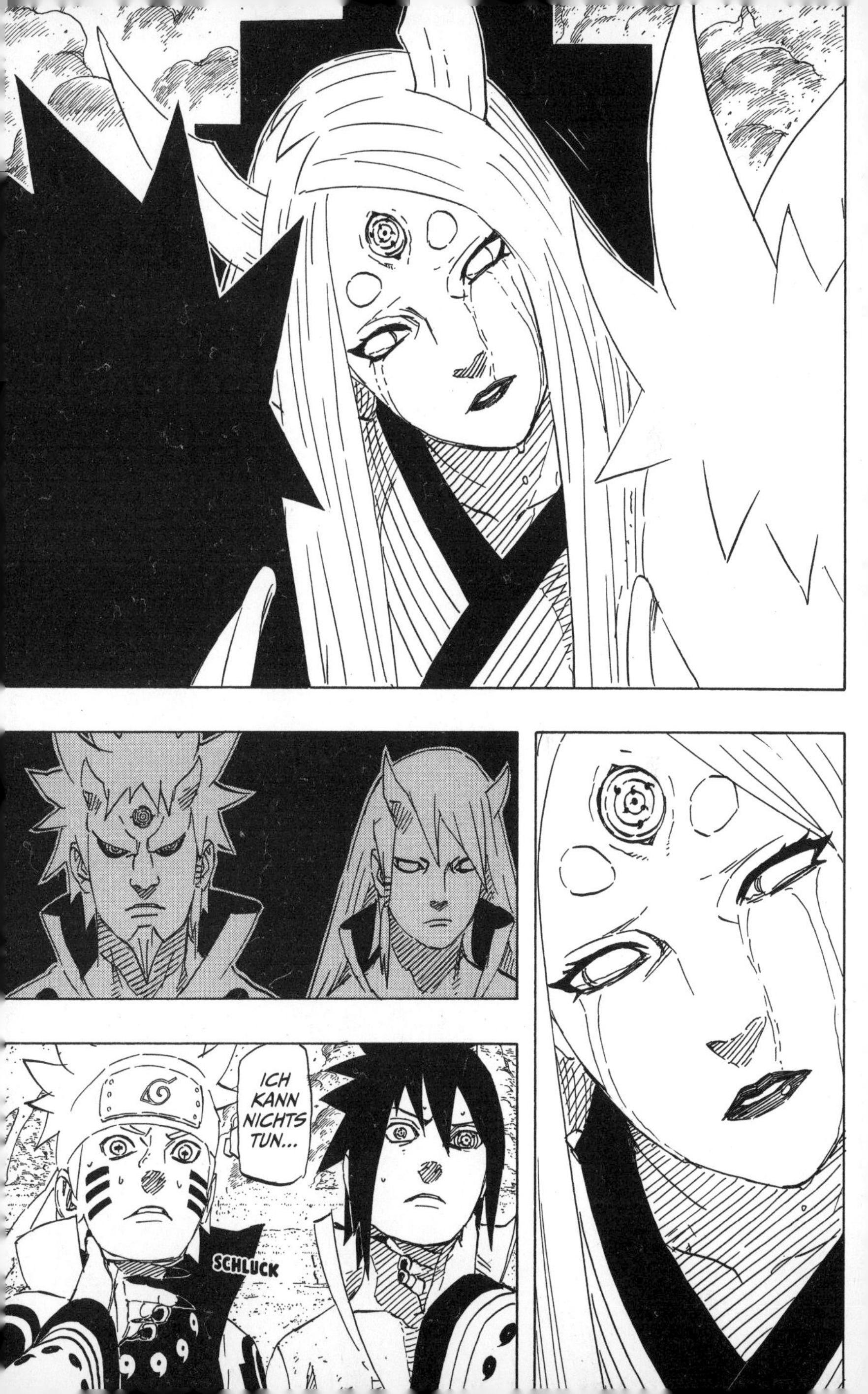
ICH KANN NICHTS TUN...
SCHLUCK

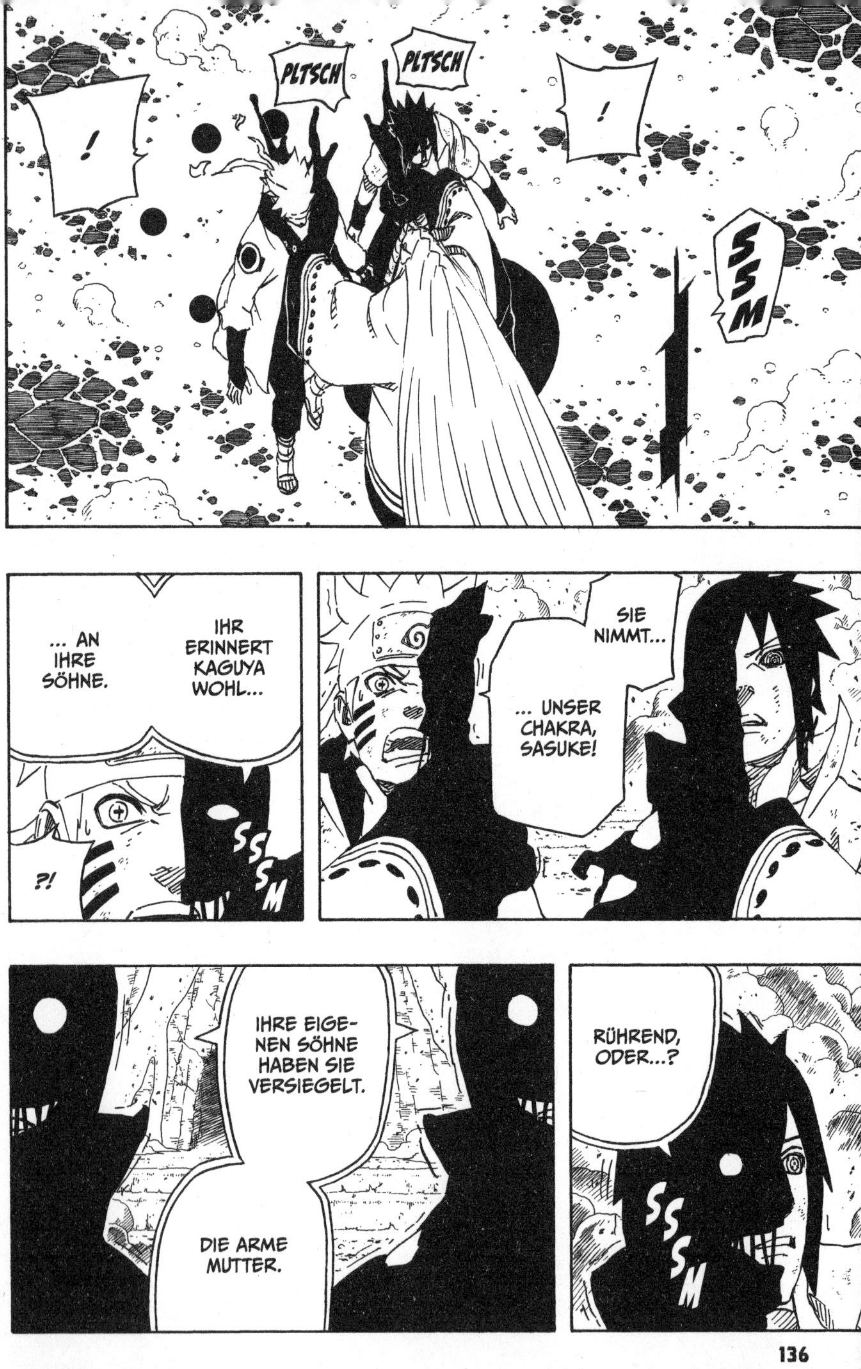
SSM
!
PLTSCH
PLTSCH
!
SIE NIMMT…
… UNSER CHAKRA, SASUKE!
IHR ERINNERT KAGUYA WOHL…
… AN IHRE SÖHNE.
SSM
?!
RÜHREND, ODER…?
SSM
IHRE EIGE-NEN SÖHNE HABEN SIE VERSIEGELT.
DIE ARME MUTTER.

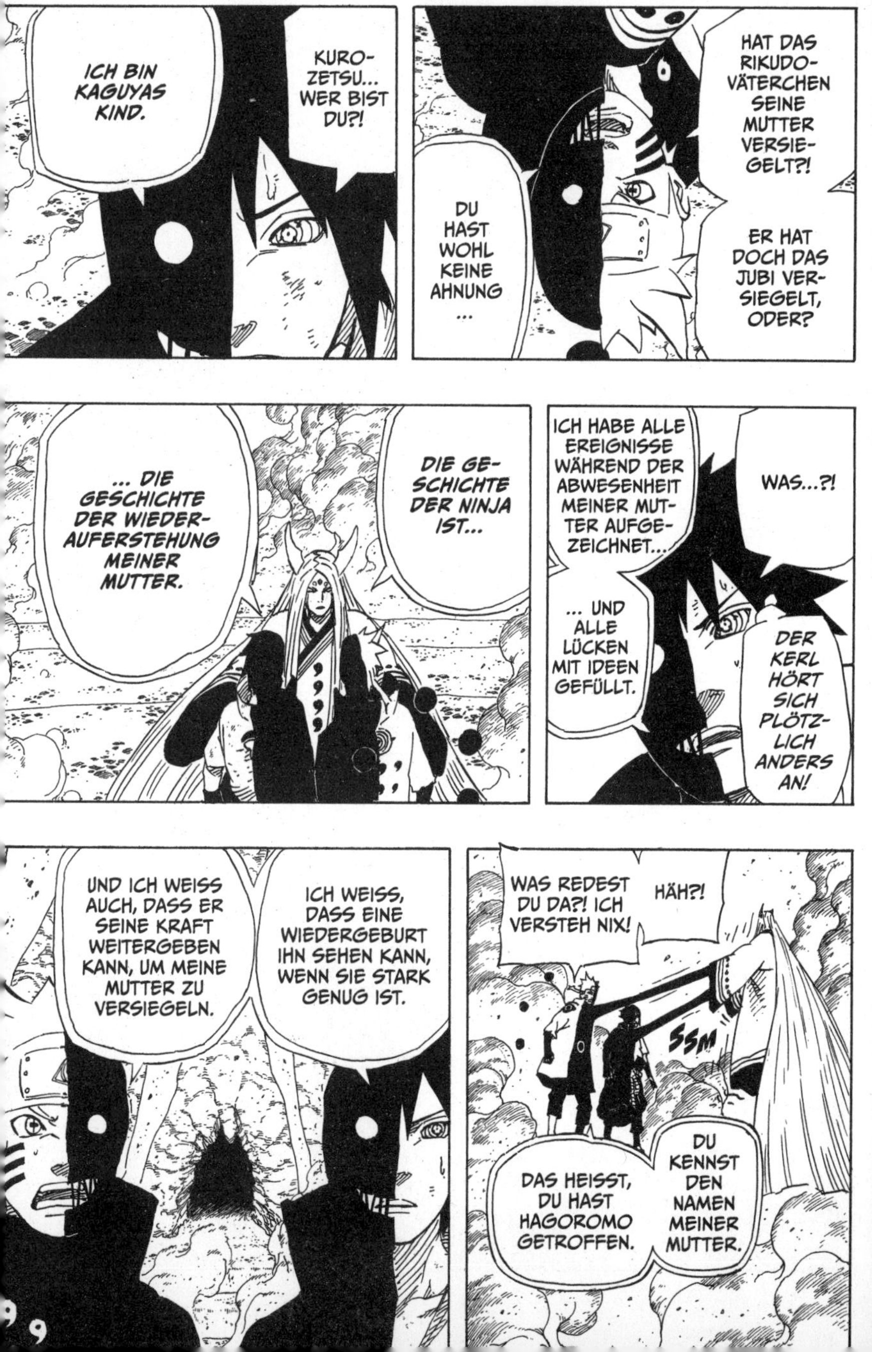
HAT DAS RIKUDO-VÄTERCHEN SEINE MUTTER VERSIEGELT?!
ER HAT DOCH DAS JUBI VERSIEGELT, ODER?
DU HAST WOHL KEINE AHNUNG ...
KURO-ZETSU... WER BIST DU?!
ICH BIN KAGUYAS KIND.
WAS...?!
DER KERL HÖRT SICH PLÖTZLICH ANDERS AN!
ICH HABE ALLE EREIGNISSE WÄHREND DER ABWESENHEIT MEINER MUTTER AUFGEZEICHNET...
... UND ALLE LÜCKEN MIT IDEEN GEFÜLLT.
DIE GESCHICHTE DER NINJA IST...
... DIE GESCHICHTE DER WIEDERAUFERSTEHUNG MEINER MUTTER.
HÄH?!
WAS REDEST DU DA?! ICH VERSTEH NIX!
DU KENNST DEN NAMEN MEINER MUTTER.
DAS HEISST, DU HAST HAGOROMO GETROFFEN.
ICH WEISS, DASS EINE WIEDERGEBURT IHN SEHEN KANN, WENN SIE STARK GENUG IST.
UND ICH WEISS AUCH, DASS ER SEINE KRAFT WEITERGEBEN KANN, UM MEINE MUTTER ZU VERSIEGELN.
SSM

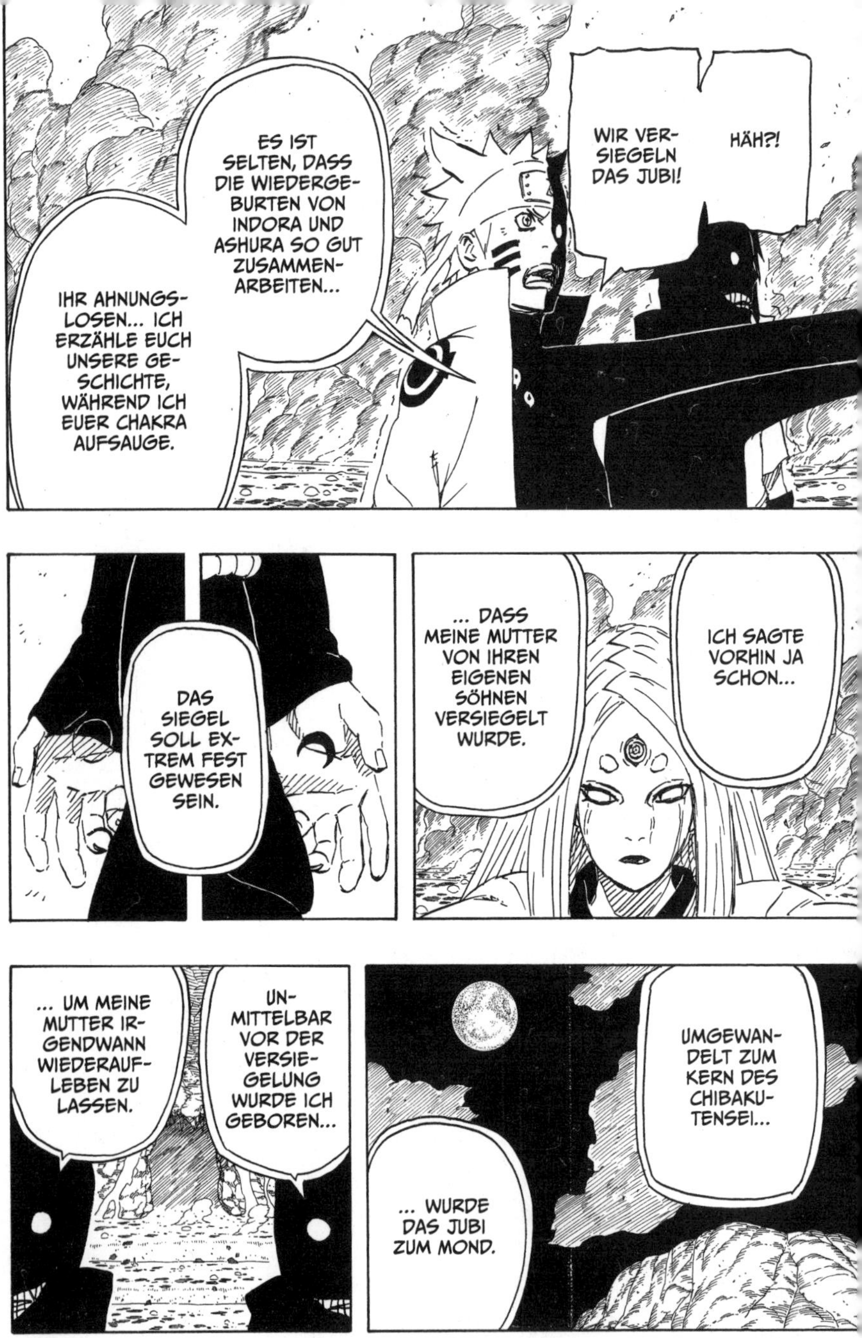
HÄH?!
WIR VERSIEGELN DAS JUBI!
ES IST SELTEN, DASS DIE WIEDERGEBURTEN VON INDORA UND ASHURA SO GUT ZUSAMMENARBEITEN...
IHR AHNUNGSLOSEN... ICH ERZÄHLE EUCH UNSERE GESCHICHTE, WÄHREND ICH EUER CHAKRA AUFSAUGE.
ICH SAGTE VORHIN JA SCHON...
... DASS MEINE MUTTER VON IHREN EIGENEN SÖHNEN VERSIEGELT WURDE.
DAS SIEGEL SOLL EXTREM FEST GEWESEN SEIN.
UMGEWANDELT ZUM KERN DES CHIBAKUTENSEI...
... WURDE DAS JUBI ZUM MOND.
UNMITTELBAR VOR DER VERSIEGELUNG WURDE ICH GEBOREN...
... UM MEINE MUTTER IRGENDWANN WIEDERAUFLEBEN ZU LASSEN.

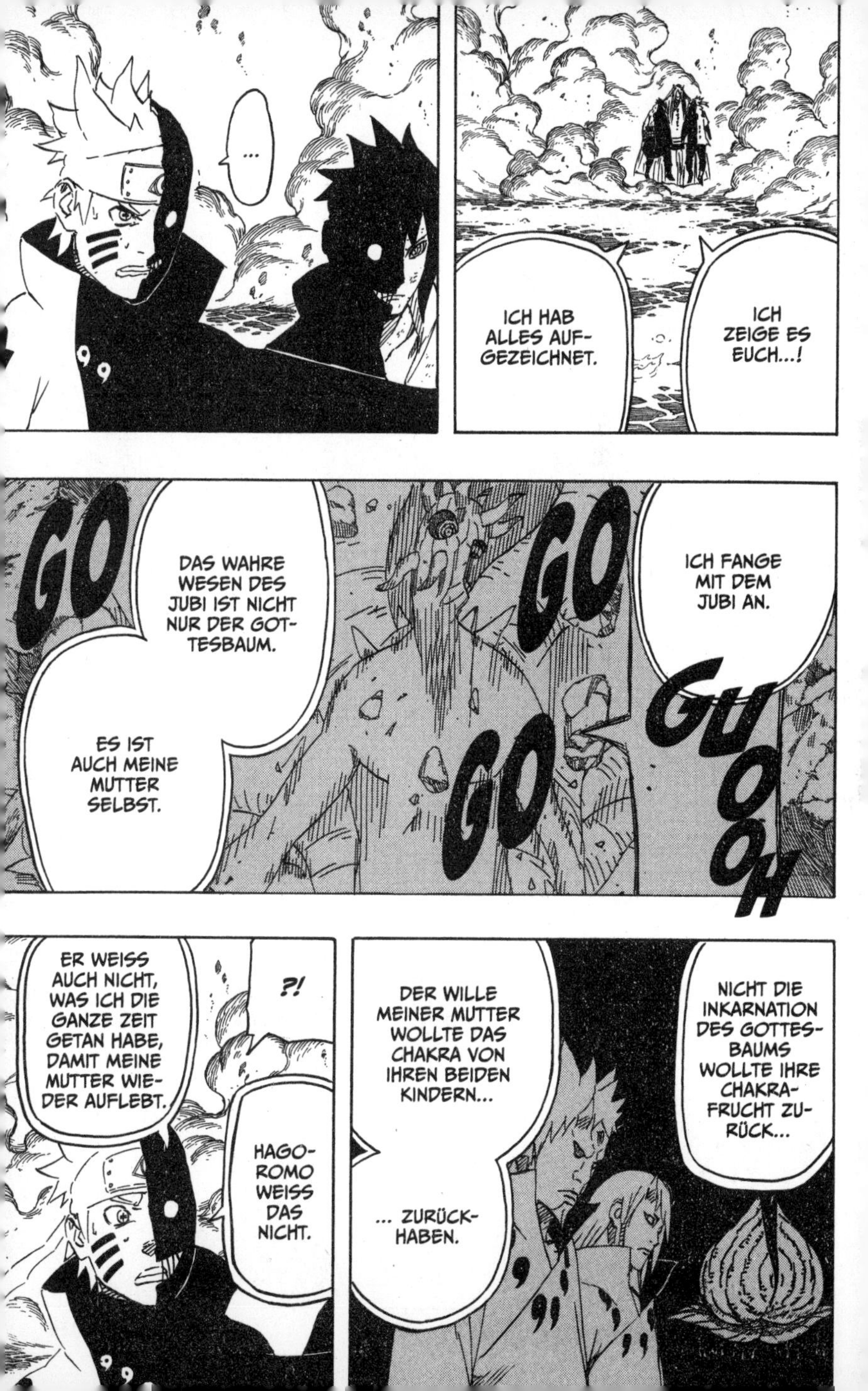
ICH ZEIGE ES EUCH...!
ICH HAB ALLES AUFGEZEICHNET.
...
ICH FANGE MIT DEM JUBI AN.
GO GO GO
GUOOOH
DAS WAHRE WESEN DES JUBI IST NICHT NUR DER GOTTESBAUM.
ES IST AUCH MEINE MUTTER SELBST.
NICHT DIE INKARNATION DES GOTTESBAUMS WOLLTE IHRE CHAKRAFRUCHT ZURÜCK...
DER WILLE MEINER MUTTER WOLLTE DAS CHAKRA VON IHREN BEIDEN KINDERN...
... ZURÜCKHABEN.
HAGOROMO WEISS DAS NICHT.
?!
ER WEISS AUCH NICHT, WAS ICH DIE GANZE ZEIT GETAN HABE, DAMIT MEINE MUTTER WIEDER AUFLEBT.

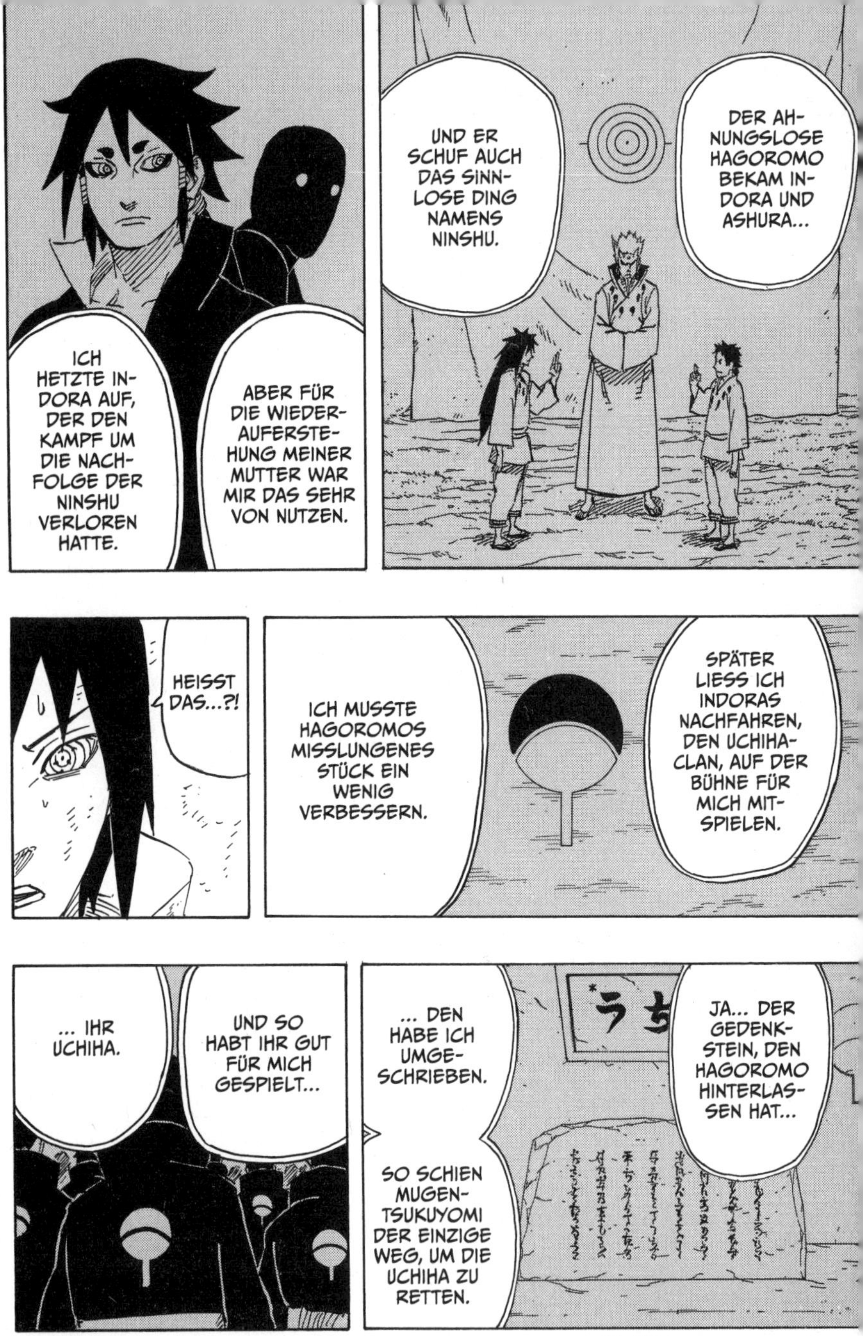

DER AHNUNGSLOSE HAGOROMO BEKAM INDORA UND ASHURA...
UND ER SCHUF AUCH DAS SINNLOSE DING NAMENS NINSHU.
ABER FÜR DIE WIEDERAUFERSTEHUNG MEINER MUTTER WAR MIR DAS SEHR VON NUTZEN.
ICH HETZTE INDORA AUF, DER DEN KAMPF UM DIE NACHFOLGE DER NINSHU VERLOREN HATTE.
SPÄTER LIESS ICH INDORAS NACHFAHREN, DEN UCHIHA-CLAN, AUF DER BÜHNE FÜR MICH MITSPIELEN.
ICH MUSSTE HAGOROMOS MISSLUNGENES STÜCK EIN WENIG VERBESSERN.
HEISST DAS...?!
JA... DER GEDENKSTEIN, DEN HAGOROMO HINTERLASSEN HAT...
... DEN HABE ICH UMGESCHRIEBEN.
SO SCHIEN MUGEN-TSUKUYOMI DER EINZIGE WEG, UM DIE UCHIHA ZU RETTEN.
*うち
UND SO HABT IHR GUT FÜR MICH GESPIELT...
... IHR UCHIHA.

*UCHIHA

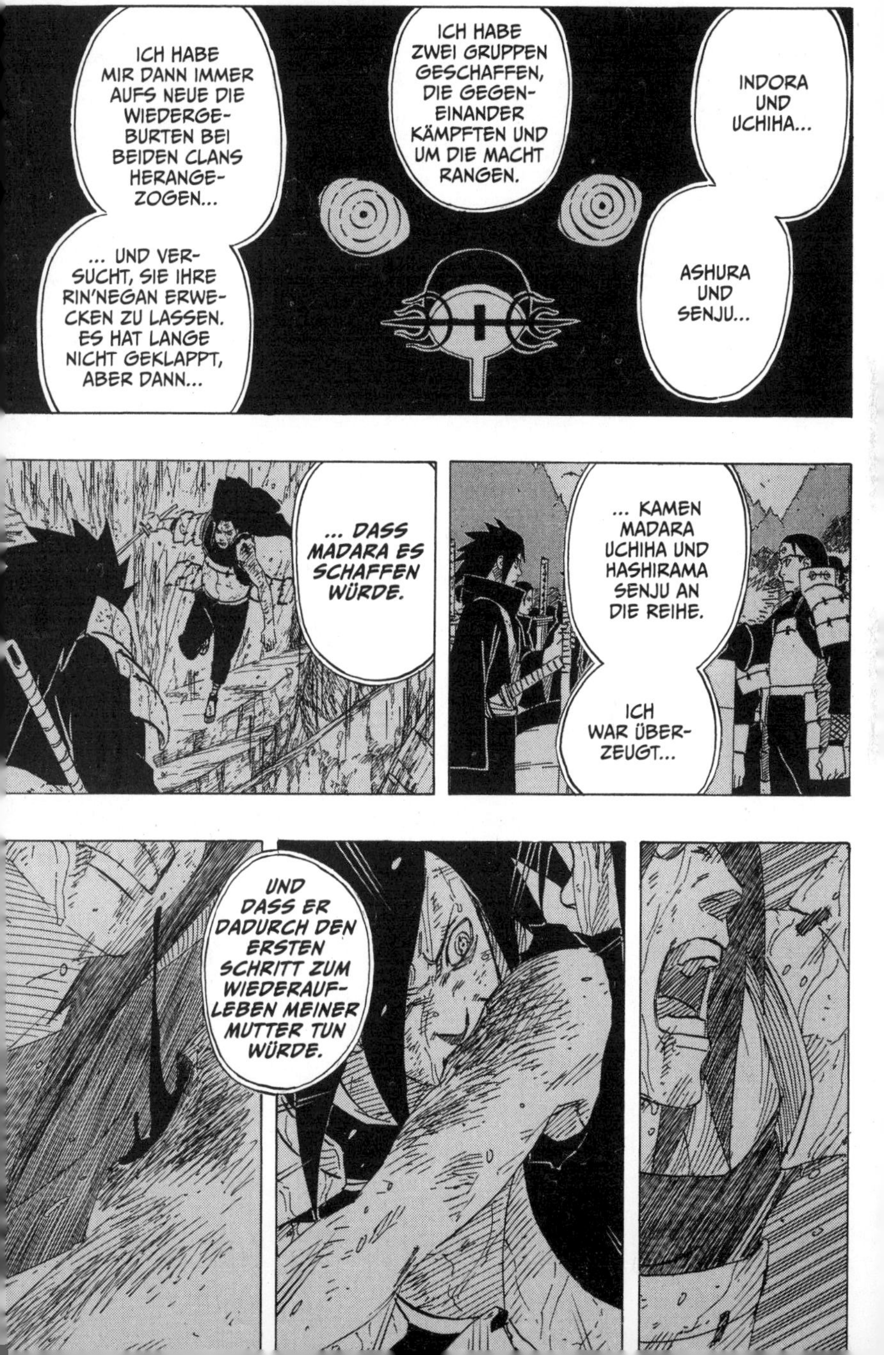
INDORA UND UCHIHA...
ASHURA UND SENJU...
ICH HABE ZWEI GRUPPEN GESCHAFFEN, DIE GEGENEINANDER KÄMPFTEN UND UM DIE MACHT RANGEN.
ICH HABE MIR DANN IMMER AUFS NEUE DIE WIEDERGEBURTEN BEI BEIDEN CLANS HERANGEZOGEN...
... UND VERSUCHT, SIE IHRE RIN'NEGAN ERWECKEN ZU LASSEN. ES HAT LANGE NICHT GEKLAPPT, ABER DANN...
... KAMEN MADARA UCHIHA UND HASHIRAMA SENJU AN DIE REIHE.
ICH WAR ÜBERZEUGT...
... DASS MADARA ES SCHAFFEN WÜRDE.
UND DASS ER DADURCH DEN ERSTEN SCHRITT ZUM WIEDERAUFLEBEN MEINER MUTTER TUN WÜRDE.

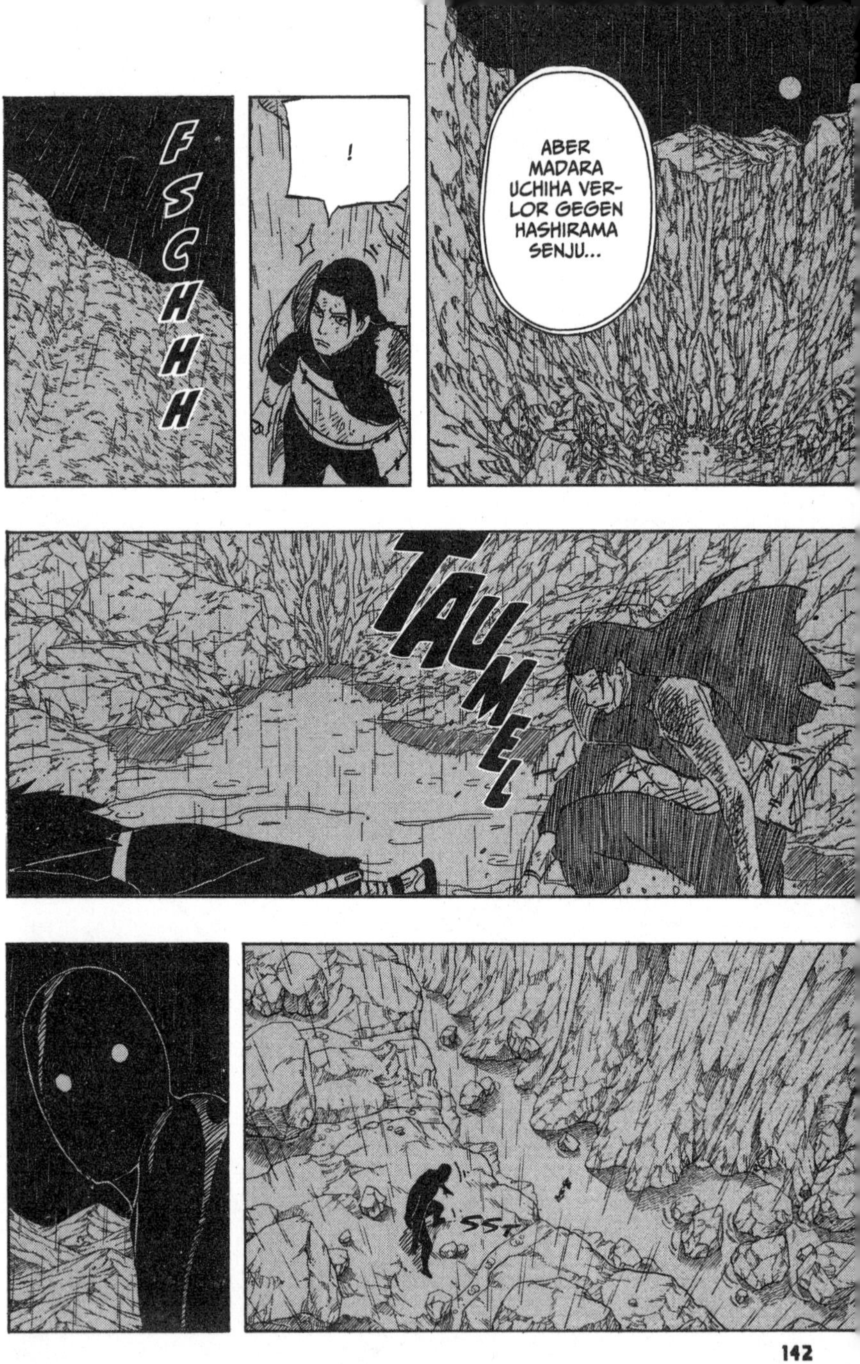
ABER MADARA UCHIHA VER-
LOR GEGEN HASHIRAMA SENJU...
!
FSCHHHH
TAUMEL
SST

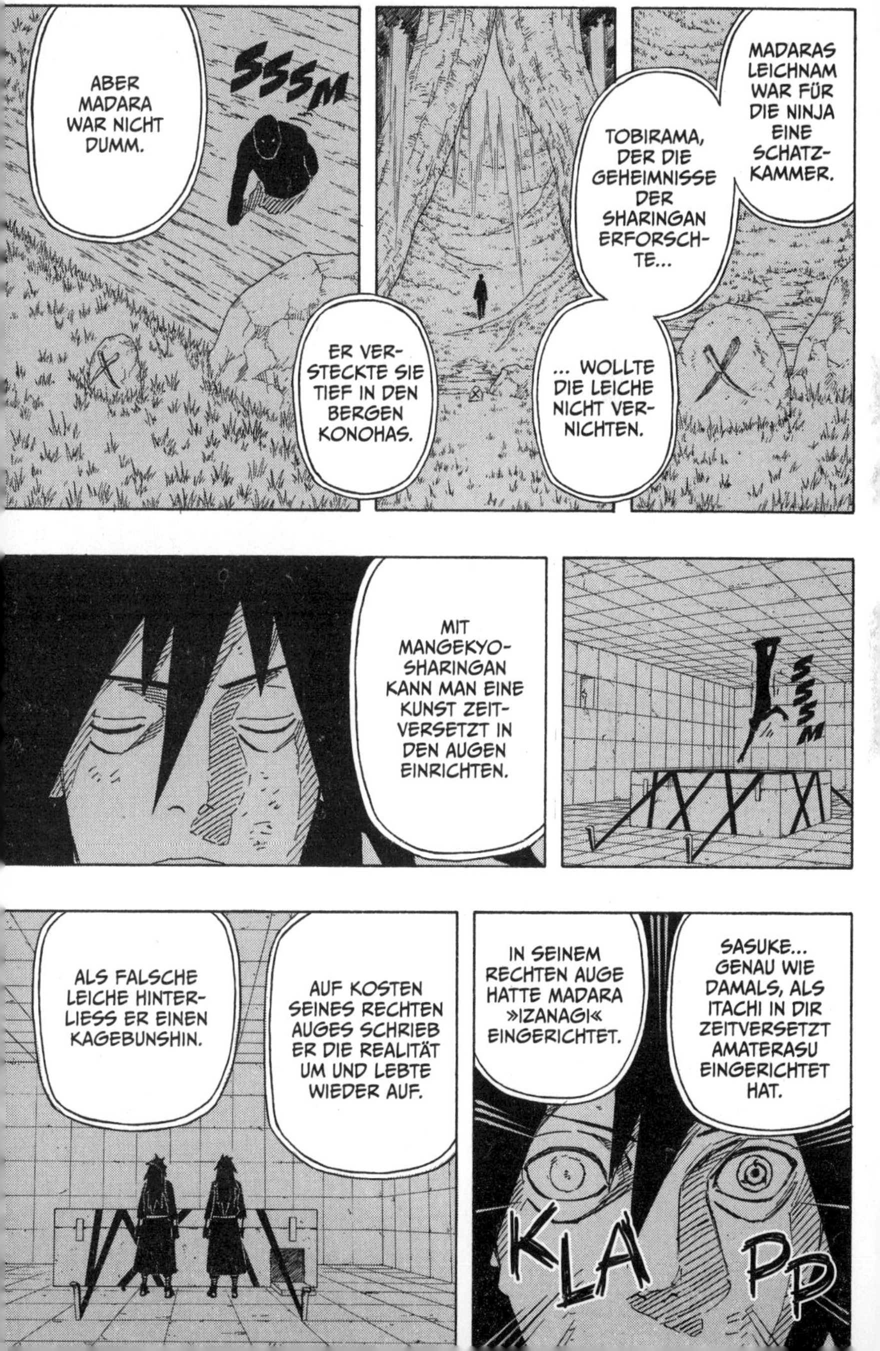
MADARAS LEICHNAM WAR FÜR DIE NINJA EINE SCHATZKAMMER.
TOBIRAMA, DER DIE GEHEIMNISSE DER SHARINGAN ERFORSCHTE...
... WOLLTE DIE LEICHE NICHT VERNICHTEN.
ER VERSTECKTE SIE TIEF IN DEN BERGEN KONOHAS.
SSSM
ABER MADARA WAR NICHT DUMM.
SSSM
MIT MANGEKYO-SHARINGAN KANN MAN EINE KUNST ZEITVERSETZT IN DEN AUGEN EINRICHTEN.
SASUKE... GENAU WIE DAMALS, ALS ITACHI IN DIR ZEITVERSETZT AMATERASU EINGERICHTET HAT.
IN SEINEM RECHTEN AUGE HATTE MADARA »IZANAGI« EINGERICHTET.
KLAPP
AUF KOSTEN SEINES RECHTEN AUGES SCHRIEB ER DIE REALITÄT UM UND LEBTE WIEDER AUF.
ALS FALSCHE LEICHE HINTERLIESS ER EINEN KAGEBUNSHIN.

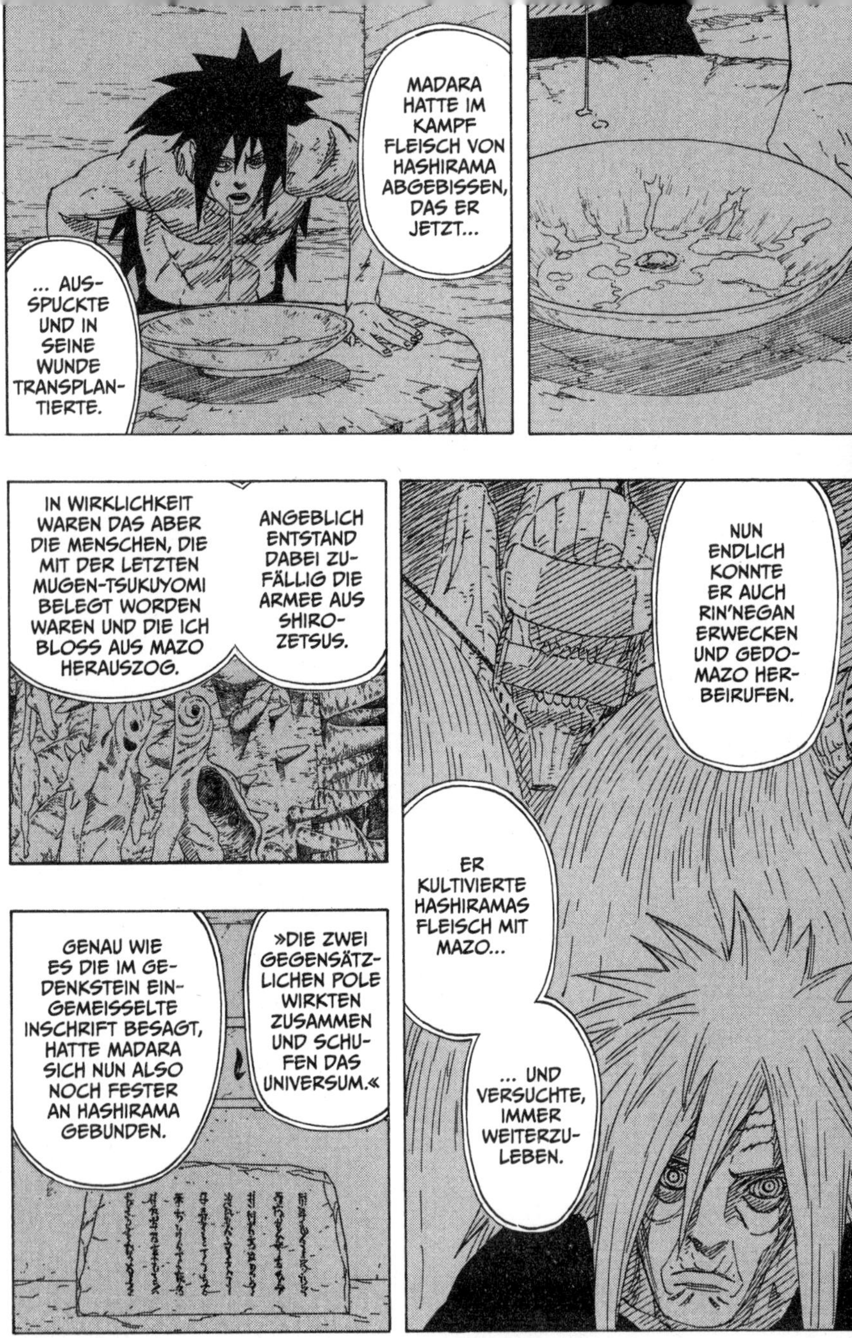
MADARA HATTE IM KAMPF FLEISCH VON HASHIRAMA ABGEBISSEN, DAS ER JETZT…
… AUS-SPUCKTE UND IN SEINE WUNDE TRANSPLANTIERTE.
ER KULTIVIERTE HASHIRAMAS FLEISCH MIT MAZO…
… UND VERSUCHTE, IMMER WEITERZULEBEN.
NUN ENDLICH KONNTE ER AUCH RIN'NEGAN ERWECKEN UND GEDO-MAZO HERBEIRUFEN.
ANGEBLICH ENTSTAND DABEI ZUFÄLLIG DIE ARMEE AUS SHIRO-ZETSUS.
IN WIRKLICHKEIT WAREN DAS ABER DIE MENSCHEN, DIE MIT DER LETZTEN MUGEN-TSUKUYOMI BELEGT WORDEN WAREN UND DIE ICH BLOSS AUS MAZO HERAUSZOG.
»DIE ZWEI GEGENSÄTZLICHEN POLE WIRKTEN ZUSAMMEN UND SCHUFEN DAS UNIVERSUM.«
GENAU WIE ES DIE IM GEDENKSTEIN EINGEMEISSELTE INSCHRIFT BESAGT, HATTE MADARA SICH NUN ALSO NOCH FESTER AN HASHIRAMA GEBUNDEN.

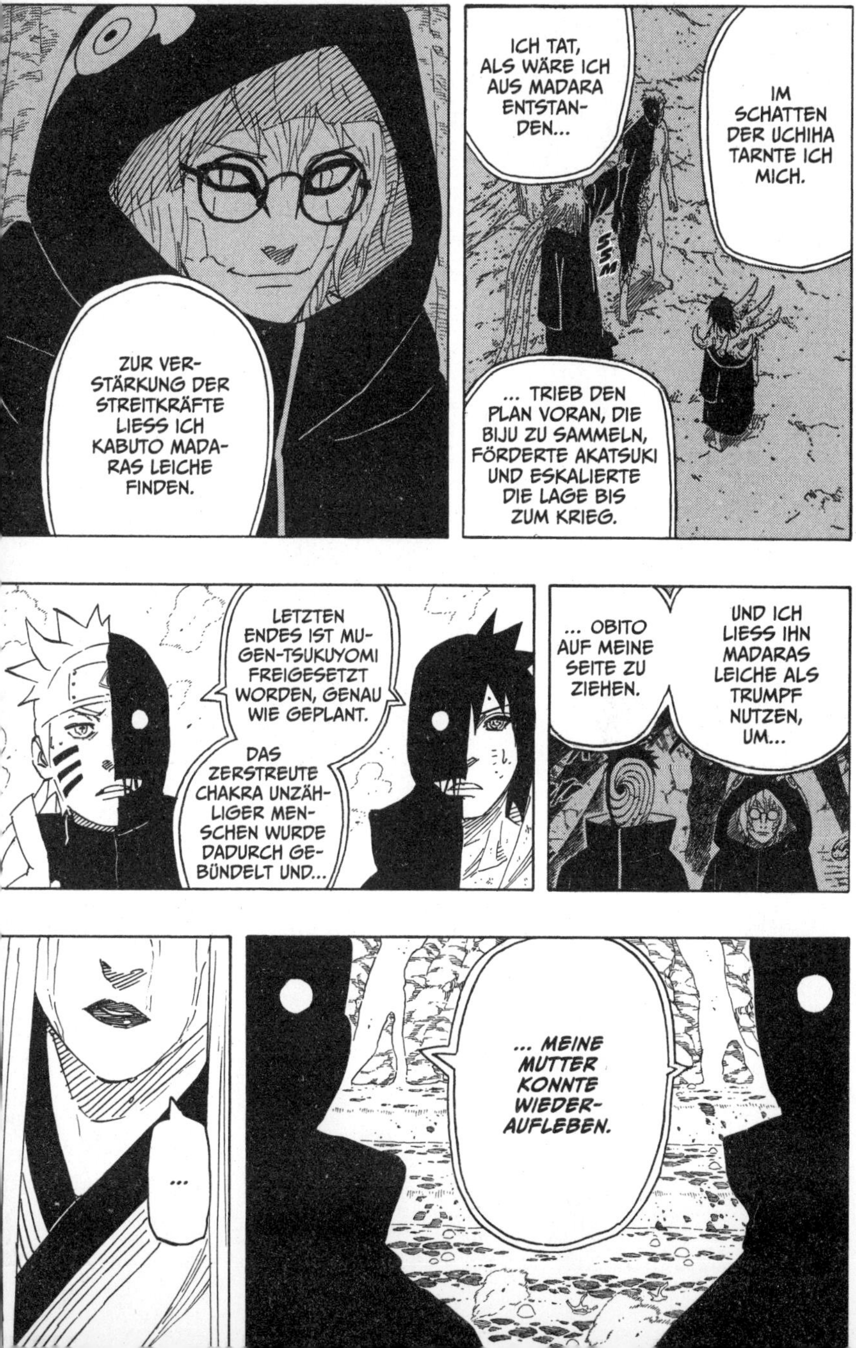
IM SCHATTEN DER UCHIHA TARNTE ICH MICH.
ICH TAT, ALS WÄRE ICH AUS MADARA ENTSTANDEN...
... TRIEB DEN PLAN VORAN, DIE BIJU ZU SAMMELN, FÖRDERTE AKATSUKI UND ESKALIERTE DIE LAGE BIS ZUM KRIEG.
ZUR VERSTÄRKUNG DER STREITKRÄFTE LIESS ICH KABUTO MADARAS LEICHE FINDEN.
UND ICH LIESS IHN MADARAS LEICHE ALS TRUMPF NUTZEN, UM...
... OBITO AUF MEINE SEITE ZU ZIEHEN.
LETZTEN ENDES IST MUGEN-TSUKUYOMI FREIGESETZT WORDEN, GENAU WIE GEPLANT.
DAS ZERSTREUTE CHAKRA UNZÄHLIGER MENSCHEN WURDE DADURCH GEBÜNDELT UND...
... MEINE MUTTER KONNTE WIEDERAUFLEBEN.
...

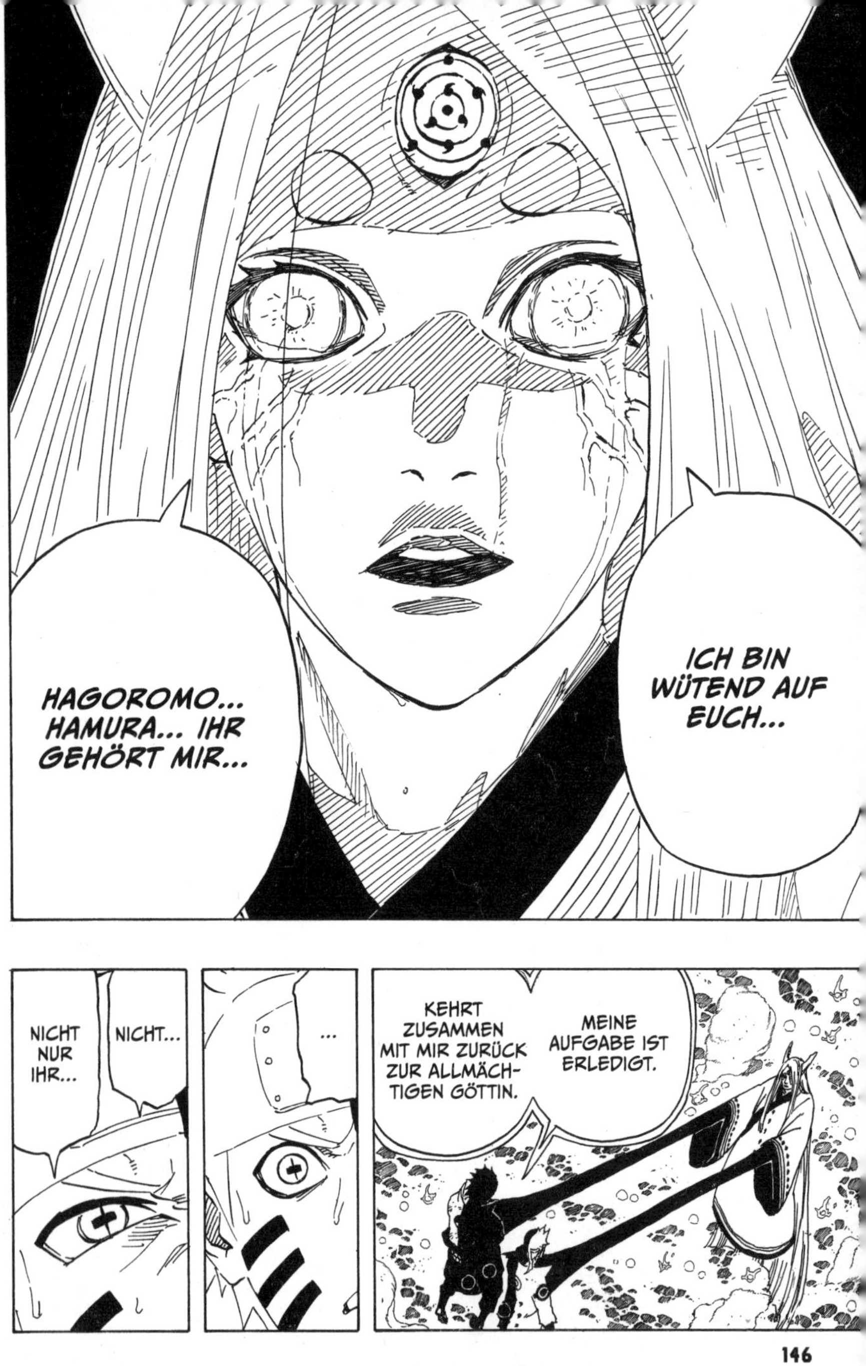
ICH BIN WÜTEND AUF EUCH...
HAGOROMO... HAMURA... IHR GEHÖRT MIR...
MEINE AUFGABE IST ERLEDIGT.
KEHRT ZUSAMMEN MIT MIR ZURÜCK ZUR ALLMÄCH-TIGEN GÖTTIN.
...
NICHT...
NICHT NUR IHR...

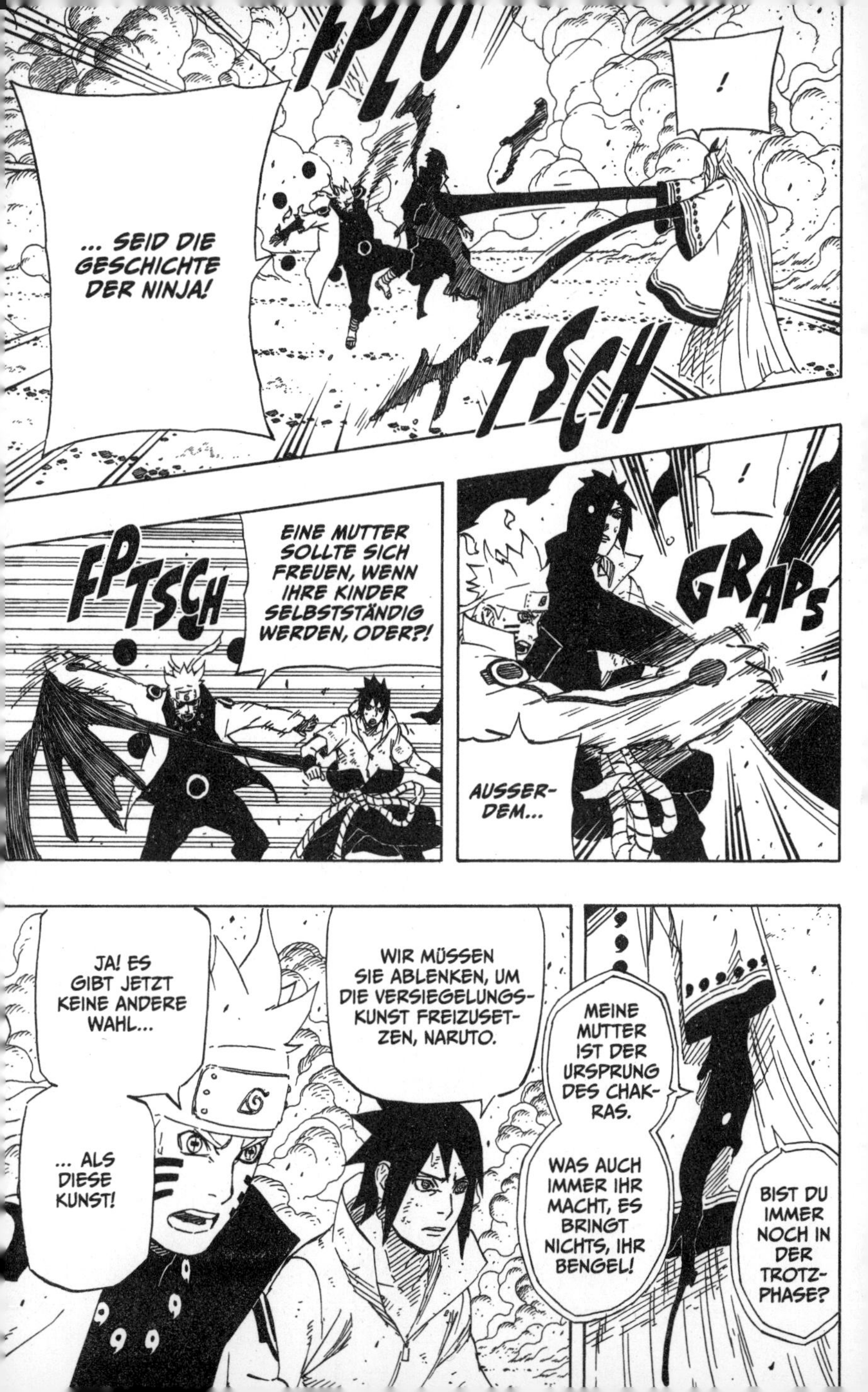
!
TSCH
... SEID DIE GESCHICHTE DER NINJA!
!
GRAPS
AUSSER-DEM...
EINE MUTTER SOLLTE SICH FREUEN, WENN IHRE KINDER SELBSTSTÄNDIG WERDEN, ODER?!
FPTSCH
BIST DU IMMER NOCH IN DER TROTZ-PHASE?
MEINE MUTTER IST DER URSPRUNG DES CHAKRAS.
WAS AUCH IMMER IHR MACHT, ES BRINGT NICHTS, IHR BENGEL!
WIR MÜSSEN SIE ABLENKEN, UM DIE VERSIEGELUNGS-KUNST FREIZUSETZEN, NARUTO.
JA! ES GIBT JETZT KEINE ANDERE WAHL...
... ALS DIESE KUNST!

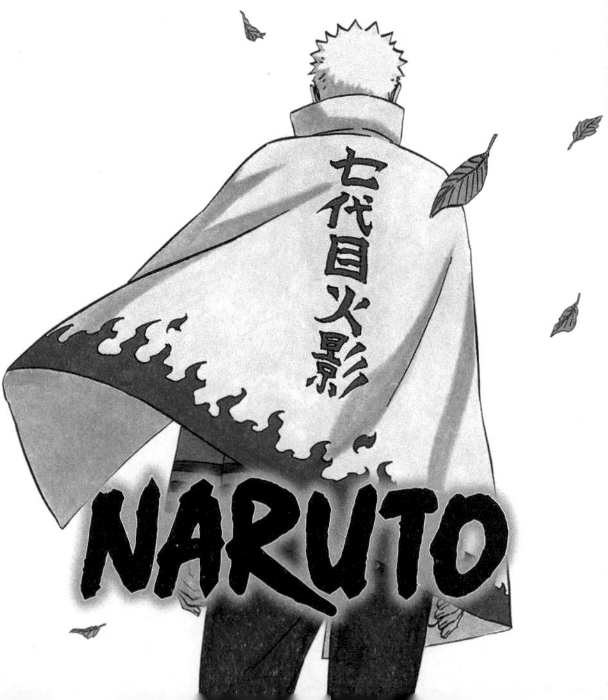
七代目火影
NARUTO

682. KAPITEL: SO WAS HAST DU SICHER NOCH NIE GESEHEN!

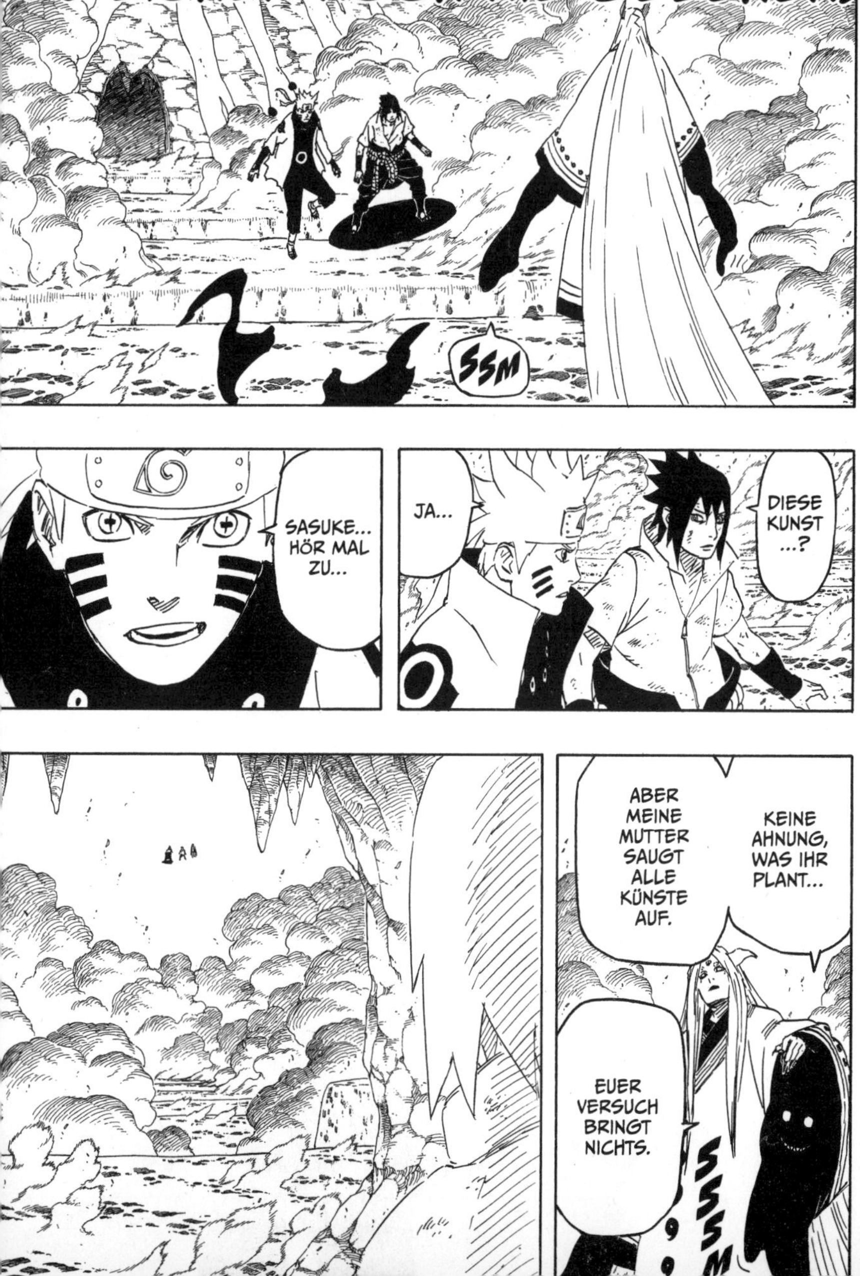

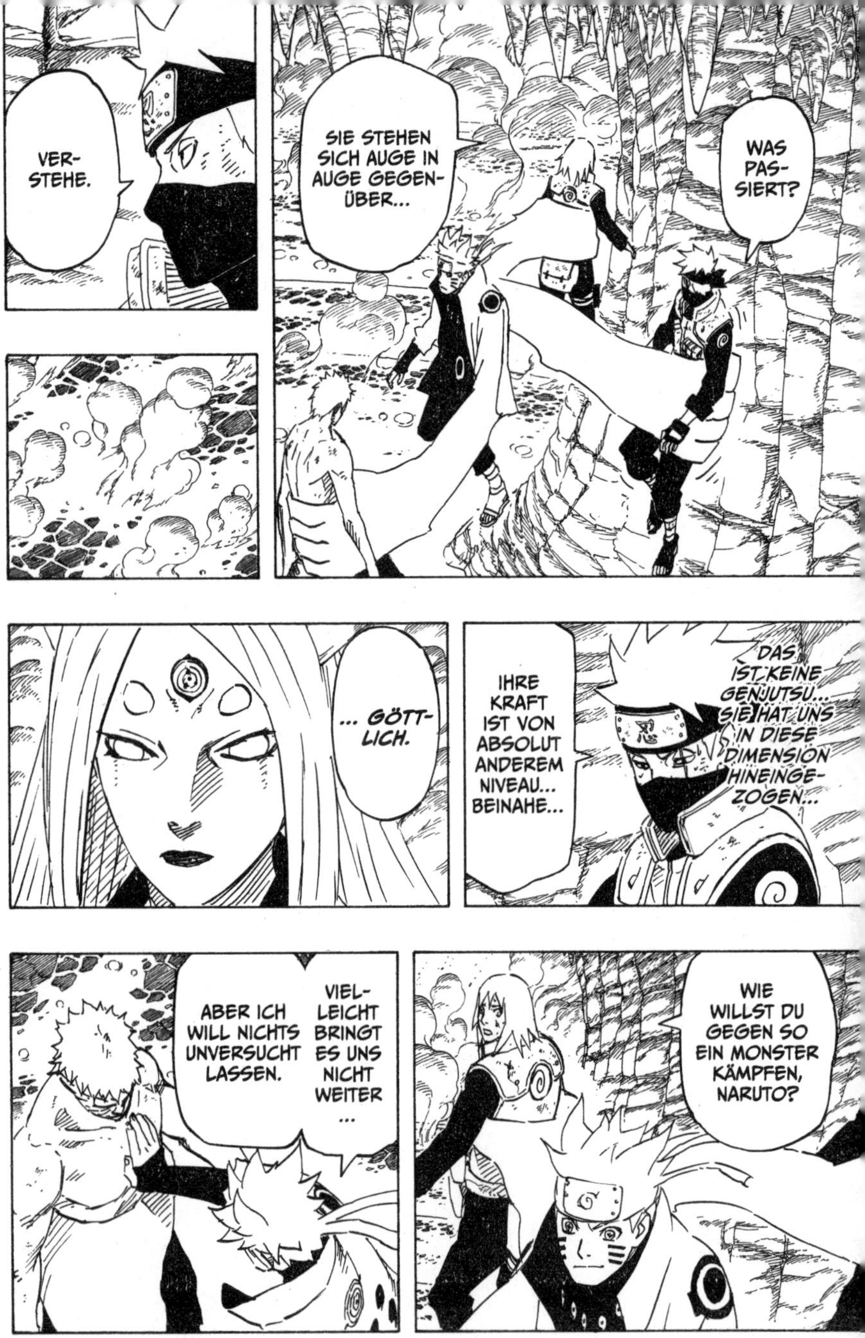
WAS PAS-SIERT?
SIE STEHEN SICH AUGE IN AUGE GEGEN-ÜBER...
VER-STEHE.
DAS IST KEINE GENJUTSU... SIE HAT UNS IN DIESE DIMENSION HINEINGE-ZOGEN...
IHRE KRAFT IST VON ABSOLUT ANDEREM NIVEAU... BEINAHE...
... GÖTT-LICH.
WIE WILLST DU GEGEN SO EIN MONSTER KÄMPFEN, NARUTO?
VIEL-LEICHT BRINGT ES UNS NICHT WEITER ...
ABER ICH WILL NICHTS UNVERSUCHT LASSEN.

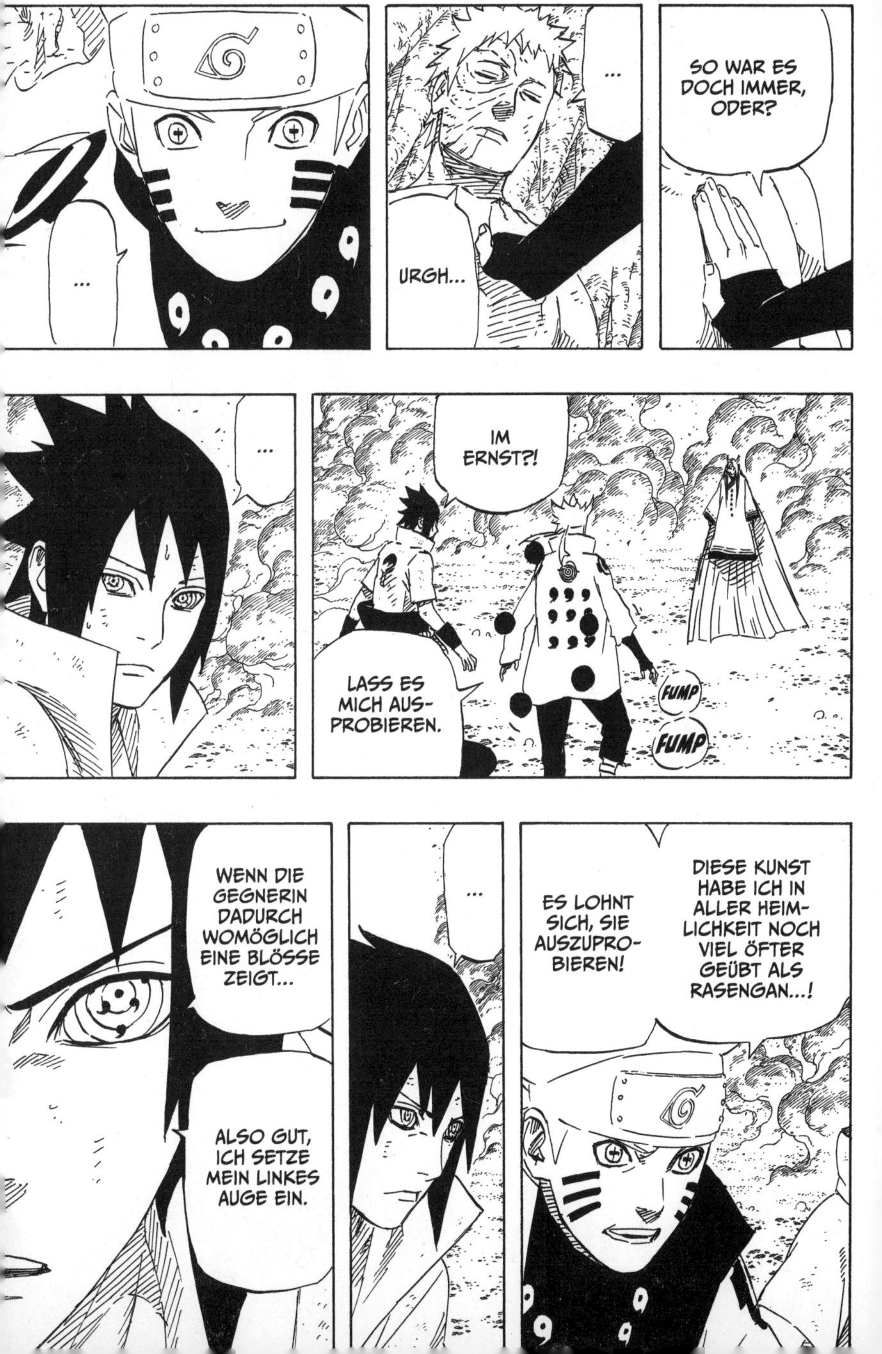
SO WAR ES DOCH IMMER, ODER?
...
URGH...
...
IM ERNST?!
LASS ES MICH AUS-PROBIEREN.
FUMP
FUMP
...
DIESE KUNST HABE ICH IN ALLER HEIM-LICHKEIT NOCH VIEL ÖFTER GEÜBT ALS RASENGAN...!
ES LOHNT SICH, SIE AUSZUPRO-BIEREN!
...
WENN DIE GEGNERIN DADURCH WOMÖGLICH EINE BLÖSSE ZEIGT...
ALSO GUT, ICH SETZE MEIN LINKES AUGE EIN.

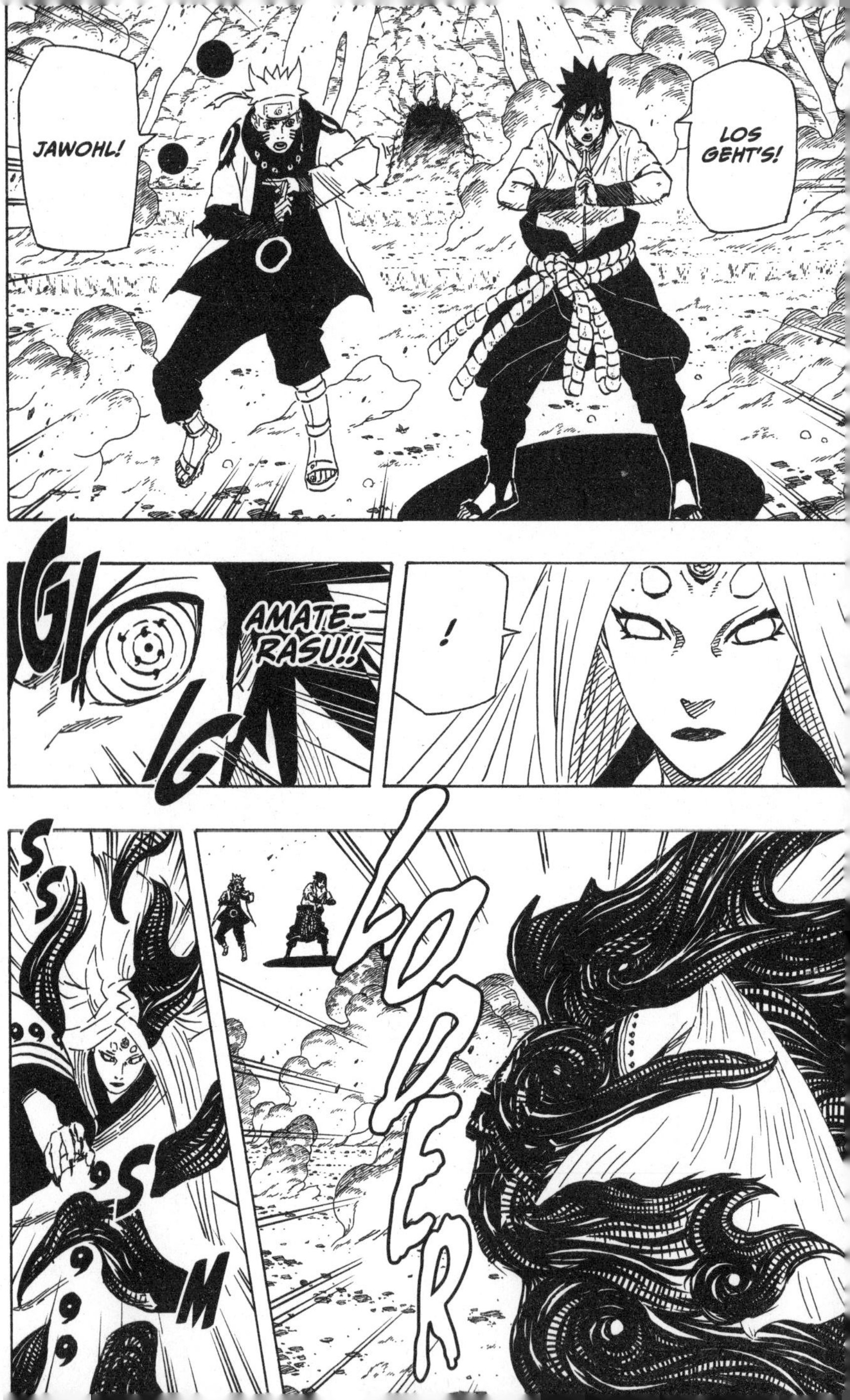
LOS GEHT'S!
JAWOHL!
!
GI GI
AMATE-RASU!!
LODER
SSSM

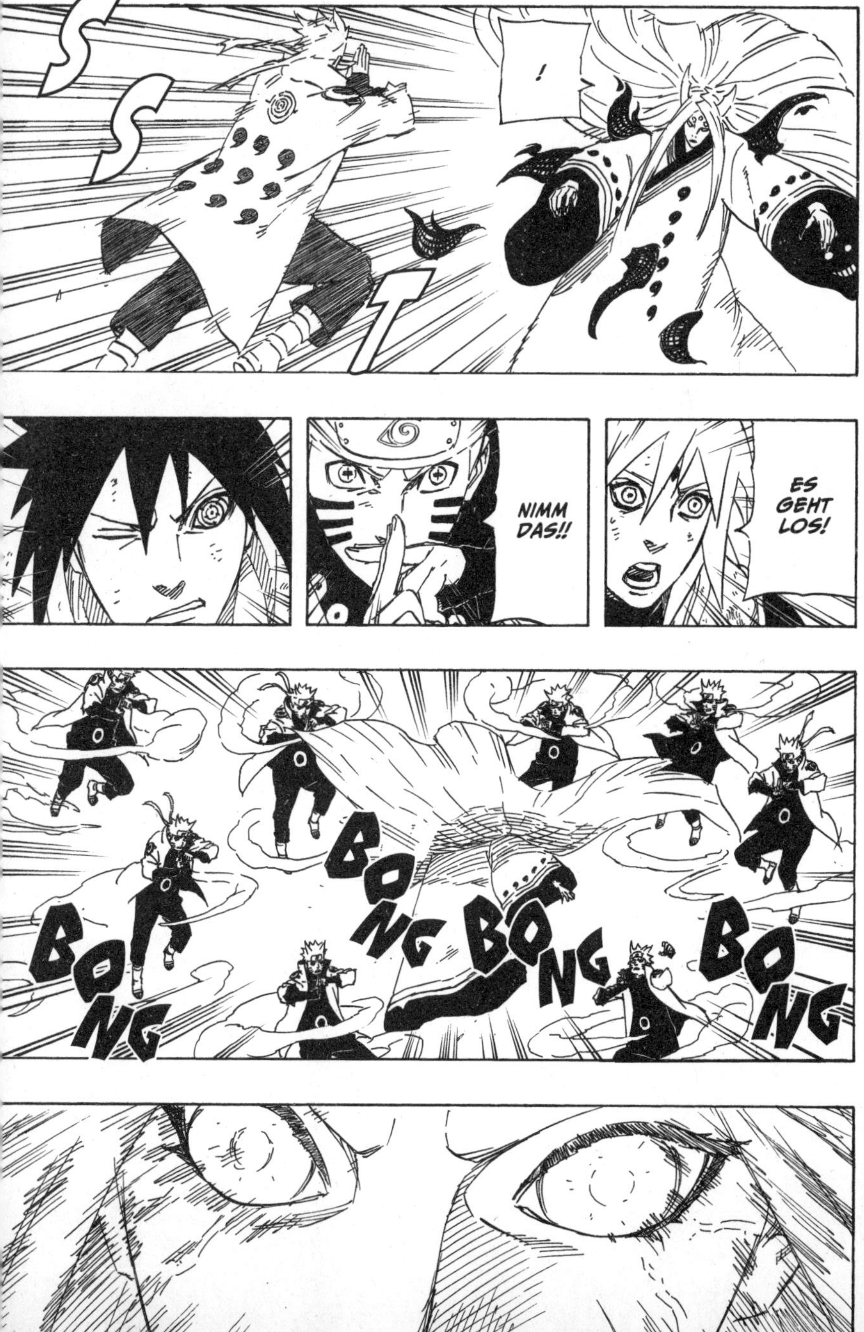
!
S
S
T
ES GEHT LOS!
NIMM DAS!!
BONG
BONG
BONG
BONG

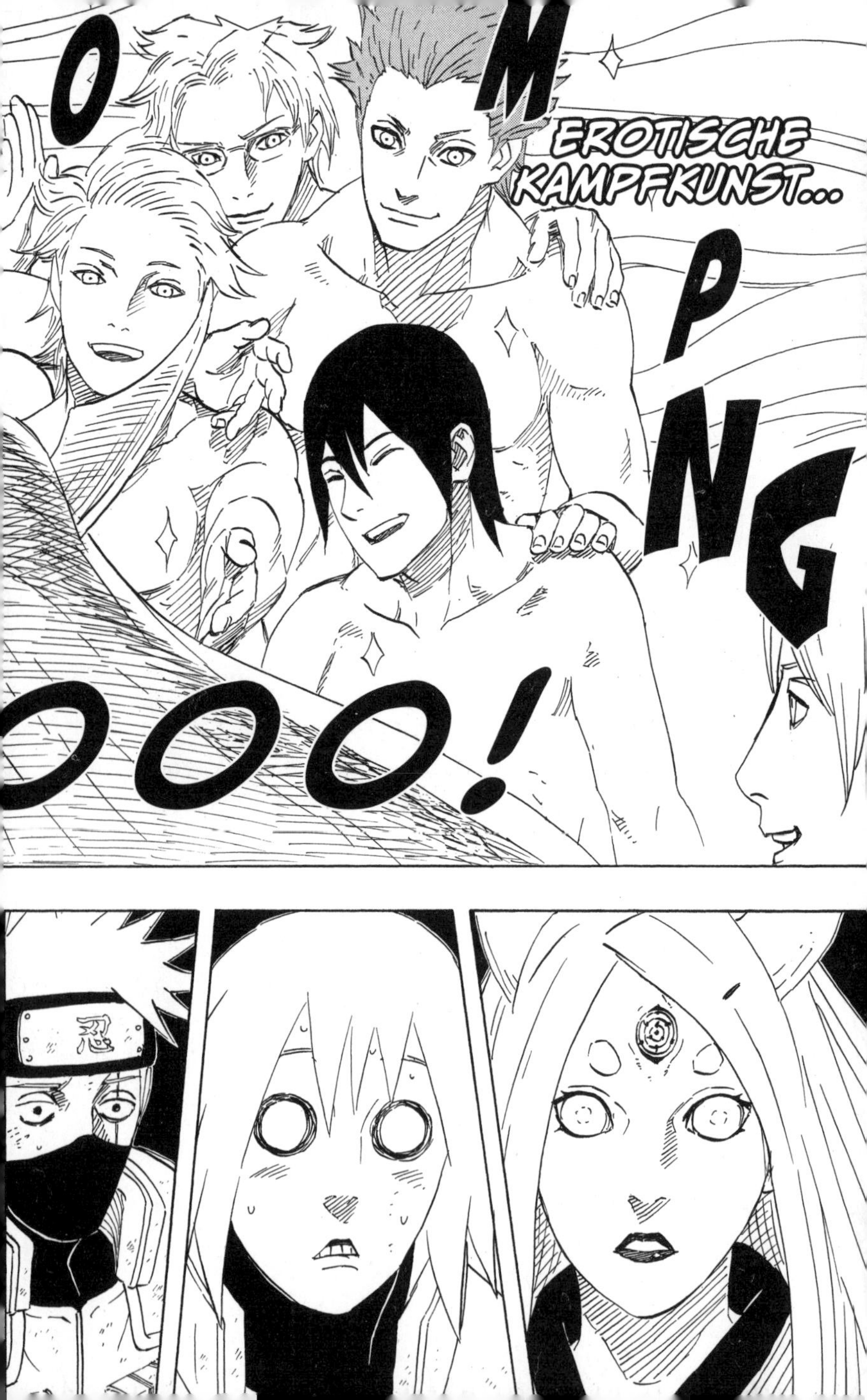

EROTISCHE KAMPFKUNST...
OMPPNGOOO!

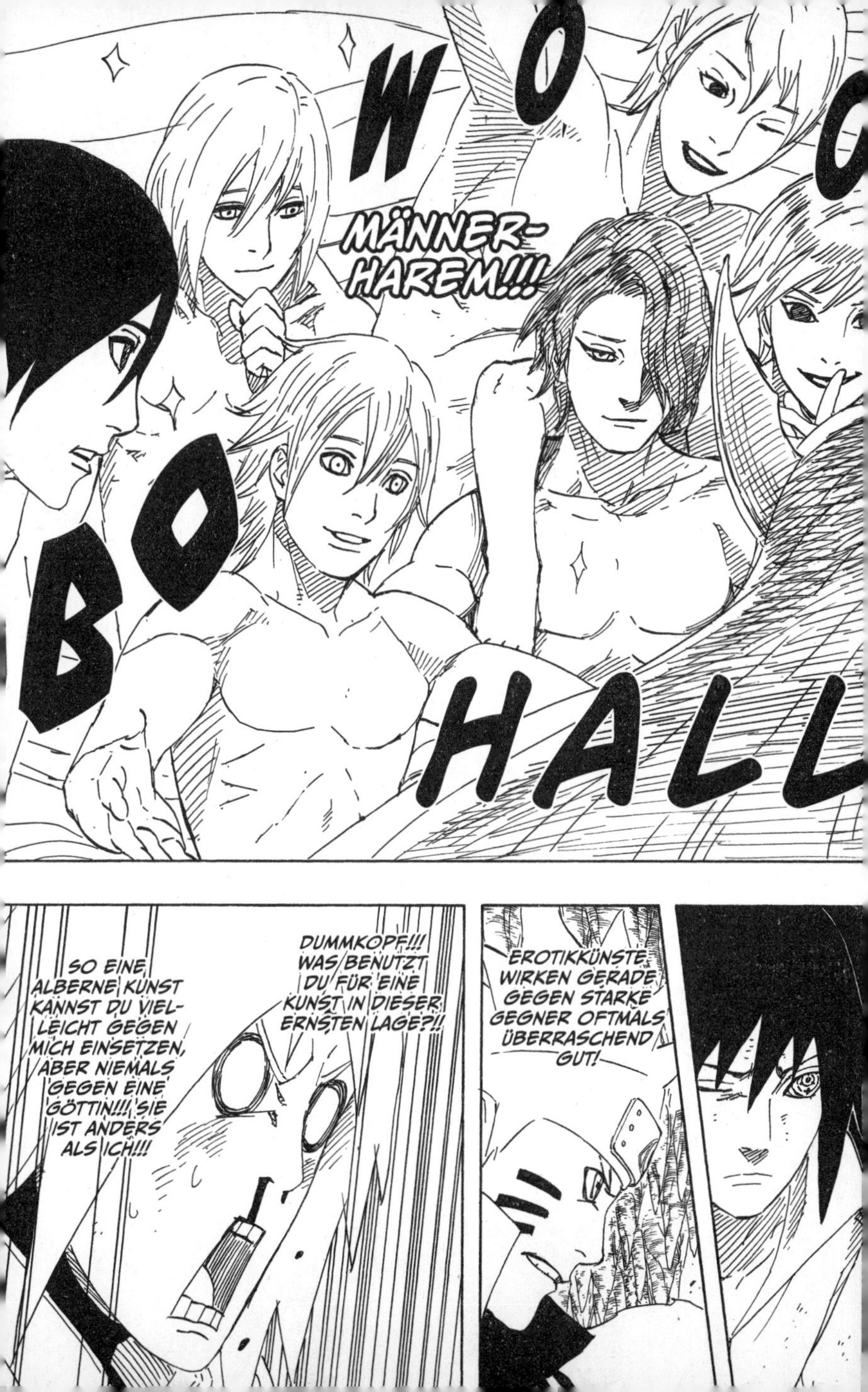
WOO
MÄNNER-
HAREM!!!
BOOHALL
ERoTIKKÜNSTE WIRKEN GERADE GEGEN STARKE GEGNER OFTMALS ÜBERRASCHEND GUT!
DUMMKOPF!!! WAS BENUTZT DU FÜR EINE KUNST IN DIESER ERNSTEN LAGE?!!
SO EINE ALBERNE KUNST KANNST DU VIEL-LEICHT GEGEN MICH EINSETZEN, ABER NIEMALS GEGEN EINE GÖTTIN!!! SIE IST ANDERS ALS ICH!!!

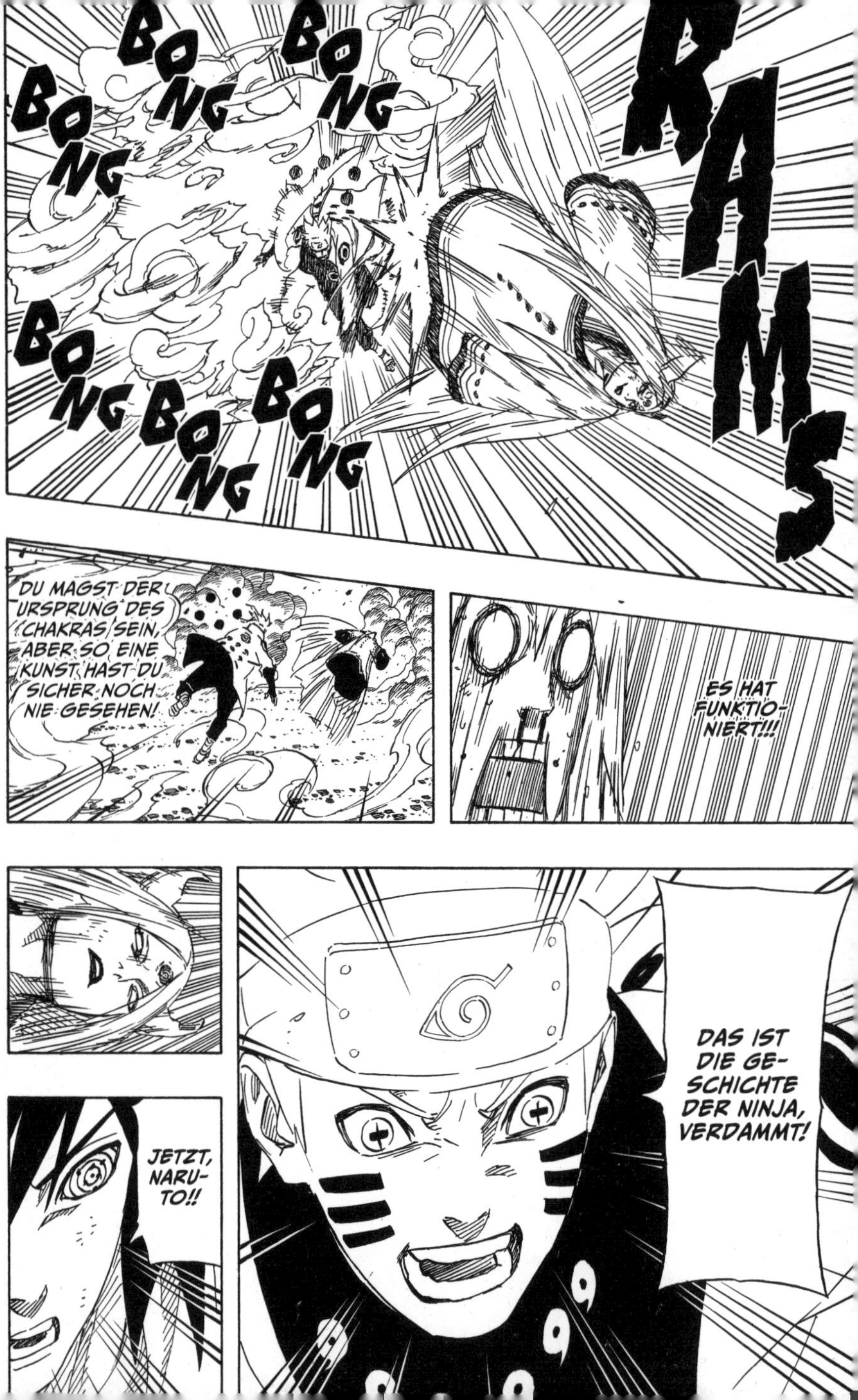
RAMS
BONG BONG BONG BONG BONG BONG BONG
ES HAT FUNKTIONIERT!!!
DU MAGST DER URSPRUNG DES CHAKRAS SEIN, ABER SO EINE KUNST HAST DU SICHER NOCH NIE GESEHEN!
DAS IST DIE GESCHICHTE DER NINJA, VERDAMMT!
JETZT, NARUTO!!

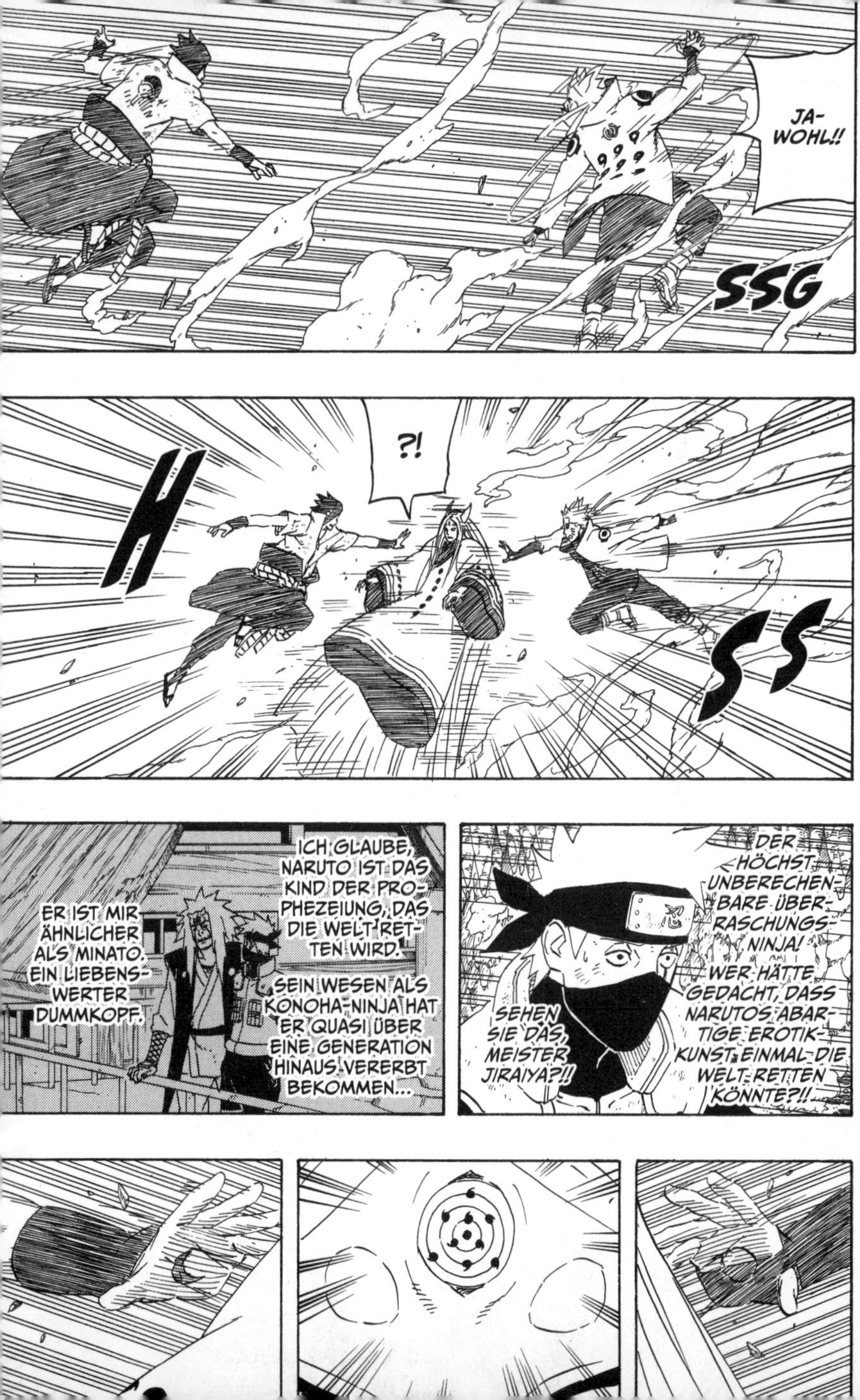
JA-WOHL!!
SSG
?!
H
SS
DER HÖCHST UNBERECHENBARE ÜBERRASCHUNGSNINJA! WER HÄTTE GEDACHT, DASS NARUTOS ABARTIGE EROTIKKUNST EINMAL DIE WELT RETTEN KÖNNTE?!!
SEHEN SIE DAS, MEISTER JIRAIYA?!!
ICH GLAUBE, NARUTO IST DAS KIND DER PROPHEZEIUNG, DAS DIE WELT RETTEN WIRD.
ER IST MIR ÄHNLICHER ALS MINATO. EIN LIEBENSWERTER DUMMKOPF.
SEIN WESEN ALS KONOHA-NINJA HAT ER QUASI ÜBER EINE GENERATION HINAUS VERERBT BEKOMMEN...

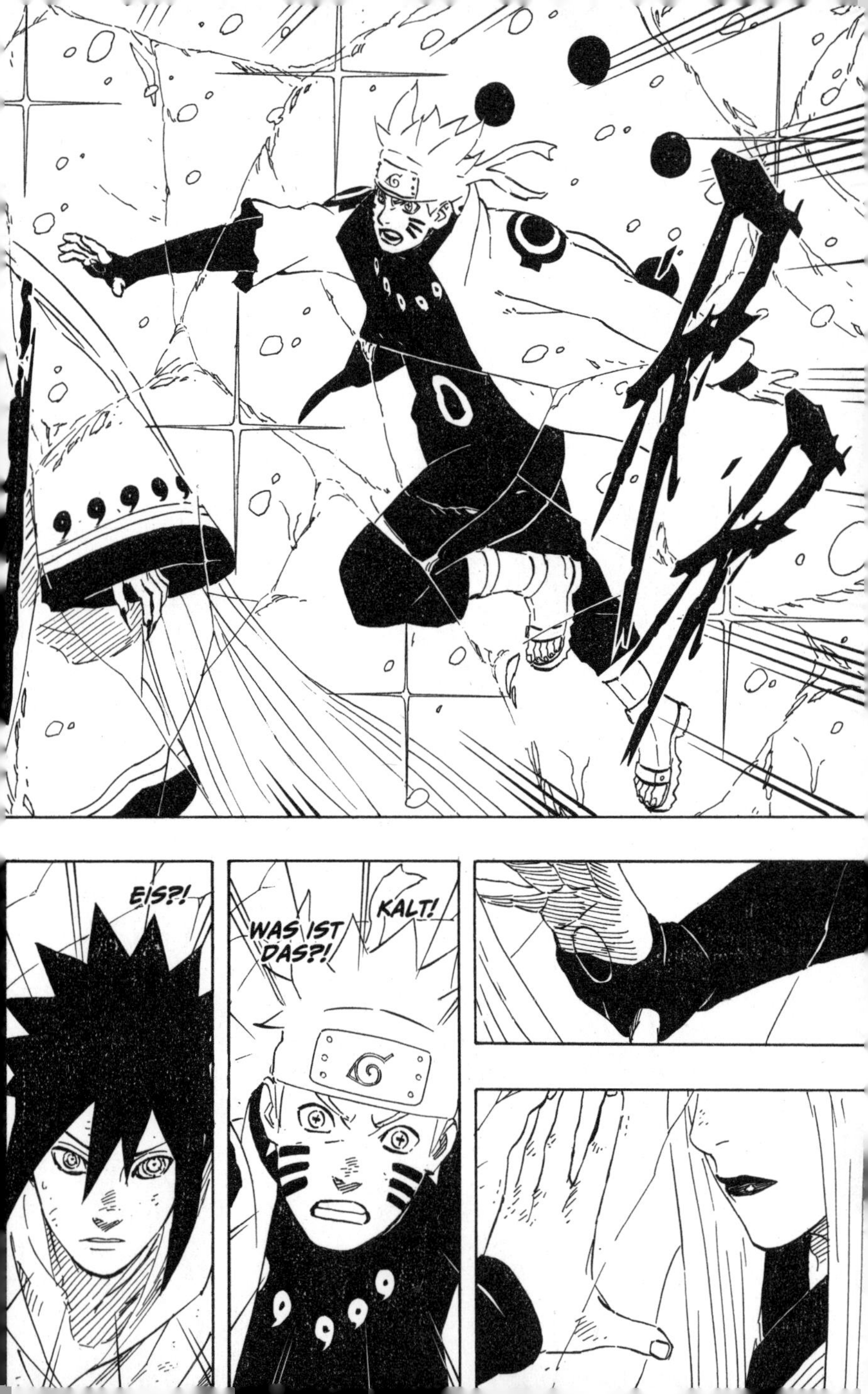
KALT!
WAS IST DAS?!
EIS?!

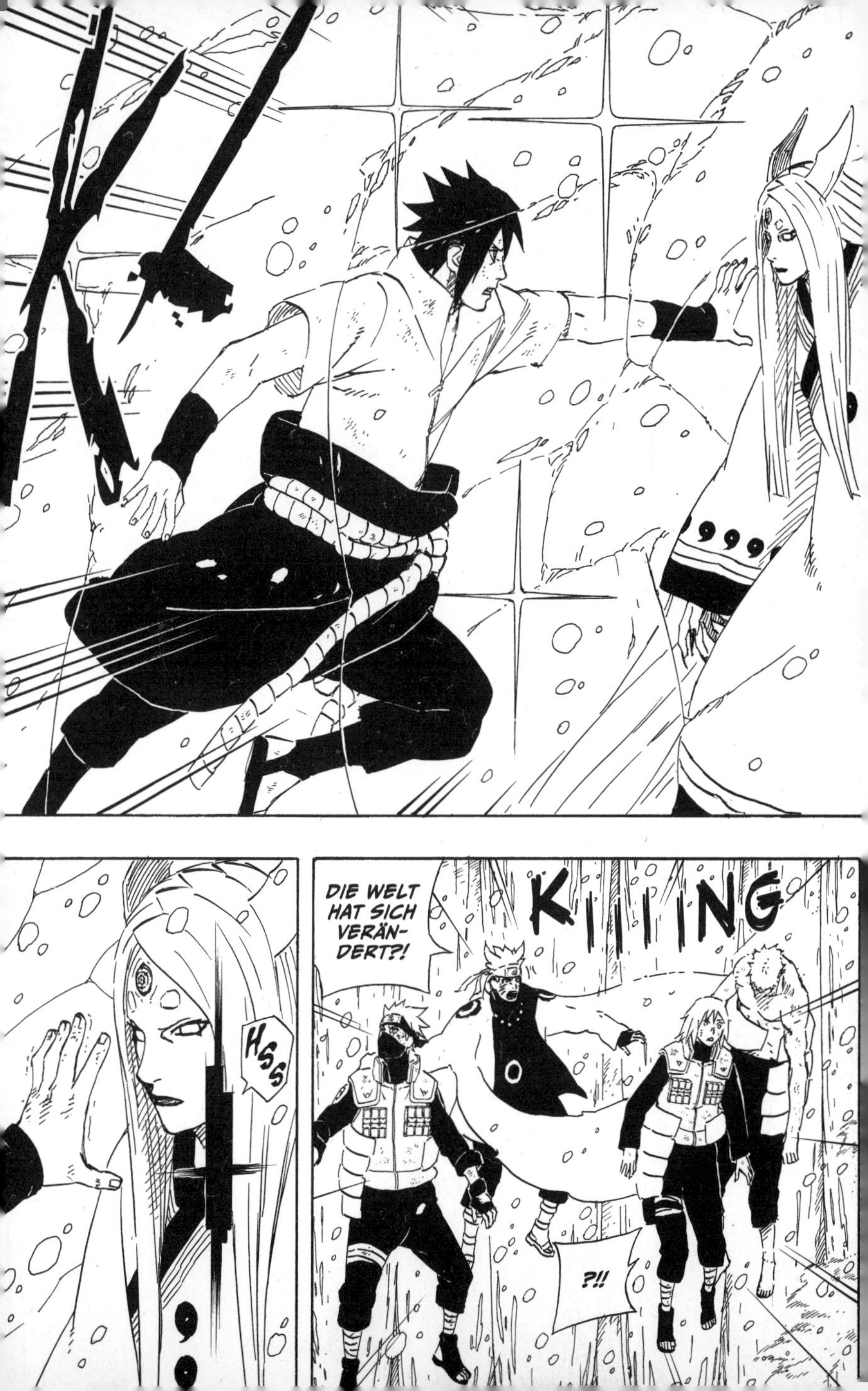
KIIING
DIE WELT HAT SICH VERÄNDERT?!
?!!
HSS

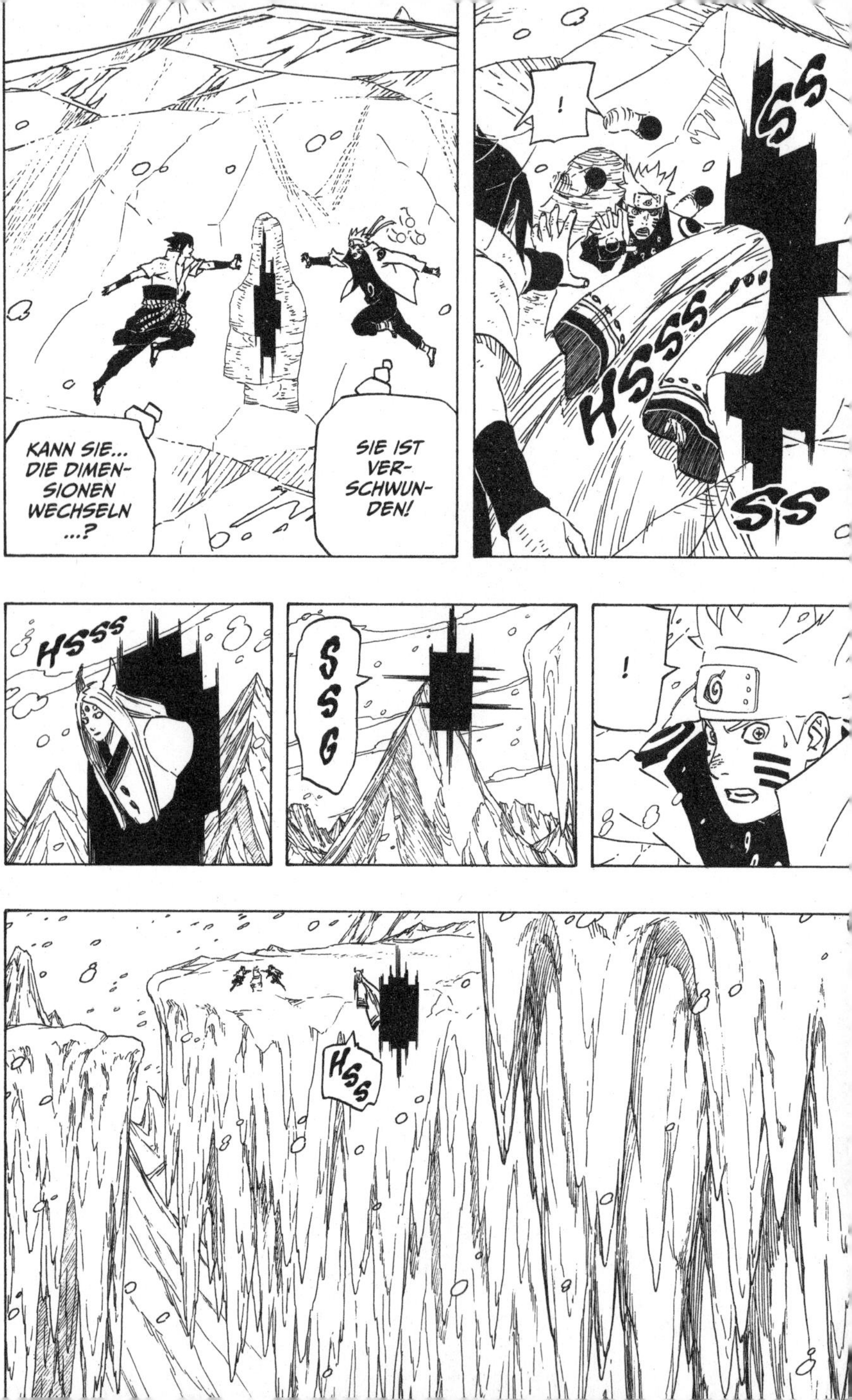
!
SS
HSSSS
SS
SIE IST VER-SCHWUN-DEN!
KANN SIE... DIE DIMEN-SIONEN WECHSELN ...?
!
SSG
HSSS
HSS

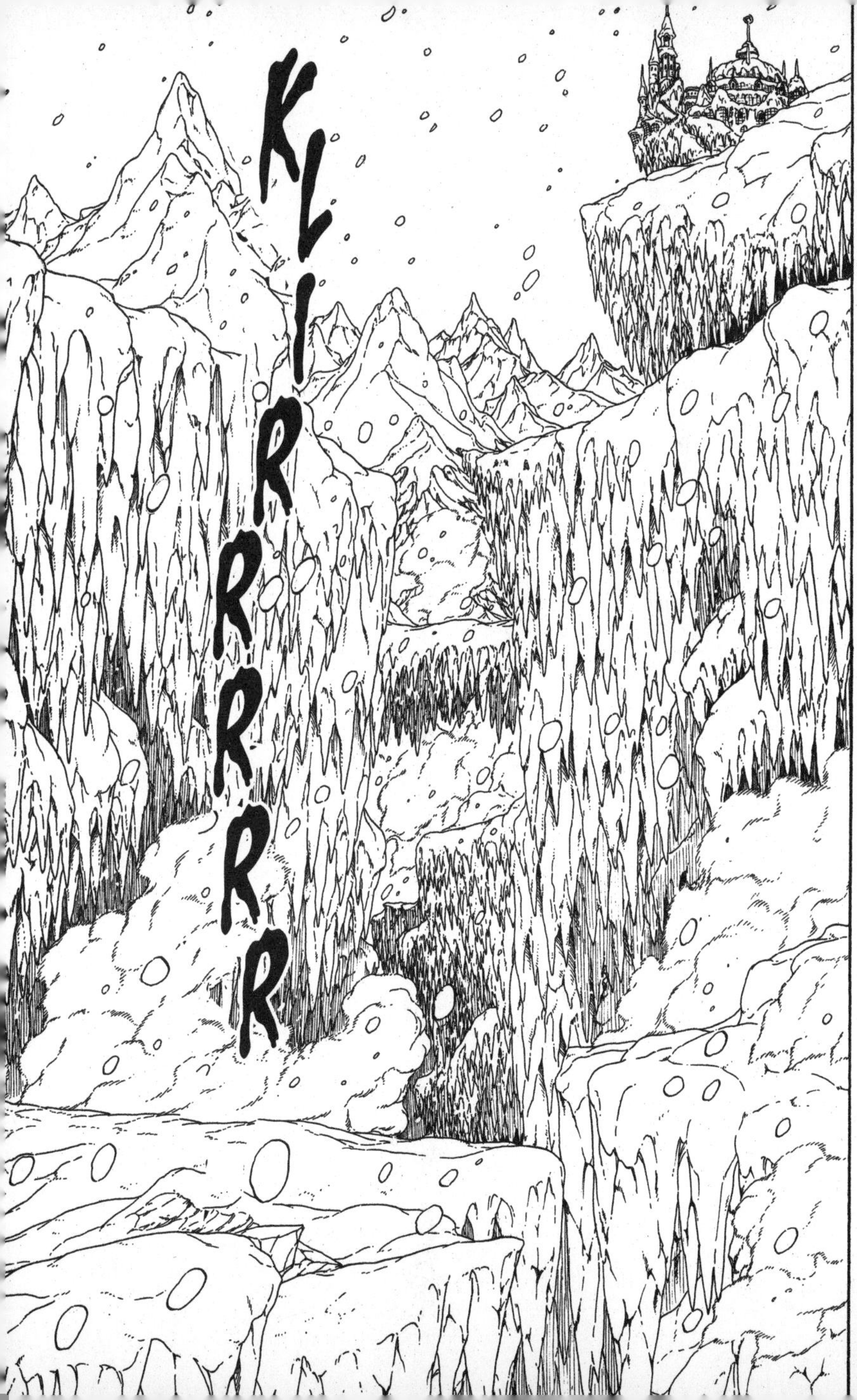
KLIRRRRR

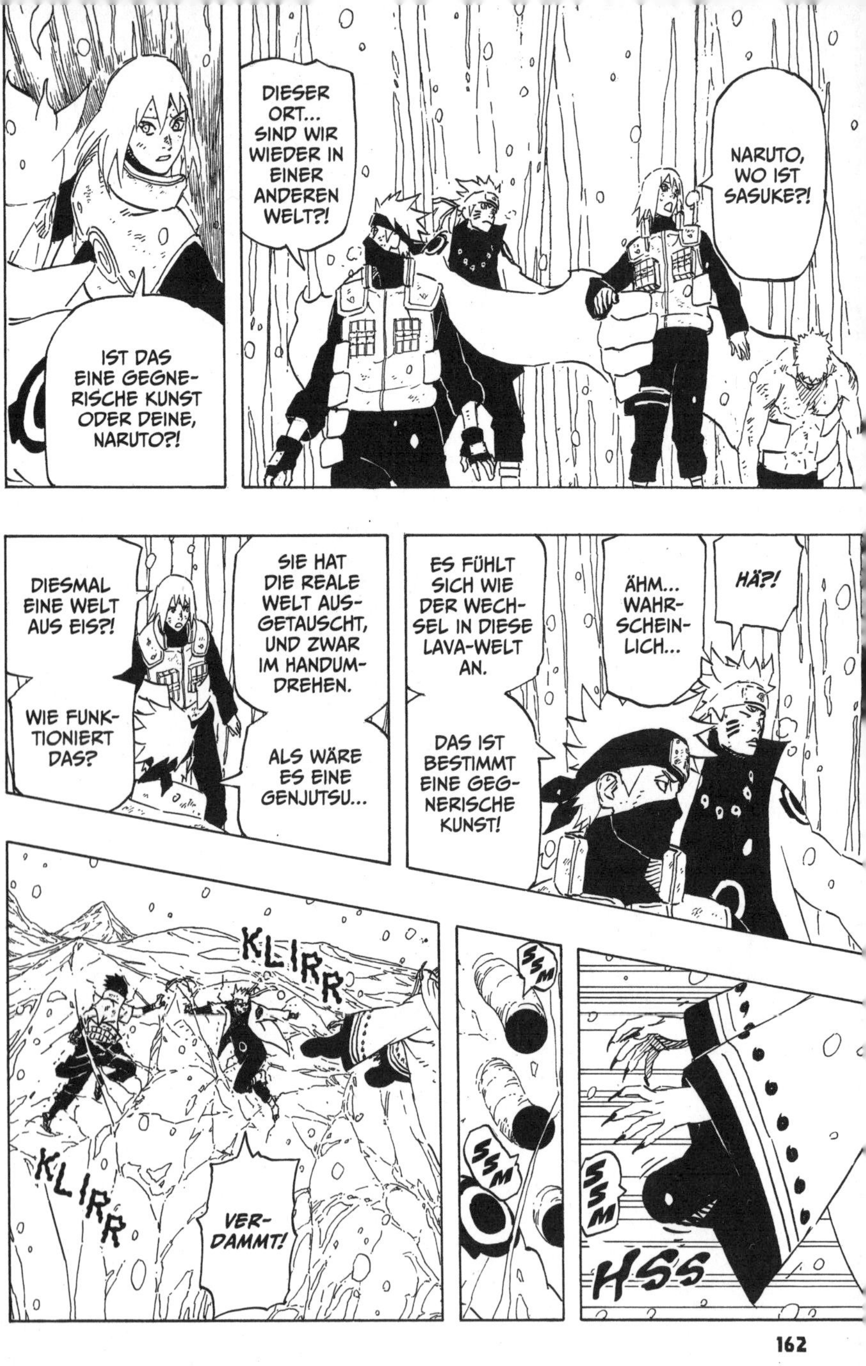
NARUTO, WO IST SASUKE?!
DIESER ORT... SIND WIR WIEDER IN EINER ANDEREN WELT?!
IST DAS EINE GEGNERISCHE KUNST ODER DEINE, NARUTO?!
HÄ?!
ÄHM... WAHRSCHEINLICH...
ES FÜHLT SICH WIE DER WECHSEL IN DIESE LAVA-WELT AN.
DAS IST BESTIMMT EINE GEGNERISCHE KUNST!
SIE HAT DIE REALE WELT AUSGETAUSCHT, UND ZWAR IM HANDUMDREHEN.
ALS WÄRE ES EINE GENJUTSU...
DIESMAL EINE WELT AUS EIS?!
WIE FUNKTIONIERT DAS?
SSM
HSS
SSM
SSM
KLIRR
KLIRR
VERDAMMT!

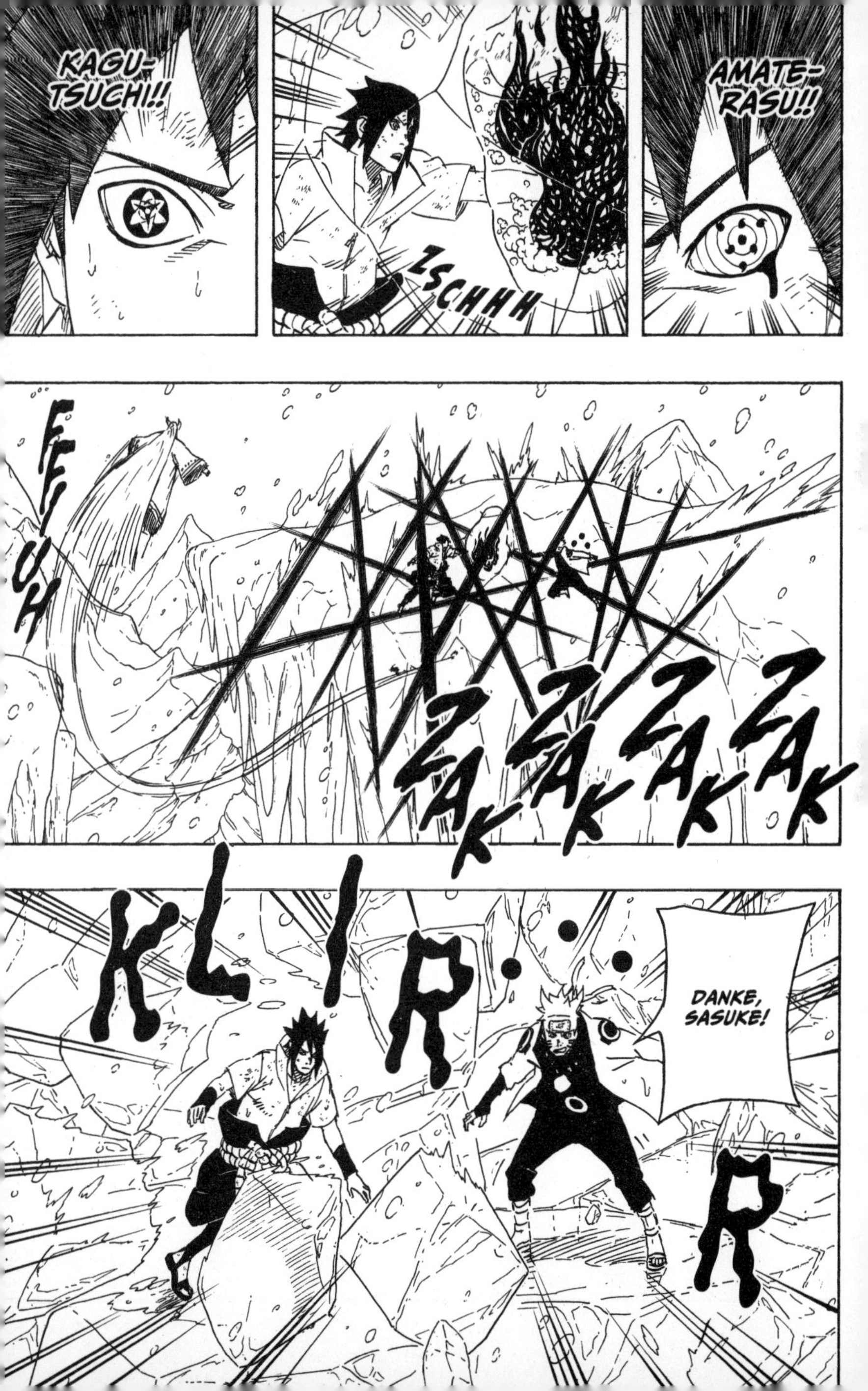
AMATE-
RASU!!
ZSCHHH
KAGU-
TSUCHI!!
FFIUH
ZAK ZAK ZAK ZAK
KLIRR
DANKE,
SASUKE!

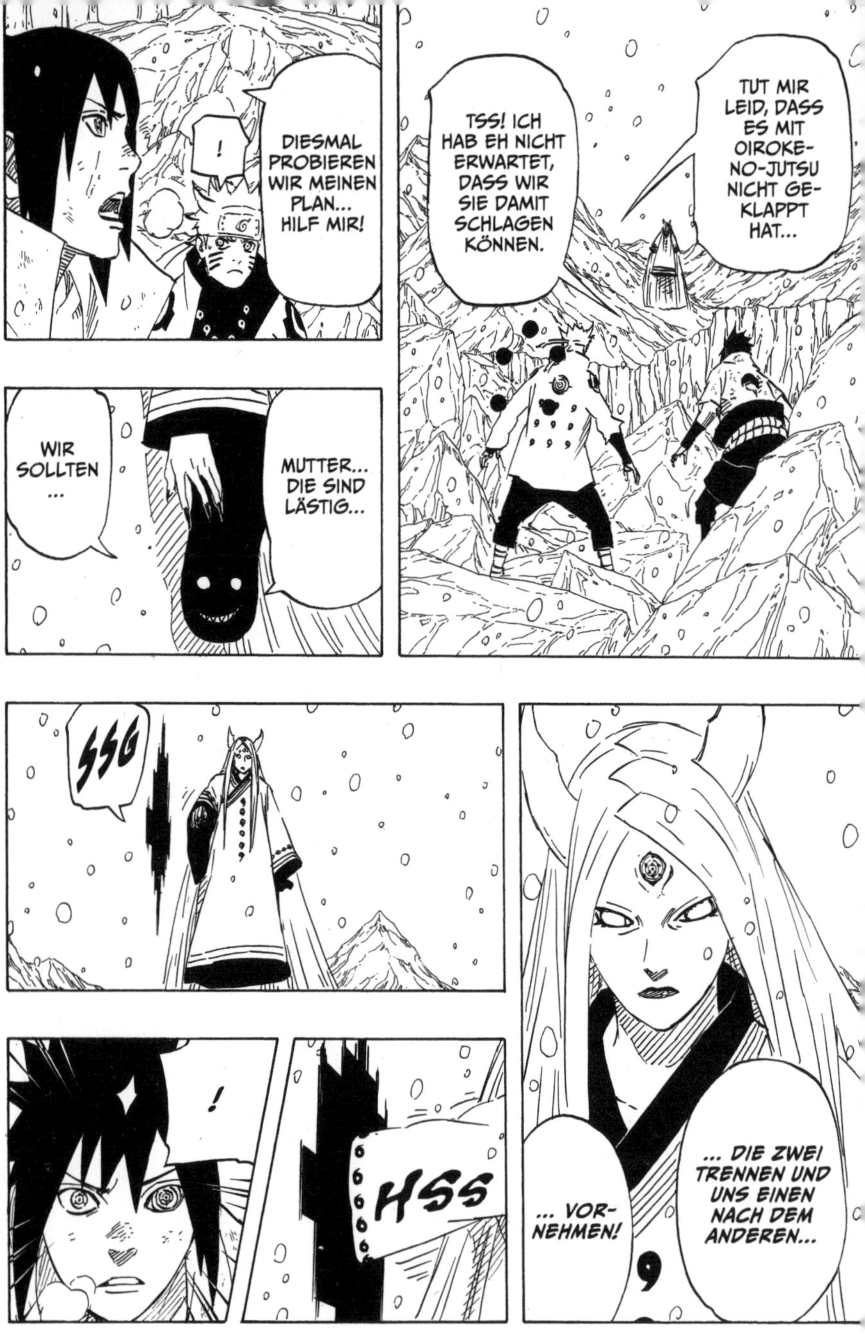
TUT MIR LEID, DASS ES MIT OIROKE-NO-JUTSU NICHT GEKLAPPT HAT...
TSS! ICH HAB EH NICHT ERWARTET, DASS WIR SIE DAMIT SCHLAGEN KÖNNEN.
!
DIESMAL PROBIEREN WIR MEINEN PLAN... HILF MIR!
MUTTER... DIE SIND LÄSTIG...
WIR SOLLTEN ...
... DIE ZWEI TRENNEN UND UNS EINEN NACH DEM ANDEREN...
... VOR-NEHMEN!
SSG
HSS
!

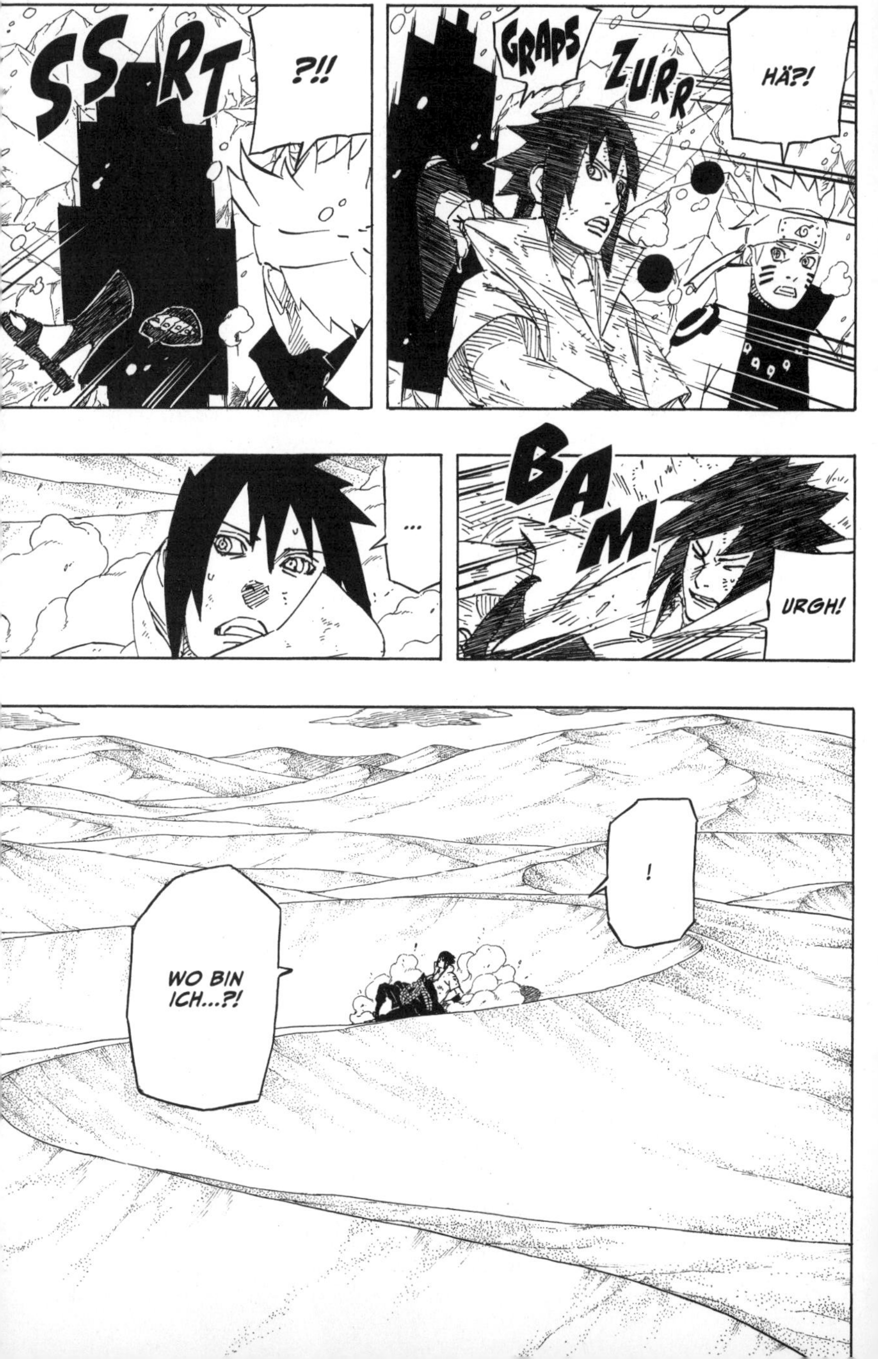

HÄ?!
ZURR
GRAPS
?!!
SS-RT
URGH!
BAM
...
!
WO BIN ICH...?!

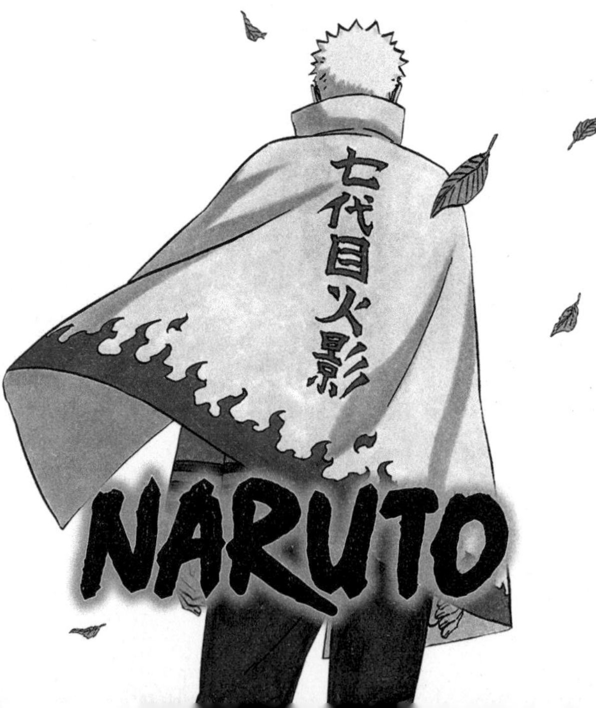
七代目火影
NARUTO

683. Kapitel: Ich hatte den gleichen Traum wie du

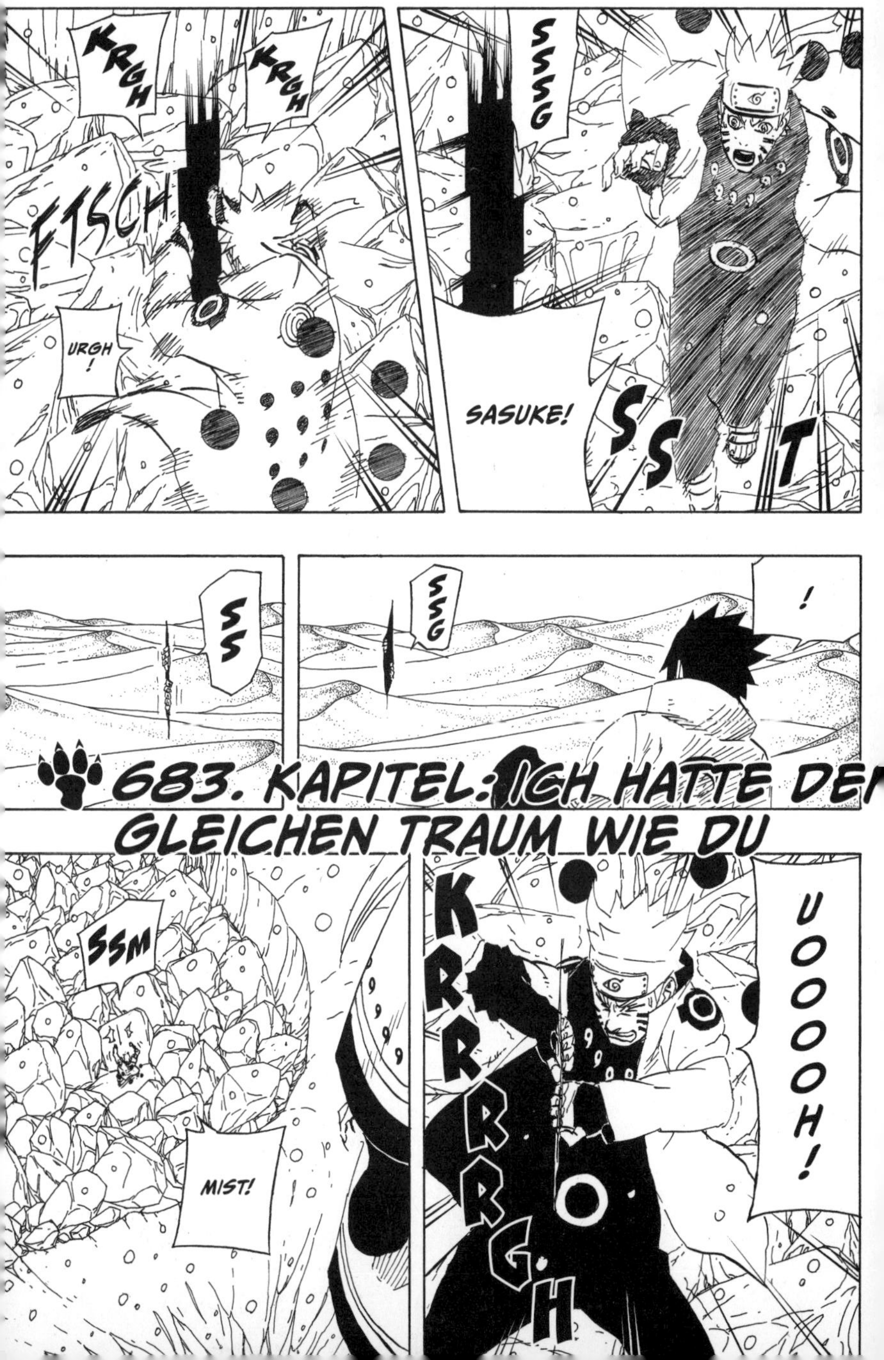

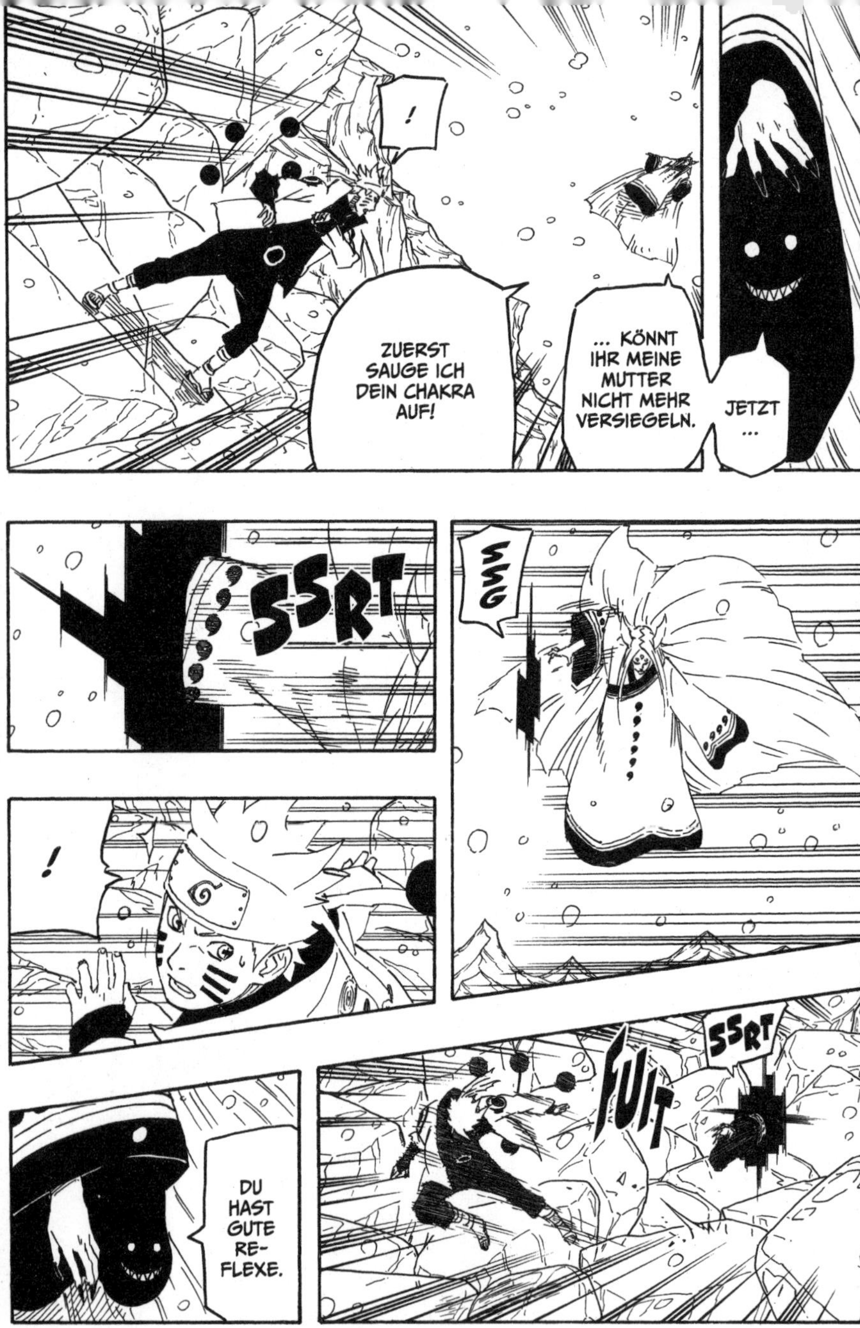
JETZT …
… KÖNNT IHR MEINE MUTTER NICHT MEHR VERSIEGELN.
ZUERST SAUGE ICH DEIN CHAKRA AUF!
!
WNG
SSRT
!
SSRT
FUIT
DU HAST GUTE RE-FLEXE.

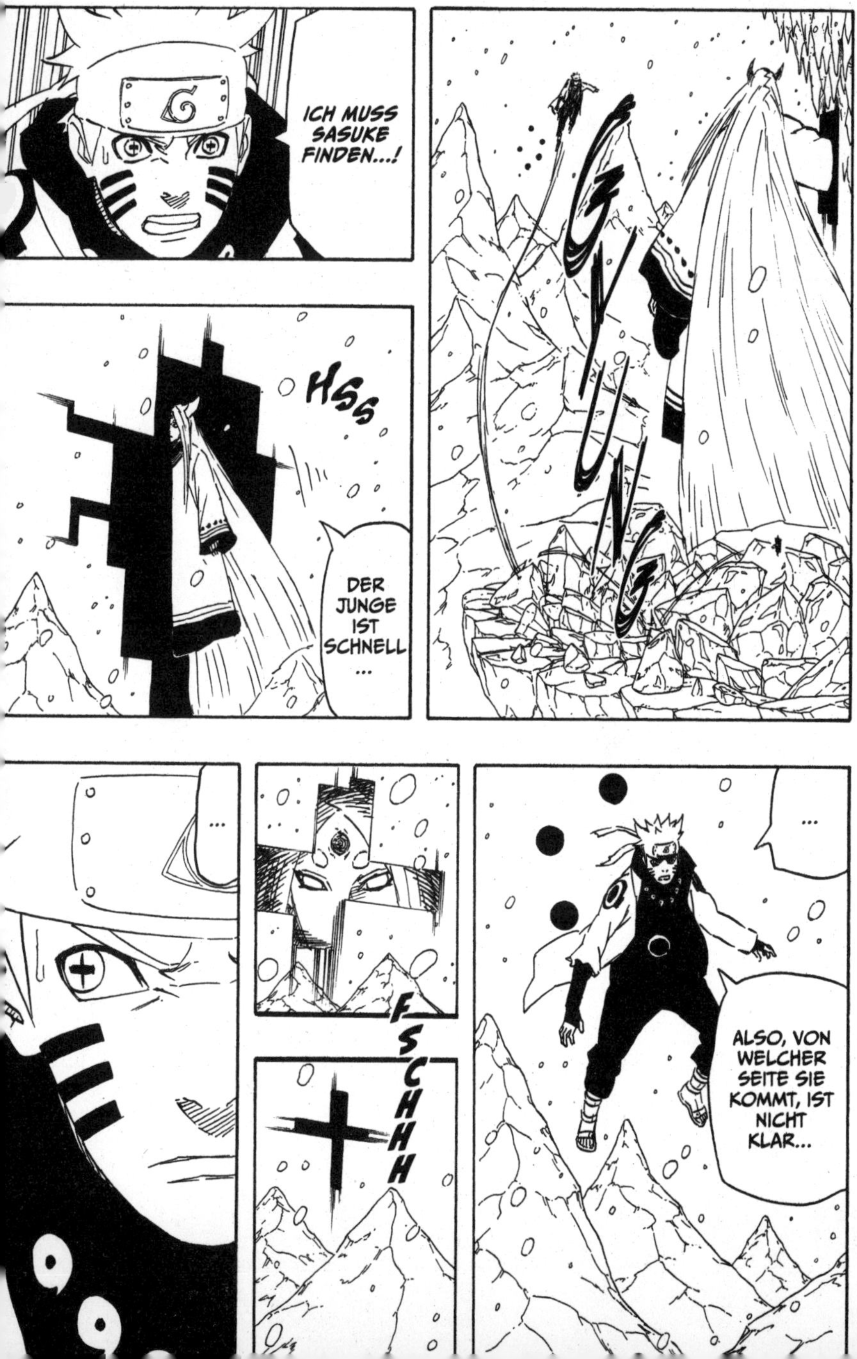
ICH MUSS SASUKE FINDEN...!
HSS
DER JUNGE IST SCHNELL ...
...
ALSO, VON WELCHER SEITE SIE KOMMT, IST NICHT KLAR...
FSCHHH
...

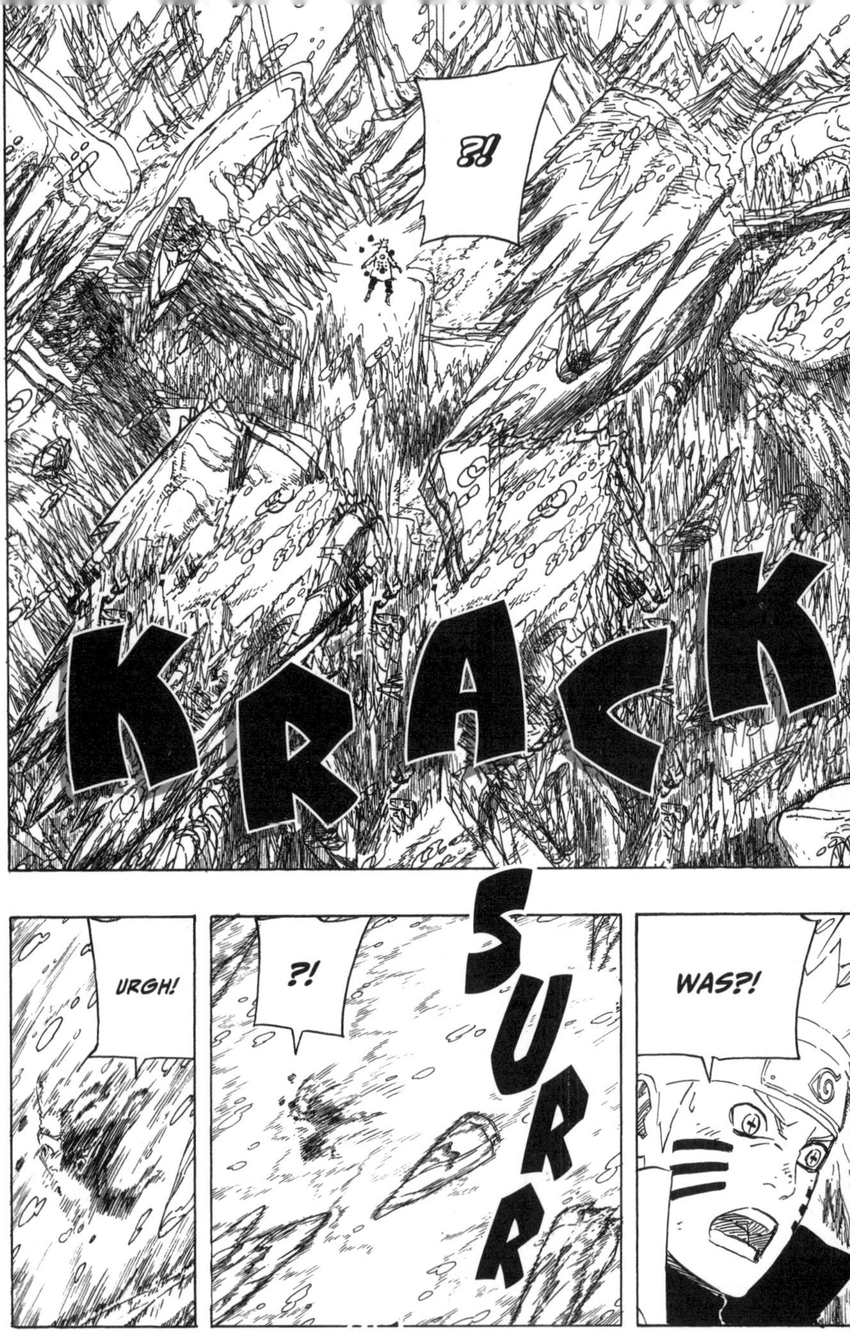
?!
KRACK
WAS?!
SURR
?!
URGH!

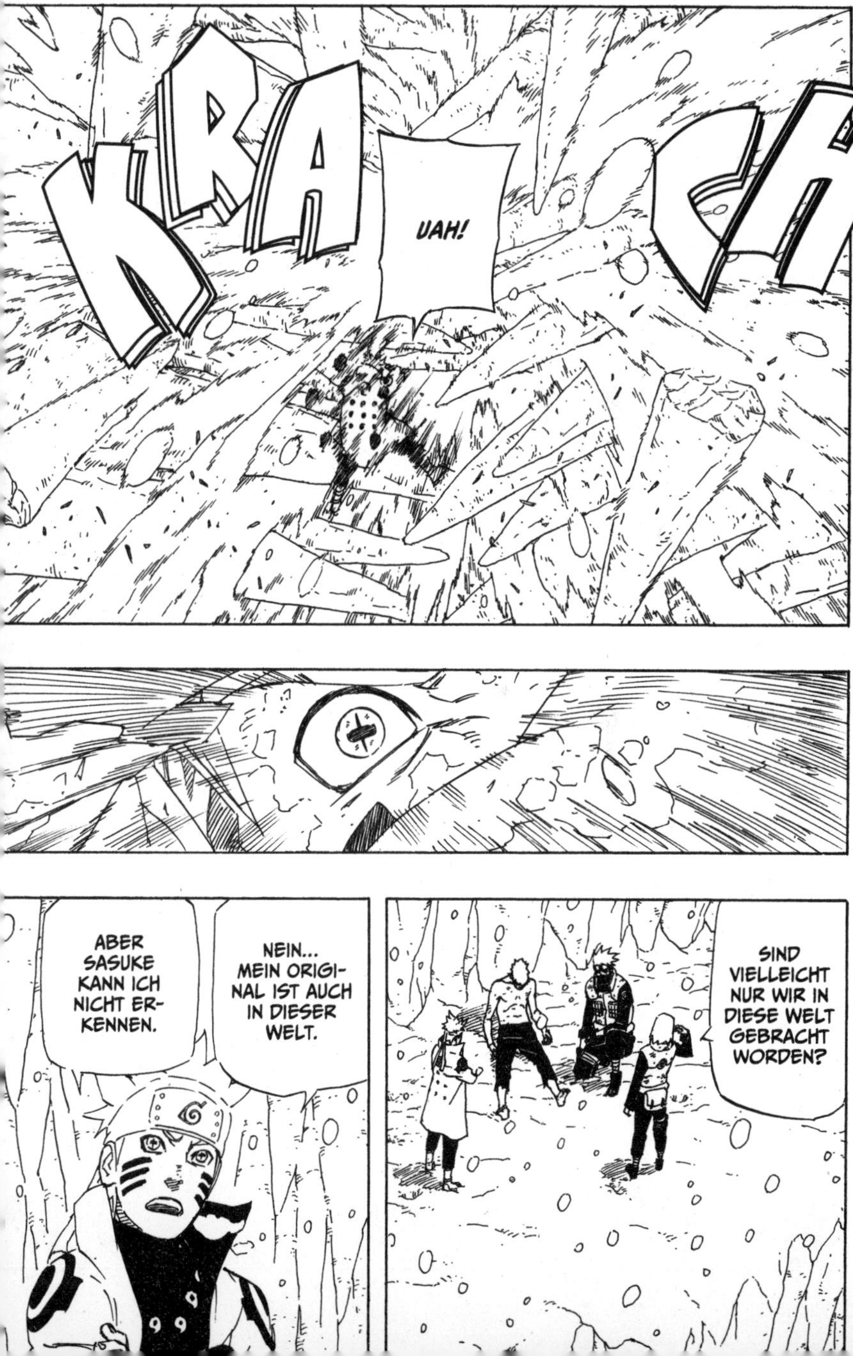
KRATSCH
UAH!
SIND VIELLEICHT NUR WIR IN DIESE WELT GEBRACHT WORDEN?
NEIN... MEIN ORIGINAL IST AUCH IN DIESER WELT.
ABER SASUKE KANN ICH NICHT ERKENNEN.

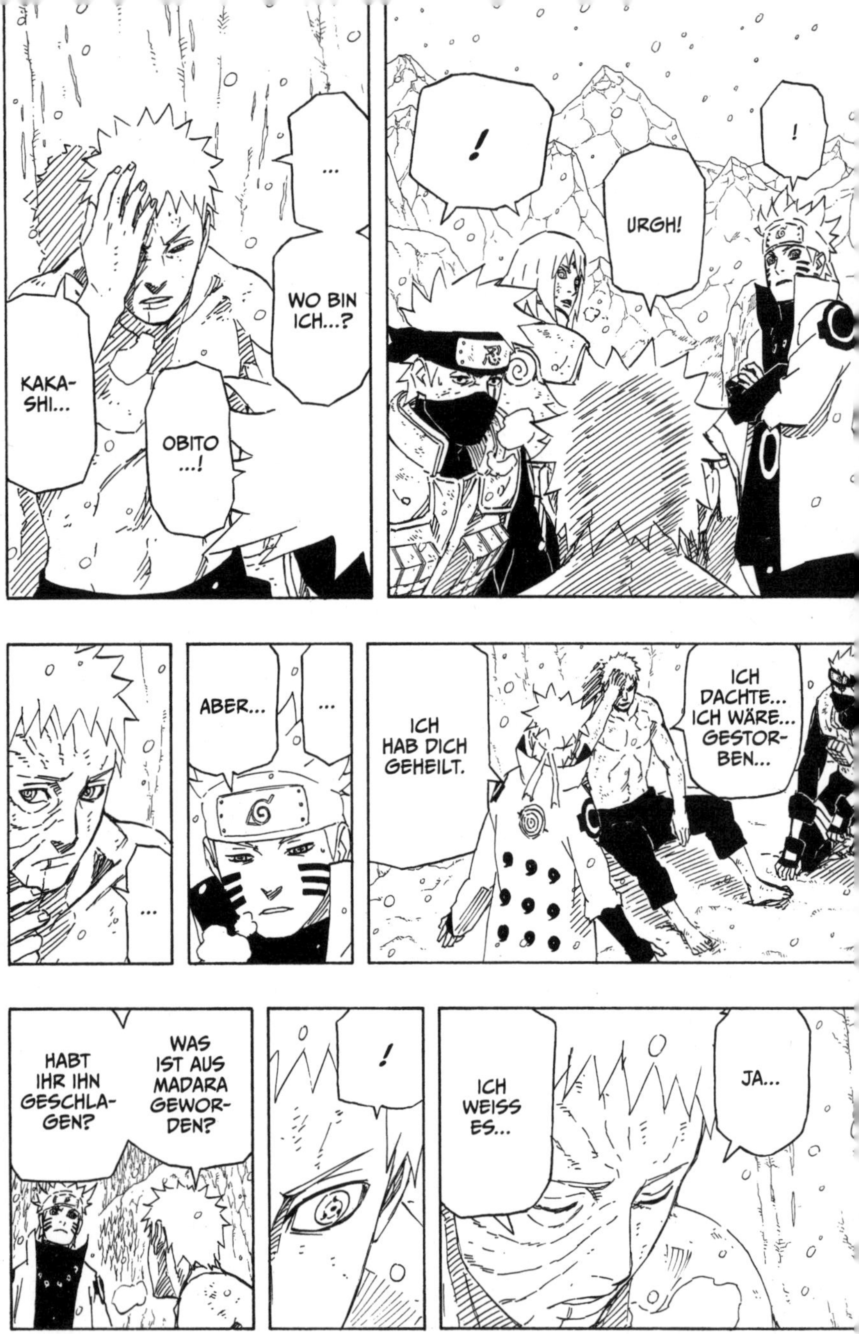
!
URGH!
!
...
WO BIN ICH...?
OBITO ...!
KAKA-SHI...
ICH DACHTE... ICH WÄRE... GESTOR-BEN...
ICH HAB DICH GEHEILT.
...
ABER...
...
JA...
ICH WEISS ES...
!
WAS IST AUS MADARA GEWOR-DEN?
HABT IHR IHN GESCHLA-GEN?

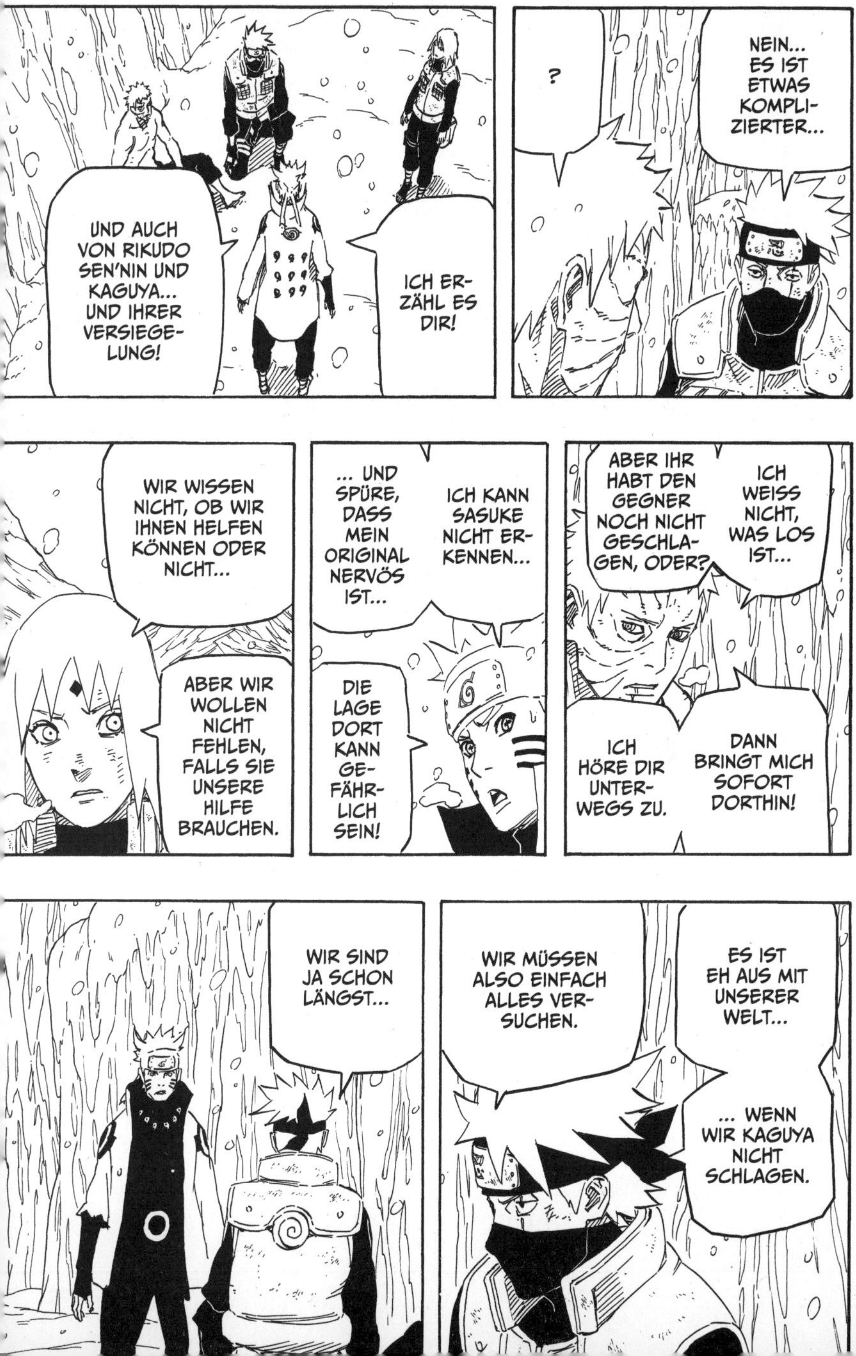
NEIN... ES IST ETWAS KOMPLIZIERTER...
?
ICH ERZÄHL ES DIR!
UND AUCH VON RIKUDO SEN'NIN UND KAGUYA... UND IHRER VERSIEGELUNG!
ICH WEISS NICHT, WAS LOS IST...
ABER IHR HABT DEN GEGNER NOCH NICHT GESCHLAGEN, ODER?
DANN BRINGT MICH SOFORT DORTHIN!
ICH HÖRE DIR UNTERWEGS ZU.
ICH KANN SASUKE NICHT ERKENNEN...
... UND SPÜRE, DASS MEIN ORIGINAL NERVÖS IST...
DIE LAGE DORT KANN GEFÄHRLICH SEIN!
WIR WISSEN NICHT, OB WIR IHNEN HELFEN KÖNNEN ODER NICHT...
ABER WIR WOLLEN NICHT FEHLEN, FALLS SIE UNSERE HILFE BRAUCHEN.
ES IST EH AUS MIT UNSERER WELT...
... WENN WIR KAGUYA NICHT SCHLAGEN.
WIR MÜSSEN ALSO EINFACH ALLES VERSUCHEN.
WIR SIND JA SCHON LÄNGST...

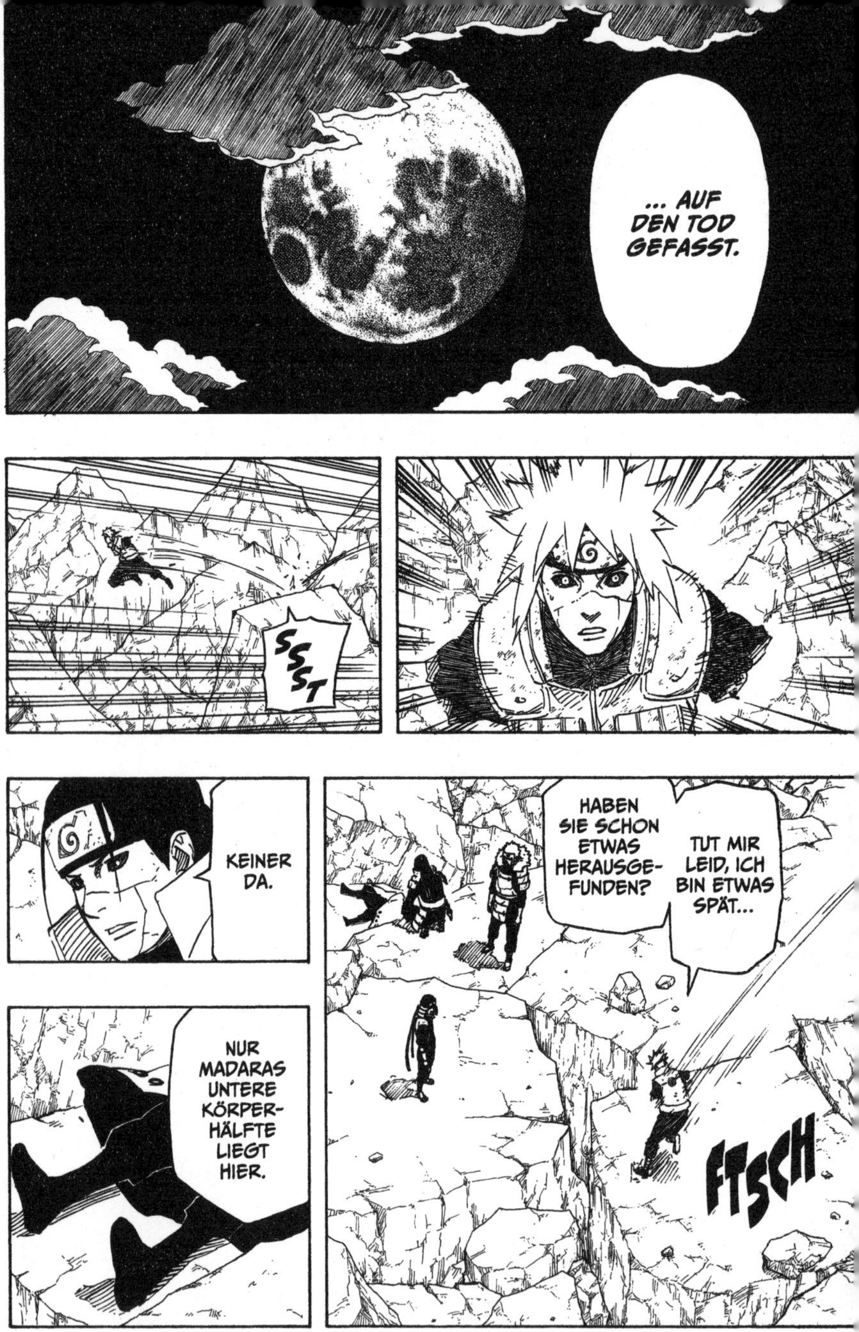
... AUF DEN TOD GEFASST.
SSST
TUT MIR LEID, ICH BIN ETWAS SPÄT...
HABEN SIE SCHON ETWAS HERAUSGE-FUNDEN?
KEINER DA.
ETSCH
NUR MADARAS UNTERE KÖRPER-HÄLFTE LIEGT HIER.

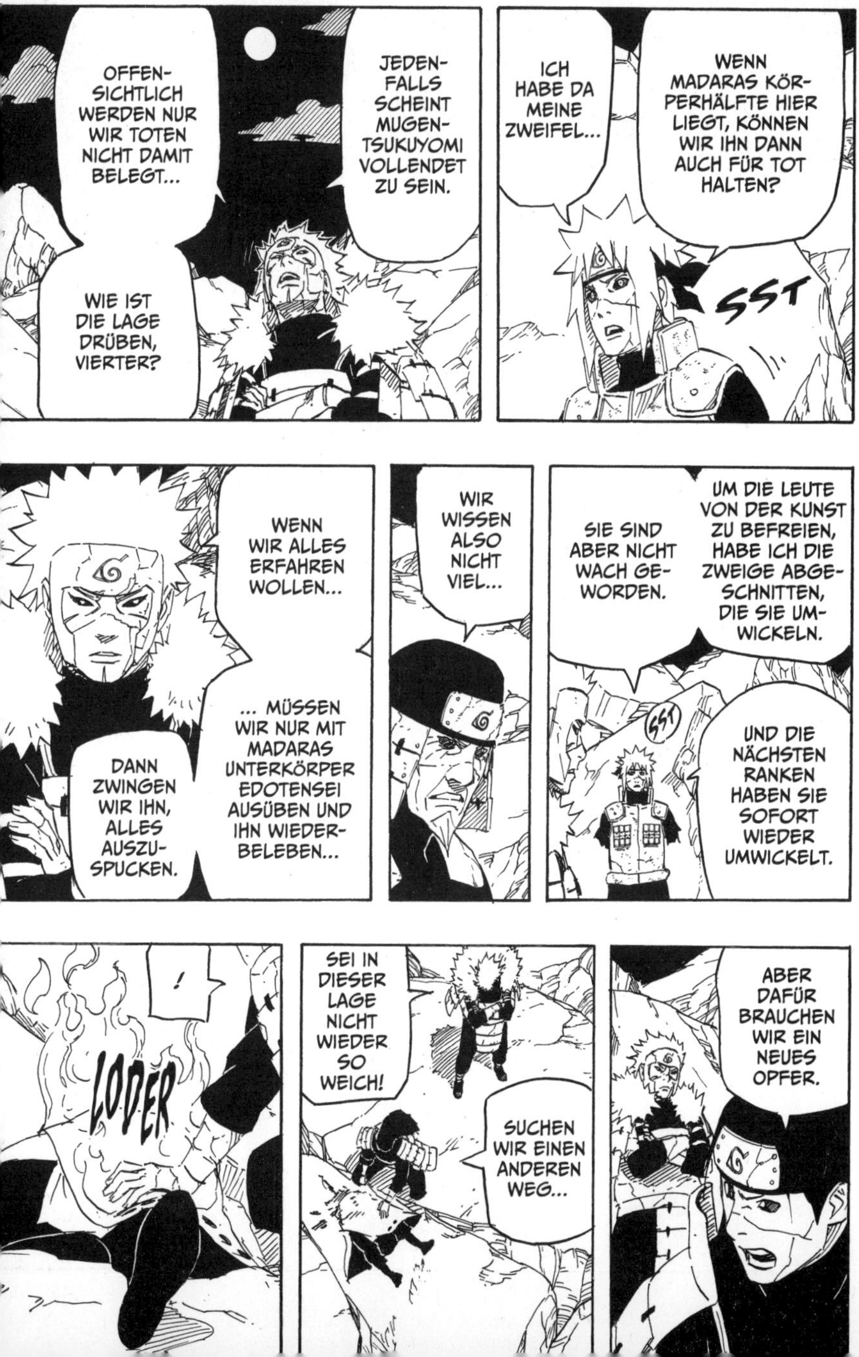
WENN MADARAS KÖRPERHÄLFTE HIER LIEGT, KÖNNEN WIR IHN DANN AUCH FÜR TOT HALTEN?
SSST
ICH HABE DA MEINE ZWEIFEL...
JEDENFALLS SCHEINT MUGEN-TSUKUYOMI VOLLENDET ZU SEIN.
OFFENSICHTLICH WERDEN NUR WIR TOTEN NICHT DAMIT BELEGT...
WIE IST DIE LAGE DRÜBEN, VIERTER?
UM DIE LEUTE VON DER KUNST ZU BEFREIEN, HABE ICH DIE ZWEIGE ABGESCHNITTEN, DIE SIE UMWICKELN.
SIE SIND ABER NICHT WACH GEWORDEN.
SST
UND DIE NÄCHSTEN RANKEN HABEN SIE SOFORT WIEDER UMWICKELT.
WIR WISSEN ALSO NICHT VIEL...
WENN WIR ALLES ERFAHREN WOLLEN...
... MÜSSEN WIR NUR MIT MADARAS UNTERKÖRPER EDOTENSEI AUSÜBEN UND IHN WIEDERBELEBEN...
DANN ZWINGEN WIR IHN, ALLES AUSZUSPUCKEN.
ABER DAFÜR BRAUCHEN WIR EIN NEUES OPFER.
SEI IN DIESER LAGE NICHT WIEDER SO WEICH!
SUCHEN WIR EINEN ANDEREN WEG...
!
LODER

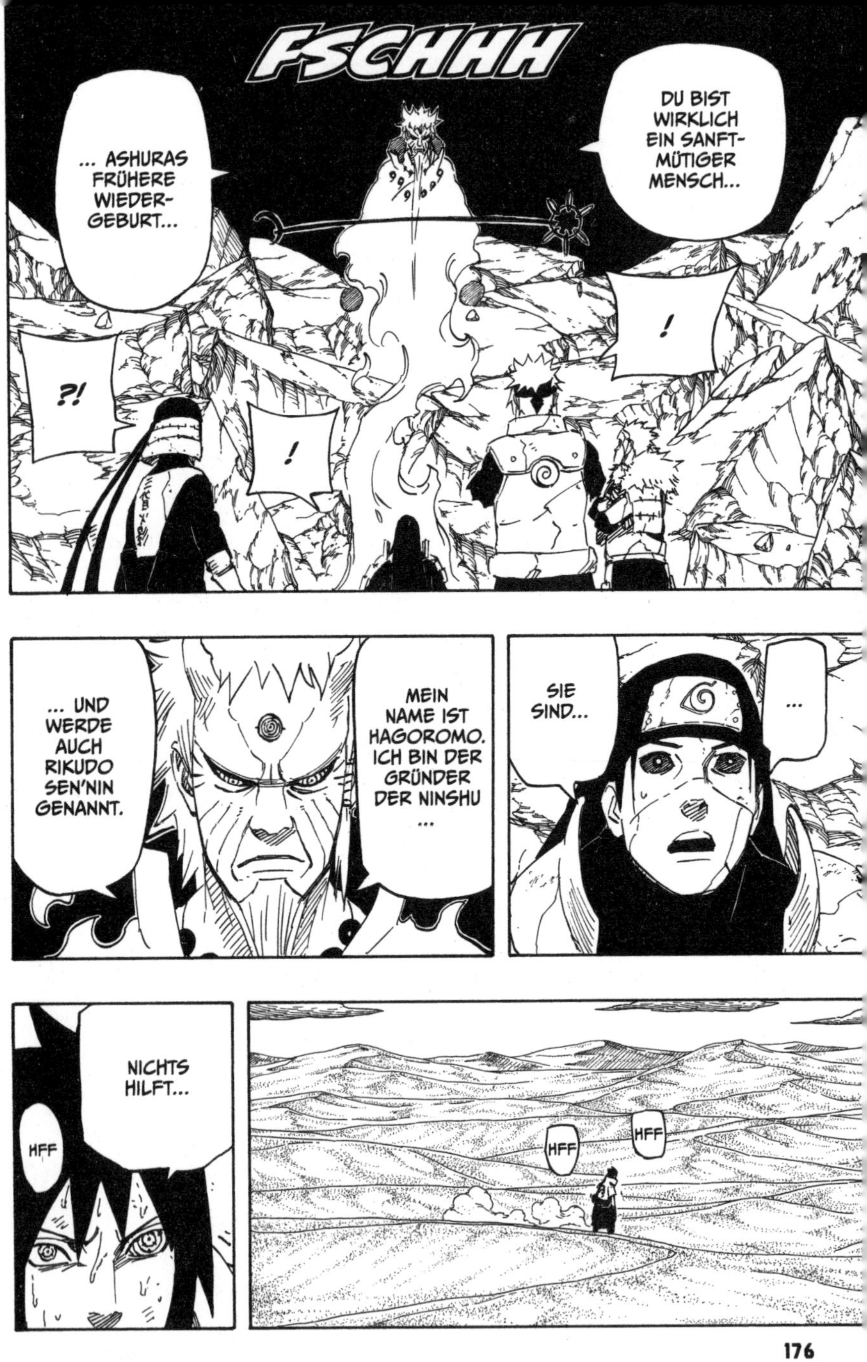
FSCHHH
DU BIST WIRKLICH EIN SANFT-MÜTIGER MENSCH...
... ASHURAS FRÜHERE WIEDER-GEBURT...
!
!
?!
...
SIE SIND...
MEIN NAME IST HAGOROMO. ICH BIN DER GRÜNDER DER NINSHU ...
... UND WERDE AUCH RIKUDO SEN'NIN GENANNT.
HFF
HFF
NICHTS HILFT...
HFF

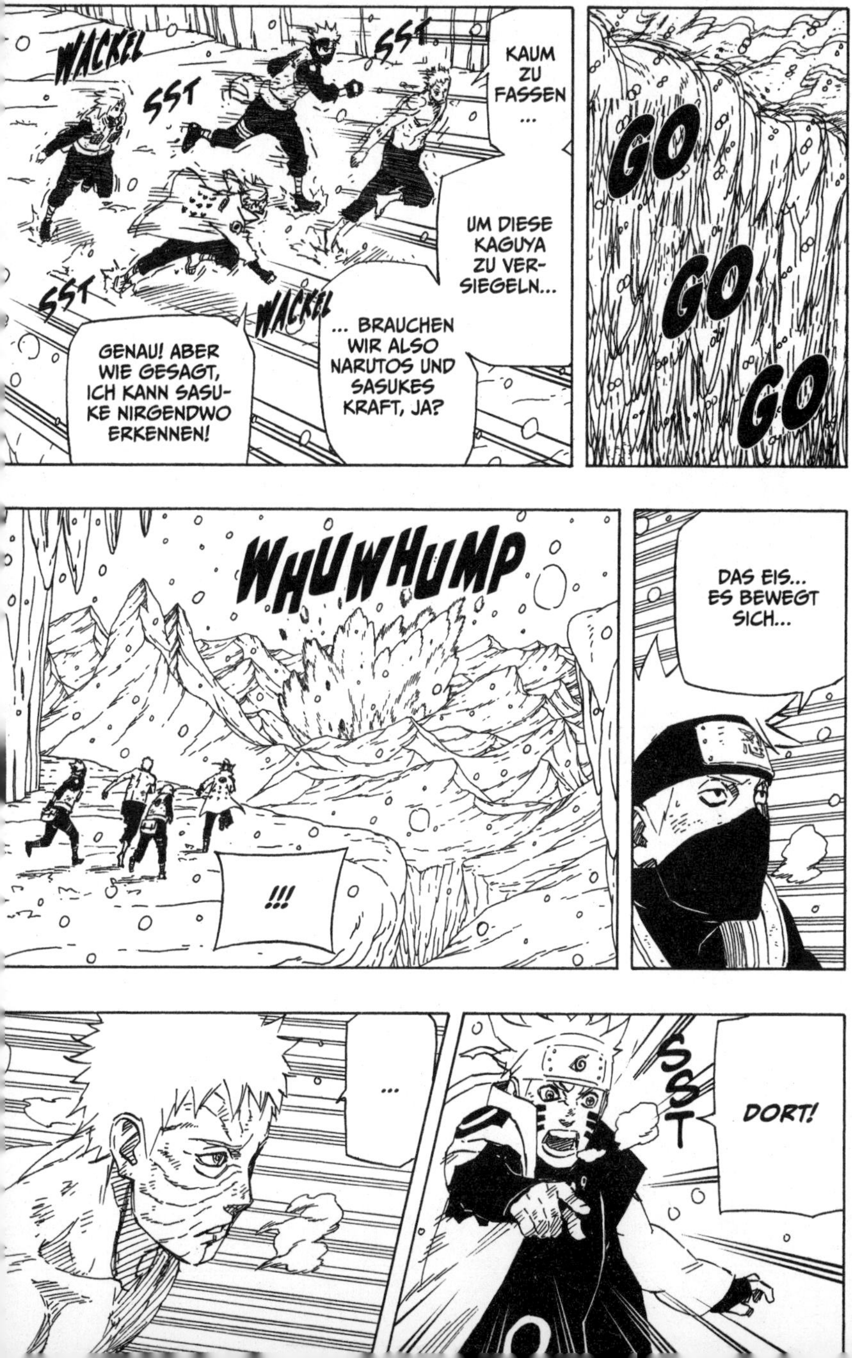
GO
GO
GO
KAUM ZU FASSEN ...
UM DIESE KAGUYA ZU VER-SIEGELN...
... BRAUCHEN WIR ALSO NARUTOS UND SASUKES KRAFT, JA?
SST
WACKEL
SST
GENAU! ABER WIE GESAGT, ICH KANN SASU-KE NIRGENDWO ERKENNEN!
WACKEL
SST
DAS EIS... ES BEWEGT SICH...
WHUWHUMP
!!!
DORT!
SST
...

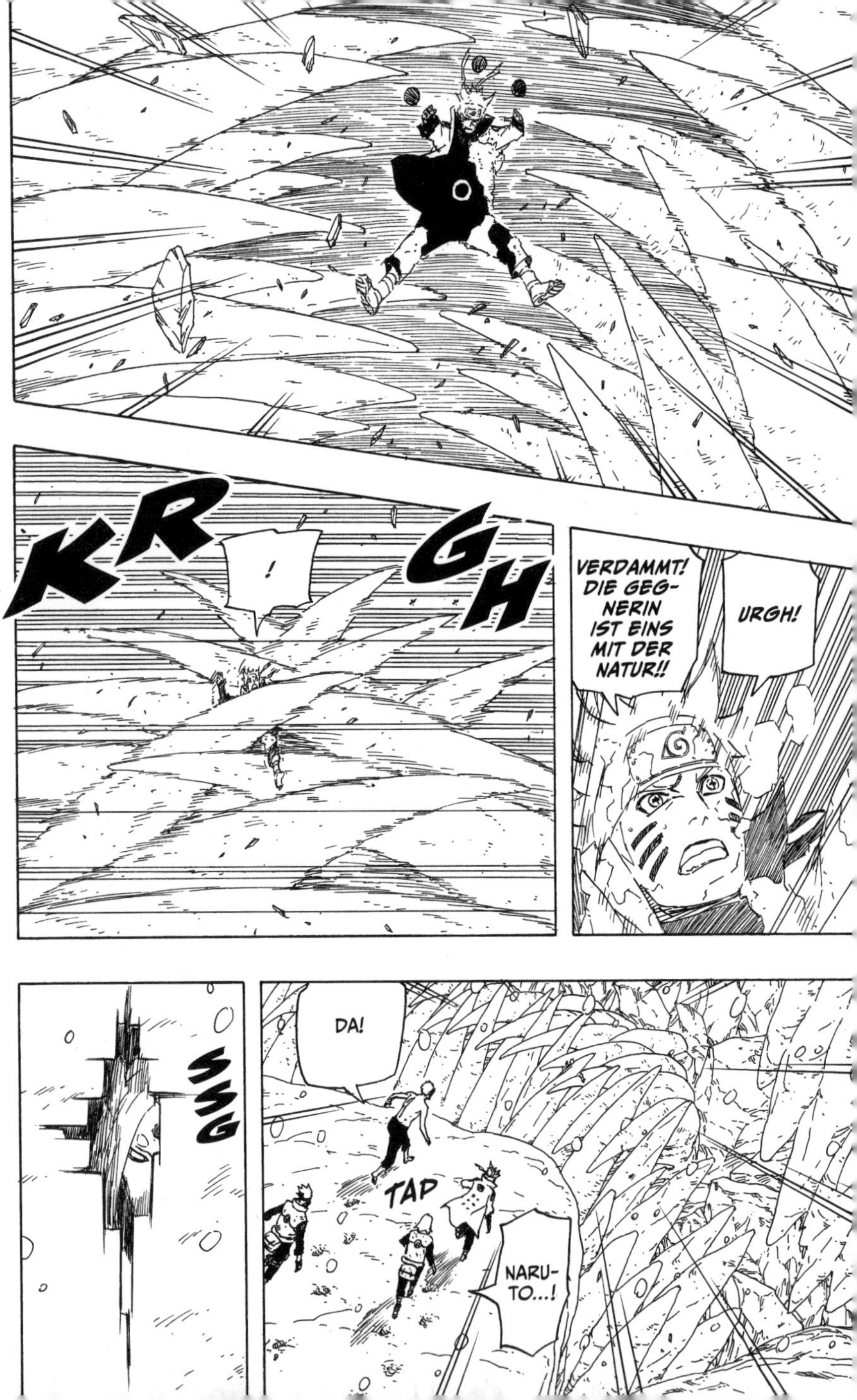
URGH!
VERDAMMT! DIE GEG-NERIN IST EINS MIT DER NATUR!!
KR
!
GH
DA!
TAP
NARU-TO...!
SSG

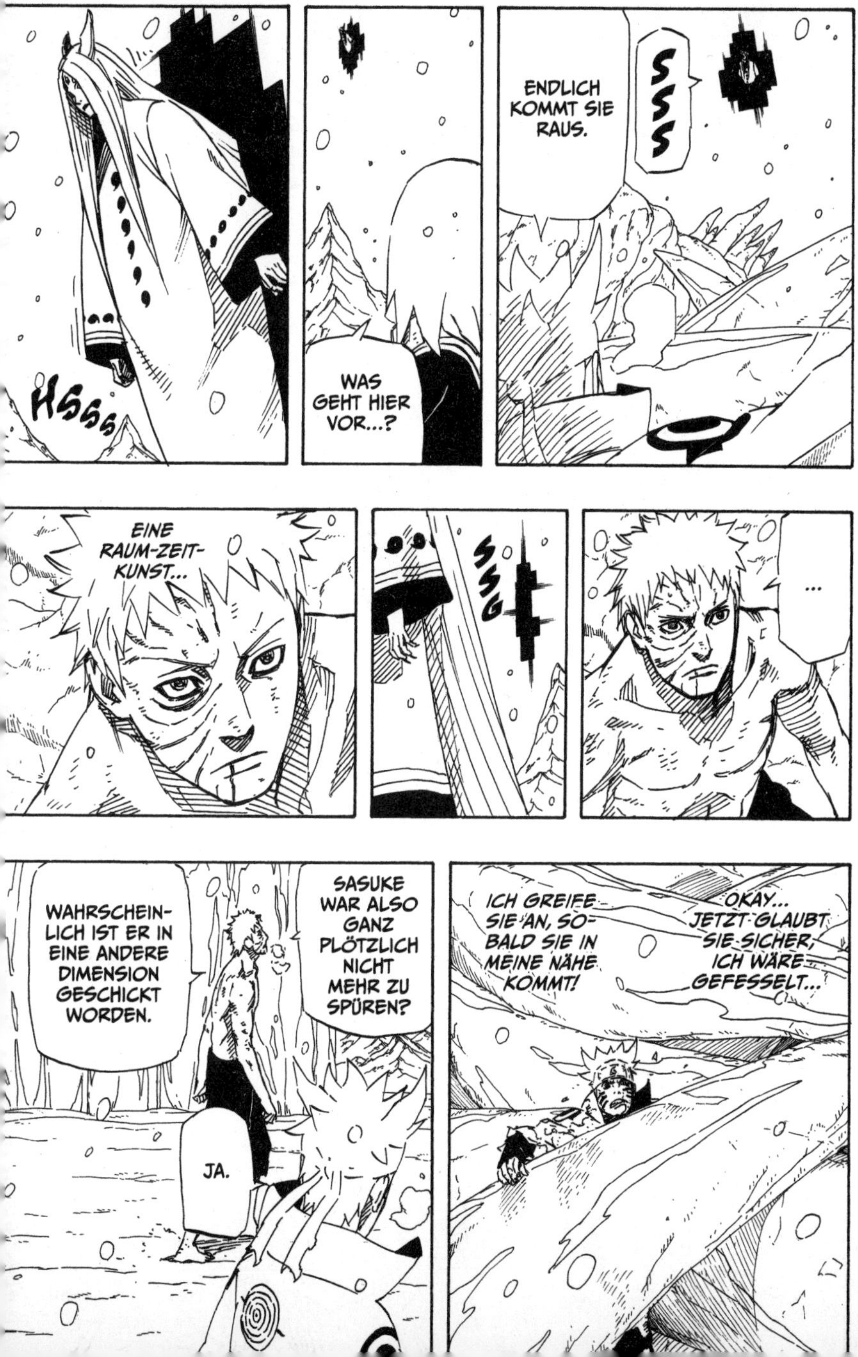
HSSS
WAS GEHT HIER VOR...?
SSS
ENDLICH KOMMT SIE RAUS.
EINE RAUM-ZEIT-KUNST...
SSG
...
WAHRSCHEIN-LICH IST ER IN EINE ANDERE DIMENSION GESCHICKT WORDEN.
SASUKE WAR ALSO GANZ PLÖTZLICH NICHT MEHR ZU SPÜREN?
JA.
OKAY... JETZT GLAUBT SIE SICHER, ICH WÄRE GEFESSELT...
ICH GREIFE SIE AN, SOBALD SIE IN MEINE NÄHE KOMMT!

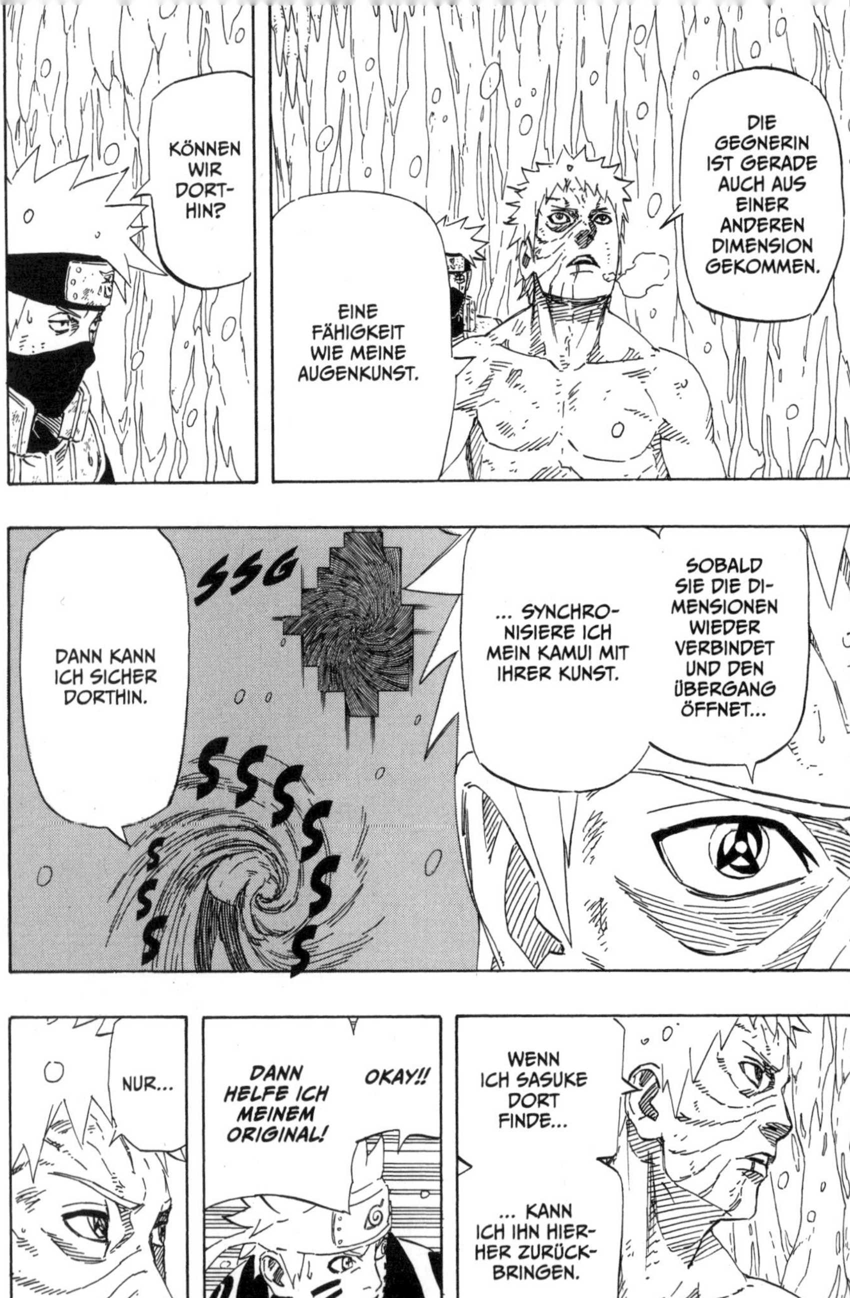
DIE GEGNERIN IST GERADE AUCH AUS EINER ANDEREN DIMENSION GEKOMMEN.
EINE FÄHIGKEIT WIE MEINE AUGENKUNST.
KÖNNEN WIR DORT-HIN?
SOBALD SIE DIE DI-MENSIONEN WIEDER VERBINDET UND DEN ÜBERGANG ÖFFNET...
... SYNCHRO-NISIERE ICH MEIN KAMUI MIT IHRER KUNST.
SSG
SSSSSSSSS
DANN KANN ICH SICHER DORTHIN.
WENN ICH SASUKE DORT FINDE...
... KANN ICH IHN HIER-HER ZURÜCK-BRINGEN.
OKAY!!
DANN HELFE ICH MEINEM ORIGINAL!
NUR...

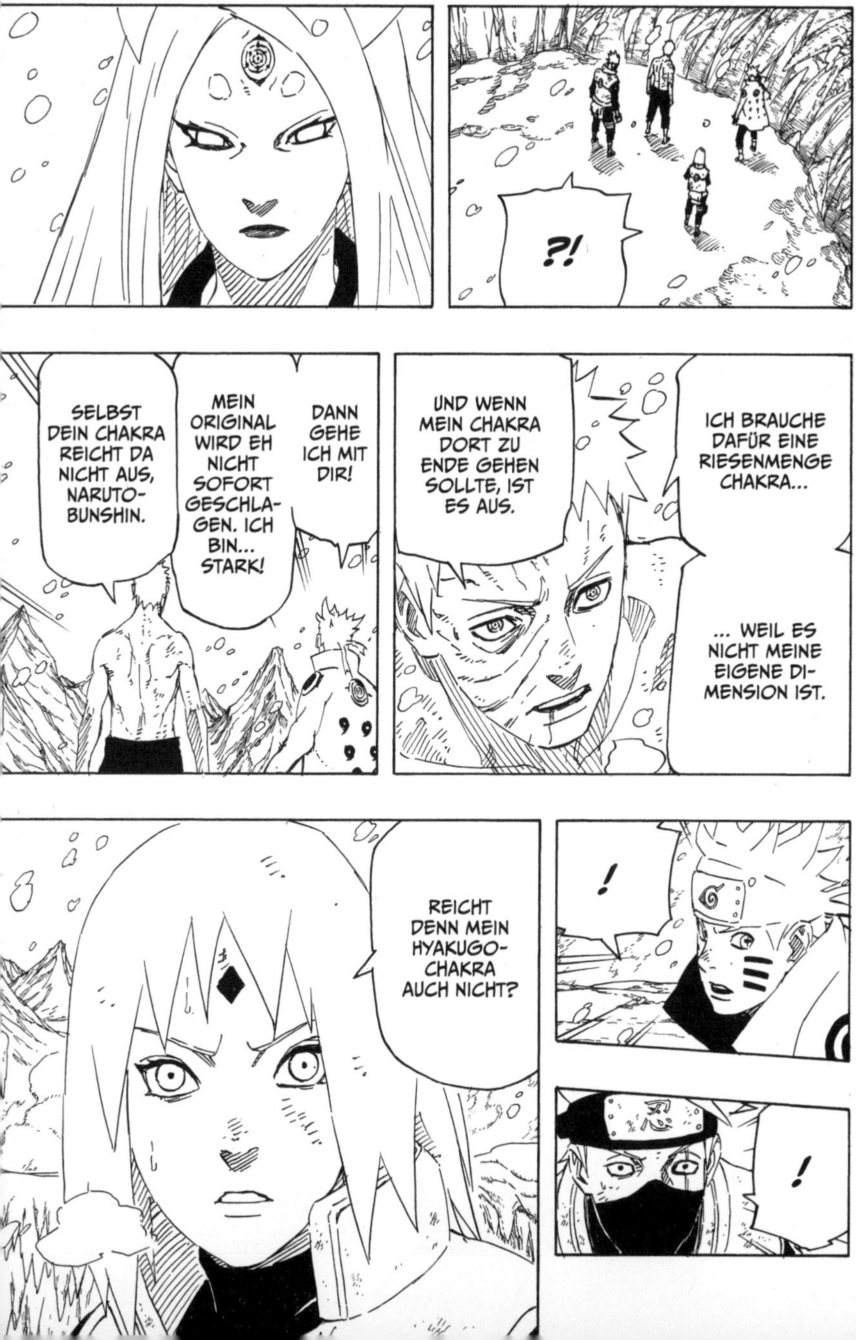

?!
ICH BRAUCHE DAFÜR EINE RIESENMENGE CHAKRA...
... WEIL ES NICHT MEINE EIGENE DI-MENSION IST.
UND WENN MEIN CHAKRA DORT ZU ENDE GEHEN SOLLTE, IST ES AUS.
DANN GEHE ICH MIT DIR!
MEIN ORIGINAL WIRD EH NICHT SOFORT GESCHLA-GEN. ICH BIN... STARK!
SELBST DEIN CHAKRA REICHT DA NICHT AUS, NARUTO-BUNSHIN.
REICHT DENN MEIN HYAKUGO-CHAKRA AUCH NICHT?
!
!

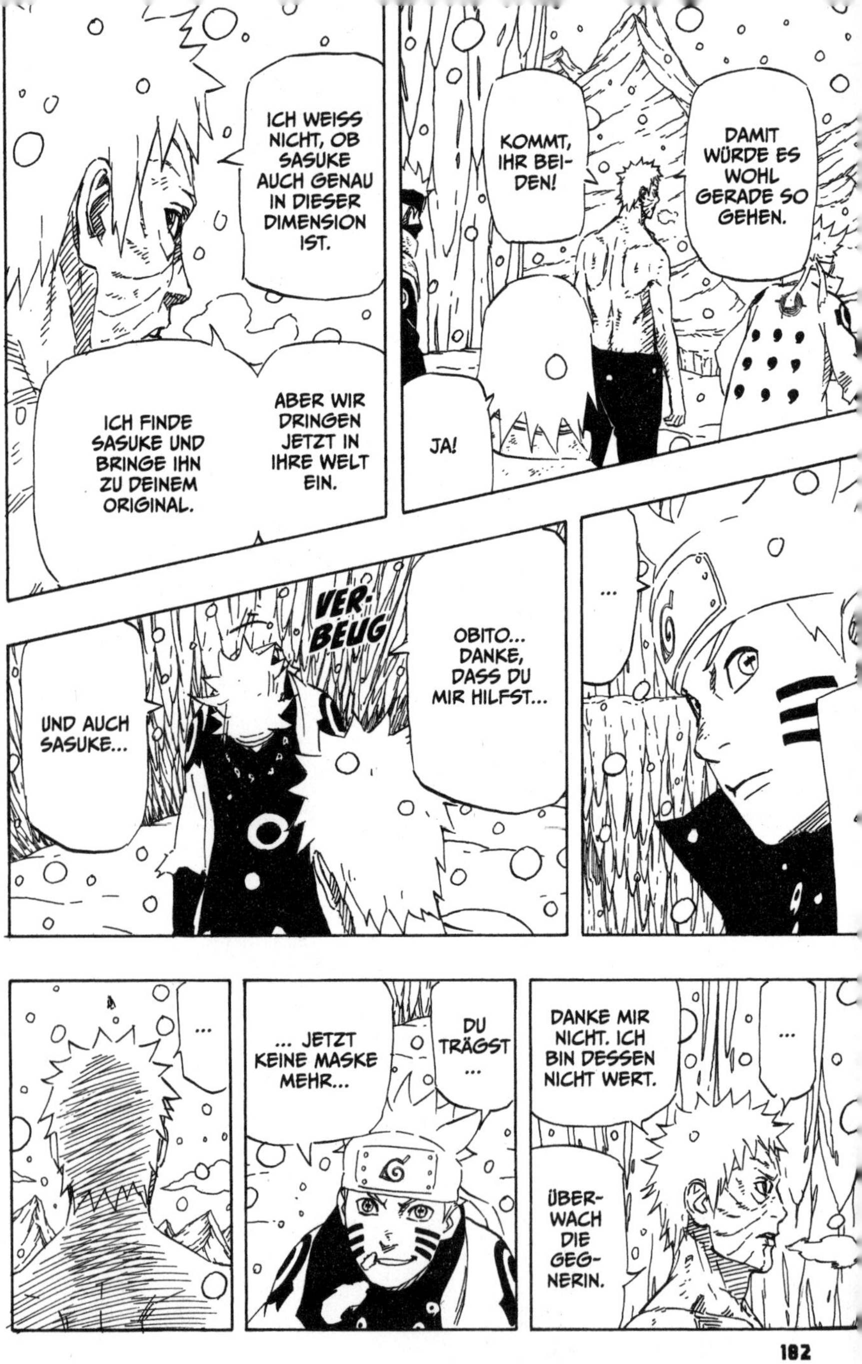
DAMIT WÜRDE ES WOHL GERADE SO GEHEN.
KOMMT, IHR BEI-DEN!
JA!
ICH WEISS NICHT, OB SASUKE AUCH GENAU IN DIESER DIMENSION IST.
ABER WIR DRINGEN JETZT IN IHRE WELT EIN.
ICH FINDE SASUKE UND BRINGE IHN ZU DEINEM ORIGINAL.
...
OBITO... DANKE, DASS DU MIR HILFST...
VER-BEUG
UND AUCH SASUKE...
...
DANKE MIR NICHT. ICH BIN DESSEN NICHT WERT.
ÜBER-WACH DIE GEG-NERIN.
DU TRÄGST ...
... JETZT KEINE MASKE MEHR...
...

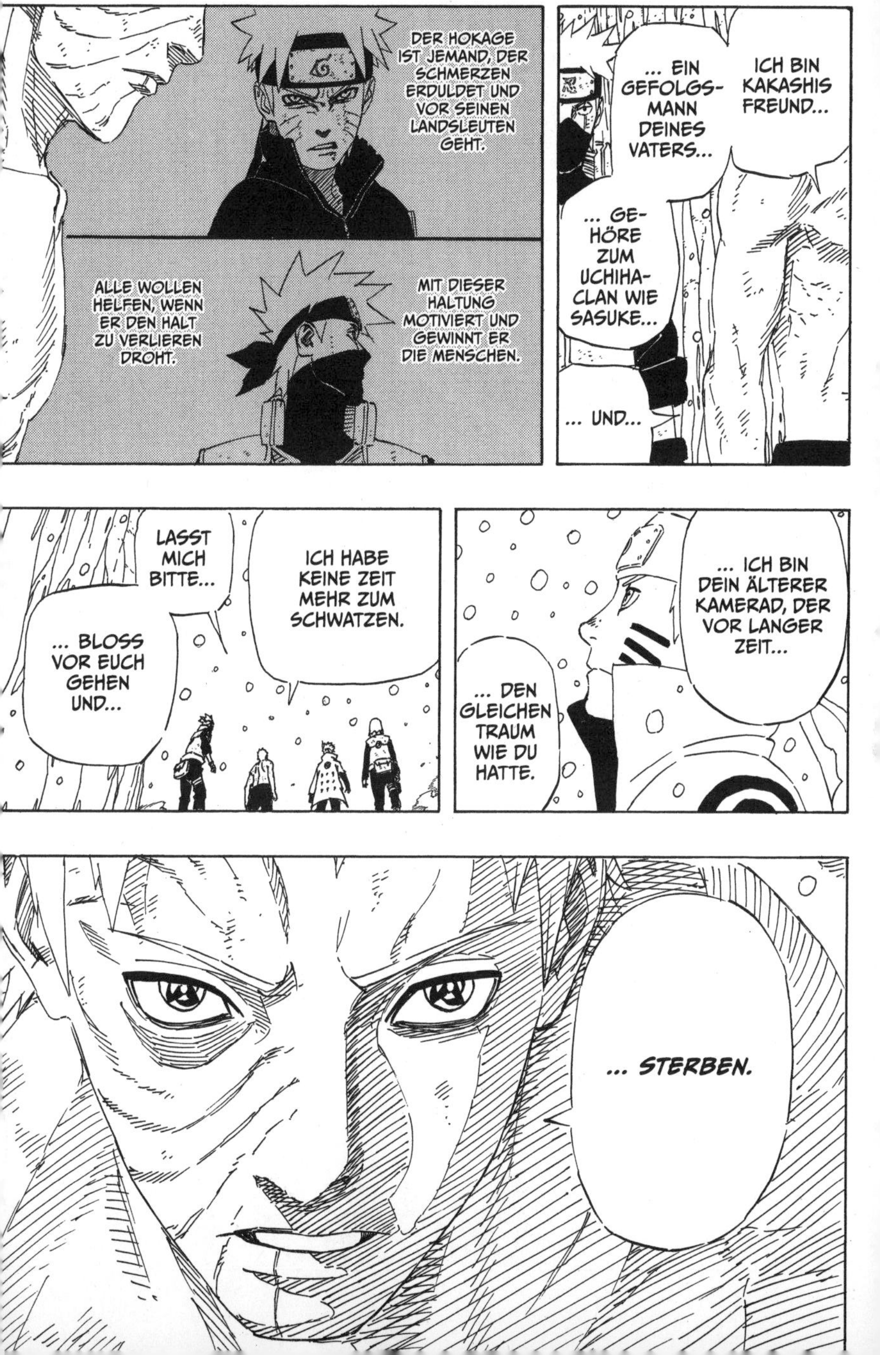
ICH BIN KAKASHIS FREUND...
... EIN GEFOLGSMANN DEINES VATERS...
... GEHÖRE ZUM UCHIHA-CLAN WIE SASUKE...
... UND...
DER HOKAGE IST JEMAND, DER SCHMERZEN ERDULDET UND VOR SEINEN LANDSLEUTEN GEHT.
MIT DIESER HALTUNG MOTIVIERT UND GEWINNT ER DIE MENSCHEN.
ALLE WOLLEN HELFEN, WENN ER DEN HALT ZU VERLIEREN DROHT.
... ICH BIN DEIN ÄLTERER KAMERAD, DER VOR LANGER ZEIT...
... DEN GLEICHEN TRAUM WIE DU HATTE.
ICH HABE KEINE ZEIT MEHR ZUM SCHWATZEN.
LASST MICH BITTE...
... BLOSS VOR EUCH GEHEN UND...
... STERBEN.

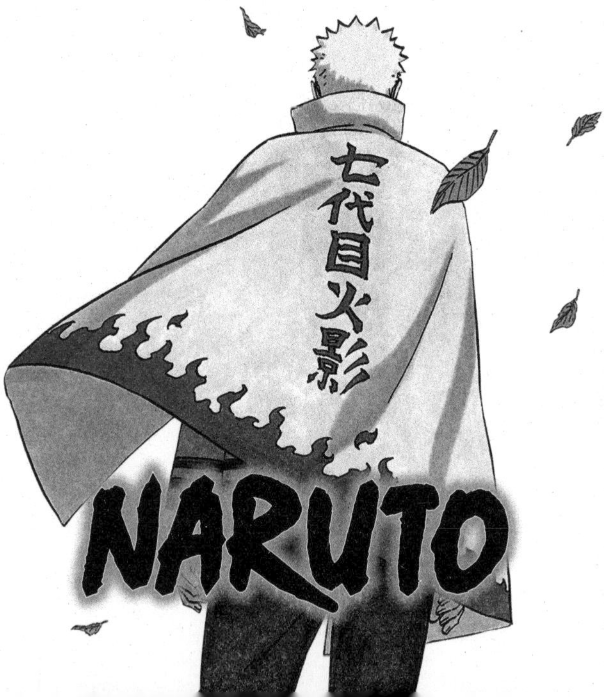
七代目火影
NARUTO

684. Kapitel: Wir sollten ihn für immer beseitigen!

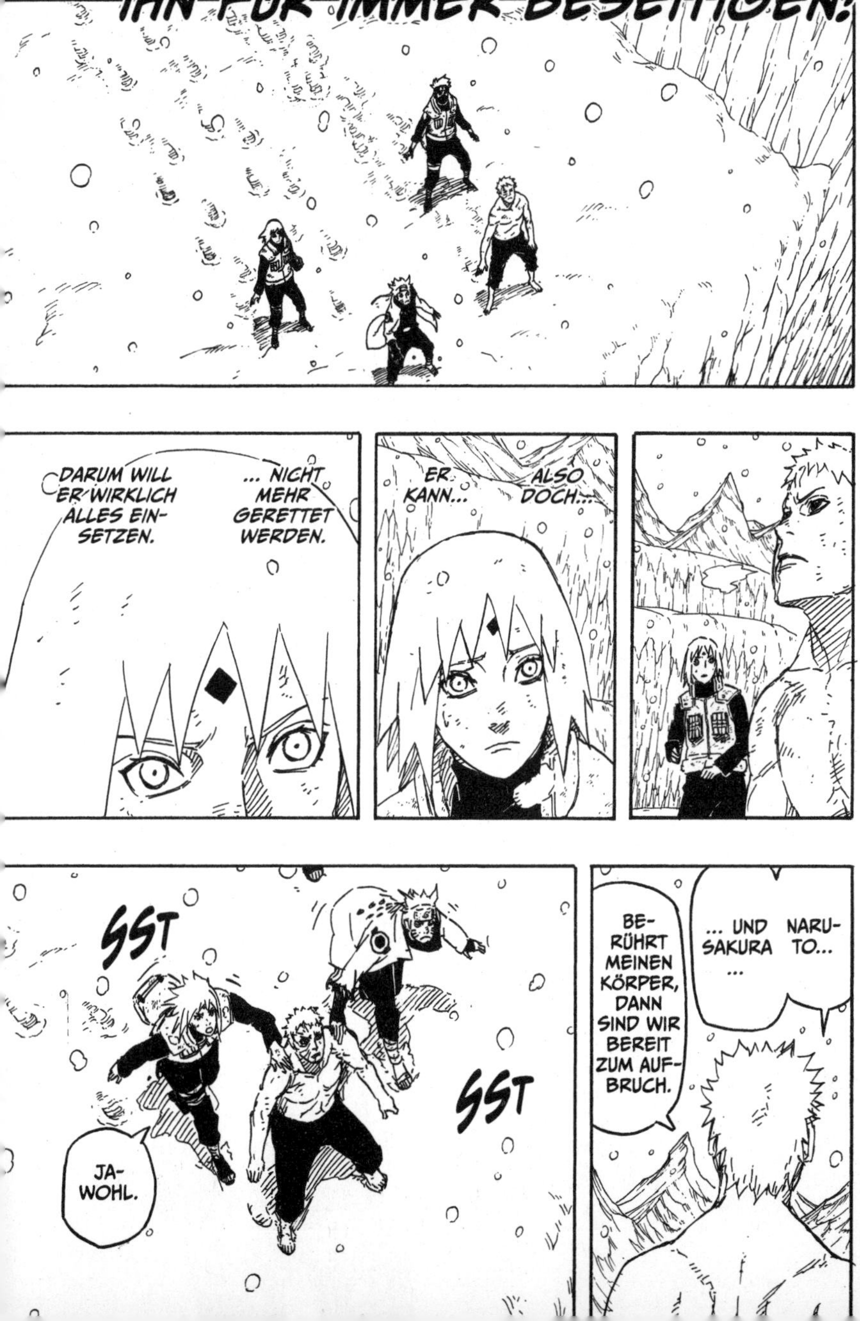

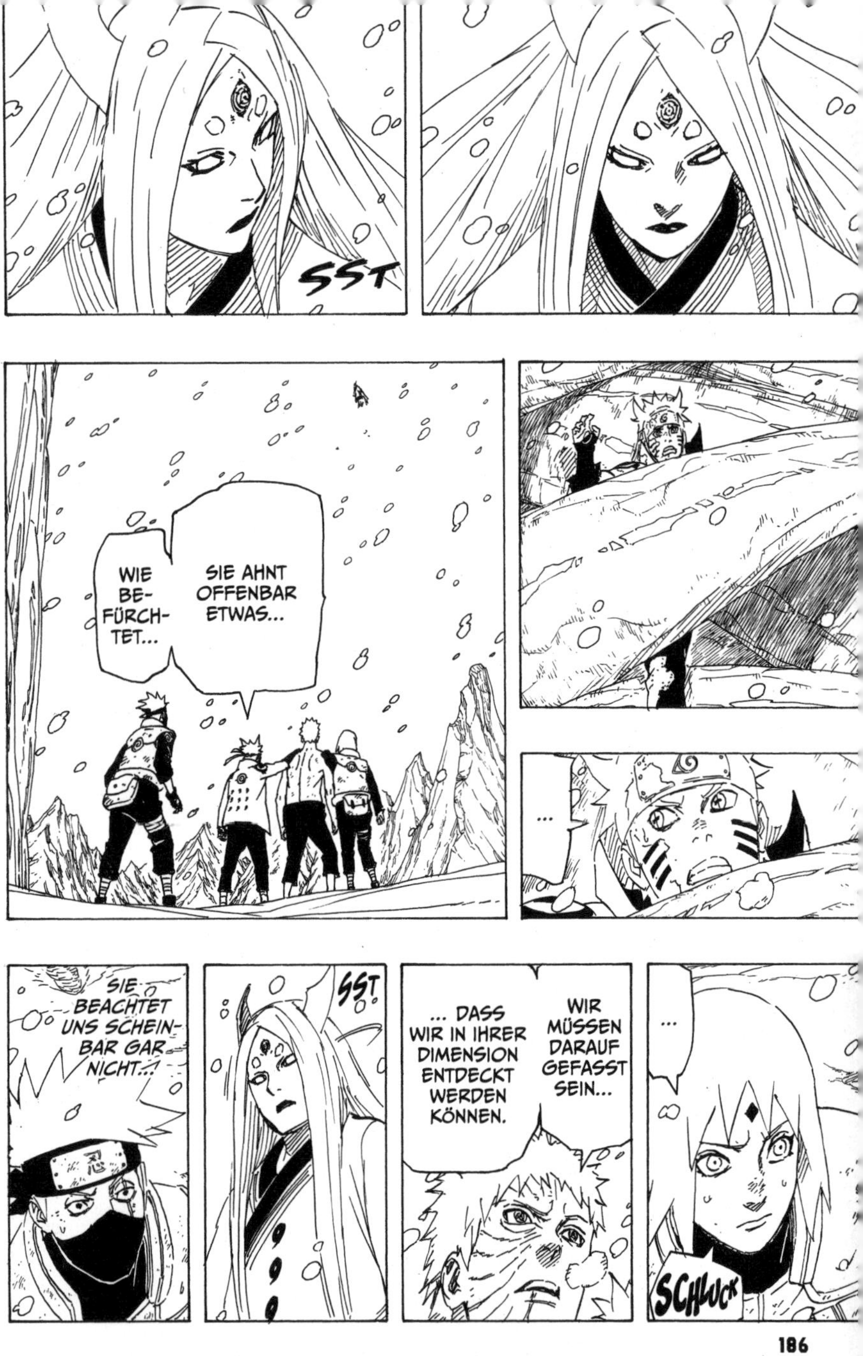
SST
...
SIE AHNT OFFENBAR ETWAS...
WIE BE-FÜRCH-TET...
...
SCHLUCK
WIR MÜSSEN DARAUF GEFASST SEIN...
... DASS WIR IN IHRER DIMENSION ENTDECKT WERDEN KÖNNEN.
SST
SIE BEACHTET UNS SCHEIN-BAR GAR NICHT...!

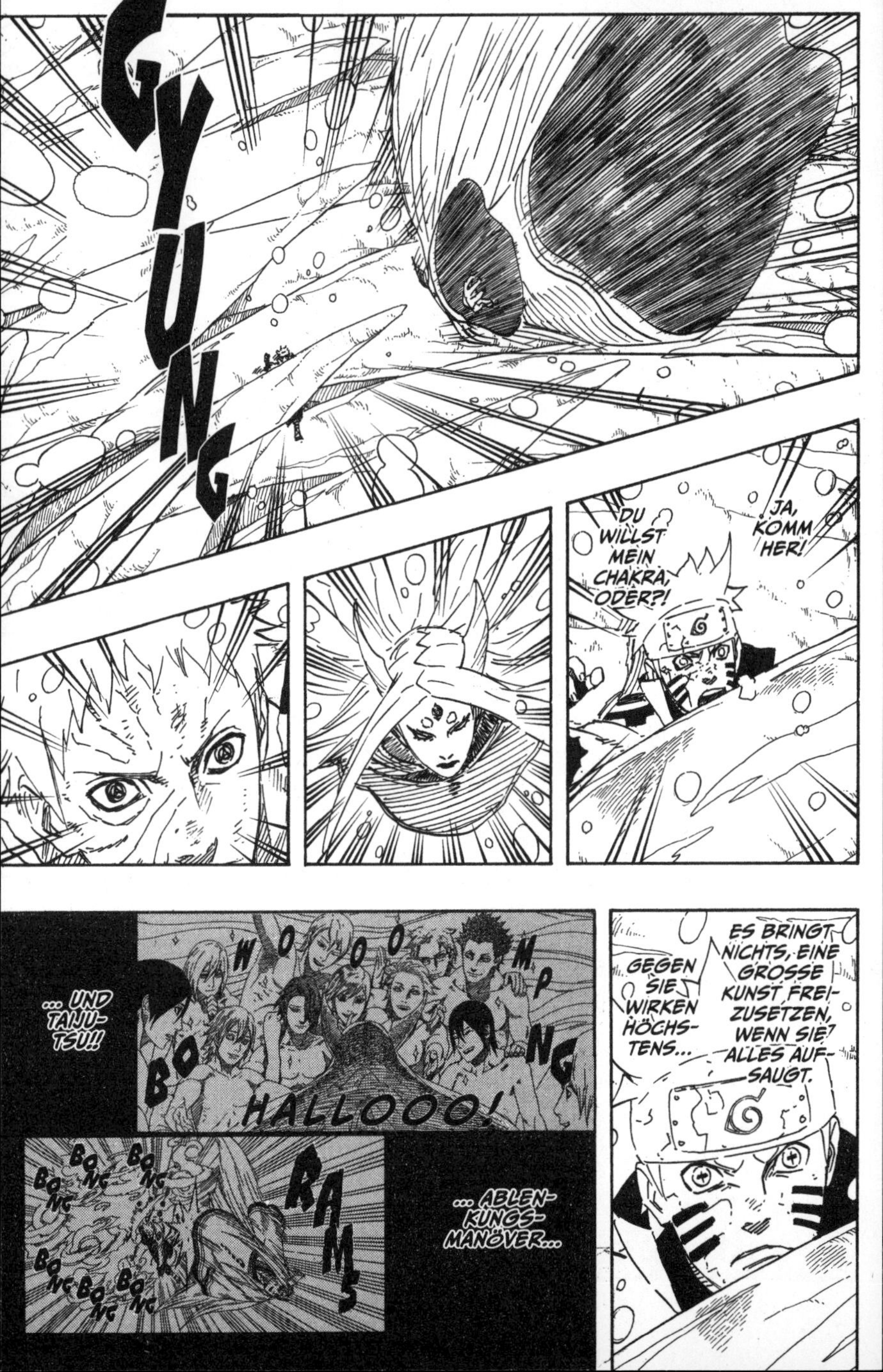

GYUNG
JA, KOMM HER!
DU WILLST MEIN CHAKRA, ODER?!
ES BRINGT NICHTS, EINE GROSSE KUNST FREIZUSETZEN, WENN SIE ALLES AUFSAUGT.
GEGEN SIE WIRKEN HÖCHSTENS...
WOOOMPNG
BO
HALLOOO!
... UND TAIJUTSU!!
... ABLENKUNGSMANÖVER...
RAMS
BONG BONG BONG BONG BONG BONG BONG

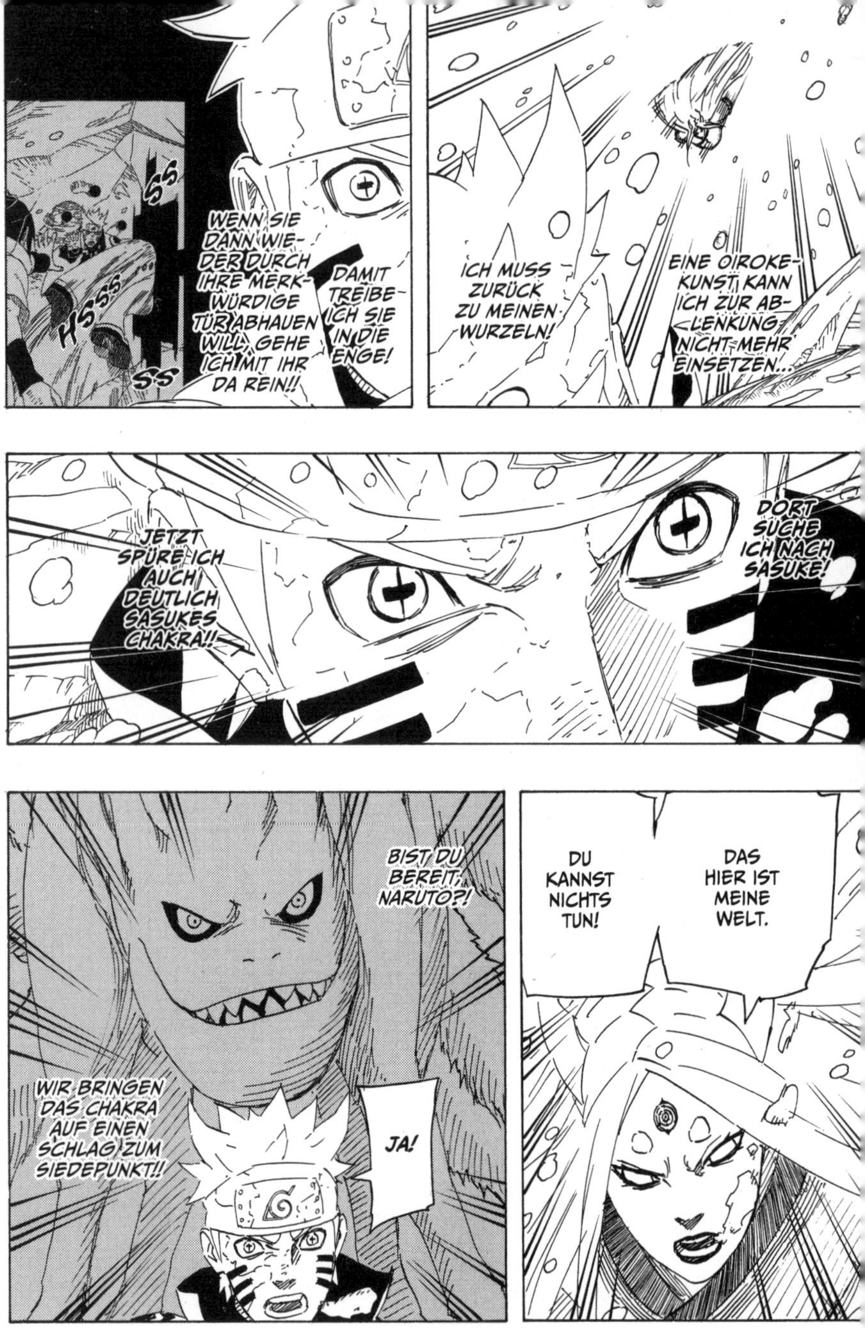
EINE OIROKE-KUNST KANN ICH ZUR ABLENKUNG NICHT MEHR EINSETZEN...
ICH MUSS ZURÜCK ZU MEINEN WURZELN!
DAMIT TREIBE ICH SIE IN DIE ENGE!
WENN SIE DANN WIEDER DURCH IHRE MERKWÜRDIGE TÜR ABHAUEN WILL, GEHE ICH MIT IHR DA REIN!!
SS
HSSSS
SS
DORT SUCHE ICH NACH SASUKE!
JETZT SPÜRE ICH AUCH DEUTLICH SASUKES CHAKRA!!
DAS HIER IST MEINE WELT.
DU KANNST NICHTS TUN!
BIST DU BEREIT, NARUTO?!
WIR BRINGEN DAS CHAKRA AUF EINEN SCHLAG ZUM SIEDEPUNKT!!
JA!

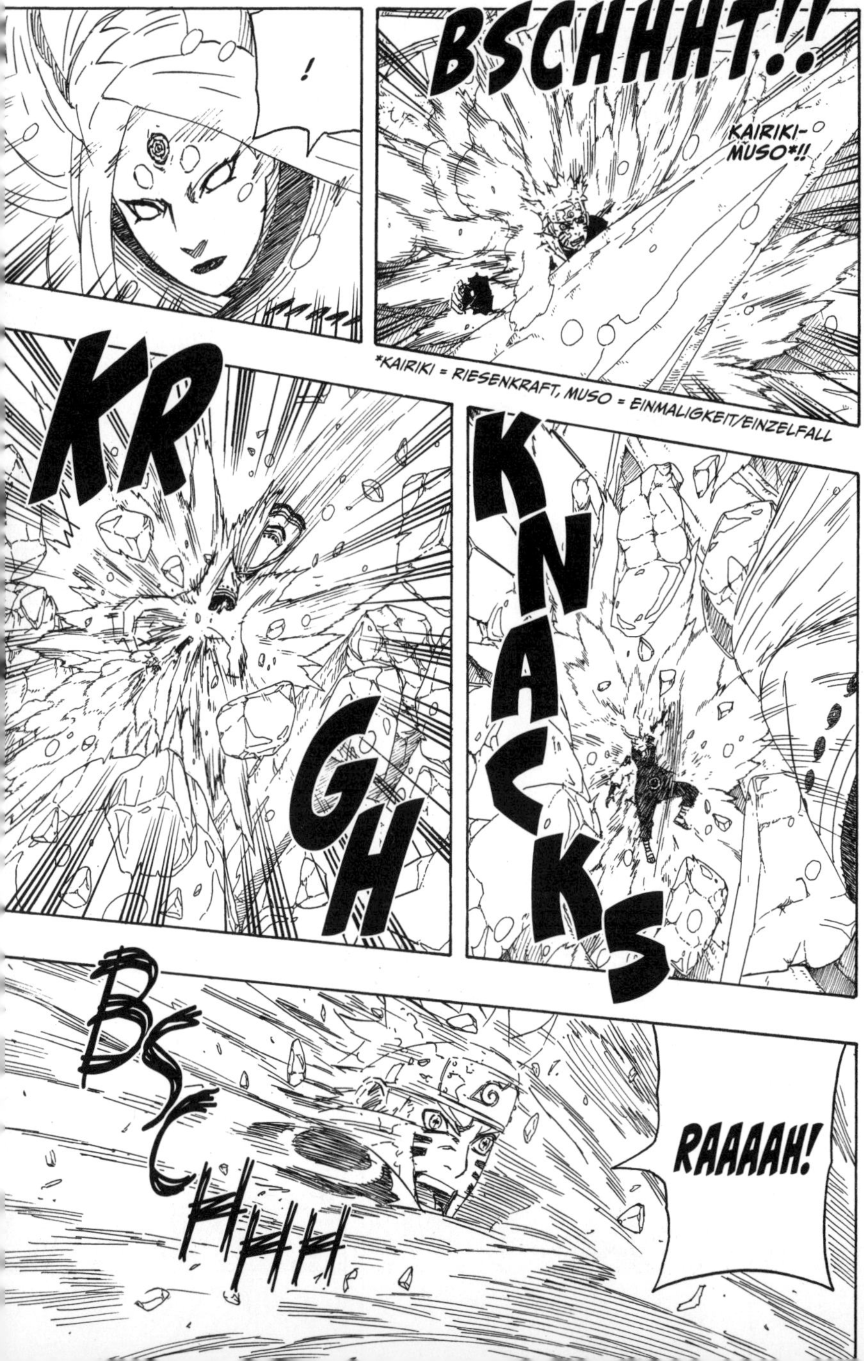
BSCHHHT!!
KAIRIKI-MUSO*!!
!
*KAIRIKI = RIESENKRAFT, MUSO = EINMALIGKEIT/EINZELFALL
KNACKS
KRGH
RAAAAH!
BSCHHH

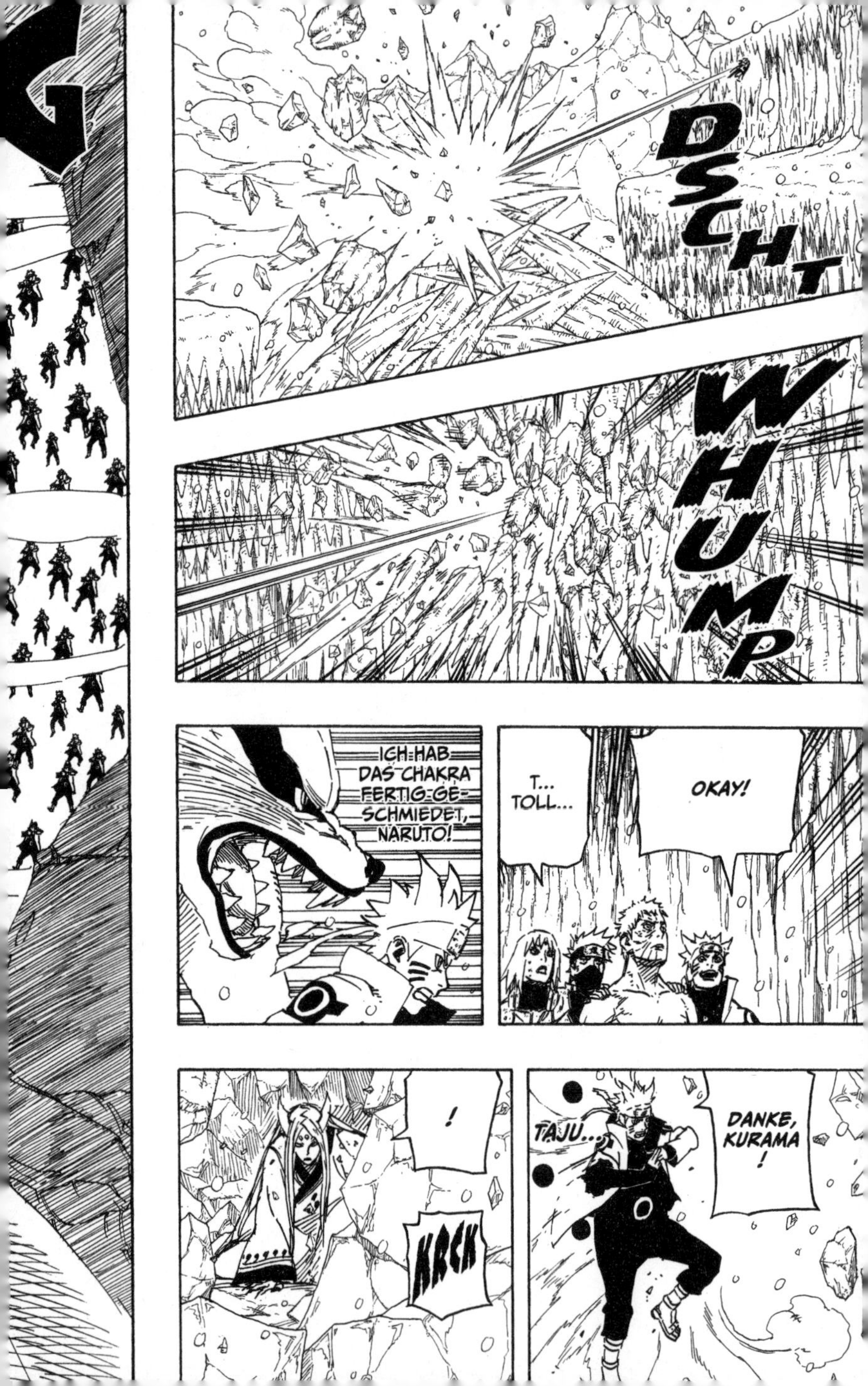
DSCHT
WHUMP
OKAY!
T... TOLL...
ICH HAB DAS CHAKRA FERTIG GE-SCHMIEDET, NARUTO!
DANKE, KURAMA!
TAJU...
!
KRCK

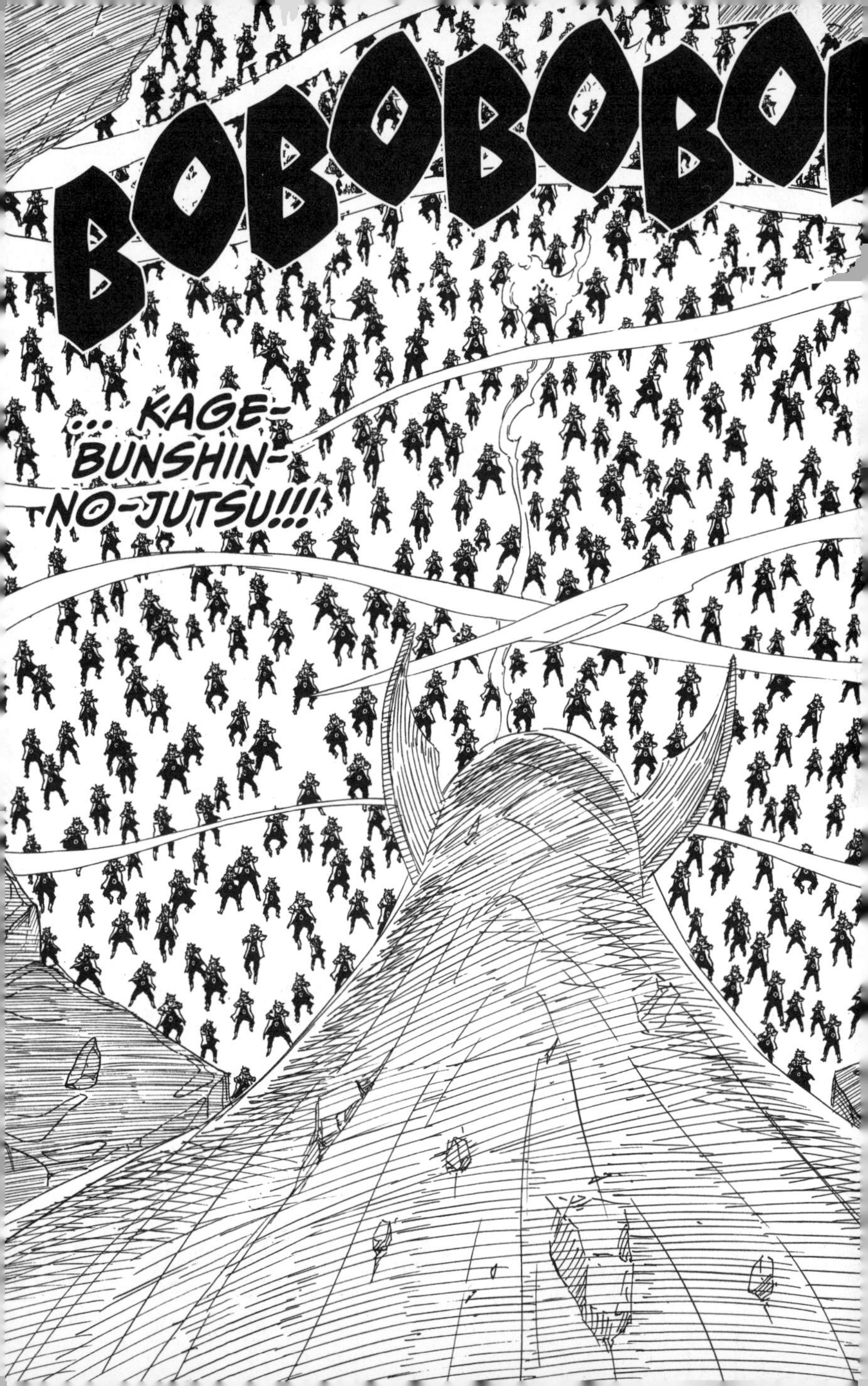
BOBOBOBO
... KAGE-BUNSHIN-NO-JUTSU!!!

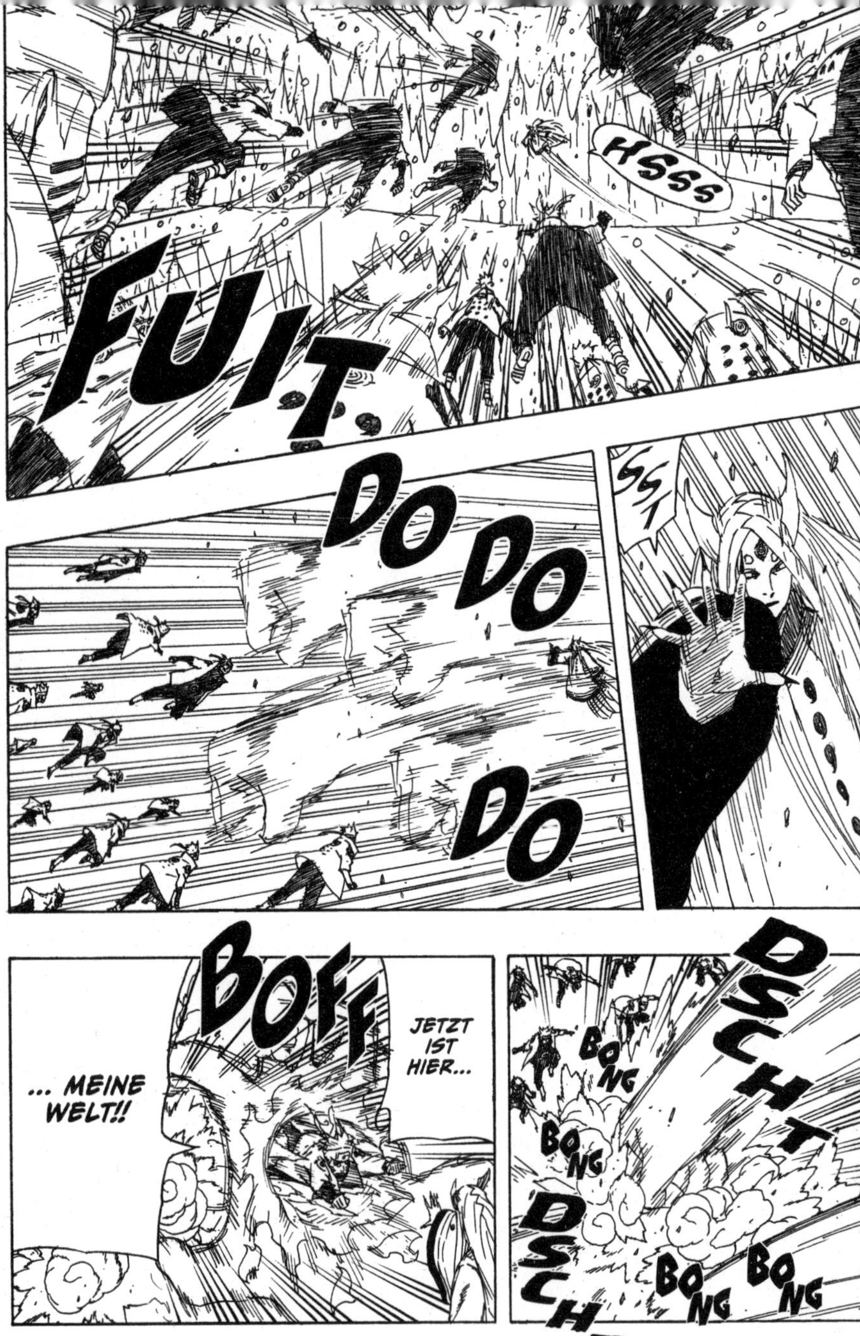
HSSS
FUIT
DO DO
DO
DSCHT
BONG
BONG
DSCHT
BONG
BONG
JETZT IST HIER...
... MEINE WELT!!
BOFF

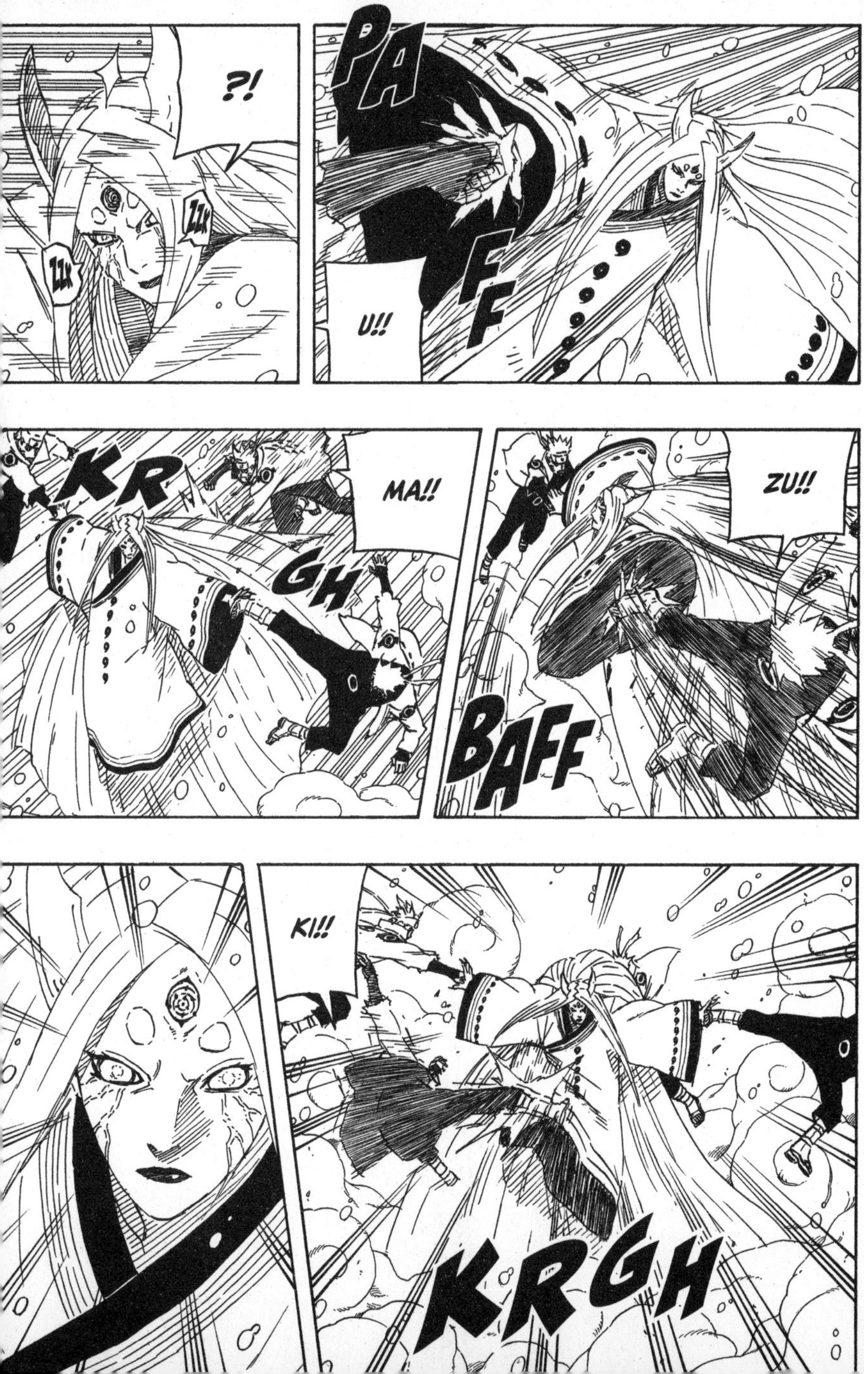

PA
FF
U!!
?!
ZZK
ZZK
ZU!!
BAFF
MA!!
KR
GH
KI!!
KRGH

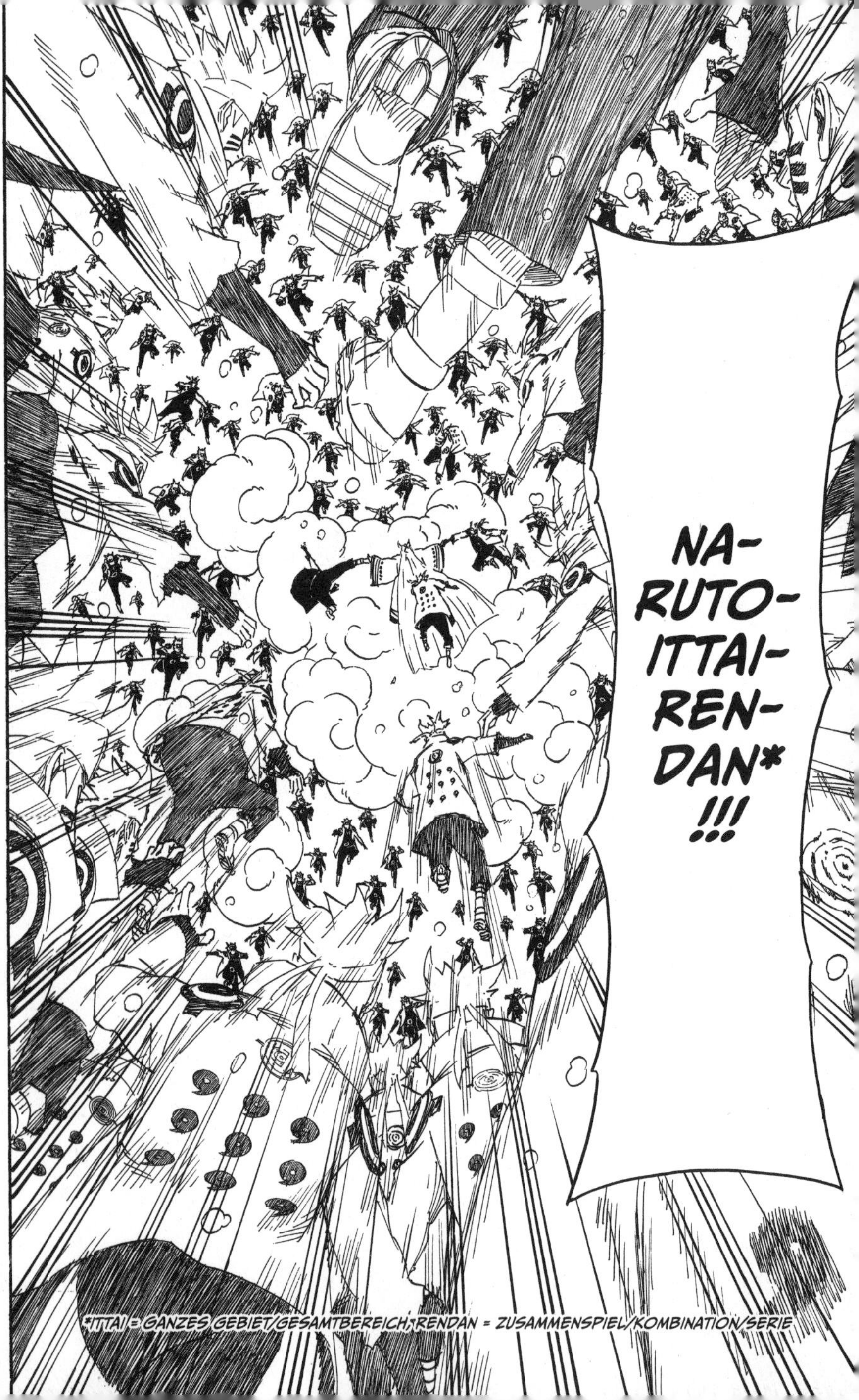
NA-RUTO-ITTAI-RENDAN* !!!
*ITTAI = GANZES GEBIET/GESAMTBEREICH; RENDAN = ZUSAMMENSPIEL/KOMBINATION/SERIE

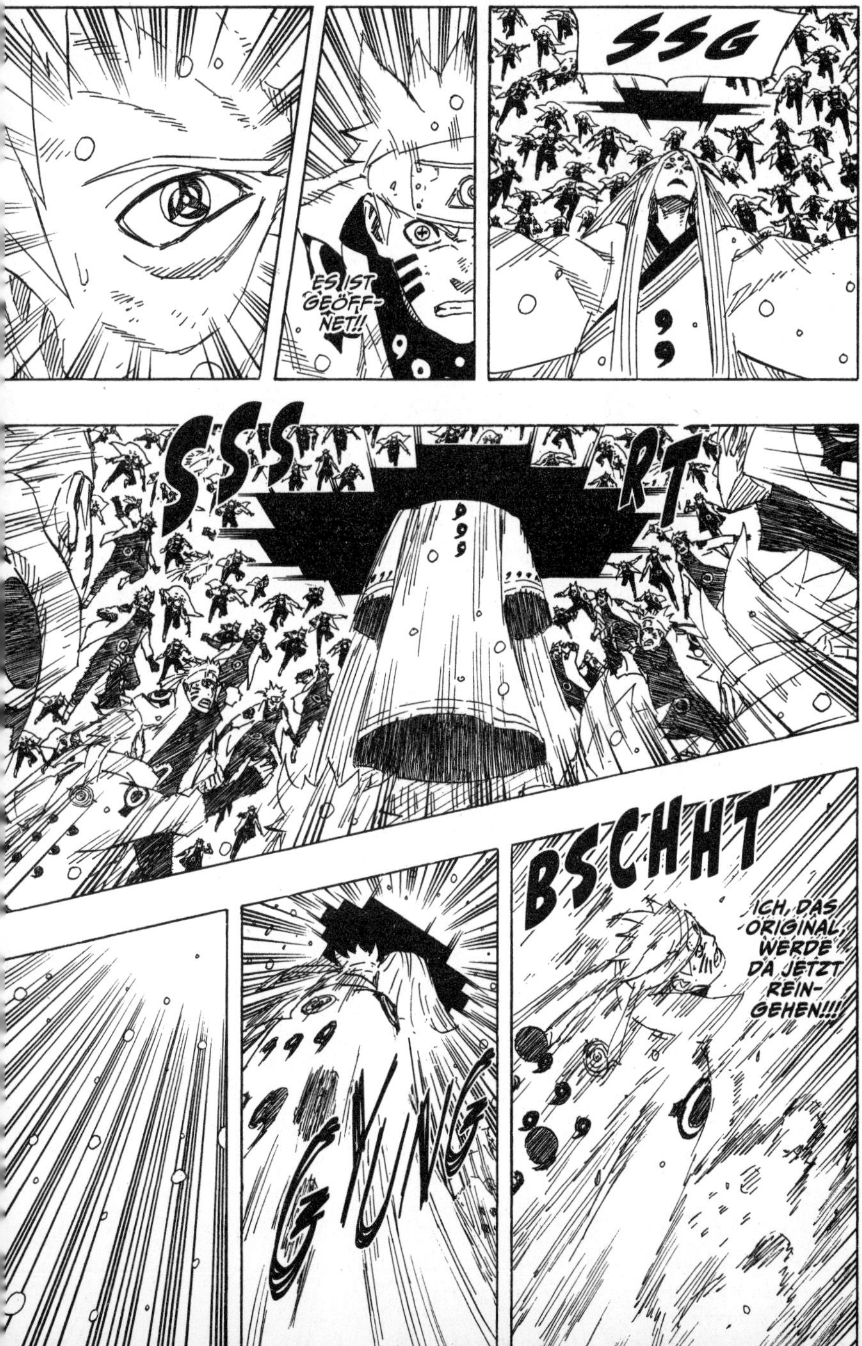
SSG
ES IST GEÖFF-NET!!
SSS
RT
BSCHHT
ICH, DAS ORIGINAL, WERDE DA JETZT REIN-GEHEN!!!
GYUNG

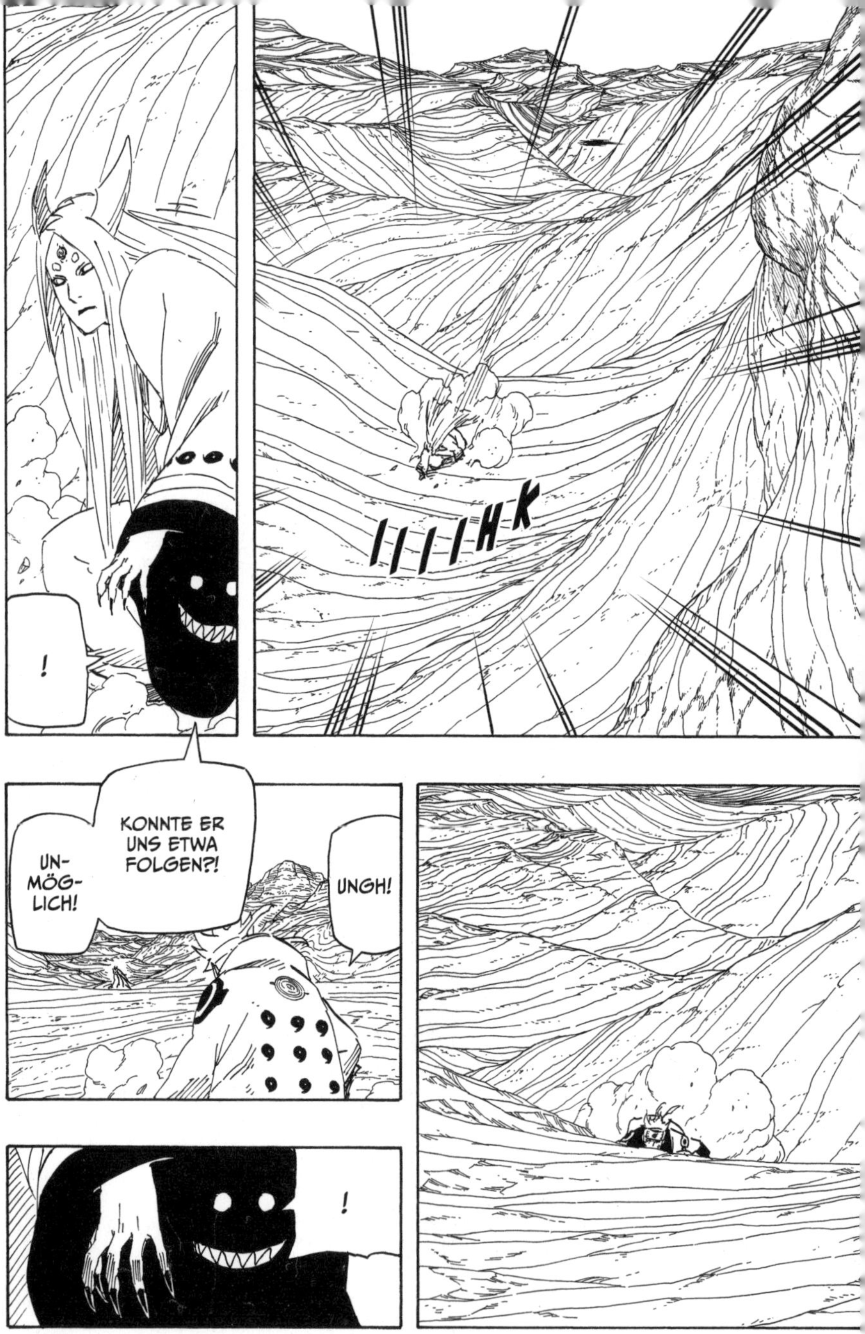
!
IIIIHK
KONNTE ER UNS ETWA FOLGEN?!
UN-MÖG-LICH!
UNGH!
!

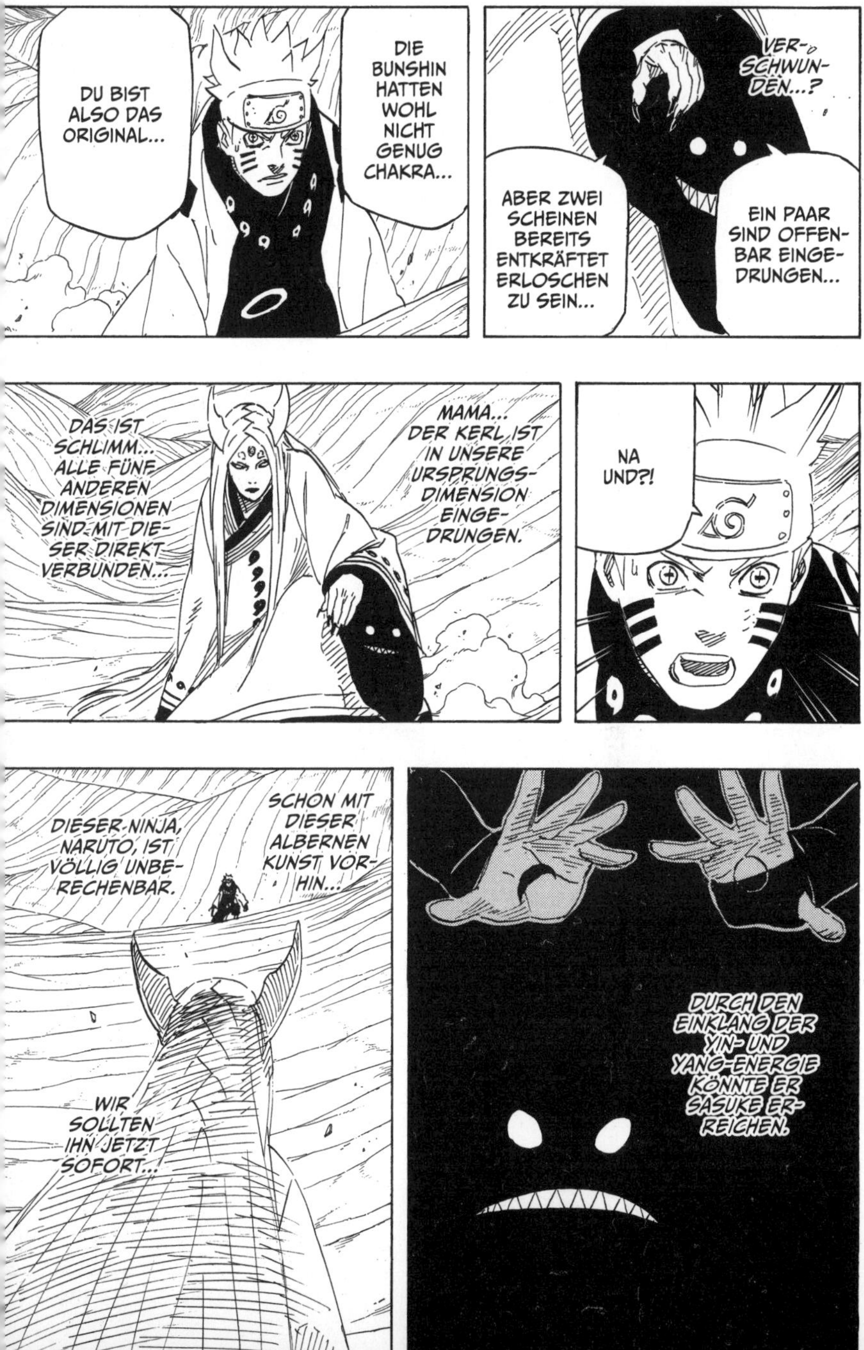
VERSCHWUNDEN...?
EIN PAAR SIND OFFENBAR EINGEDRUNGEN...
ABER ZWEI SCHEINEN BEREITS ENTKRÄFTET ERLOSCHEN ZU SEIN...
DIE BUNSHIN HATTEN WOHL NICHT GENUG CHAKRA...
DU BIST ALSO DAS ORIGINAL...
NA UND?!
MAMA... DER KERL IST IN UNSERE URSPRUNGSDIMENSION EINGEDRUNGEN.
DAS IST SCHLIMM... ALLE FÜNF ANDEREN DIMENSIONEN SIND MIT DIESER DIREKT VERBUNDEN...
DURCH DEN EINKLANG DER YIN- UND YANG-ENERGIE KÖNNTE ER SASUKE ERREICHEN.
SCHON MIT DIESER ALBERNEN KUNST VORHIN...
DIESER NINJA, NARUTO, IST VÖLLIG UNBERECHENBAR.
WIR SOLLTEN IHN JETZT SOFORT...

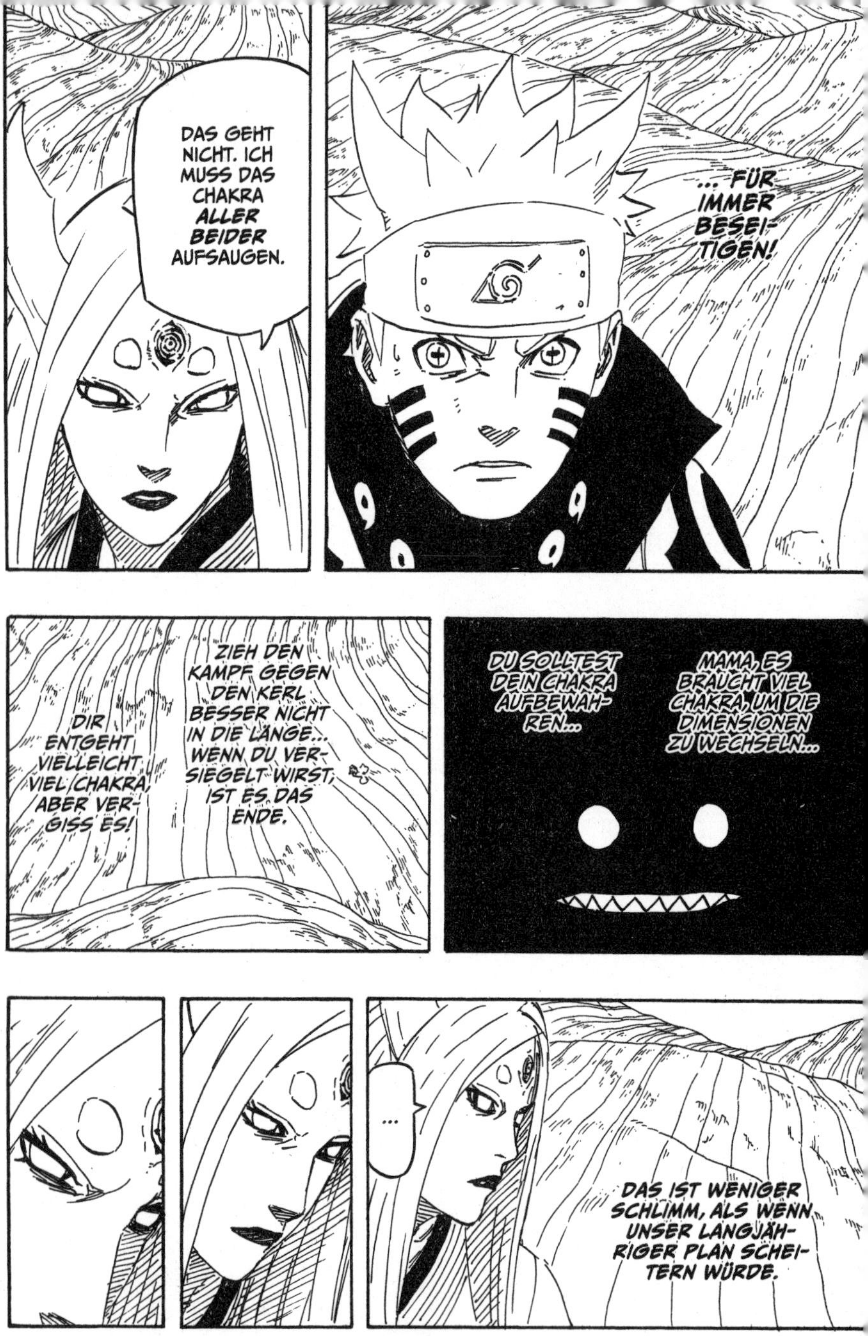
… FÜR IMMER BESEI-TIGEN!
DAS GEHT NICHT. ICH MUSS DAS CHAKRA ALLER BEIDER AUFSAUGEN.
MAMA, ES BRAUCHT VIEL CHAKRA, UM DIE DIMENSIONEN ZU WECHSELN …
DU SOLLTEST DEIN CHAKRA AUFBEWAHREN …
ZIEH DEN KAMPF GEGEN DEN KERL BESSER NICHT IN DIE LÄNGE … WENN DU VER-SIEGELT WIRST, IST ES DAS ENDE.
DIR ENTGEHT VIELLEICHT VIEL CHAKRA, ABER VER-GISS ES!
…
DAS IST WENIGER SCHLIMM, ALS WENN UNSER LANGJÄH-RIGER PLAN SCHEI-TERN WÜRDE.

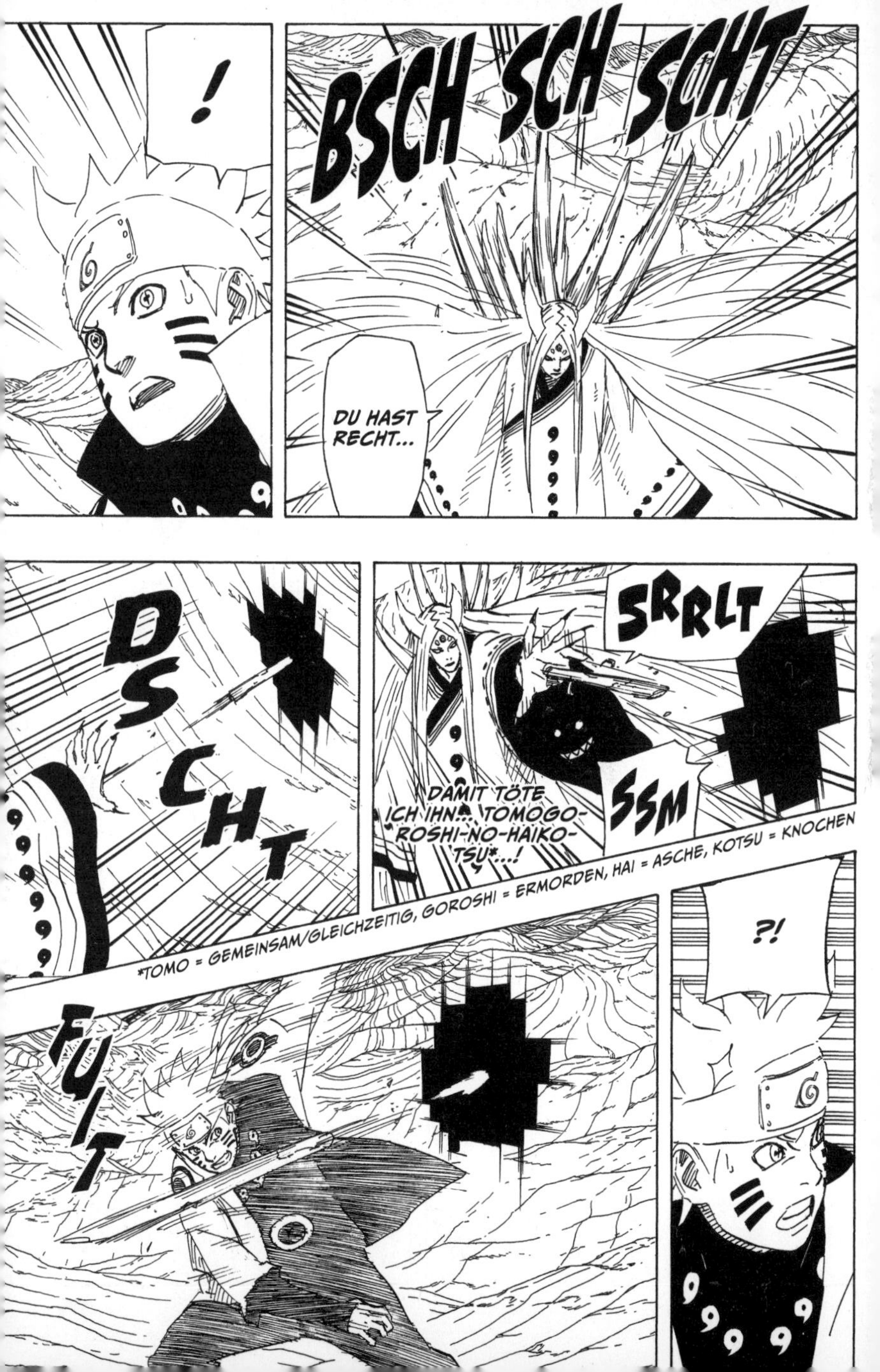
BSCH SCH SCHT
!
DU HAST RECHT...
SRRLT
DSCHT
DAMIT TÖTE ICH IHN... TOMOGO-ROSHI-NO-HAIKO-TSU*...!
SSM
?!
FUIT
*TOMO = GEMEINSAM/GLEICHZEITIG, GOROSHI = ERMORDEN, HAI = ASCHE, KOTSU = KNOCHEN

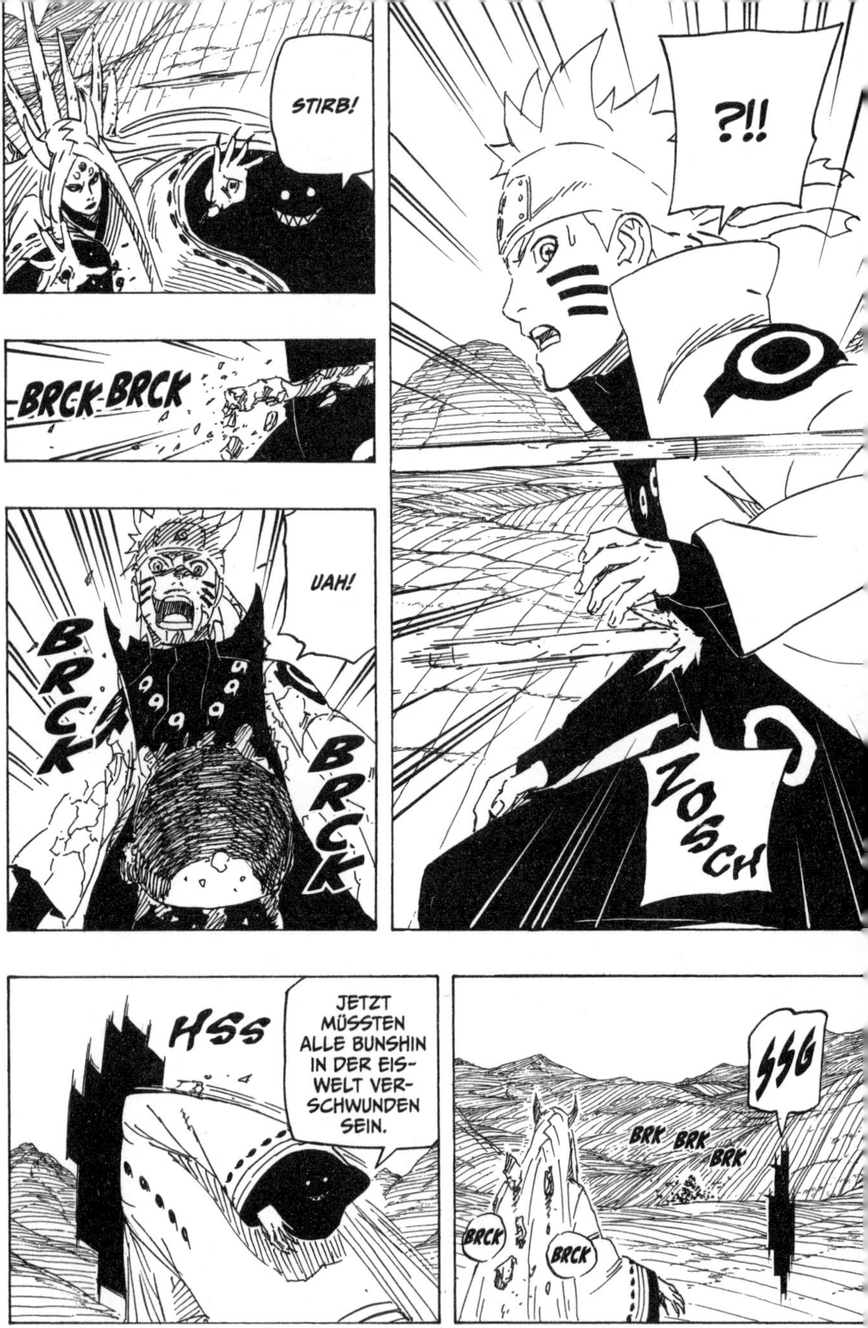
?!!
ZOSCH
STIRB!
BRCK-BRCK
UAH!
BRCK
BRCK
SSG
BRK BRK BRK
BRCK
BRCK
HSS
JETZT MÜSSTEN ALLE BUNSHIN IN DER EIS-WELT VER-SCHWUNDEN SEIN.

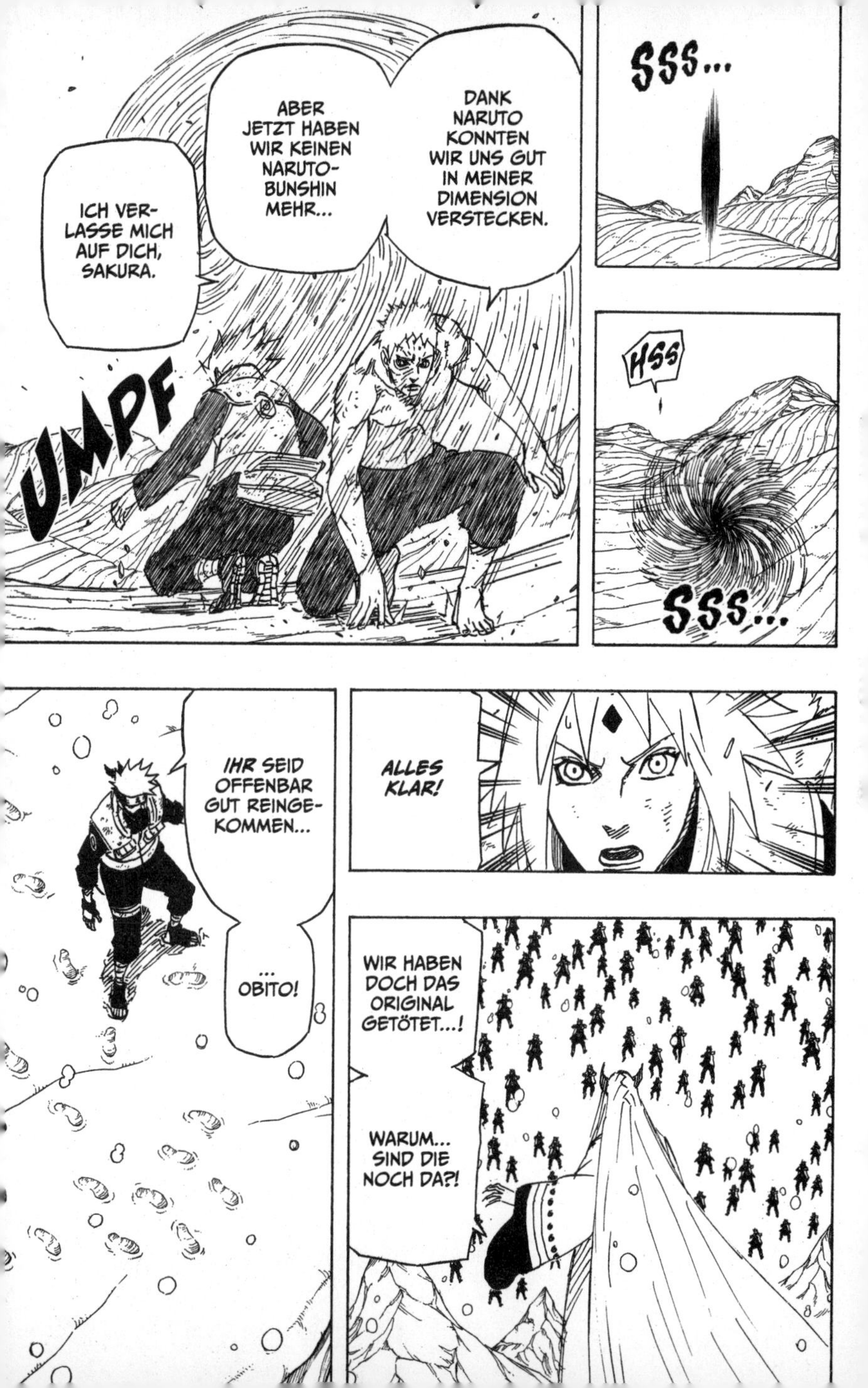

SSS...
HSS
SSS...
DANK NARUTO KONNTEN WIR UNS GUT IN MEINER DIMENSION VERSTECKEN.
ABER JETZT HABEN WIR KEINEN NARUTO-BUNSHIN MEHR...
ICH VERLASSE MICH AUF DICH, SAKURA.
UMPF
ALLES KLAR!
WIR HABEN DOCH DAS ORIGINAL GETÖTET...!
WARUM... SIND DIE NOCH DA?!
IHR SEID OFFENBAR GUT REINGEKOMMEN...
... OBITO!

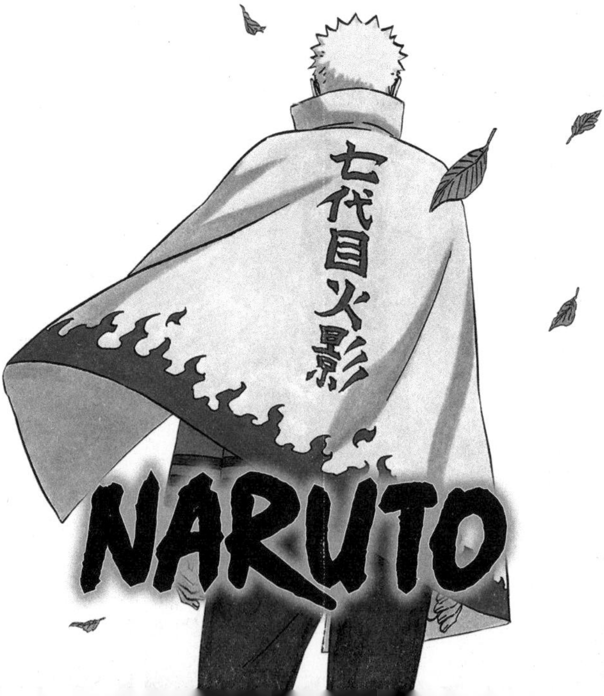
七代目火影
NARUTO

685. Kapitel: Alles, was ich habe ...!

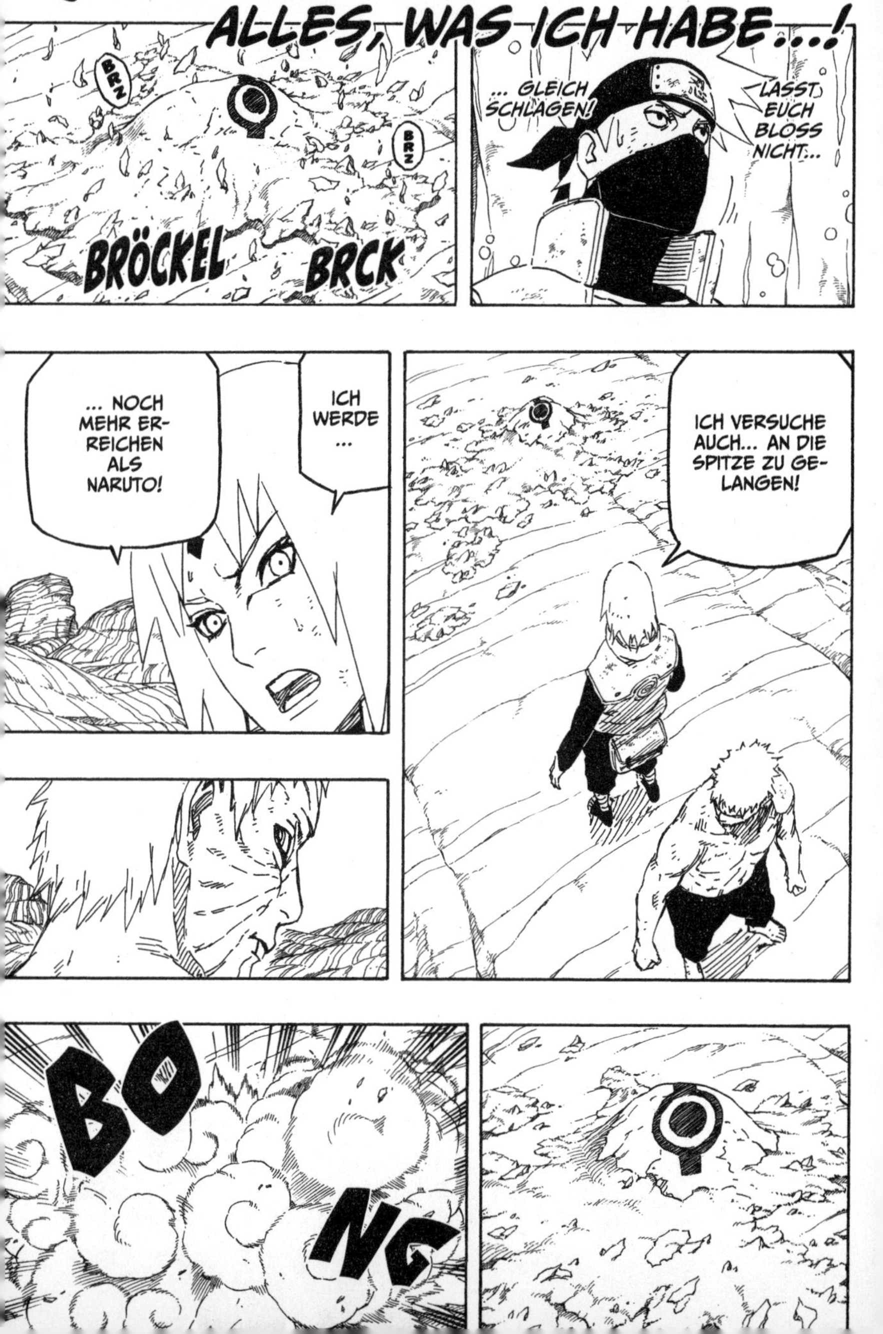

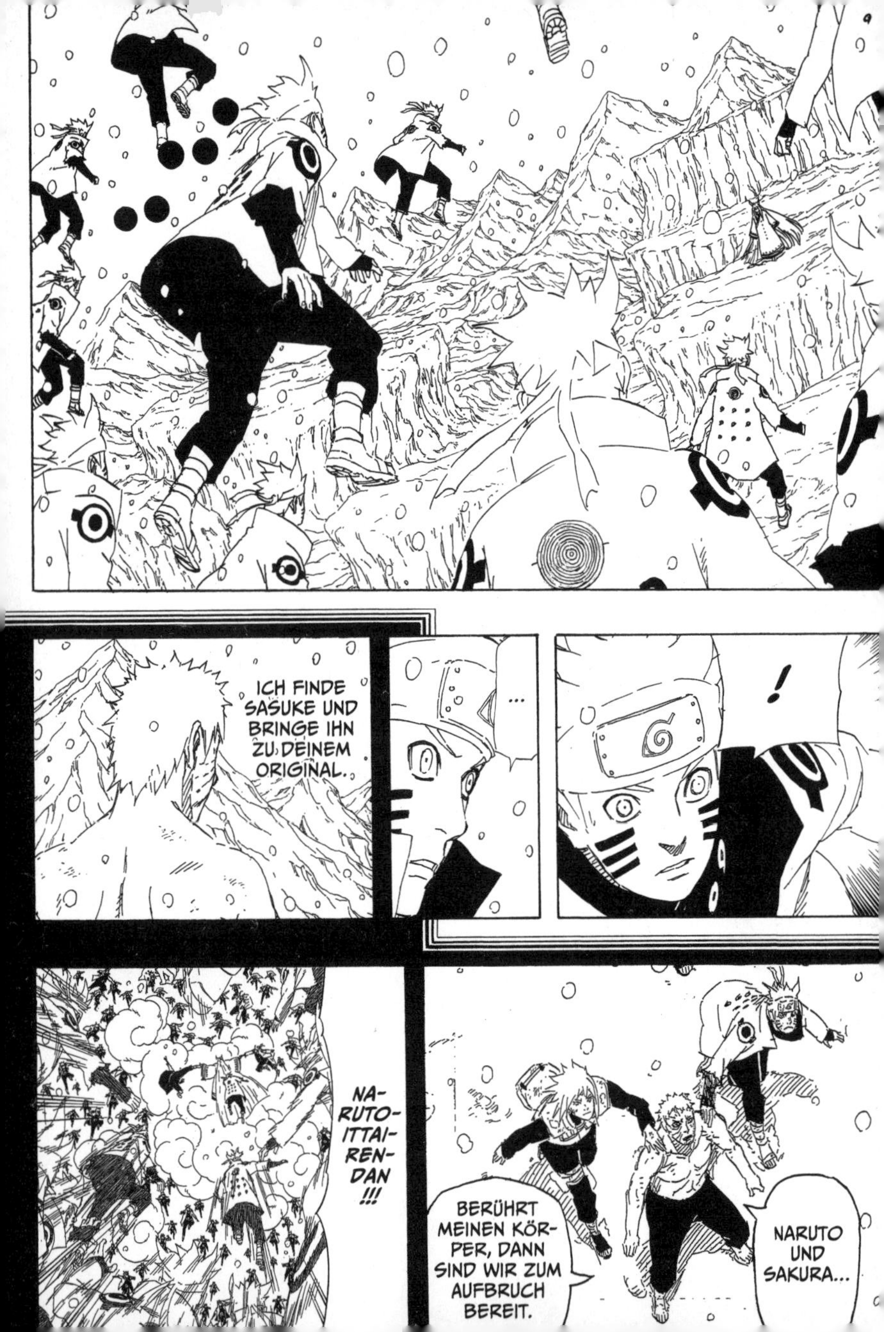
!
...
ICH FINDE SASUKE UND BRINGE IHN ZU DEINEM ORIGINAL.
NARUTO UND SAKURA...
BERÜHRT MEINEN KÖRPER, DANN SIND WIR ZUM AUFBRUCH BEREIT.
NARUTO-ITTAI-RENDAN!!!

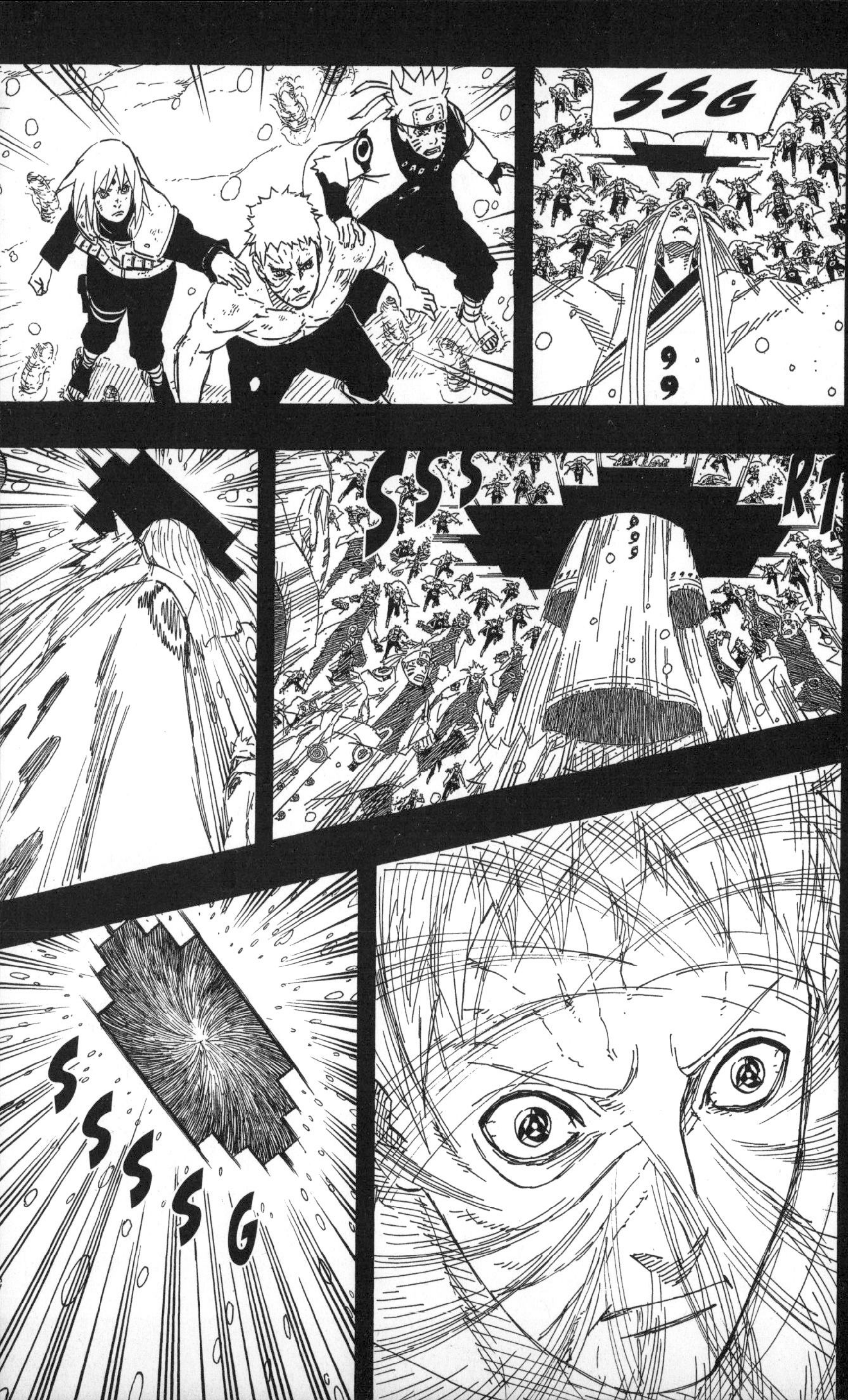
SSG
SSS
RT
SSSSG

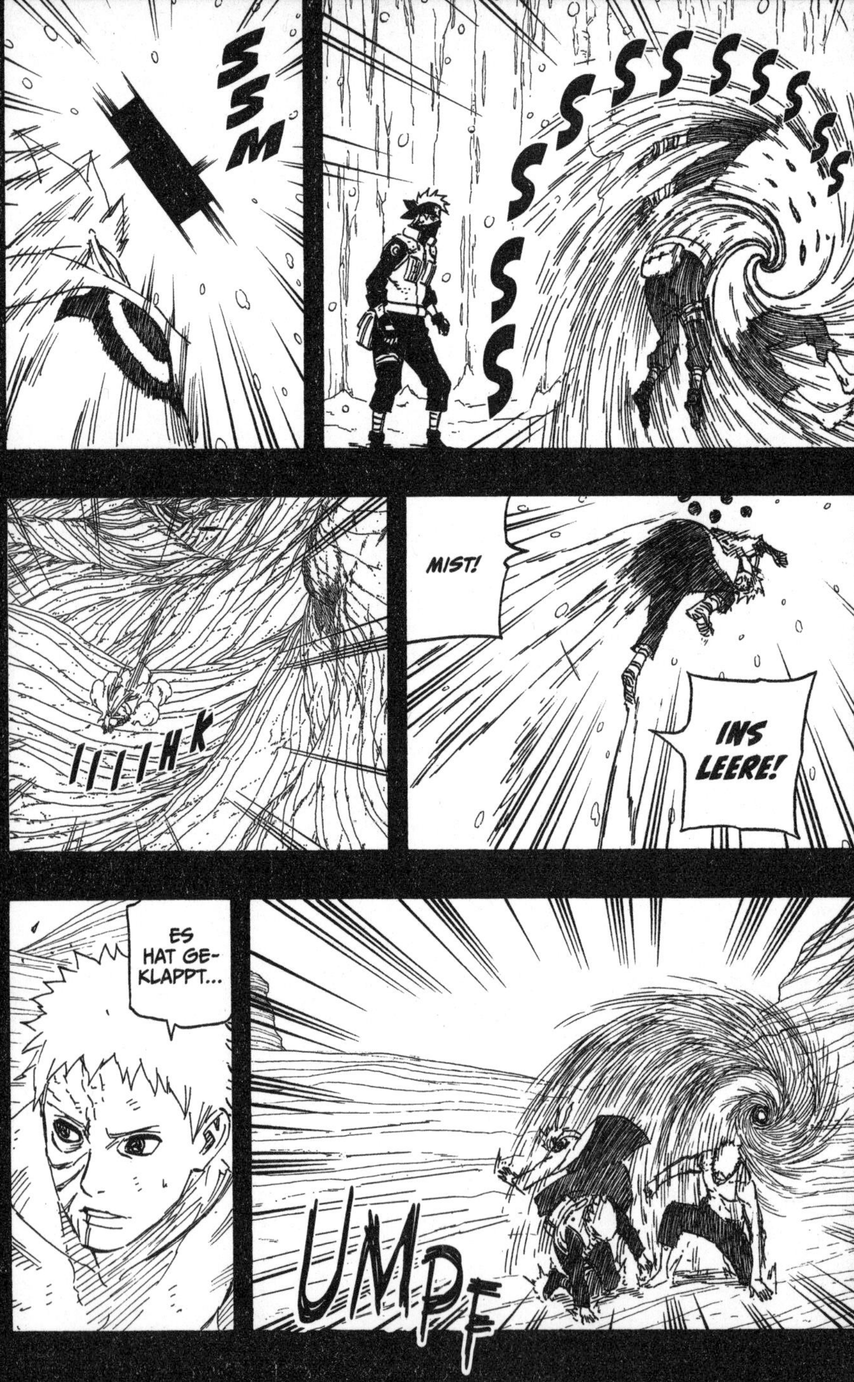
SSSSSSSSSSSSSS
SSM
MIST!
INS LEERE!
IIIIHK
UMPF
ES HAT GE-KLAPPT...

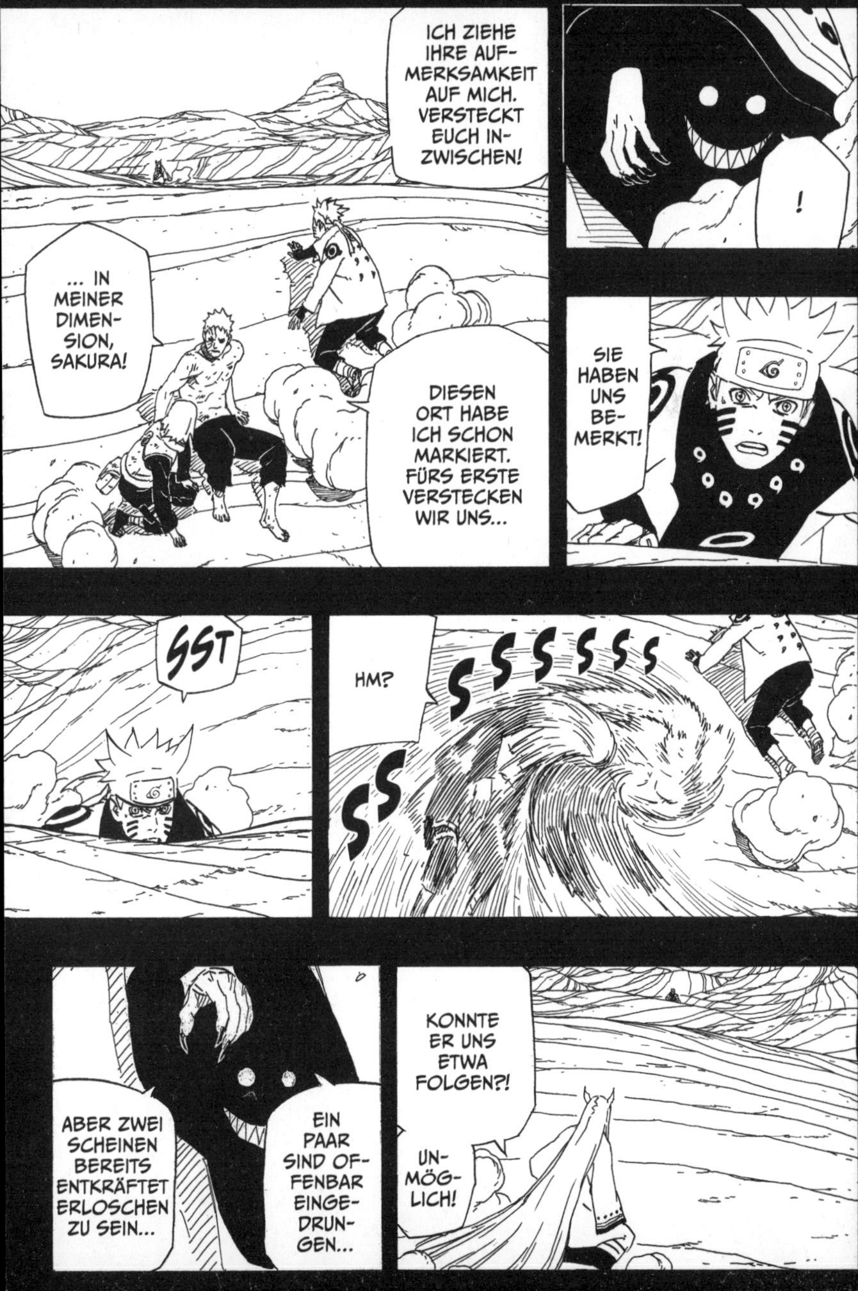
!
SIE HABEN UNS BEMERKT!
ICH ZIEHE IHRE AUFMERKSAMKEIT AUF MICH. VERSTECKT EUCH INZWISCHEN!
DIESEN ORT HABE ICH SCHON MARKIERT. FÜRS ERSTE VERSTECKEN WIR UNS...
... IN MEINER DIMENSION, SAKURA!
SSSSSS
HM?
SS
SST
KONNTE ER UNS ETWA FOLGEN?!
UNMÖGLICH!
EIN PAAR SIND OFFENBAR EINGEDRUNGEN...
ABER ZWEI SCHEINEN BEREITS ENTKRÄFTET ERLOSCHEN ZU SEIN...

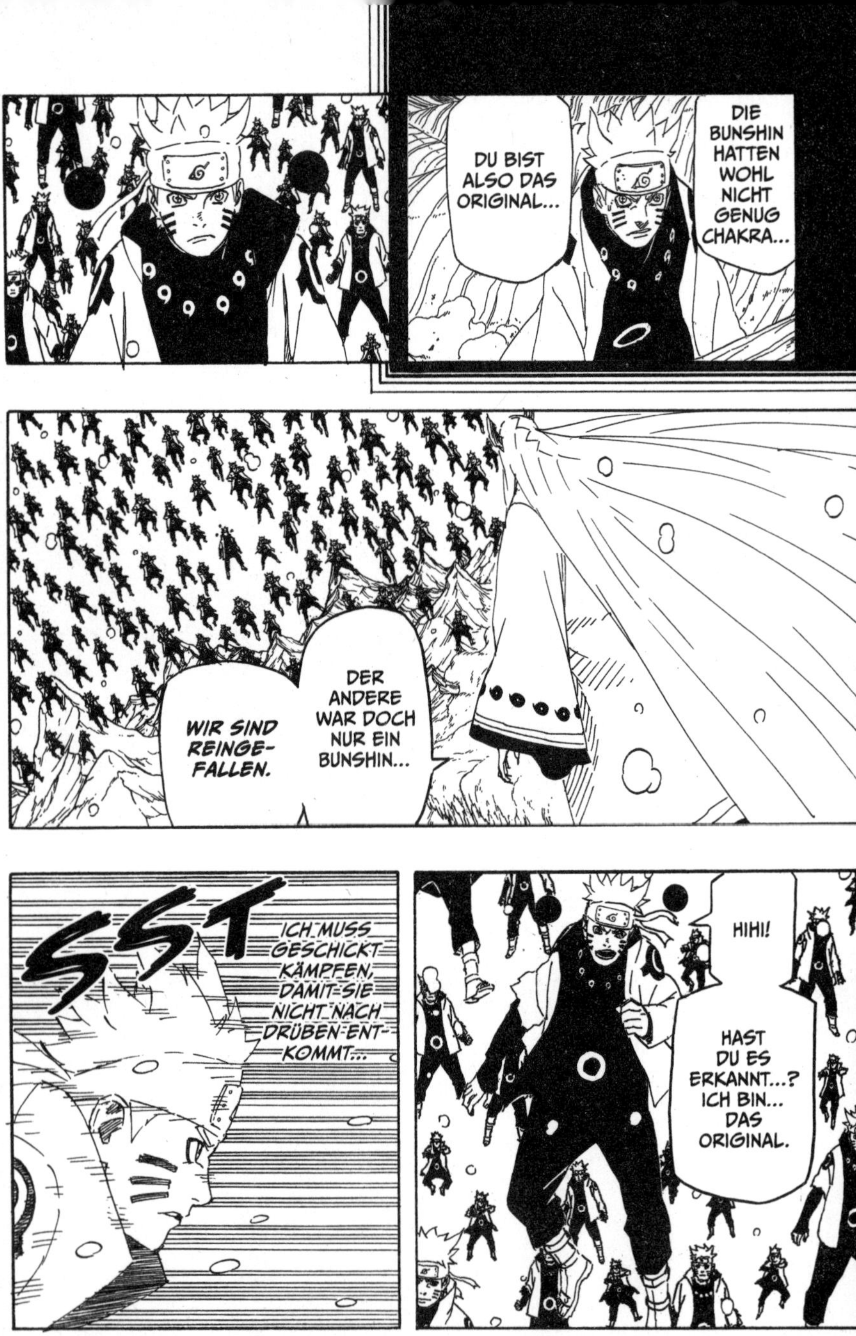
DIE BUNSHIN HATTEN WOHL NICHT GENUG CHAKRA...
DU BIST ALSO DAS ORIGINAL...
DER ANDERE WAR DOCH NUR EIN BUNSHIN...
WIR SIND REINGE-FALLEN.
HIHI!
HAST DU ES ERKANNT...? ICH BIN... DAS ORIGINAL.
SST
ICH MUSS GESCHICKT KÄMPFEN, DAMIT SIE NICHT NACH DRÜBEN ENT-KOMMT...

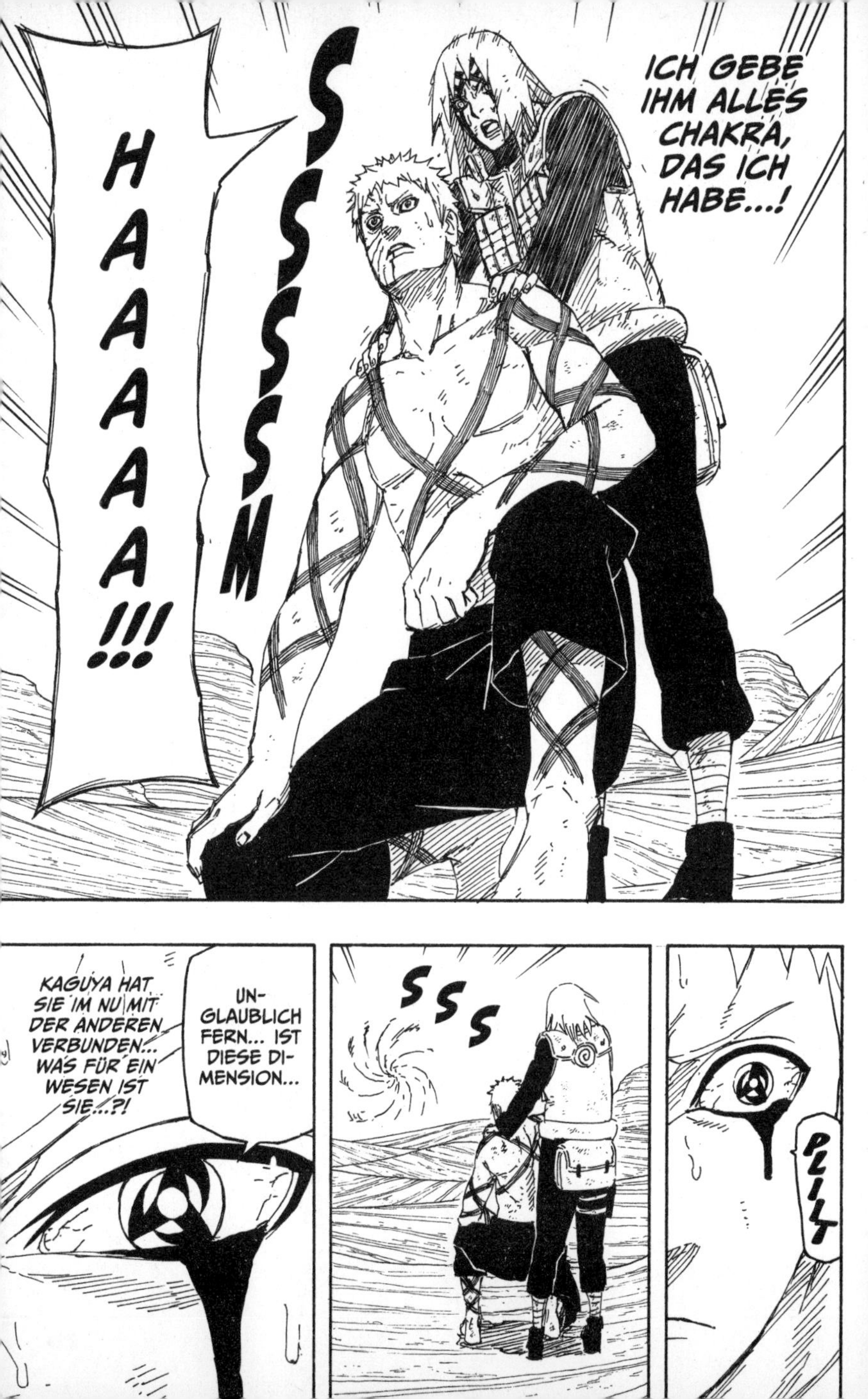
ICH GEBE IHM ALLES CHAKRA, DAS ICH HABE...!
SSSSSM
HAAAAAA!!!
PLITT
SSS
UN-GLAUBLICH FERN... IST DIESE DI-MENSION...
KAGUYA HAT SIE IM NU MIT DER ANDEREN VERBUNDEN... WAS FÜR EIN WESEN IST SIE...?!

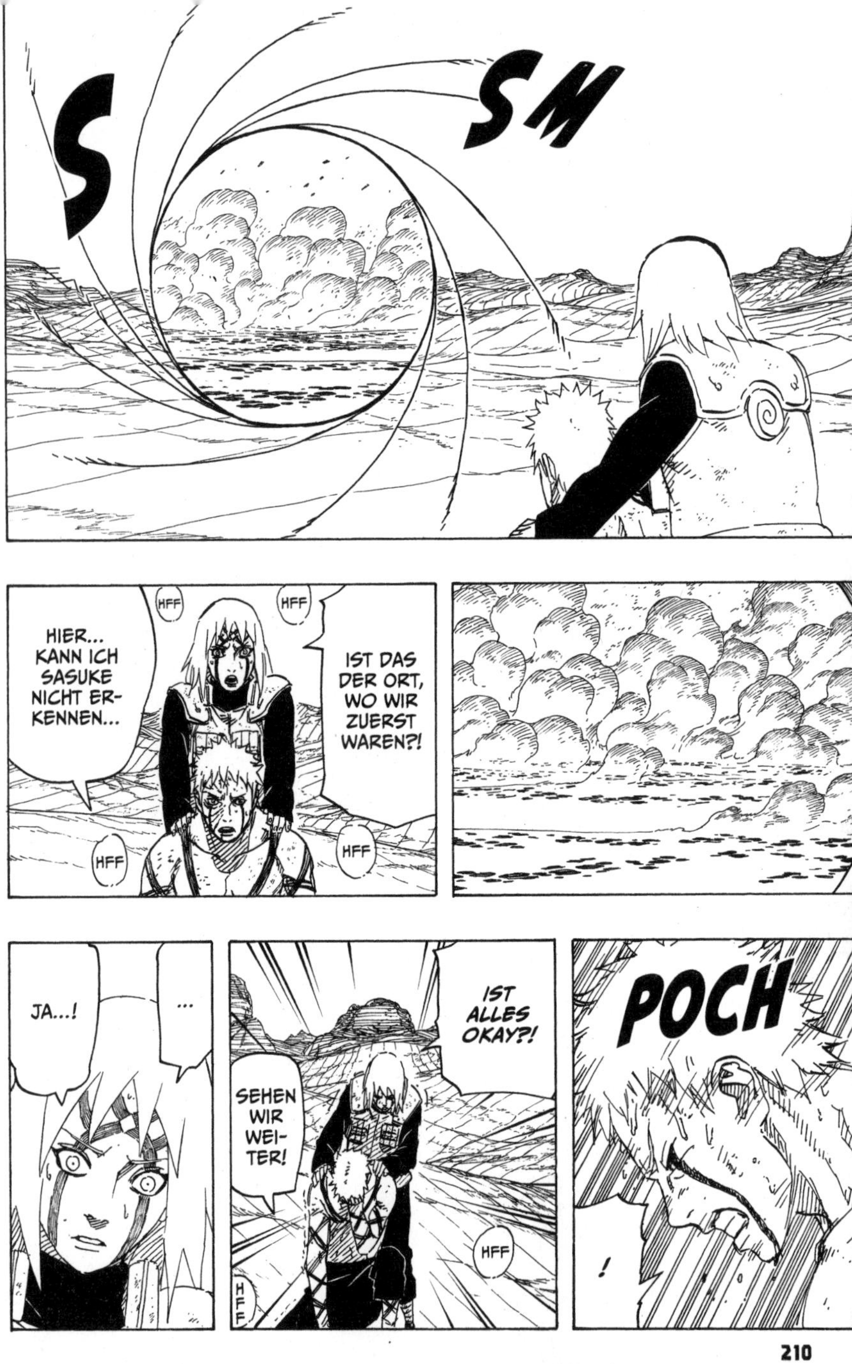
SSH
HFF
HFF
IST DAS DER ORT, WO WIR ZUERST WAREN?!
HIER... KANN ICH SASUKE NICHT ERKENNEN...
HFF
HFF
POCH
!
IST ALLES OKAY?!
SEHEN WIR WEITER!
HFF
HFF
...
JA...!

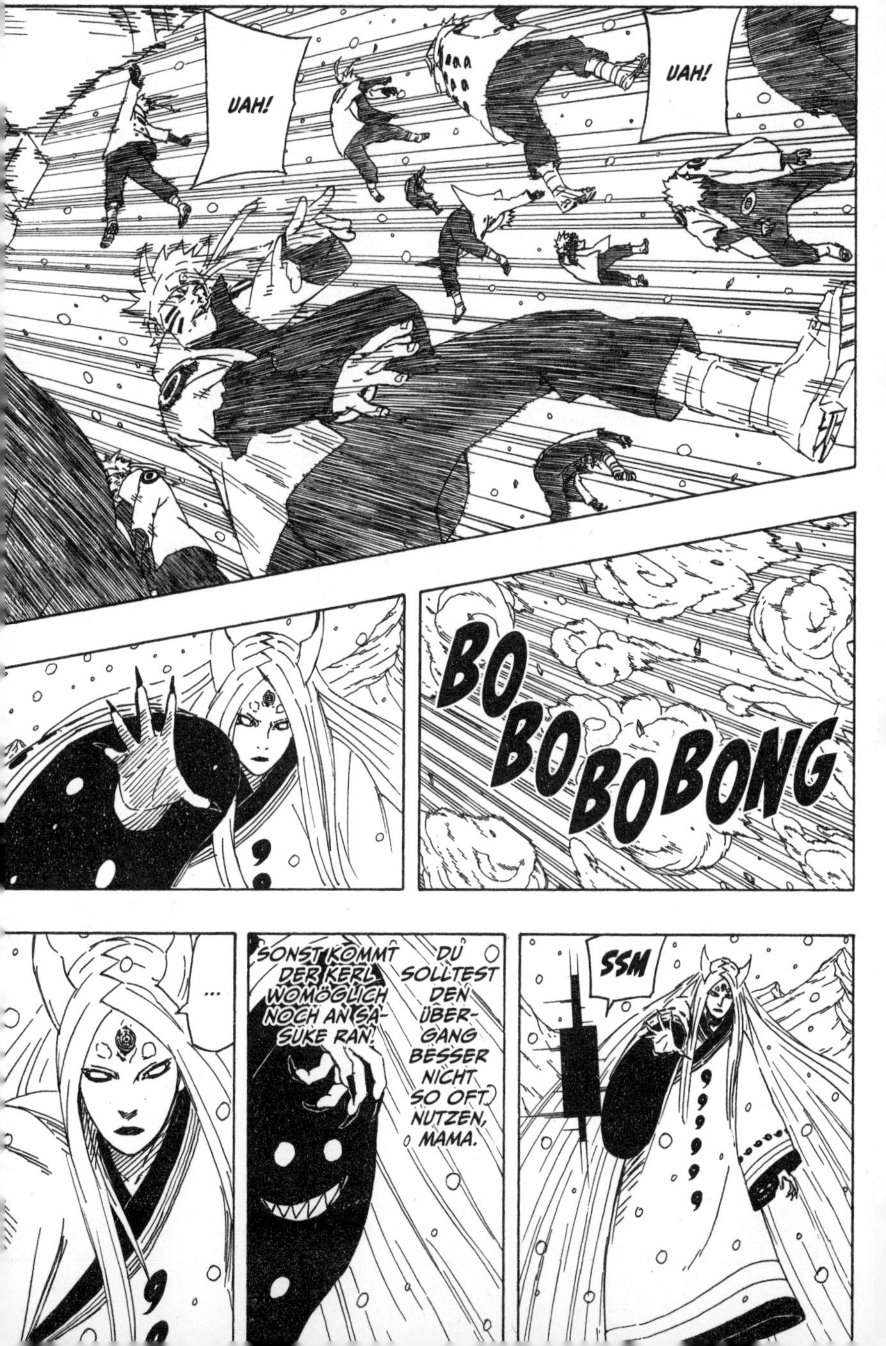
UAH!
UAH!
BOBOBOBONG
SSM
DU SOLLTEST DEN ÜBERGANG BESSER NICHT SO OFT NUTZEN, MAMA.
SONST KOMMT DER KERL WOMÖGLICH NOCH AN SASUKE RAN!
...

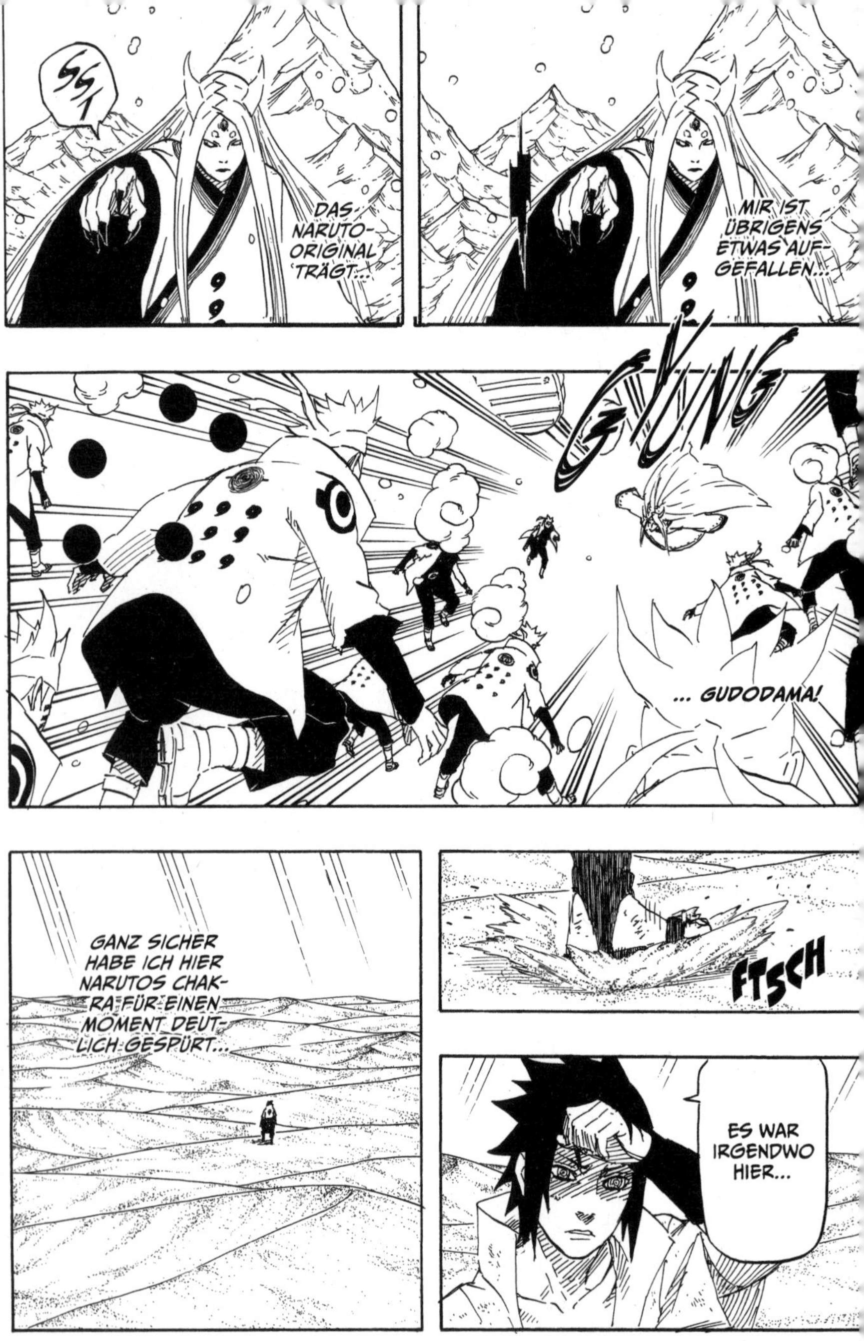
MIR IST ÜBRIGENS ETWAS AUFGEFALLEN...
DAS NARUTO-ORIGINAL TRÄGT...
SS!
GYUNG
... GUDODAMA!
FTSCH
GANZ SICHER HABE ICH HIER NARUTOS CHAKRA FÜR EINEN MOMENT DEUTLICH GESPÜRT...
ES WAR IRGENDWO HIER...

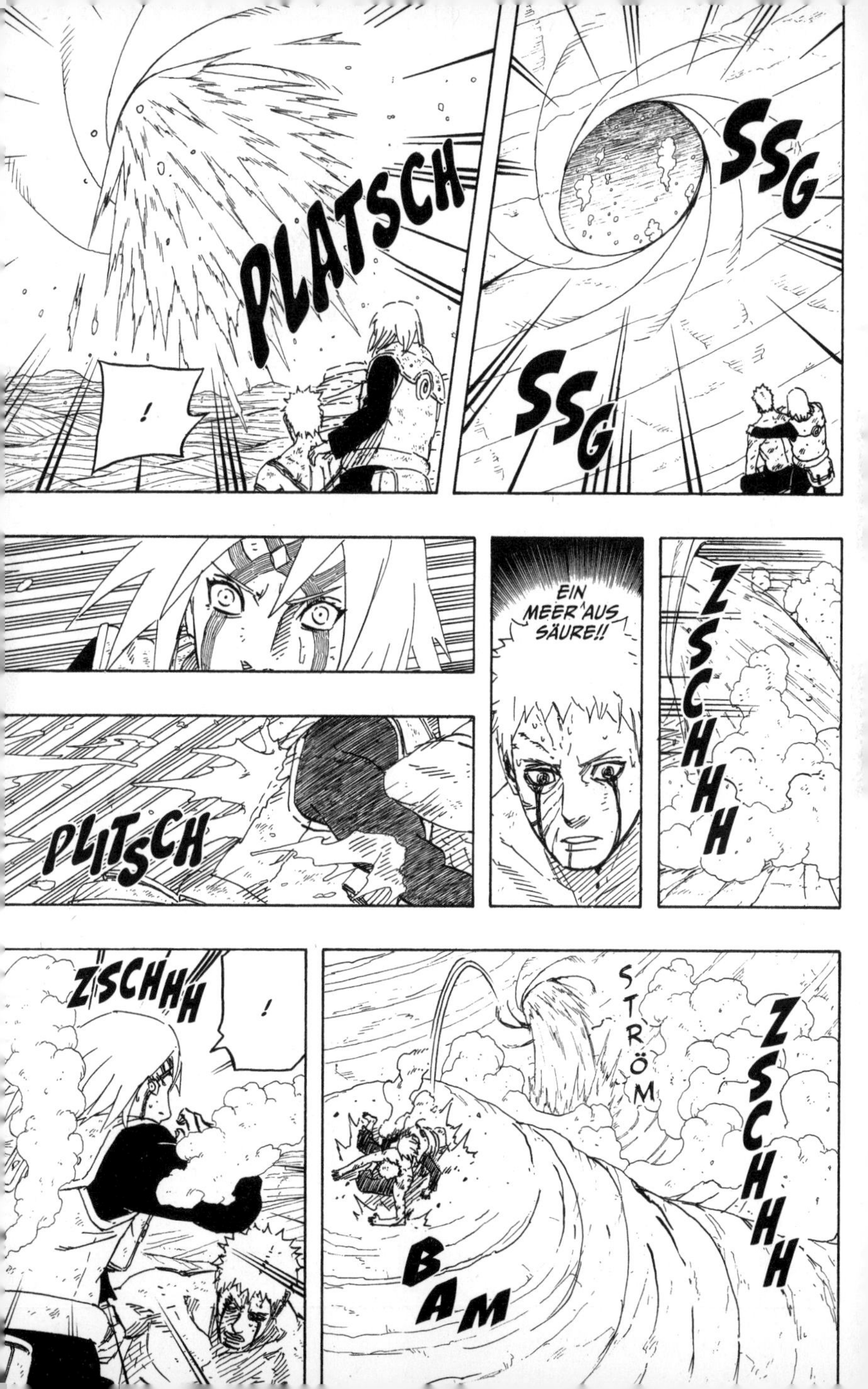
SSG
SSG
PLATSCH
!
ZSCHHHH
EIN MEER AUS SÄURE!!
PLITSCH
STRÖM
ZSCHHHH
BAM
!
ZSCHHH

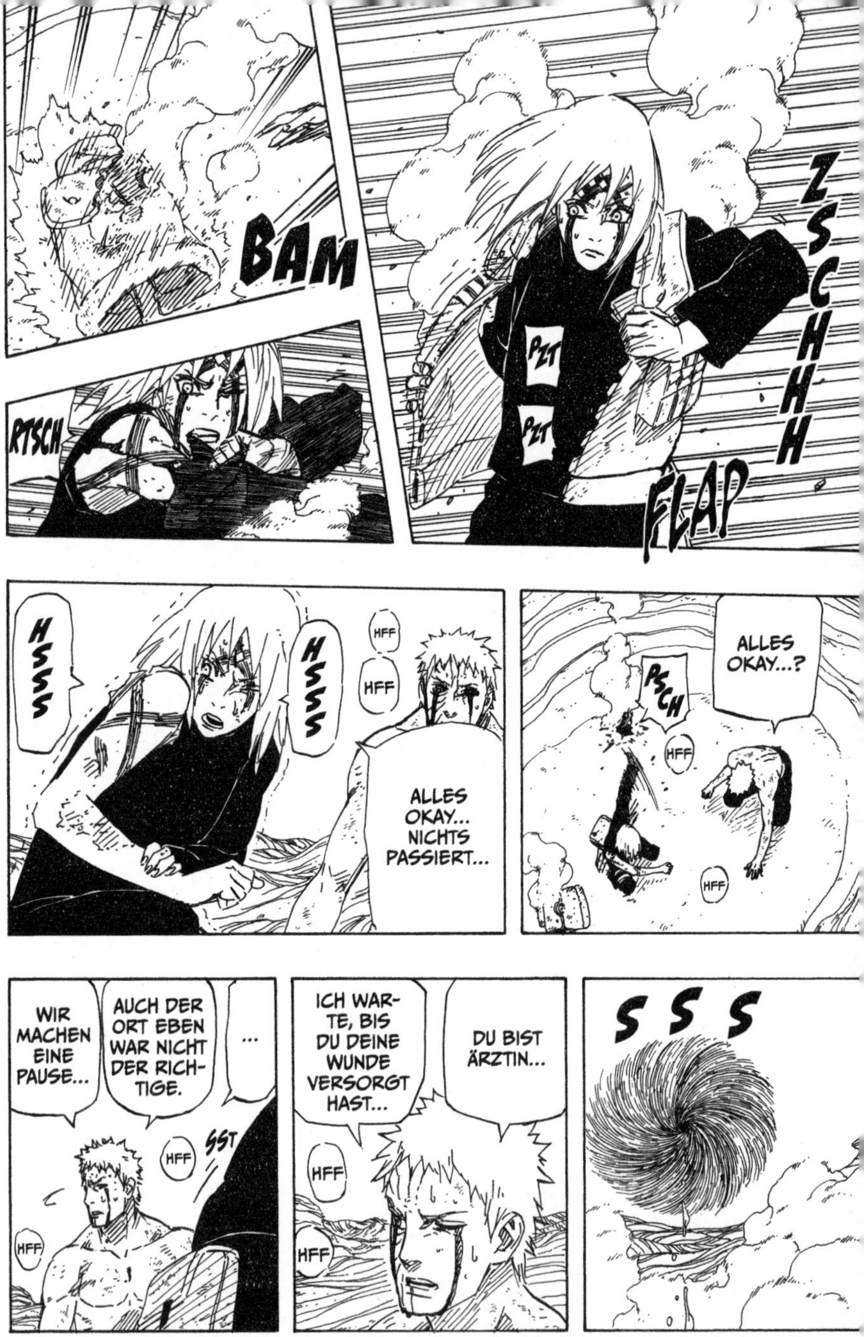
ZSCHHH
PZT
PZT
FLAP
BAM
RTSCH
ALLES OKAY...?
PSCH
HFF
HFF
HSSS
HSSS
HFF
HFF
ALLES OKAY... NICHTS PASSIERT...
S S S
DU BIST ÄRZTIN...
ICH WAR-TE, BIS DU DEINE WUNDE VERSORGT HAST...
HFF
HFF
...
AUCH DER ORT EBEN WAR NICHT DER RICH-TIGE.
WIR MACHEN EINE PAUSE...
SST
HFF
HFF

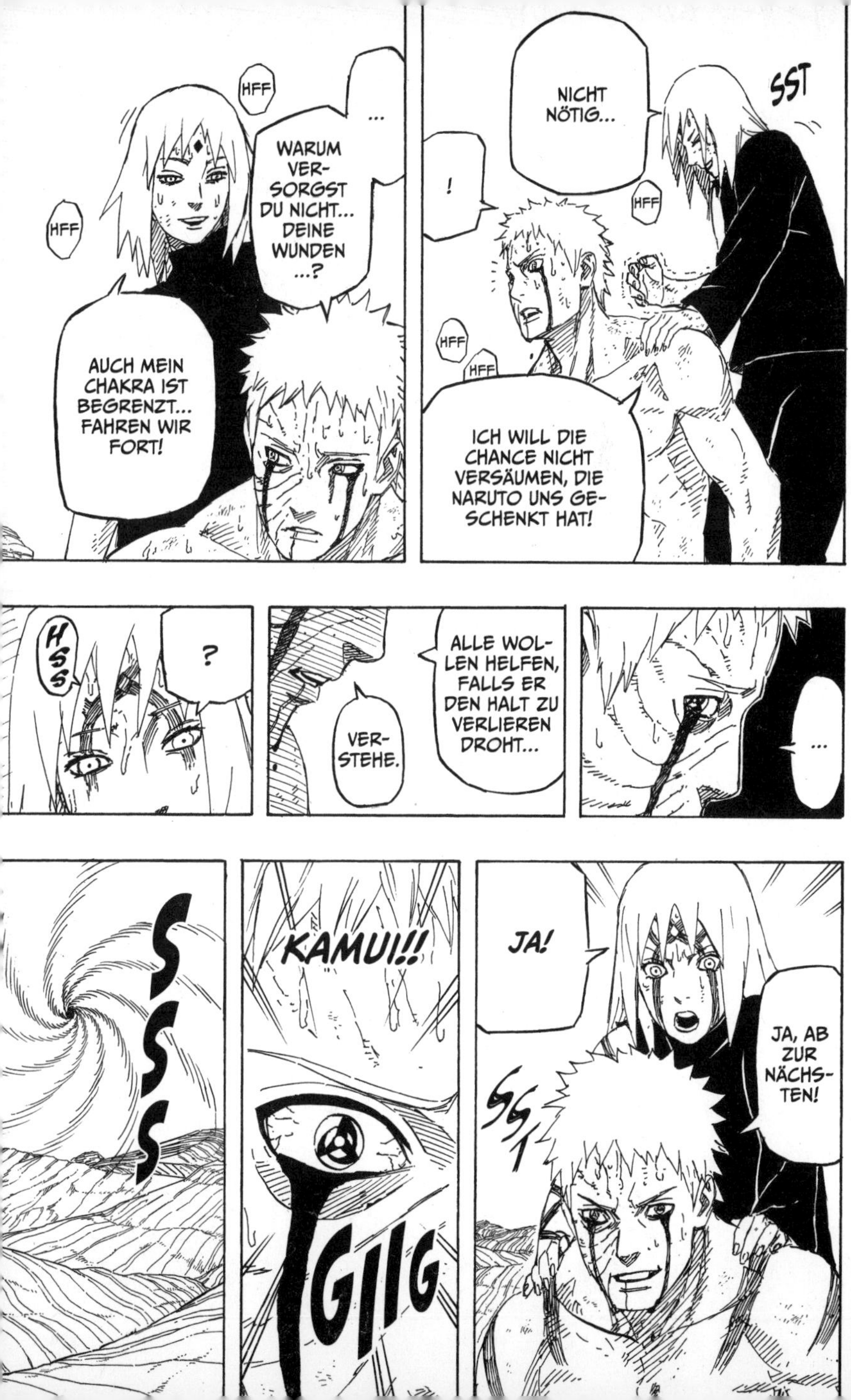

SST
NICHT NÖTIG...
!
HFF
HFF
HFF
ICH WILL DIE CHANCE NICHT VERSÄUMEN, DIE NARUTO UNS GESCHENKT HAT!
...
HFF
WARUM VERSORGST DU NICHT... DEINE WUNDEN ...?
HFF
AUCH MEIN CHAKRA IST BEGRENZT... FAHREN WIR FORT!
...
ALLE WOLLEN HELFEN, FALLS ER DEN HALT ZU VERLIEREN DROHT...
VERSTEHE.
?
HSS
JA!
JA, AB ZUR NÄCHSTEN!
SST
KAMUI!!
GIIG
SSSS

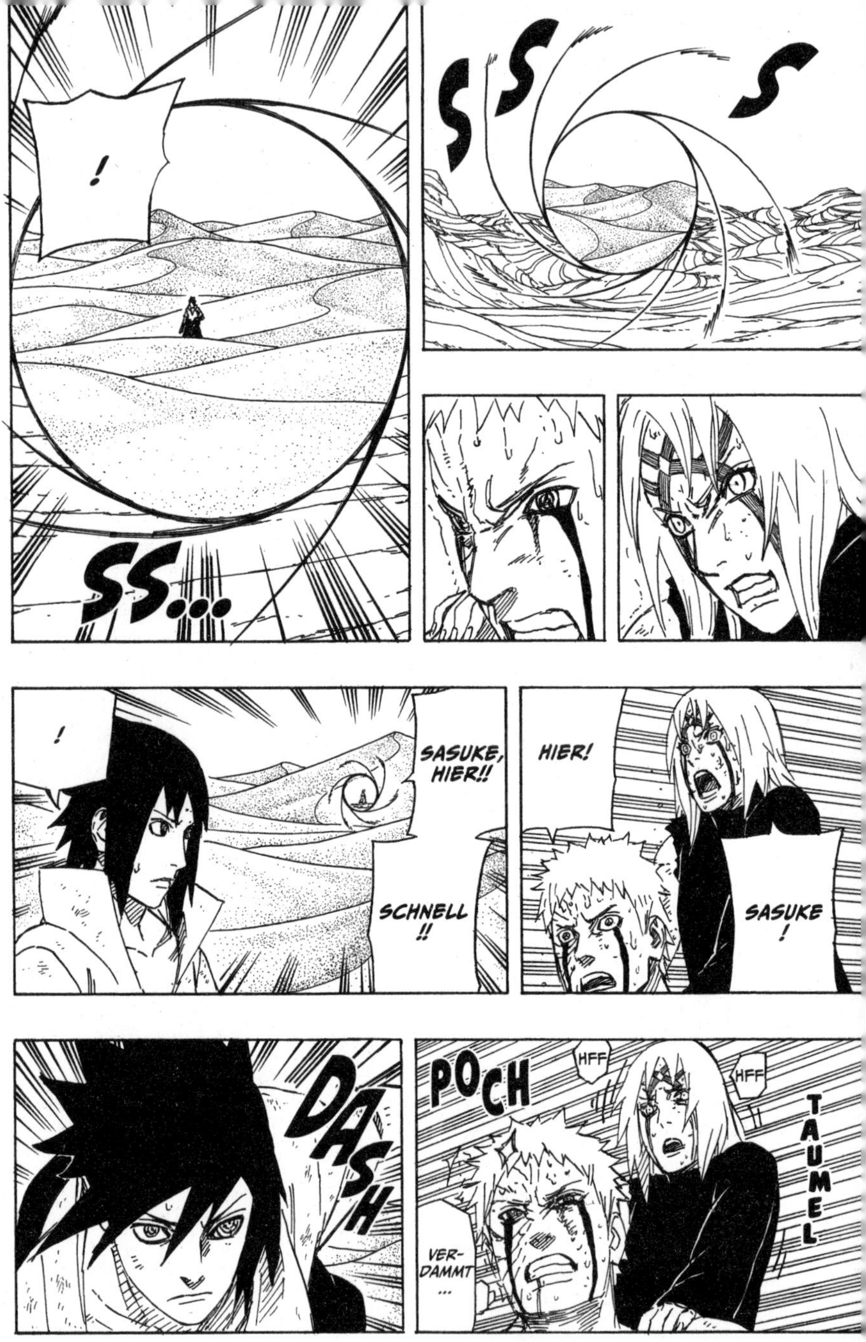
SSS
!
SS...
HIER!
SASUKE!
SASUKE, HIER!!
SCHNELL!!
!
HFF
HFF
TAUMEL
POCH
VERDAMMT...
DASH

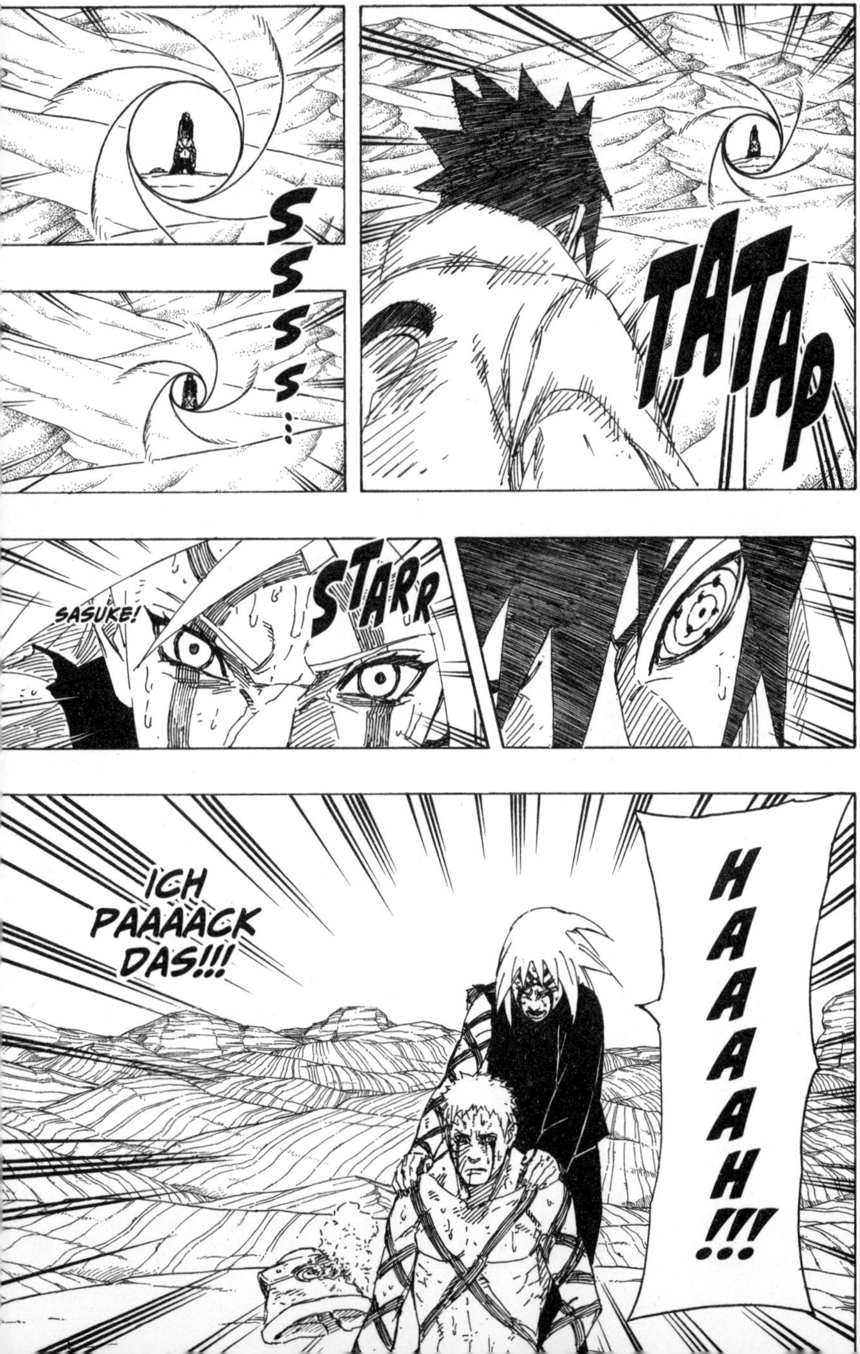
TATAP
SSSS...
STARR
SASUKE!
HAAAAAAH!!!
ICH PAAAACK DAS!!!

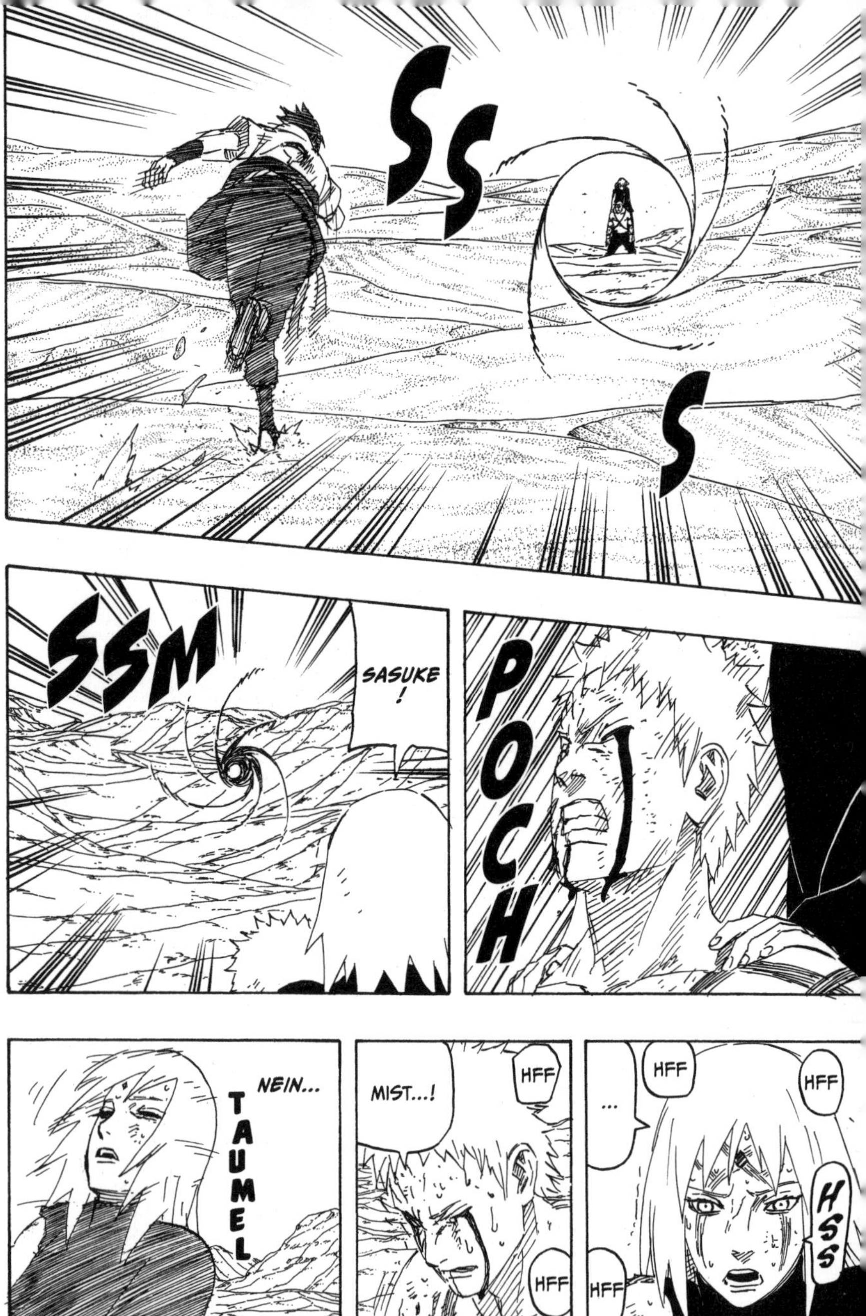
SS
S
SSM
SASUKE!
POCH
NEIN...
TAUMEL
MIST...!
HFF
HFF
...
HFF
HFF
HSS
HFF

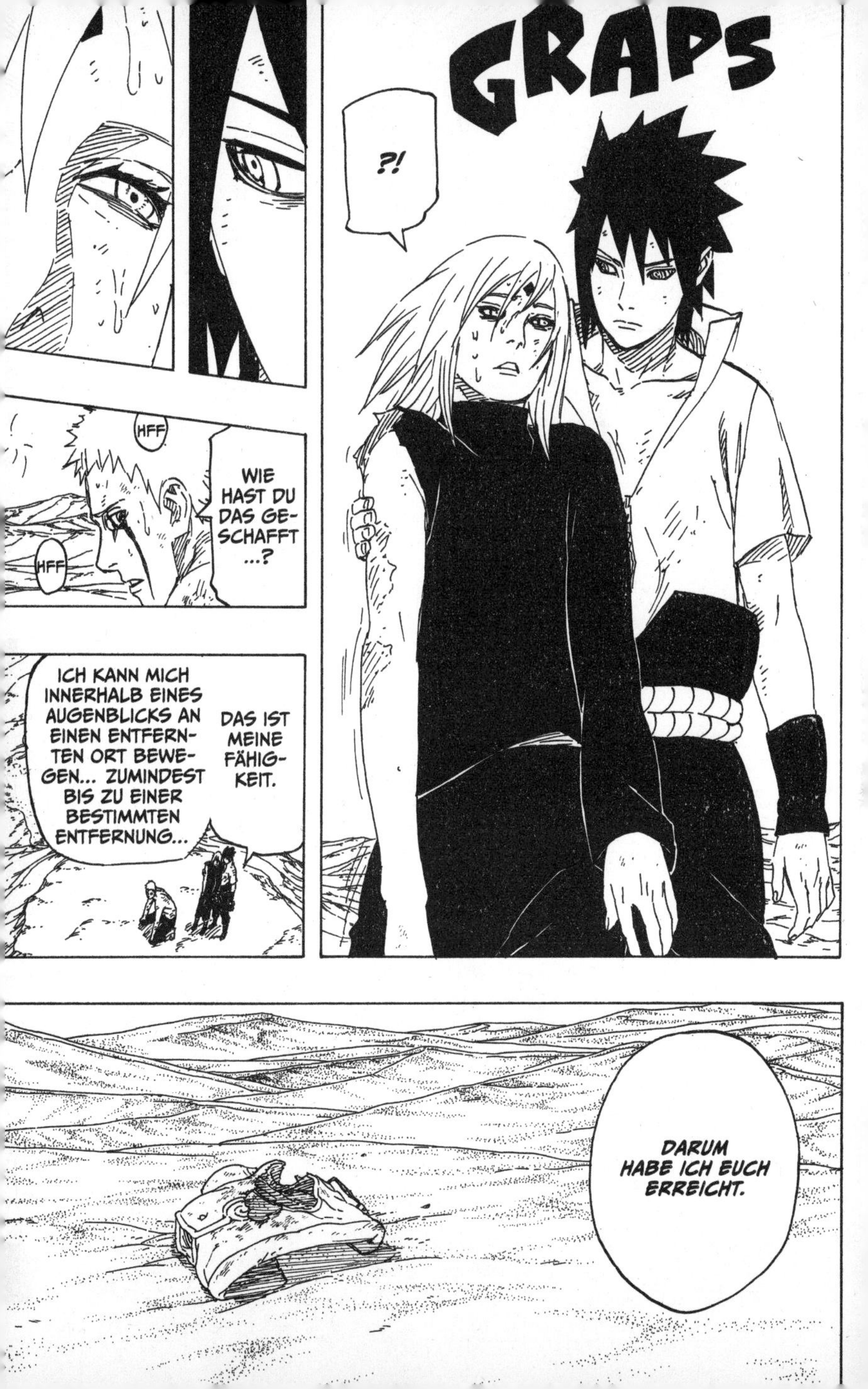
GRAPS
?!
WIE HAST DU DAS GESCHAFFT ...?
HFF
HFF
DAS IST MEINE FÄHIGKEIT.
ICH KANN MICH INNERHALB EINES AUGENBLICKS AN EINEN ENTFERNTEN ORT BEWEGEN... ZUMINDEST BIS ZU EINER BESTIMMTEN ENTFERNUNG...
DARUM HABE ICH EUCH ERREICHT.

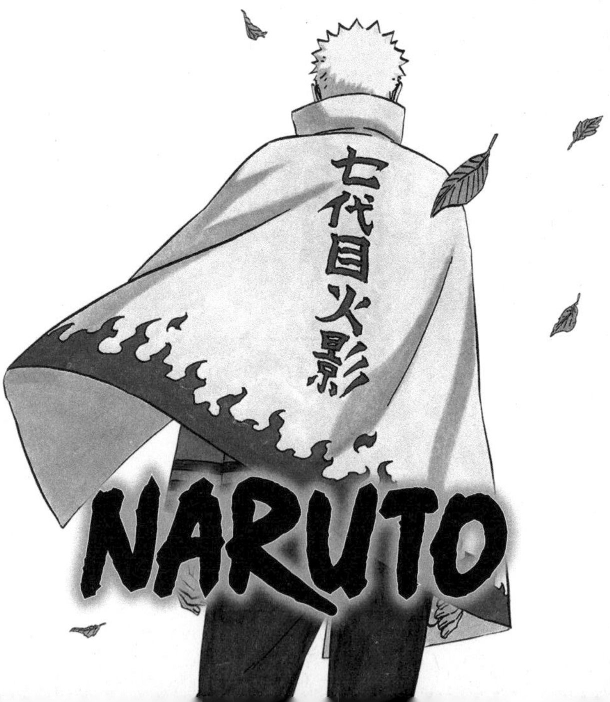
七代目火影
NARUTO

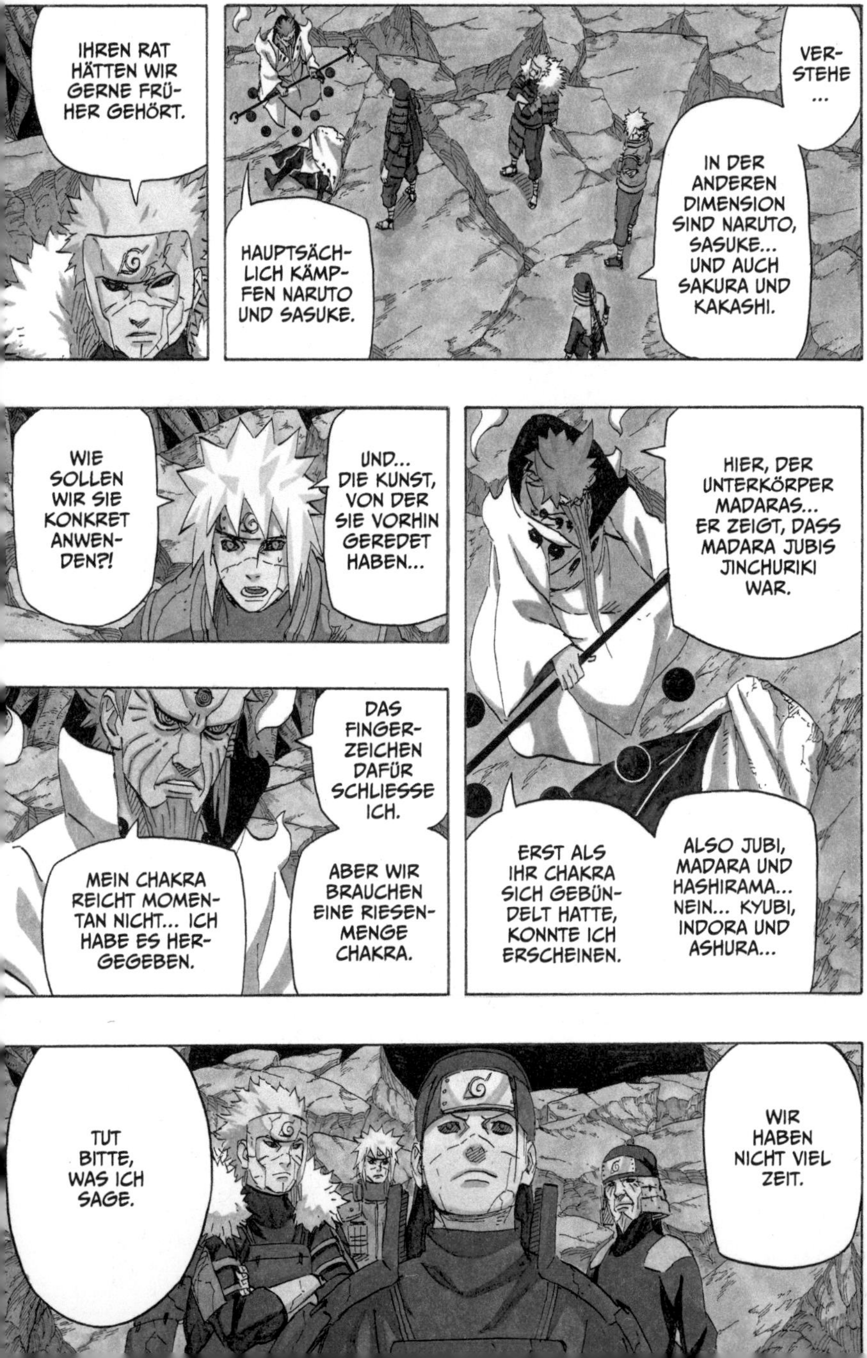
VERSTEHE ...
IN DER ANDEREN DIMENSION SIND NARUTO, SASUKE... UND AUCH SAKURA UND KAKASHI.
HAUPTSÄCHLICH KÄMPFEN NARUTO UND SASUKE.
IHREN RAT HÄTTEN WIR GERNE FRÜHER GEHÖRT.
HIER, DER UNTERKÖRPER MADARAS... ER ZEIGT, DASS MADARA JUBIS JINCHURIKI WAR.
ALSO JUBI, MADARA UND HASHIRAMA... NEIN... KYUBI, INDORA UND ASHURA...
ERST ALS IHR CHAKRA SICH GEBÜNDELT HATTE, KONNTE ICH ERSCHEINEN.
UND... DIE KUNST, VON DER SIE VORHIN GEREDET HABEN...
WIE SOLLEN WIR SIE KONKRET ANWENDEN?!
DAS FINGERZEICHEN DAFÜR SCHLIESSE ICH.
ABER WIR BRAUCHEN EINE RIESENMENGE CHAKRA.
MEIN CHAKRA REICHT MOMENTAN NICHT... ICH HABE ES HERGEGEBEN.
WIR HABEN NICHT VIEL ZEIT.
TUT BITTE, WAS ICH SAGE.

UND DIE SPÄTER NACHFOLGENDEN

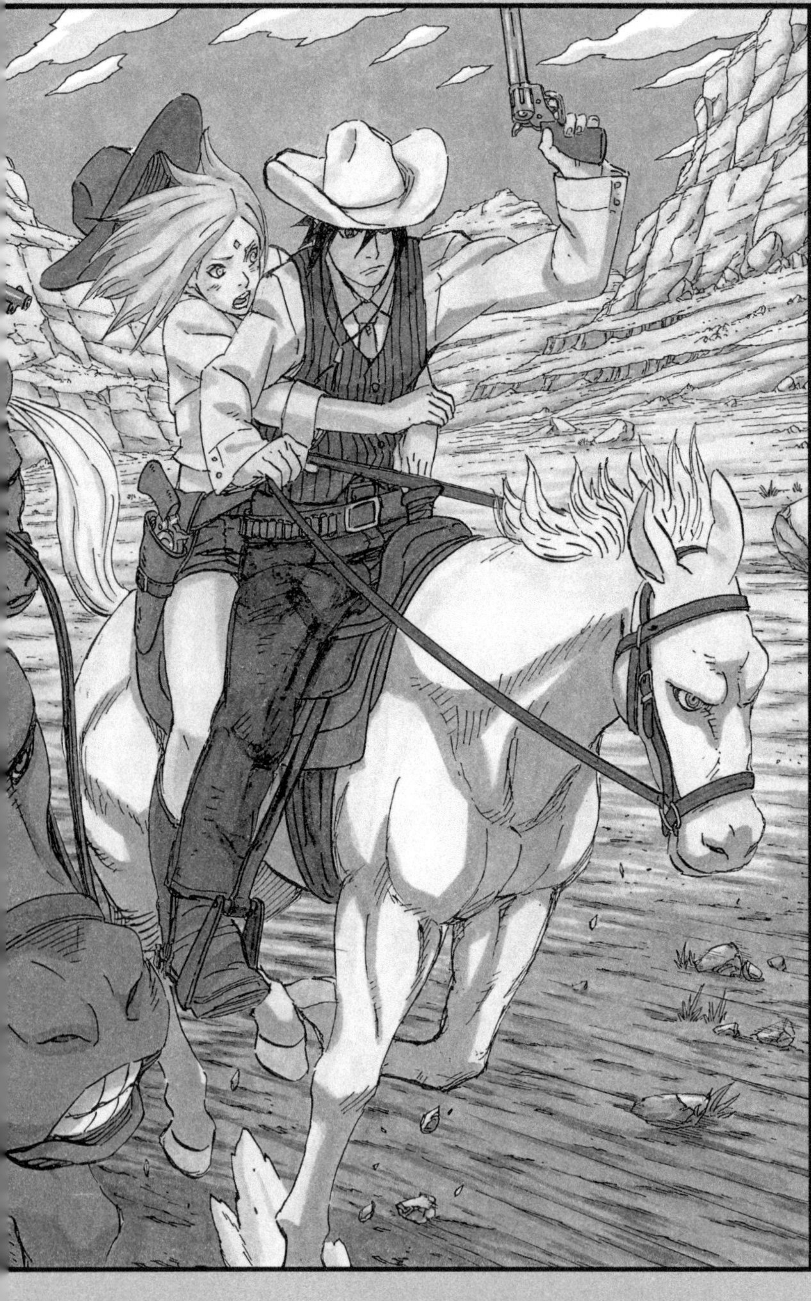

686. DIE ZUERST GEHENDEN

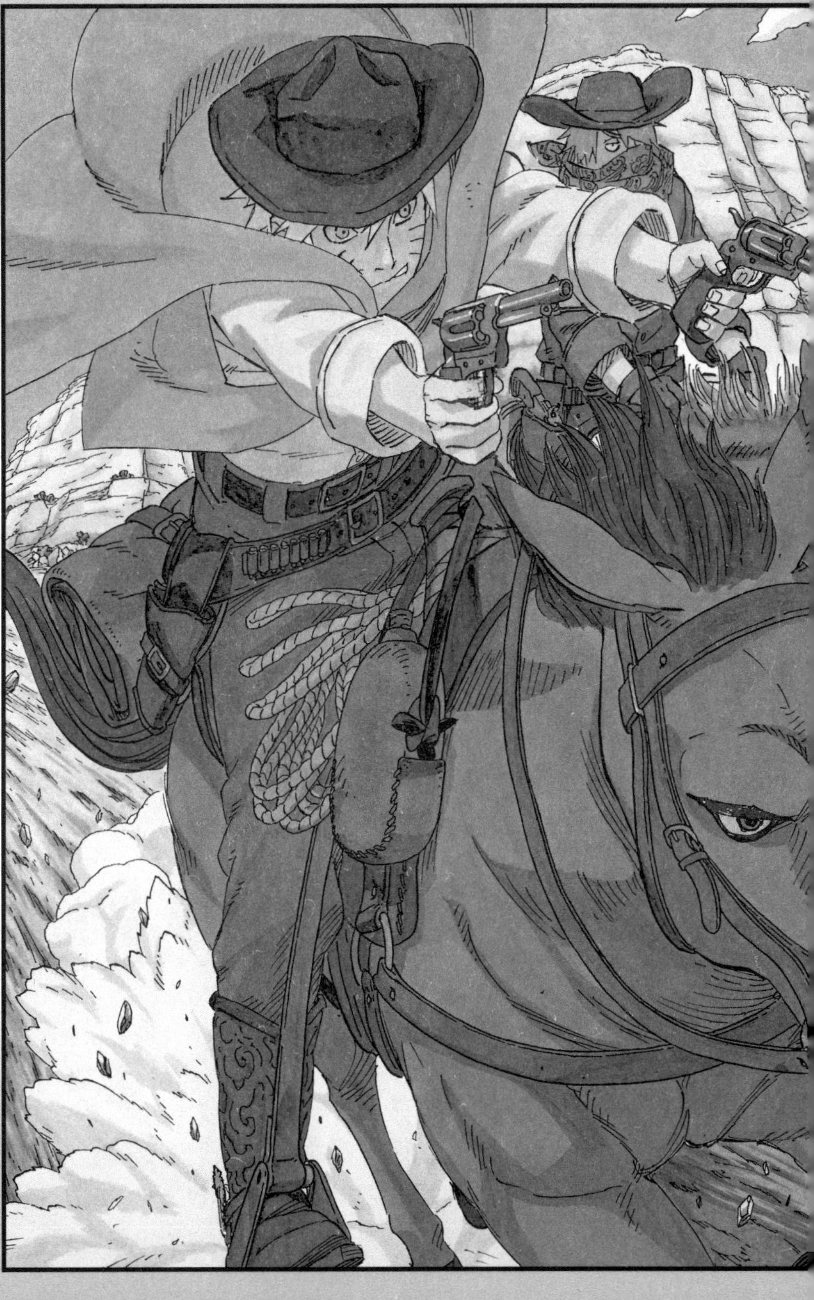

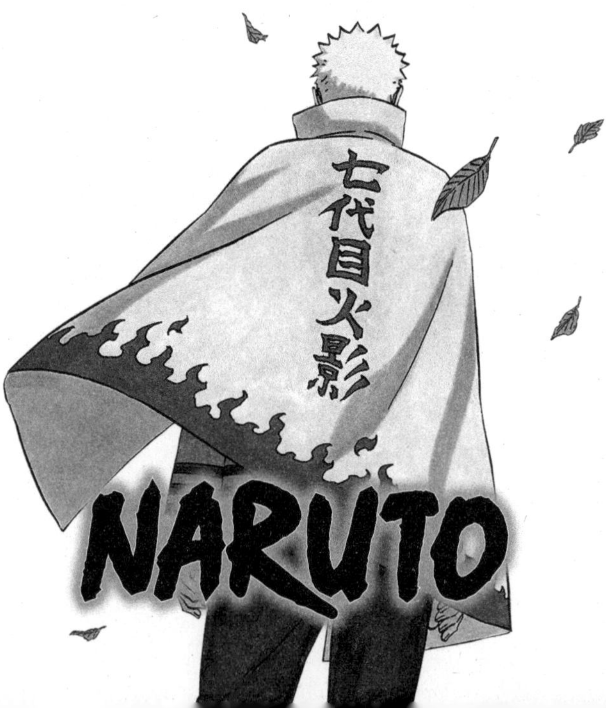
七代目火影
NARUTO

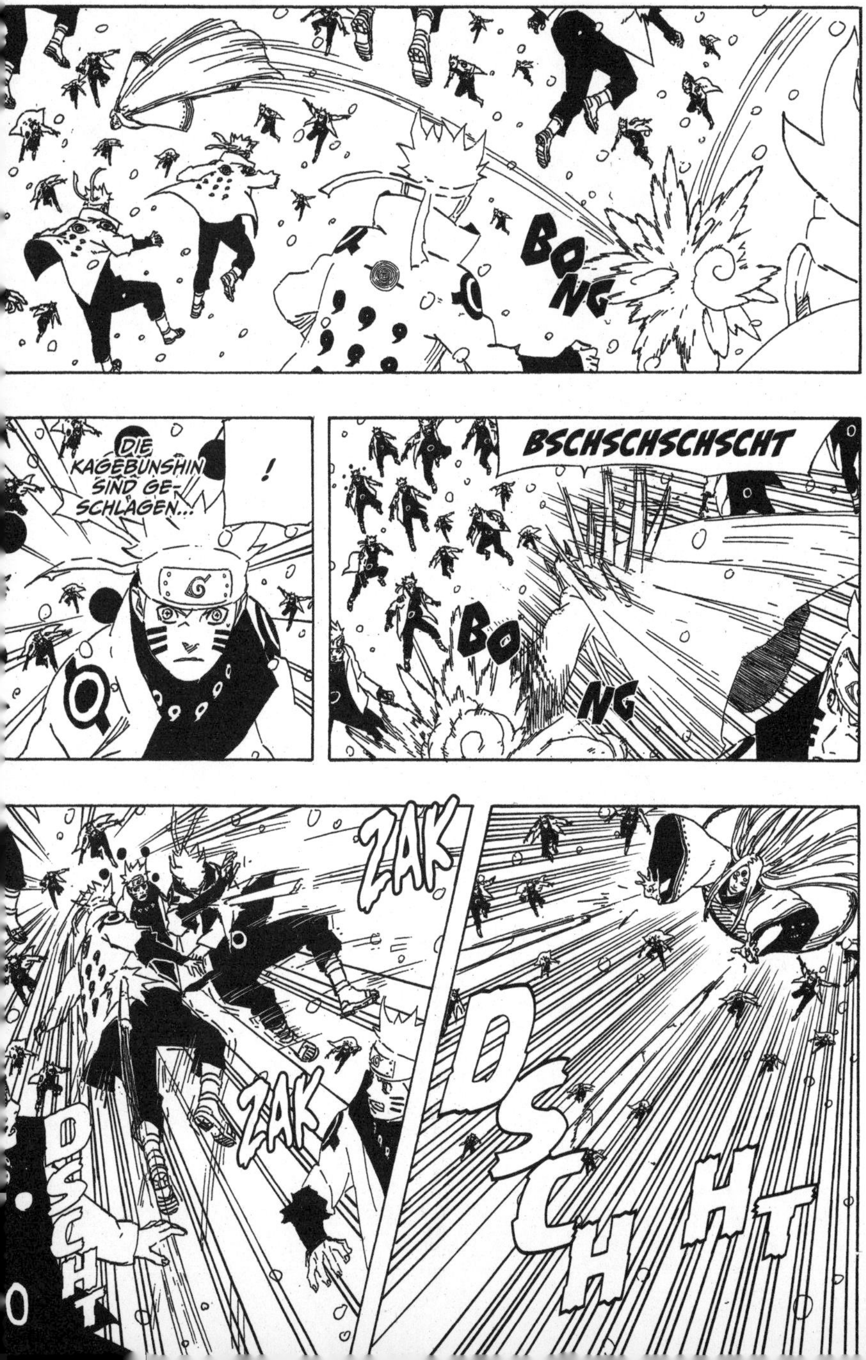

BONG
!
DIE KAGEBUNSHIN SIND GE-SCHLAGEN...
BSCHSCHSCHSCHT
BONG
ZAK
DSCHHT
ZAK
DSCHT

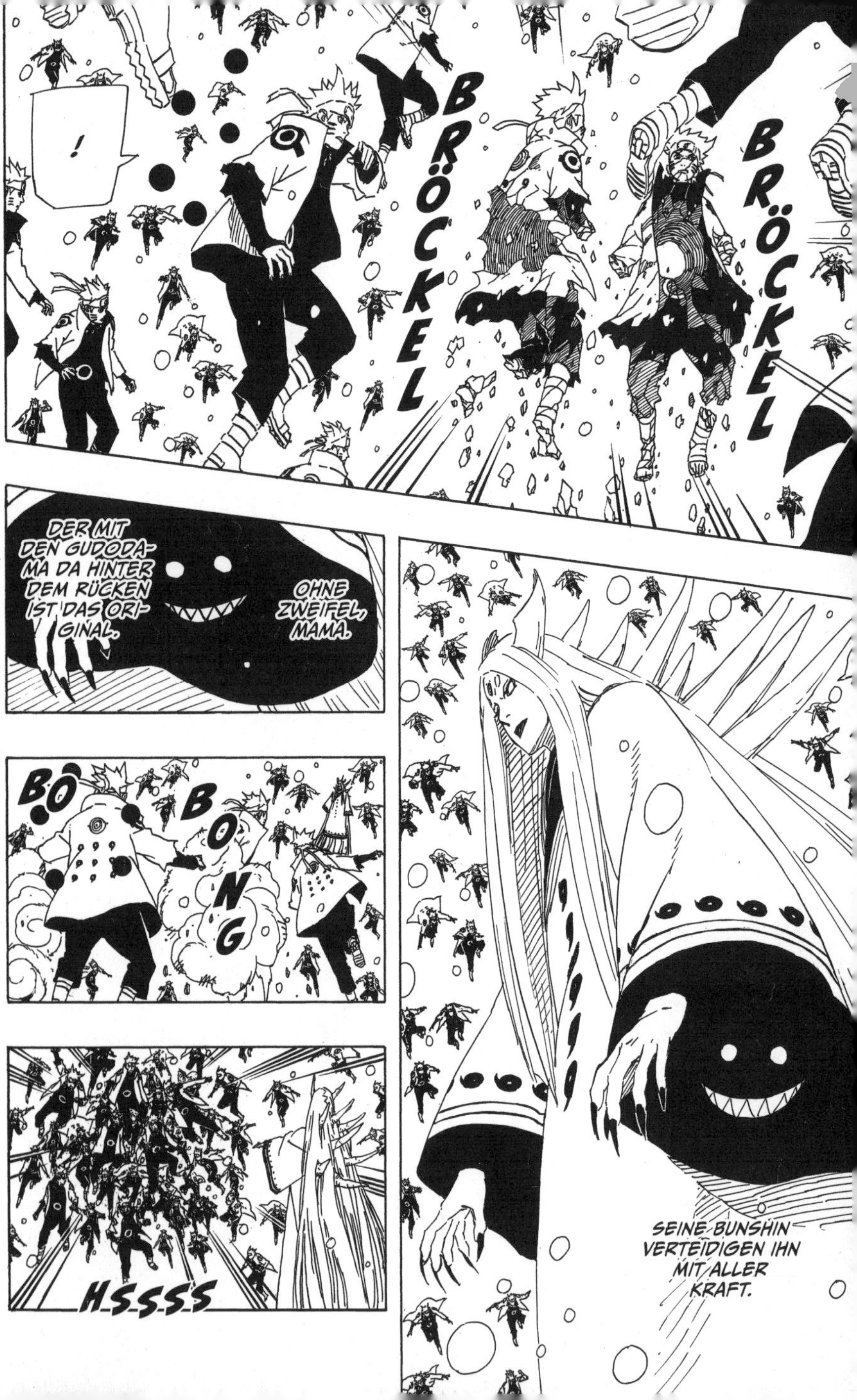

BRÖCKEL
BRÖCKEL
!
DER MIT DEN GUDODAMA DA HINTER DEM RÜCKEN IST DAS ORIGINAL.
OHNE ZWEIFEL, MAMA.
BO
BONG
H.S.S.S.S
SEINE BUNSHIN VERTEIDIGEN IHN MIT ALLER KRAFT.

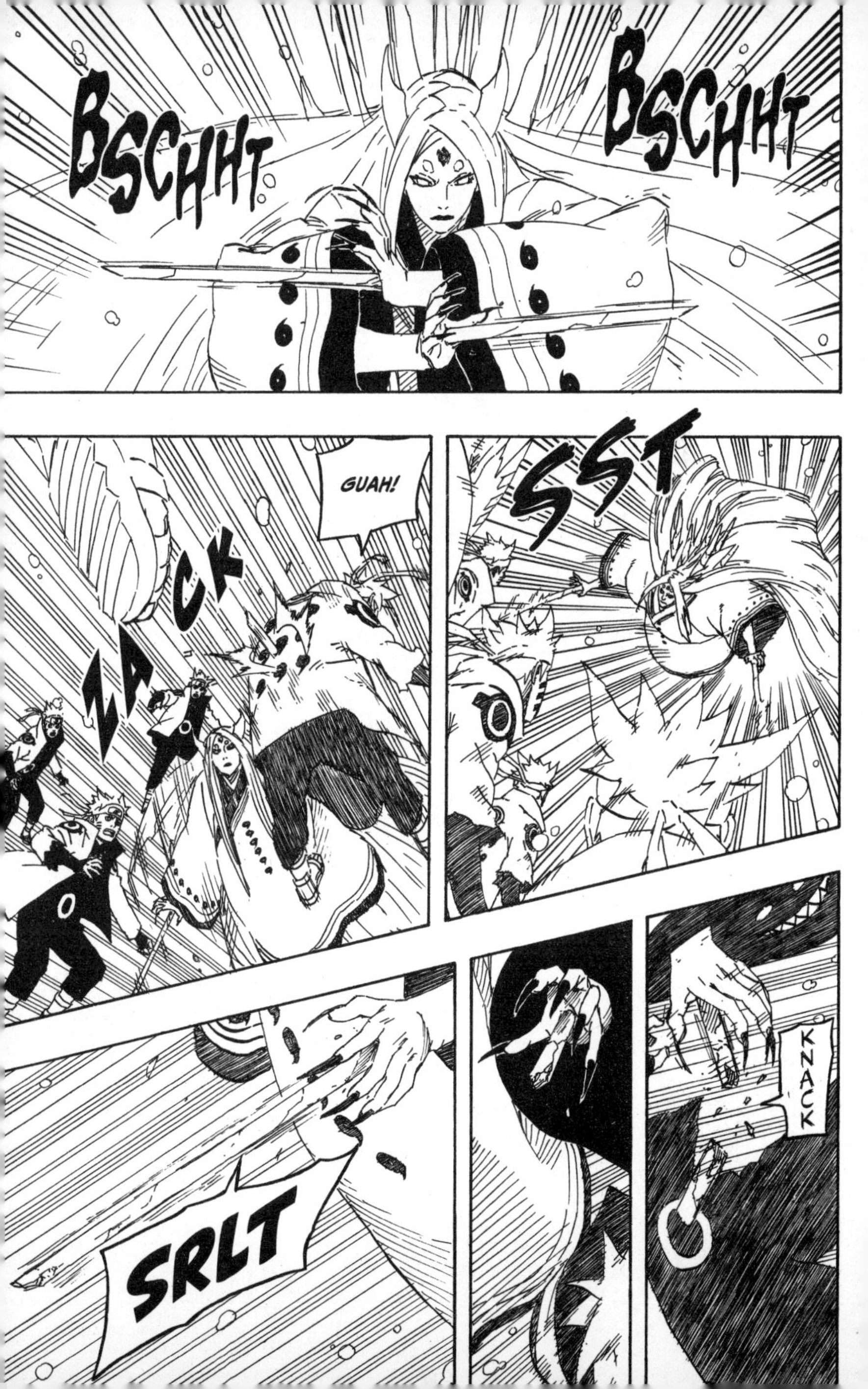
BSCHHT
BSCHHT
SST
GUAH!
ZACK
KNACK
SRLT

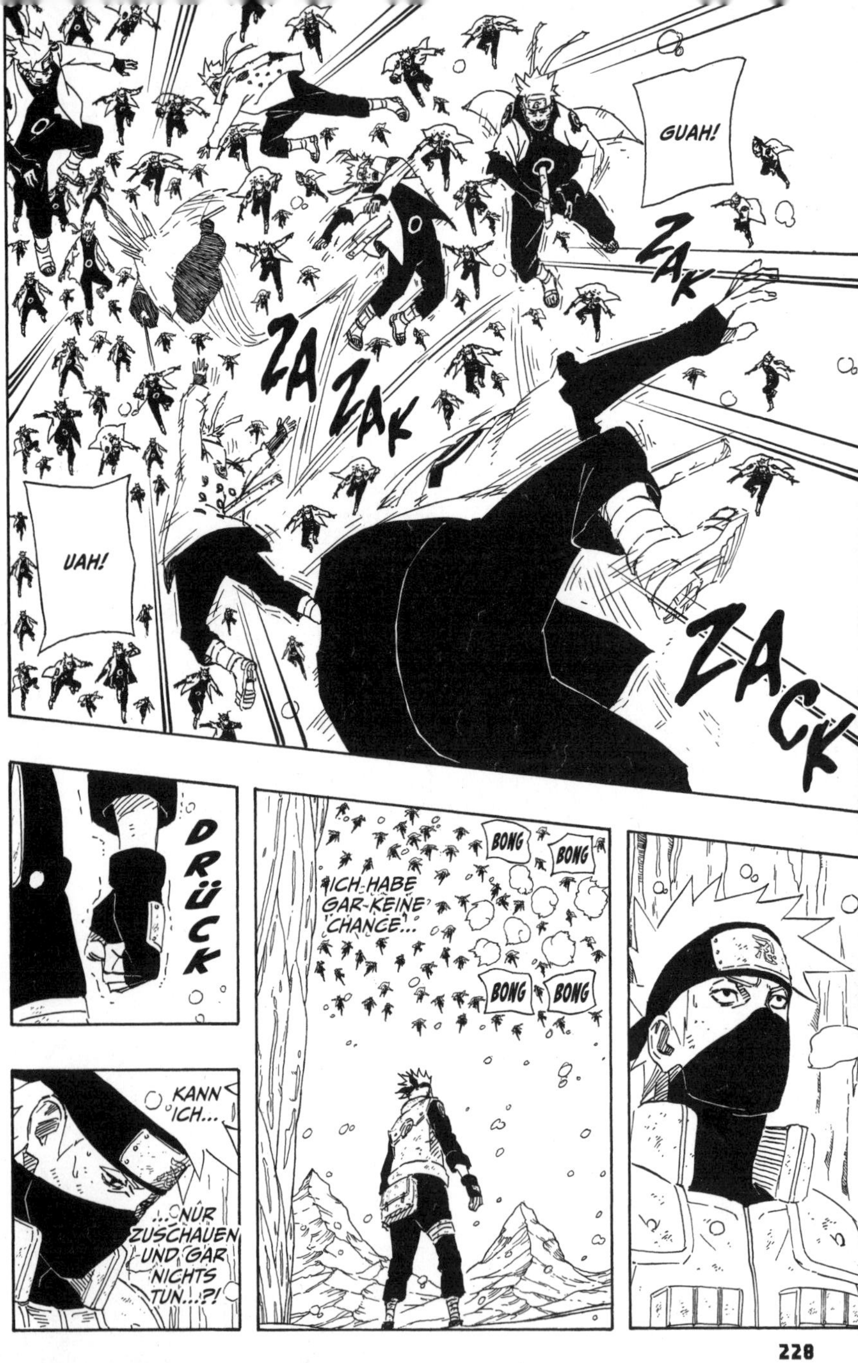
GUAH!
ZAK
ZA ZAK
UAH!
ZACK
BONG
BONG
BONG
BONG
ICH HABE GAR KEINE CHANCE...
DRÜCK
KANN ICH...
...NUR ZUSCHAUEN UND GAR NICHTS TUN...?!

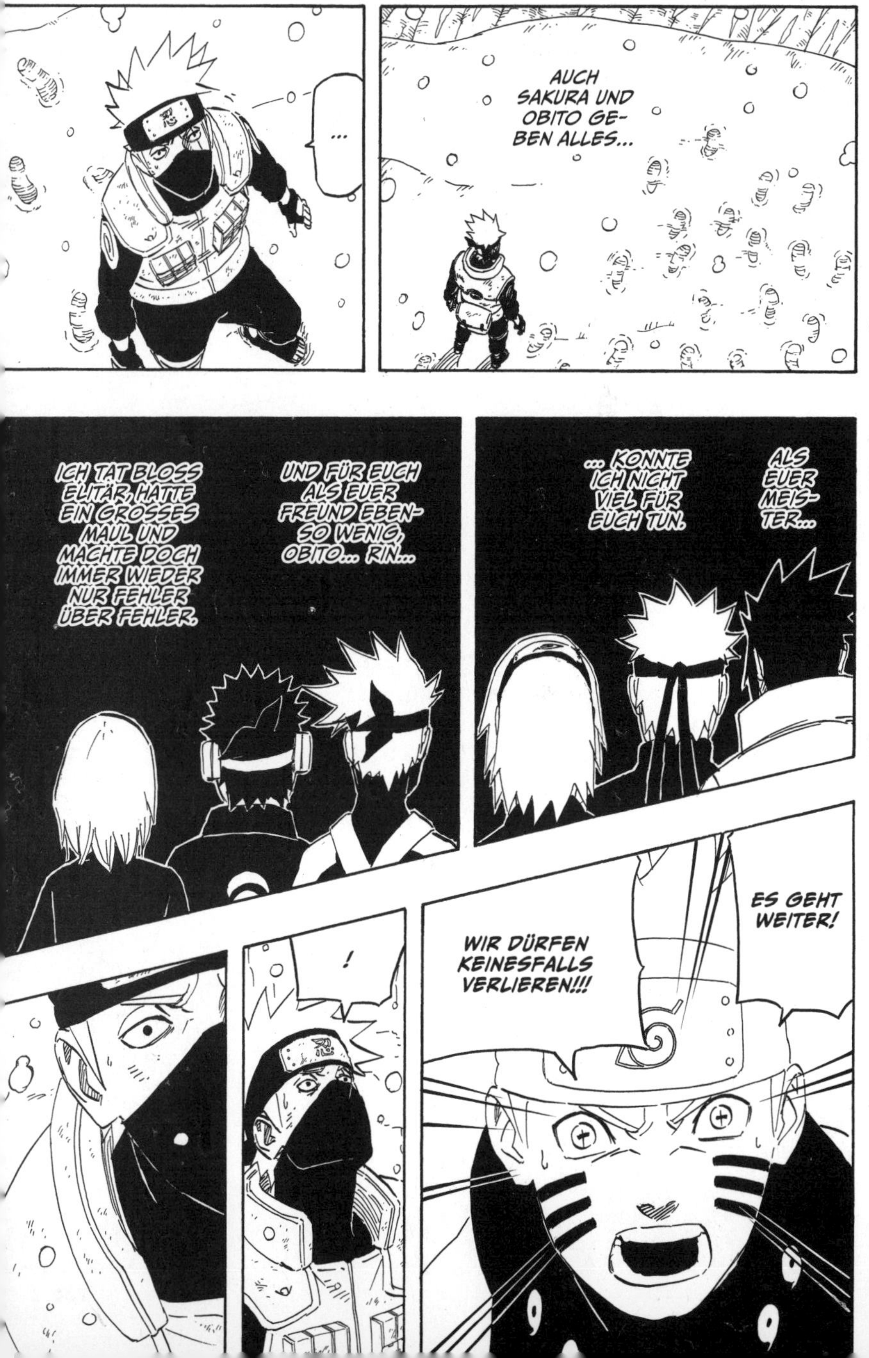
AUCH SAKURA UND OBITO GEBEN ALLES...
...
ALS EUER MEISTER...
... KONNTE ICH NICHT VIEL FÜR EUCH TUN.
UND FÜR EUCH ALS EUER FREUND EBENSO WENIG, OBITO... RIN...
ICH TAT BLOSS ELITÄR, HATTE EIN GROSSES MAUL UND MACHTE DOCH IMMER WIEDER NUR FEHLER ÜBER FEHLER.
ES GEHT WEITER!
WIR DÜRFEN KEINESFALLS VERLIEREN!!!
!

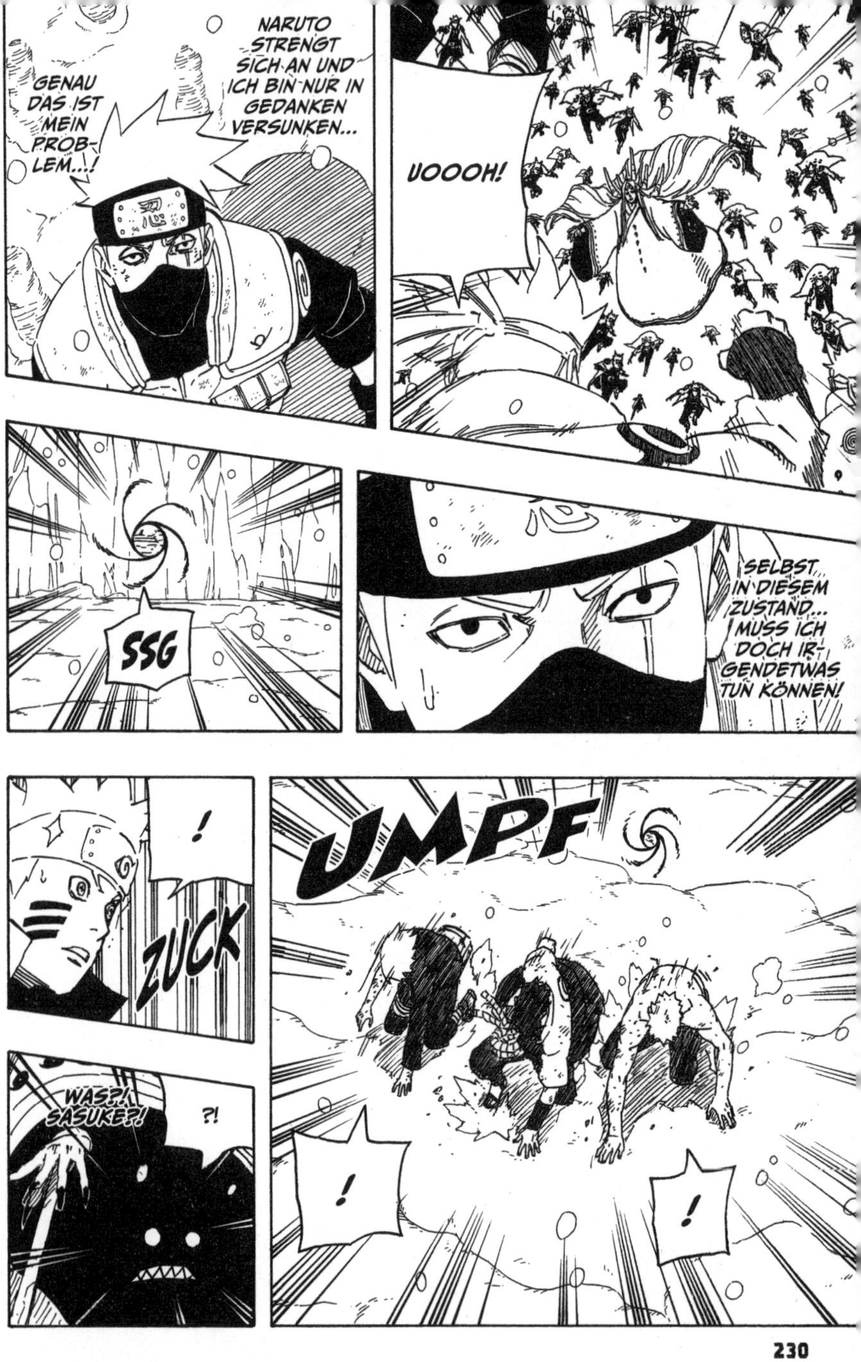
NARUTO STRENGT SICH AN UND ICH BIN NUR IN GEDANKEN VERSUNKEN...
GENAU DAS IST MEIN PROBLEM...!
UOOOH!
SELBST IN DIESEM ZUSTAND... MUSS ICH DOCH IRGENDETWAS TUN KÖNNEN!
SSG
UMPF
!
!
!
ZUCK
?!
WAS?! SASUKE?!

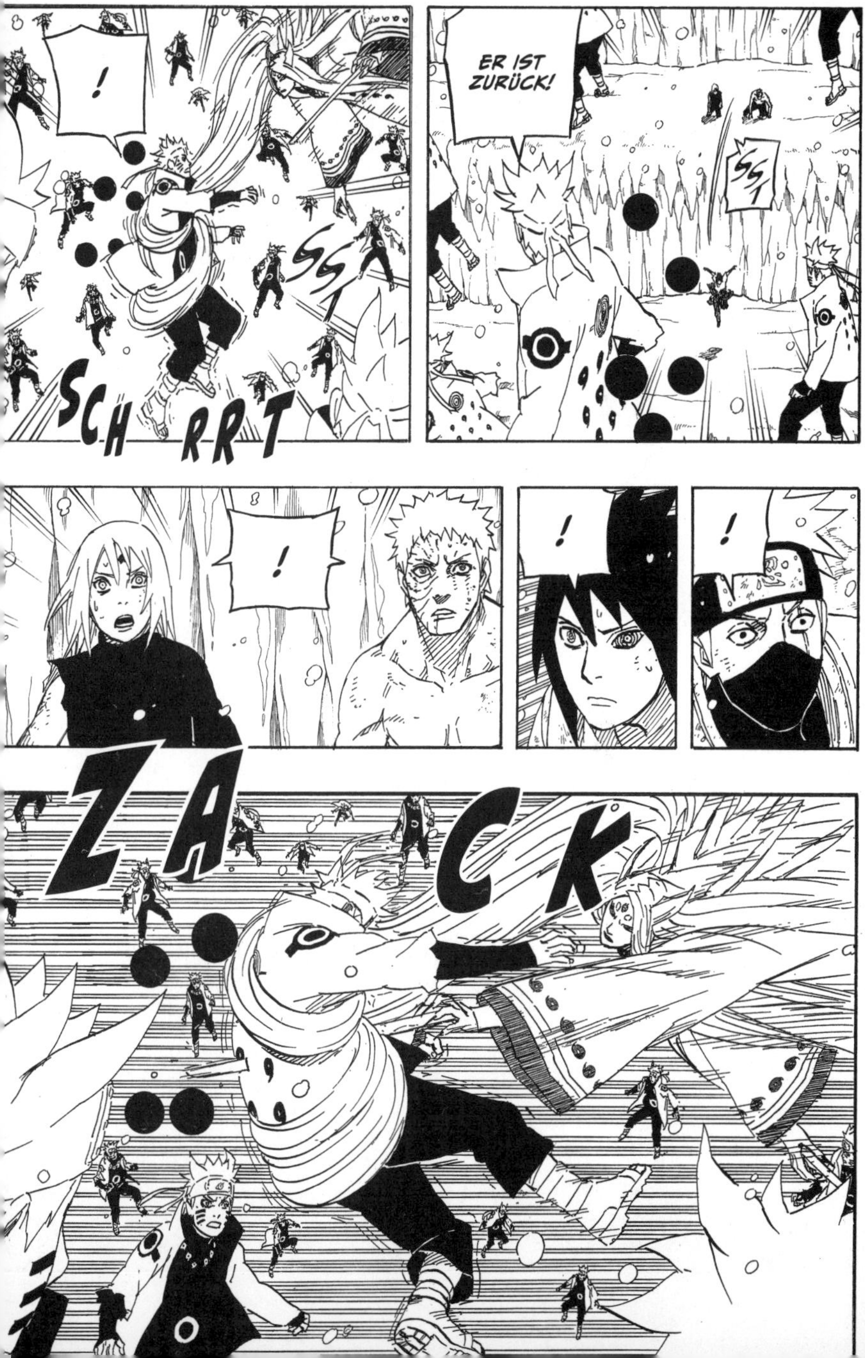
ER IST ZURÜCK!
SS
!
SS
SCHRRT
!
!
!
ZACK

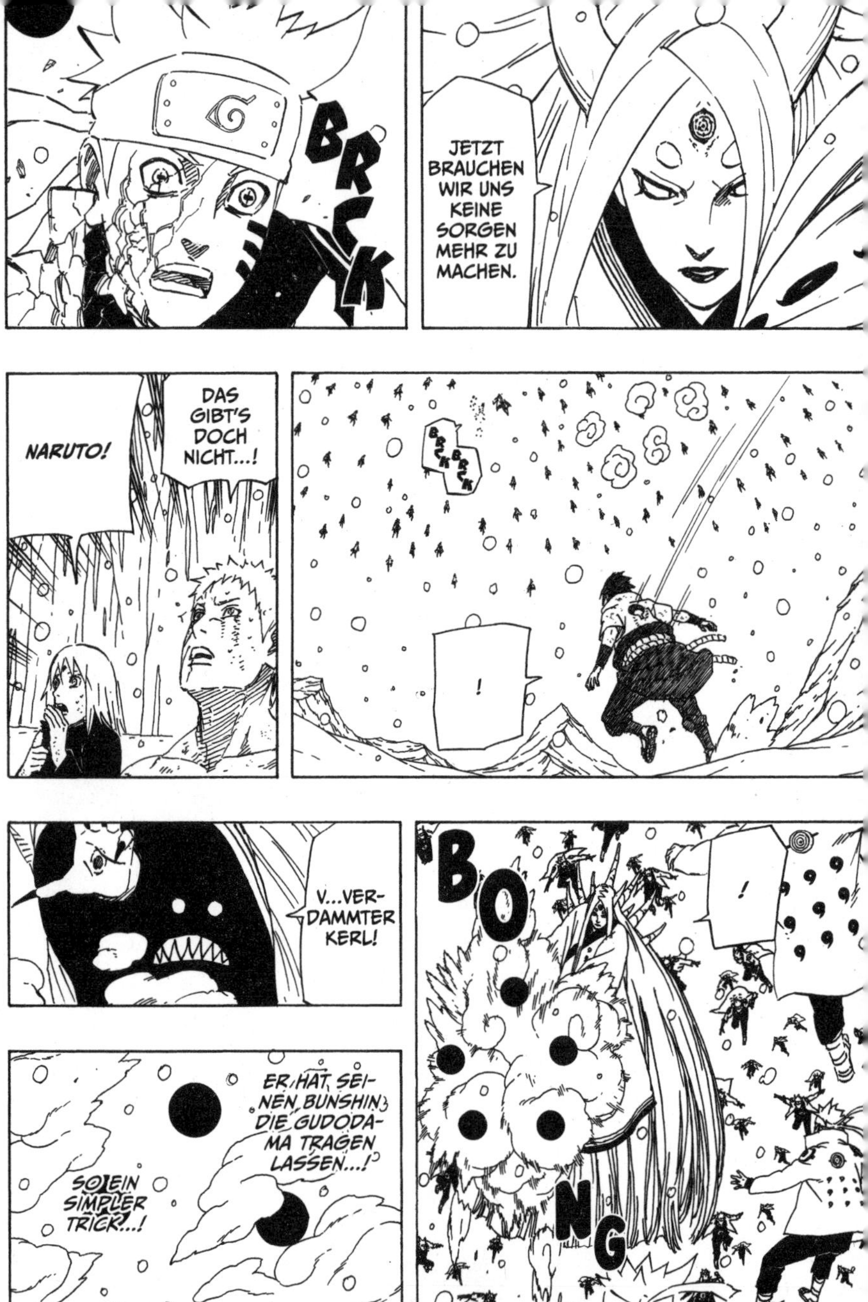
JETZT BRAUCHEN WIR UNS KEINE SORGEN MEHR ZU MACHEN.
BRCK
DAS GIBT'S DOCH NICHT...!
NARUTO!
!
BRCK BRCK
V...VERDAMMTER KERL!
!
BOONG
ER HAT SEINEN BUNSHIN DIE GUDODAMA TRAGEN LASSEN...!
SO EIN SIMPLER TRICK...!

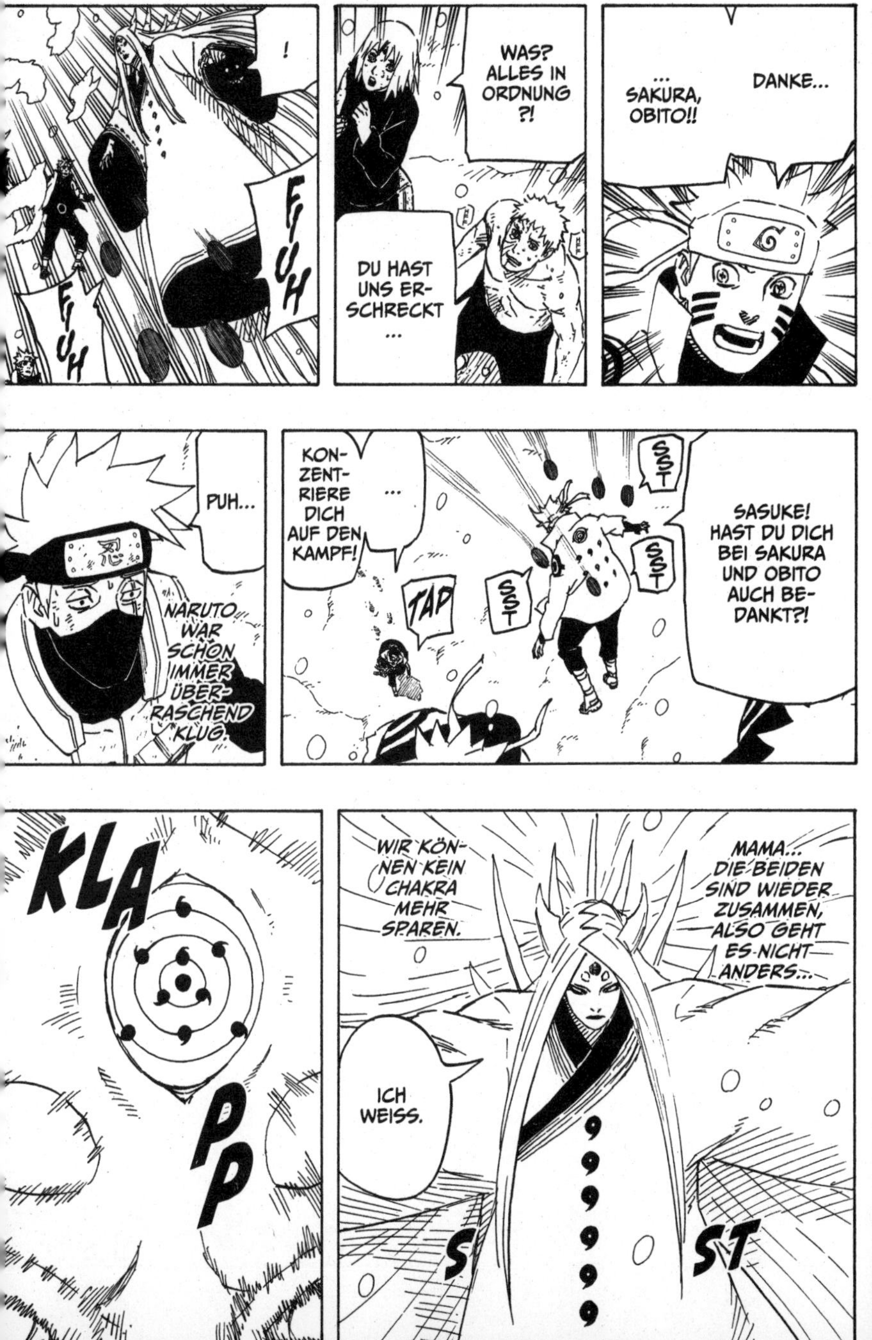
DANKE...
... SAKURA, OBITO!!
WAS? ALLES IN ORDNUNG ?!
DU HAST UNS ERSCHRECKT ...
!
FIUH
FIUH
SASUKE! HAST DU DICH BEI SAKURA UND OBITO AUCH BEDANKT?!
SST
SST
SST
TAP
...
KONZENTRIERE DICH AUF DEN KAMPF!
PUH...
NARUTO WAR SCHON IMMER ÜBERRASCHEND KLUG.
MAMA... DIE BEIDEN SIND WIEDER ZUSAMMEN, ALSO GEHT ES NICHT ANDERS...
WIR KÖNNEN KEIN CHAKRA MEHR SPAREN.
ICH WEISS.
SST
KLAPP

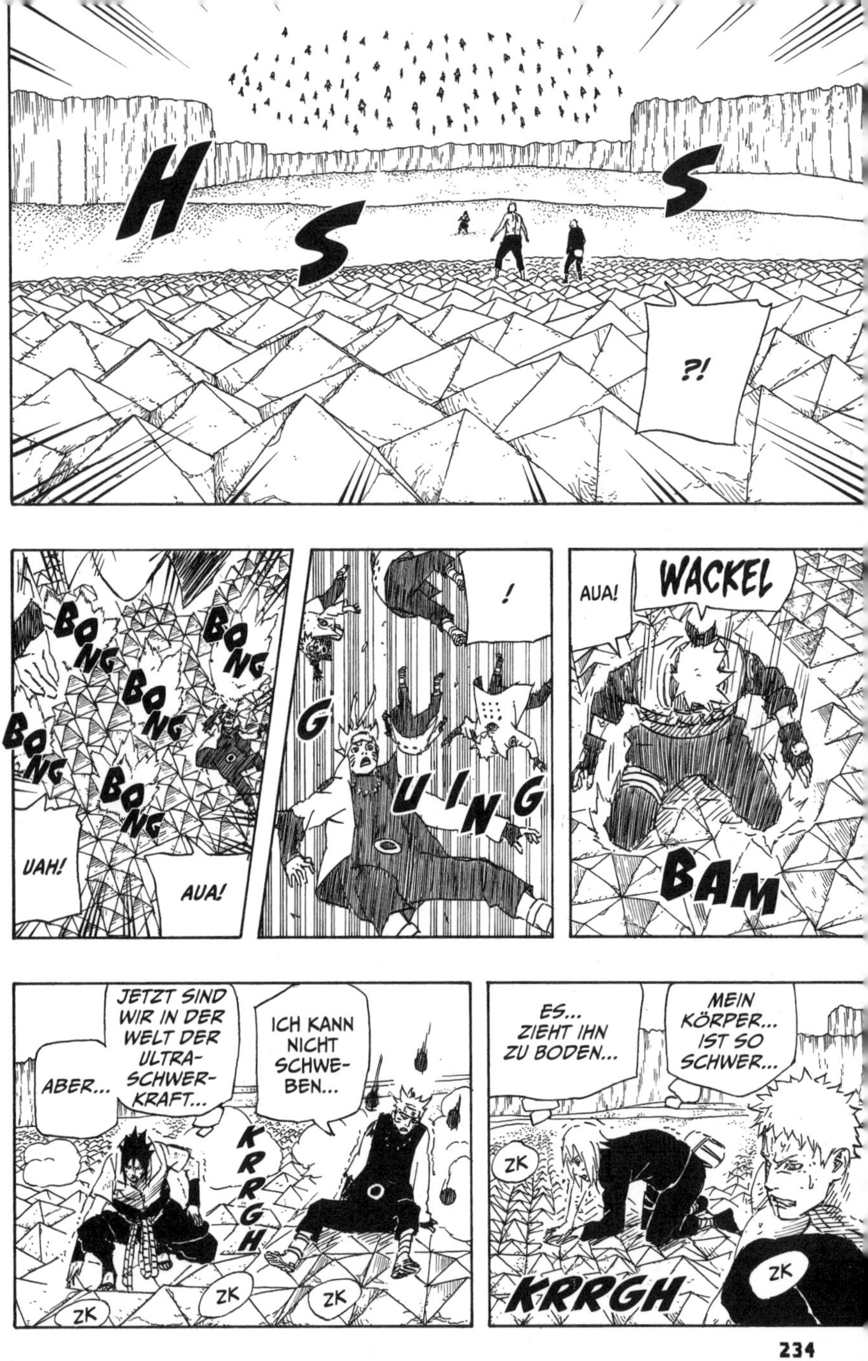
H
S
S
?!
BONG
BONG
BONG
BONG
BONG
UAH!
AUA!
!
G
UING
AUA!
WACKEL
BAM
JETZT SIND WIR IN DER WELT DER ULTRA-SCHWER-KRAFT...
ABER...
ICH KANN NICHT SCHWE-BEN...
KRRGH
ZK
ZK
ZK
MEIN KÖRPER... IST SO SCHWER...
ES... ZIEHT IHN ZU BODEN...
ZK
ZK
KRRGH

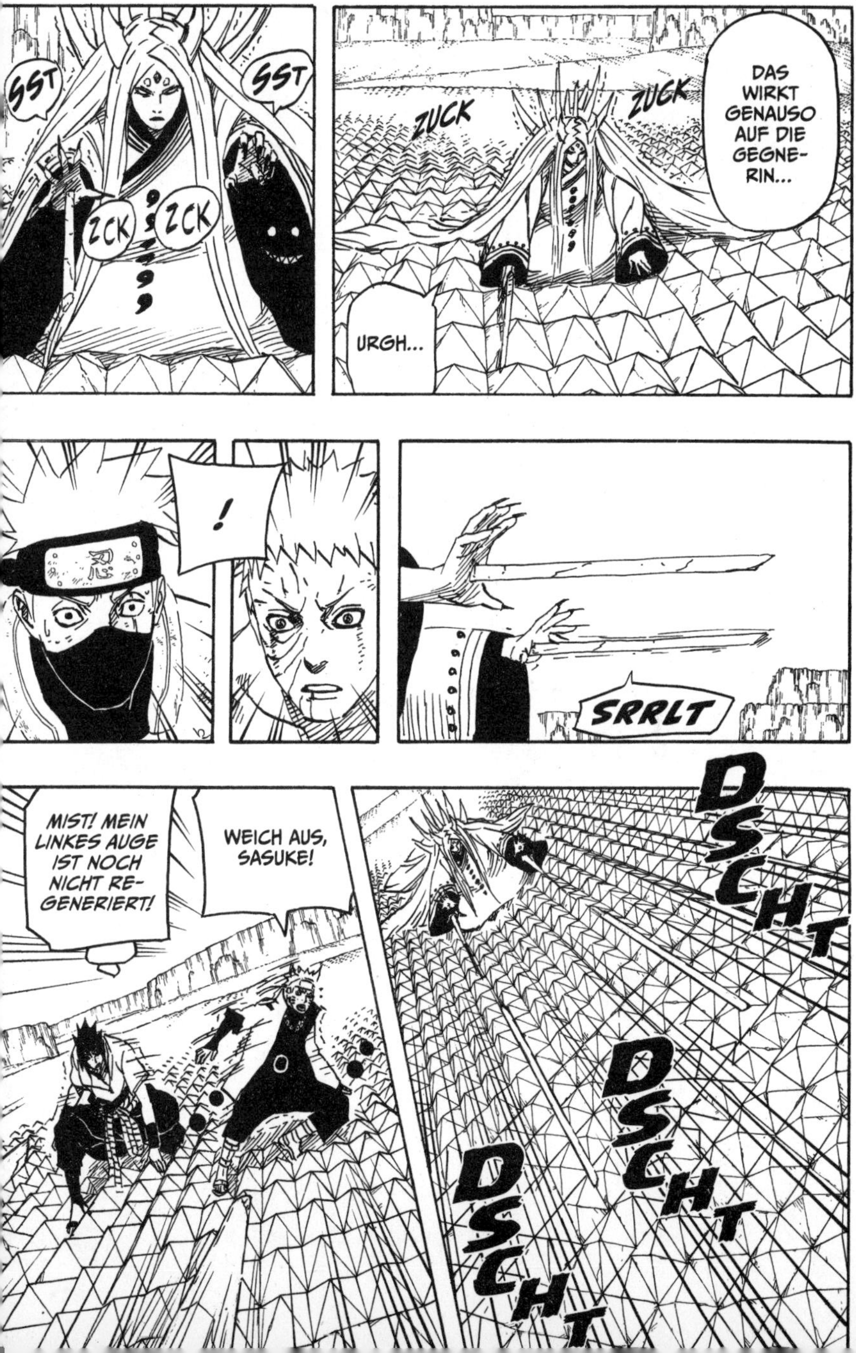
DAS WIRKT GENAUSO AUF DIE GEGNE-RIN...
ZUCK
ZUCK
URGH...
SST
SST
ZCK
ZCK
!
SRRLT
DSCHT
DSCHT
DSCHT
WEICH AUS, SASUKE!
MIST! MEIN LINKES AUGE IST NOCH NICHT RE-GENERIERT!

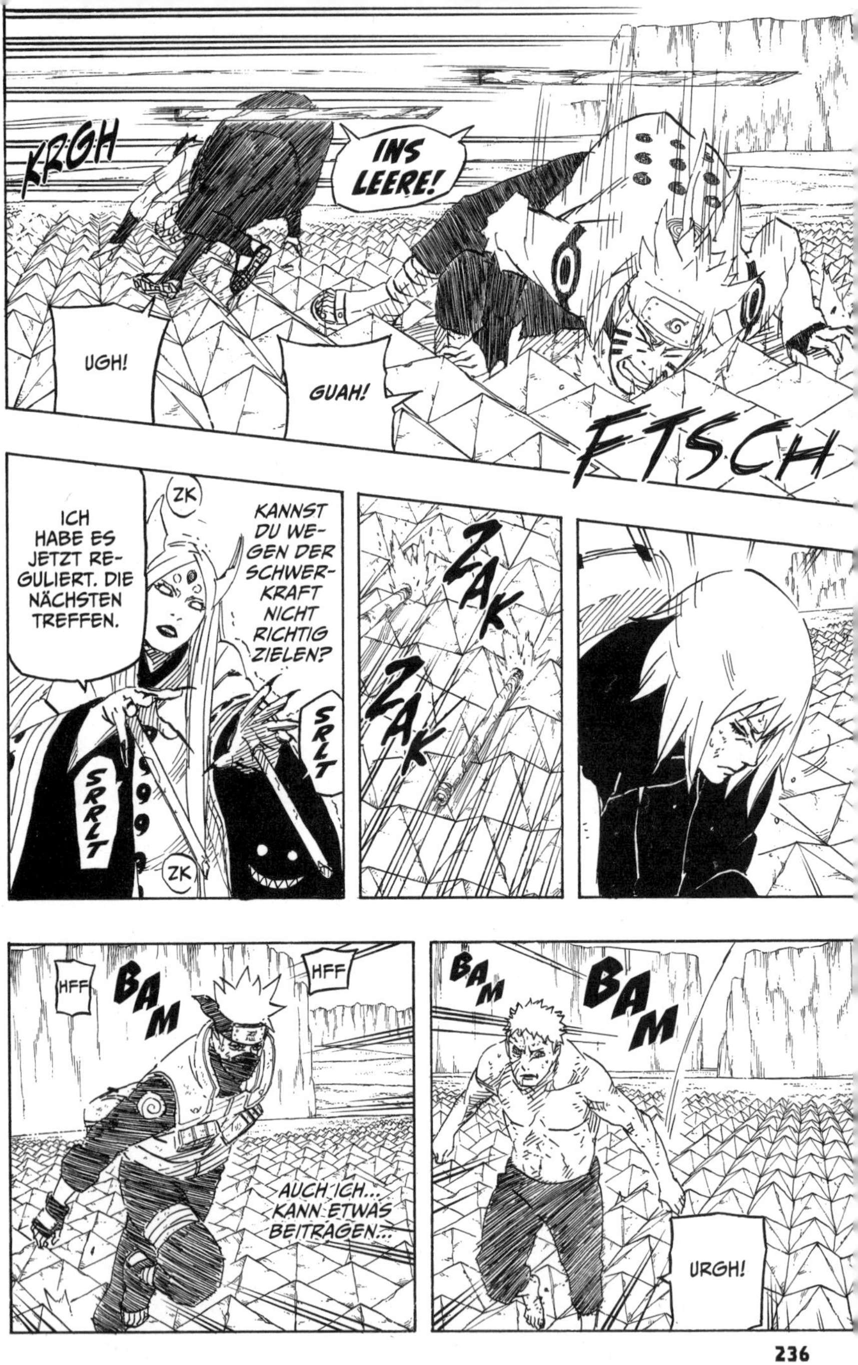

KRGH
INS LEERE!
UGH!
GUAH!
FTSCH
ZK
ICH HABE ES JETZT REGULIERT. DIE NÄCHSTEN TREFFEN.
KANNST DU WEGEN DER SCHWERKRAFT NICHT RICHTIG ZIELEN?
SRRLT
SRRLT
ZK
ZAK
ZAK
HFF
HFF
BAM
AUCH ICH... KANN ETWAS BEITRAGEN...
BAM
BAM
URGH!

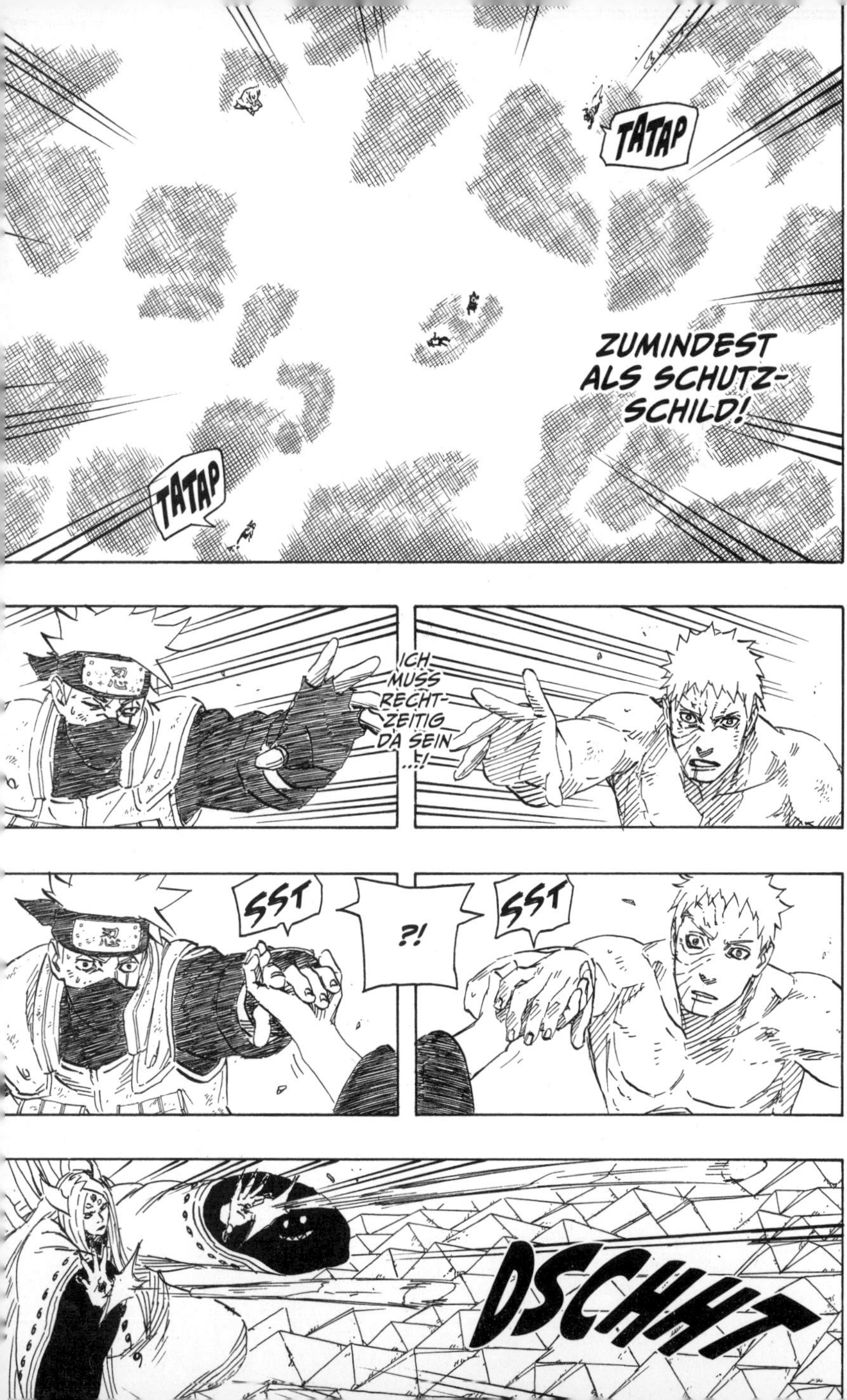
TATAP
ZUMINDEST ALS SCHUTZ-SCHILD!
TATAP
ICH MUSS RECHT-ZEITIG DA SEIN ...!
SST
?!
SST
DSCHHT

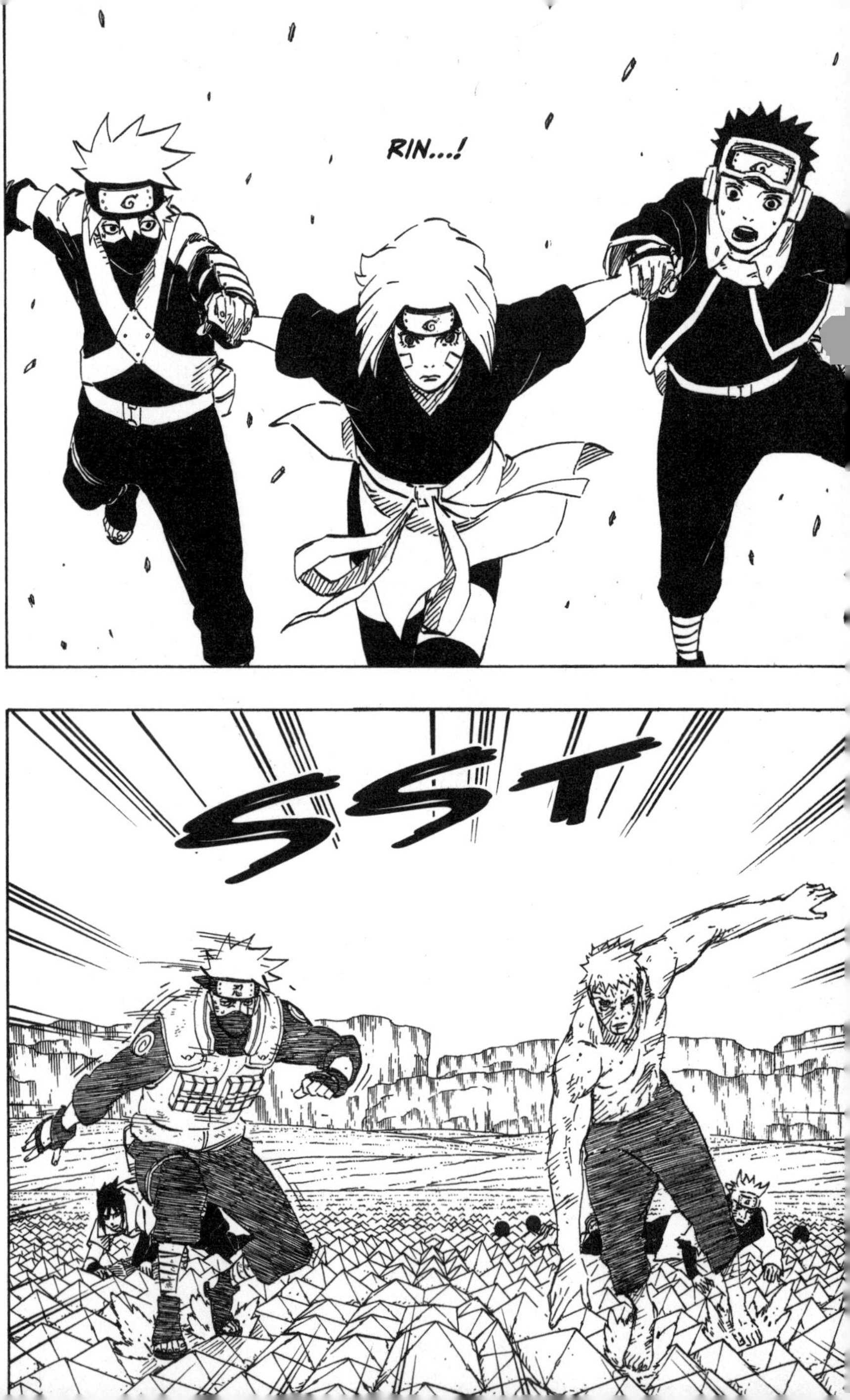
RIN...!
SST

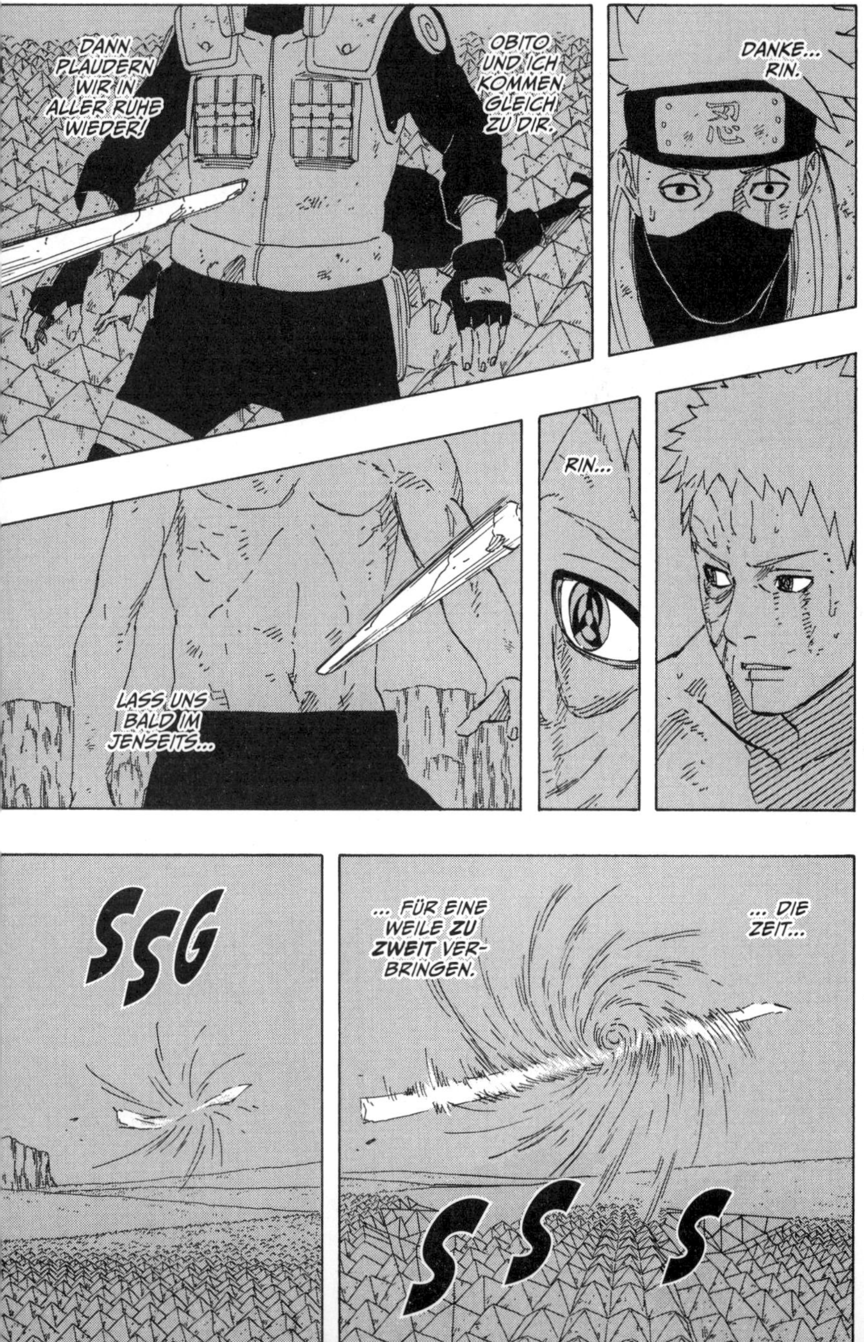
DANKE... RIN.
OBITO UND ICH KOMMEN GLEICH ZU DIR.
DANN PLAUDERN WIR IN ALLER RUHE WIEDER!
RIN...
LASS UNS BALD IM JENSEITS...
... DIE ZEIT...
... FÜR EINE WEILE ZU ZWEIT VERBRINGEN.
SSS
SSG

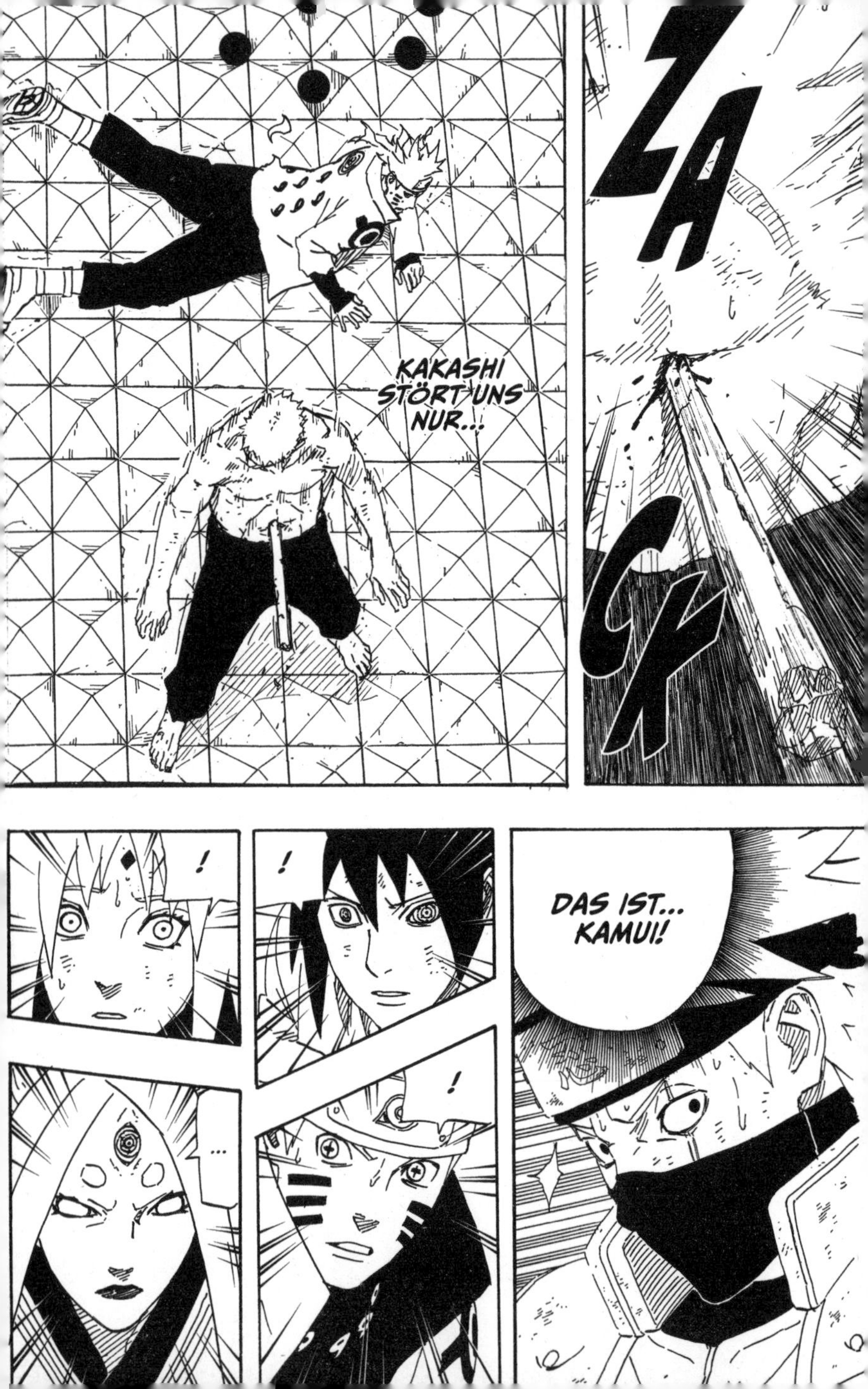
ZA
KAKASHI STÖRT UNS NUR...
DAS IST... KAMUI!
!
!
!
...

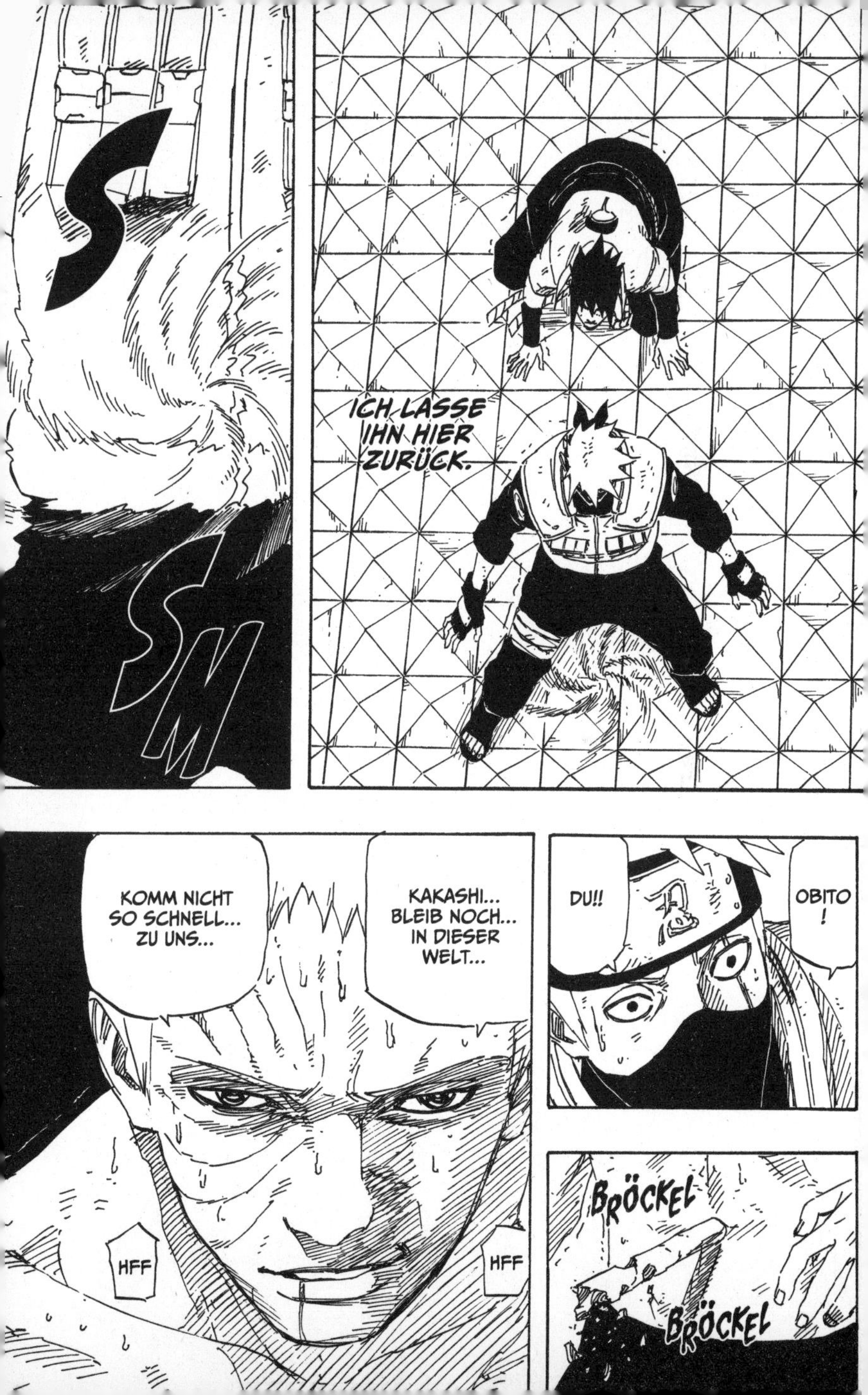
ICH LASSE IHN HIER ZURÜCK.
SSM
OBITO!
DU!!
KAKASHI... BLEIB NOCH... IN DIESER WELT...
KOMM NICHT SO SCHNELL... ZU UNS...
HFF
HFF
BRÖCKEL
BRÖCKEL

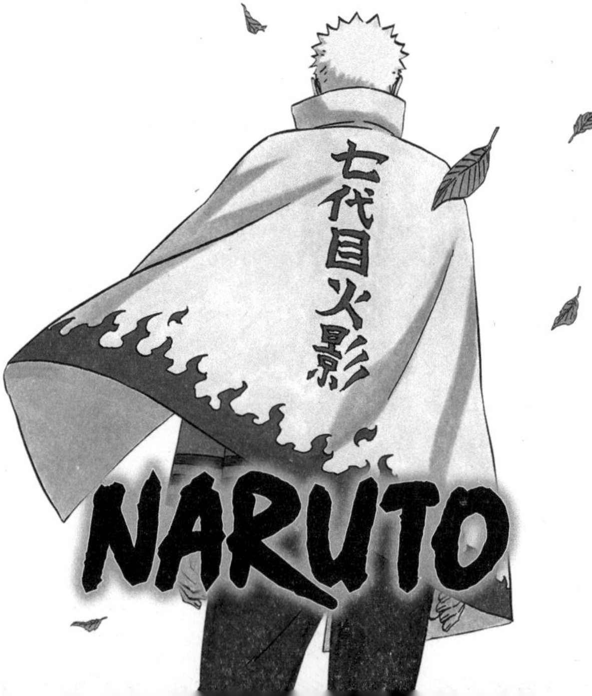
七代目火影
NARUTO

687. Kapitel: Werde du es bestimmt...!

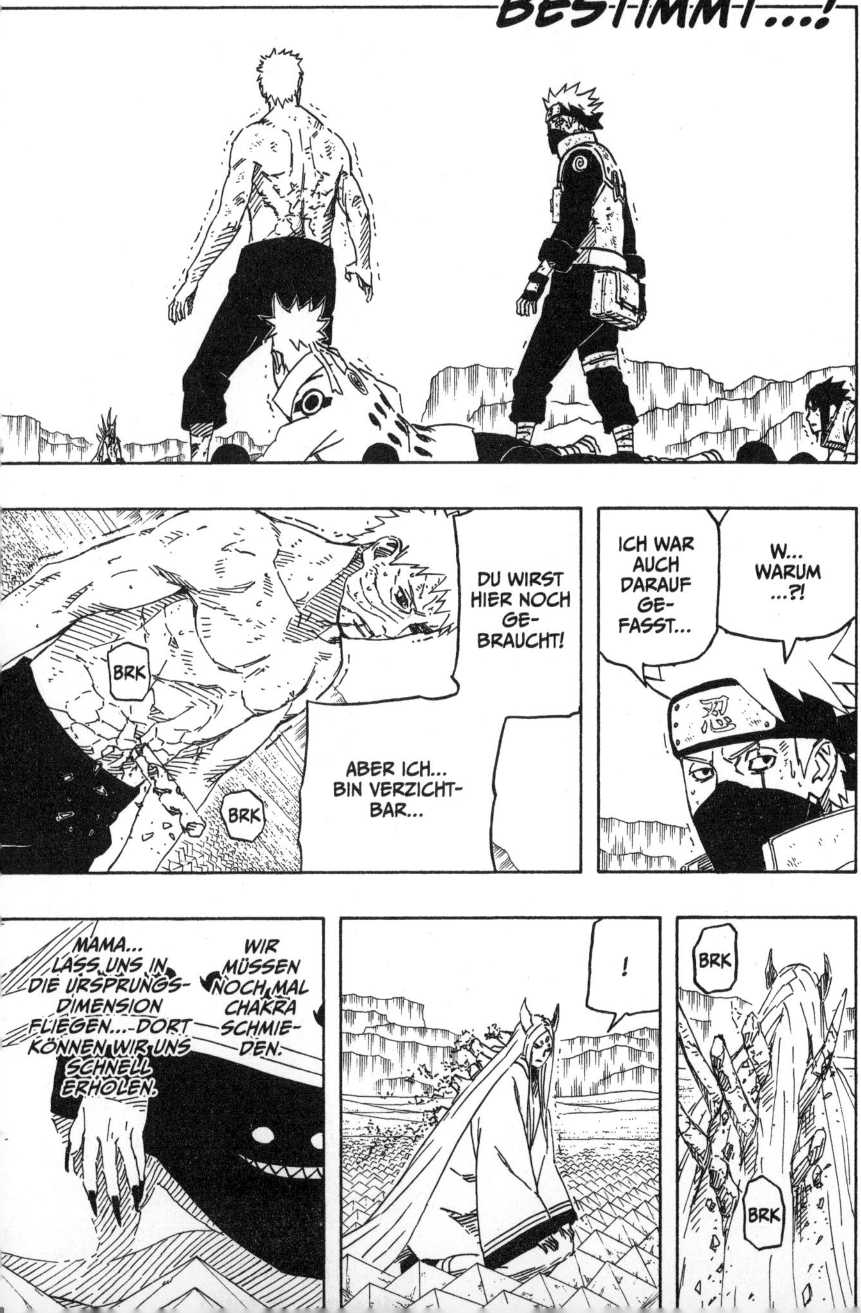

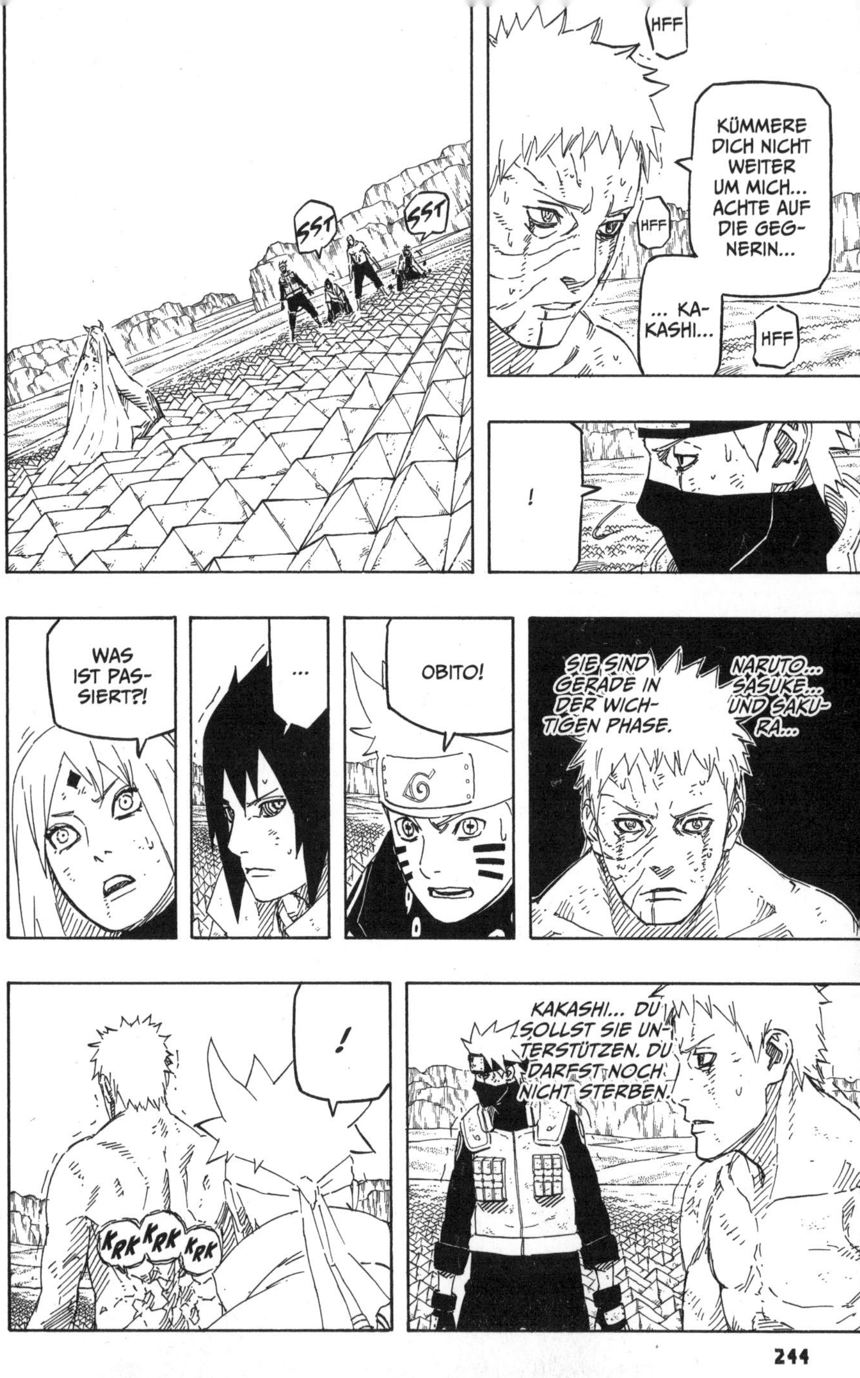

HFF
KÜMMERE DICH NICHT WEITER UM MICH... ACHTE AUF DIE GEGNERIN...
HFF
... KAKASHI...
HFF
!
SST
SST
NARUTO... SASUKE... UND SAKURA...
SIE SIND GERADE IN DER WICHTIGEN PHASE.
OBITO!
...
WAS IST PASSIERT?!
KAKASHI... DU SOLLST SIE UNTERSTÜTZEN. DU DARFST NOCH NICHT STERBEN.
!
KRK KRK KRK

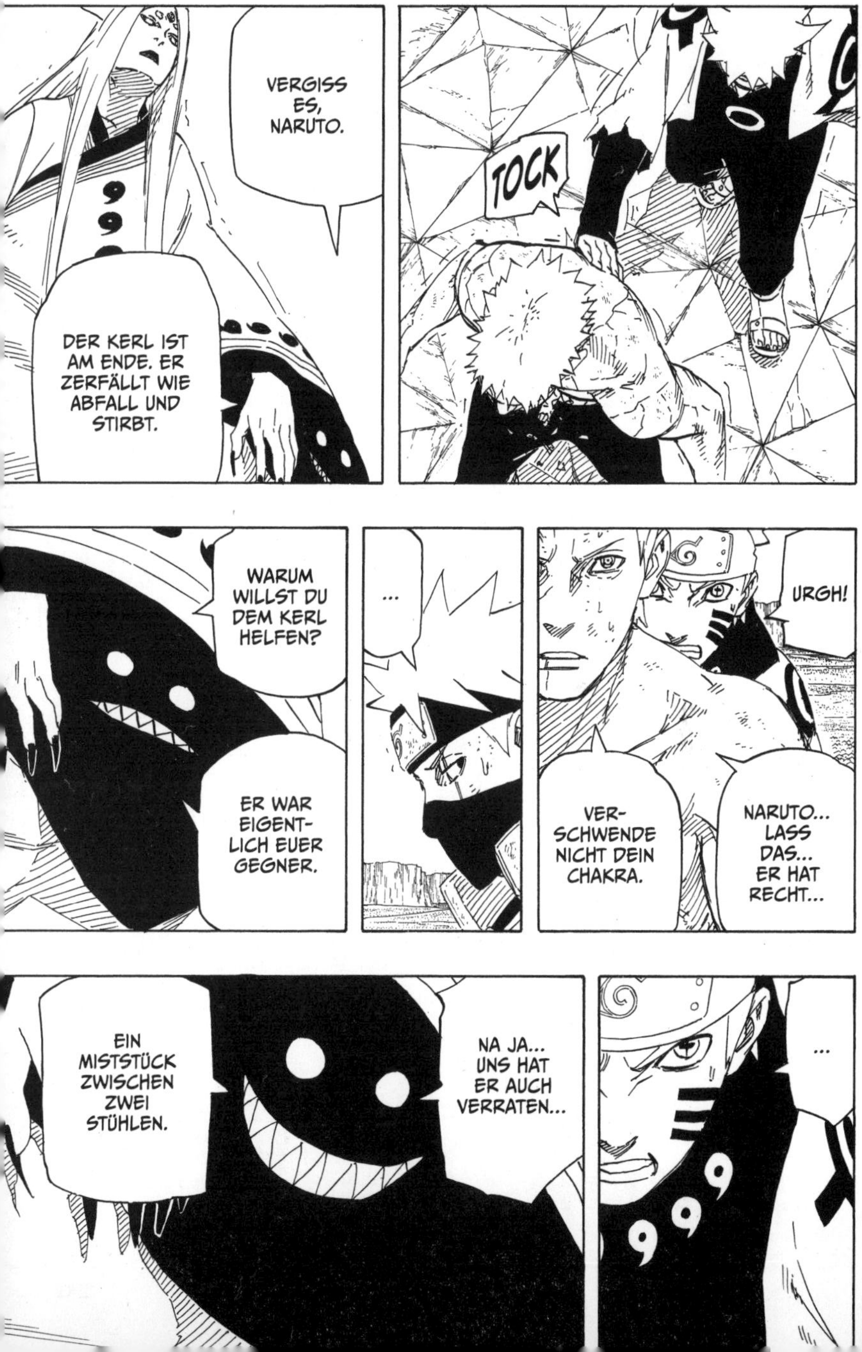
TOCK
VERGISS ES, NARUTO.
DER KERL IST AM ENDE. ER ZERFÄLLT WIE ABFALL UND STIRBT.
URGH!
NARUTO... LASS DAS... ER HAT RECHT...
VER-SCHWENDE NICHT DEIN CHAKRA.
...
WARUM WILLST DU DEM KERL HELFEN?
ER WAR EIGENT-LICH EUER GEGNER.
...
NA JA... UNS HAT ER AUCH VERRATEN...
EIN MISTSTÜCK ZWISCHEN ZWEI STÜHLEN.

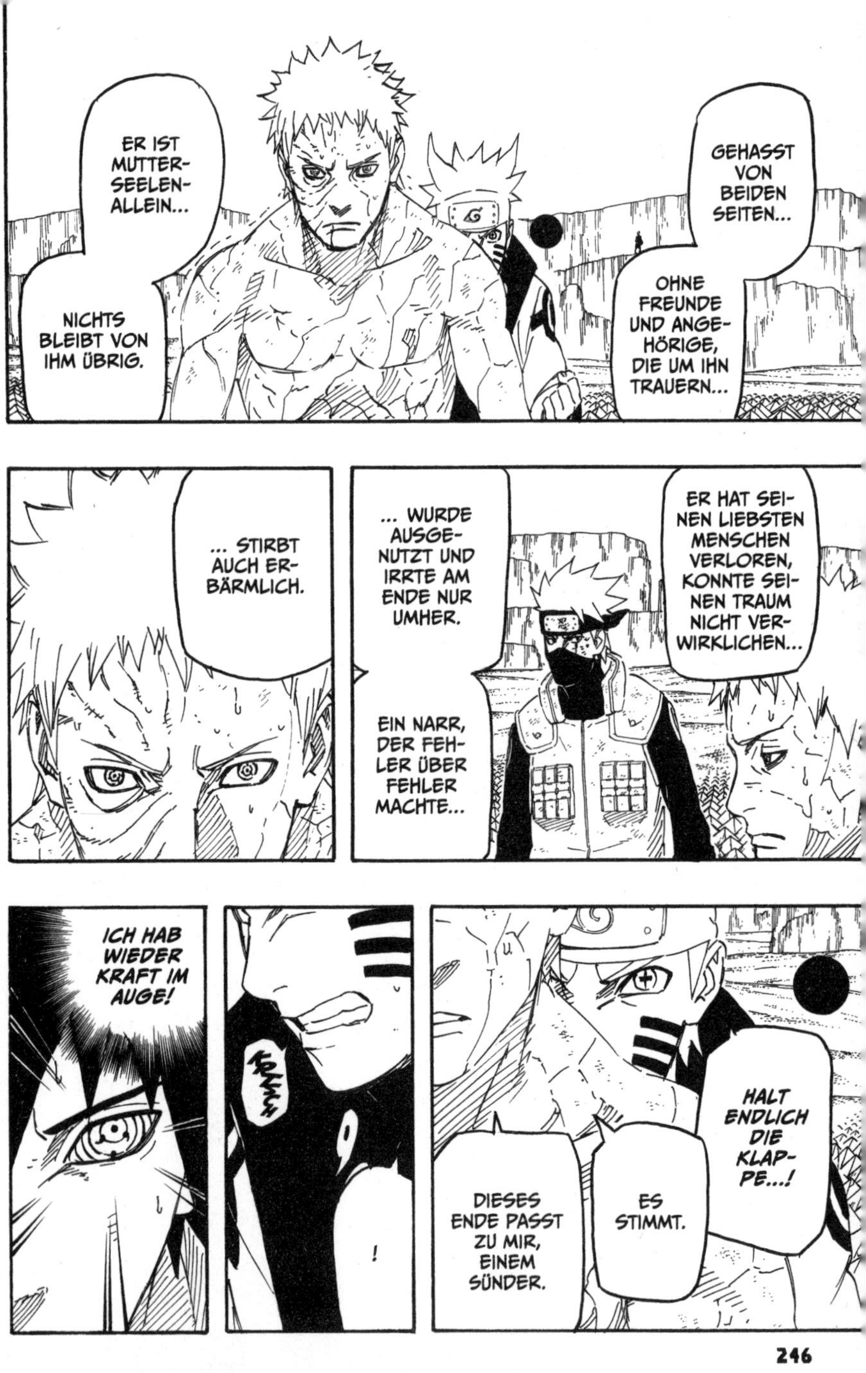
GEHASST VON BEIDEN SEITEN...
OHNE FREUNDE UND ANGEHÖRIGE, DIE UM IHN TRAUERN...
ER IST MUTTERSEELENALLEIN...
NICHTS BLEIBT VON IHM ÜBRIG.
ER HAT SEINEN LIEBSTEN MENSCHEN VERLOREN, KONNTE SEINEN TRAUM NICHT VERWIRKLICHEN...
... WURDE AUSGENUTZT UND IRRTE AM ENDE NUR UMHER.
EIN NARR, DER FEHLER ÜBER FEHLER MACHTE...
... STIRBT AUCH ERBÄRMLICH.
HALT ENDLICH DIE KLAPPE...!
ES STIMMT.
DIESES ENDE PASST ZU MIR, EINEM SÜNDER.
!
ICH HAB WIEDER KRAFT IM AUGE!

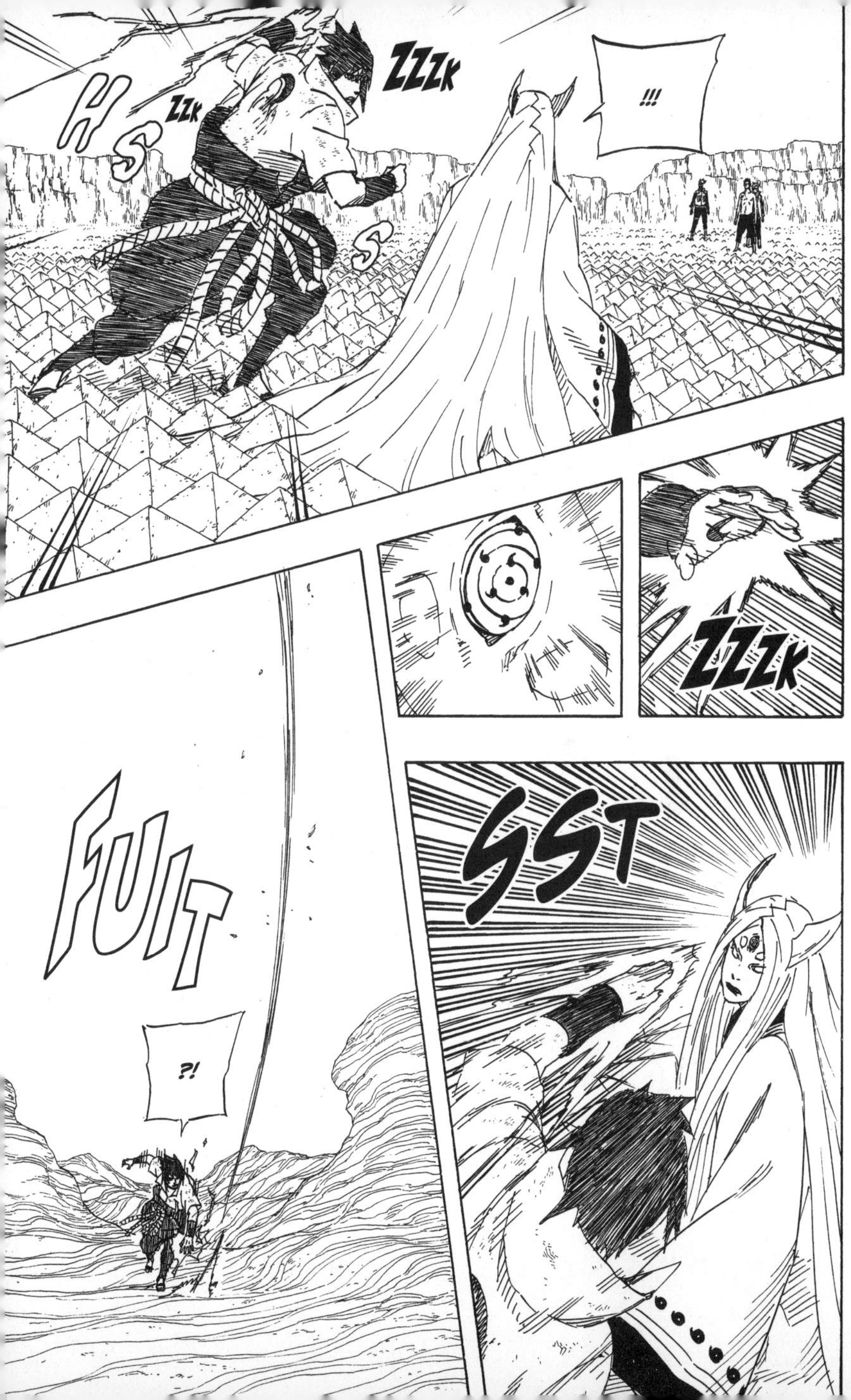
!!!
ZZZK
HSZZK
S
ZZZK
SST
?!
FUIT

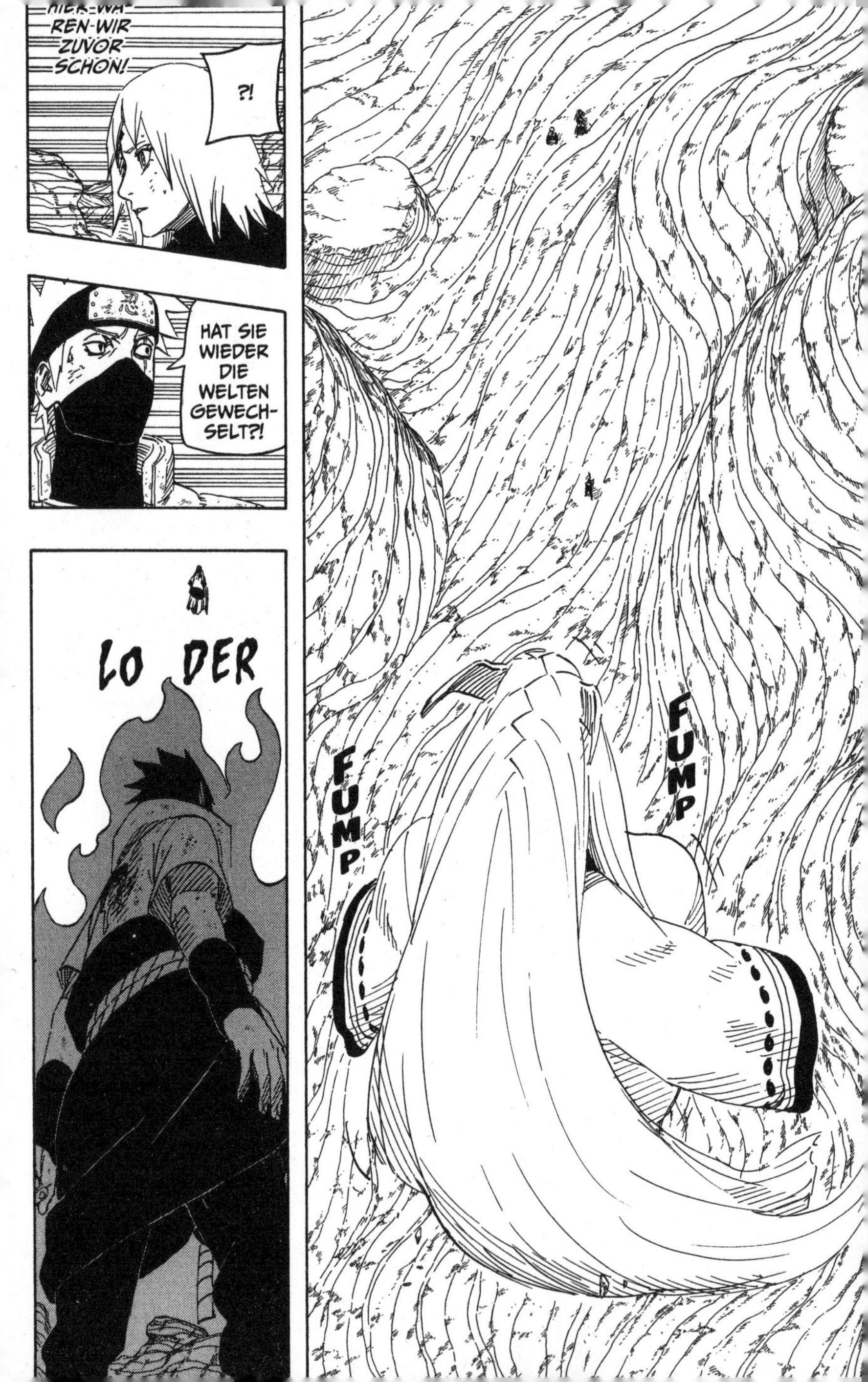

FUMP
FUMP
REN-WIR
ZUVOR
SCHON!
?!
HAT SIE WIEDER DIE WELTEN GEWECH-SELT?!
LO DER

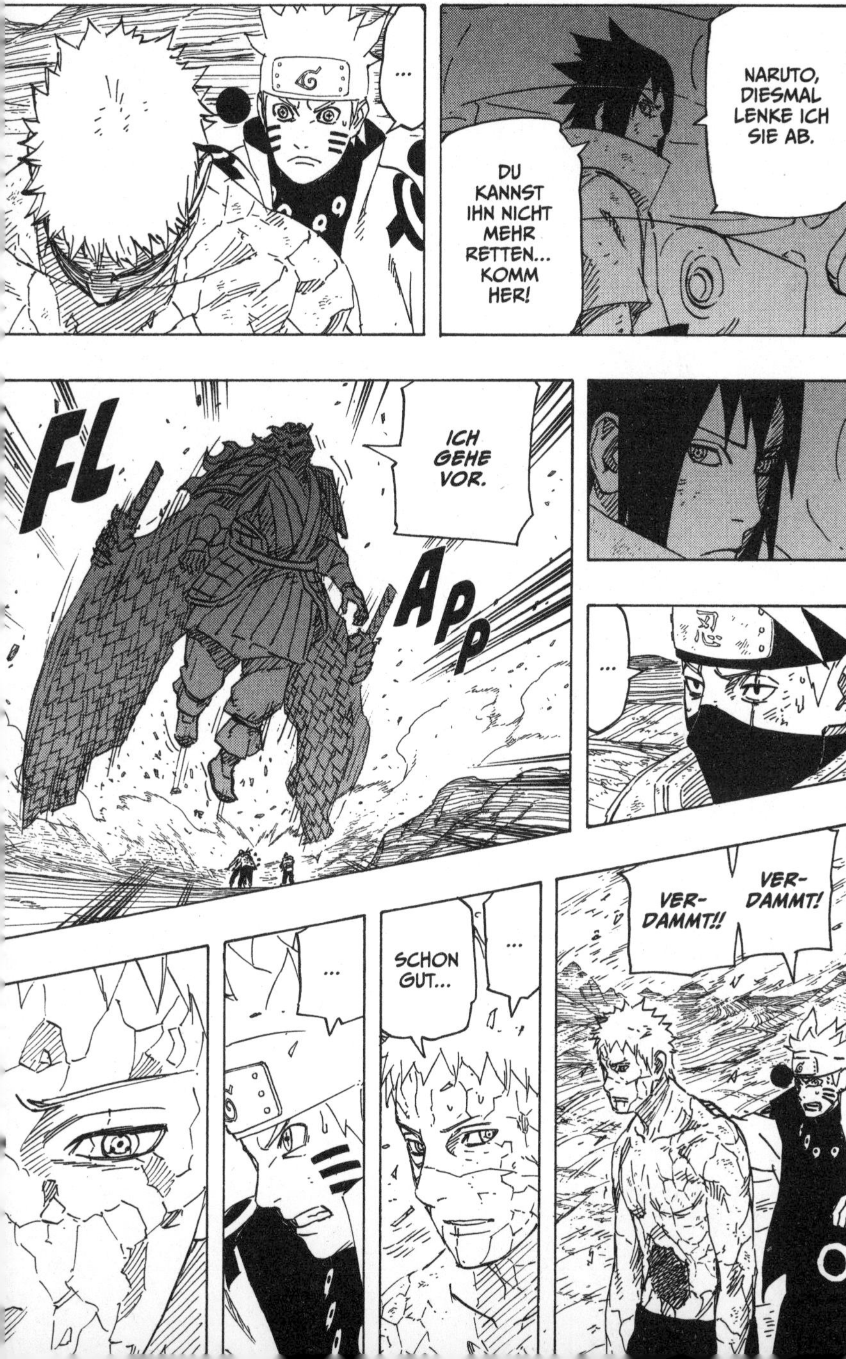
NARUTO, DIESMAL LENKE ICH SIE AB.
DU KANNST IHN NICHT MEHR RETTEN... KOMM HER!
...
...
ICH GEHE VOR.
FL
APP
VER-DAMMT!
VER-DAMMT!!
...
SCHON GUT...
...

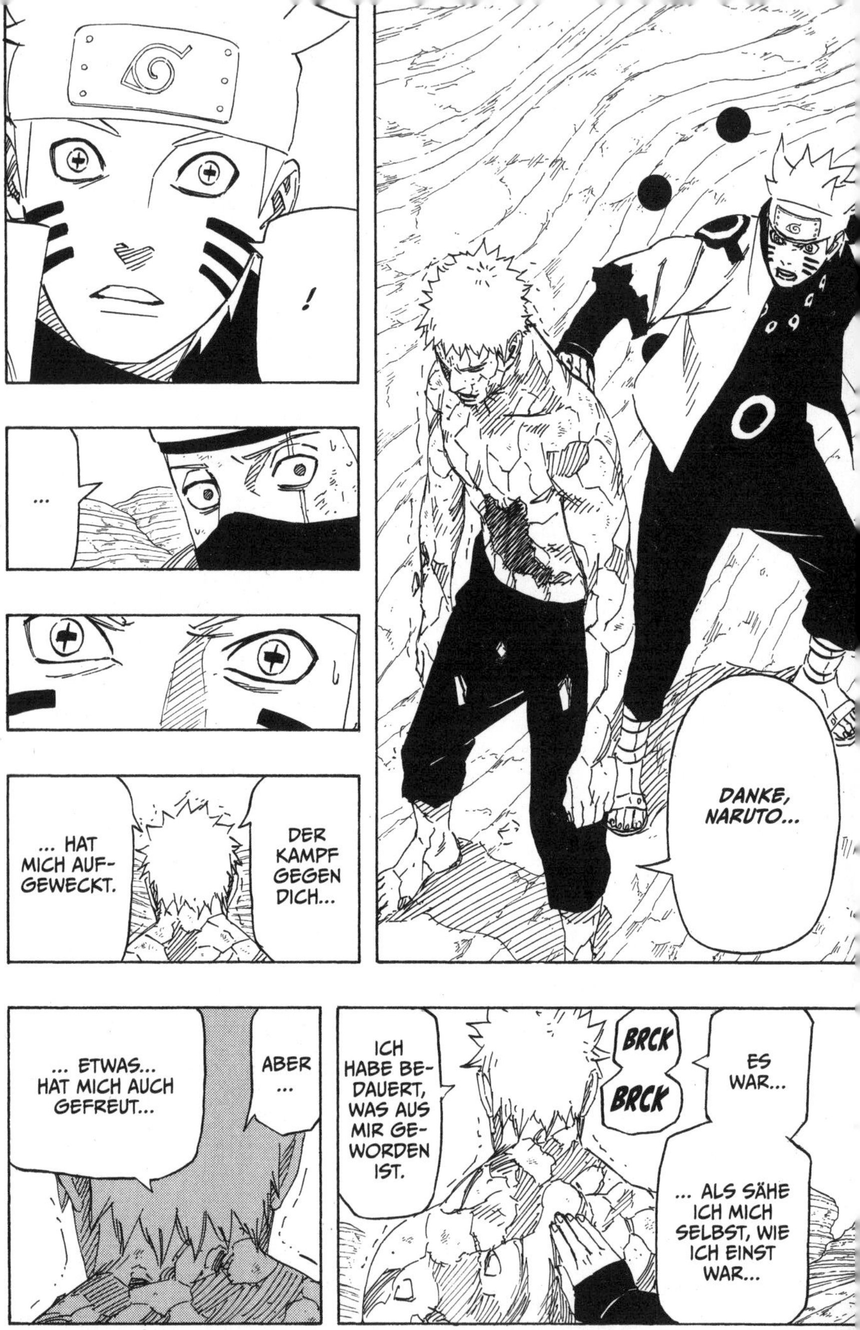
DANKE, NARUTO...
...
DER KAMPF GEGEN DICH...
... HAT MICH AUFGEWECKT.
ES WAR...
... ALS SÄHE ICH MICH SELBST, WIE ICH EINST WAR...
BRCK
BRCK
ICH HABE BEDAUERT, WAS AUS MIR GEWORDEN IST.
ABER ...
... ETWAS... HAT MICH AUCH GEFREUT...

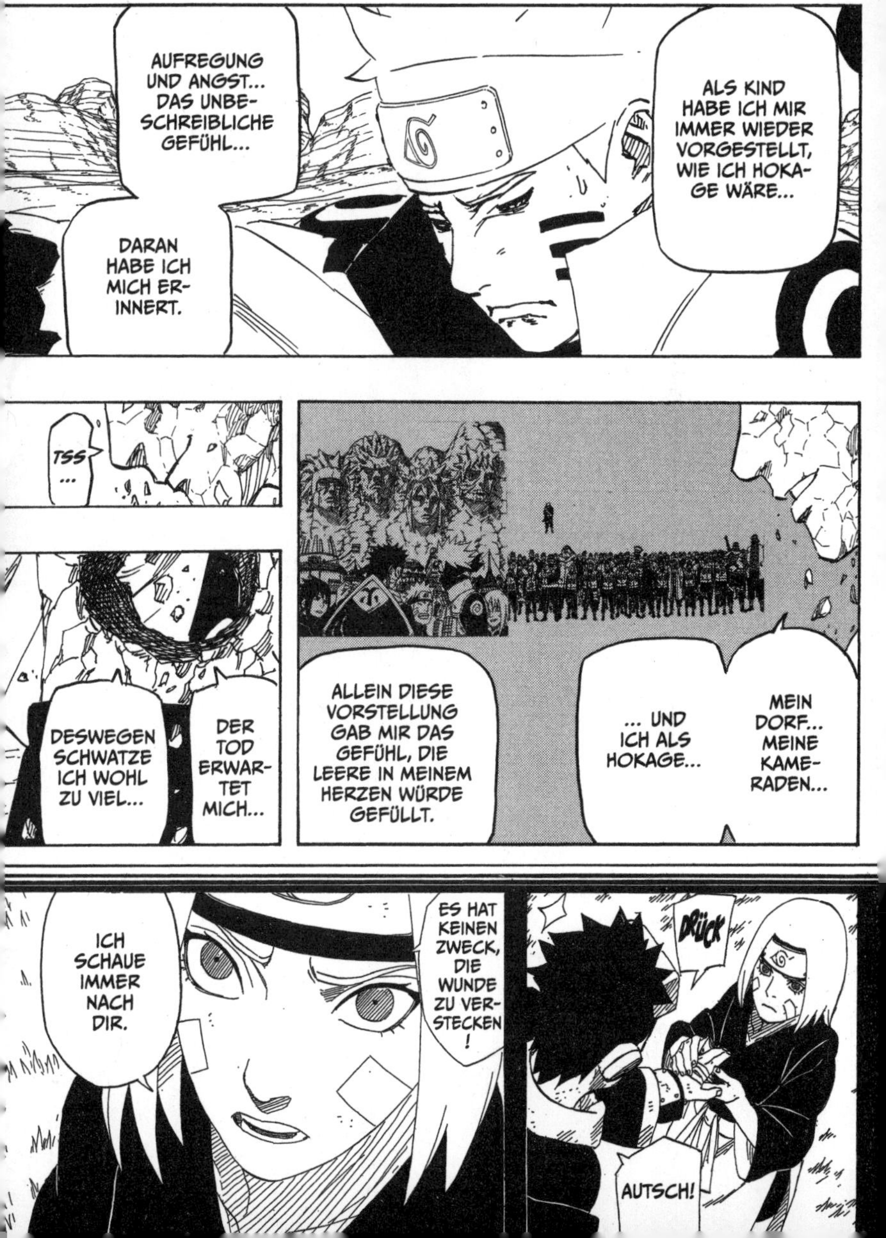
ALS KIND HABE ICH MIR IMMER WIEDER VORGESTELLT, WIE ICH HOKAGE WÄRE...
AUFREGUNG UND ANGST... DAS UNBESCHREIBLICHE GEFÜHL...
DARAN HABE ICH MICH ERINNERT.
MEIN DORF... MEINE KAMERADEN...
... UND ICH ALS HOKAGE...
ALLEIN DIESE VORSTELLUNG GAB MIR DAS GEFÜHL, DIE LEERE IN MEINEM HERZEN WÜRDE GEFÜLLT.
TSS ...
DER TOD ERWARTET MICH...
DESWEGEN SCHWATZE ICH WOHL ZU VIEL...
DRÜCK
AUTSCH!
ES HAT KEINEN ZWECK, DIE WUNDE ZU VERSTECKEN!
ICH SCHAUE IMMER NACH DIR.

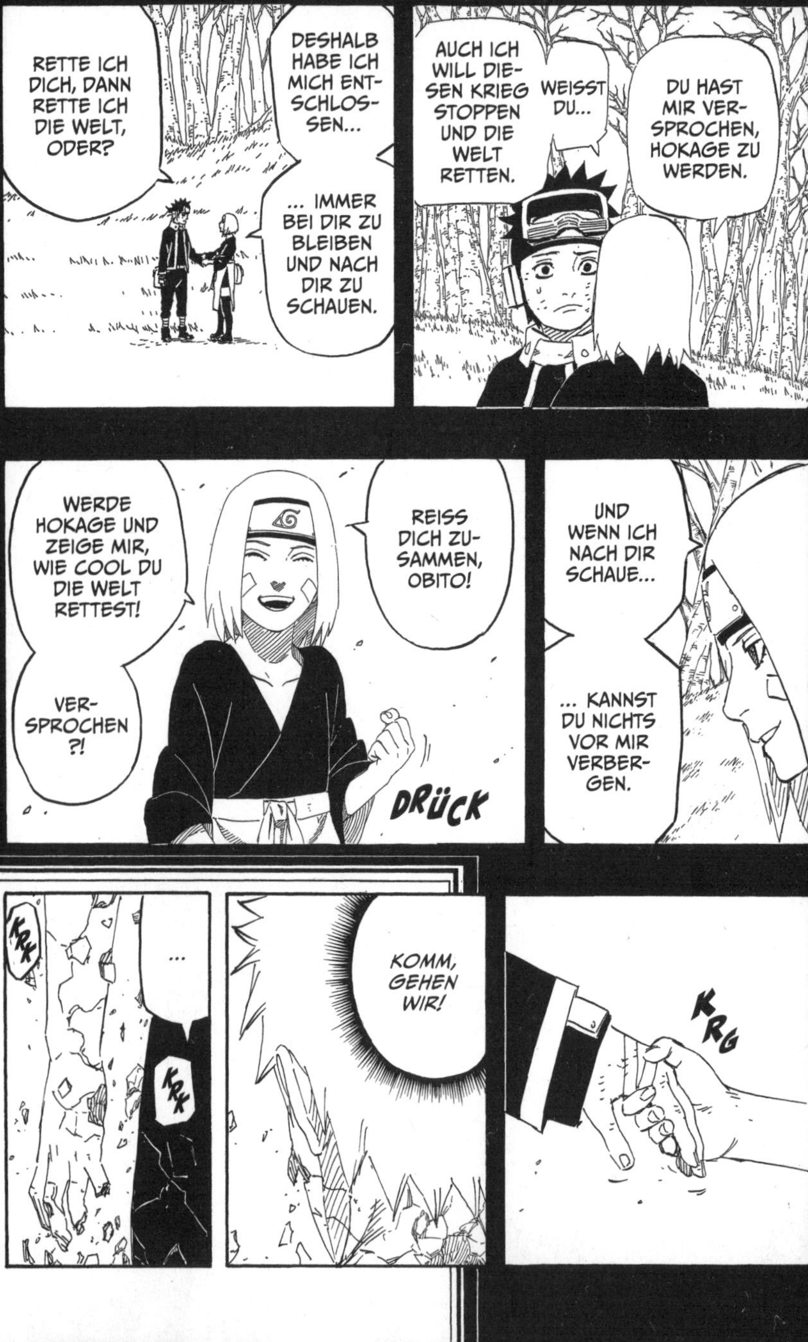
DU HAST MIR VERSPROCHEN, HOKAGE ZU WERDEN.
WEISST DU...
AUCH ICH WILL DIESEN KRIEG STOPPEN UND DIE WELT RETTEN.
DESHALB HABE ICH MICH ENTSCHLOSSEN...
... IMMER BEI DIR ZU BLEIBEN UND NACH DIR ZU SCHAUEN.
RETTE ICH DICH, DANN RETTE ICH DIE WELT, ODER?
UND WENN ICH NACH DIR SCHAUE...
... KANNST DU NICHTS VOR MIR VERBERGEN.
REISS DICH ZUSAMMEN, OBITO!
WERDE HOKAGE UND ZEIGE MIR, WIE COOL DU DIE WELT RETTEST!
VERSPROCHEN?!
DRÜCK
KRG
KOMM, GEHEN WIR!
...
KRK
KRK

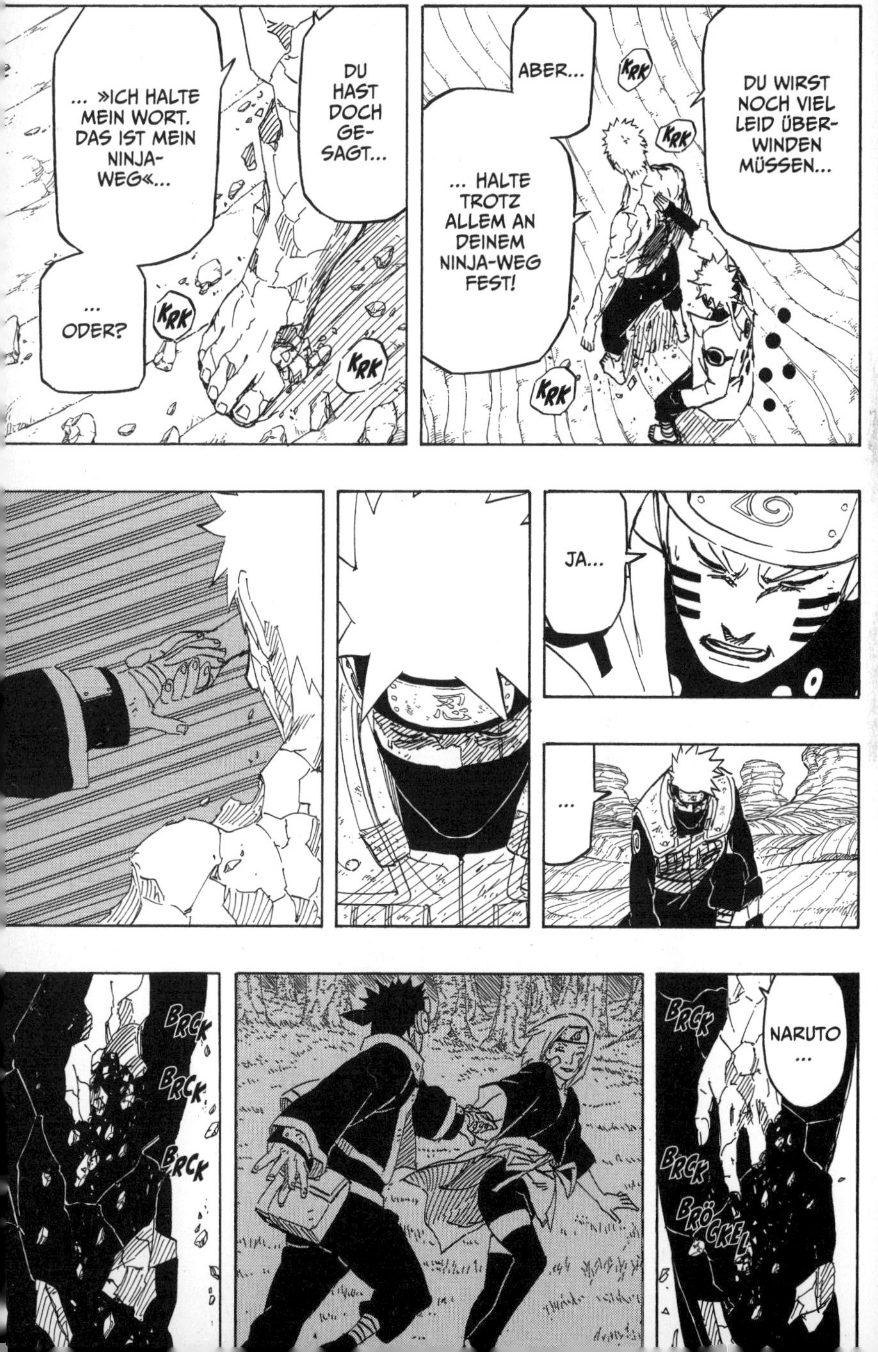
DU WIRST NOCH VIEL LEID ÜBERWINDEN MÜSSEN...
KRK
KRK
ABER...
... HALTE TROTZ ALLEM AN DEINEM NINJA-WEG FEST!
KRK
DU HAST DOCH GESAGT...
... »ICH HALTE MEIN WORT. DAS IST MEIN NINJA-WEG«...
... ODER?
KRK
KRK
JA...
...
NARUTO ...
BRCK
BRCK
BRÖCKEL
BRCK
BRCK
BRCK

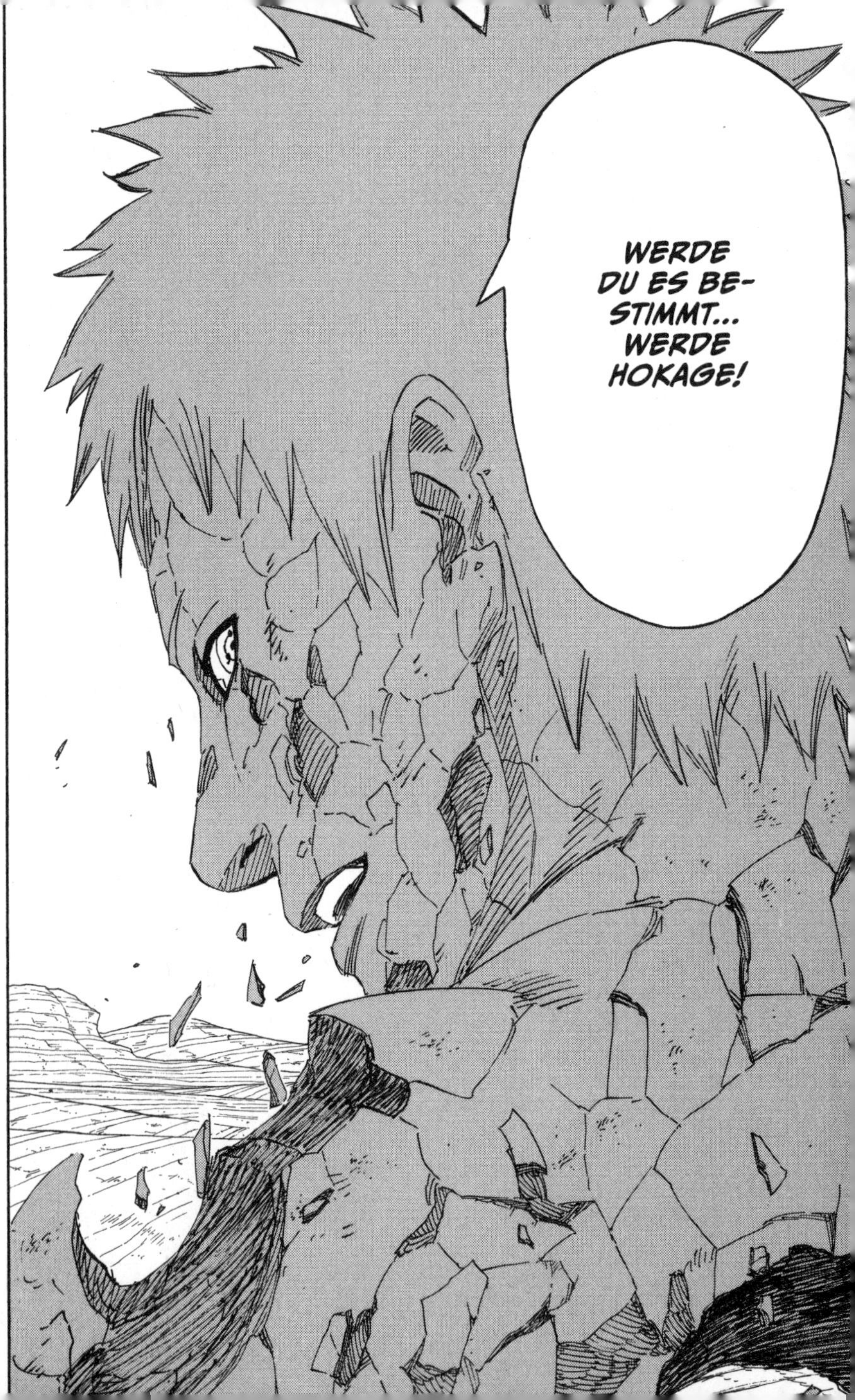
WERDE DU ES BE-STIMMT... WERDE HOKAGE!

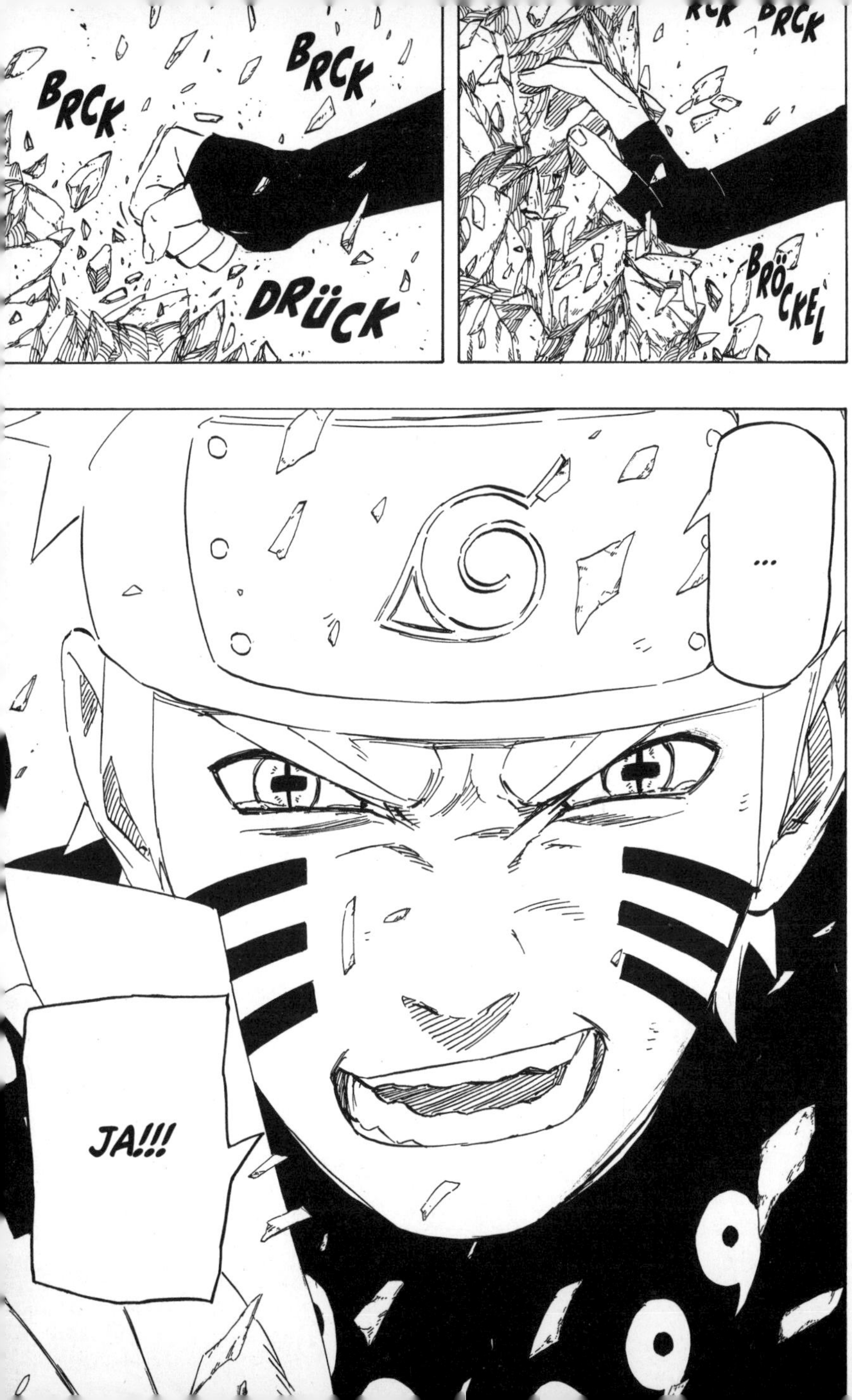
BRCK
BRÖCKEL
BRCK
BRCK
DRÜCK
...
JA!!!

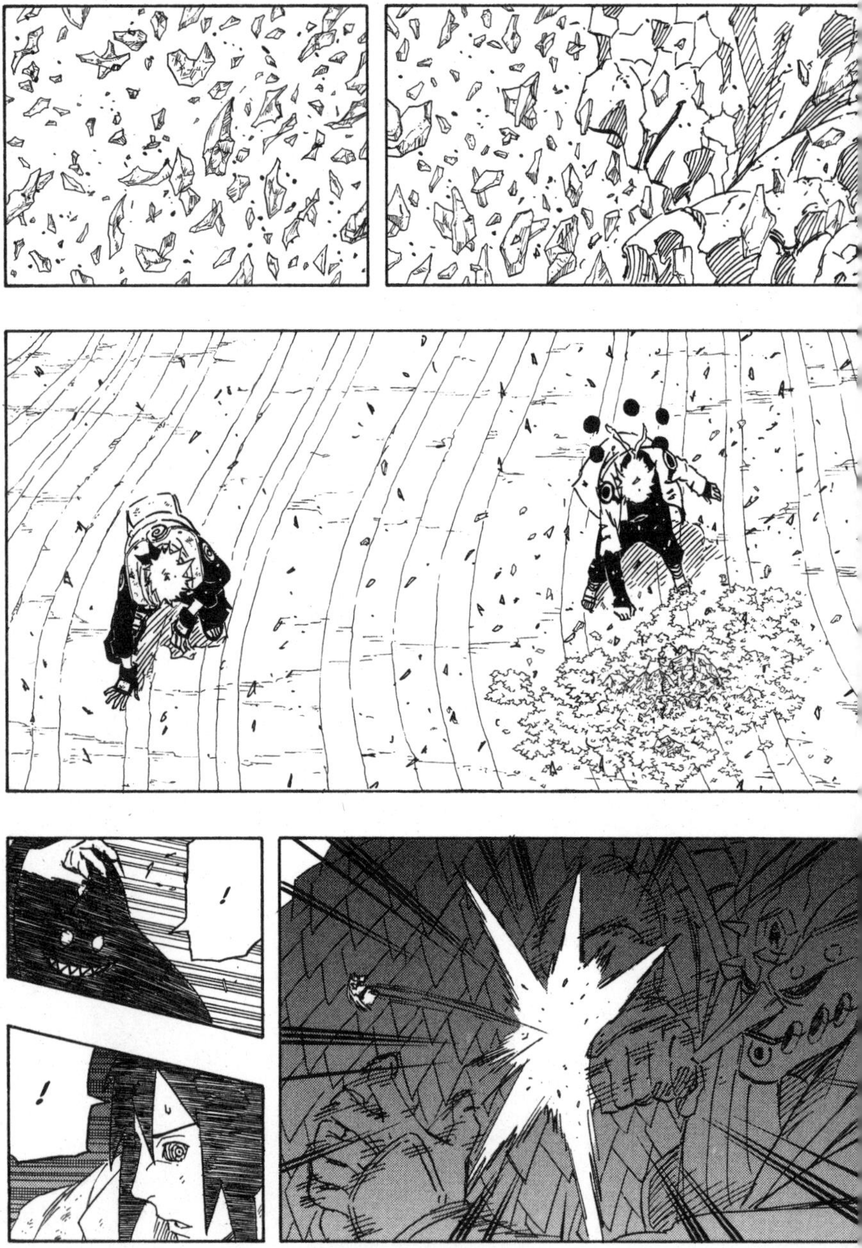

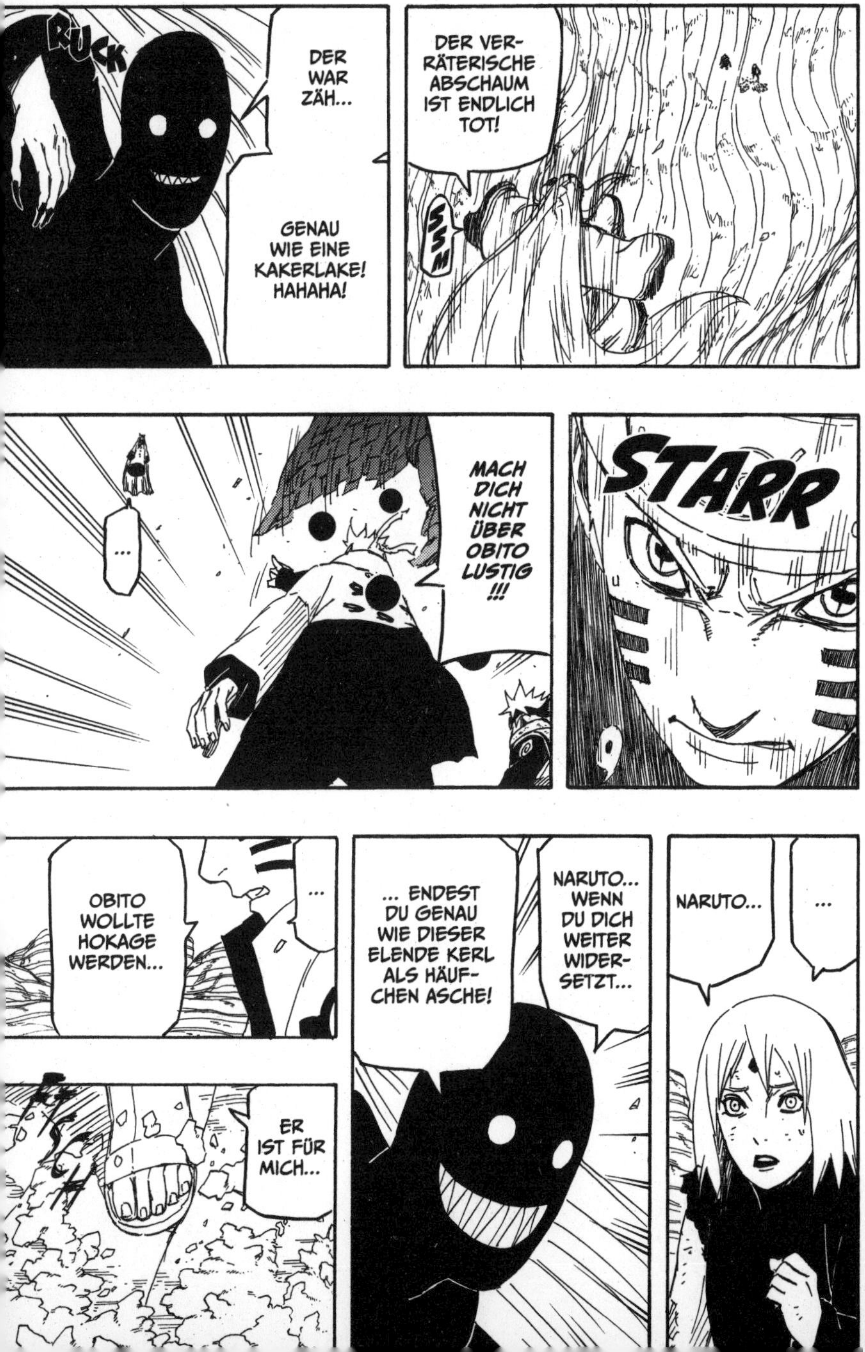
DER VERRÄTERISCHE ABSCHAUM IST ENDLICH TOT!
SSM
DER WAR ZÄH...
GENAU WIE EINE KAKERLAKE! HAHAHA!
STARR
MACH DICH NICHT ÜBER OBITO LUSTIG!!!
...
...
NARUTO...
NARUTO... WENN DU DICH WEITER WIDERSETZT...
... ENDEST DU GENAU WIE DIESER ELENDE KERL ALS HÄUFCHEN ASCHE!
...
OBITO WOLLTE HOKAGE WERDEN...
ER IST FÜR MICH...

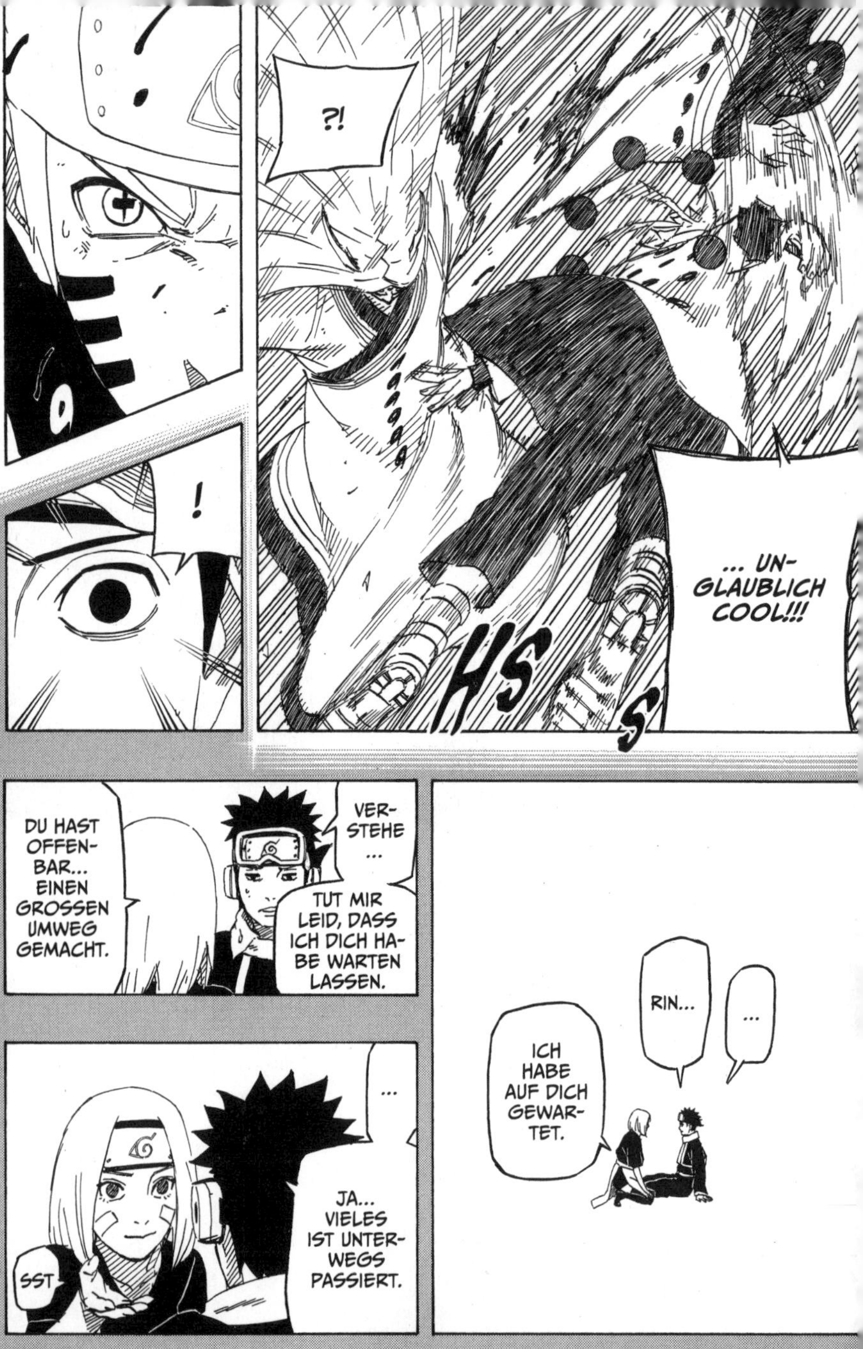
?!
... UNGLAUBLICH COOL!!!
HS
S
!
...
RIN...
ICH HABE AUF DICH GEWARTET.
VERSTEHE ...
TUT MIR LEID, DASS ICH DICH HABE WARTEN LASSEN.
DU HAST OFFENBAR... EINEN GROSSEN UMWEG GEMACHT.
...
JA... VIELES IST UNTERWEGS PASSIERT.
SST

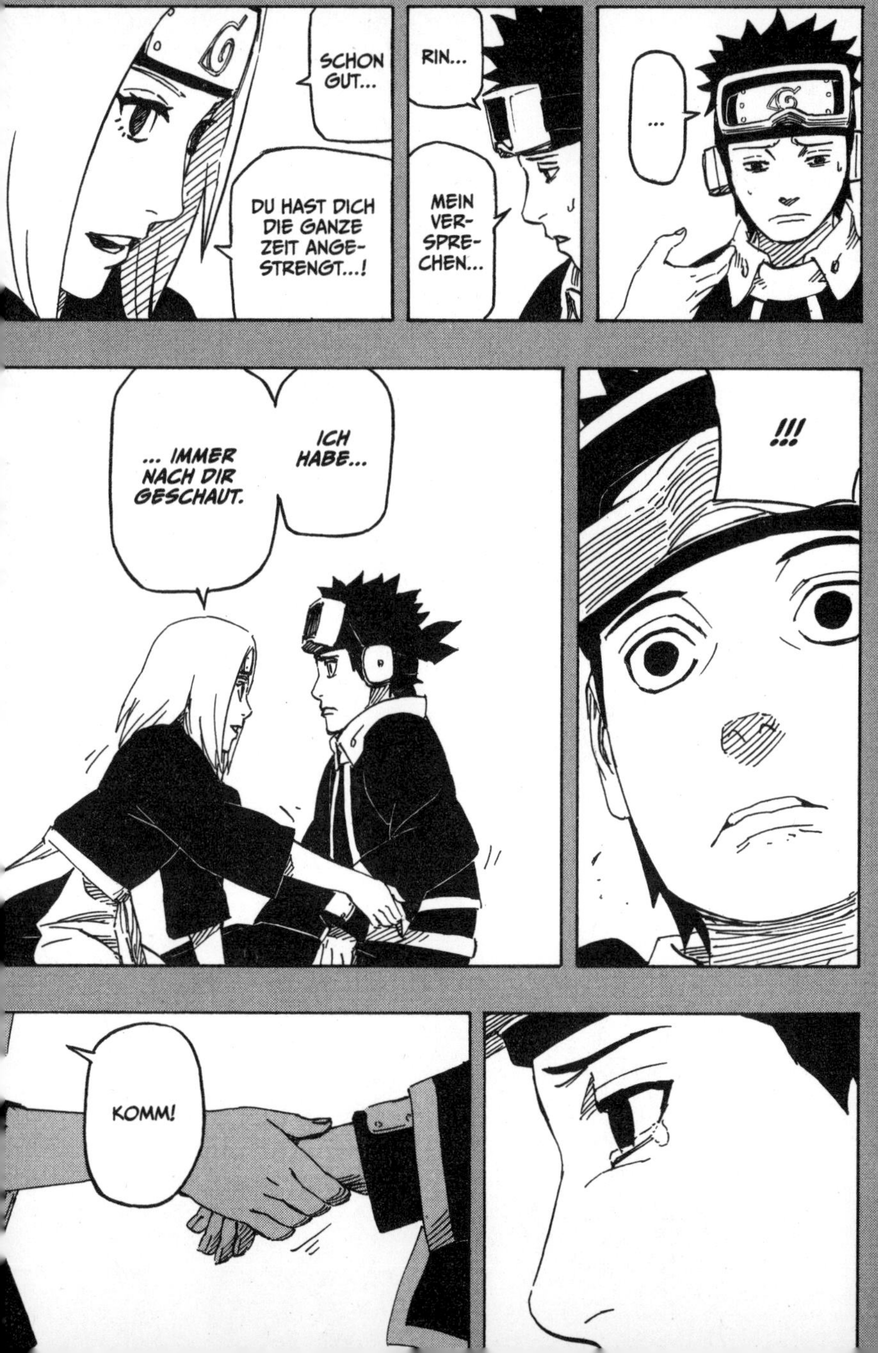
...
RIN...
MEIN VER-SPRE-CHEN...
SCHON GUT...
DU HAST DICH DIE GANZE ZEIT ANGE-STRENGT...!
!!!
ICH HABE...
... IMMER NACH DIR GESCHAUT.
KOMM!

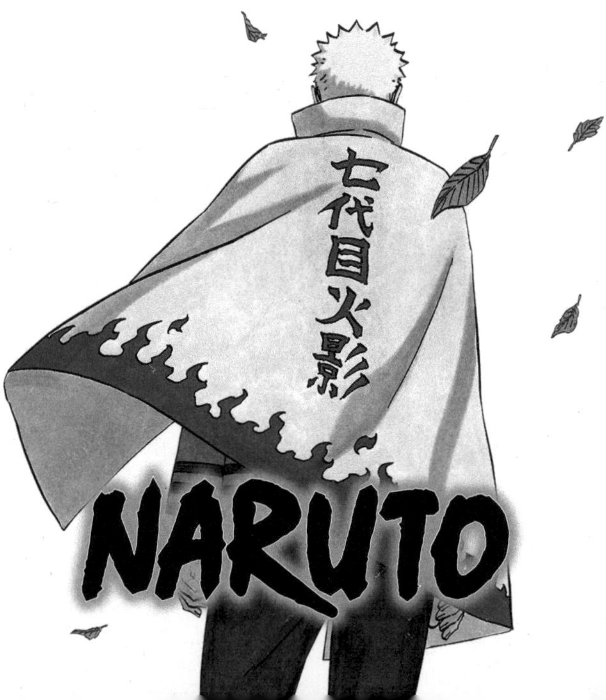
七代目火影
NARUTO

688. Kapitel: ... mit dem Sharingan!

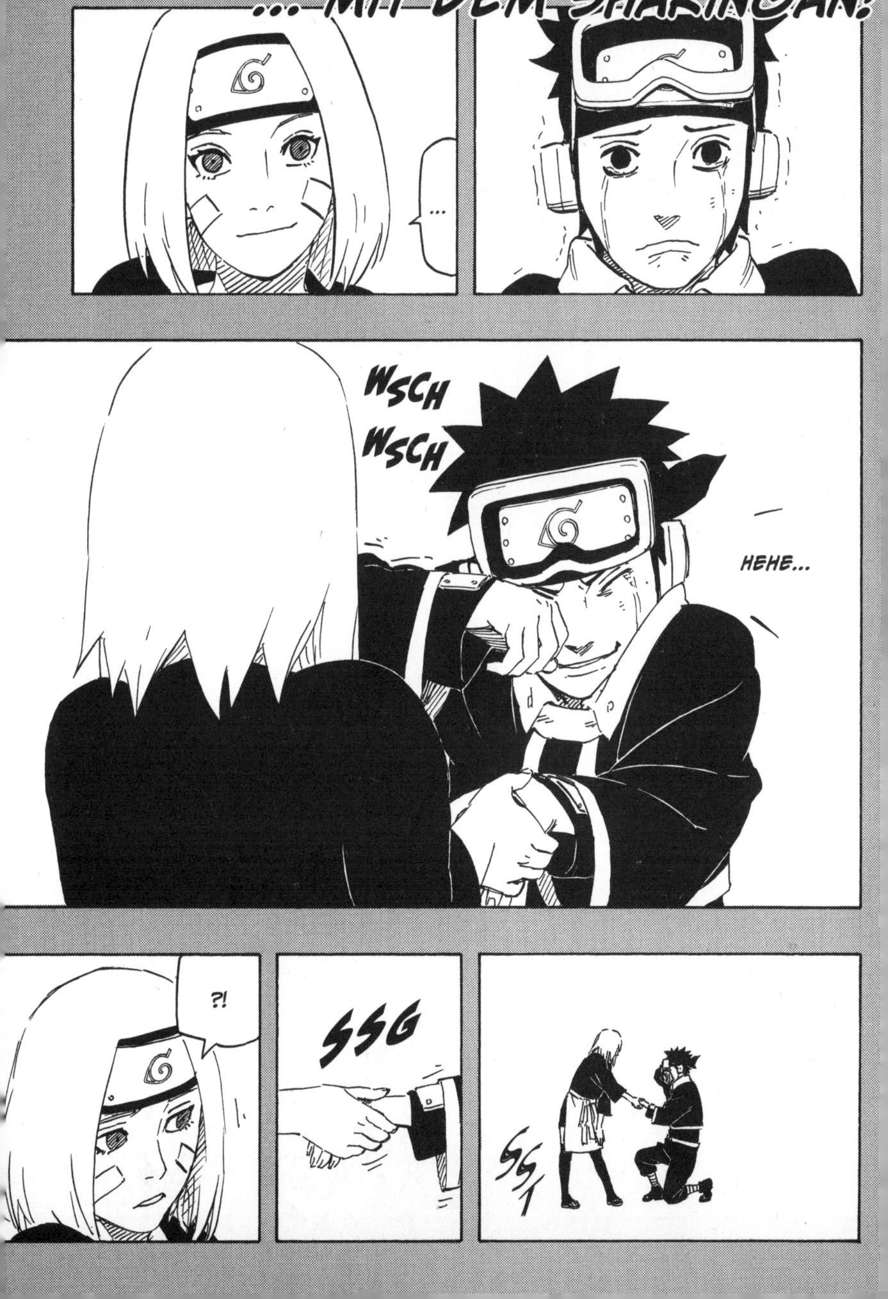

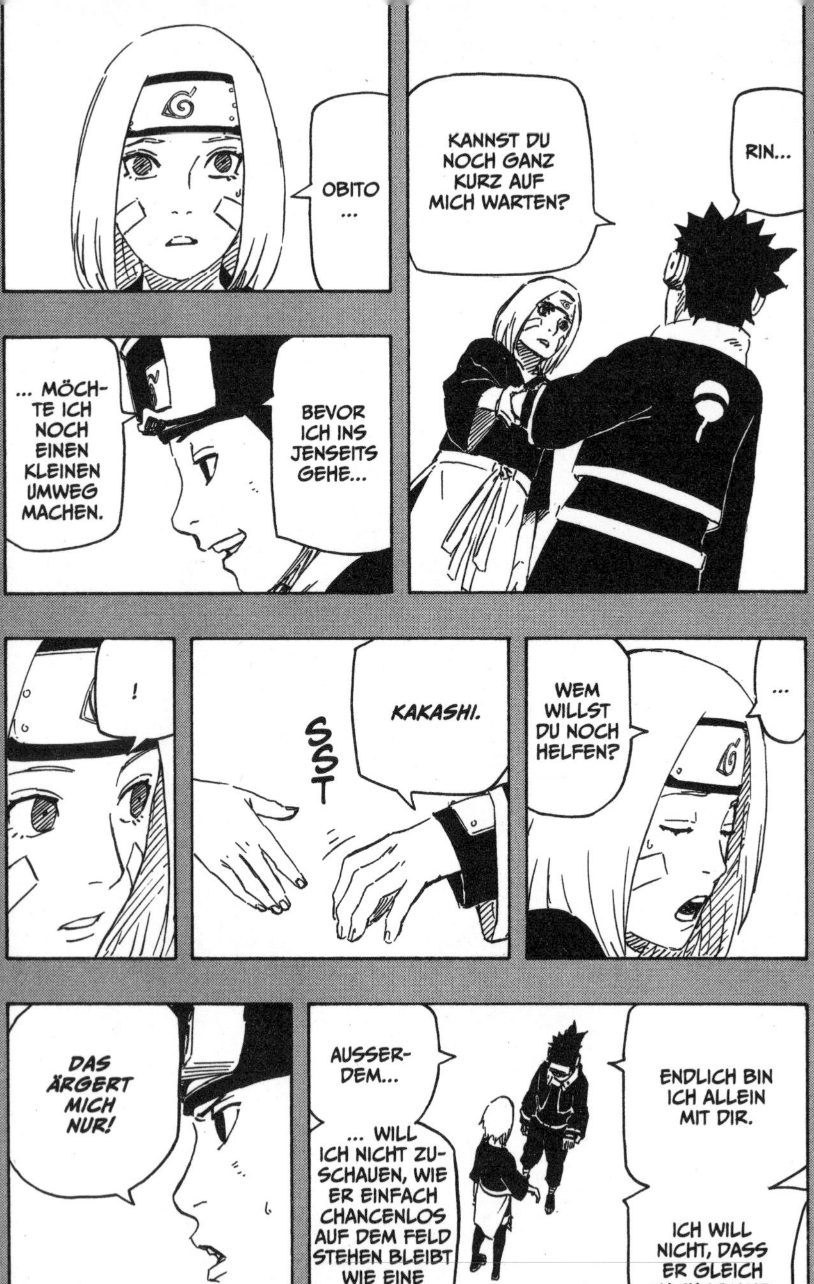

*KAKASHI = VOGELSCHEUE, HATAKE = FELD/ACKER

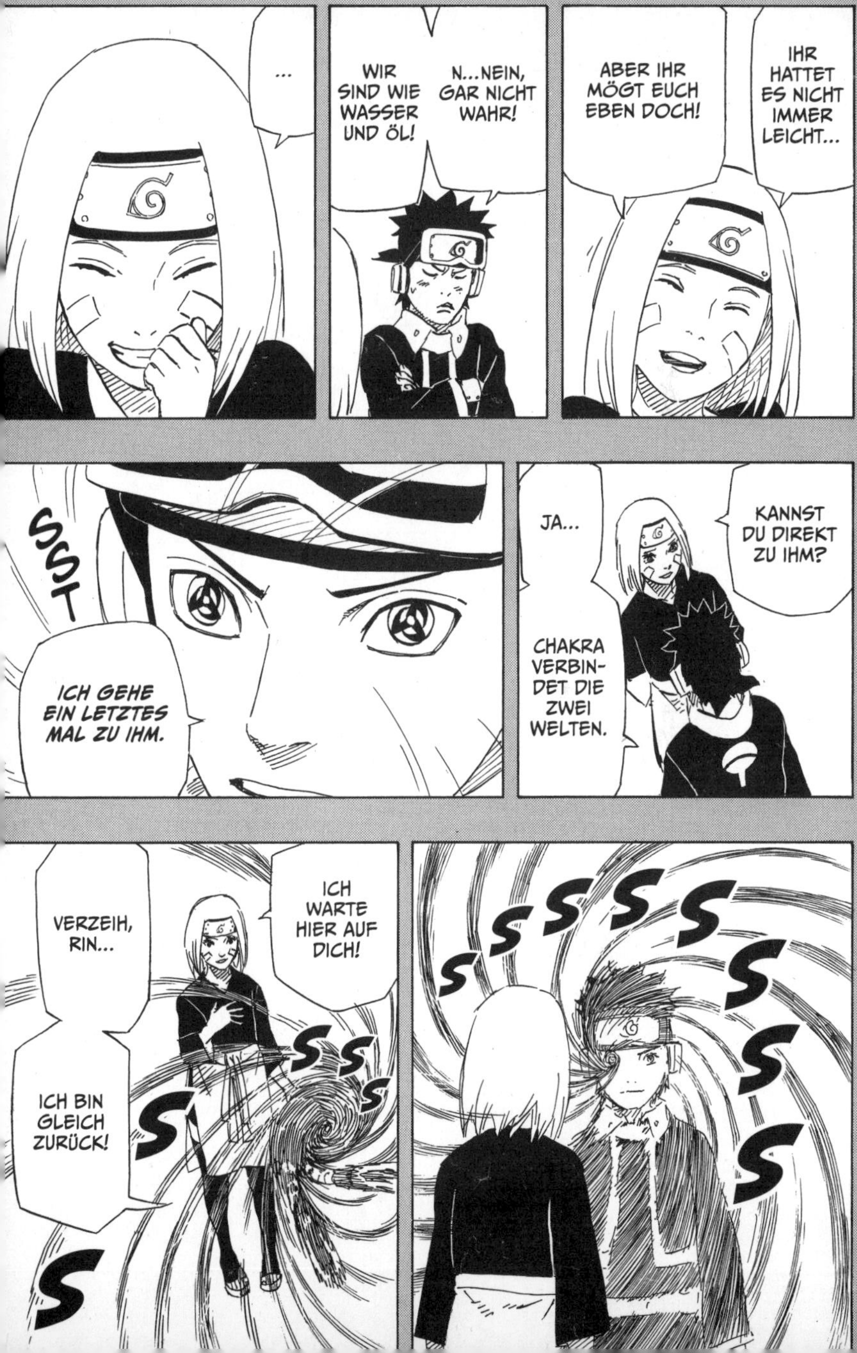
IHR HATTET ES NICHT IMMER LEICHT...
ABER IHR MÖGT EUCH EBEN DOCH!
N...NEIN, GAR NICHT WAHR!
WIR SIND WIE WASSER UND ÖL!
...
KANNST DU DIREKT ZU IHM?
JA...
CHAKRA VERBINDET DIE ZWEI WELTEN.
SST
ICH GEHE EIN LETZTES MAL ZU IHM.
SSSSSSSSSS
ICH WARTE HIER AUF DICH!
VERZEIH, RIN...
ICH BIN GLEICH ZURÜCK!
SSSSS

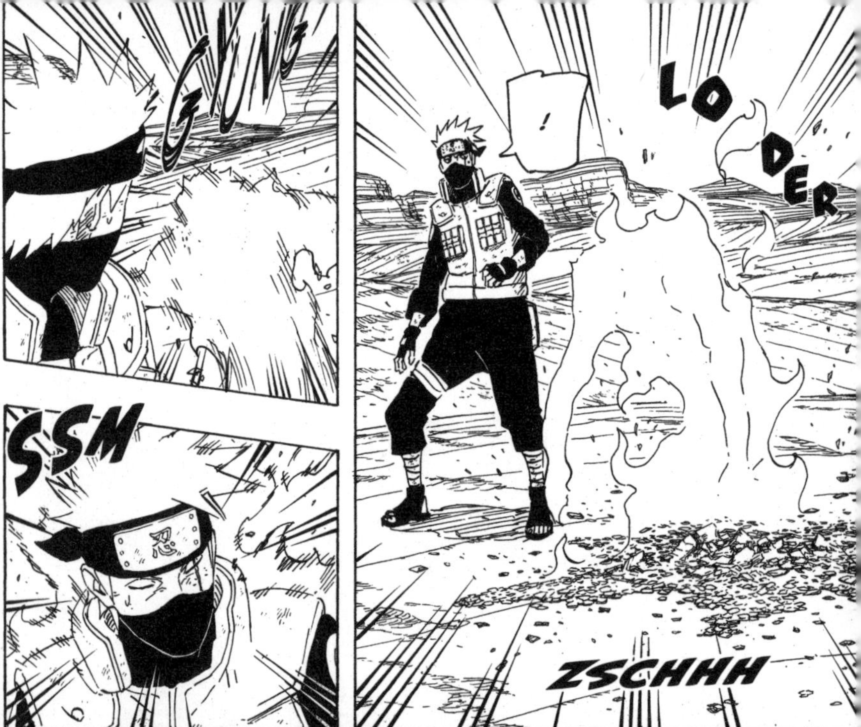
!
LODER
ZSCHHH
GYUNG
SSM

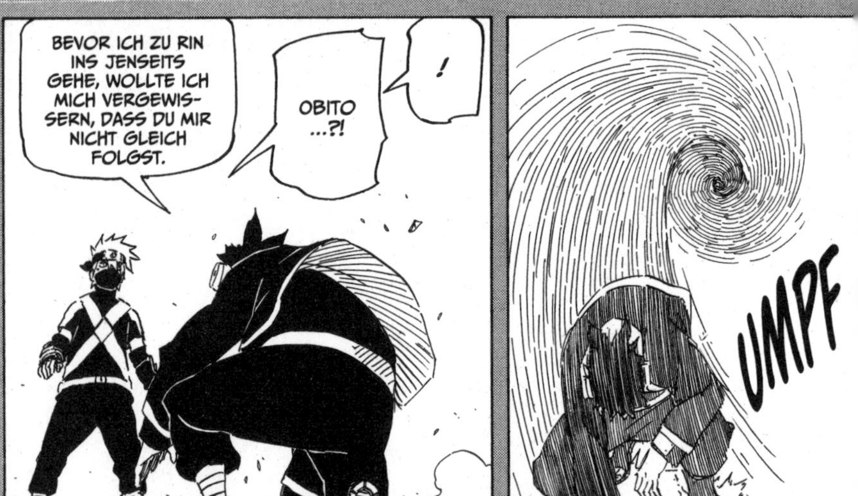
UMPF
!
OBITO ...?!
BEVOR ICH ZU RIN INS JENSEITS GEHE, WOLLTE ICH MICH VERGEWISSERN, DASS DU MIR NICHT GLEICH FOLGST.

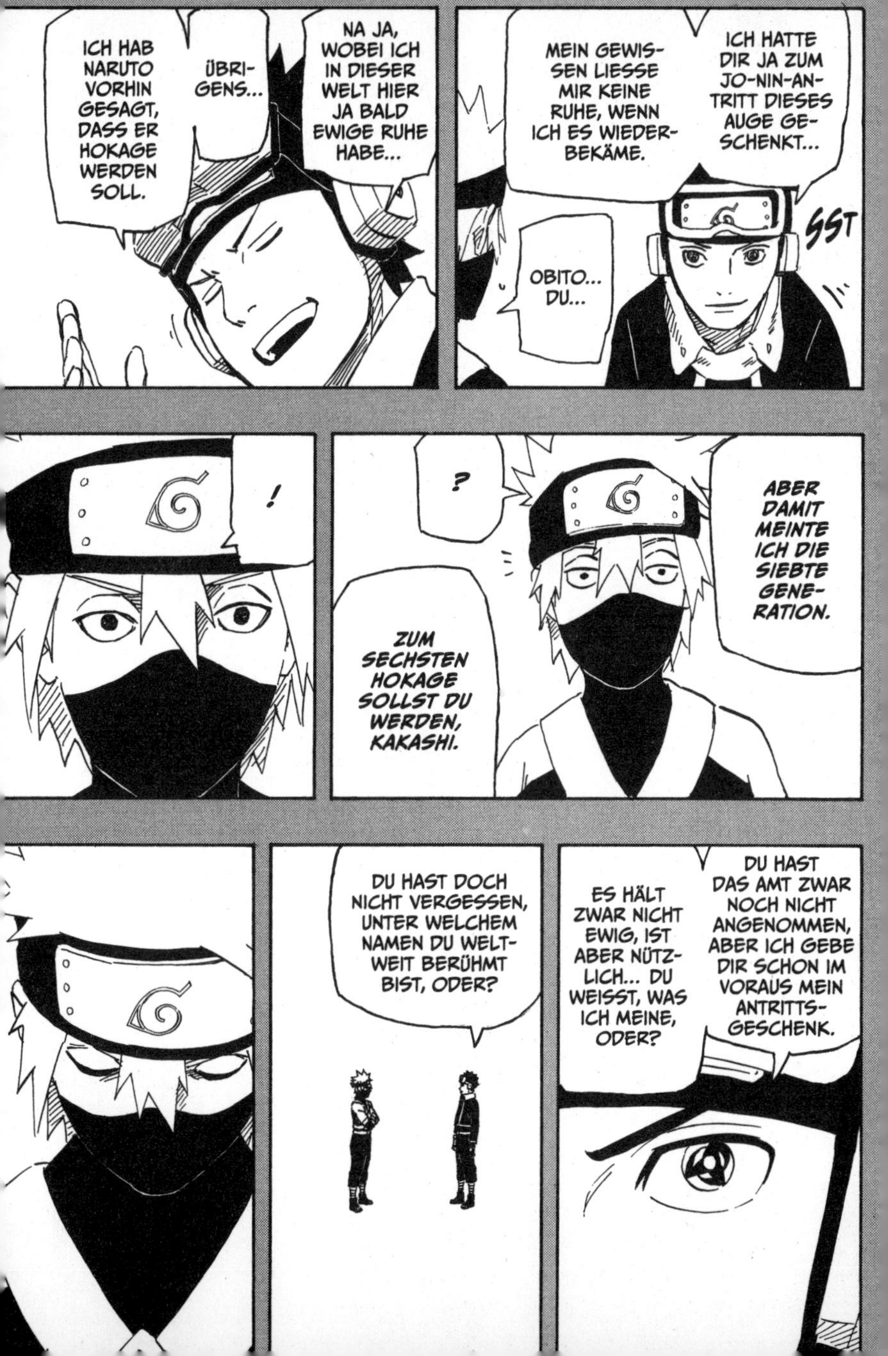
ICH HATTE DIR JA ZUM JO-NIN-ANTRITT DIESES AUGE GESCHENKT...
MEIN GEWISSEN LIESSE MIR KEINE RUHE, WENN ICH ES WIEDERBEKÄME.
SST
OBITO... DU...
NA JA, WOBEI ICH IN DIESER WELT HIER JA BALD EWIGE RUHE HABE...
ÜBRIGENS...
ICH HAB NARUTO VORHIN GESAGT, DASS ER HOKAGE WERDEN SOLL.
ABER DAMIT MEINTE ICH DIE SIEBTE GENERATION.
?
ZUM SECHSTEN HOKAGE SOLLST DU WERDEN, KAKASHI.
!
DU HAST DAS AMT ZWAR NOCH NICHT ANGENOMMEN, ABER ICH GEBE DIR SCHON IM VORAUS MEIN ANTRITTSGESCHENK.
ES HÄLT ZWAR NICHT EWIG, IST ABER NÜTZLICH... DU WEISST, WAS ICH MEINE, ODER?
DU HAST DOCH NICHT VERGESSEN, UNTER WELCHEM NAMEN DU WELTWEIT BERÜHMT BIST, ODER?

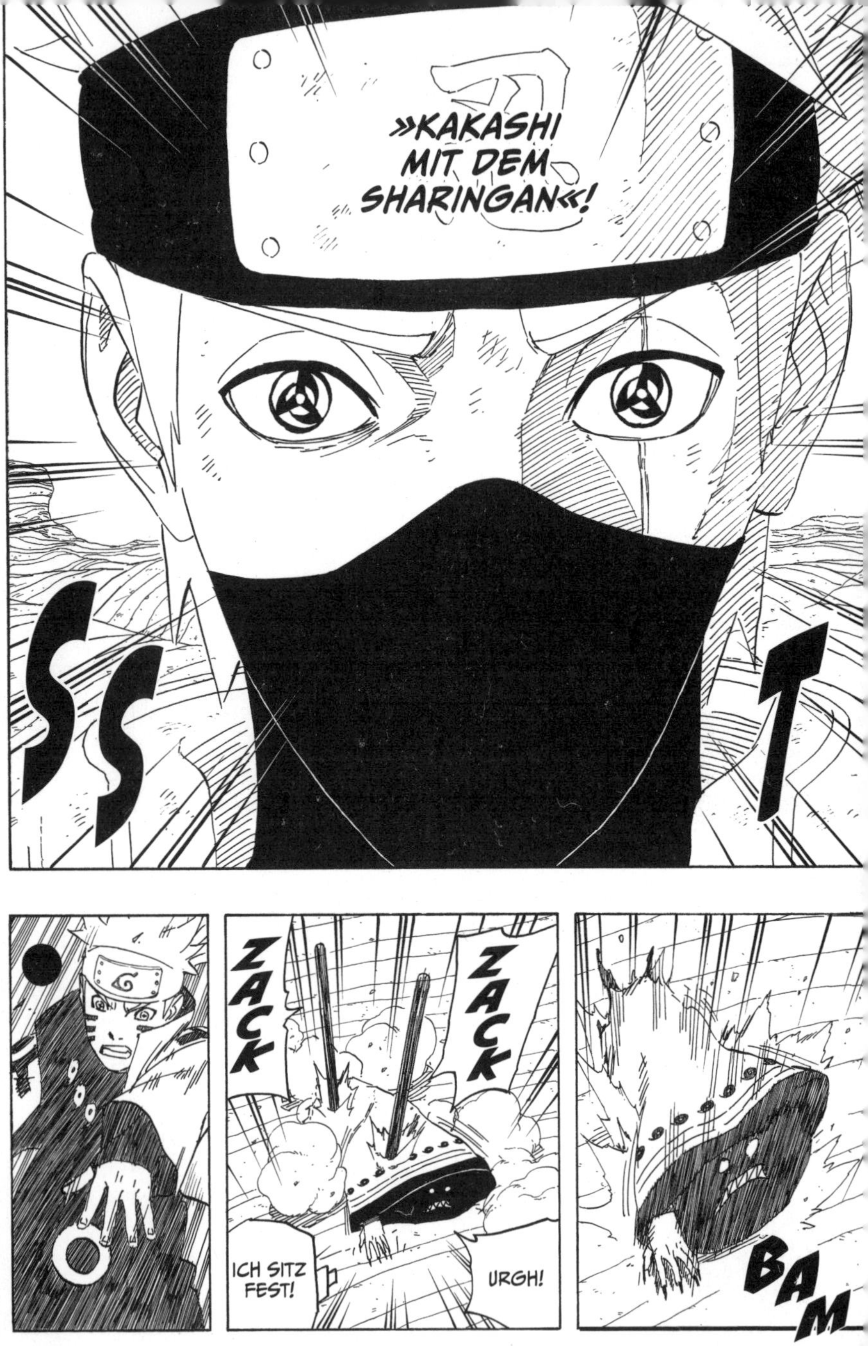
»KAKASHI MIT DEM SHARINGAN«!
SS
T
BAM
ZACK
ZACK
URGH!
ICH SITZ FEST!

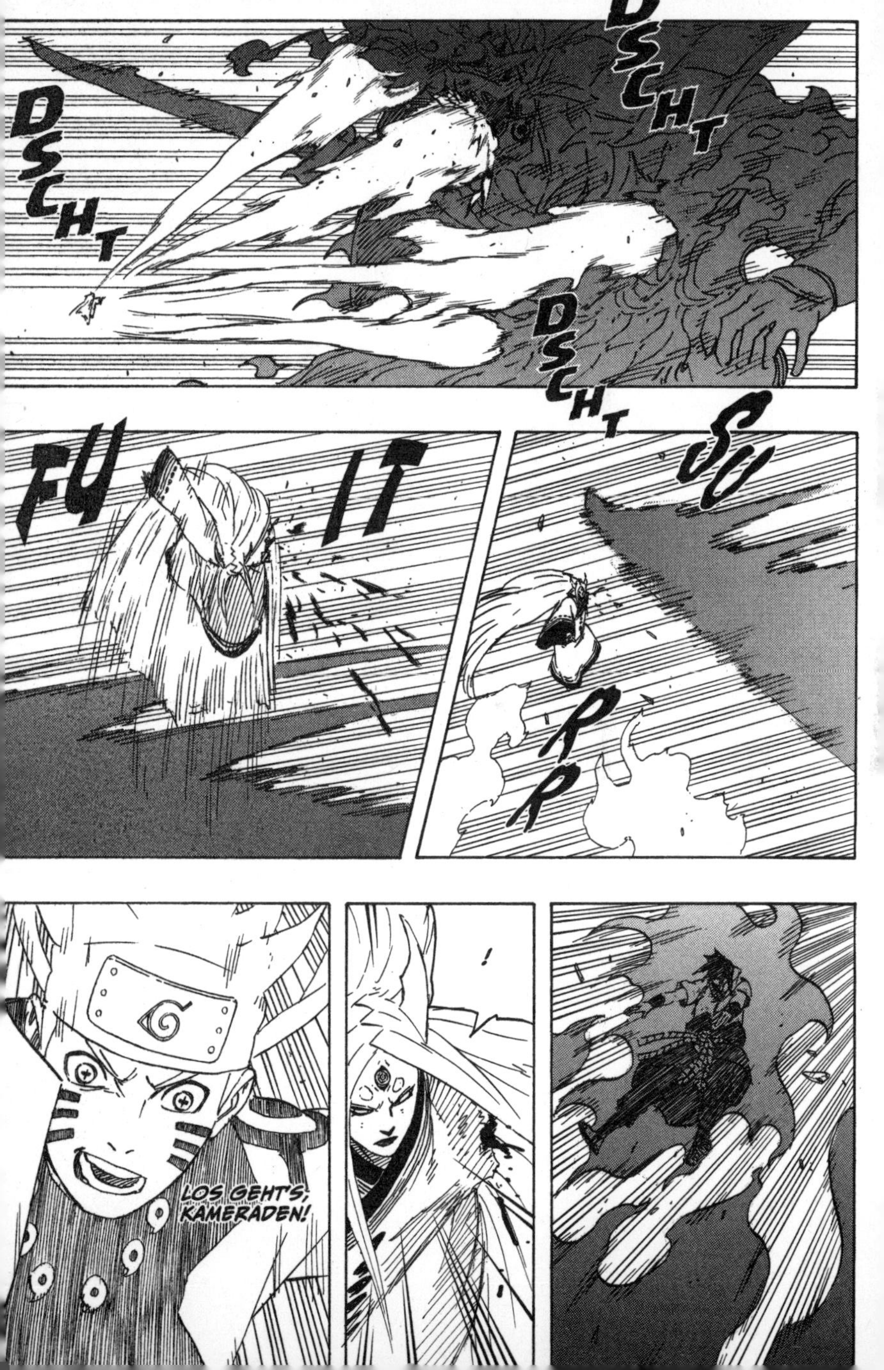
DSCHT
DSCHT
DSCHT
SU
FU IT
R R
LOS GEHT'S, KAMERADEN!

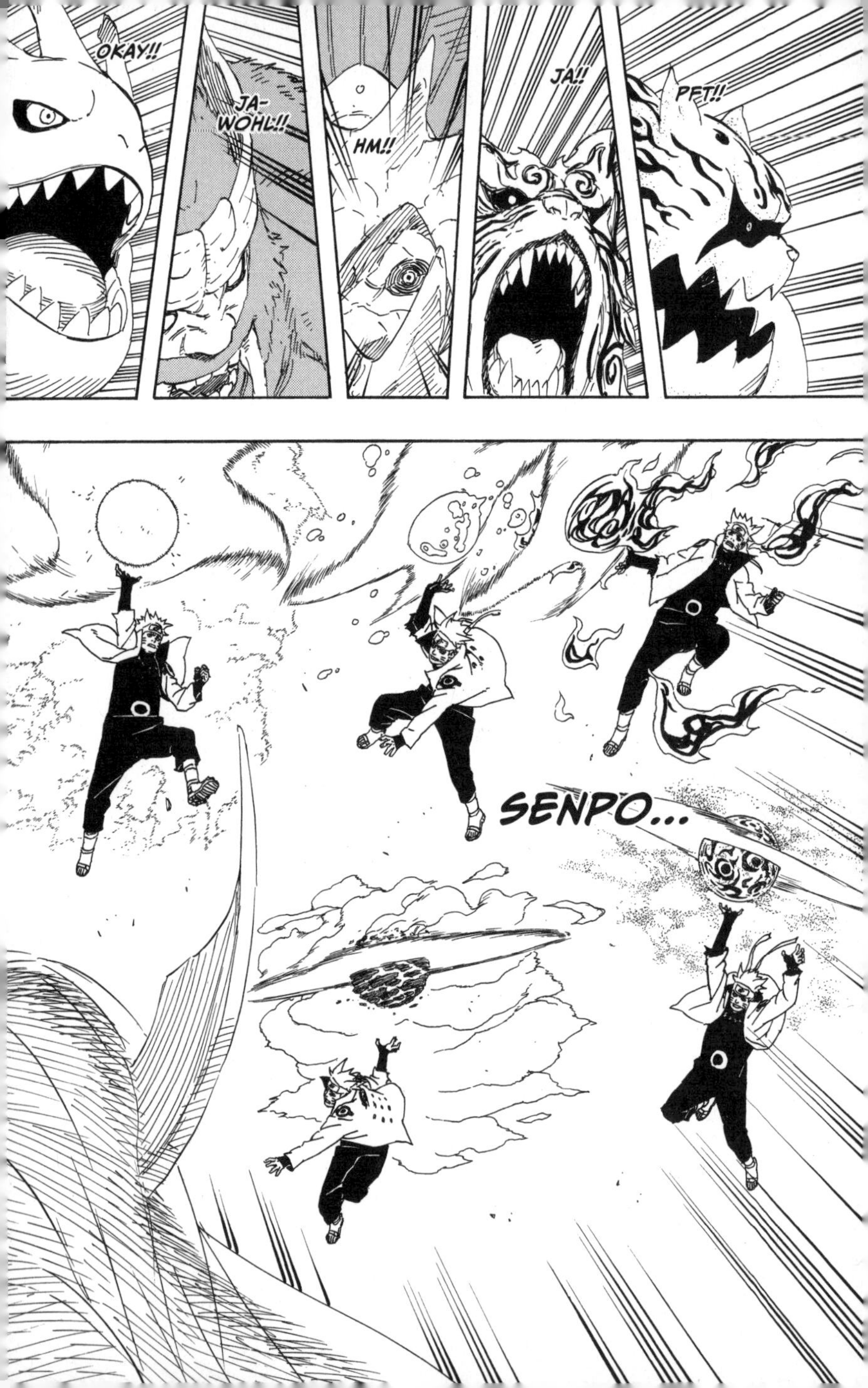
PFT!!
JA!!
HM!!
JA-WOHL!!
OKAY!!
SENPO...

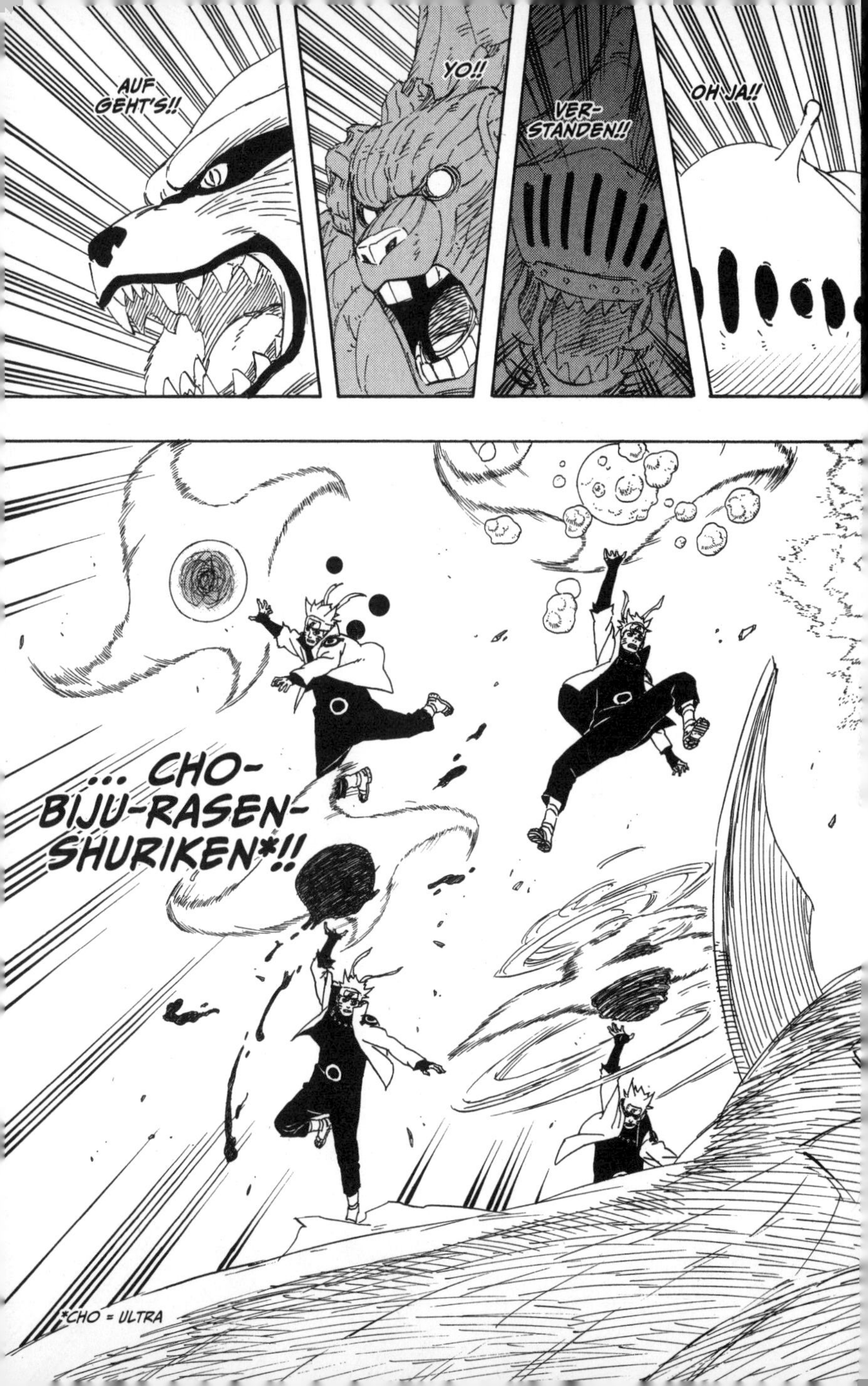
OH JA!!
VER-STANDEN!!
YO!!
AUF GEHT'S!!
... CHO-BIJU-RASEN-SHURIKEN*!!
*CHO = ULTRA

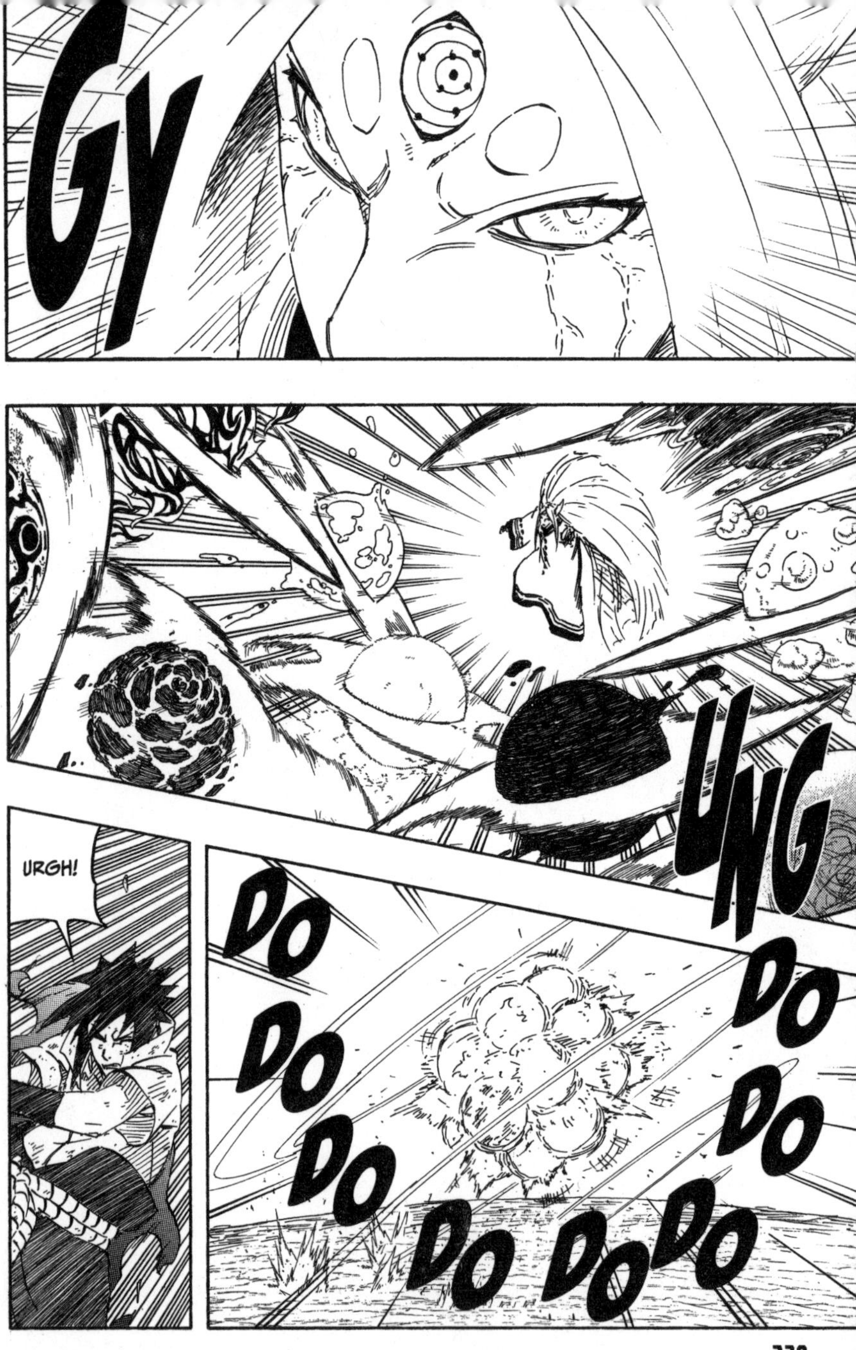
GY
UNG
DO DO DO
DO DO DO DO DO
URGH!

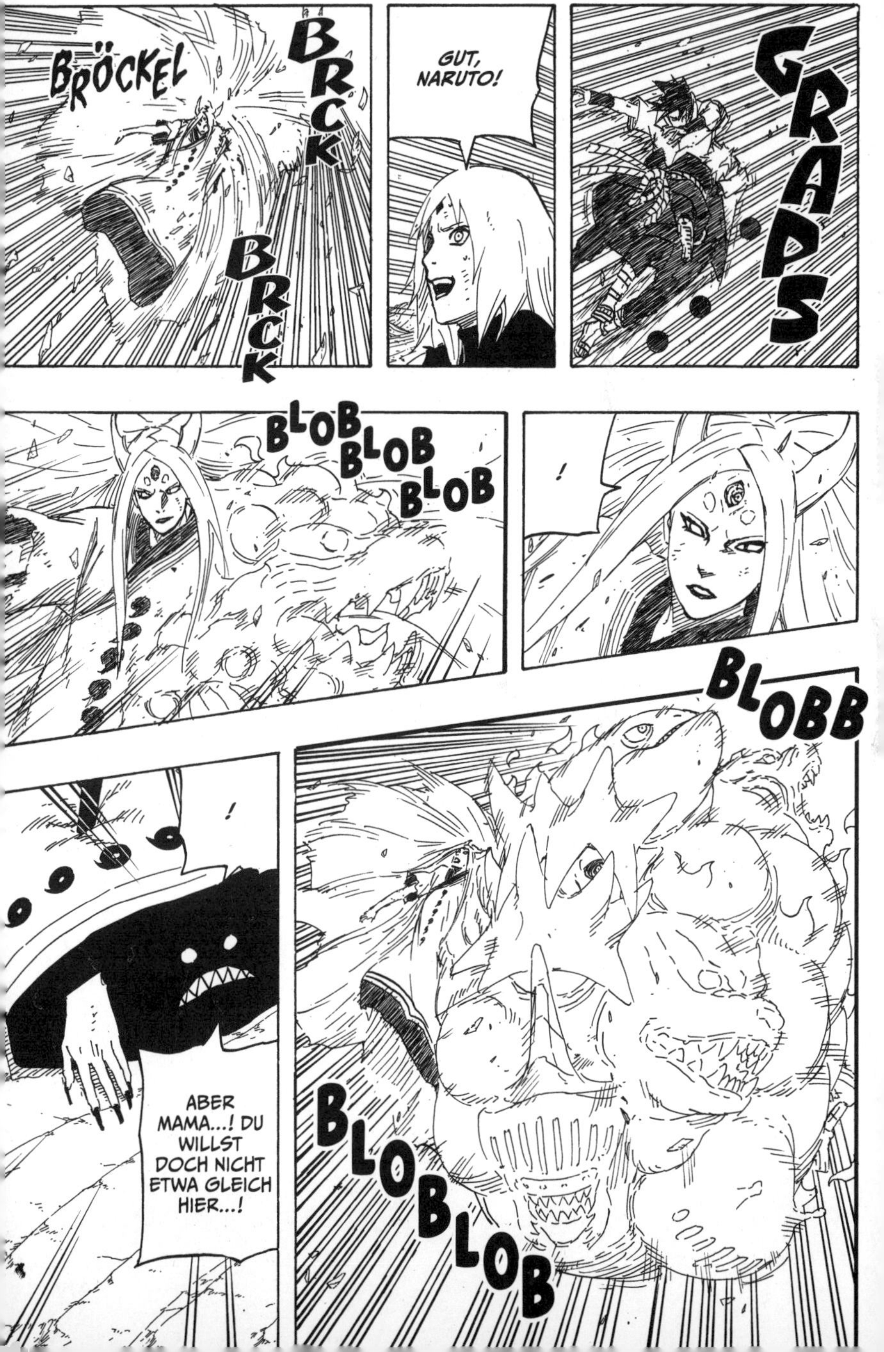
GRAPS
GUT, NARUTO!
BRCK BRCK
BRÖCKEL
!
BLOB BLOB BLOB
BLOBB
!
BLOB BLOB
ABER MAMA...! DU WILLST DOCH NICHT ETWA GLEICH HIER...!

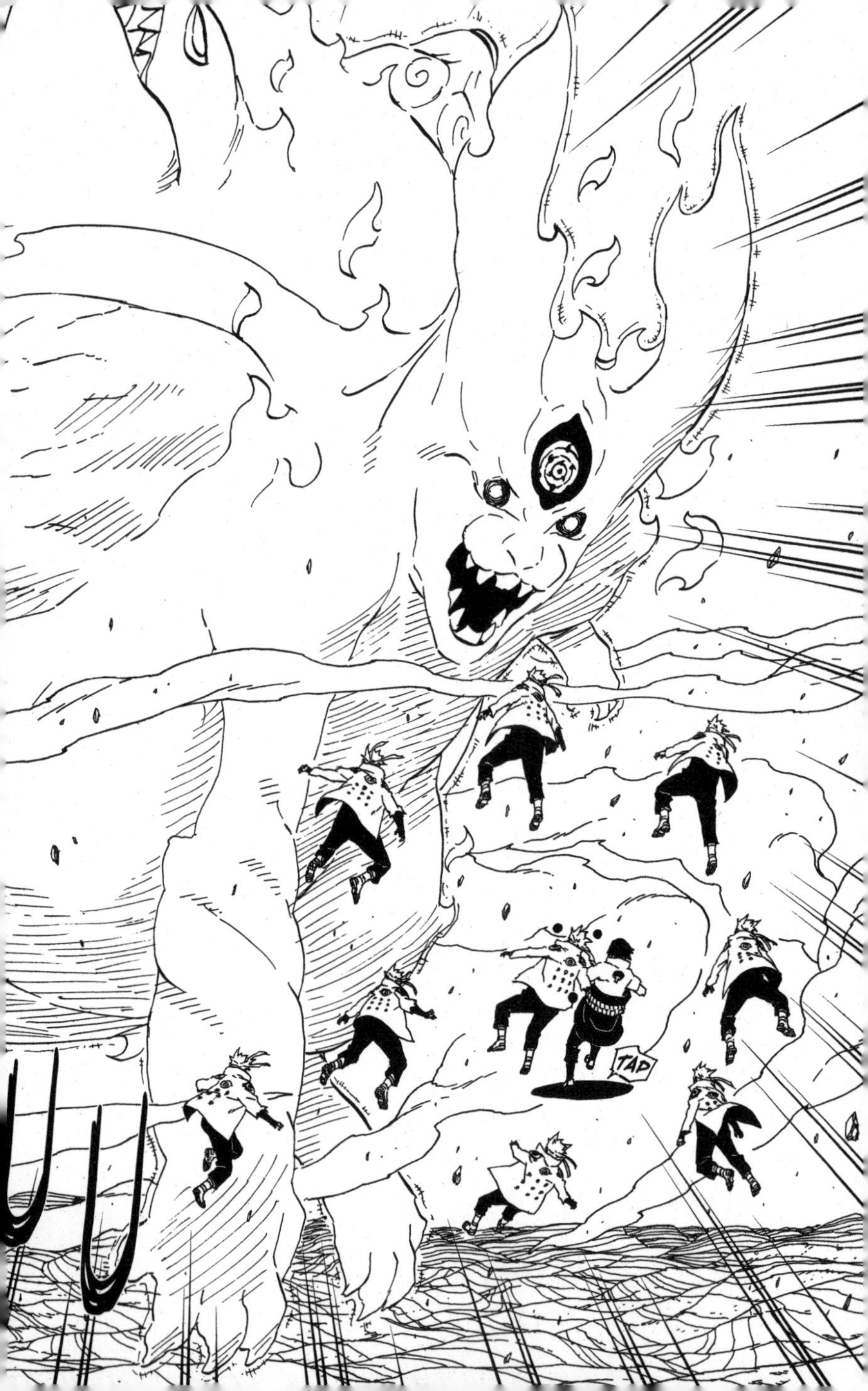
TAP

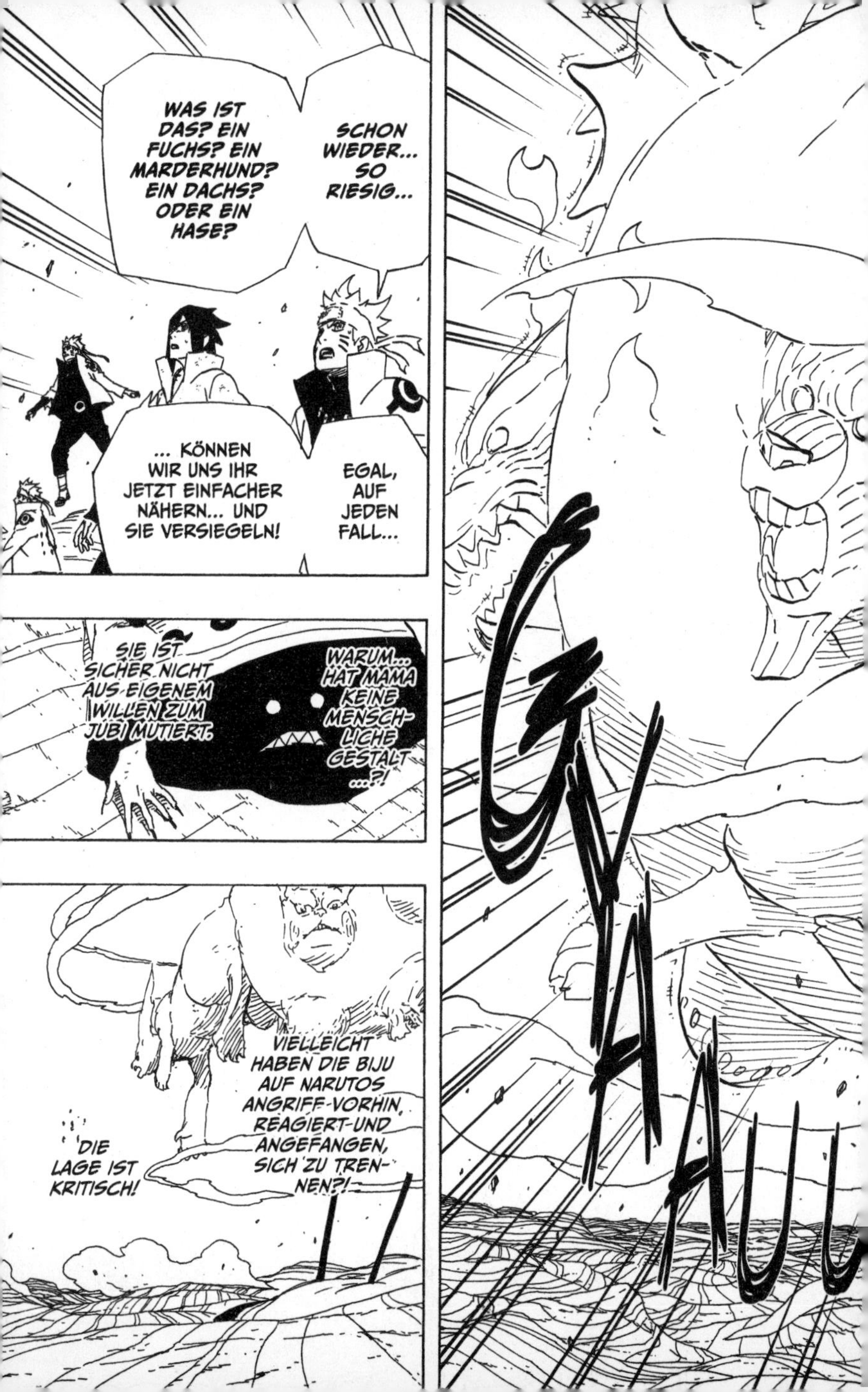
GYAAAHAUU
SCHON WIEDER... SO RIESIG...
WAS IST DAS? EIN FUCHS? EIN MARDERHUND? EIN DACHS? ODER EIN HASE?
EGAL, AUF JEDEN FALL...
... KÖNNEN WIR UNS IHR JETZT EINFACHER NÄHERN... UND SIE VERSIEGELN!
WARUM... HAT MAMA KEINE MENSCHLICHE GESTALT ...?!
SIE IST SICHER NICHT AUS EIGENEM WILLEN ZUM JUBI MUTIERT.
VIELLEICHT HABEN DIE BIJU AUF NARUTOS ANGRIFF VORHIN REAGIERT UND ANGEFANGEN, SICH ZU TRENNEN?!
DIE LAGE IST KRITISCH!

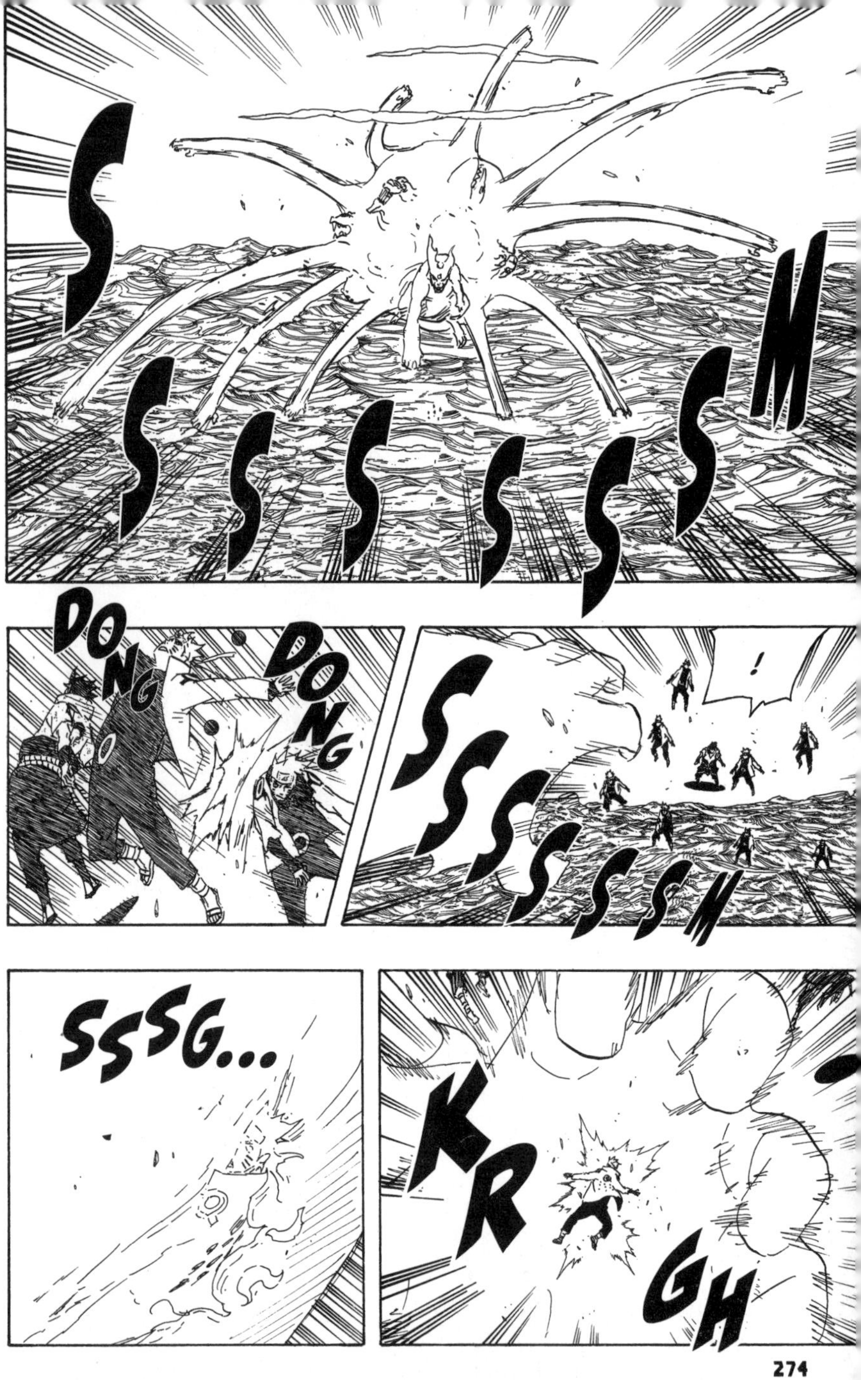
SSSSSSSM
!
SSSSSSSM
DONG
DONG
KRGH
SSSG...

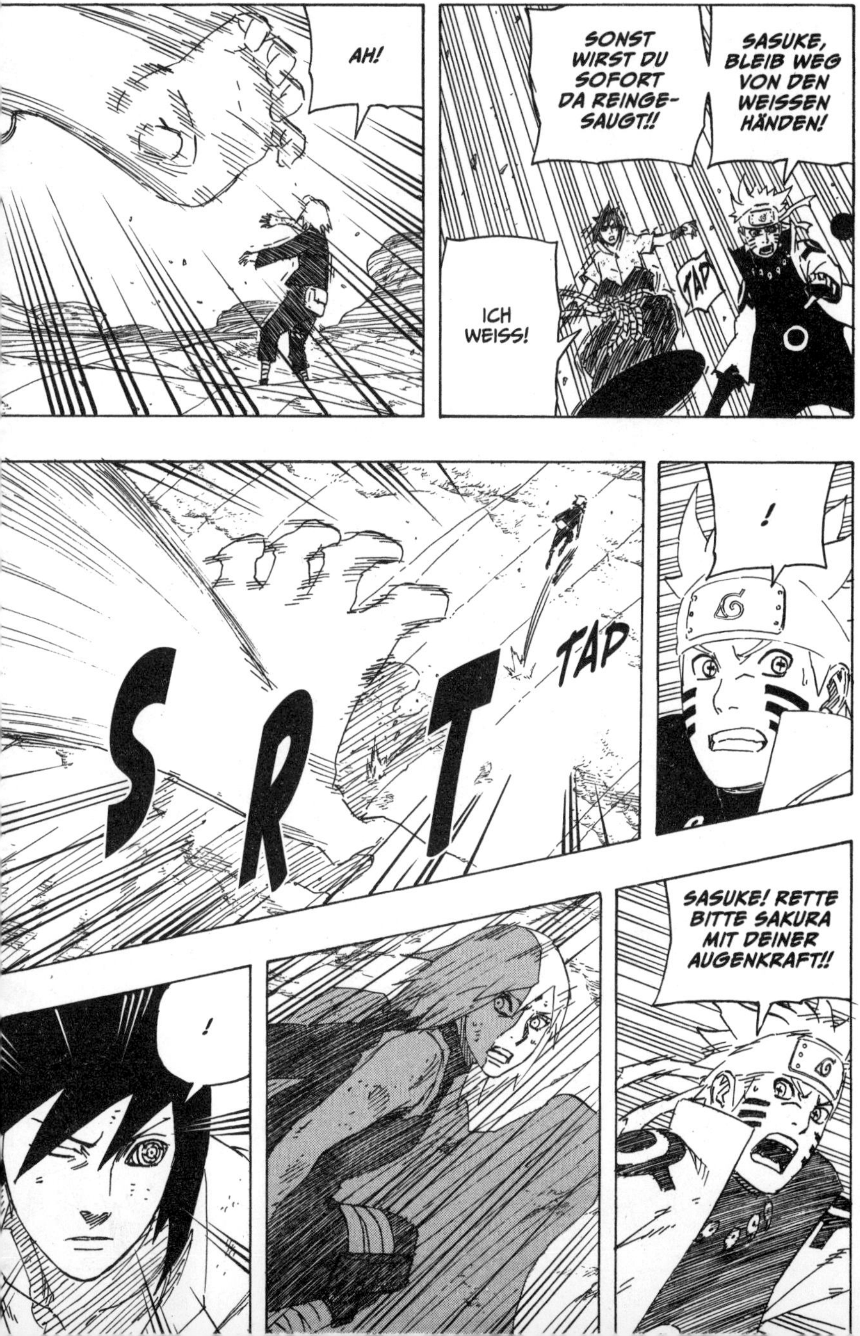
SASUKE, BLEIB WEG VON DEN WEISSEN HÄNDEN!
SONST WIRST DU SOFORT DA REINGE-SAUGT!!
TAP
ICH WEISS!
AH!
!
TAP
SRT
SASUKE! RETTE BITTE SAKURA MIT DEINER AUGENKRAFT!!
!

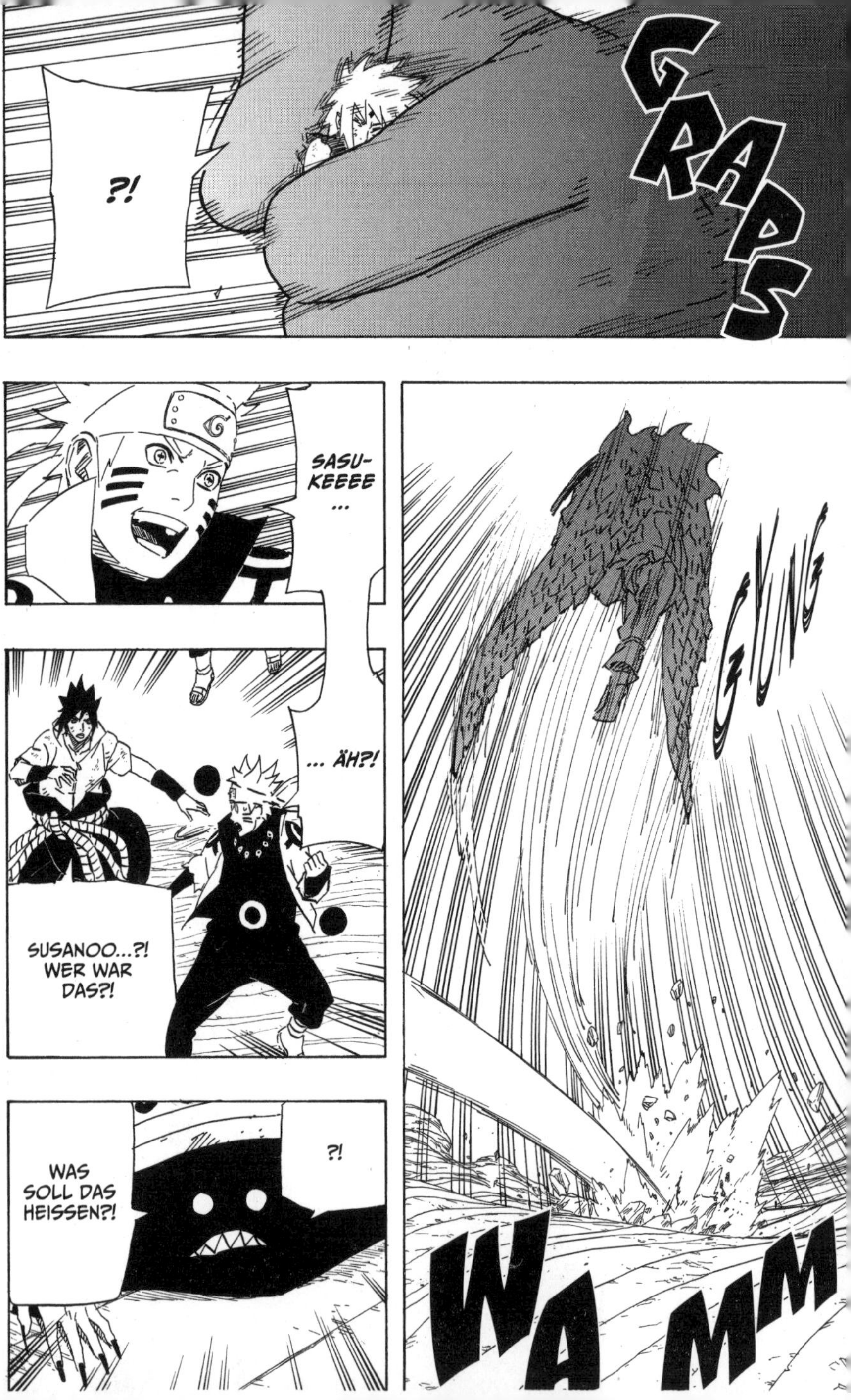
GRAPS
?!
GYUNG
SASU-KEEEE ...
... ÄH?!
SUSANOO...?! WER WAR DAS?!
WAMM
?!
WAS SOLL DAS HEISSEN?!

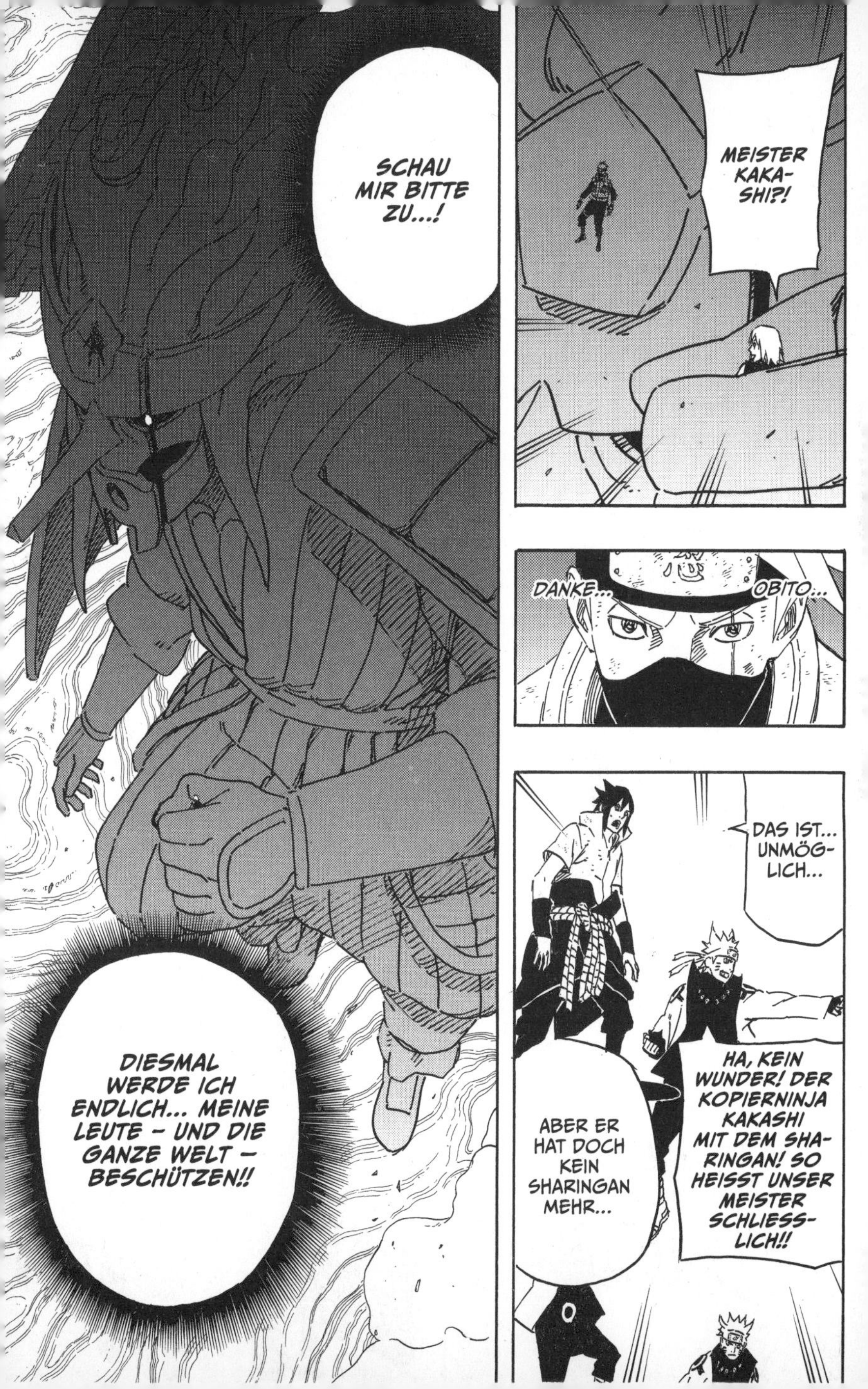
MEISTER KAKA-SHI?!
SCHAU MIR BITTE ZU...!
DANKE...
OBITO...
DAS IST... UNMÖG-LICH...
HA, KEIN WUNDER! DER KOPIERNINJA KAKASHI MIT DEM SHA-RINGAN! SO HEISST UNSER MEISTER SCHLIESS-LICH!!
ABER ER HAT DOCH KEIN SHARINGAN MEHR...
DIESMAL WERDE ICH ENDLICH... MEINE LEUTE – UND DIE GANZE WELT – BESCHÜTZEN!!

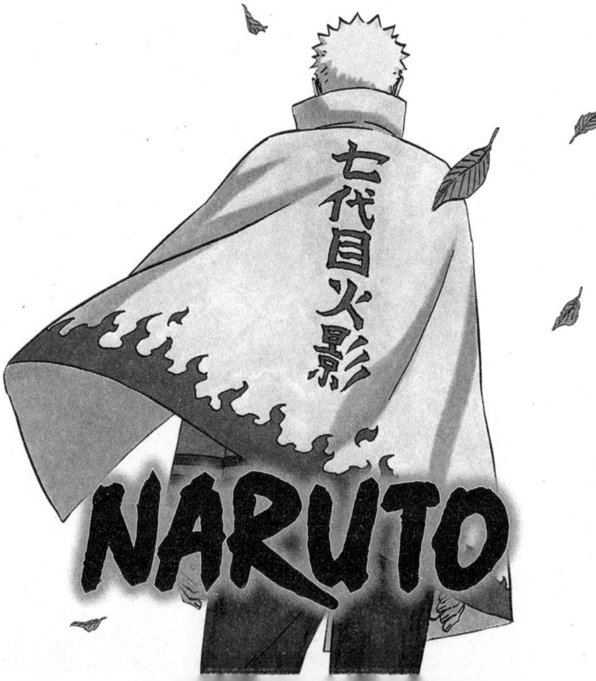
七代目火影
NARUTO

689. Kapitel: Ich liebe euch!

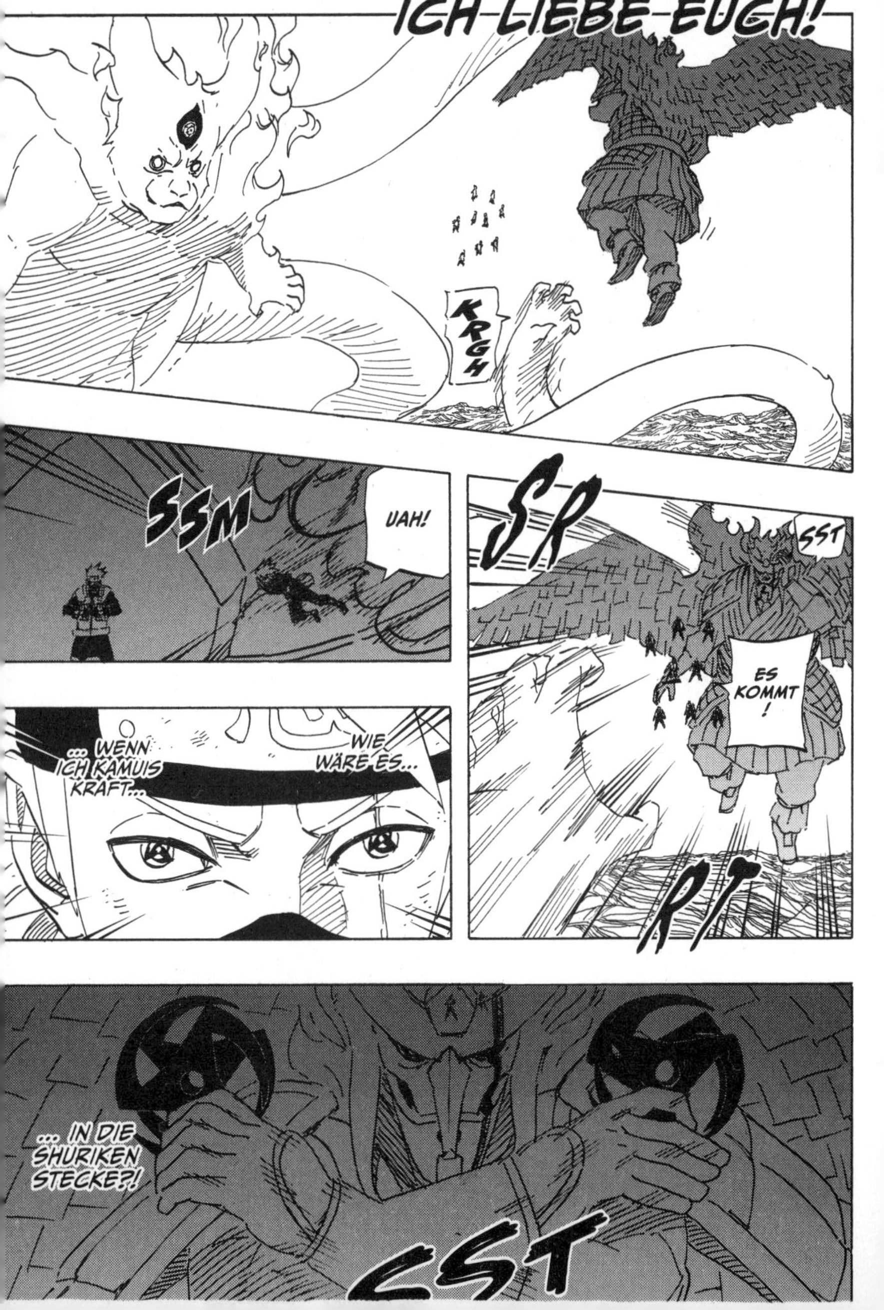

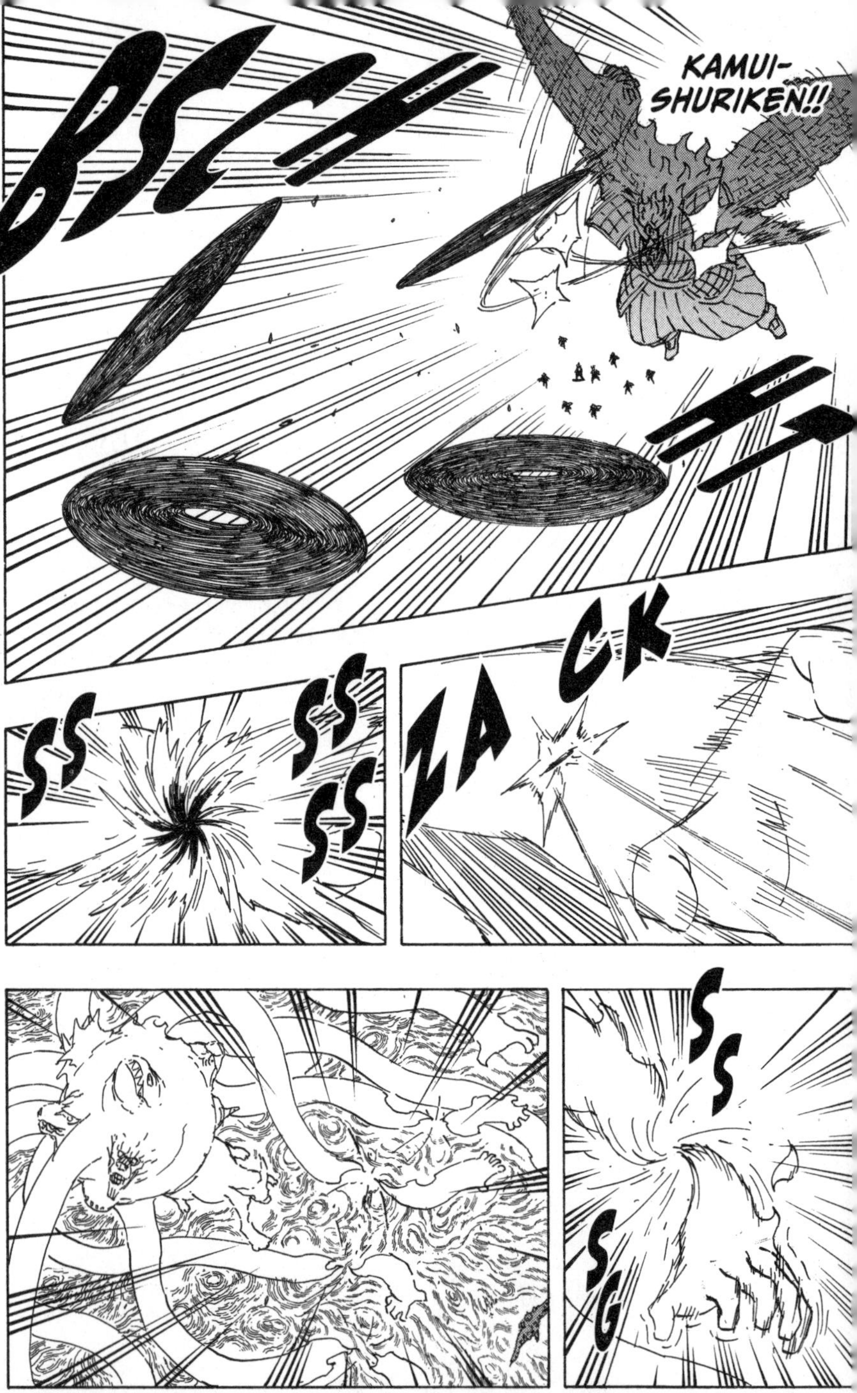
KAMUI-
SHURIKEN!!
BSCH
ZACK
SSSS
SS
SS
SG

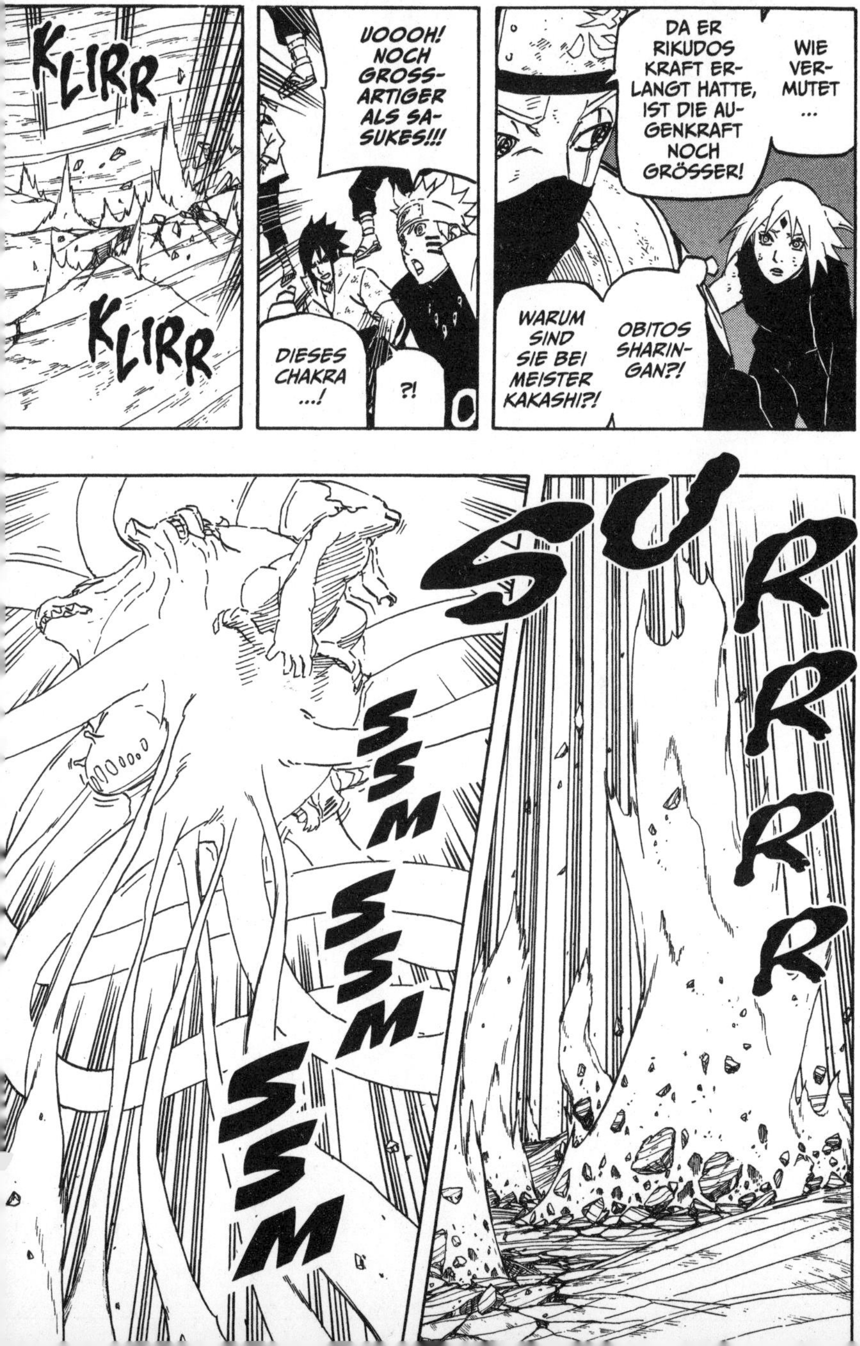

WIE VERMUTET ...
DA ER RIKUDOS KRAFT ERLANGT HATTE, IST DIE AUGENKRAFT NOCH GRÖSSER!
OBITOS SHARINGAN?!
WARUM SIND SIE BEI MEISTER KAKASHI?!
UOOOH! NOCH GROSSARTIGER ALS SASUKES!!!
?!
DIESES CHAKRA ...!
KLIRR
KLIRR
SURRRRR
SSM SSM SSM SSM

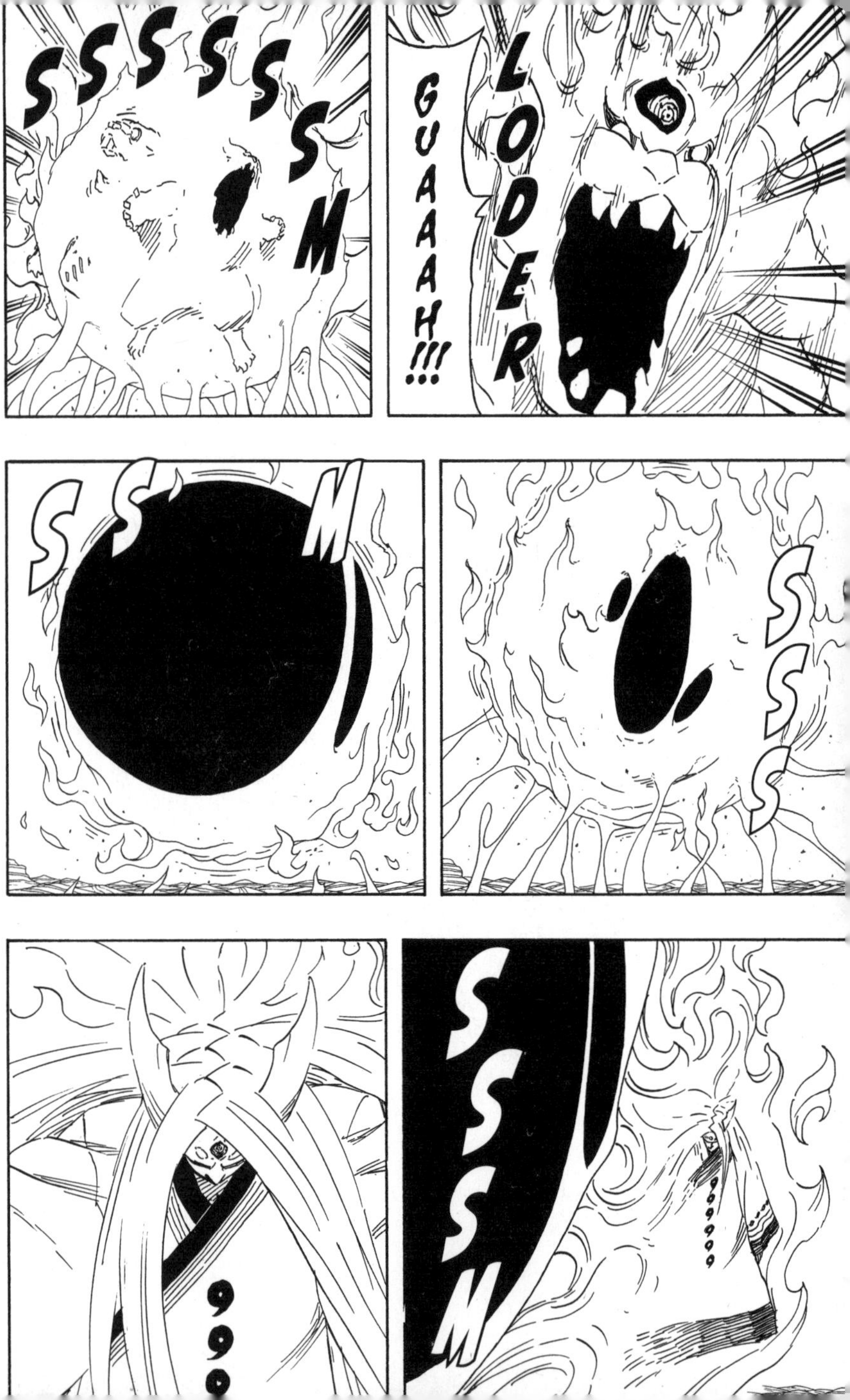

LODDER
GUAAAAH!!!
SSSSSSM
SSM
SSSS
SSSSM

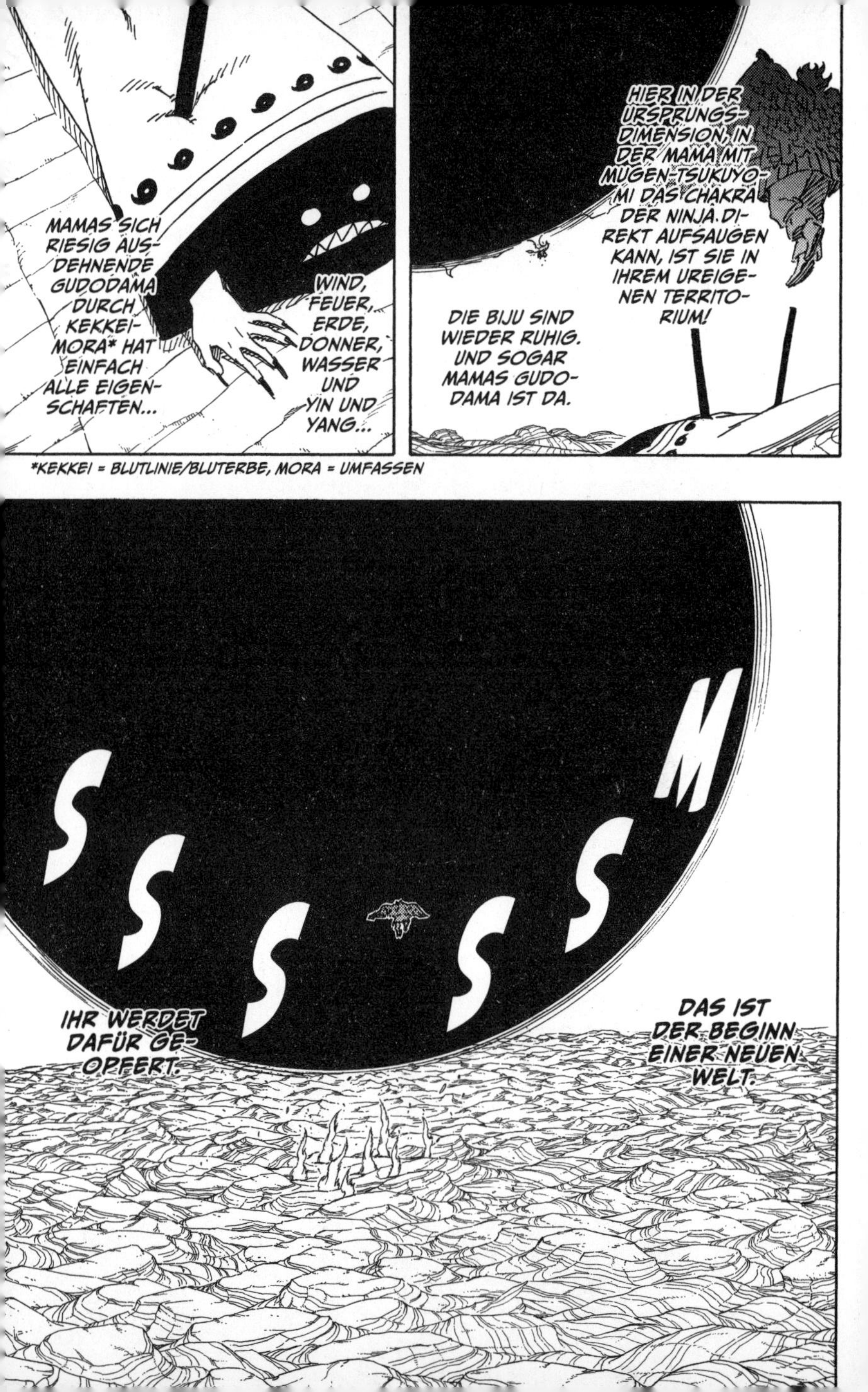
HIER IN DER URSPRUNGS-DIMENSION, IN DER MAMA MIT MUGEN-TSUKUYOMI DAS CHAKRA DER NINJA DIREKT AUFSAUGEN KANN, IST SIE IN IHREM UREIGENEN TERRITORIUM!
DIE BIJU SIND WIEDER RUHIG. UND SOGAR MAMAS GUDODAMA IST DA.
WIND, FEUER, ERDE, DONNER, WASSER UND YIN UND YANG...
MAMAS SICH RIESIG AUSDEHNENDE GUDODAMA DURCH KEKKEI-MORA* HAT EINFACH ALLE EIGENSCHAFTEN...
*KEKKEI = BLUTLINIE/BLUTERBE, MORA = UMFASSEN
SSSSSSM
DAS IST DER BEGINN EINER NEUEN WELT.
IHR WERDET DAFÜR GEOPFERT.

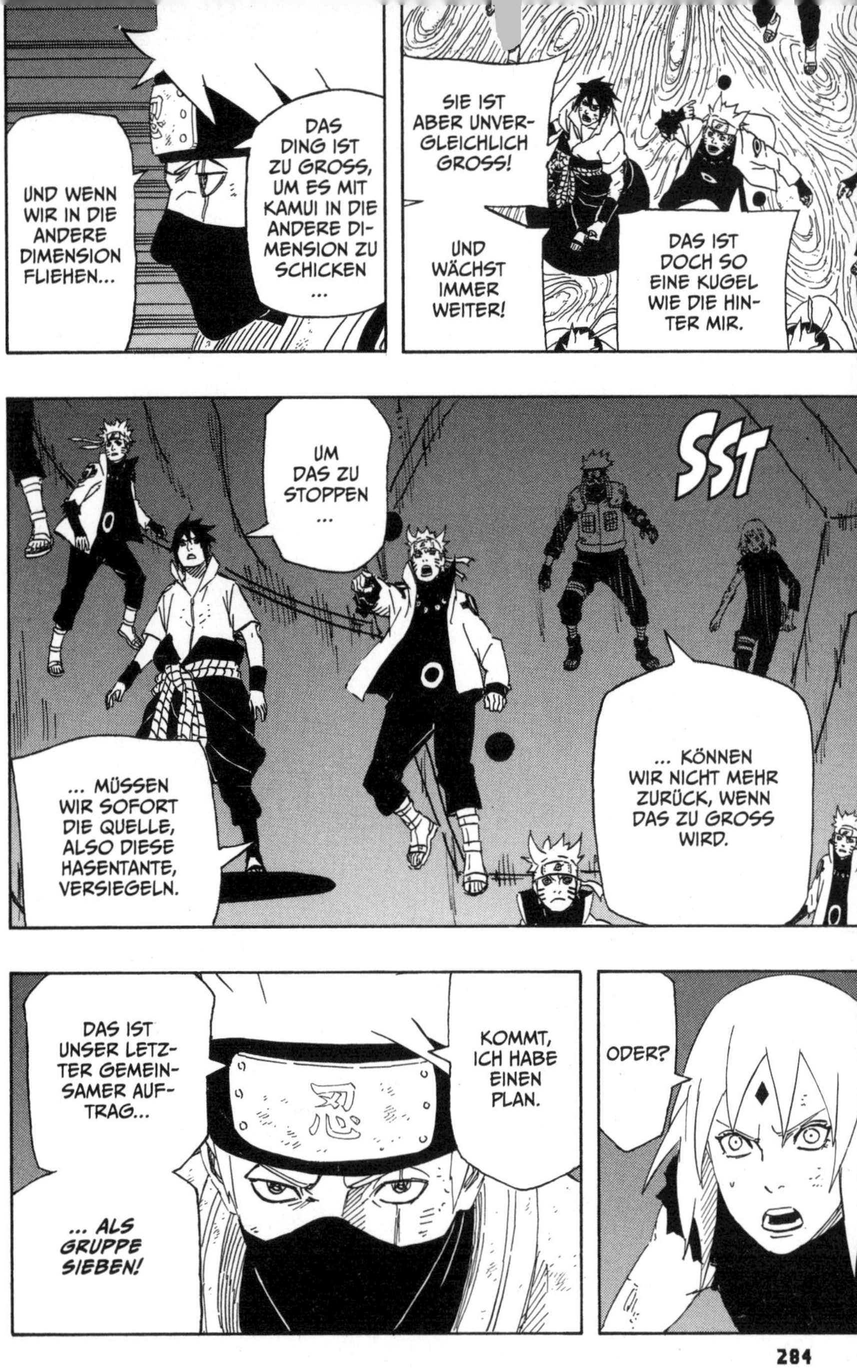

SIE IST ABER UNVERGLEICHLICH GROSS!
DAS IST DOCH SO EINE KUGEL WIE DIE HINTER MIR.
UND WÄCHST IMMER WEITER!
DAS DING IST ZU GROSS, UM ES MIT KAMUI IN DIE ANDERE DIMENSION ZU SCHICKEN ...
UND WENN WIR IN DIE ANDERE DIMENSION FLIEHEN...
SST
... KÖNNEN WIR NICHT MEHR ZURÜCK, WENN DAS ZU GROSS WIRD.
UM DAS ZU STOPPEN ...
... MÜSSEN WIR SOFORT DIE QUELLE, ALSO DIESE HASENTANTE, VERSIEGELN.
ODER?
KOMMT, ICH HABE EINEN PLAN.
DAS IST UNSER LETZTER GEMEINSAMER AUFTRAG...
... ALS GRUPPE SIEBEN!

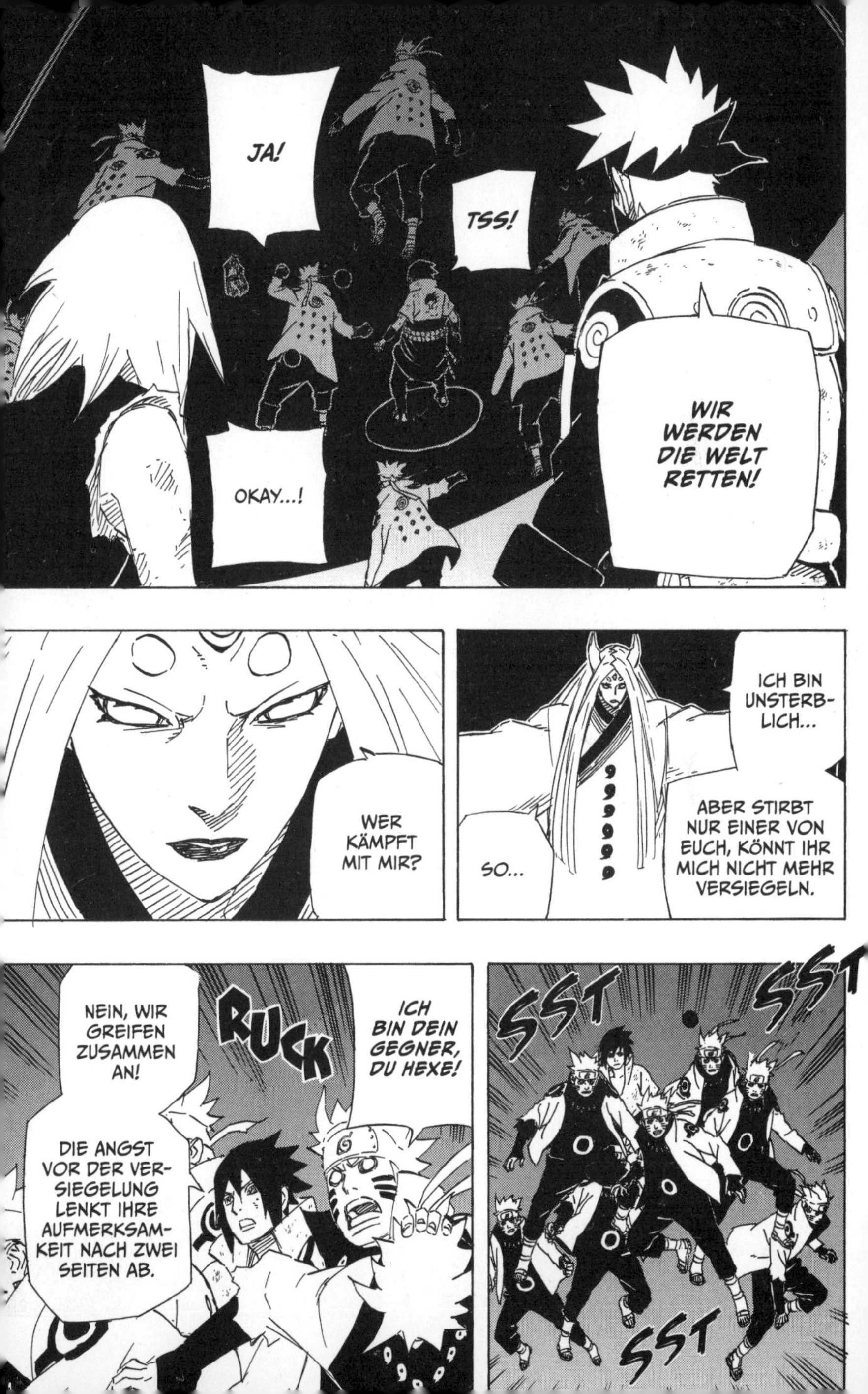
WIR WERDEN DIE WELT RETTEN!
TSS!
JA!
OKAY...!
ICH BIN UNSTERBLICH...
ABER STIRBT NUR EINER VON EUCH, KÖNNT IHR MICH NICHT MEHR VERSIEGELN.
SO...
WER KÄMPFT MIT MIR?
SST
SST
SST
ICH BIN DEIN GEGNER, DU HEXE!
RUCK
NEIN, WIR GREIFEN ZUSAMMEN AN!
DIE ANGST VOR DER VERSIEGELUNG LENKT IHRE AUFMERKSAMKEIT NACH ZWEI SEITEN AB.

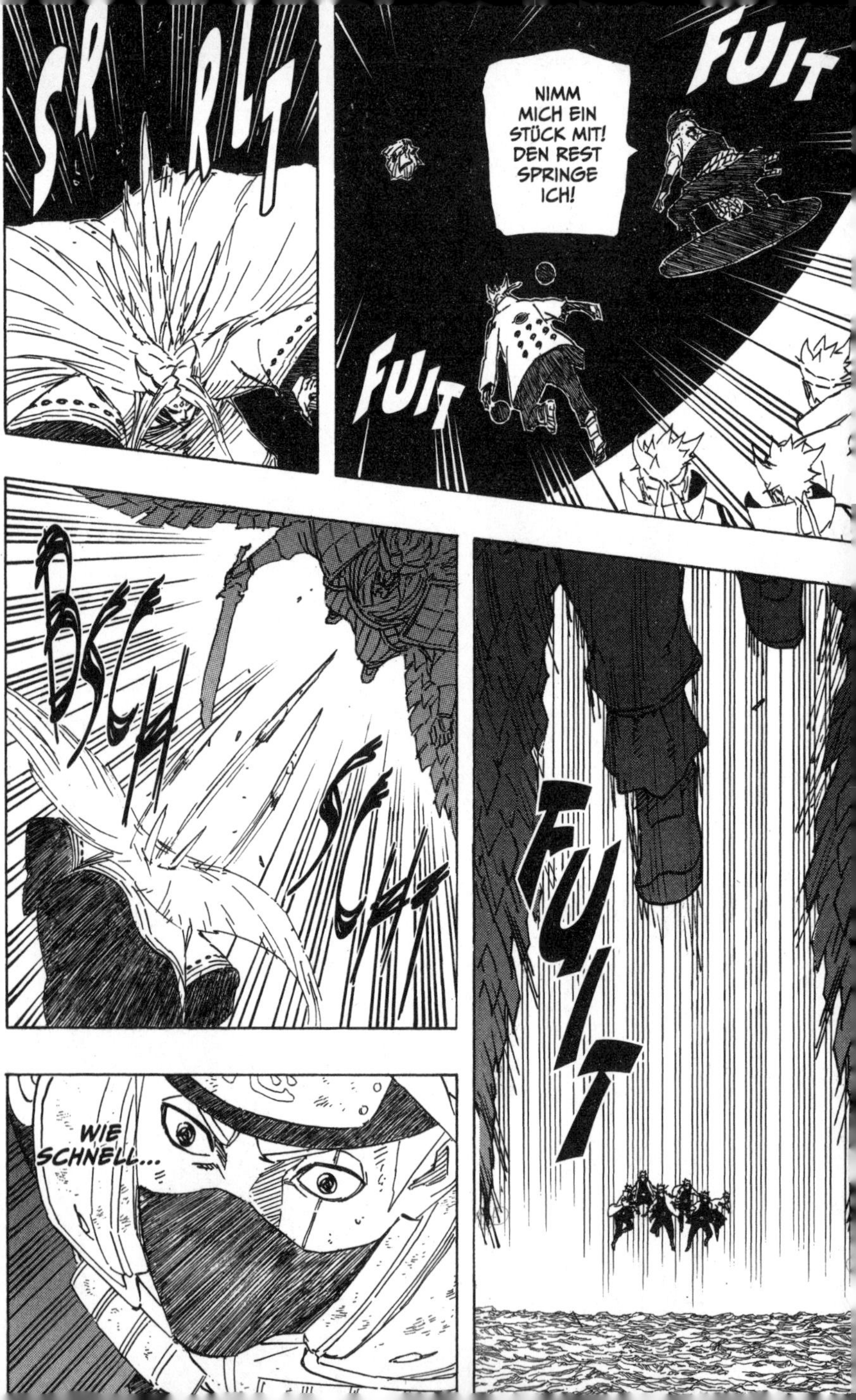

FUIT
NIMM MICH EIN STÜCK MIT! DEN REST SPRINGE ICH!
FUIT
SRRLT
FUIT
BSCHH
SCHH
WIE SCHNELL...

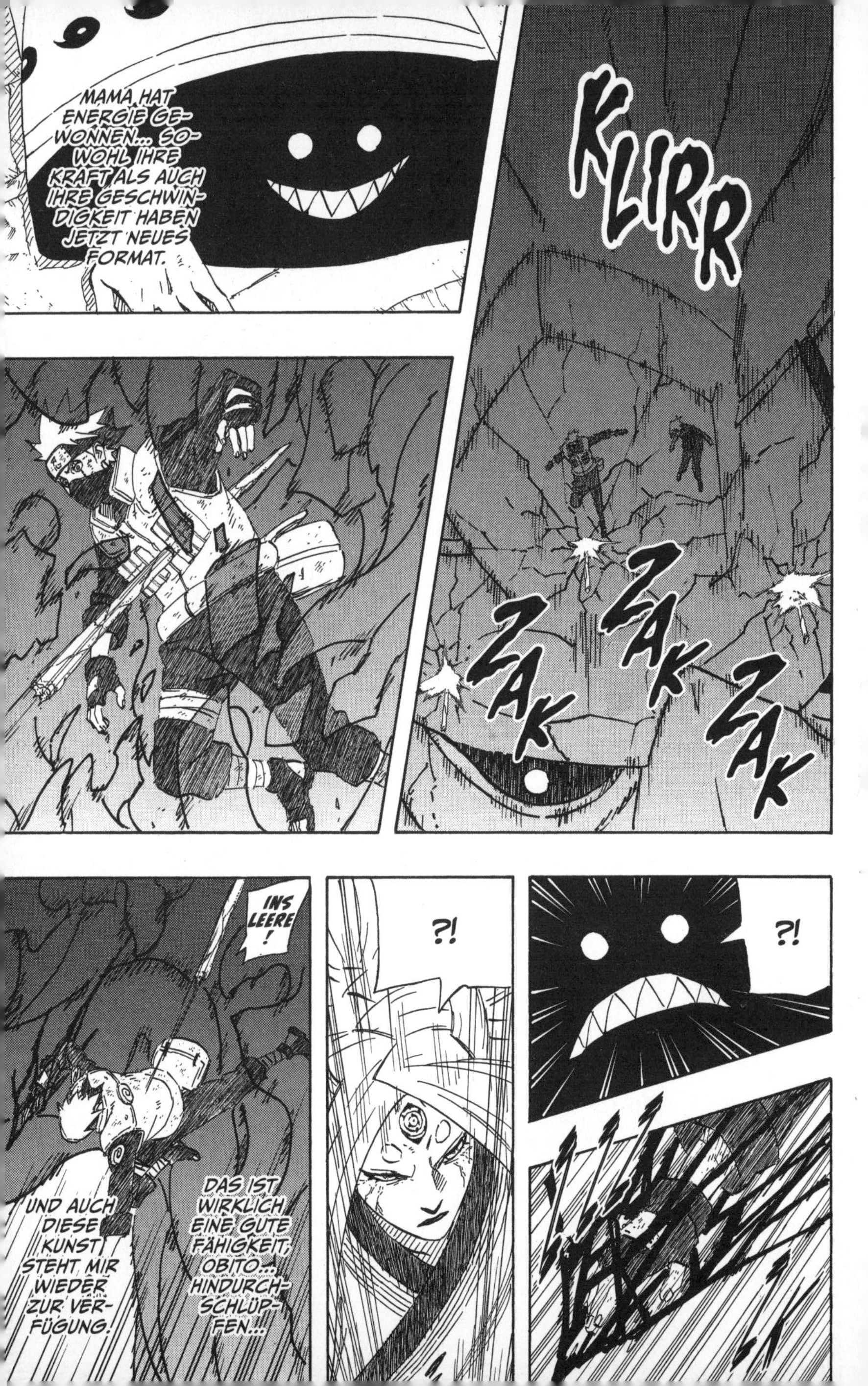
MAMA HAT ENERGIE GEWONNEN... SOWOHL IHRE KRAFT ALS AUCH IHRE GESCHWINDIGKEIT HABEN JETZT NEUES FORMAT.
KLIRR
ZAK
ZAK
ZAK
INS LEERE!
?!
?!
DAS IST WIRKLICH EINE GUTE FÄHIGKEIT, OBITO... HINDURCHSCHLÜPFEN...
UND AUCH DIESE KUNST STEHT MIR WIEDER ZUR VERFÜGUNG.

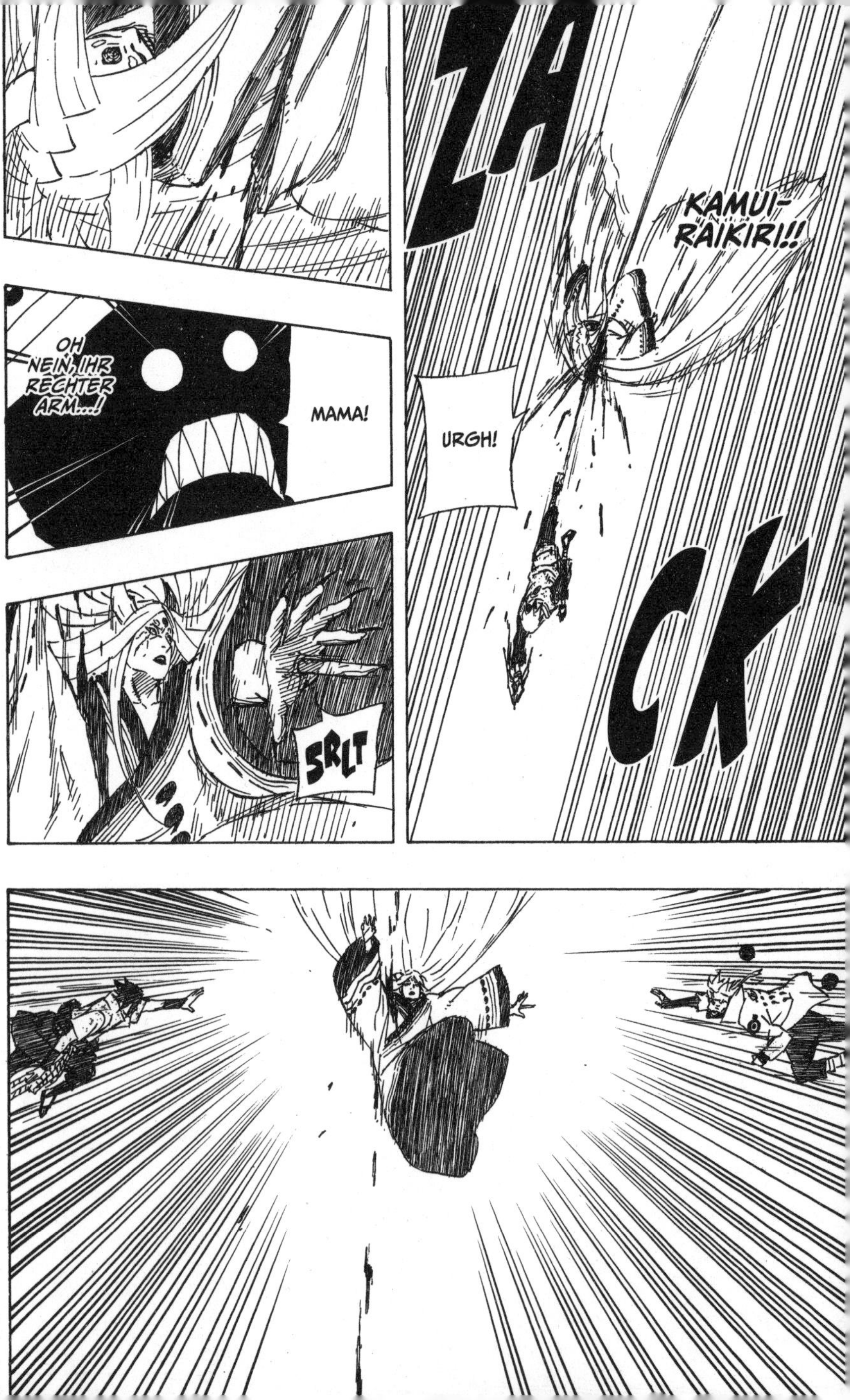
ZA
KAMUI-RAIKIRI!!
URGH!
CK
MAMA!
OH NEIN, IHR RECHTER ARM...!
SRLT

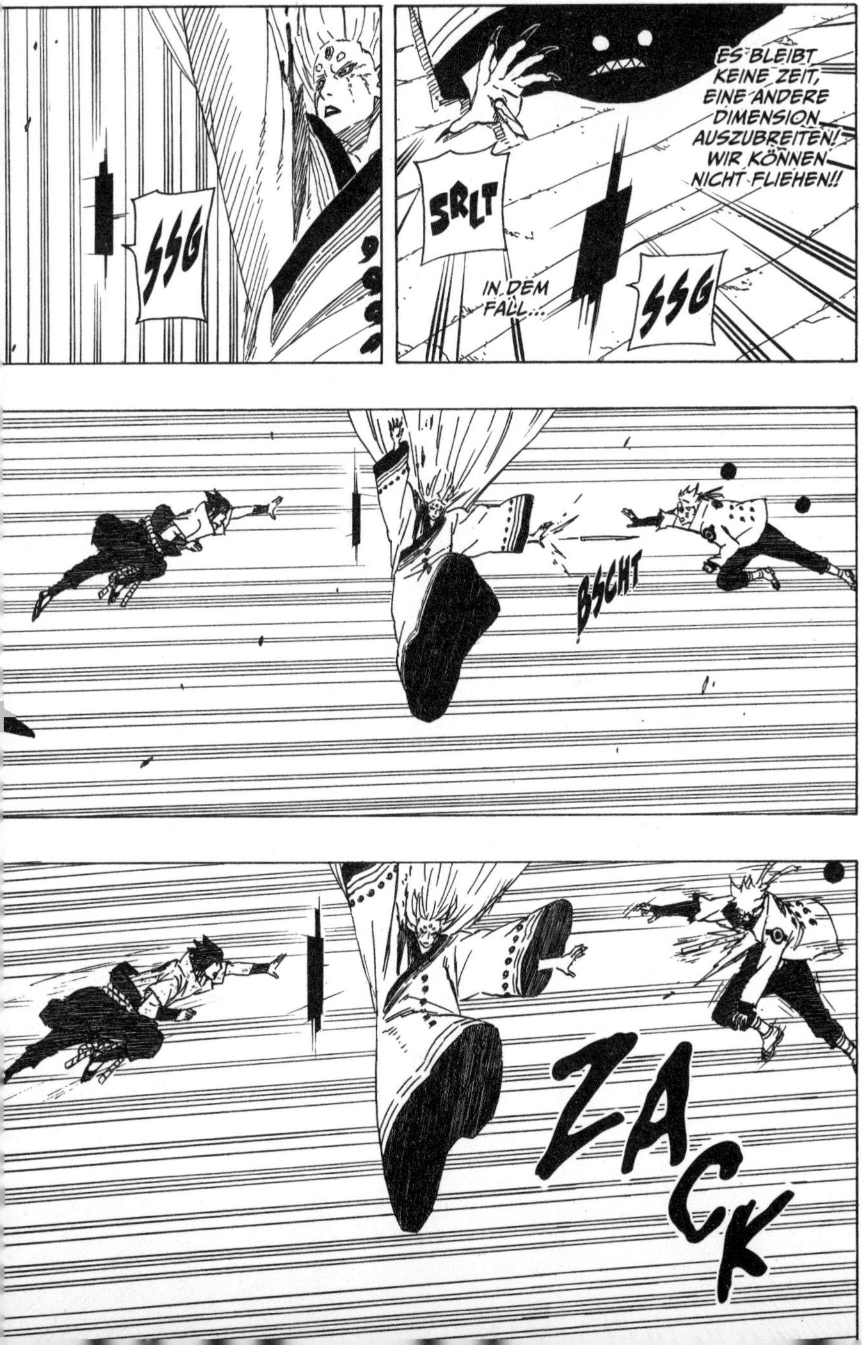
ES BLEIBT KEINE ZEIT, EINE ANDERE DIMENSION AUSZUBREITEN!! WIR KÖNNEN NICHT FLIEHEN!!
SRLT
SSG
IN DEM FALL ...
SSG
BSCHT
ZACK

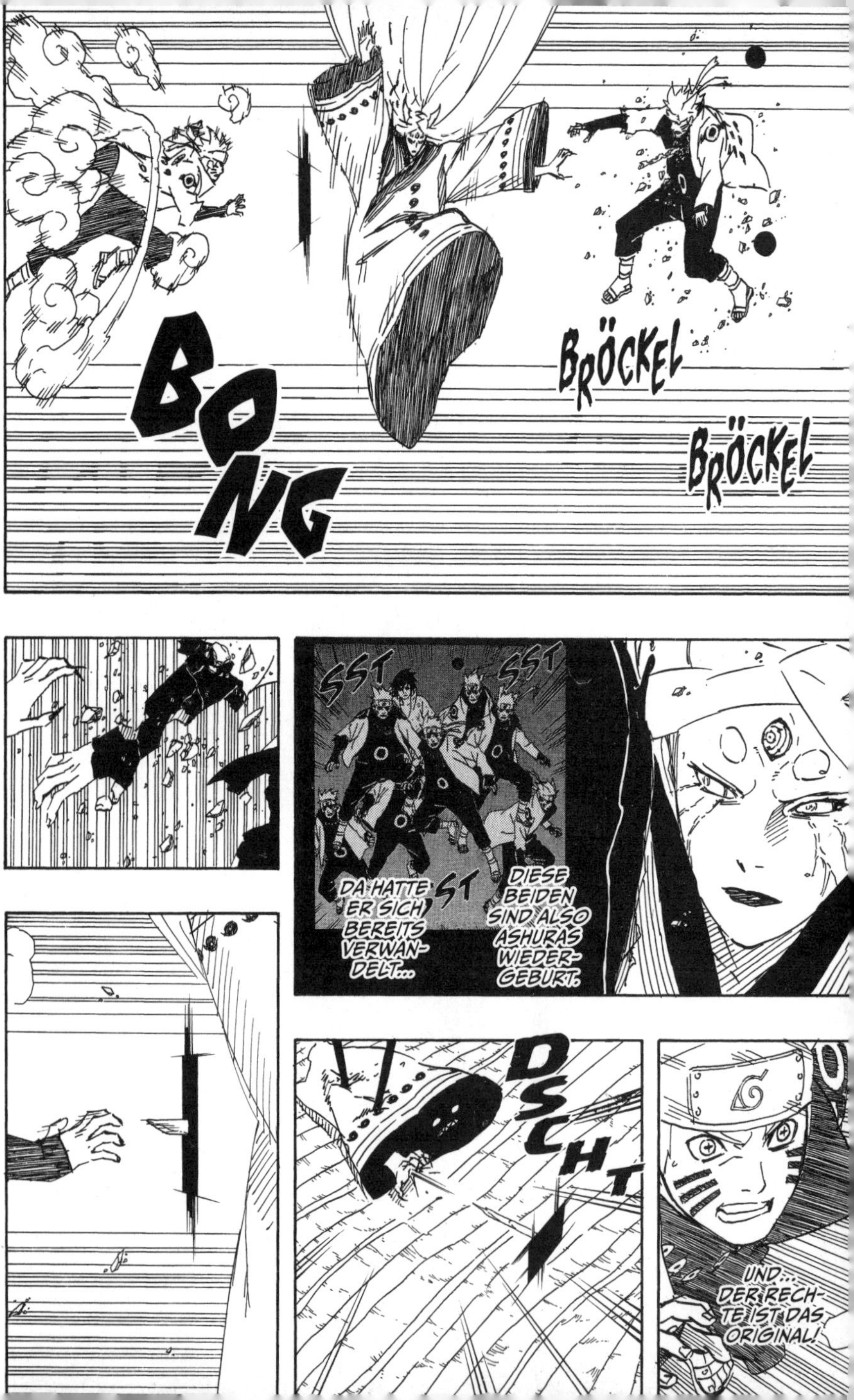
BONG
BRÖCKEL
BRÖCKEL
SST
SST
ST
DIESE BEIDEN SIND ALSO ASHURAS WIEDER-GEBURT.
DA HATTE ER SICH BEREITS VERWAN-DELT...
DSCHT
UND... DER RECH-TE IST DAS ORIGINAL!

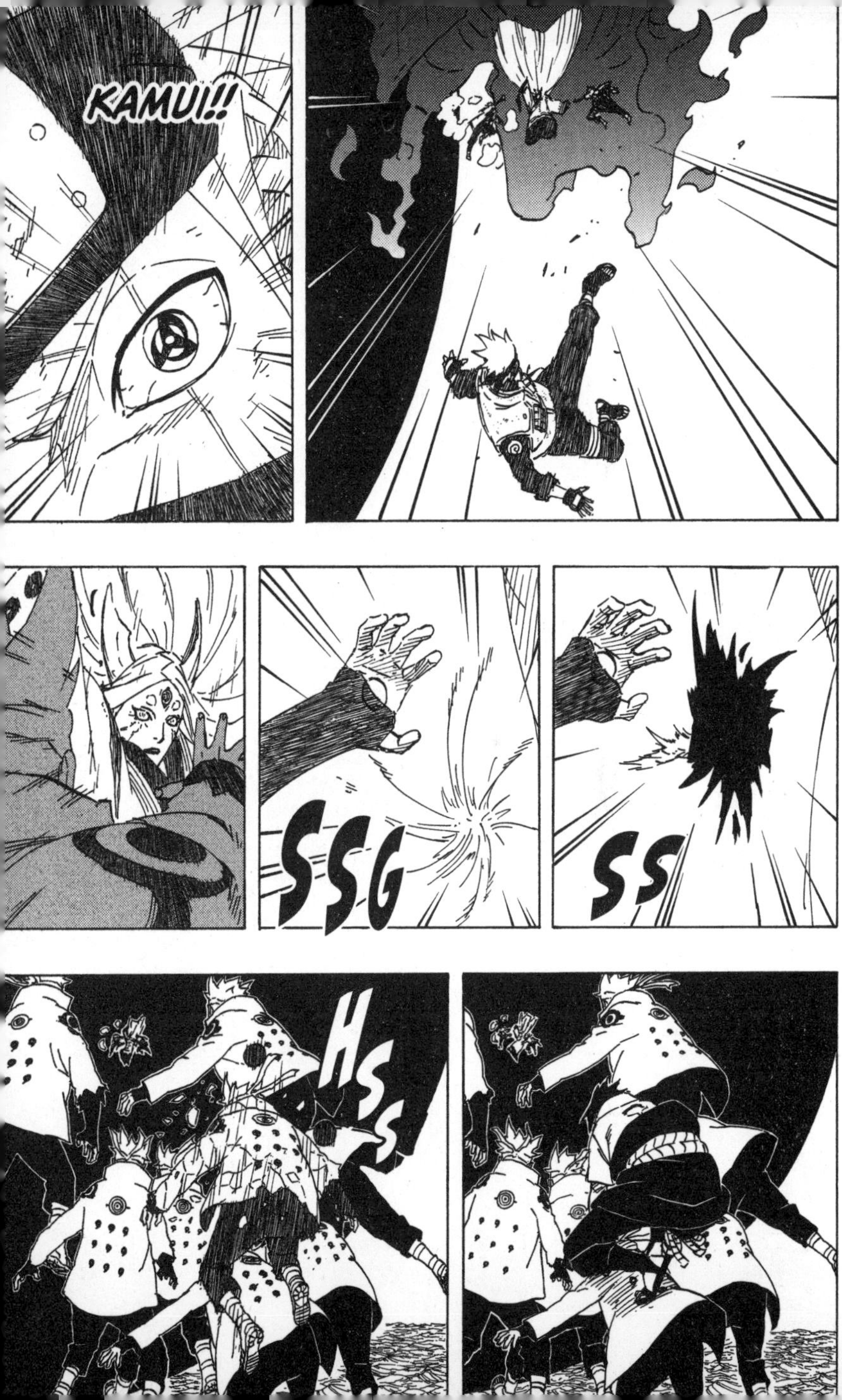
KAMUI!!
SSG
SS
HSS

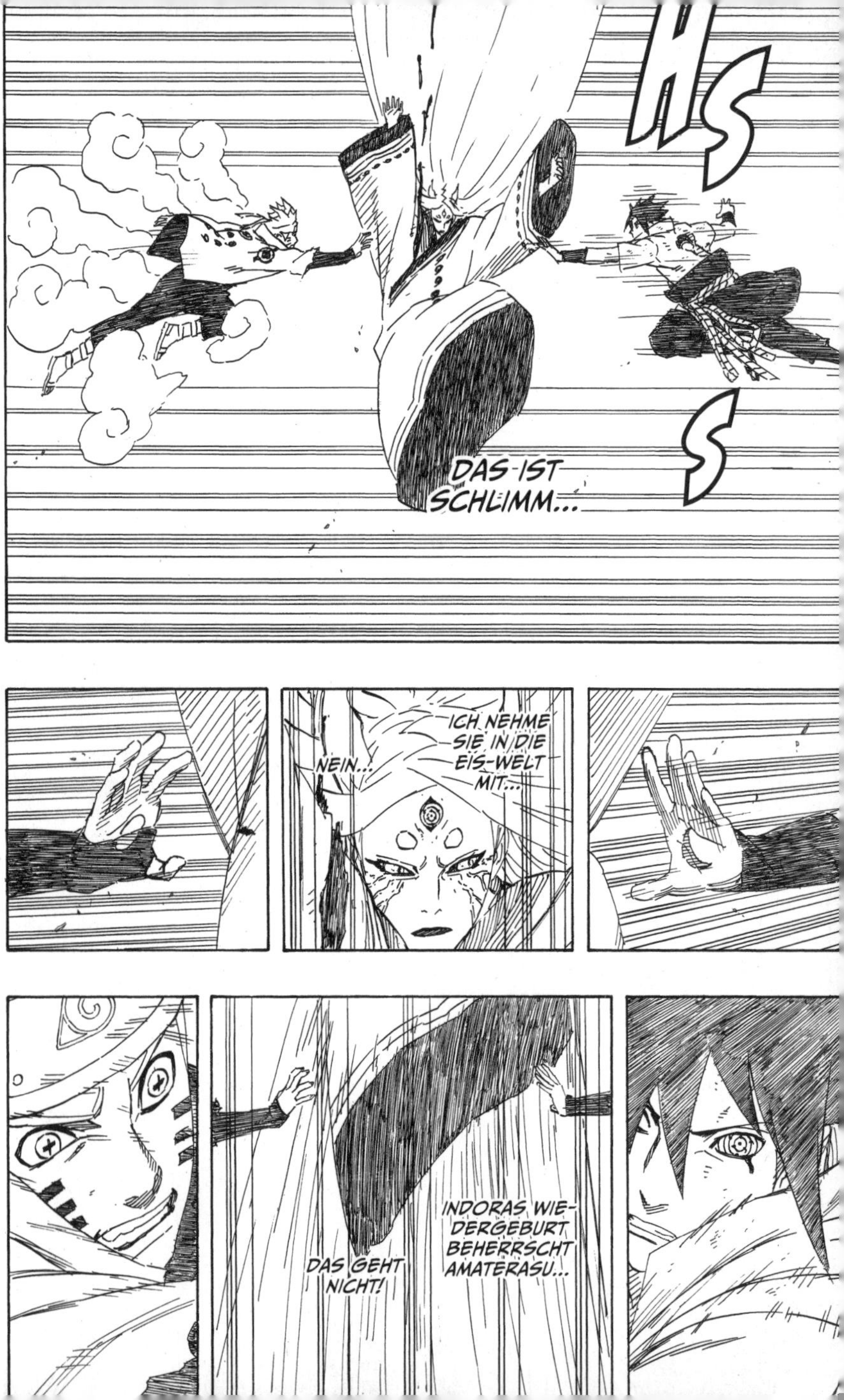

HS
S
DAS IST SCHLIMM...
ICH NEHME SIE IN DIE EIS-WELT MIT...
NEIN...
INDORAS WIEDERGEBURT BEHERRSCHT AMATERASU...
DAS GEHT NICHT!

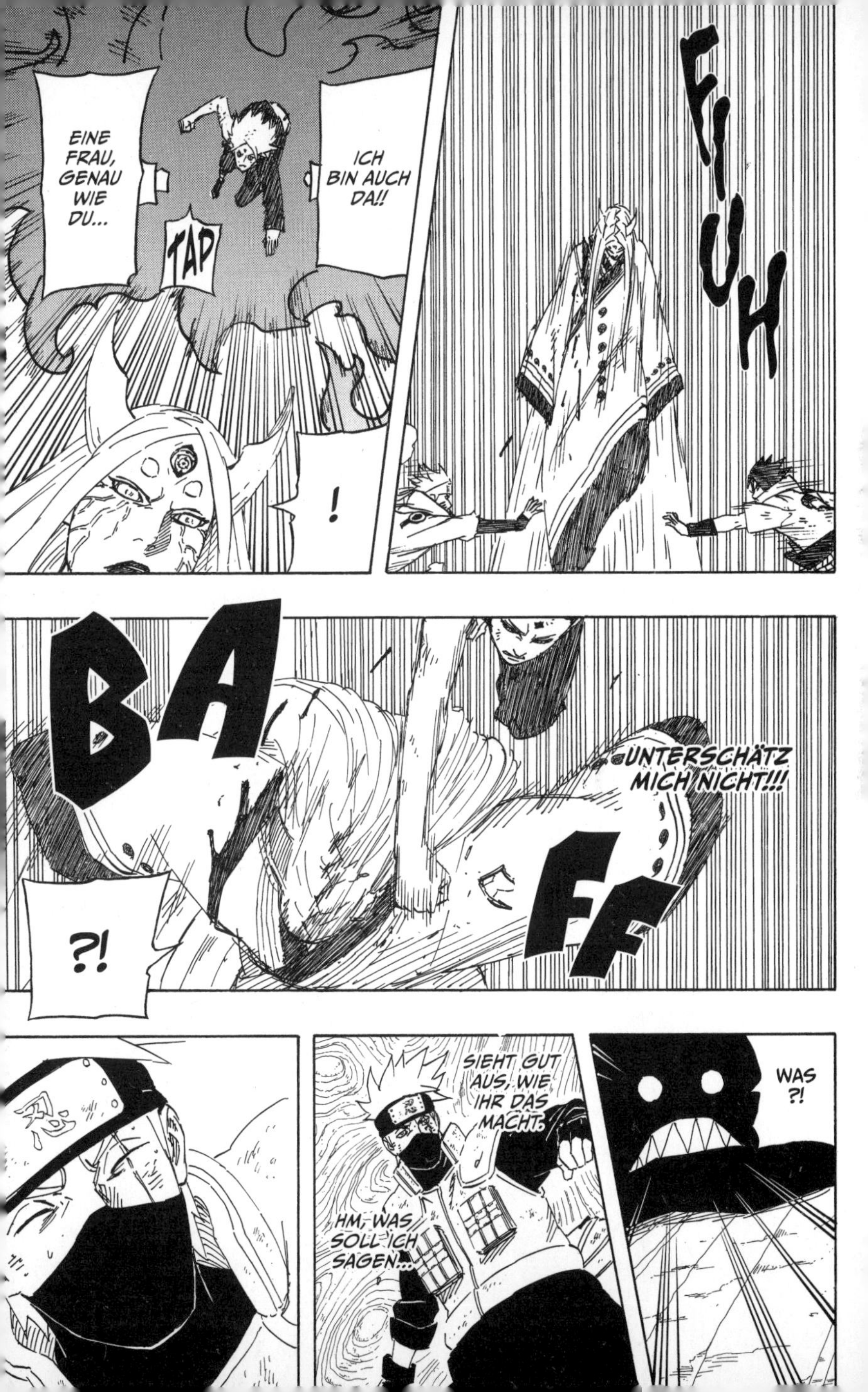

FIUH
ICH BIN AUCH DA!!
TAP
EINE FRAU, GENAU WIE DU...
!
BAFF
UNTERSCHÄTZ MICH NICHT!!!
?!
WAS ?!
SIEHT GUT AUS, WIE IHR DAS MACHT.
HM, WAS SOLL ICH SAGEN...

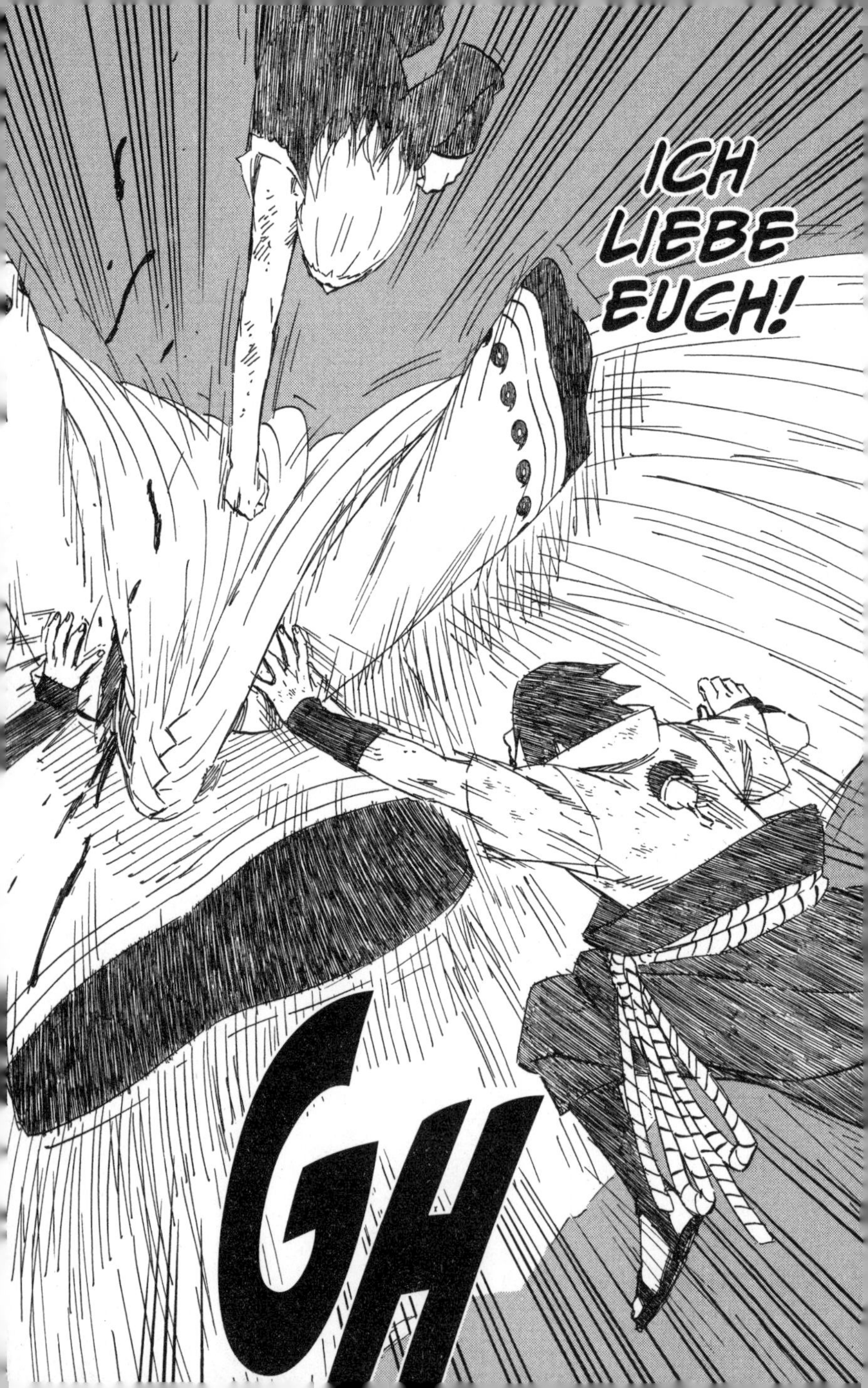
ICH
LIEBE
EUCH!
GH

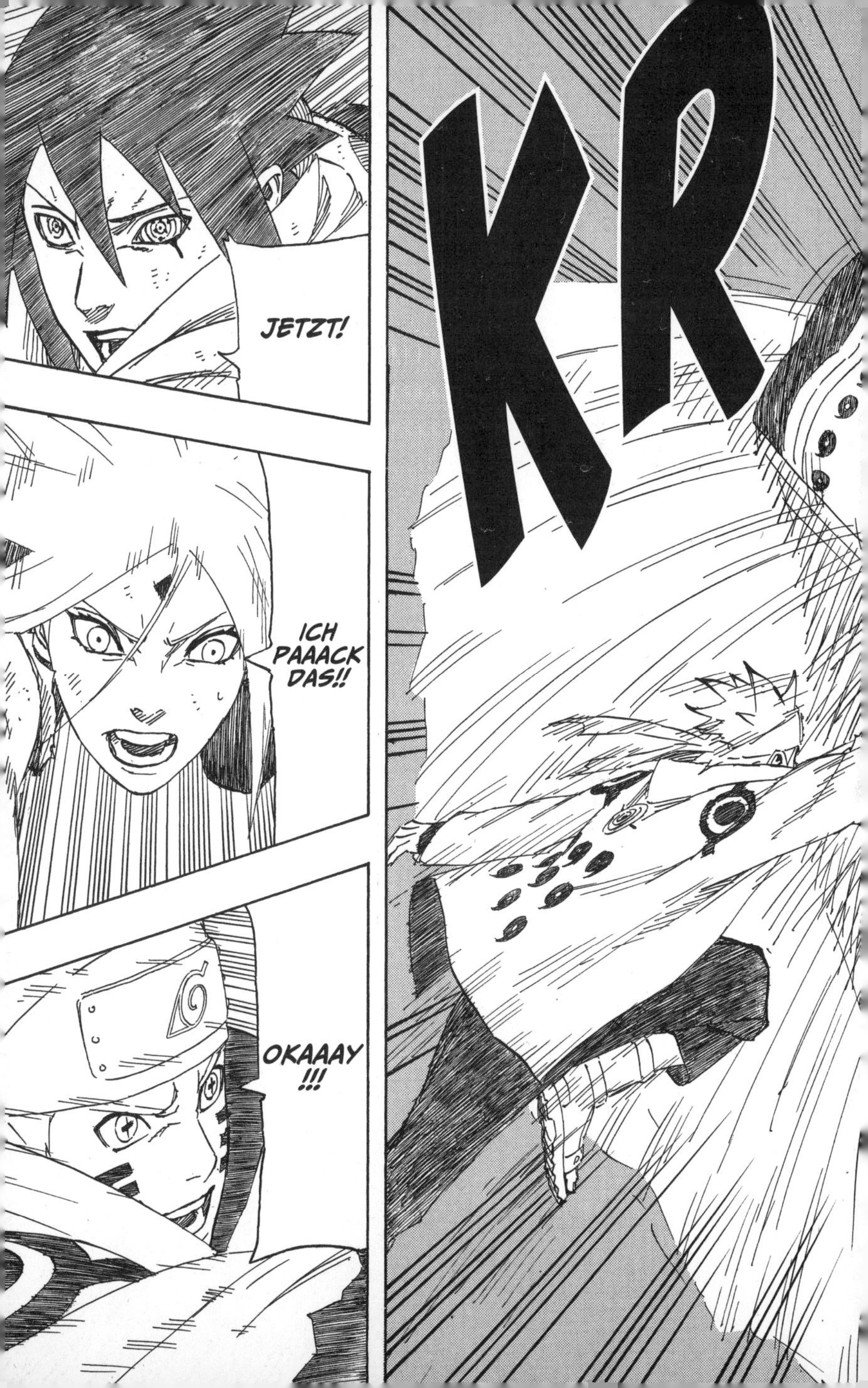
KR
JETZT!
ICH PAAACK DAS!!
OKAAAY !!!

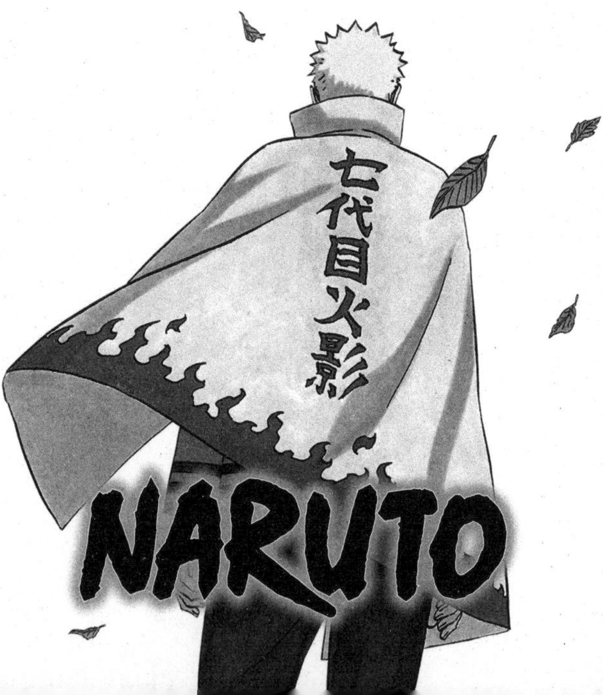
七代目火影
NARUTO

690. Kapitel: Ninja!

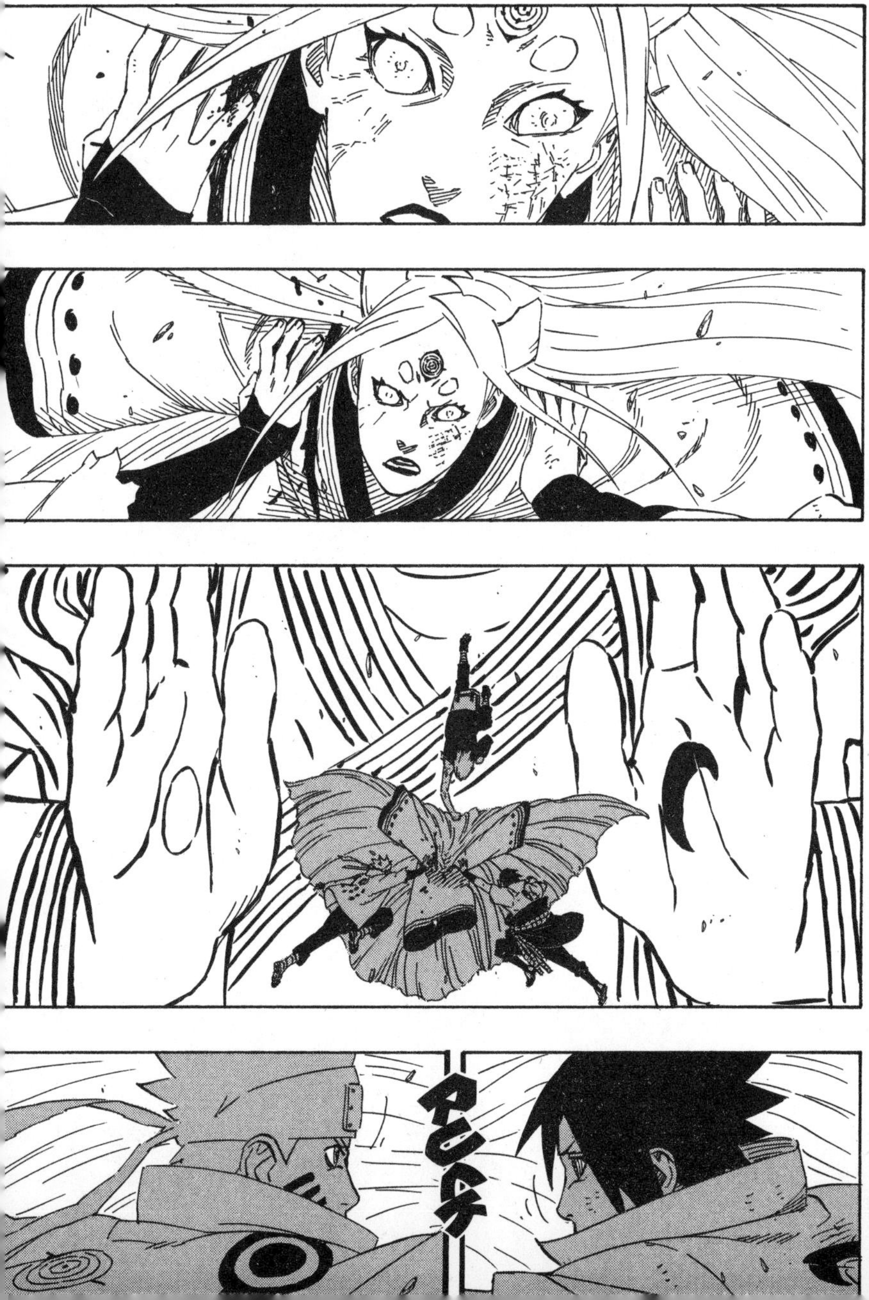

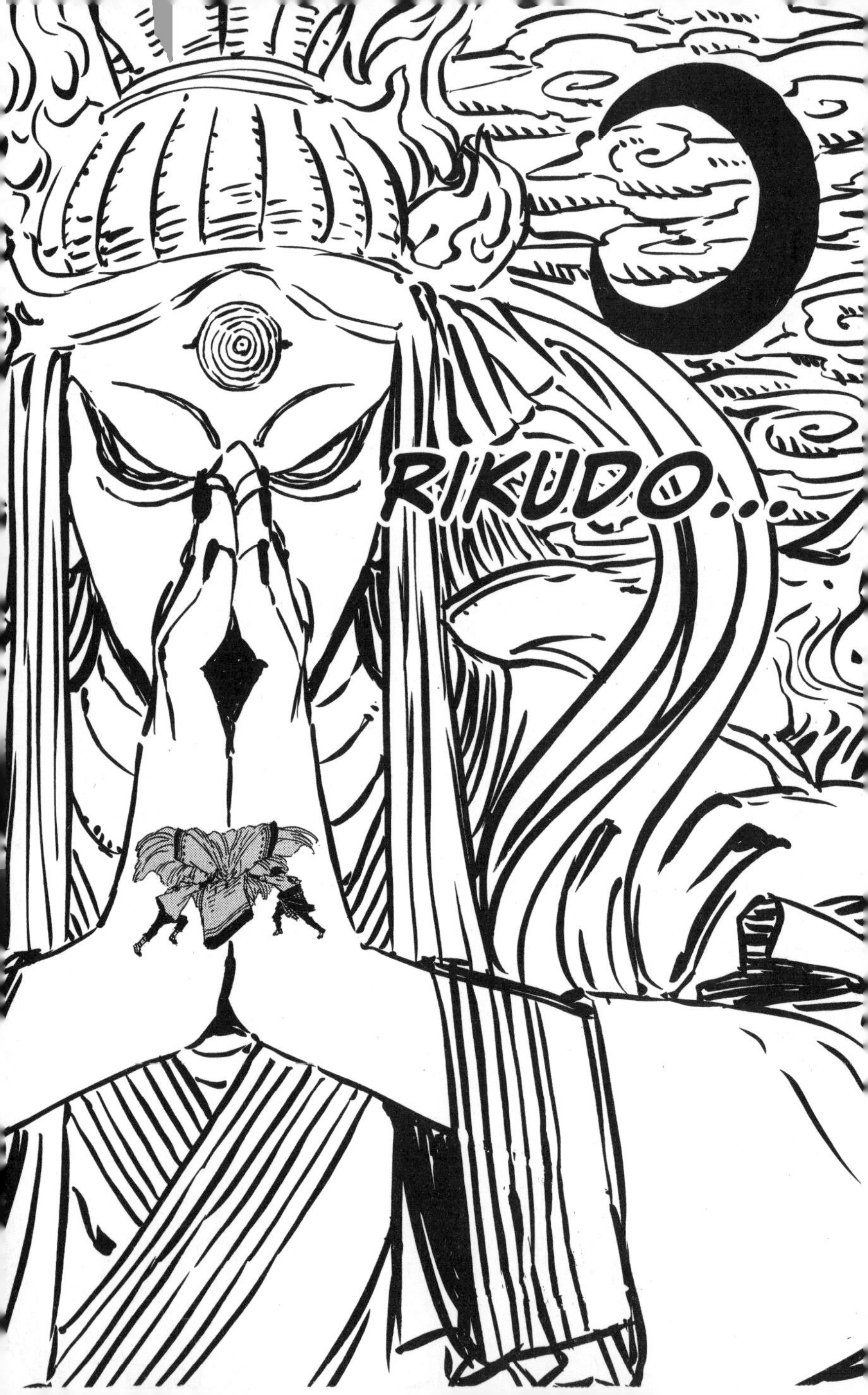
RIKUDO...

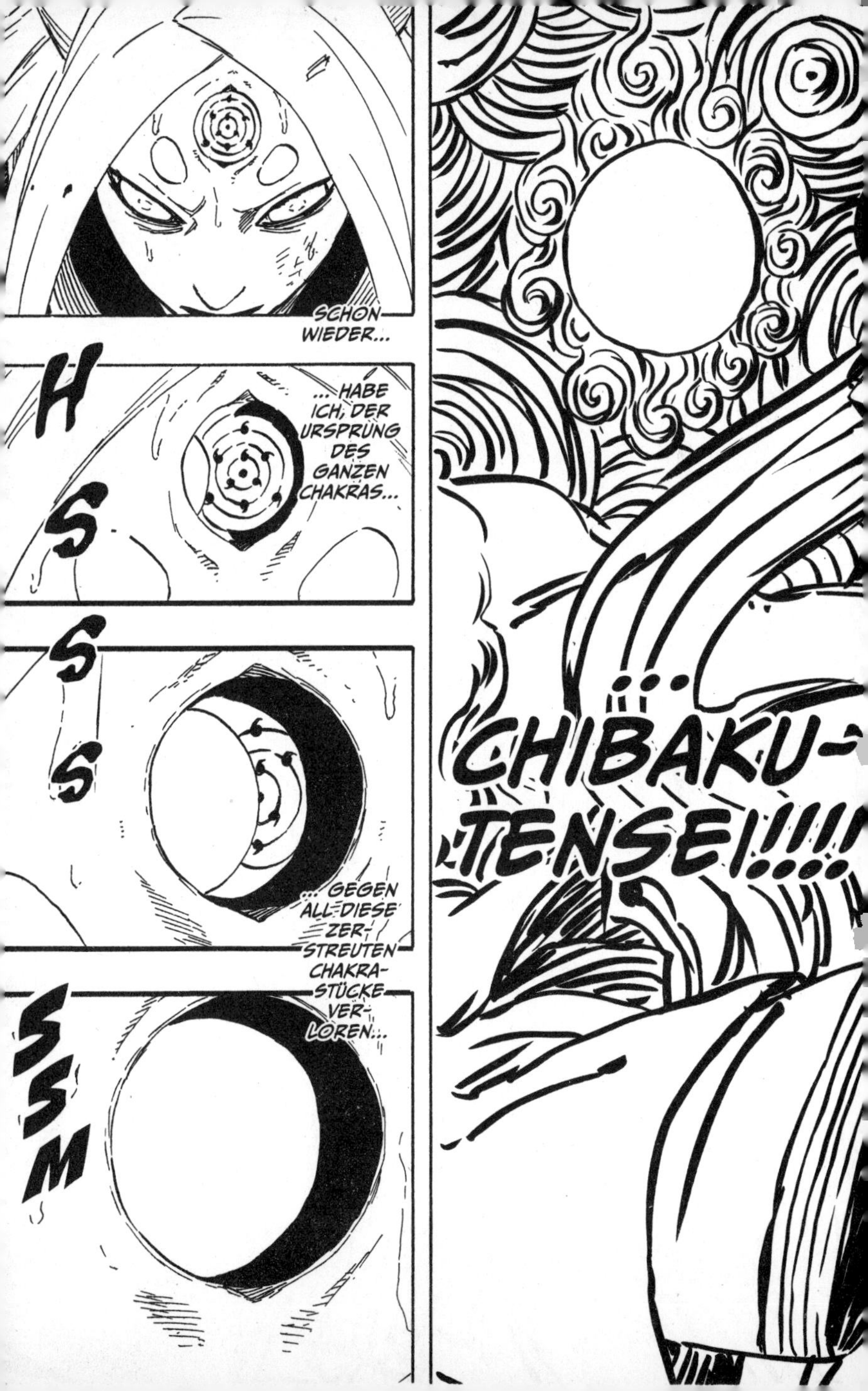

... CHIBAKU-TENSEI!!!!!
SCHON WIEDER...
... HABE ICH, DER URSPRUNG DES GANZEN CHAKRAS...
... GEGEN ALL DIESE ZER-STREUTEN CHAKRA-STÜCKE VER-LOREN...
HSSSSSM

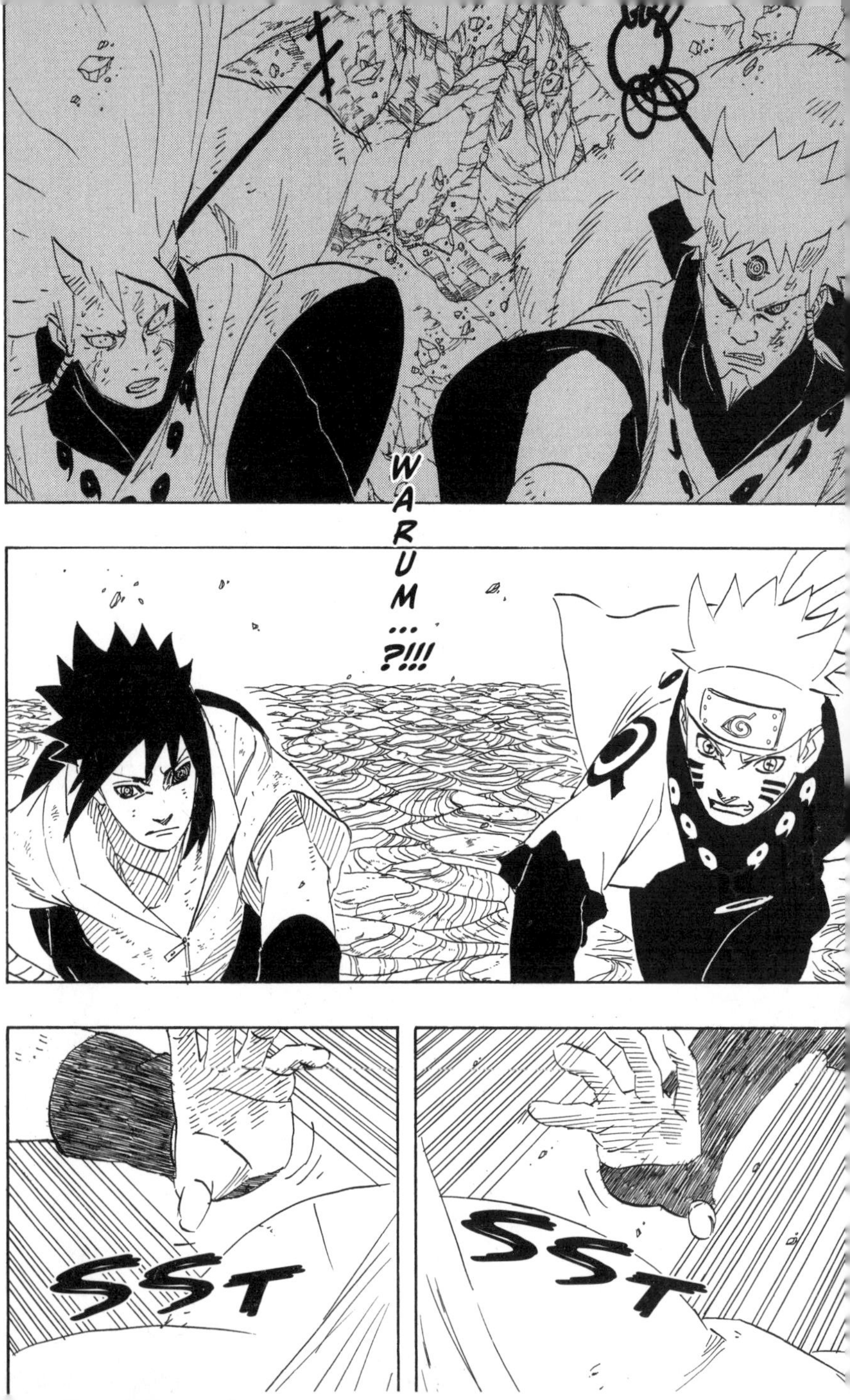
WARUM ...?!!!
SST
SST

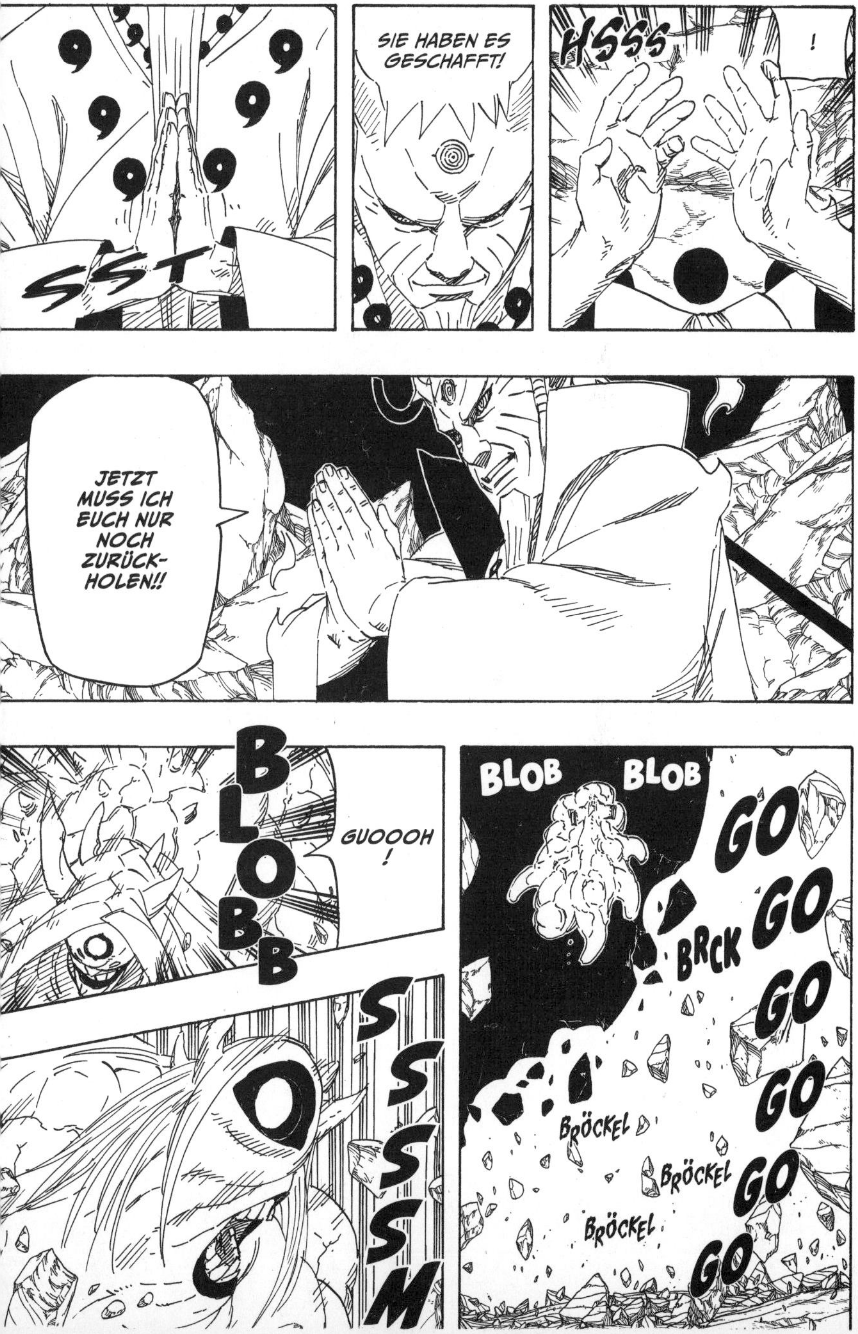
HSSS
!
SIE HABEN ES GESCHAFFT!
SST
JETZT MUSS ICH EUCH NUR NOCH ZURÜCK-HOLEN!!
BLOB BLOB
GO GO GO GO GO GO GO
BRCK
BRÖCKEL
BRÖCKEL
BRÖCKEL
BLOBB
GUOOOH!
SSSSM

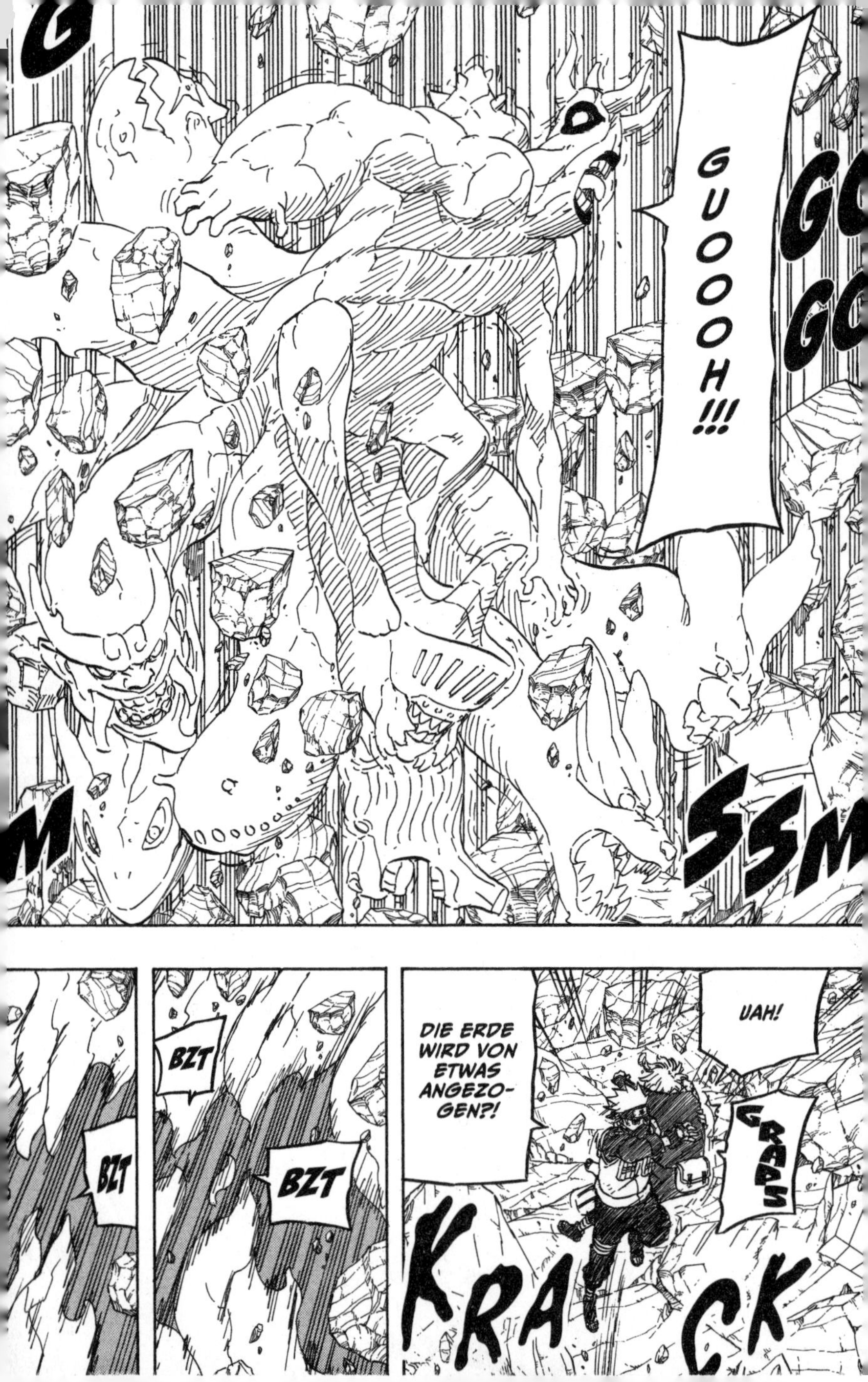

GUOOOOH!!!
UAH!
GRABS
DIE ERDE WIRD VON ETWAS ANGEZOGEN?!
KRACK
BZT
BZT
BZT

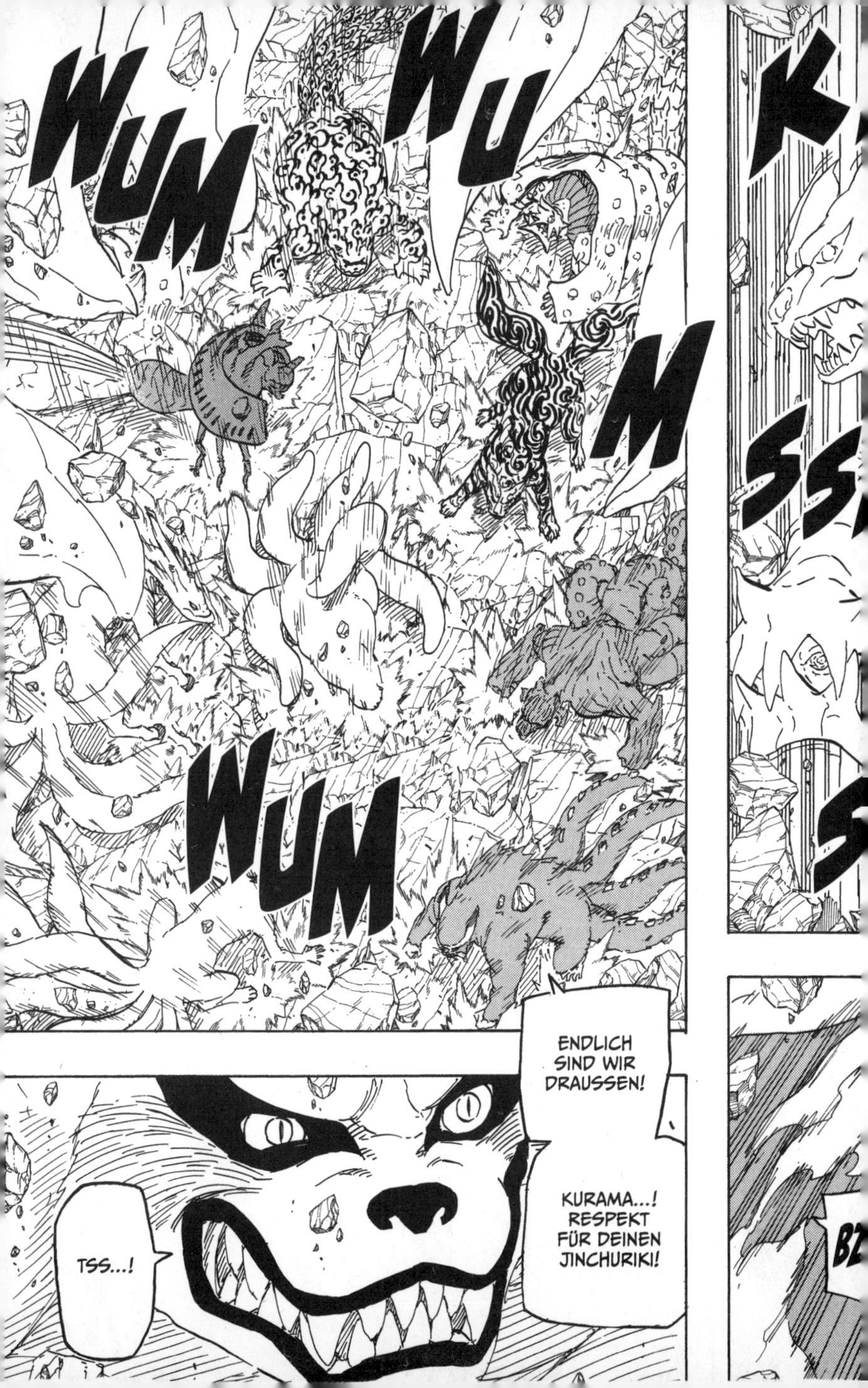

WUM
WUM
M
WUM
ENDLICH SIND WIR DRAUSSEN!
KURAMA...! RESPEKT FÜR DEINEN JINCHURIKI!
TSS...!

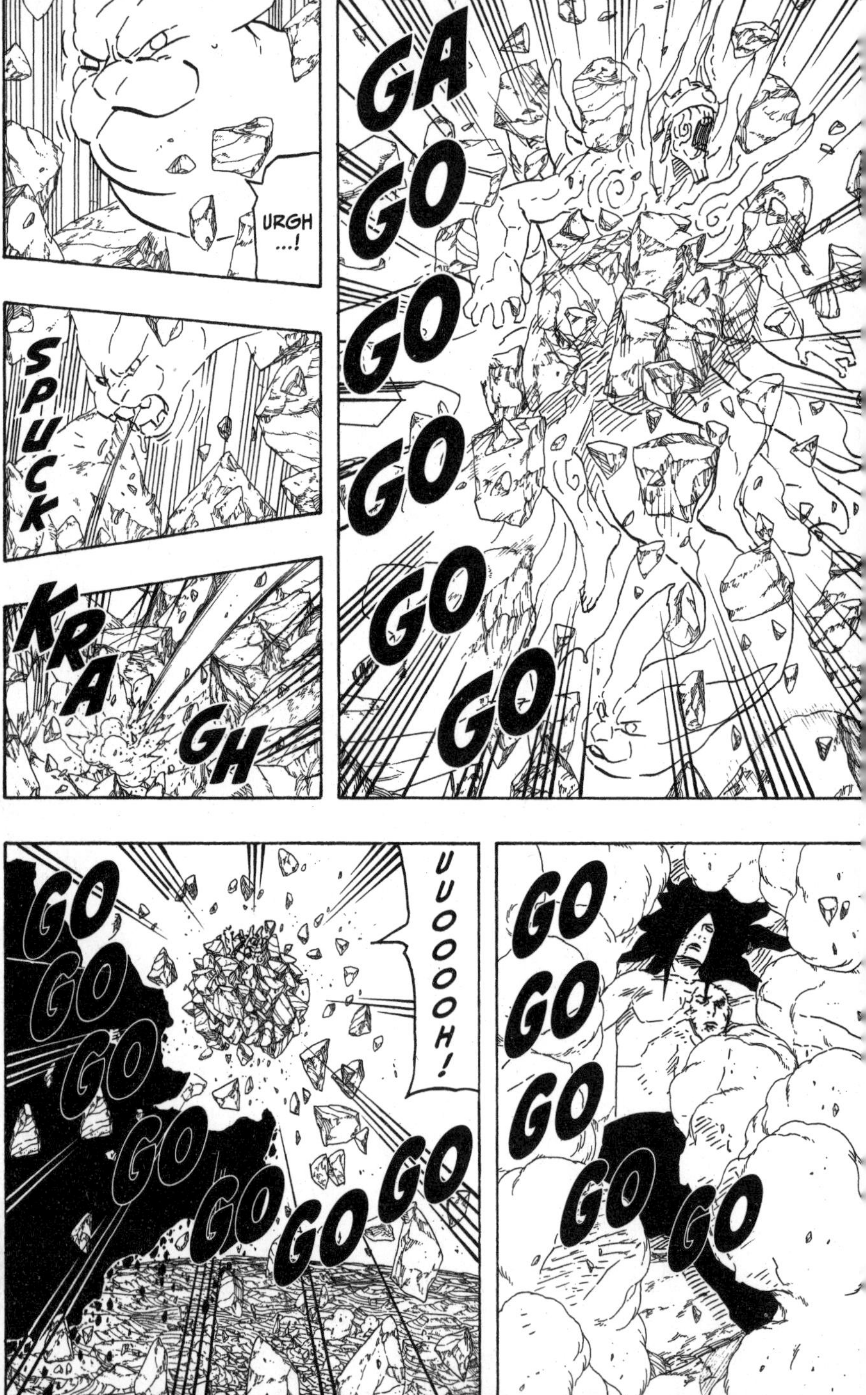
GA GO GO GO GO GO
URGH ...!
SPUCK
KRAGH
GO GO GO GO GO GO
UUOOOOOH!
GO GO GO GO GO GO GO GO

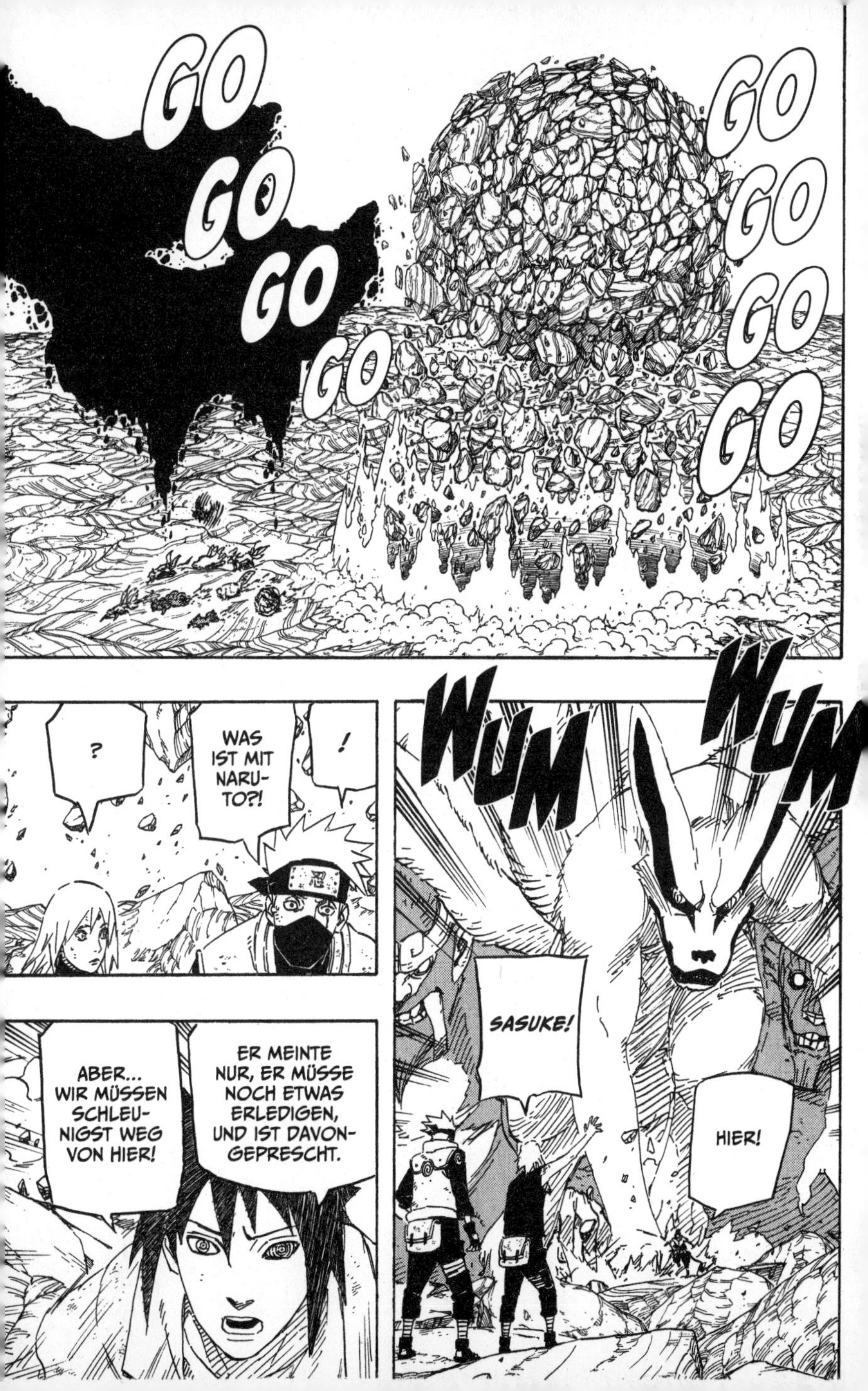
GO GO GO GO
GO GO GO GO
WUM WUM
HIER!
SASUKE!
!
WAS IST MIT NARUTO?!
?
ER MEINTE NUR, ER MÜSSE NOCH ETWAS ERLEDIGEN, UND IST DAVONGEPRESCHT.
ABER... WIR MÜSSEN SCHLEUNIGST WEG VON HIER!

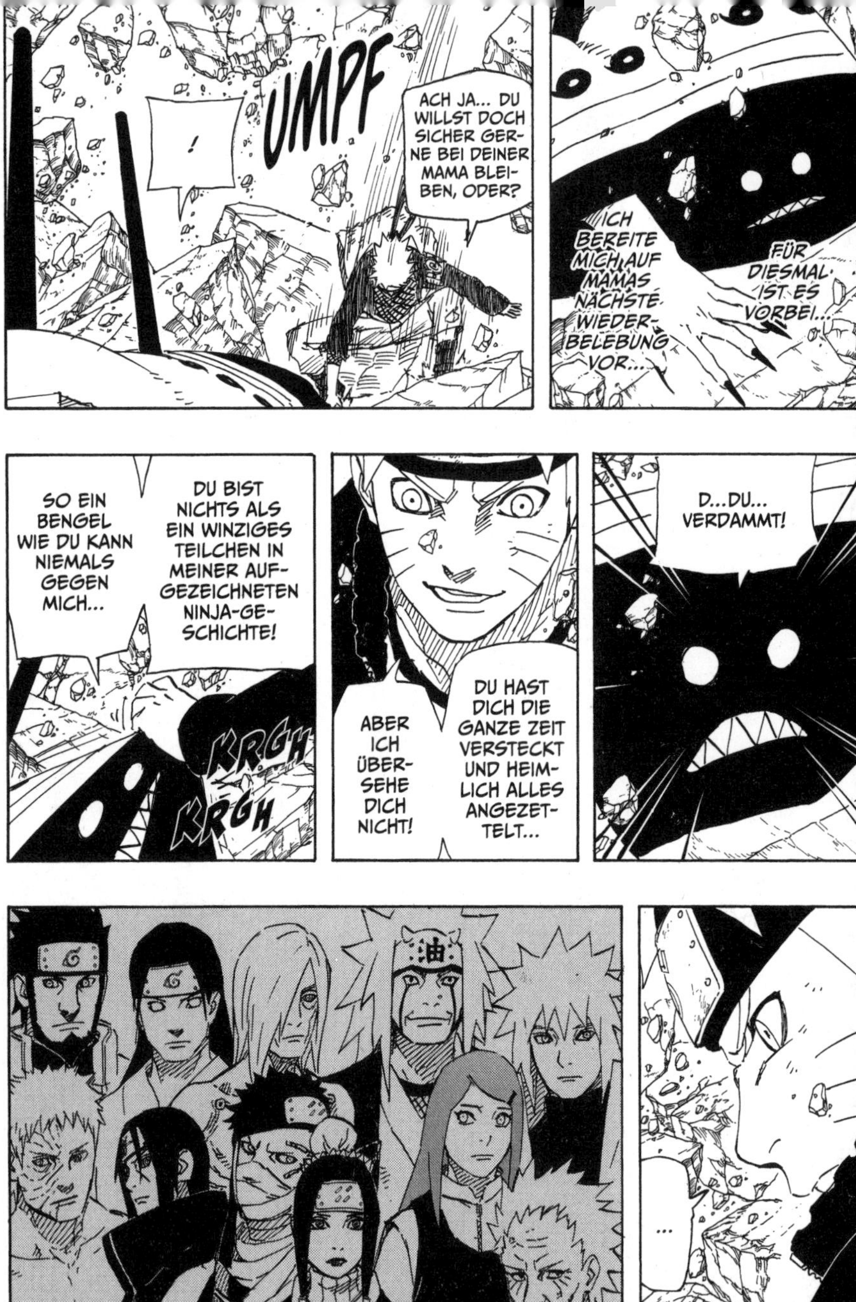

FÜR DIESMAL IST ES VORBEI...
ICH BEREITE MICH AUF MAMAS NÄCHSTE WIEDERBELEBUNG VOR...
ACH JA... DU WILLST DOCH SICHER GERNE BEI DEINER MAMA BLEIBEN, ODER?
UMPF
!
D...DU... VERDAMMT!
DU HAST DICH DIE GANZE ZEIT VERSTECKT UND HEIMLICH ALLES ANGEZETTELT...
ABER ICH ÜBERSEHE DICH NICHT!
DU BIST NICHTS ALS EIN WINZIGES TEILCHEN IN MEINER AUFGEZEICHNETEN NINJA-GESCHICHTE!
SO EIN BENGEL WIE DU KANN NIEMALS GEGEN MICH...
KRGH
KRGH
...

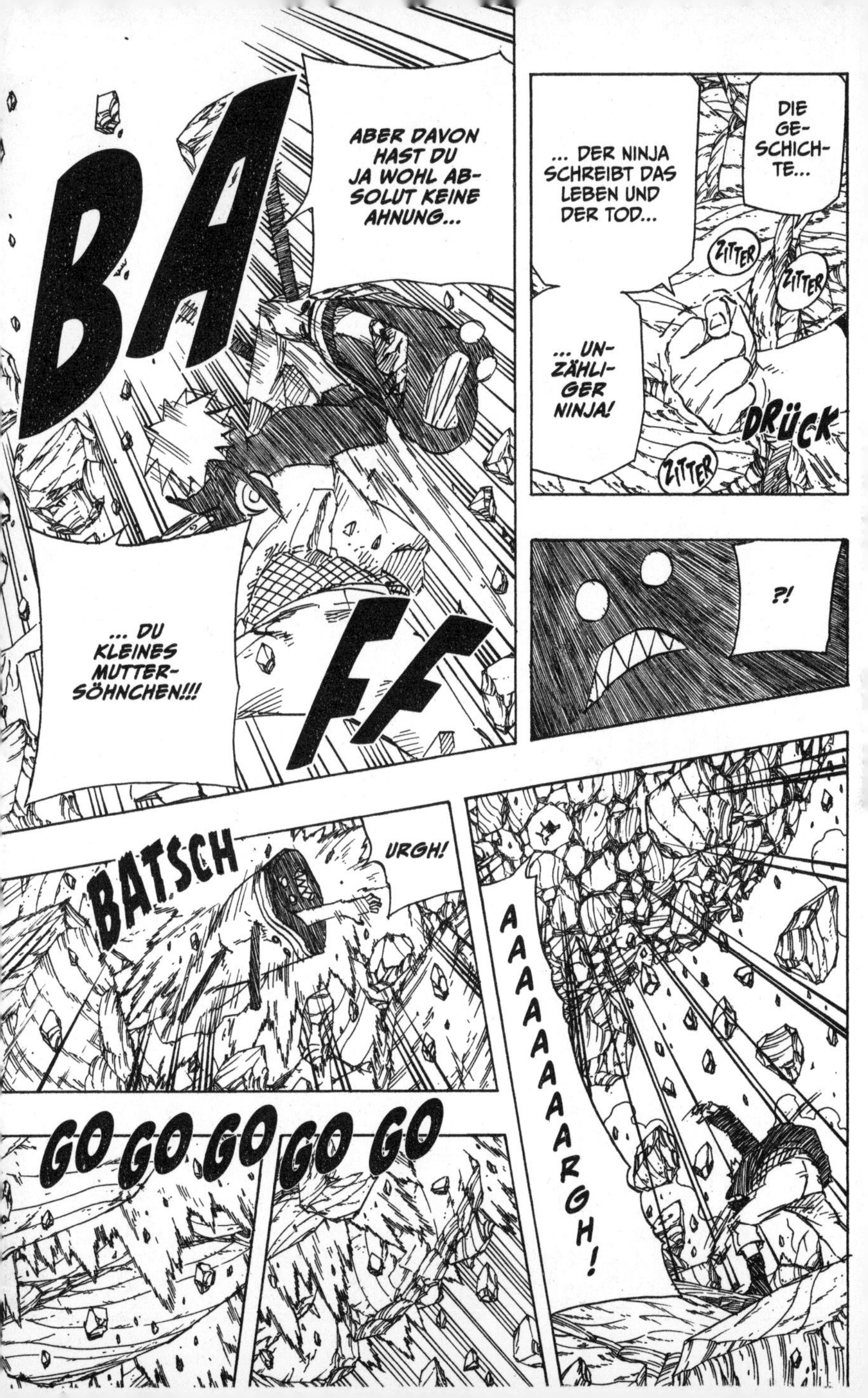
DIE GE-SCHICH-TE...
... DER NINJA SCHREIBT DAS LEBEN UND DER TOD...
ZITTER
ZITTER
... UN-ZÄHLI-GER NINJA!
DRÜCK
ZITTER
ABER DAVON HAST DU JA WOHL AB-SOLUT KEINE AHNUNG...
BA
... DU KLEINES MUTTER-SÖHNCHEN!!!
FF
?!
AAAAAAAAARGH!
URGH!
BATSCH
GO GO GO GO GO GO

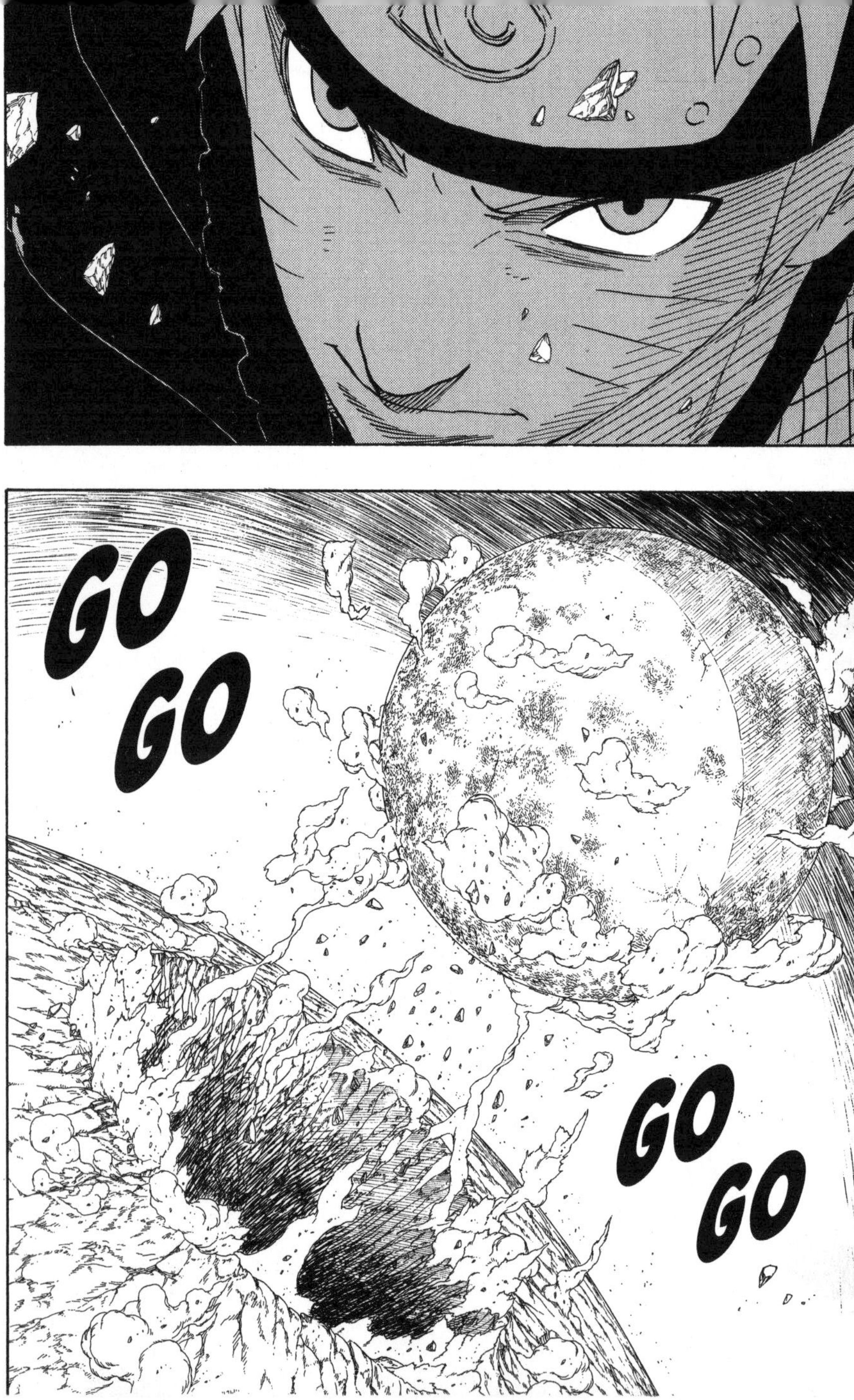
GO
GO
GO
GO

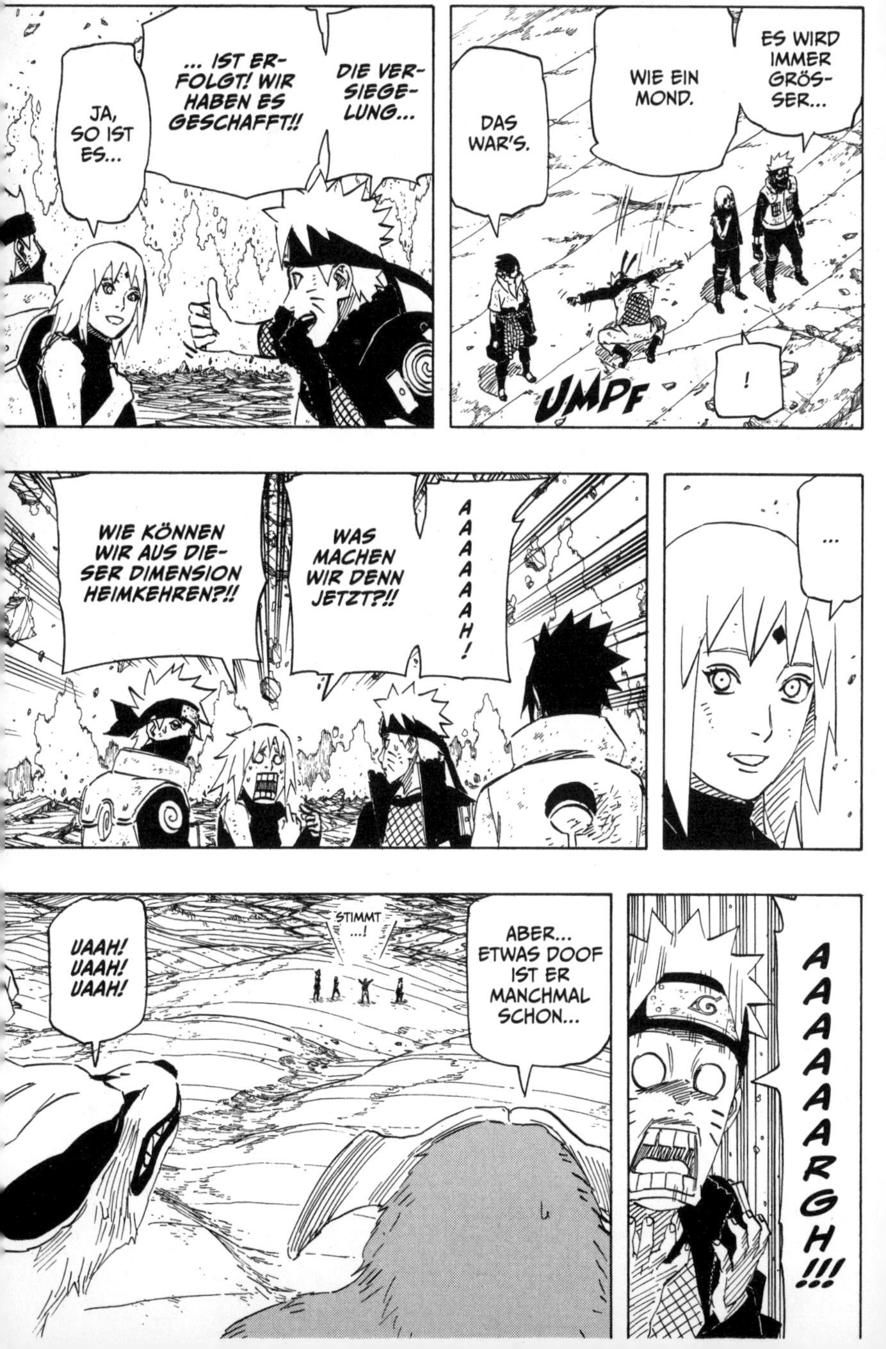

ES WIRD IMMER GRÖSSER...
WIE EIN MOND.
DAS WAR'S.
!
UMPF
DIE VERSIEGELUNG...
... IST ERFOLGT! WIR HABEN ES GESCHAFFT!!
JA, SO IST ES...
...
AAAAAAAAH!
WAS MACHEN WIR DENN JETZT?!!
WIE KÖNNEN WIR AUS DIESER DIMENSION HEIMKEHREN?!!
AAAAAAAARGH!!!
ABER... ETWAS DOOF IST ER MANCHMAL SCHON...
STIMMT ...!
UAAH! UAAH! UAAH!

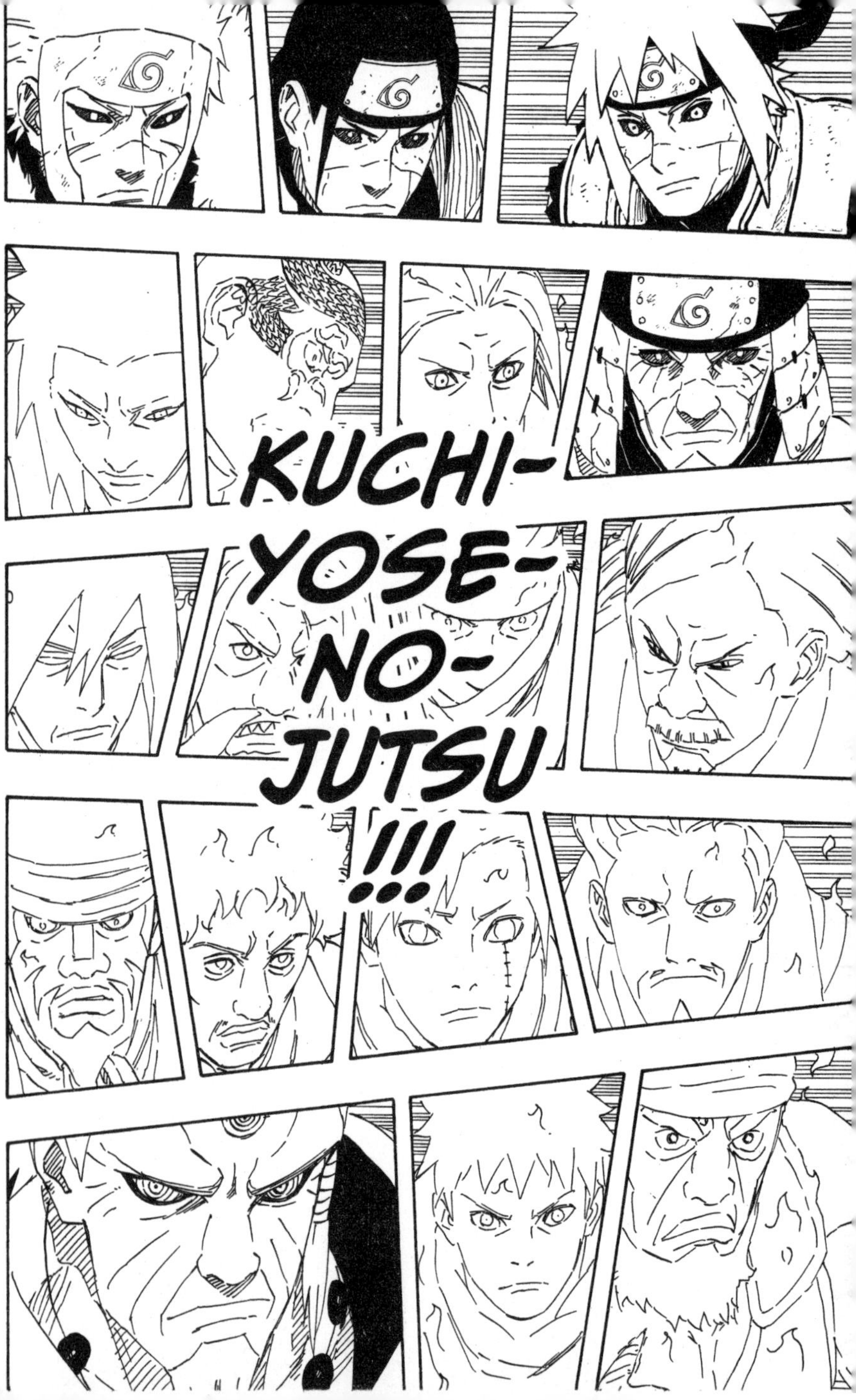
KUCHI-YOSE-NO-JUTSU!!!

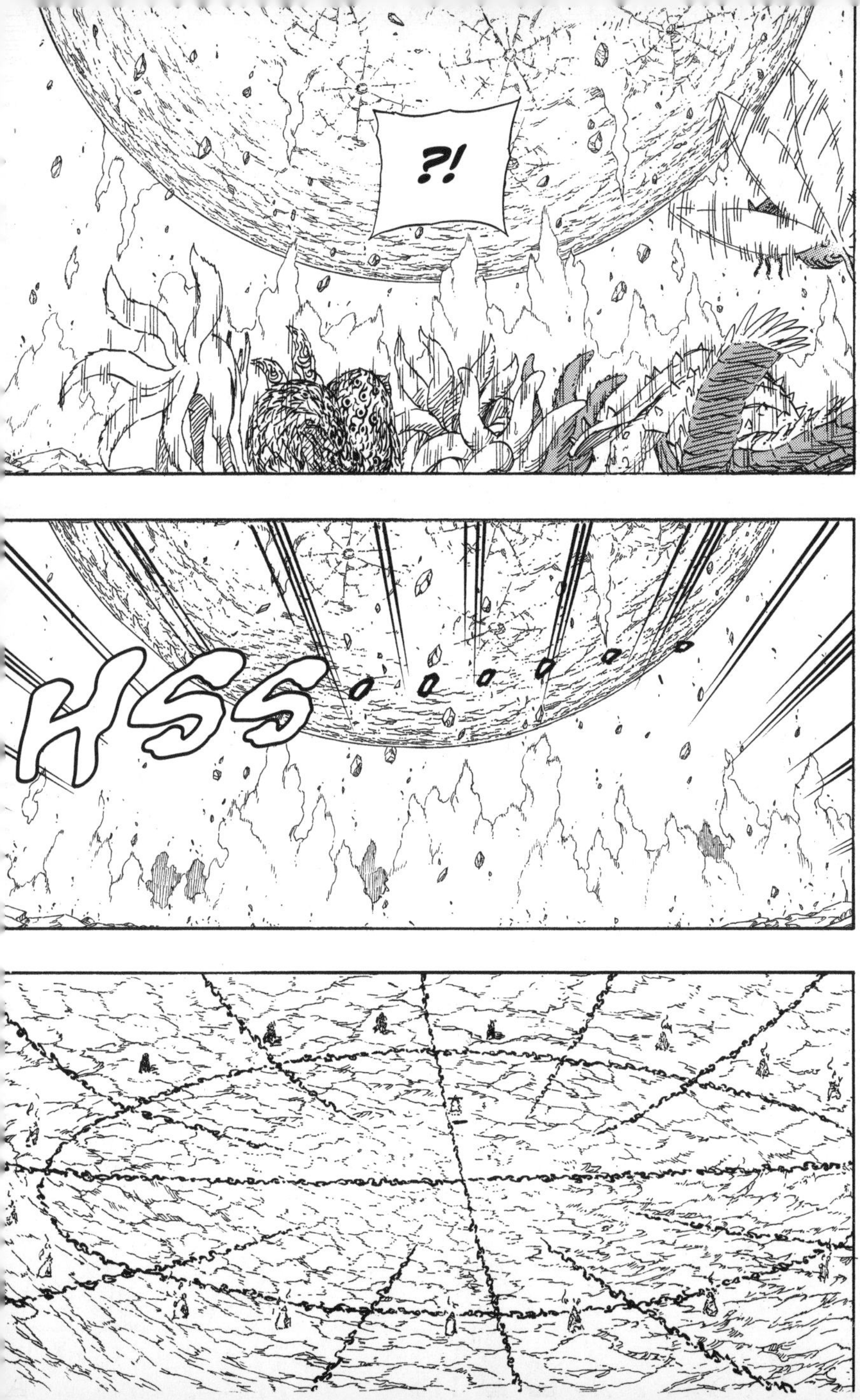
?!
HSS.......

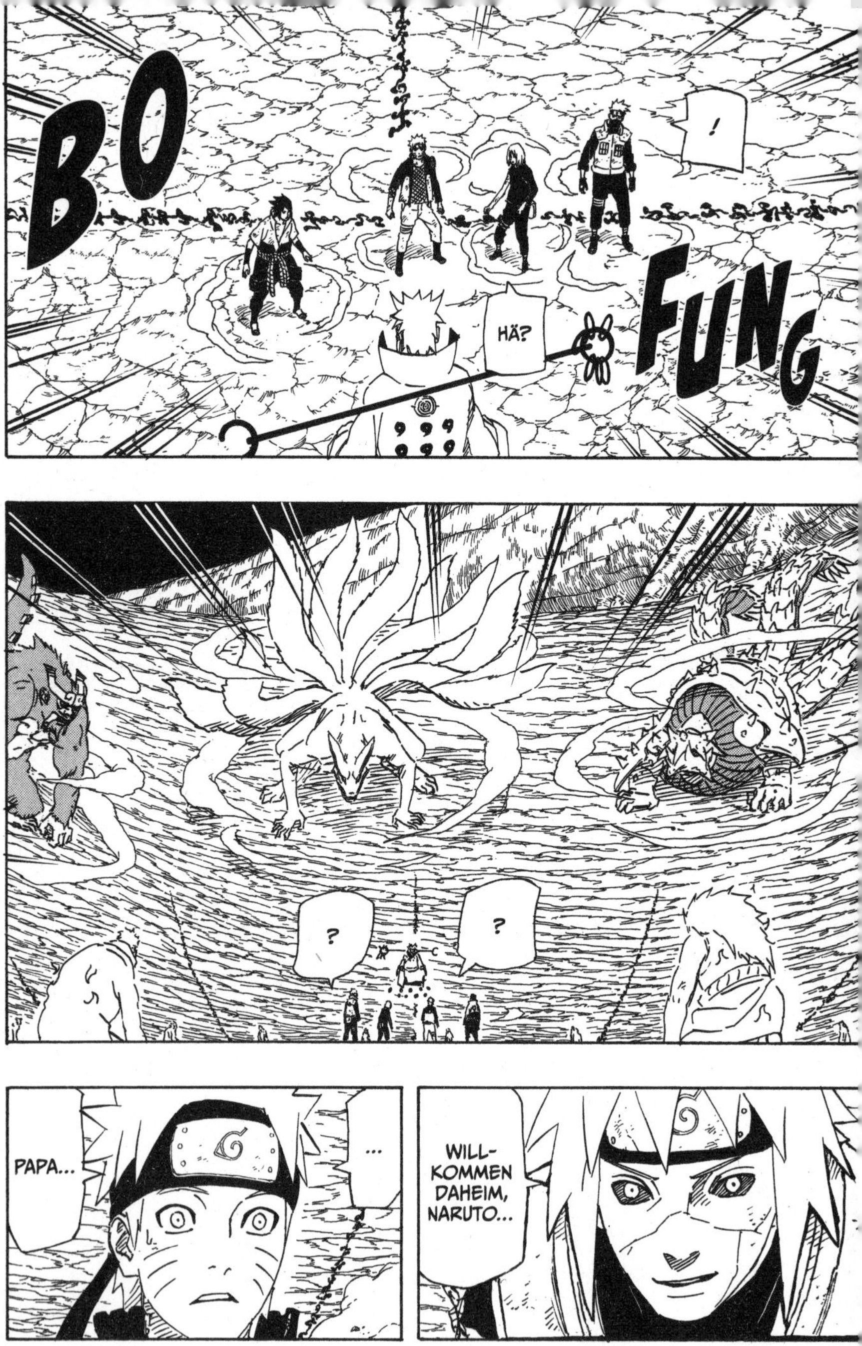
BO
FUNG
!
HÄ?
?
?
...
PAPA...
WILL-
KOMMEN
DAHEIM,
NARUTO...

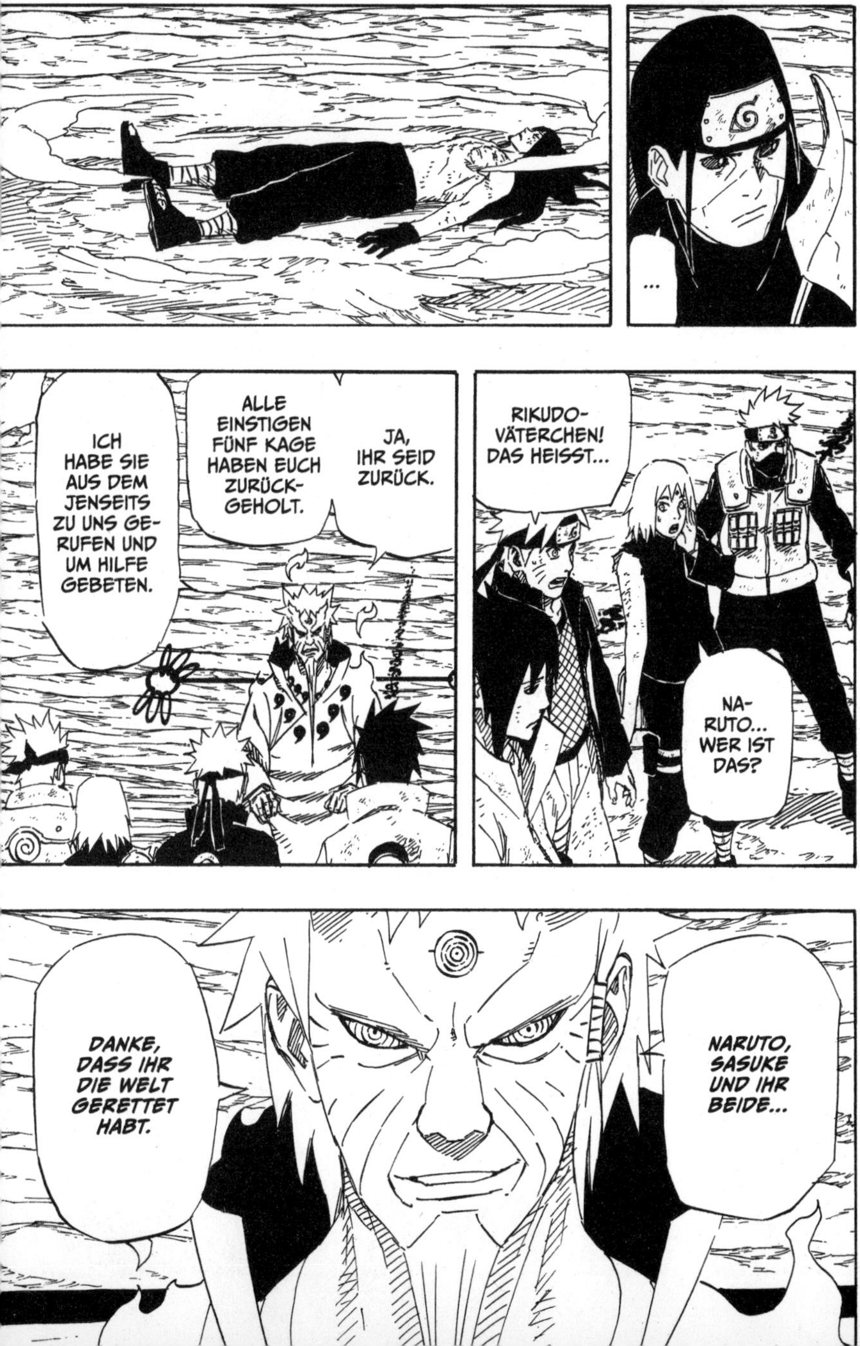
...
RIKUDO-VÄTERCHEN! DAS HEISST...
NA-RUTO... WER IST DAS?
JA, IHR SEID ZURÜCK.
ALLE EINSTIGEN FÜNF KAGE HABEN EUCH ZURÜCK-GEHOLT.
ICH HABE SIE AUS DEM JENSEITS ZU UNS GE-RUFEN UND UM HILFE GEBETEN.
NARUTO, SASUKE UND IHR BEIDE...
DANKE, DASS IHR DIE WELT GERETTET HABT.

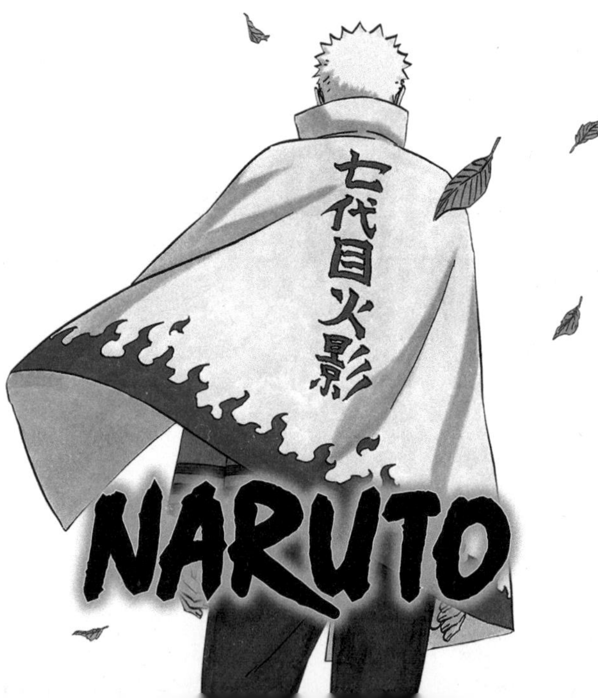
七代目火影
NARUTO

691. Kapitel: Herzlichen Glückwunsch.

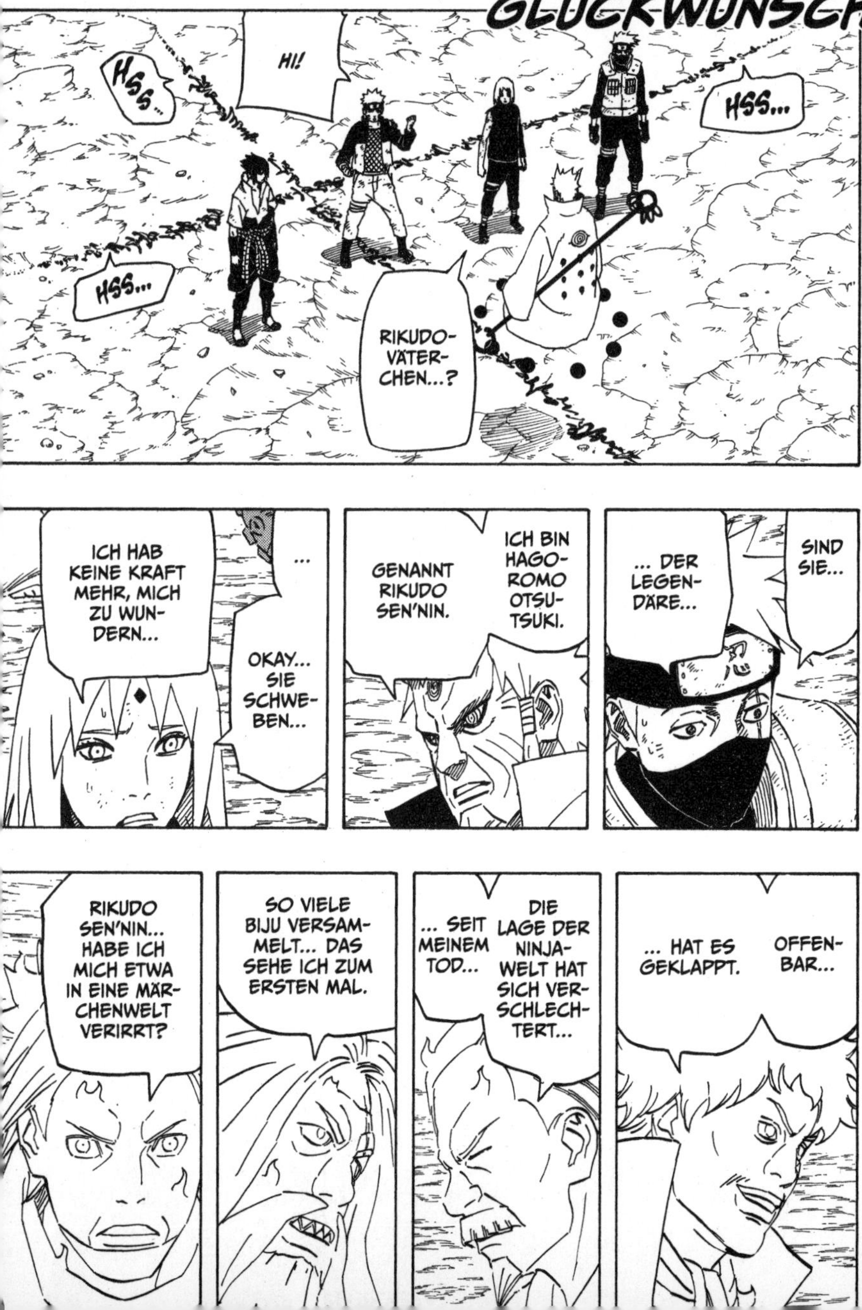

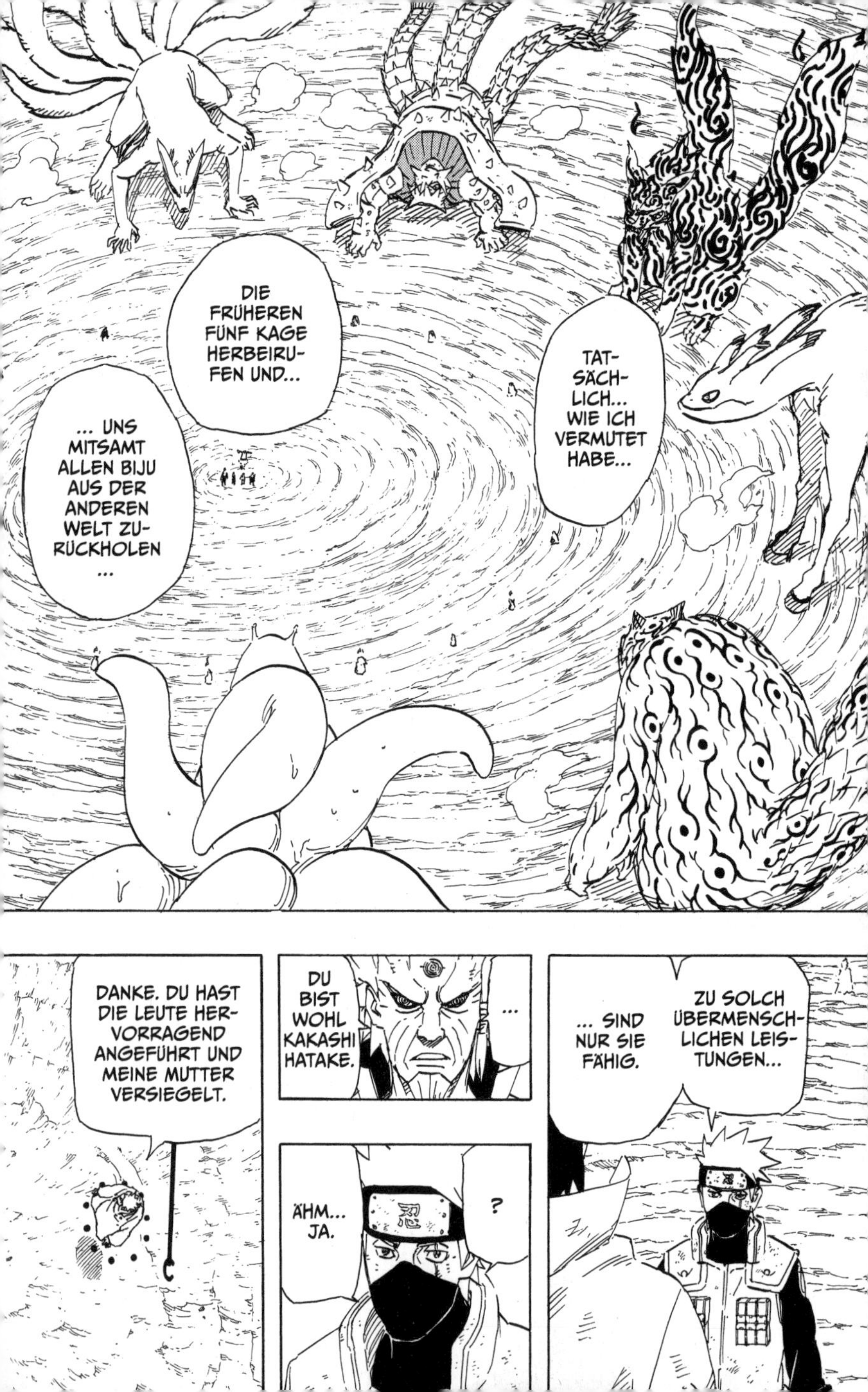
TATSÄCHLICH... WIE ICH VERMUTET HABE...
DIE FRÜHEREN FÜNF KAGE HERBEIRUFEN UND...
... UNS MITSAMT ALLEN BIJU AUS DER ANDEREN WELT ZURÜCKHOLEN ...
ZU SOLCH ÜBERMENSCHLICHEN LEISTUNGEN...
... SIND NUR SIE FÄHIG.
...
DU BIST WOHL KAKASHI HATAKE.
?
ÄHM... JA.
DANKE. DU HAST DIE LEUTE HERVORRAGEND ANGEFÜHRT UND MEINE MUTTER VERSIEGELT.

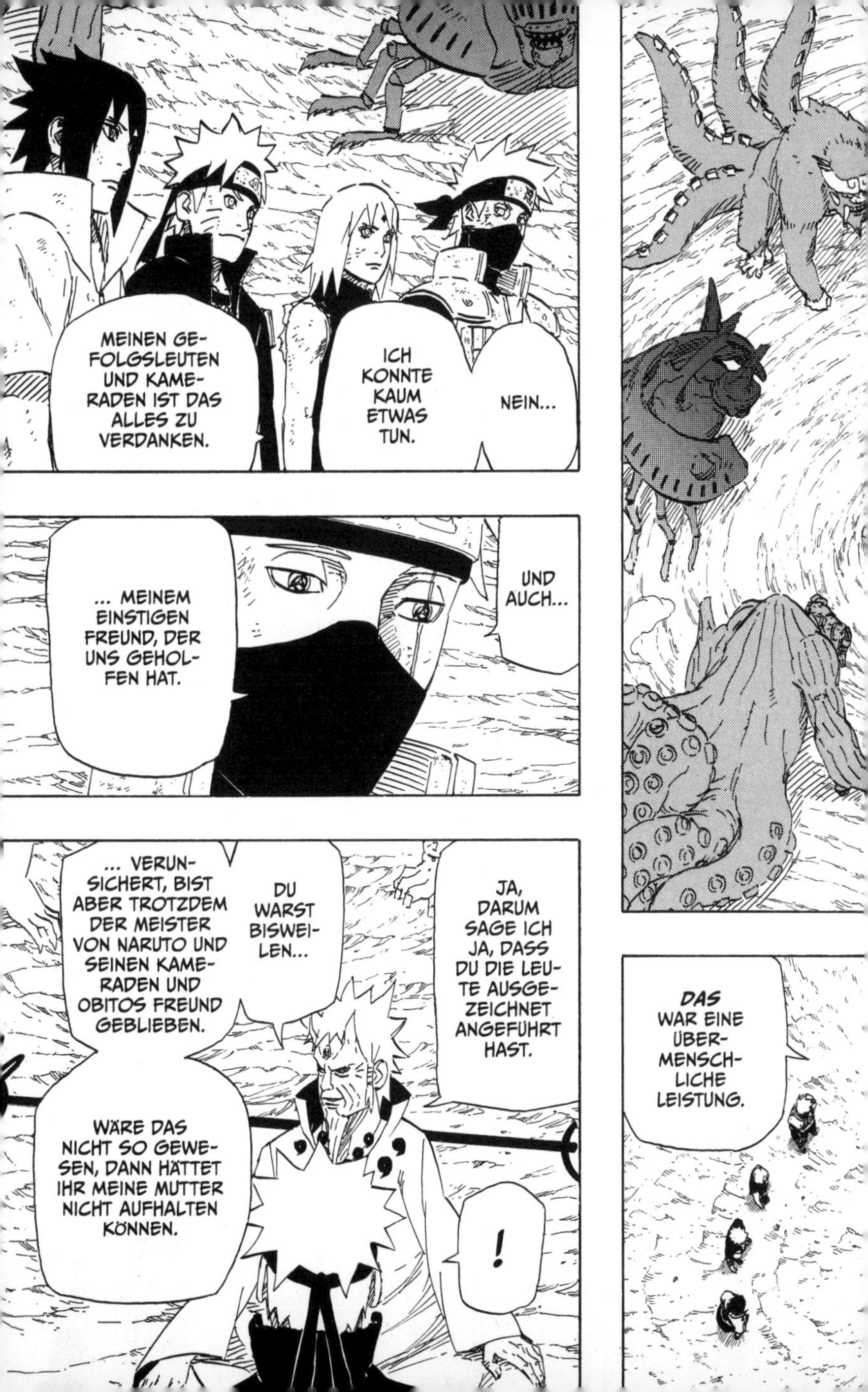

DAS WAR EINE ÜBERMENSCHLICHE LEISTUNG.
MEINEN GEFOLGSLEUTEN UND KAMERADEN IST DAS ALLES ZU VERDANKEN.
NEIN...
ICH KONNTE KAUM ETWAS TUN.
UND AUCH...
... MEINEM EINSTIGEN FREUND, DER UNS GEHOLFEN HAT.
JA, DARUM SAGE ICH JA, DASS DU DIE LEUTE AUSGEZEICHNET ANGEFÜHRT HAST.
DU WARST BISWEILEN...
... VERUNSICHERT, BIST ABER TROTZDEM DER MEISTER VON NARUTO UND SEINEN KAMERADEN UND OBITOS FREUND GEBLIEBEN.
WÄRE DAS NICHT SO GEWESEN, DANN HÄTTET IHR MEINE MUTTER NICHT AUFHALTEN KÖNNEN.
!

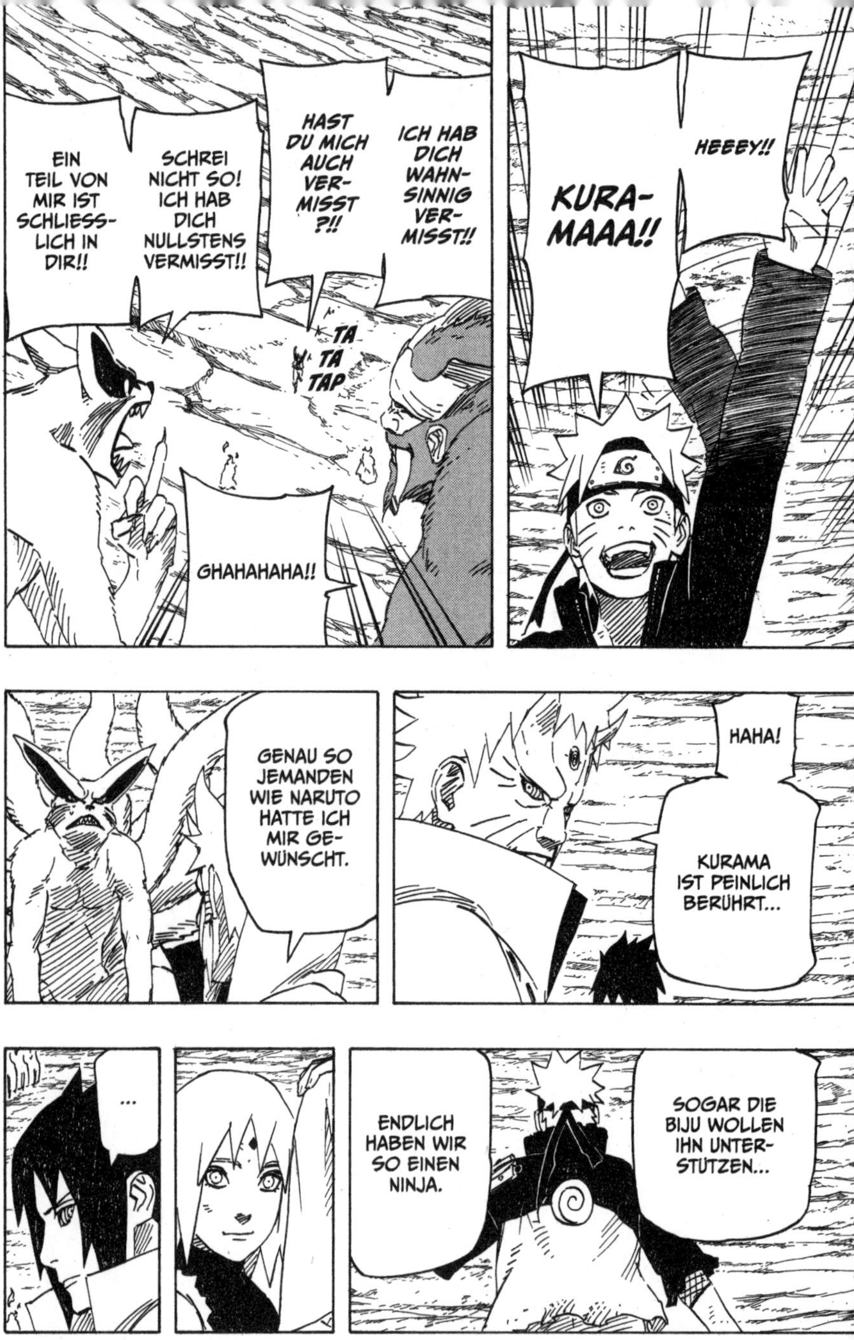
KURA-MAAA!!
HEEEY!!
ICH HAB DICH WAHNSINNIG VERMISST!!
HAST DU MICH AUCH VERMISST?!!
TA TA TAP
SCHREI NICHT SO! ICH HAB DICH NULLSTENS VERMISST!!
EIN TEIL VON MIR IST SCHLIESSLICH IN DIR!!
GHAHAHAHA!!
HAHA!
KURAMA IST PEINLICH BERÜHRT...
GENAU SO JEMANDEN WIE NARUTO HATTE ICH MIR GEWÜNSCHT.
SOGAR DIE BIJU WOLLEN IHN UNTERSTÜTZEN...
ENDLICH HABEN WIR SO EINEN NINJA.
...

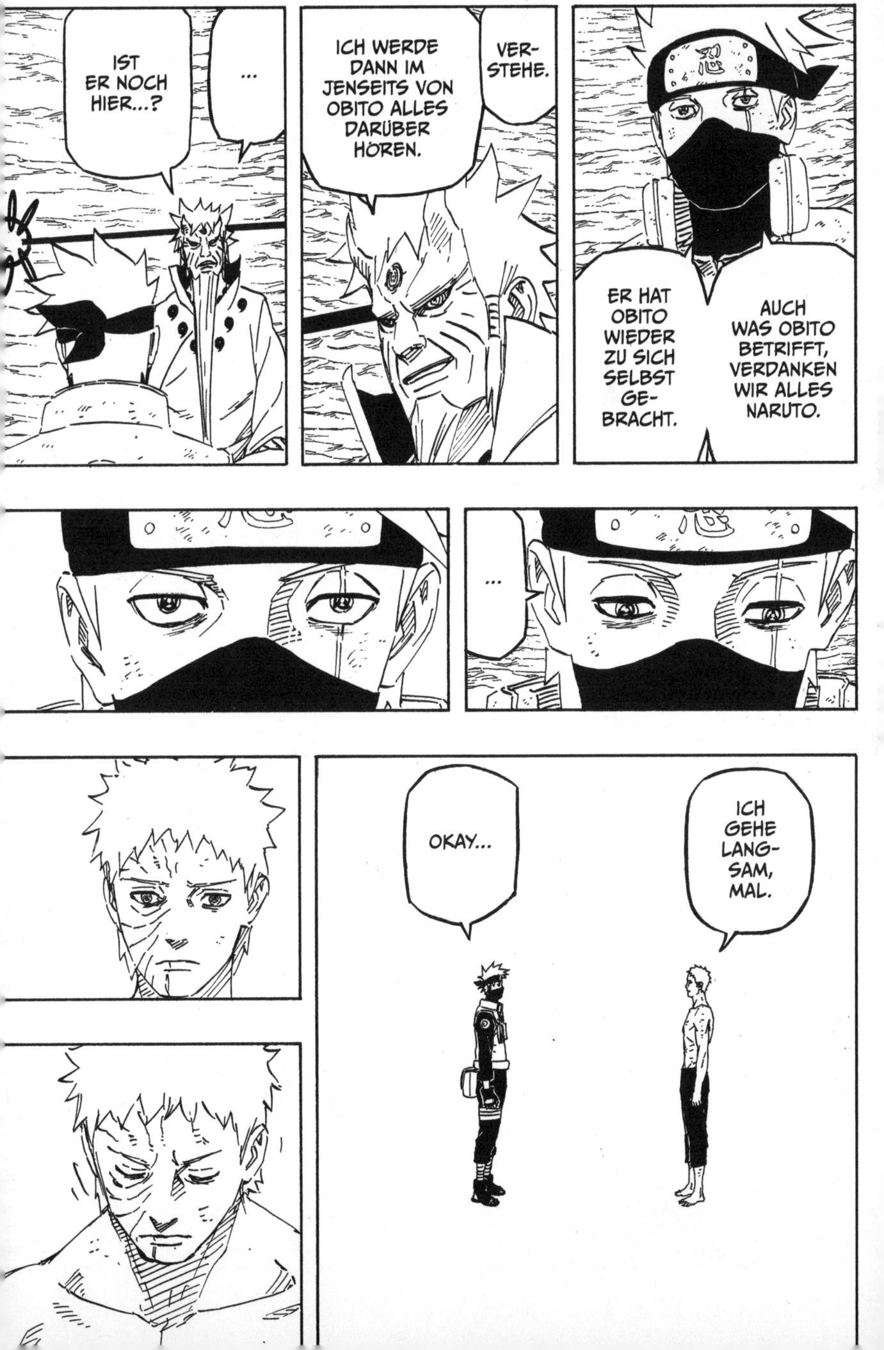

AUCH WAS OBITO BETRIFFT, VERDANKEN WIR ALLES NARUTO.
ER HAT OBITO WIEDER ZU SICH SELBST GE-BRACHT.
VER-STEHE.
ICH WERDE DANN IM JENSEITS VON OBITO ALLES DARÜBER HÖREN.
...
IST ER NOCH HIER...?
...
ICH GEHE LANG-SAM, MAL.
OKAY...

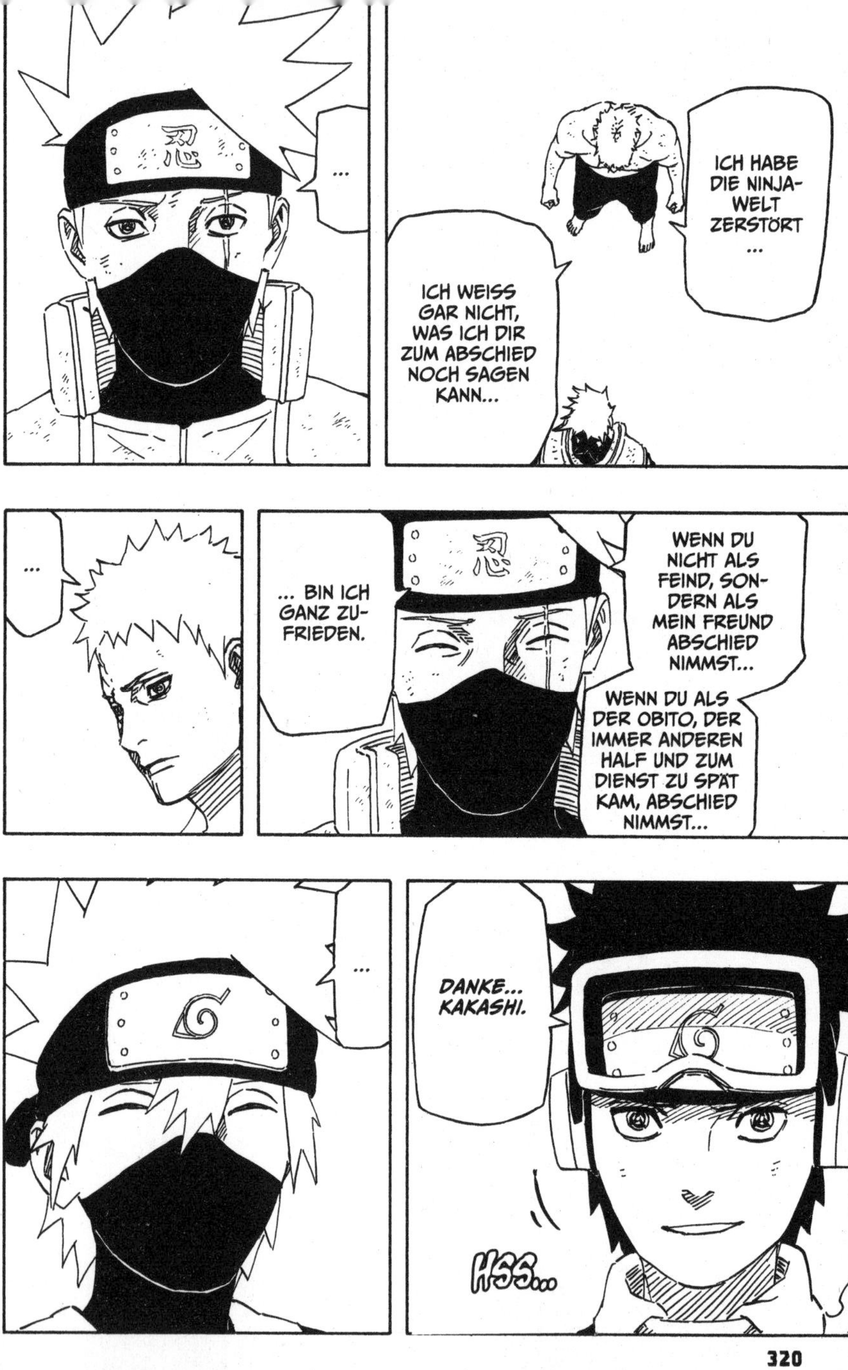
...
ICH HABE DIE NINJA-WELT ZERSTÖRT ...
ICH WEISS GAR NICHT, WAS ICH DIR ZUM ABSCHIED NOCH SAGEN KANN...
WENN DU NICHT ALS FEIND, SONDERN ALS MEIN FREUND ABSCHIED NIMMST...
WENN DU ALS DER OBITO, DER IMMER ANDEREN HALF UND ZUM DIENST ZU SPÄT KAM, ABSCHIED NIMMST...
... BIN ICH GANZ ZUFRIEDEN.
...
DANKE... KAKASHI.
...
HSS...

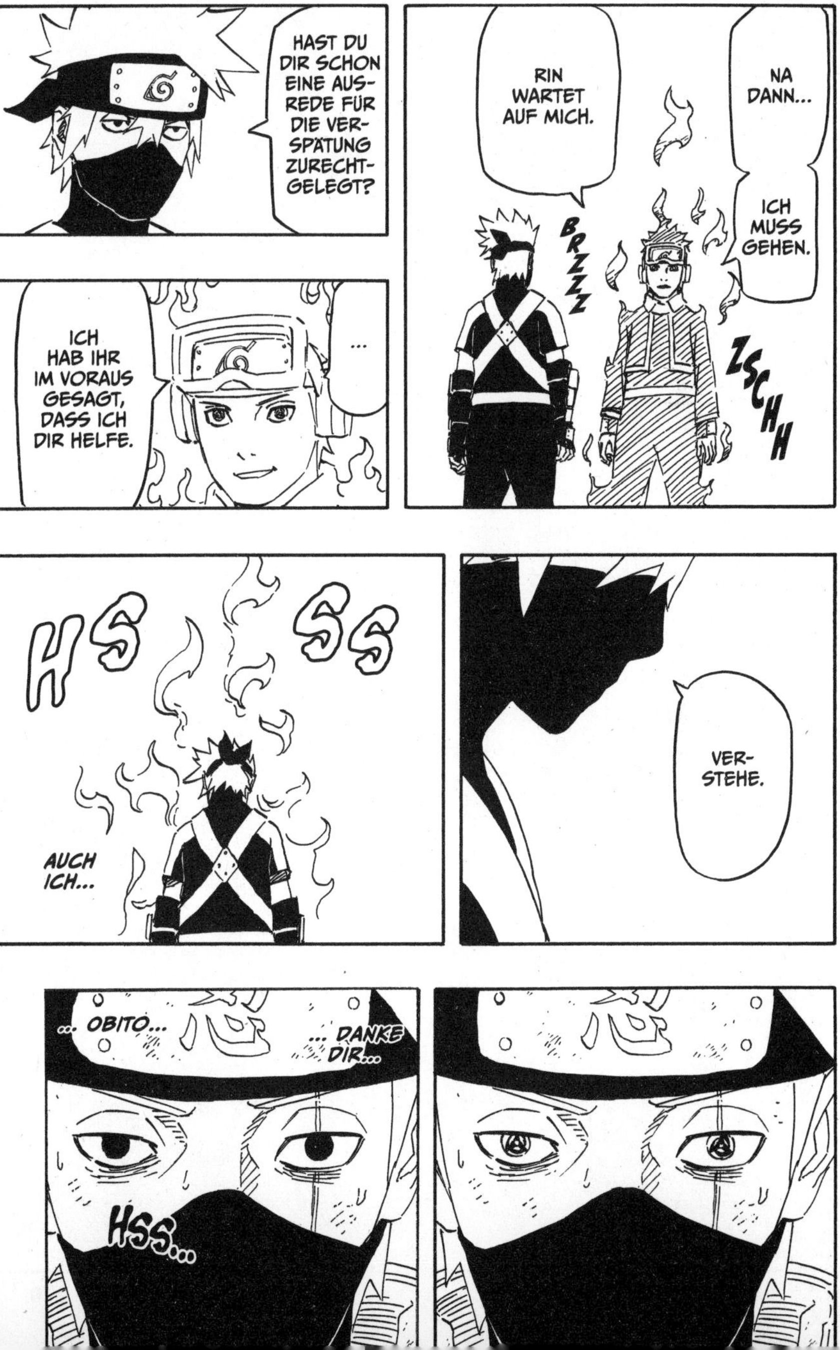
NA DANN...
ICH MUSS GEHEN.
RIN WARTET AUF MICH.
BRZZZ
ZSCHH
HAST DU DIR SCHON EINE AUS-REDE FÜR DIE VER-SPÄTUNG ZURECHT-GELEGT?
...
ICH HAB IHR IM VORAUS GESAGT, DASS ICH DIR HELFE.
VER-STEHE.
HS SS
AUCH ICH...
... DANKE DIR...
... OBITO...
HSS...

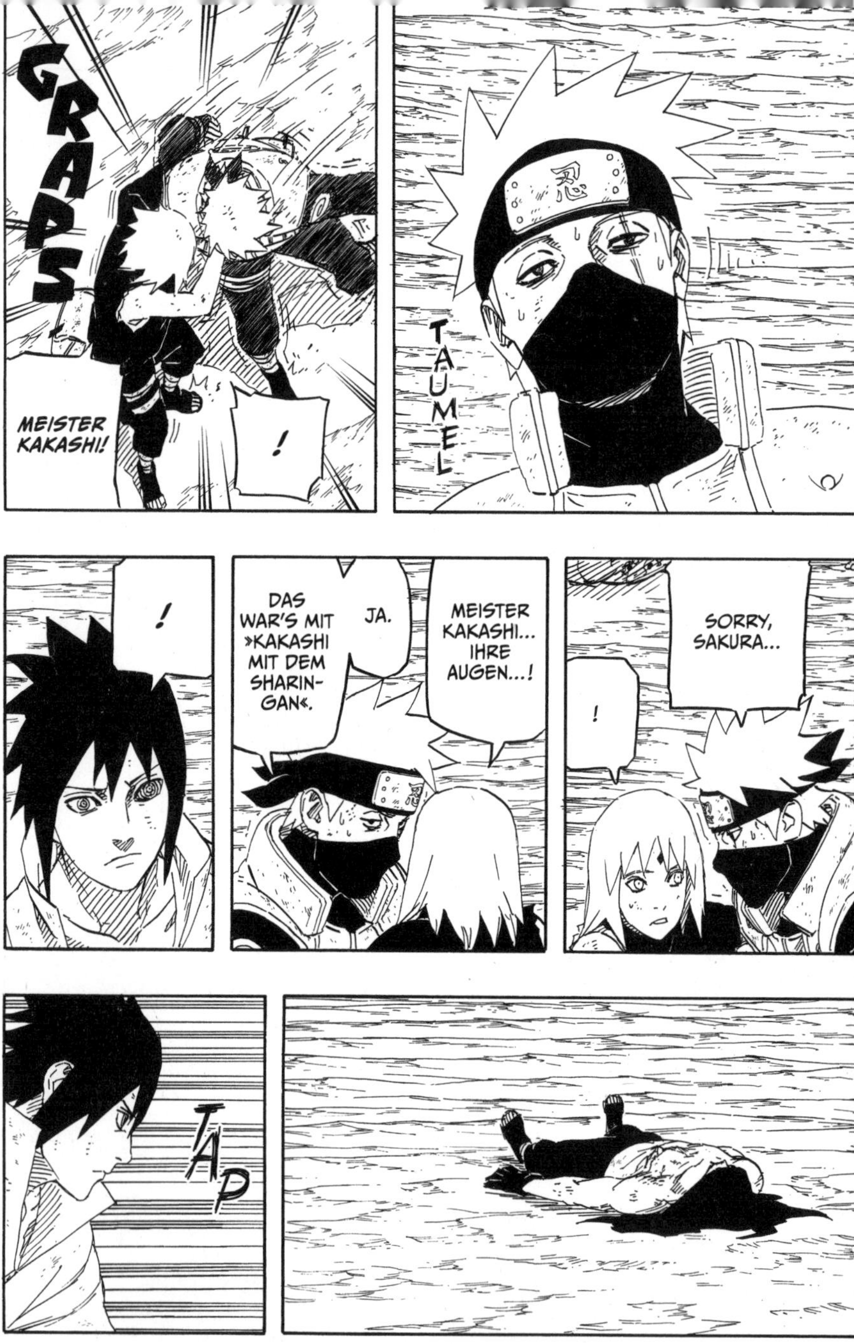
TAUMEL
GRAPS
MEISTER KAKASHI!
!
SORRY, SAKURA...
!
MEISTER KAKASHI... IHRE AUGEN...!
JA.
DAS WAR'S MIT »KAKASHI MIT DEM SHARIN-GAN«.
!
TAP

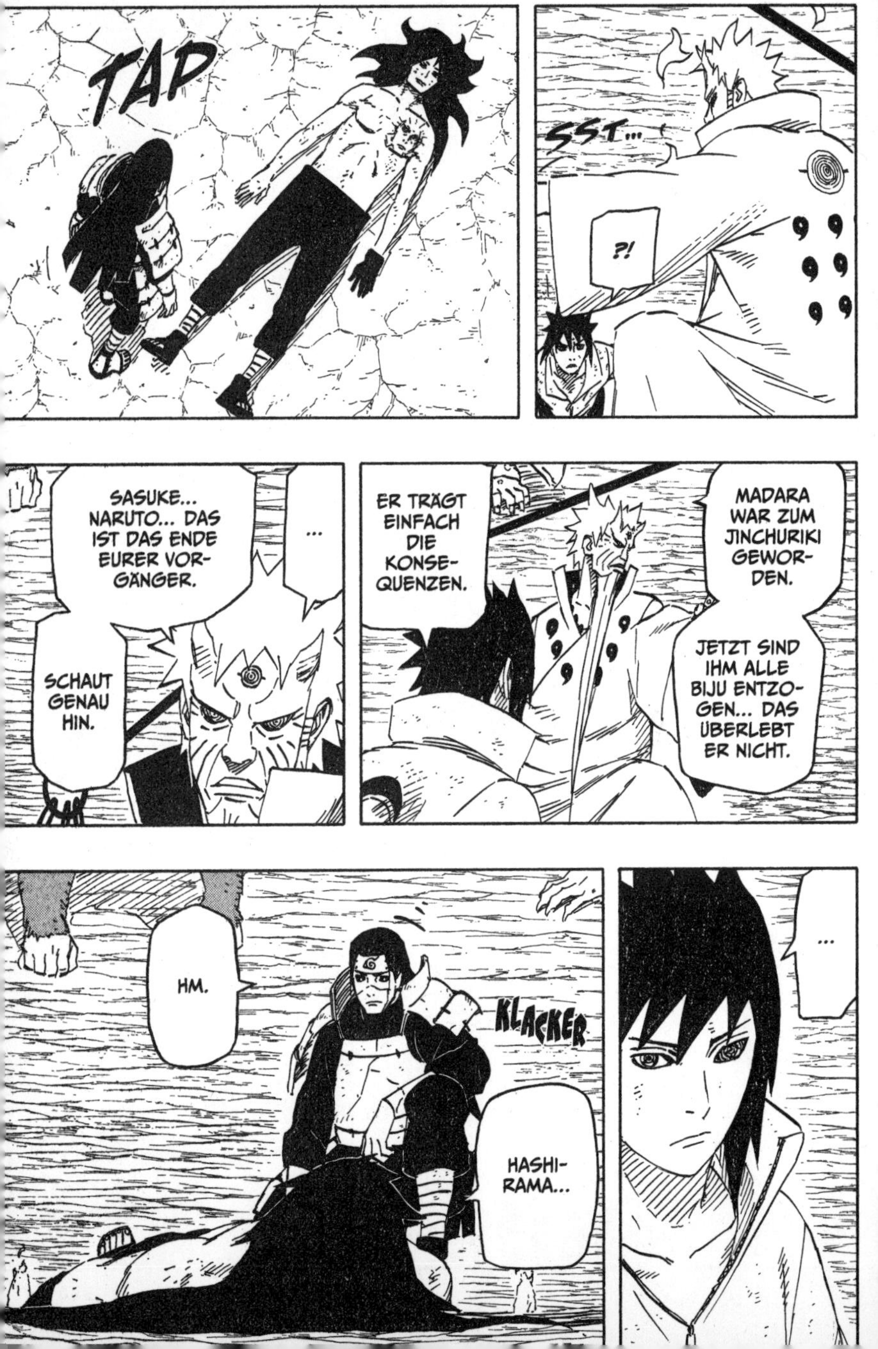
SST...
?!
TAP
MADARA WAR ZUM JINCHURIKI GEWORDEN.
JETZT SIND IHM ALLE BIJU ENTZOGEN... DAS ÜBERLEBT ER NICHT.
ER TRÄGT EINFACH DIE KONSEQUENZEN.
...
SASUKE... NARUTO... DAS IST DAS ENDE EURER VORGÄNGER.
SCHAUT GENAU HIN.
...
HASHIRAMA...
KLACKER
HM.

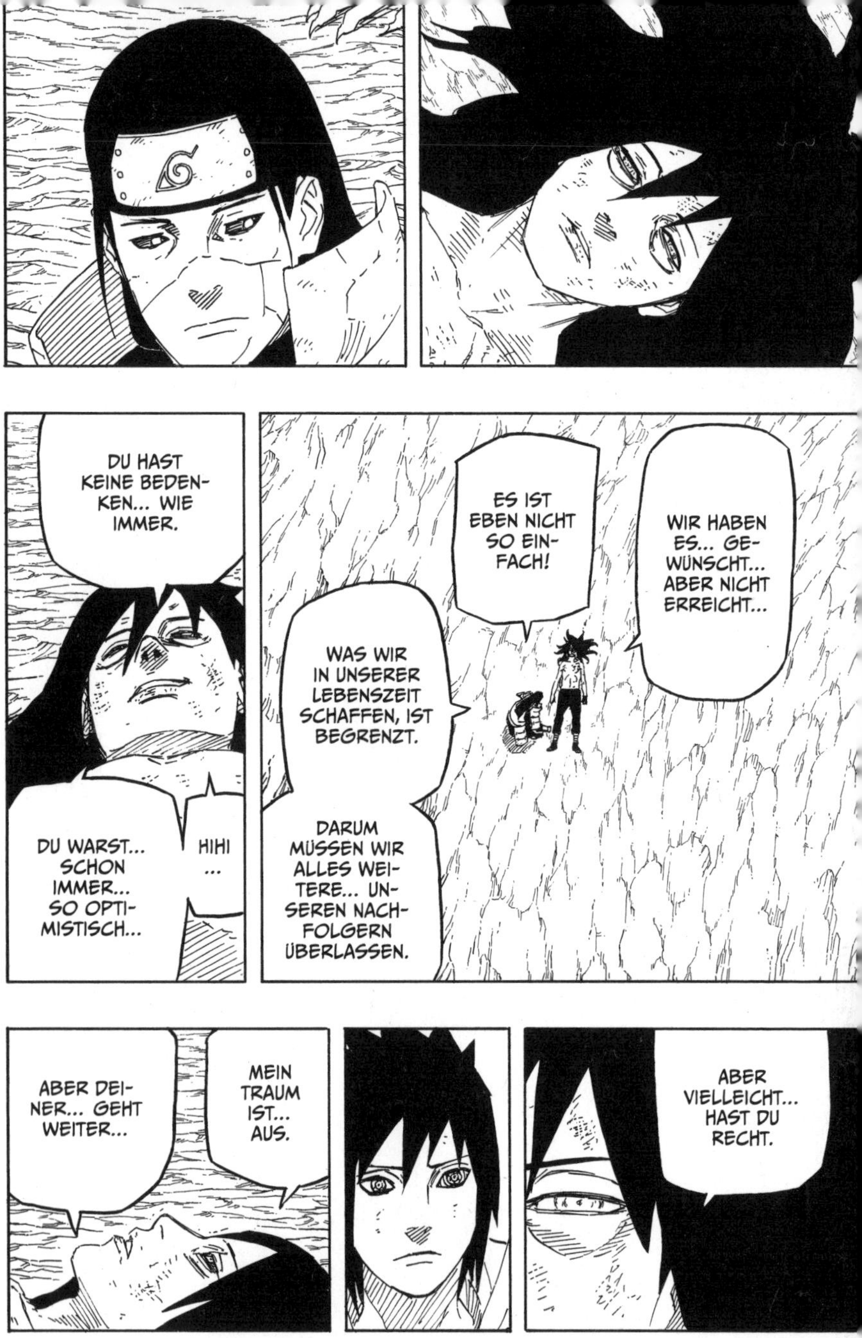
WIR HABEN ES... GEWÜNSCHT... ABER NICHT ERREICHT...
ES IST EBEN NICHT SO EINFACH!
WAS WIR IN UNSERER LEBENSZEIT SCHAFFEN, IST BEGRENZT.
DARUM MÜSSEN WIR ALLES WEITERE... UNSEREN NACHFOLGERN ÜBERLASSEN.
DU HAST KEINE BEDENKEN... WIE IMMER.
HIHI ...
DU WARST... SCHON IMMER... SO OPTIMISTISCH...
ABER VIELLEICHT... HAST DU RECHT.
MEIN TRAUM IST... AUS.
ABER DEINER... GEHT WEITER...

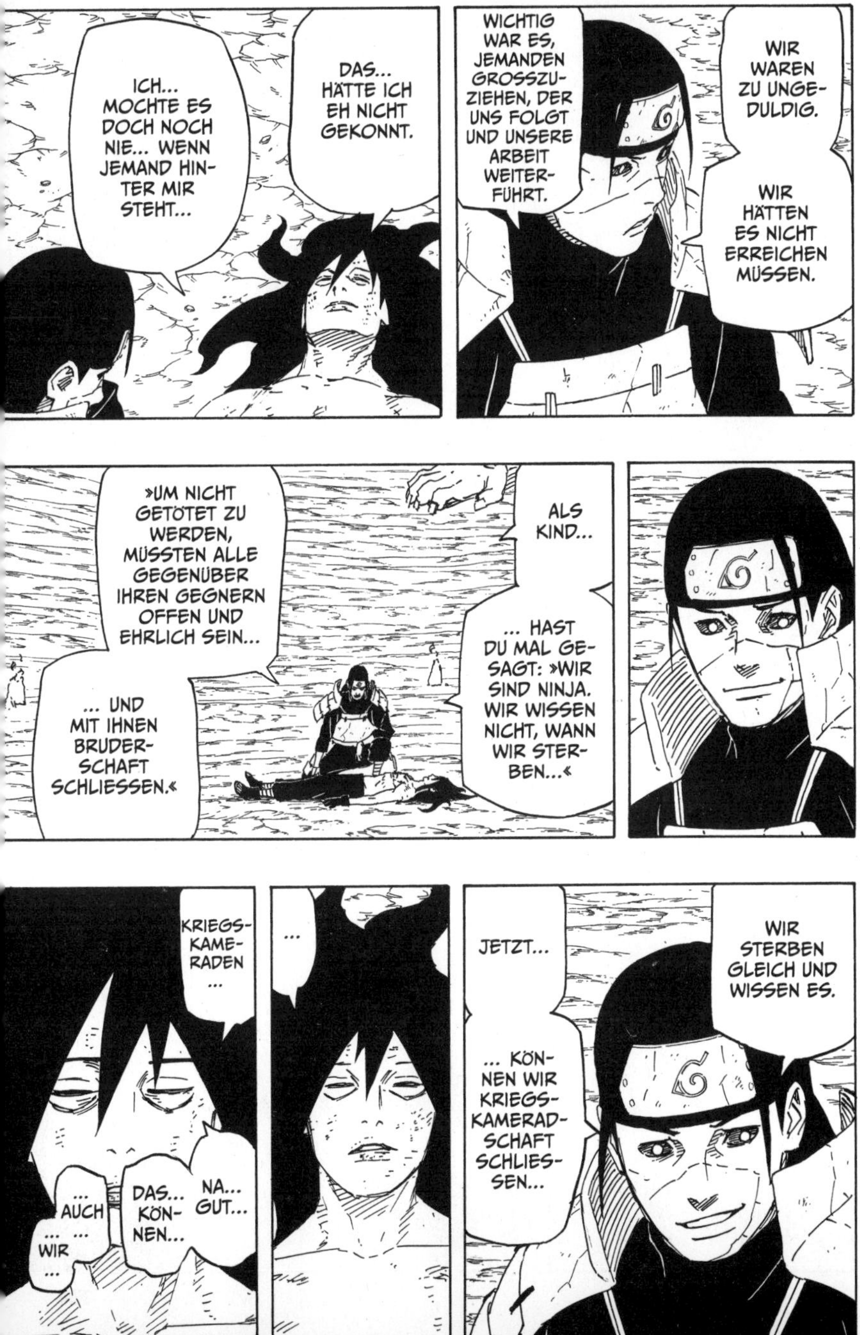
WIR WAREN ZU UNGEDULDIG.
WIR HÄTTEN ES NICHT ERREICHEN MÜSSEN.
WICHTIG WAR ES, JEMANDEN GROSSZUZIEHEN, DER UNS FOLGT UND UNSERE ARBEIT WEITERFÜHRT.
DAS... HÄTTE ICH EH NICHT GEKONNT.
ICH... MOCHTE ES DOCH NOCH NIE... WENN JEMAND HINTER MIR STEHT...
ALS KIND...
... HAST DU MAL GESAGT: »WIR SIND NINJA. WIR WISSEN NICHT, WANN WIR STERBEN...«
»UM NICHT GETÖTET ZU WERDEN, MÜSSTEN ALLE GEGENÜBER IHREN GEGNERN OFFEN UND EHRLICH SEIN...
... UND MIT IHNEN BRUDERSCHAFT SCHLIESSEN.«
WIR STERBEN GLEICH UND WISSEN ES.
JETZT...
... KÖNNEN WIR KRIEGSKAMERADSCHAFT SCHLIESSEN...
...
KRIEGSKAMERADEN ...
NA... GUT...
DAS... KÖNNEN...
... AUCH ... WIR ...

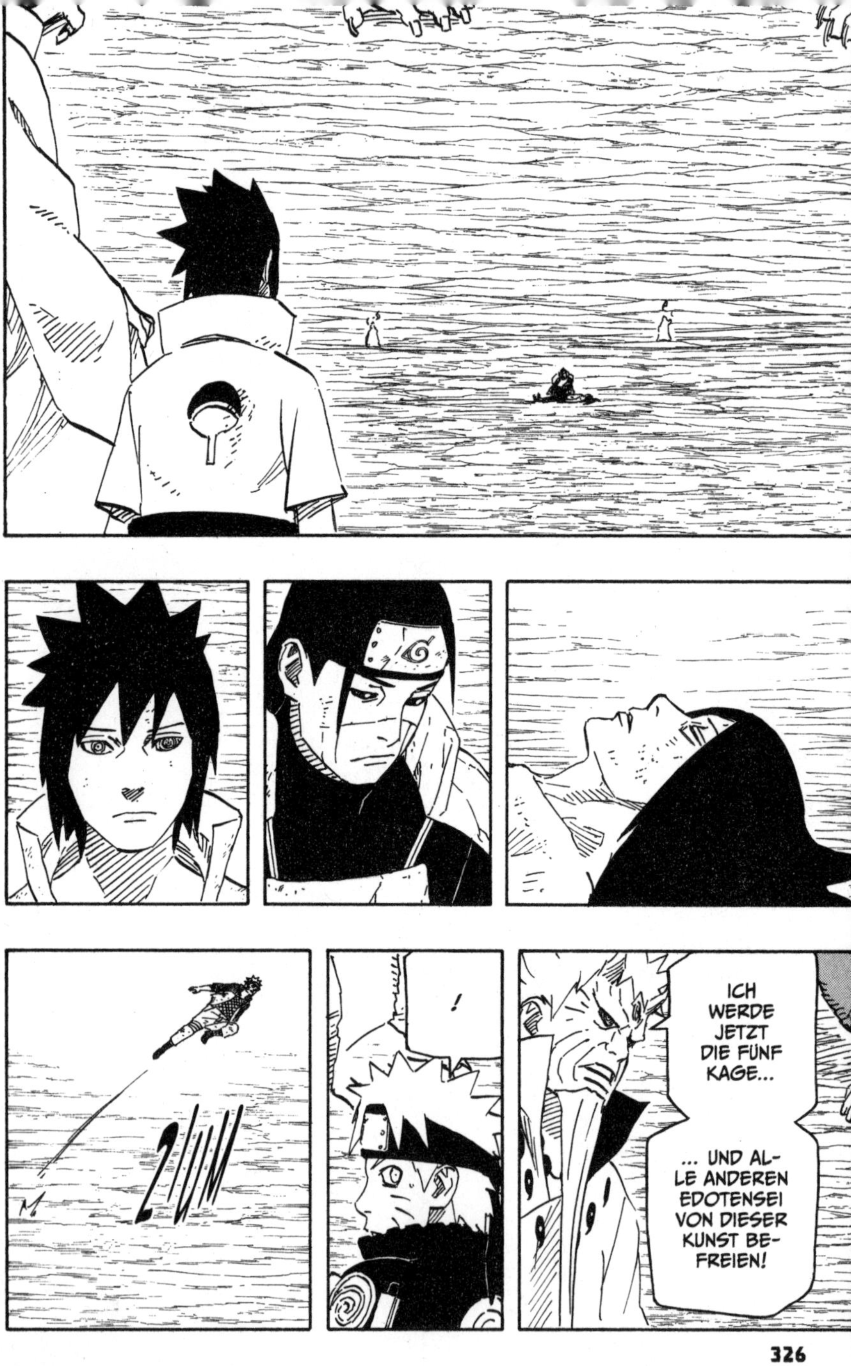
!
ICH WERDE JETZT DIE FÜNF KAGE...
... UND ALLE ANDEREN EDOTENSEI VON DIESER KUNST BEFREIEN!
ZUM

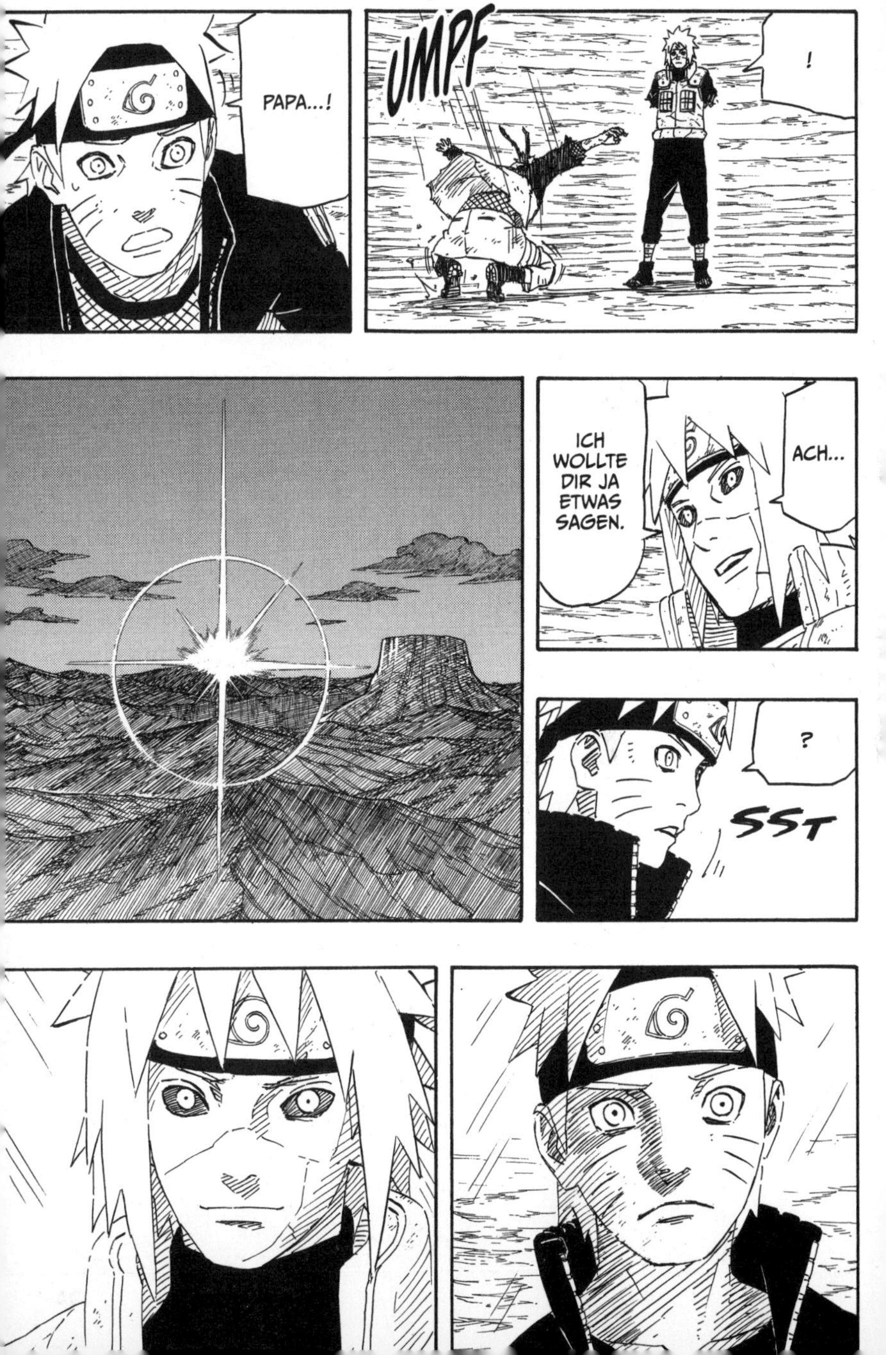
!
UMPF
PAPA...!
ACH...
ICH WOLLTE DIR JA ETWAS SAGEN.
?
SST

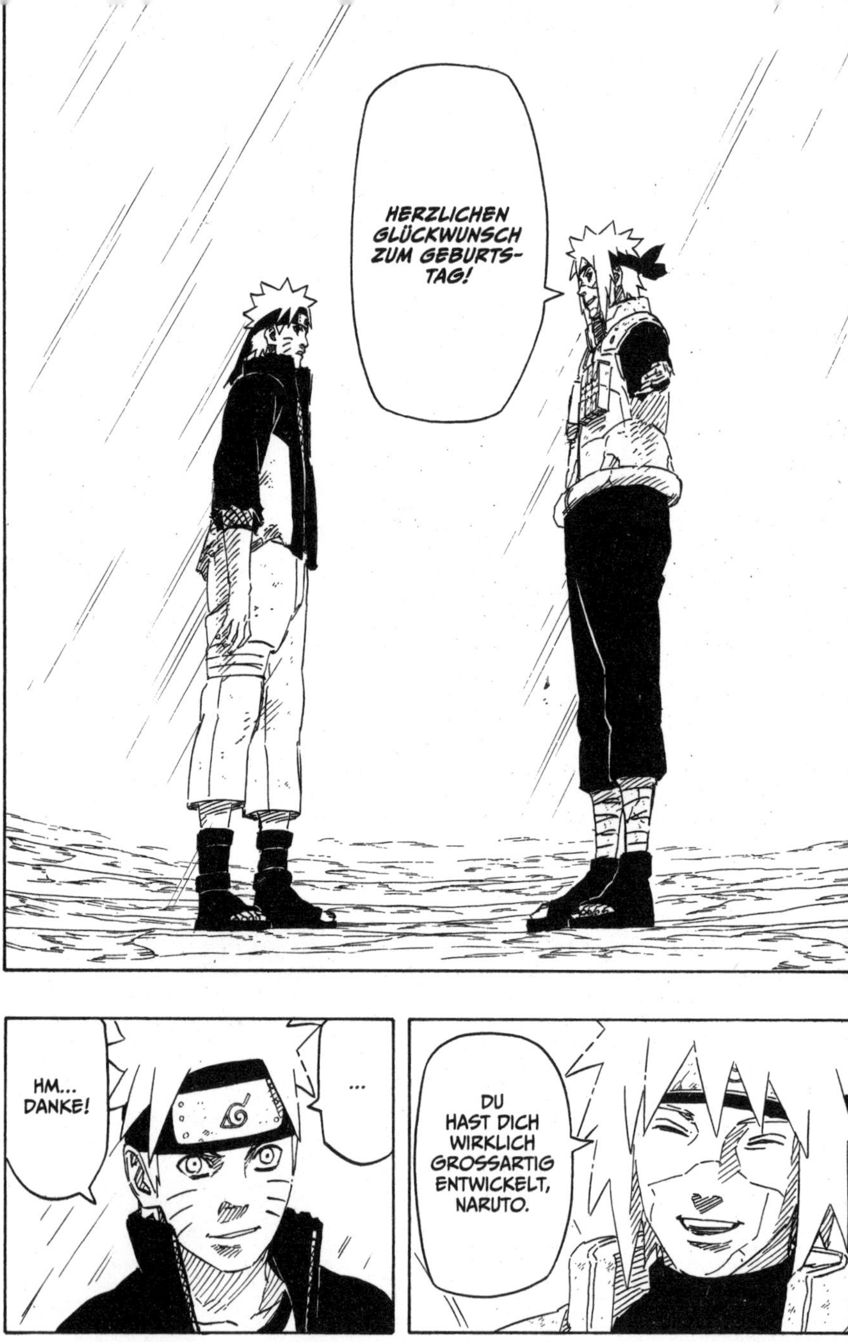
HERZLICHEN GLÜCKWUNSCH ZUM GEBURTS-TAG!
DU HAST DICH WIRKLICH GROSSARTIG ENTWICKELT, NARUTO.
...
HM... DANKE!

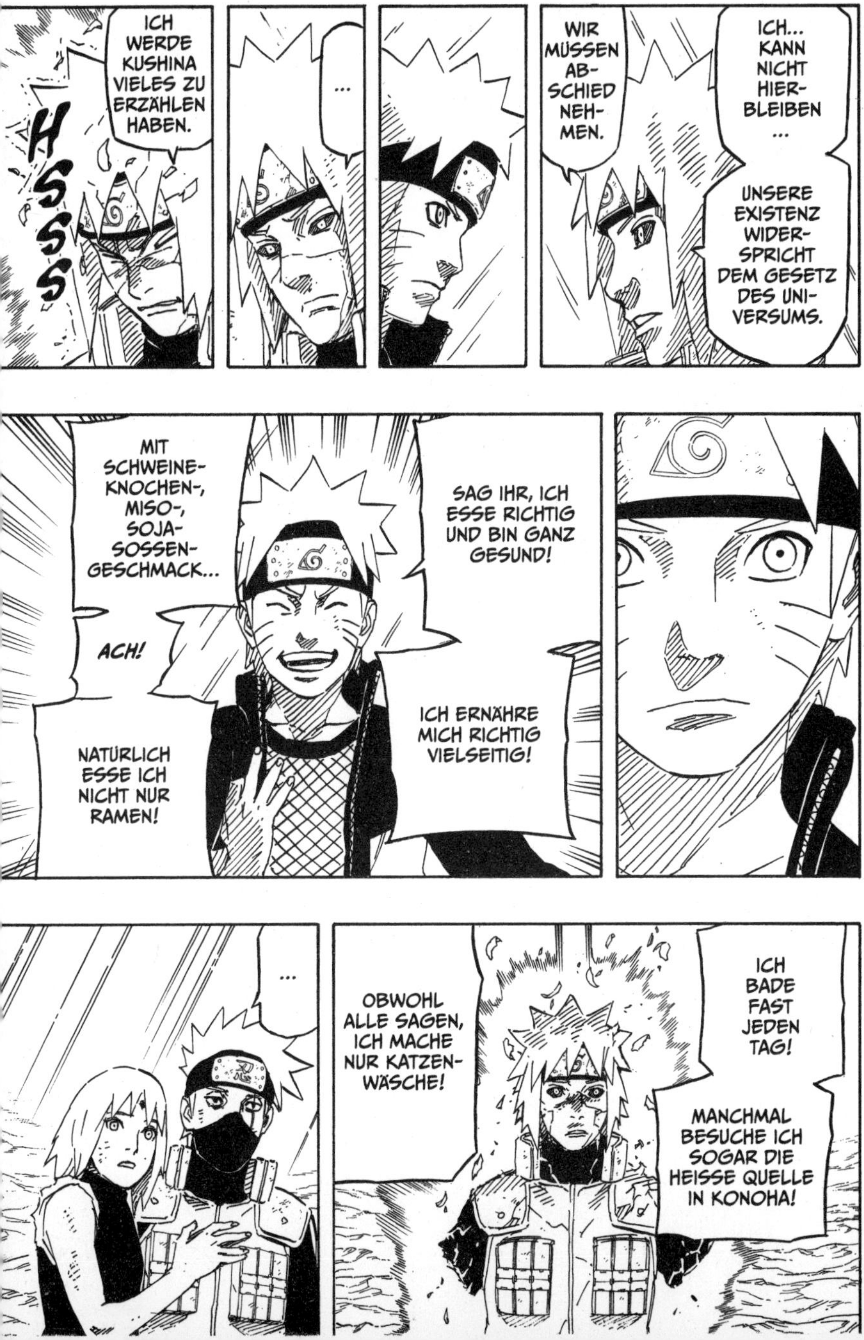
ICH... KANN NICHT HIERBLEIBEN ...
UNSERE EXISTENZ WIDERSPRICHT DEM GESETZ DES UNIVERSUMS.
WIR MÜSSEN ABSCHIED NEHMEN.
...
ICH WERDE KUSHINA VIELES ZU ERZÄHLEN HABEN.
HSSS
SAG IHR, ICH ESSE RICHTIG UND BIN GANZ GESUND!
ICH ERNÄHRE MICH RICHTIG VIELSEITIG!
MIT SCHWEINEKNOCHEN-, MISO-, SOJASOSSENGESCHMACK...
ACH!
NATÜRLICH ESSE ICH NICHT NUR RAMEN!
ICH BADE FAST JEDEN TAG!
MANCHMAL BESUCHE ICH SOGAR DIE HEISSE QUELLE IN KONOHA!
OBWOHL ALLE SAGEN, ICH MACHE NUR KATZENWÄSCHE!
...

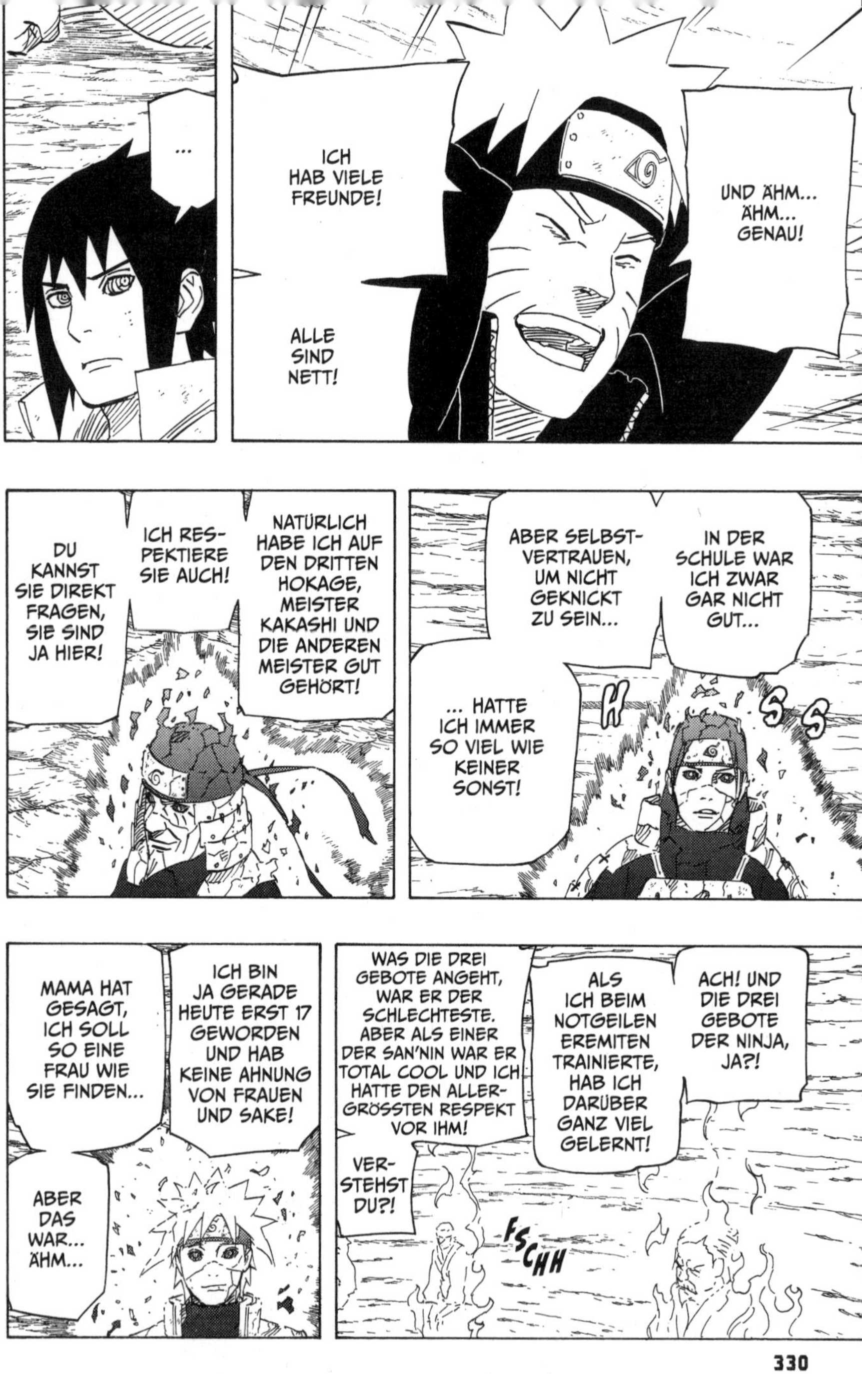
ICH HAB VIELE FREUNDE!
ALLE SIND NETT!
UND ÄHM... ÄHM... GENAU!
...
IN DER SCHULE WAR ICH ZWAR GAR NICHT GUT...
ABER SELBSTVERTRAUEN, UM NICHT GEKNICKT ZU SEIN...
... HATTE ICH IMMER SO VIEL WIE KEINER SONST!
H
SS
NATÜRLICH HABE ICH AUF DEN DRITTEN HOKAGE, MEISTER KAKASHI UND DIE ANDEREN MEISTER GUT GEHÖRT!
ICH RESPEKTIERE SIE AUCH!
DU KANNST SIE DIREKT FRAGEN, SIE SIND JA HIER!
ACH! UND DIE DREI GEBOTE DER NINJA, JA?!
ALS ICH BEIM NOTGEILEN EREMITEN TRAINIERTE, HAB ICH DARÜBER GANZ VIEL GELERNT!
WAS DIE DREI GEBOTE ANGEHT, WAR ER DER SCHLECHTESTE. ABER ALS EINER DER SAN'NIN WAR ER TOTAL COOL UND ICH HATTE DEN ALLERGRÖSSTEN RESPEKT VOR IHM!
VERSTEHST DU?!
FSCHH
ICH BIN JA GERADE HEUTE ERST 17 GEWORDEN UND HAB KEINE AHNUNG VON FRAUEN UND SAKE!
MAMA HAT GESAGT, ICH SOLL SO EINE FRAU WIE SIE FINDEN...
ABER DAS WAR... ÄHM...

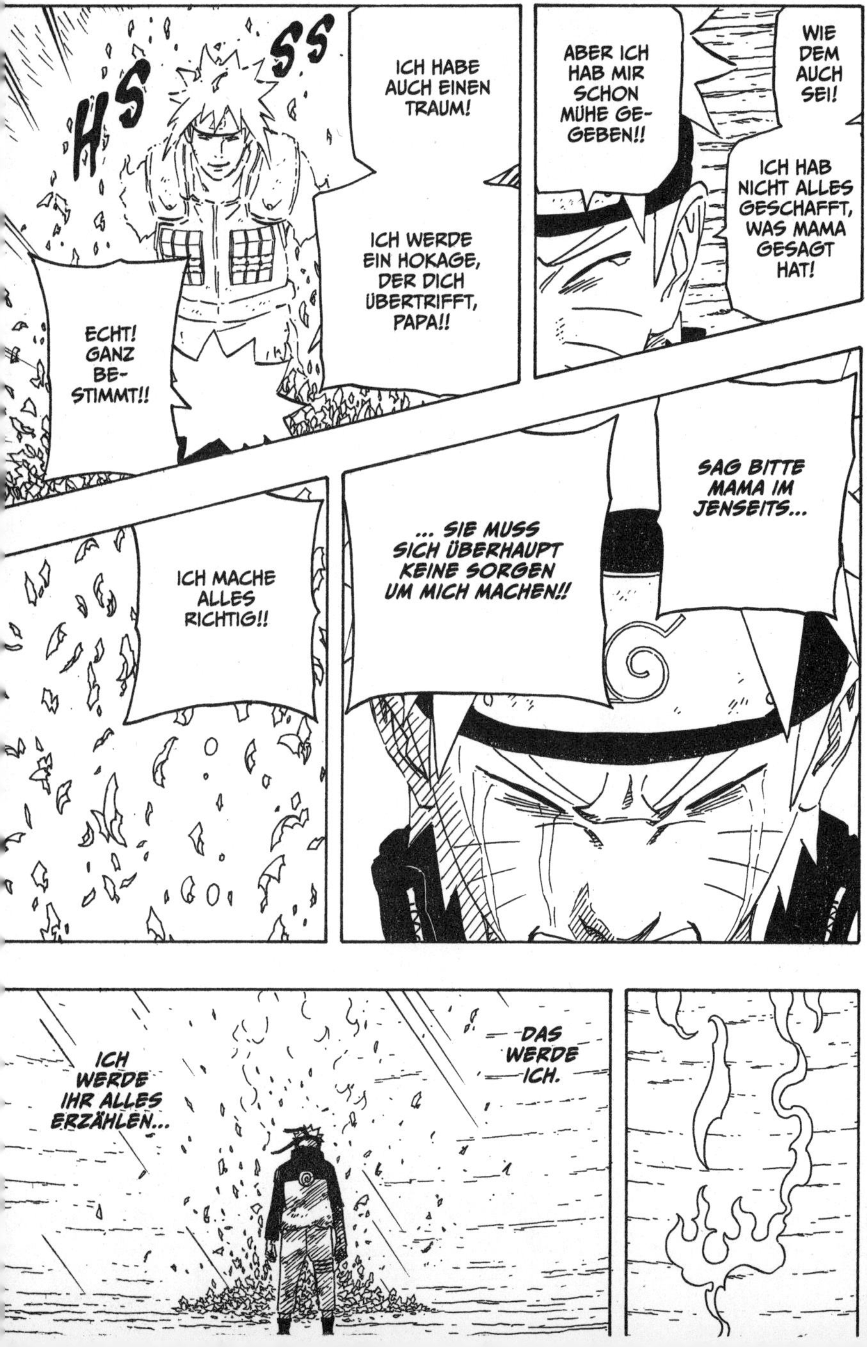
WIE DEM AUCH SEI!
ICH HAB NICHT ALLES GESCHAFFT, WAS MAMA GESAGT HAT!
ABER ICH HAB MIR SCHON MÜHE GE-GEBEN!!
ICH HABE AUCH EINEN TRAUM!
ICH WERDE EIN HOKAGE, DER DICH ÜBERTRIFFT, PAPA!!
HSSS
ECHT! GANZ BE-STIMMT!!
SAG BITTE MAMA IM JENSEITS...
... SIE MUSS SICH ÜBERHAUPT KEINE SORGEN UM MICH MACHEN!!
ICH MACHE ALLES RICHTIG!!
ICH WERDE IHR ALLES ERZÄHLEN...
DAS WERDE ICH.

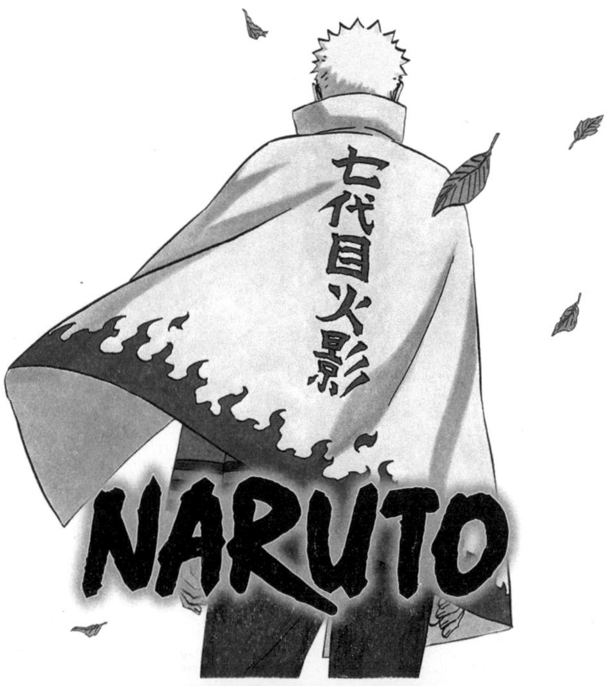
七代目火影
NARUTO

692. Kapitel: Revolution

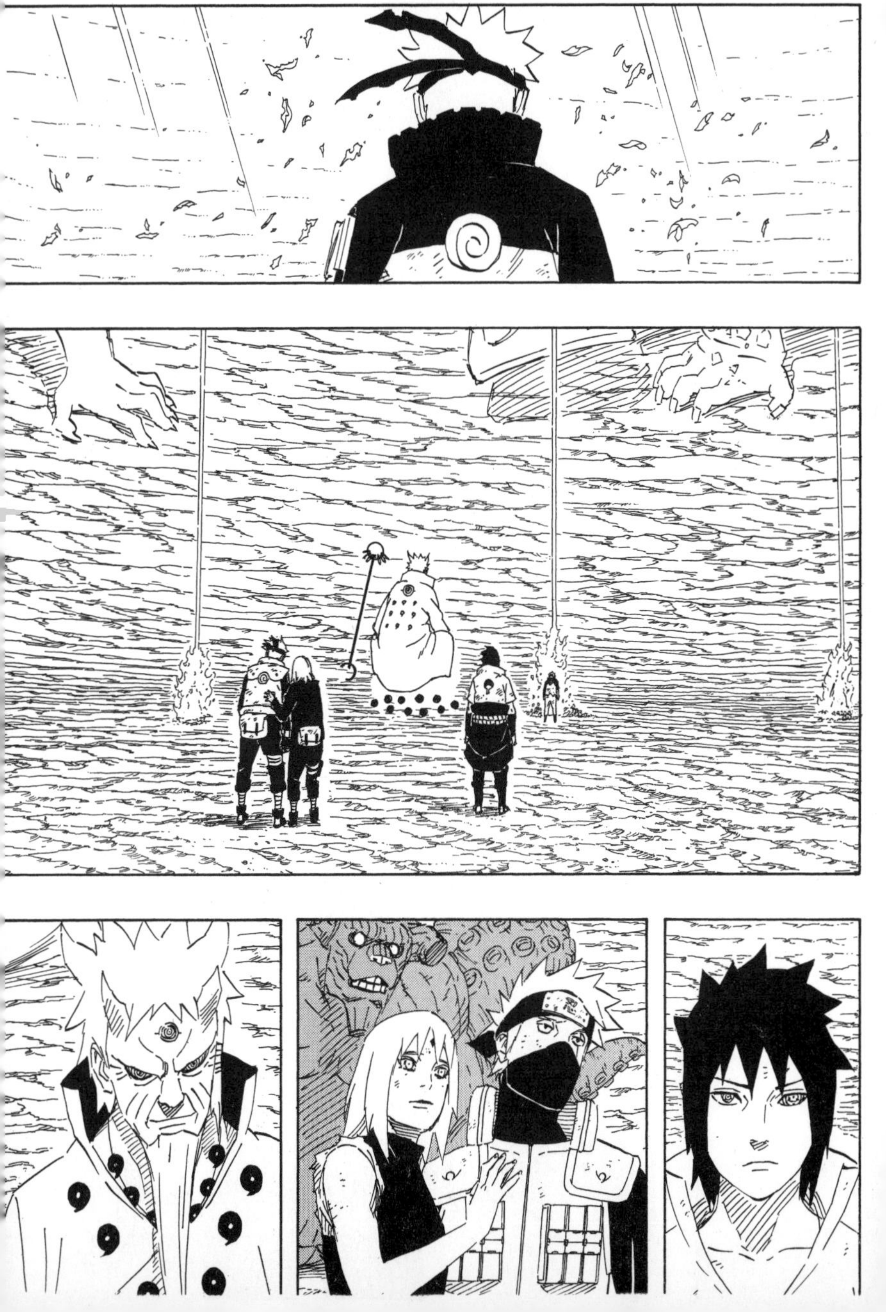

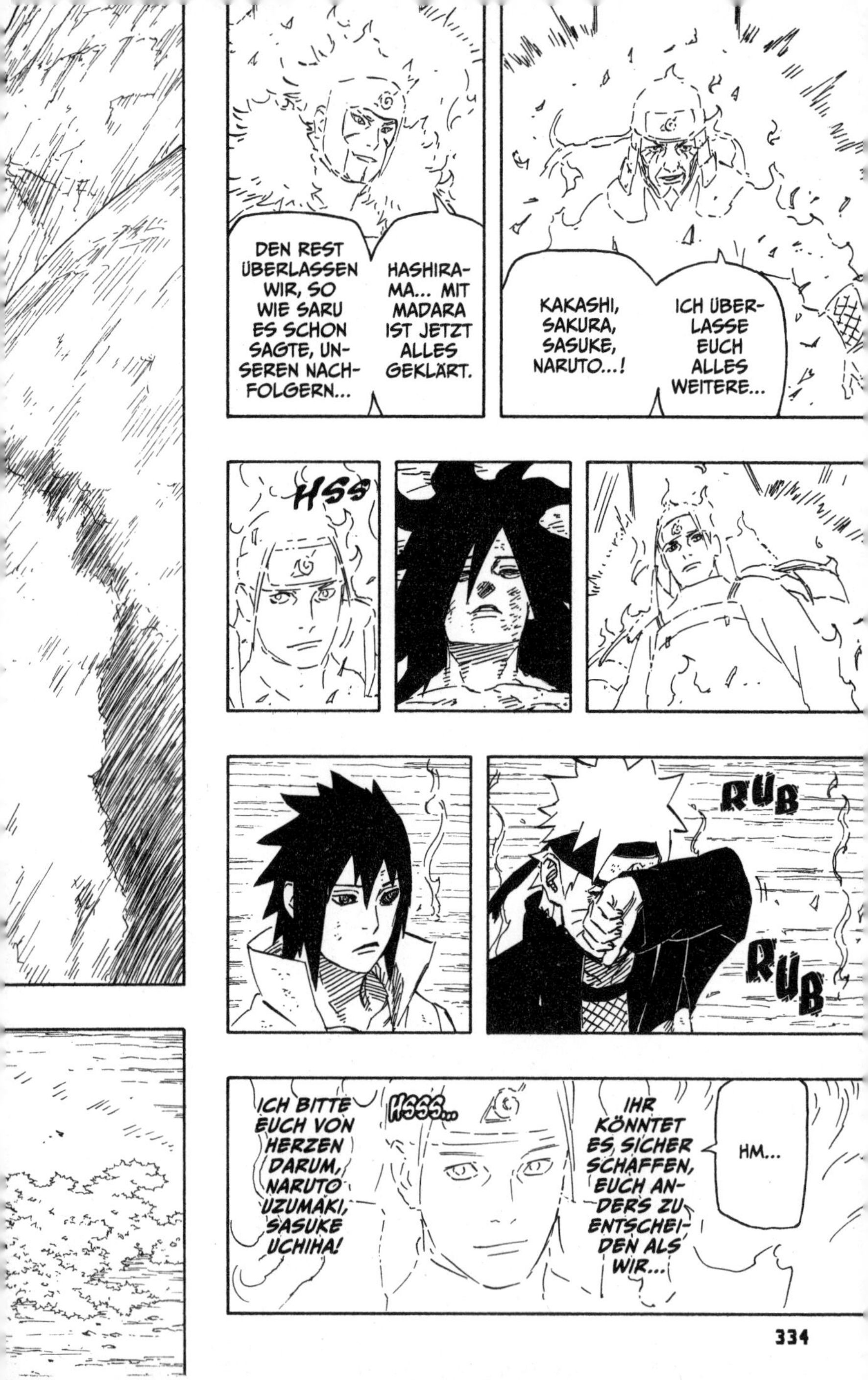
ICH ÜBERLASSE EUCH ALLES WEITERE...
KAKASHI, SAKURA, SASUKE, NARUTO...!
HASHIRAMA... MIT MADARA IST JETZT ALLES GEKLÄRT.
DEN REST ÜBERLASSEN WIR, SO WIE SARU ES SCHON SAGTE, UNSEREN NACHFOLGERN...
HSS
RUB
RUB
HM...
IHR KÖNNTET ES SICHER SCHAFFEN, EUCH ANDERS ZU ENTSCHEIDEN ALS WIR...
HSSS...
ICH BITTE EUCH VON HERZEN DARUM, NARUTO UZUMAKI, SASUKE UCHIHA!

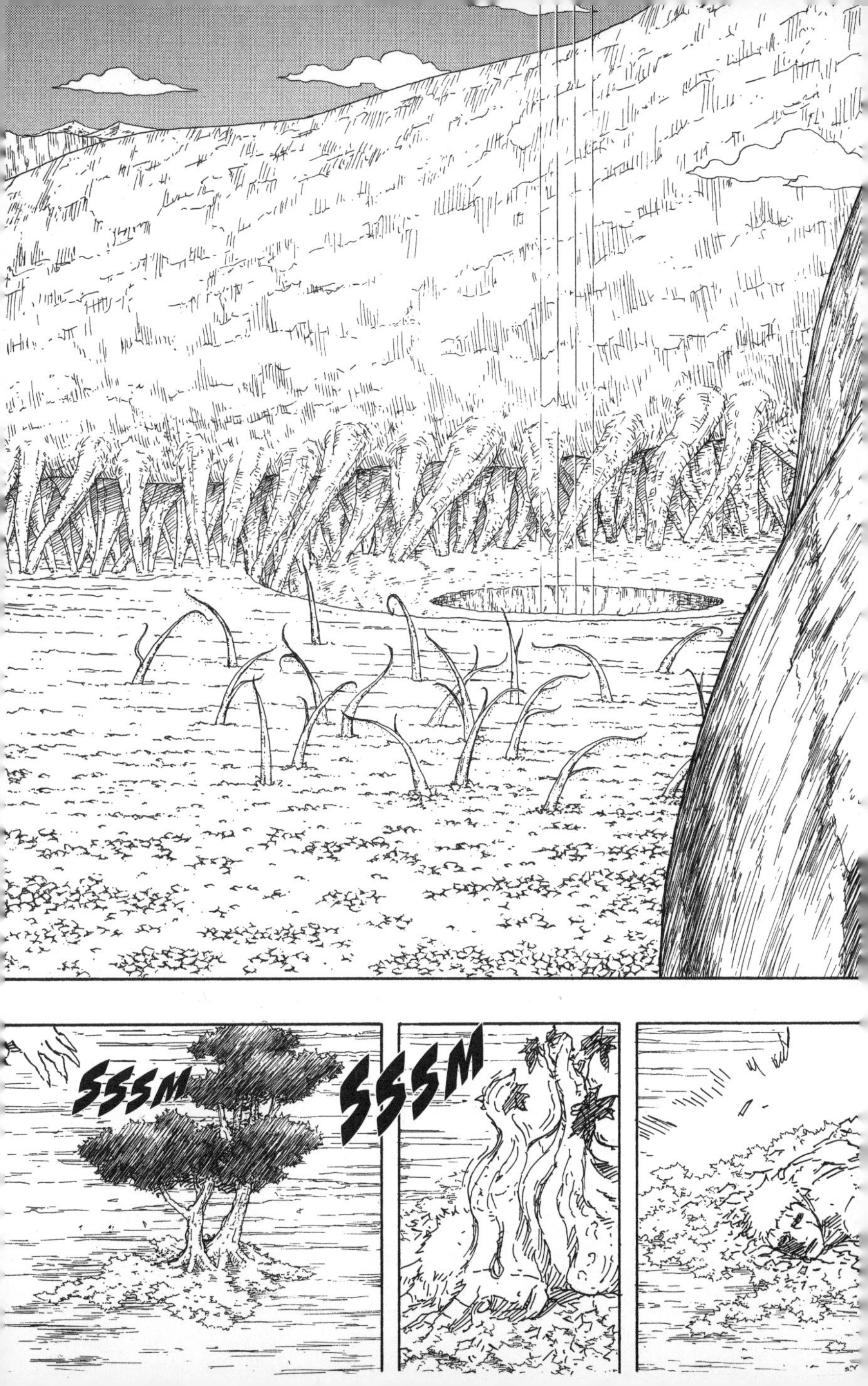
SSSM
SSSM

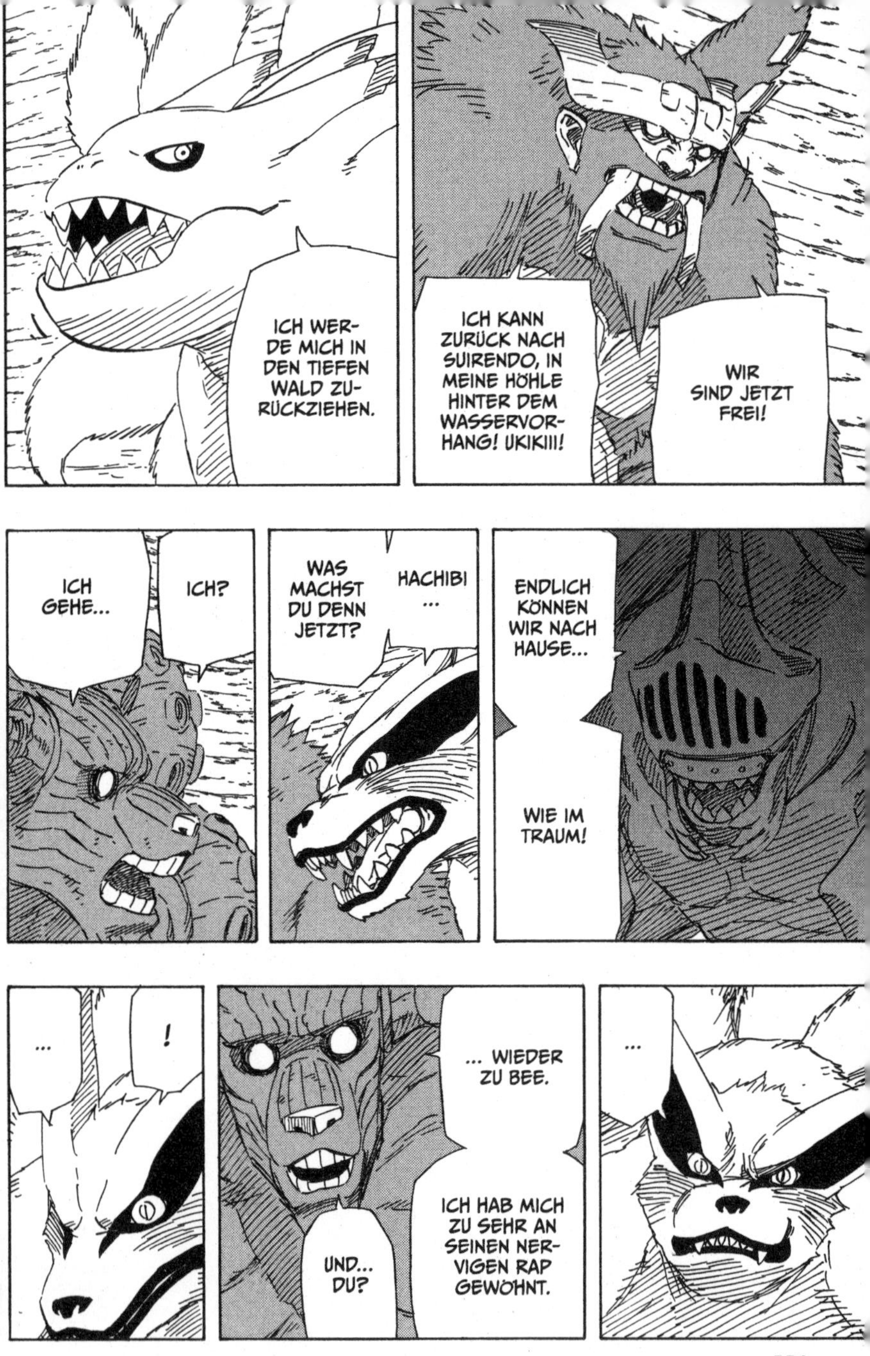
WIR SIND JETZT FREI!
ICH KANN ZURÜCK NACH SUIRENDO, IN MEINE HÖHLE HINTER DEM WASSERVORHANG! UKIKIII!
ICH WERDE MICH IN DEN TIEFEN WALD ZURÜCKZIEHEN.
ENDLICH KÖNNEN WIR NACH HAUSE...
WIE IM TRAUM!
HACHIBI ...
WAS MACHST DU DENN JETZT?
ICH?
ICH GEHE...
...
... WIEDER ZU BEE.
ICH HAB MICH ZU SEHR AN SEINEN NERVIGEN RAP GEWÖHNT.
UND... DU?
!
...

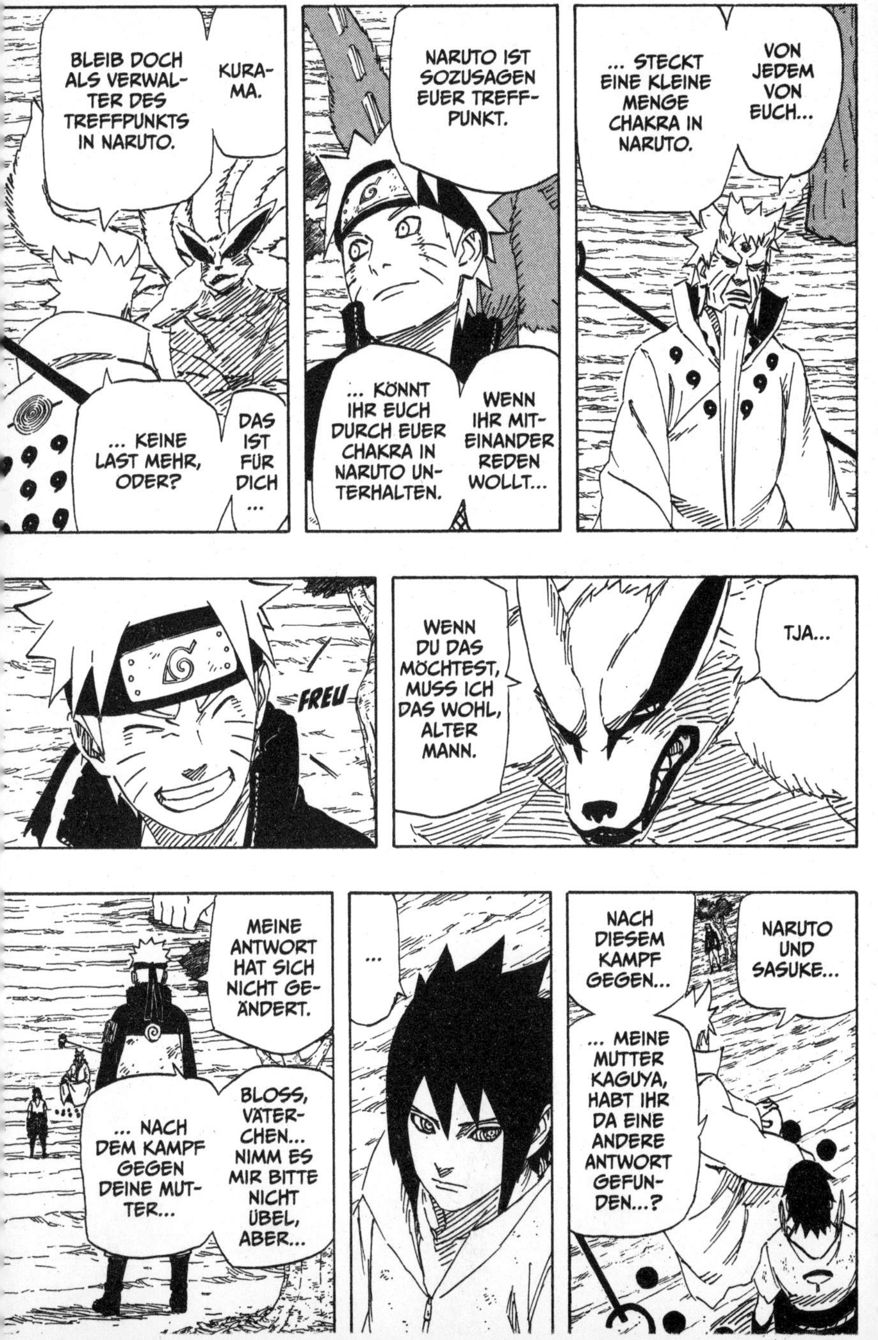

VON JEDEM VON EUCH...
... STECKT EINE KLEINE MENGE CHAKRA IN NARUTO.
NARUTO IST SOZUSAGEN EUER TREFF-PUNKT.
WENN IHR MIT-EINANDER REDEN WOLLT...
... KÖNNT IHR EUCH DURCH EUER CHAKRA IN NARUTO UN-TERHALTEN.
KURA-MA.
BLEIB DOCH ALS VERWAL-TER DES TREFFPUNKTS IN NARUTO.
DAS IST FÜR DICH ...
... KEINE LAST MEHR, ODER?
TJA...
WENN DU DAS MÖCHTEST, MUSS ICH DAS WOHL, ALTER MANN.
FREU
NARUTO UND SASUKE...
NACH DIESEM KAMPF GEGEN...
... MEINE MUTTER KAGUYA, HABT IHR DA EINE ANDERE ANTWORT GEFUN-DEN...?
...
MEINE ANTWORT HAT SICH NICHT GE-ÄNDERT.
BLOSS, VÄTER-CHEN... NIMM ES MIR BITTE NICHT ÜBEL, ABER...
... NACH DEM KAMPF GEGEN DEINE MUT-TER...

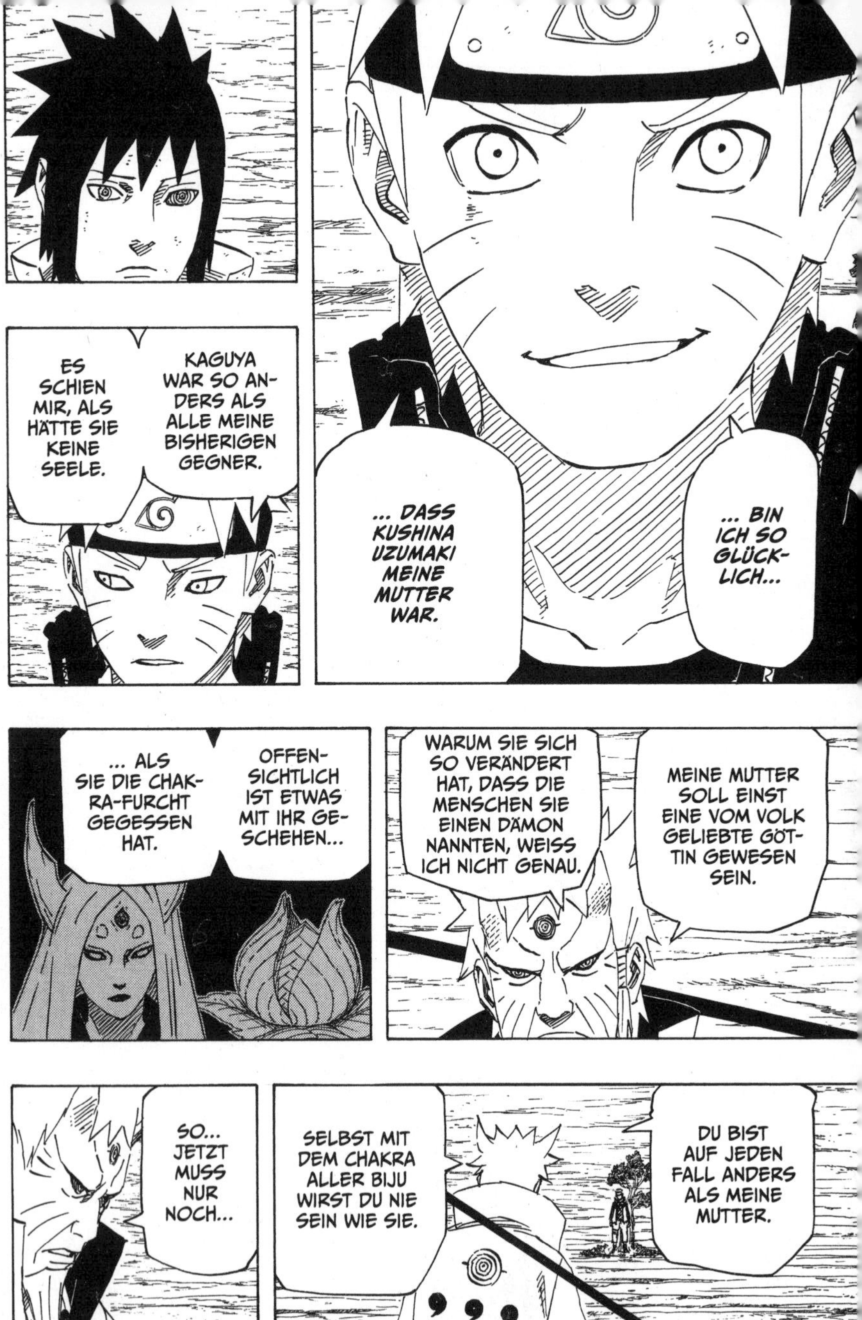
... BIN ICH SO GLÜCKLICH...
... DASS KUSHINA UZUMAKI MEINE MUTTER WAR.
KAGUYA WAR SO ANDERS ALS ALLE MEINE BISHERIGEN GEGNER.
ES SCHIEN MIR, ALS HÄTTE SIE KEINE SEELE.
MEINE MUTTER SOLL EINST EINE VOM VOLK GELIEBTE GÖTTIN GEWESEN SEIN.
WARUM SIE SICH SO VERÄNDERT HAT, DASS DIE MENSCHEN SIE EINEN DÄMON NANNTEN, WEISS ICH NICHT GENAU.
OFFENSICHTLICH IST ETWAS MIT IHR GESCHEHEN...
... ALS SIE DIE CHAKRA-FURCHT GEGESSEN HAT.
DU BIST AUF JEDEN FALL ANDERS ALS MEINE MUTTER.
SELBST MIT DEM CHAKRA ALLER BIJU WIRST DU NIE SEIN WIE SIE.
SO... JETZT MUSS NUR NOCH...

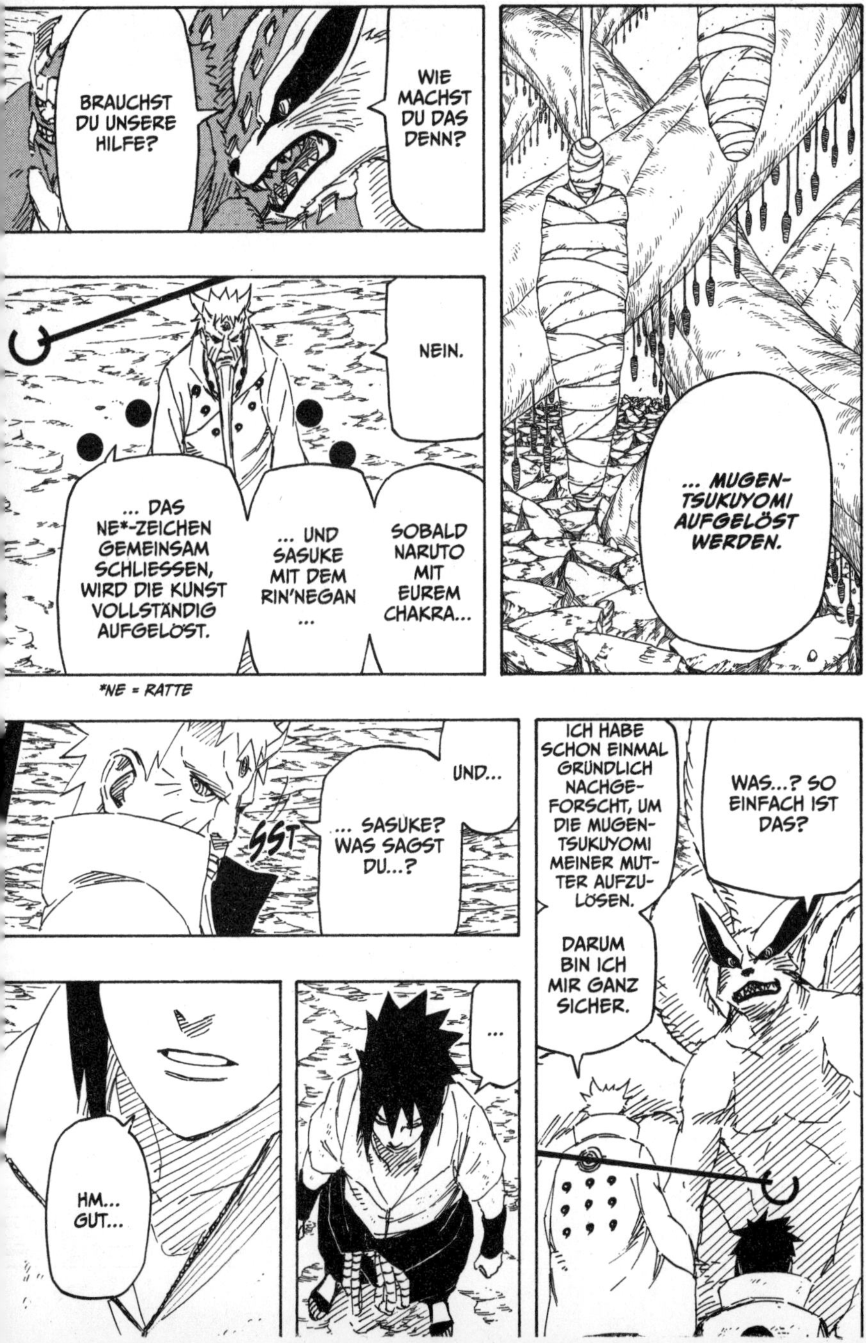

... MUGEN-TSUKUYOMI AUFGELÖST WERDEN.
WIE MACHST DU DAS DENN?
BRAUCHST DU UNSERE HILFE?
NEIN.
SOBALD NARUTO MIT EUREM CHAKRA...
... UND SASUKE MIT DEM RIN'NEGAN ...
... DAS NE*-ZEICHEN GEMEINSAM SCHLIESSEN, WIRD DIE KUNST VOLLSTÄNDIG AUFGELÖST.
*NE = RATTE
WAS...? SO EINFACH IST DAS?
ICH HABE SCHON EINMAL GRÜNDLICH NACHGEFORSCHT, UM DIE MUGEN-TSUKUYOMI MEINER MUTTER AUFZULÖSEN.
DARUM BIN ICH MIR GANZ SICHER.
UND...
SST
... SASUKE? WAS SAGST DU...?
...
HM... GUT...

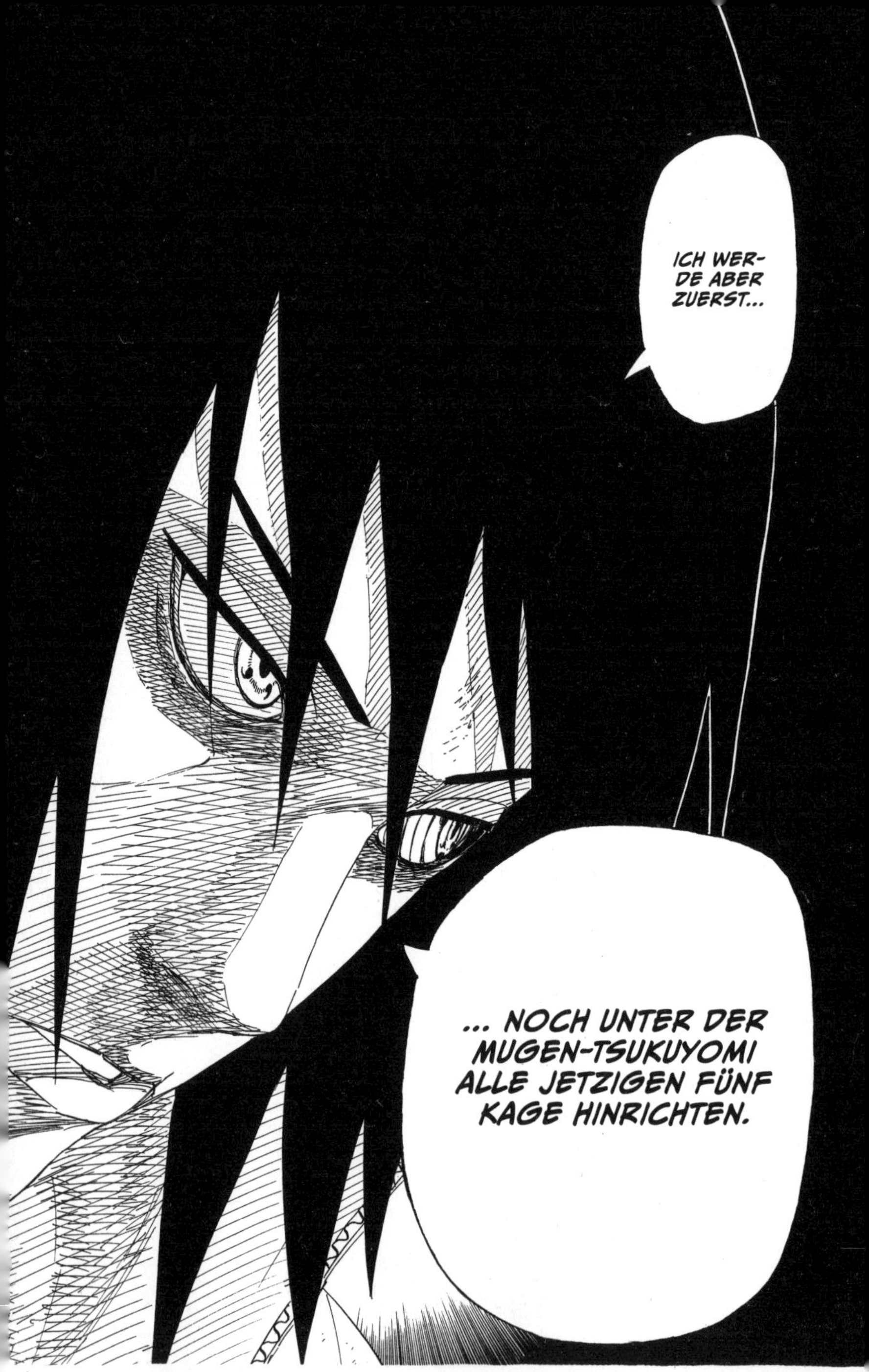
ICH WERDE ABER ZUERST...
... NOCH UNTER DER MUGEN-TSUKUYOMI ALLE JETZIGEN FÜNF KAGE HINRICHTEN.

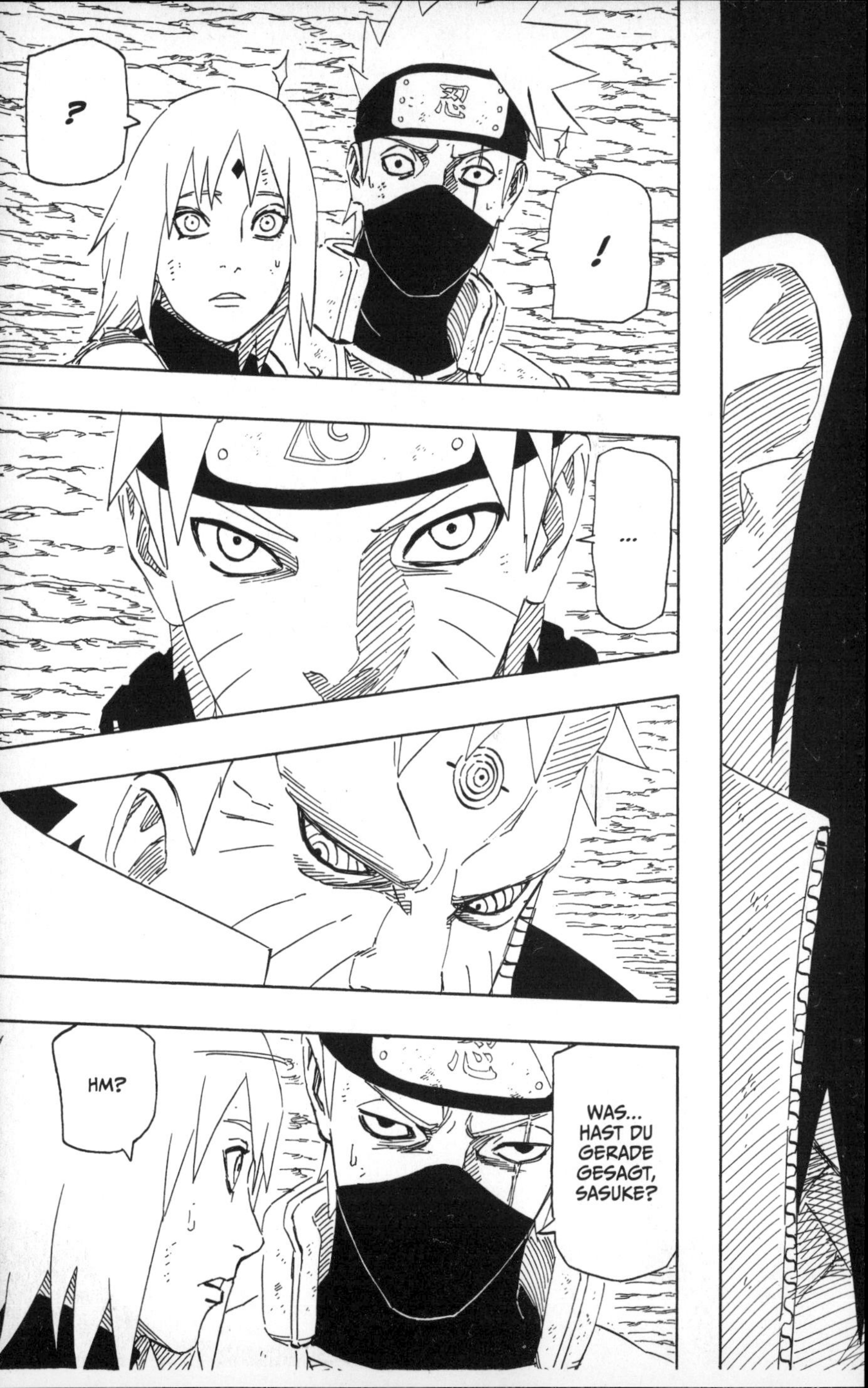
!
?
...
WAS... HAST DU GERADE GESAGT, SASUKE?
HM?

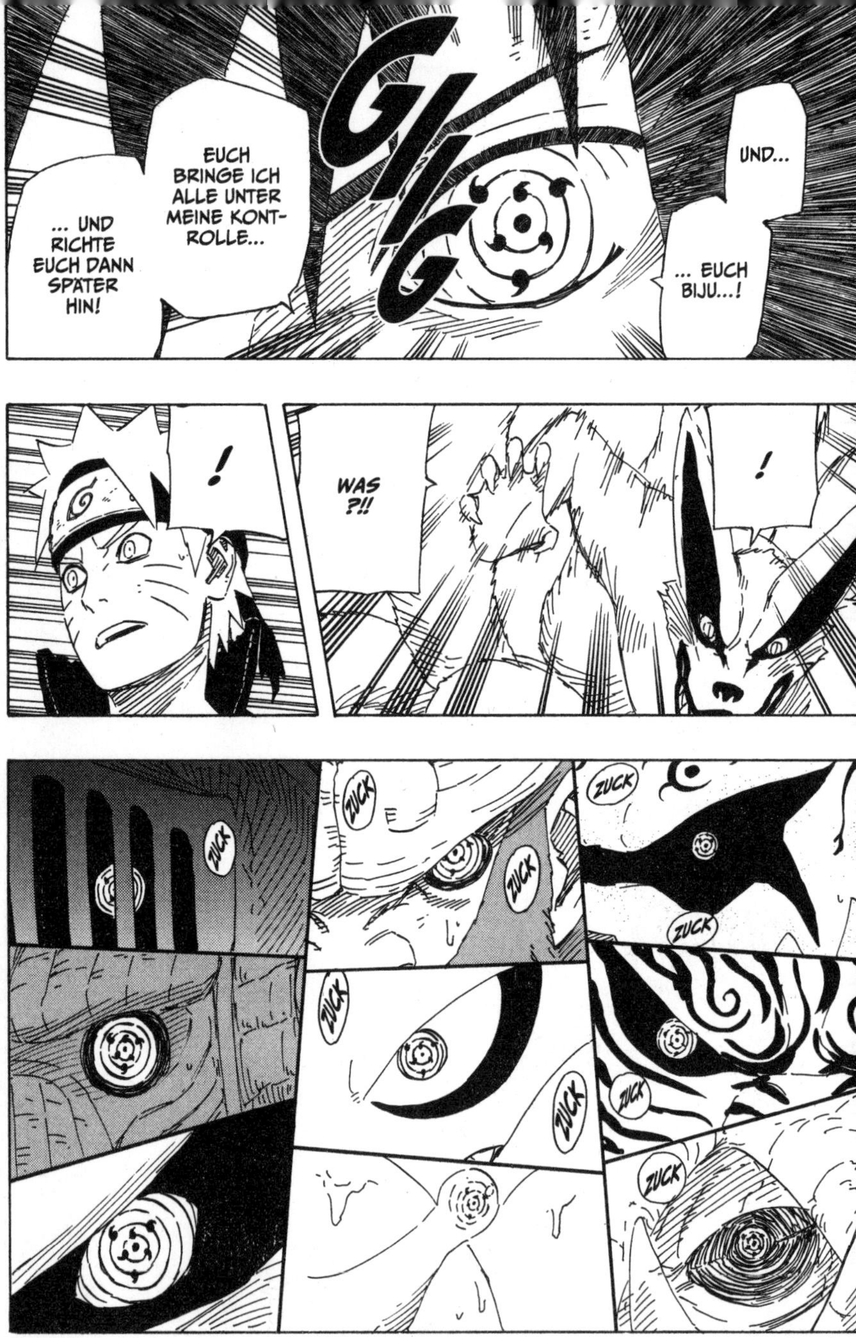
UND...
... EUCH BIJU...!
GIG
EUCH BRINGE ICH ALLE UNTER MEINE KONT-ROLLE...
... UND RICHTE EUCH DANN SPÄTER HIN!
!
WAS ?!!
!
ZUCK
ZUCK
ZUCK
ZUCK
ZUCK
ZUCK
ZUCK
ZUCK
ZUCK

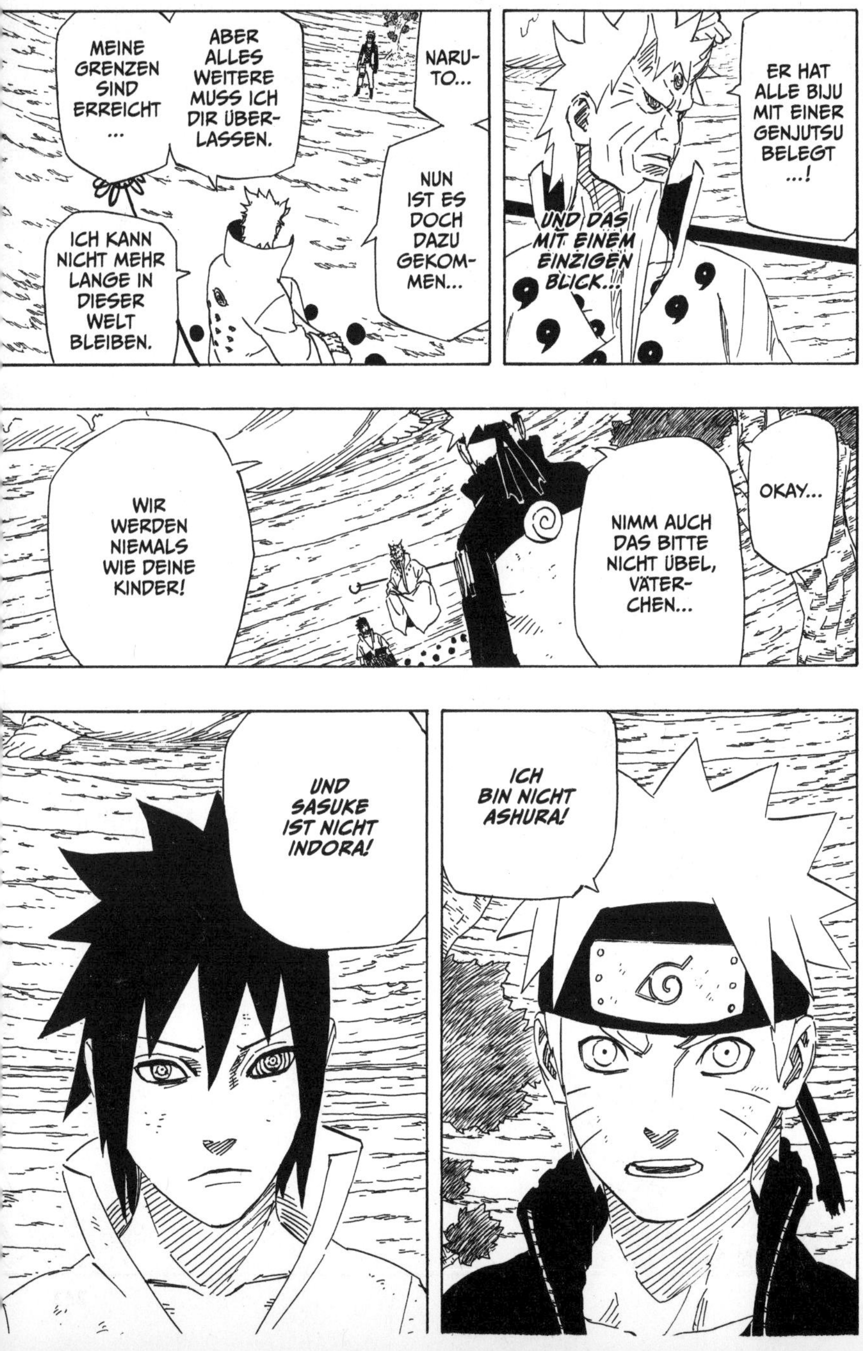
ER HAT ALLE BIJU MIT EINER GENJUTSU BELEGT ...!
UND DAS MIT EINEM EINZIGEN BLICK...
NARU-TO...
NUN IST ES DOCH DAZU GEKOMMEN...
ABER ALLES WEITERE MUSS ICH DIR ÜBERLASSEN.
MEINE GRENZEN SIND ERREICHT ...
ICH KANN NICHT MEHR LANGE IN DIESER WELT BLEIBEN.
OKAY...
NIMM AUCH DAS BITTE NICHT ÜBEL, VÄTERCHEN...
WIR WERDEN NIEMALS WIE DEINE KINDER!
ICH BIN NICHT ASHURA!
UND SASUKE IST NICHT INDORA!

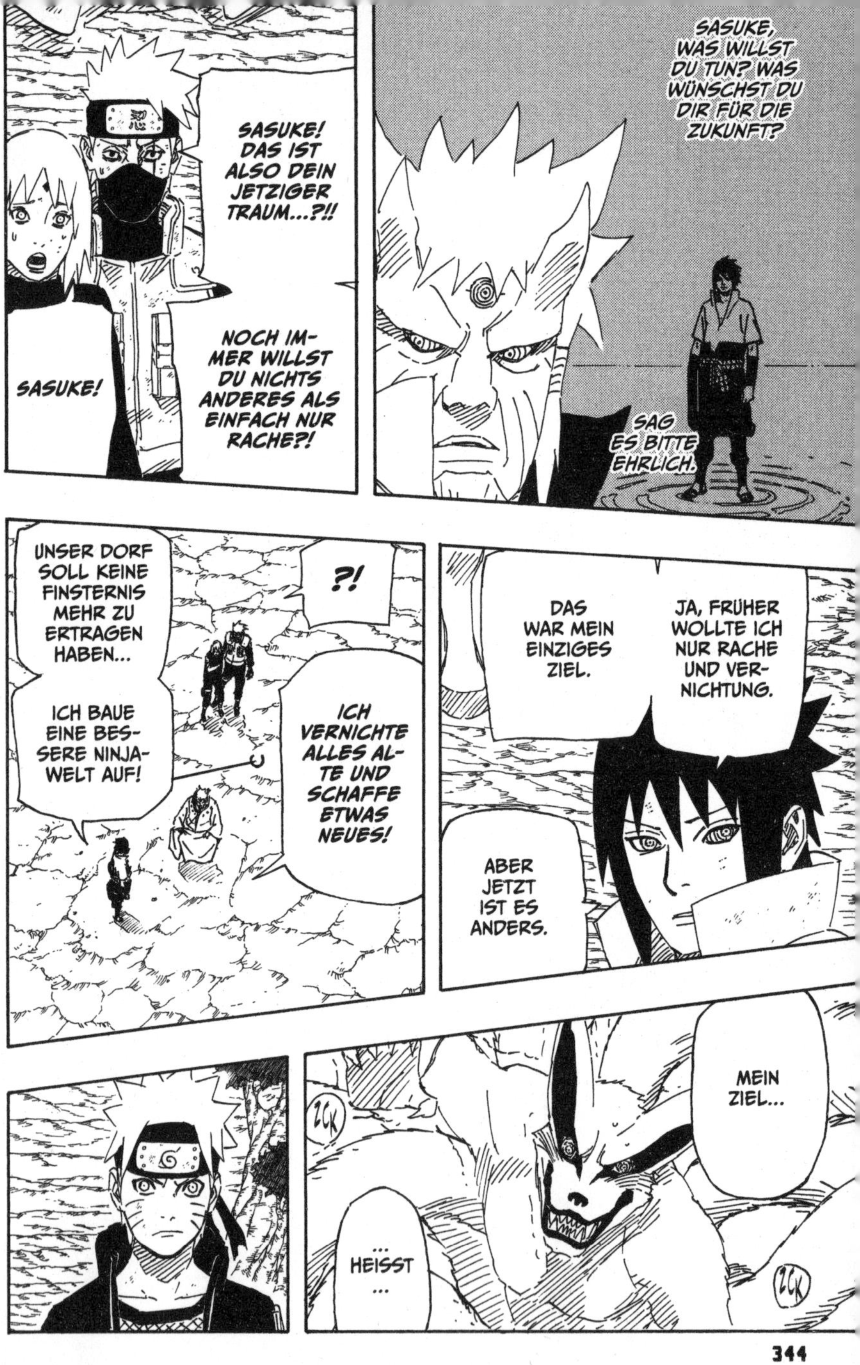
SASUKE, WAS WILLST DU TUN? WAS WÜNSCHST DU DIR FÜR DIE ZUKUNFT?
SAG ES BITTE EHRLICH.
SASUKE! DAS IST ALSO DEIN JETZIGER TRAUM...?!!
NOCH IMMER WILLST DU NICHTS ANDERES ALS EINFACH NUR RACHE?!
SASUKE!
JA, FRÜHER WOLLTE ICH NUR RACHE UND VERNICHTUNG.
DAS WAR MEIN EINZIGES ZIEL.
ABER JETZT IST ES ANDERS.
?!
ICH VERNICHTE ALLES ALTE UND SCHAFFE ETWAS NEUES!
UNSER DORF SOLL KEINE FINSTERNIS MEHR ZU ERTRAGEN HABEN...
ICH BAUE EINE BESSERE NINJAWELT AUF!
MEIN ZIEL...
ZCK
...HEISST...
ZCK

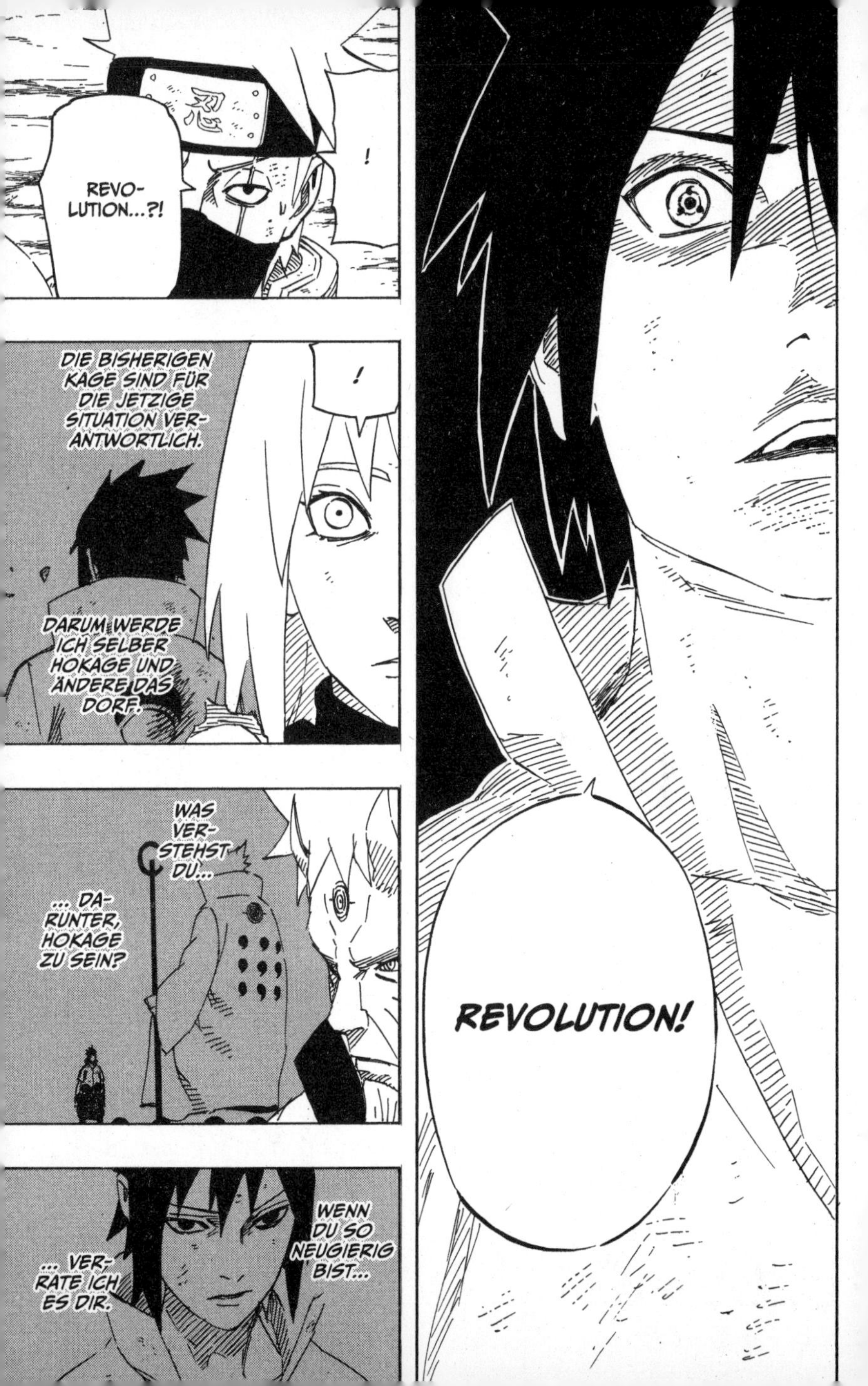
REVOLUTION!
REVO-
LUTION...?!
!
DIE BISHERIGEN KAGE SIND FÜR DIE JETZIGE SITUATION VER-ANTWORTLICH.
!
DARUM WERDE ICH SELBER HOKAGE UND ÄNDERE DAS DORF.
WAS VER-STEHST DU...
... DA-RUNTER, HOKAGE ZU SEIN?
WENN DU SO NEUGIERIG BIST...
... VER-RATE ICH ES DIR.

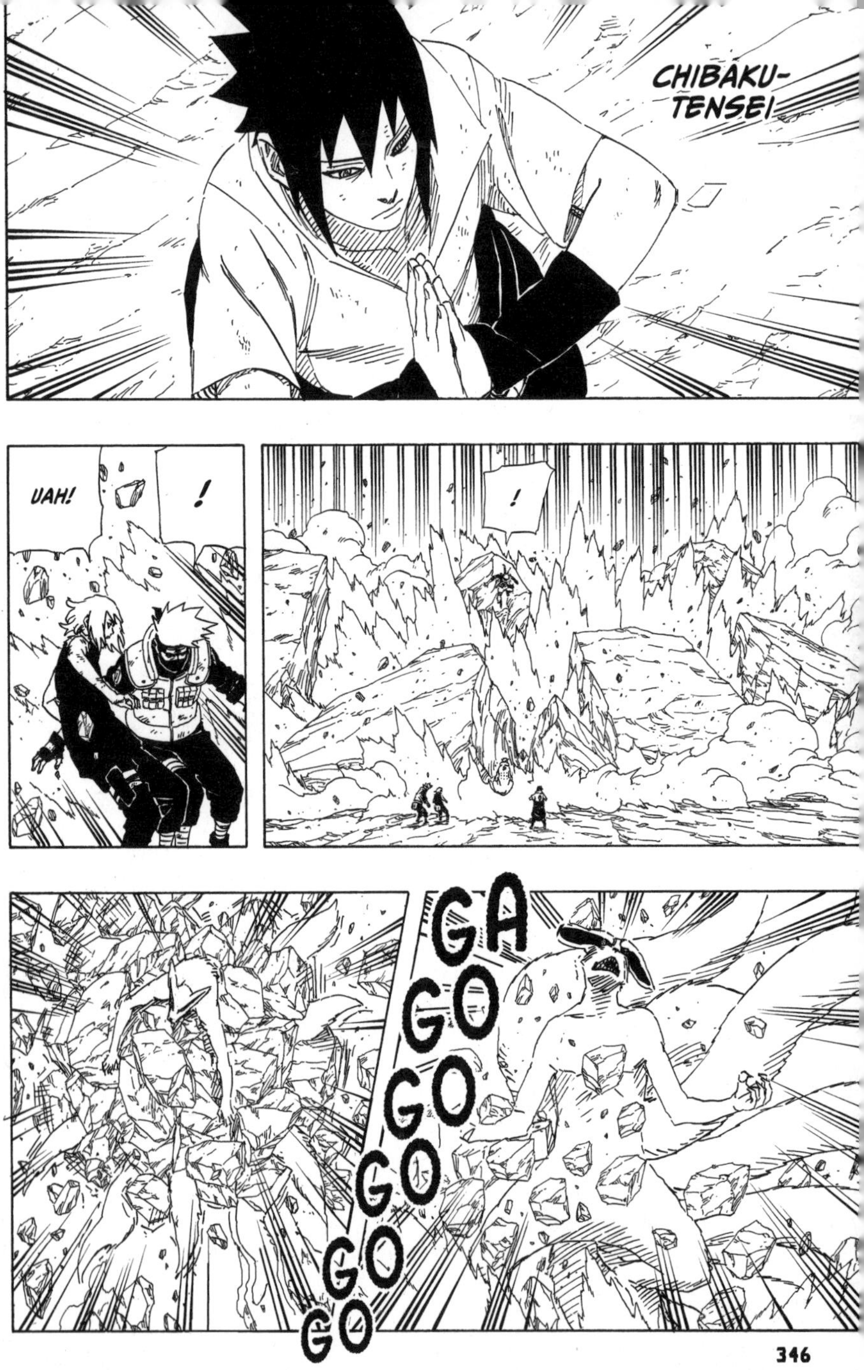
CHIBAKU-
TENSEI
!
UAH!
!
GA
GO
GO
GO
GO
GO
GO

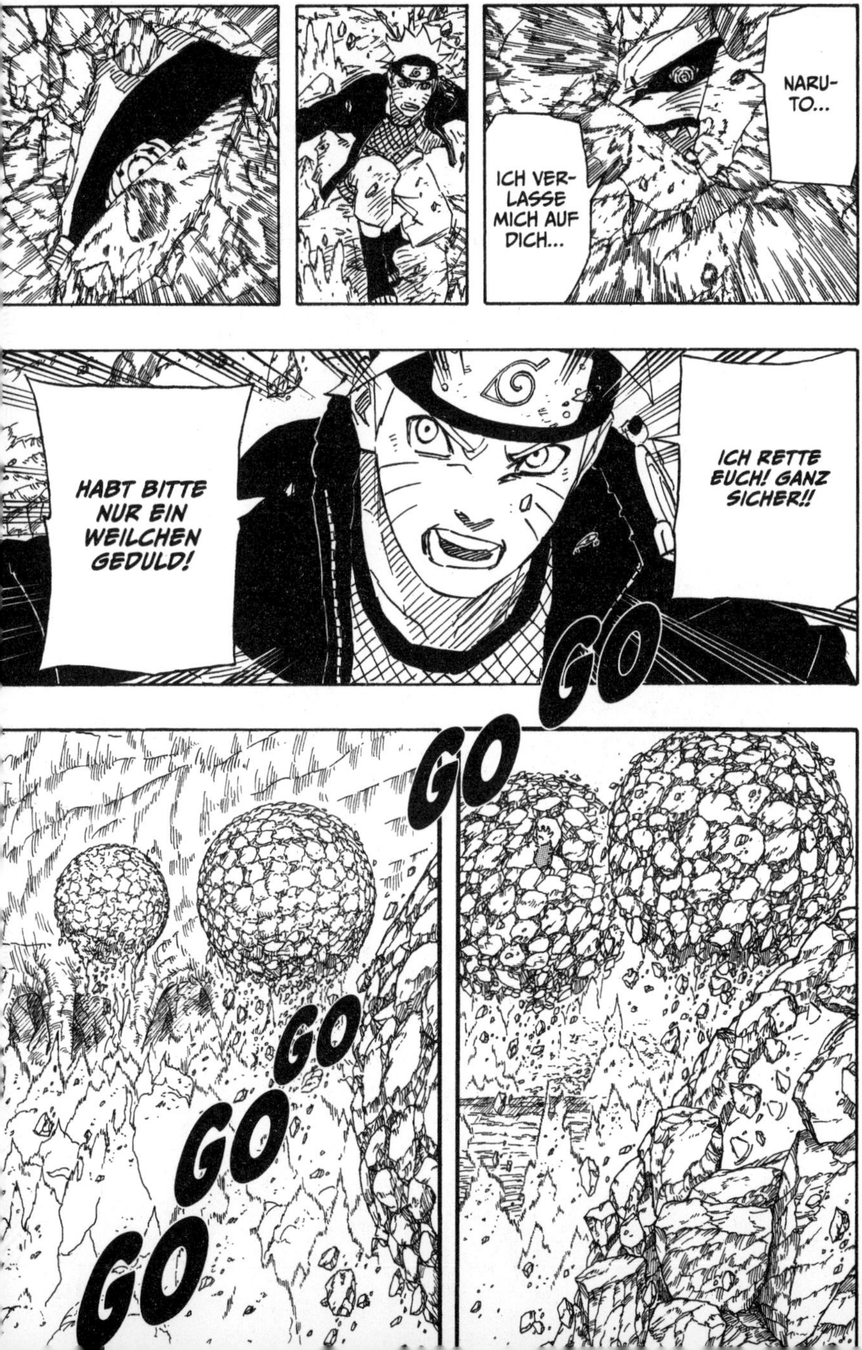
NARU-
TO...
ICH VER-
LASSE
MICH AUF
DICH...
ICH RETTE
EUCH! GANZ
SICHER!!
HABT BITTE
NUR EIN
WEILCHEN
GEDULD!
GO GO
GO GO GO GO

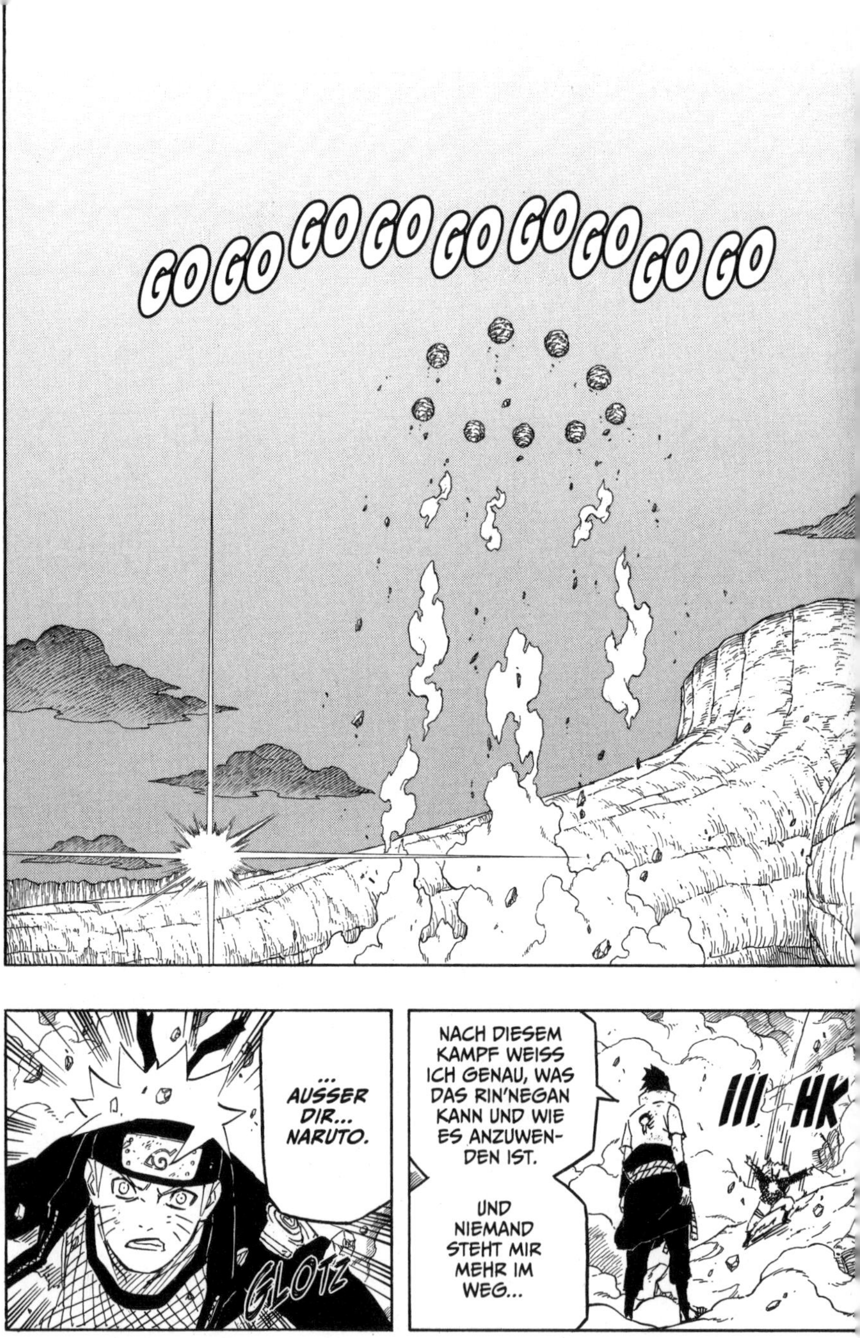
GO GO GO GO GO GO GO GO GO GO
III HK
NACH DIESEM KAMPF WEISS ICH GENAU, WAS DAS RIN'NEGAN KANN UND WIE ES ANZUWENDEN IST.
UND NIEMAND STEHT MIR MEHR IM WEG...
... AUSSER DIR... NARUTO.
GLOTZ

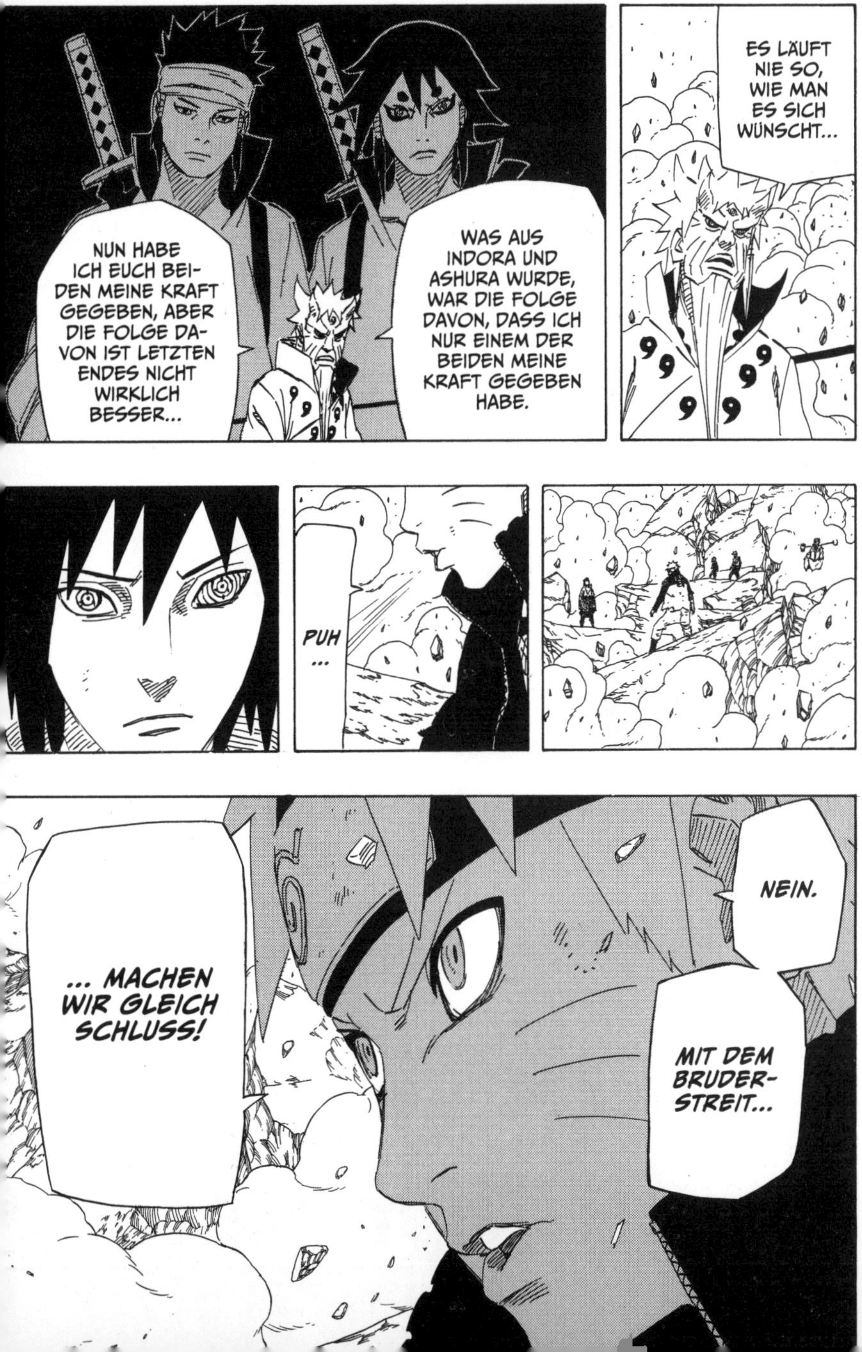
ES LÄUFT NIE SO, WIE MAN ES SICH WÜNSCHT...
WAS AUS INDORA UND ASHURA WURDE, WAR DIE FOLGE DAVON, DASS ICH NUR EINEM DER BEIDEN MEINE KRAFT GEGEBEN HABE.
NUN HABE ICH EUCH BEIDEN MEINE KRAFT GEGEBEN, ABER DIE FOLGE DAVON IST LETZTEN ENDES NICHT WIRKLICH BESSER...
PUH ...
NEIN.
MIT DEM BRUDERSTREIT...
... MACHEN WIR GLEICH SCHLUSS!

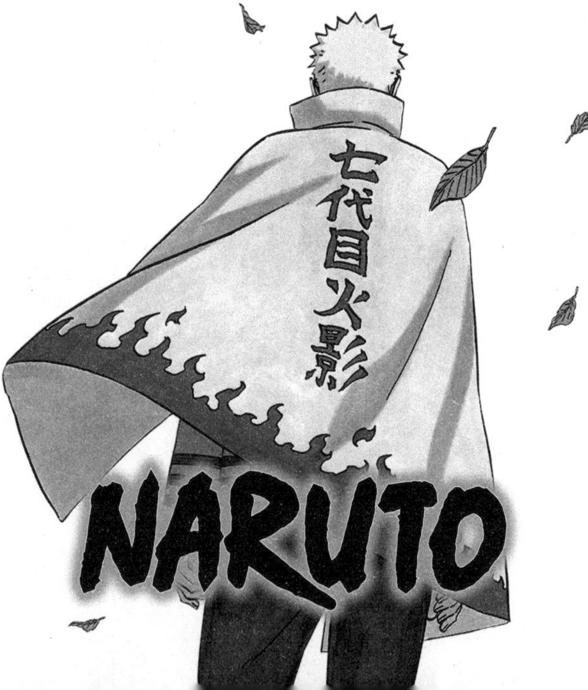
七代目火影
NARUTO

693. Kapitel: Wieder hier

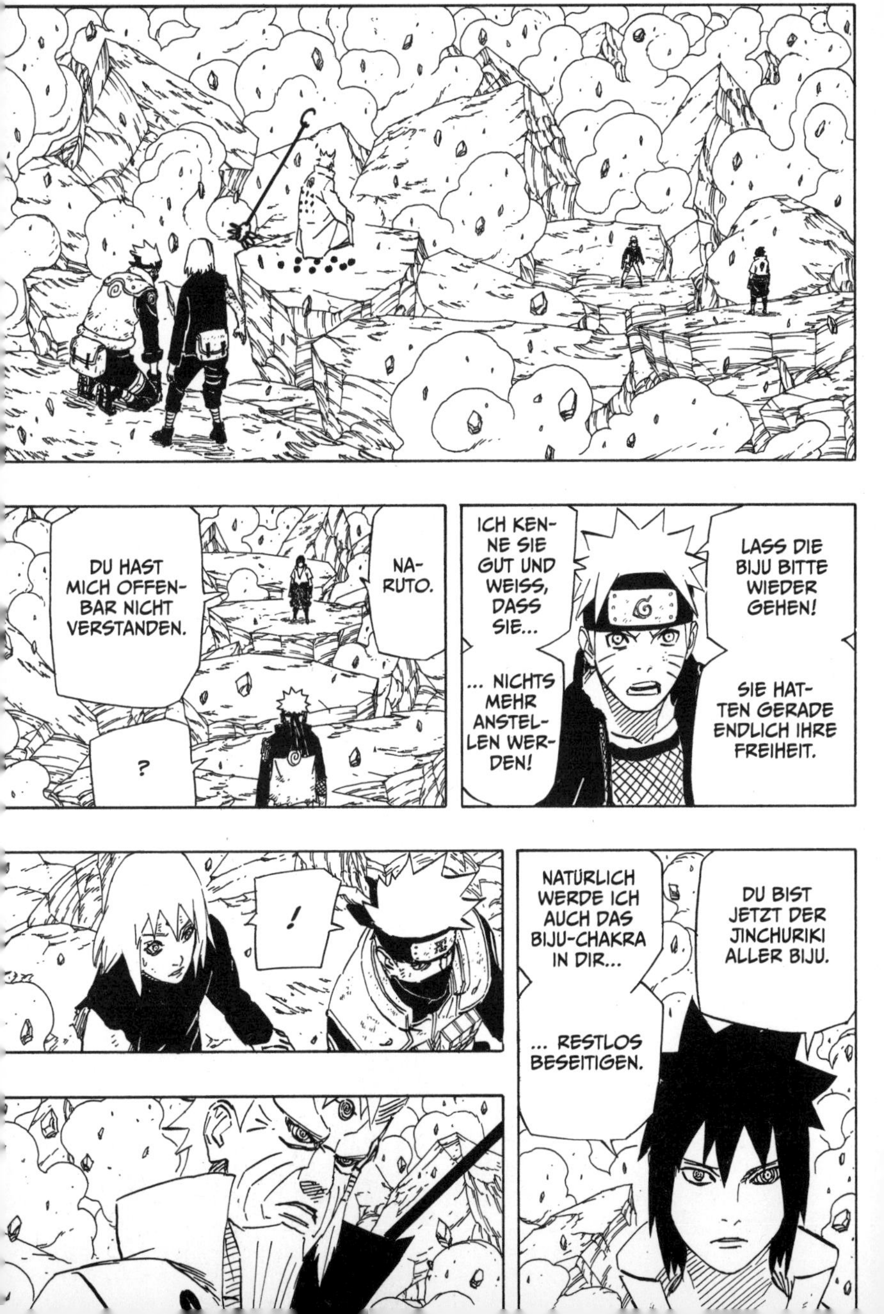

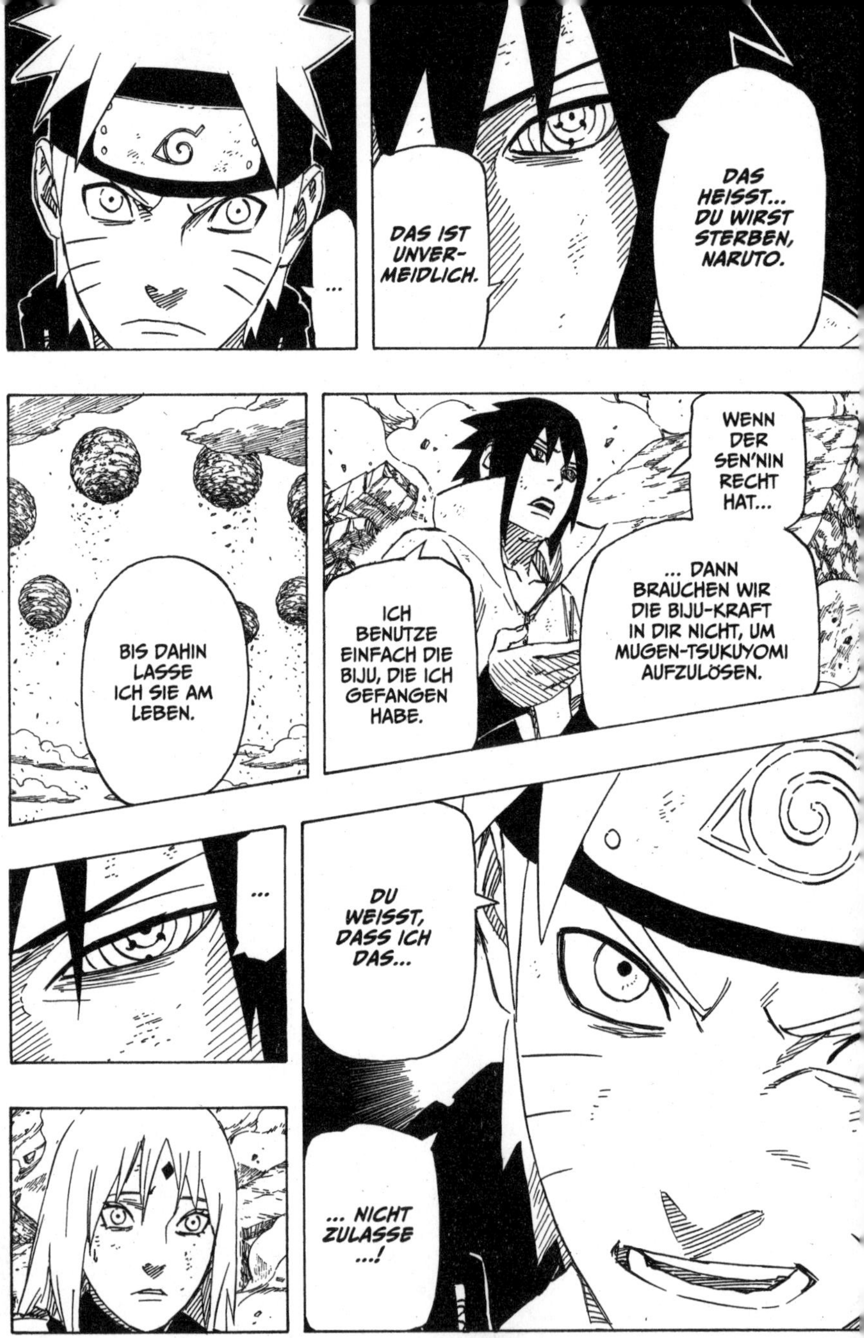
DAS HEISST... DU WIRST STERBEN, NARUTO.
DAS IST UNVERMEIDLICH.
...
WENN DER SEN'NIN RECHT HAT...
... DANN BRAUCHEN WIR DIE BIJU-KRAFT IN DIR NICHT, UM MUGEN-TSUKUYOMI AUFZULÖSEN.
ICH BENUTZE EINFACH DIE BIJU, DIE ICH GEFANGEN HABE.
BIS DAHIN LASSE ICH SIE AM LEBEN.
DU WEISST, DASS ICH DAS...
...
... NICHT ZULASSE ...!

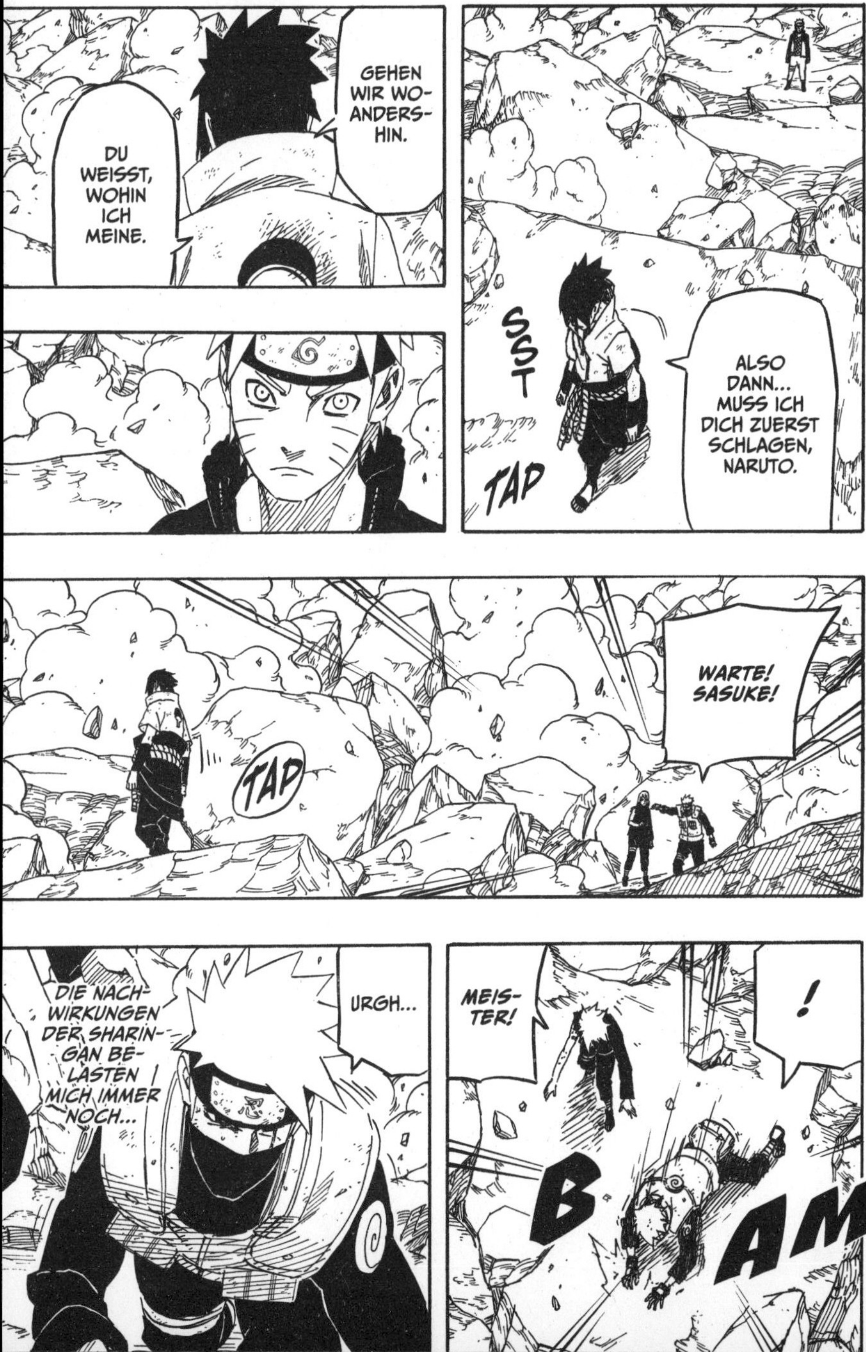
SSST
TAP
ALSO DANN... MUSS ICH DICH ZUERST SCHLAGEN, NARUTO.
GEHEN WIR WO-ANDERS-HIN.
DU WEISST, WOHIN ICH MEINE.
WARTE! SASUKE!
TAP
!
MEIS-TER!
BAM
URGH...
DIE NACH-WIRKUNGEN DER SHARIN-GAN BE-LASTEN MICH IMMER NOCH...

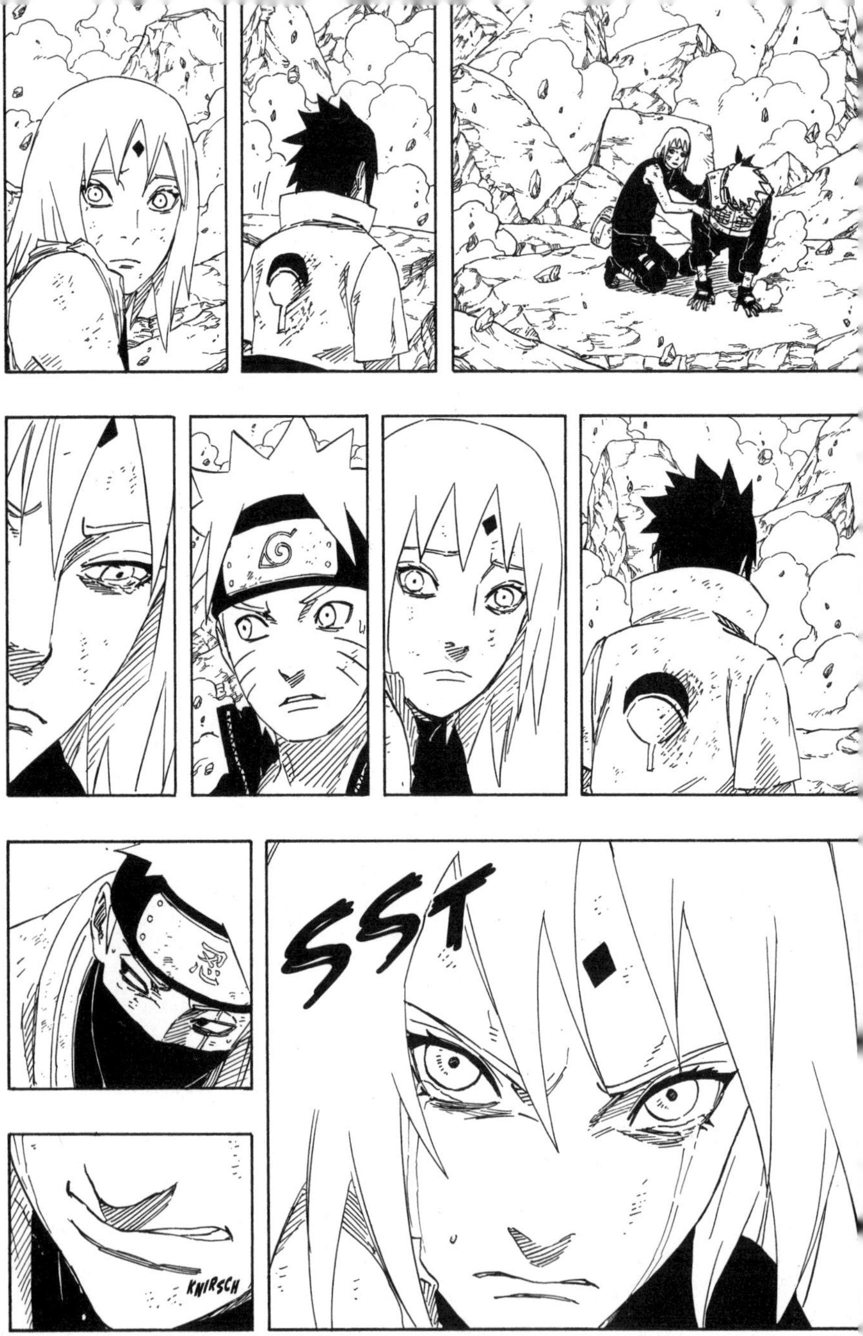
SST
KNIRSCH

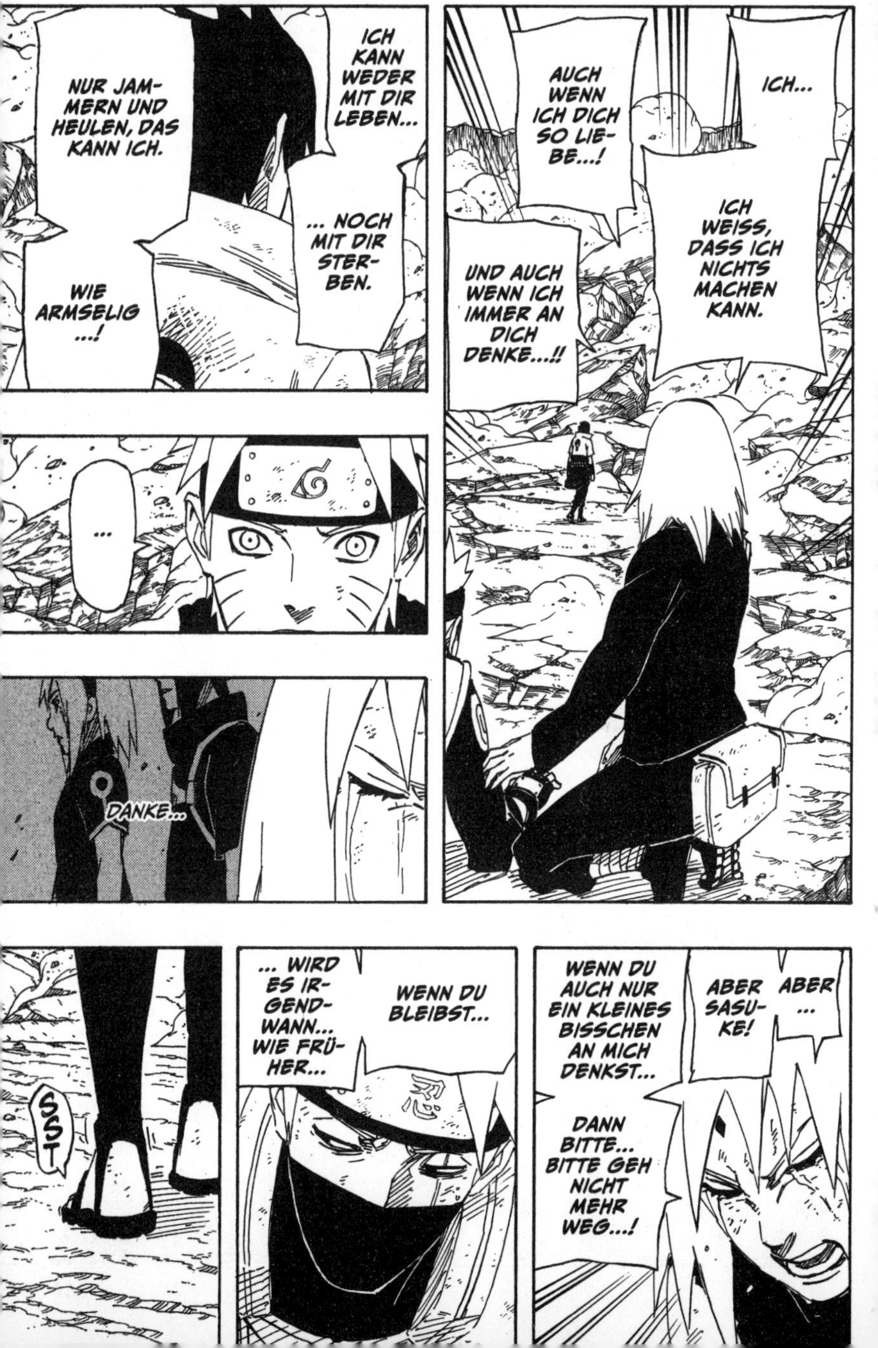
ICH...
ICH WEISS, DASS ICH NICHTS MACHEN KANN.
AUCH WENN ICH DICH SO LIE-BE...!
UND AUCH WENN ICH IMMER AN DICH DENKE...!!
ICH KANN WEDER MIT DIR LEBEN...
... NOCH MIT DIR STER-BEN.
NUR JAM-MERN UND HEULEN, DAS KANN ICH.
WIE ARMSELIG ...!
...
DANKE...
ABER ...
ABER SASU-KE!
WENN DU AUCH NUR EIN KLEINES BISSCHEN AN MICH DENKST...
DANN BITTE... BITTE GEH NICHT MEHR WEG...!
WENN DU BLEIBST...
... WIRD ES IR-GEND-WANN... WIE FRÜ-HER...
SST

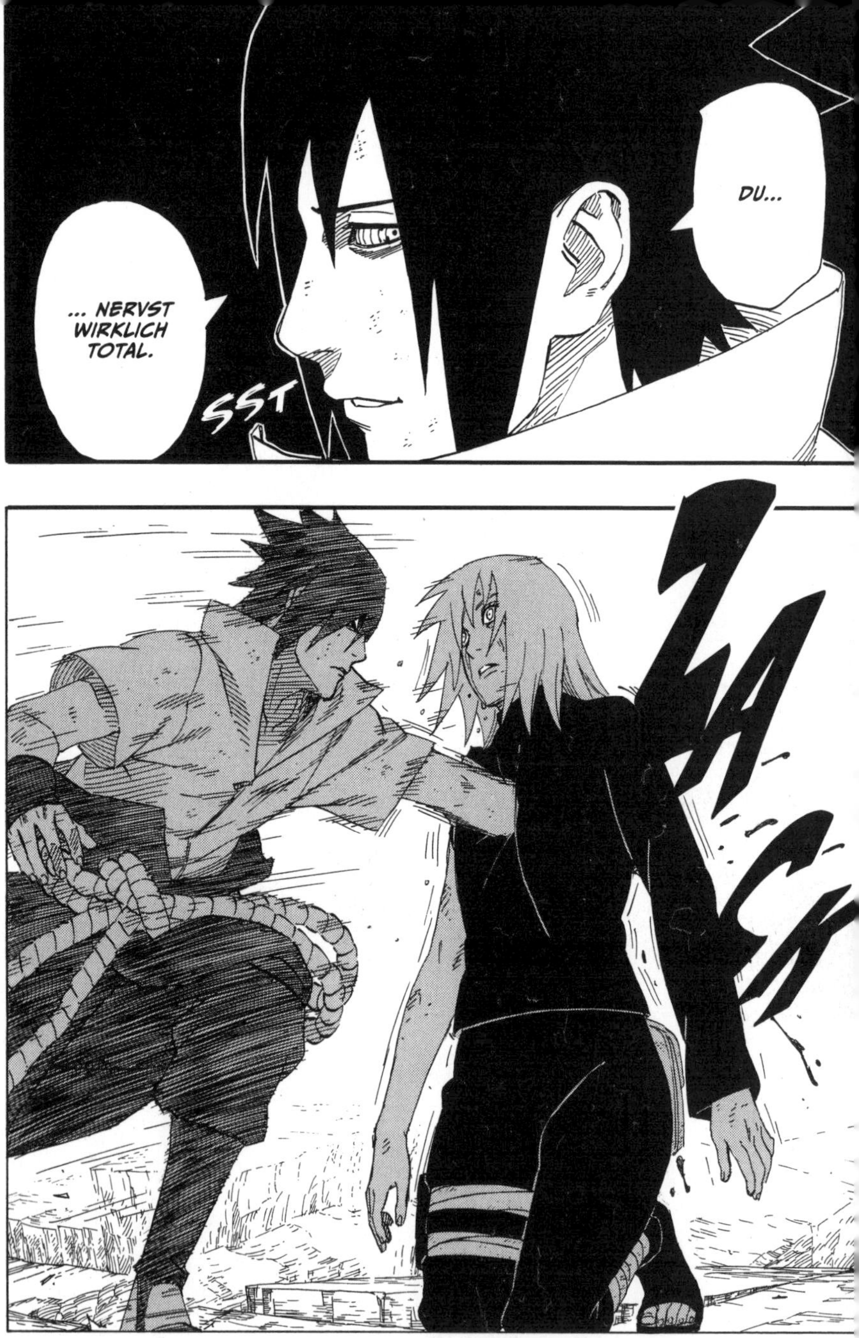
DU...
... NERVST WIRKLICH TOTAL.
SST
ZACK

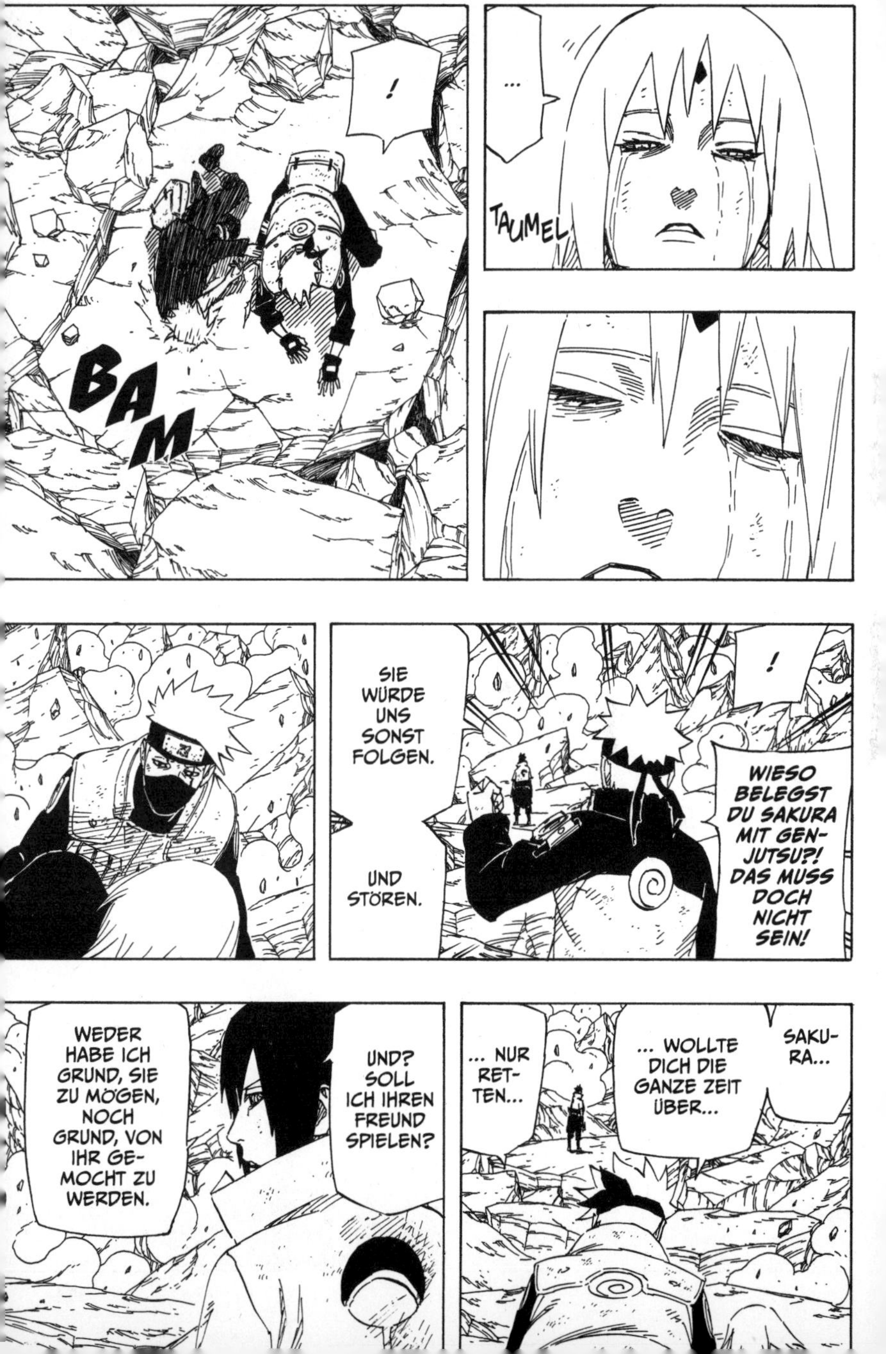
...
TAUMEL
!
BAM
!
WIESO BELEGST DU SAKURA MIT GEN-JUTSU?! DAS MUSS DOCH NICHT SEIN!
SIE WÜRDE UNS SONST FOLGEN.
UND STÖREN.
SAKU-RA...
... WOLLTE DICH DIE GANZE ZEIT ÜBER...
... NUR RET-TEN...
UND? SOLL ICH IHREN FREUND SPIELEN?
WEDER HABE ICH GRUND, SIE ZU MÖGEN, NOCH GRUND, VON IHR GE-MOCHT ZU WERDEN.

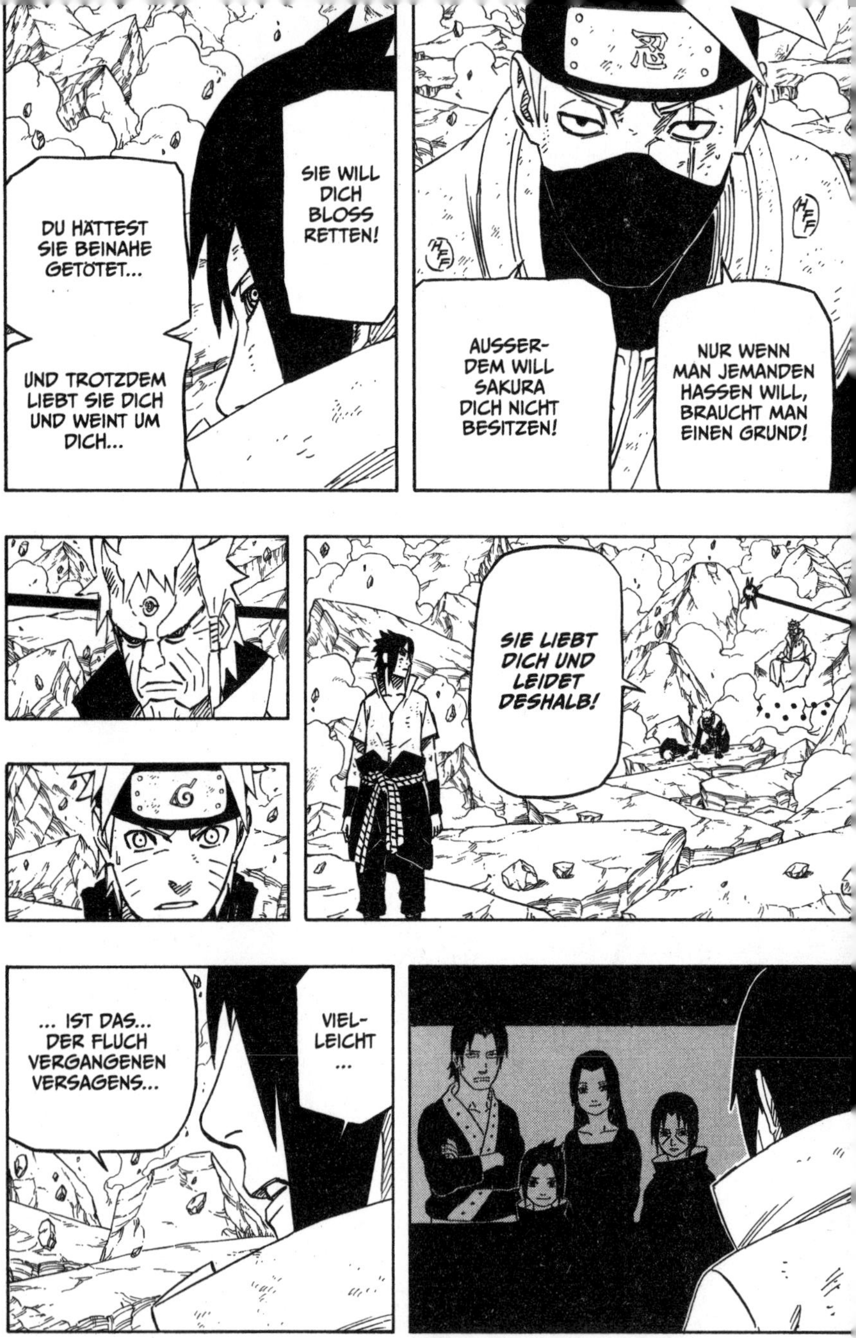
HFF
HFF
NUR WENN MAN JEMANDEN HASSEN WILL, BRAUCHT MAN EINEN GRUND!
AUSSER-DEM WILL SAKURA DICH NICHT BESITZEN!
SIE WILL DICH BLOSS RETTEN!
DU HÄTTEST SIE BEINAHE GETÖTET...
UND TROTZDEM LIEBT SIE DICH UND WEINT UM DICH...
SIE LIEBT DICH UND LEIDET DESHALB!
VIEL-LEICHT ...
... IST DAS... DER FLUCH VERGANGENEN VERSAGENS...

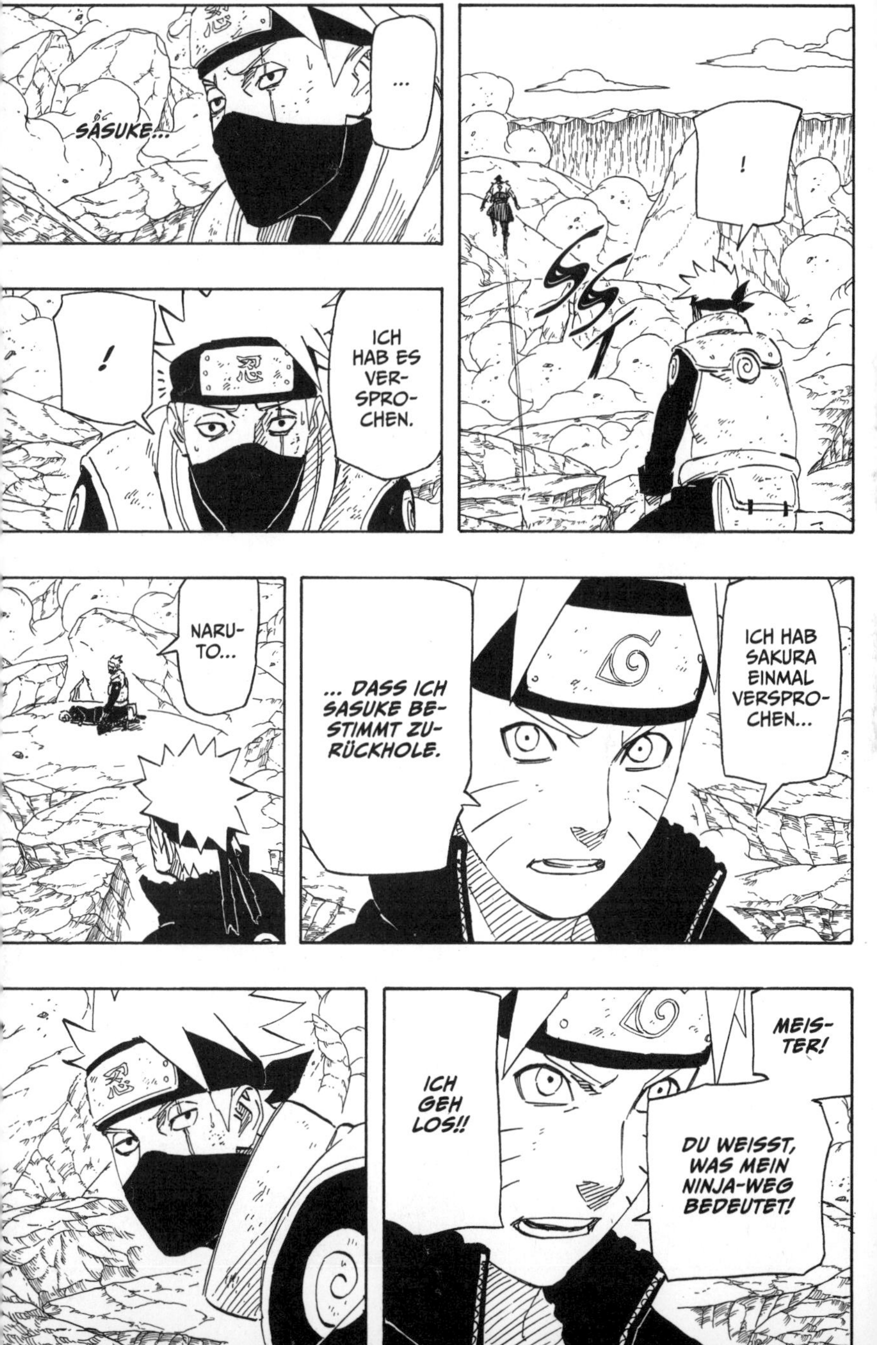
!
...
SASUKE...
!
ICH HAB ES VERSPROCHEN.
ICH HAB SAKURA EINMAL VERSPROCHEN...
... DASS ICH SASUKE BESTIMMT ZURÜCKHOLE.
NARUTO...
MEISTER!
DU WEISST, WAS MEIN NINJA-WEG BEDEUTET!
ICH GEH LOS!!

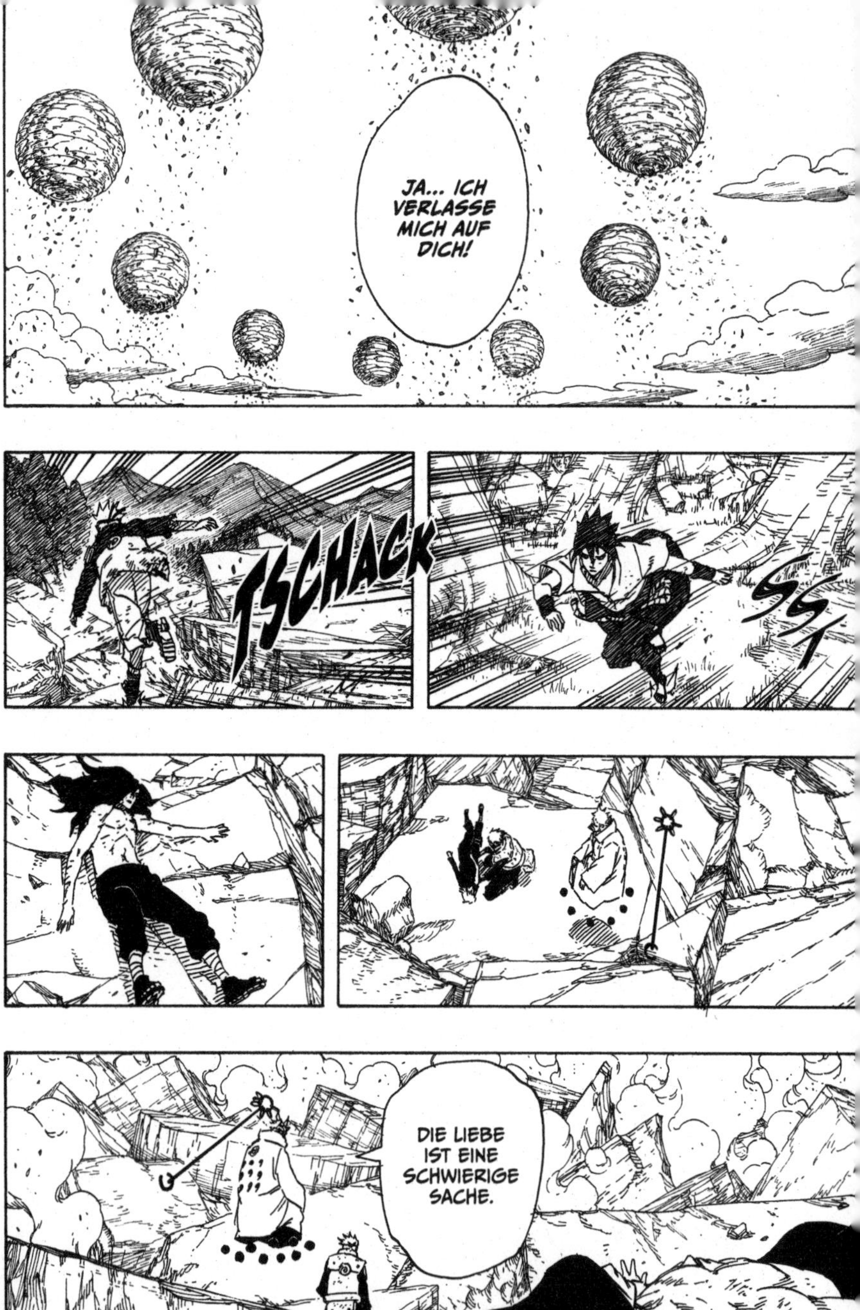
JA... ICH VERLASSE MICH AUF DICH!
TSCHACK
SST
DIE LIEBE IST EINE SCHWIERIGE SACHE.

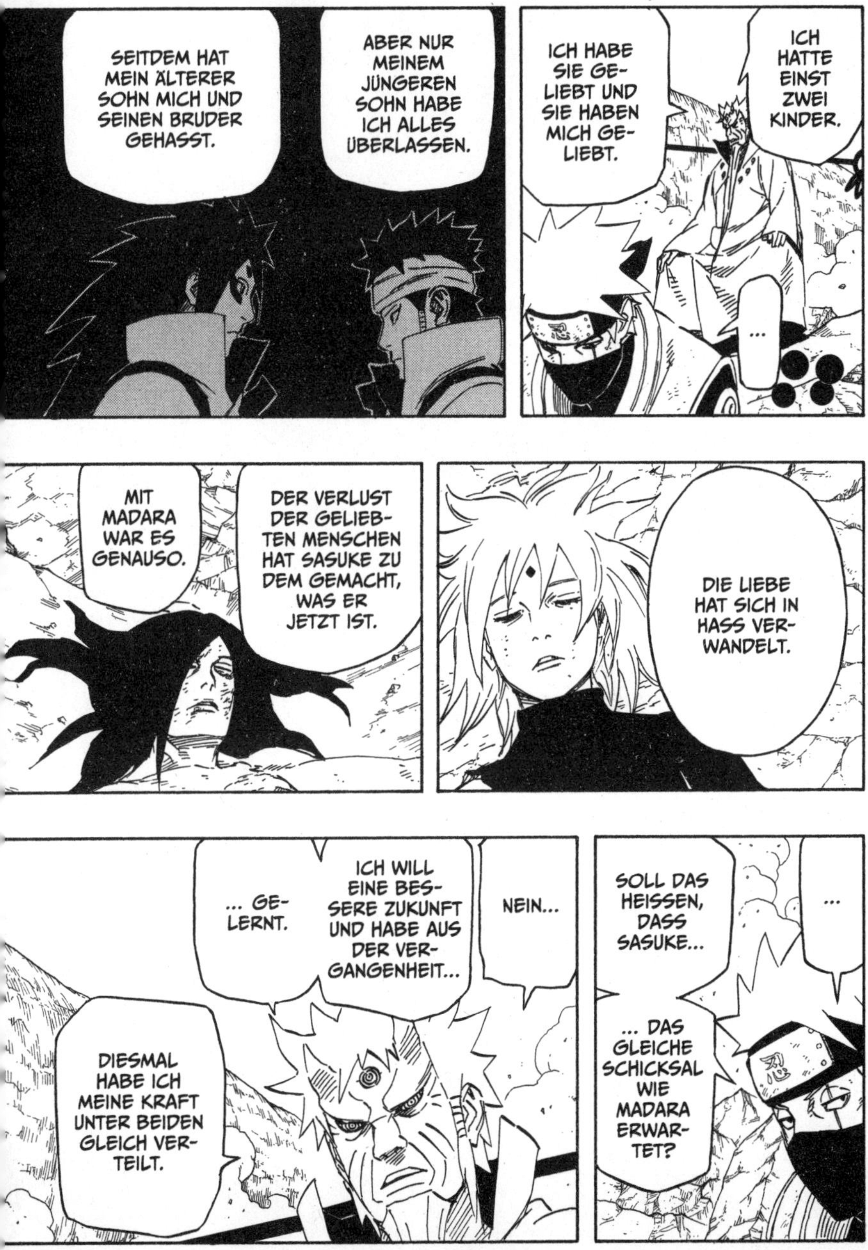
ICH HATTE EINST ZWEI KINDER.
ICH HABE SIE GELIEBT UND SIE HABEN MICH GELIEBT.
...
ABER NUR MEINEM JÜNGEREN SOHN HABE ICH ALLES ÜBERLASSEN.
SEITDEM HAT MEIN ÄLTERER SOHN MICH UND SEINEN BRUDER GEHASST.
DIE LIEBE HAT SICH IN HASS VERWANDELT.
DER VERLUST DER GELIEBTEN MENSCHEN HAT SASUKE ZU DEM GEMACHT, WAS ER JETZT IST.
MIT MADARA WAR ES GENAUSO.
...
SOLL DAS HEISSEN, DASS SASUKE...
... DAS GLEICHE SCHICKSAL WIE MADARA ERWARTET?
NEIN...
ICH WILL EINE BESSERE ZUKUNFT UND HABE AUS DER VERGANGENHEIT...
... GELERNT.
DIESMAL HABE ICH MEINE KRAFT UNTER BEIDEN GLEICH VERTEILT.

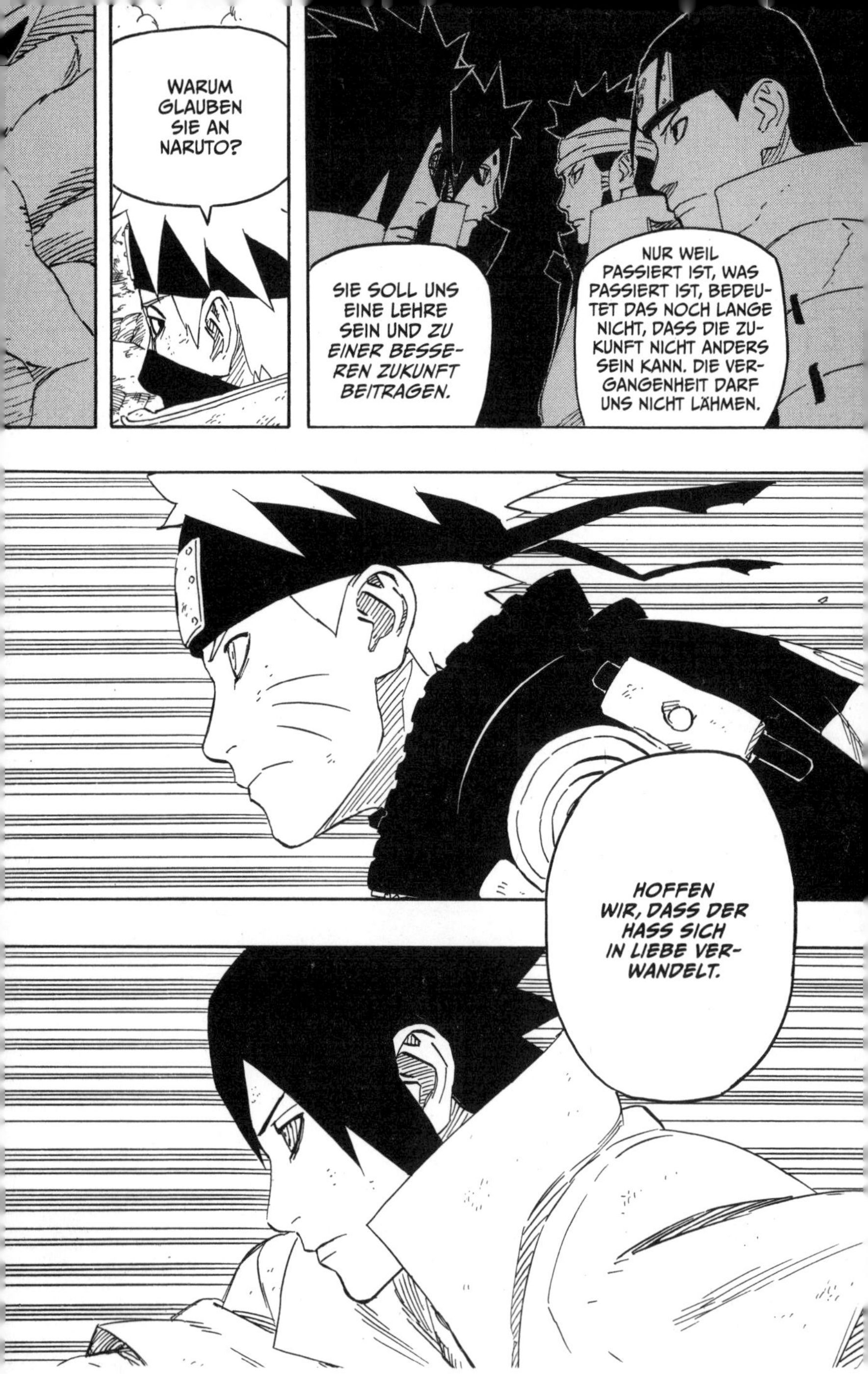
NUR WEIL PASSIERT IST, WAS PASSIERT IST, BEDEUTET DAS NOCH LANGE NICHT, DASS DIE ZUKUNFT NICHT ANDERS SEIN KANN. DIE VERGANGENHEIT DARF UNS NICHT LÄHMEN.
SIE SOLL UNS EINE LEHRE SEIN UND ZU EINER BESSEREN ZUKUNFT BEITRAGEN.
WARUM GLAUBEN SIE AN NARUTO?
HOFFEN WIR, DASS DER HASS SICH IN LIEBE VERWANDELT.

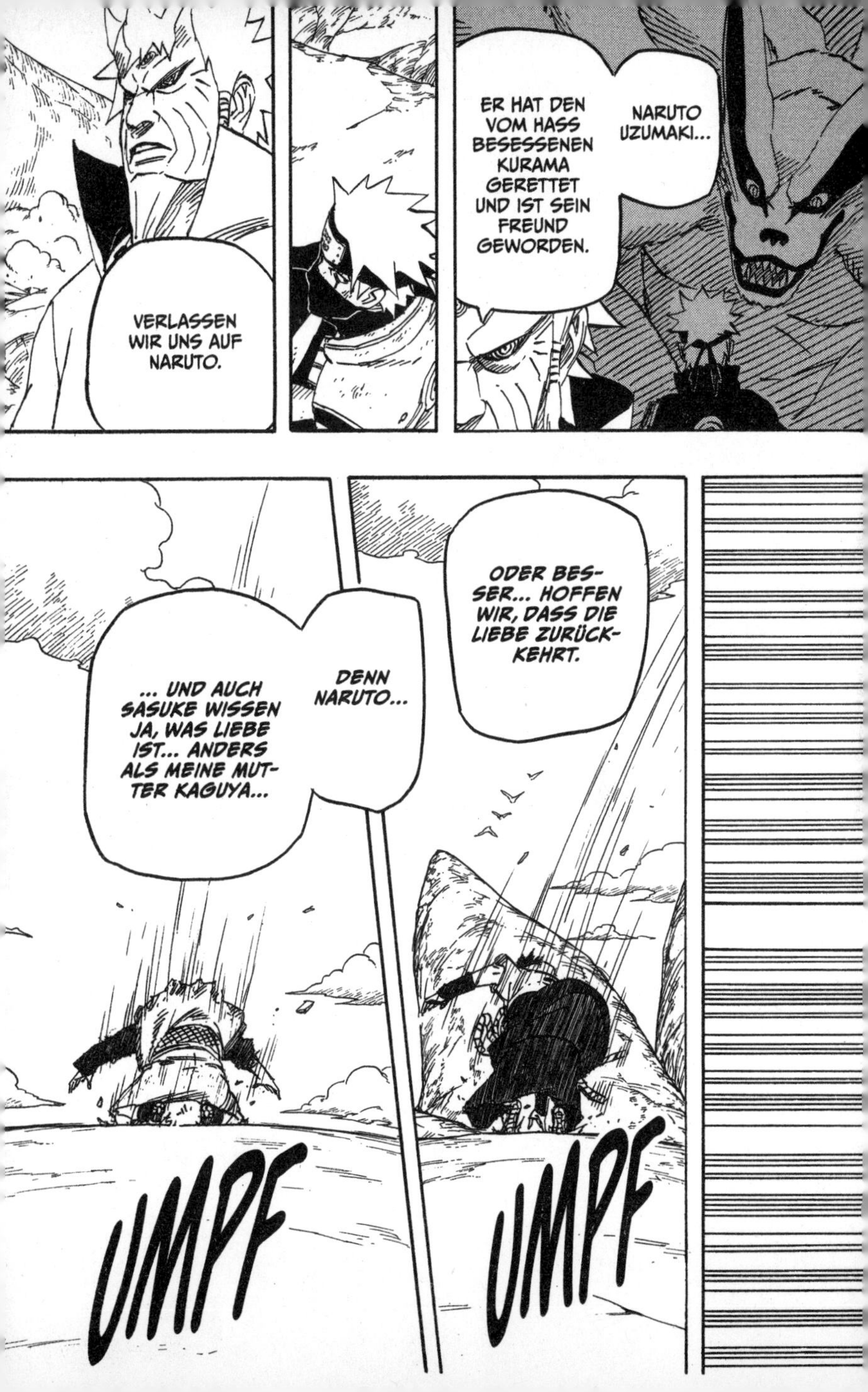

NARUTO UZUMAKI...
ER HAT DEN VOM HASS BESESSENEN KURAMA GERETTET UND IST SEIN FREUND GEWORDEN.
VERLASSEN WIR UNS AUF NARUTO.
ODER BESSER... HOFFEN WIR, DASS DIE LIEBE ZURÜCKKEHRT.
DENN NARUTO...
... UND AUCH SASUKE WISSEN JA, WAS LIEBE IST... ANDERS ALS MEINE MUTTER KAGUYA...
UMPF
UMPF

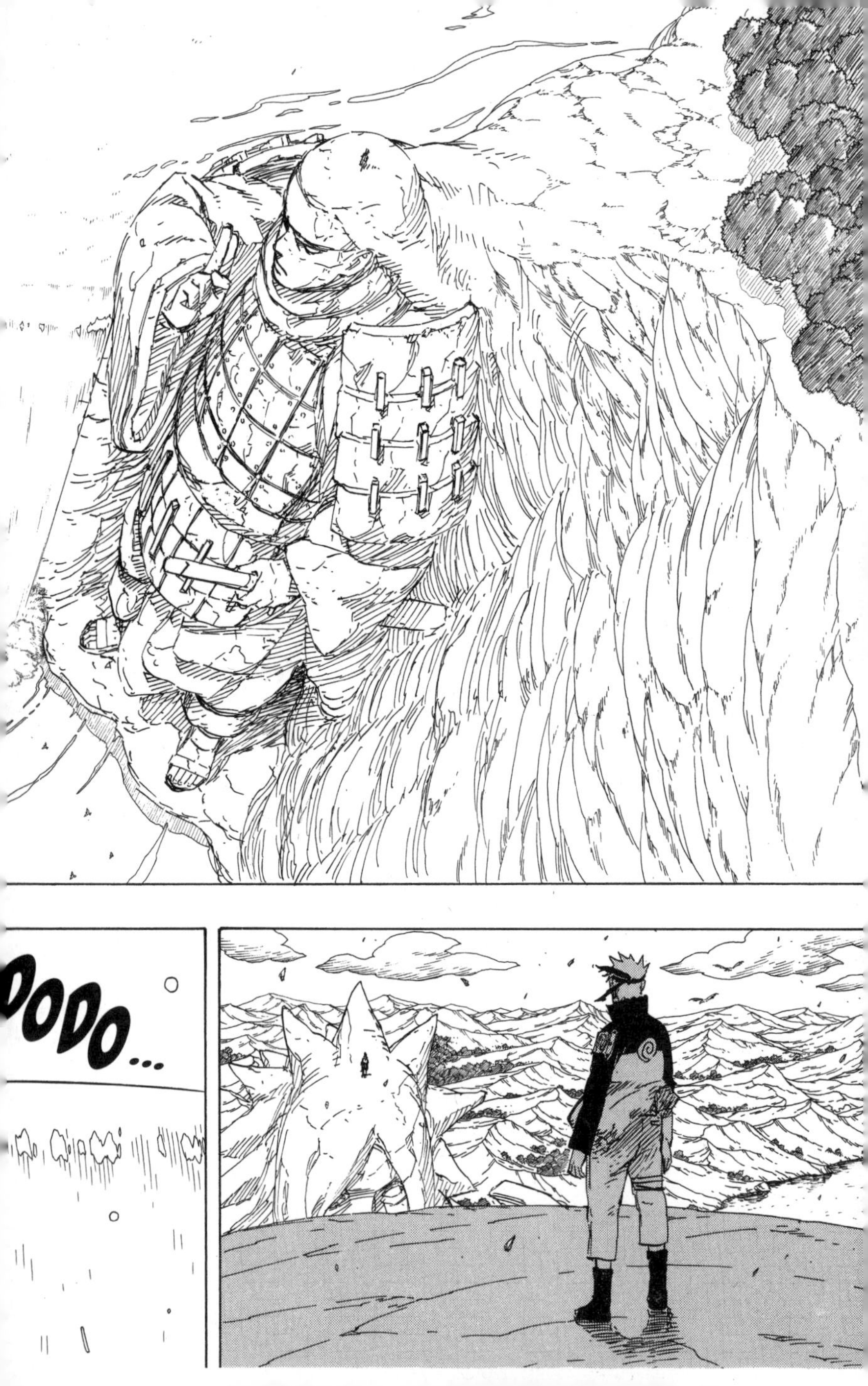
DODO...

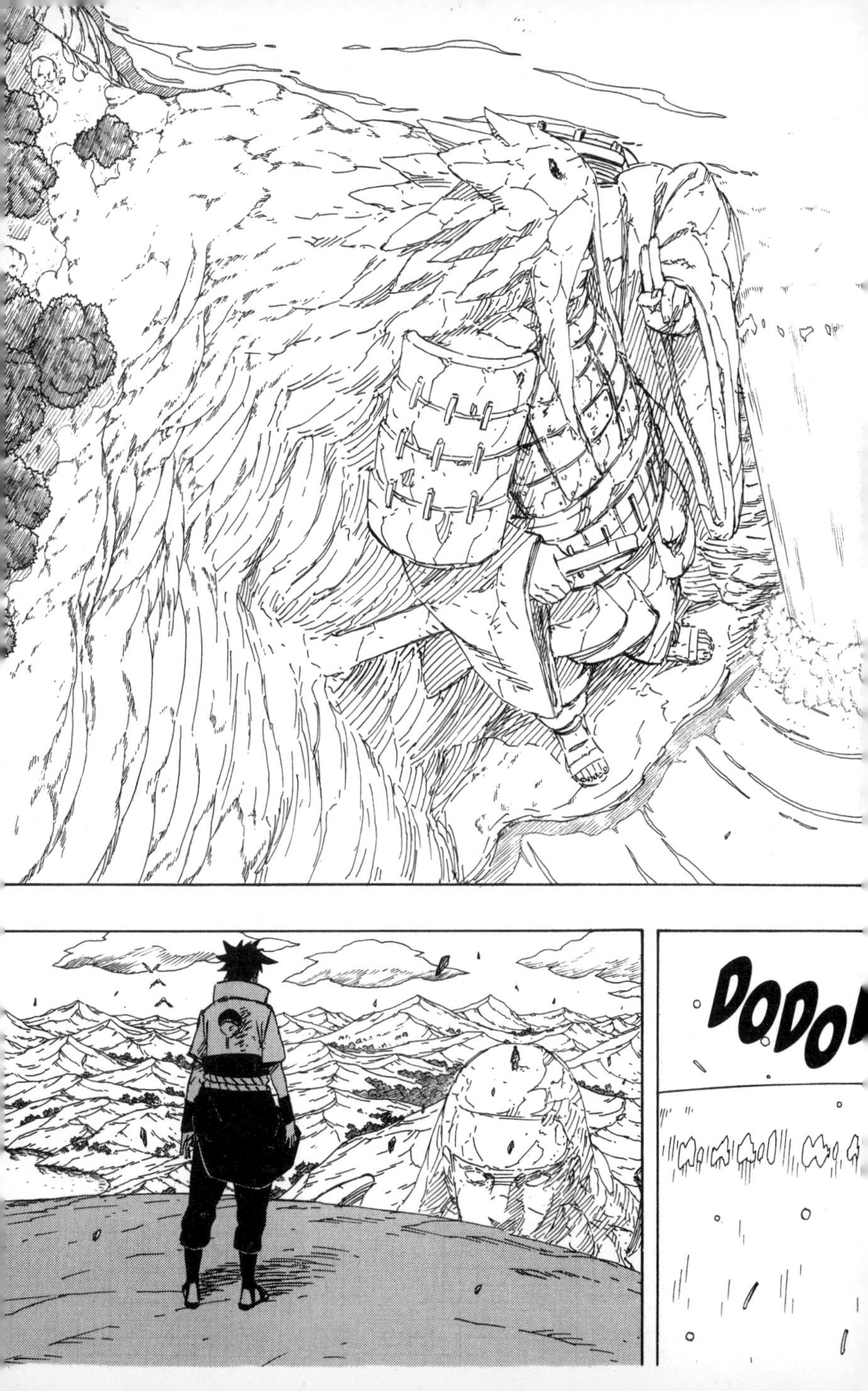
DODO

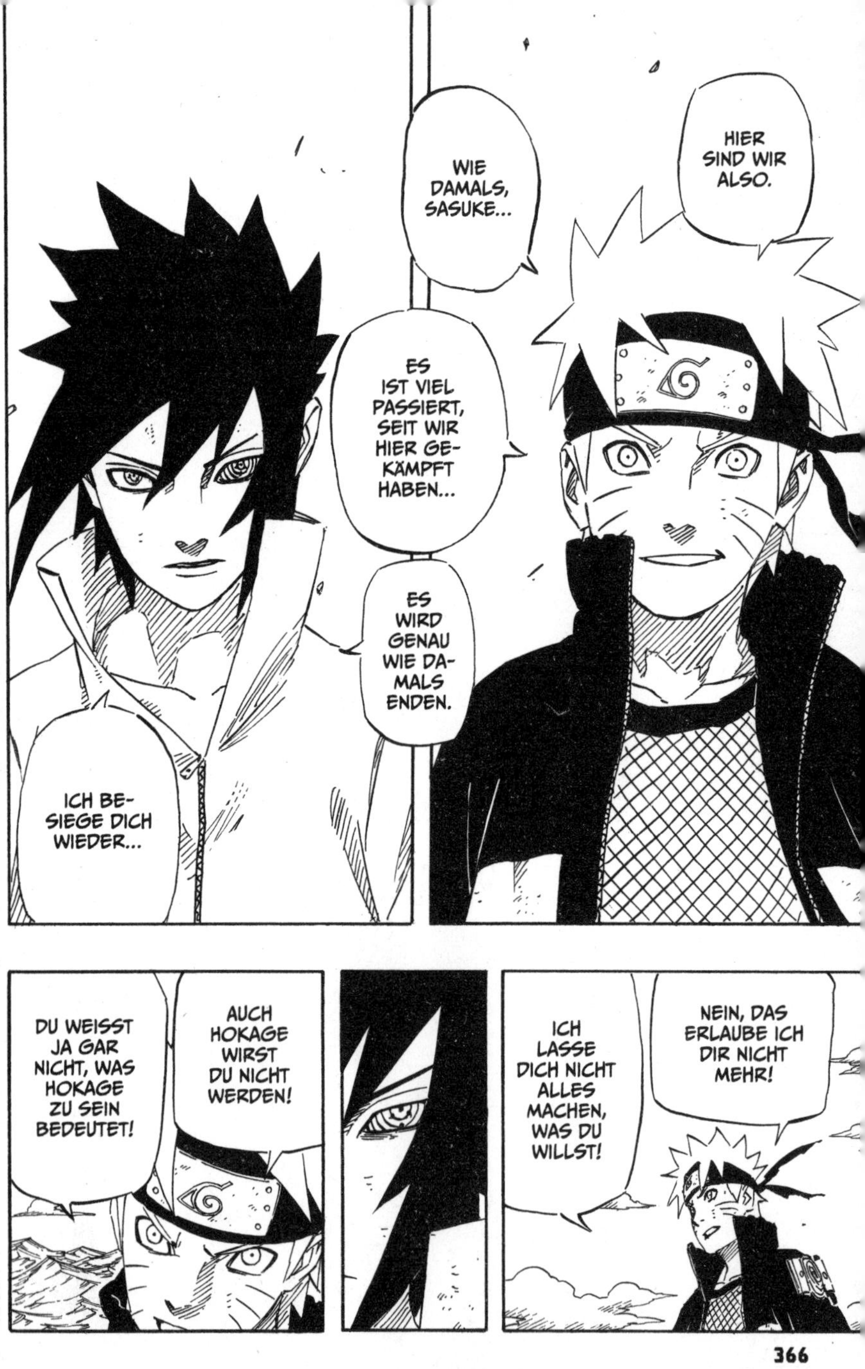
HIER SIND WIR ALSO.
WIE DAMALS, SASUKE...
ES IST VIEL PASSIERT, SEIT WIR HIER GEKÄMPFT HABEN...
ES WIRD GENAU WIE DAMALS ENDEN.
ICH BESIEGE DICH WIEDER...
NEIN, DAS ERLAUBE ICH DIR NICHT MEHR!
ICH LASSE DICH NICHT ALLES MACHEN, WAS DU WILLST!
AUCH HOKAGE WIRST DU NICHT WERDEN!
DU WEISST JA GAR NICHT, WAS HOKAGE ZU SEIN BEDEUTET!

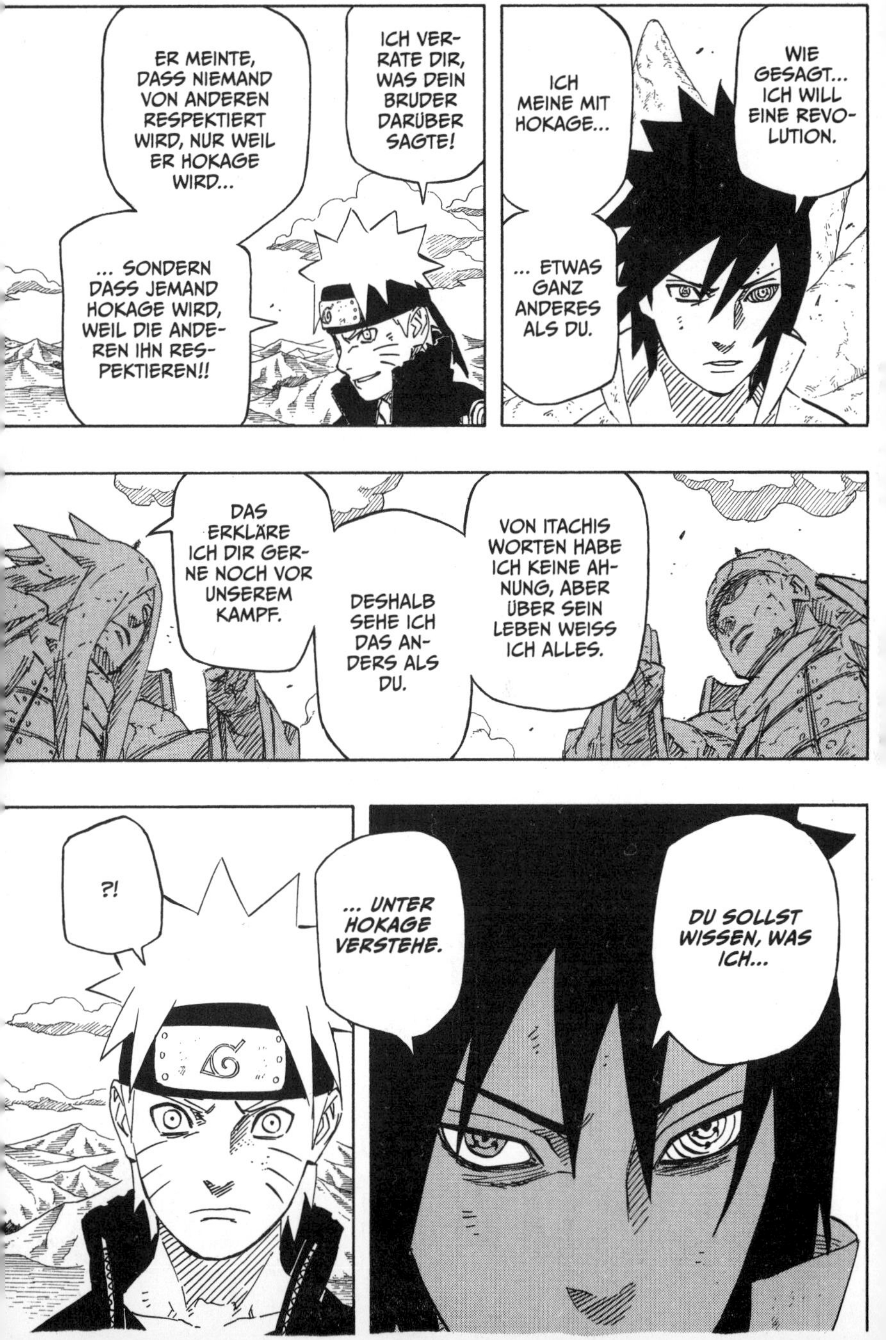
WIE GESAGT... ICH WILL EINE REVOLUTION.
ICH MEINE MIT HOKAGE...
... ETWAS GANZ ANDERES ALS DU.
ICH VERRATE DIR, WAS DEIN BRUDER DARÜBER SAGTE!
ER MEINTE, DASS NIEMAND VON ANDEREN RESPEKTIERT WIRD, NUR WEIL ER HOKAGE WIRD...
... SONDERN DASS JEMAND HOKAGE WIRD, WEIL DIE ANDEREN IHN RESPEKTIEREN!!
VON ITACHIS WORTEN HABE ICH KEINE AHNUNG, ABER ÜBER SEIN LEBEN WEISS ICH ALLES.
DESHALB SEHE ICH DAS ANDERS ALS DU.
DAS ERKLÄRE ICH DIR GERNE NOCH VOR UNSEREM KAMPF.
DU SOLLST WISSEN, WAS ICH...
... UNTER HOKAGE VERSTEHE.
?!

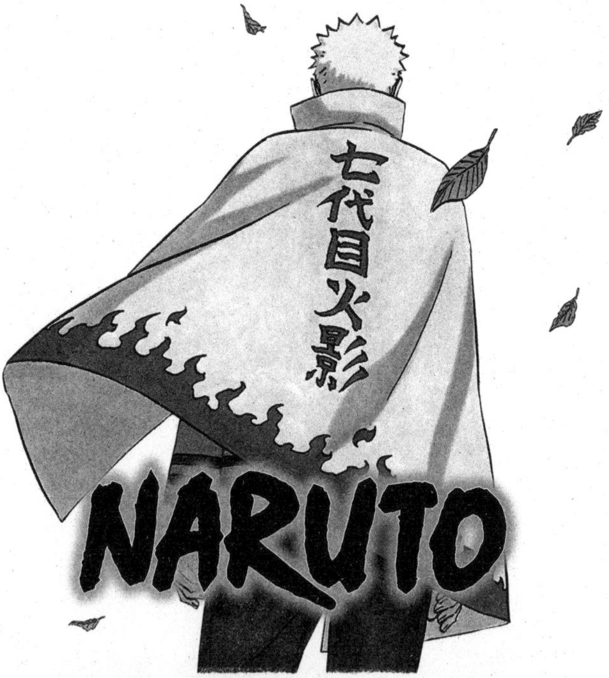
七代目火影
NARUTO

694. Kapitel: Naruto und Sasuke ①

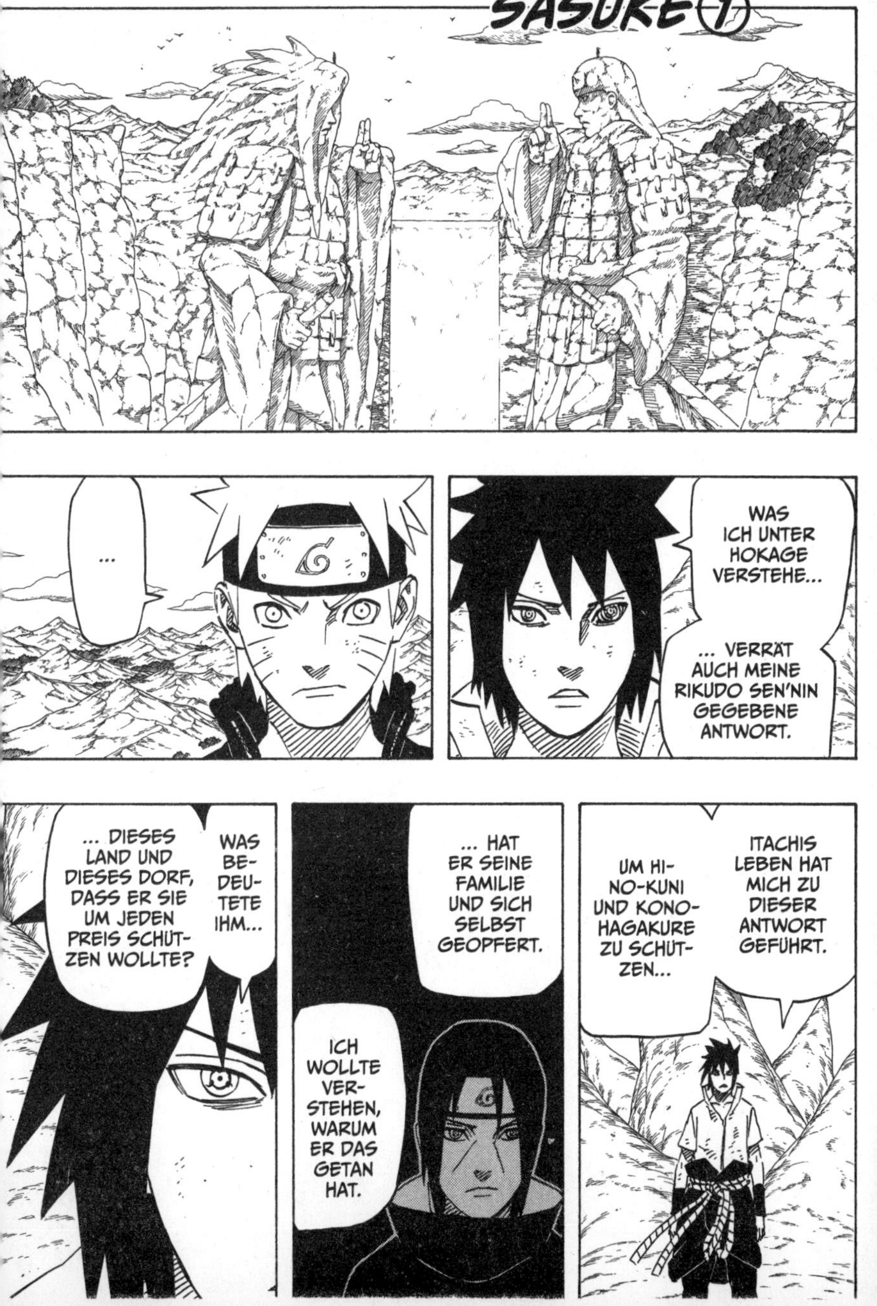

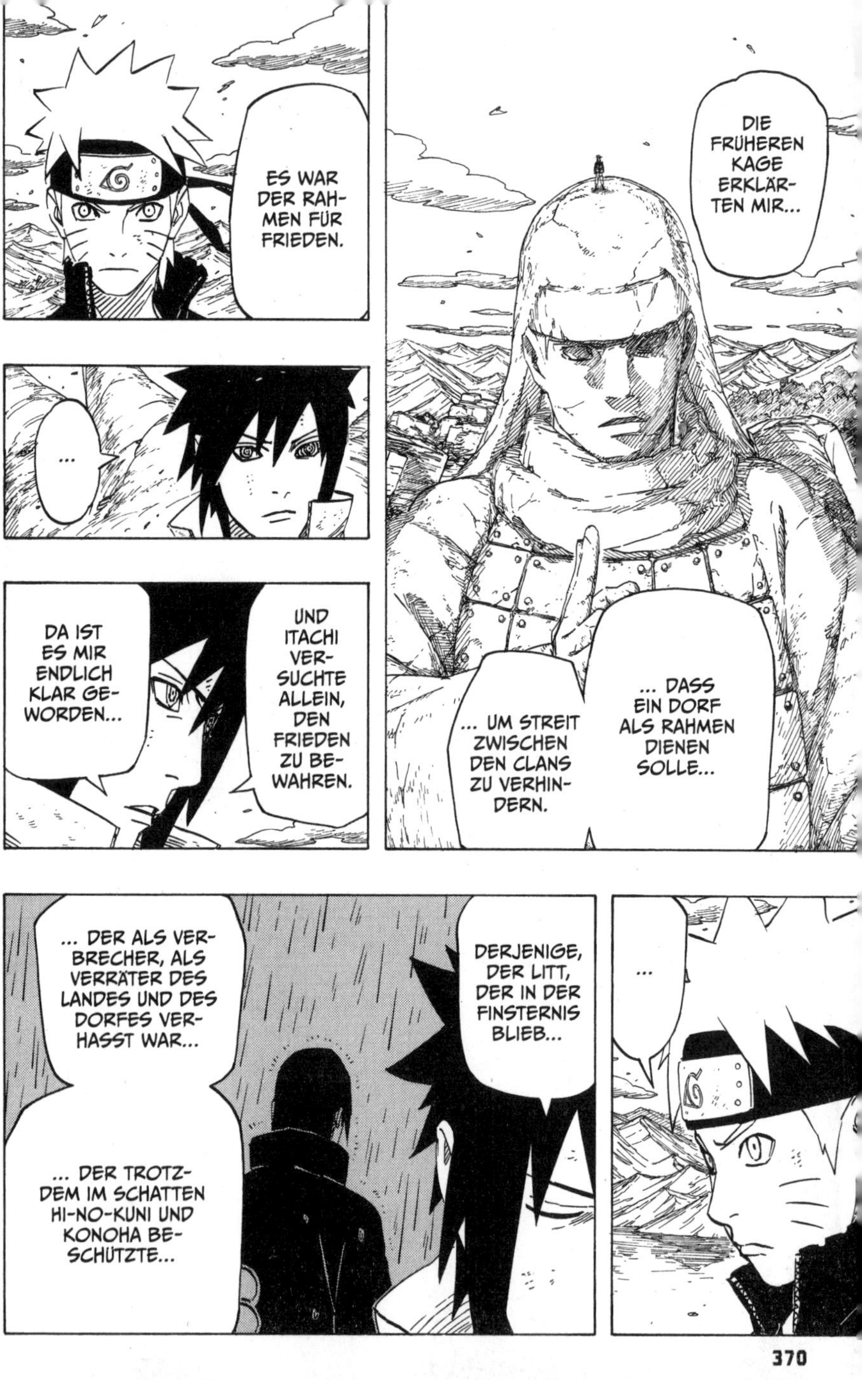
DIE FRÜHEREN KAGE ERKLÄRTEN MIR...
... DASS EIN DORF ALS RAHMEN DIENEN SOLLE...
... UM STREIT ZWISCHEN DEN CLANS ZU VERHINDERN.
ES WAR DER RAHMEN FÜR FRIEDEN.
...
UND ITACHI VERSUCHTE ALLEIN, DEN FRIEDEN ZU BEWAHREN.
DA IST ES MIR ENDLICH KLAR GEWORDEN...
...
DERJENIGE, DER LITT, DER IN DER FINSTERNIS BLIEB...
... DER ALS VERBRECHER, ALS VERRÄTER DES LANDES UND DES DORFES VERHASST WAR...
... DER TROTZDEM IM SCHATTEN HI-NO-KUNI UND KONOHA BESCHÜTZTE...

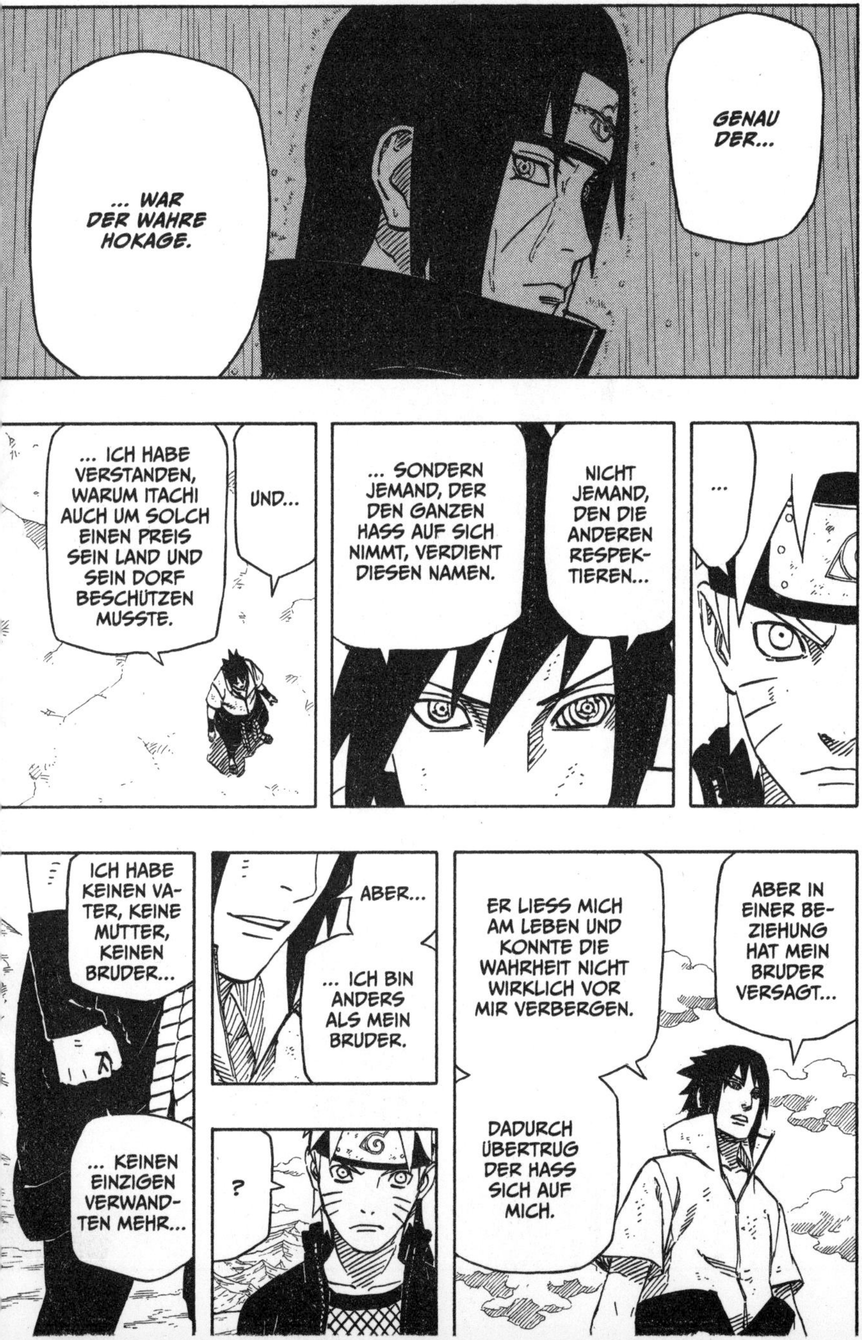
GENAU DER...
... WAR DER WAHRE HOKAGE.
...
NICHT JEMAND, DEN DIE ANDEREN RESPEKTIEREN...
... SONDERN JEMAND, DER DEN GANZEN HASS AUF SICH NIMMT, VERDIENT DIESEN NAMEN.
UND...
... ICH HABE VERSTANDEN, WARUM ITACHI AUCH UM SOLCH EINEN PREIS SEIN LAND UND SEIN DORF BESCHÜTZEN MUSSTE.
ABER IN EINER BEZIEHUNG HAT MEIN BRUDER VERSAGT...
ER LIESS MICH AM LEBEN UND KONNTE DIE WAHRHEIT NICHT WIRKLICH VOR MIR VERBERGEN.
DADURCH ÜBERTRUG DER HASS SICH AUF MICH.
ABER...
... ICH BIN ANDERS ALS MEIN BRUDER.
?
ICH HABE KEINEN VATER, KEINE MUTTER, KEINEN BRUDER...
... KEINEN EINZIGEN VERWANDTEN MEHR...

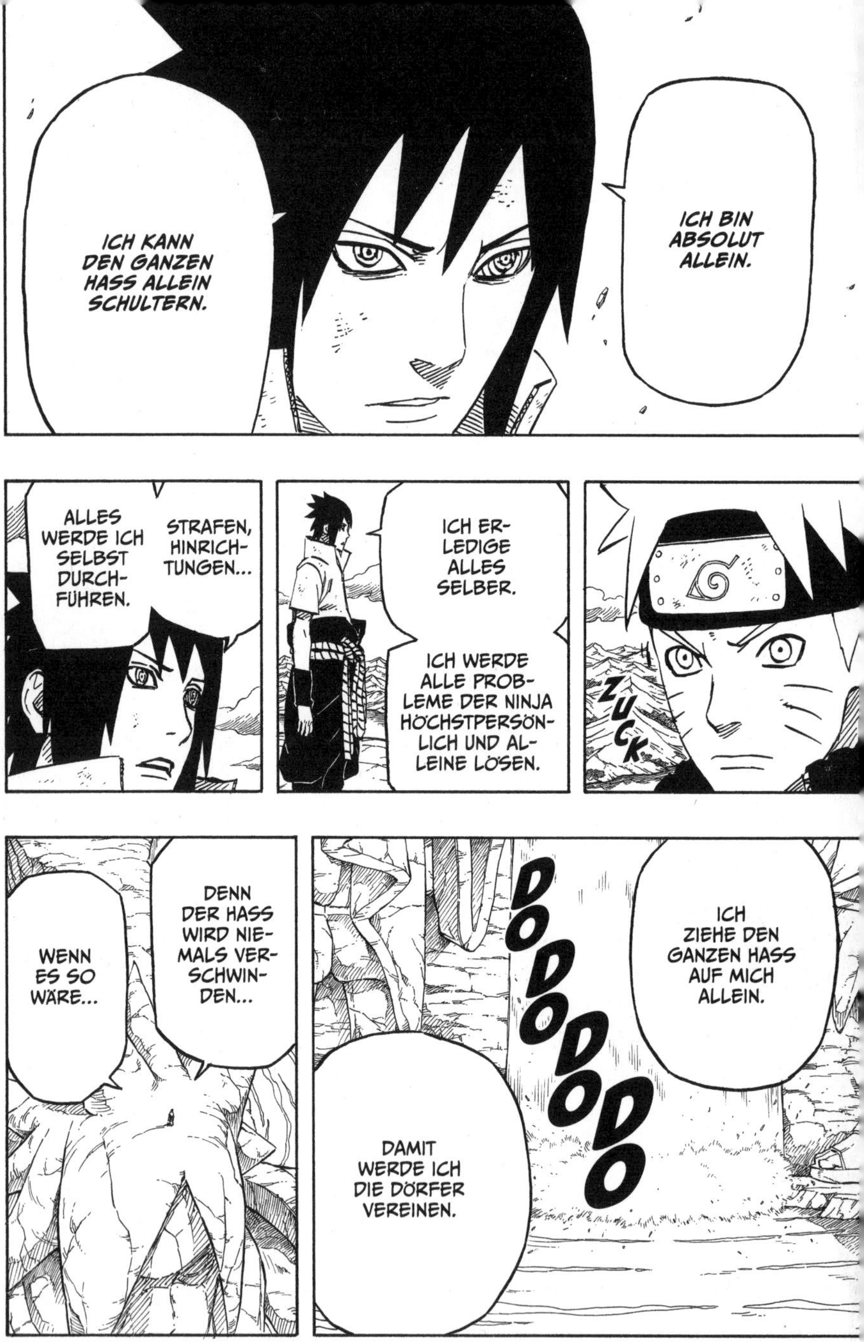
ICH BIN ABSOLUT ALLEIN.
ICH KANN DEN GANZEN HASS ALLEIN SCHULTERN.
ZUCK
ICH ERLEDIGE ALLES SELBER.
ICH WERDE ALLE PROBLEME DER NINJA HÖCHSTPERSÖNLICH UND ALLEINE LÖSEN.
STRAFEN, HINRICHTUNGEN...
ALLES WERDE ICH SELBST DURCHFÜHREN.
ICH ZIEHE DEN GANZEN HASS AUF MICH ALLEIN.
DAMIT WERDE ICH DIE DÖRFER VEREINEN.
DODODODO
DENN DER HASS WIRD NIEMALS VERSCHWINDEN...
WENN ES SO WÄRE...

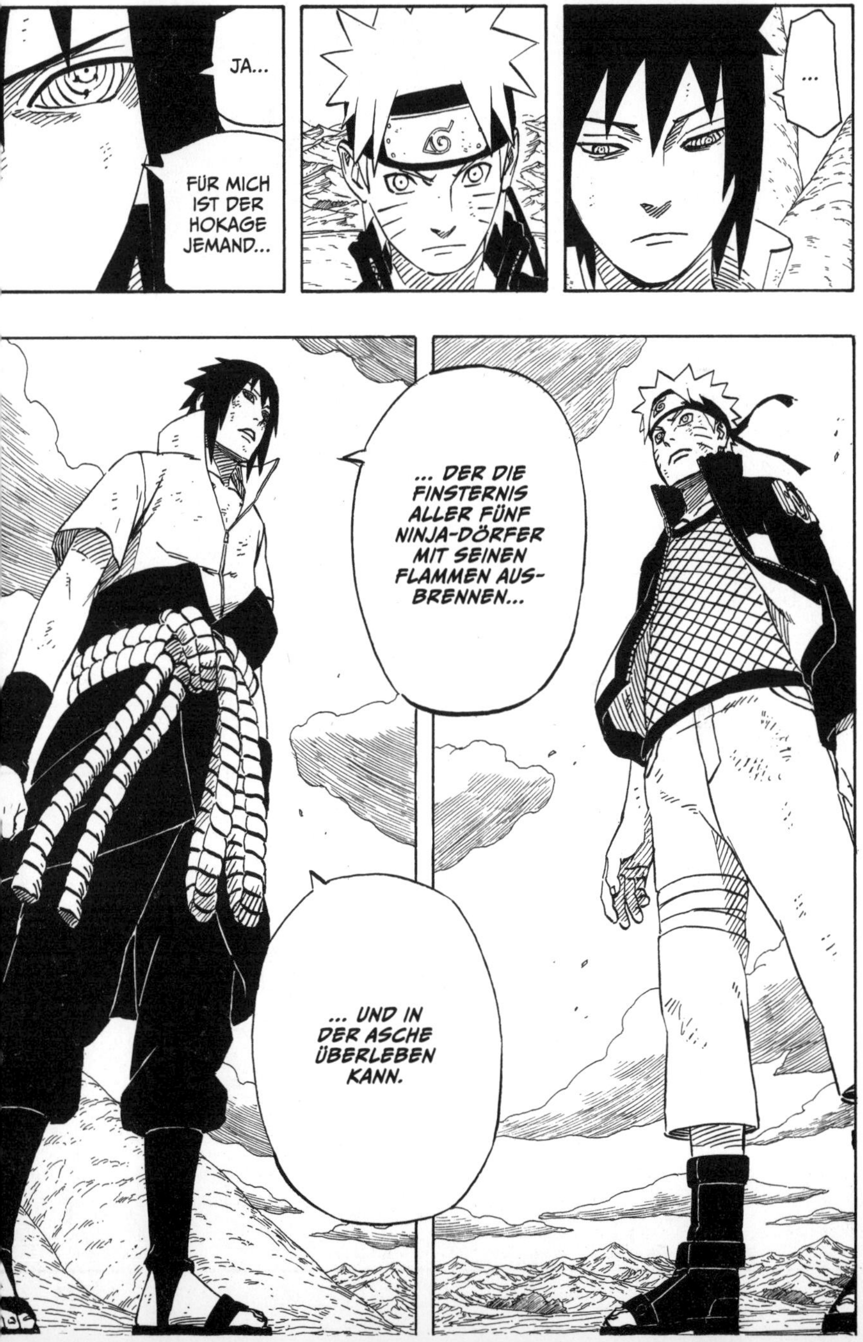
...
JA...
FÜR MICH IST DER HOKAGE JEMAND...
... DER DIE FINSTERNIS ALLER FÜNF NINJA-DÖRFER MIT SEINEN FLAMMEN AUS-BRENNEN...
... UND IN DER ASCHE ÜBERLEBEN KANN.

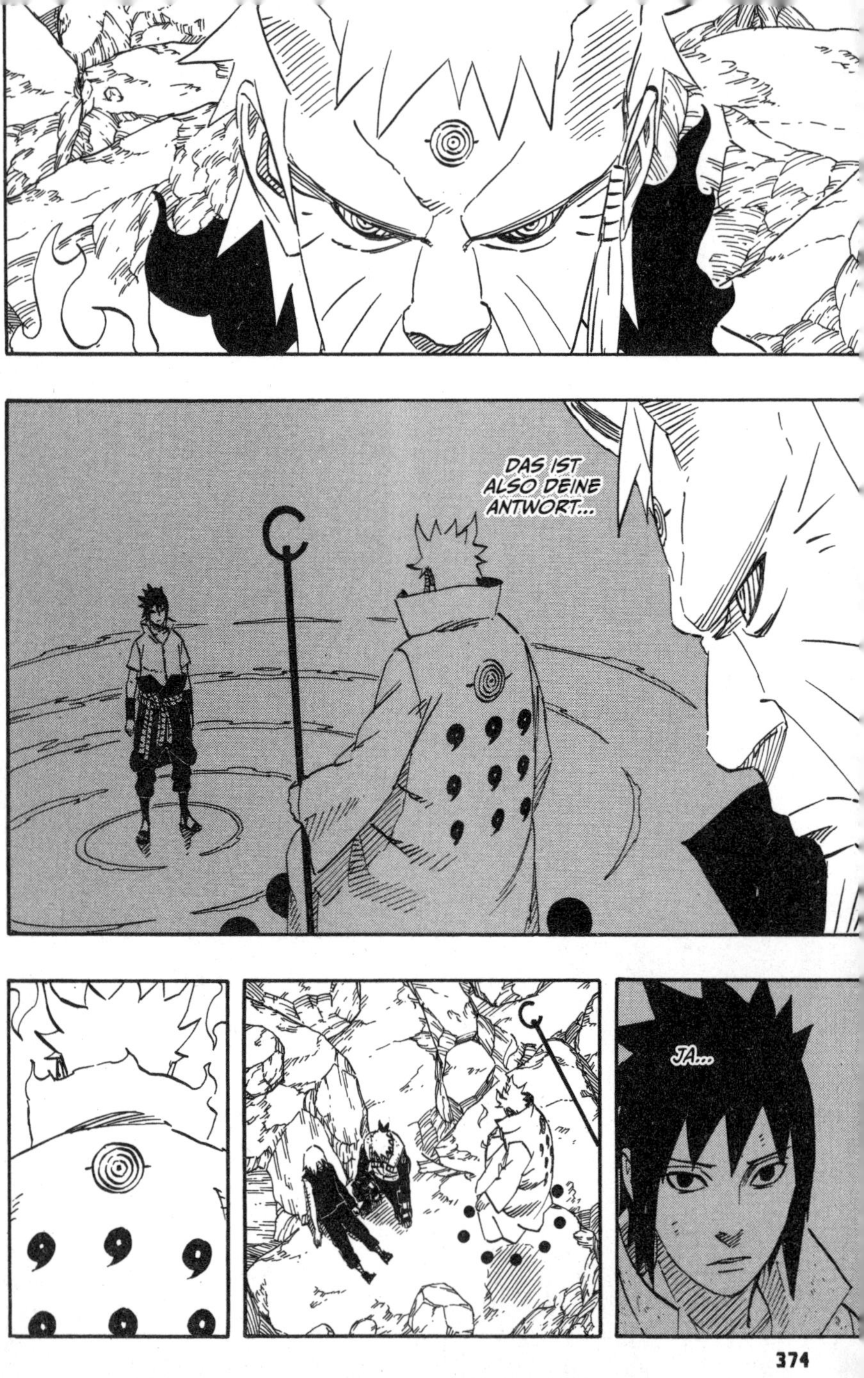

DAS IST ALSO DEINE ANTWORT...
JA...

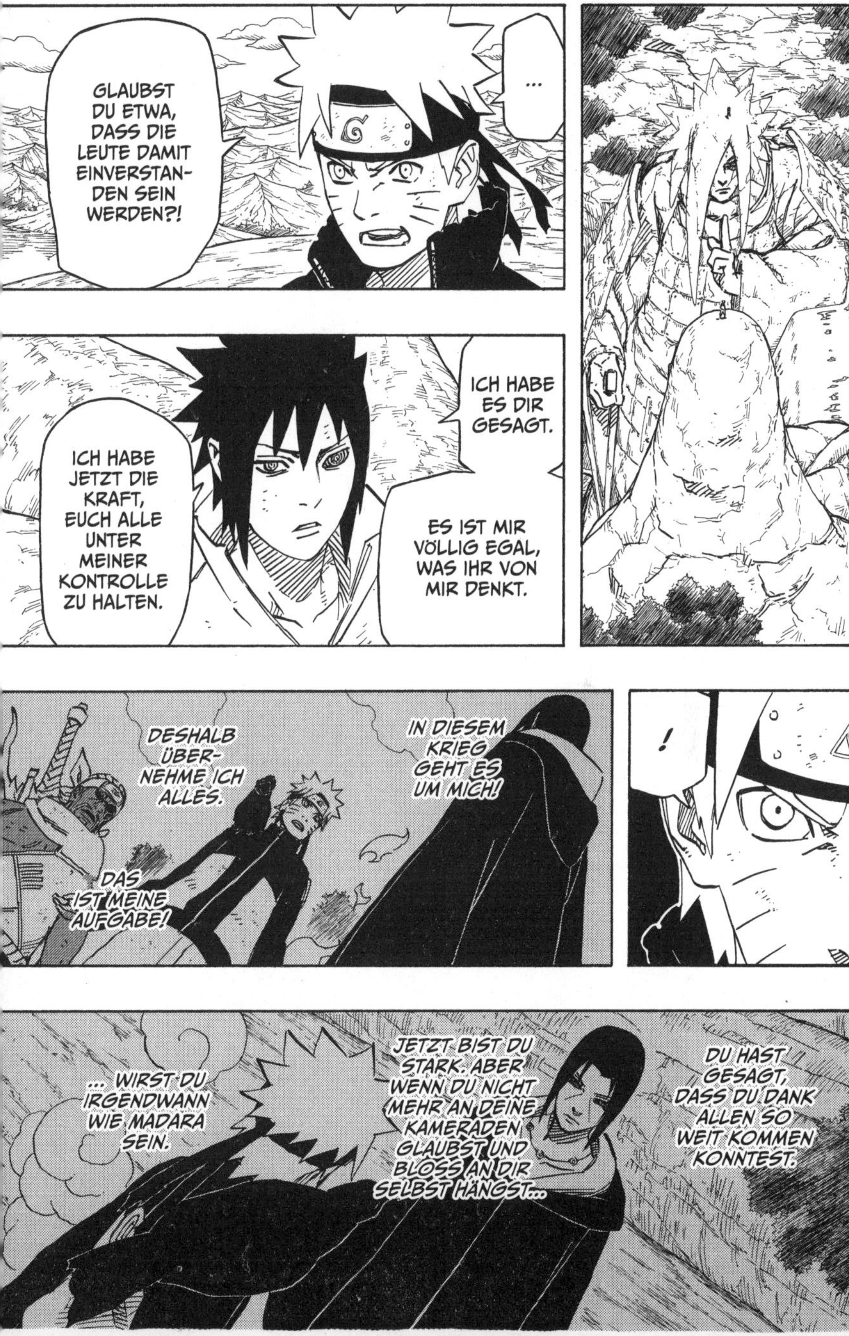
...
GLAUBST DU ETWA, DASS DIE LEUTE DAMIT EINVERSTANDEN SEIN WERDEN?!
ICH HABE ES DIR GESAGT.
ES IST MIR VÖLLIG EGAL, WAS IHR VON MIR DENKT.
ICH HABE JETZT DIE KRAFT, EUCH ALLE UNTER MEINER KONTROLLE ZU HALTEN.
!
IN DIESEM KRIEG GEHT ES UM MICH!
DESHALB ÜBERNEHME ICH ALLES.
DAS IST MEINE AUFGABE!
DU HAST GESAGT, DASS DU DANK ALLEN SO WEIT KOMMEN KONNTEST.
JETZT BIST DU STARK. ABER WENN DU NICHT MEHR AN DEINE KAMERADEN GLAUBST UND BLOSS AN DIR SELBST HÄNGST...
... WIRST DU IRGENDWANN WIE MADARA SEIN.

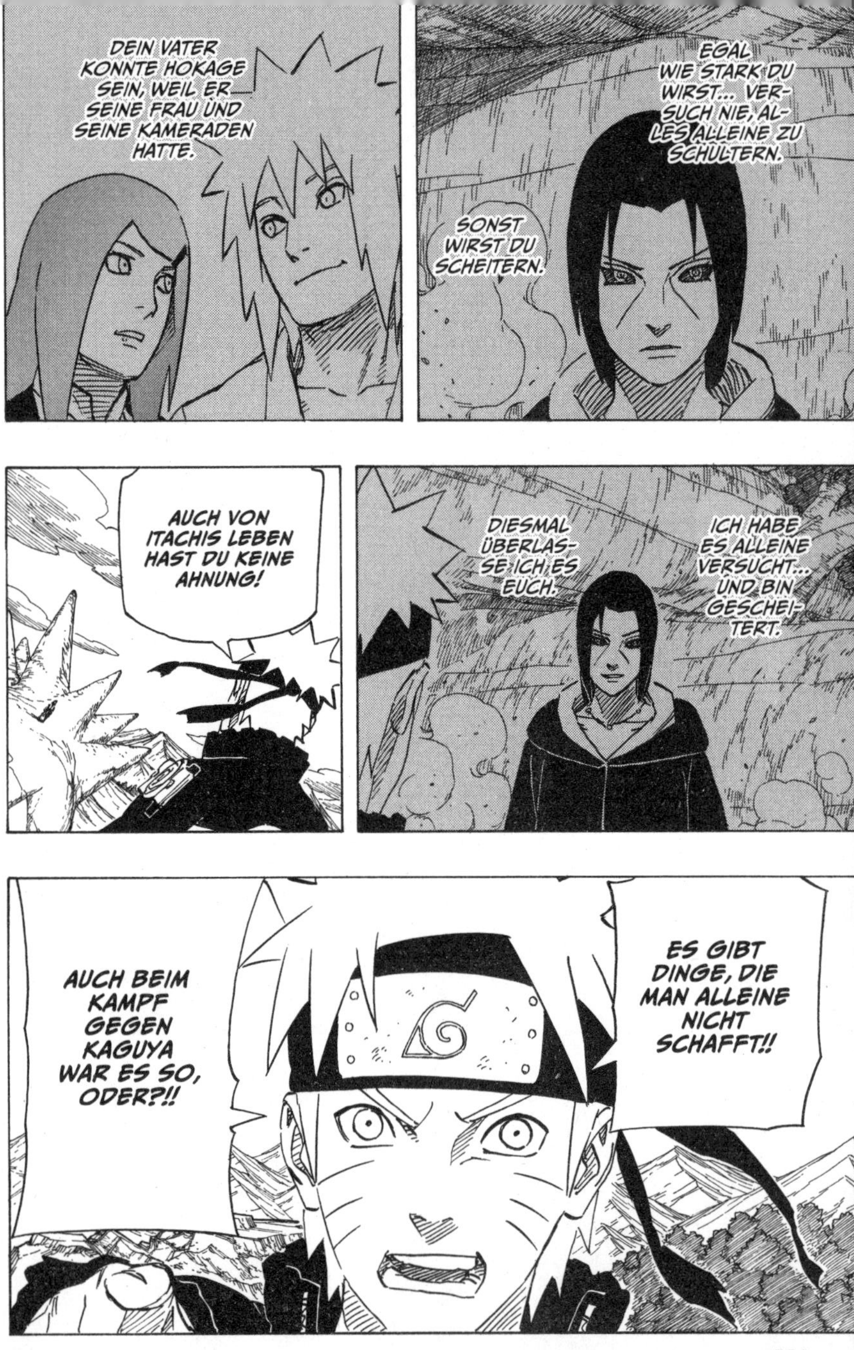
EGAL WIE STARK DU WIRST... VER-SUCH NIE, AL-LES ALLEINE ZU SCHULTERN.
SONST WIRST DU SCHEITERN.
DEIN VATER KONNTE HOKAGE SEIN, WEIL ER SEINE FRAU UND SEINE KAMERADEN HATTE.
ICH HABE ES ALLEINE VERSUCHT... UND BIN GESCHEI-TERT.
DIESMAL ÜBERLAS-SE ICH ES EUCH.
AUCH VON ITACHIS LEBEN HAST DU KEINE AHNUNG!
ES GIBT DINGE, DIE MAN ALLEINE NICHT SCHAFFT!!
AUCH BEIM KAMPF GEGEN KAGUYA WAR ES SO, ODER?!!

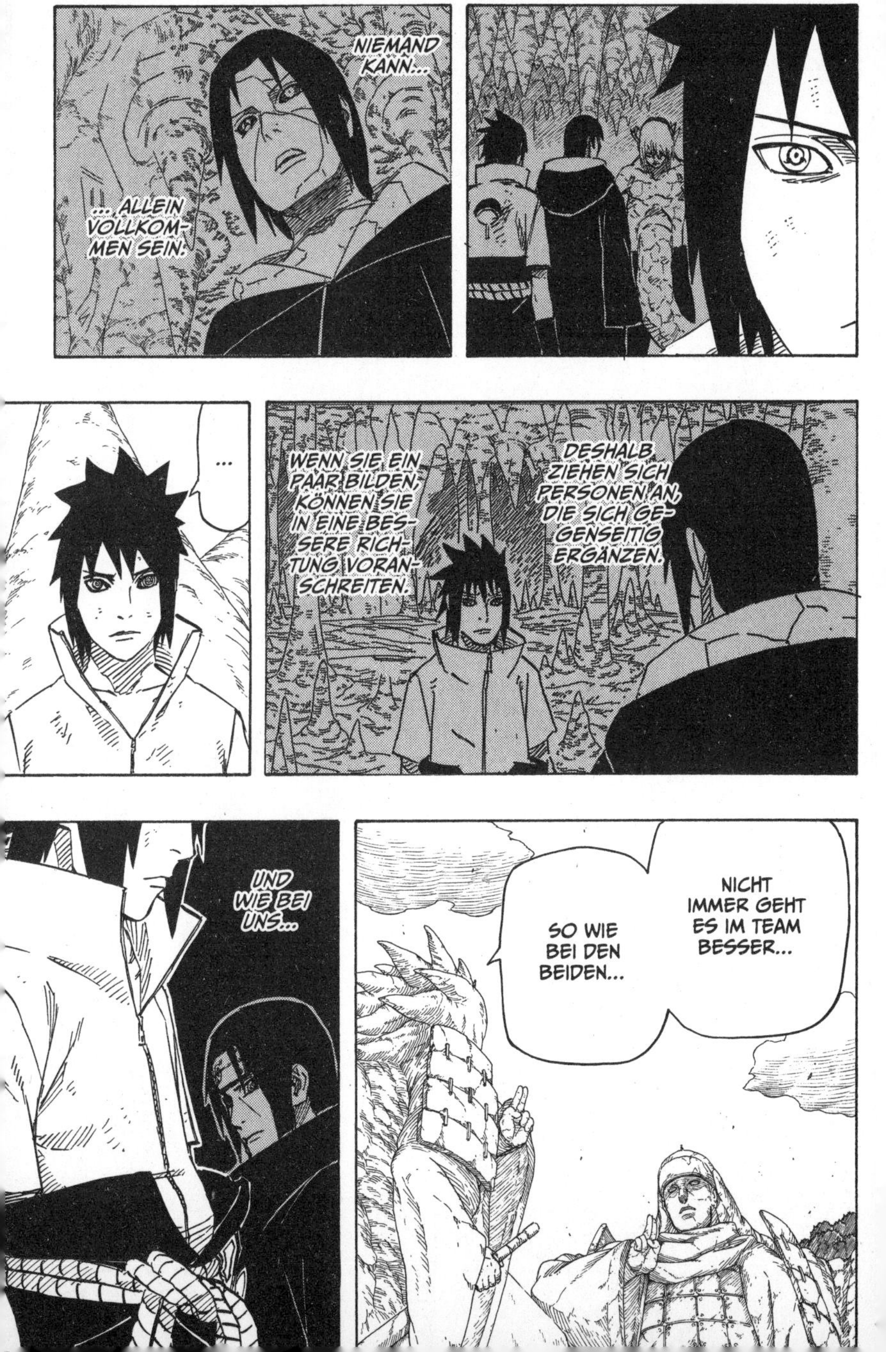
NIEMAND KANN...
... ALLEIN VOLLKOMMEN SEIN.
DESHALB ZIEHEN SICH PERSONEN AN, DIE SICH GEGENSEITIG ERGÄNZEN.
WENN SIE EIN PAAR BILDEN, KÖNNEN SIE IN EINE BESSERE RICHTUNG VORANSCHREITEN.
...
NICHT IMMER GEHT ES IM TEAM BESSER...
SO WIE BEI DEN BEIDEN...
UND WIE BEI UNS...

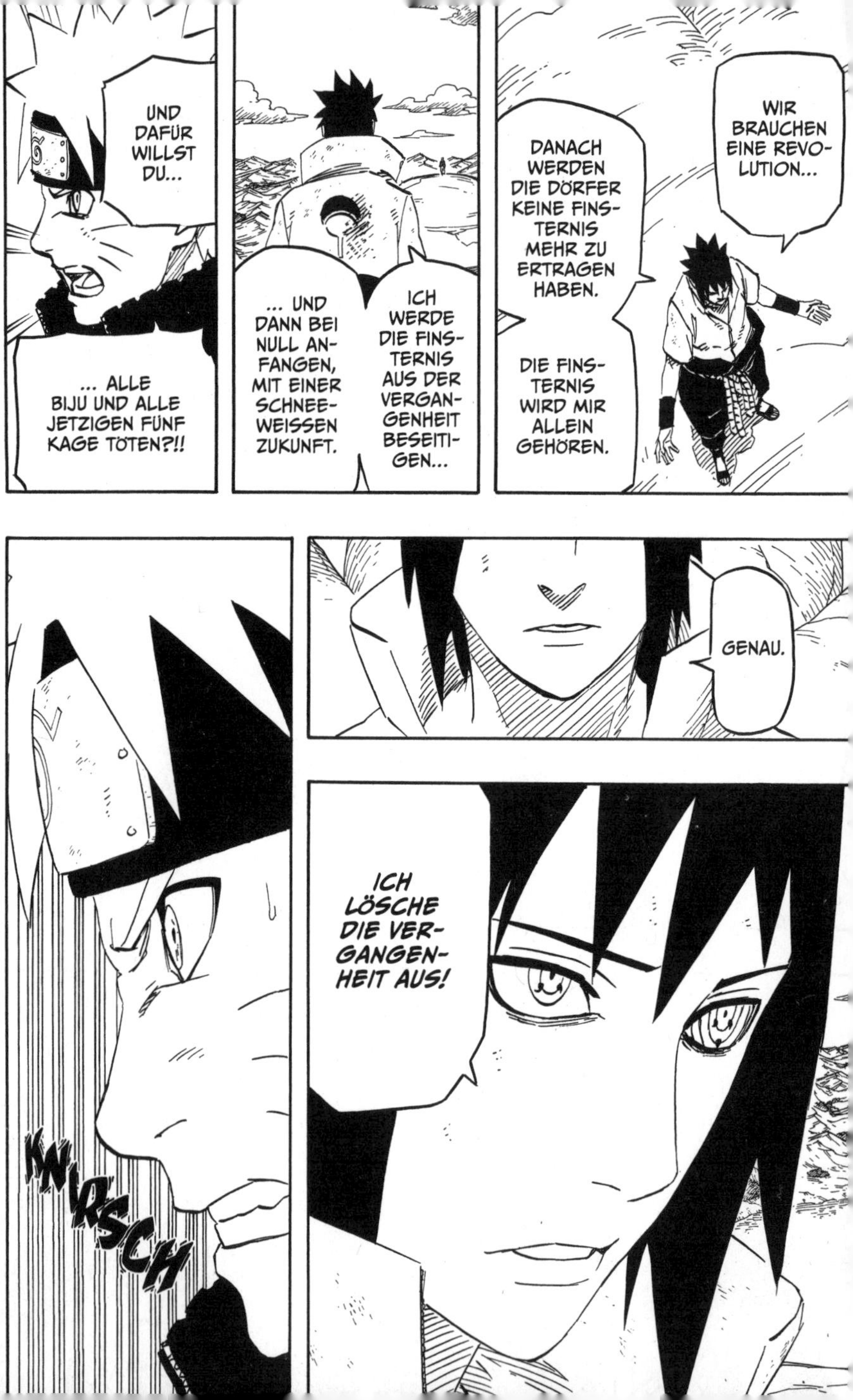
WIR BRAUCHEN EINE REVOLUTION...
DANACH WERDEN DIE DÖRFER KEINE FINSTERNIS MEHR ZU ERTRAGEN HABEN.
DIE FINSTERNIS WIRD MIR ALLEIN GEHÖREN.
ICH WERDE DIE FINSTERNIS AUS DER VERGANGENHEIT BESEITIGEN...
... UND DANN BEI NULL ANFANGEN, MIT EINER SCHNEEWEISSEN ZUKUNFT.
UND DAFÜR WILLST DU...
... ALLE BIJU UND ALLE JETZIGEN FÜNF KAGE TÖTEN?!!
GENAU.
ICH LÖSCHE DIE VERGANGENHEIT AUS!
KNIRSCH

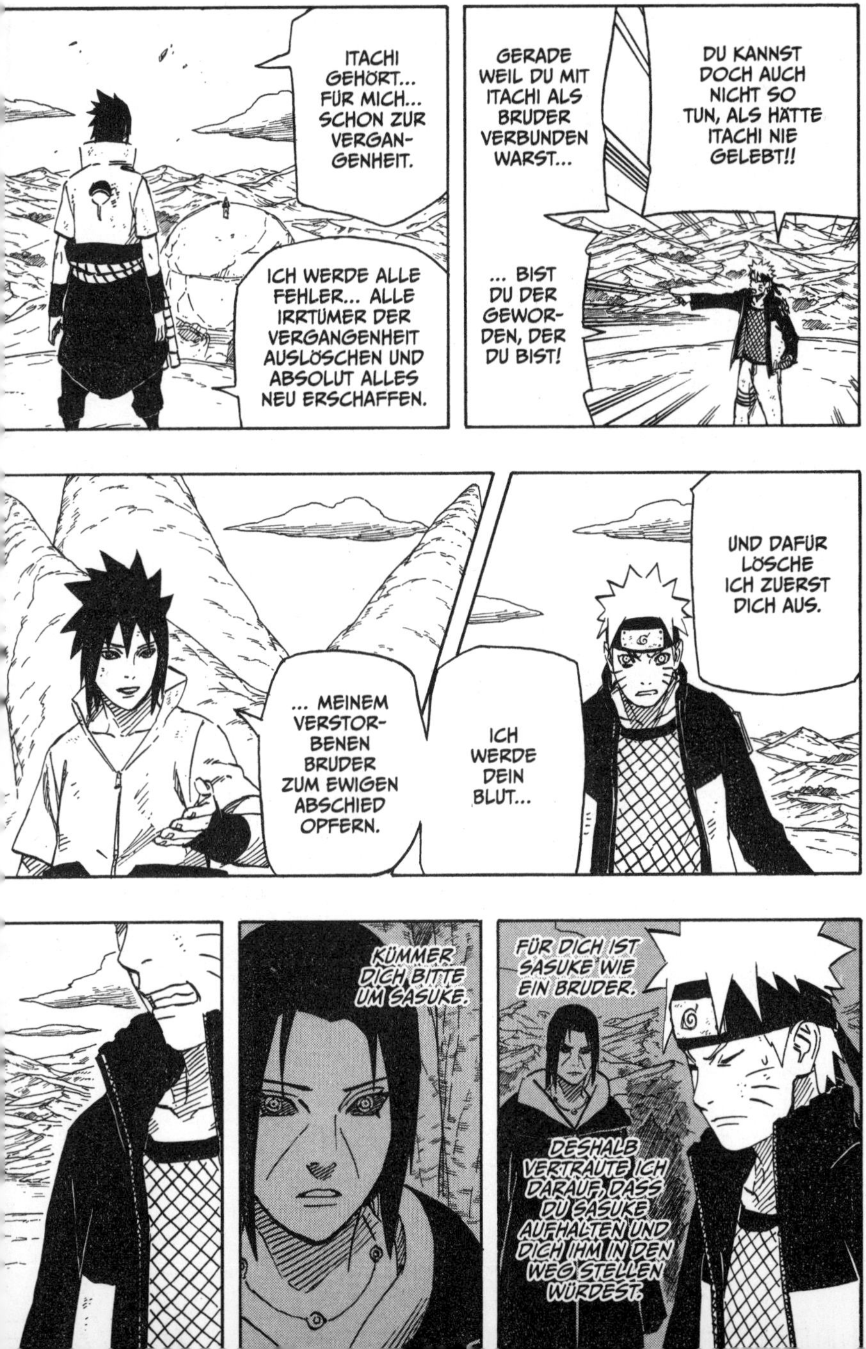
DU KANNST DOCH AUCH NICHT SO TUN, ALS HÄTTE ITACHI NIE GELEBT!!
GERADE WEIL DU MIT ITACHI ALS BRUDER VERBUNDEN WARST...
... BIST DU DER GEWORDEN, DER DU BIST!
ITACHI GEHÖRT... FÜR MICH... SCHON ZUR VERGANGENHEIT.
ICH WERDE ALLE FEHLER... ALLE IRRTÜMER DER VERGANGENHEIT AUSLÖSCHEN UND ABSOLUT ALLES NEU ERSCHAFFEN.
UND DAFÜR LÖSCHE ICH ZUERST DICH AUS.
ICH WERDE DEIN BLUT...
... MEINEM VERSTORBENEN BRUDER ZUM EWIGEN ABSCHIED OPFERN.
FÜR DICH IST SASUKE WIE EIN BRUDER.
DESHALB VERTRAUTE ICH DARAUF, DASS DU SASUKE AUFHALTEN UND DICH IHM IN DEN WEG STELLEN WÜRDEST.
KÜMMER DICH BITTE UM SASUKE.

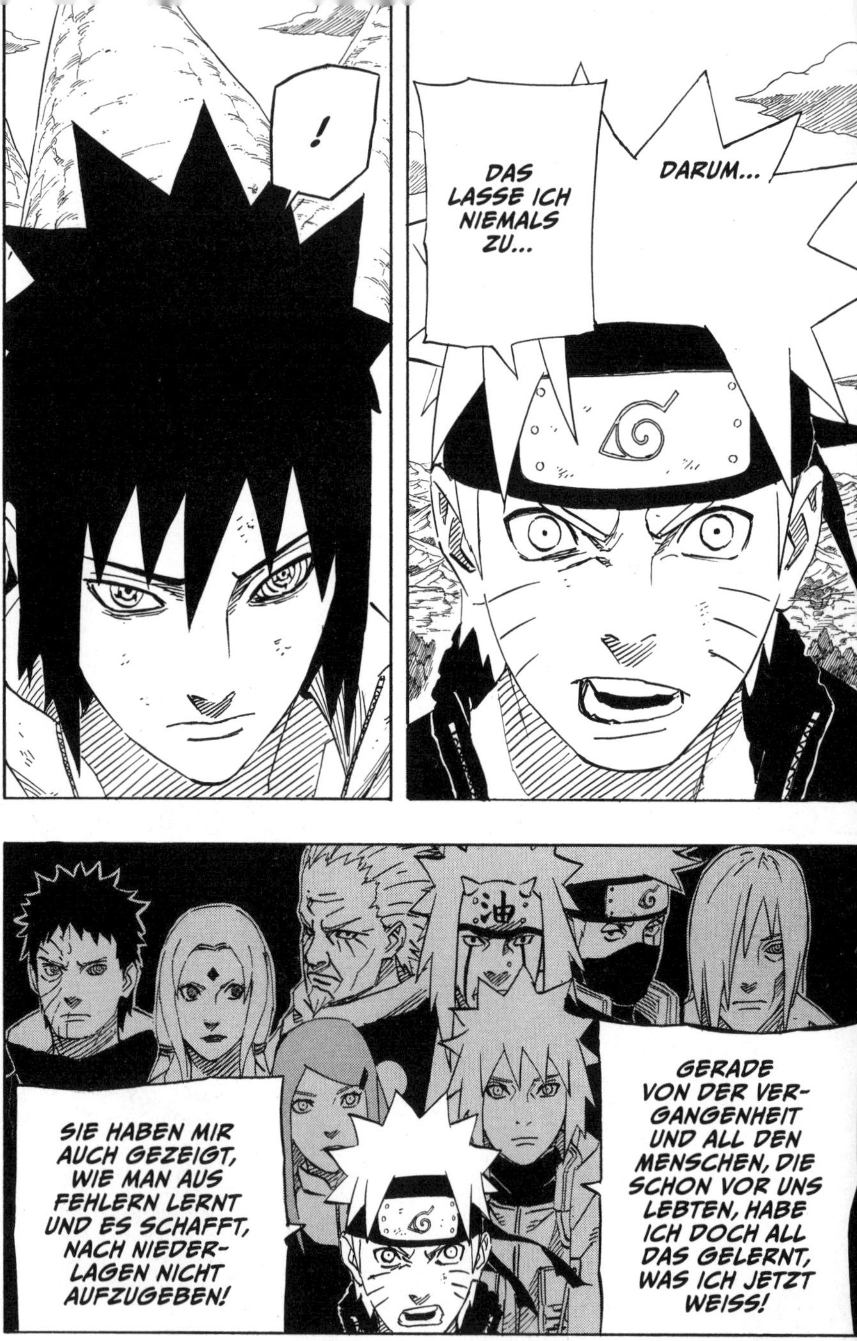
DARUM...
DAS LASSE ICH NIEMALS ZU...
!
GERADE VON DER VERGANGENHEIT UND ALL DEN MENSCHEN, DIE SCHON VOR UNS LEBTEN, HABE ICH DOCH ALL DAS GELERNT, WAS ICH JETZT WEISS!
SIE HABEN MIR AUCH GEZEIGT, WIE MAN AUS FEHLERN LERNT UND ES SCHAFFT, NACH NIEDERLAGEN NICHT AUFZUGEBEN!

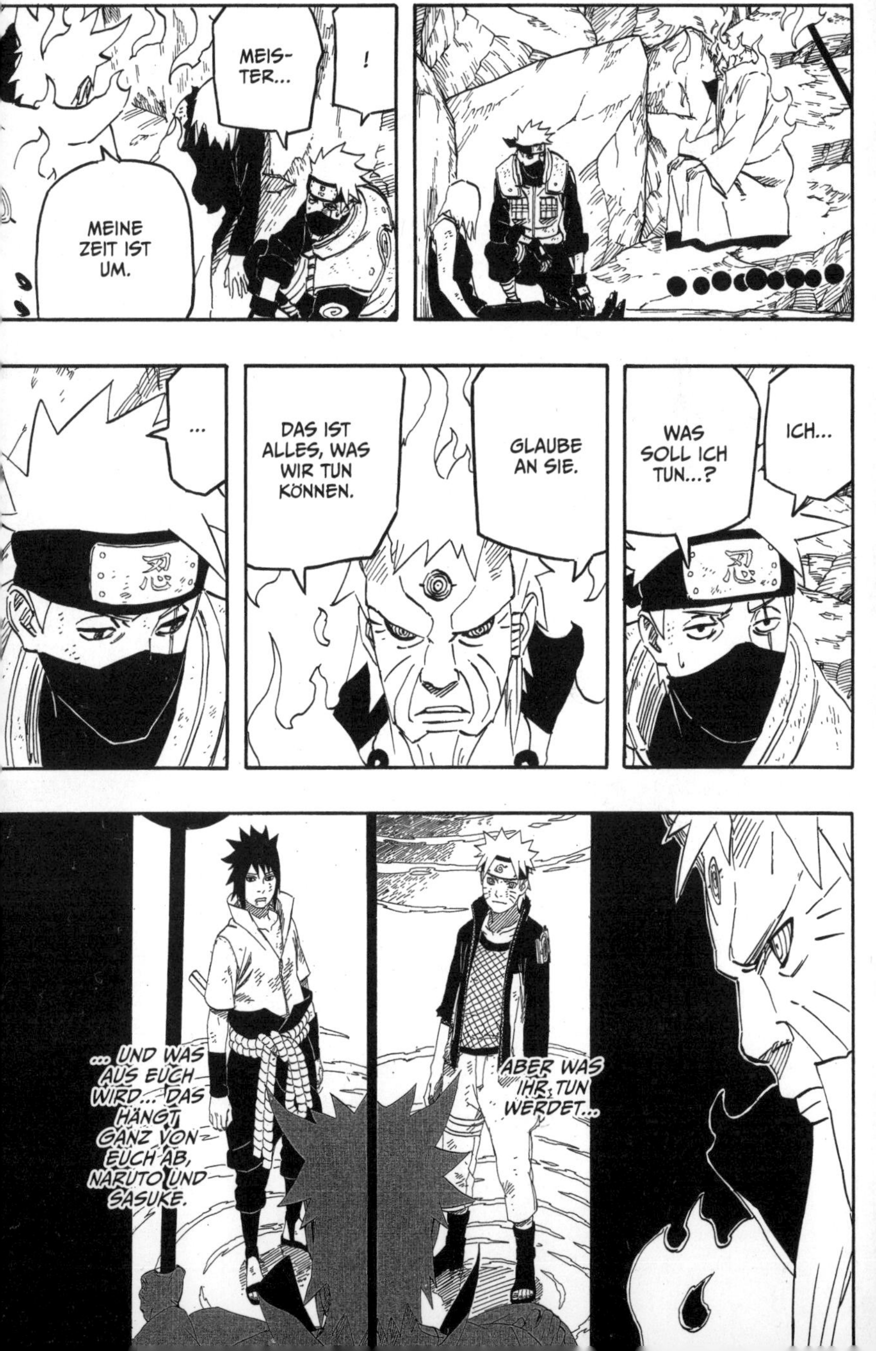
!
MEIS-
TER...
MEINE
ZEIT IST
UM.
....
ICH...
WAS
SOLL ICH
TUN...?
GLAUBE
AN SIE.
DAS IST
ALLES, WAS
WIR TUN
KÖNNEN.
...
ABER WAS
IHR TUN
WERDET...
... UND WAS
AUS EUCH
WIRD... DAS
HÄNGT
GANZ VON
EUCH AB,
NARUTO UND
SASUKE.

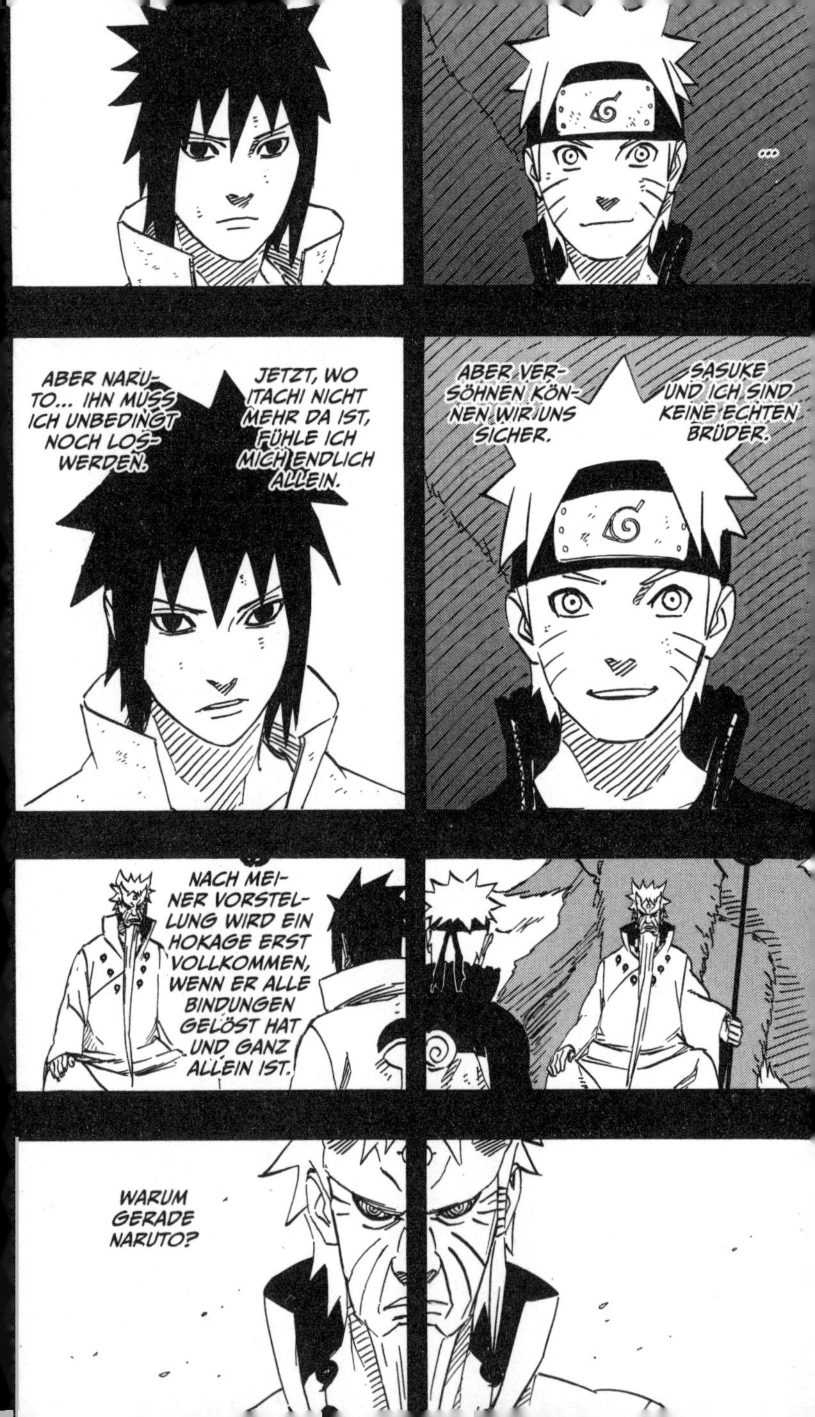
...
SASUKE UND ICH SIND KEINE ECHTEN BRÜDER.
ABER VERSÖHNEN KÖNNEN WIR UNS SICHER.
JETZT, WO ITACHI NICHT MEHR DA IST, FÜHLE ICH MICH ENDLICH ALLEIN.
ABER NARUTO... IHN MUSS ICH UNBEDINGT NOCH LOSWERDEN.
NACH MEINER VORSTELLUNG WIRD EIN HOKAGE ERST VOLLKOMMEN, WENN ER ALLE BINDUNGEN GELÖST HAT UND GANZ ALLEIN IST.
WARUM GERADE NARUTO?

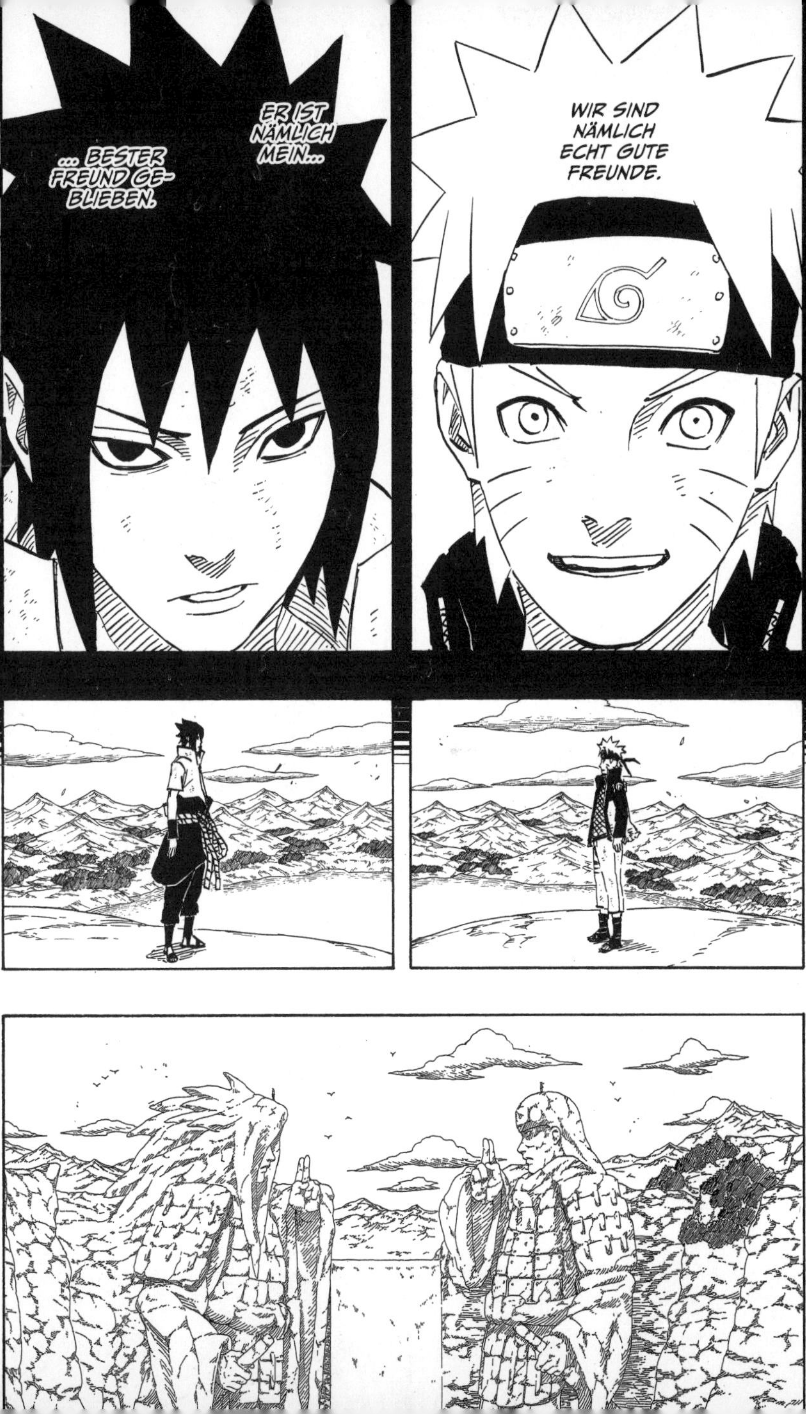
WIR SIND NÄMLICH ECHT GUTE FREUNDE.
ER IST NÄMLICH MEIN...
... BESTER FREUND GE-BLIEBEN.

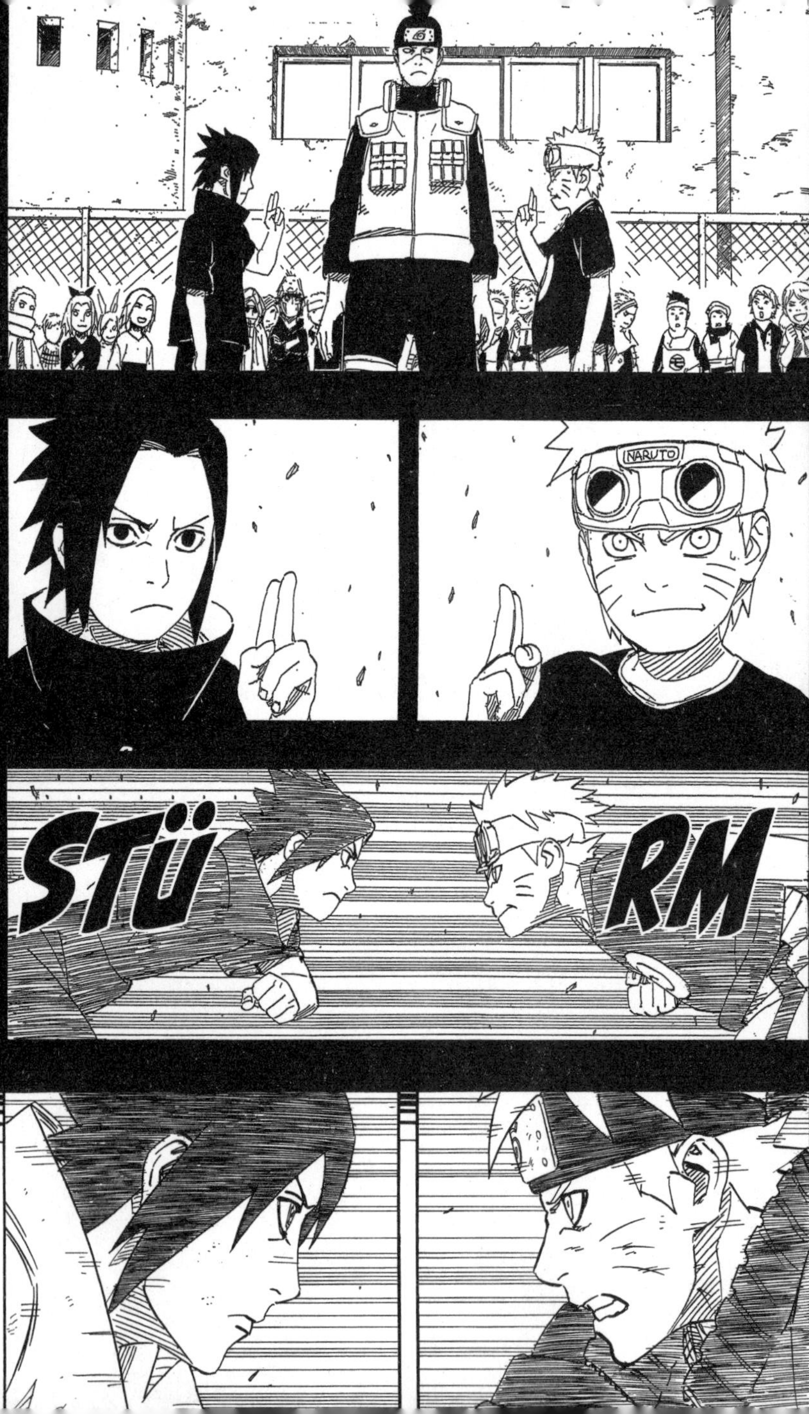

NARUTO
STÜ
RM

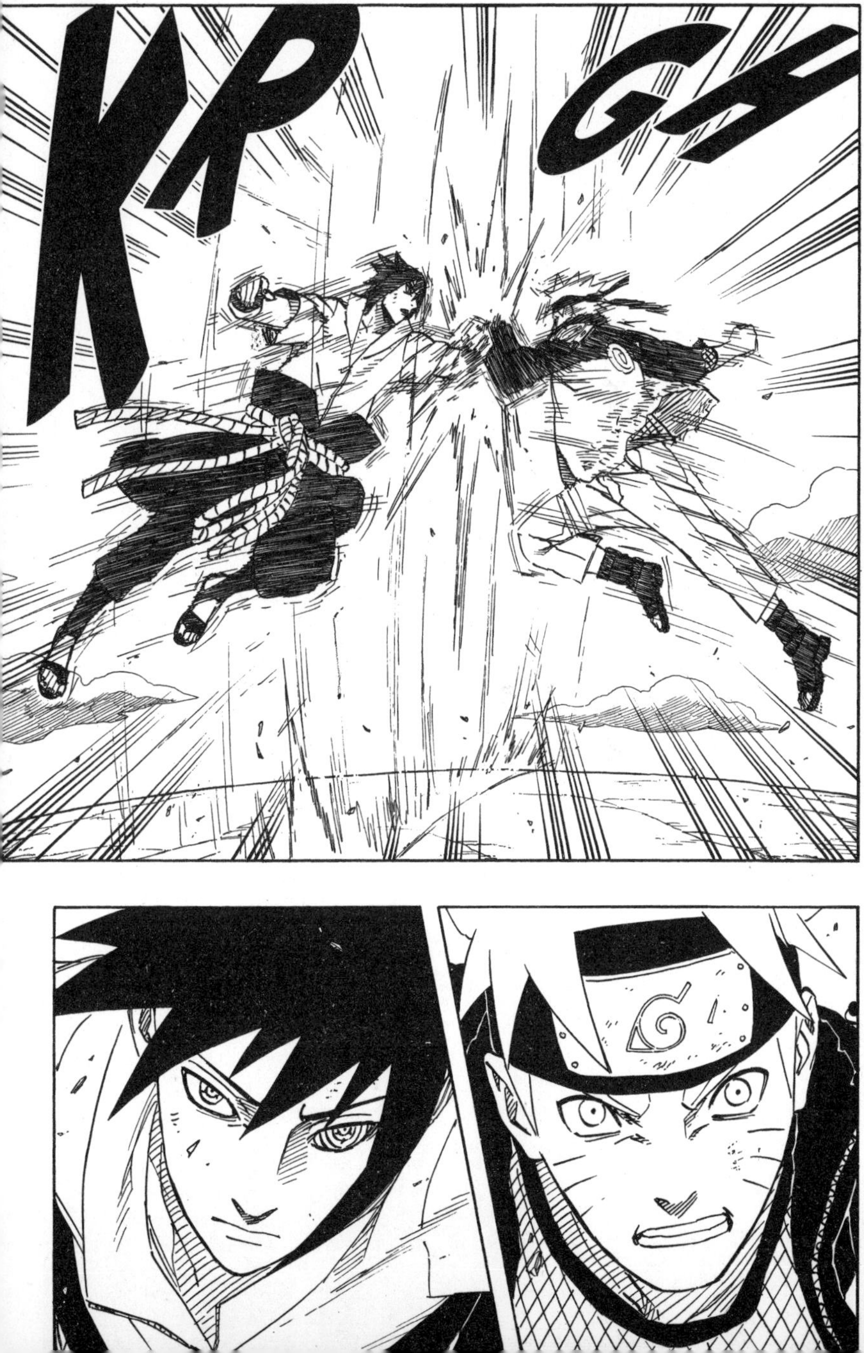

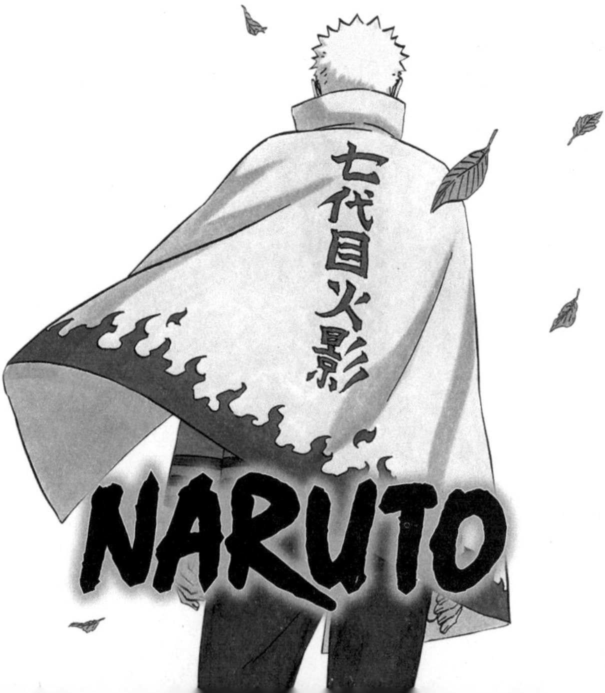
七代目火影
NARUTO

695. Kapitel: Naruto und Sasuke (2)

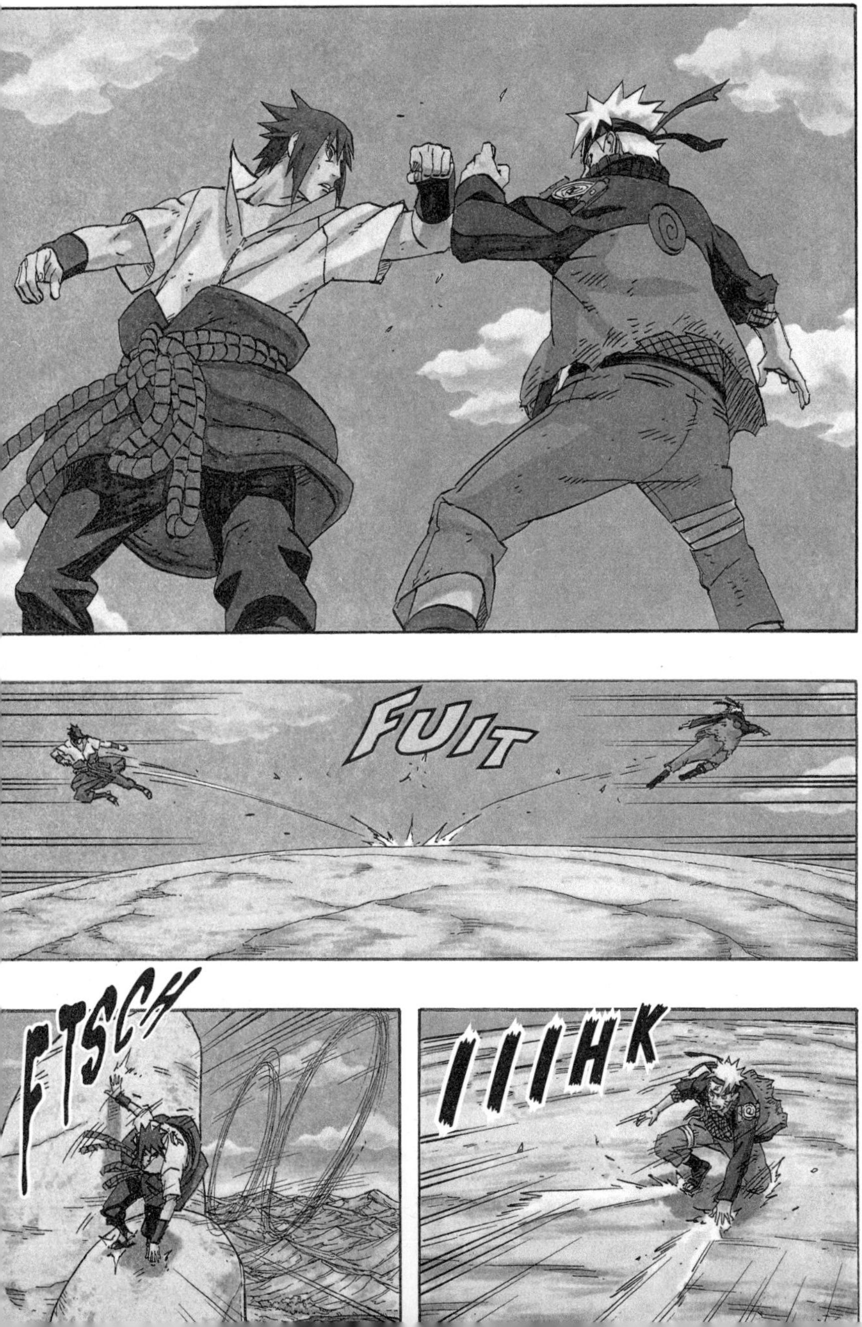

SASUKE ②

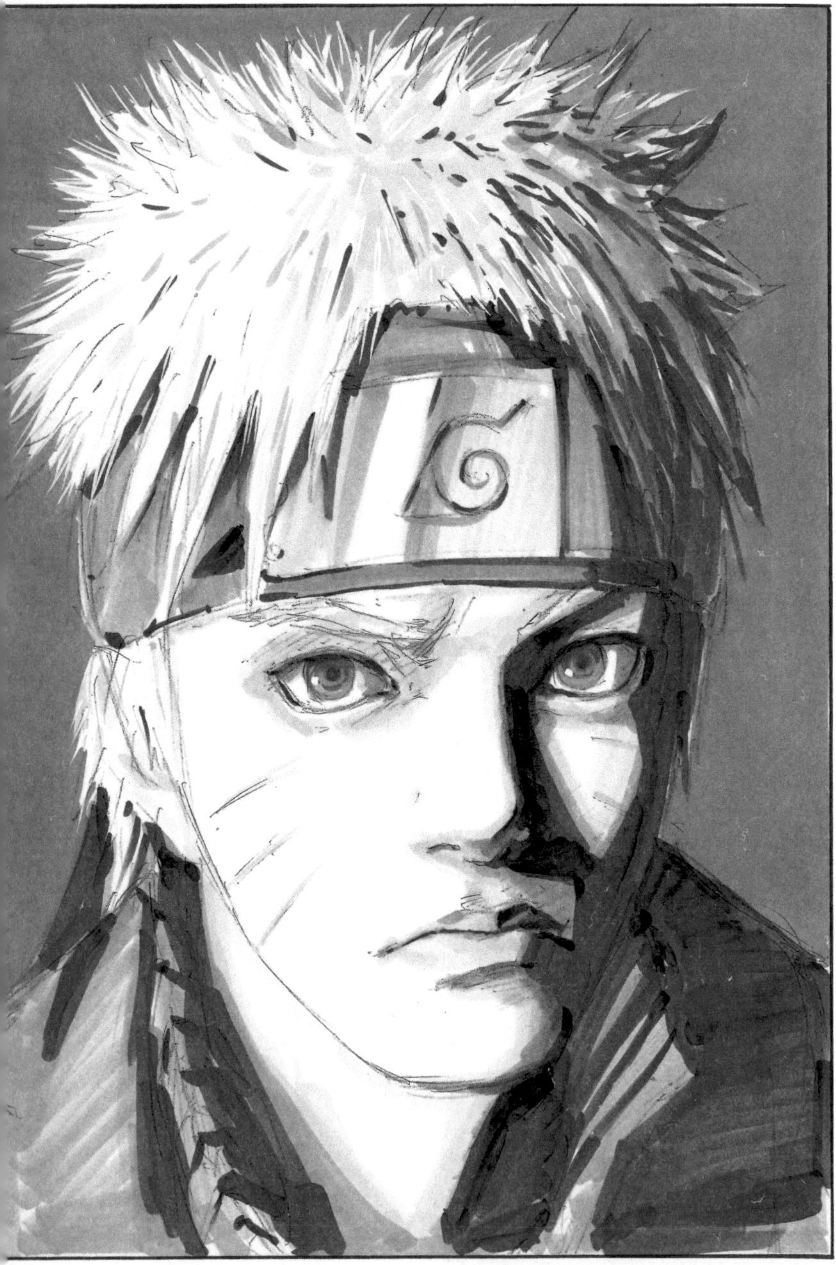

695. KAPITEL: NARUTO UND

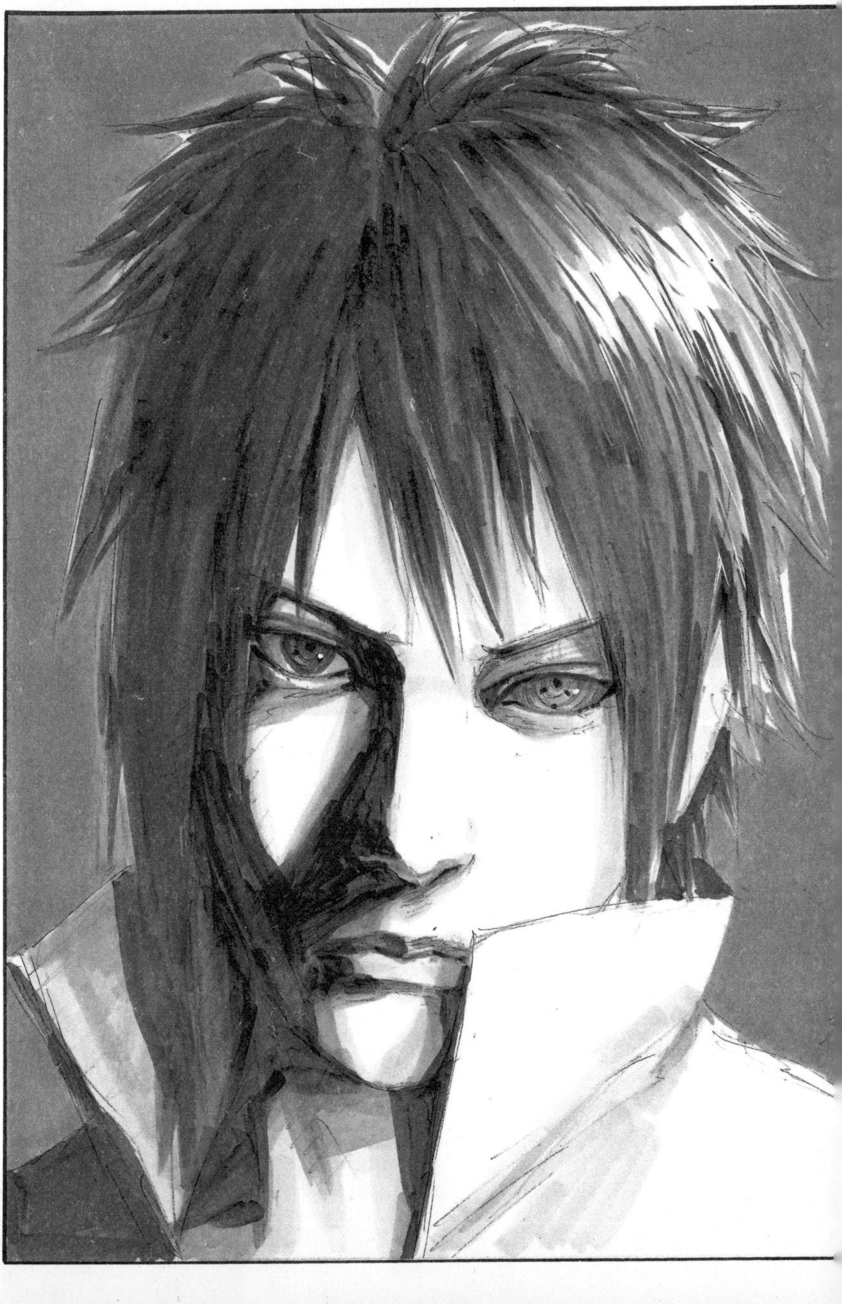

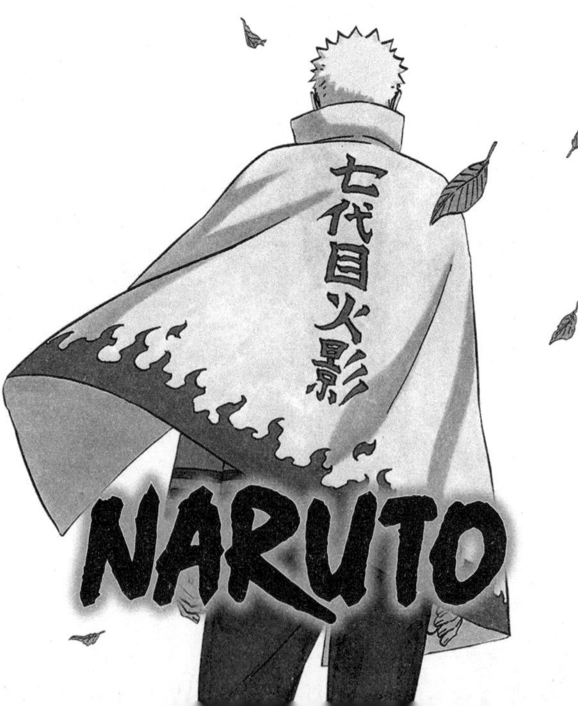
七代目火影
NARUTO

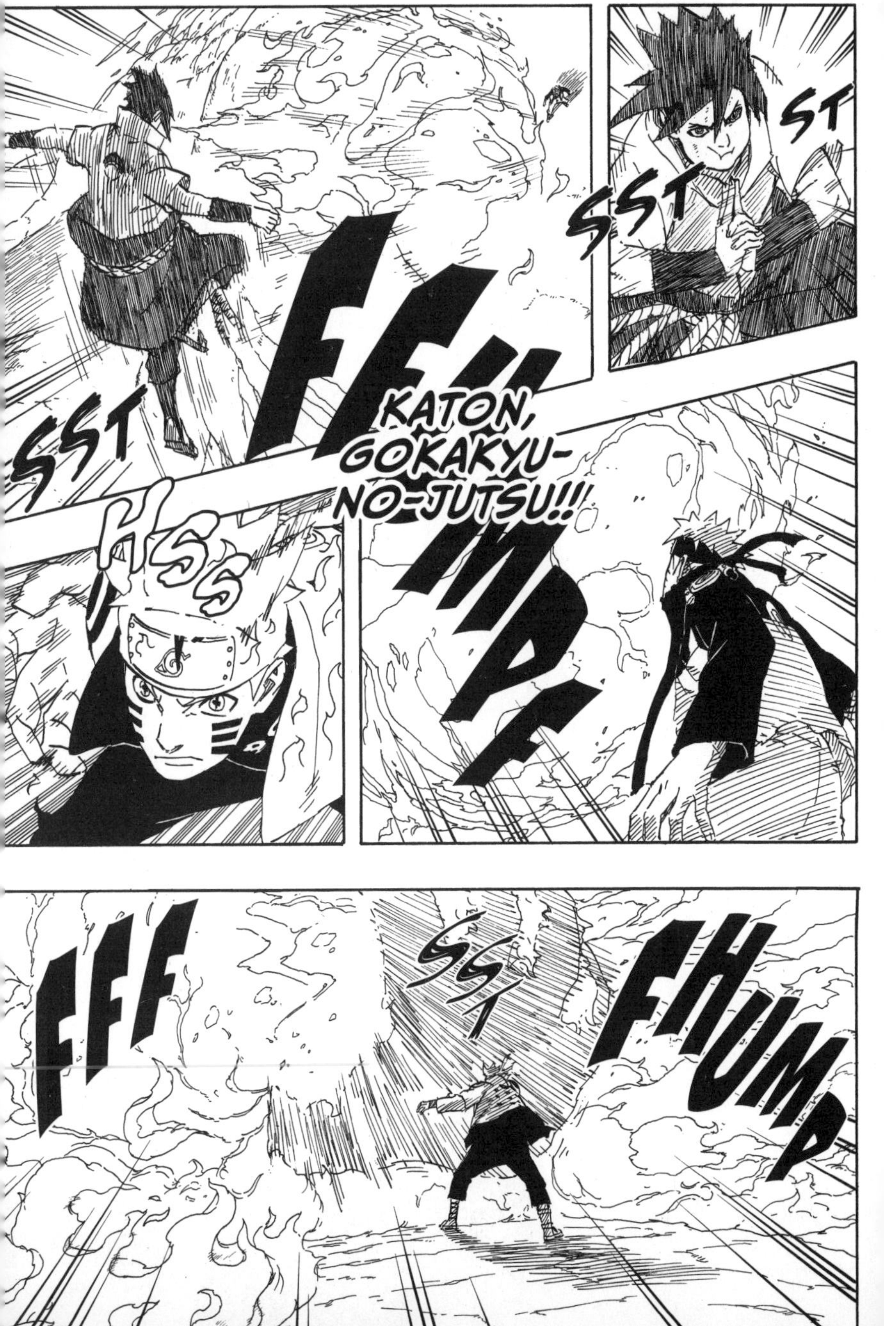
ST
SST
SST
FFUMPF
KATON, GOKAKYU-NO-JUTSU!!
HSS
FHUMP
SST
FFF

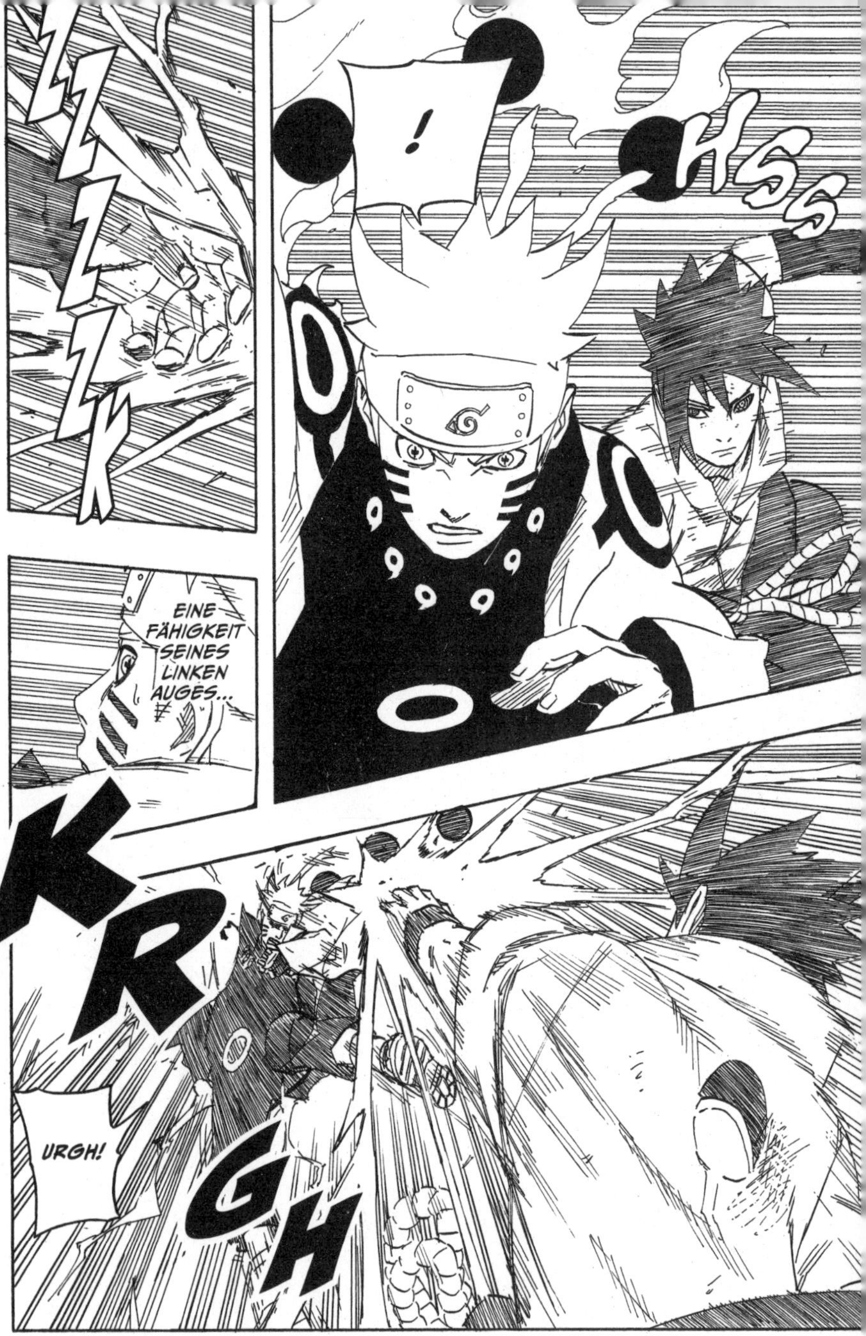
!
HSS
KLIZZK
EINE FÄHIGKEIT SEINES LINKEN AUGES...
KRGH
URGH!

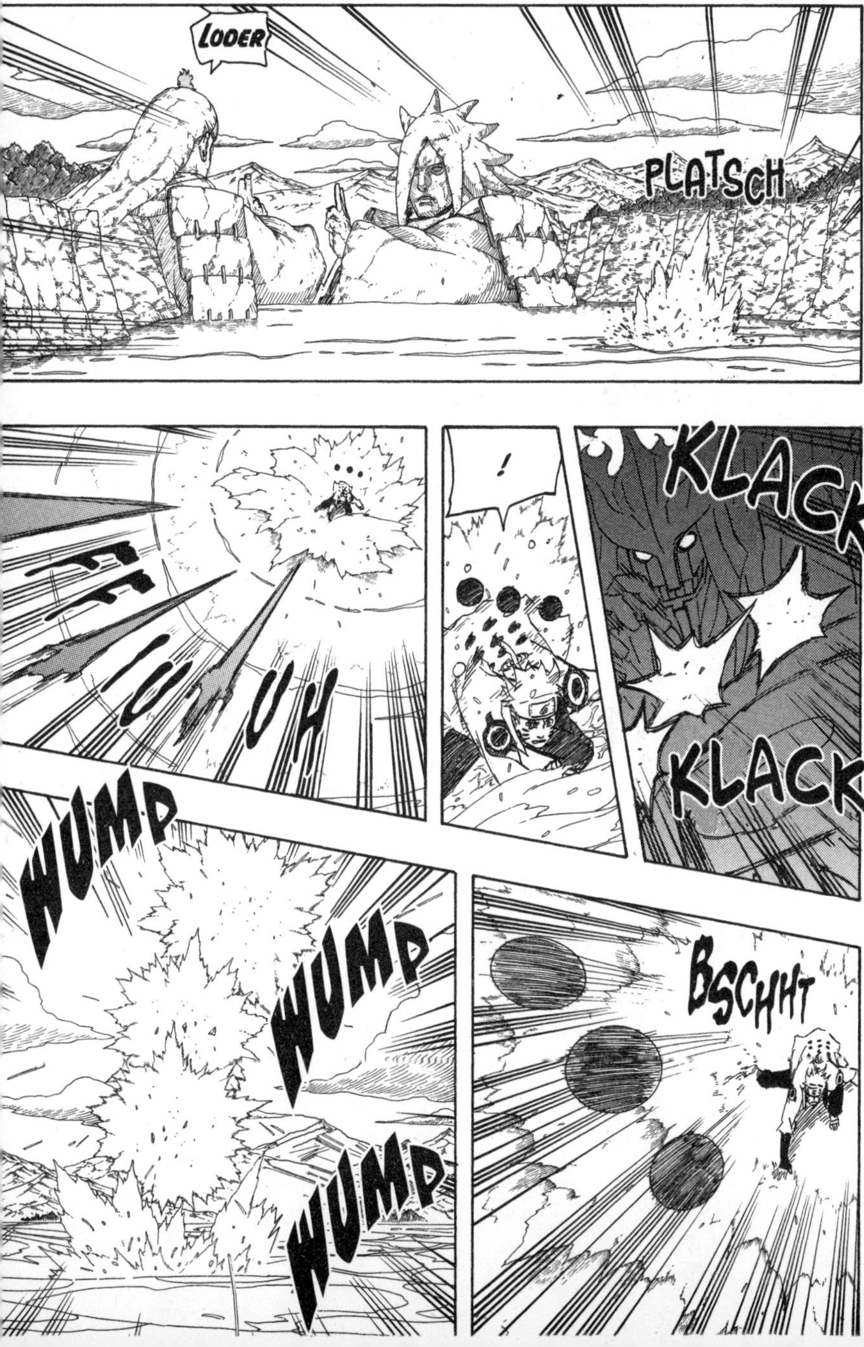
LODER
PLATSCH
FFIUUH
!
KLACK
KLACK
WUMP
WUMP
WUMP
BSCHHT

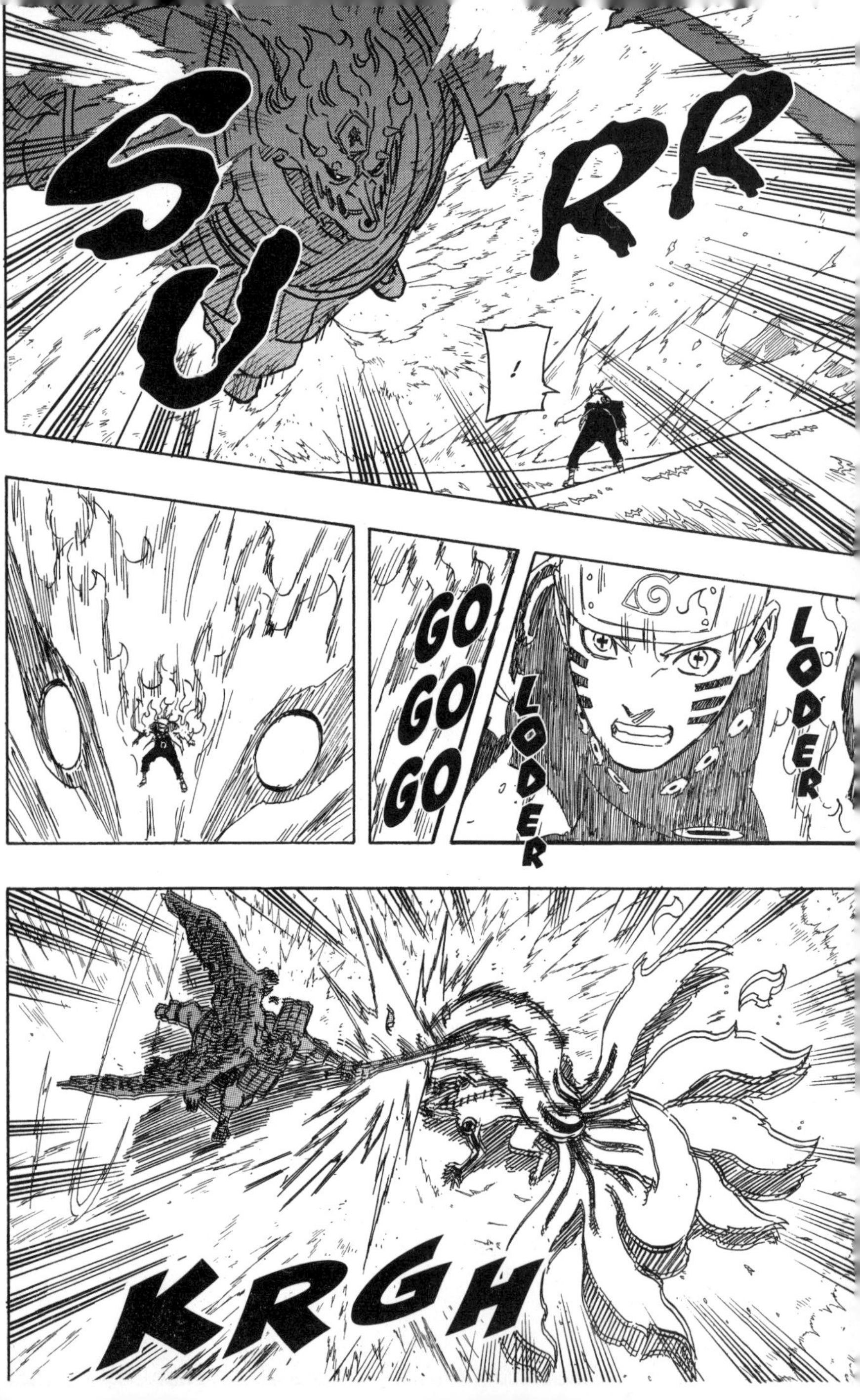
SU
RRR
!
GO GO GO
LODER
LODER
KRGH

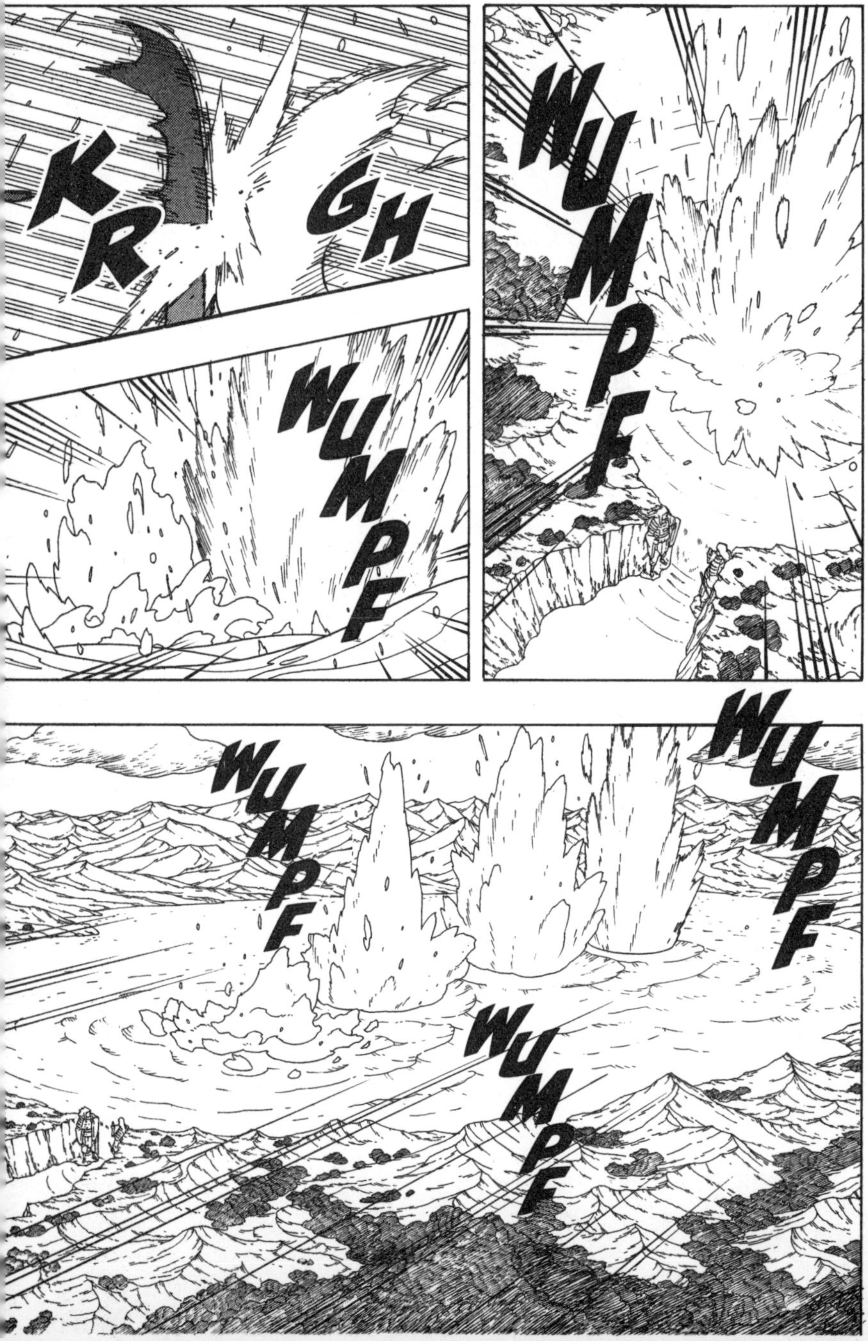
WUMPF
KR
GH
WUMPF
WUMPF
WUMPF
WUMPF

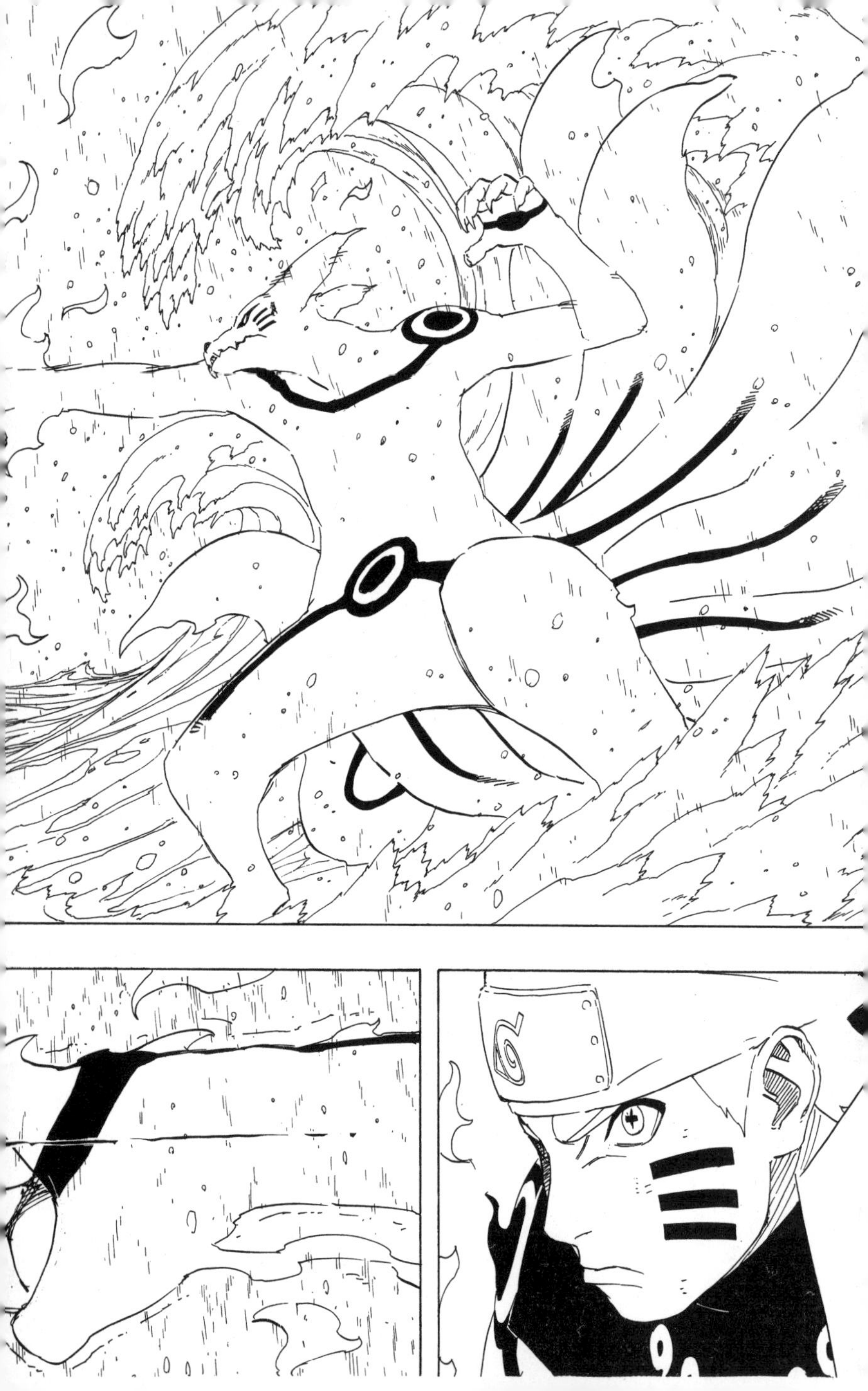

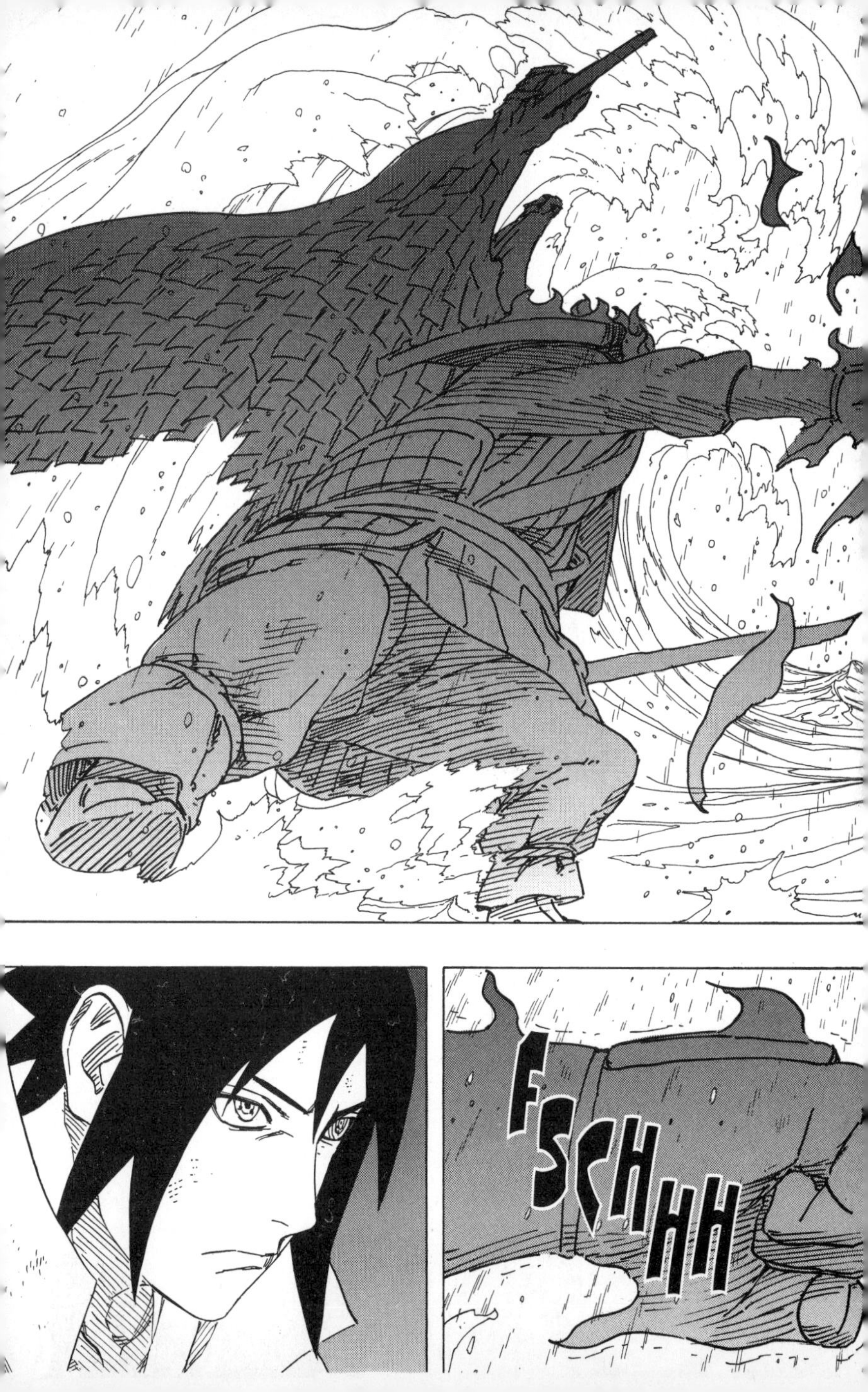
FSCHHH

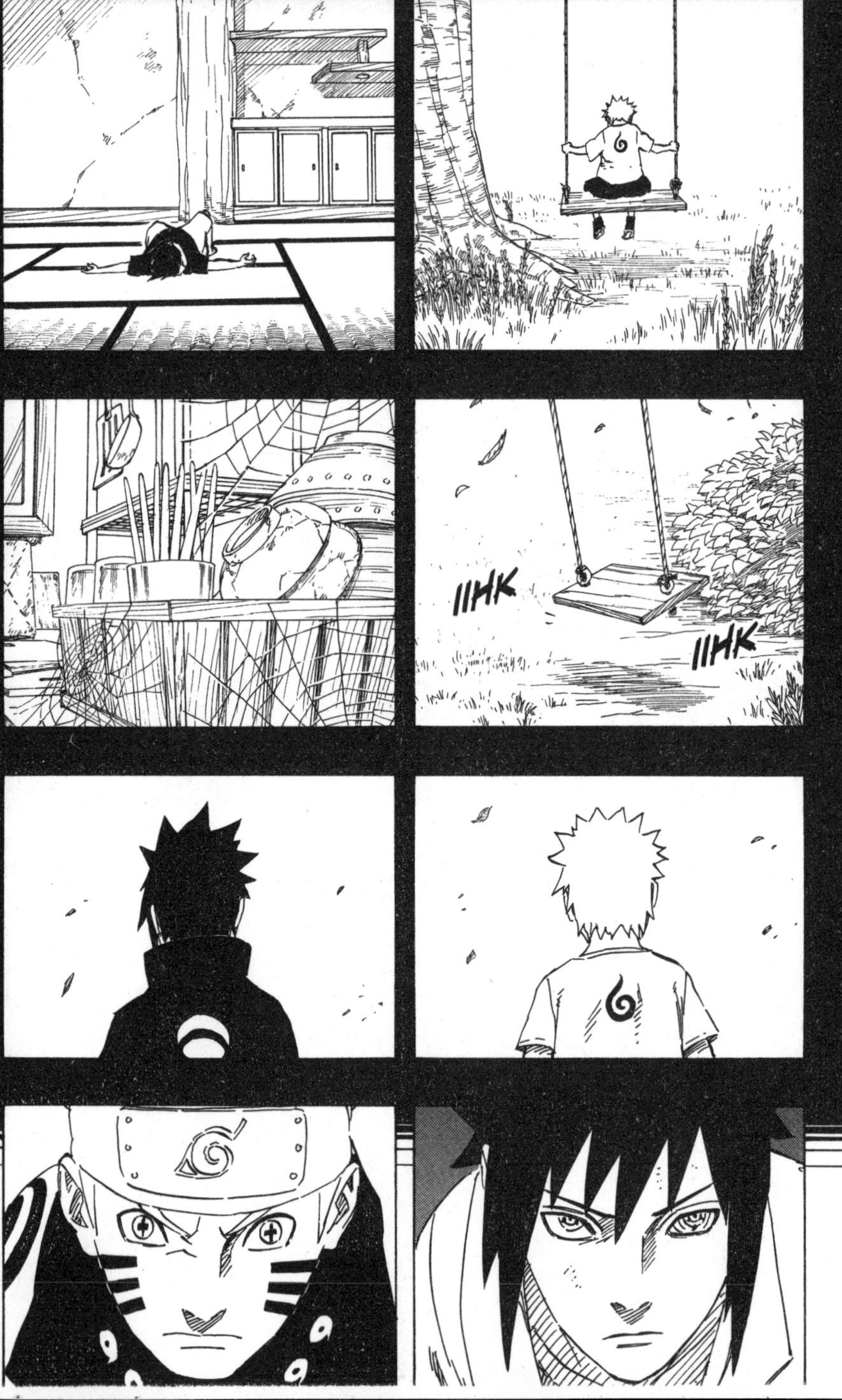
IIHK
IIHK

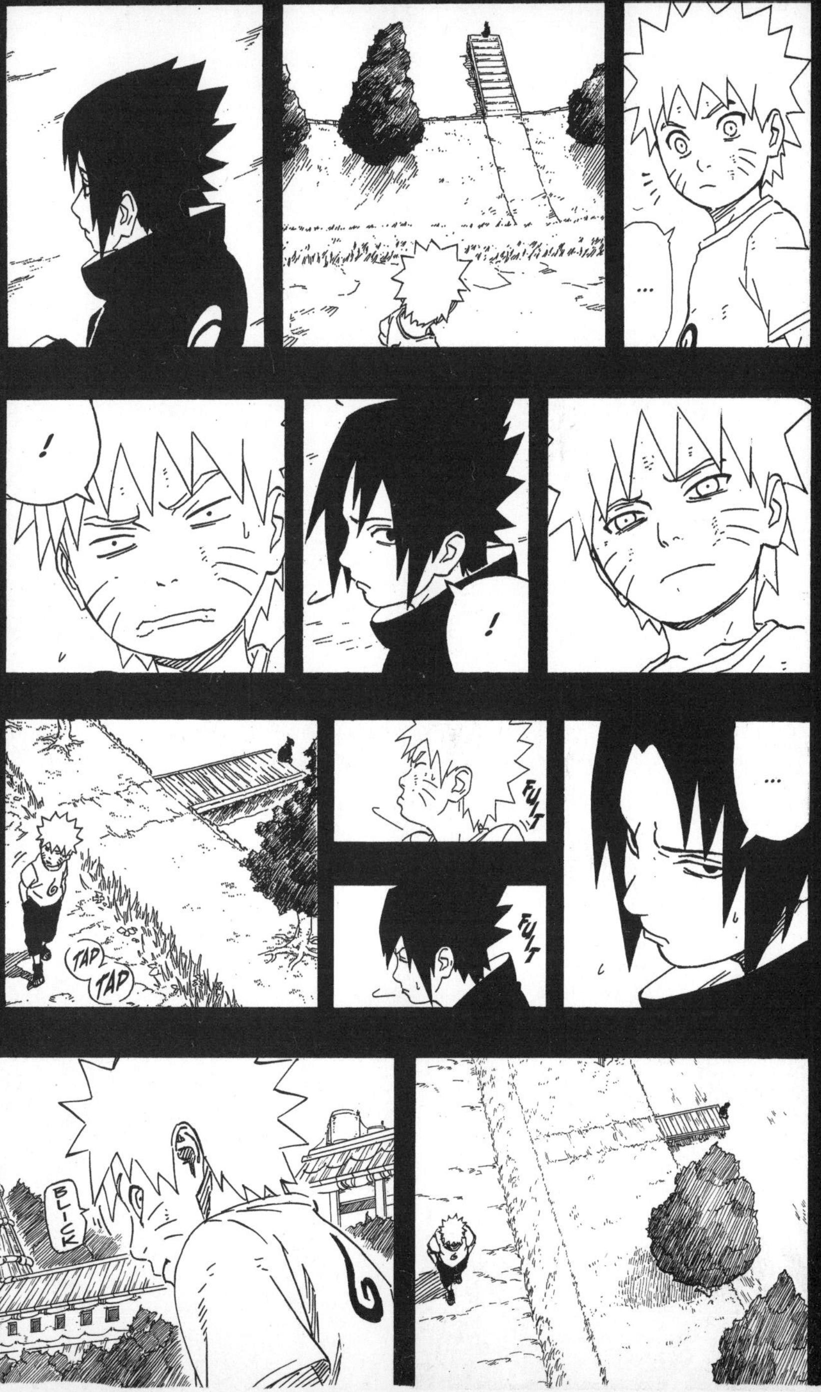
...
!
!
...
FUIT
FUIT
TAP
TAP
BLICK

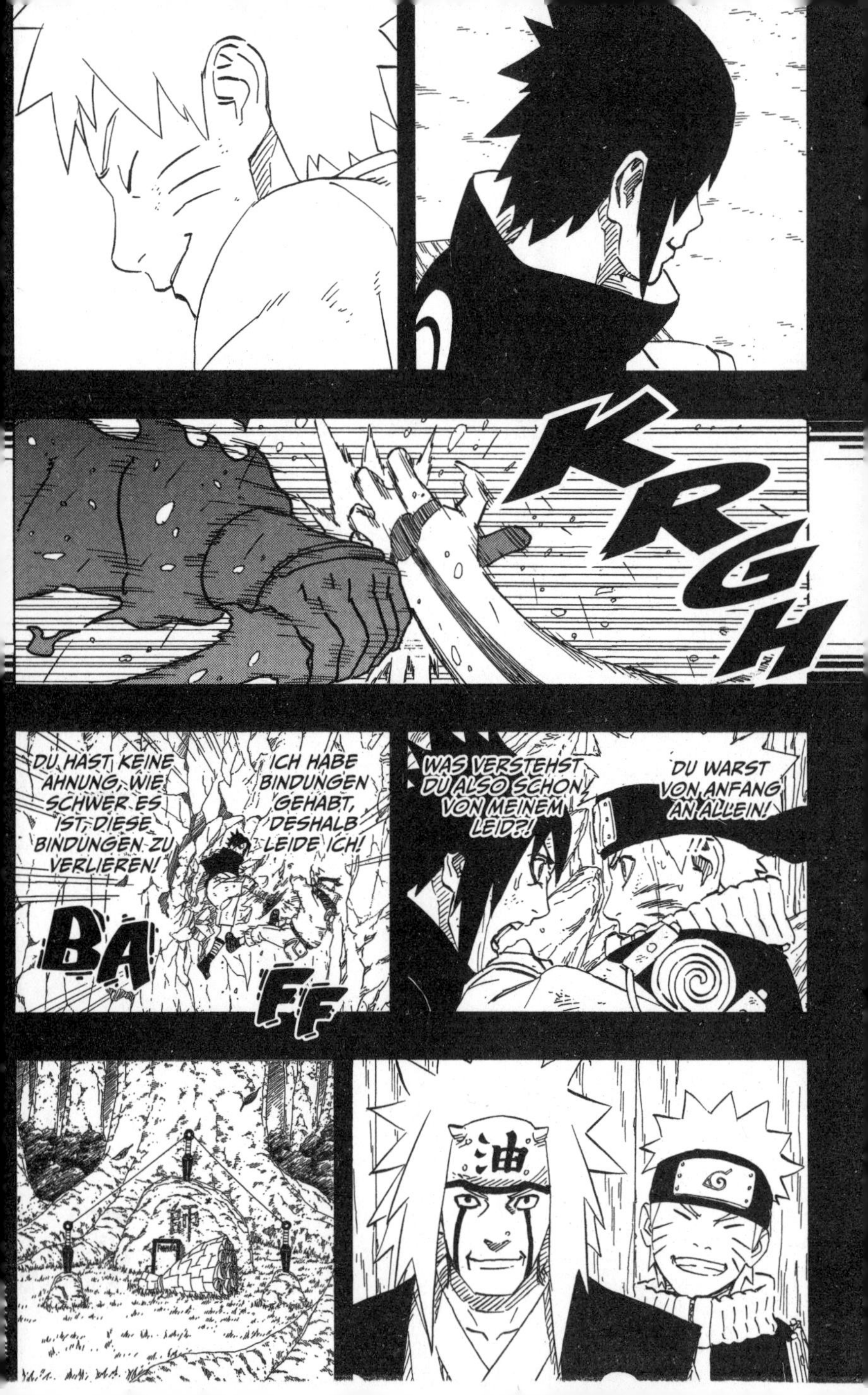
KRGH
DU WARST VON ANFANG AN ALLEIN!
WAS VERSTEHST DU ALSO SCHON VON MEINEM LEID?!
ICH HABE BINDUNGEN GEHABT, DESHALB LEIDE ICH!
DU HAST KEINE AHNUNG, WIE SCHWER ES IST, DIESE BINDUNGEN ZU VERLIEREN!
BAFF

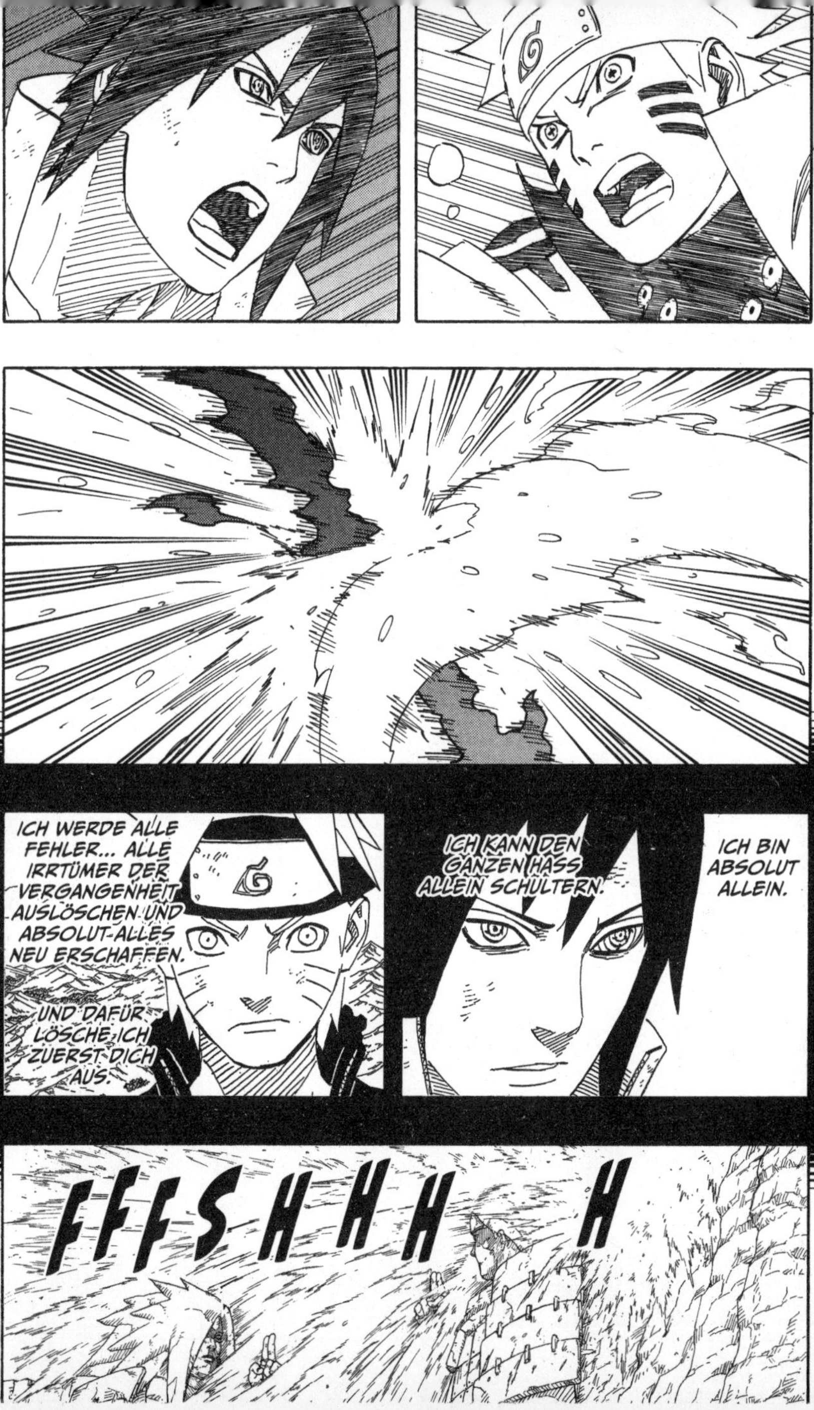
ICH BIN ABSOLUT ALLEIN.
ICH KANN DEN GANZEN HASS ALLEIN SCHULTERN.
ICH WERDE ALLE FEHLER... ALLE IRRTÜMER DER VERGANGENHEIT AUSLÖSCHEN UND ABSOLUT ALLES NEU ERSCHAFFEN.
UND DAFÜR LÖSCHE ICH ZUERST DICH AUS.
FFFSHHHH H

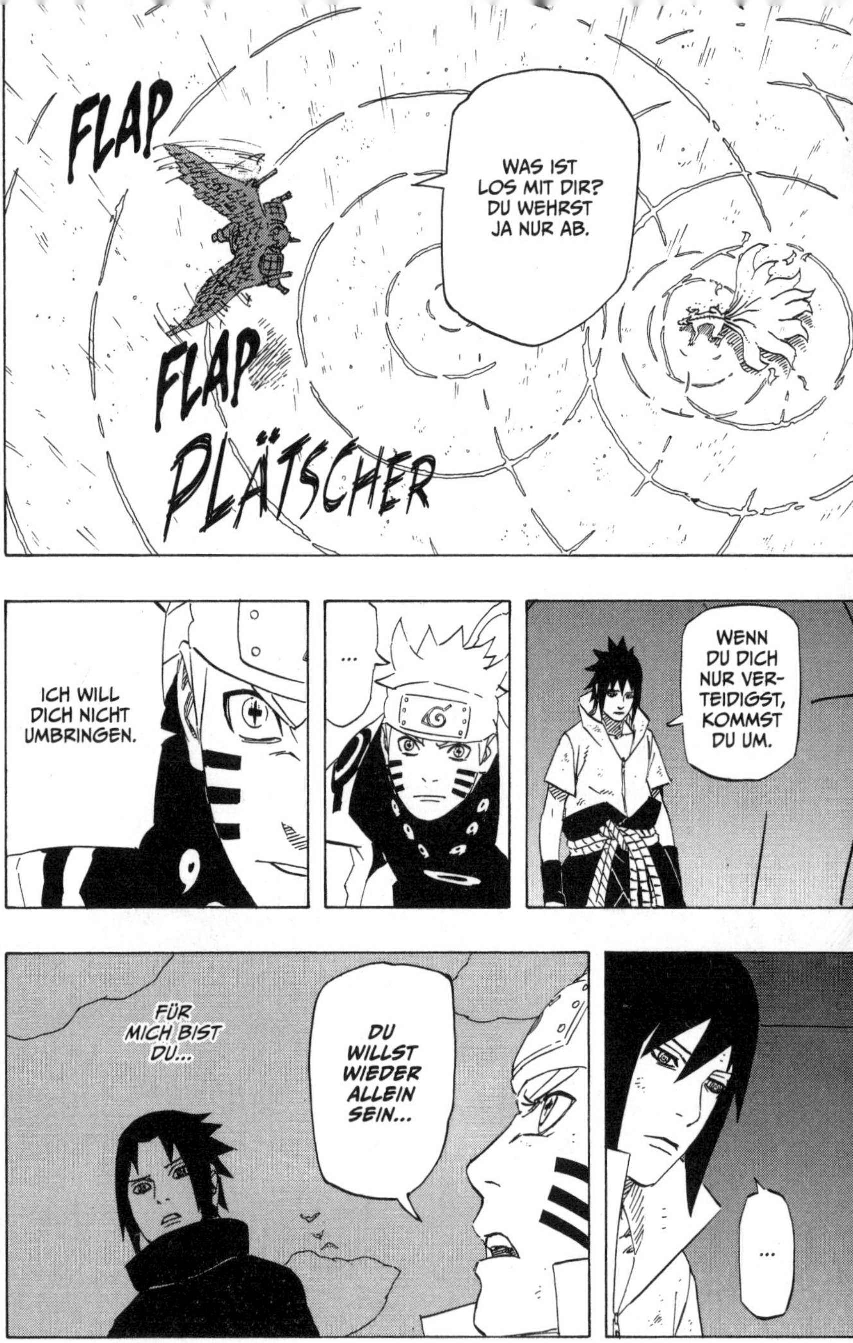

WAS IST LOS MIT DIR? DU WEHRST JA NUR AB.
FLAP
FLAP
PLÄTSCHER
WENN DU DICH NUR VERTEIDIGST, KOMMST DU UM.
...
ICH WILL DICH NICHT UMBRINGEN.
...
DU WILLST WIEDER ALLEIN SEIN...
FÜR MICH BIST DU...

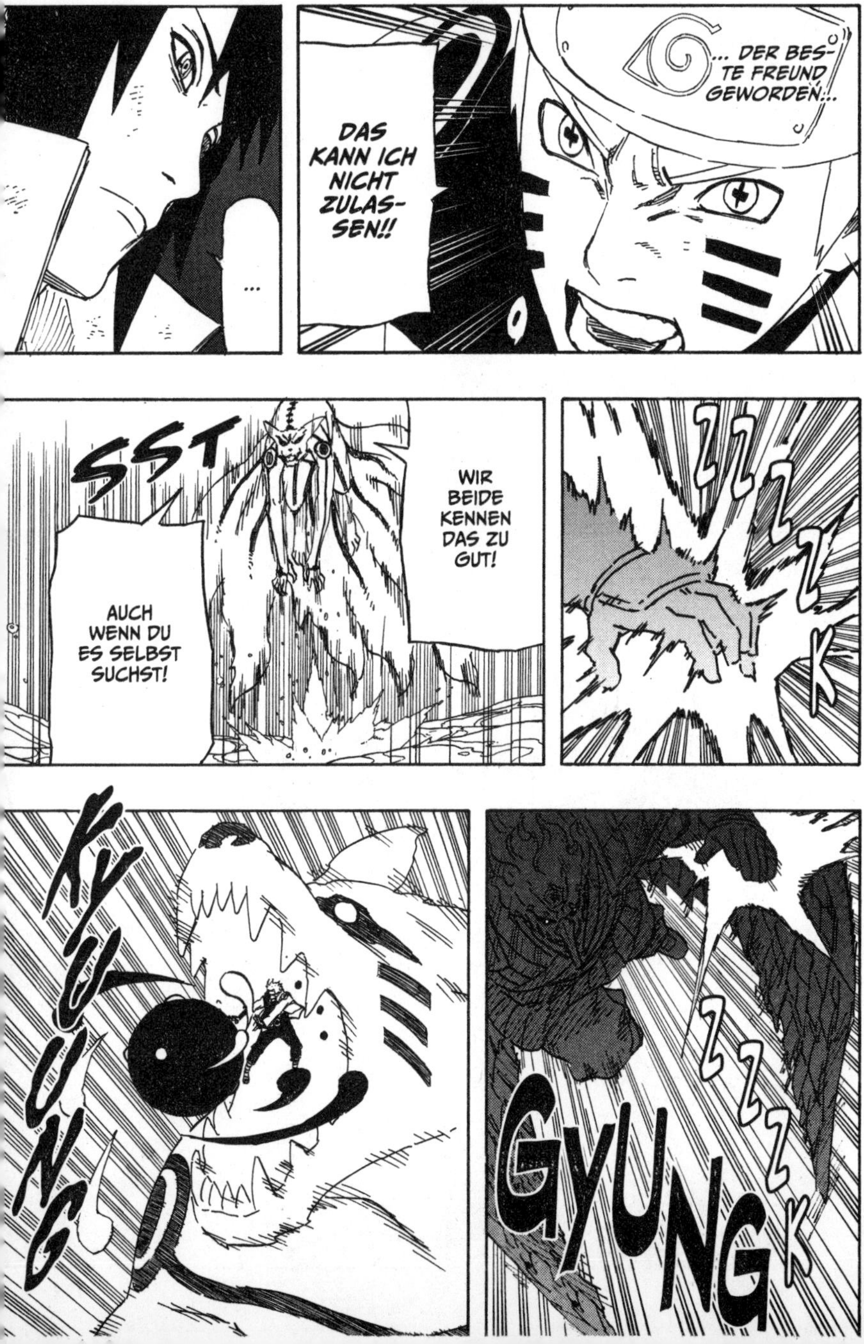
... DER BESTE FREUND GEWORDEN...
DAS KANN ICH NICHT ZULASSEN!!
...
ZZZZK
SST
WIR BEIDE KENNEN DAS ZU GUT!
AUCH WENN DU ES SELBST SUCHST!
GYUNG
ZZZZK
KYUUUNG

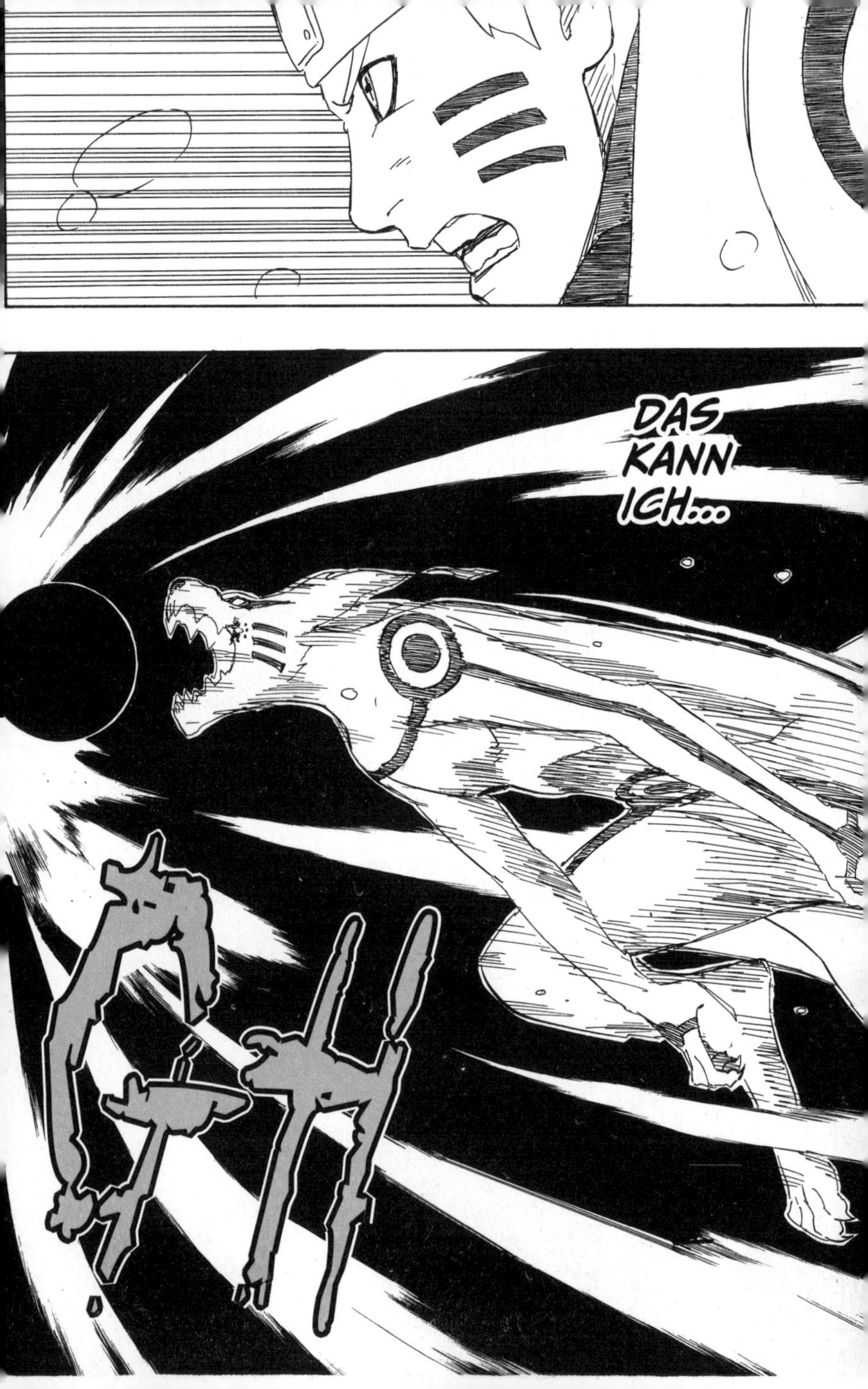
DAS KANN ICH...

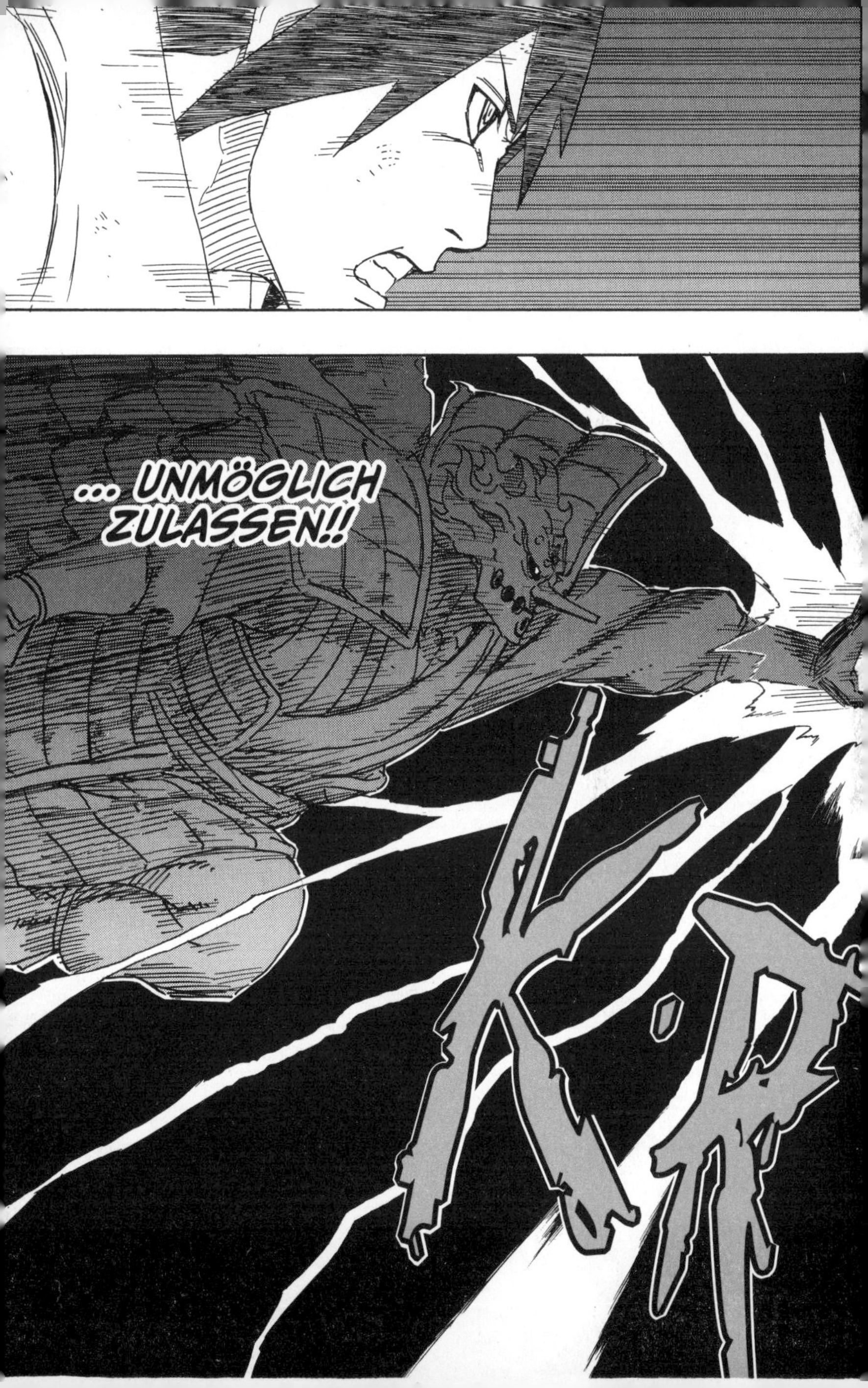
... UNMÖGLICH ZULASSEN!!

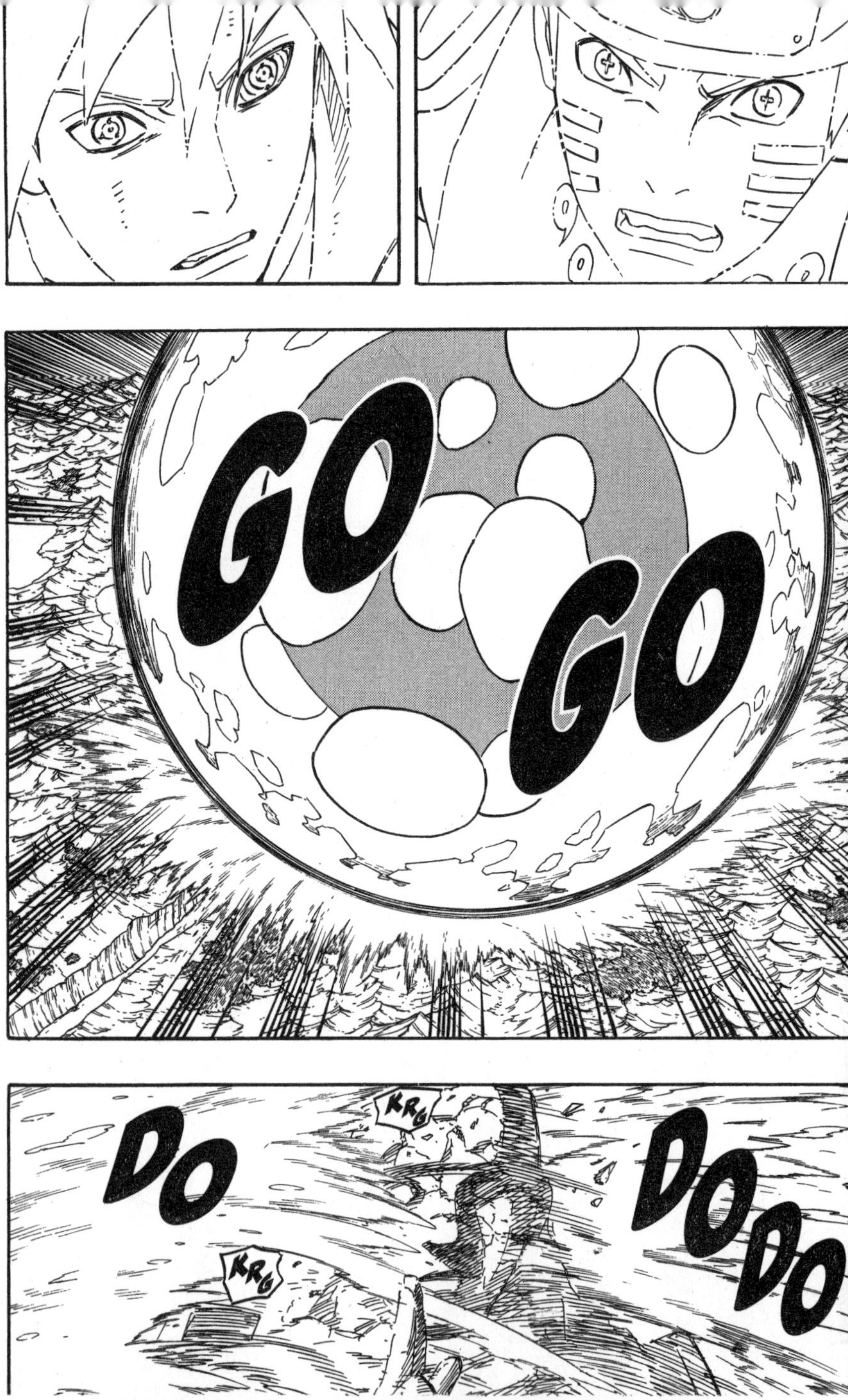
GO
GO
DODODO
KRG
KRG
DO

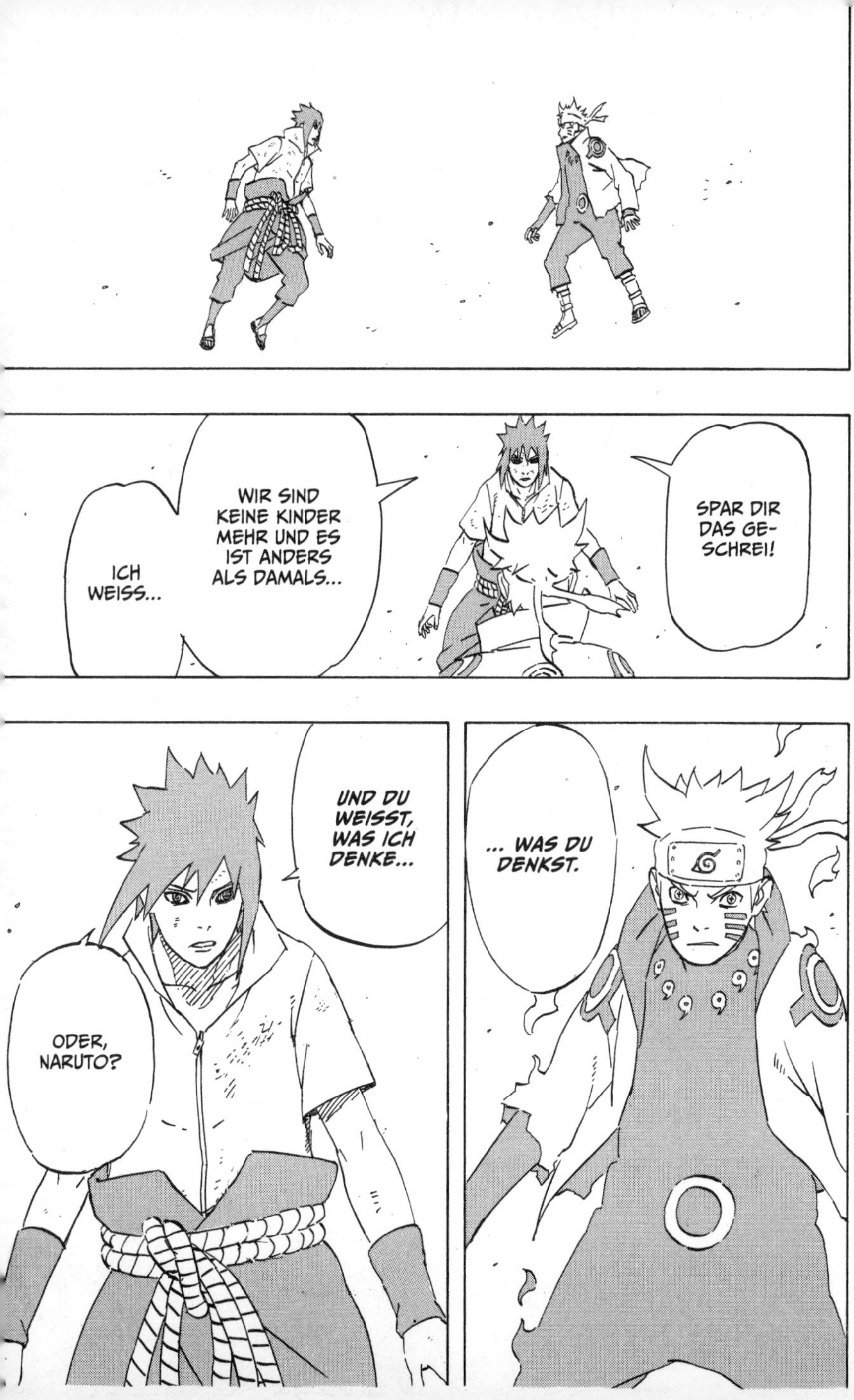
SPAR DIR DAS GE-SCHREI!
WIR SIND KEINE KINDER MEHR UND ES IST ANDERS ALS DAMALS...
ICH WEISS...
... WAS DU DENKST.
UND DU WEISST, WAS ICH DENKE...
ODER, NARUTO?

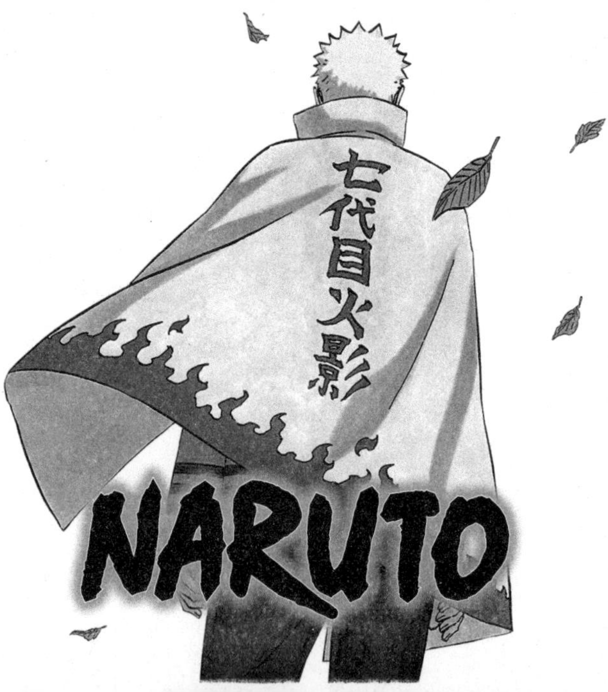
七代目火影
NARUTO

696. Kapitel: Naruto und Sasuke ③

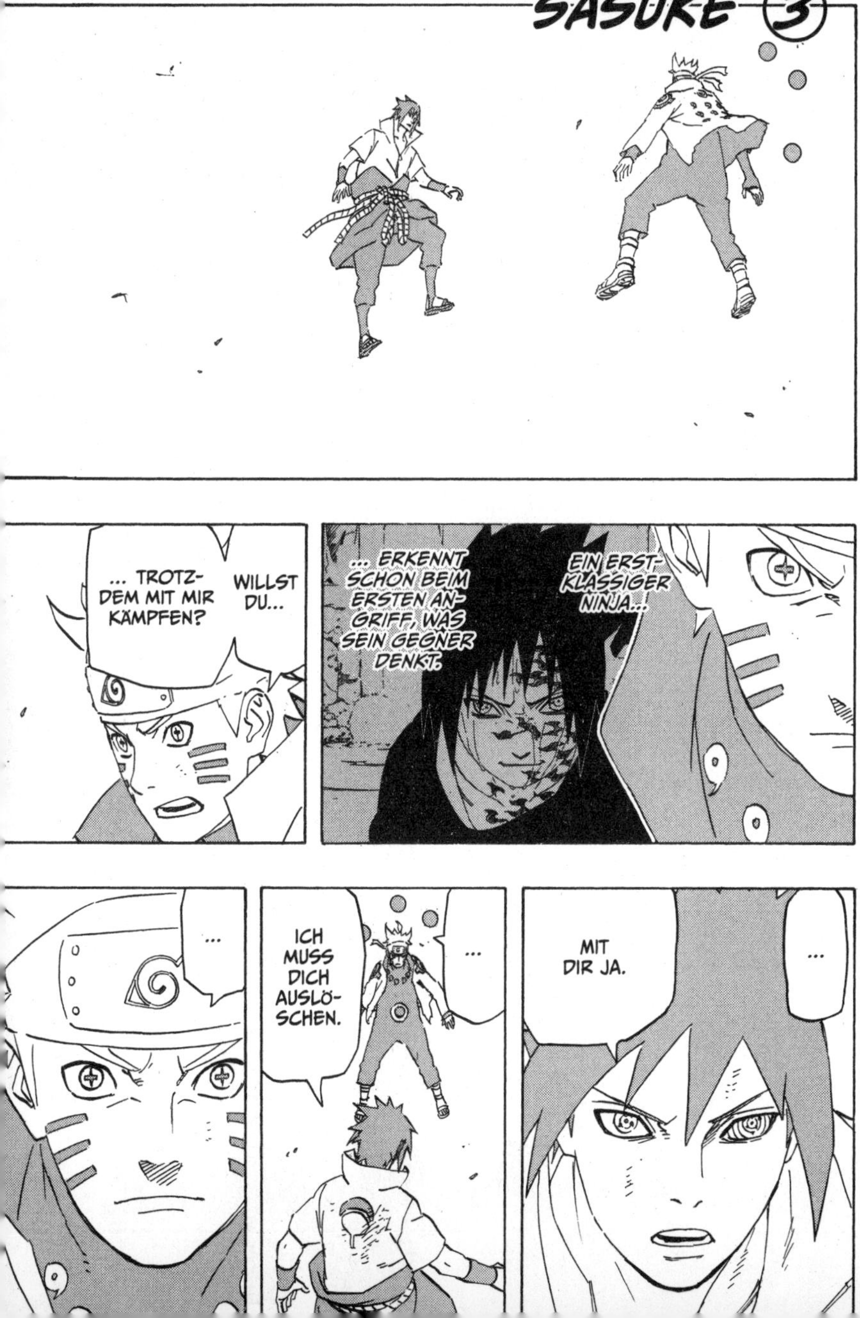

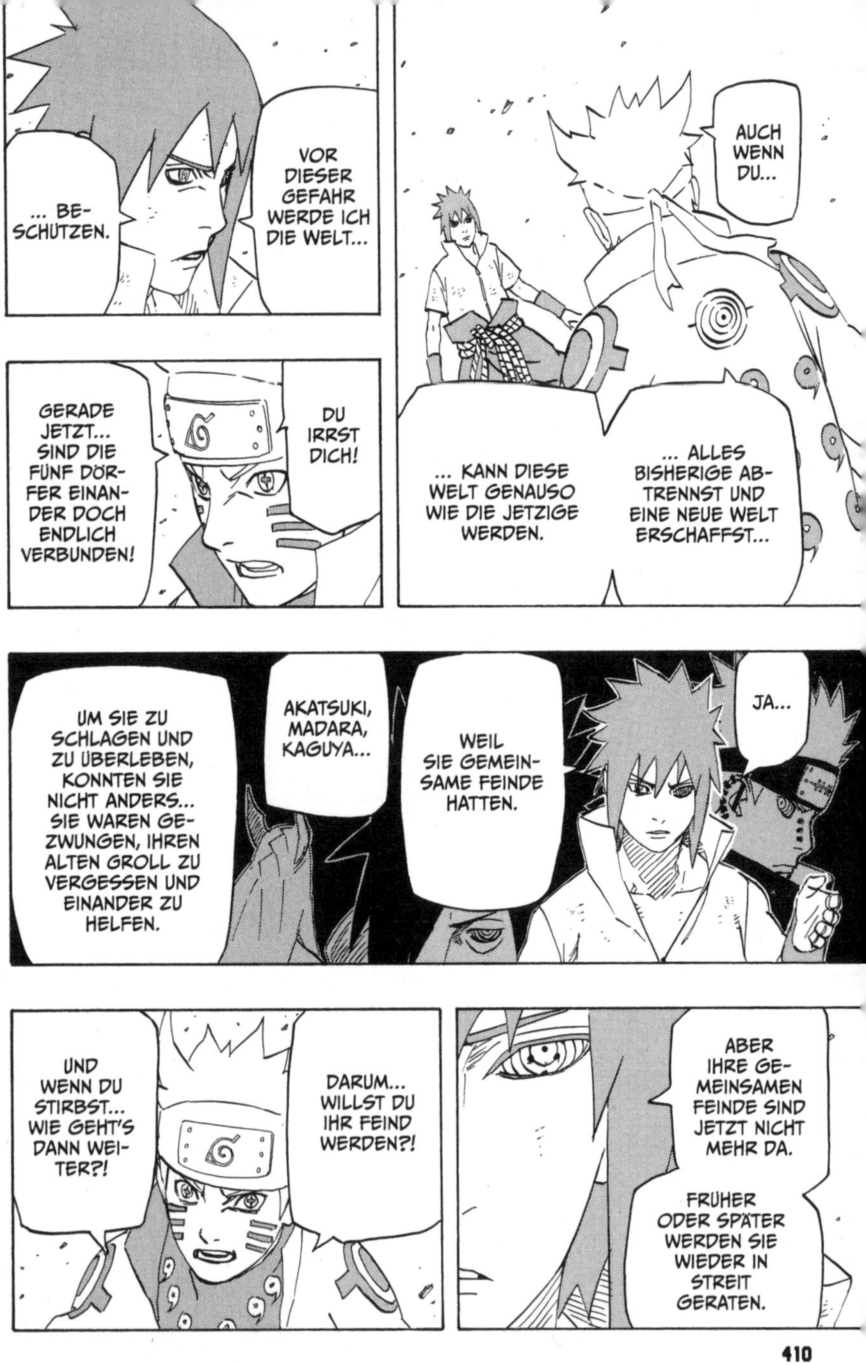
AUCH WENN DU...
... ALLES BISHERIGE ABTRENNST UND EINE NEUE WELT ERSCHAFFST...
... KANN DIESE WELT GENAUSO WIE DIE JETZIGE WERDEN.
VOR DIESER GEFAHR WERDE ICH DIE WELT...
... BESCHÜTZEN.
DU IRRST DICH!
GERADE JETZT... SIND DIE FÜNF DÖRFER EINANDER DOCH ENDLICH VERBUNDEN!
JA...
WEIL SIE GEMEINSAME FEINDE HATTEN.
AKATSUKI, MADARA, KAGUYA...
UM SIE ZU SCHLAGEN UND ZU ÜBERLEBEN, KONNTEN SIE NICHT ANDERS... SIE WAREN GEZWUNGEN, IHREN ALTEN GROLL ZU VERGESSEN UND EINANDER ZU HELFEN.
ABER IHRE GEMEINSAMEN FEINDE SIND JETZT NICHT MEHR DA.
FRÜHER ODER SPÄTER WERDEN SIE WIEDER IN STREIT GERATEN.
DARUM... WILLST DU IHR FEIND WERDEN?!
UND WENN DU STIRBST... WIE GEHT'S DANN WEITER?!

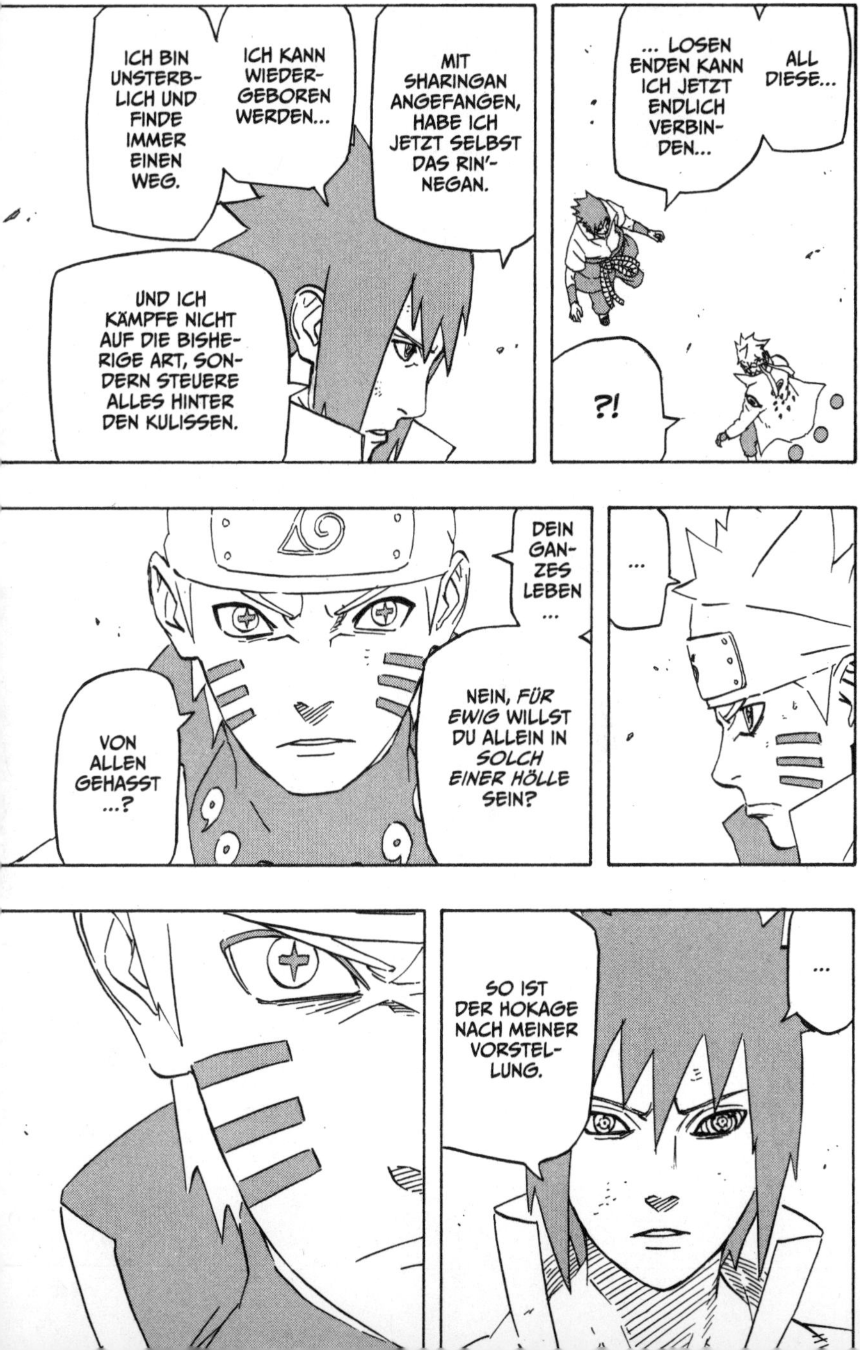
ALL DIESE...
... LOSEN ENDEN KANN ICH JETZT ENDLICH VERBINDEN...
?!
MIT SHARINGAN ANGEFANGEN, HABE ICH JETZT SELBST DAS RIN'NEGAN.
ICH KANN WIEDERGEBOREN WERDEN...
ICH BIN UNSTERBLICH UND FINDE IMMER EINEN WEG.
UND ICH KÄMPFE NICHT AUF DIE BISHERIGE ART, SONDERN STEUERE ALLES HINTER DEN KULISSEN.
...
DEIN GANZES LEBEN ...
NEIN, *FÜR EWIG* WILLST DU ALLEIN IN *SOLCH EINER HÖLLE* SEIN?
VON ALLEN GEHASST ...?
...
SO IST DER HOKAGE NACH MEINER VORSTELLUNG.

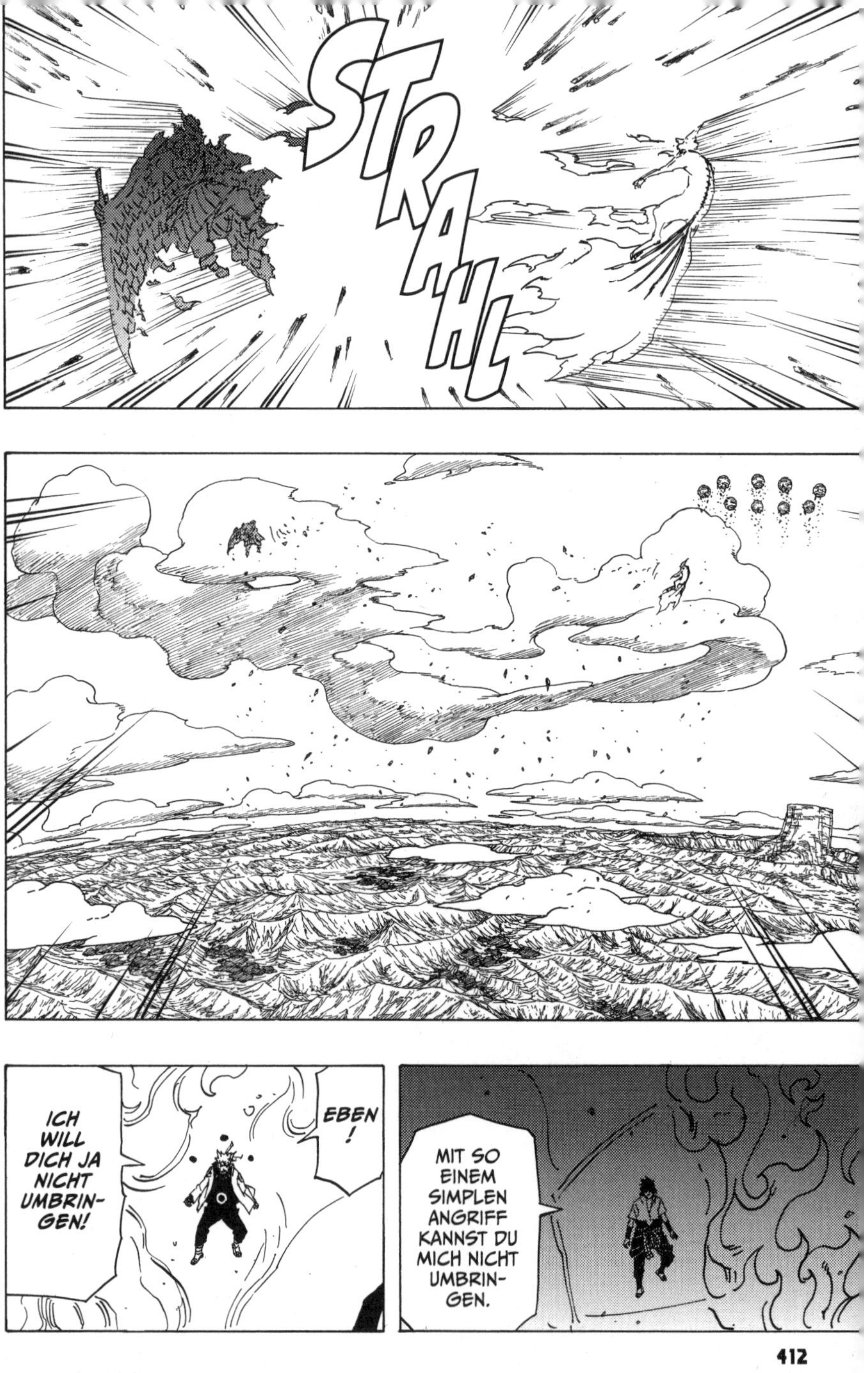
STRAHL
MIT SO EINEM SIMPLEN ANGRIFF KANNST DU MICH NICHT UMBRINGEN.
EBEN!
ICH WILL DICH JA NICHT UMBRINGEN!

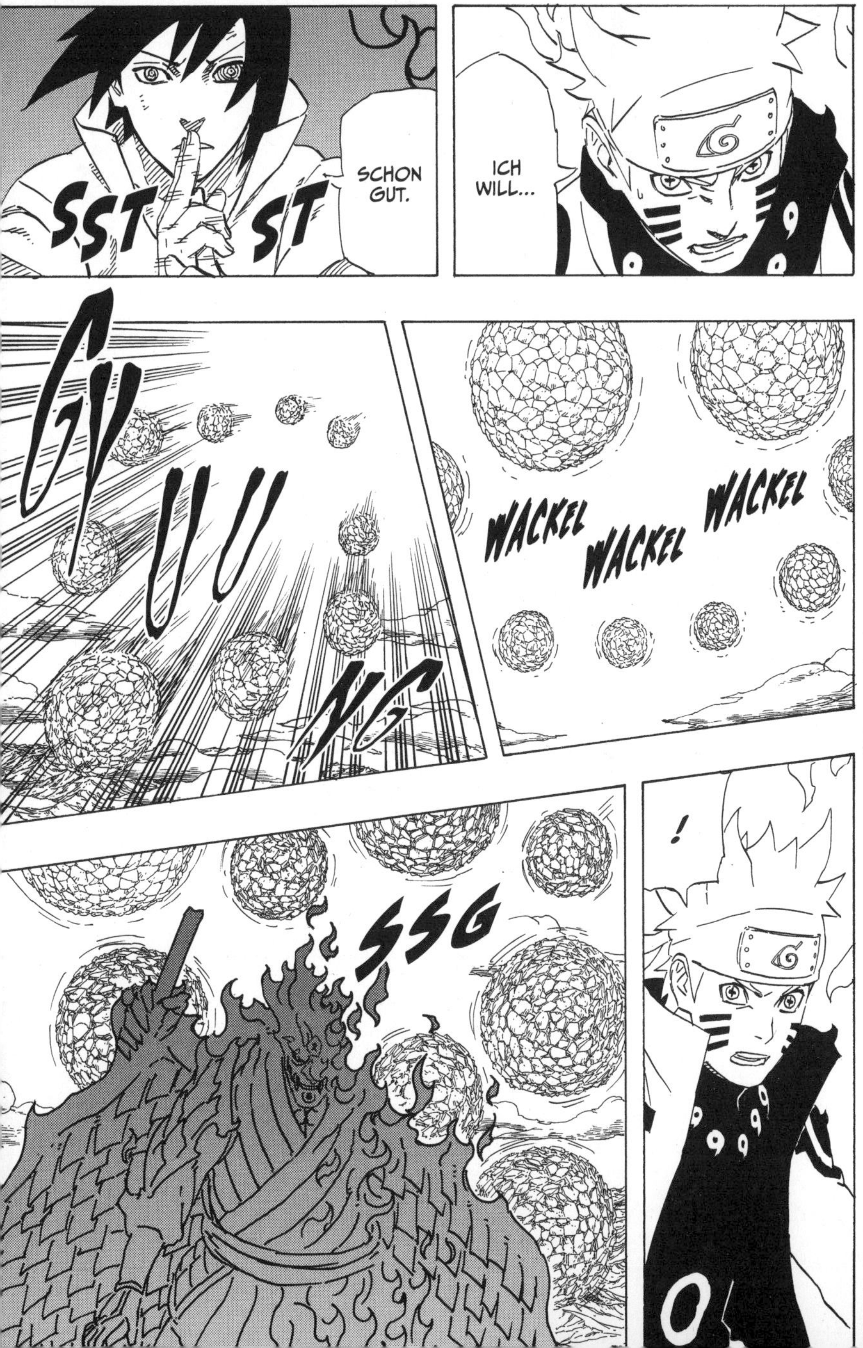

ICH WILL...
SCHON GUT.
SST ST
WACKEL WACKEL WACKEL
GYUUNG
!
SSG

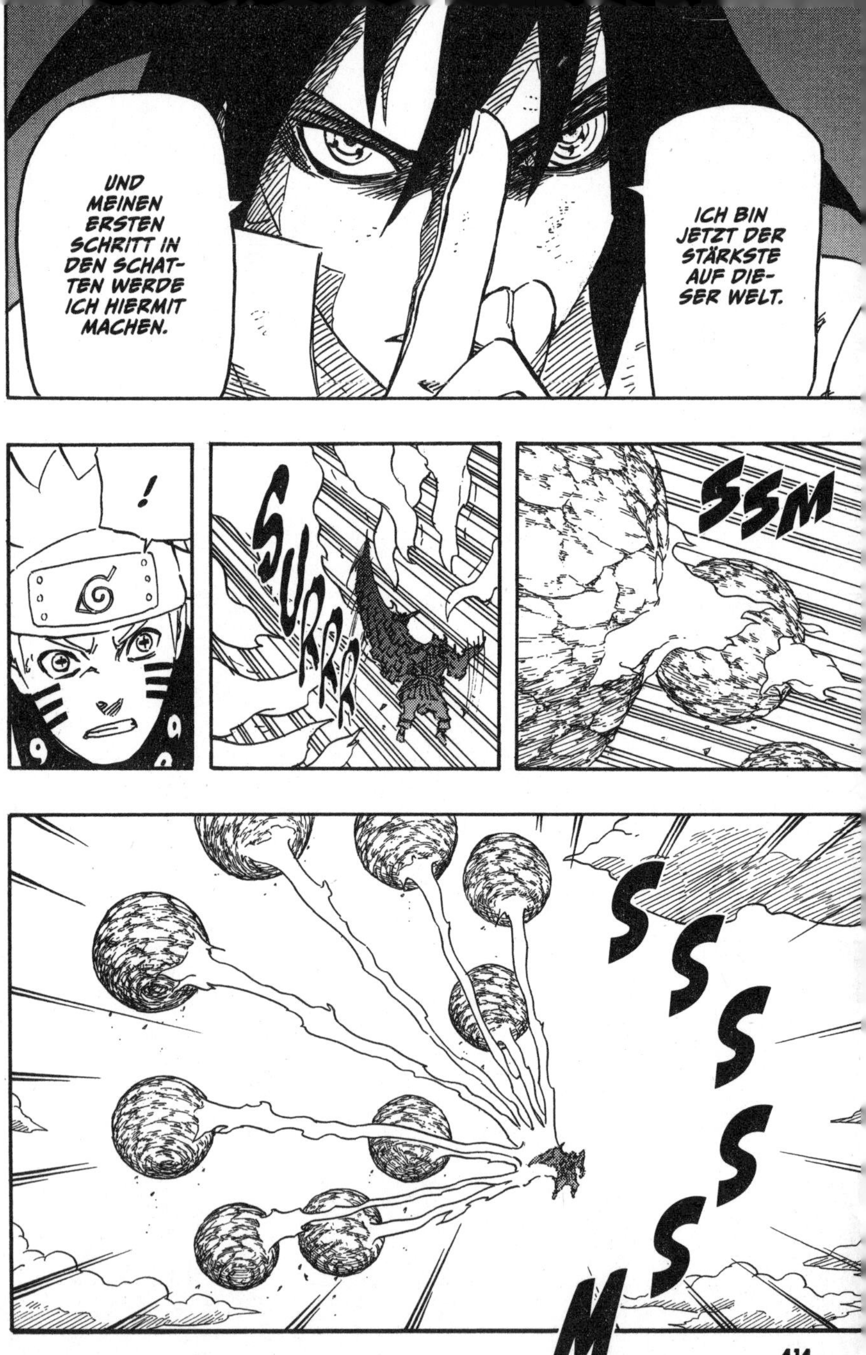
ICH BIN JETZT DER STÄRKSTE AUF DIESER WELT.
UND MEINEN ERSTEN SCHRITT IN DEN SCHATTEN WERDE ICH HIERMIT MACHEN.
SSM
SURRR
!
SSSSSSM

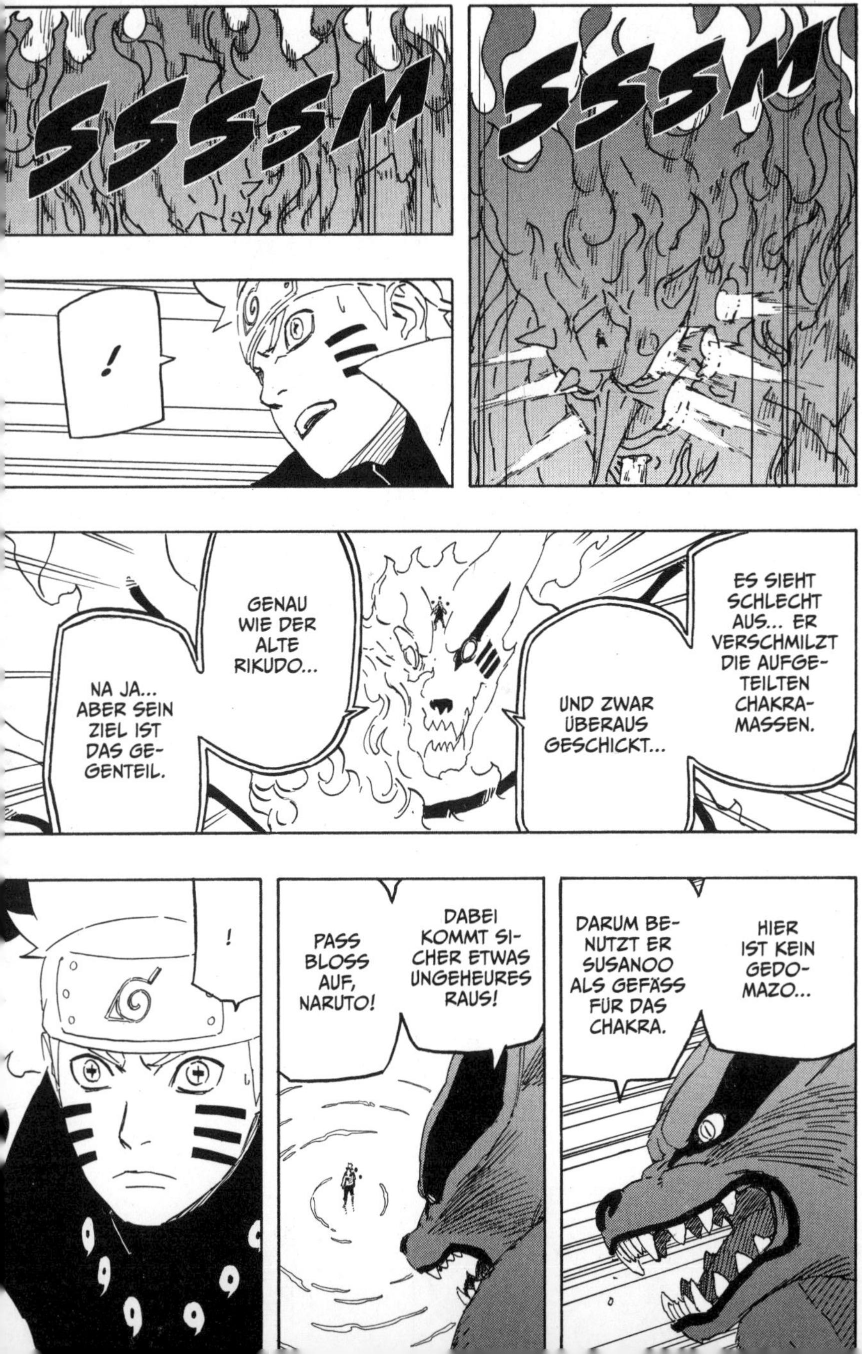
SSSSM
SSSSM
!
ES SIEHT SCHLECHT AUS... ER VERSCHMILZT DIE AUFGE-TEILTEN CHAKRA-MASSEN.
UND ZWAR ÜBERAUS GESCHICKT...
GENAU WIE DER ALTE RIKUDO...
NA JA... ABER SEIN ZIEL IST DAS GE-GENTEIL.
HIER IST KEIN GEDO-MAZO...
DARUM BE-NUTZT ER SUSANOO ALS GEFÄSS FÜR DAS CHAKRA.
DABEI KOMMT SI-CHER ETWAS UNGEHEURES RAUS!
PASS BLOSS AUF, NARUTO!
!

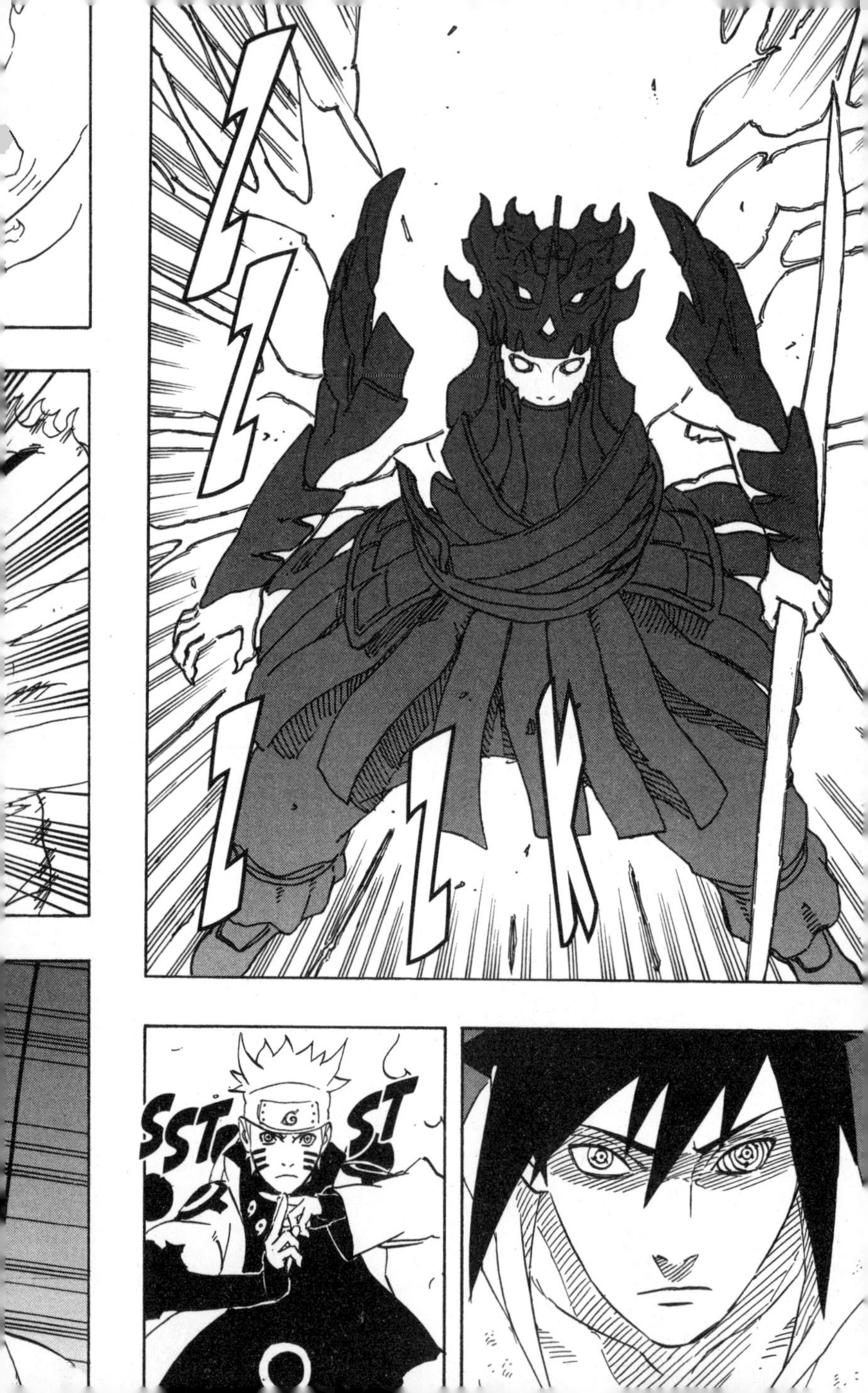
SST
ST

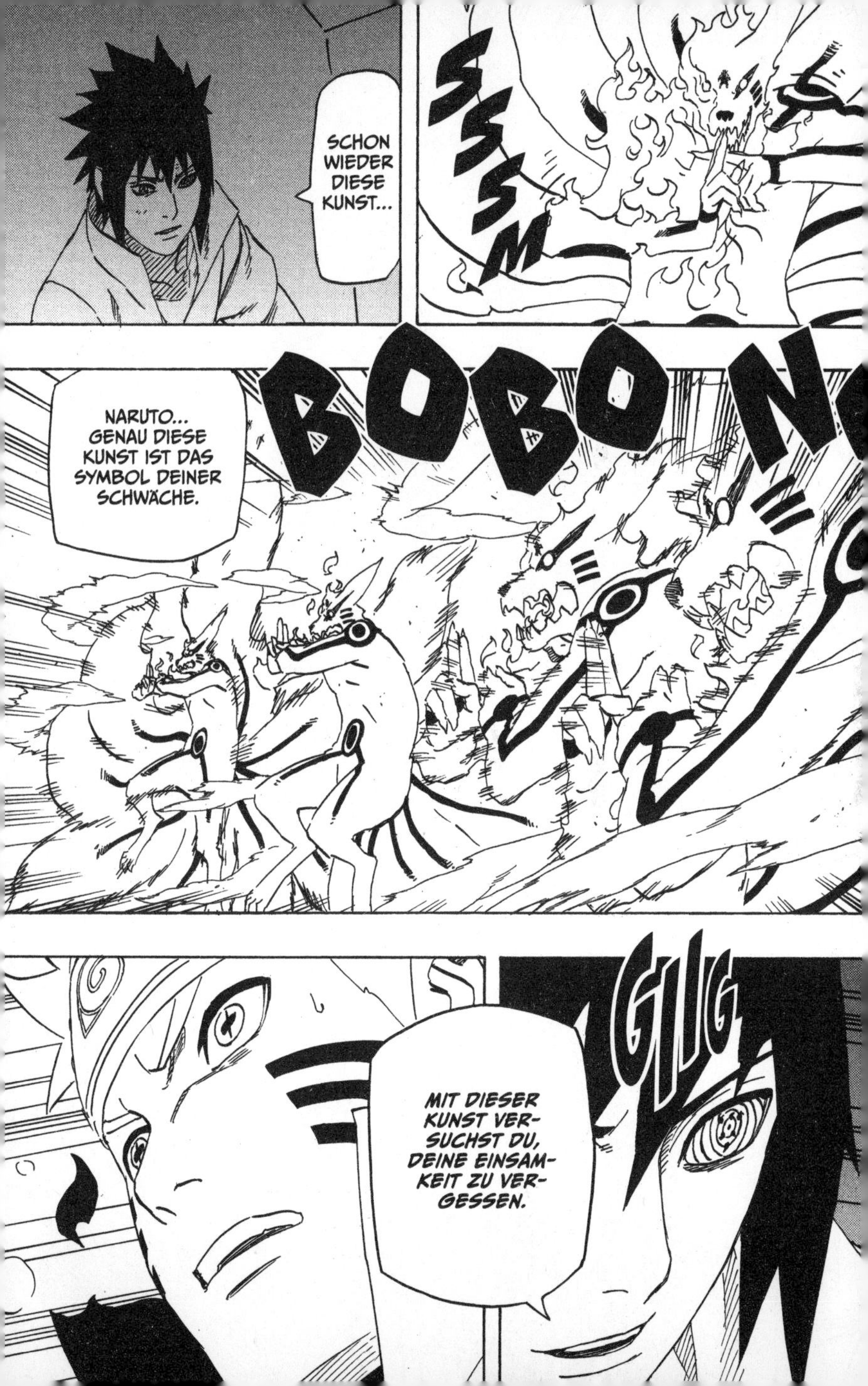
SSSM
SCHON WIEDER DIESE KUNST...
BOBON
NARUTO... GENAU DIESE KUNST IST DAS SYMBOL DEINER SCHWÄCHE.
GUG
MIT DIESER KUNST VERSUCHST DU, DEINE EINSAMKEIT ZU VERGESSEN.

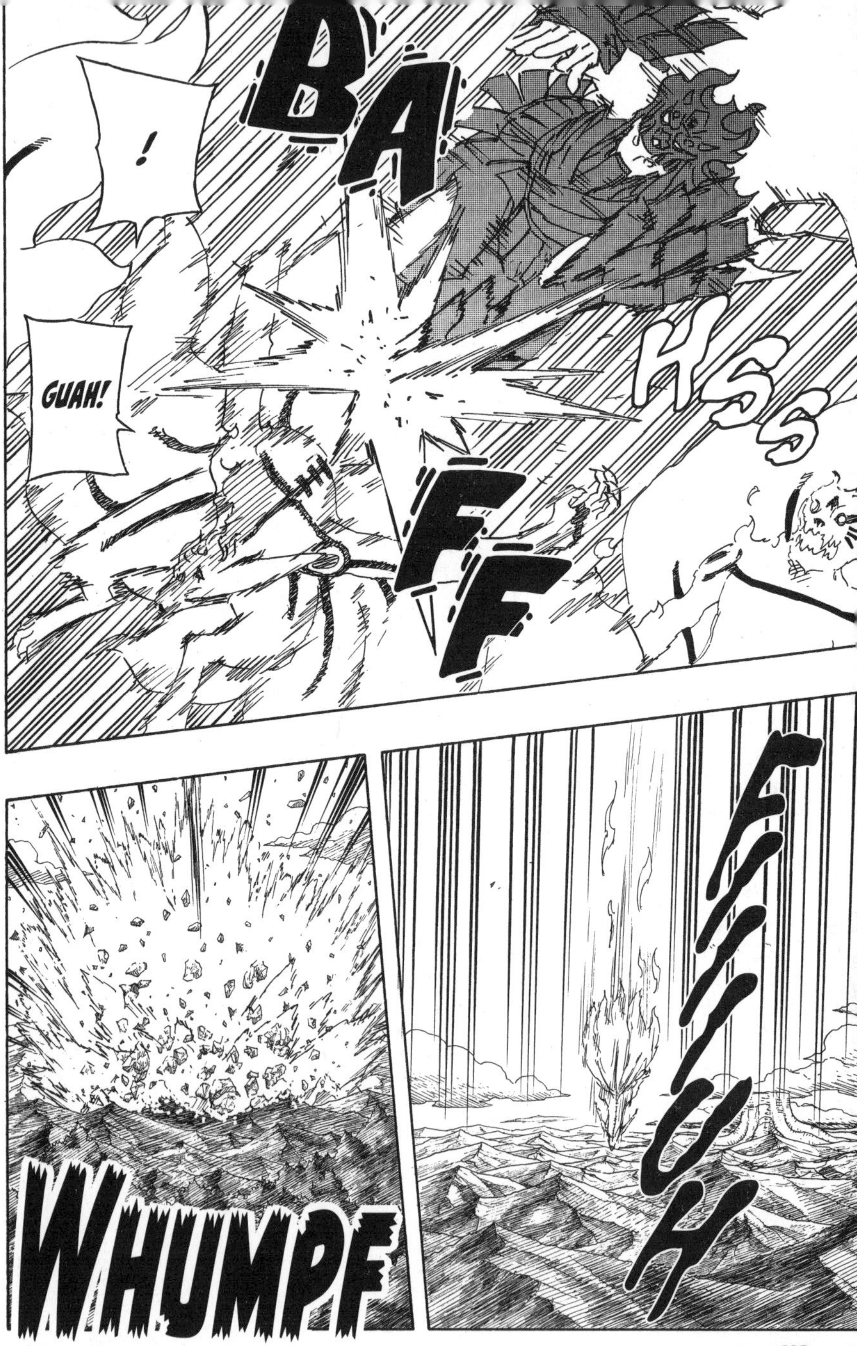
BA
!
GUAH!
HSS
FFF
WHUMPF

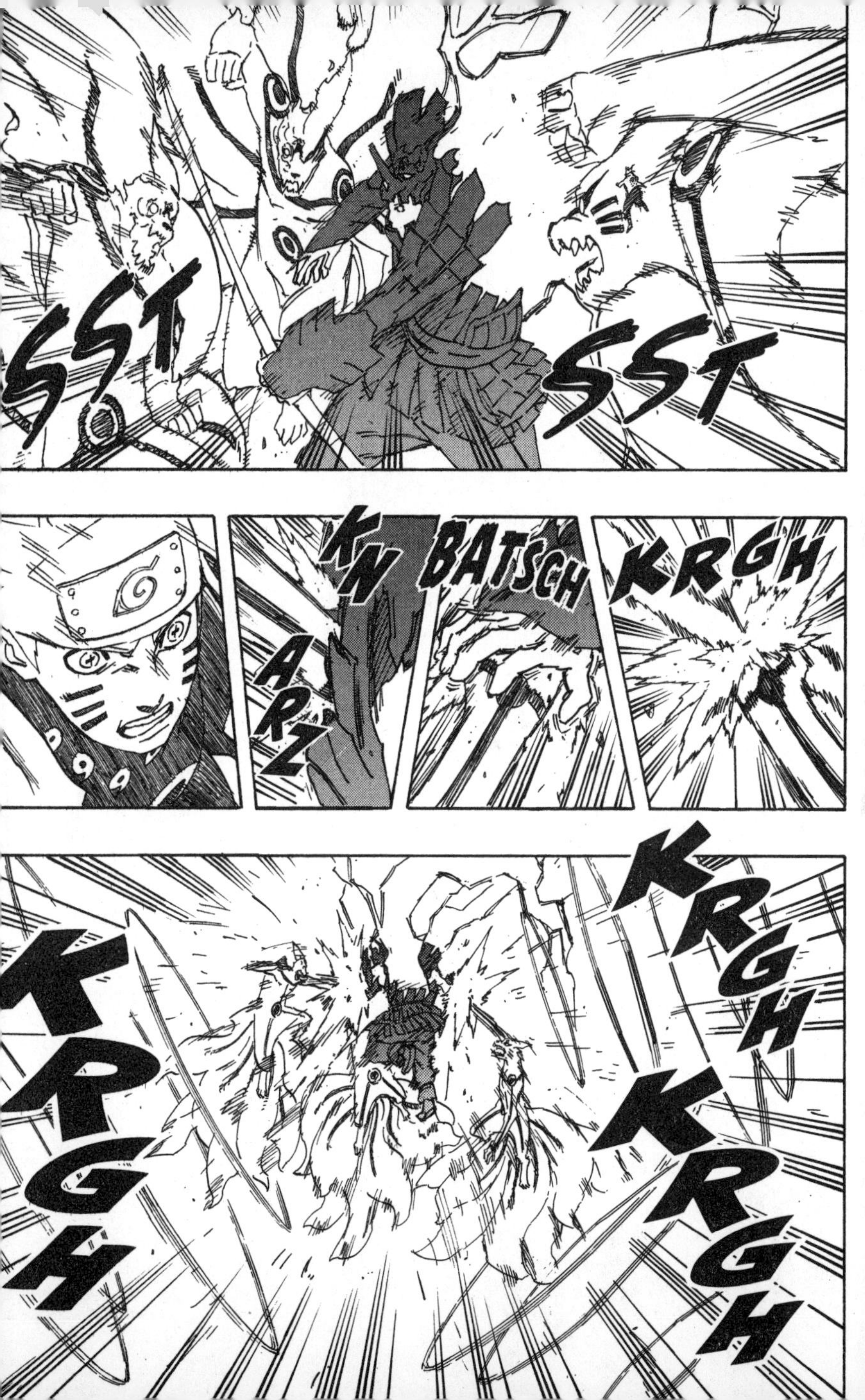
SST
SST
KRGH
BATSCH
KN
ARZ
KRGH
KRGH
KRGH

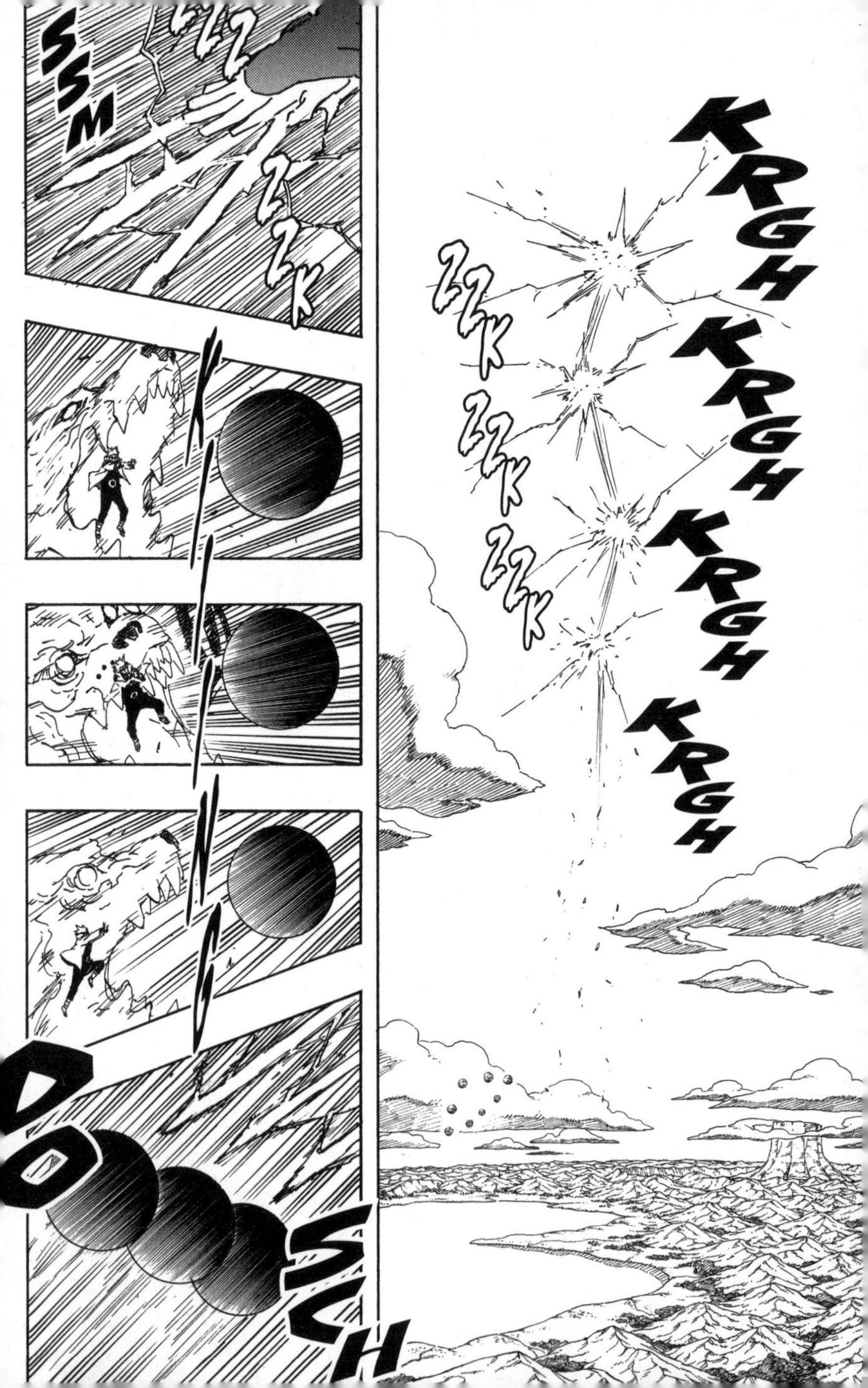
KRGH
KRGH
KRGH
KRGH
ZZK
ZZK
ZZK
SSM
ZZK
KIING
DOOOSCH

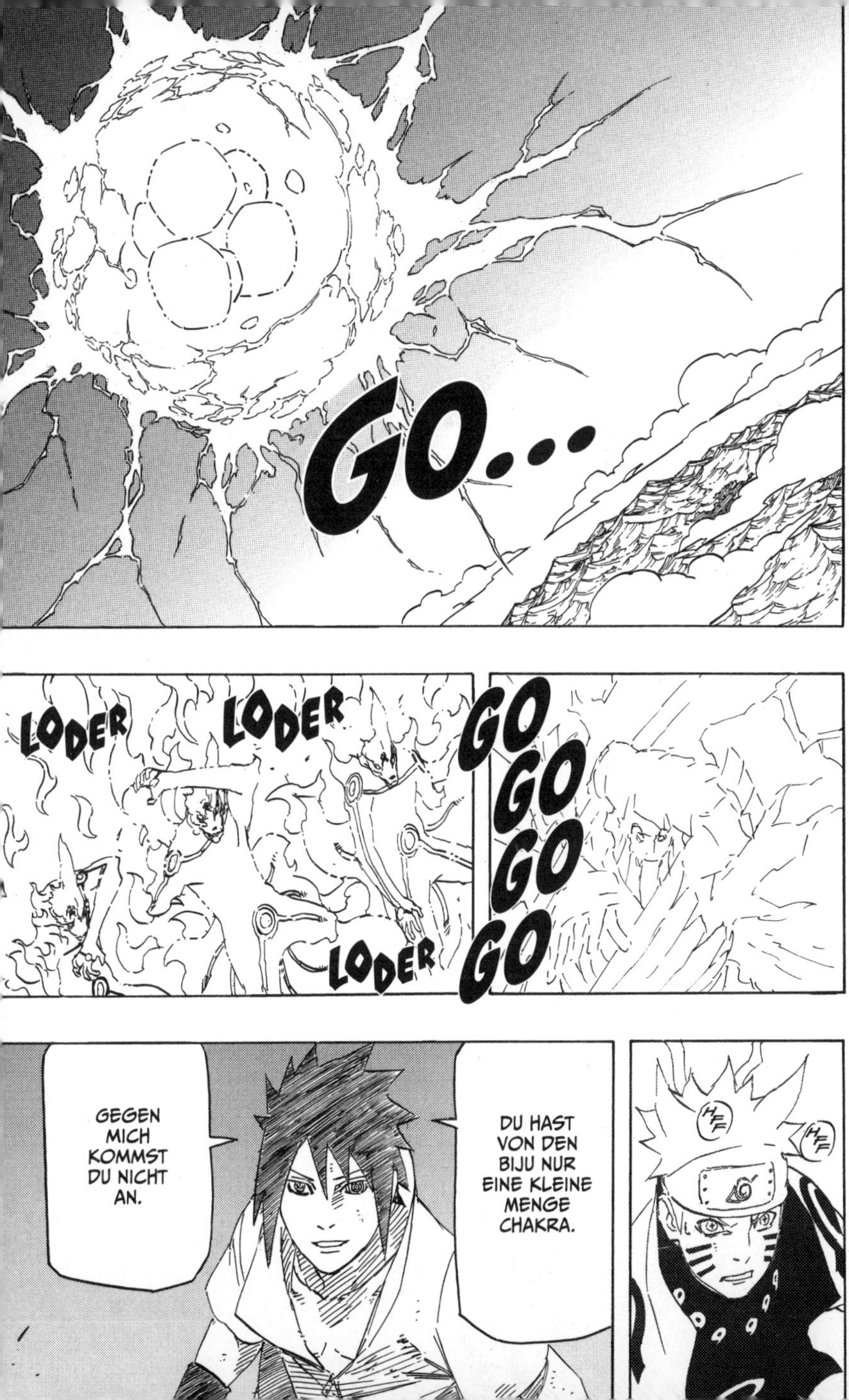
GO...
GO GO GO GO
LODER LODER LODER
HFF HFF
DU HAST VON DEN BIJU NUR EINE KLEINE MENGE CHAKRA.
GEGEN MICH KOMMST DU NICHT AN.

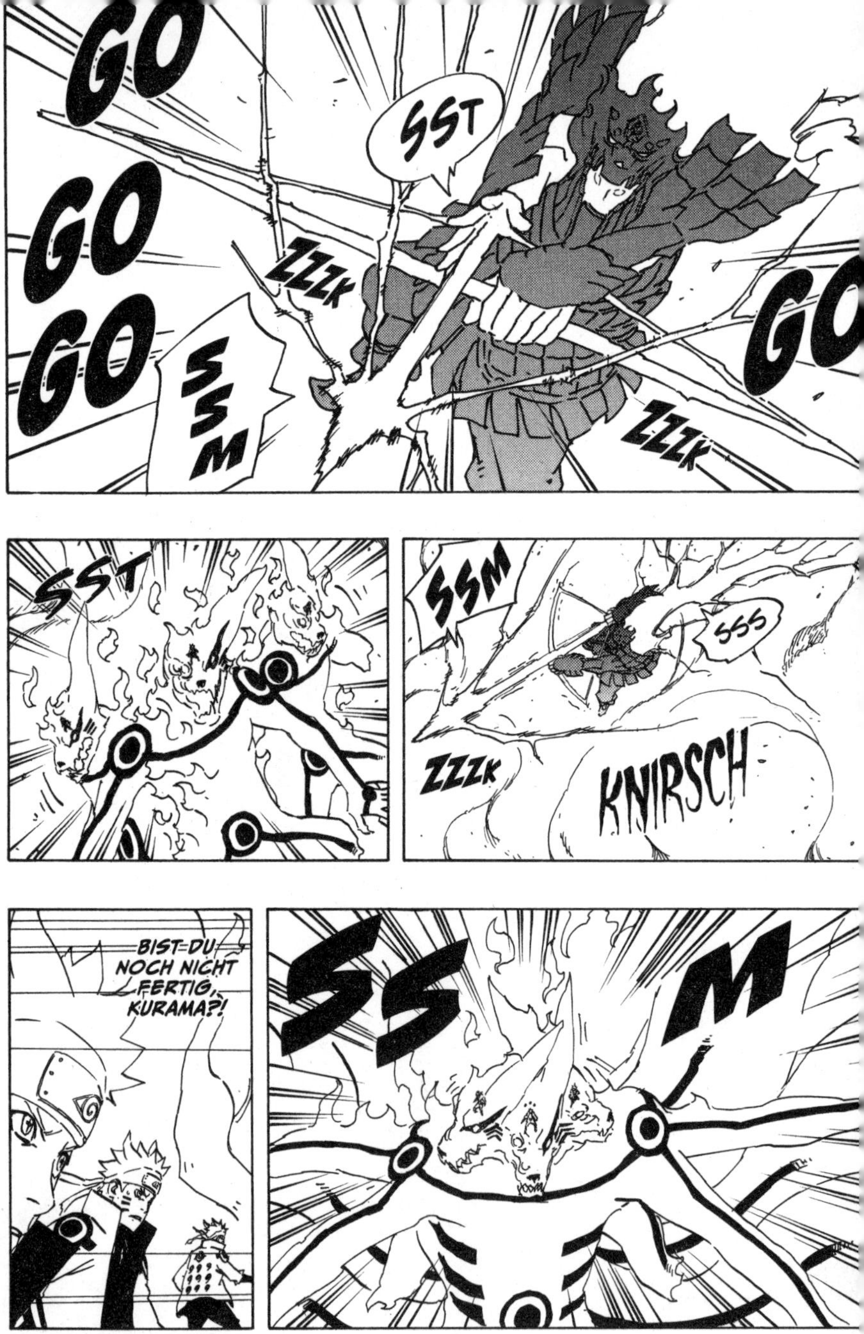
GO
GO
GO
SST
ZZZK
SSM
GO
GO
ZZZK
SSM
SSS
ZZZK
KNIRSCH
SST
SSM
BIST DU NOCH NICHT FERTIG, KURAMA?!

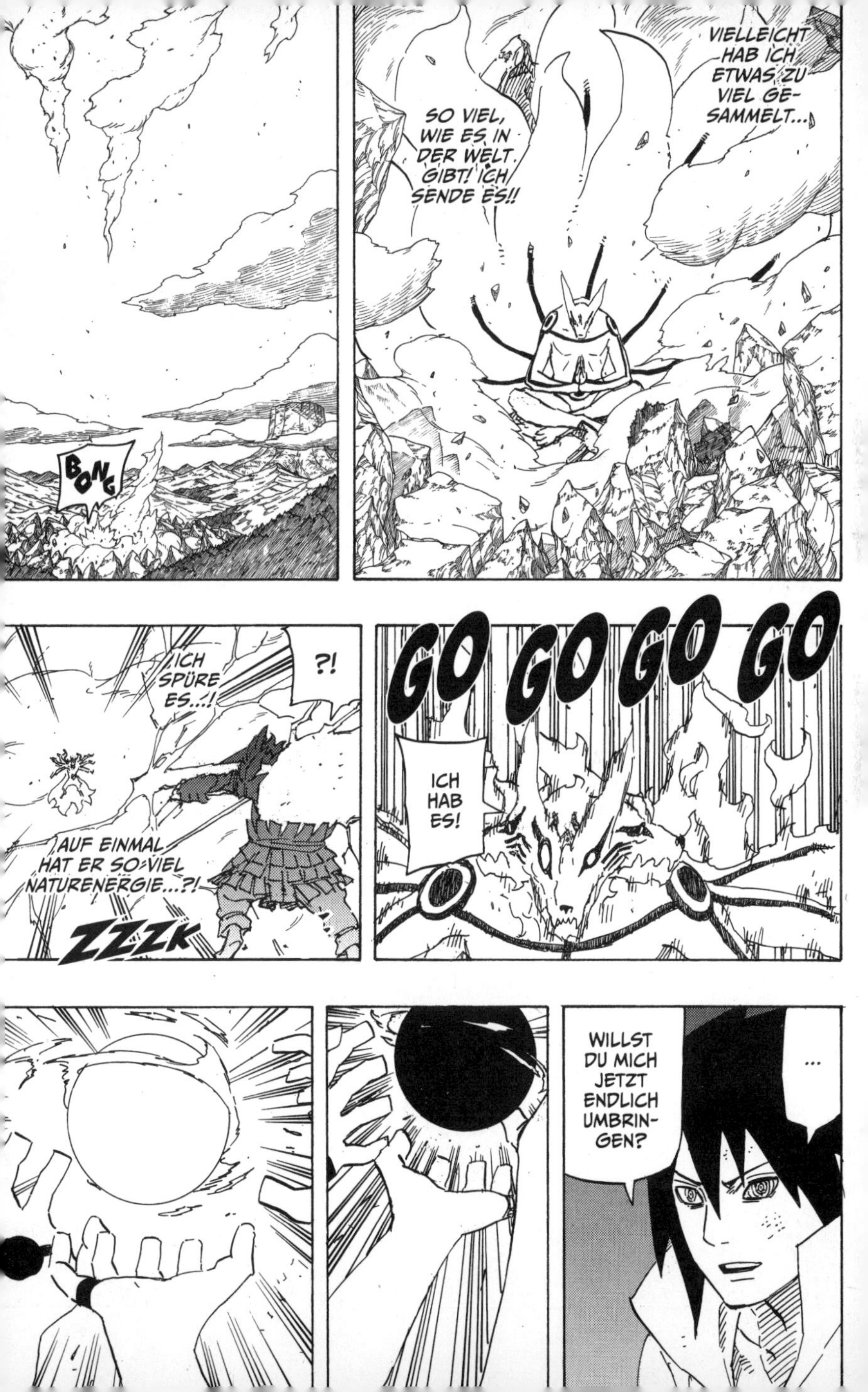
VIELLEICHT HAB ICH ETWAS ZU VIEL GESAMMELT...
SO VIEL, WIE ES IN DER WELT GIBT! ICH SENDE ES!!
BONG
GO GO GO GO GO
ICH HAB ES!
?!
ICH SPÜRE ES...!
AUF EINMAL HAT ER SO VIEL NATURENERGIE...?!
ZZZK
...
WILLST DU MICH JETZT ENDLICH UMBRINGEN?

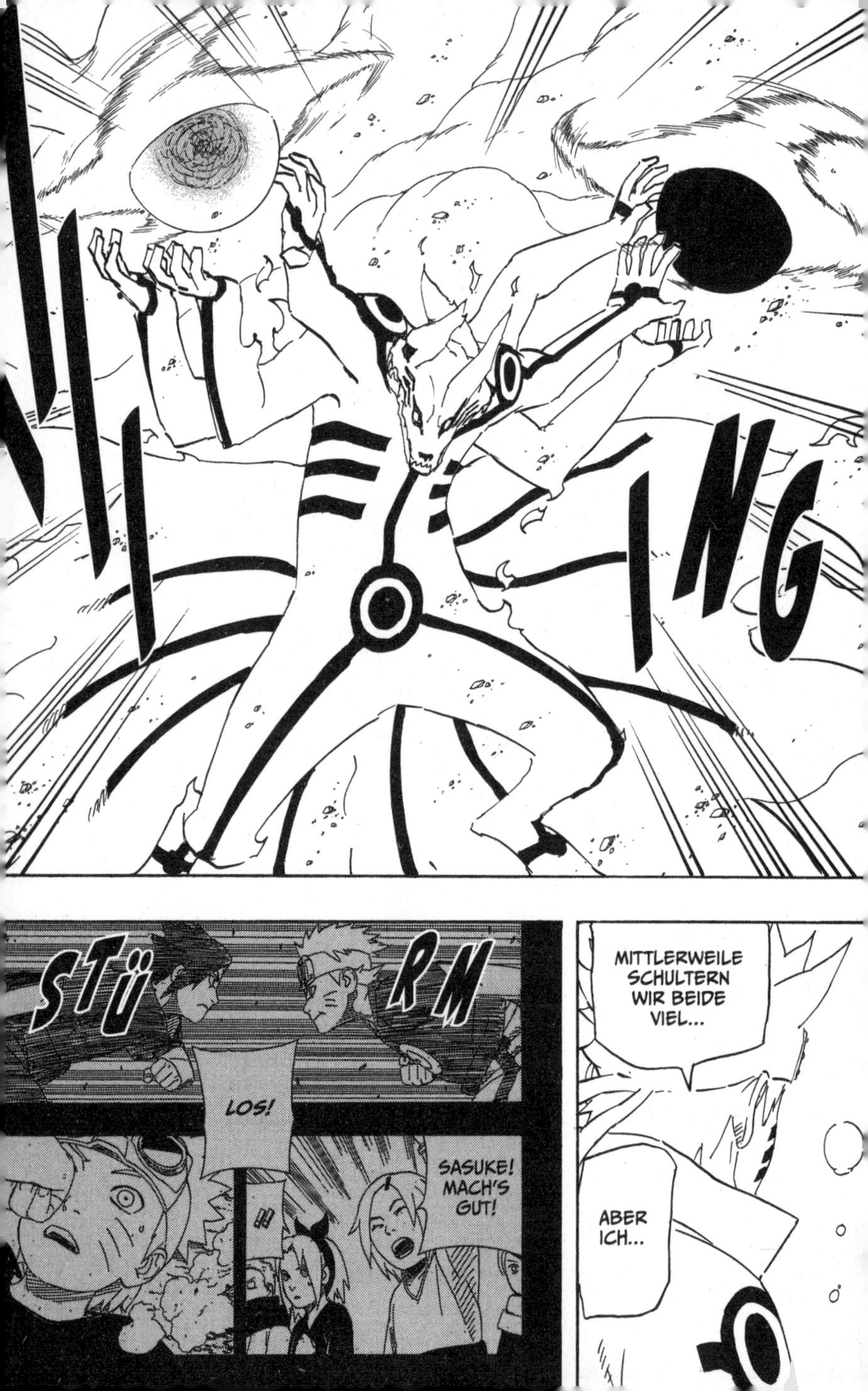
ING
MITTLERWEILE SCHULTERN WIR BEIDE VIEL...
ABER ICH...
STÜ
RM
LOS!
SASUKE! MACH'S GUT!
!!

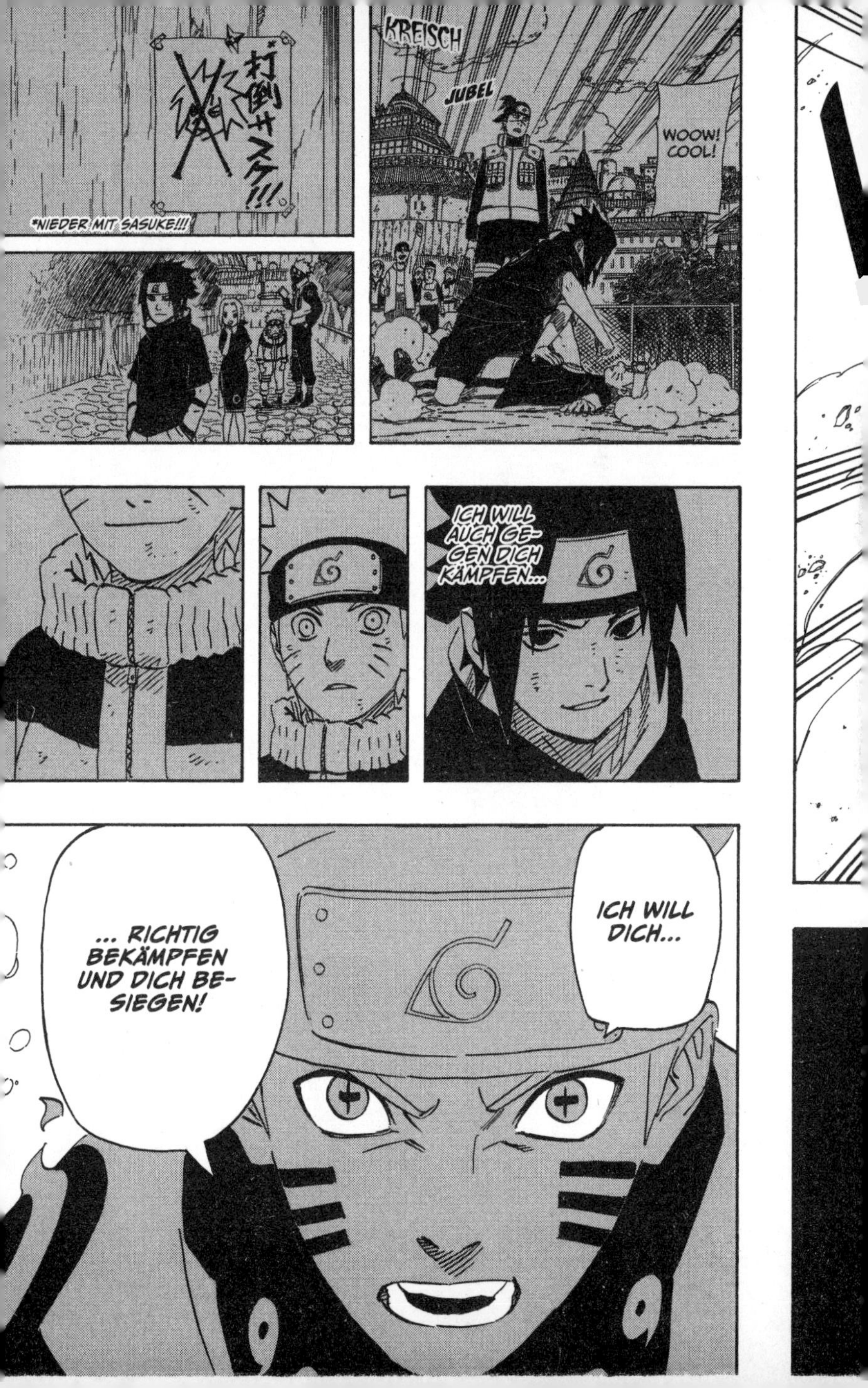
KREISCH
JUBEL
WOOW! COOL!
打倒サスケ!!
*NIEDER MIT SASUKE!!!
ICH WILL AUCH GEGEN DICH KÄMPFEN...
ICH WILL DICH...
... RICHTIG BEKÄMPFEN UND DICH BESIEGEN!

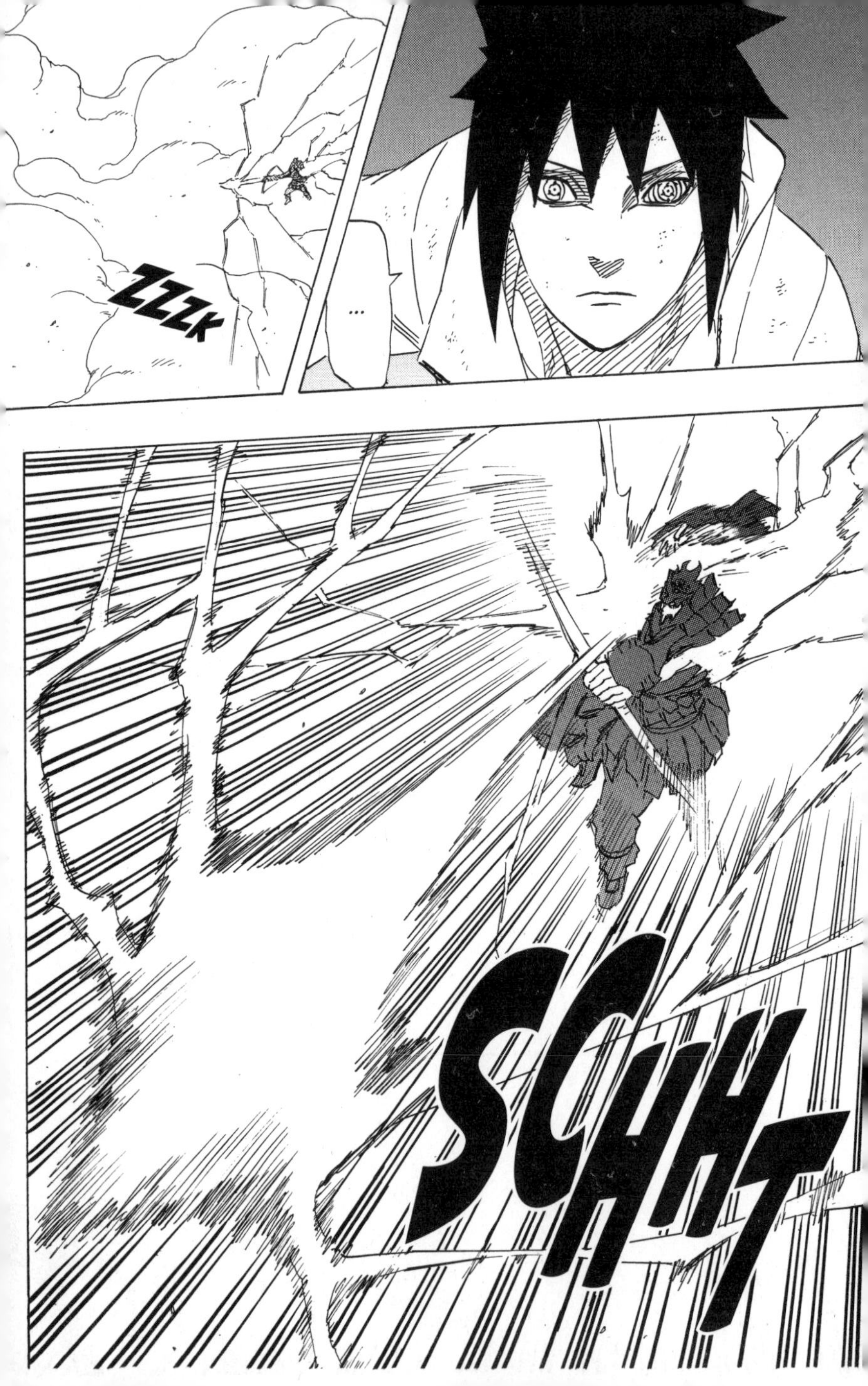
...
ZZZK
SCHHT

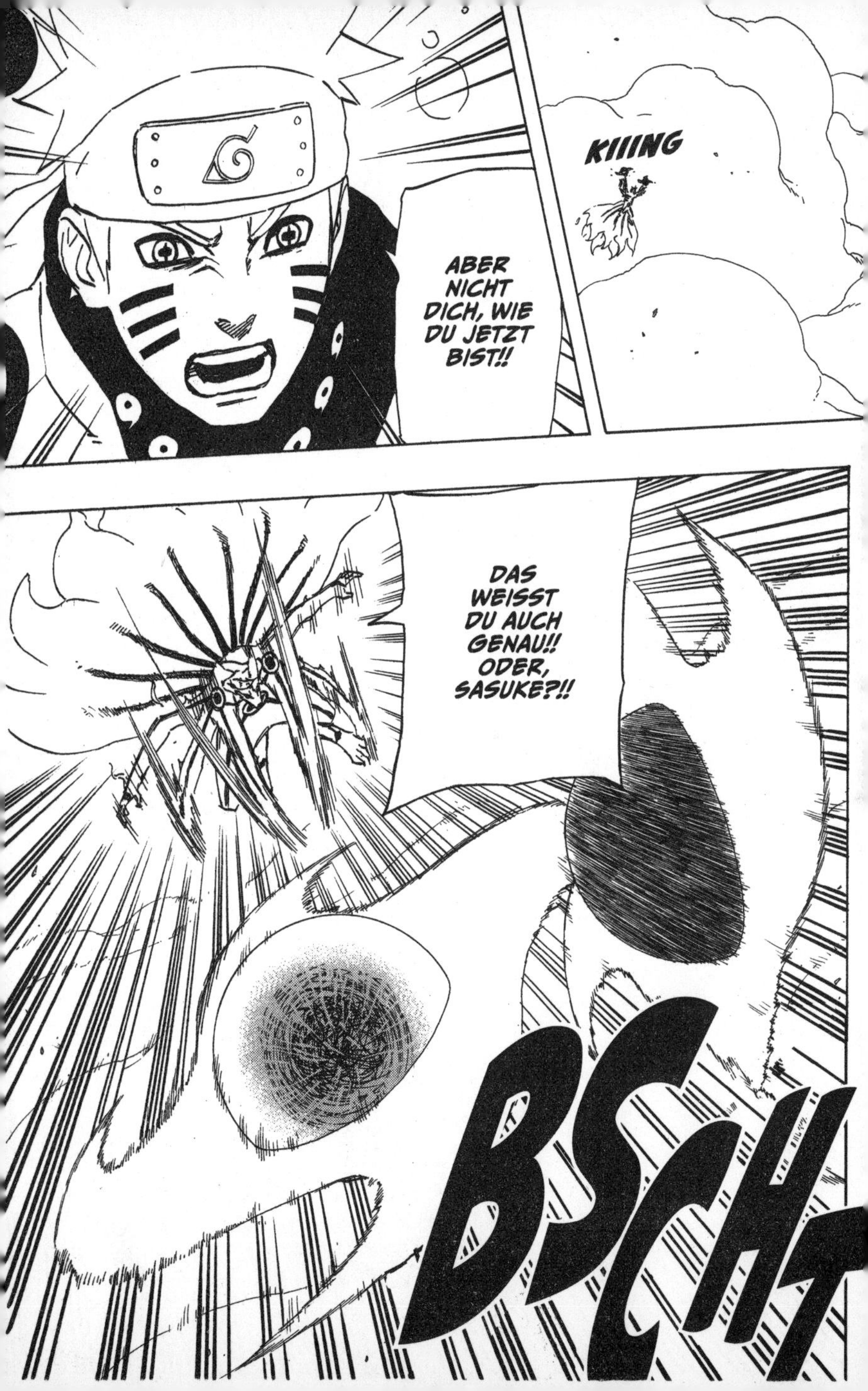
KIIING
ABER NICHT DICH, WIE DU JETZT BIST!!
DAS WEISST DU AUCH GENAU!! ODER, SASUKE?!!
BSCHT

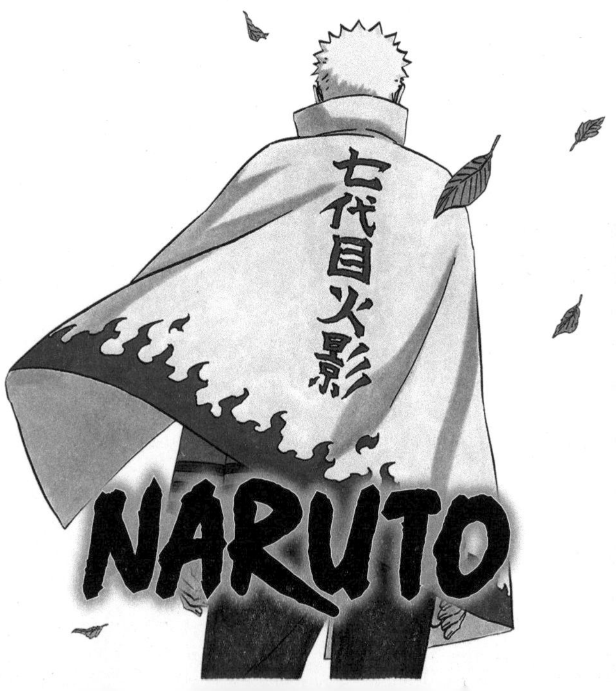
七代目火影
NARUTO

697. Kapitel: Naruto und Sasuke ④

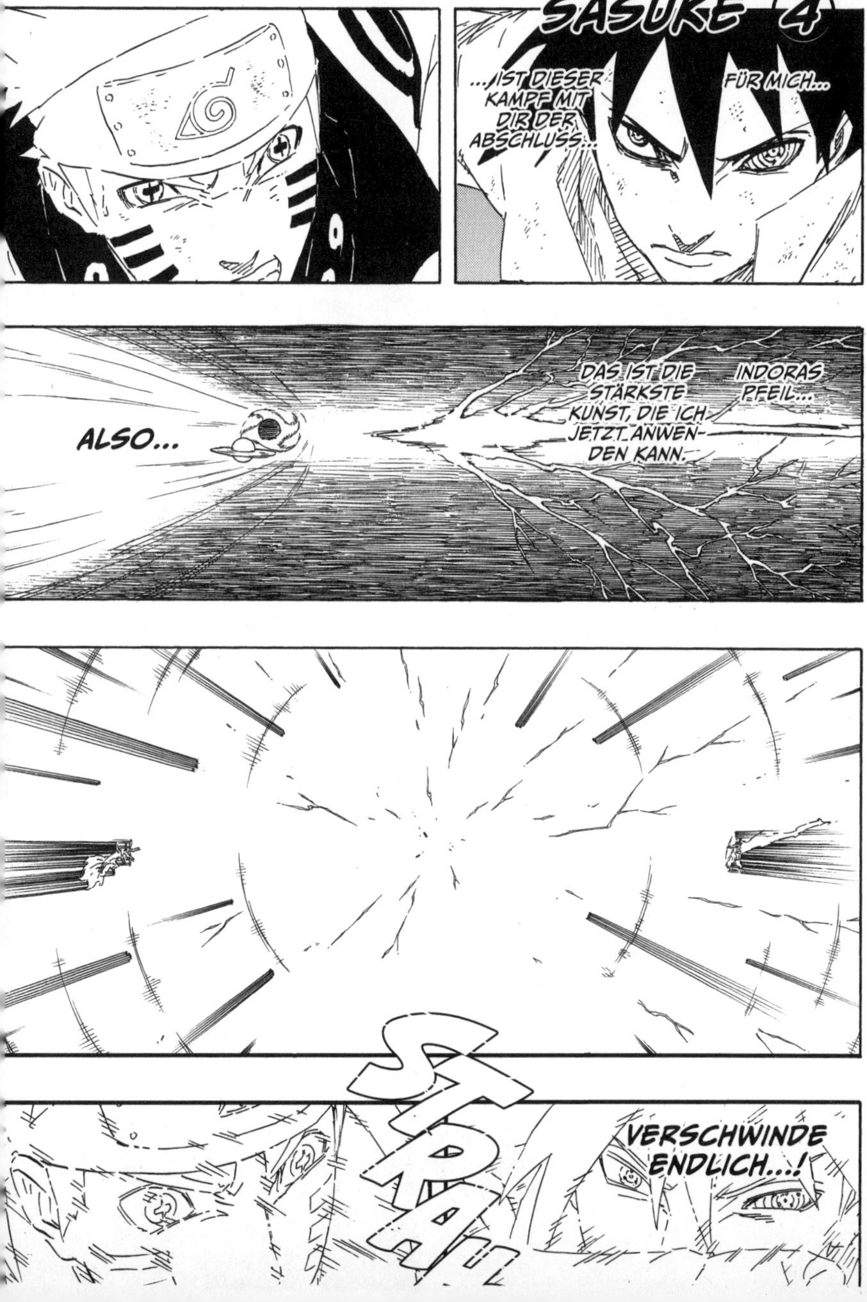

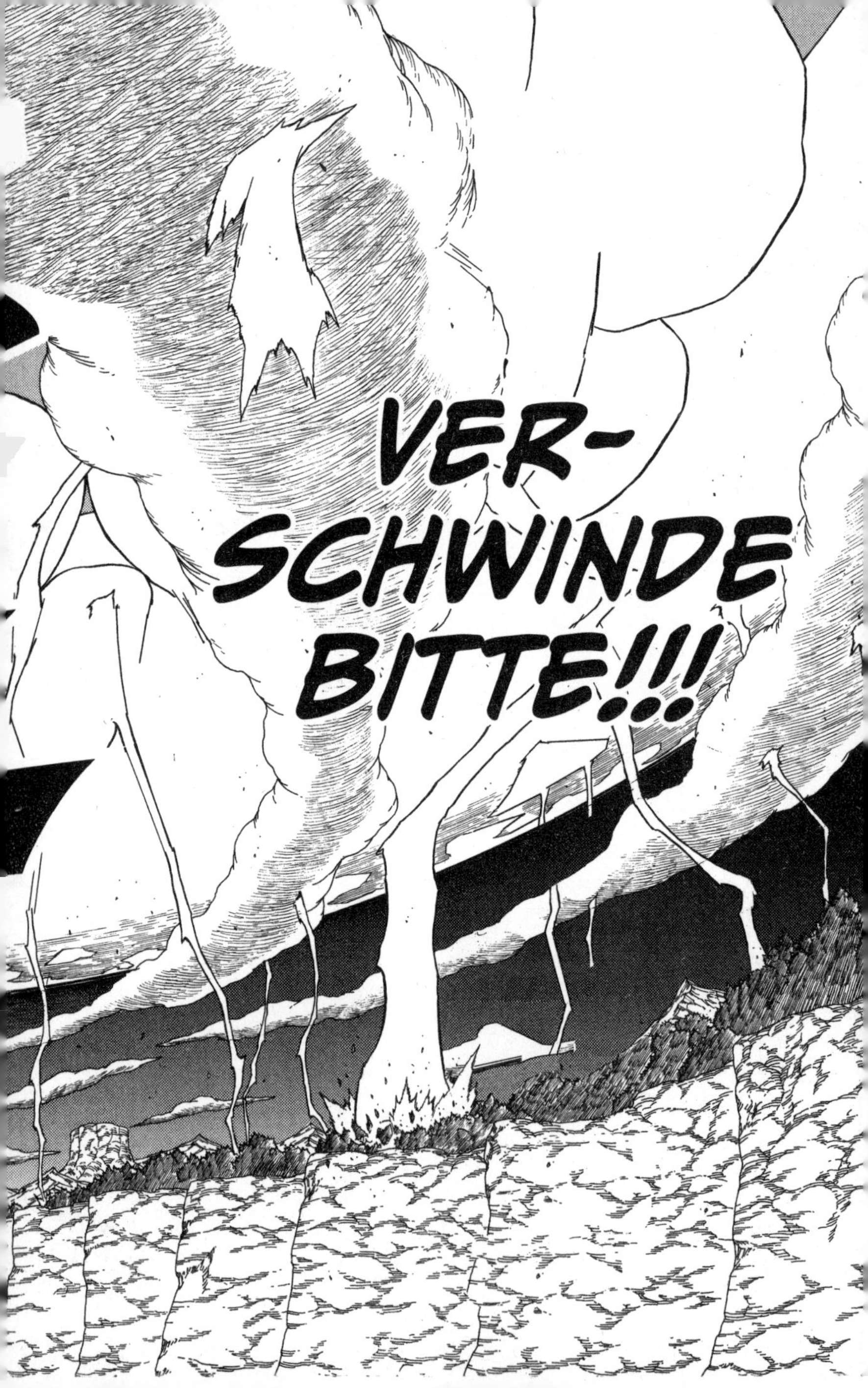
VER-
SCHWINDE
BITTE!!!

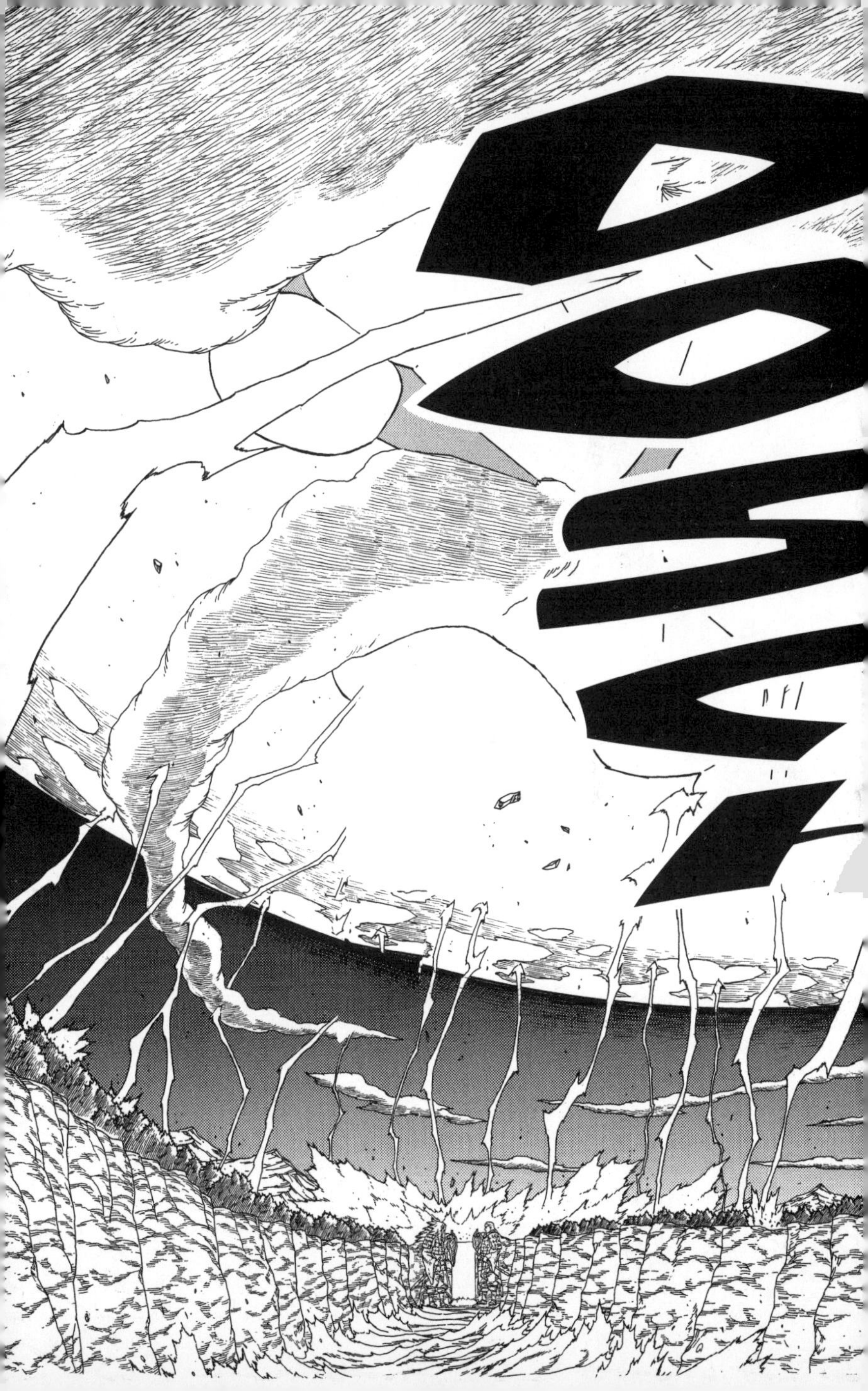

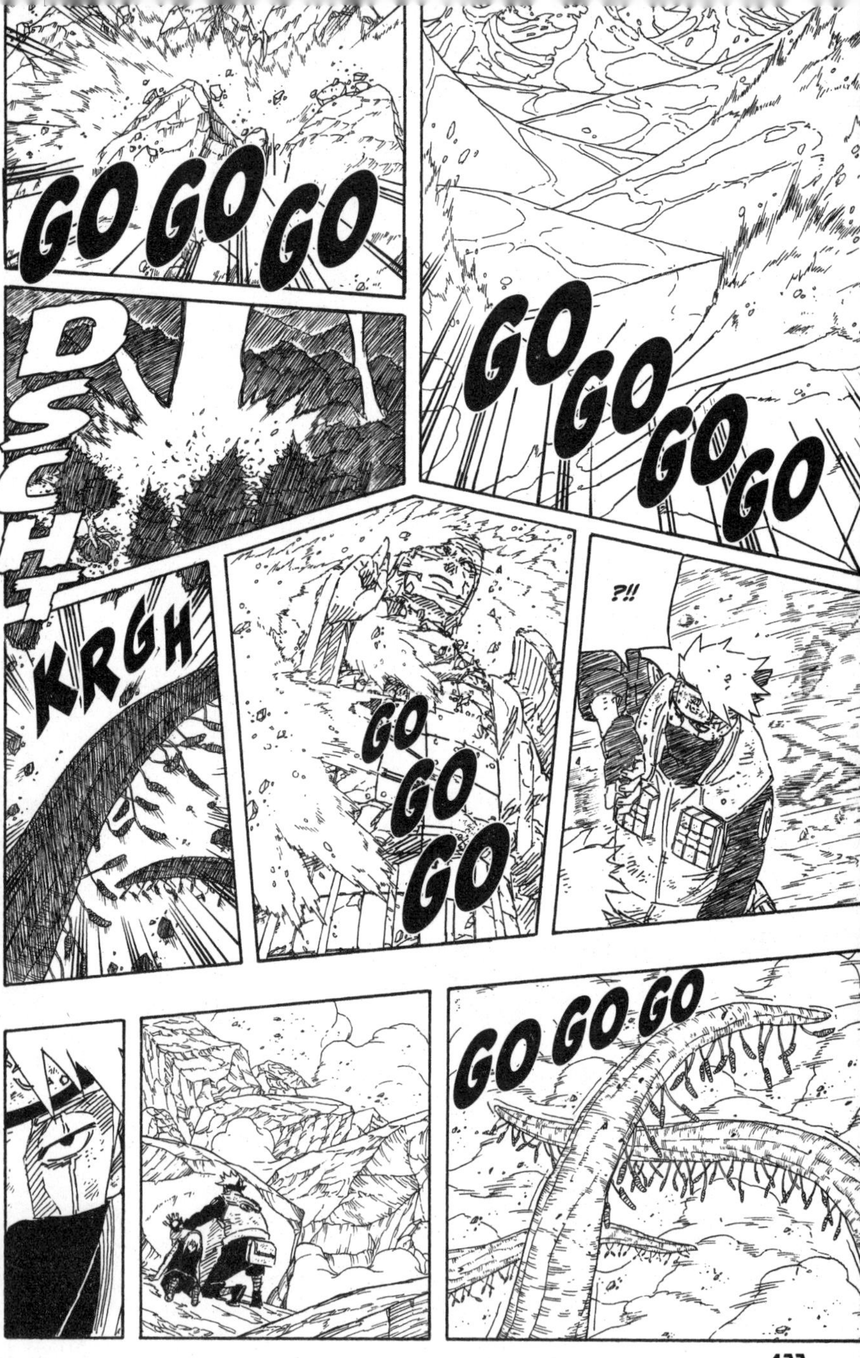
GO GO GO GO GO
GO GO GO
DSCHT
?!!
GO GO GO
KRGH
GO GO GO

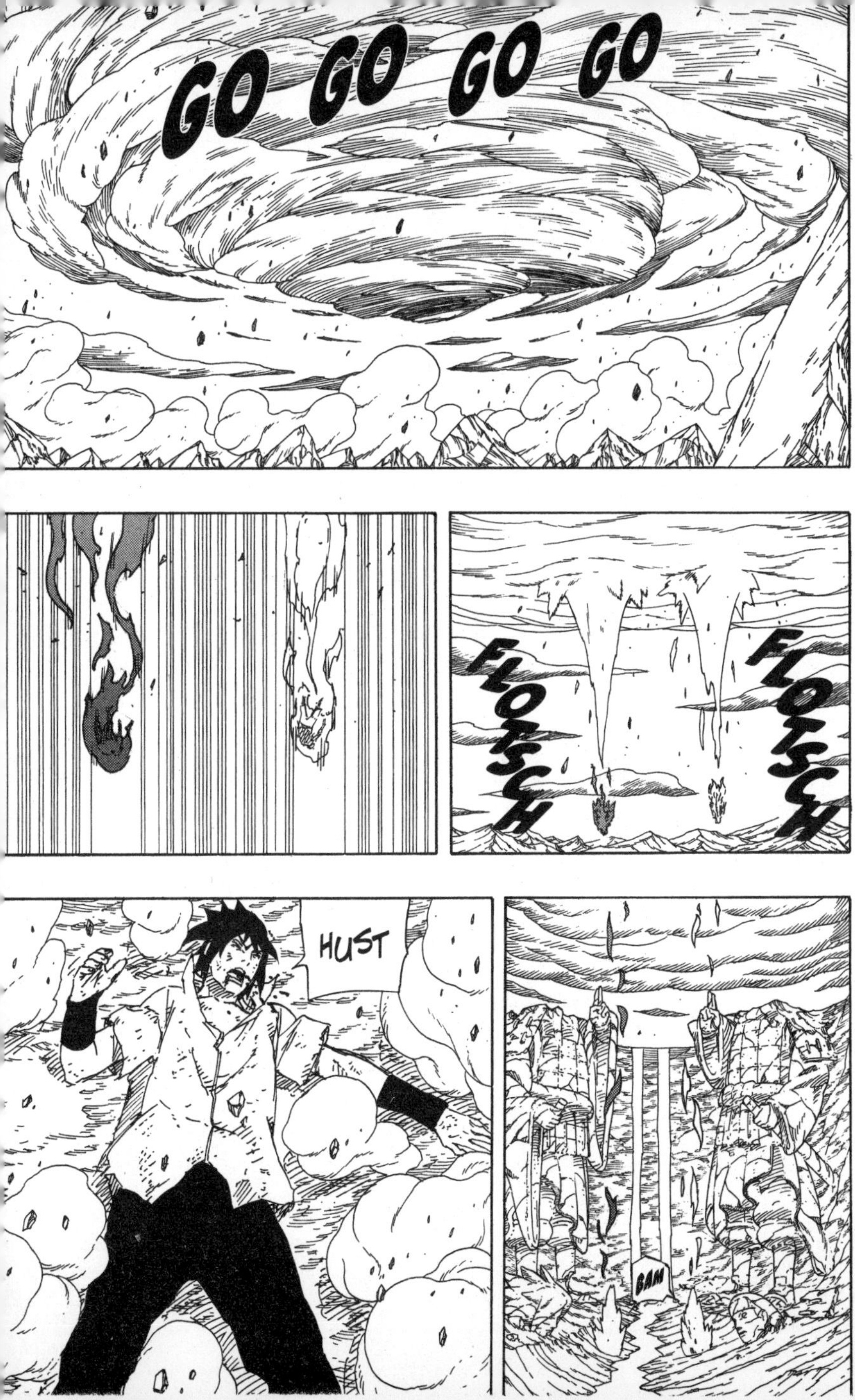
GO GO GO GO
FLOSCH
FLOSCH
HUST
BAM

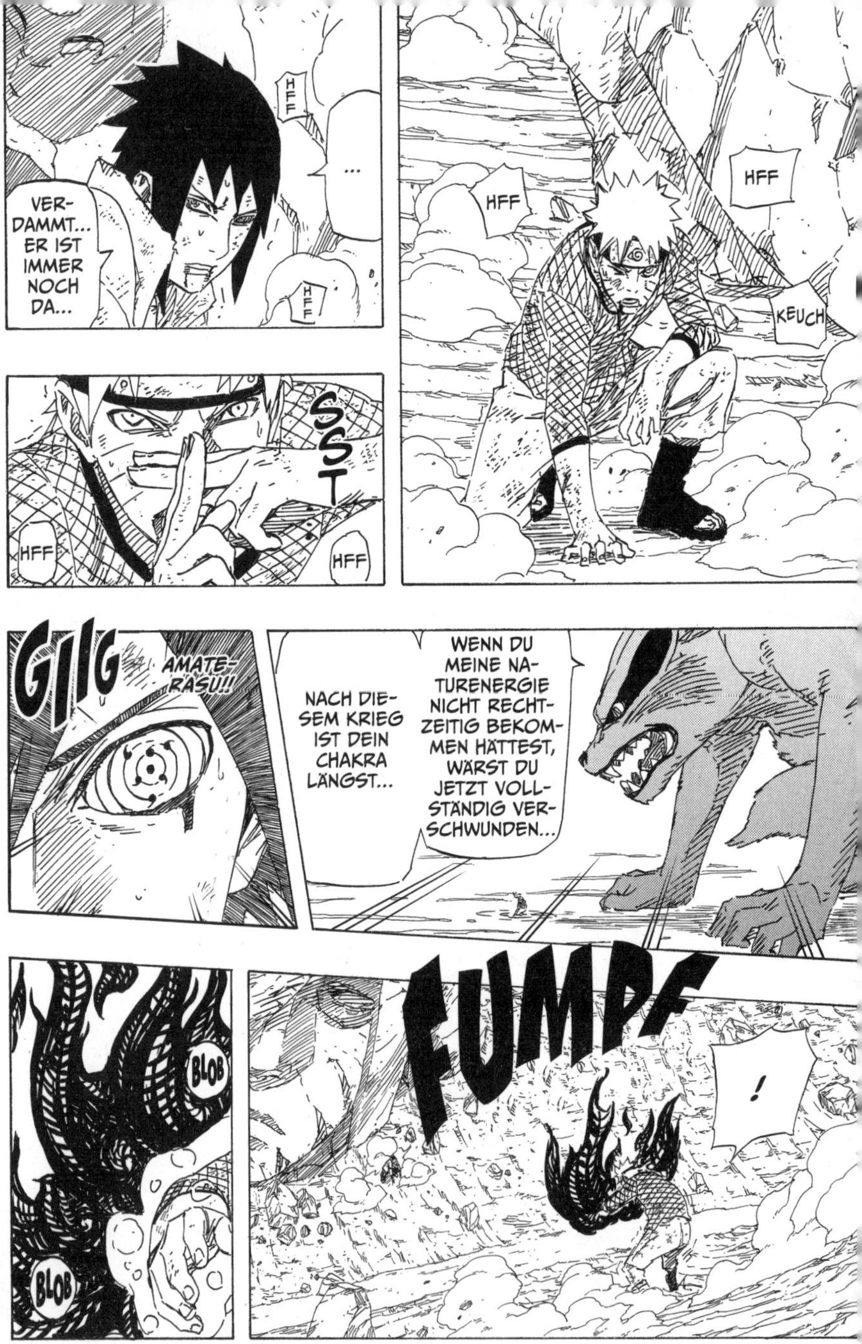
HFF
HFF
KEUCH
HFF
HFF
...
VER-DAMMT... ER IST IMMER NOCH DA...
SST
HFF
HFF
WENN DU MEINE NATURENERGIE NICHT RECHTZEITIG BEKOMMEN HÄTTEST, WÄRST DU JETZT VOLLSTÄNDIG VERSCHWUNDEN...
NACH DIESEM KRIEG IST DEIN CHAKRA LÄNGST...
GIIG
AMATERASU!!
!
FUMPF
BLOB
BLOB

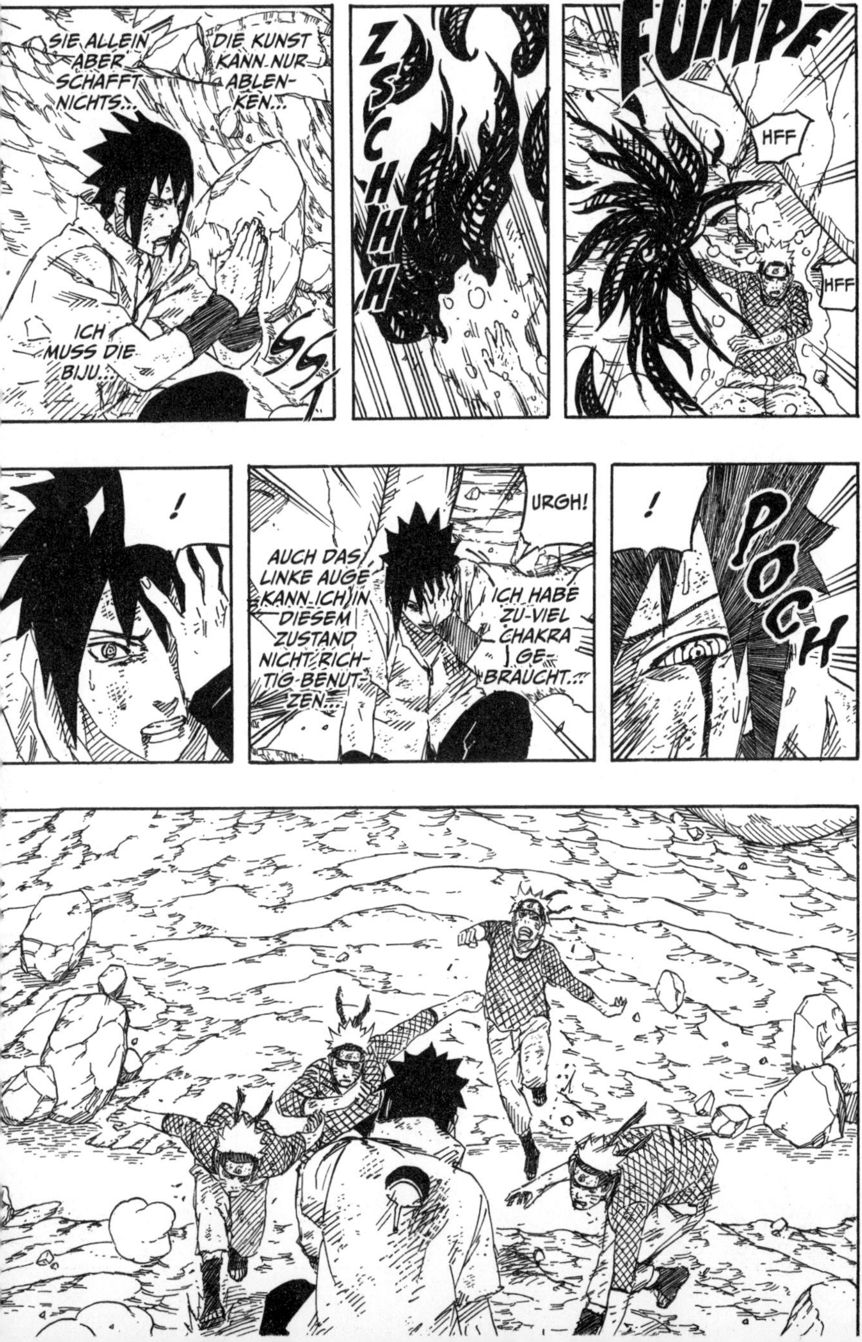
FUMPF
HFF
HFF
ZSCHHHH
DIE KUNST KANN NUR ABLENKEN...
SIE ALLEIN ABER SCHAFFT NICHTS...
ICH MUSS DIE BIJU...
!
POCH
URGH!
ICH HABE ZU VIEL CHAKRA GEBRAUCHT...!?
AUCH DAS LINKE AUGE KANN ICH IN DIESEM ZUSTAND NICHT RICHTIG BENUTZEN...
!

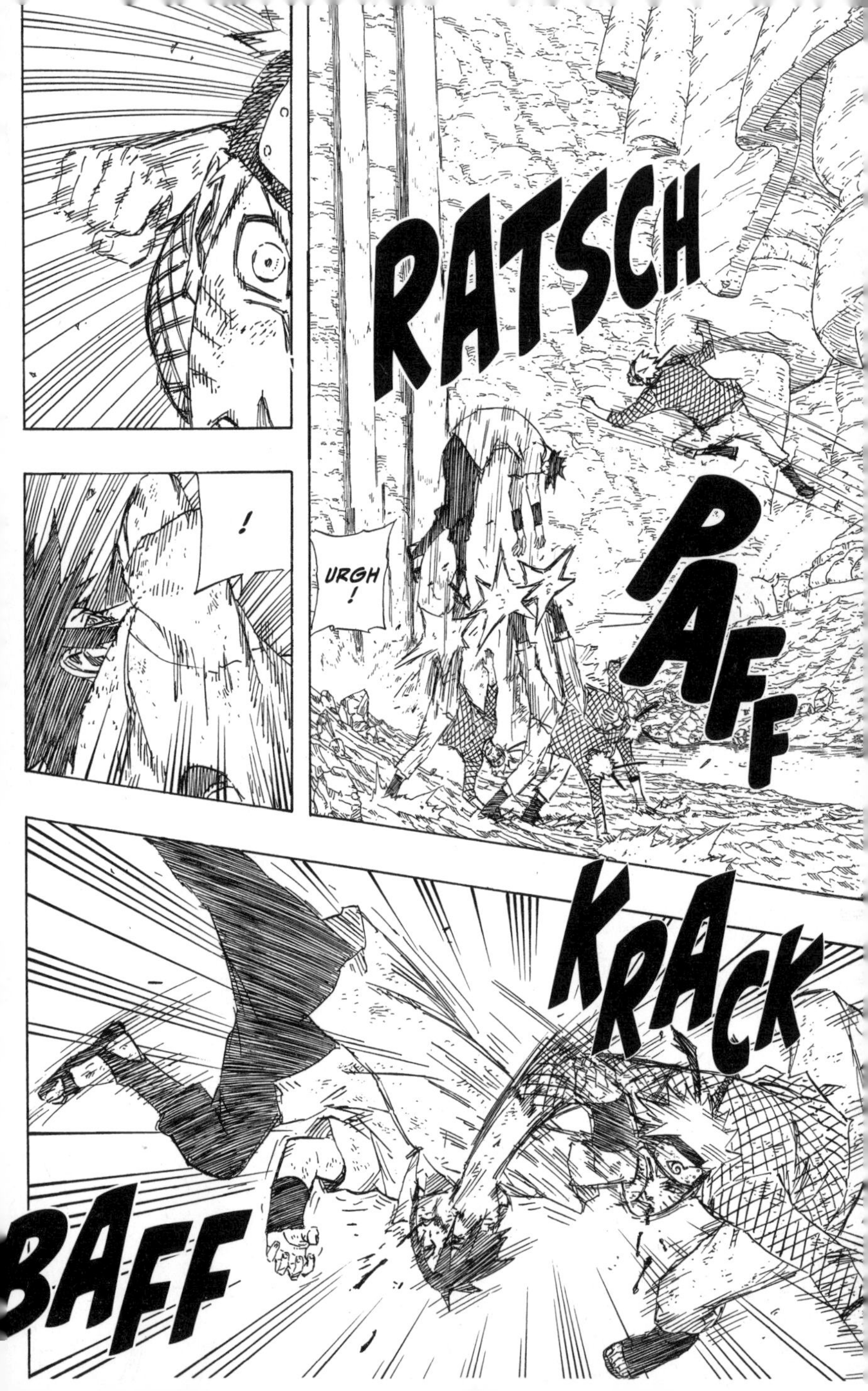
RATSCH
URGH!
PAFF
!
KRACK
BAFF

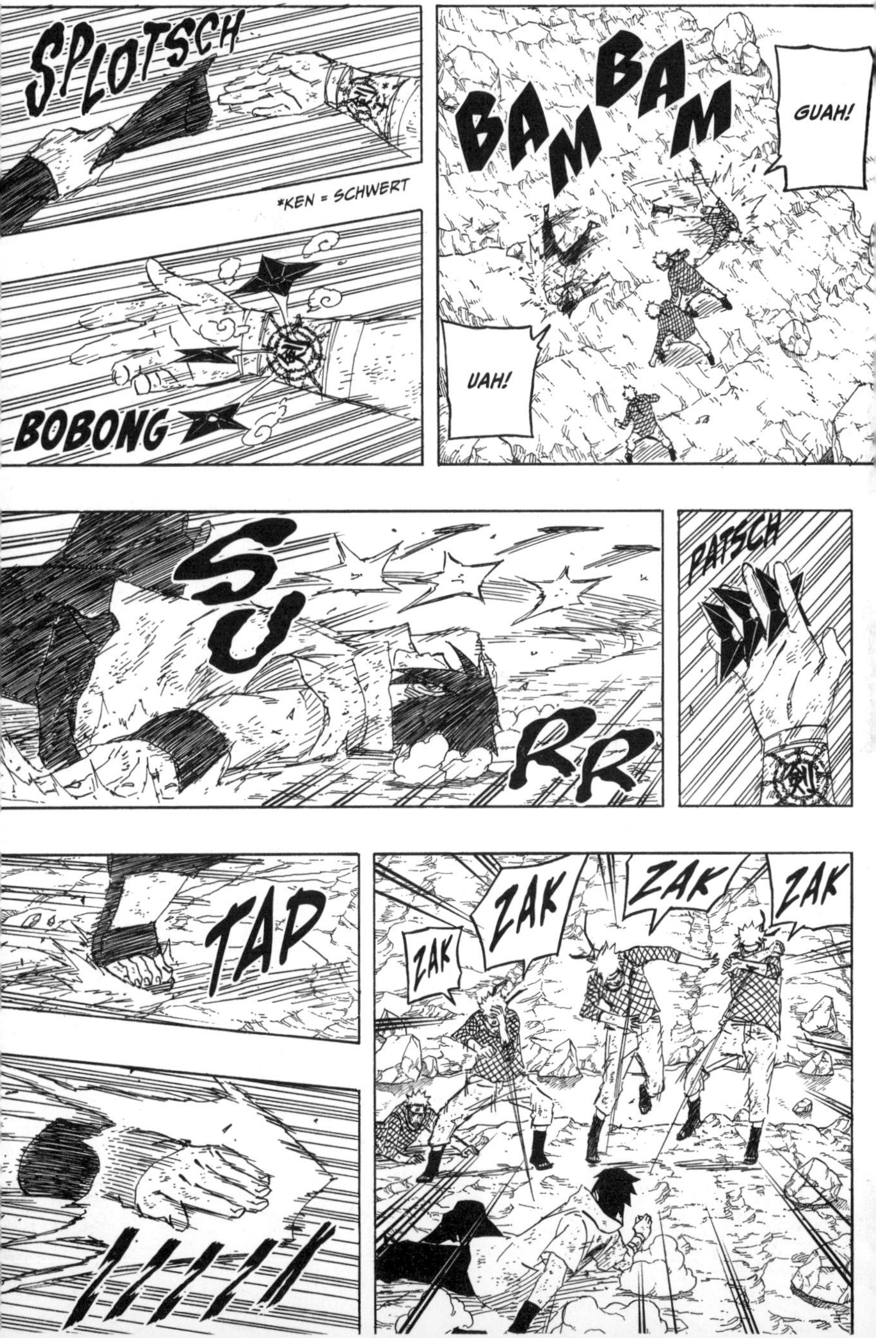
BAM
BAM
GUAH!
UAH!
SPLOTSCH
*KEN = SCHWERT
BOBONG
PATSCH
SURRR
ZAK
ZAK
ZAK
ZAK
TAP

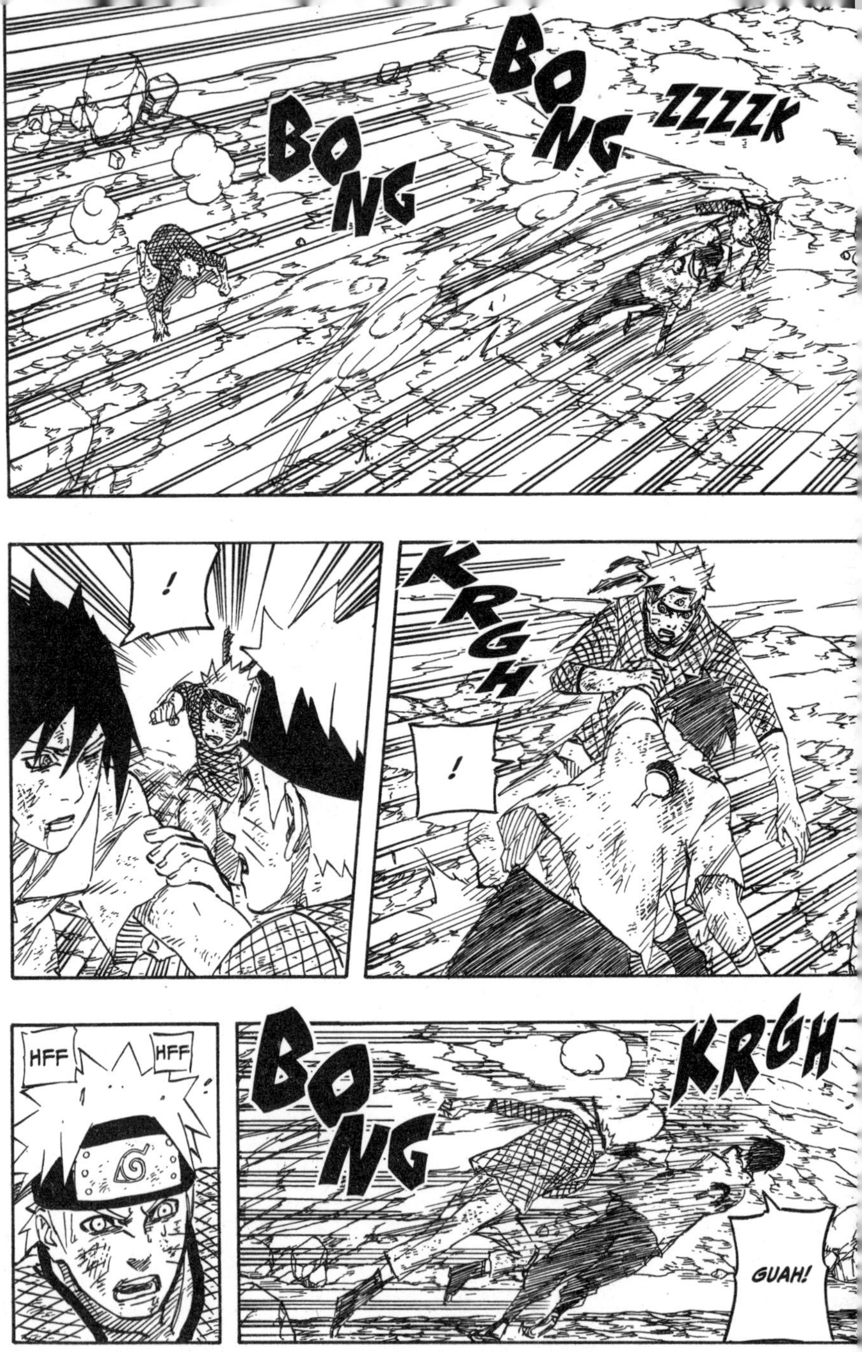
ZZZZK
BONG
BONG
!
!
KRGH
KRGH
BONG
GUAH!
HFF
HFF

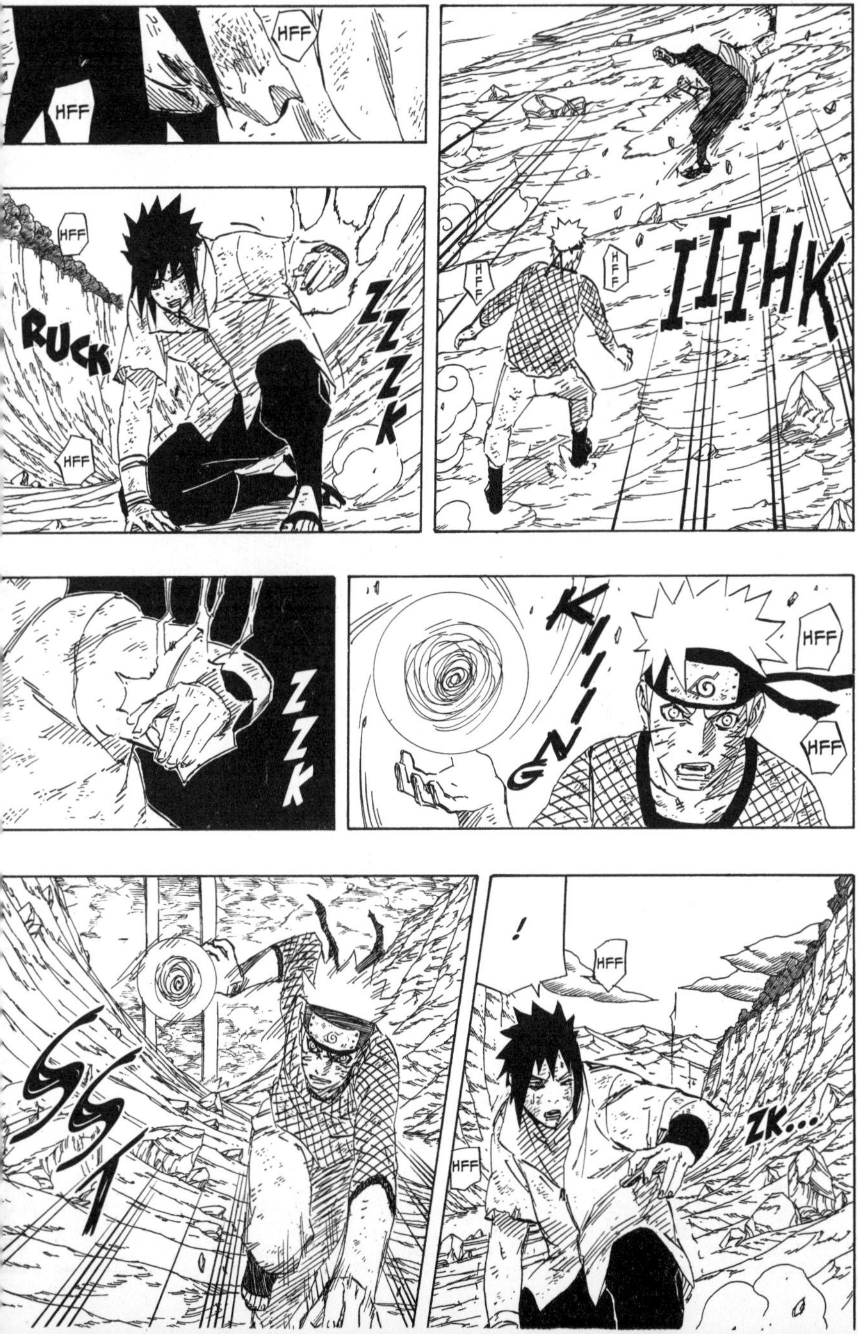
HFF
HFF
IIIHK
HFF
HFF
HFF
RUCK
ZZZK
ZZZK
KIIIING
HFF
HFF
!
HFF
HFF
ZK...
SSST

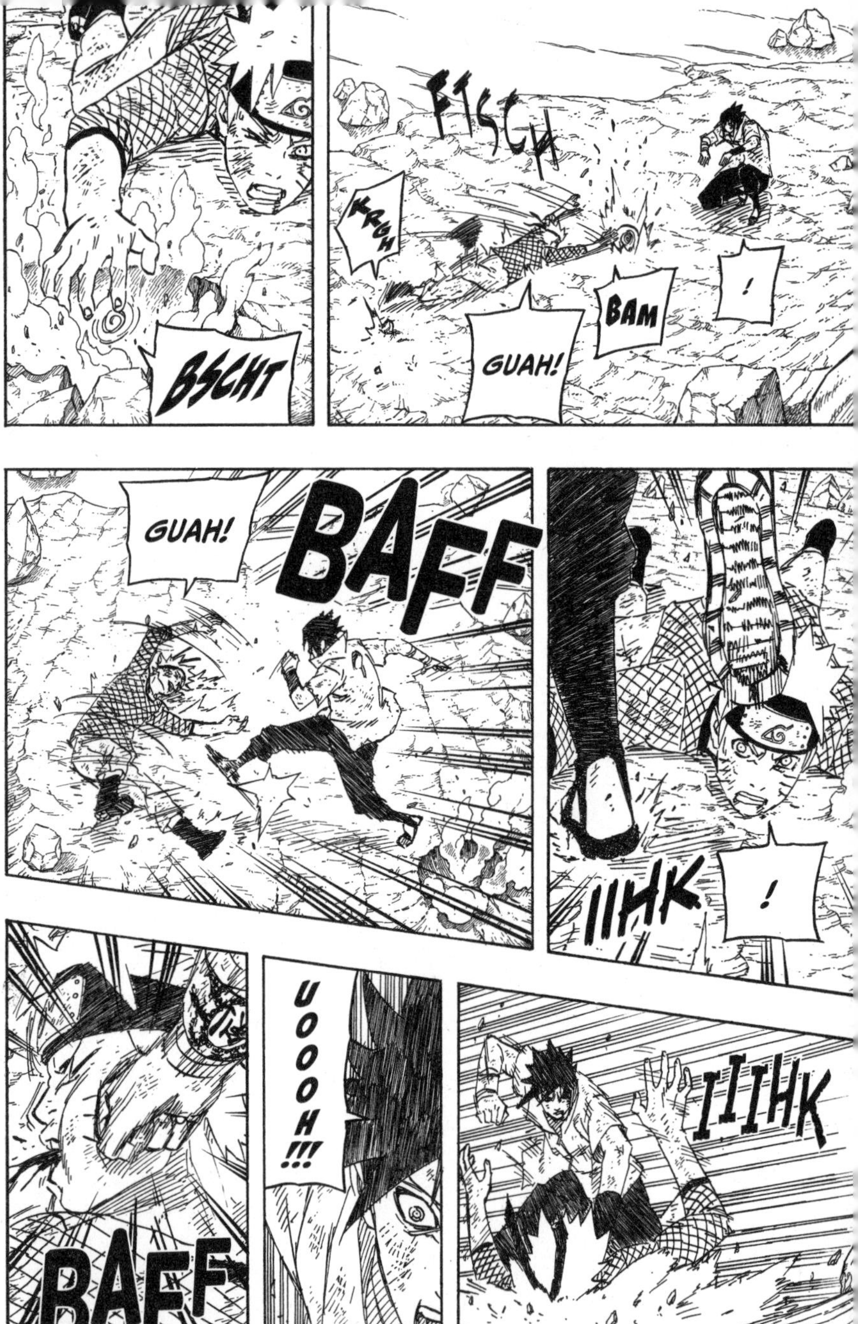
!
BAM
GUAH!
KRGH
FTSCH
BSCHT
!
IIHK
BAFF
GUAH!
IIHK
UOOOOH!!!
BAFF

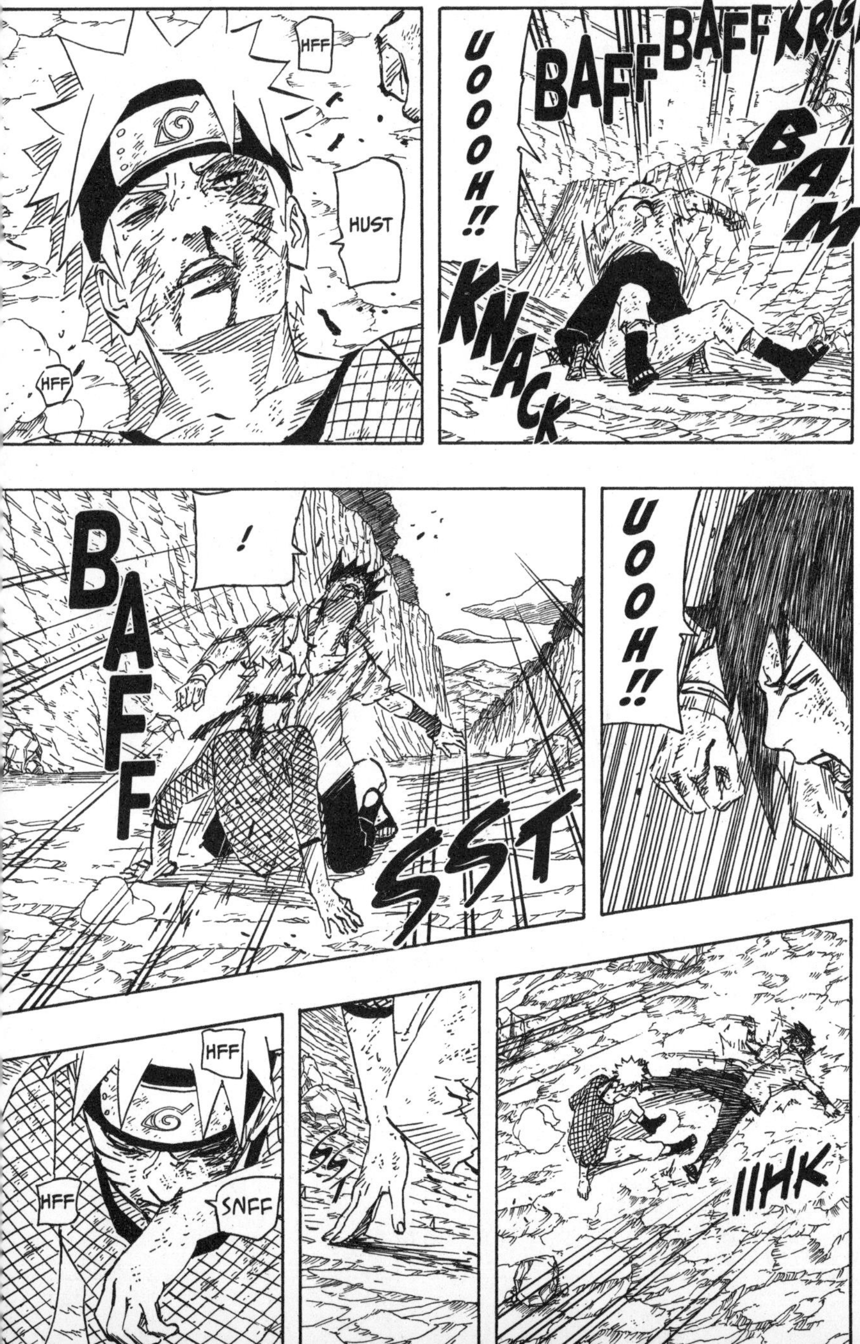

BAFF
BAFF
KRGH
BAM
UOOOOH!!
KNACK
HFF
HUST
HFF
UOOOH!!
!
BAFF
SST
IIHK
HFF
SNFF
HFF

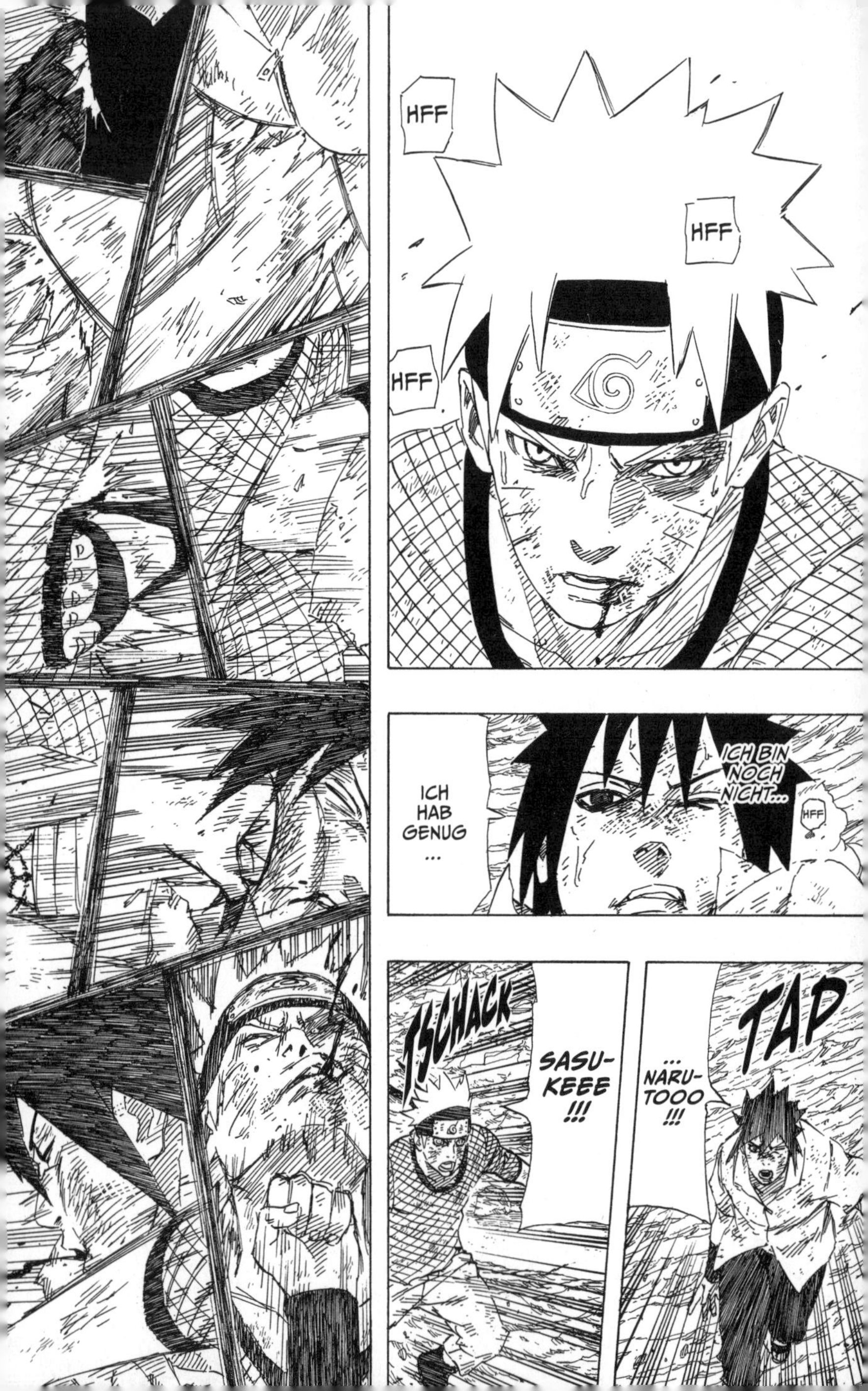
HFF
HFF
HFF
ICH BIN NOCH NICHT...
HFF
ICH HAB GENUG ...
TAP
... NARU-TOOO !!!
TSCHACK
SASU-KEEE !!!

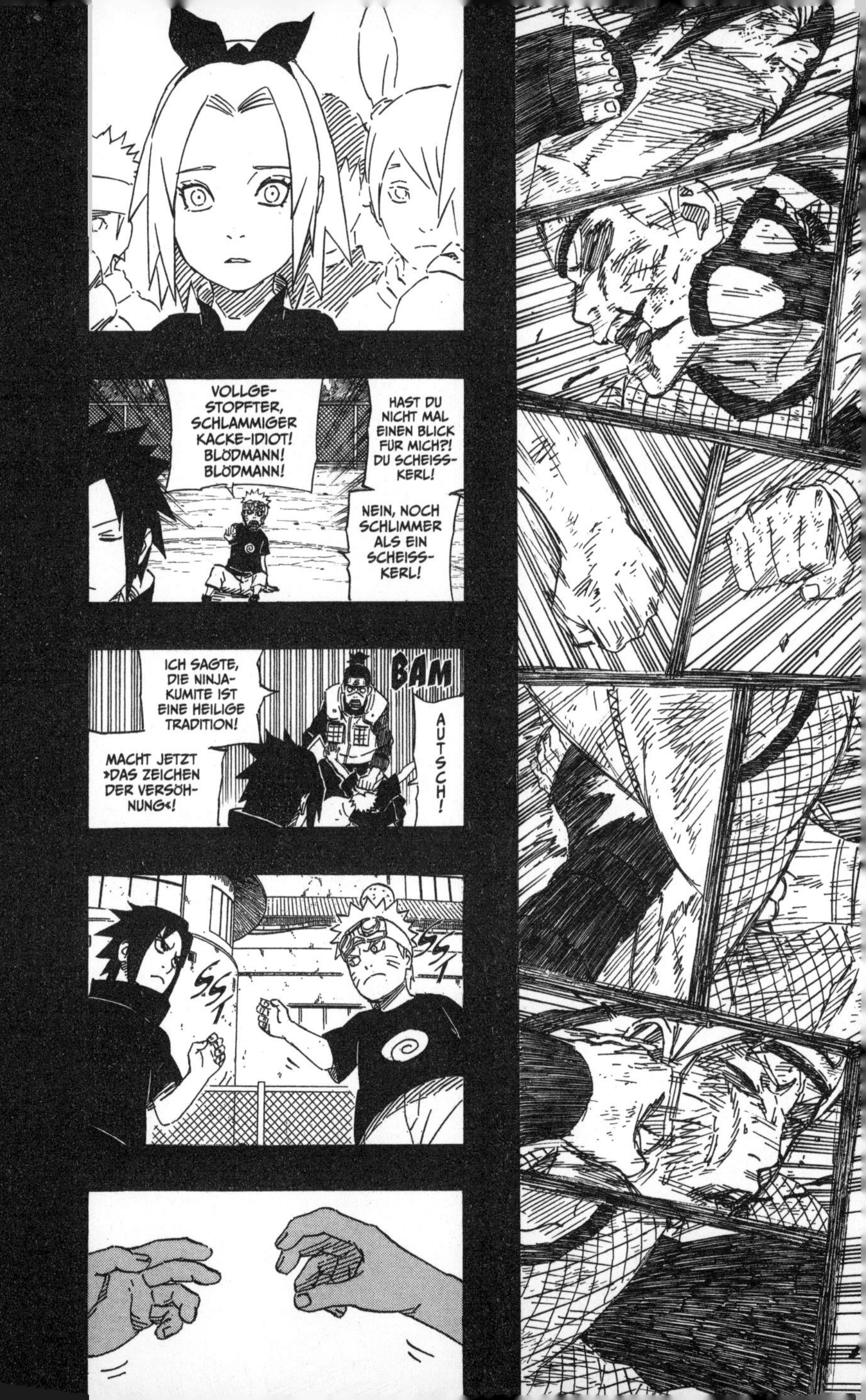

HAST DU NICHT MAL EINEN BLICK FÜR MICH?! DU SCHEISS-KERL!
NEIN, NOCH SCHLIMMER ALS EIN SCHEISS-KERL!
VOLLGE-STOPFTER, SCHLAMMIGER KACKE-IDIOT! BLÖDMANN! BLÖDMANN!
BAM
AUTSCH!
ICH SAGTE, DIE NINJA-KUMITE IST EINE HEILIGE TRADITION!
MACHT JETZT »DAS ZEICHEN DER VERSÖHNUNG«!

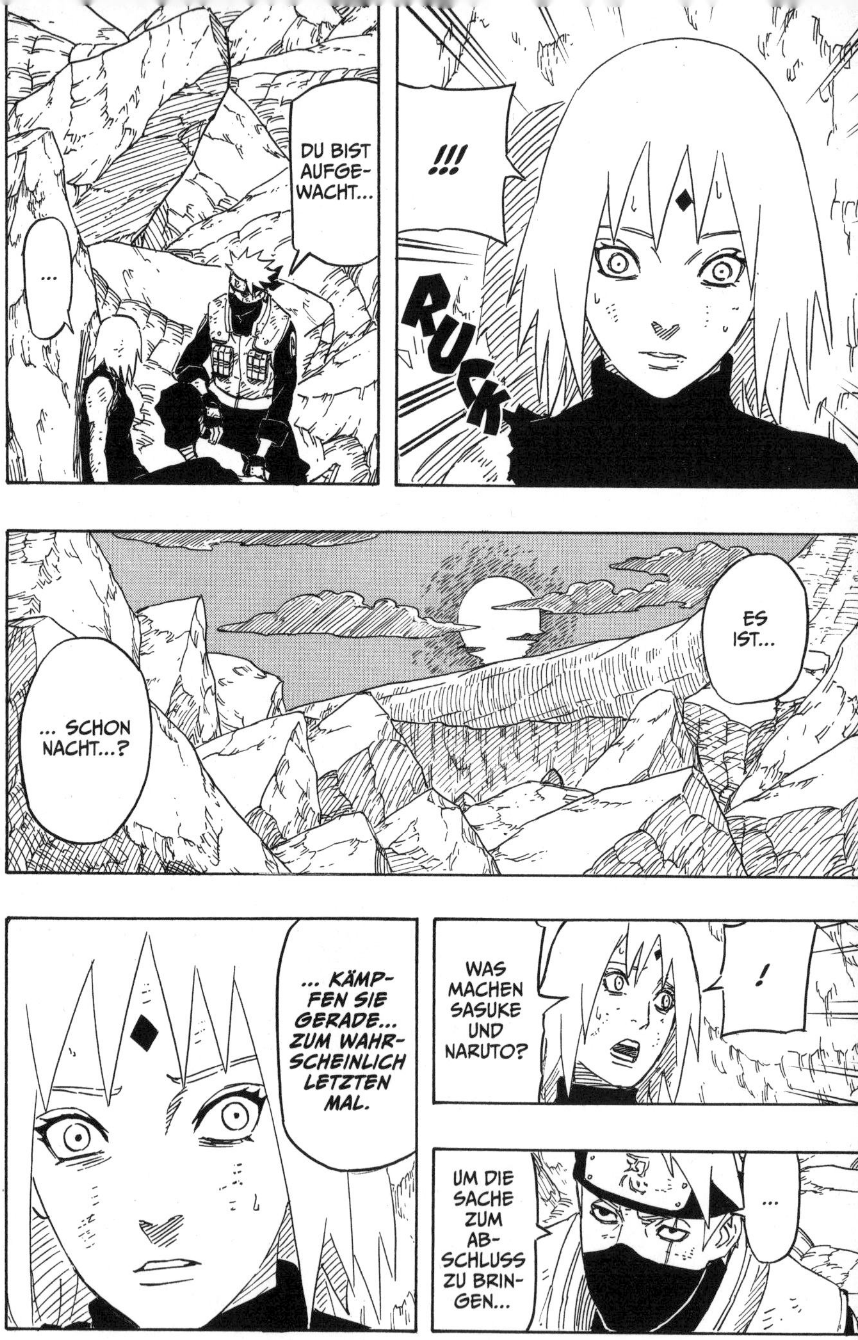
!!!
RUCK
DU BIST AUFGE-WACHT...
...
ES IST...
... SCHON NACHT...?
!
WAS MACHEN SASUKE UND NARUTO?
...
UM DIE SACHE ZUM AB-SCHLUSS ZU BRIN-GEN...
... KÄMP-FEN SIE GERADE... ZUM WAHR-SCHEINLICH LETZTEN MAL.

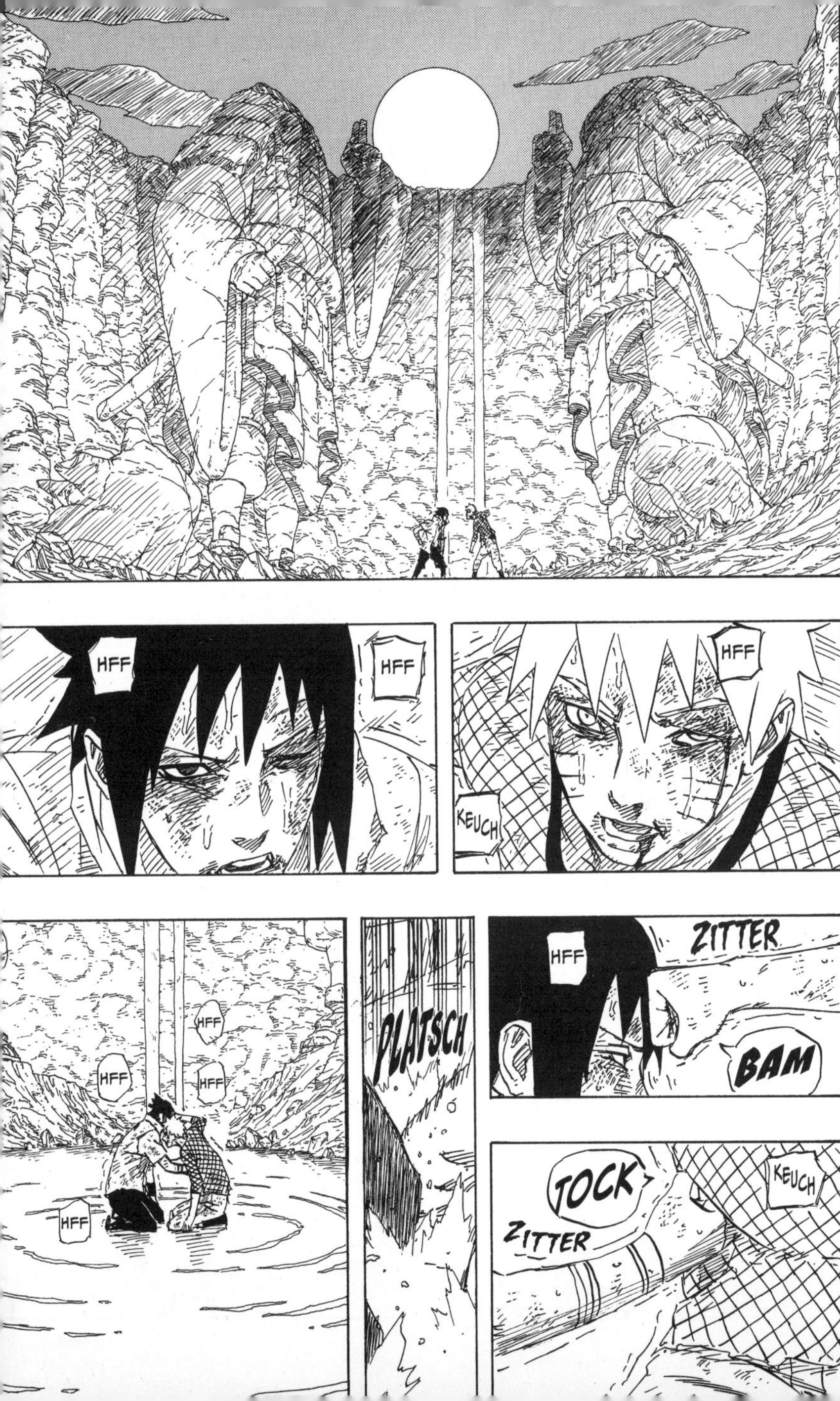
HFF
KEUCH
HFF
HFF
ZITTER
HFF
BAM
TOCK
KEUCH
ZITTER
PLATSCH
HFF
HFF
HFF
HFF

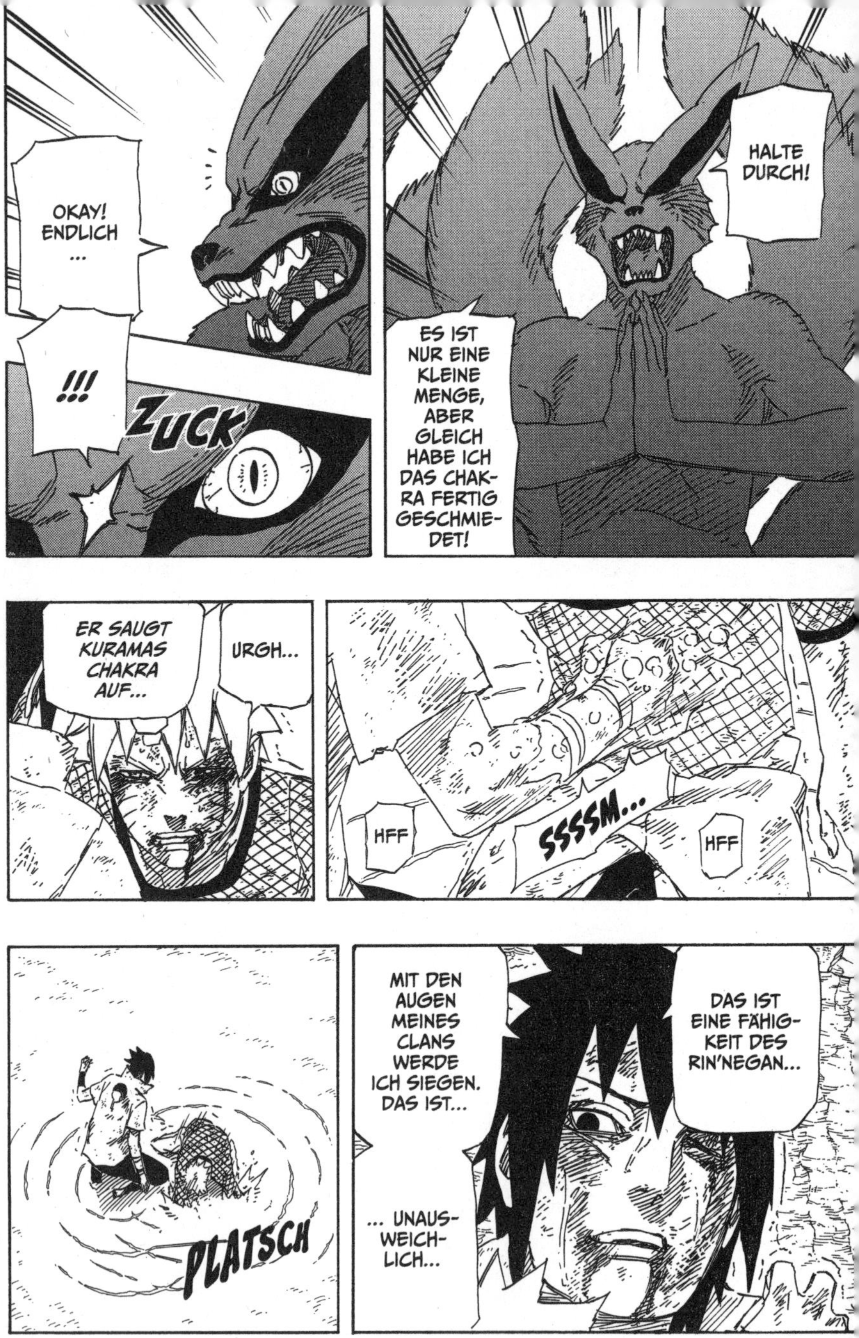
HALTE DURCH!
ES IST NUR EINE KLEINE MENGE, ABER GLEICH HABE ICH DAS CHAKRA FERTIG GESCHMIEDET!
OKAY! ENDLICH ...
!!!
ZUCK
HFF
SSSSM...
HFF
URGH...
ER SAUGT KURAMAS CHAKRA AUF...
DAS IST EINE FÄHIGKEIT DES RIN'NEGAN...
MIT DEN AUGEN MEINES CLANS WERDE ICH SIEGEN. DAS IST...
... UNAUSWEICHLICH...
PLATSCH

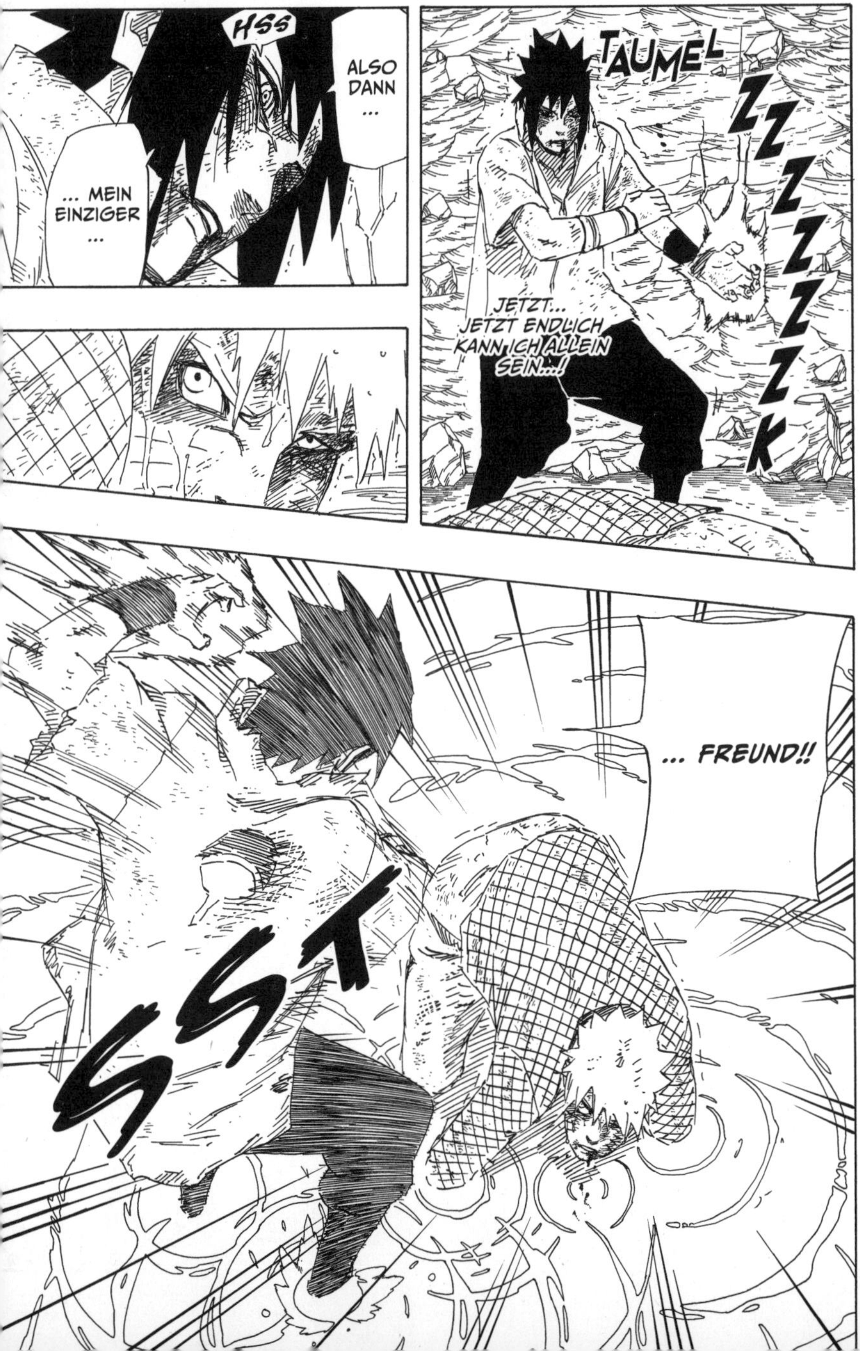
TAUMEL
ZZZZZZK
JETZT... JETZT ENDLICH KANN ICH ALLEIN SEIN...!
HSS
ALSO DANN ...
... MEIN EINZIGER ...
... FREUND!!
SST

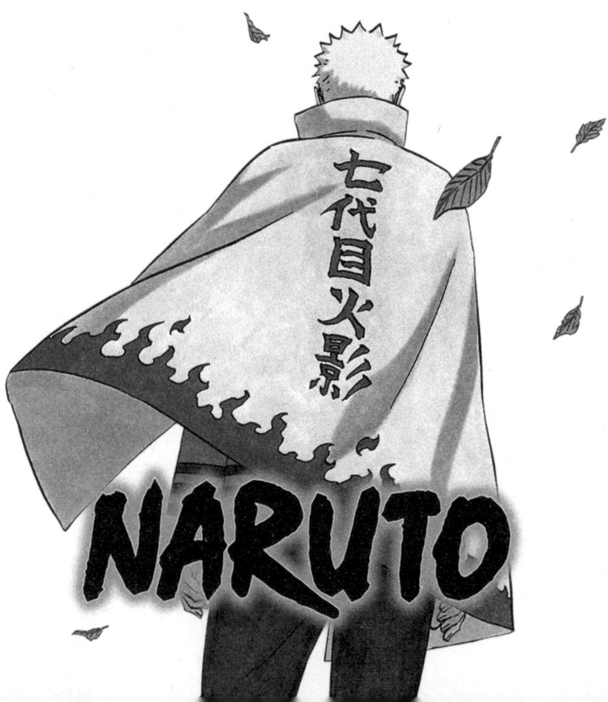
七代目火影
NARUTO

698. Kapitel: Naruto und Sasuke ⑤

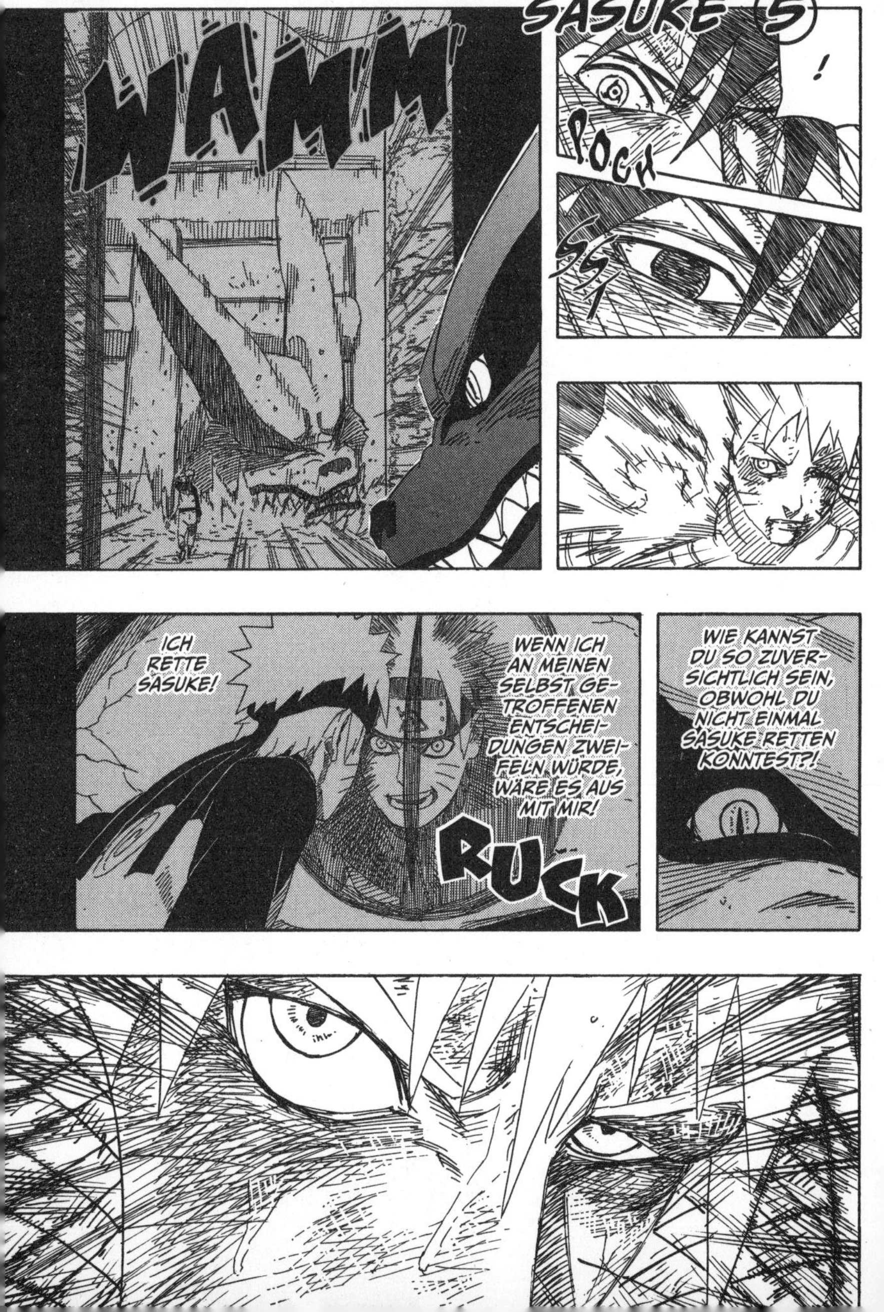

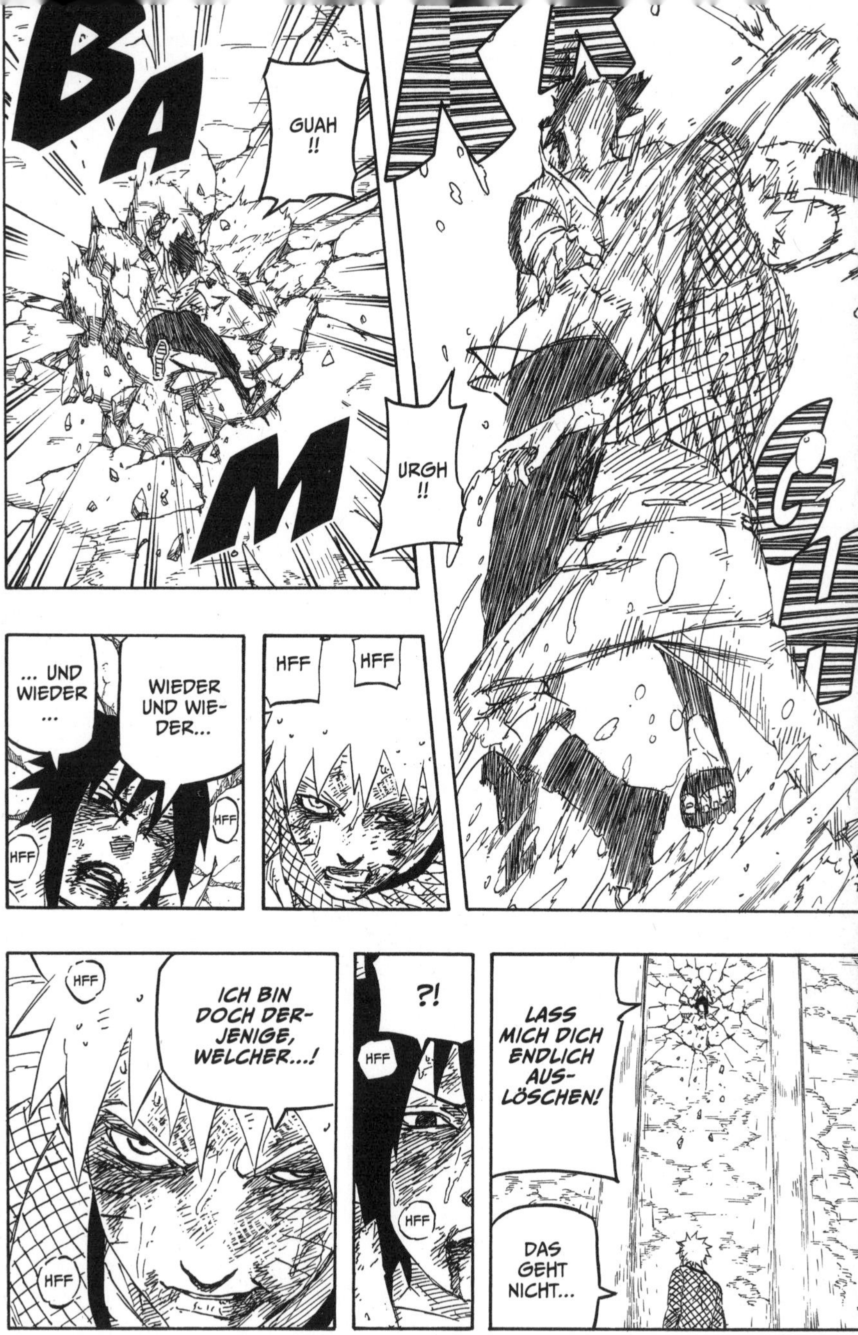
URGH !!
BAM
GUAH !!
HFF
HFF
WIEDER UND WIE-DER...
... UND WIEDER ...
HFF
HFF
LASS MICH DICH ENDLICH AUS-LÖSCHEN!
DAS GEHT NICHT...
?!
HFF
HFF
HFF
ICH BIN DOCH DER-JENIGE, WELCHER...!
HFF

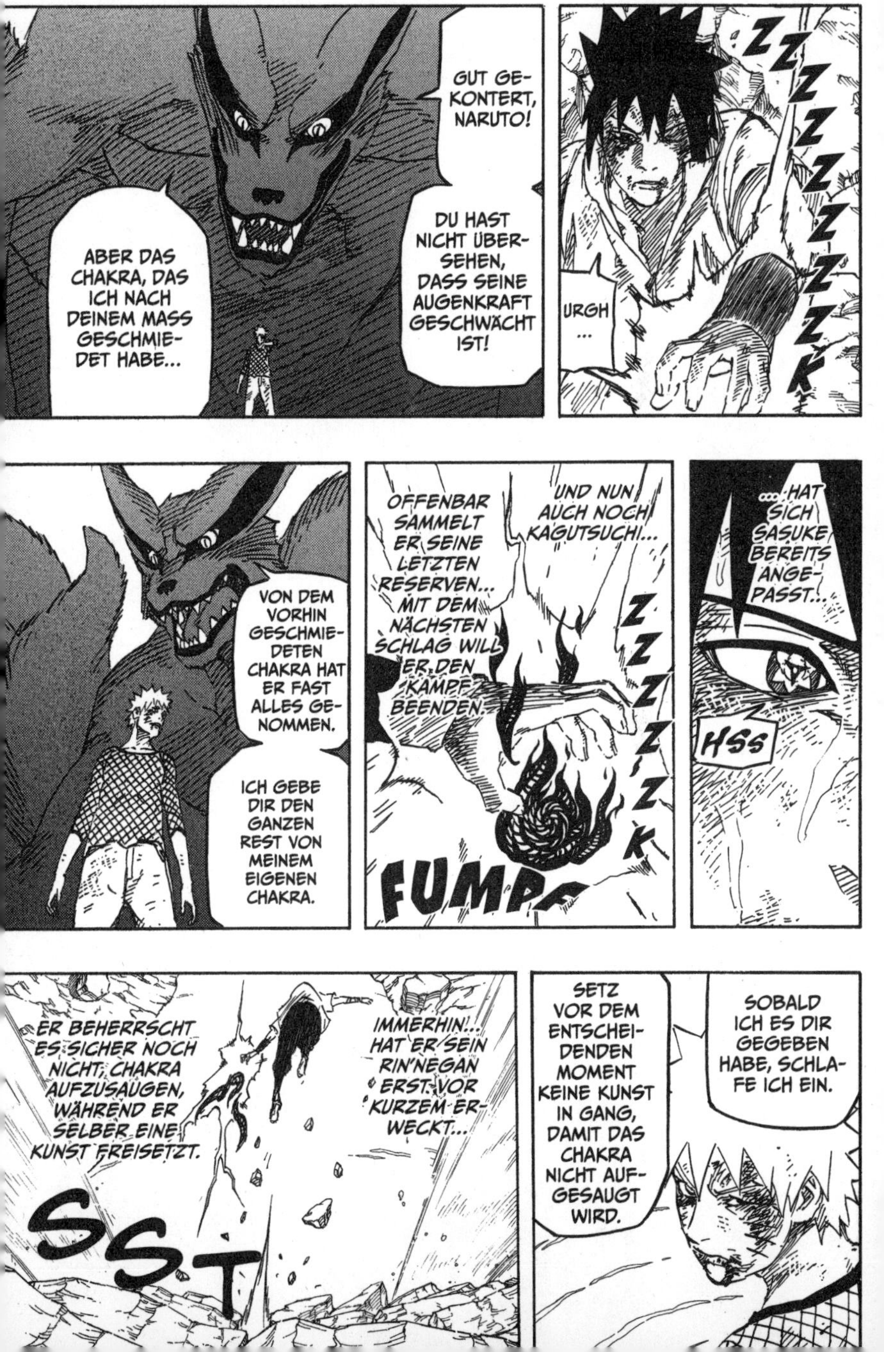
ZZZZZZZK
URGH ...
GUT GEKONTERT, NARUTO!
DU HAST NICHT ÜBERSEHEN, DASS SEINE AUGENKRAFT GESCHWÄCHT IST!
ABER DAS CHAKRA, DAS ICH NACH DEINEM MASS GESCHMIEDET HABE...
... HAT SICH SASUKE BEREITS ANGEPASST...
HSS
UND NUN AUCH NOCH KAGUTSUCHI...
OFFENBAR SAMMELT ER SEINE LETZTEN RESERVEN... MIT DEM NÄCHSTEN SCHLAG WILL ER DEN KAMPF BEENDEN.
ZZZZZK
FUMPF
VON DEM VORHIN GESCHMIEDETEN CHAKRA HAT ER FAST ALLES GENOMMEN.
ICH GEBE DIR DEN GANZEN REST VON MEINEM EIGENEN CHAKRA.
SOBALD ICH ES DIR GEGEBEN HABE, SCHLAFE ICH EIN.
SETZ VOR DEM ENTSCHEIDENDEN MOMENT KEINE KUNST IN GANG, DAMIT DAS CHAKRA NICHT AUFGESAUGT WIRD.
IMMERHIN... HAT ER SEIN RIN'NEGAN ERST VOR KURZEM ERWECKT...
ER BEHERRSCHT ES SICHER NOCH NICHT, CHAKRA AUFZUSAUGEN, WÄHREND ER SELBER EINE KUNST FREISETZT.
SST

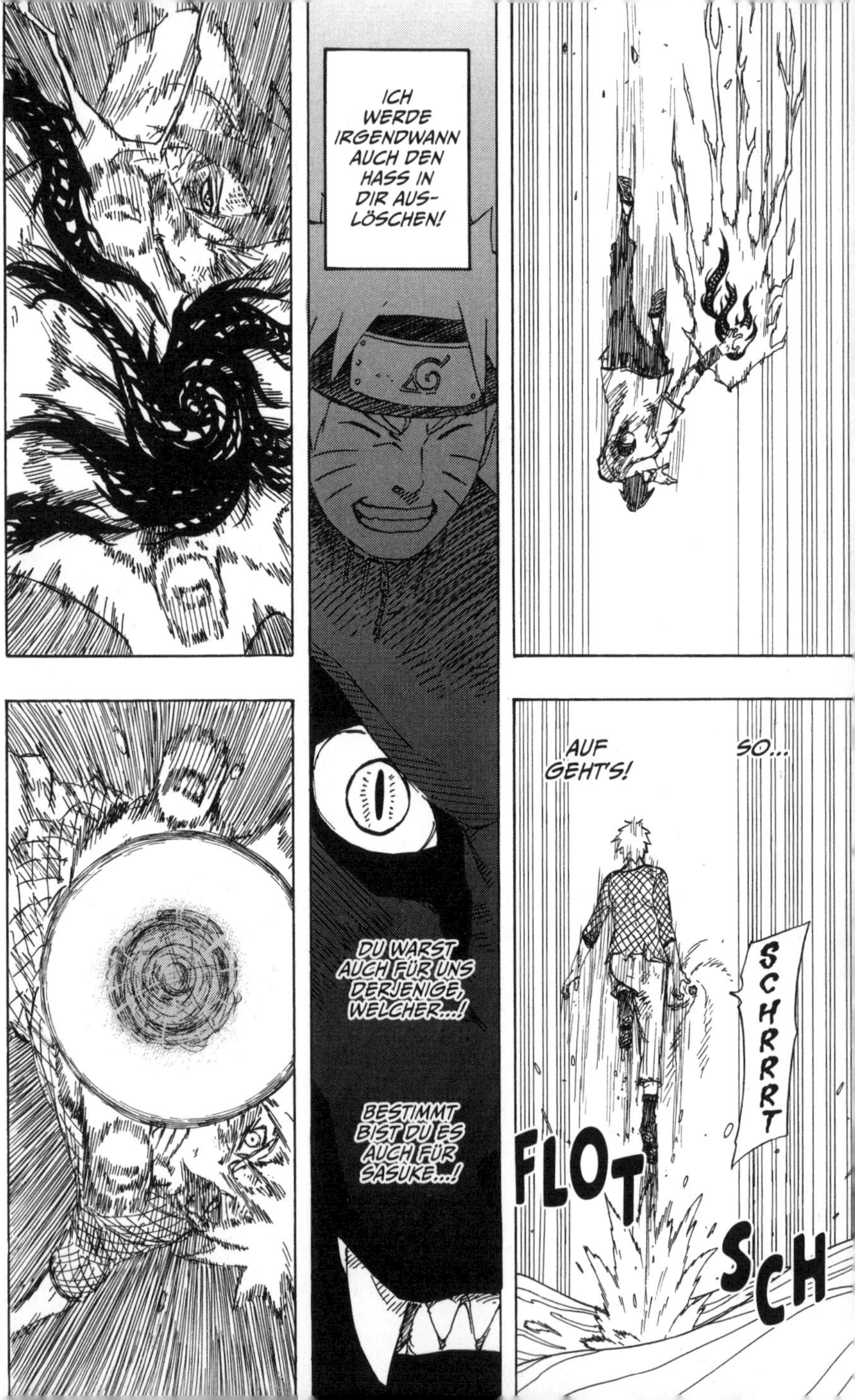

ICH WERDE IRGENDWANN AUCH DEN HASS IN DIR AUS-LÖSCHEN!
DU WARST AUCH FÜR UNS DERJENIGE, WELCHER ...!
BESTIMMT BIST DU ES AUCH FÜR SASUKE ...!
SO ...
AUF GEHT'S!
SCHRRRT
FLOT
SCH

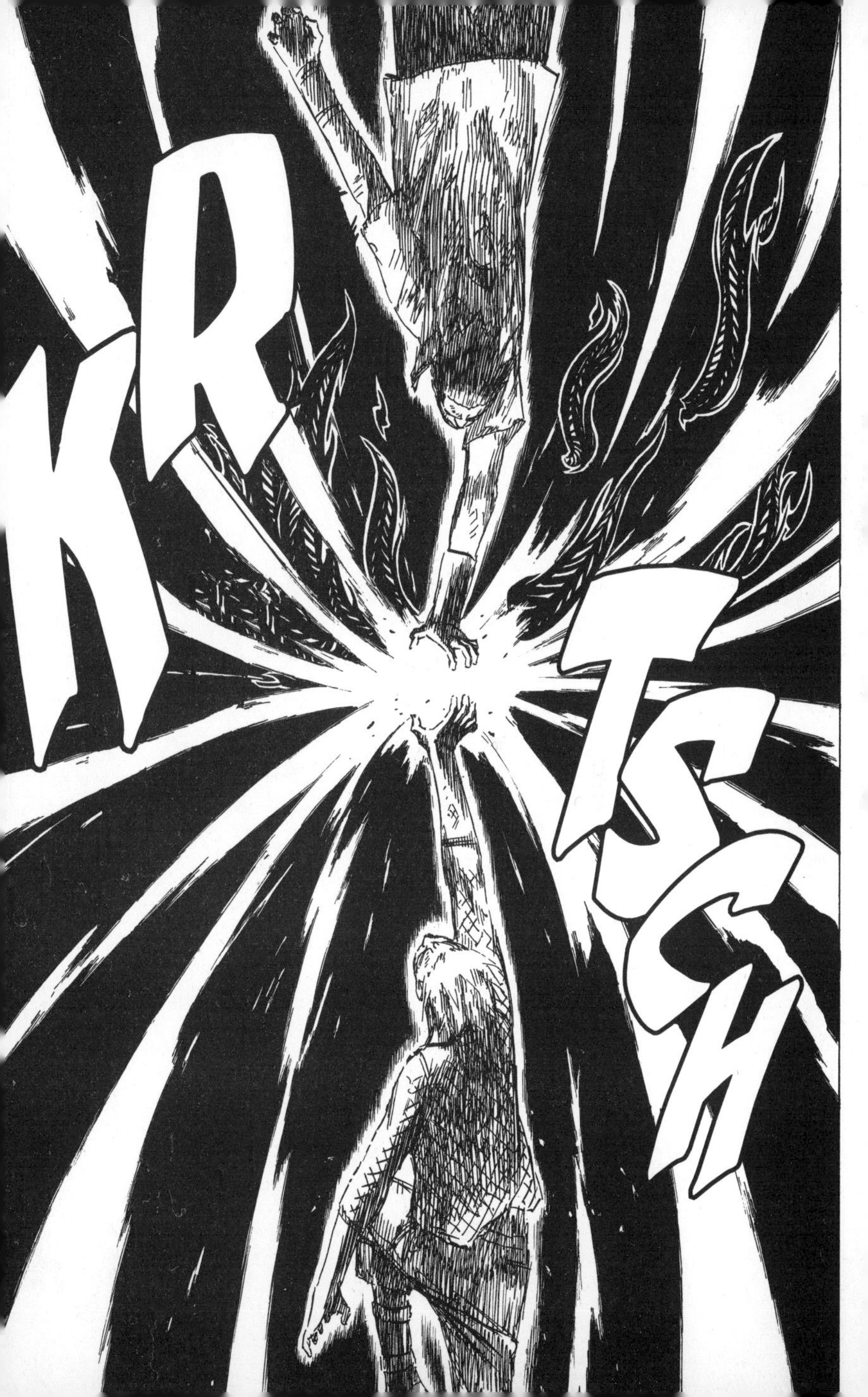
KRA
TSCH

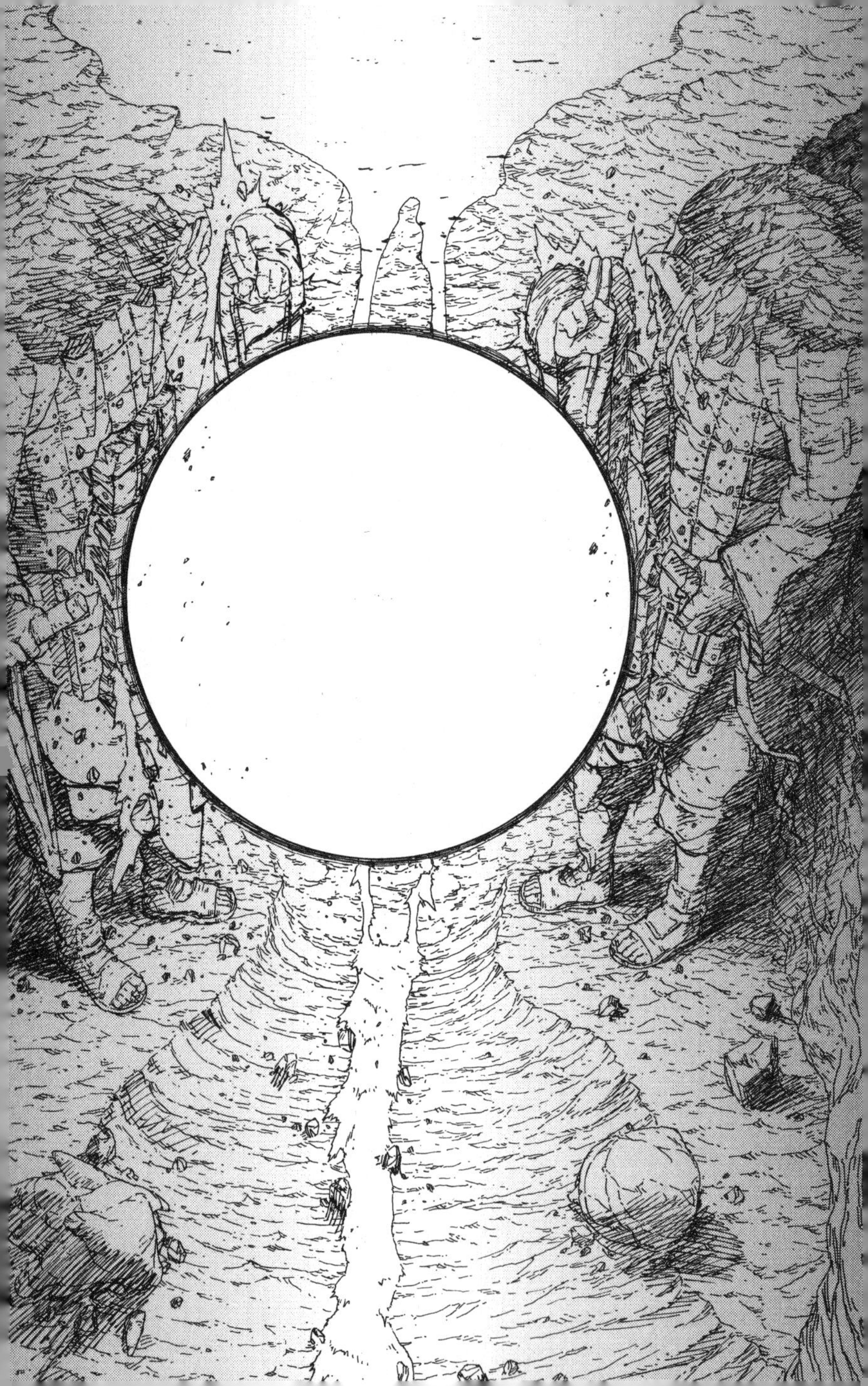

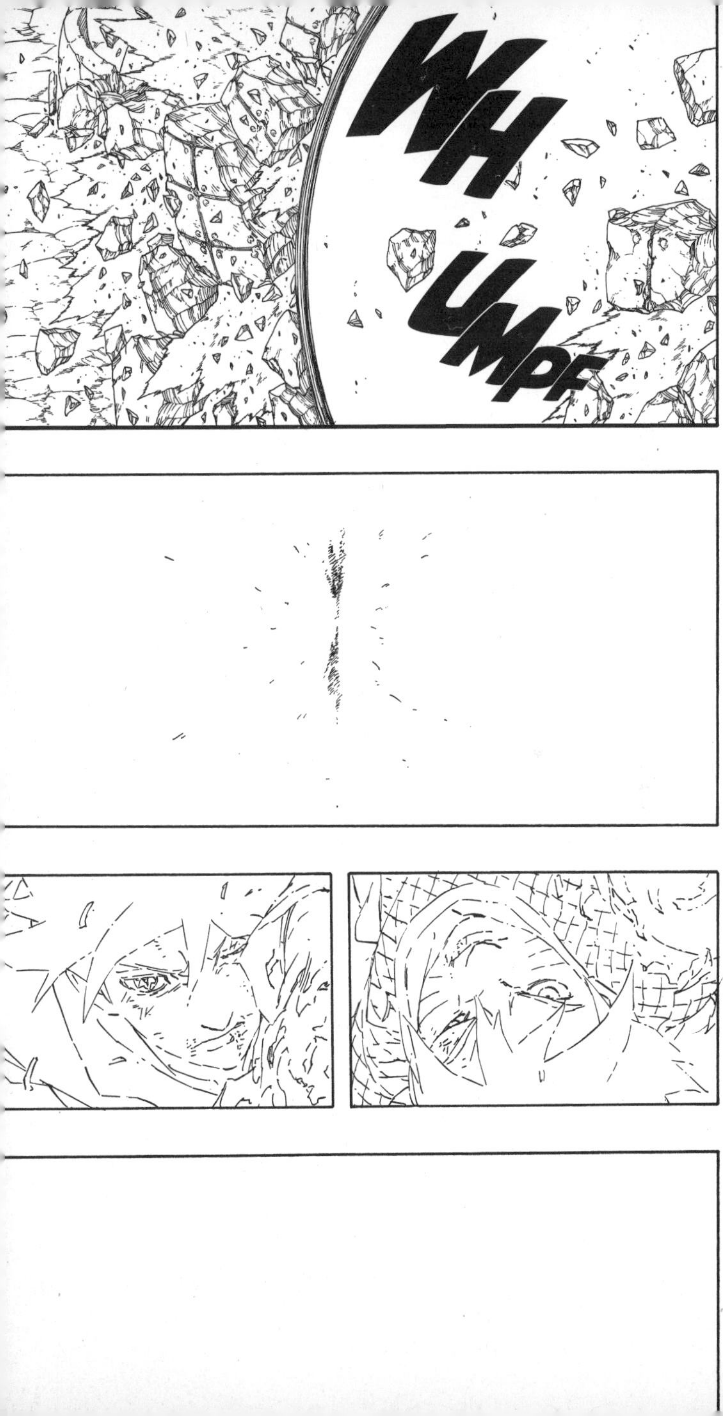
WHUMPF

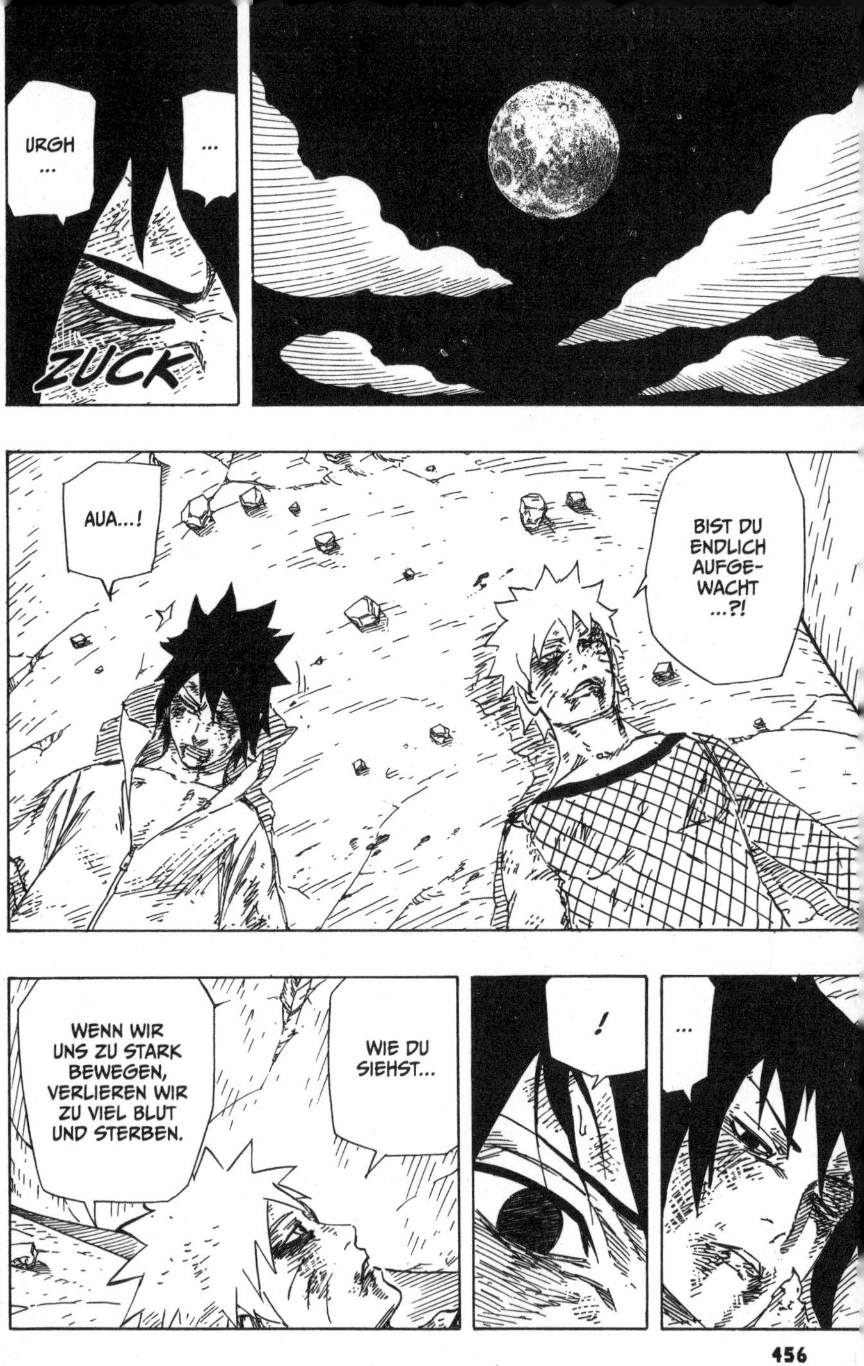
...
URGH ...
ZUCK
BIST DU ENDLICH AUFGE-WACHT ...?!
AUA...!
...
!
WIE DU SIEHST...
WENN WIR UNS ZU STARK BEWEGEN, VERLIEREN WIR ZU VIEL BLUT UND STERBEN.

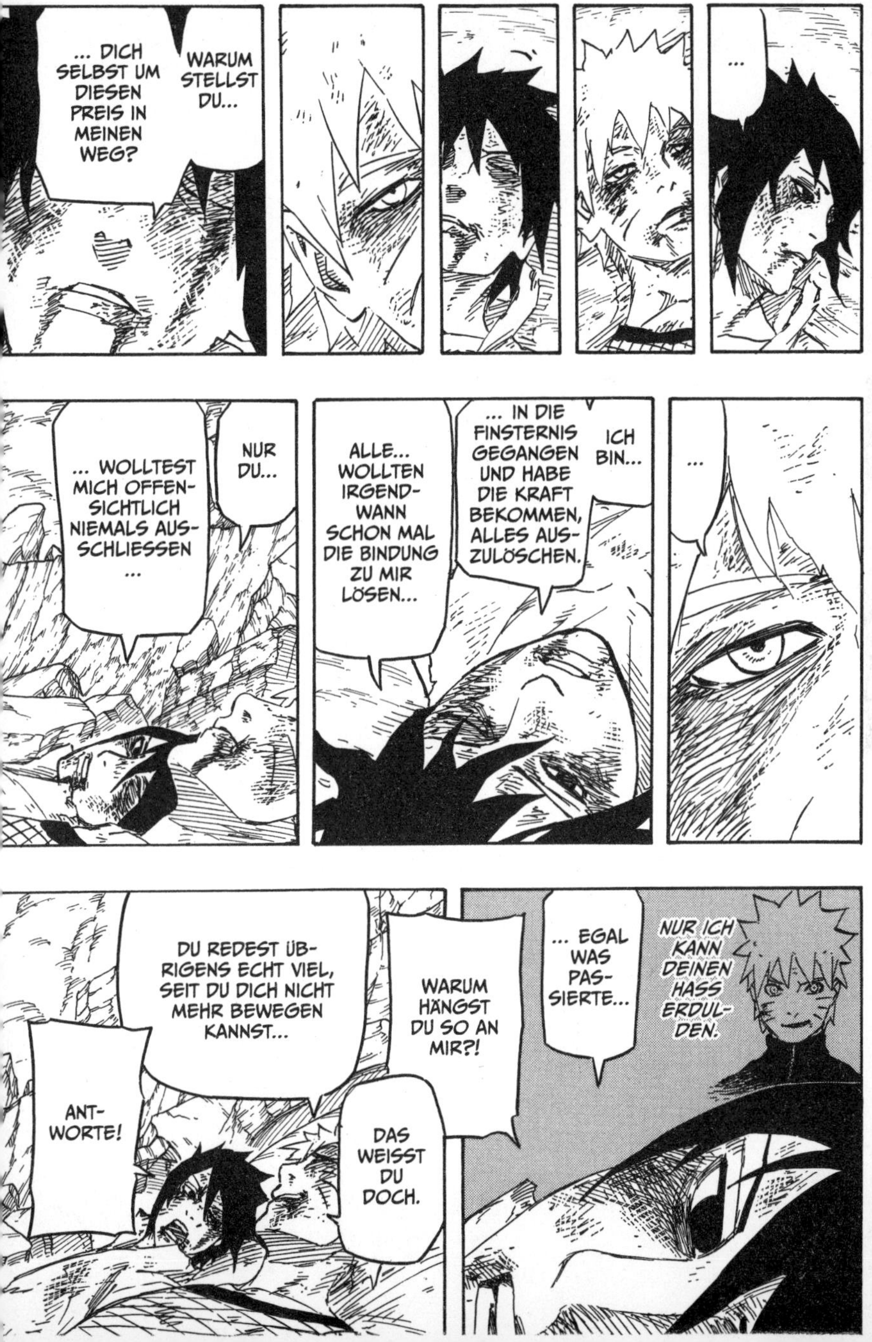
...
WARUM STELLST DU...
... DICH SELBST UM DIESEN PREIS IN MEINEN WEG?
...
ICH BIN...
... IN DIE FINSTERNIS GEGANGEN UND HABE DIE KRAFT BEKOMMEN, ALLES AUSZULÖSCHEN.
ALLE... WOLLTEN IRGENDWANN SCHON MAL DIE BINDUNG ZU MIR LÖSEN...
NUR DU...
... WOLLTEST MICH OFFENSICHTLICH NIEMALS AUSSCHLIESSEN ...
NUR ICH KANN DEINEN HASS ERDULDEN.
... EGAL WAS PASSIERTE...
WARUM HÄNGST DU SO AN MIR?!
DU REDEST ÜBRIGENS ECHT VIEL, SEIT DU DICH NICHT MEHR BEWEGEN KANNST...
ANTWORTE!
DAS WEISST DU DOCH.

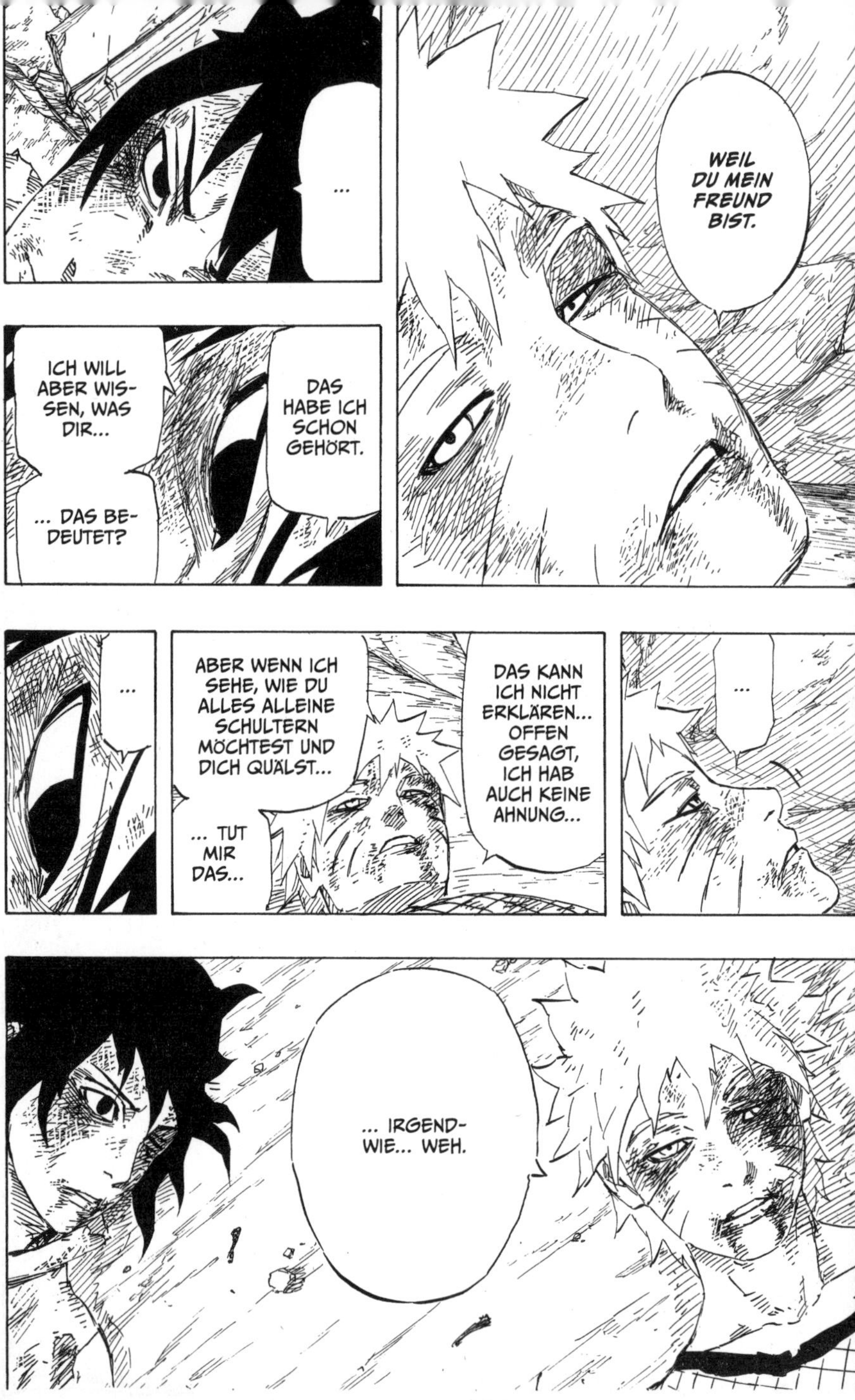
WEIL DU MEIN FREUND BIST.
...
DAS HABE ICH SCHON GEHÖRT.
ICH WILL ABER WIS-SEN, WAS DIR...
... DAS BE-DEUTET?
...
DAS KANN ICH NICHT ERKLÄREN... OFFEN GESAGT, ICH HAB AUCH KEINE AHNUNG...
ABER WENN ICH SEHE, WIE DU ALLES ALLEINE SCHULTERN MÖCHTEST UND DICH QUÄLST...
... TUT MIR DAS...
...
... IRGEND-WIE... WEH.

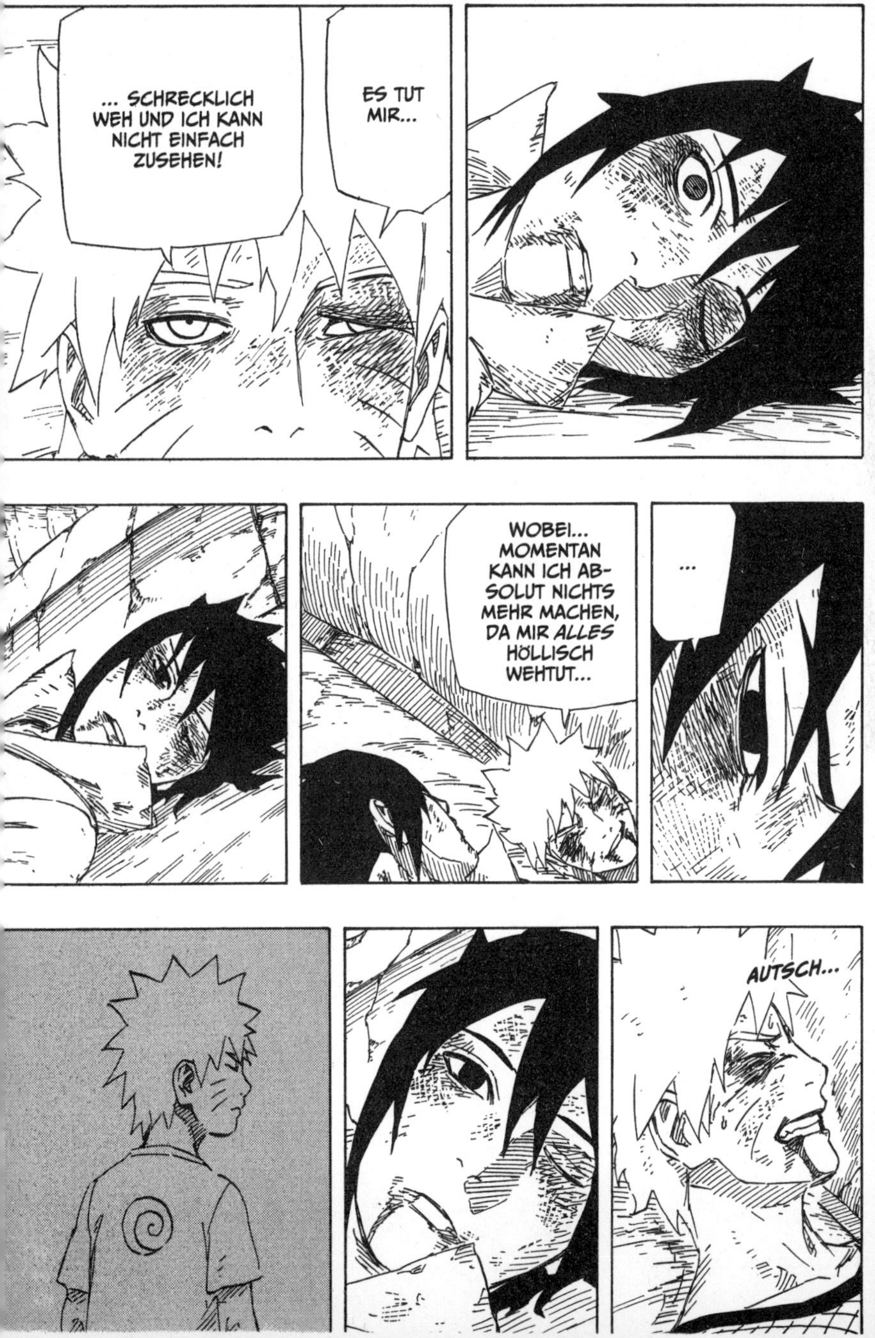
ES TUT MIR...
... SCHRECKLICH WEH UND ICH KANN NICHT EINFACH ZUSEHEN!
...
WOBEI... MOMENTAN KANN ICH ABSOLUT NICHTS MEHR MACHEN, DA MIR *ALLES* HÖLLISCH WEHTUT...
AUTSCH...

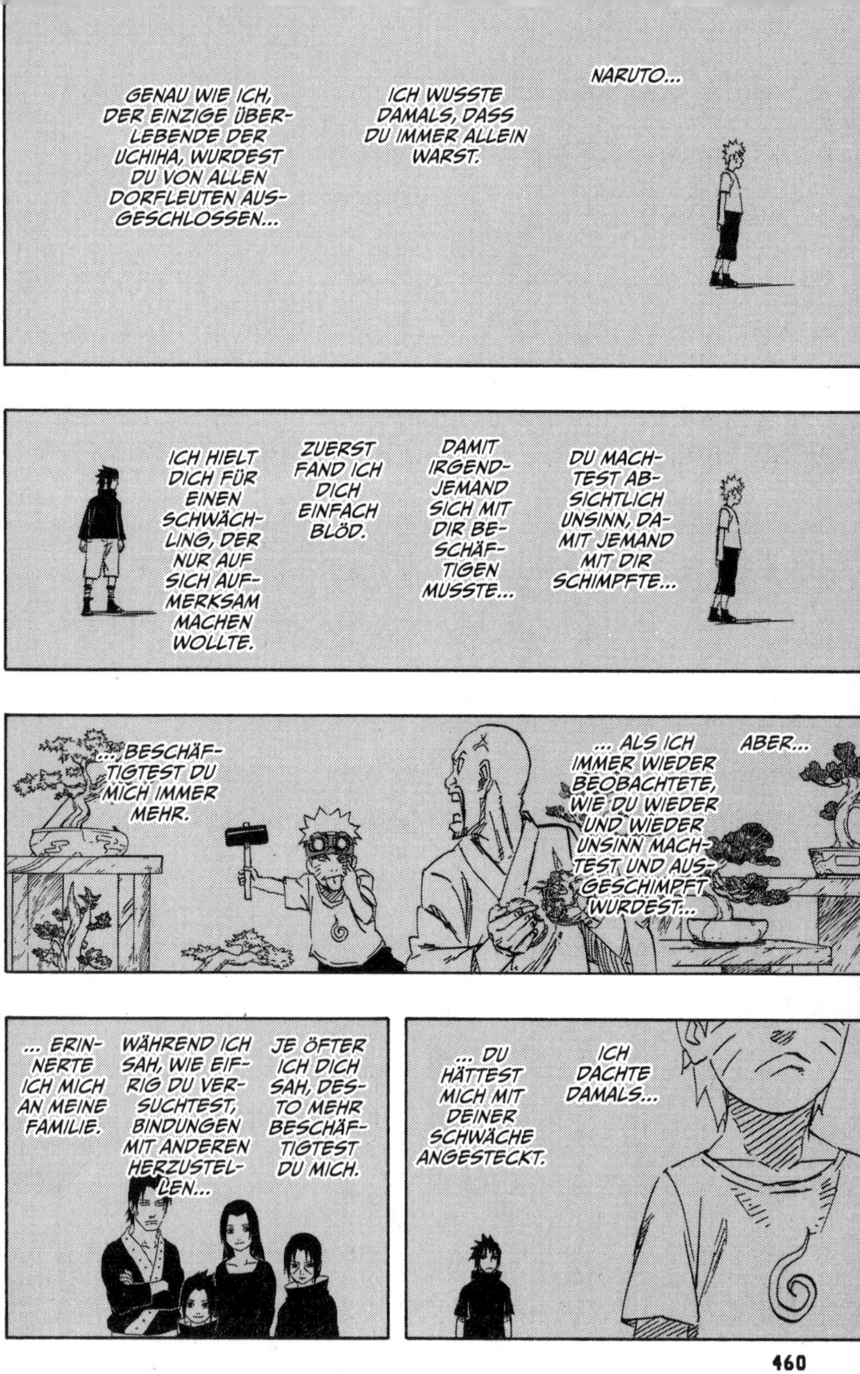
NARUTO...
ICH WUSSTE DAMALS, DASS DU IMMER ALLEIN WARST.
GENAU WIE ICH, DER EINZIGE ÜBERLEBENDE DER UCHIHA, WURDEST DU VON ALLEN DORFLEUTEN AUSGESCHLOSSEN...
DU MACHTEST ABSICHTLICH UNSINN, DAMIT JEMAND MIT DIR SCHIMPFTE...
DAMIT IRGENDJEMAND SICH MIT DIR BESCHÄFTIGEN MUSSTE...
ZUERST FAND ICH DICH EINFACH BLÖD.
ICH HIELT DICH FÜR EINEN SCHWÄCHLING, DER NUR AUF SICH AUFMERKSAM MACHEN WOLLTE.
ABER...
... ALS ICH IMMER WIEDER BEOBACHTETE, WIE DU WIEDER UND WIEDER UNSINN MACHTEST UND AUSGESCHIMPFT WURDEST...
... BESCHÄFTIGTEST DU MICH IMMER MEHR.
ICH DACHTE DAMALS...
... DU HÄTTEST MICH MIT DEINER SCHWÄCHE ANGESTECKT.
JE ÖFTER ICH DICH SAH, DESTO MEHR BESCHÄFTIGTEST DU MICH.
WÄHREND ICH SAH, WIE EIFRIG DU VERSUCHTEST, BINDUNGEN MIT ANDEREN HERZUSTELLEN...
... ERINNERTE ICH MICH AN MEINE FAMILIE.

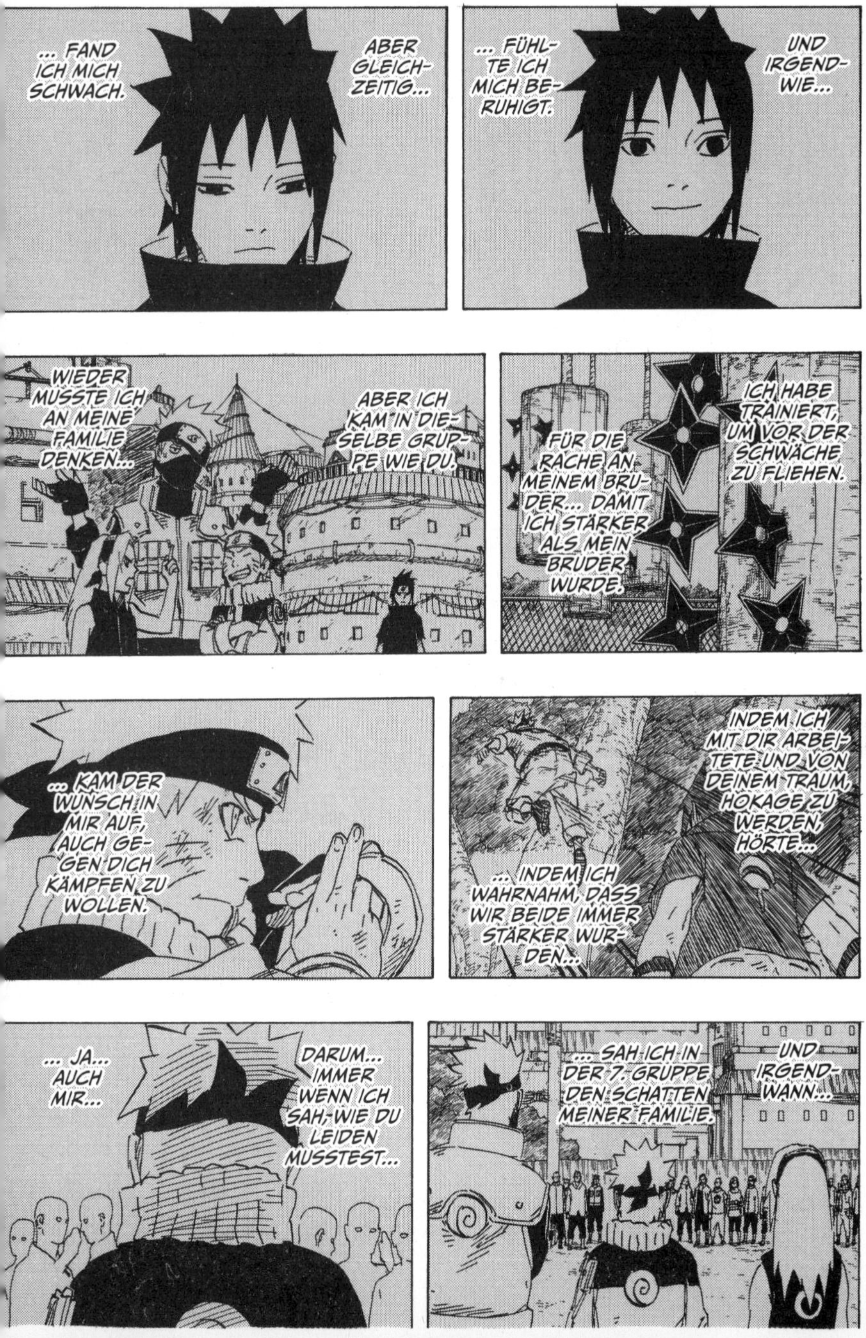
UND IRGEND-WIE...
... FÜHL-TE ICH MICH BE-RUHIGT.
ABER GLEICH-ZEITIG...
... FAND ICH MICH SCHWACH.
ICH HABE TRAINIERT, UM VOR DER SCHWÄCHE ZU FLIEHEN.
FÜR DIE RACHE AN MEINEM BRU-DER... DAMIT ICH STÄRKER ALS MEIN BRUDER WURDE.
ABER ICH KAM IN DIE-SELBE GRUP-PE WIE DU.
WIEDER MUSSTE ICH AN MEINE FAMILIE DENKEN...
INDEM ICH MIT DIR ARBEI-TETE UND VON DEINEM TRAUM, HOKAGE ZU WERDEN, HÖRTE...
... INDEM ICH WAHRNAHM, DASS WIR BEIDE IMMER STÄRKER WUR-DEN...
... KAM DER WUNSCH IN MIR AUF, AUCH GE-GEN DICH KÄMPFEN ZU WOLLEN.
UND IRGEND-WANN...
... SAH ICH IN DER 7. GRUPPE DEN SCHATTEN MEINER FAMILIE.
DARUM... IMMER WENN ICH SAH, WIE DU LEIDEN MUSSTEST...
... JA... AUCH MIR...

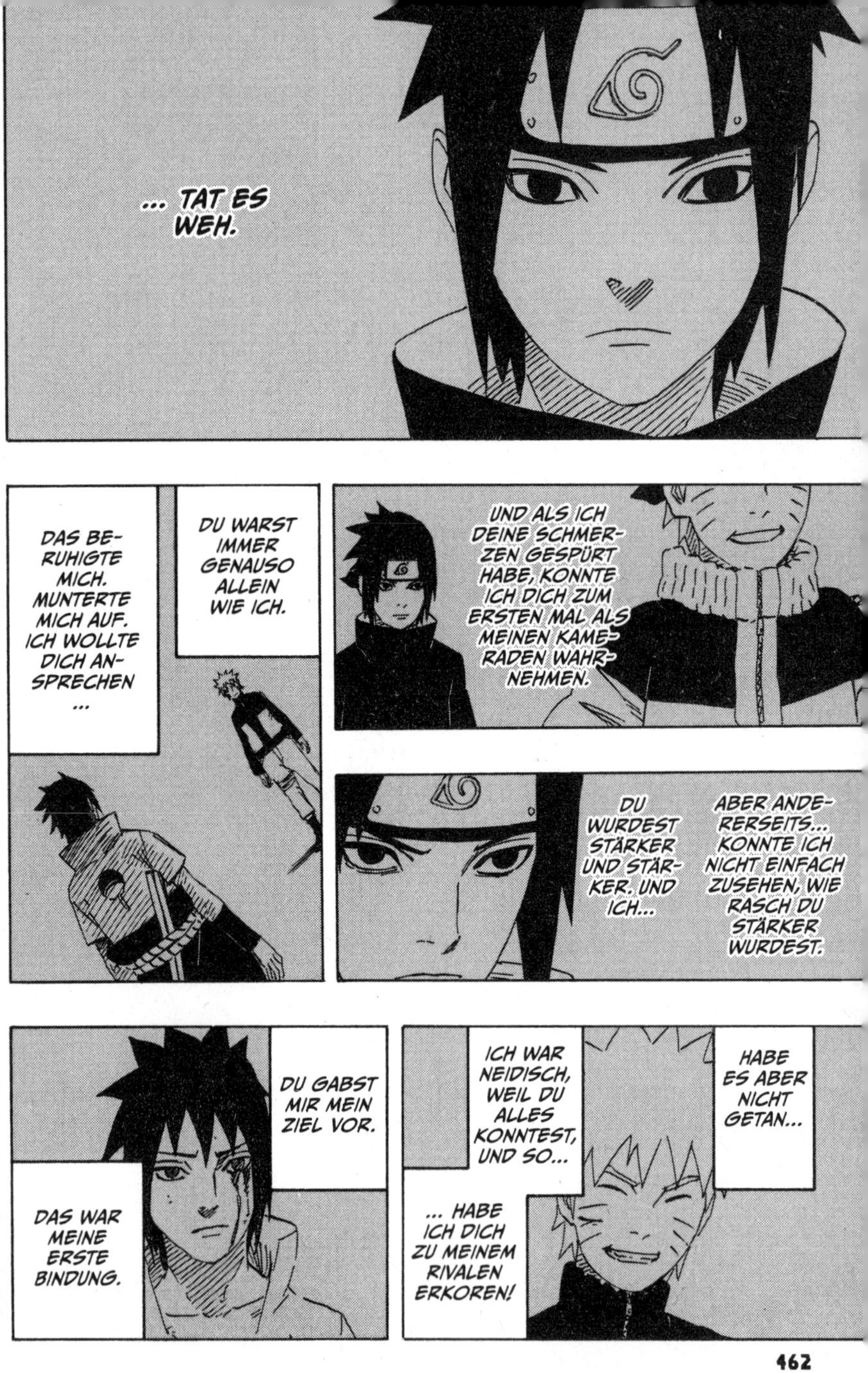
... TAT ES WEH.
UND ALS ICH DEINE SCHMERZEN GESPÜRT HABE, KONNTE ICH DICH ZUM ERSTEN MAL ALS MEINEN KAMERADEN WAHRNEHMEN.
DU WURDEST STÄRKER UND STÄRKER. UND ICH...
ABER ANDERERSEITS... KONNTE ICH NICHT EINFACH ZUSEHEN, WIE RASCH DU STÄRKER WURDEST.
DU WARST IMMER GENAUSO ALLEIN WIE ICH.
DAS BERUHIGTE MICH. MUNTERTE MICH AUF. ICH WOLLTE DICH ANSPRECHEN ...
HABE ES ABER NICHT GETAN...
ICH WAR NEIDISCH, WEIL DU ALLES KONNTEST, UND SO...
... HABE ICH DICH ZU MEINEM RIVALEN ERKOREN!
DU GABST MIR MEIN ZIEL VOR.
DAS WAR MEINE ERSTE BINDUNG.

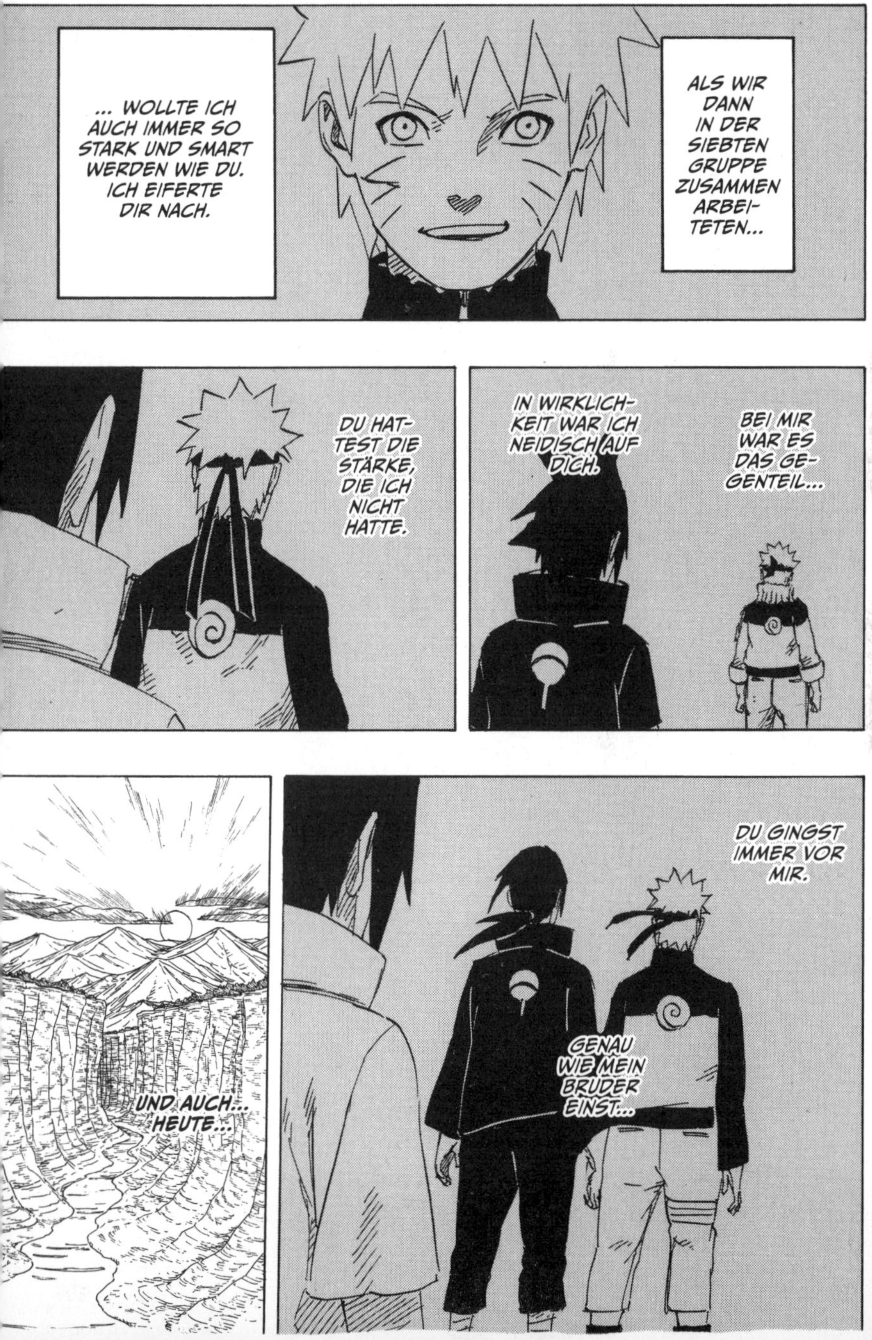
ALS WIR DANN IN DER SIEBTEN GRUPPE ZUSAMMEN ARBEI-TETEN...
... WOLLTE ICH AUCH IMMER SO STARK UND SMART WERDEN WIE DU. ICH EIFERTE DIR NACH.
BEI MIR WAR ES DAS GE-GENTEIL...
IN WIRKLICH-KEIT WAR ICH NEIDISCH AUF DICH.
DU HAT-TEST DIE STÄRKE, DIE ICH NICHT HATTE.
DU GINGST IMMER VOR MIR.
GENAU WIE MEIN BRUDER EINST...
UND AUCH... HEUTE...

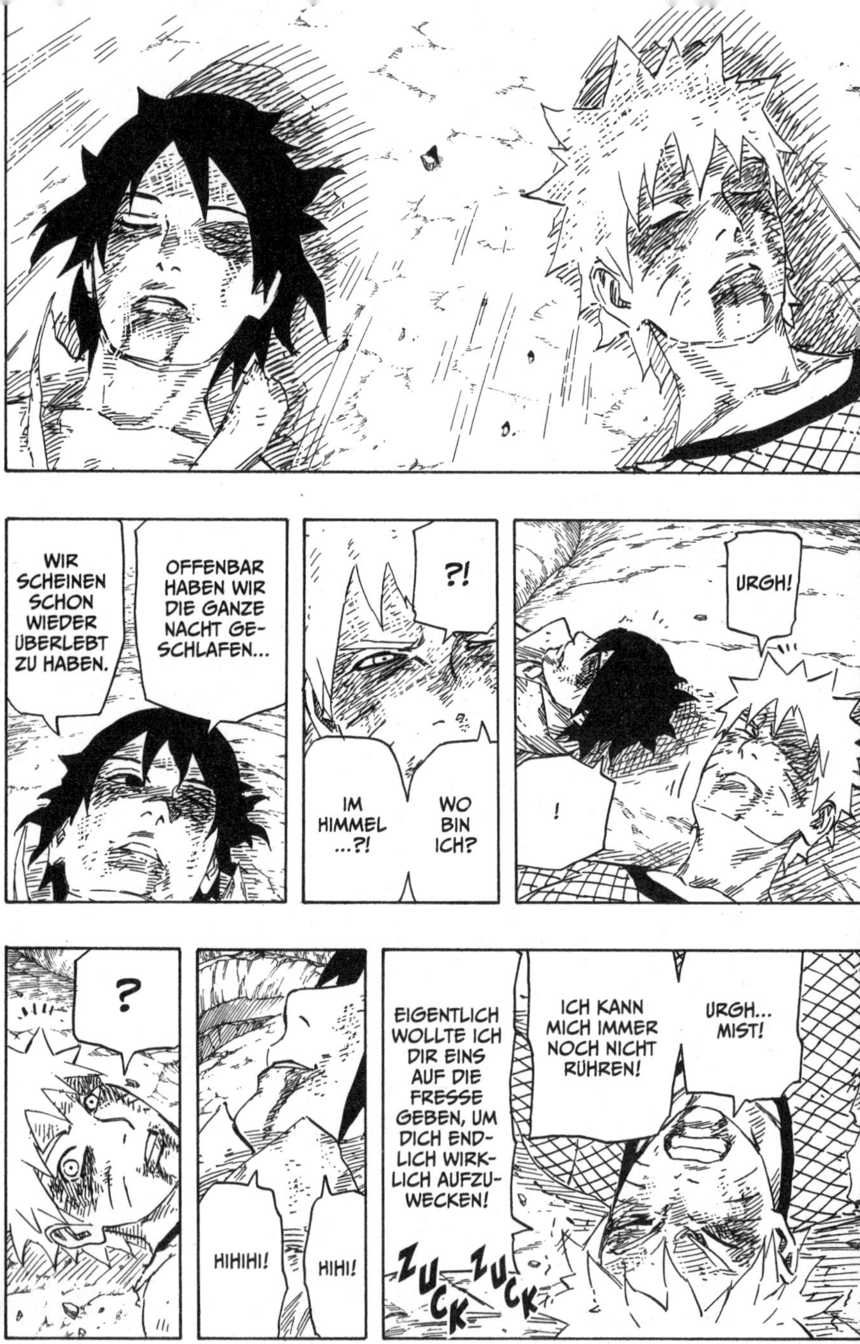
URGH!
!
?!
WO BIN ICH?
IM HIMMEL ...?!
OFFENBAR HABEN WIR DIE GANZE NACHT GE-SCHLAFEN...
WIR SCHEINEN SCHON WIEDER ÜBERLEBT ZU HABEN.
URGH... MIST!
ICH KANN MICH IMMER NOCH NICHT RÜHREN!
EIGENTLICH WOLLTE ICH DIR EINS AUF DIE FRESSE GEBEN, UM DICH END-LICH WIRK-LICH AUFZU-WECKEN!
ZUCK ZUCK
HIHI!
HIHIHI!
?

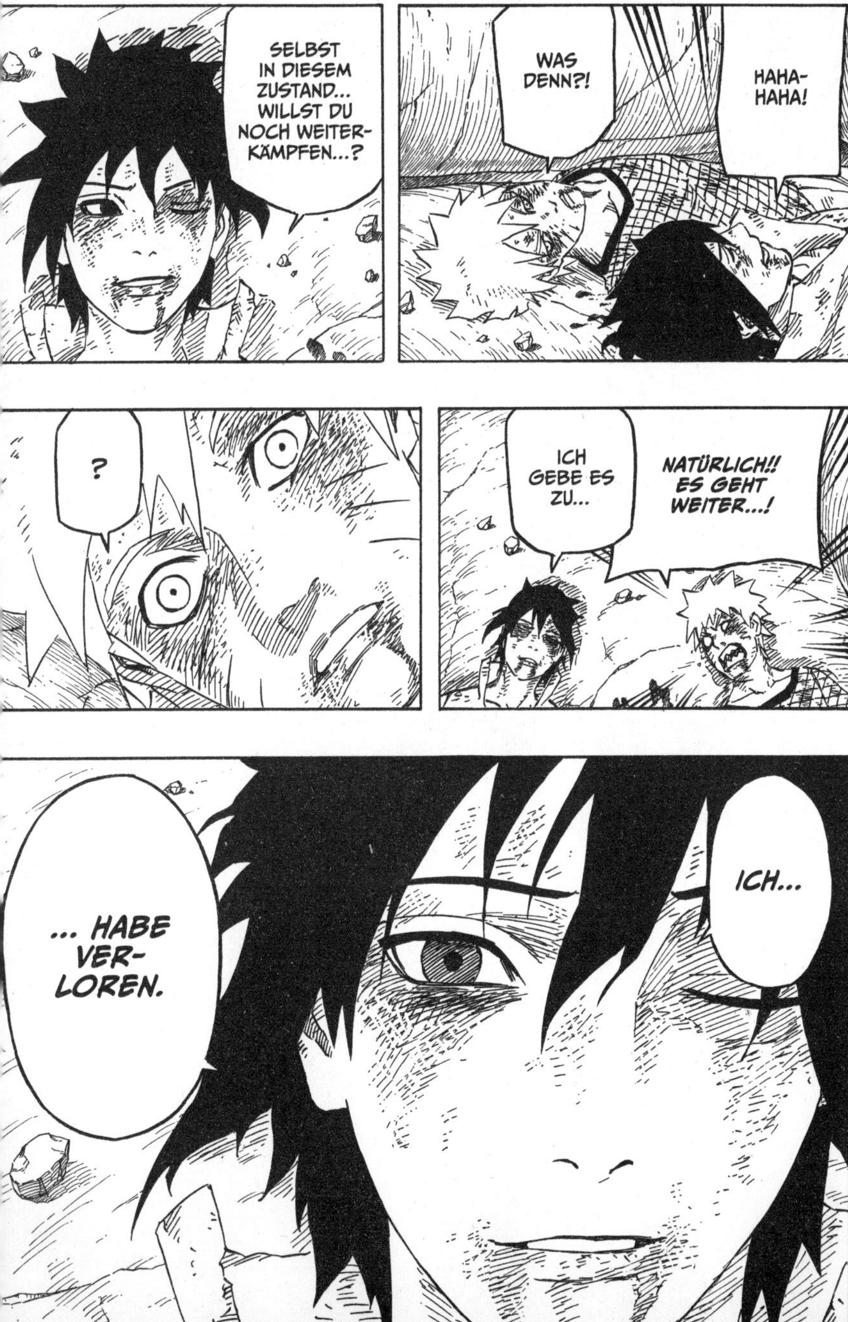
HAHA-
HAHA!
WAS
DENN?!
SELBST
IN DIESEM
ZUSTAND...
WILLST DU
NOCH WEITER-
KÄMPFEN...?
NATÜRLICH!!
ES GEHT
WEITER...!
ICH
GEBE ES
ZU...
?
ICH...
... HABE
VER-
LOREN.

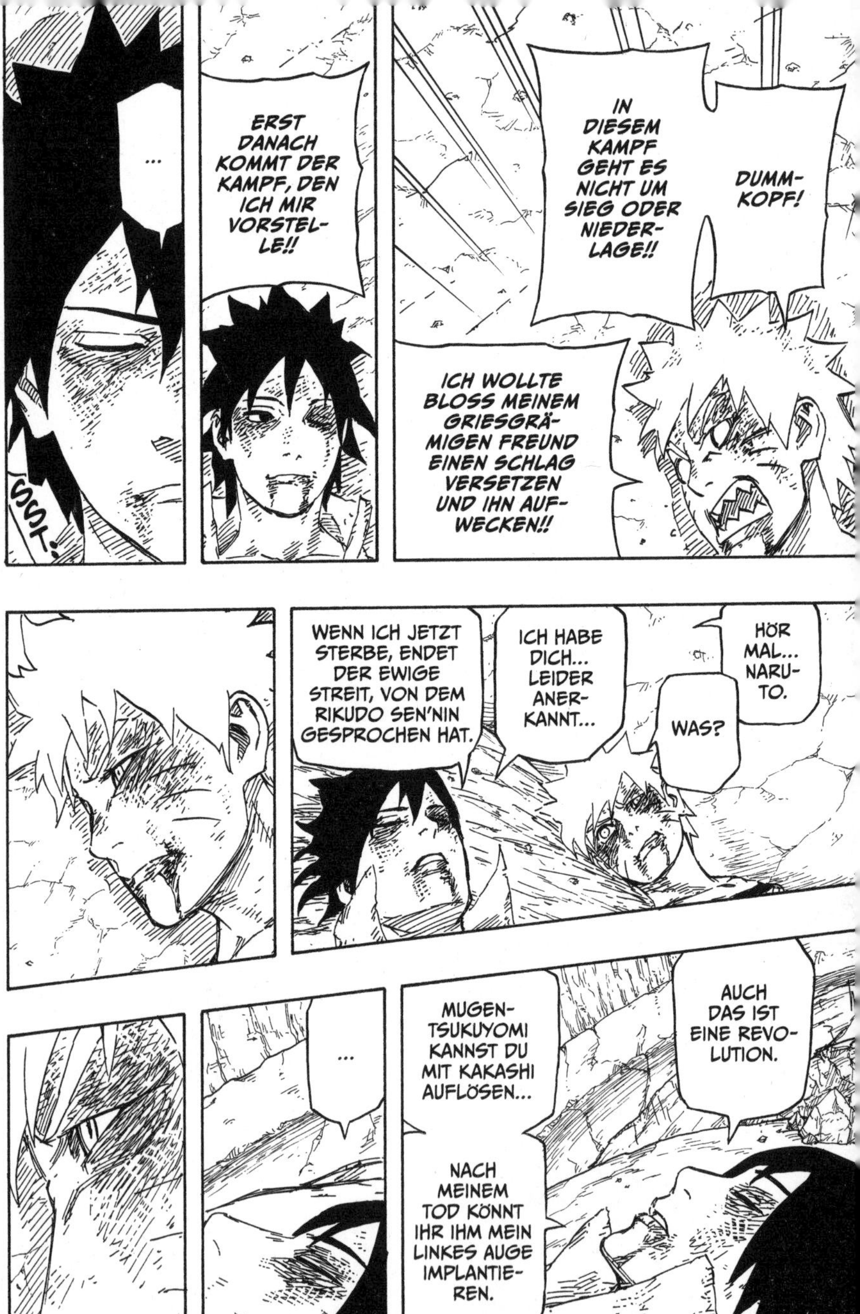

...
SST!
ERST DANACH KOMMT DER KAMPF, DEN ICH MIR VORSTEL-LE!!
DUMM-KOPF!
IN DIESEM KAMPF GEHT ES NICHT UM SIEG ODER NIEDER-LAGE!!
ICH WOLLTE BLOSS MEINEM GRIESGRÄ-MIGEN FREUND EINEN SCHLAG VERSETZEN UND IHN AUF-WECKEN!!
HÖR MAL... NARU-TO.
WAS?
ICH HABE DICH... LEIDER ANER-KANNT...
WENN ICH JETZT STERBE, ENDET DER EWIGE STREIT, VON DEM RIKUDO SEN'NIN GESPROCHEN HAT.
AUCH DAS IST EINE REVO-LUTION.
MUGEN-TSUKUYOMI KANNST DU MIT KAKASHI AUFLÖSEN...
NACH MEINEM TOD KÖNNT IHR IHM MEIN LINKES AUGE IMPLANTIE-REN.
...

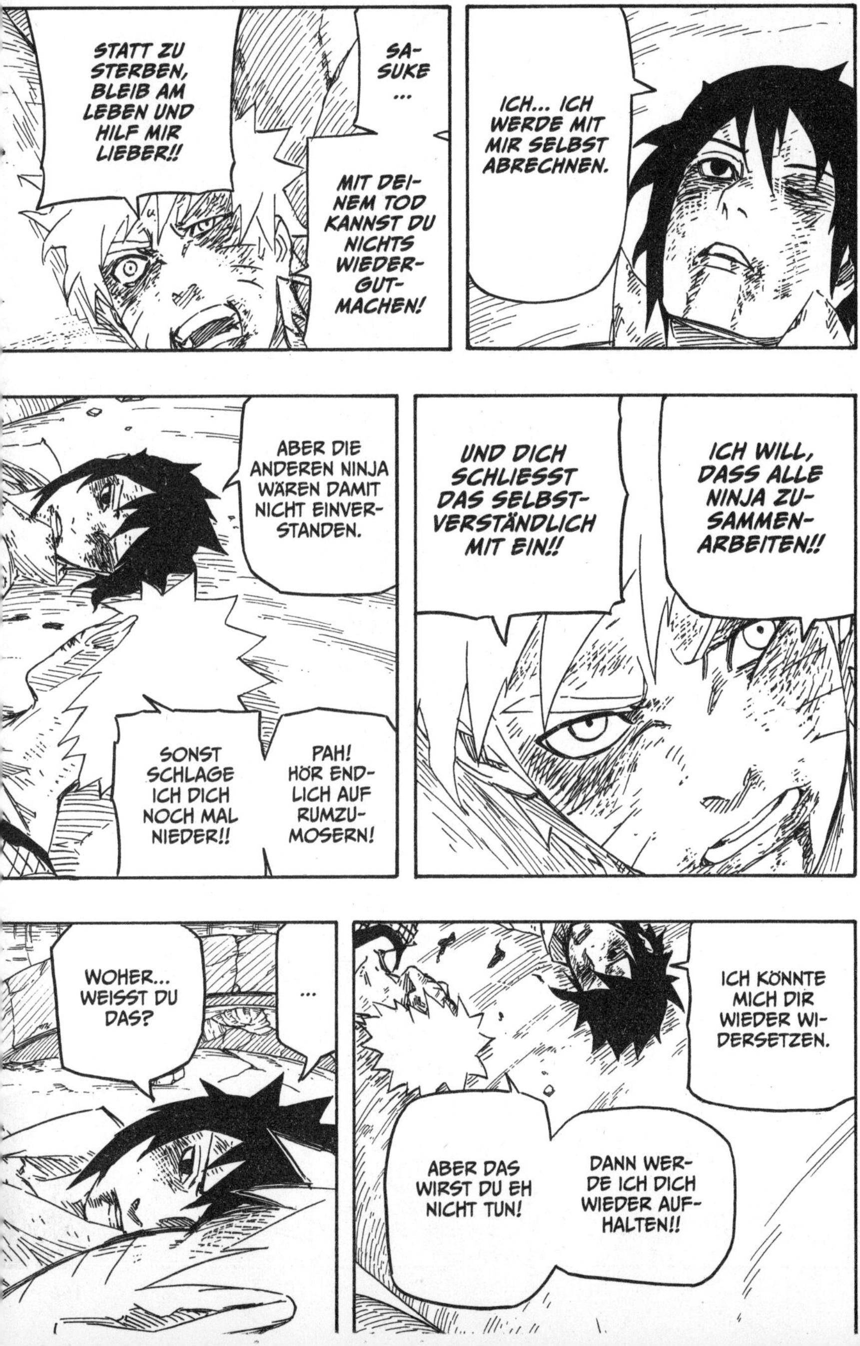
ICH... ICH WERDE MIT MIR SELBST ABRECHNEN.
SASUKE ...
MIT DEINEM TOD KANNST DU NICHTS WIEDERGUTMACHEN!
STATT ZU STERBEN, BLEIB AM LEBEN UND HILF MIR LIEBER!!
ICH WILL, DASS ALLE NINJA ZUSAMMENARBEITEN!!
UND DICH SCHLIESST DAS SELBSTVERSTÄNDLICH MIT EIN!!
ABER DIE ANDEREN NINJA WÄREN DAMIT NICHT EINVERSTANDEN.
PAH! HÖR ENDLICH AUF RUMZUMOSERN!
SONST SCHLAGE ICH DICH NOCH MAL NIEDER!!
ICH KÖNNTE MICH DIR WIEDER WIDERSETZEN.
DANN WERDE ICH DICH WIEDER AUFHALTEN!!
ABER DAS WIRST DU EH NICHT TUN!
...
WOHER... WEISST DU DAS?

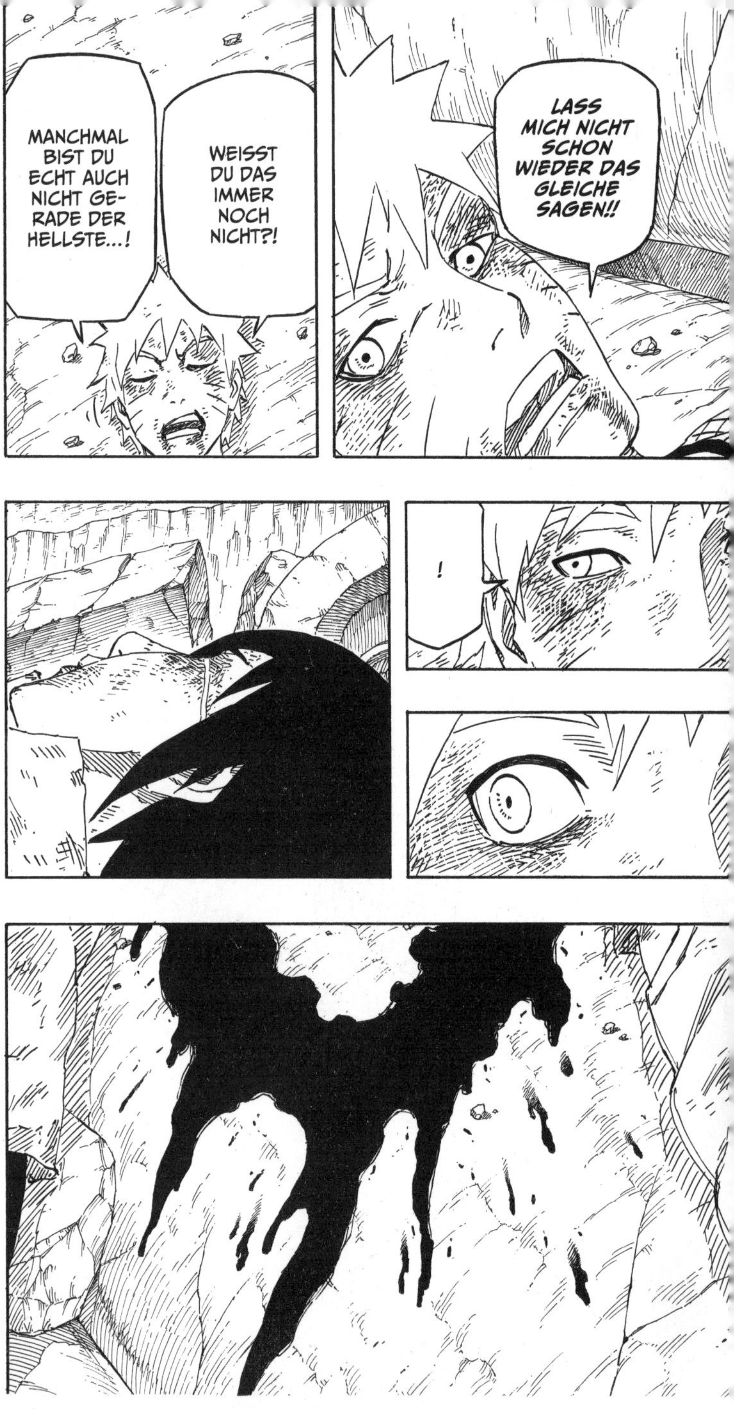
LASS MICH NICHT SCHON WIEDER DAS GLEICHE SAGEN!!
WEISST DU DAS IMMER NOCH NICHT?!
MANCHMAL BIST DU ECHT AUCH NICHT GERADE DER HELLSTE...!
!

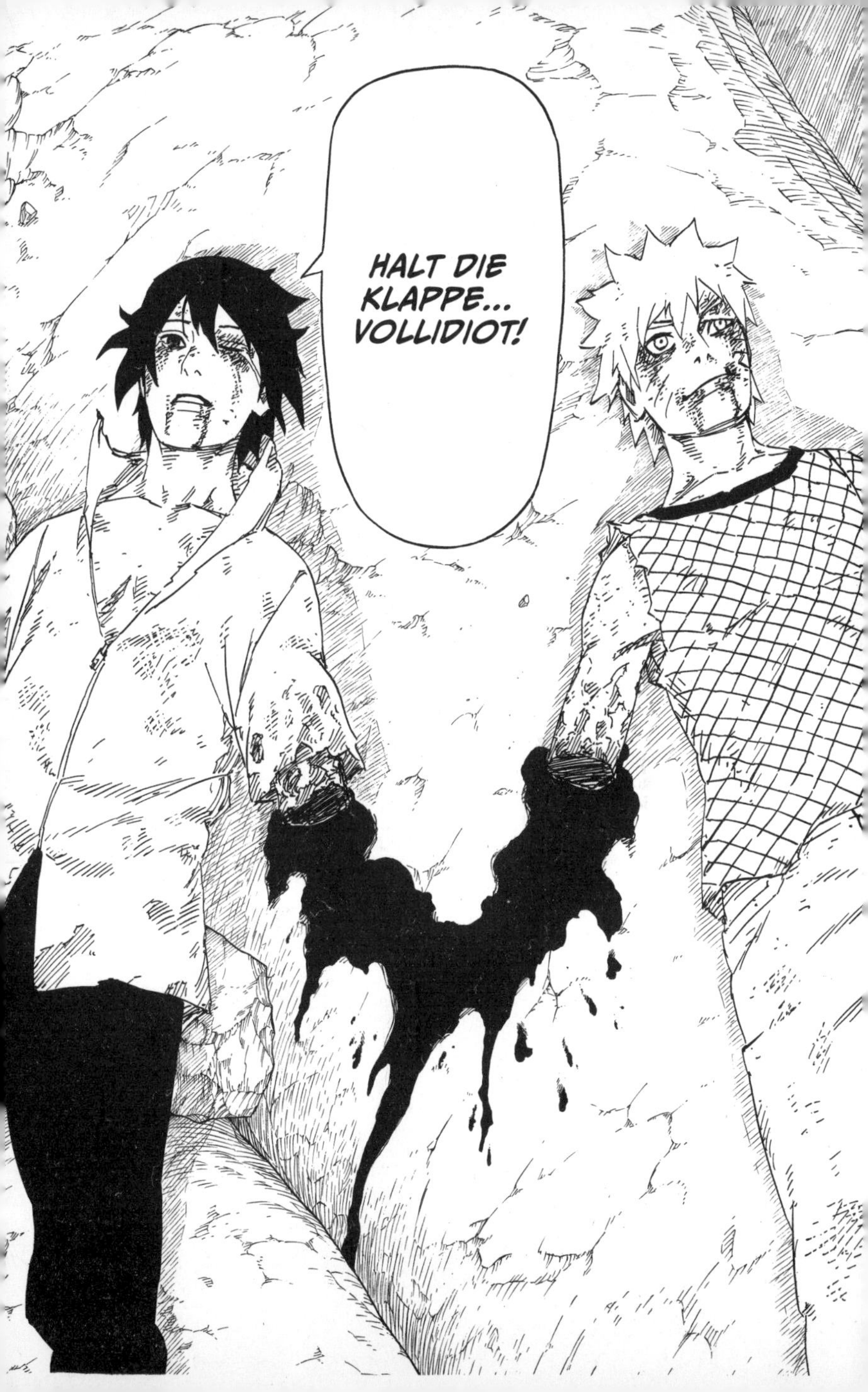
HALT DIE KLAPPE... VOLLIDIOT!

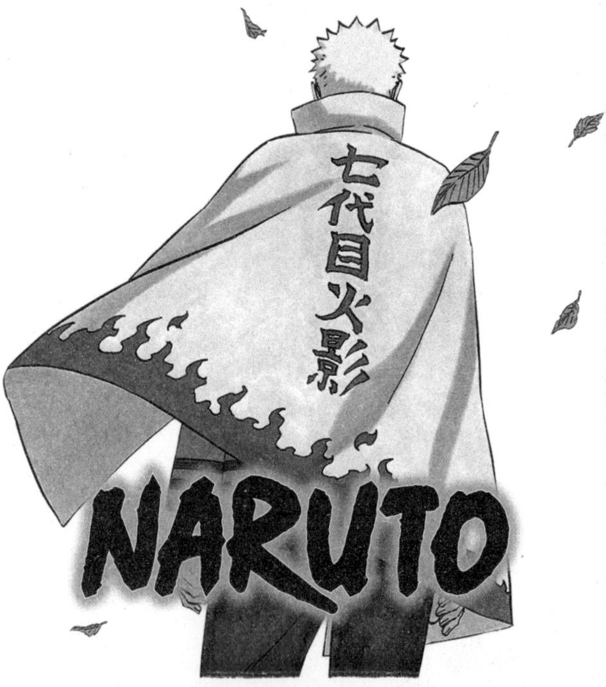
七代目火影
NARUTO

699. Kapitel: Das Zeichen der Versöhnung

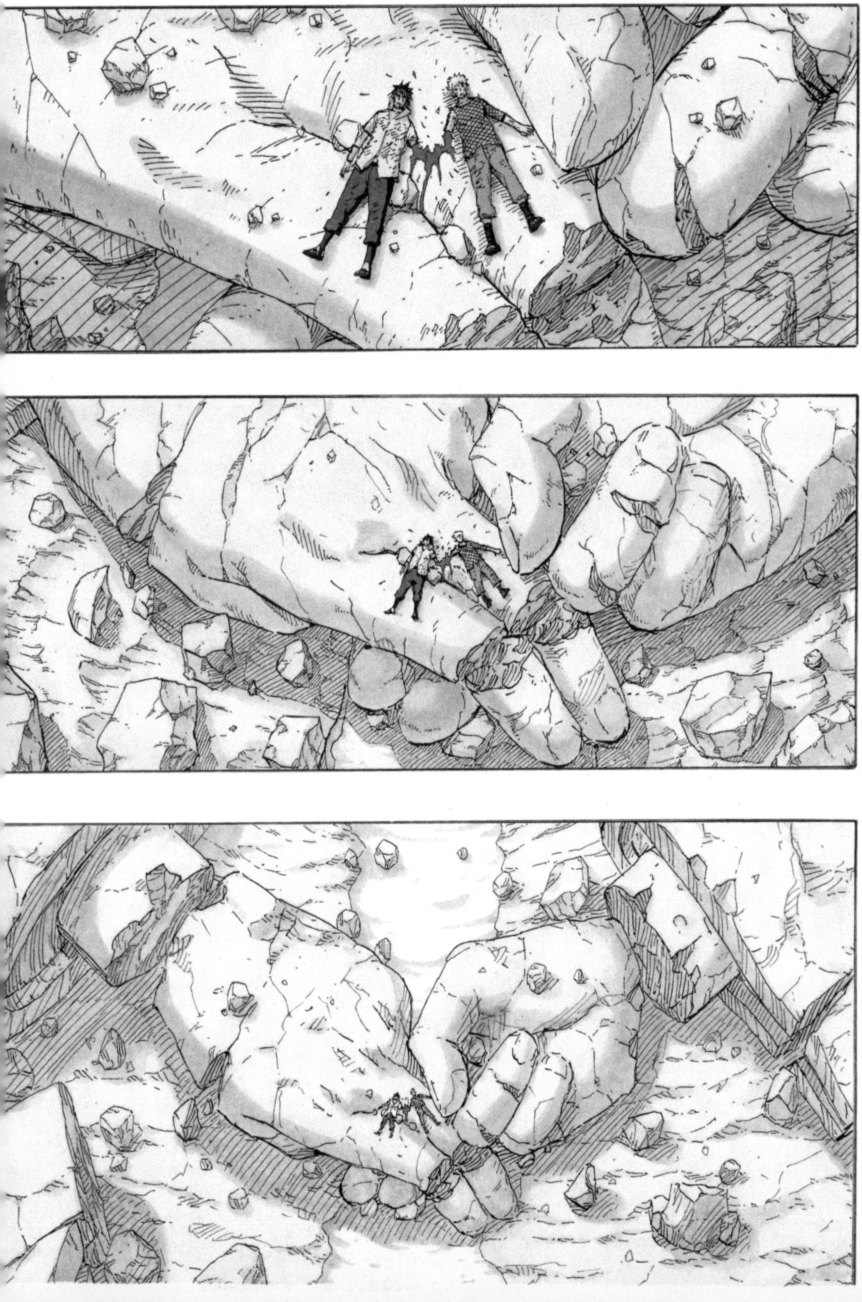

DER VERSÖHNUNG

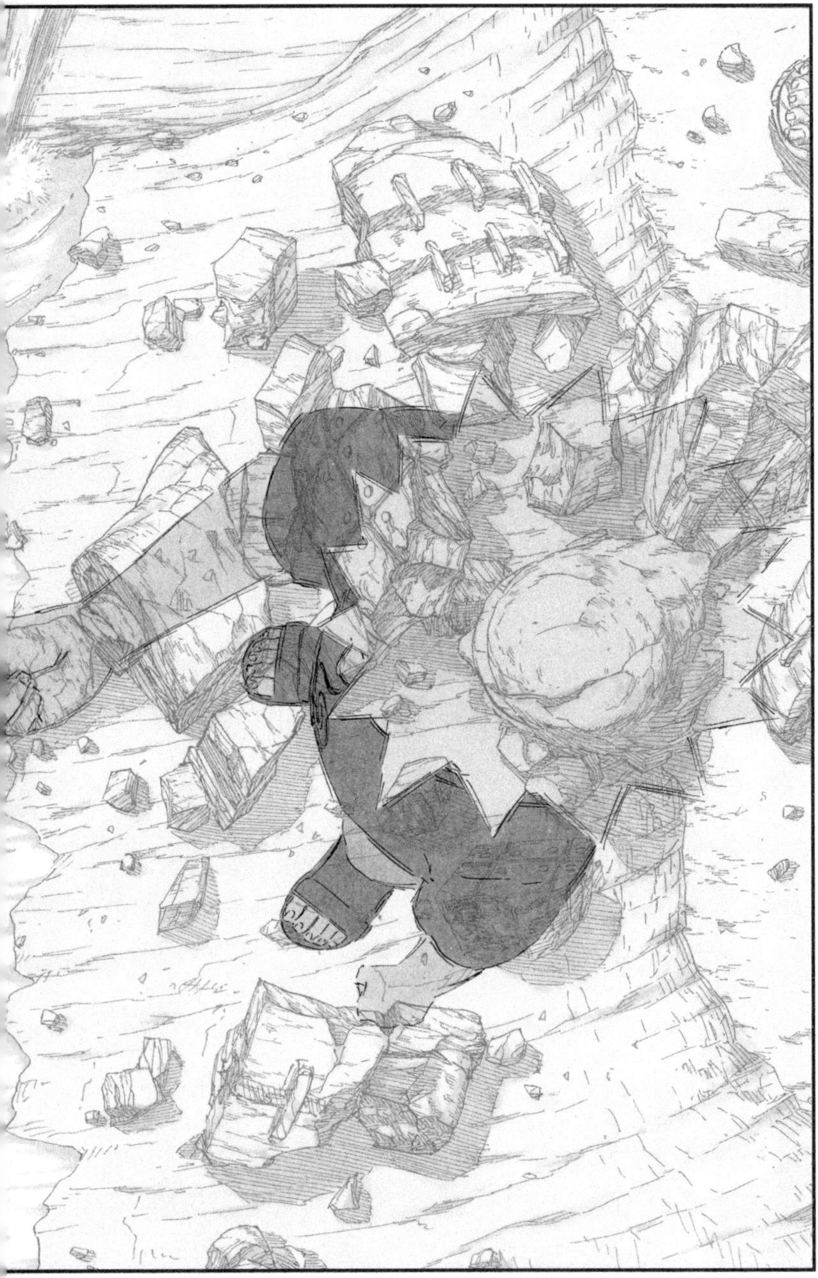

699. Kapitel: Das Zeichen

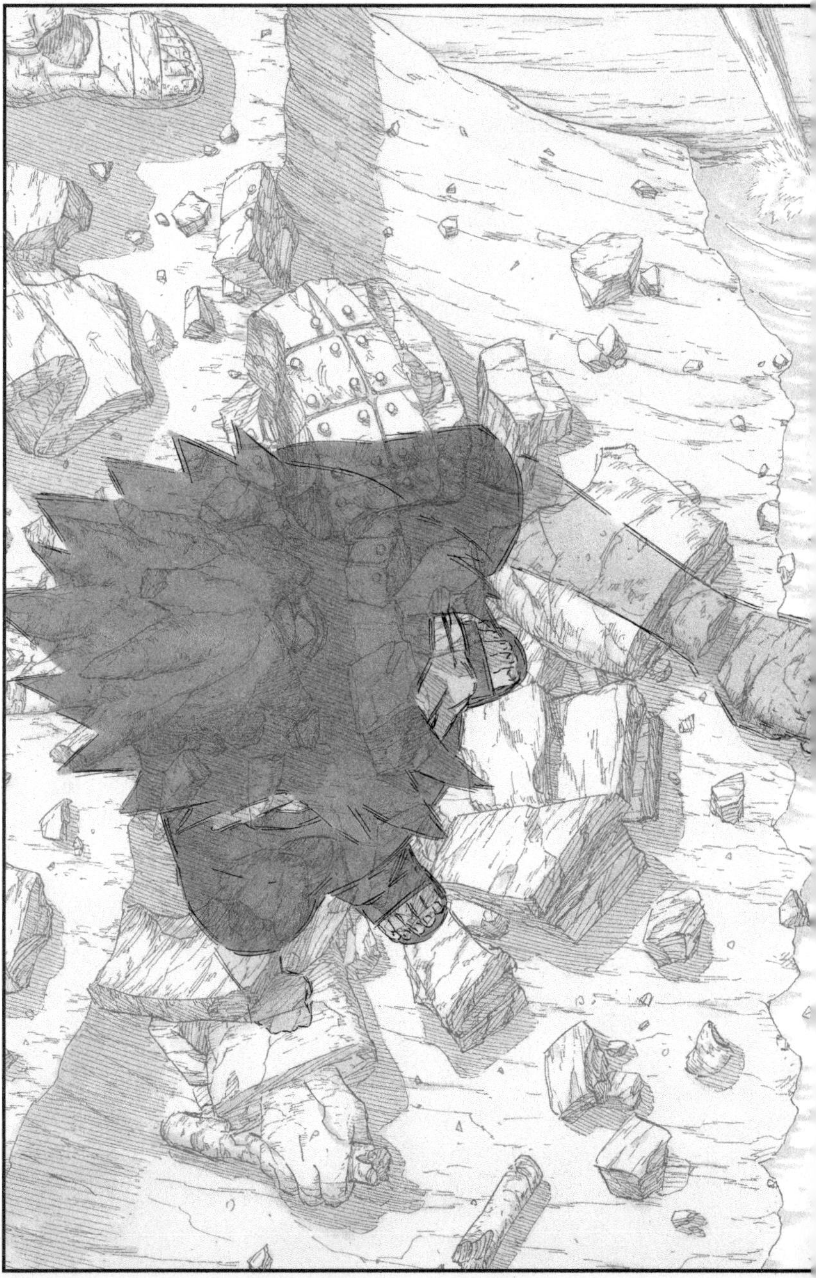

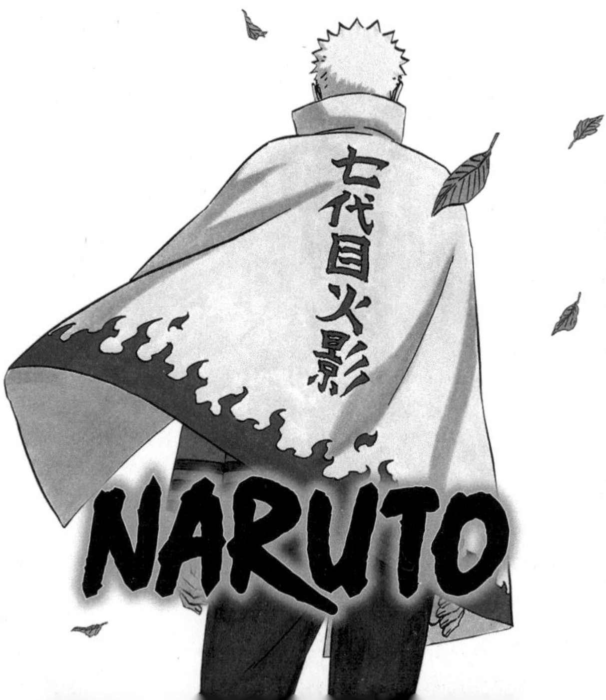
七代目火影
NARUTO

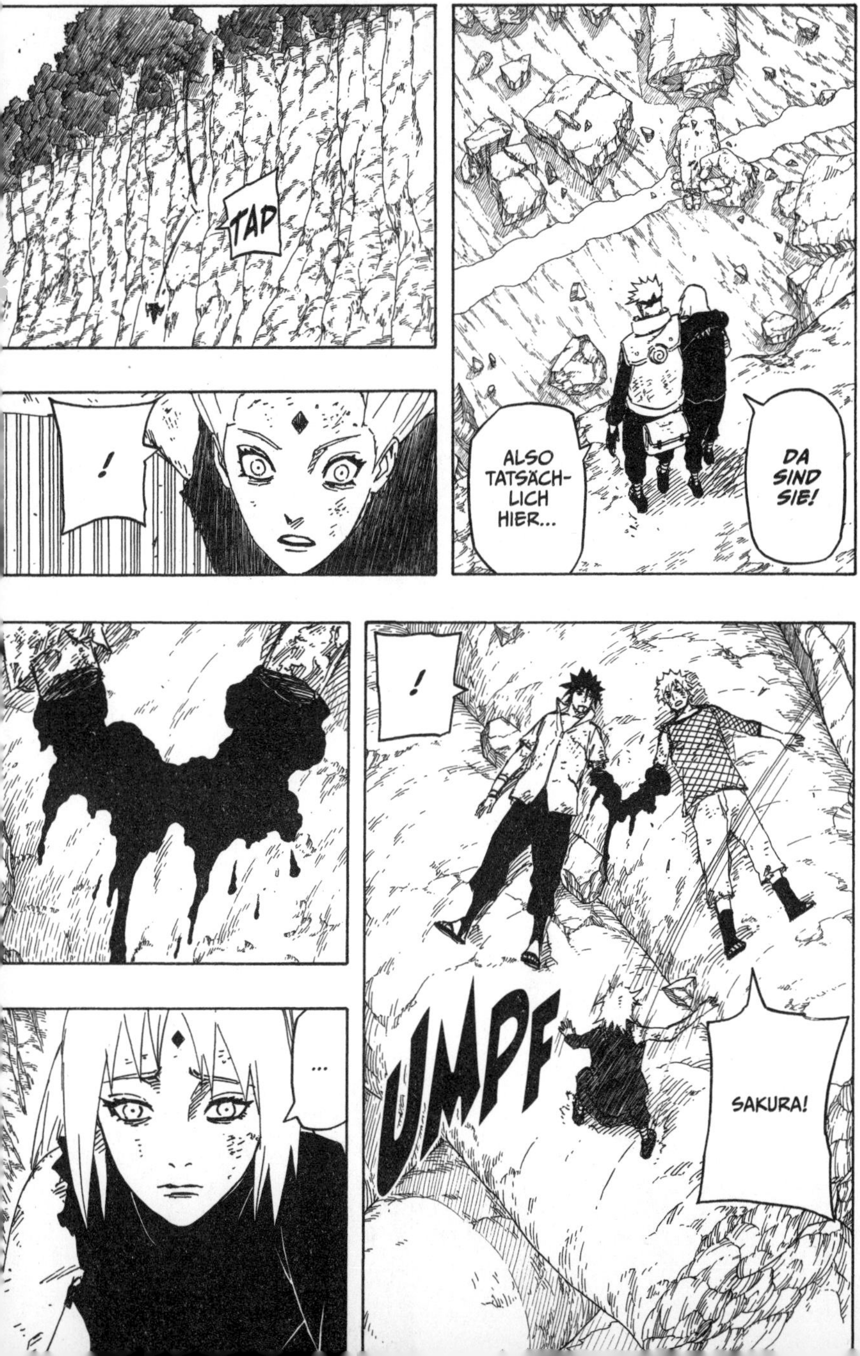
DA SIND SIE!
ALSO TATSÄCHLICH HIER...
TAP
!
!
UMPF
SAKURA!
...

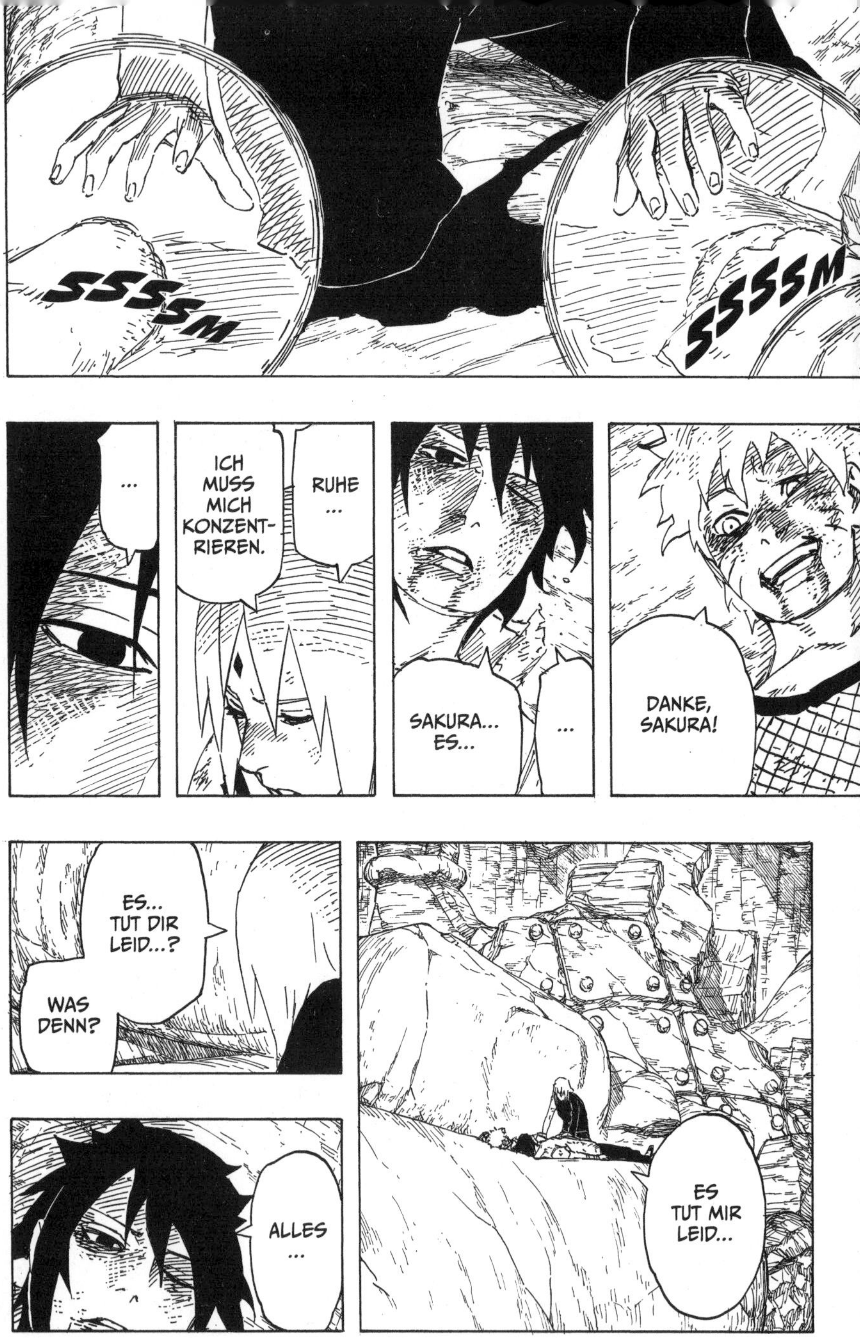
SSSSM
SSSSM
DANKE, SAKURA!
...
SAKURA... ES...
RUHE ...
ICH MUSS MICH KONZENTRIEREN.
...
ES TUT MIR LEID...
ES... TUT DIR LEID...?
WAS DENN?
ALLES ...

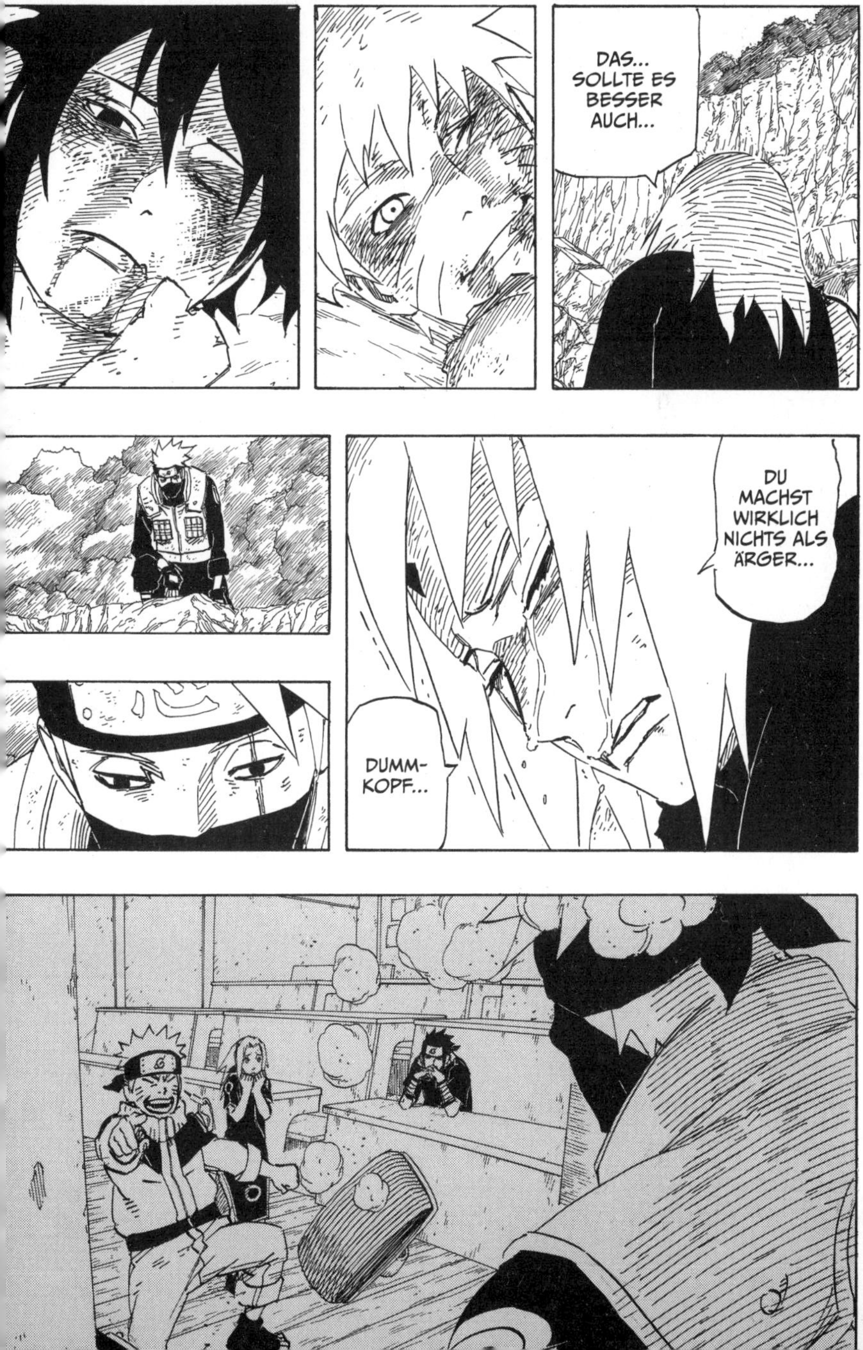
DAS... SOLLTE ES BESSER AUCH...
DU MACHST WIRKLICH NICHTS ALS ÄRGER...
DUMM-KOPF...

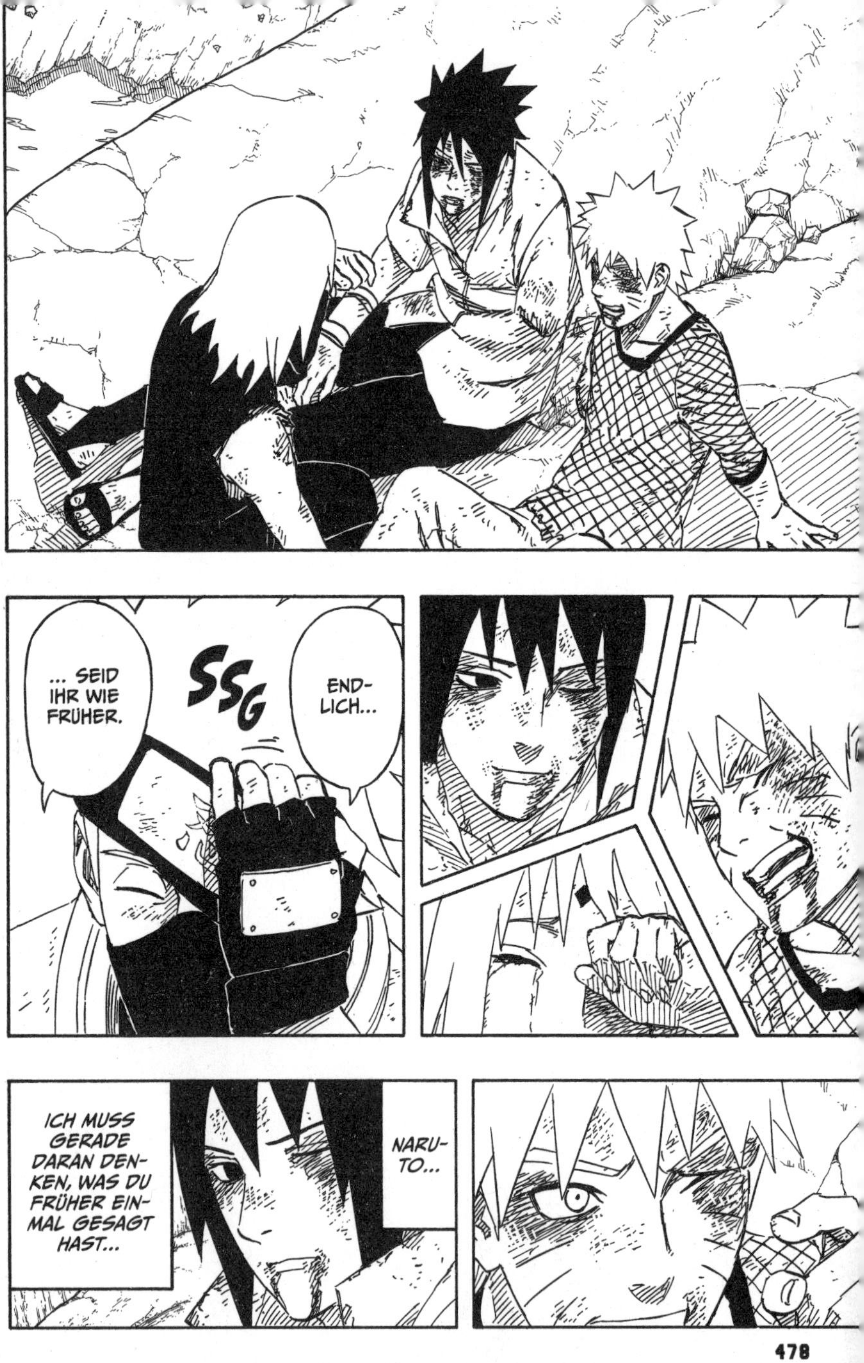

END-
LICH...
... SEID
IHR WIE
FRÜHER.
SSG
NARU-
TO...
ICH MUSS
GERADE
DARAN DEN-
KEN, WAS DU
FRÜHER EIN-
MAL GESAGT
HAST...

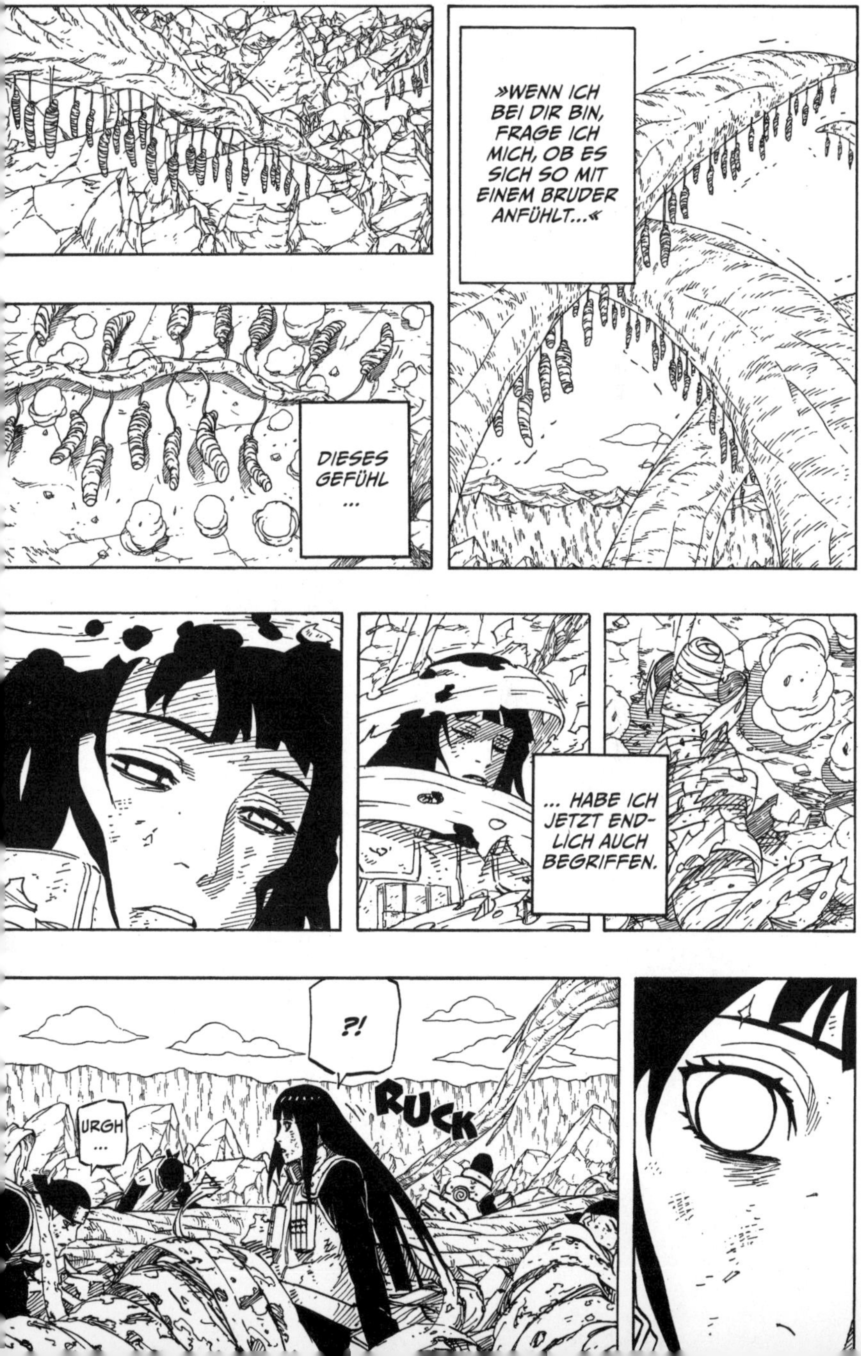
»WENN ICH BEI DIR BIN, FRAGE ICH MICH, OB ES SICH SO MIT EINEM BRUDER ANFÜHLT ...«
DIESES GEFÜHL ...
... HABE ICH JETZT ENDLICH AUCH BEGRIFFEN.
?!
RUCK
URGH ...

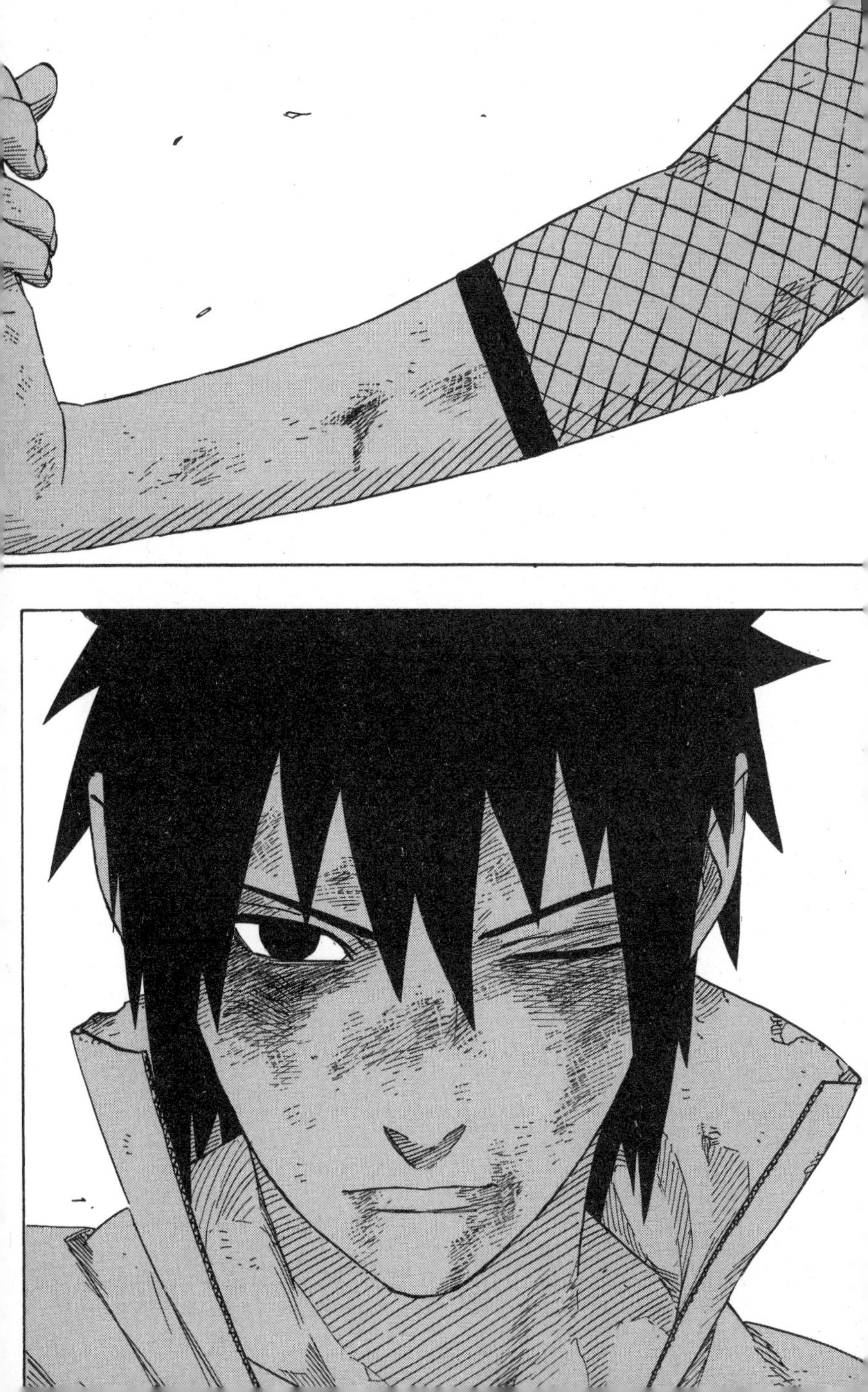

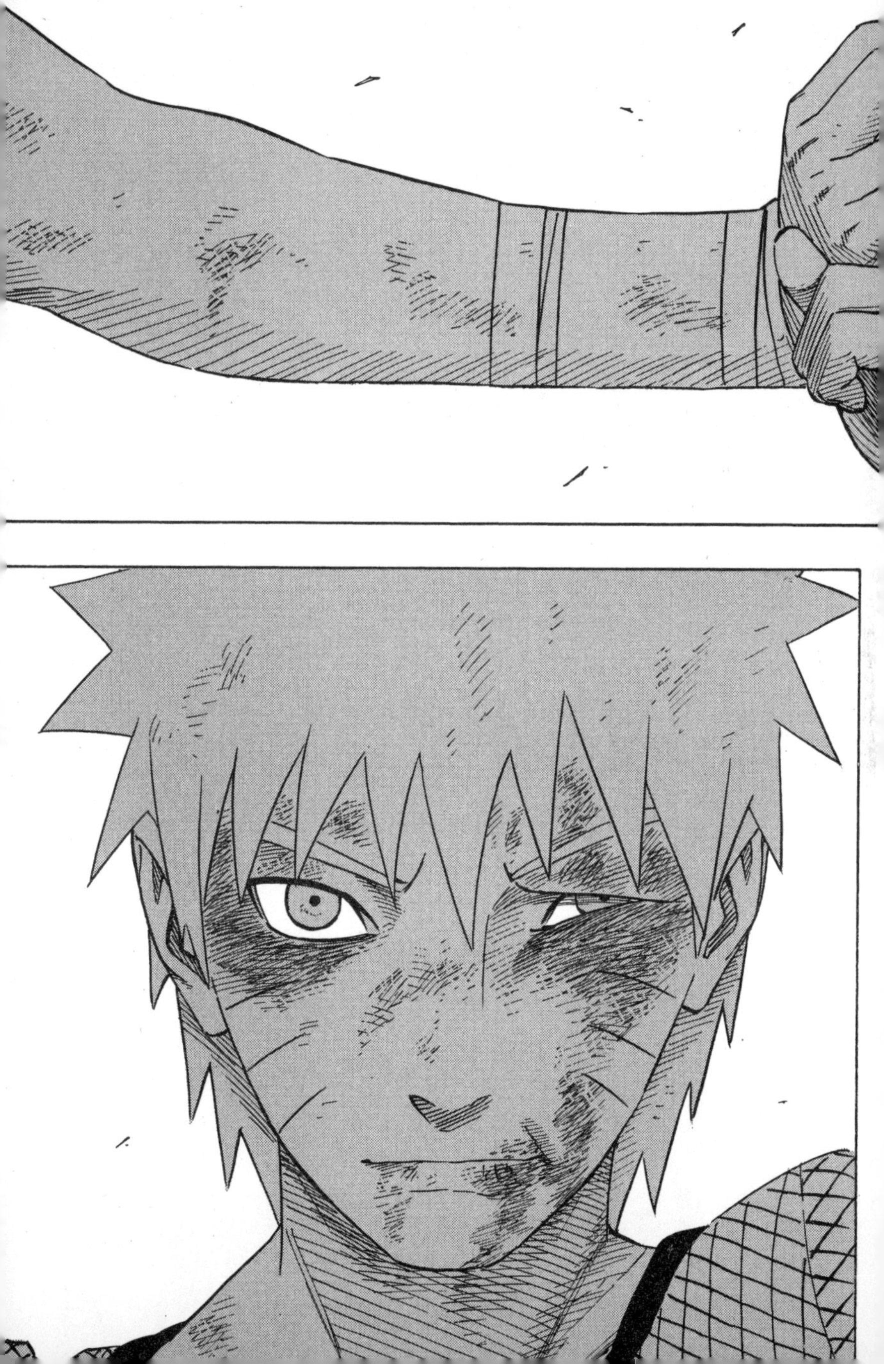

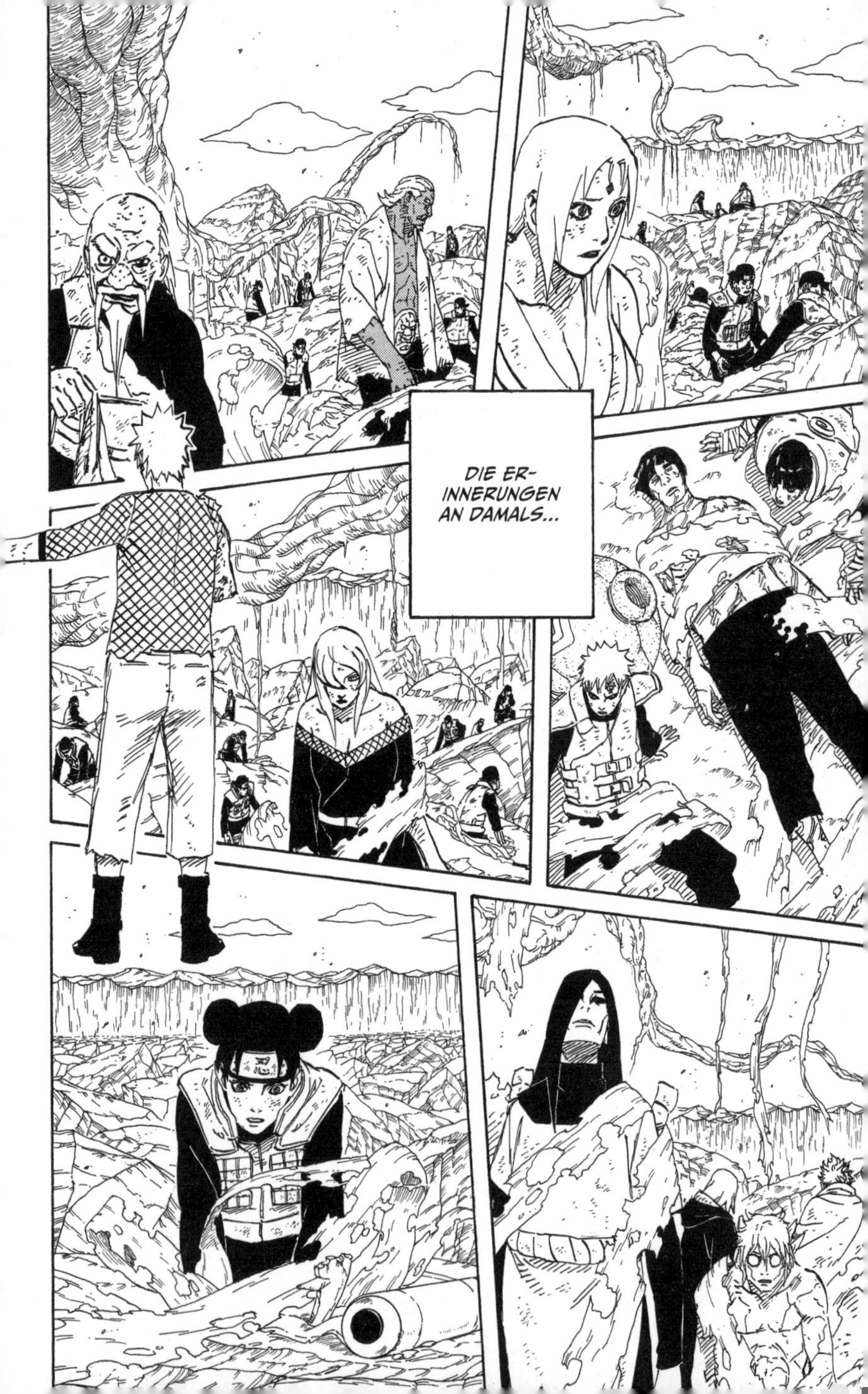
DIE ER-
INNERUNGEN
AN DAMALS...

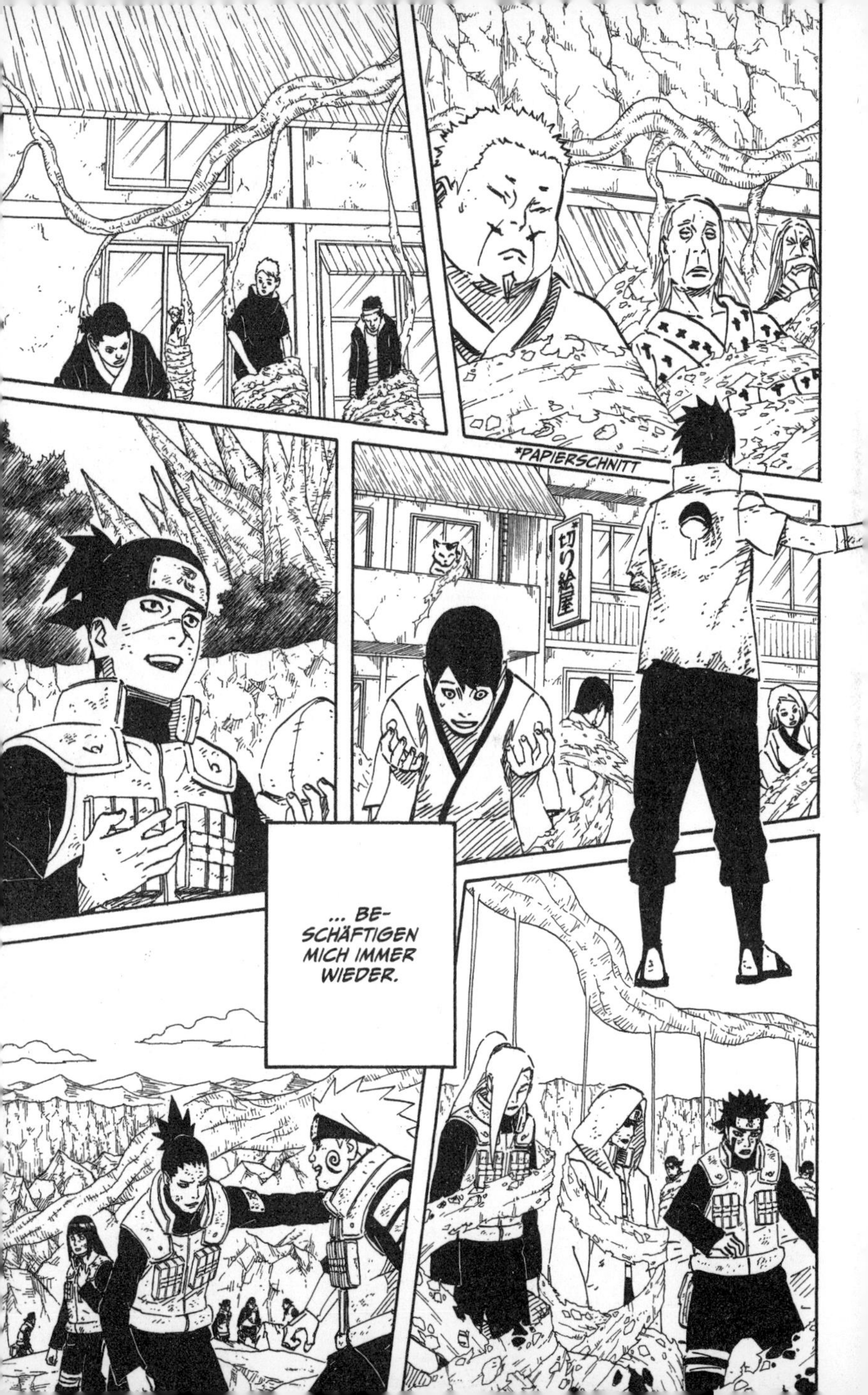
*PAPIERSCHNITT
切り絵屋
... BE-
SCHÄFTIGEN
MICH IMMER
WIEDER.

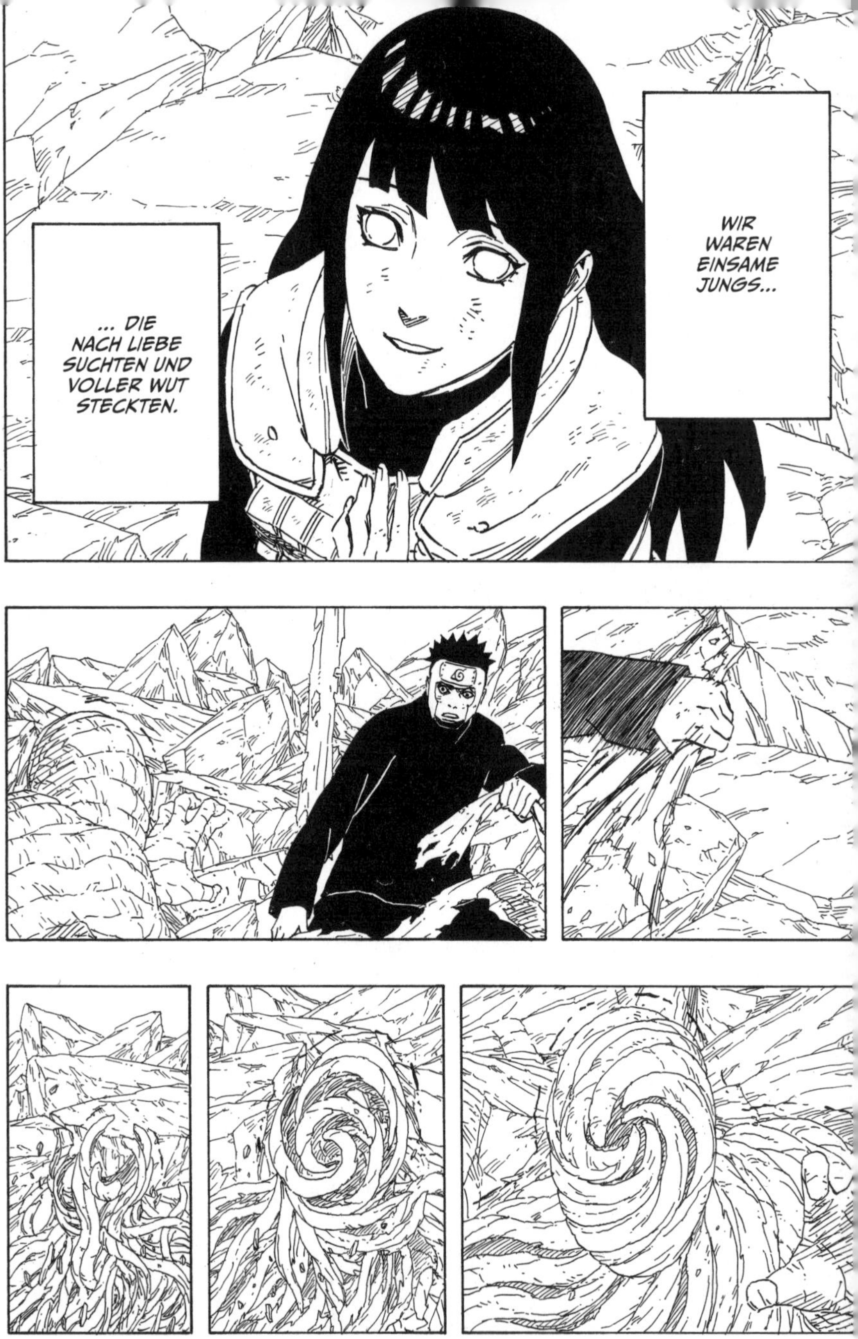
WIR WAREN EINSAME JUNGS...
... DIE NACH LIEBE SUCHTEN UND VOLLER WUT STECKTEN.

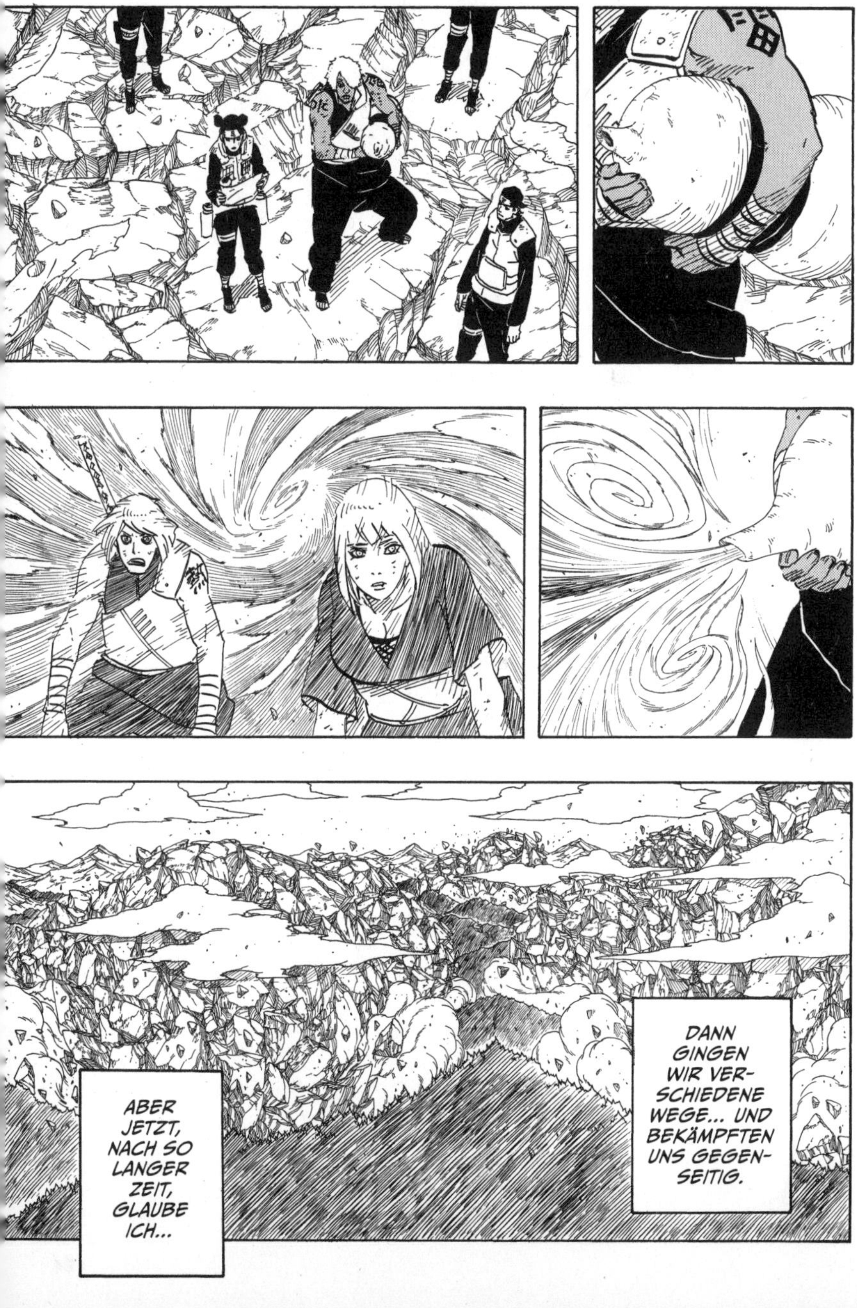
DANN GINGEN WIR VERSCHIEDENE WEGE... UND BEKÄMPFTEN UNS GEGENSEITIG.
ABER JETZT, NACH SO LANGER ZEIT, GLAUBE ICH...

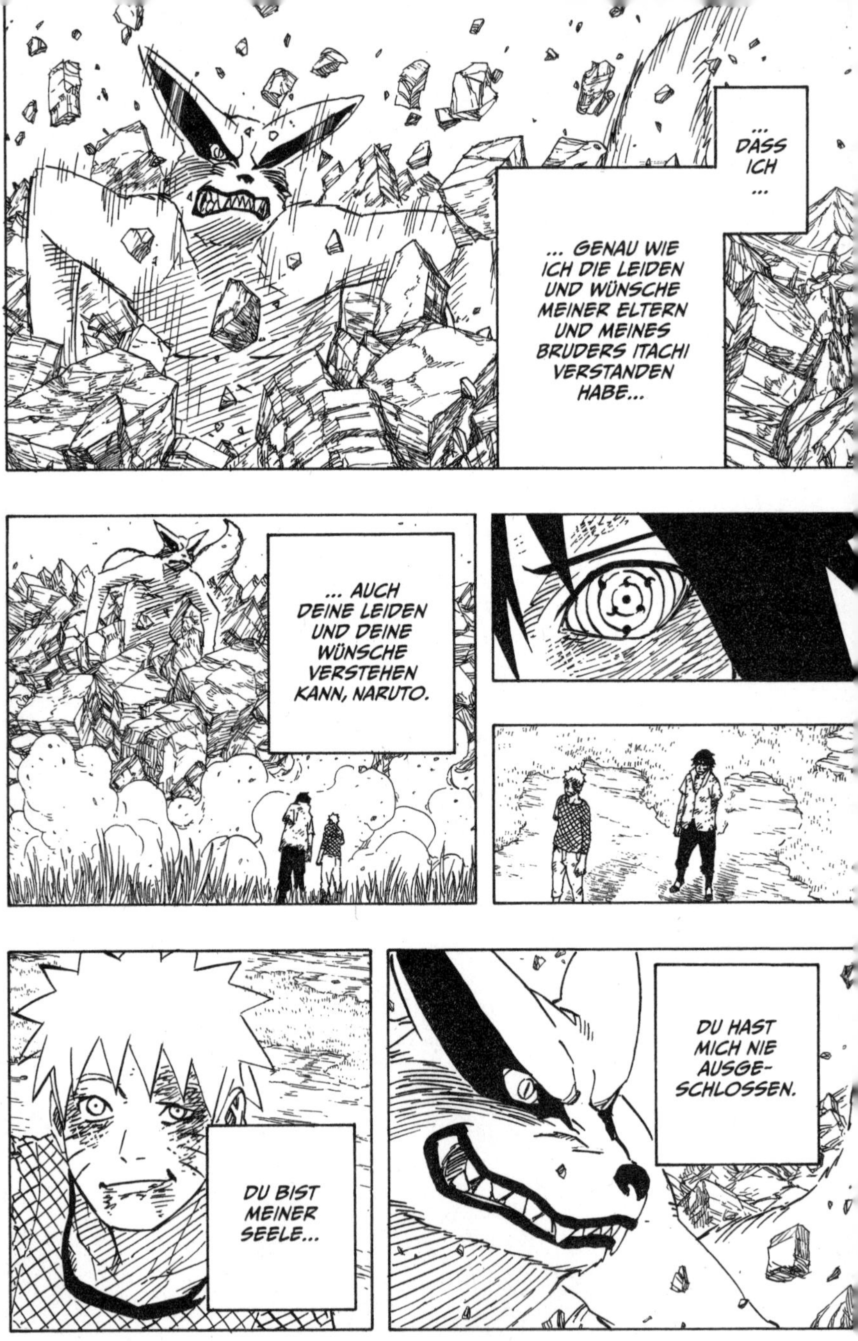
... DASS ICH ...
... GENAU WIE ICH DIE LEIDEN UND WÜNSCHE MEINER ELTERN UND MEINES BRUDERS ITACHI VERSTANDEN HABE...
... AUCH DEINE LEIDEN UND DEINE WÜNSCHE VERSTEHEN KANN, NARUTO.
DU HAST MICH NIE AUSGE-SCHLOSSEN.
DU BIST MEINER SEELE...

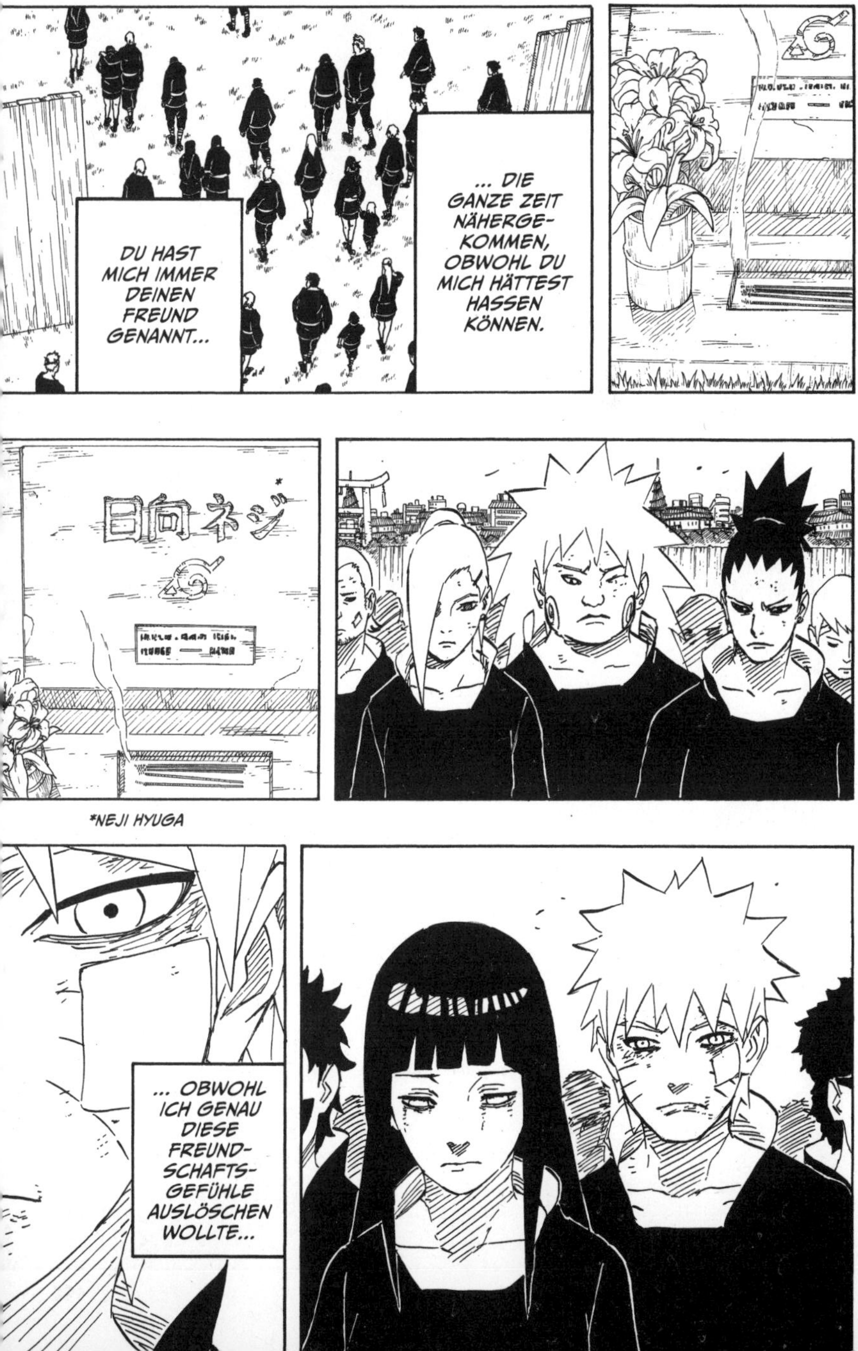
DU HAST MICH IMMER DEINEN FREUND GENANNT...
... DIE GANZE ZEIT NÄHERGEKOMMEN, OBWOHL DU MICH HÄTTEST HASSEN KÖNNEN.
日向ネジ*
*NEJI HYUGA
... OBWOHL ICH GENAU DIESE FREUNDSCHAFTSGEFÜHLE AUSLÖSCHEN WOLLTE...

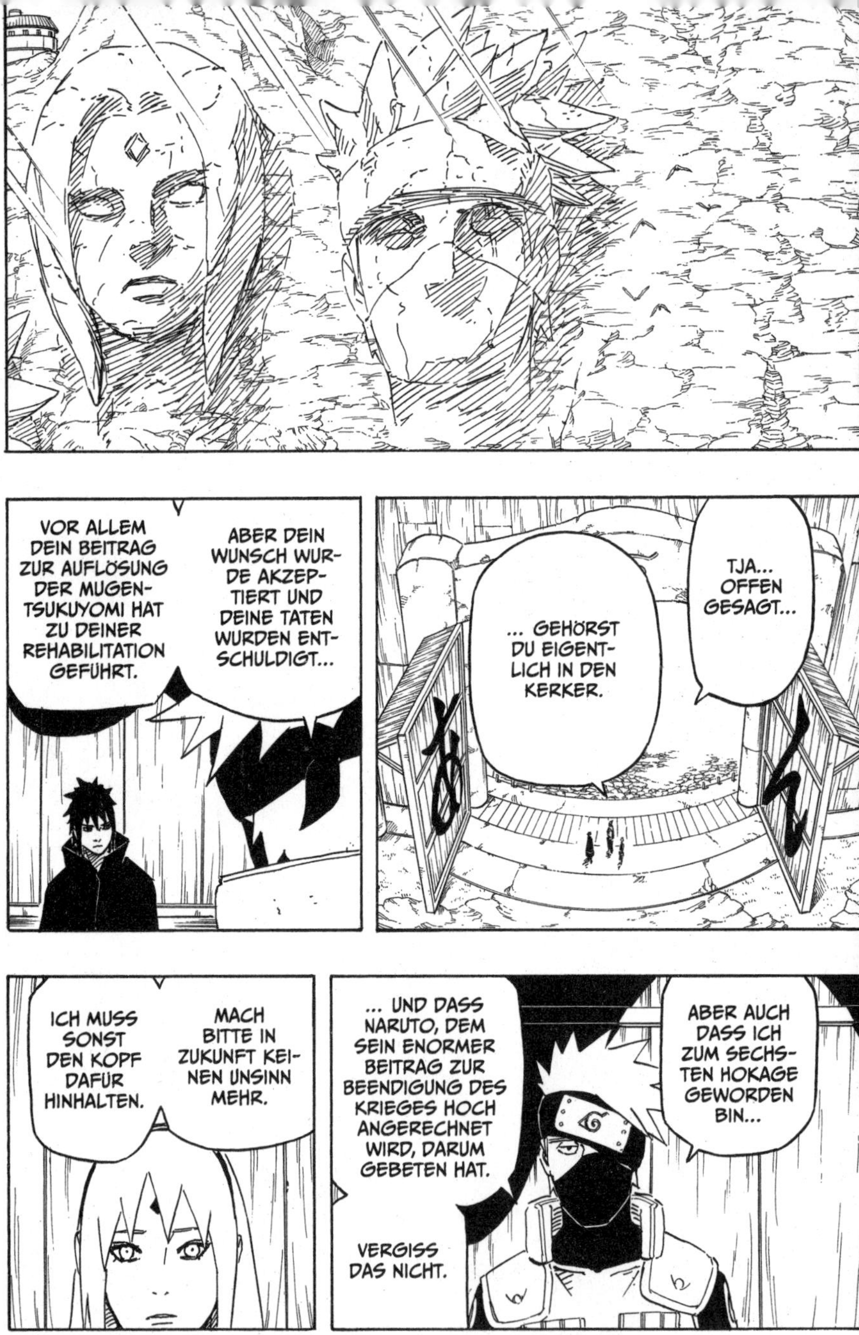
TJA... OFFEN GESAGT...
... GEHÖRST DU EIGENTLICH IN DEN KERKER.
ABER DEIN WUNSCH WURDE AKZEPTIERT UND DEINE TATEN WURDEN ENTSCHULDIGT...
VOR ALLEM DEIN BEITRAG ZUR AUFLÖSUNG DER MUGEN-TSUKUYOMI HAT ZU DEINER REHABILITATION GEFÜHRT.
ABER AUCH DASS ICH ZUM SECHSTEN HOKAGE GEWORDEN BIN...
... UND DASS NARUTO, DEM SEIN ENORMER BEITRAG ZUR BEENDIGUNG DES KRIEGES HOCH ANGERECHNET WIRD, DARUM GEBETEN HAT.
VERGISS DAS NICHT.
MACH BITTE IN ZUKUNFT KEINEN UNSINN MEHR.
ICH MUSS SONST DEN KOPF DAFÜR HINHALTEN.

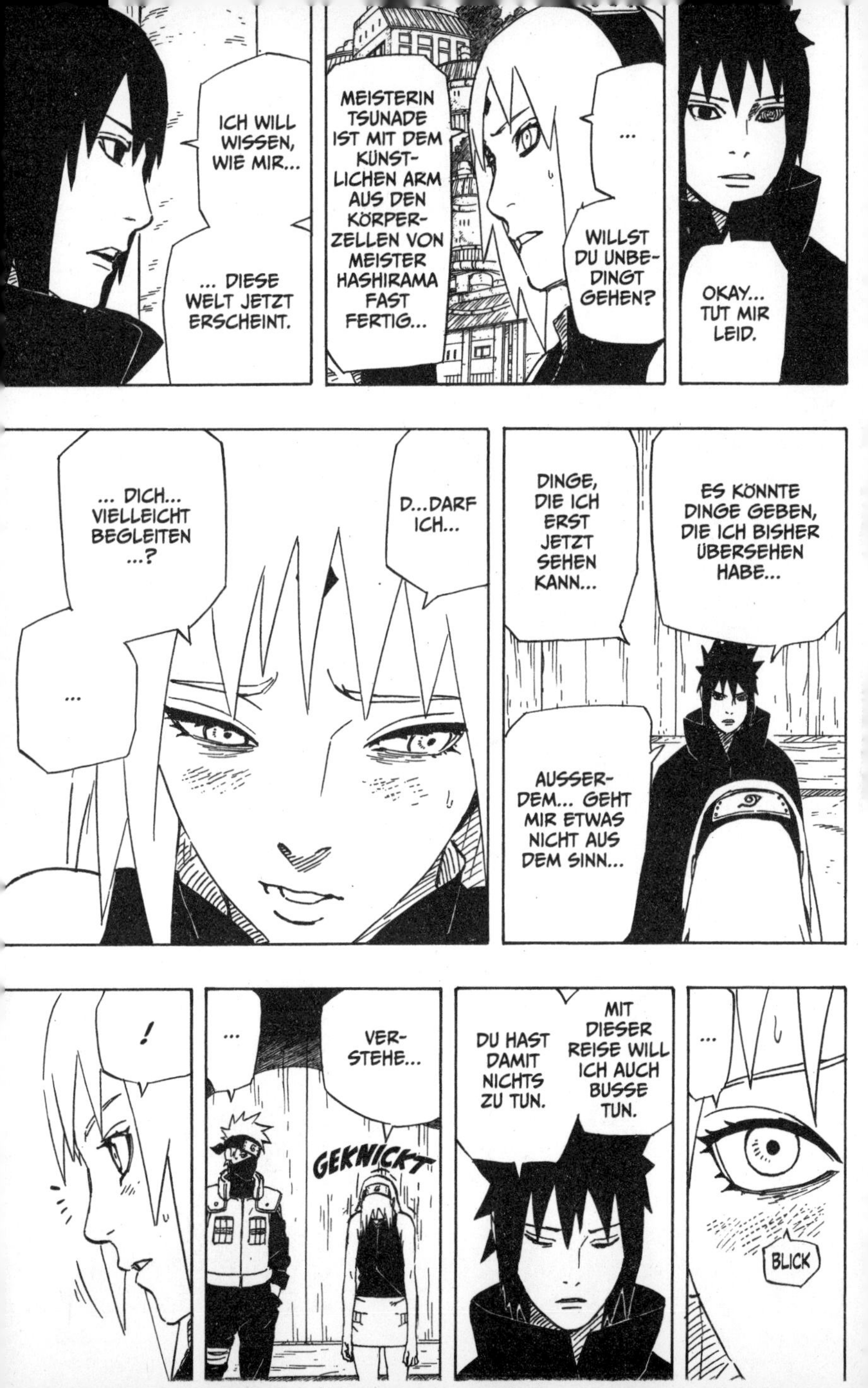

OKAY... TUT MIR LEID.
...
WILLST DU UNBEDINGT GEHEN?
MEISTERIN TSUNADE IST MIT DEM KÜNSTLICHEN ARM AUS DEN KÖRPERZELLEN VON MEISTER HASHIRAMA FAST FERTIG...
ICH WILL WISSEN, WIE MIR...
... DIESE WELT JETZT ERSCHEINT.
ES KÖNNTE DINGE GEBEN, DIE ICH BISHER ÜBERSEHEN HABE...
DINGE, DIE ICH ERST JETZT SEHEN KANN...
AUSSERDEM... GEHT MIR ETWAS NICHT AUS DEM SINN...
D...DARF ICH...
... DICH... VIELLEICHT BEGLEITEN ...?
...
...
BLICK
MIT DIESER REISE WILL ICH AUCH BUSSE TUN.
DU HAST DAMIT NICHTS ZU TUN.
VERSTEHE...
GEKNICKT
...
!

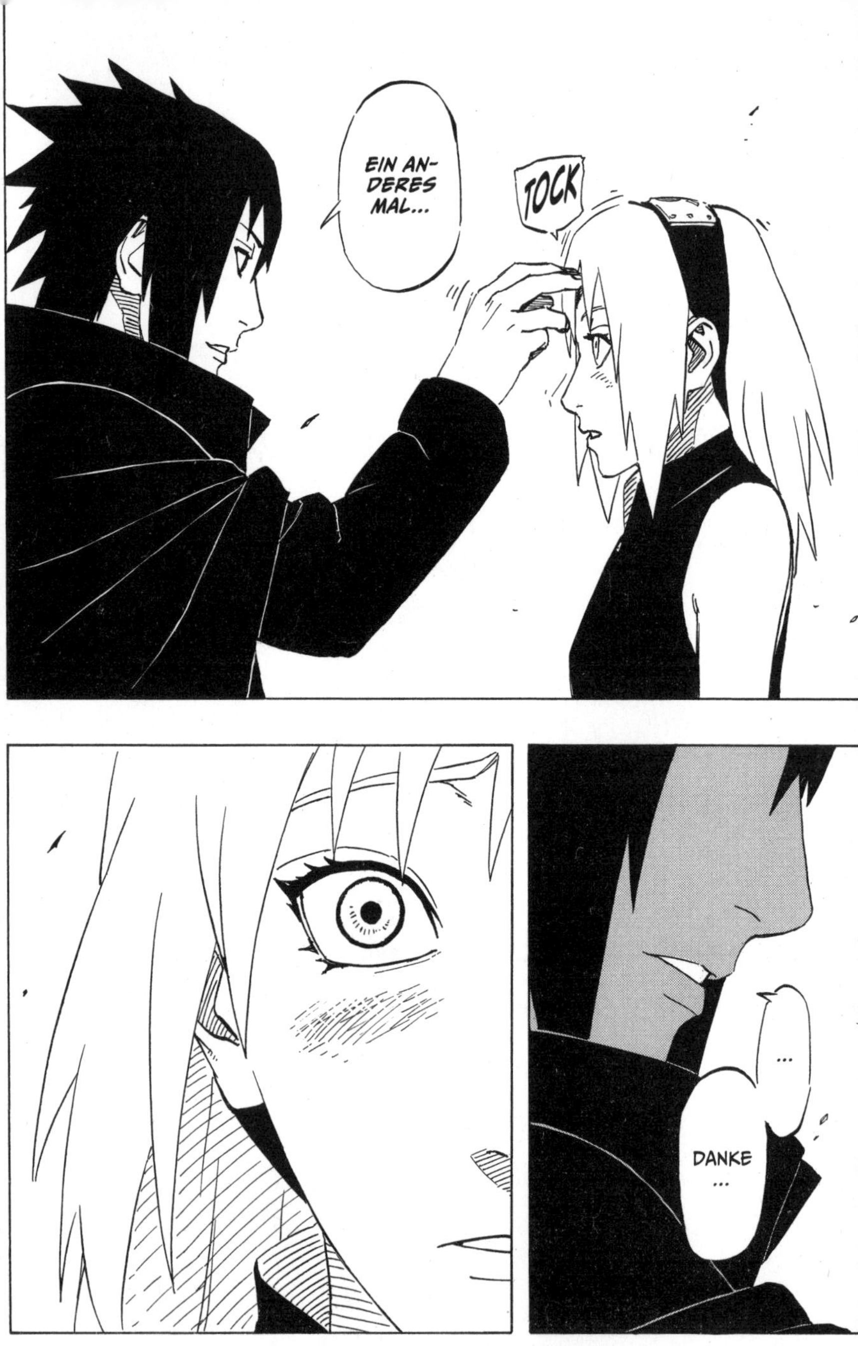
EIN ANDERES MAL...
TOCK
...
DANKE ...

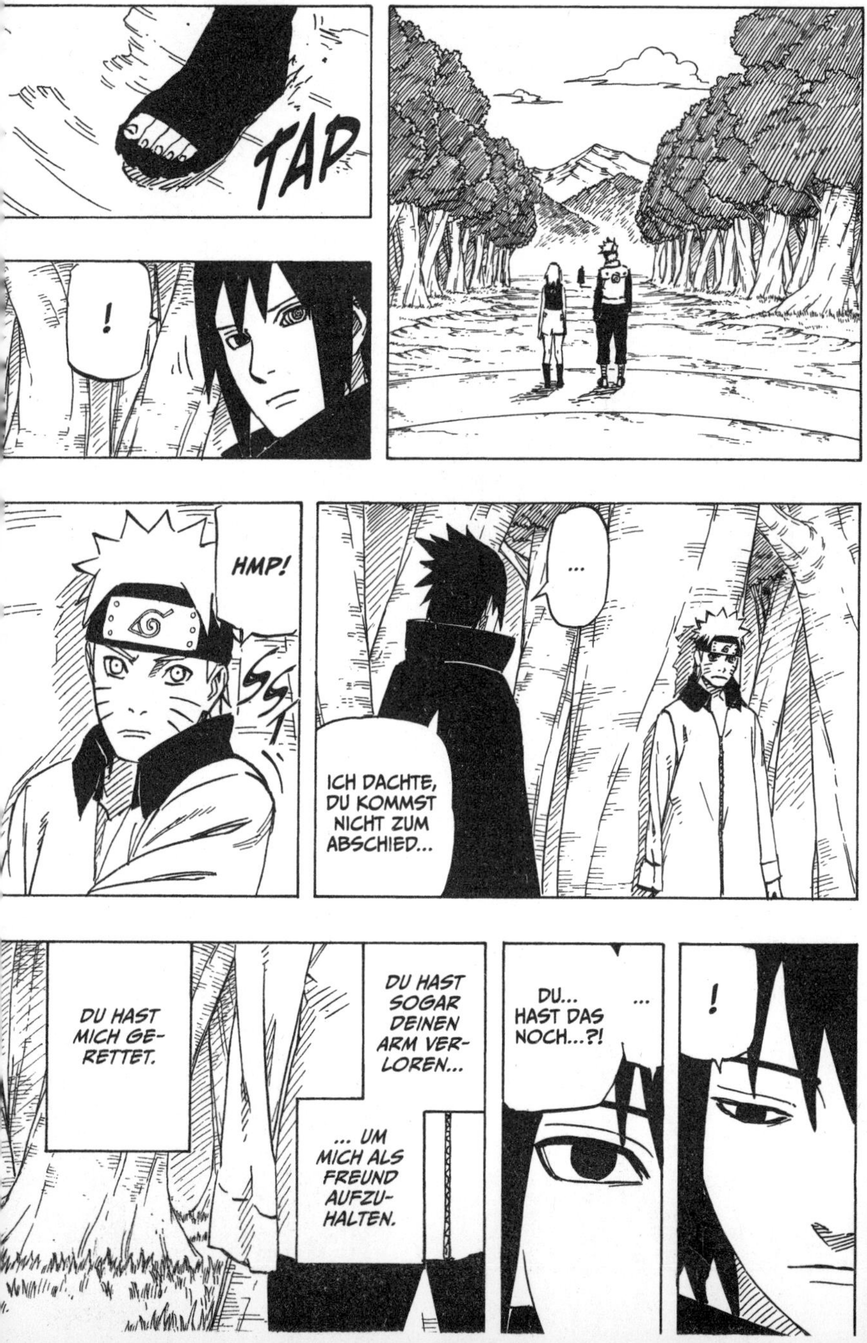
TAP
!
...
ICH DACHTE, DU KOMMST NICHT ZUM ABSCHIED...
HMP!
SS
!
...
DU... HAST DAS NOCH...?!
DU HAST SOGAR DEINEN ARM VERLOREN...
... UM MICH ALS FREUND AUFZUHALTEN.
DU HAST MICH GERETTET.

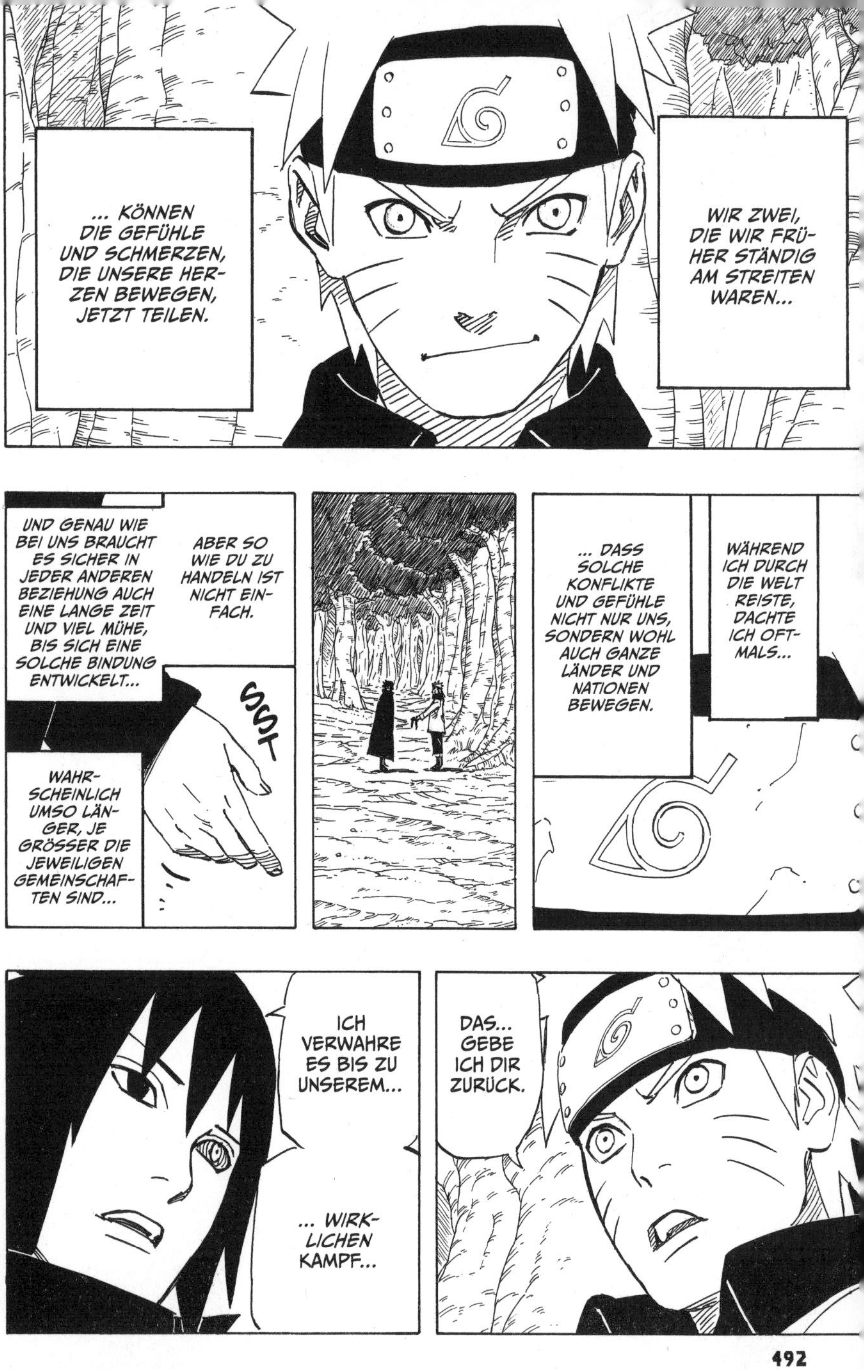
WIR ZWEI, DIE WIR FRÜHER STÄNDIG AM STREITEN WAREN...
... KÖNNEN DIE GEFÜHLE UND SCHMERZEN, DIE UNSERE HERZEN BEWEGEN, JETZT TEILEN.
WÄHREND ICH DURCH DIE WELT REISTE, DACHTE ICH OFTMALS...
... DASS SOLCHE KONFLIKTE UND GEFÜHLE NICHT NUR UNS, SONDERN WOHL AUCH GANZE LÄNDER UND NATIONEN BEWEGEN.
ABER SO WIE DU ZU HANDELN IST NICHT EINFACH.
UND GENAU WIE BEI UNS BRAUCHT ES SICHER IN JEDER ANDEREN BEZIEHUNG AUCH EINE LANGE ZEIT UND VIEL MÜHE, BIS SICH EINE SOLCHE BINDUNG ENTWICKELT...
SSST
WAHRSCHEINLICH UMSO LÄNGER, JE GRÖSSER DIE JEWEILIGEN GEMEINSCHAFTEN SIND...
DAS... GEBE ICH DIR ZURÜCK.
ICH VERWAHRE ES BIS ZU UNSEREM...
... WIRKLICHEN KAMPF...

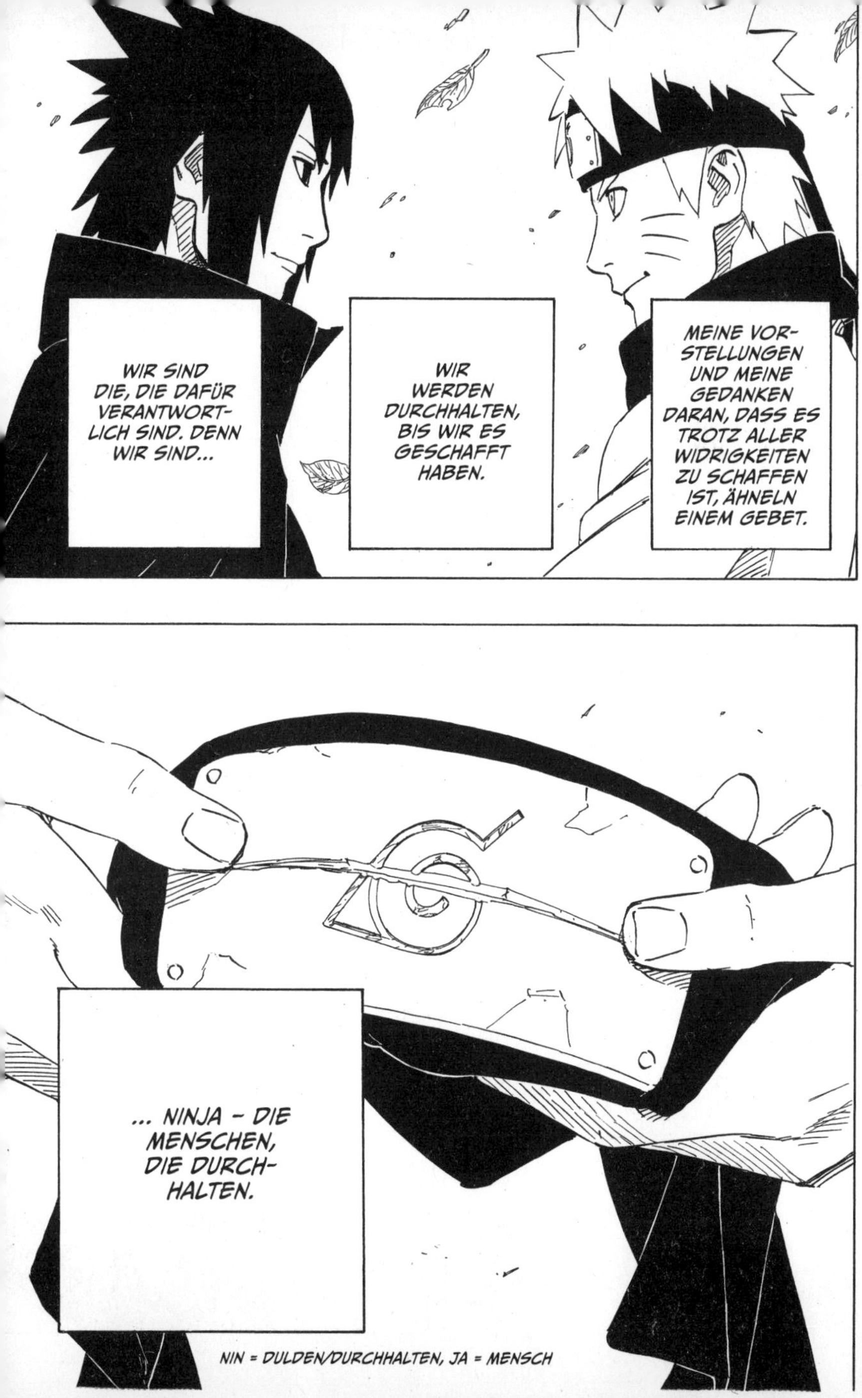

NIN = DULDEN/DURCHHALTEN, JA = MENSCH

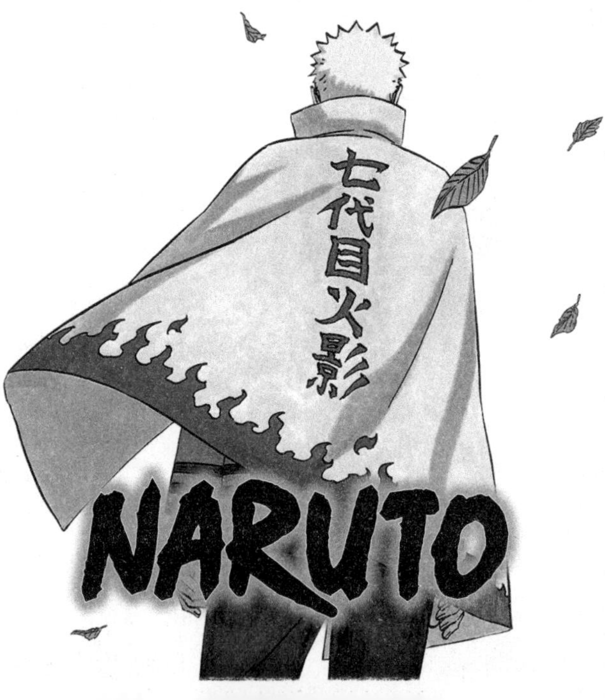
七代目火影
NARUTO

700. KAPITEL: NARUTO UZUMAKI!!

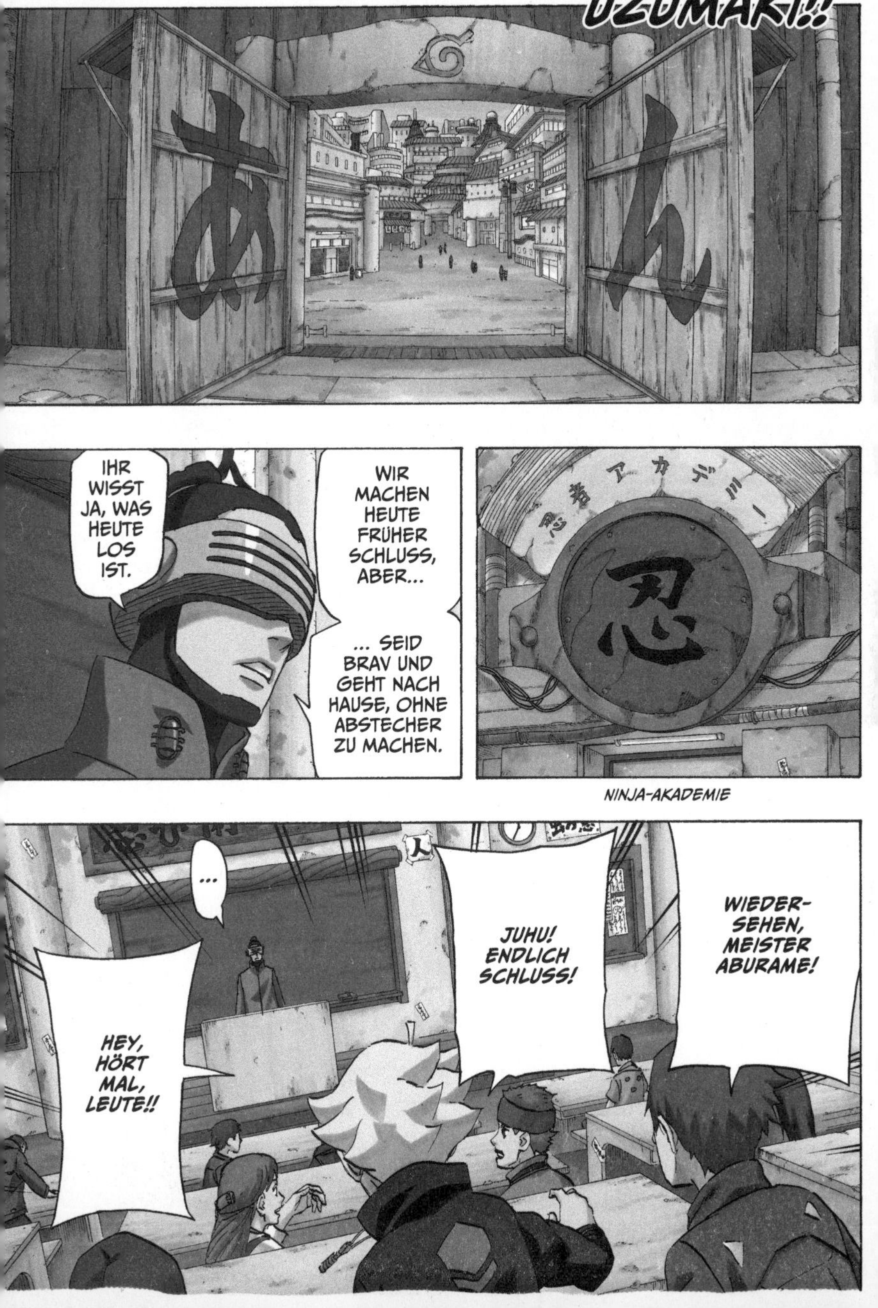

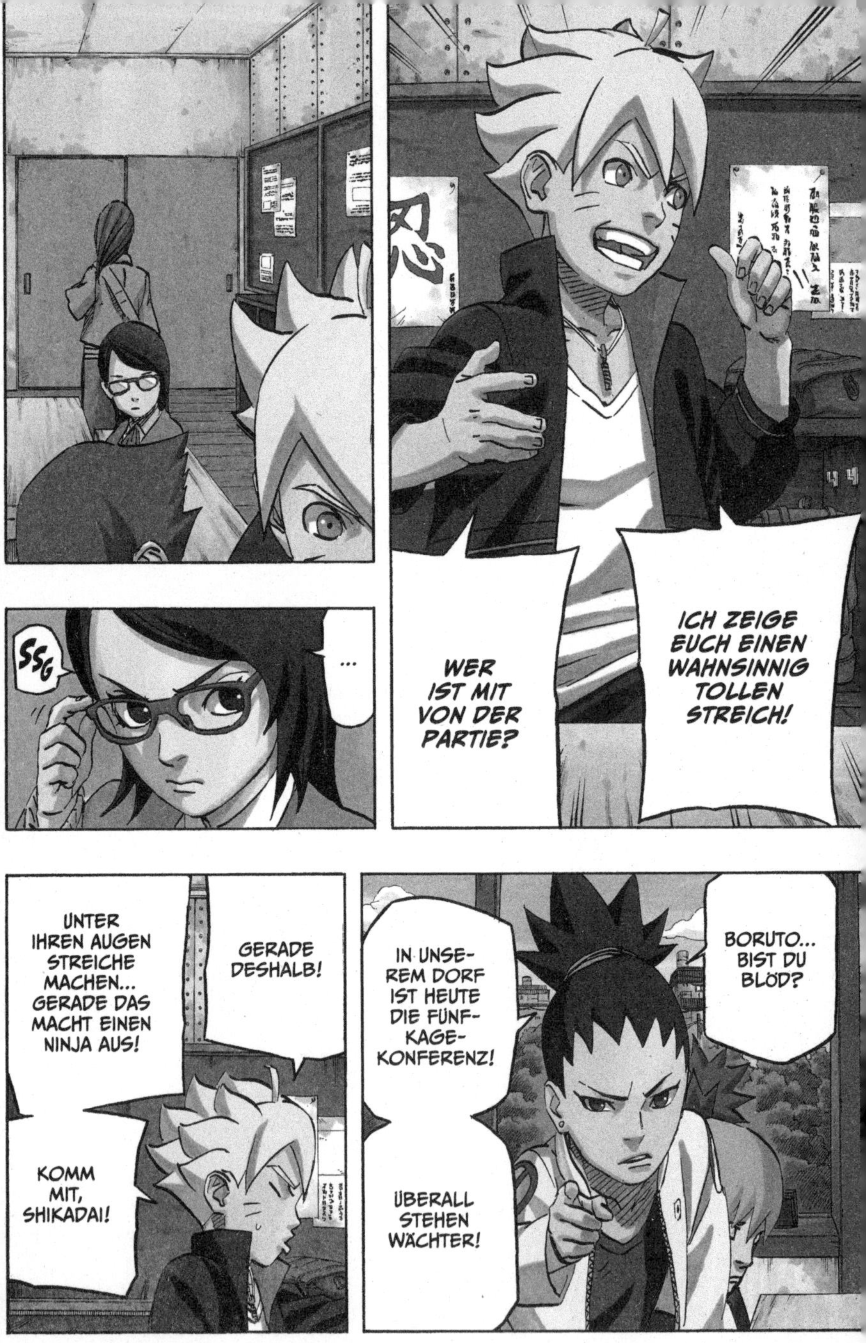
ICH ZEIGE EUCH EINEN WAHNSINNIG TOLLEN STREICH!
WER IST MIT VON DER PARTIE?
...
SSG
BORUTO... BIST DU BLÖD?
IN UNSE-REM DORF IST HEUTE DIE FÜNF-KAGE-KONFERENZ!
ÜBERALL STEHEN WÄCHTER!
GERADE DESHALB!
UNTER IHREN AUGEN STREICHE MACHEN... GERADE DAS MACHT EINEN NINJA AUS!
KOMM MIT, SHIKADAI!

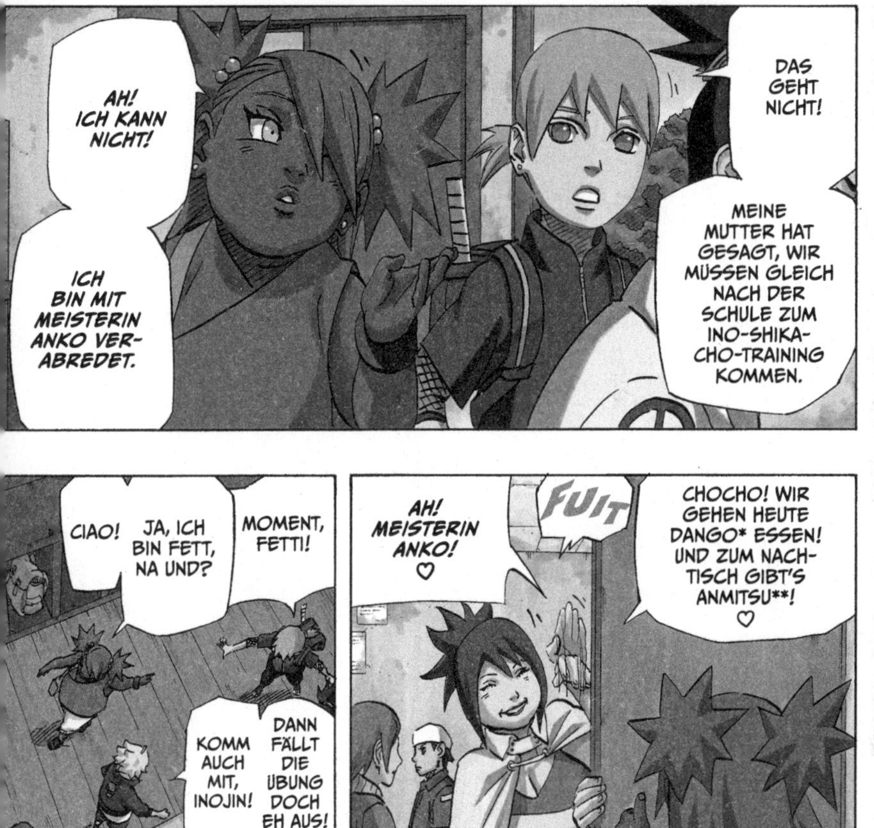

*SÜSSE KLÖSSCHEN AUS REISMEHL

**FRUCHTSALAT MIT GEKOCHTEN SÜSSEN ROTEN BOHNEN

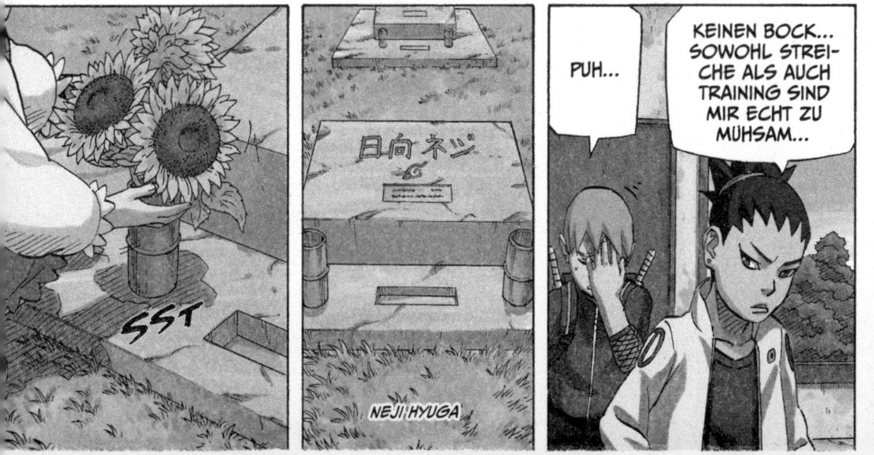

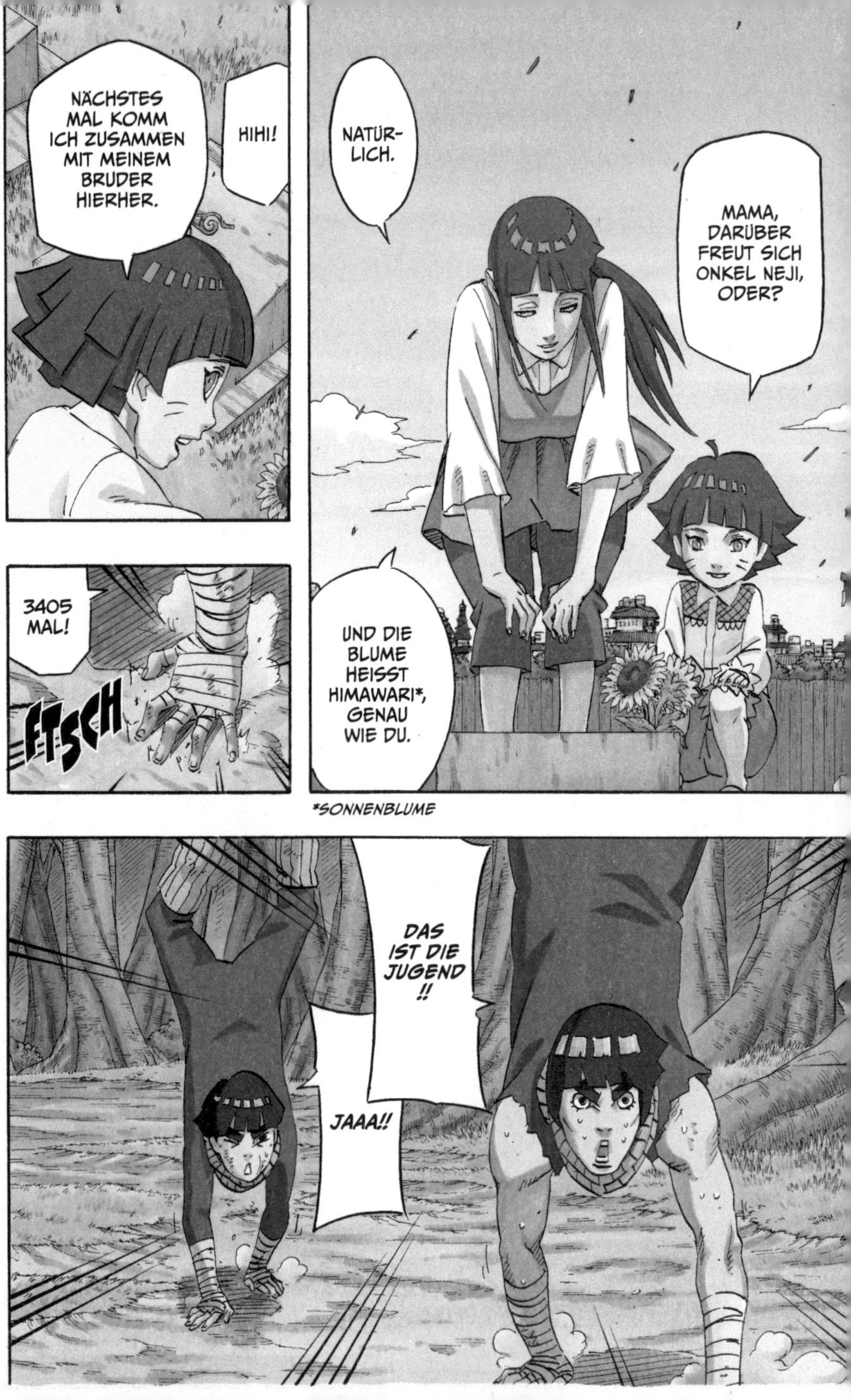

*SONNENBLUME

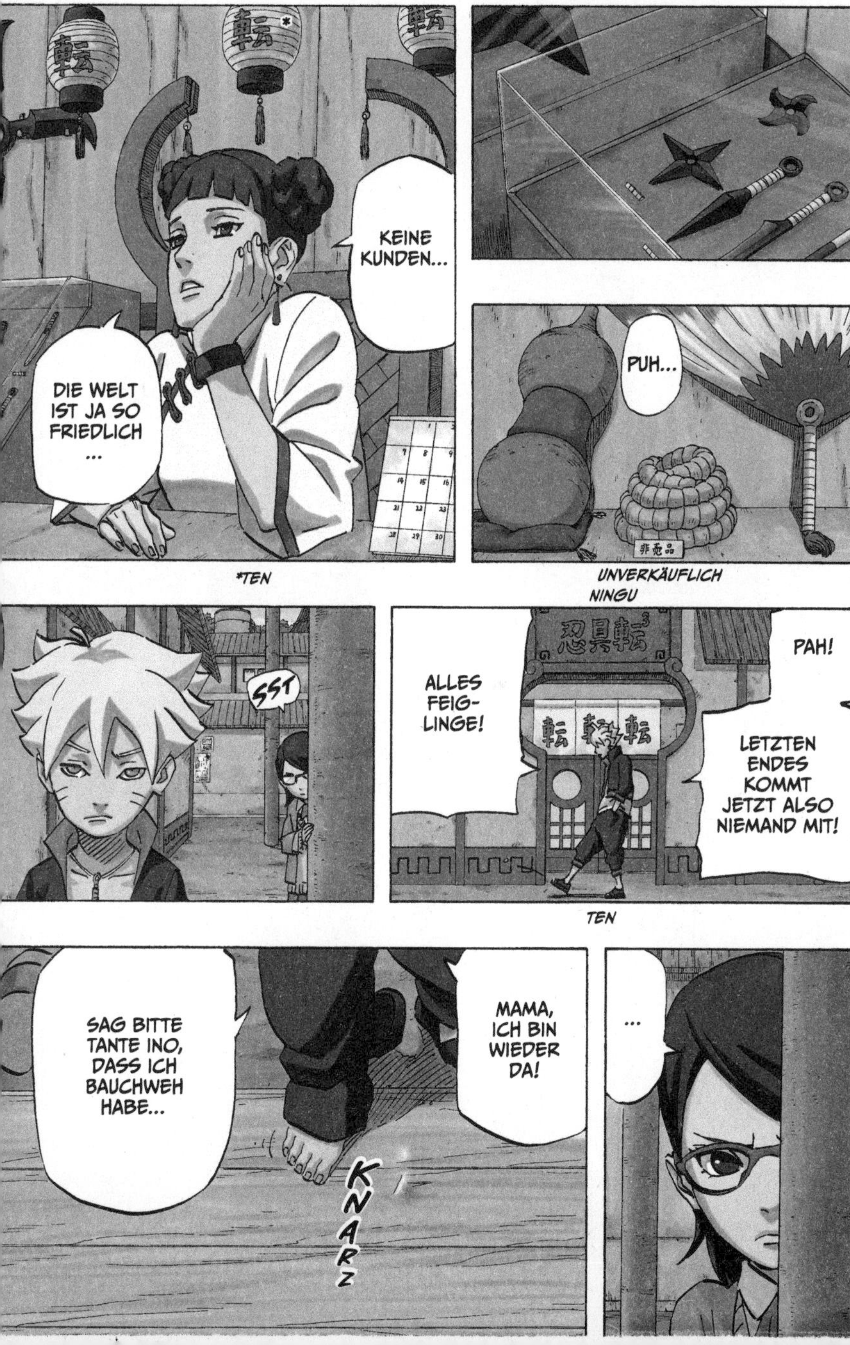

*TEN

UNVERKÄUFLICH

NINGU

TEN

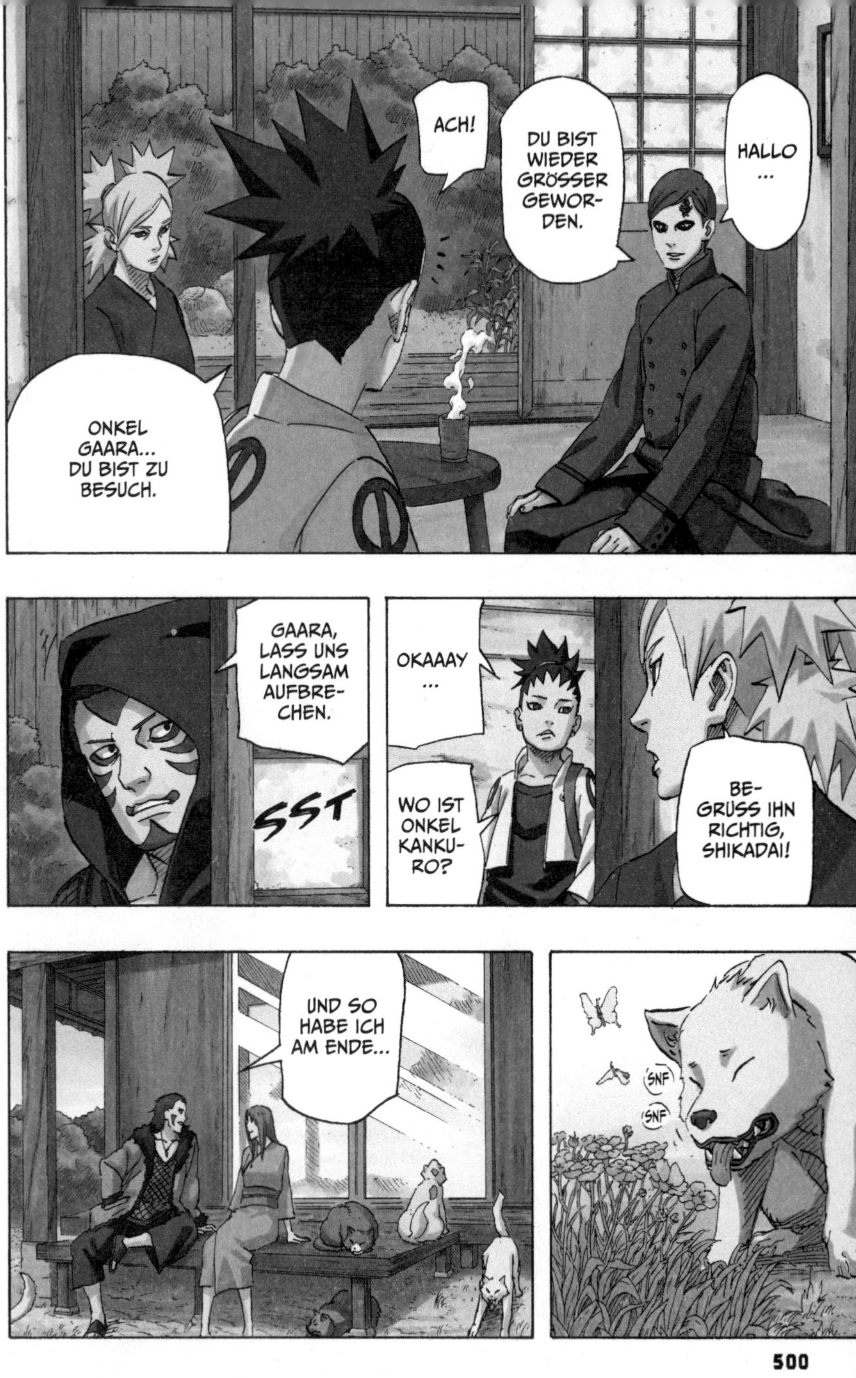
HALLO ...
DU BIST WIEDER GRÖSSER GEWORDEN.
ACH!
ONKEL GAARA... DU BIST ZU BESUCH.
BEGRÜSS IHN RICHTIG, SHIKADAI!
OKAAAY ...
WO IST ONKEL KANKURO?
GAARA, LASS UNS LANGSAM AUFBRECHEN.
SST
SNF
SNF
UND SO HABE ICH AM ENDE...

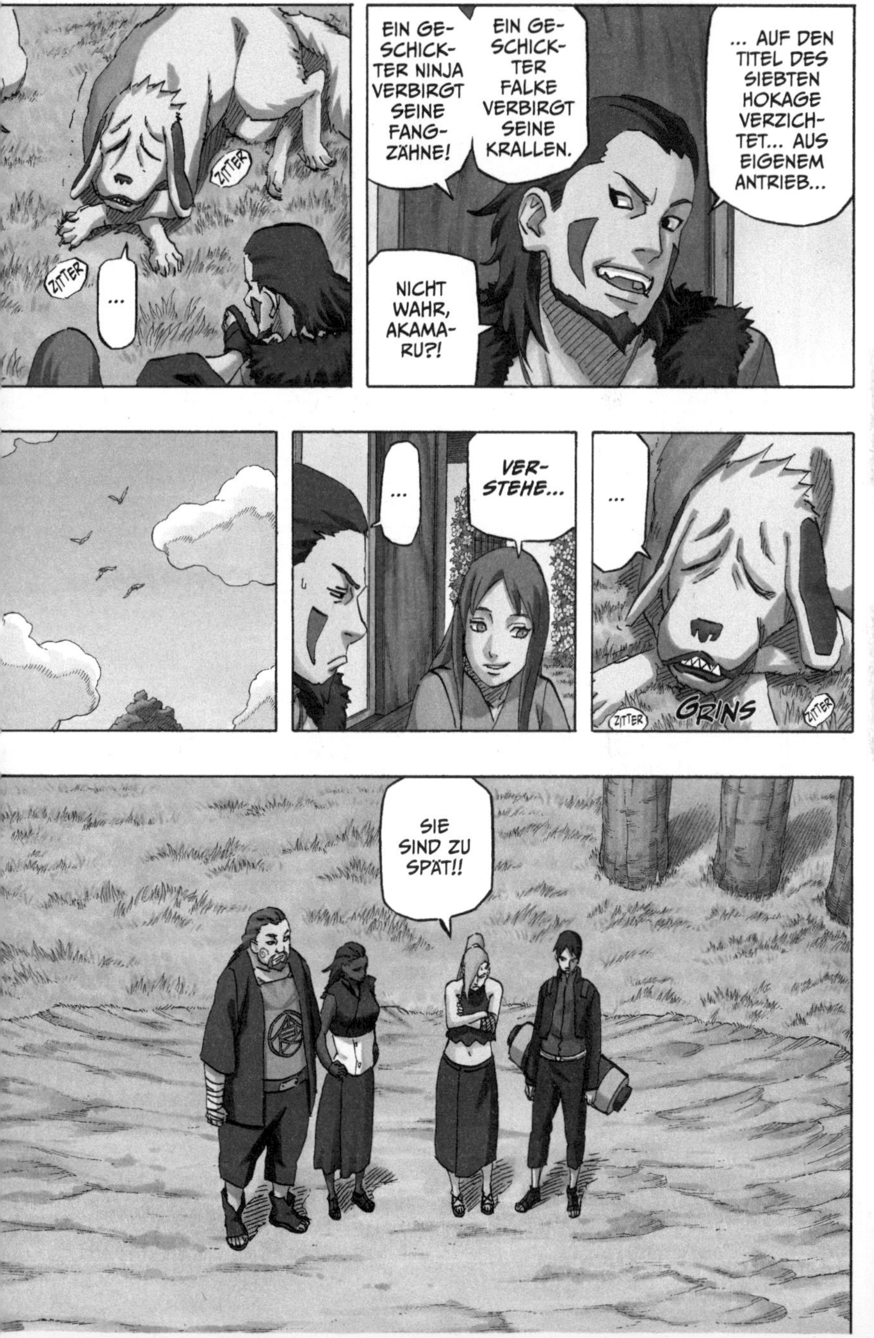
... AUF DEN TITEL DES SIEBTEN HOKAGE VERZICHTET... AUS EIGENEM ANTRIEB...
EIN GESCHICKTER FALKE VERBIRGT SEINE KRALLEN.
EIN GESCHICKTER NINJA VERBIRGT SEINE FANGZÄHNE!
NICHT WAHR, AKAMARU?!
ZITTER
...
ZITTER
...
GRINS
ZITTER
ZITTER
VERSTEHE...
...
SIE SIND ZU SPÄT!!

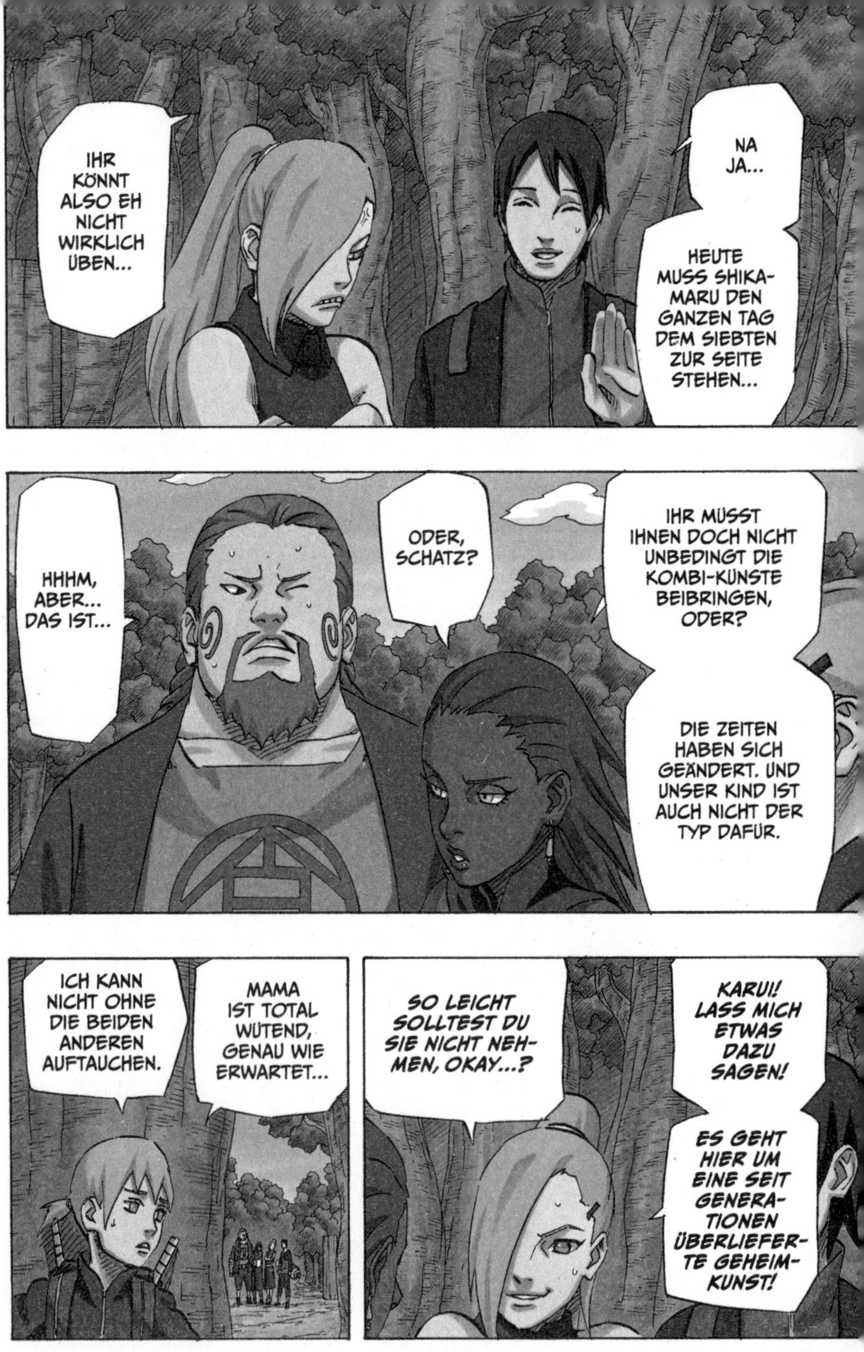
NA JA...
HEUTE MUSS SHIKAMARU DEN GANZEN TAG DEM SIEBTEN ZUR SEITE STEHEN...
IHR KÖNNT ALSO EH NICHT WIRKLICH ÜBEN...
IHR MÜSST IHNEN DOCH NICHT UNBEDINGT DIE KOMBI-KÜNSTE BEIBRINGEN, ODER?
DIE ZEITEN HABEN SICH GEÄNDERT. UND UNSER KIND IST AUCH NICHT DER TYP DAFÜR.
ODER, SCHATZ?
HHHM, ABER... DAS IST...
KARUI! LASS MICH ETWAS DAZU SAGEN!
ES GEHT HIER UM EINE SEIT GENERATIONEN ÜBERLIEFERTE GEHEIMKUNST!
SO LEICHT SOLLTEST DU SIE NICHT NEHMEN, OKAY...?
MAMA IST TOTAL WÜTEND, GENAU WIE ERWARTET...
ICH KANN NICHT OHNE DIE BEIDEN ANDEREN AUFTAUCHEN.

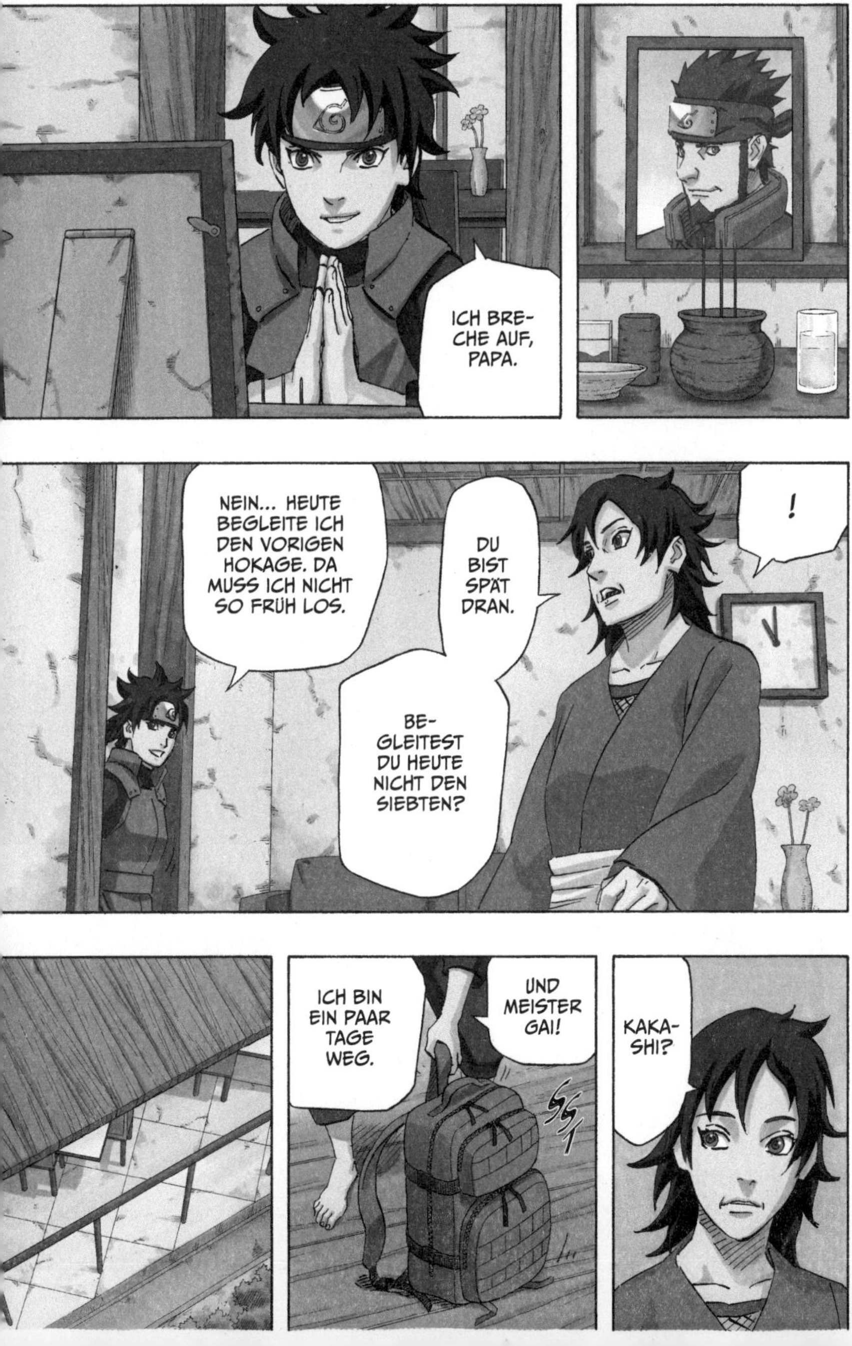
ICH BRECHE AUF, PAPA.
!
DU BIST SPÄT DRAN.
BEGLEITEST DU HEUTE NICHT DEN SIEBTEN?
NEIN... HEUTE BEGLEITE ICH DEN VORIGEN HOKAGE. DA MUSS ICH NICHT SO FRÜH LOS.
KAKASHI?
UND MEISTER GAI!
ICH BIN EIN PAAR TAGE WEG.

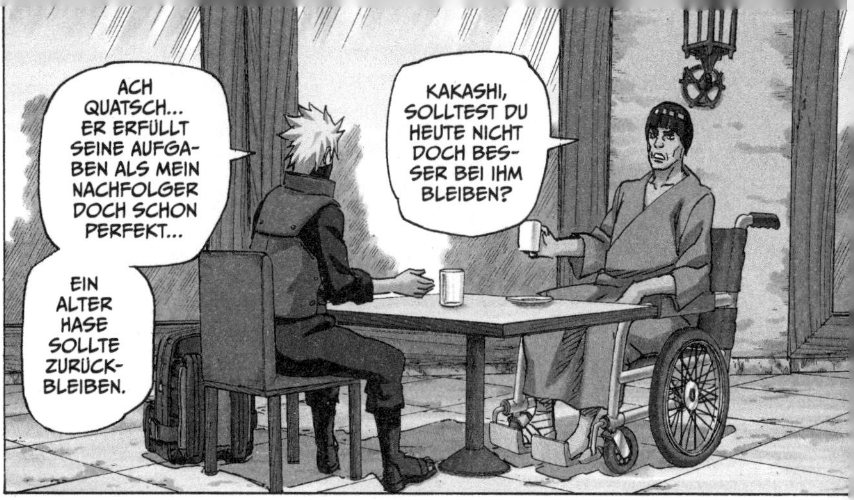

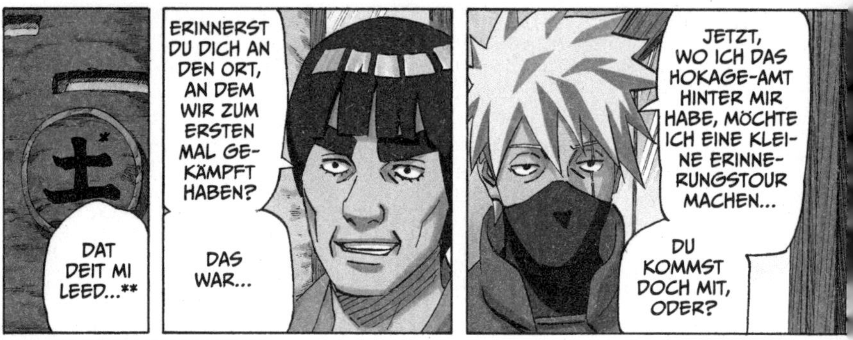

*TSUCHI (ERDE) **TUT MIR LEID...

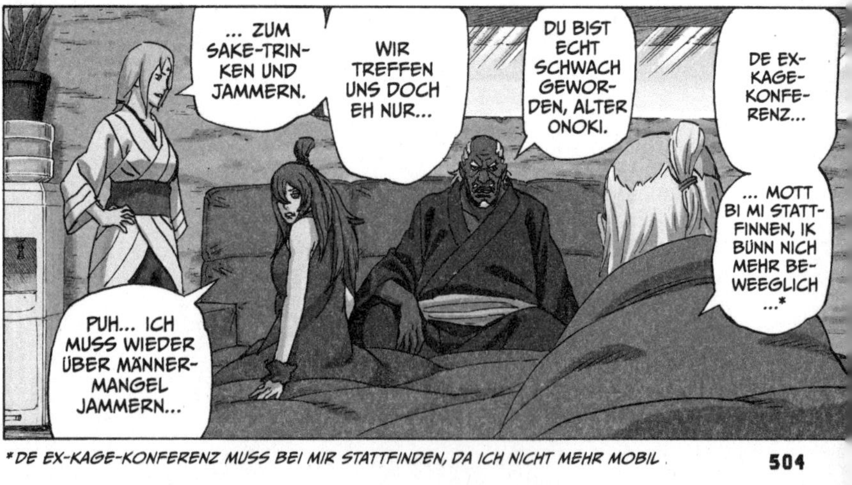

*DE EX-KAGE-KONFERENZ MUSS BEI MIR STATTFINDEN, DA ICH NICHT MEHR MOBIL

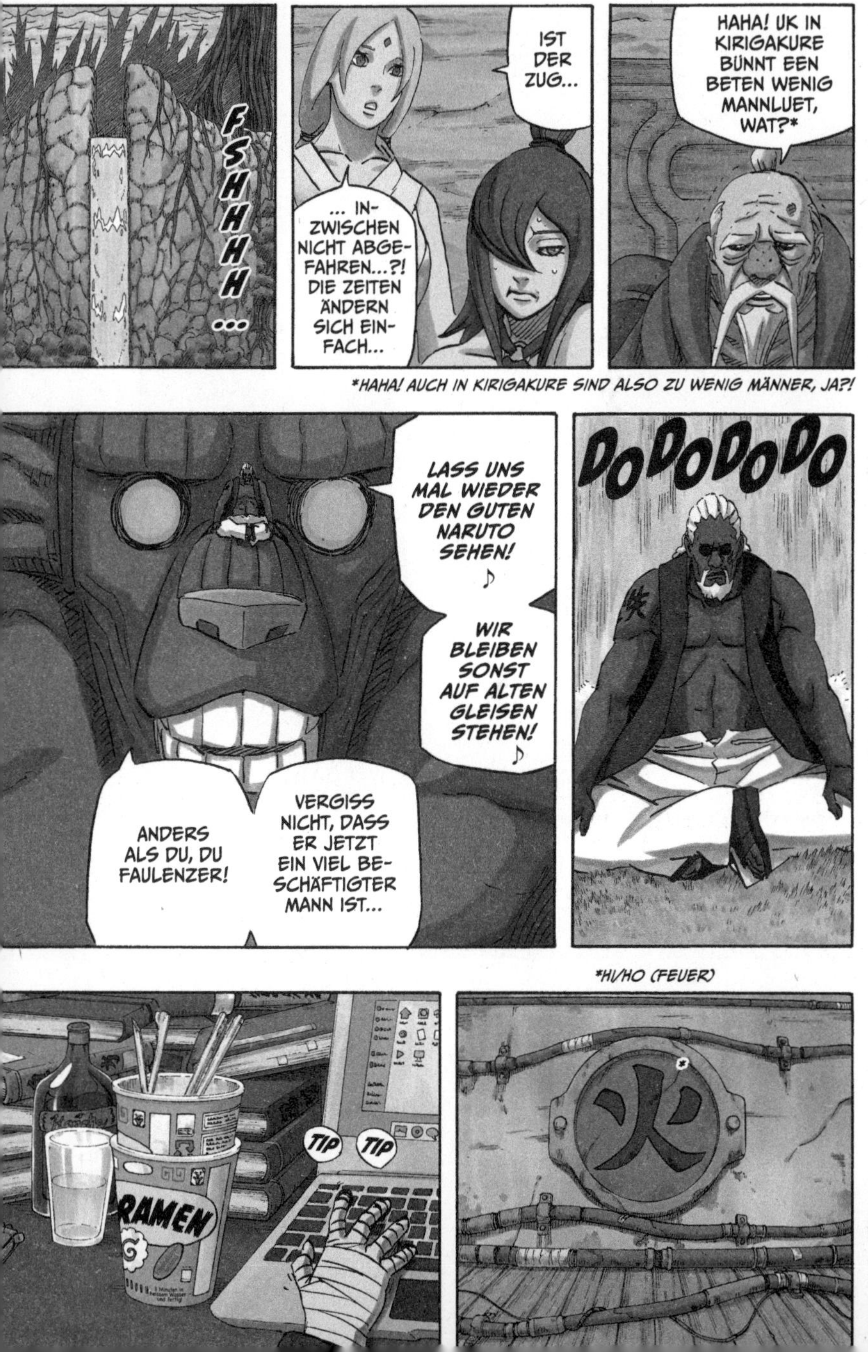

*HAHA! AUCH IN KIRIGAKURE SIND ALSO ZU WENIG MÄNNER, JA?!

*HI/HO (FEUER)

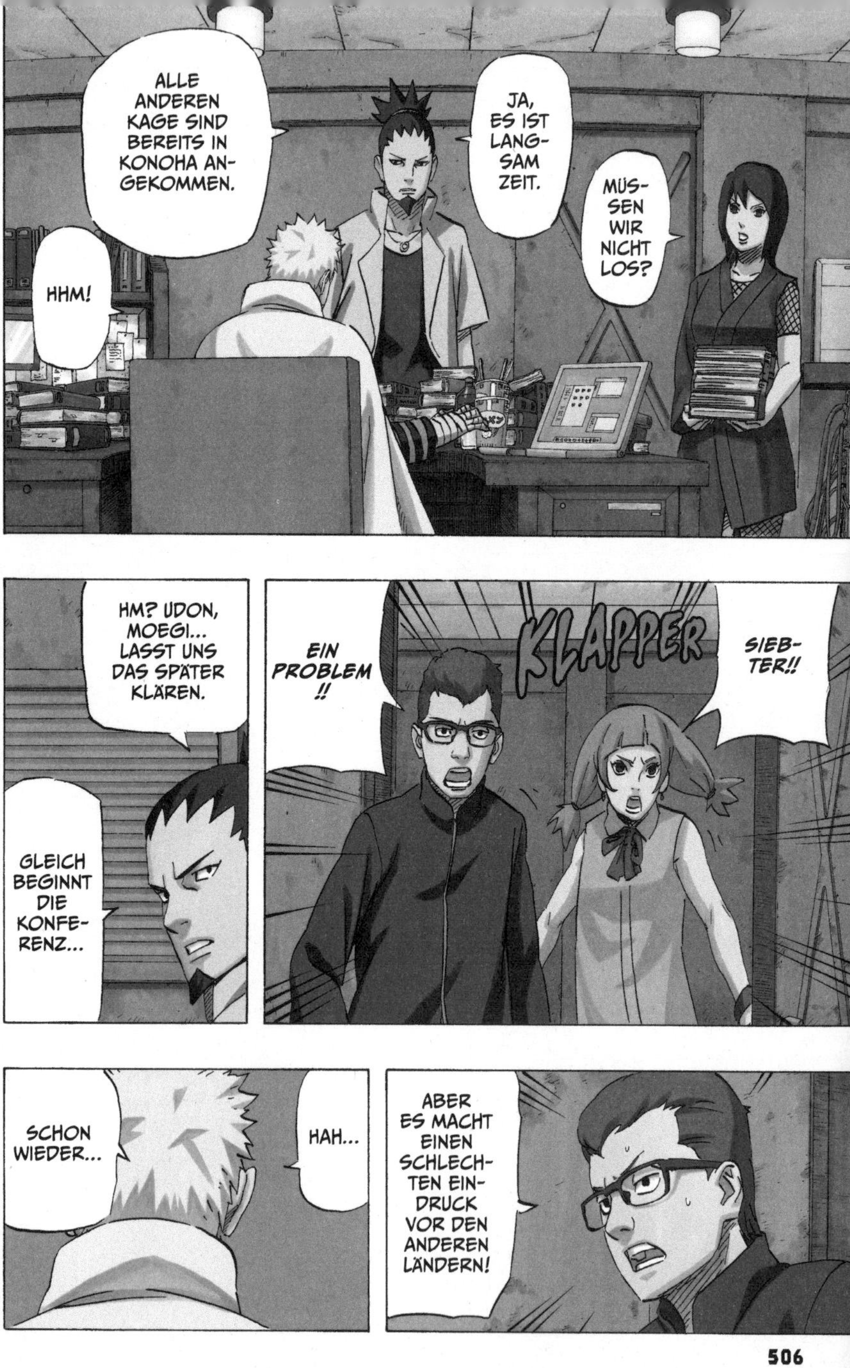
MÜSSEN WIR NICHT LOS?
JA, ES IST LANGSAM ZEIT.
ALLE ANDEREN KAGE SIND BEREITS IN KONOHA ANGEKOMMEN.
HHM!
SIEBTER!!
KLAPPER
EIN PROBLEM!!
HM? UDON, MOEGI... LASST UNS DAS SPÄTER KLÄREN.
GLEICH BEGINNT DIE KONFERENZ...
ABER ES MACHT EINEN SCHLECHTEN EINDRUCK VOR DEN ANDEREN LÄNDERN!
HAH...
SCHON WIEDER...

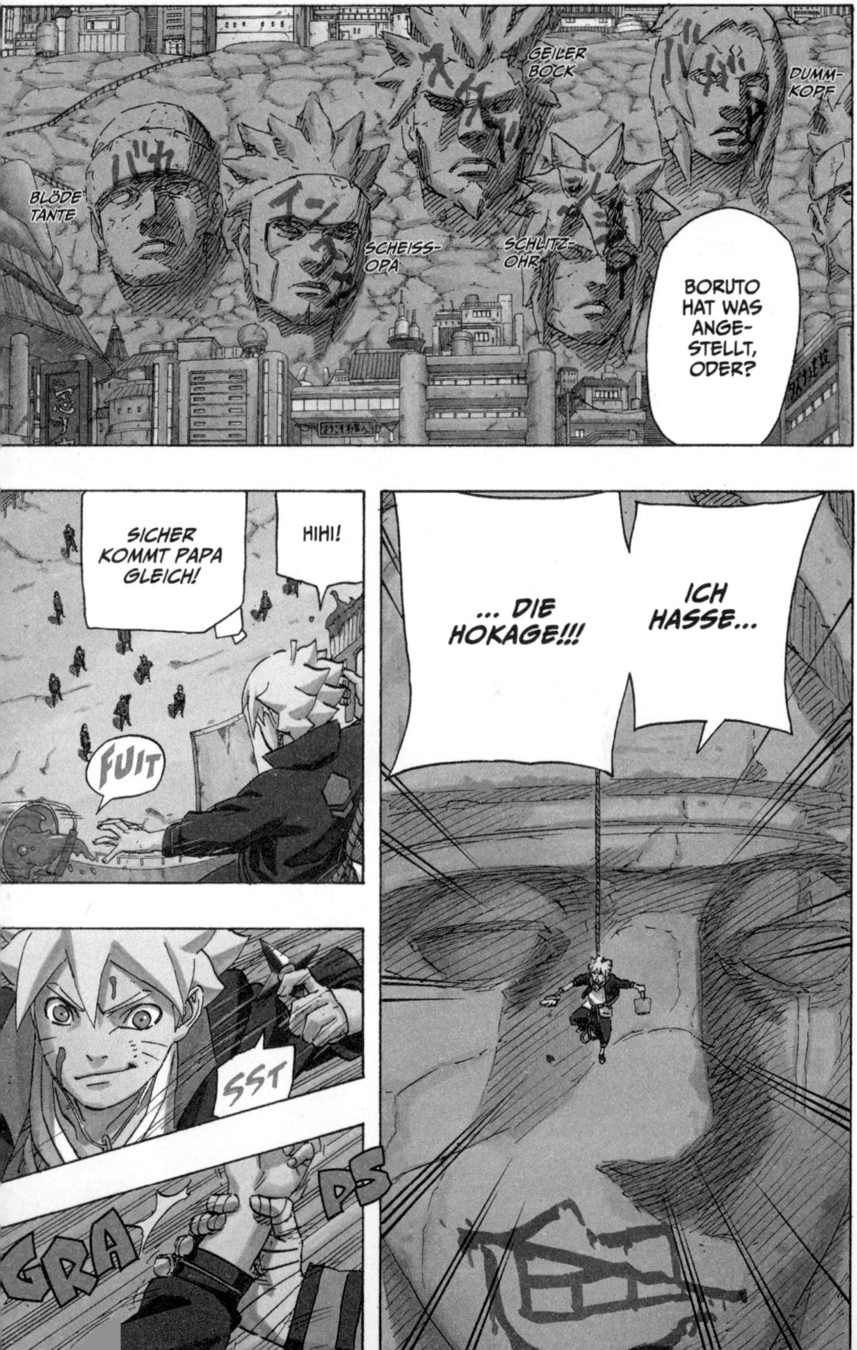
DUMM-KOPF
GEILER BOCK
SCHLITZ-OHR
SCHEISS-OPA
BLÖDE TANTE
BORUTO HAT WAS ANGE-STELLT, ODER?
ICH HASSE...
... DIE HOKAGE!!!
HIHI!
SICHER KOMMT PAPA GLEICH!
FUIT
SST
GRA
PS

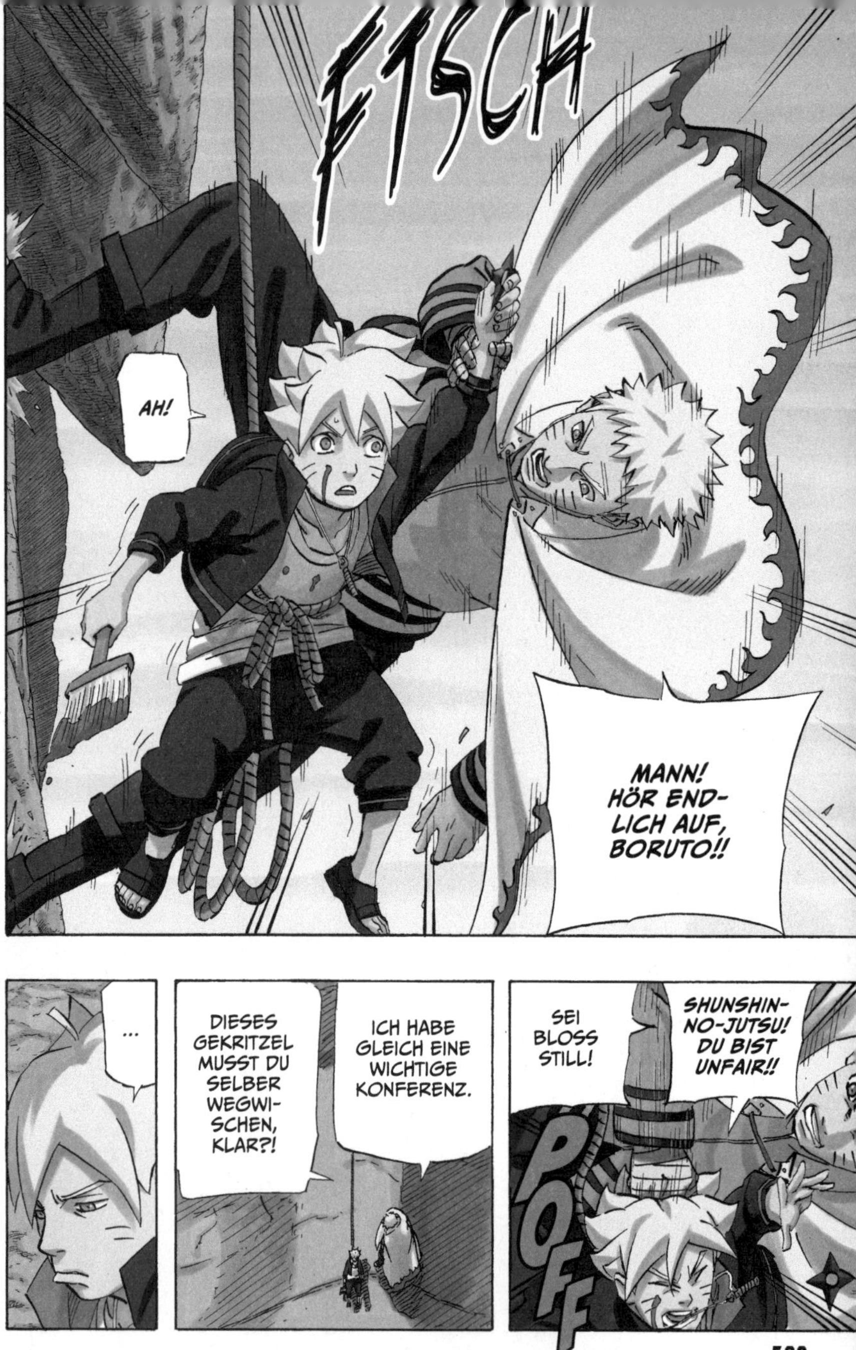
FTSCH
AH!
MANN! HÖR END-LICH AUF, BORUTO!!
SHUNSHIN-NO-JUTSU! DU BIST UNFAIR!!
SEI BLOSS STILL!
POFF
ICH HABE GLEICH EINE WICHTIGE KONFERENZ.
DIESES GEKRITZEL MUSST DU SELBER WEGWI-SCHEN, KLAR?!
...

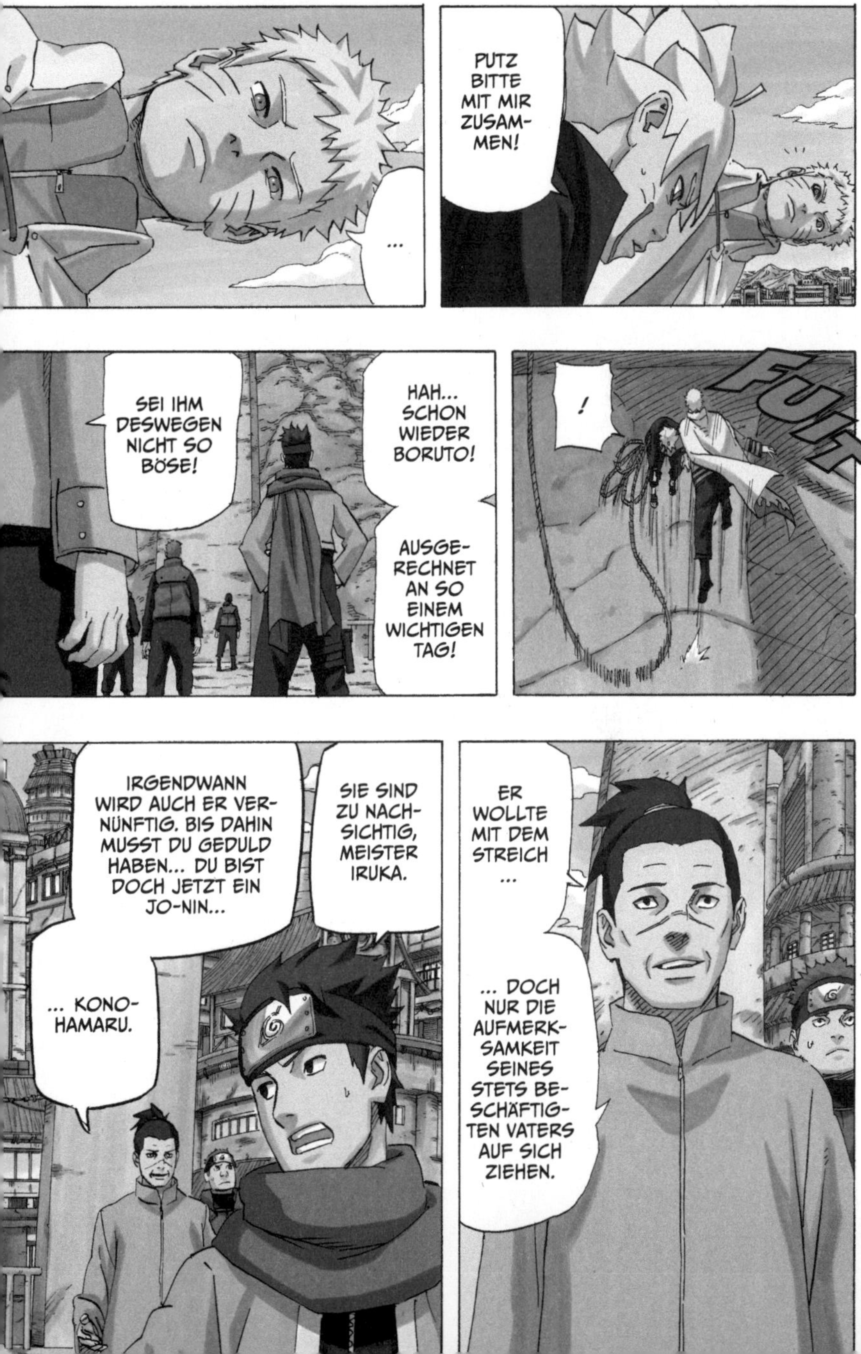
PUTZ BITTE MIT MIR ZUSAMMEN!
...
!
FUIT
HAH... SCHON WIEDER BORUTO!
AUSGERECHNET AN SO EINEM WICHTIGEN TAG!
SEI IHM DESWEGEN NICHT SO BÖSE!
ER WOLLTE MIT DEM STREICH ...
... DOCH NUR DIE AUFMERKSAMKEIT SEINES STETS BESCHÄFTIGTEN VATERS AUF SICH ZIEHEN.
SIE SIND ZU NACHSICHTIG, MEISTER IRUKA.
IRGENDWANN WIRD AUCH ER VERNÜNFTIG. BIS DAHIN MUSST DU GEDULD HABEN... DU BIST DOCH JETZT EIN JO-NIN...
... KONOHAMARU.

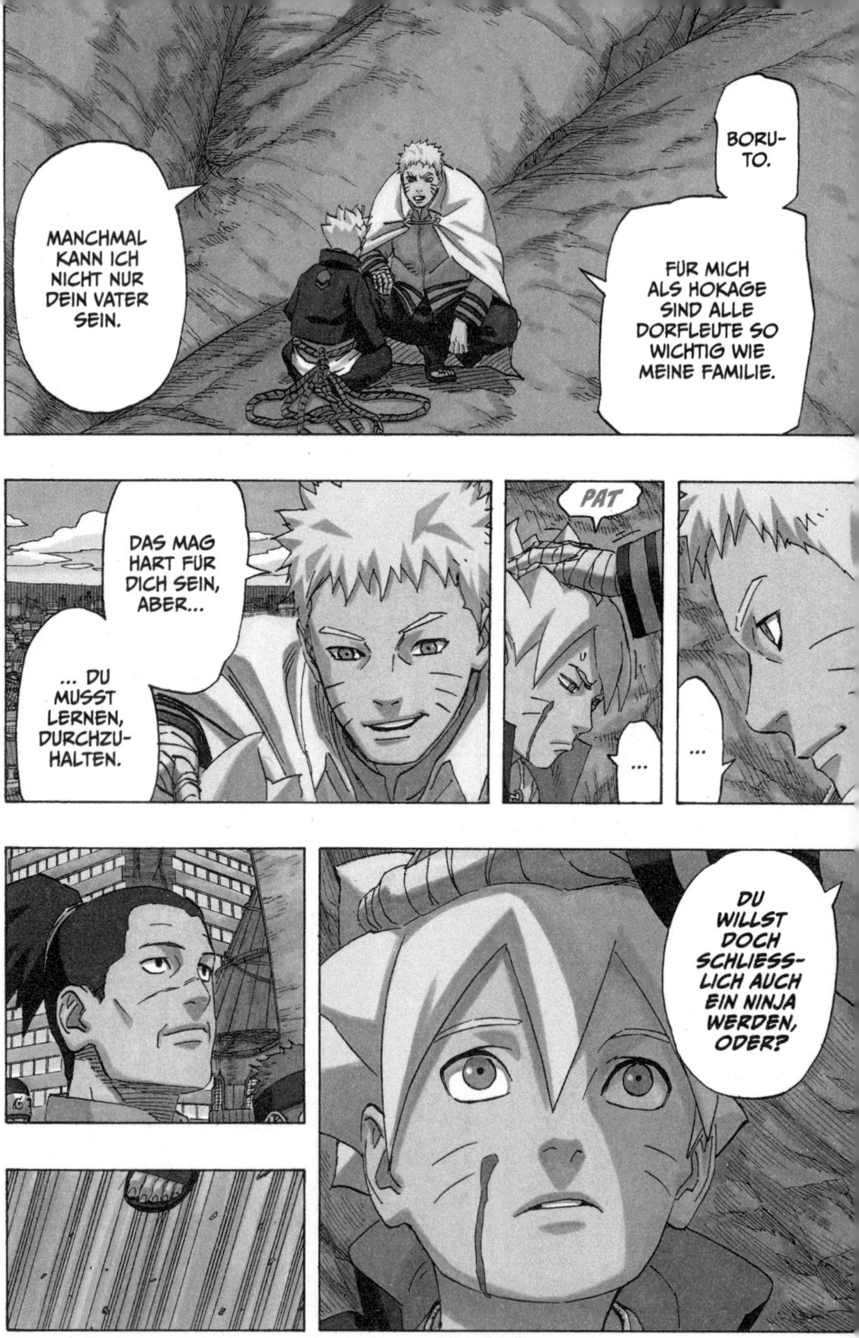
BORU-TO.
FÜR MICH ALS HOKAGE SIND ALLE DORFLEUTE SO WICHTIG WIE MEINE FAMILIE.
MANCHMAL KANN ICH NICHT NUR DEIN VATER SEIN.
...
...
PAT
DAS MAG HART FÜR DICH SEIN, ABER...
... DU MUSST LERNEN, DURCHZUHALTEN.
DU WILLST DOCH SCHLIESSLICH AUCH EIN NINJA WERDEN, ODER?

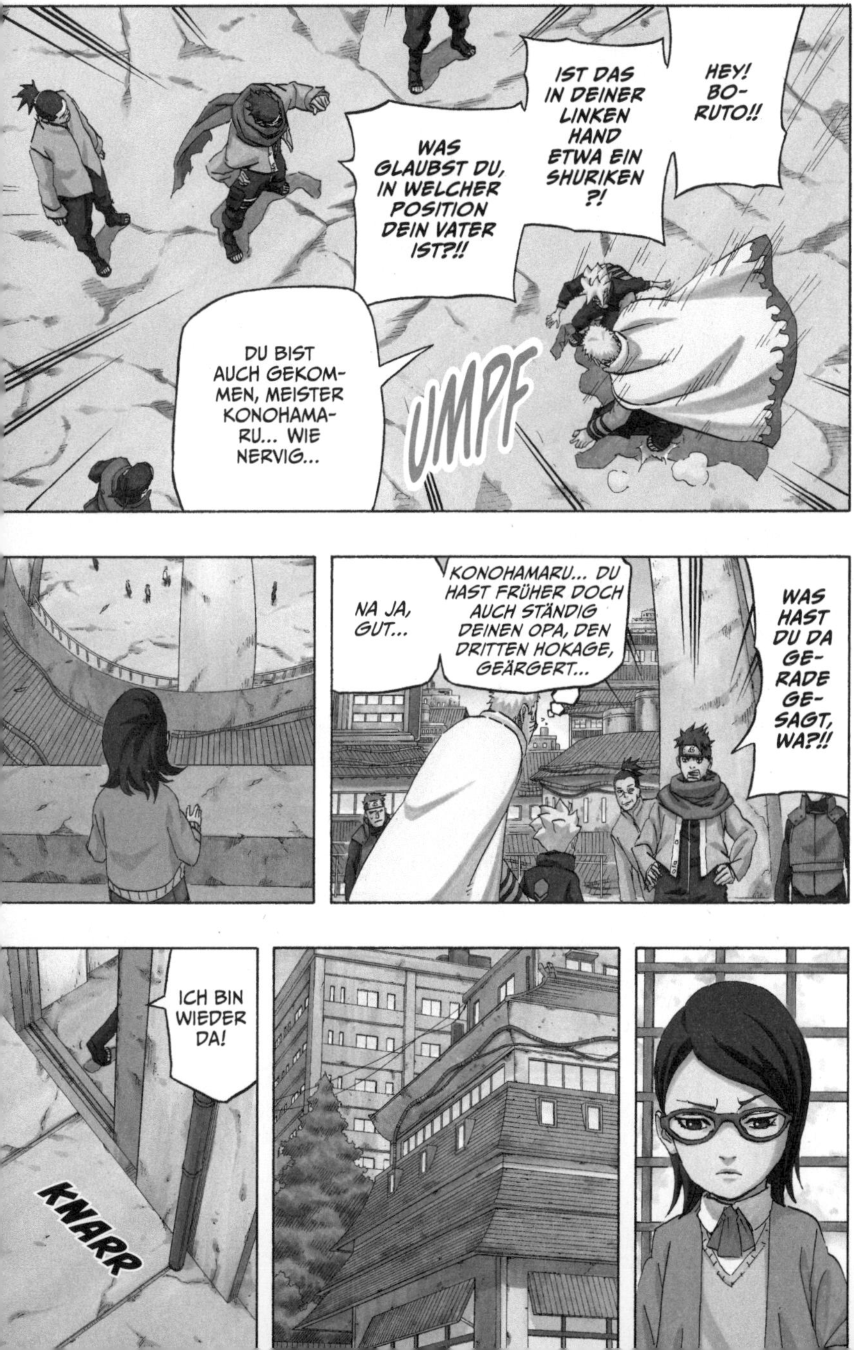
HEY! BO-RUTO!!
IST DAS IN DEINER LINKEN HAND ETWA EIN SHURIKEN ?!
WAS GLAUBST DU, IN WELCHER POSITION DEIN VATER IST?!!
UMPF
DU BIST AUCH GEKOMMEN, MEISTER KONOHAMARU... WIE NERVIG...
WAS HAST DU DA GERADE GESAGT, WA?!!
KONOHAMARU... DU HAST FRÜHER DOCH AUCH STÄNDIG DEINEN OPA, DEN DRITTEN HOKAGE, GEÄRGERT...
NA JA, GUT...
ICH BIN WIEDER DA!
KNARR

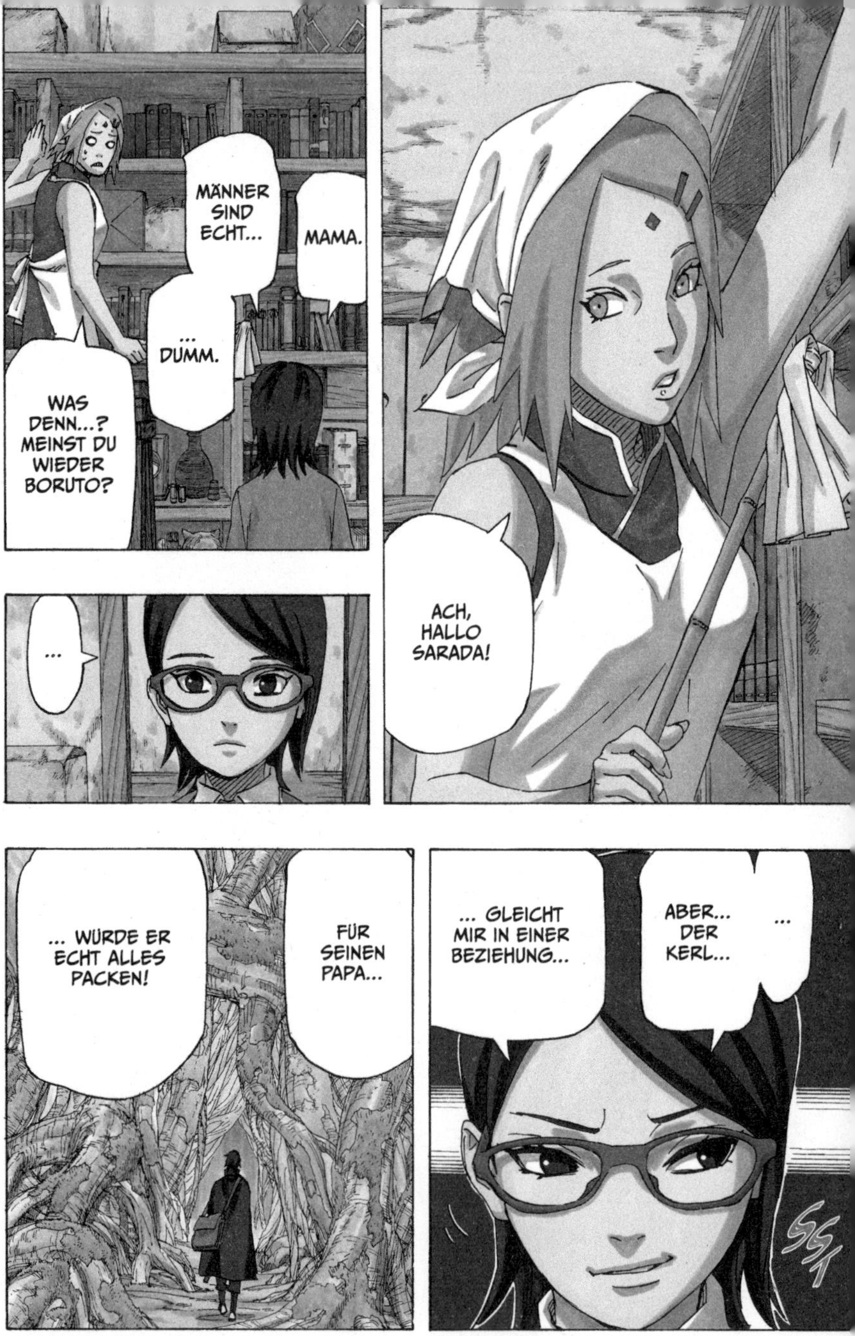
ACH, HALLO SARADA!
MAMA.
MÄNNER SIND ECHT...
... DUMM.
WAS DENN...? MEINST DU WIEDER BORUTO?
...
...
ABER... DER KERL...
... GLEICHT MIR IN EINER BEZIEHUNG...
FÜR SEINEN PAPA...
... WÜRDE ER ECHT ALLES PACKEN!

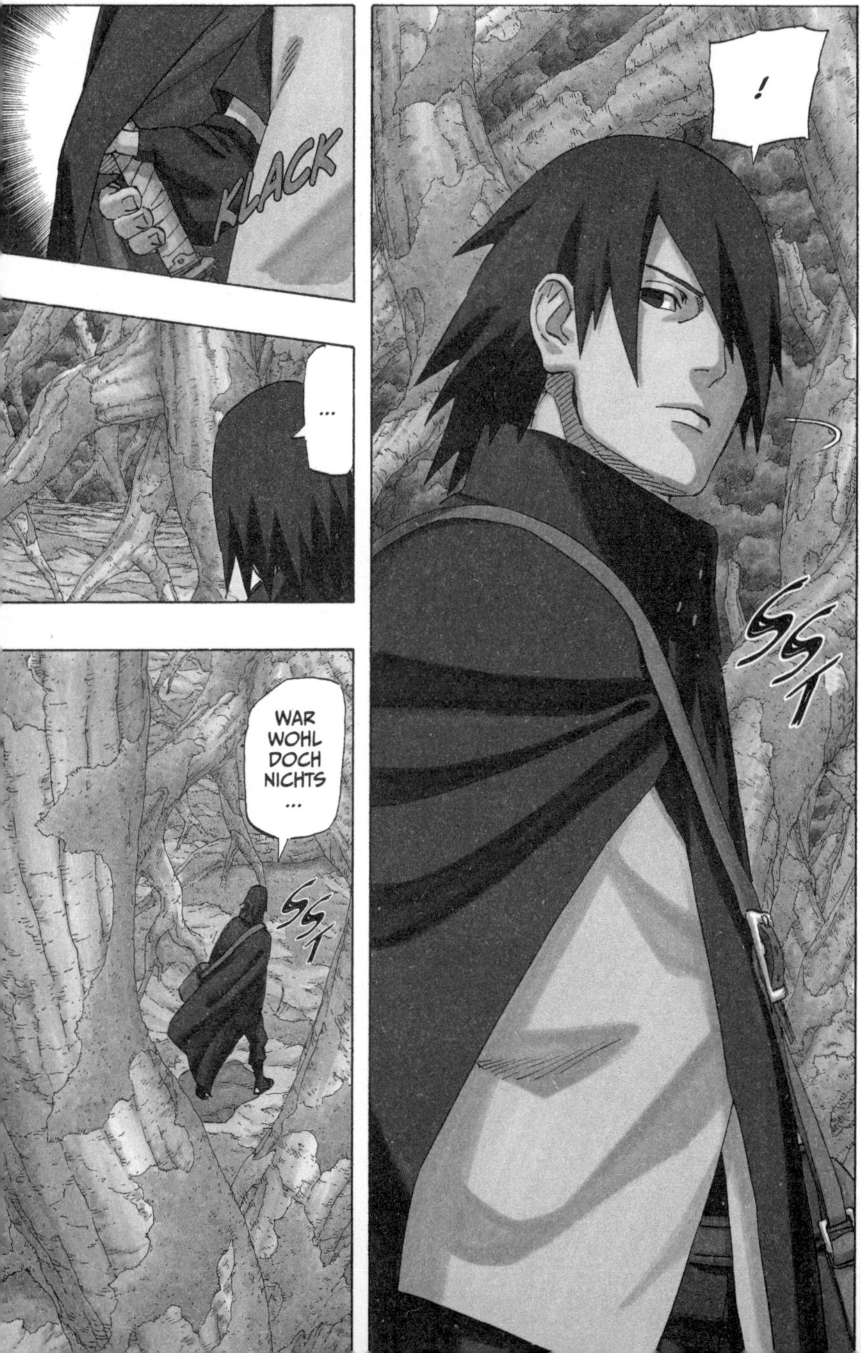
!
SST
KLACK
...
WAR WOHL DOCH NICHTS ...
SST

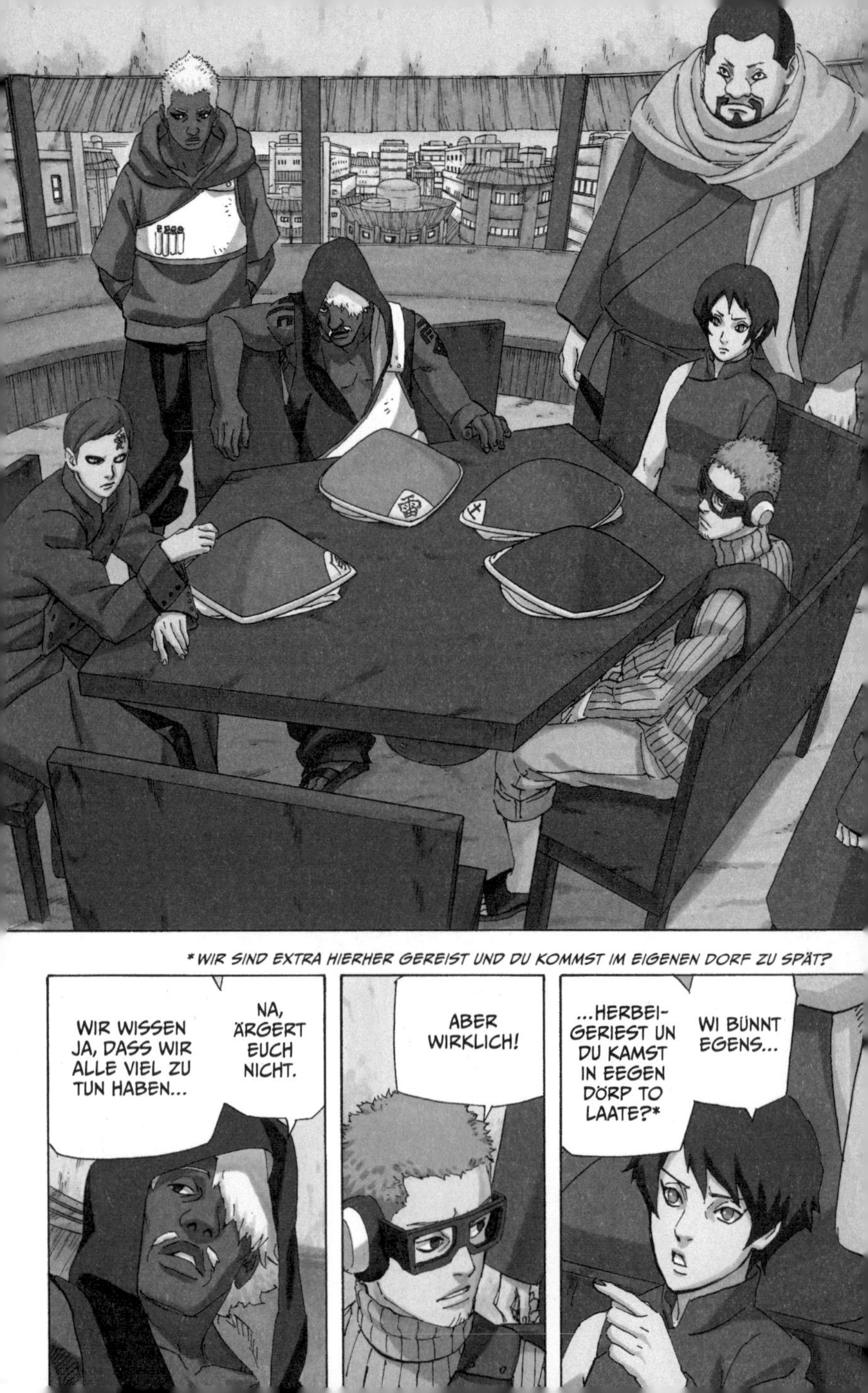
WI BÜNNT EGENS...
...HERBEI-GERIEST UN DU KAMST IN EEGEN DÖRP TO LAATE?*
ABER WIRKLICH!
NA, ÄRGERT EUCH NICHT.
WIR WISSEN JA, DASS WIR ALLE VIEL ZU TUN HABEN...
* WIR SIND EXTRA HIERHER GEREIST UND DU KOMMST IM EIGENEN DORF ZU SPÄT?

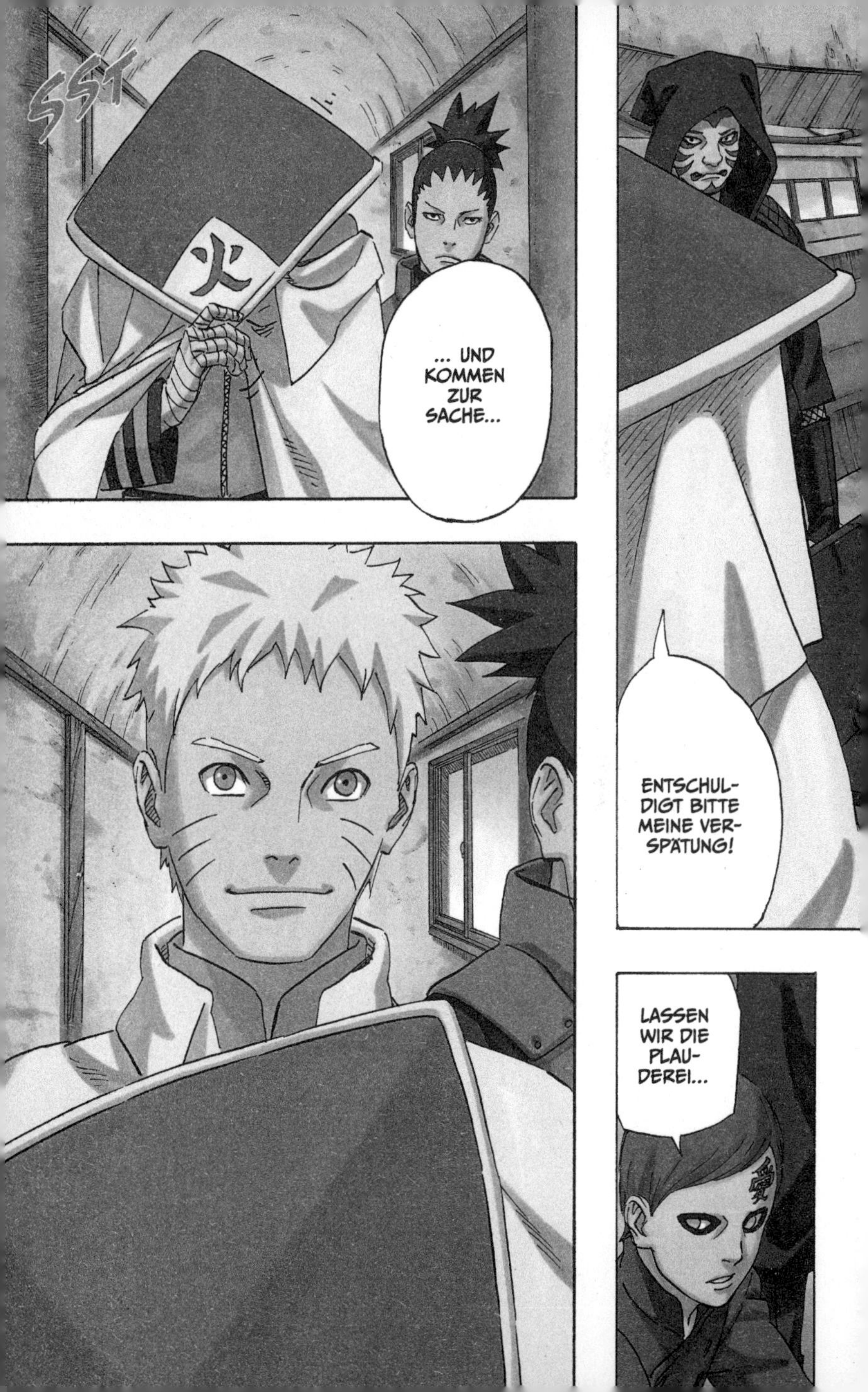
ENTSCHUL-
DIGT BITTE
MEINE VER-
SPÄTUNG!
LASSEN
WIR DIE
PLAU-
DEREI...
SST
... UND
KOMMEN
ZUR
SACHE...

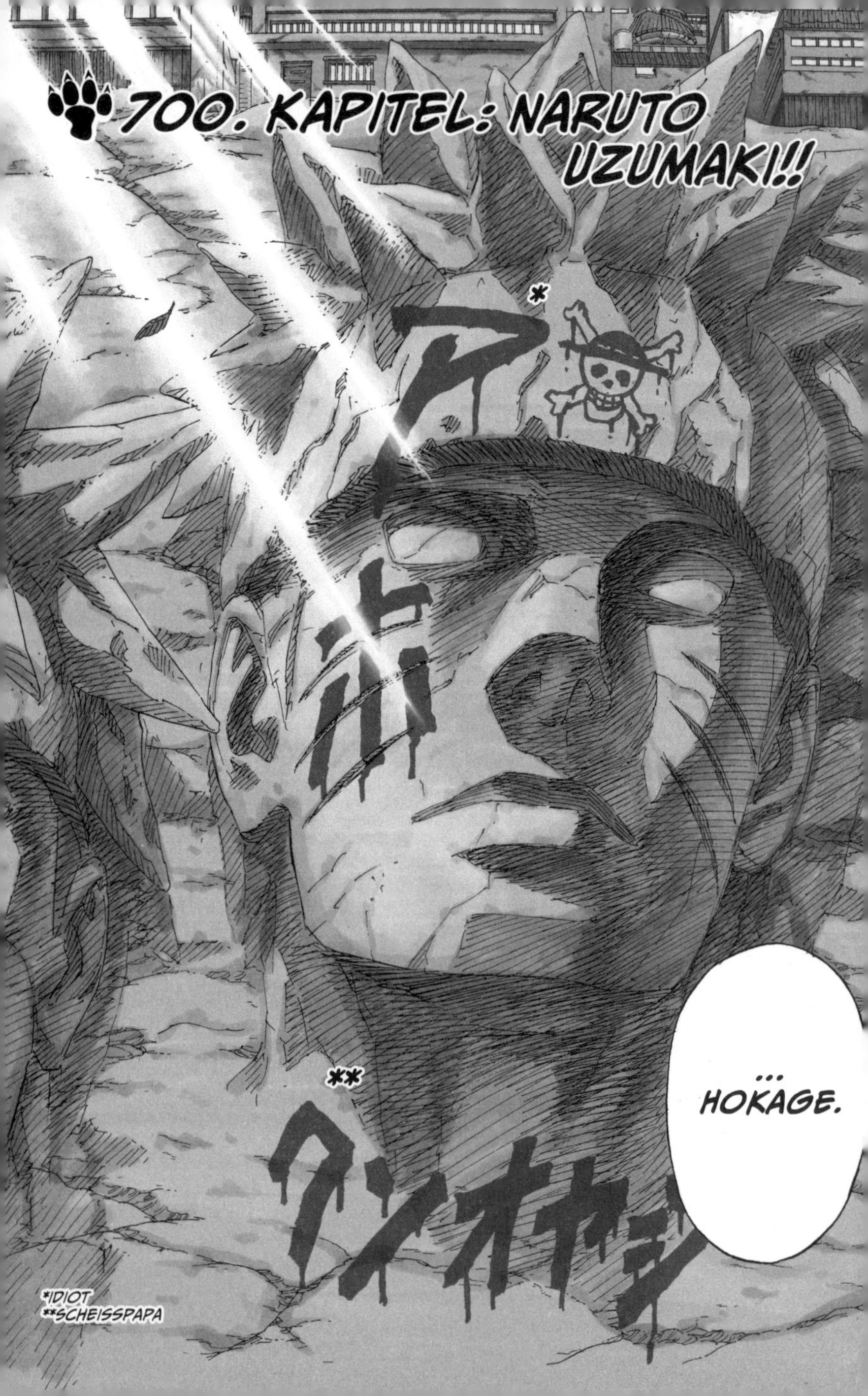
700. KAPITEL: NARUTO UZUMAKI!!
*
**
... HOKAGE.
*IDIOT
**SCHEISSPAPA

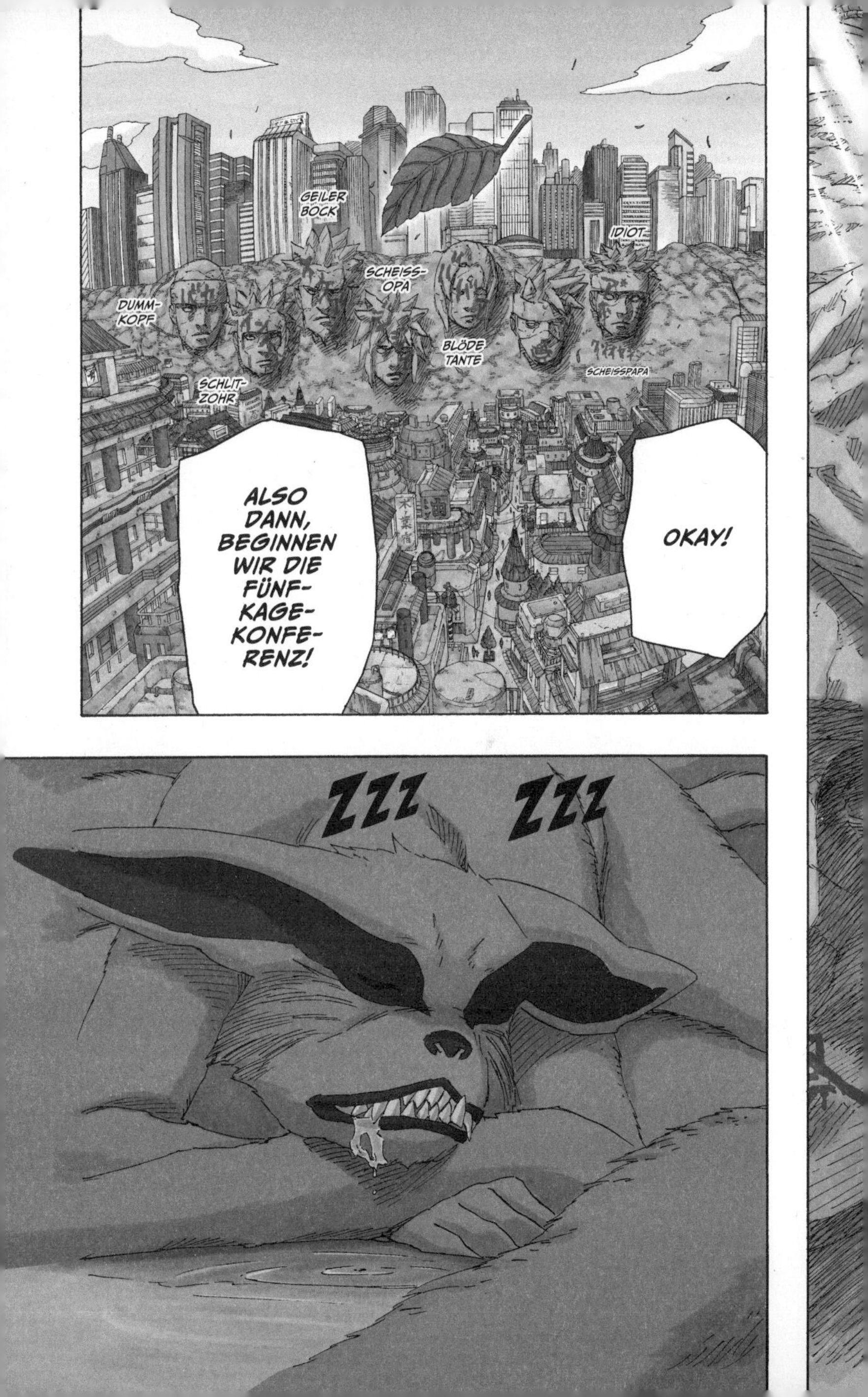
IDIOT
SCHEISSPAPA
BLÖDE TANTE
SCHEISS-OPA
GEILER BOCK
SCHLIT-ZOHR
DUMM-KOPF
OKAY!
ALSO DANN, BEGINNEN WIR DIE FÜNF-KAGE-KONFE-RENZ!
ZZZ ZZZ

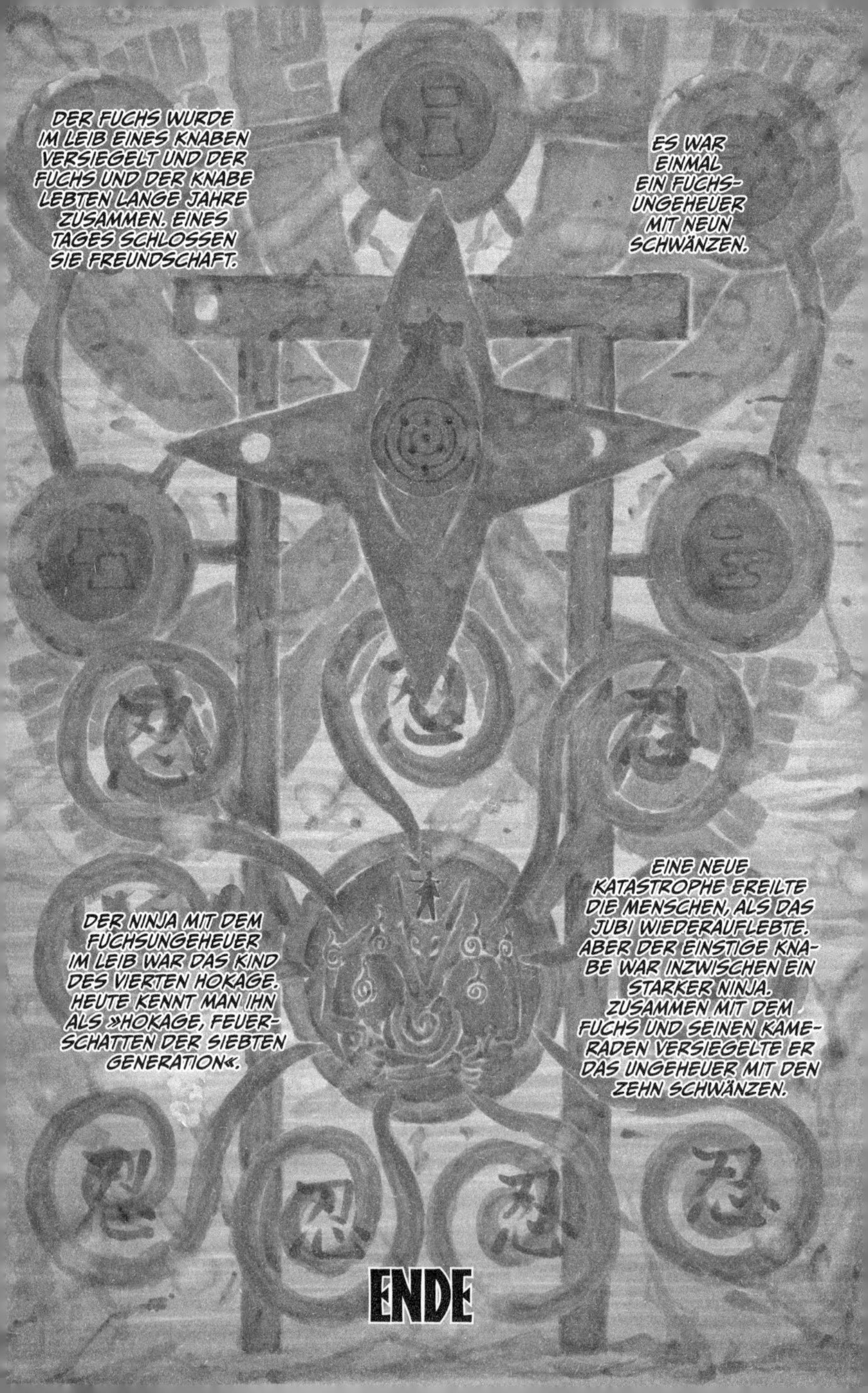
ES WAR EINMAL EIN FUCHSUNGEHEUER MIT NEUN SCHWÄNZEN.
DER FUCHS WURDE IM LEIB EINES KNABEN VERSIEGELT UND DER FUCHS UND DER KNABE LEBTEN LANGE JAHRE ZUSAMMEN. EINES TAGES SCHLOSSEN SIE FREUNDSCHAFT.
EINE NEUE KATASTROPHE EREILTE DIE MENSCHEN, ALS DAS JUBI WIEDERAUFLEBTE. ABER DER EINSTIGE KNABE WAR INZWISCHEN EIN STARKER NINJA. ZUSAMMEN MIT DEM FUCHS UND SEINEN KAMERADEN VERSIEGELTE ER DAS UNGEHEUER MIT DEN ZEHN SCHWÄNZEN.
DER NINJA MIT DEM FUCHSUNGEHEUER IM LEIB WAR DAS KIND DES VIERTEN HOKAGE. HEUTE KENNT MAN IHN ALS »HOKAGE, FEUERSCHATTEN DER SIEBTEN GENERATION«.
ENDE

MIX
Papier | Fördert gute Waldnutzung
FSC® C083411

PRODUZIERT MIT VERANTWORTUNG

CARLSEN MANGA! NEWS
jeden Monat neu per E-Mail
www.carlsenmanga.de
www.carlsen.de

CARLSEN MANGA
Deutsche Ausgabe/German Edition

Völckersstraße 14-20, 22765 Hamburg
Aus dem Japanischen von Miyuki Tsuji

First published in Japan in 1999 by SHUEISHA Inc., Tokyo.
German translation rights in Germany, Austria, Luxembourg and German-speaking Switzerland
arranged by SHUEISHA Inc. through VME PLB SAS, France.
Redaktion: Anne Berling, Jonas Blaumann
Textbearbeitung: Ina Schiele
Herstellung: Gunta Lauck & Ronny Willisch

Bei Fragen zum Produkt: carlsen.de/kontakt
ISBN 978-3-551-79550-2

INTERVIEW

NEW YORK CITY, 07. OKTOBER 2015

*Vielen Dank an **Masashi Kishimoto**, dass er sich die Zeit für uns genommen hat.*

*Vielen Dank an **SHUEISHA**, die das Ganze überhaupt möglich gemacht haben.*

*Vielen Dank an **VIZ USA** für die grandiose Organisation.*

Anne Berling (AB): Kishimoto-sensei, zum Einstieg eine klassische Frage: Wollten Sie schon immer Mangaka werden?

Masashi Kishimoto (MK): Ja, irgendwie wollte ich seit meiner Kindheit Mangaka werden. Als ich in die zweite Klasse ging, dachte ich mir: »Ach, es wäre schon cool, Manga zu zeichnen.« Die endgültige Entscheidung traf ich mit ungefähr 14 Jahren, als ich in der achten Klasse war.

AB: Was hat Sie in Ihrer Arbeit beeinflusst? Welche Personen oder Manga, Filme usw…

MK: Ich würde sagen, ich wurde von sehr vielen Dingen beeinflusst – von so vielen, dass hier die Zeit nicht reichen würde, alle zu nennen, deswegen hebe ich hier nur die wichtigsten hervor: Definitiv haben mich viele andere japanische Manga beeinflusst – und ganz besonders die SHONEN-JUMP-Serien. Schon als Kind habe ich DRAGON BALL und DR. SLUMP von Akira Toriyama gelesen. Später dann AKIRA und GHOST IN THE SHELL und BLADE OF THE IMMORTAL von Hiroaki Samura – und und und ☺

Masashi Kishimoto auf der ComicCon 2015, New York

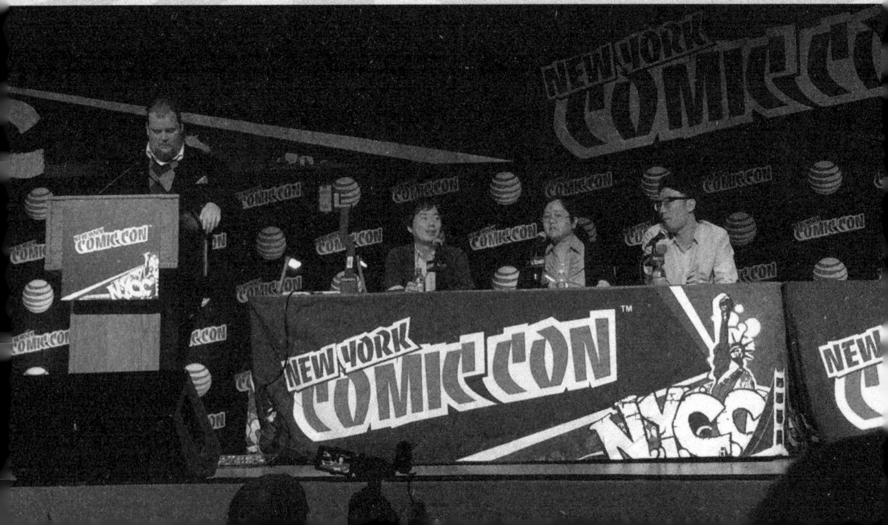

ganz besondere Überraschung machen wollte, indem ich meinen Manga selbst im Magazin entdecke. Aber ehrlich gesagt, denke ich, er hat es einfach vergessen… [lacht]

AB: Können Sie noch etwas genauer beschreiben, wie Sie reagierten, als Sie sahen, dass KARAKURI in der Ausgabe abgedruckt war? Sind Sie in die Luft gesprungen?

MK: Ich bin nicht nur in die Luft gesprungen, als ich die JUMP aufgeschlagen habe – ich war da gerade mitten auf einem sehr vollen Gehweg einer sehr großen Straße – sondern ich habe das Magazin aus Versehen über beide Fahrbahnen auf die gegenüberliegenden Straßenseite geworfen! Alle Leute starrten mich an, als ob ich total durchgeknallt wäre. Da merkte ich, dass ich es geschafft hatte, und um mich etwas runterzubringen, bin ich dann über die Straße, um das Magazin zu holen.

AB: Von diesem Tag an waren Sie SHONEN-JUMP-Zeichner – sieht der Arbeitsalltag eines Profizeichners wirklich so aus wie in der Serie BAKUMAN beschrieben?

MK: Alles in allem ist der Arbeitsalltag irgendwie ähnlich. Aber in BAKUMAN haben sich die Autoren schöpferische und dramaturgische Freiheiten genommen. Nur um ein Beispiel zu nennen, ich würde niemals in der Redaktion anrufen, wenn ich krank wäre und sagen: »Sorry, aber mir geht's heute echt schlecht.«

Natürlich will niemand, dass du arbeitest, bis du umfällst oder wenn du

AB: Als Sie Ihren Manga KARAKURI für den HOP-STEP-AWARD bei Shueisha einreichten, hätten Sie sich da träumen lassen, dass Sie den Preis gewinnen?

MK: Ja, klar! [lacht] Am Tag, bevor ich davon erfahren habe, habe ich geträumt, dass ich den ersten Platz gemacht hätte und bin jubelnd aufgewacht. »Yes!« Aber kurz darauf wurde mir klar, dass es nur ein Traum gewesen war und dass ich erst an diesem Tag das Ergebnis mitgeteilt bekommen würde.

Und plötzlich wurde der Traum zur Realität – das Ganze war also ziemlich mysteriös.

AB: Wie haben Sie dann davon erfahren? Und wie haben Sie darauf reagiert?

MK: Also normalerweise ruft ein SHONEN-JUMP-Redakteur bei den Gewinnern an, bevor es das Magazin zu kaufen gibt (Anmerkung der Red: Die Gewinnerbeiträge werden immer im SHONEN JUMP WEEKLY abgedruckt). Aber der Erscheinungstag kam immer näher, und niemand hatte mich angerufen. Ich dachte mir: »Mist, dann habe ich wohl doch nicht gewonnen…«

Also zog ich los, um mir ein Exemplar von SHONEN JUMP WEEKLY zu besorgen – nur um zu schauen, wer denn gewonnen hatte. Als ich das Magazin aufschlug… »Hey, das ist ja mein Manga!«

So habe ich davon erfahren, also bevor der Anruf aus der Redaktion kam. Später hat mir der zuständige Redakteur dann erzählt, dass er mir eine

INTERVIEW

Wenn nur eine einzelne Person an einem Manga arbeitet, ist das Risiko groß, dass sich die Geschichte nur in eine Richtung entwickelt. Persönliche Neigungen könnten zu sehr in den Vordergrund treten. Wenn aber mindestens noch eine weitere Person, oder aber auch mehrere Personen, involviert sind, wird die Story garantiert besser und vielschichtiger.

AB: Wie viele Assistenten arbeiten für Sie?

MK: Für mich arbeiten insgesamt acht Assistenten, aber nicht immer gleichzeitig. Normalerweise arbeiten sieben Assistenten mit mir zusammen.

AB: In Deutschland arbeiten die meisten Zeichner ohne Assistenten – aber die Manga erscheinen auch nicht in monatlichen Magazinen...

MK: Eine einzelne Person könnte unmöglich an einer wöchentlichen Serie allein arbeiten.

Es wäre sicher spannend gewesen, wenn ich alles ohne Hilfe hätte machen können. Aber allein die Scribbles brauchen immer ziemlich lange, dann das Inken und das Rastern – und erst recht die Hintergründe. Bei Naruto ganz besonders, weil die Welt fiktiv ist, braucht man sehr lange für die Hintergründe. Ich musste eine Art Schablone der Welt anfertigen, damit meine Assistenten diese kopieren konnten. Ohne sie und die acht Assistenten hätten wir die wöchentlichen Deadlines nie halten können.

krank bist, aber man arbeitet trotzdem sehr hart. Und ein anderer großer Unterschied ist, dass BAKUMAN an der Highschool spielt. Meiner Meinung nach ist es sehr schwer, wenn nicht unmöglich, die Schule zu besuchen und gleichzeitig als Managka zu arbeiten.

AB: Kishimoto-sensei, können Sie uns kurz beschreiben, wie die Zusammenarbeit mit Ihrem Redakteur aussieht?

MK: Da NARUTO eine wöchentlich erscheinende Serie war, hatten wir immer direkt nach der Abgabe des aktuellen Kapitels ein Meeting, um gemeinsam darüber zu entscheiden, worum es im folgenden Kapitel gehen sollte.

Vielleicht ist es ja nur meine persönliche Meinung, aber ich denke, dass vermutlich viele Fans glauben, dass nur eine Person an einem Manga arbeitet – aber das ist Teamarbeit!

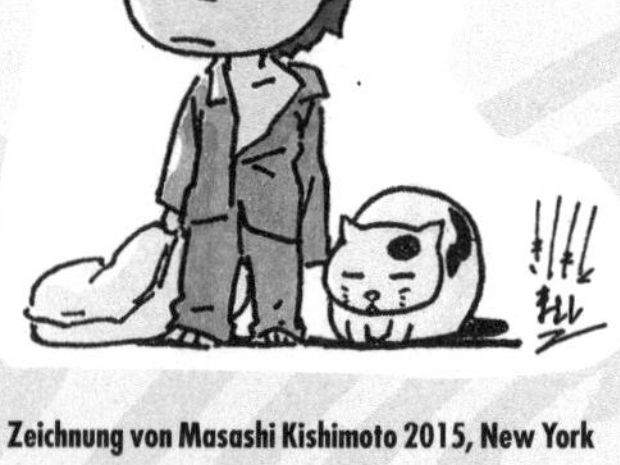

Zeichnung von Masashi Kishimoto 2015, New York

DAS

AB: NARUTO ist eine recht komplizierte Story und zudem sehr, sehr lang. Wie haben Sie da den Überblick behalten?

MK: Bei NARAUTO, wie bei vermutlich vielen anderen Serien auch, entwickelt man gleich zu Beginn ein Grobkonzept für die einzelnen Bände und ein Grobkonzept für die gesamte Storyline.
Die Storyline stand bei NARUTO schon sehr früh fest. Wir haben sie damals sofort aufgeschrieben, so dass wir später immer wieder nachschauen konnten.
Tag für Tag, Woche für Woche haben wir dann sozusagen ›bloß‹ die Abschnitte ›abgearbeitet‹ und im Detail ausgearbeitet. Wir haben gemeinsam entschieden, wie weit wir in welchem Kapitel sein wollten. Also wie weit wir diese Woche kommen wollen und dann die nächste und so weiter. Aber das Gesamtkonzept war, wie gesagt, von Anfang an klar, damit wir den roten Faden im Auge behalten und den Zeitplan einhalten können.

AB: Können Sie Ihren Fans sagen, warum Sie ausgerechnet eine Story über Ninja gemacht haben?

MK: Mh, warum? Eine echt gute Frage. Vermutlich weil ich schon seit meiner Kindheit von japanischen Themen magisch angezogen wurde. Nicht nur Ninja, sondern beispielsweise auch Samurai. Als Kind las ich Manga wie RUROUNI KENSHIN und BLADE OF THE IMMORTAL. Bevor ich mit KARAKURI gewann, hatte ich eine Samuraigeschichte beim HOP STEP AWARD eingereicht, aber sie hat leider

AB: Wie schaffen Sie es nach so langer Zeit als Profizeichner, sich jeden Tag aufs Neue zu motivieren? Wie erhalten Sie sich Ihre Kreativität in Zeiten von großem Stress?

MK: Ohne Leidenschaft, denke ich, könnte man gar nicht als Mangaka arbeiten.
Im Wesentlichen tut man nichts anderes als zeichnen, während man an einem Manga sitzt und ganz besonders wenn man an einer Serie arbeitet – Zeichnen ist das Einzige, an das du denkst, was du atmest oder isst. Da bleibt keine Zeit für irgendwas anderes. Wir haben eine Woche pro Kapitel. Jede Woche immer dieselbe Deadline und wir müssen das Kapitel entwickeln und es dann auch noch zeichnen – das alles in nur einer Woche. Einige Zeichner haben Familien und wir müssen lernen, unsere Zeit optimal zu nutzen. Ich habe das Gefühl, da hat man keine andere Wahl.
Was den Stress angeht: Wenn man der Typ Mensch ist, der sagt »Ahhh, ich bin müde!« oder »Ohh, keine Lust, was zu machen« oder »Ich hab 'ne Schreibblockade.« – dann würde man als Managaka nicht überleben, zumindest nicht in Japan. Man kann sich keine negativen Momente leisten. Ich würde sogar sagen, dass man während der Arbeit an einer Serie nicht mal Urlaub machen kann.
Das ist so eine Sache, auf der einen Seite bedeutet eine erfolgreiche Serie konstanten Stress, aber auf der anderen Seite gibt es keinen besseren Stresskiller als den Erfolg der eigenen Serie.

INTERVIEW

AB: Gab es Vorbilder für die Charaktere von NARUTO in Ihrem persönlichen Umfeld?

MK: Am Anfang habe ich bei der Frage immer geantwortet, dass einige meiner Studienkollegen NARUTO als Vorbild dienten, aber je länger ich über diese Frage nachdenke, umso klarer wird mir, dass er eigentlich ein Spiegelbild meiner selbst ist.

AB: Das ist jetzt sicher eine sehr schwere Frage: Haben Sie eine Top 3 Ihrer NARUTO-Charaktere?

MK: Puh, ja. Generell würde ich sagen Rock Lee…, und Naruto… vielleicht auch Jiraiya… aber irgendwie auch Shikamaru… [PAUSE]
Das ist meine Top 3, aber ich kann da wirklich keine Reihenfolge bestimmen. Schließlich habe ich sie alle entworfen – ich habe keinen Favoriten. Offen gestanden kann ich auch nicht sagen, dass es Charaktere gibt, die ich überhaupt nicht mag. Am schwierigsten zu zeichnen war immer SASUKE, das heißt aber nicht, dass ich ihn als Charakter nicht mag.

AB: Sie sind fast wie Ihre Familie, oder?!

MK: Die drei oben genannten sind meine Favoriten zum Zeitpunkt des Abschlussbandes. Während ich noch an der Serie arbeitete, hatte ich immer andere Lieblingscharaktere. Dies hing immer auch mit dem jeweiligen Story-Arc zusammen.
Aktuell arbeite ich an dem BURUTO Spin off und ganz langsam mag ich diesen Charakter immer mehr. Aber ich bin auch sicher, dass, wenn ich an nicht gewonnen. Deswegen entschloss ich mich, beim nächsten Mal eine Ninja-Story zu machen.
Noch eine andere Story hatte enormen Einfluss auf mich, NINKU – Ninja spielten also schon immer eine große Rolle in meinem Leben.

AB: Sie haben es ja zuvor schon fast beantwortet, aber hatten Sie eine Art NARUTO-Masterplan? Und haben Sie sich strikt an diesen Plan gehalten?

MK: Alles in allem würde ich sagen, dass ich mich an die frühen Entscheidungen und den anfangs erstellten Plot gehalten habe. Aber natürlich haben wir jede Woche neu überlegt, wie es weitergehen soll. Wenn beispielsweise die Story eines Kapitels gut ankam oder wir einfach 'ne super Idee hatten, haben wir immer mal wieder den Zeitplan verlassen. Danach mussten wir uns immer wieder zwingen, zur Timeline zurückzukehren oder zum Hauptthema, dass SASUKE und NARUTO immer Kontrahenten sind, aber am Ende doch zusammenfinden und Frieden schließen. Das war eines der Dinge, die von Anfang an feststanden.

AB: Gab es in den letzten 15 Jahren Momente, in denen Sie nicht wussten, wie es mit NARUTO weitergehen sollte?

MK: Ja, einen solchen Augenblick gab es tatsächlich einmal. Und zwar zu dem Zeitpunkt, als der Charakter PAIN zum ersten Mal auftauchte. Da war ich echt nicht sicher, wie ich weitermachen sollte. Ein echt kniffliger Handlungsstrang…

Szene aus NARUTO Band 53

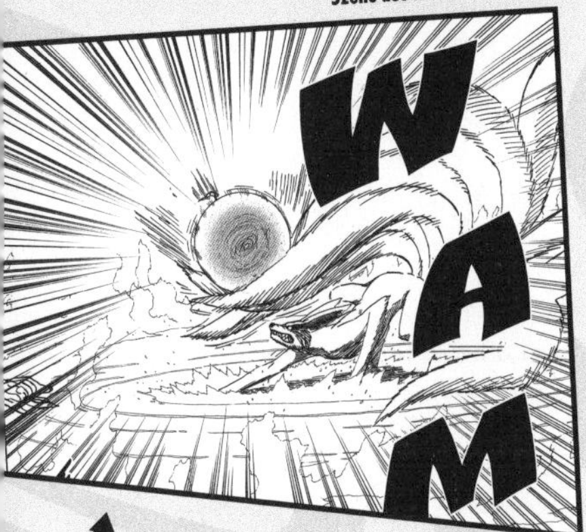

AB: Haben Sie vielleicht auch eine Lieblingskampfszene?

MK: Unmöglich nur eine zu nennen, ich weiß gar nicht so genau, warum (grinst). Ich würde sagen, am tollsten sind alle Kampfszenen mit Biju. Sie waren viel aufwendiger als die normalen Kampfszenen, weil alle Kämpfer so extrem klein sein mussten, aber es hat total Spaß gemacht, sie zu zeichnen. Dass ich sie so gern gezeichnet habe und sie toll finde, liegt vermutlich auch daran, dass ich ein Riesen-Godzilla-Fan bin.

AB: Sie haben vorhin ja schon kurz darauf geantwortet, aber vielleicht noch mal konkret nachgefragt: Ist NARUTO ein Spiegelbild Ihrer selbst und umgekehrt?

MK: Wenn man verzweifelt versucht, Deadlines zu halten, und der Druck der Arbeit einem im Nacken sitzt, dann fließt unterbewusst oder ganz unbewusst ganz viel von einem selbst etwas anderem arbeite, dann irgendein anderer Charakter zu meinem Liebling wird.

AB: Gibt es eine absolute Lieblingsszene in den 72 Bänden?

MK: Das ist für mich ganz klar eine Szene aus Band 72. Und zwar die nach dem finalen Kampf zwischen Naruto und Sasuke, als beide erschöpft zusammenbrechen. Beiden fehlt eine Hand. Sasuke dreht sich zu Naruto und nennt ihn einen Vollidioten. Das ist meine Lieblingsszene. *[Anmerkung der Redaktion: Kishimoto-sensei zeigte mir die Szene auf Seite 159]*

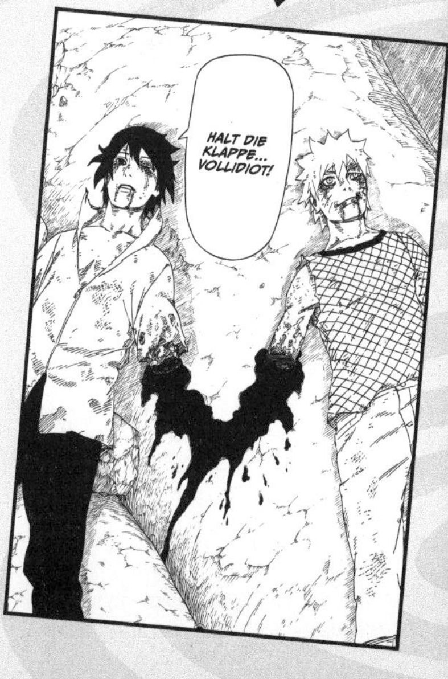

INTERVIEW

AB: Wir haben viel über NARUTO gesprochen, aber die deutschen Fans sind sicher auch sehr neugierig, welche neue Serie Sie planen? Um was wird es gehen? Können Sie da schon etwas verraten?

MK: Was ich verraten kann, ist, dass es eine Sci-Fi-Serie sein wird. Es steht schon etwas mehr fest, aber darüber habe ich noch nicht mal mit meinem Redakteur (Mr Jo Otsuki) gesprochen.

Mr Jo Otsuki: »Yeah, ich weiß auch nur, was die Fans da draußen wissen!«

Aber es wird eine richtig gute Serie… da bin ich sicher.

Denn als ich mit NARUTO begonnen habe, hatte ich nur zwei Monate, um aus dem One-Short eine ganze Serie zu konzipieren. Und dieses Mal habe ich die komfortable Situation, viel mehr Zeit für das Konzept zu haben. Ein paar Monate, sogar mehrere Monate (statt Wochen). Deswegen bin ich sicher, dass die Qualität von Anfang an besser sein wird – aber trotzdem kann die Serie natürlich floppen, man weiß es ja nie.

AB: Wenn wir über die neue Serie reden, spüren Sie dann eine Art Erfolgsdruck, denn nach einer Serie wie NARUTO sind die Erwartungen der Fans sicher hoch?

MK: Ja, etwas Druck spüre ich schon. Aber es beunruhigt mich nicht wirklich – dann in einem anderen Moment bin ich beunruhigt. Aber eines ist klar, ich würde nie etwas machen, hinter dem ich nicht zu 100 Prozent stehe, denn dann wären meine Fans niemals zufrieden. Das ist der Druck, denn ich irgendwo in meinem Hinterkopf habe.

in seine Charaktere. Ich bin überzeugt, dass NARUTO im Laufe der Zeit immer mehr zu einem Spiegel meiner selbst wurde. Natürlich nicht bewusst, aber ich musste weitermachen, und er war immer so nah.

Was die Umkehrung angeht, so verhalte ich mich vor Leuten ganz anders als NARUTO, aber tief in meinem Inneren bin ich vermutlich viel mehr NARUTO, als ich jetzt zugebe.

AB: In einem Interview zusammen mit Oda-sensei haben Sie sich als großen Chopper-Fan geoutet und gesagt, er sei der heimliche Star der Serie. Gibt es für Sie auch einen heimlichen Star in NARUTO?

MK: Eigentlich habe ich das nur so zum Spaß gesagt. Natürlich ist und bleibt RUFFY die Hauptperson. Und Chopper hält als Maskottchen alles zusammen. Deswegen, meinte ich, sei er der geheime Star. Aber das habe ich nicht so ernst gemeint.

Bei NARUTO gibt es keinen. Ich wollte mal einen einführen, aber das hat nicht geklappt. Eigentlich sollten es die Kröten werden – ich hab sie eine Zeit lang immer mal aufs Cover gepackt, aber sie haben sich nicht als geheime Stars entpuppt. Vielleicht liegt es an meinem Zeichenstil, der einfach nicht kawaii ist. Chopper und Ruffy sind so ähnlich wie Charly Brown und Snoopy… Da hat Snoppy auch fast die größere Fangemeinde. Wenn Ruffy nicht aufpasst, wird Chopper irgendwann beliebter als er.

DAS

AB: Sie sind zum ersten Mal in New York auf der NYCC und jeder Fan weltweit würde natürlich gern wissen, ob Sie auch noch andere Messen besuchen werden? Beispielweise eine in Deutschland?

MK: Ja, ich bin zum ersten Mal in New York und die New York Comic Con ist die erste Convention außerhalb Japans, die ich besuche. Ich würde sehr gern mehr reisen…

Der Redakteur Jo Otsuku wirft ein: »Ja, ich glaube, Deutschland wäre eine sehr gute Wahl.«

Wie gesagt, ich würde sehr gern, aber momentan steht keine Reise an, da ich keine Zeit mehr habe. Aber ich sollte erwähnen, dass ein ausschlaggebendes Kriterium für eine Reise ins Ausland japanische Toiletten sind. [lacht nach ein paar Sekunden laut].

AB: Haben Sie zum Abschluss noch eine Botschaft an Ihre deutschen Fans?

MK: Offen gestanden bin ich total überrascht, dass so viele Menschen in Deutschland NARUTO lesen, weil es ja eine sehr japanische Ninja-Story ist. Das macht mich noch viel dankbarer, denn ich bin sicher, dass deutsche Leser Tausende andere Manga lesen könnten, aber sie haben sich für meine Story entschieden. Ich hoffe, dass allen meine neue Geschichte genauso gut gefallen wird.

NARUTO

Ich muss gestehen, dass solche Sachen bei mir schnell auf die Psyche drücken. Mein Körper reagiert schnell auf Stress von außen, aber ich habe beschlossen, auch wenn es mir mal schlecht geht, dagegen anzukämpfen und einfach weiterzumachen. Selbst wenn ich mich übergeben muss, arbeite ich weiter an meiner Story.

AB: Wenn Sie die Möglichkeit hätten, die Zeit zurückzudrehen, gäbe es etwas, das Sie gern anders machen würden? In Bezug zu NARUTO, aber auch privat?

MK: Wenn ich in die Vergangenheit reisen könnte und etwas zu meinem damaligen Ich sagen könnte, dann würde ich meinem Ich sagen, besser Kanji zu lernen! Ich bin zwar Japaner, aber ich kann sehr schlecht schreiben. Wenn ich meine Skripts abgebe, wimmeln diese nur so vor Fehlern. Ich fühl mich dann immer ganz schlecht und die Redaktion tut mir leid, weil meistens alles so spät (kurz vor der Deadline) kommt und die Redaktion dann alles noch korrigieren muss. Das wäre schon mal das Erste; dann würde ich auf jeden Fall früher mit dem Zeichnen anfangen. Mein Debüt habe ich mit 25 Jahren gehabt, aber ich bin sicher, hätte ich etwas früher angefangen, wäre ich sicher besser gewesen. Und wenn ich besser mit den Kanji umgehen könnte, dann wären mir ganz sicher auch noch bessere Bezeichnungen für die Jutsu eingefallen.

HALT!

Das ist nicht die erste Seite. Naruto ist ein japanischer Comic, und da in Japan von hinten nach vorne und von rechts nach links gelesen wird, musst auch du diesen Comic von der anderen Seite aufschlagen und von hinten nach vorne lesen.

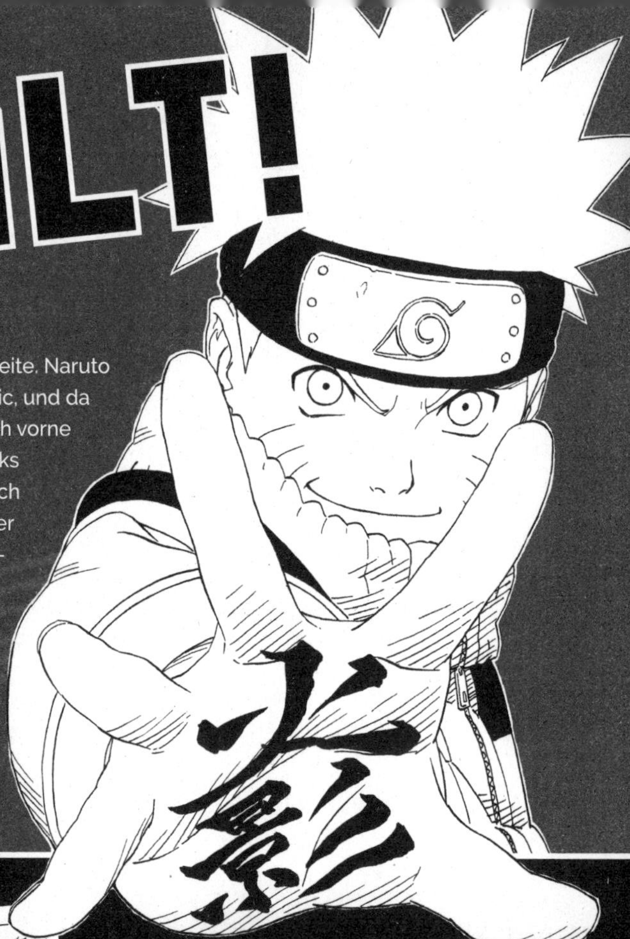

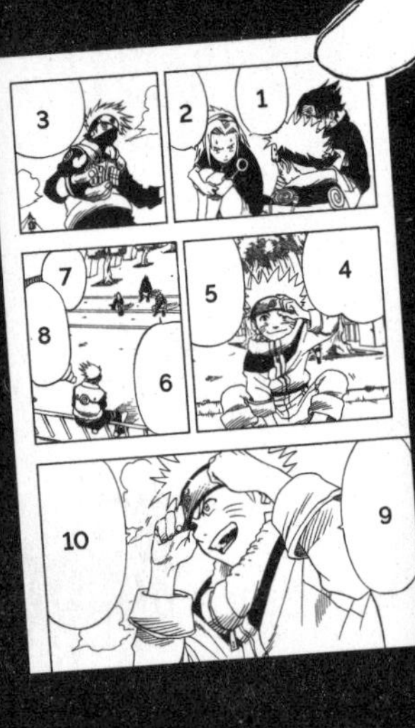

Auch die Bilder und Sprechblasen werden von rechts oben nach links unten gelesen, so wie es die Grafik hier zeigt. Schwer? Zuerst ungewohnt, doch es bringt richtig Spaß. Probiert es aus!

Viel Vergnügen mit **NARUTO** und der ganzen Ninja-Bande!